IMC 광고론

김찬목 • 서찬주 • 이상학 옮김

Advertising and Promotion

An Integrated Marketing Communications Perspective

George Belch & Michael Belch

McGraw Hill Education

한경사

McGraw-Hill Education Korea

Advertising and Promotion, 9th Edition.

1 2 3 4 5 6 7 8 9 10 HKS 20 14

Original: Advertising and Promotion: An Integrated Marketing Communications Perspective, 9th Edition. © 2012
By George Belch, Michael Belch
ISBN 978-0-07-340486-8

This book is exclusively distributed by Hankyungsa.

When ordering this title, please use ISBN 978-89-6844-036-6

Printed in Korea

| 이 책의 구성 |

차 례

1부 IMC 개요

facebook
facebook logo.jpg
2100 × 790 - ... unblock Facebook ...
unblockfacebookinchina.info
Similar - More sizes

Emirates
Fly Emirates.
Keep discovering.
ss six continents.

2부 IMC 프로그램 상황 분석

차 례

3부 커뮤니케이션 프로세스 분석

4부 IMC 프로그램의 목표와 예산 수립

5부 IMC 프로그램 개발

396 10장 매체 계획 및 전략

440 11장 매체 평가: 텔레비전과 라디오

5부 IMC 프로그램 개발

5부 IMC 프로그램 개발

578 14장 다이렉트마케팅

602 15장 인터넷과 인터랙티브 매체

5부 IMC 프로그램 개발

6부 모니터링, 평가, 조정

역자머리말

우리는 산업과 기술이 융합되는 혁명의 시대에 살고 있다. 컴퓨터와 프로세싱 테크놀로지의 발달에 따라 빅데이터를 분석하여 질병이나 사회현상의 변화에 관한 새로운 대응법칙을 처방해 내는 시대가 되었다. 또 자연 언어 음성 명령을 통해 인터넷과 상호 작용하는 착용컴퓨터wearable device가 개발되어, 필요한 장소에서 실시간으로 정보를 활용할 수 있는 디지털 사회가 펼쳐지고 있다.

기술의 진보는 마케팅이나 광고에도 예외 없는 변화의 바람을 일으키고 있다. 광고주가 일방적으로 소비자에게 메시지를 전달하는 전통적인 마케팅 커뮤니케이션과는 달리 소비자들이 직접 참여할 수 있는 인터랙티브 마케팅과 게릴라 광고 등은 마케팅 분야의 새로운 시대의 전개를 예고하고 있다.

이러한 환경에서 기업들은 전통적인 광고로는 소비자들의 반응을 이끌어 내는 데 한계가 있음을 지각하고, 소비자들과 커뮤니케이션하는 새로운 방법들을 모색하고 있다. 역자들도 양과 질이 한꺼번에 급변하는 마케팅 환경을 리드해 나갈 수 있는 광고와 프로모션의 실제를 새로운 시각으로 개발해야겠다는 필요성을 절감하던 차에, George Belch와 Michael Belch가 저술한 『Advertising and Promotion — An Integrated Marketing Communications Perspective (9e)』를 접하게 되어 이것을 번역하기에 이르렀다.

이 책은 전 세계가 하나로 통합되고 있는 환경에서 마케터들이 세계 시장을 이해하고 표적고객들과 커뮤니케이션하는 방법들을 체계적으로 기술하고 있다. 특히 현대 사회가 소셜 네트워킹의 시대로 급속하게 진입함에 따라, 특정 고객층에 특화된 매체를 통해 일관성과 보완성을 갖춘 통합된 마케팅 커뮤니케이션IMC이 더욱 중요한 이슈로 부각되었다. 이런 맥락에서 이 책은 광고와 프로모션의 새롭고 흥미로운 세계에 눈뜨게 해 줄 것이다.

저자들은 IMC라는 관점에서 광고와 프로모션 관련 이론, 광고주와 광고대행사 및 세분화된 전문대행사들과의 관계, 종합대행사들과 하위 조직들과의 관계, 다이렉트마케팅과 인터랙티브마케팅의 구체적인 사례 등 지금까지의 교재들에서 쉽게 찾아볼 수 없는 콘텐츠를 제시하였다. 따라서 광고나 마케팅 분야의 이론을 배우고 있는 학생이나 기업 현장의 실무자들에게 충분히 활용될 수 있는 지식이 될 수 있을 것이다. 특히 각 장에서 제시된 이론과 사례들은 독자들에게 많은 시사점을 제공할 것이다.

번역서이긴 하나 우리나라 독자들의 이해를 높이기 위해 도입사례 중 한국 사례로 교체한 것이 있다. 또한 우리나라 광고 · 프로모션 학계나 산업계에서 사용하는 용어를 번역에 이용하려고 노력했다. 원서의 7부 'Special Topics and Perspectives' 부분은 본 번역서에 포함하지 않았다. 미국 사례 위주로 우리나라 사정에 그리 적합하지 않기 때문이다.

아무쪼록 이 책이 학생들에게는 자신의 꿈을 이루고, 실무자들에게는 성공하는 마케터가 되는 데 도움이 되는 지침서가 되기를 바란다.

2014년 8월
역자 일동

광고와 프로모션 세계의 변화

현대에 살고 있는 사람들은 광고나 프로모션의 영향을 많이 받으며 산다고 할 수 있다. 또한 광고와 프로모션을 제공하는 기업체나 공공기관도 그들의 표적고객에게 효율적이고 효과적인 커뮤니케이션을 하는 것이 얼마나 중요한 일인지 잘 알고 있다. 광고와 다양한 형태의 프로모션 메시지는 상품과 서비스를 판매하기 위해 이용되며 이 밖에도 사회공헌, 선거, 알코올중독이나 마약문제 같은 사회문제를 해결하는 데도 활용된다. 마케터들은 항상 소비자들과 커뮤니케이션하기 위한 새로운 방법을 개발하고 있으며 그래서 소비자들은 이런 메시지를 회피하기가 점점 더 어려워지고 있다.

광고나 프로모션 업계에서 일하는 사람들은 광고나 프로모션이 학문적으로나 산업적으로 더 이상 새롭고 역동적이며 매혹적인 것을 보여주기 힘들다고 얘기한다. 하지만 그들조차 마케터가 소비자들에게 커뮤니케이션 하는 방식이 아주 역동적으로 바뀌고 있다는 사실에는 동의한다. 이런 변화는 곳곳에서 감지되고 있다. 예를 들어 광고주는 그들의 광고와 프로모션 지출에 대한 보다 나은 성과를 기대하고, 작지만 아주 창의적인 광고대행사들이 출연하고 있으며, 판매촉진 대행사, 다이렉트마케팅 대행사, 그리고 인터랙티브마케팅 대행사들은 점점 더 많은 마케팅 예산을 가져가고 있으며, 전통적인 광고에 더 이상 반응하지 않는 소비자들이 늘고 있고, 마지막으로 광고의 새로운 모습을 보여주는 신기술이 출연하고 있다. 우리는 마케팅, 광고, 프로모션 역사상 그 어떤 때보다도 역동적이고 혁명적이기까지 한 변화를 경험하고 있는 것이다. 이러한 변화는 특히 인터넷과 모바일로 대표되는 인터랙티브 매체의 진보와 발전에 기인하였다.

전통적인 광고 산업 밖에 있는 회사들의 주도하에 광고메시지를 만들고 소비자에게 전달하는 방식을 크게 변화시킨 것이다. 기업의 마케터들은 전통적인 대중매체에서 눈길을 돌려 표적고객에게 효과적으로 커뮤니케이션할 수 있는 새로운 방법을 찾고 있다. 또 그들의 현재 고객과 가망고객에게 도달하고, 그들의 제품과 서비스를 체험하게 할 수 있는 다양한 방법을 찾고 있다. 많은 마케터들은 인터넷광고가 표적고객에게 메시지를 전달하는 데 비용대비 효과가 크고 마케팅의 성과를 측정하기도 더 쉽다고 한다. 또한 마케터들이 인터넷을 어떻게 이용하는가에서 새로운 변화가 보인다. 즉, 예전의 일방향적인 커뮤니케이션에서 벋어나 쌍방향적인 정보공유를 하기 시작한 것이다. 웹 2.0의 발전은 인터넷 사용자가 정보를 수동적으로 받아들이는 한계를 뛰어넘어 다른 사람들과 상호작용하고 웹사이트의 내용을 바꿀 수도 있다는 것을 의미한다. 이런 예는 소셜네트워킹, 비디오 공유, 위키스wikis, 블로그 사이트 들에서 볼 수 있는데, 이들은 지난 몇 년간 폭발적인 성장을 보였다. 유명한 페이스북, 트위터, 유튜브, 링크드인 등은 2003년도까지 존재하지도 않았다. 하지만 2014년 현재 페이스북은 13억 명의 사용자가 있으며 트위터는 6억4천만 명의 회원이 있고 유튜브의 비디오는 매일 4억 회 이상 시청되며 유튜브를 통한 광고와 프로모션 영상 전달은 일상화되었다. 또 거의 모든 회사들이 페이스북과 트위터 페이지를 통해 고객과 지속적인 소통을 하며 마케터들은 이런 소셜미디어를 마케팅 커뮤니케이션 프로그램의 통합된 한 부분으로 받아들이고 있다. 하지만 이런 인터넷과 소셜미디어의 사용 증가는 최근 기업들이 마케팅 커뮤니케이션을 기획하고 개발하고 실행하는 근본적인 변화에 일부분일 뿐이다.

지난 수십 년간 광고산업은 매디슨가(미국 뉴욕시 맨하튼의 광고회사들이 몰려있는 거리이름)의 대형 종합 광고대행사들이 지배해왔다. 지금까지 제조업자 브랜드의 전형적인 광고전략은 한두 개의 광고를 만들어 공중파 텔레비전을 통해 방송하고 몇 개의 인쇄광고를 주요 신문이나 잡지에 게재하며 쿠폰이나 사은품을 이용한 판매촉진을 실행하는 것이었다. 하지만 오늘날에는 인쇄, 라디오, 케이블과 위성 TV, 그리고 인터넷 등의 아주 다양한 매체들이 소비자의 주의를 끌기 위해 경쟁하고 있다. 때문에 마케터들은 전통적인 매체를 통한 광고 효과에 의심을 하기 시작했으며 전통적인 매체 이외에 그들의 고객들과 소통할 수 있는 새롭고 보다 효과적인 방법을 찾고 있다. 그 결과 마케터들은 대중매체 광고에 대한 의존도를 줄이는 반면 특정 고객층에 특화된 매체에 마케팅 커뮤니케이션 예산을 증대시키고 있다. 또한 이벤트마케팅, 스폰서십, 사회공헌활동, 바이럴마케팅 등에 그들의 예산을 더 많이 사용하고 있다. 이런 변화로 말미암아 광고대행사들도 그들의 사업방식에 변화가 필요하다는 것을 인식하고 있다.

광고대행사의 역할과 본질에 대한 새로운 정의에 더하여 마케터들은 그들의 소비자들과 커뮤니케이션하는 방식도 변화시키고 있다. 요즘은 어디서나 광고메시지가 넘쳐나고, 소비자들은 이런 광고들을 회피하려고 하며, 전통적인 방식의 브랜드 프로모션이 자주 실패하는 상황이라는 것을 마케팅 관리자들은 알고 있다. 때문에 신세대의 광고주들은 광고란 무엇이고 어느 곳으로 광고를 집행해야 하는지에 대한 개념을 새롭게 정립하고 있다. 즉, 감춰진 마케팅 메시지가 문화, 영화, TV프로그램에 포함되도록 하거나 혹은 메시지 자체가 엔터테인먼트가 되도록 만들어지고 있다. 많은 전문가들이 브랜디드 콘텐츠branded contents가 광고의 미래라고 주장하고 있으며 새로운 모습의 광고나 다른 형태의 마케팅 커뮤니케이션이 점점 더 엔터테인먼트와 유사해지는 현상이 나타나고 있다. 그 결과 기업들은 그들의 제품이나 서비스를 소비자에게 선전하기 위해 브랜디드 엔터테인먼트branded entertainment를 활용하게 되었다. 예를 들어 단편영화를 만들어서 회사 웹사이트에서 볼 수 있게 하거나, TV드라마 등에 PPL을 하거나, 영화나 TV쇼에 제품통합을 통합하는 것이다.

많은 요인들이 마케터들이 소비자와 소통하는 방식에 영향을 미치고 있다. 먼저 마케터들이 도달하고자 하는 고객들과 도달하는 데 필요한 매체와 방법이 아주 세분화되고 있다. 광고와 프로모션 활동은 보다 지역적으로 구분되고 특정 고객만을 대상으로 진행된다. 소매상들이 더욱 거대화되고 힘을 가지게 됨에 따라 많은 광고 예산이 판매촉진 예산으로 사용되고 있다. 마케터들은 그들의 프로모션 지출이 즉각적인 매출증대로 연결되기를 기대하며 대행사들에게 보다 많은 책임을 요구하고 있다. 인터넷 혁명의 영향은 대대적이고 소비자와 소통하는 새로운 방식은 계속 새로 개발되고 있다. 기업들은 다양한 종류의 커뮤니케이션을 조정하여 하나의 목소리를 낼 수 있도록 하고 있다. 또 어떤 회사들은 브랜드 구축을 위해 전통적인 매체 광고를 거의 혹은 전혀 사용하지 않는 경우도 있다. 많은 광고대행사들이 광고주의 새로운 마케팅 커뮤니케이션 필요에 적절히 부합하기 위하여 판매촉진, 다이렉트마케팅, 인터렉티브마케팅, PR 회사를 인수하거나 제휴하거나 혹은 새로 만들기도 한다. 광고주들은 점점 더 '매체 중립적media-neutral'으로 변하고 있으며, 그들은 표적세분시장과 효과적으로 커뮤니케이션할 수 있으며 장기적 명성 구축과 단기적 판매 증대를 이룰 수는 그 어떤 마케팅 커뮤니케이션 방식도 고려할 수 있다고 말한다.

이 책은 독자들에게 이렇듯 빨리 변화하고 있는 광고와 프로모션 산업에 대하여 소개할 것이다. 이 책에서는 광고에 대한 심도 깊은 논의와 함께 다른 다양한 프로모션 방법에 대하여도 함께 다룰 것이다. 앞에서 언급한 광고업계의 변화는 기업들과 그들의 광고대행사가 광고와 프로모션을 IMCintegrated marketing communication적인 관점으로 접근한다는 것을 보여주며 이는 '큰 그림big picture' 방식으로 마케팅과 프로모션 프로그램을 기획하고 다양한 커뮤니케이션 기능들을 조정하는 것을 의미한다. 또한 오늘날의 기업환경에서 광고와 프로모션의 역할을 이해하기 위해서는 기업들이 그들의 고객들과 커뮤니케이션하기 위해 어떤 다양한 프로모션 기법들을 활용하는지 알아야만 할 것이다.

George E. Belch
Michael A. Belch

1부 ı IMC 개요

Part One
Introduction to Integrated Marketing Communications

1장 ı IMC의 도입

Chapter One
An Introduction to Integrated Marketing Communications

2장 ı 마케팅 프로세스에서 IMC의 역할

Chapter Two
The Role of IMC in the Marketing Process

1 IMC의 도입

학습목표

1. 기업의 마케팅 프로그램에 있어서 광고와 프로모션 전략의 중요성과 마케팅 커뮤니케이션 기능을 이해한다.
2. 통합 마케팅 커뮤니케이션(IMC)의 개념을 소개하고 발전 과정을 이해한다.
3. 광고와 프로모션 프로그램 계획과 실행에 있어서 IMC 관점의 중요성이 증대한 이유를 이해한다.
4. 다양한 프로모션 믹스 요소를 이해하고 IMC에 있어서 이들의 역할을 고려한다.
5. 표적고객 설득을 위한 다양한 접촉점 종류에 대해 이해한다.
6. 효과적인 설득을 위해 조정되어야 할 다양한 마케팅 및 프로모션 요소를 이해한다.
7. IMC 계획 프로세스 모델을 소개하고 마케팅 커뮤니케이션 프로그램 개발 과정을 이해한다.

페이스북: 브랜드 커뮤니케이션의 변화

2004년 19세의 마크 주커버그가 페이스북을 처음 시작했을 때, 이것이 소셜네트워크 웹사이트로 일약 유명해질 것으로 예상한 사람들은 거의 없었다. 개시 초기에 페이스북은 하버드 대학생들만 이용하는 소셜네트워크 웹사이트이었다. 페이스북은 곧 전국적인 대학생 네트워크가 되었다. 2005년까지 이것은 13세 이상의 사람들이 이용할 수 있게 되었다. 이후 영국 학생들도 이용하는 국제적인 네트워크가 되었다. 2006년에는 이메일 주소를 가진 사람들이 가입할 수 있게 되었고, 그 이듬해에는 이용자들이 선물을 보낼 수 있는 애플리케이션이 개발되었고, 소수의 독자적인 프로그래머들은 게임을 탑재해 놓기도 하였다.

현재 페이스북은 5억 명 이상이 이용하고 있고, 이 중 약 70%는 미국 밖의 사람들이다. 사용자의 약 50%가 매일 이곳을 방문하여, 게임, 친구 찾기, 그룹 조직화, 이벤트, 커뮤니티 페이지 등과 같은 9억 개의 목적 사이트에서 교류하고 있다. 대략 매주 50억 개의 콘텐츠가 회원들 사이에 공유되고 있다는 조사 결과가 있다. 7.14%의 방문자와 9.59%의 점유율을 가진 페이스북이 영국에서 두 번째로 높은 방문자 수를 유지하고 있는 것은 놀라운 일이 아니다. 미국에서는 페이스북의 시장점유율이 약 9.9%로 9.6%인 구글을 앞지르고 있다. 페이스북은 상황을 지배하는 큰 힘을 가지고 있다. 모든 광고 플랫폼의 최고인 1억600만 명의 미국 시청자를 가지고 있는 슈퍼볼이 1억6,500만 명의 이용자를 가지고 있는 페이스북에 의해 빛을 잃었다.

최근 슈퍼볼의 나이키 광고캠페인—Write the future—이 페이스북에 노출되어 900만 개의 댓글이 달렸고 브랜드 팬을 160만에서 310만 명으로 증가시켰다. 나이키의 마케팅 최고책임자인 데이빗 그라쏘는 1960년대 TV가 담당했던 것과 같은 방법으로 페이스북이 시장을 변화시키고 있다고 하였다. 패이스북의 광고 시장점유율은 16%로, 구글 다음의 자리를 차지하고 있다. 또 1억5,000만의 소비자 확보 시간에 있어서도, 아이패드는 7년, 휴대폰은 14년, TV는 38년이 걸린 데 비해 페이스북은 5년만에 달성하였다.

그러나 페이스북의 가치는 전통적인 광고의 관점에 있는 것이 아니다. 이 웹사이트가 세계 사람들을 조직화하는 사명에 따라 사람들의 소통 방법과 소비자들과의 브랜드 설득 방법을 바꾸어 왔다. 페이스북은 커뮤니케이션 수단과 시장 조사에서 신뢰할 수 있는 도구로 인터넷 환경을 변화시켰다. 사람들이 다른 웹사이트보다 페이스북에 마케터들에게 중요한 데이터들을 올려놓는다고 전문가들은 말한다.

또, 일반적인 생각과는 달리 페이스북의 프로파일들은 다른 소셜네트워크에 비해 신뢰할 만하고 정확한 정보라는 연구결과들이 있다. 이러한 사실은 사람들과의 관계를 맺는 페이스북이 '사이버 우정(cyber-friendship)'보다 현실 세계에 기반을 두기 때문이다. 페이스북은 낯선 사람들을 찾기 위해 사용되는 것이 아니라 고등학교 친구와 같은 기존의 관계를 강화하거나 재구축하는 데 이용된다. 페이스북을 통해서 커뮤니케이션을 재구축함으로써 과거의 낭만적 관심사를 추구하는 추세를 반영하는 레트로 섹슈얼(retro-sexual: 자신을 가꾸는 데 시간과 돈을 거의 투자하지 않는 남자)이라는 신조어도 생겼다.

웹사이트에 제공되는 중요한 정보는 기업들로 하여금 과도한 표적고객을 만들도록 한다. 웹사이트상의 광고는 8개의 특정 범주—연령, 성별, 거주지, 생일, 직업, 교육, 신분, 관심사—에 따라 표적고객으로 분류될 수 있다. 환언하면, 열렬한 상표 애호가나 현재의 소비자/고객들의 프로필은 정확한 표적시장 사이코그래픽스(psychographics)를 보여 주거나 비싼 마케팅 조사비용을 낮추거나 삭감하기 위해 이용될 수도 있다. 페이스북은 광고주로 하여금 박식한 표적들을 활용하는 캠페인을 가능하게 만드는데, 이것은 특정한 범주, 브랜드의 열성팬인 친구들, 그리고 유사성을 공유하고 있는 사람들보다는 개별 사람들을 표적으로 하도록 만들어 준다.

AdWords의 성공은 광고된 제품을 탐색하는 소비자들을 정확하게 광고에 연결시켜 주는 키워드 검색 능력의 결합 덕분이고, 따라서 광고를 클릭할 가능성이 더 높아진다. 광고주들은 클릭비용(CPC: cost-per-click) 입찰을 제안하는데, 이는 광고 제시의 빈도와 중요성을 증대시킨다. 이 광고들이 제품을 탐색하는 소비자들에게 노출될 때, 그것들은 매출이나 적어도 클릭을 창출해내는 데 매우 성공적인 것이 될 수 있다. 구글은 검색 능력을 가지고 있는 반면, 페이스북은 추천 기능을 가진다. 페이스북은 클릭이 아닌 소비자들의 즉각적인 구매를 유도하는 행동에 초점을 맞춘다.

소셜 네크워크 사이트인 페이스북은 제품을 광고하는 것은 아니다. 페이스북은 광고를 친구들의 인적 보증으로 전환시키는 수단으로 활용된다. 광고 내용이 친구들로부터 나오는 경우, 광고 회상률은 30%를 상회하고, 또 전통적인 광고보다는 원천에 대한 신뢰를 더 받게 된다. 페이스북은 친구들의 네크워크를 통하여 정보를 공유하고 유포하며 토론하는 곳으로, 사람들을 모으는 가상의 의견 교환 장소를 만들었고, 일반적인 광고를 더 성공적이고 신뢰받는 구전으로 전환시키고 있다. 페이스북은 소비자들이 그들의 친구과 지인들을 가장 신뢰한다는 사실을 이용한다.

초기 페이스북의 소셜광고(Social Advertising)는 어떤 사용자가 행위를 할 때마다, 뉴스피드에서 "J씨가 아마존닷컴에서 비틀즈 앨범을 구입하였습니다."라는 내용을 알렸다. 그러나 이용자들은 이런 광고가 사생활 침범이라고 여겨 불평을 제기하였다. 2009년 페이스북은 '열광자'라는 버튼 대신 '좋아요'라는 버튼을 채택하였다. 공개 사진은 네트워크에서 페이스북 이용자들이 그들의 페이스북 계정을 다른 친구들과 공유할 수 있도록 하였다. 게시물에 대하여 친구들이 '좋아요'를 클릭하면 그것은 곧 뉴스피드에 게시된다. 소셜광고가 광고와 콘텐츠의 경계를 모호하게 만들기 때문에 페이스북 광고는 특유한 형태를 띠게 된다. 대세진입 가능성 때문에 페이스북은 수익성 있는 매체가 되고 쉽게 소문나게 된다. 이용자들이 상품을 구매하지 않을 수도 있지만, 이러한 지지들은 다른 이용자들을 팬으로 전환시키는 기회를 제공한다. 한 번 팬이 되면, 그 상표에 대한 대화가 소비자들 사이에 끊임없이 일어나고, 다른 친구들에게도 퍼져 나가게 된다. 할인과 같은 인센티브를 팬들에게 제공함으로써 상표 역시 매출을 창출하고 그들의 뉴스피드에 광고를 포함시킨다.

페이스북은 소비자들과의 브랜드 소통 방법을 바꾸었다. 소비자들과 직접 소통하는 전통적 시스템보다는 개종 또는 전도 방식에 의존하면서, 다른 고객들을 통해 소비자들과 브랜드 정보를 전달한다. 소비자들과 브랜드를 연결시키는 접촉점을 만들어내는 대신, 페이스북은 페이스북 페이지 기사를 통해 브랜드 포털사이트–브랜드 프로파일–와 브랜드를 연결하고 그것을 브랜드 친밀감과 충성도를 높이는 커뮤니케이션 도구로 사용한다. 페이스북 페이지는 브랜드와 그 특징을 묘사하는 것이 되고, 그렇게 함으로써 브랜드를 의인화한다. 언스트앤영이나 델과 같은 마케팅 회사 이상으로 현재는 페이스북이 새로운 종업원들을 채용하는 데 페이지를 사용하고 있다.

성장함에 따라, 페이스북은 시간을 들여 모든 곳에 도달하려는 노력을 하고 있다. 5억 명의 이용자들이 있는 페이스북은 전통적 방법 또는 다른 인터넷 광고보다는 새롭고 쉬운 방법으로 브랜드가 소비자들에게 도달하는 데 있어서 매우 중요한 기회를 제공한다. 많은 기업들에게, 페이스북이 수익성이나 유용성이 있는지에 대해 더 이상 의심할 여지가 없으며, 평균 월 7시간을 보내는 웹사이트에 브랜드 게시를 유지할 필요가 있다. 결론적으로, 구글은 이용자들이 인터넷에서 말하고 있는 내용을 알 수 있지만, 페이스북은 그들의 말하는 이유를 안다.

자료: Holly Unwin, "Facebook Most Visited Site in the US in 2010," January 4, 2011, http://www.marketing.co.uk/20110104848/facebook-most-visited-site-in-the-us-in-2010; Sarah Phillips, "A Brief History of Facebook," The Guardian, July 25, 2007, http://www.guardian.co.uk/technology/2007/jul/25/media.newmedia; Michelle Bryant and Sam Gosling, "Facebook Profiles Capture True Personality, According to New Psychology Research," December 1, 2009, http://www.utexas.edu/news/2009/12/01/facebook_psychology/; "Hitwise—United Kingdom Newsletter." August 2010, http://www.hitwise.com/news/uk201008.html.

이 도입사례는 디지털 미디어와 현대의 마케팅 커뮤니케이션이 혁신적으로 변화되고 있음을 잘 설명하고 있다. 과거에는 광고가 비교적 단순하였다. 즉, TV를 시청하고, 라디오를 듣고, 신문과 잡지를 구독하는 대중 소비자들에게 기업들이 마케팅 메시지를 전달하기 위해 대중매체에 광고하는 방법에 의존했다. 그러나 급변하는 매체 환경 때문에 오늘날의 마케터들은 표적소비자들에게 도달하여 효과적으로 그들을 설득하는 것이 매우 어렵다는 것을 알게 되었다. 매스미디어의 시청자, 청취자, 독자들의 숫자가 점점 줄어들고 있고, 더 좁은 표적으로 세분화된 디지털 미디어는 소비자들로 하여금 커뮤니케이션 과정에서 보다 더 능동적으로 참여하는 것이 가능하도록 만들고 있다. 이제 소비자들은, 마케터가 제공하는 여과되지 않은 광고를 의자에 앉아서 받아들이는 수동적인 수신자가 아니다. 인기 있는 매체 중의 하나인 페이스북을 통해 정보를 탐색하고 수신되는 콘텐츠를 통제하고 싶어 한다.

페이스북이나 전통적인 광고산업 밖에 있는 많은 기업들은 소비자들에 대한 광고와 마케팅 메시지의 창출과 전달 과정을 급속하게 변화시키고 있다. 짧은 시간에 페이스북이 크게 성공한 이유 중 하나는 마케터가 전통적인 매스미디어 광고 이상의 것을 바라보고 그들의 표적고객들과 의사소통하는 새롭고 효과적인 방법을 모색하도록 강요 당하고 있기 때문이다. 페이스북은 마케터들이 알게 된 표적고객들을 통해 특정한 소비자 시장을 겨냥하는 것을 가능하게 한다. 소비자들이 전통적 광고매체 처리에 시간을 적게 소비하는 반면, 인터넷 특히 페이스북 사용 시간을 늘리고 있지만 마케터들은 그냥 지나쳐 버리기 쉬운 것도 사실이다. 페이스북이 인기 있기 전에도 많은 마케터들이 고객들에게 도달하는 여러 가지 방법들이 있다는 것을 인식하게 됨에 따라, 고객을 자신들의 제품이나 서비스와 접촉하도록 만드는 다른 방법들과 인터넷에도 눈길을 돌리고 있었다. 마케터들은 특정 소비자들에게 도달하고 그들의 마케팅 노력 결과를 측정하는 데 있어서 인터넷 광고가 더 비용 효율적인 방법이라고 생각한다. 그러나 증가된 온라인 광고 이용은 지난 20여 년 동안 기업들이 마케팅 커뮤니케이션을 계획하고 개발하여 실행하는 방법에 있어서 근본적인 변화의 일부분인 것도 사실이다.

많은 기업들은 그들의 표적고객들에게 도달하기 위해 **통합 마케팅 커뮤니케이션**integraed marketing communications(IMC)을 활용하고 있다. 인지도를 구축하기 위해

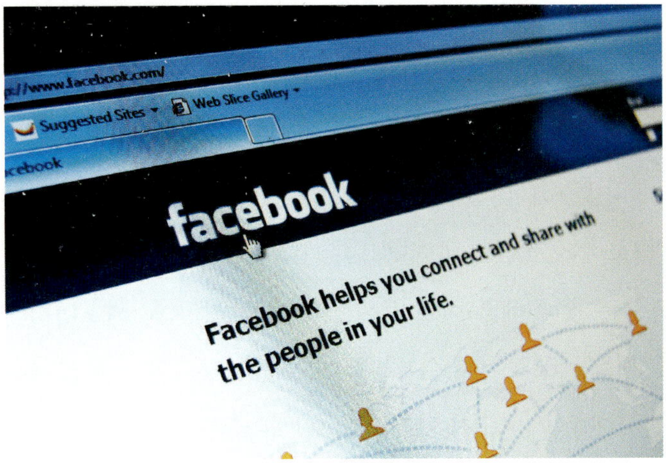

사진 1-1
소비자들은 페이스북을 통해 재미와 상호교류의 경험뿐만 아니라 중요한 정보를 얻을 수 있다.

마케터들은 여전히 TV, 라디오, 잡지, 신문, 게시판을 통한 전통적인 대중매체를 활용한다. 그들은 인지도를 구축하고 소비자들로 하여금 자사의 웹사이트나 페이스북을 방문하도록 유도하는 것과 같은 온라인 행동에 영향을 주기 위해 이러한 오프라인 채널들을 이용한다. 기업들은 상세한 정보를 소비자들에게 제공하는 온라인 전략을 사용하는 동시에, 전통적 매체에 비해서 인터넷이 제공하는 실험적, 오락적, 인터랙티브 요소들을 사용하기도 한다. 예를 들면, **사진 1-1**의 페이스북 홈페이지는 소비자들에게 중요한 정보를 제공하고 소비자들이 게임과 다운로드를 통해 브랜드와 교류하도록 만들어 주고, 동시에 그들에게 자사의 웹사이트와 온라인 점포를 안내해 준다.

마케터들은 시간과 장소에 구애 받지 않고 소비자들이 원하는 정보를 제공하기 위해 마이스페이스와 유튜브와 같은 다른 소셜네트워크와 무선 이동식 장치들을 이용하기도 한다. 인터넷, TV뉴스, 오락 쇼 프로그램과 함께 잡지와 신문에 뉴스 형태로 된 PR public relation 활동이나 기사거리를 통해서 회사나 브랜드에 관한 홍보 publicity가 실시된다. 전통적인 방식으로 표적고객들에게 도달하기 위해, 전자 데이터베이스에 저장된 많은 소비자들의 접촉 정보를 포착하여 우편과 이메일을 발송하는 것과 같은 다이렉트마케팅이 사용된다.

마케팅 커뮤니케이션은 대부분의 기업과 조직들에게 전체적 마케팅 프로그램의 필수 요소이다. 제품이나 서비스를 프로모션하기 위해 소비자에게 알리는 방법이 급속하게 변화하고, 마케팅 프로그램에 대한 다양한 커뮤니케이션 도구들을 이해하고 통합함으로써 속도를 유지해야 한다는 것을 기업들은 인식한다. 시장의 세분화, 인터넷과 디지털 매체의 급속한 성장, 글로벌 시장의 출현, 경제적 불확실성, 라이프스타일의 변화, 소비자들의 미디어 소비 습관 등은 기업의 마케팅 프로그램 특히 광고와 프로모션 방법의 개발 방법을 변화시키고 있다. 이러한 변화에 반응하는 마케팅 프로그램 개발은 각 기업의 성공에 매우 중요하다.

광고와 프로모션 시장의 성장

광고와 프로모션은 사회와 경제 시스템의 중요한 부분이 되고 있다. 복잡한 사회에서 광고는 소비자와 기업 모두에게 필수적인 커뮤니케이션 시스템으로 발전되어 왔다. 준비된 메시지를 표적 소비자들에게 정성들여 전달하기 위한 광고와 여러 프로모션 도구의 능력은 대다수 기업의 마케팅 프로그램에서 중요한 역할을 해 왔다. 규모에 상관없이 기업들은 제품이나 서비스 판매에 도움이 되는 광고와 프로모션에 의존하고 있다. 시장경제 체제에서 소비자들은 구매 의사결정에 사용될 정보를 얻기 위해 광고와 다양한 프로모션 형태에 의존한다.

1980년 광고와 프로모션은 기업들이 사용하는 주된 마케팅 커뮤니케이션이었는데, 미국에서 이 두 가지 도구에 사용된 금액은 1천억 달러가 넘었다. 미디어 광고료는 530억 달러, 견본, 쿠폰, 판매 경진대회, 경품, 프리미엄, 리베이트, 중간상 공제trade allowance, 소매업자에 대한 할인 등과 같은 판매촉진에 사용된 금액은 490억 달러에 이르렀다. 2010년에는 광고와 비광고 마케팅 커뮤니케이션의 총비용은 6,700억 달러, 매체 광고료는 1,770억 달러, 소비자와 중간상 판매촉진 금액은 280억 달러, 다이렉트메일과 다이렉트마케팅 비용은 1,500억 달러, 스폰서십과 이벤트 마케팅 비용으로 300억 달러가 사용되었다.[1]

2000년 시작 시점에는 그리 흔하지 않았던 인터넷과 비전통적 매체에 소요된 마케팅 커뮤니케이션 금액을 알아보는 것은 매우 흥미로운 일이다. 예를 들면, 2010년에 약 130억 달러가 온라인 조사에 사용되었고, 10억 달러는 온라인 소셜 마케팅에 소요되었다. 온라인 진열광고에 사용된 추정금액 110억 달러와 온라인 비디오 광고의 15억 달러를 더하면 2010년 인터넷 광고 비용은 거의 260억 달러가 넘는다. 광고와 프로모션이 휴대폰이나 스마트폰과 같은 다양한 기구에 직접적으로 전달되는 모바일 마케팅은 광고의 다른 형태로, 약 10억 달러 정도의 비용이 투입되었다. 이리하여 전통 매체와 판매촉진은 여전히 기업의 마케팅 비용의 대부분을 차지하고 있지만, 더 큰 금액이 비전통적인 매체에 할당되고 있고 그 금액도 급증하고 있다. 인터넷 시장의 마케팅 커뮤니케이션 비용 역시 증가하고 있다. 미국 밖의 광고비 지출 금액은 1980년 550억 달러이었고 2010년에는 약 2,700억 달러로 늘어났다. 미국 내외 기업 모두 다양한 매체와 판매촉진, 다이렉트마케팅, 스폰서십, PR 등에 큰 돈을 쓴다. 이 모든 것들이 마케팅 커뮤니케이션 프로그램의 중요한 부분이 되어 왔다.[2]

마케팅 커뮤니케이션 비용의 큰 증가는 2008년 후반기에 시작된 글로벌 경기 침체에 의해 영향을 받았는데, 2009년에는 광고와 프로모션 비용이 세계적으로 10% 정도 삭감되었다. P&G를 비롯한 세계 10대 광고주 중 8개를 포함한 많은 기업들이 마케팅 예산을 16% 삭감함에 따라 미국의 광고 금액도 13% 정도 하락하였다.[3] 세계의 마케터들이 광고와 다른 마케팅 커뮤니케이션의 중요성과 가치를 인식함에 따라 광고와 프로모션 비용은 몇 년 안에 다시 증가될 것으로 기대된다. 소비자들에게 제품이나 서비스를 판매하고 그들과 의사소통을 하기 위한 마케팅 프로그램에서 IMC는 중요한 역할을 한다. 마케팅 과정에서 IMC 역할을 이해하기 위하여 먼저 마케팅 기능을 살펴보자.

마케팅의 역할

오늘날 마케팅은 널리 퍼져있고 매우 중요한 것이 되었다. 거대 다국적기업에서부터 소규모 기업들은 마케팅이 중요한 기업 기능이며 시장에서 경쟁 역량에 중요한 역할을 하고 있음을 인식하고 있다. 미국과 캐나다의 마케팅 전문조직인 미국마케팅협회는, 마케팅을 **개인과 조직의 목표를 충족시키는 교환을 창출해내는 아이디어, 제품, 서비스를 구상, 가격 책정, 촉진, 분배하는 것을 계획하고 실행하는 과정**으로 정의하였다.[4] 이 정의에는 마케팅의 핵심 개념으로 **교환**exchange을 강조하고 고객과의 관계 창출하고 유지하는 기본적 마케팅 활동에 주안점을 두고 있다.[5] 교환이 발생하기 위해서는 둘 또는 셋 이상의 당사자들에게 가치가 있어야 하고, 상대방이 그 어떤 것을 포기할 만한 욕구와 역량, 상호 설득시키는 방법이 있어야 한다. 광고와 프로모션은 기업의 제품이나 서비스에 대한 정보를 고객들에게 전달하여 그들의 니즈와 욕구를 충족시켜 줄 능력이 있음을 확신시켜 주는 중요한 역할을 한다.

제품과 서비스의 모든 마케팅 거래에 화폐의 교환이 수반되는 것은 아니다. 다양한 조직, 자선단체, 종교집단, 예술가, 대학들과 같은 비영리조직들은 매년 수백만 달러의 기부금을 받는다. 많은 비영리조직들은 공중에게 기부금 모집 광고를 활용하고 있다. **사진 1-2**는 2010년 아이티의 대지진으로 인한 희생자들을 돕기 위한 기부금을 요청하는 광고이다. 기부자들은 기부행위에 대한 물질적 편익을 받지 않는다. 그들은 자선과 선행의 느낌과 같은 무형적, 심리적 만족을 교환하는 기부를 한다.

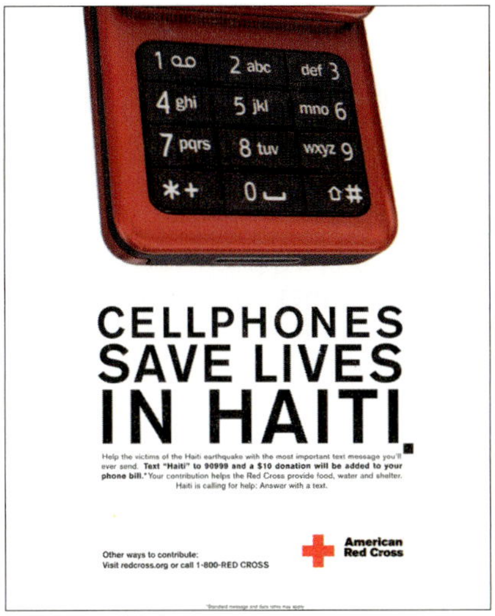

사진 1-2
비영리조직들은 기부금과 도움을 요청하는 광고를 이용한다.

많은 사람들이 여전히 교환을 마케팅 연구의 핵심 현상 또는 영역으로 간주하고 있는 반면에, 학자와 실무자들은 이 원리가 급변하고 있다는 것에 대해 동의하고 있다. 이러한 변화를 반영하기 위해 미국 마케팅협회는 2007년 수정된 **마케팅**marketing 정의를 채택하고 있는데, 그 내용은 다음과 같다.

> 고객, 클라이언트, 파트너, 일반 사회 등에게 가치 있는 제공물offering을 창출 · 커뮤니케이션 · 전달 · 교환하는 과정, 상황의 집합, 활동 등을 마케팅이라 정의한다.[6]

개정된 이 정의는 마케팅 프로세스에 대한 비마케터들의 역할이 더 많이 반영된 것으로 볼 수 있다. 또한 이것은 일반 사회와 고객들을 위하여 가치를 창출하여 설득시키고 전달하는 과정에 있어서 중요한 마케팅 역할을 인식하고 있다. 오늘날에는, 대부분의 시장들은 고객들과의 일회용 교환이나 거래 그 이상을 추구하고 있다. 시장 지향적 기업들은 고객들과의 **관계** 개발과 유지에 주안점을 둔다. 성공하는 기업들은 **가치**를 창출하여 고객들을 설득시키고 그것을 전달하는 것을 매우 중요하게 인식한다. **가치**value란 '제품이나 서비스를 획득하고 소비하는 데 소요된 비용과 비교하여 제품 또는 서비스로부터 얻는 모든 편익에 대한 소비자들의 지각'을 지칭한다.[7] 편익은 기능적인 것(제품의 성능), 경험적인 것(그 제품을 사용하는 것을 좋아하는 느낌), 심리적인 것(특정 브랜드를 소유하는 데서 오는 자기존중이나 신분과 같은 느낌)들이 될 수 있다. 비용은 제품 또는 서비스의 직접적인 구매뿐만 아니라 그것에 대한 정보 획득 비용, 구매 결정, 사용 방법 학습, 유지와 처분 등에 소요된 여러 가지 요소들에 대한 총금액을 가리킨다.

마케팅 믹스

마케팅은 소비자들의 니즈와 욕구를 파악하고, 그 니즈를 충족시키는 제품이나 서비스를 개발하고, 어떤 가격에 그것을 제공하고, 특정한 장소나 분배 채널을 통해서 그것을 이용할 수 있도록 만들고, 인지와 관심을 불러일으키기 위해 촉진 또는 커뮤니케이션 프로그램을 개발함으로써 관계 개발과 교환 과정을 촉진시킨다. 이 4P — 제품product, 가격price, 장소place, 프로모션promotion — 는 **마케팅 믹스**marketing mix의 요소들이다. 마케팅의 기본 과업은 이 4P를 시장에서 소비자들과의 교환 가능성을 촉진할 마케팅 프로그램과 결합시키는 것이다.

적절한 마케팅 믹스가 꼭 발생되는 것은 아니다. 마케터는 각 믹스 요소에 포함되어 있는 문제들과 선택에 대한 지식이 있어야 한다. 마케터들은 소비자들에게 가치를 전달하는 효과적인 마케팅 프로그램을 만들어내기 위해 4P를 결합하는 방법을 알아야 한다. 소비자 조사를 통해 시장이 분석되어야 하고, 그 정보 결과는 전체 마케팅 전략과 믹스를 개발하는 데 이용되어야 한다.

본 교재의 주요한 초점은 마케팅 믹스의 한 요소인 프로모션이다. 그러나 프로모션 프로그램은 실행 가능한 마케팅 전략의 부분이어야 하고, 다른 마케팅 활동들과 조화를 이루어야 한다. 기업은 광고나 판매촉진에 많은 금액을 투입할 수 있지만, 제품의 품질이 나쁘고, 가격이 적당하지 못하거나 소비자들에게 적절하게 분배되지 않으면 성공할 가능성이 낮다. 마케터들은 오랫동안 마케팅 믹스 요소들이 마케팅 전략과 조화를 이루는 결합의 중요성을 인식해 왔다. 많은 기업들이 더 효과적인 마케팅 커뮤니케이션을 달성할 매체광고, 다이렉트메일, 판매촉진, 인터넷 마케팅, 이벤트 스폰서십, PR과 같은 마케팅 커뮤니케이션 활동들을 통합해야 할 필요성도 인지하고 있다.

IMC

수년 동안 기업들이 촉진 기능으로써 대중매체 광고를 주로 이용해 왔다. 거의 모든 마케팅 커뮤니케이션 영역에서 기업들은 기본적으로 광고대행사에 의존해 왔다. 대부분의 마케터들이 부가적인 촉진과 마케팅 커뮤니케이션을 이용해 왔지만, 포장 디자인 회사들과 함께 판매촉진과 다이렉트마케팅 대행사들은 일반적으로 보조적 서비스 기업으로 간주되어 왔고, 프로젝트별로 이용하였다. PR 대행사들은 회사의 홍보, 이미지, 공중 관련 사업들을 수행 단위별로 관리해 왔으나, IMC 프로세스의 중요한 참여자로 간주되지는 않았다.

마케터들은 다양한 마케팅과 프로모션 기능에 강력한 장벽을 구축하고 각각의 예산, 개별적인 시장 관점, 개별적 목표와 목적을 가진 분리된 실무 과업으로써 IMC를 계획하고 관리해 왔다. 이런 기업들은 표적고객들에게 일관된 이미지를 제시하고 효과적인 설득에 조정되어야 할 폭넓은 마케팅과 프로모션 전략의 범위를 인식하지 못하였다.

IMC의 발전

1980년대에 기업들이 폭넓은 시각으로 IMC를 바라보고, 프로모션 도구의 전략적 통합의 필요성을 인식하기 시작했다. 이 시기에는 판매촉진, 다이렉트마케팅, PR과 같은 분야에 대해 급속한 발전이 있었고, 마케팅 커뮤니케이션의 주된 형태로 광고 역할이 제기되는 특징을 띠게 된다. 기업들은 **IMC**integrated marketing comumnications 프로세스에 주안점을 두었는데, 고객들을 설득하기 위한 다양한 프로모션 요소와 마케팅 활동들을 조정하는 것들이 여기에 포함된다.[8] 마케터들이 IMC의 개념을 포괄적인 것으로 다루게 됨에 따라 기본적으로 매체광고에 의존하기보다는 다양한 프로모션 도구들을 조정해 줄 것을 광고대행사들에게 요구하기에 이르렀다. 여러 가지 프로모션 요소들을 개발하고 실행하기 위해 전통적 광고대행사들을 넘어서 프로모션 전문가들을 활용하기 시작했다.

광고대행사들은 자신들이 광고주들의 프로모션 니즈를 한꺼번에 해결하는 솔루션을 제공하는 IMC대행사임을 알리고 PR, 판매촉진, 다이렉트마케팅 회사들을 확보함으로써 프로모션 수단들의 시너지 요구에 반응하였다.[9] 어떤 대행사들은 광고주들의 프로모션 프로그램과 예산을 절약하기 위해 비광고 영역에 개입하고, 광고 제작을 넘어서 모든 실제 가치를 제공하는 노력을 기울이고 있다. 그러나 광고업계는 곧 IMC를 유행 이상의 것으로 인식하게 되었다. **새로운 광고**, **조정**orchestration, **지속적인 커뮤니케이션**seamless communication과 같은 용어들은 통합의 개념으로 기술되는 데 사용되었다.[10] 미국 광고대행사협회의 위원회는 IMC에 대해 첫 번째로 이런 정의를 내렸다.

> 커뮤니케이션 분야 — 예를 들면 일반 광고, 직접반응, 판매촉진, PR — 의 다양성에 대한 전략적 역할을 평가하고, 명확성, 일관성, 최대한의 커뮤니케

이션 효과를 제공하도록 이러한 분야들을 결합하는 종합적인 계획의 부가 가치로 인식하는 마케팅 커뮤니케이션 계획 개념.[11]

이 정의에는 커뮤니케이션의 효과 극대화를 위해 프로모션의 모든 형태를 이용하는 과정이 강조되고 있다. 그러나 IMC 개념의 지지자들은 어떤 제품이나 서비스에 대해 고객과 가망고객들이 가지는 회사의 접점 또는 **모든 브랜드 원천**들을 고려하는 광의의 관점이라고 주장하고 있다.[12] 그들은 마케팅 계획, 프로모션 프로그램, 다양한 커뮤니케이션 기능들의 조정으로 접근하는 큰 그림big picture을 요구하는 것이 IMC의 과정이라 주장한다. IMC는 프로모션뿐 아니라 기업의 모든 마케팅 활동을 고객 설득의 방법으로 인식하는 토탈 마케팅 커뮤니케이션 전략이 요구된다.

기업이나 그의 다양한 브랜드에 대한 소비자들의 지각은, 미디어 광고, 가격, 포장 디자인, 다이렉트마케팅, 홍보, 판매촉진, 웹사이트, 구매시점 진열, 제품 또는 서비스가 판매되는 점포의 형태 등과 같이 소비자들이 받게 되는 메시지 묶음들의 종합체synthesis이다. IMC 접근 방법은 기업의 모든 마케팅과 프로모션 활동들이 시장에 대해 일관적이고 통일된 이미지를 나타내도록 해 준다. 기업이 말하고 행동하는 모든 것이 하나의 공통된 주제를 전달하기 위해 IMC는 중심적 메시지를 전달하는 기능을 가져야 한다. 예를 들면, 모바도Movado는 자사 제품이 고품질, 높은 사회적 지위, 고가의 시계임을 포지셔닝하기 위해 고전적 디자인과 독특한 브랜드명을 사용하였다. 고급 점포, 보석상, 독점판매점에서만 그것을 판매하도록 한 회사의 전략에 의해 이런 고급제품 이미지는 더욱 강화되었다. 사진 1-3의 모바도 광고에서 고급스러운 이미지에 주목해 보라.

사진 1-3
모바도는 자사 시계의 고품질, 고품격 이미지를 보여주기 위해 가격, 제품 디자인, 브랜드명, 유통전략을 포함한 마케팅 믹스 요소를 다양하게 활용하고 있다.

많은 기업들이 광의의 IMC 관점을 채택하고 있다. 그들은 IMC를 자사나 자사 브랜드에 대하여 고객들에게 일관된 메시지를 전달하도록 마케팅 커뮤니케이션 프로그램을 조정하고 관리하는 수단으로 간주한다. 이런 기업들에 있어서는 통합은 다양한 마케팅과 프로모션 요소들을 기본적 분리활동으로써 다루고 있는 전통적 방법을 개선한 것이다. 그러나 광의의 IMC 관점은 IMC가 마케팅 커뮤니케이션 활동들을 비슷해 보이는 것끼리 전술적으로 조정하는 데 초점을 두고 있다는 이유로 많은 도전을 받아 왔다.[13] 그리하여 이 관점은 프로모션 믹스 요소들을 비교적 단순하게 묶어서 하나의 모습을 보이고 동일한 목소리를 내는 외부 지향 마케팅inside-out marketing이라는 비판을 받게 되었다.[14] IMC가 지속적으로 발전함에 따라 실무자들과 학자들 모두가 이 광의의 관점이 필요하고 보다 전략적 관점의 지식분야로 보아야 한다는 데 인식을 함께 하고 있다.

IMC의 현대적 관점

마케터들이 똑똑해지고 IMC를 더 깊이 이해하게 됨에 따라, 그들은 마케팅과 커뮤니케이션 프로그램의 다양한 요소들을 단지 '통일된 모습, 통일된 목소리one look, one voice' 접근법에 맞추는 것 이상의 내용들이 포함되어야 한다는 것을 알고 있다. 이제 IMC가 기업들이 고객 및 이해관계자 집단들을 설득하고 관계를 구축하는 데 가장 적합하고 효과적인 방법들을 알아내는 데 도움이 되는 비즈니스 프로세스로 인식되고 있다. 노스웨스턴대학의 돈 슐츠 교수는 IMC를 다음과 같이 정의하였다.

> IMC는 오랜 시간에 걸쳐 소비자, 고객, 가망고객, 종업원, 기업 안팎과 관련된 표적 대상과 협력자들에 대한 조정되고, 측정 가능하며 설득적인 브랜드 커뮤니케이션 프로그램의 계획, 개발, 실행, 평가에 사용되는 전략적 비즈니스 프로세스이다. 이것의 목표는 단기적으로는 재무 수익을, 장기적으로는 브랜드 가치와 주주 가치를 창출하는 데 있다.[15]

이 IMC 정의에는 중요한 측면들이 포함되어 있다. 첫째, IMC는 단순히 다양한 커뮤니케이션 활동의 전술적 통합이라기보다는 전략적 비즈니스 프로세스를 수행하는 것으로 간주된다. 둘째, 밀접하게 관련된 많은 청중이 이 프로세스의 중요한 부분이 되고 있다는 것이다. 외부적으로는 고객, 가망고객, 공급자, 투자자, 관심집단, 일반 공중general public이 있고, 내부적으로는 종업원과 같은 사람들이 바로 이들이다. 슐츠는, 마케팅과 마찬가지로 일반적으로 이 정의에는 IMC 프로그램의 **성과** 평가와 측정의 필요성이 강조된다고 하였다.

기업들은 고객 및 이해관계자들과 효과적으로 의사소통을 하는 데에는 전통적 IMC 도구들을 전술적으로 사용하는 것 이상의 어떤 것들이 포함되어야 한다는 것을 인식하고 있다. 이런 기업들은 광고대행사들과 함께 자신들의 마케팅과 비즈니스 실무에 IMC를 포함시키고 있다. 그러나 모든 기업들이 프로모션 믹스 요소들을 하나로 묶는 단계를 넘어 실제 통합에 요구되는 투자와 변화를 시도하는 것은 아니다. 또 학계나 실무자들은 일시적으로 영향을 주는 또 하나의 '관리 유행'이 되는 것이 아닌지에 대한 의문을 제기한다.[16] IMC에 대한 비판자들은 현재의 아이디어나 개념들에 단순히 새로운 이름을 붙이고 재생하는 것이라 주장하고, 그것의 마케팅과 광고 사고와 실무의 중요성에 의문을 제기하고 있다.[17]

IMC의 타당성과 가치에 대한 논의는 계속될 가능성이 있는 반면, 이 콘셉트의 지지자들은 비판자들보다 더 우세하다. 새천년 시대에 직면하고 있는 급변하는 커뮤니케이션 환경 하에서는 IMC가 마케터들에게는 중요한 가치를 제공하는 영구적인 변화임이 입증되고 있다. 고객 및 이해관계자들과의 관계 획득, 유지, 발전에 있어서 노력을 더 집중하기 위해 기업들이 사용할 수 있는 신세대 마케팅 접근법의 하나로 IMC가 서술되어 왔다.[18] IMC의 중요성이 증대되고 있는 이유에 대해 계속 설명하기로 한다.

IMC의 중요성 증대 이유

대기업과 소기업 모두 IMC 계획과 전략을 채택해 왔고, B2Bbusiness to business 마케터, 소비재와 서비스마케팅 기업들에게도 IMC 접근법이 일반화되고 있다. 이런 현상의 근본적 이유는 개별적으로 작동하기보다는 여러 커뮤니케이션 기능들을 전략적으로 통합하는 것이 더 가치가 있다는 것을 마케터들이 알았기 때문이다. 마케팅 커뮤니케이션 활동들을 조정함으로써, 기업들은 프로모션 수단들의 중복을 피하고 시너지 효과를 얻고, 능률적이고 효과적인 마케팅 커뮤니케이션 프로그램을 개발할 수 있다. IMC 지지자들은 IMC가 기업의 마케팅과 프로모션의 투자수익률을 극대화할 수 있는 가장 쉬운 방법이라고 주장한다.[19]

또한 통합 마케팅으로의 이동은 특히 소비자, 기술, 매체소비 행동의 관점에서 환경변화에 대한 마케터들의 적응을 반영하기도 한다. 수십 년 동안 TV, 라디오, 잡지, 신문과 같은 대중매체를 이용하여 마케터들이 광고를 소비자들에게 도달시키는 것은 쉬운 일이었다. 대중매체가 자동차회사, 포장된 소비재 기업, 기타의 기업들과 공생의 관계를 유지하고 있었기 때문에, 광고 문구는 정말 단순했다. 매체사들은 광고를 개발하여 고가로 광고주들에게 넘겼으나, 고품질의 내용은 많은 수신자들의 반응을 이끌어냈다. 제품이나 서비스 구입을 자극하는 광고메시지를 대중들이 접근할 수 있는 방송국, 잡지와 신문발행사들에게 마케터들은 많은 돈을 지불하였다. 매체사들이 받은 광고료 수입금액은 마케터들이 탐내는 시청자, 청취자, 투자자들에게 그 매체가 지속적으로 메시지를 전달하기 위해 고품질 내용의 광고를 만들어내는 데 다시 사용될 수 있었다.

그러나 지난 10여 년간, 전통적 대중매체에 영향을 주는 매체 풍경과 그것들을 지원하는 경제 모델에 중요한 변화가 일어났다. 네트워크TV에 의해 집적되고 다른 매체들에 의해 증가된 대중들이 급속하게 세분화됨에 따라, **마이크로마케팅**으로 진화가 시작되었다.[20] ABC, CBS, NBC, FOX 방송국과 같은 전통적 매체의 시청률viewing audience이 DVD, VOD, 인터넷, 비디오게임뿐만 아니라 ESPN, VHI, MTV와 같은 케이블 네트워크의 더 좁혀진 표적으로 이동하고 있다. 인터넷은 현재 거의 모든 TV 방송, 신문, 잡지의 온라인 버전을 가지고 있음에 따라 중요한 광고매체로 성장하고 있다. 웹은 마케터들의 다차원에 근거한 표적화에 많은 기회를 제공한다. 초기에 인터넷 광고로 정의되었던 대충 만든 배너 광고와 팝업 광고는 유료 검색과 같이 더 정교한 형태로 바뀌었는데, 이것은 온라인 광고의 형태 중 성장속도가 가장 빠르다.

광고주들은 표적을 사냥하는 방법으로 전통매체보다 인터넷을 더 이용할 수 있다. 그들은 소비자들의 관심사에 대해 더욱 좁혀진 표적화가 가능한 웹사이트에 광고를 게재하고 사람들이 제품이나 서비스에 관한 정보를 검색할 때 보여 줄 수 있다. 구글이나 빙Bing 같은 검색엔진에 자신들의 광고를 노출시킬 수 있다. 구글은 AdWords라 불리는 주제어-표적 광고keyword-targeted advertising 프로그램을 갖춘 온라인 검색 광고 마케터로서 군림하고 있다(**사진 1-4**). 마이스페이스, 페이스북, 트위터, 링크드인, 유튜브 같은 소셜 네트워킹 사이트는 인터넷에 스며들어 사람들이 기업, 브랜드, 여러 이슈들에 대해 서로 알려 줄 뿐만 아니라 콘텐츠, 의견, 통찰력, 경험 등을 공유할

사진 1-4
구글의 AdWord는 온라인 검색 광고에서 가장 인기 있는 프로그램이다.

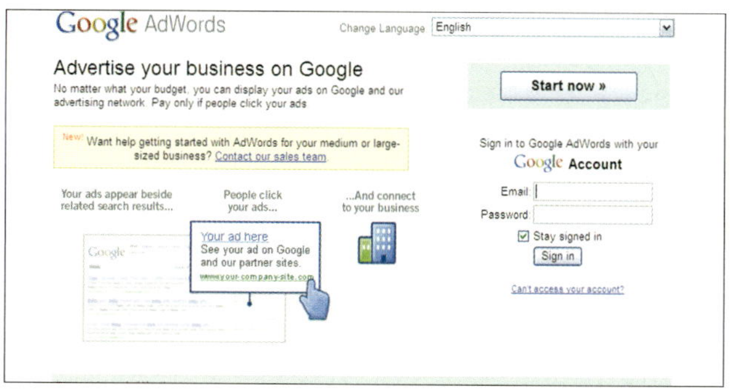

수 있게 해 준다.[21]

매체 세분화에 대응하기 위해, 마케터들은 목표 매체에 대한 지출규모를 보다 늘리고 특정 세분시장에 도달할 수 있게 되었다. 마케터들이 온라인 광고 예산을 늘려가고 있어서, 현재는 온라인 광고가 미국의 총광고시장의 7%를 차지하고 있다. 매체 급증뿐만 아니라 소비자 시장의 세분화도 지속되고 있다. 마케팅 커뮤니케이션 프로그램 성공은 기업들이 사라지는 대중매체로부터 새로운 시대의 마이크로마케팅으로 전환을 얼마나 잘하는가에 달려 있다. 대다수 마케터들은 소수를 설득하기 위해 대중에게 광고메시지를 보내는 것은 더 이상 경제성이 없다는 것을 알게 되었다. IMC Technology Perspective 1-1은 IMC가 새 천년 시대의 첫 10년간 기술이 끼치는 영향에 관한 것을 다루고 있다.

매체 증가와 표적청중의 세분화에 더하여, 마케터들은 또 소비자들이 전통적 광고에 덜 반응하는 문제에 직면한다. 소비자들은 판매 메시지 공격에 피곤해져 있기 때문에, 광고나 다른 마케팅 커뮤니케이션에 싫증을 느낀다.[22] Y세대(1979년에서 1994년 사이에 출생한 세대) 소비자들은 전통적 광고에 매우 회의적이다. 매체 포화상태와 브랜드 의식 환경에서 자라나, 그들은 광고에 다르게 반응하고 각기 다른 장소와 원천으로부터 마케팅 메시지와 접촉하는 것을 선호한다. Y세대의 주의를 끌고 회의를 타파하기 위해서 마케터들은 다른 방법으로 메시지를 전달해야 한다는 것을 인식하고 있다. 예를 들면, 포드 자동차는 최근 신차 피에스타를 미국시장에 출시하면서, 표적고객들에게 이 차의 소문을 내기 위해 설계된 피에스타 운동이라는 공격적인 소셜미디어 프로그램을 사용하였다.[23] 포드사는 소셜미디어의 유행 선도자로 파악된 4,000명의 온라인 지원자들 중에서 100명을 '피에스타 대리인'으로 선정하고 그들에게 6개월간 운전할 수 있는 자동차 1대씩을 주었다. **사진 1-5**에서 보는 바와 같이 유튜브, 페이스북, 기타 소셜네트워크 사이트에서 자신의 친구와 팔로워들에게 여행, 사회활동 등을 포함한 미션을 매월 수행하고, 비디오 게시 및 업데이트 하는 조건을 부여하였다.

사진 1-5
포드 자동차는 소셜미디어 사이트에 대리인들의 블로그를 만들어 신차 피에스타에 관한 활동을 업로드하게 함으로써 소문을 퍼뜨렸다.

IMC 운동으로 기업들은 자사 제품과 서비스를 판매하는 방법과 마케팅 규칙을 바꾸는 마케팅 발전을 실행함에 있어서 근본적으로 변화할 수 있

IMC Technology Perspective 1-1: 기술 진화가 IMC를 성공시킨다

10여 년 전 새 천년이 시작되었을 때, 기술은 IMC 실행에 영향을 주기 시작했다. 인터넷은 대역폭 문제(band width problem)와 같은 기술적 한계로 여전히 제약을 받았고, 대다수 소비자들은 AOL, 넷제로, 얼쓰링크와 같은 전화 서비스망의 연결을 거쳐 웹에 접근하였다. 구글, 야후, MSN과 같은 검색엔진은 초보 단계에 있었고, 블랙베리와 아이팟 같은 제품들은 겨우 출시 단계에 있었다. 오늘날 소비자들이 1일 4시간 정도 온라인을 사용하는 것에 비해, 2000년의 소비자들은 겨우 30분 정도를 온라인 이용에 소비하였다. 고객들을 위해 새로운 IMC 캠페인을 계획할 때, 광고대행사들은 TV, 라디오, 인쇄매체와 같은 대중매체 채널의 광고를 기본적으로 구상하고 개발하였다. 온라인 요소는 회사나 브랜드, 촉진 제공물에 대한 정보제공과 같은 지원 역할을 하거나 광고를 보거나 인쇄물 또는 브로슈어를 보는 장소였다. 많은 전문가들은 웹이 과대 선전되었고, 그래서 그 잠재력이 실현되기까지는 수년이 걸릴 것이라는 증거를 제시하면서 닷컴회사 거품의 파열과 온라인회사의 실패를 지금도 시사하고 있다.

그러나 새 천년 첫 10년 중반에 WWW 버전이 출시되면서 인터넷의 변혁이 일어났다. 인터넷의 변화를 서술하기 위해 사용된 용어인 '웹 2.0'은 일방적 커뮤니케이션에 반대되는 양방향의 정보 공유와 공동 작업을 촉진하였다. 웹 2.0 사이트에서 이용자들은 정보의 소극적 탐색에 국한되지 않고 웹사이트 내용물을 바꿀 수 있을 뿐만 아니라 상호 교류할 수 있게 되었다. 이 애플리케이션은 소셜네트워크 사이트, 비디오 공유 사이트, 위키스, 블로그, 그리고 폭발적으로 성장한 온라인 커뮤니티를 생기게 하였다. 2005년에는 페이스북, 트위터, 유튜브, 훌루, 링크드인은 아직 출현하지 않았었고, 마이스페이스만 겨우 1년째였다. 그러나 2010년까지 페이스북은 5억 명, 트위터는 1억 명의 회원이 있고, 훌루는 주요 TV 채널이 되었으며, 유튜브는 매일 1억 개 이상의 비디오를 보는 사이트가 되었으며, 인터넷 방문자가 가장 많은 사이트가 되었다.

기술의 발전은 소비자들의 삶에 있어서 TV와 모바일폰이라는 두 가지 스크린에 영향을 주고 있다. 디지털 비디오레코더를 소유하고 있는 가정이 2003년 350만 명에서 2010년 4,000만으로 증가되었는데, 이 숫자는 미국의 1억 1,500만 TV보유 가구수의 1/3이 넘는다. 디지털 케이블 방송과 직접수신위성 서비스의 침투로 인해, 미국의 평균적 가구가 2000년의 61개에 비해 현재는 130개의 TV채널을 수신할 수 있다. 이것은 TV시청자의 세분화를 주도했다. 대다수 가정에 있는 고화질 평면TV는 랩탑 컴퓨터와 소니 플레이스테이션, 마이크로소프트 엑스박스, 닌텐도 위와 같은 게임기에 연결될 수 있고, 이런 것들은 TV와 인터넷을 수렴하여 하나의 실체로 만들고 있다. 이런 장비들은 TV프로그램과 직접적으로 경쟁하는 영화, 비디오게임, 웹 콘텐츠 같은 고객맞춤 콘텐츠 전달을 가능하게 해 준다. 미래 TV시청자들은 리모컨으로 빨리 돌리기, 정지, 콘텐츠 검색 등을 할 수 있게 될 것이다. 이것은 소비자들이 그만큼 상업광고를 적게 보게 되는 것을 의미한다. 광고회사들은 이러한 위협을 인식하고 그들의 광고를 부각시키기 위해 시청행동의 통합 방법을 연구하고 있다.

현재 미국인의 85%가 모바일폰을 가지고 있어 일상생활에 필수적인 요소가 되었다. 매년 1조 개 이상의 메시지가 모바일폰에서 발송된다. 모바일 기기를 소유한 사람의 약 1/4은 인터넷을 검색하고, 10만 개 이상의 애플리케이션을 제공하는 아이폰이나 블랙베리 같은 스마트폰을 가지고 있으며, 이것을 이용해 비교 구매, 식당 위치 추적, 또는 자신들에게 배달된 할인쿠폰 제시 등과 같은 구매 촉진을 하도록 설계되어 있다. 마케터들은 소비자들의 모바일 기기에 직접 촉진 제공물과 메시지를 보낼 수 있고, 특정 위치와 소비 상황을 겨냥하는 모바일 마케팅 프로그램을 개발하고 있다. 퀄컴사의 미디어FLO는 모바일폰에 TV쇼를 방송할 수 있는 전국망의 네트워크를 개발하여 버라이즌(Verizon), AT&T를 통해 FLO TV프로그램을 방송하고 있다.

이제 다른 스크린-전자판독기-은 소비자들의 생활의 일부가 되고 있다. E-판독기 시장은 이런 판독기들이 전통적인 도서 판독과 보관 방법으로 도입한 아마존(킨들)과 소니가 선구자이다. 그러나 애플, 휴렛팩커드, 델과 같은 기업들이 신문과 잡지를 판독하고 교재의 플랫폼을 제공할 수 있도록 하는 타블릿과 같은 자체 E-판독기 버전으로 이 시장에 진입하고 있다. 사실, 가까운 미래에 교과서는 쓸모없게 되고 대부분의 학생들은 이런 기기로 읽게 될 디지털 책을 구입할 가능성이 높다. 많은 잡지사와 신문사들은 완전 컬러로 된 인터랙티브 광고를 포함하는 디지털 출판물을 개발하고 있다.

소비자들의 일상생활에 영향을 주는 기술의 급속한 변화 속도는 마케터들에게 중요한 도전을 제시한다. 마케팅과 광고 컨설턴트인 에이비 댄은 이 도전에 대해서 다음과 같이 말하였다. "10년 전에는 마케터들이 알아야 할 것이 포지셔닝 측면, 매체 특성, 미디어 조사, 가격결정과 몇 가지 유통채널 등 100가지 정도였다. 그러나 지금은 1,000여 가지나 된다. 기술은 조금씩 진보되어 온 반면, 마케터가 알아야 할 것은 기하급수적으로 증가하였다." 새 천년의 첫 10년 동안 발생된 기술의 진보는 향후 10년간 발생될 것과 비교해 보면 그리 크지 않을 것이다. 마케터들은 선택의 여지가 없다. 이런 도전들을 감내하고 위협보다는 기회로 간주해야 한다.

자료: Josh Quittner, The Future of Reading," Fortunr, February 11, 2010, pp. 63-67. Avi Dan, "Why Brands Should Embrance Technological Change," Advertising Age, January 19,2010, http:// www.adage.com/print?artic-id=141478; Brian Steinberg, "The Future of TV," Advertising Age, pp. 1,18-19.

다.[24] 마케팅 진화의 주요 특징은 다음과 같다.

- **전통적 매체 광고로부터 비전통적 매체 및 기타 프로모션 형태에로의 마케팅 비용 전환.** 전통적 매체 광고가 많은 비용에 비해 효과가 낮다는 것을 기업들이 깨닫고 나서 판매촉진, 이벤트 마케팅, 스폰서십, 다양한 직접광고와 인터넷과 같은 보다 표적이 명확하고 비용이 적게 드는 수단으로 마케팅 비용을 전환하고 있다. 소비자들은 전통적 광고매체에 반응을 적게 하거나 상업광고 시간에 TV나 라디오 채널을 바꾸거나 녹화된 TV쇼를 빠르게 돌려 광고를 회피한다는 것을 마케터들이 알게 되었다. 이리하여, 마케터들은 PPLproduct placement을 전담하는 회사를 찾거나 자사 브랜드를 영화나 TV쇼에 통합하기 위해 주요 방송국들과 직접 협상하기도 한다. 쉐보레 카마로는 영화「트랜스포머 2」에 주연급으로 등장하였고, 어떤 브랜드들은 버드와이저, 애플, 마운틴듀, 사우스웨스트 에어라인과 함께 제시되기도 하였다.[25] 많은 브랜드들은 아메리칸 아이돌, 익스트림 메이크오버와 같은 인기 쇼에서 노출되기도 하였다.
- **인터넷과 소셜미디어의 급속한 성장.** 매일 많은 소비자들이 인터넷을 탐색하고 각 마케터들은 거의 매일 전반적인 기업 전략과 함께 웹을 마케팅 커뮤니

케이션의 중요한 부분으로 만들고 있다. 현재 미국의 2억2,000만 명 이상을 포함한 전 세계 18억의 인터넷 이용자들이 있다. 미국 가구의 75%가 인터넷을 이용하고 이 중 약 2/3가 광대역 접속망을 가지고 있다.[26] 이제 사람들이 정보, 콘텐츠, 통찰력, 경험, 관점 등을 공유할 수 있는 소셜미디어의 개발과 성장을 이끌어낸 인터넷 진화(웹 2.0) 단계에 진입하였다. 미국인들의 60%가 소셜미디어를 이용하고 있고, 대부분의 기업과 조직들이 페이스북 페이지를 만들고 유튜브나 다른 사이트에 광고를 게시하는 등 소셜미디어를 사용하고 있는 것으로 평가된다.[27]

- **제조업자로부터 소매상으로 시장 파워 이동.** 중소규모 지역 소매상들이 지역, 전국, 국제 체인망에 의해 대체되고 있는 거대한 통합이 이루어져 왔다. 월마트나 타겟TARGET 같은 대규모 소매업들은 제조업체에게 더 많은 프로모션 수수료와 공제금을 요구하고 있다. 또 계산대의 스캐너 같은 기술의 발달로 인해 제조업체의 프로모션 전략 효과에 관한 정보를 소매업체가 제공받기도 한다. 그 결과 마케터는 판매촉진처럼 즉각적이고 단기적 결과를 가져다 줄 수 있는 프로모션 도구에 마케팅 예산을 더 많이 할당한다.
- **데이터베이스 마케팅의 개발과 성장.** 많은 기업들이 고객들의 이름, 지리적, 인구통계적, 사이코그래픽스 프로파일과 구매패턴, 선호 매체, 신용과 재무 정보 등의 특성들을 포함한 거대한 데이터베이스를 가지고 있다. 마케터들은 매체광고에 의존하기보다는 텔레마케팅, 이메일마케팅, 우편물 발송, 기타 직접반응 광고 등과 같은 다양한 다이렉트마케팅 수단을 통하여 고객들을 표적으로 삼는 데 이 정보들을 이용하고 있다. 이러한 데이터베이스는 기업의 고객관계관리CRM의 통합 부분이 되는데, 이것은 고객들의 선호도, 행동의 체계적 추적, 고객의 니즈와 욕구 등을 충족시킬 제품이나 서비스의 수정을 포함한다.[28]
- **광고대행사들의 책임 증대와 대행사와 마케팅 커뮤니케이션 회사의 보상 방법의 변화.** 기업들이 광고대행사를 필요로 하고 대행사들에게 측정 가능한 결과를 요구한다. 기업들은 매출액, 시장점유율, 수익성과 같은 객관적인 척도에 기초하여 광고대행사들에게 보상을 한다. 또 기업들은 IMC 프로그램의 개발과 실행을 위하여 전통적 광고대행사를 벗어나 다른 마케팅 커뮤니케이션 회

사들을 찾아 나서고 있다. 이런 회사들에는 인터넷과 인터랙티브마케팅, 다이렉트마케팅, 판매촉진, PR, 매체 계획과 구매 등과 같은 분야에서 전문화된 대행사들이 있다.

이러한 변화와 발전은 마케팅과 프로모션 프로세스와 관련된 모든 사람들에게 영향을 미친다. 기업들은 제품과 서비스를 판매하고 프로모션하는 방법들을 바꾸어야 한다는 것을 인식한다. 그들은 더 이상 매체광고와 같은 특정한 커뮤니케이션 도구에 연연해서는 안 되며, 표적고객들에게 메시지를 전달할 최선의 방법을 제공하는 모든 도구들을 이용해야 한다. 광고대행사들은 스스로가 광고 전문가보다 더 많은 것을 제공할 수 있는 있다는 것을 광고주들에게 재포지셔닝해야 한다. 광고대행사들은 의뢰인들에게 자신들이 고객의 통합 커뮤니케이션 니즈의 모든 부분을 처리할 수 있음을 확신시켜 주어야 한다. 대행사들도 미래의 성공은 촉진 분야의 모든 것을 이해하고 고객들의 IMC 프로그램의 개발과 실행을 도와주는 것에 달려 있다는 것을 인식하고 있다.

브랜딩에 있어서의 IMC 역할

지난 10년간 IMC의 중요성이 커진 이유는 IMC가 브랜드 정체성과 브랜드자산의 개발과 유지 과정에서 중요한 역할을 해 왔기 때문이다. 브랜드 전문가인 켈빈 켈러는 이렇게 언급하였다. "브랜드자산을 구축하고 적당하게 관리하는 것은 모든 기업, 모든 업종, 모든 시장에서 우선순위가 되었다."[29] 시간이 부족한 고객들에게는 잘 알려진 브랜드가 시장에서 경쟁적 우위를 가지게 된다. 브랜드 정체성과 브랜드자산 구축과 유지에는 소비자들의 마음속에 호의적이고, 강력하며, 독특한 연상을 가진 잘 알려진 브랜드 창출이 필요하다.[30] 기업들은 브랜드자산을 공장, 특허, 현금처럼 중요한 자산으로 인식하고 있다. 강력한 브랜드가 투자자뿐 아니라 소비자들로부터 프리미엄 가격을 자불하게 만드는 힘을 가지기 때문이다. 도표 1-1은 인터브랜드라는 브랜드 컨설팅 회사가 측정한 세계적으로 가치를 지닌 브랜드를 보여 주고 있다.

브랜드 정체성brand identity은 이름, 로고, 심볼, 디자인, 포장, 제품이나 서비스의 성능뿐만 아니라 소비자들이 어떤 브랜드를 생각할 때 마음속에 떠오르는 연

순위	브랜드	자산가치 (10조 US달러)
1.	코카콜라	77.84
2.	IBM	76.59
3.	마이크로소프트	75.53
4.	제너럴 일렉트릭	69.73
5.	노키아	57.85
6.	맥도날드	43.68
7.	구글	40.06
8.	도요타	39.39
9.	인텔	32.89
10.	디즈니	30.28

도표 1-1
세계 10대 브랜드자산가치 (2012년)

자료: http://www.interbrand.com/best_global_brands.aspx.

상의 종류나 이미지 등을 포함한 많은 요인들의 결합체이다. 이것은 소비자들의 인지도, 지식, 브랜드 이면의 기업 및 그 브랜드 이미지의 모든 범위를 포함한다. 브랜드 정체성은 소비자들이 그 브랜드와 접촉하거나 조우하게 되는 모든 요소들의 총합이고, 브랜드 사용 결과나 경험 너머로 확장된다. 이런 접촉들은 기업들이 사용하는 IMC의 다양한 형태로부터 나타나는데, 여기에는 대량매체 광고, 판촉물, 스포츠나 이벤트 후원, 웹사이트, 서신, 안내용 책자, 카탈로그 또는 비디오 같은 다이렉트메일 등이 있다. 또 소비자들은 점포 내 구매시점에서 어떤 브랜드에 관한 정보를 접촉하거나 얻게 될 수도 있다. 소비자들이 매체에서 보고, 듣고, 읽은 이야기나 기사를 통해서 또는 판매원과 같은 기업을 대표하는 사람들과 교류를 통해서도 브랜드를 접촉하거나 정보를 얻을 수 있다. 기업들에게 대량매체 광고는 브랜드 구축 활동의 초석이 되어 왔다. 그러나 앞서 언급한 바와 같이, 세계적인 경기침체로 대다수 기업의 광고와 프로모션 예산을 삭감해 왔다. 이리하여 그들은 브랜드 인지도와 정체성을 구축하는 데 큰 매체 예산을 확보하지 못하였다. 경기침체는 소비자들의 구매 행동뿐만 아니라 그들이 기업을 지각하는 방법과 기업들이 제품이나 서비스를 판매하는 방법이란 관점에서 소비자들에게 영향을 주게 되었다.

마케터는 현대 마케팅 세계에서 기업이나 브랜드에 대한 정보를 제공하기 위하여 현재 고객이나 가망고객들과 **접촉**하는 방법이나 기회가 많이 있음을 인식한다. 그러한 접촉을 시도하는 다양한 IMC 도구의 사용과 브랜딩 메시지를 효과적이고 효율적으로 전달하는 방법을 이해하는 것은 마케터들이 풀어야 할 문제이다. 성공적인 IMC 프로그램이 되려면 마케터가 커뮤니케이션 도구와 기법의 올바른 결합을 모색하고 그 각각의 역할과 사용할 범위를 결정하고 용도를 조정해야 한다. 이것을 달성하기 위하여 기업의 커뮤니케이션 활동을 맡고 있는 담당자는 활용 가능한 IMC 수단과 그것들이 이용되는 방법을 알고 있어야 한다.

프로모션 믹스: IMC 도구

프로모션promotion은 제품과 서비스를 판매하거나 아이디어를 증진하기 위해 정보와 설득 채널을 구축하는 판매자 주도의 조정 활동으로 정의된다.[31] 암시적 커뮤니케이션은 마케팅 믹스의 다양한 요소들을 통해서 발생하는 반면 대부분의 조직에서 시장과의 커뮤니케이션을 정성들여 계획하고 조정된 프로모션 프로그램의 일부로써 발생된다. 조직의 커뮤니케이션 목적을 달성하기 위해 사용된 기본적 도구들은 **도표 1-2**의 **프로모션 믹스**promotional mix로 언급되기도 한다.

전통적으로 프로모션 믹스는 네 가지 요소를 포함한다. 광고, 판매촉진, 홍보/PR, 인적판매. 본 교과서에서는 마케터가 표적 소비자들을 설득하기 위해 오늘날 사용하는 중요한 프로모션 믹스 요소로 다이렉트마케팅과 인터랙티브 매체를 함께 다룬다. 프로모션 믹스의 각 요소는 IMC 프로그램에 있어서 각각의 역할을 하는 IMC 수단으로 간주된다.

광고

광고advertising는 '명시된 광고주가 조직, 제품, 서비스, 또는 아이디어에 관하여 유료로 행해지는 모든 비인적 커뮤니케이션 형태'로 정의된다.[32] 이 정의에서 **유료**paid의 의미는 일반적으로 광고메시지를 위한 공간이나 시간에 대해 돈을 지급했다는 것을 나타낸다. 유료의 예외는 공공서비스 안내인데, 이 경우는 매체가 시간이나 공간을 무료로 제공해 준다.

도표 1-2
프로모션 믹스의 요소

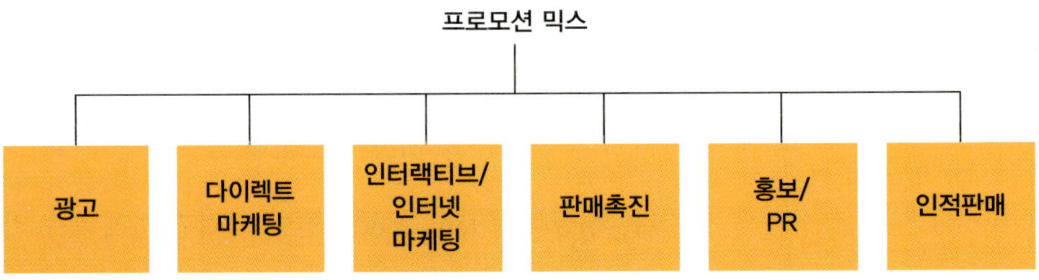

비인적nonpersonal 요소라는 것은 광고가 대규모 소비자들에게, 때로는 동시에 어떤 메시지를 전달할 수 있는 매스미디어(TV, 라디오, 잡지, 신문 등)를 수반한다. 대체로 광고의 비인적 특성은 메시지 수신자들로부터 즉각적인 피드백의 기회가 없다(직접반응 광고는 예외). 그러므로 메시지가 발신되기 전에 광고주는 수신자들이 그것을 이해하고 반응하는 방법을 고려해야 한다.

침투력 때문에 광고는 프로모션의 형태로 가장 폭넓게 논의되고 있다. 특히 자동차 제조사, 포장 제품, 제약회사 등과 같이 대량소비자들을 겨냥한 제품이나 서비스를 판매하는 기업에게는 광고가 매우 중요한 프로모션의 형태이다. 도표 1-3은 우리나라의 광고산업 규모를 보여주고 있다.

광고가 매우 중요한 IMC 프로그램의 부분이 되는 이유는 다음과 같다. 첫째, 매체 광고는 여전히 대규모 소비자들에게 도달하는 비용 효율성이 높은 방법이다. 미국의 경우 프라임타임 대의 4대 TV방송의 30초짜리 상업광고는 거의 500만 가구에 도달한다. 2009~2010년의 프라임타임대의 네트워크 TV의 1,000명당 광고비용은 22.72달러였다.[33] 아메리칸 아이돌이나 NCIS 같은 인기있는 쇼 프로그램은 주당 1,500~2,000만 명의 시청자들에게 도달할 수 있다. 타임, 스포츠일러스트레이티드, 피플 같은 잡지들은 주간 발행부수가 300만 부가 넘고 각 이슈의 복수 독자들을 가지고 있어 1,000만 명이 넘은 독자들에게 도달할 수 있다. 따라서 브랜드 인지도 구축과 유지 및 광고메시지를 대중시장에 전달하기 원하는 마케터들에게는 광고를 대체할 비용 효과적인 것이 없는 실정이다.[34]

도표 1-3
우리나라 광고산업 매출액 현황 (2011년)

자료: 2011(2012년 조사) 광고산업통계, 한국방송광고진흥공사.

업종	사업체 수		매출액	
	회사 수	구성비(%)	금액(억 원)	구성비(%)
광고(종합)대행	1,464	26.0	9,728	79.9
광고제작	693	12.3	263	2.2
서비스	336	6.0	371	3.0
인쇄	1,601	28.5	404	3.3
온라인	204	3.6	912	7.5
기타	1,327	23.6	495	4.1
합계	4,298	76.4	11,678	95.9

사진 1-6
미국 광고협회는 광고의 중요성을 알리고 있다.

광고는 소비자들에게 정보를 제공하고 그들의 지각에 영향을 미치기 때문에 기업이나 브랜드자산을 구축하는 데 매우 중요한 수단이 된다. 기능적 속성을 차별화하기 어려운 제품이나 서비스를 판매함에 있어서 중요한 것이 되고, 브랜드에 대해 호의적이고 독특한 이미지와 연상을 창출해 내는 데 광고가 이용된다. 브랜드 이미지는 제품과 서비스 구매에서 중요한 역할을 하고, 광고는 여전히 브랜드 구축의 가장 좋은 방법으로 인식된다. **사진 1-6**은 미국 광고협회가 광고의 중요성을 촉진하기 위해 실시하고 있는 캠페인이다.

사진 1-7
제너널 일렉트릭 같은 B2B 광고주들은 기업과 기업의 프로그램에 대한 인지도를 구축하기 위해 광고를 이용한다.

광고의 특성과 목적은 업종이나 상황에 따라 다르다. 소비자 시장에 제품이나 서비스를 판매하는 기업들은 일반적으로 소매상이나 지역 판매업자들처럼 표적고객들을 설득하기 위해 광고에 매우 의존한다. 그러나 광고는 소고기나 우유처럼 한 제품 범주의 수요를 자극하기 위해 한 업종에 의해 수행될 수도 있다. 또 광고는 현재고객과 가망고객들에게 도달하기 위해 산업재 시장이나 전문품 시장에서 경쟁하는 기업들에 의해서도 광범위하게 이용된다. 예를 들면 B2B 마케터들은 회사와 그 제품의 인지도를 구축, 매출액 선도 획득, 소비자들의 구매제품 확신, 또는 기업의 호의적 이미지 창출 등과 같은 중요한 기능을 수행하기 위해 광고를 이용한다. **사진 1-7**은 세제에 대한 욕구, 더 효율적인 에너지 자원, 가스배출 감축, 풍부하고 깨끗한 물

자원 등과 같은 지구촌의 도전들을 언급함으로써 제너럴 일렉트릭사의 신환경적 상상력ecomagination 지속 가능성을 전사적으로 주도하고 있는 캠페인이다.

다이렉트마케팅

미국 경제에서 급속하게 성장하는 부문 중 하나는 **다이렉트마케팅**direct marketing인데, 이것은 기업들이 반응이나 거래를 창출하기 위해 표적고객들을 직접적으로 설득하는 활동이다. 전통적으로 다이렉트마케팅은 프로모션 믹스의 요소로 고려되지 않았다. 그러나 이것은 기업의 IMC 프로그램의 통합 부분이고 종종 개별 목표, 예산, 전략을 포함하게 됨에 따라 우리는 다이렉트마케팅을 촉진믹스의 한 요소로 간주한다.

다이렉트마케팅은 다이렉트메일과 우편주문 카탈로그 이상의 것이다. 이것은 데이터베이스 경영, 직접 판매, 텔레마케팅, 다이렉트메일을 통한 직접반응 광고, 인터넷, 다양한 방송, 인쇄미디어 들을 포함하는 여러 활동들을 포함한다. 터퍼웨어, 디스커버리토이스, 암웨이 같은 일부 기업들은 다른 유통 채널을 이용하지 않고, 제품을 고객들에게 직접 판매하기 위해 독립적인 계약자들에게 의존한다. 엘엘빈, 랜즈엔드, 제이크루 같은 기업들은 의류제품을 판매하기 위해 다이렉트마케팅을 매우 성공적으로 이용하고 있다. 델도 다이렉트마케팅을 통해서 PC 전 상품full line을 판매함으로써 컴퓨터 업종의 시장 리더가 되었다.

다이렉트마케팅의 중요한 도구의 하나는 **직접반응 광고**direct-response advertising인데, 이것은 소비자들이 제조업체로부터 직접 구입하게 만드는 광고를 통하여 제품을 촉진한다. TV, 잡지, 인터넷이 점점 더 중요한 매체가 되어감에도 불구하고 전통적으로 다이렉트메일은 직접반응 광고의 기본적인 매체가 되어 왔다. 직접반응 광고와 여타 다이렉트마케팅 도구들은, 특히 맞벌이 부부가 증가하고 주된 라이프스타일의 변화 때문에 지난 20여 년 동안 매우 인기가 있었다. 이는 가처분 소득이 증대되었지만 점포 내 쇼핑시간은 감소되었음을 의미한다. 이용 가능한 신용카드와 무료통화 전화가 늘어남에 따라 직접반응 광고에 의한 제품 구매가 촉진되었다. 최근에는 급증한 인터넷은 다이렉트마케팅 성장을 부추기고 있다. 카탈로그나 웹사이트를 통한 판매와 전화나 온라인 주문의 편의성은 소비자들을 매료시켰으며, 마케터들은 다이렉트마케팅이 전통적 소매점을 통해서 매출액을 증대시키는 효과적인 방법임을 인식하고 있다. 예컨대 스웨덴의 의류회사인 H&M은 38개국의 2,200개 소매점에서 자사의 제품을 판매하는 것 외에도 유럽 여러 나라에서 온라인 쇼핑 웹사이트를 활용하여 매출액을 늘리고 있다.

전통적 유통 채널을 통해 제품을 공급하거나 판매 인력을 갖춘 기업들도 다이렉트마케팅 도구와 기술을 이용하고 있다. 다이렉트마케팅은 소비재 기업과 B2B 마케터들의 IMC 프로그램에 있어서 중요한 역할을 한다. 이런 기업들은 현재고객과 가망고객들의 주소나 전화번호를 포함한 데이터베이스 개발과 유지에 매년 많은 비용을 투입한다. 그들은 고객들에게 직접 전화를 걸어 제품과 서비스 판매를 시도하거나 판매 단서sales lead를 부여하기 위해 텔레마케팅을 이용한다. 마케터들은 자사 제품이나 서비스에 대한 정보를 가망고객들에게 전달하기 위하여 단순한 서신과 전단지에서부터 상세한 안내책자, 카탈로그, 비디오테이프 등에 이르는 다이렉트메일을 발송한다. 다이렉트마케팅 기법은 제품 샘플을 배포하는 데에도 이용된다.

인터랙티브/인터넷 마케팅

지난 10년 동안 광고와 프로모션뿐만 아니라 마케팅 역사의 가장 동적이고 혁명적인 변화의 시대를 경험하고 있다. 인터랙티브 미디어, 특히 인터넷을 통한 커뮤니케이션의 큰 성장을 이룬 기술의 진보와 발달로 인해 이런 변화가 발생하였다. **인터랙티브 미디어**interactive media는 정보의 앞뒤 흐름에 사용자들이 참여하게 만들어 실시간으로 자신들이 받은 정보의 내용이나 형식을 수정할 수 있게 한다. 광고처럼 일반적인 특성을 가진 전통적 마케팅 커뮤니케이션과는 달리 새로운 미디어는 사용자들이 정보와 이미지의 수신과 변경, 조회, 질의응답, 구매 등과 같은 다양한 기능을 수행할 수 있게 해 준다. 인터넷 외에도 키오스크, 인터랙티브 TV, 모바일폰 등이 인터랙티브 미디어의 형태이다.

스프린트 넥스텔, 버라이즌 와이어리스, AT&T, 티-모바일 등과 같이 통신회사들이 광고와 여러 프로모션 활동을 모바일폰 서비스로 제공함에 따라 스마트폰과 여러 모바일 기기의 대중화는 마케터들이 소비자와 접속하는 데 새로운 방법을 열었다.[35] 이미 소비자들의 모든 생활에서 광고는 TV와 PC를 거의 지배하고 있으며, 점점 더 많은 광고와 프로모션 메시지들이 모바일폰에 노출되고 있다. 모바일 광고가 발생 초기 단계임에도 이 매체에 지출되는 금액은 2012년까지 약 20억 달러에 이른다. 인터랙티브 미디어가 특정 위치나 상황에 있는 소비자에게 메시지를 전달할 수 있게 됨에 따라 마케터들은 모바일 마케팅에 관심을 가진다. 모바일 미디어의 성장을 이끌어내는 중요한 요인 중의 하나는 소비자들이 경제적이며 효율적이고 생산적으로, 재미있게 구매를 하는 데 사용할 수 있는 모바일 쇼핑 서비스와 애플리케이션의 개발이다. 소비자의 휴대폰에 쿠폰을 직접 보내서 구매 시점에서 할인받을 수 있는 모바일 서비스도 제공된다. 어떤 지역에서 소비자들이 경쟁 점포의 가격을 비교할 수 있는 숍새비나 레드레이저 같은 가격비교 애플리케이션과 소비자들이 구매를 결정하기 전에 모바일기기에 다른 사람들의 의견과 피드백을 받아볼 수 있는 패시즘 또는 바자보이스의 모바일보이스 같은 소셜 아웃소싱 애플리케이션도 등장하고 있다(**사진 1-8**). 마케터들은 게임, 비디오, 광고와 자사 브랜드 특정 애플리케이션을 개발함으로써 모바일 기기를 통하여 소비자들과 관계를 맺는 독창적인 수단들을 만들어내고 있다. 예를 들면, 스타벅스는 소비자들이 음료레시피, 요리방법, 가까운 점포 찾기, 영양정보 탐색, 선물카드 관리 등을 할 수 있는 아이폰 애플리케이션을 개발하였다.[36]

인터넷은 다면적인 프로모션 도구이다. 인터넷은 한편으로는 기업들이 자사 제품과 서비스를 타 회사나 기관들의 웹사이트에 광고를 하거나, 구글, 빙, 야후와 같은 검색엔진에 자사의 배너광고와 웹사이트를 연결하는 광고매체이기도 하다. 또 한편으로는 인터넷이 모든 프로모션 믹스 요소들을 실행하는 데 이용되는 매체이기 때문에, 그 자체만으로도 본질적인 마케팅 커뮤니케이션 도구로 간주될 수도 있다. 웹상의 광고 이외에도 마케터들은 쿠폰, 콘테스트, 경품 온라인 등과 같은 프로모션 인센티브를 제공하고, 다이렉트마케팅, 인적판매, PR 활동을 더 효율적이고 효과적으로 수행하기 위해 인터넷을 이용하고 있다.

인터넷의 주요한 장점으로 인터랙티브 특성을 들 수 있다. 마케터들은 이런 마케팅 역량을 이용하여 고객들과 가망고객들로부터 중요한 개인정보를 수집하고 때로는 제품을 실시간으로 맞춤형으로 조절해 나갈 수 있다. 일방적 커뮤니케이션 형

사진 1-8
모바일보이스는 구매자들이 구매 결정 전에 제품을 검색할 수 있도록 하였다.

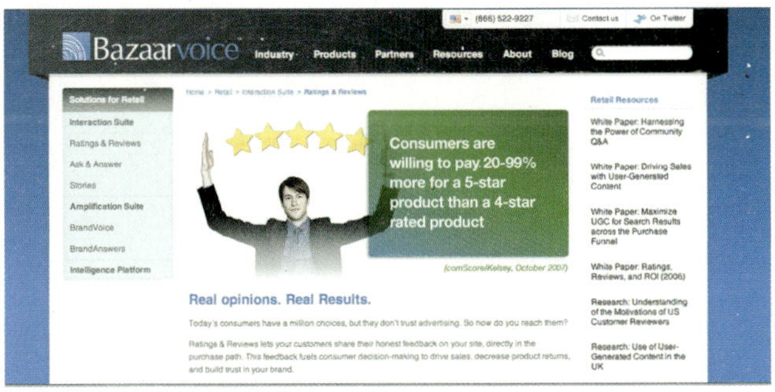

태인 전통적 미디어와는 달리, 인터넷과 같은 디지털 미디어는 인터랙티브 커뮤니케이션을 허용한다. 또 다른 인터넷의 장점은 광고나 다른 촉진의 효과를 면밀하고 확실하게 측정할 수 있는 능력을 갖추고 있다는 것이다. 소비자들이 웹사이트를 방문할 때 생성되는 많은 측정방법이 있고, 여기서는 캠페인에 반응하는 소비자들의 방법과 프로모션에 투입된 비용으로부터 얻어지는 수익을 마케터들이 결정할 수 있게 해 준다.

기업들은 인터넷의 장점과 다양한 활용 방법을 인식하고 있다. 그러나 많은 기업들이 자사의 웹 전략과 미디어 광고 같은 IMC 프로그램의 다른 형태를 통합한 캠페인을 개발하고 있다. 예를 들면 제너럴 밀스사는 인기 있는 위티스 시리얼 제품의 브랜드 확장인 위티스 퓨얼을 출시하기 위해 매우 창의적인 통합캠페인을 실시하였다. 이 제품의 광고대행사인 사치앤사치사는 Wheaties.com 웹사이트에 짧은 웹 비디오 시리즈를 만들어 신규 브랜드 개발 과정을 소개하였다. 이것은 운동선수들에게 필요한 영양을 채워주는 제품으로 자리 잡게 되었다.[37] 이 제품 개발에 관여했던 유명한 스포츠 영양학자 페이튼 매닝, 보스턴 셀틱스의 공격수 케빈 가넷, 세인트루이스 카디널스의 1루수 알버트 푸홀스, 올림픽 10종경기 금메달리스트인 브라이언 클레이, 3종 철인경기 선수인 헌터 캠퍼 등을 포함한 스타 선수들이 패널로 인터뷰한 내용을 6개의 비디오로 만들었다(**사진 1-9**). 이 비디오

사진 1-9
제너럴 밀스사는 위티스 퓨얼 캠페인의 일부로 웨비소드를 이용했다.

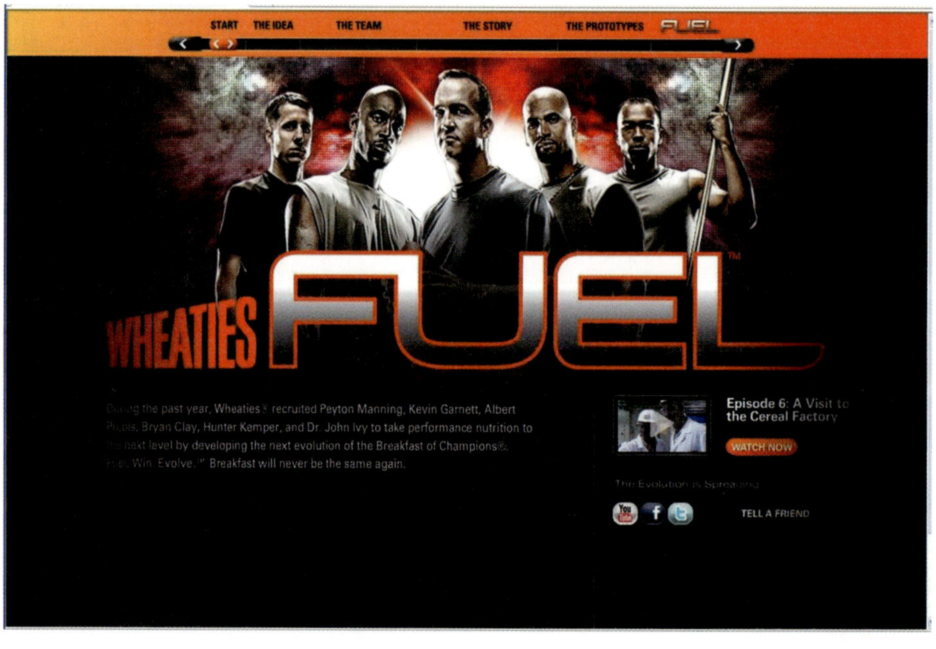

는 스타선수들의 챔피언이 되게 한 것이 무엇인지를 다루는 것뿐만 아니라 위티스 퓨얼의 개발과정의 재미있는 에피소드인 '웨비소드webisode'를 보여 주면서 정보와 유머 두 가지를 겸비하였다. 이 신제품의 세 가지 장르가 만들어졌고, 각각의 샘플은 멘스헬스 잡지 사이트를 통해 온라인으로 구성된 운동선수 1,000명 이상에게 매일 발송되고 있다.

판매촉진

판매촉진sales promotion은 '판매원, 유통업자, 최종소비자에게 특별한 금액이나 인센티브를 제공하여 단기적으로 매출액을 높이는 마케팅 활동'으로 정의된다. 판매촉진은 일반적으로 소비자 지향과 중간상 지향의 범주로 나눈다.

소비자 지향 판매촉진은 제품이나 서비스의 최종 소비자들을 목표로 하는 것으로 쿠폰, 견본, 프리미엄, 리베이트, 콘테스트, 경품, 기타 다양한 판매시점 활동 등을 포함한다(**사진 1-10**). 이런 수단들은 소비자들이 즉시 구매하도록 자극하고 단기매출액의 증대를 가져 온다. **중간상 지향 판매촉진**은 도매상, 공급자, 소매상과 같은 마케팅 중간상인을 대상으로 실시된다. 촉진과 판매공제, 가격협상, 판매경진대회, 전시 쇼 등은 재고 감축과 판매 증대를 촉진시키기 위해 이용되는 도구들이다.

사진 1-10
쿠폰은 소비자를 목표로 한 판매 촉진 도구로 널리 사용된다.

소비자용 포장제품 기업들은 판매촉진에 전체 프로모션 예산의 60~70%를 사용한다.[38] 최근에는 프로모션 전략의 강조점을 광고에서 판매촉진으로 전환하고 있다. 판매촉진에 대한 강조가 증대하는 이유는 브랜드 충성도가 쇠퇴하고 촉진 거래에 대해 소비자들이 민감하게 반응하고 있기 때문이다. 또 다른 주요한 이유는 소매상의 규모가 커져 힘이 강해지고 제조 기업의 거래 촉진 지원을 더 많이 요구하고 있기 때문이다.

프로모션promotion과 **판매촉진**은 광고와 마케팅 분야에서 혼동을 일으키는 용어이다. 앞서 언급한 바와 같이 프로모션은 기업이 고객들과 소통하는 마케팅 용어이다. 이것은 이미 다루었던 모든 프로모션 믹스를 포함하고 있다. 그러나 많은 마케팅과 광고 실무자들은 촉진을 '소비자들이나 중간상들에 대한 판매촉진 활동'을 나타내기 위한 협의의 용어로 사용한다. 이 책에서는 프로모션을 '기업의 다양한 마케팅 커뮤니케이션 활동'을 나타내는 광의의 의미로 사용한다.

홍보/PR

기업의 촉진 활동의 중요한 요소들 중에 홍보와 홍보가 있다.

홍보 기업, 제품, 서비스 또는 아이디어에 관해 직접적으로 수수료를 지불하지 않거나 스폰서십 상태를 밝히고 실행되는 비인적 커뮤니케이션을 홍보publicity라 한다. 이것은 주로 기업이나 제품 또는 서비스에 대한 뉴스 기사, 사설, 안내 형태를 띠고 있다. 광고처럼 홍보는 대중에 대한 커뮤니케이션을 포함하기는 하나, 광고와는 달리 기업이 광고 수수료를 직접 지불하지는 않는다. 기업 또는 기관은 인지도, 지식, 의견, 행동에 영향을 주기 위해 제품, 서비스, 사회적 운동, 이벤트에 관한 호의적인 내용을 미디어가 다루어 주도록 활동한다. 기업의 홍보에는 보도자료, 기자 회견, 특집 기사, 사진, 영화, 대언론 성명, 비디오테이프 등이 있다.

다른 프로모션 활동과 비교해 볼 때 홍보의 장점은 신뢰성에 있다. 소비자들은 일반적으로 편견이 없다고 지각되는 원천으로부터 획득되는 제품이나 서비스의 호의적 정보에 대해서는 의심을 적게 하는 경향이 있다. 예컨대, 개봉영화의 성공은 영화 평론가들의 비평에 의해 결정되는 경우가 흔한데, 영화 관객들은 평론가들의 평가를 객관적인 것으로 간주하기 때문이다. 또 다른 홍보의 장점은 비용이 저렴한 것이다. 이는 TV, 라디오, 신문 같은 대중 미디어의 시간과 공간에 대해 기업이 돈을 지불하지 않기 때문이다. 기업은 뉴스 항목 개발과 유지에 약간의 비용을 부담하면 되는데, 이런 비용들은 다른 프로모션 프로그램보다 훨씬 적게 들 수 있다.

홍보가 언제나 기업의 통제 아래에 있는 것이 아니기 때문에 때로는 비호의적인 것이 될 수도 있다. 기업이나 제품에 대한 부정적인 뉴스가 매우 치명적인 것이 될 수 있다. 예를 들면, 최근 포장식품 산업은 특히 젊은이들에게 마케팅 실행,

제품의 영양 가치에 대해 대량의 부정적 뉴스가 노출되고 있다. 미국에서 어린이 건강에 유해한 식품을 광고함으로써 비만의 문제를 야기한다고 주장하는 소비자 단체들에 의해 크래프트푸드, 제너럴 밀스 같은 기업들은 비판의 표적이 되어 왔다.[39] 토요타 자동차는 급발진 사고와 관련된 가스페달의 결함으로 인해 엄청난 양의 부정적 기사에 시달렸다. 이 회사는 대량의 리콜을 발표하였고 2010년 1월 자동차 판매순위에서 8위로 주저앉았다. 이 문제를 둘러싼 비호의적 기사로 인해 토요타 자동차의 CEO가 미 의회 위원회의 청문회에 서게 되었고, 대량 리콜을 우려하고 있는 토요타 고객들에게 공식 사과도 하였다.[40] 토요타는 이런 문제를 다루고 자동차에 대한 소비자들의 신뢰를 회복하기 위해 광고에 많은 돈을 투입해야 했고, 추락된 시장점유율을 회복하기 위해 신규 자동차 구매자들에게 인센티브를 확대하였다.[41]

PR 홍보와 PR의 특성을 구별하는 것은 매우 중요하다. 기업이 자사 이미지를 관리하기 위해 정보를 체계적으로 계획하고 분배할 때 PR을 잘 다루어야 한다. **PR**public relations은 '공중의 태도를 평가하고 공중의 관심사에 대한 개별 또는 조직의 절차와 정책을 파악하며, 공중의 이해와 수용을 획득하기 위해 행동 프로그램을 실행하는 관리 기능'으로 정의된다.[42] PR은 기업의 다양한 공중들에게 자사의 긍정적 이미지를 구축하고 유지하는 목적을 가지기 때문에 홍보보다는 더 많은 목적을 가진다.

사진 1-11
광고는 기업의 이미지 강화에 사용되기도 한다.

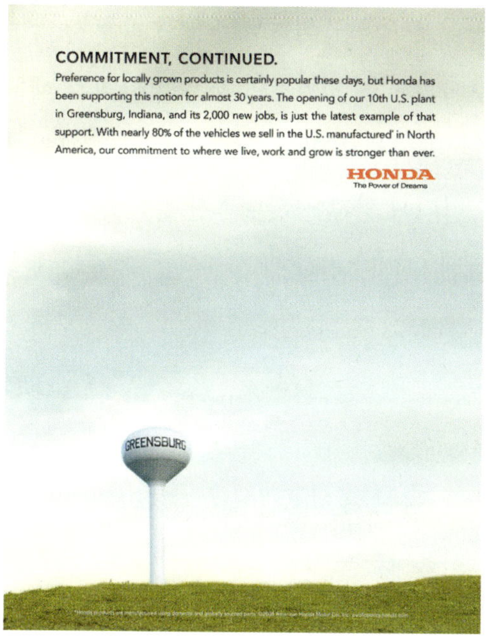

PR은 기업의 이미지를 강화하기 위해 홍보와 다양한 수단 ― 특별기사, 지역사회 활동 참여, 특별행사 후원, 다양한 공공활동 ― 들을 활용한다. 또 기업들은 PR 수단으로 광고를 이용하기도 한다. 예를 들면, **사진 1-11**의 광고는 지난 50년 동안 혼다 자동차사가 미국 경제에 기여한 주요 내용을 대중에게 알리는 'Value to America' 캠페인의 일부분이다. 이 광고에는 인디애나 주 그린버그의 열 번째 미국공장 준공식을 다루고 있는데, 2천 개 이상의 신규 일자리를 창출하였고, 지금은 미국에서 80% 이상을 판매하고 있는 조립자동차 회사임을 언급하고 있다.

전통적으로 홍보보다는 PR이 마케팅과 프로모션 프로세스의 지원적인 측면의 활동으로 간주되어 왔다. 그러나 기업들은 PR을 미리 정해진 마케팅과 프로모션 전략의 통합 부분으로 만들어 오고 있다. PR회사들은 전통적으로 광고와 마케팅의 많은 기능을 수행할 수 있는 커뮤니케이션 도구로써 PR을 많이 활용해야 한다고 강변하고 있다.[43]

인적판매

프로모션 믹스의 마지막 요소는 **인적판매**personal selling이다. 이는 판매자가 자사 제품이나 서비스를 구매하거나 아이디어에 반응하도록 가망 구매자들을 도와주거나 설득하는 대면 커뮤니케이션이다. 광고와는 달리, 인적판매는 전화나 대면을 통해 판매자와 구매자가 직접 접촉한다. 이 상호작용은 마케터에게 커뮤니케이션 탄력성을 부여한다. 판매자는 잠재 구매자의 반응을 보거나 들을 수 있기 때문에 메시지를 수정할 수 있다. 인적판매에서 사적이고 맞춤화된 커뮤니케이션을 통해서 고객들의 특정 니즈나 상황에 메시지를 맞출 수 있다.

또 인적판매는 보다 즉각적이고 정밀한 피드백을 포함하는데, 판매 제시의 영향은 일반적으로 고객들의 반응으로부터 평가될 수 있기 때문이다. 피드백이 비호의적일 경우 판매원은 메시지를 수정할 수 있다. 제품이나 서비스에 가장 가망 있는 특정한 시장과 고객들을 향해 인적판매 노력을 기울일 수 있다.

인적판매가 프로모션 믹스의 중요한 부분이지만 여기서는 많이 다루지 않는다. 왜냐하면 기업들의 입장에서는 이것이 IMC의 직접적인 부분이 아니기 때문이다. 대다수 기업들은 인적판매를 따로 관리하고 있고 광고나 마케팅 관리자들의 통제 범위 안에 두고 있다. 그러나 미디어 광고와 판매촉진 같은 여러 가지 IMC 도구들과 인적판매 프로그램은 근접해 있어야 한다.

수신자와의 접촉을 포함하는 IMC

다양한 프로모션 믹스 요소들은 마케터들이 현재고객이나 가망고객뿐만 아니라 관련된 소비자들을 설득하기 위해 사용하는 중요한 도구들이다. 그러나 이런 프로모션 믹스 각각은 미디어 광고(인쇄, 방송, 옥외광고)와 판매촉진에 더하

도표 1-4
표적고객과 접촉하는 IMC 도구

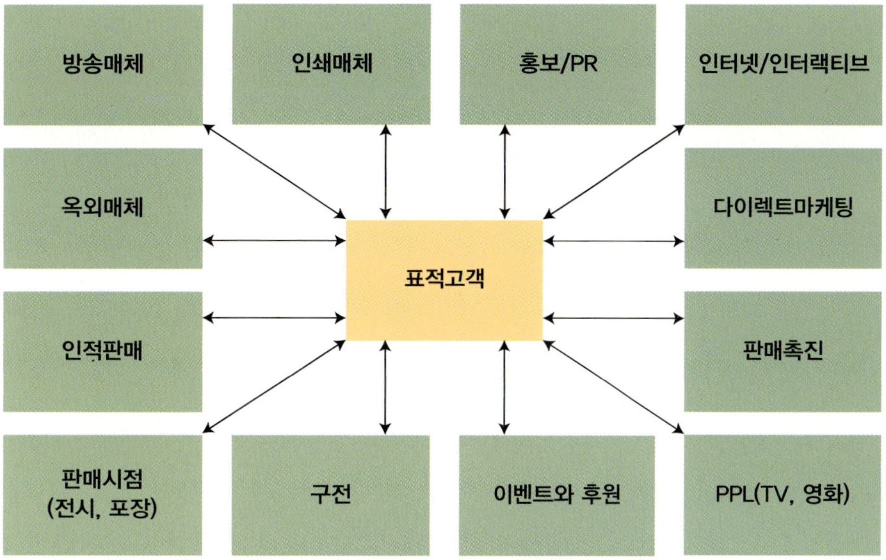

여 인터넷(웹사이트, 소셜미디어, 온라인 광고)을 이용하는 방법 등 다양한 형태의 특성을 지닌다. 또 기업들이 현재와 미래 고객을 설득하는 방법은 전통적인 프로모션 믹스를 넘어 확장되고 있다. 도표 1-4는 마케터들이 표적고객들을 설득하는 여러 방법들을 보여주고 있다.

기업들은 IMC 프로그램 개발 과정에서, 표적고객들에게 도달할 수 있고 호의적인 방법으로 기업이나 브랜드를 제시하는 가능한 모든 방법을 고려하는 **고객 접점** 또는 **접점 관점**을 취한다. **접점**contact point or touch point은 '고객들이 기업 또는 그 브랜드에 관해, 보고, 듣고, 기업과 마주치거나 경험하게 될 모든 기회'로 정의된다. 이런 접점은 어떤 브랜드 광고를 단순하게 보거나 듣는 것에서부터 점포에서 그 브랜드를 이용 또는 경험할 기회를 갖거나 판매거래나 서비스를 받고 있는 동안에 그 기업과 교류하는 것에 이르는 모든 상황을 포함한다. 톰 던컨은 접점에는 네 가지 범주가 있다고 하였다.[44]

- **기업이 창출한 접점**은 광고, 웹사이트, 뉴스기사, 포장, 브로셔와 보증서, 판매촉진, 구매시점 점포 내 진열 등과 같이 기업에 의해 만들어진 계획된 마케팅 커뮤니케이션이다. 이것은 IMC의 큰 부분을 차지하고 마케터의 통제 하에 있다는 장점이 있다.
- **본질적 접점**은 소매점 판매원이나 고객서비스센터 종업원들과의 대화와 같이

제품이나 서비스를 구매하거나 사용하는 과정에서 발생하는 상호교류이다. 이것은 마케팅 부서나 IMC 프로그램의 직접적 통제 하에 있지는 않다. 그러나 던컨은 긍정적인 메시지를 보내기 위해 마케터가 고객들과의 상호작용을 관리하고 개선하는 방법을 제시해야 한다고 주장한다. 마케팅 또는 IMC 관리자들이 통제할 수 있는 본질적 접점은 여러 가지 형태가 있다. 포장, 디자인, 회사 또는 브랜드 웹사이트 등인데, 이들은 제품사용에 대한 고객들의 기대에 영향을 줄 뿐만 아니라 제품정보를 포함하기도 한다. 앞서 언급한 바와 같이 마케터들은 모바일 마케팅 기법을 활용함으로써 구매 결정 과정에서 소비자들을 설득하는 방법을 모색하고 있다.

- **예상 밖의 접점**은 기업의 통제 범위를 벗어나 고객이나 가망고객들이 얻어 낸 예상 밖의 참고자료나 정보 등을 말한다. 가장 영향력이 있는 예상 외의 접점은 친구, 동료, 이웃, 회원 또는 가족들의 구전 메시지이다. 예상 밖의 메시지는 제품이나 서비스에 관한 전문기사와 인쇄물 같은 다른 원천들로부터 발생할 수도 있다. 또 다른 영향력 있는 접점은 웹사이트들이다. 전문가의 평가를 올려놓은 것이 있기도 하고, 고객들의 평가를 올려 놓은 사이트도 있다. 예컨대, 씨넷은 소비재 전자제품 브랜드들의 평가에 대해 소비자들이 많이 검색하는 사이트이다. 트립어드바이저 사이트는 세계 여행자들의 여행 관련 평가와 의견을 매년 3,000개 이상 제공하고 있다. 예상 밖의 접점으로부터 알게 된 호의적 또는 비호의적인 정보는 매우 중요하다.
- **고객주도적 접점**은 고객이나 가망고객이 기업과 접촉할 때마다 발생하는 상호작용이다. 이 접점의 대부분은 제품이나 서비스 이용에 대해 소비자들이 가질 수 있는 질문이나 불평이고, 기업과 직접 연결하는 전화, 이메일, 웹사이트의 특정 섹션을 통해서도 발생한다. 직접판매 활동부서로서 착신 텔레마케팅inbound telemarketing 부서가 있어도, 대부분 고객서비스 부서를 통해 이것을 처리하고 있다. 마케터가 고객주도 접점을 처리하는 방법은 고객을 유인하거나 유지하는 기업의 능력에 많은 영향을 준다. 또 기업들이 고객서비스에 근거하여 자신들을 차별화하고 자사의 광고와 IMC 프로그램의 여러 측면에서 고객 지향성을 촉진한다. 무료통화 전화번호 운영, 포장 겉면, 광고, 촉진물 등에 웹사이트 주소를 인쇄해 둠으로써 현재 또는 가망 고객과의 접촉을 장려하기도 한다.

도표 1-5
IMC 접점: 통제와 영향

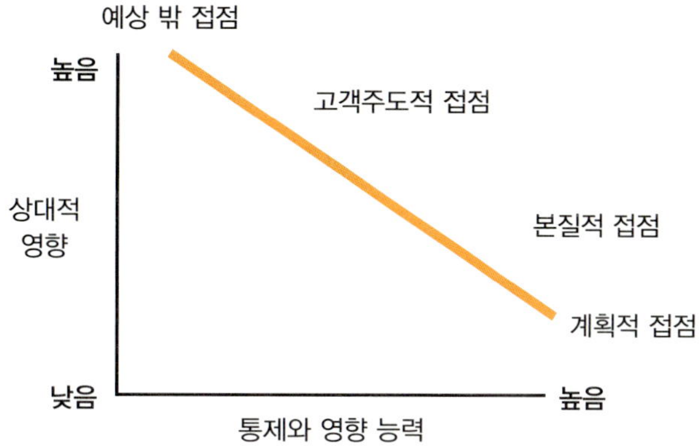

접촉 또는 접점 관점을 취하는 마케터는 소비자들의 구매 행동과 브랜드 지각과 의견이 자사의 제품이나 서비스 및 기업에 대한 소비자들의 경험과 상호작용 및 그들이 얻은 정보의 결과임을 인식한다. 또 마케터들은 모든 접점이 똑같이 효과적이지 않고 그 접점들을 통제하고 영향을 미치도록 하는 기업의 역량이 다르다는 것도 인식하고 있다. 도표 1-5는 접점의 상대적 영향과 그것을 통제하는 기업의 능력 차원에서 접점을 분류한 것이다.

이 그림에서와 같이 계획적 접점은 통제가 가장 용이하지만 영향력은 가장 낮다. 마케터들은 표적고객들에게 보내는 광고와 프로모션의 형태와 특성을 통제할 수 있다. 그러나 소비자들은 종종 이런 메시지들을 평가 절하하는데, 이는 소비자들은 많은 메시지를 받고 그 메시지의 기저가 되는 설득 의도를 알아차리기 때문이다. 다른 한 극점에 있는 예상 밖의 메시지는 가장 영향력이 높지만 통제력이 가장 낮다. 던컨은 예상 밖의 메시지가 강력한 영향력을 가지는데, 이는 제3자 신뢰성을 가지고 있기 때문이라고 했다. 정보를 제공하는 사람들이 기업이나 브랜드의 성공과 실패에 대해 이권을 가지고 있지 않기 때문에, 소비자들은 기업의 정보원천보다 훨씬 더 신뢰할 수 있는 것으로 지각한다.[45] 소비자로부터 나온 메시지와 본질적 메시지는 마케터의 영향력과 통제 범위의 관점에서 보면 예상 밖의 메시지와 기업으로부터 나온 메시지 중간에 놓여 있다.

마케터들은 이런 접점 도구들이 자신들의 현재고객과 가망고객을 설득시키는 데 얼마나 중요한 것인지 인지하고, 이것들이 효과적인 IMC 프로그램을 형성하기 위해 결합되는 방법들을 결정해야 한다. 이 방법은 일반적으로 표적고객에게 도달하고, 그들이 알게 하며, 그들을 설득시켜 나가고 궁극적으로는 그들의 행동에 영향을 미치는 데 어떤 도구들이 가장 효과적인지를 결정하는 것이다. 마케팅 목적 달성에 도움이 되는 다양한 접점 도구의 결정은 마케팅 커뮤니케이션 프로세스에서 중요한 것이다. IMC 프로그램은 일반적으로 특별한 목표와 목적을 가지고 개발되고 마케팅과 프로모션 계획 프로세스의 상세한 최종 결과물이다. 이제 기업의 IMC 프로그램 개발과 실행하는 프로세스 모델을 살펴보기로 하자.

IMC 계획 수립 절차

기업은 IMC 전략 개발 시 다양한 프로모션 믹스 요소들을 결합하고 강점과 약점의 균형을 맞추어 나간다. **IMC 관리**integrated marketing communications management는 표적고객들을 효과적으로 설득하기 위해 다양한 프로모션 믹스 요소의 사용을 계획, 실행, 평가, 통제하는 프로세스를 포함한다. 마케터는 마케팅과 커뮤니케이션 목표 달성을 위해 그 도구들의 통합 방법을 고려해야 한다. 기업 역시 여러 가지 프로모션 믹스 요소들에 대한 마케팅 커뮤니케이션 예산을 할당해야 한다. 광고, 판매촉진, 인터넷, 스폰서십, 인적판매에 예산을 어떻게 할당해야 할까?

모든 경영기능과 마찬가지로 계획은 효과적인 IMC 프로그램 개발과 실행에 있어서 중요한 역할을 한다. 기업의 IMC 프로그램 개발, 실행, 통제의 틀을 제공하는 **IMC 계획**integrated marketing communications plan에 의해 프로세스가 진행된다. 프로모션 믹스 요소의 역할과 기능 및 각 요소의 전략을 결정한 후 그 요소들의 통합 방법과 실행 방법을 계획하고 결과를 평가하는 방법과 조정이 필요한 부분을 검토하는 것들이 IMC 프로그램에 포함되는 것들이다. 마케팅 커뮤니케이션은 단지 일부분이며, 이는 전체 마케팅 계획과 프로그램에 통합되어야 한다.

IMC 계획 프로세스 모델은 도표 1-6에서 보는 바와 같다. 이제 이 프로세스의 각 단계에 대해 개략적으로 살펴보자.

마케팅 계획 검토

IMC 계획 프로세스의 첫 단계는 마케팅 계획과 목표를 검토하는 것이다. 프로모션 계획 수립에 앞서, 마케터는 기업 또는 브랜드의 과거 위치, 시장에서의 현재 위치, 의도하는 위치, 그 위치에 도달하는 방법 등을 이해해야 한다. 이 정보

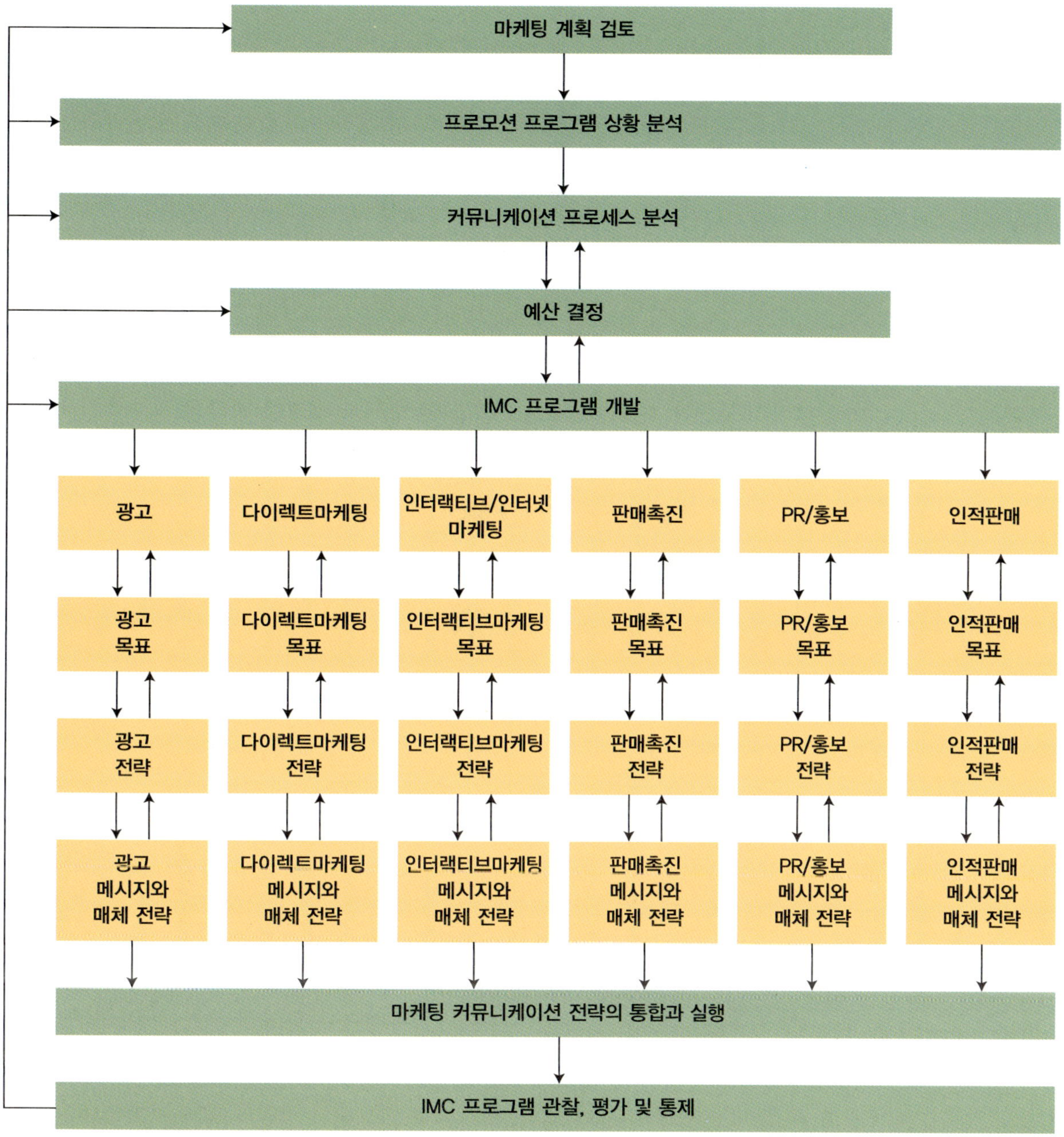

도표 1-6
IMC 프로그램 계획 모델

의 대부분은 기업, 특히 제품 계열이나 브랜드에 대해 개발된 전반적인 마케팅 전략과 프로그램을 기술한 문서로 나타낸 **마케팅 계획**marketing plan에 포함되어야 한다. 마케팅 계획은 다양한 형태를 띠지만 일반적으로 다섯 가지 기본 요소를 포함하고 있다.

1. 내부 마케팅 감사와 검토 및 마케팅 경쟁과 환경 요소의 외부분석으로 구성된

상세한 상황 분석

2. 방향, 마케팅 활동 스케줄, 성과 측정 메커니즘 등을 제시하는 마케팅 목표
3. 표적시장 선정, 마케팅 믹스의 결정과 계획을 포함한 마케팅 전략과 프로그램
4. 실행되어야 할 특정 과업과 책임을 결정하는 것을 포함한 마케팅 전략 실행 프로그램
5. 전반적인 마케팅 전략이나 전술에서 적절한 통제가 유지될 수 있고, 필요할 경우 변경할 수 있도록 성과를 추적하고 평가하며 피드백을 제공하는 프로세스

대부분의 기업들에게는 프로모션 계획이 마케팅 전략의 필수적인 부분이다. 따라서 프로모션 담당자는 광고와 다른 프로모션 믹스 요소들의 전반적인 마케팅 프로그램 역할을 알고 있어야 한다. 프로모션 계획은 마케팅 계획과 유사하게 개발되고 때로는 자세한 정보를 이용하기도 한다. 프로모션 계획을 수립하는 사람은 프로모션 전략과 관련된 마케팅 계획의 정보에 주안점을 두어야 한다.

프로모션 프로그램 상황 분석

전반적인 마케팅 계획을 검토한 후, 프로모션 계획의 다음 단계는 상황 분석을 수행하는 것이다. IMC 프로그램에서 상황 분석은 프로모션 전략의 개발과 관련이 있거나 영향을 미치는 요소들에 주안점을 둔다. 전체 마케팅 상황 분석과 마찬가지로 프로모션 프로그램 상황 분석은 내부요인과 외부요인 모두를 포함한다.

내부분석 **내부분석**internal analysis에서는 제품이나 서비스 및 기업 자체와 관련된 분야를 평가한다. 기업의 능력, 성공적인 프로모션 프로그램의 개발과 실행 능력, 프로모션 담당 부서의 조직, 과거의 프로그램의 성공과 실패 사례 등이 검토되어야 한다. 외부 대행사를 이용하는 것과는 반대로 내부적으로 프로모션 기능을 수행하는 것의 장점과 단점도 물론 검토되어야 한다. 예를 들면, 내부분석 결과 기업이 어떤 프로모션 프로그램 분야를 계획, 실행, 관리할 수 있는 능력이 없다는 사실이 제시될 수도 있다. 만약 그렇다면, 광고대행사나 다른 프로모션 조력자들로부터 도움을 받는 것이 현명하다. 이미 광고대행사를 이용하고 있다면, 기업은 과거나 현재의 캠페인에 의해 달성된 결과와 대행사의 업무 결과에 초점을 두어야 한다.

앞으로 광고대행사의 기능, 광고대행사 선정 과정, 보상, 대행사 업적 평가 시 고려사항 등을 검토할 것이다. 또 판매촉진 회사, 다이렉트마케팅 회사, PR대행사, 마케팅과 미디어 조사 회사 등과 같은 프로모션 조력자의 역할과 기능을 고찰하기로 한다.

내부분석의 다른 한 측면은 기업 또는 브랜드 이미지의 약점과 강점을 평가하는 것이다. 기업이 시장에서 형성한 이미지는 다양한 제품이나 서비스와 마찬가지로 기업 자신을 광고하고 프로모션하는 방법에 중대한 영향을 줄 것이다. 신규 시장 진입 또는 부정적인 이미지를 지닌 브랜드는 제품 속성이나 편익보다는 이미지에 집중해야 할 수도 있다. 이와는 달리, 좋은 평판과 이미지를 가지고 있는 기업은 제품이나 서비스를 마케팅할 때 이미 한발 앞서게 된다. 예컨대, 스타벅스는 사회적으로 책임을 다하는 기업이라는 평판과 함께 커피의 품질이 좋다는 이미지를 가지고 있다. 이 회사는 지역사회, 종업원, 공급업자, 환경 등의 문제를 처리함에 있어서 좋은 기업시민으로 인식된다. 스타벅스가 사회적 책임을 다하는 기업으로 인식되는 것은 회사의 성장과 성공의 매우 중요한 부분이다. 이 기업은 기업 활동을 하고 있는 지역사회에 대한 사회적, 환경적, 경제적 영향을 기술한 글로벌 책임 연차 보고서를 발간하고 있다(**사진 1-12**).

사진 1-12
스타벅스는 사회적 책임을 다하는 기업으로서 매우 강한 브랜드 이미지를 가지고 있다.

STARBUCKS™ SHARED PLANET™
GLOBAL RESPONSIBILITY REPORT 2009

Year in Review: Fiscal 2009

Starbucks has a long history of doing business in ways that are socially, environmentally, and economically responsible. Our commitment to doing the right thing has always been central to how we operate as a company. It's deeply valued by our partners (employees) and customers alike, and we believe it also makes great business sense. It hasn't always been easy; however, we've learned from our mistakes and persevered as a pioneer of innovation across the industry.

As we've grown in size, so has our ability to drive positive change in communities around the world. In 2008 we set bold new goals in the areas where we can have the greatest impact: ethical sourcing, environmental stewardship, and community involvement. Together, we call these priorities Starbucks™ Shared Planet™.

By openly reporting on our performance, we aim to inform, inspire, and engage our partners, customers, and other stakeholders. In addition, this exercise gives us the opportunity to measure our progress and refine our strategy for the future.

In 2009 we took significant steps toward achieving our goals and also encountered challenges. Most notably, extraordinary global economic conditions forced us to make some difficult business decisions. While we adopted considerable cost-saving initiatives and invested in the customer experience to support long-term, profitable growth, we remained committed to responsible business practices.

Last year we looked beyond the boundaries of our own business structure and collaborated with external experts and organizations to find creative solutions for complex problems. This dialogue helped us gain a better understanding of the barriers we're facing and aided the development of new action plans that we've already begun to implement.

We're pleased to share our 2009 progress with you, and we hope you'll find this year's streamlined report easy to navigate. For a snapshot of year-over-year performance[1] against our Starbucks™ Shared Planet™ goals, we invite you to explore this section further. Regular updates on our broader responsible business practices are available at starbucks.com/responsibility.

As proud as we are of our accomplishments, we recognize we have a long way to go, and we welcome your input and ideas.

1 Report is based on fiscal year (October through September) performance unless otherwise indicated.

내부분석에서는 제품이나 서비스의 상대적 강점과 약점을 평가해야 한다. 장점과 단점, 독특한 판매 강조점이나 편익, 포장, 가격, 디자인 등을 평가한다. 이런 정보들은 브랜드의 광고메시지를 개발하는 종업원들에게는 특히 중요하다. **도표 1-7**은 프로모션 계획 목적에 대해 분석을 수행할 때 고려해야 할 사항들이다.

외부분석 외부분석external analysis은 **도표 1-7**에서 보는 바와 같이 기업고객, 세분시장, 포지셔닝 전략, 경쟁자 등의 요소에 초점을 맞춘다. 외부분석에서는 고객특성, 구매패턴, 의사결정, 구매 결정

도표 1-7
상황 분석에서 다룰 영역

내부 요소	외부 요소
• **기업의 프로모션 조직과 능력 평가** 프로모션 부서의 조직 프로모션 프로그램의 개발과 실행 능력 광고대행사와 프로모션 조력자의 역할 결정 • **이전 프로모션 프로그램과 성과 검토** 이전의 프로모션 목표 검토 이전의 프로모션 예산 배정 검토 이전의 프로모션 믹스 전략과 프로그램 검토 이전의 프로모션 프로그램의 성과 검토 • **기업 또는 브랜드 이미지와 결과 평가** • **제품/서비스의 상대적 강점과 약점 평가** 제품/서비스의 강점과 약점 핵심 편익 독특한 판매 강조점 포장, 표식, 브랜드 이미지 평가 제품/서비스의 경쟁력	• **고객분석** 제품이나 서비스를 구매하는 고객 파악 제품 구매 결정자 파악 제품 구매의 영향자 파악 구매의사결정 과정과 역할 파악 고객의 구매 내용과 충족되어야 할 니즈 특정 브랜드 구매 이유 제품 구매 장소 구매 시기와 계절 변동성 자사 제품이나 서비스에 대한 고객 태도 구매 결정에 영향을 미치는 사회적 요소 구매 결정에 영향을 주는 고객라이프스타일 고객들의 제품과 서비스에 대한 지각 구매 결정에 영향을 주는 인구통계적 요소 • **경쟁분석** 직간접적인 경쟁자 경쟁자들이 사용하는 핵심 편익과 포지셔닝 자사의 경쟁적 위치 경쟁사의 광고 예산 규모 경쟁사의 메시지와 미디어 전략 • **환경분석** 프로모션 프로그램에 영향을 줄 추세나 발전

에 영향을 주는 요소 등을 중요하게 다룬다. 고객들의 지각과 태도, 라이프스타일, 구매 결정 차원 등도 유의해야 할 요소들이다. 마케팅 조사에서는 이런 질문에 대한 답을 분석해내야 한다.

외부분석의 핵심요소는 시장에 대한 평가이다. 세분시장의 매력이 평가되고 표적 세분시장이 파악되어야 한다. 표적시장이 선정되고 나면, 제품이 포지셔닝되는 방법을 결정해야 한다. 소비자들의 마음속에 제품이 어떤 이미지를 가지고 어떤 위치를 차지해야 할까?

프로모션 프로그램 상황 분석은 직·간접적인 경쟁자들에 대한 심층조사를 포함한다. 경쟁자는 전체 마케팅 상황 분석에서도 조사되지만, 이 단계에서 프로모션 측면에도 많은 주의가 요구된다. 또 기업의 기본 경쟁자들에게도 주의를 기울여야 한다. 경쟁기업의 강점과 약점, 그들의 세분시장, 표적고객, 포지셔닝 전략, 프로모션 예산의 규모, 미디어 전략, 시장으로 발송되는 메시지 등이 고려되어야 할 사항이다.

외부분석에서는 프로모션 프로그램에 영향을 주는 현재의 추세나 발전 등이 마케팅 환경 분석에 포함되어야 한다. 예컨대, IMC에 영향을 주는 중요한 발전의 하나는 5억 이상의 회원들을 보유하고 있는 페이스북 같은 소셜네트워크의 폭발적인 성장이다. 마케터들은 페이스북 페이지뿐만 아니라 소비자들의 생활, 행동, 상호 커뮤니케이션에 대한 접근 방법을 활용할 수 있는 창의적인 방법을 찾아내는 것이 필수적이다.[46] 그리스의 밀크초콜릿 브랜드를 주도하는 락타Lacta는 소비자들이 포장상자의 브랜드명을 애인의 이름으로 바꿀 수 있게 하는 애플리케이션을 개발하였다. 이 애플리케이션은 브랜드 슬로건에 이렇게 인쇄하였다. "락타 — 당신의 일생 중 가장 달콤한 일부." 그리고 자신의 애인과 락타를 비교하여 락타는 소비자들이 가장 좋아할 그들의 애인이 될 수는 없지만 소비자들에게 가장 달콤한 것임을 강조하였다. 락타에 표시된 재포장 상품이 페이스북 월페이퍼에 게시되었을 때, 많은 가입자들이 자신의 프로필 이미지를 표시된 락타로 바꾸었다. 이 애플리케이션으로 인해 락타 페이지가 그리스의 모든 브랜드 중에서 급성장하였고, 2011년 1월 26만5천 명의 팬을 확보하고 300%의 브랜드 선호도를 만들어냈다.

커뮤니케이션 프로세스 분석

커뮤니케이션 프로세스는 기업들이 표적시장의 소비자들을 효과적으로 설득하는 방법을 검토하는 단계이다. 프로모션 담당자는 마케팅 커뮤니케이션에 대한 반응에 있어서 소비자들이 살펴보게 될 프로세스를 고려해야 한다. 제품이나 서비스에 대한 높은 수준의 소비자 구매 의사결정의 반응 과정은 낮은 수준의 일상적 구매 결정과는 다르다. 이런 차이는 프로모션 전략에도 영향을 줄 것이다.

다양한 모델, 메시지, 채널 요소의 사용에 관한 커뮤니케이션 결정도 역시 고려할 사항이다. 프로모션 계획자는 다양한 광고메시지 형태가 소비자에게 미칠 수 있는 각기 다른 영향을 인식하고 그것들이 제품이나 서비스에 적합한 것인지를 알아야 한다. 유명인사의 대변인 활용 여부와 그에 대한 비용도 검토해야 한다. 미디어 믹스(인쇄, TV, 라디오, 신문, 다이렉트마케팅)와 그 비용 검토도 이 단계에서 이루어진다.

프로모션 계획 프로세스의 중요한 부분은 커뮤니케이션 목표와 목적을 설정하는 일이다. 본 교재에서는 커뮤니케이션과 마케팅 목표를 구분하는 것이 중요한 것임을 강조한다. **마케팅 목표**marketing objectives는 전반적인 마케팅 프로그램에 의해 실행되어야 한다. 이것은 종종 매출액, 시장점유율, 수익률과 같은 용어로 설명되기도 한다.

커뮤니케이션 목표communication objectives는 기업이 프로모션 프로그램으로 달성해야 할 것으로 추구하는 목표이다. 이 용어는 전달되어야 할 메시지 특성 또는 달성되어야 할 특정 커뮤니케이션 효과라는 용어로 설명되기도 한다. 커뮤니케이션 목표는 제품의 속성이나 편익에 대한 지식, 호의적인 태도, 선호도, 구매의도 또는 인지도 창출 등이 될 수 있다. 이 목표는 전반적인 마케팅 커뮤니케이션 전략 개발과 각 프로모션 영역의 목표를 이끌어내는 힘이 되어야 한다.

예산 결정

커뮤니케이션 목표가 결정된 후에 프로모션 예산 결정에 주의를 기울여야 한다. 예산 결정 단계에서는 두 가지 질문이 필요하다. 프로모션 프로그램의 비용 규모와 예산의 할당 방법. 프로모션 비용은 커뮤니케이션 목표 달성에 필요한 비용 크기로 결정되는 것이 이상적이다. 실제적으로는 가용 자금과 기업 또는 브랜드 매출액의 일정 비율과 같이 단순하게 접근한다. 이 단계에서는, 예산이 잠정적이거나 특정 프로모션 믹스 전략이 개발될 때까지 확정되지 않을 수도 있다.

IMC 프로그램 개발

IMC 프로그램 개발은 일반적으로 프로모션 계획 프로세스 단계와 가장 구체적이고 밀접하게 관련된다. 앞에서 언급한 바와 같이, 각 프로모션 믹스 요소는 장점과 한계를 지니고 있다. IMC 프로그램 개발 단계에서는, 각 요소의 역할과 중요성 및 상호 조정에 대한 의사결정을 해야 한다. 앞서 도표 1-6은 각 프로모션 믹스 요소가 이런 것들을 충족시키기 위한 각각의 목표, 예산, 전략 세트를 보여 주고 있다. 프로모션 프로그램을 실행하기 위해 의사결정을 하고 활동들이 수행된다. 성과 측정과, 필요한 경우 변경을 할 수 있는 절차도 개발되어야 한다.

예를 들면, 광고 프로그램은 그 자체의 목표 세트를 가지는데, 주로 메시지 커뮤니케이션이나 표적고객에 소구하는 방법들이 포함된다. 예산도 결정되어야 하는데, 여기에는 광고캠페인 개발과 그 광고메시지를 전달할 수 있는 미디어 구매에 사용할 자금의 규모를 광고 담당자나 대행사에 알려 주어야 한다.

광고 프로그램의 두 가지 중요한 측면은 메시지 개발과 미디어 전략이다. 크리에이티브 전략으로도 언급되는 메시지 개발은 광고주가 표적고객들에게 전달하고 싶은 메시지와 기본 소구방법 결정을 포함한다. 이 과정은 프로모션 활동 중에서 학생들에게 가장 관심을 끌고 있는 부분이다. 미디어 전략은 표적고객들에게 광고메시지를 전달하기 위해 이용할 커뮤니케이션 채널을 결정하는 것이다. 매체(신문, 잡지, 라디오, TV, 신문, 옥외광고판, 인터넷), 특정 미디어 선정(특정 잡지나 TV프로그램)에 관해 결정해야 한다. 표적시장에 메시지를 효과적으로 전달하는 능력, 비용, 미디어 옵션의 장점과 단점 등에 대해 면밀한 평가를 거쳐 결정해야 한다.

메시지와 미디어 전략이 결정되고 나면, 그 다음에는 그것들을 실행하는 단계로 넘어간다. 대부분의 기업들은 광고메시지 계획과 실행, 미디어 선정과 평가를 위해 광고대행사를 활용한다. 광고대행사는 광고 개발과 미디어 선정 시에 광고주들과의 긴밀한 협의를 거쳐 업무를 수행한다. 광고 과업과 미디어 계획을 최종적으로 승인하고 수수료를 지급하는 것은 광고주이기 때문이다.

목표가 설정되고 전체적인 전략이 개발되어 메시지와 전략을 결정하고 나면 실행 단계가 발생하는 것처럼, IMC 프로그램의 다른 요소들도 비슷한 프로세스가 발생된다. 광고대행사들은 IMC 기능의 일부분을 수행하는 반면, 대행사들도 다이렉트마케팅, 인터랙티브/판매촉진 대행사, PR대행사 등과 같은 전문가들을 활용하기도 한다.

모니터링, 평가, 통제

IMC 계획 프로세스의 마지막 단계는 프로모션 프로그램을 관찰, 평가, 통제하는 것이다. IMC 프로그램이 커뮤니케이션 목표를 달성하고 전체 마케팅 목표와 목적을 달성하는 데 도움이 되고 있는지를 판단하는 것이 중요하다. IMC 계획 담당자는 그 프로모션 프로그램이 잘 실행되고 있고 잘 수행되고 있는 이유를 알고 싶어 한다. 예를 들면, 메시지 특성이나 표적시장에 효과적으로 도달하지 못하는 광고 프로그램 문제가 있을 수가 있다. 프로그램의 수정을 위해 올바른 행동을 취하기 위해 관리자는 그 문제의 원인을 알아야 한다.

이 프로세스의 마지막 단계는 IMC 프로그램의 효과와 관련된 지속적인 피드백을 관리자에게 제공하도록 설계되었다. 이것은 결국 계획 프로세스의 입력 요소로 사용될 수 있다. **도표 1-6**과 같이 IMC 프로그램에 의해 달성된 결과에 관한 정보는 후속적인 촉진 계획과 전략 개발에 이용된다.

교재의 관점과 구성

광고, 촉프로모션 전략 또는 마케팅 커뮤니케이션 과정을 가르치는 전통적인 접근 방법은 프로모션 믹스의 다양한 요소들을 분리된 기능으로 다루어 왔다. 그 결과 광고, 프로모션, 다이렉트마케팅, 인터랙티브/인터넷, PR 분야에서 일하고 있는 많은 사람들이 마케팅 커뮤니케이션 이슈들에 자신의 특수한 전문성의 관점으로 접근하려는 경향을 띠고 있다. 광고 담당자들은 미디어 광고를 통해서 IMC 목표를 가장 잘 달성할 수 있다고 믿고, 프로모션 전문가들은 소비자들의 반응을 자극하는 데에는 판매촉진 프로그램이 최고라 주장한다. PR 담당자는 그 문제를 해결하기 위해서는 PR 캠페인을 해야 한다고 주장한다. 이러한 성향은 놀라운 것이 아니다. 왜냐하면, 각 담당자들은 마케팅 커뮤니케이션 문제에 대해 기본적으로 한 가지 관점에서 바라보도록 훈련받았기 때문이다.

그러나 현대 기업에서 마케팅, 광고, 기타 프로모션 분야의 담당자들은 한 가지 분야가 아니라 다양한 마케팅 수단을 이해하고 이용할 수 있어야 한다. 광고대행사는 더 이상 자신들의 서비스를 광고 영역에 국한하지 않는다. 판매촉진, PR, 다이렉트메일, 이벤트 후원에도 관여한다. 브랜드, 제품 또는 프로모션 담당자 같은 기업의 광고부서나 고객 부서에 근무하는 사람들은 마케팅 커뮤니케이션 방법의 다양성을 이용한 마케팅 프로그램을 개발하고 있다.

본 교재는 광고와 프로모션을 IMC 관점에서 다루고 있다. 기업의 IMC 활동에서 프로모션 믹스 요소들과 그 역할을 고찰할 것이다. 미디어 광고가 대부분의 커뮤니케이션 프로그램의 시각적 부분이지만, 현대 마케팅에 있어서 그 역할을 이해하는 데에는 인터넷과 인터랙티브마케팅, 다이렉트마케팅, 판매촉진, PR과 같은 다른 프로모션 영역에의 주의도 요구된다. 모든 프로모션 믹스 요소가 광고나 마케팅 커뮤니케이션 관리자의 직접적인 통제 하에 있는 것은 아니다. 예컨대, 앞서 언급한 바와 같이 인적판매는 광고나 프로모션 부서의 통제 밖에 있는 전문화된 마케팅 기능이다. 마찬가지로, 홍보와 PR은 종종 독립된 부서에 배치되기도 한다. 그러나 이 모든 부문들이 조직의 마케팅 커뮤니케이션 도구들을 조정하기 위해 긴밀하게 소통되어야 한다.

이 교재의 목적은 학생들이 기업의 프로모션 믹스 요소들과 광고의 영역을 철저하게 이해하고, IMC 프로그램을 만드는 데 결합되는 방법을 알게 하는 것이다. 효과적인 IMC 프로그램의 계획, 개발, 실행을 위해서 관련된 실무자들은 마케팅, 소비자행동, 커뮤니케이션 프로세스를 이해해야 한다. 이 책의 1부는 마케팅 프로세스의 광고와 프로모션 형태의 역할을 검토함으로써 이 기초를 제공하도록 구성되었다. 시장 세분화와 포지셔닝의 프로세스를 살펴보고, IMC 전략 개발에서 그 부분들을 다루고자 한다. 또 IMC를 위한 기업조직 방법과 마케팅과 프로모션 서비스를 제공하는 기업과 광고대행사에 관한 의사결정 방법도 살펴본다.

그 다음 소비자행동 고려사항에 초점을 맞추고 커뮤니케이션 프로세스를 분석한다. 광고와 다른 형태의 프로모션 목표와 목적을 설정하고 전략을 개발함에 있어서 프로모션 계획 수립자들에게 중요한 여러 가지 커뮤니케이션 모델들을 다루기로 한다. 또 기업이 마케팅 커뮤니케이션 예산 할당과 결정방법을 언급할 것이다.

프로모션 프로그램 개발의 기초를 파악한 후에 **도표 1-6**에서 제시된 IMC 계획 모델에 따라 살펴보기로 한다. 광고를 시작으로 프로모션 믹스 변수들을 살펴본다. 광고에 대한 자세한 학습을 위해 크리에이티브 전략, 광고메시지 개발과정, 미디어 전략의 개관, 여러 가지 미디어 평가에 관한 것들도 살펴보게 될 것이다. 그 다음에 프로모션 믹스의 다른 영역, 즉 다이렉트마케팅, 인터랙티브/인터넷마케팅, 판매촉진, 홍보/PR 등을 다룬다. IMC 계획 과정에서는 프로그램 모니터링 평가, 통제 방법도 연구할 것이다. 광고와 기타 프로모션 형태에 대한 효과를 측정하는 데에는 특별한 주의가 필요하다.

요약

광고와 프로모션은 기업의 마케팅 프로세스의 중요한 부분이다. 지난 10여 년간 광고에 많은 비용이 투입되었고, 판매촉진, 다이렉트마케팅, 여타의 마케팅 커뮤니케이션에 대한 비용 투입도 세계적으로 매우 급증해 왔다. 2000년대 초반에는 존재하지 않았던 다양한 비전통적 미디어와 함께 인터넷에 투입된 비용도 크게 증가해 왔다. 마케팅 프로그램의 광고와 프로모션의 역할을 이해하기 위해, 기업의 마케팅 역할과 기능을 이해해야 한다. 마케팅의 기본 과업은 마케팅 믹스로 알려진 4개의 통제 가능한 변수들을 표적시장과의 교환을 위해 프로모션 전체 프로그램에 결합하는 것이다. 4개의 변수들은 제품/서비스, 가격, 장소(분배), 프로모션 등이다.

수년 동안 기업의 프로모션 기능은 대중매체 광고가 지배적이었다. 그러나 기업들이 효과적이고 능률적인 커뮤니케이션 프로그램을 달성하기 위해 다양한 마케팅과 프로모션 요소들을 조정하는 IMC의 중요성을 인식하고 있다. 광고대행사들과 프로모션 중개업뿐만 아니라 마케터들이 IMC로 이동하고 있는 데에는 많은 요인들이 작용한다. IMC 관점의 중요성이 증대하는 이유는 소비자, 기술, 미디어 측면에서 환경이 급변하기 때문이다. 또 IMC 운동은 기업이 제품과 서비스를 판매하는 방법의 변화를 주도하고 있기도 하다. 마케팅 비용이 전통매체에서 비전통 매체로 이동, 인터넷과 소셜미디어의 급속한 성장, 제조업자에서 소비자로 시장 파워 이동, 데이터베이스 마케팅의 개발과 성장, 광고대행사와 마케팅 커뮤니케이션 기업들의 책임 증대, 매체시장의 세분화, 미디어 소비 패턴의 변화 등 핵심적인 변화가 발생하고 있다.

프로모션은 마케팅 커뮤니케이션 기능 중 최고의 것으로 간주된다. 이것은 광고, 인적판매, 홍보/PR, 판매촉진, 다이렉트마케팅, 인터랙티브/인터넷 마케팅 등을 통합하는 프로모션 믹스를 통해 달성된다, 이런 프로모션 믹스 각각의 고유한 장점과 단점은 전체 마케팅 프로그램에서 이들의 역할에 영향을 준다. IMC 프로그램 개발에 있어서, 마케터들은 사용할 도구와 기업의 마케팅과 커뮤니케이션 목표를 달성하는 데 이런 요소들을 결합시키는 방법을 결정해야 한다. 기업은 IMC 프로그램 개발에서 고객접점 관점을 취하는데, 그렇게 함으로써 표적고객들에게 도달하고 기업이나 브랜드를 우호적인 방법으로 제시하는 모든 잠재적 방법들을 고려할 수 있게 된다. 접점에는 기업의 계획 접점, 본질적 접점, 예상치 못한 접점, 고객주도적 접점이 있다.

효과적인 마케팅 커뮤니케이션의 통합 프로그램을 개발하기 위해 프로모션 믹스 요소들을 조정하는 방법들이 촉진관리에 포함되어야 한다. 〈도표 1-7〉의 IMC 계획 프로세스 모델은 다음과 같은 여러 단계를 포함한다. 마케팅 계획의 검토, 프로모션 프로그램의 상황 분석, 커뮤니케이션 프로세스의 분석, 예산 결정, 마케팅 커뮤니케이션 전략의 통합과 실행, 프로모션 프로그램의 모니터링, 평가, 통제.

토론문제

1. 도입사례에서 페이스북의 성공과 기업들이 소비자들과의 브랜드 커뮤니케이션 방법을 바꾸고 있음을 다루고 있다. 페이스북이 마케팅 산업에 영향을 주는 방법, 마케터들의 소셜광고/페이지/'좋아요' 등과 같은 제공물에 반응해야 할 이유, 페이스북이 광고와 마케팅 기업의 미래에 영향을 미칠 수 있는 방법 등에 대해 토론하시오.
2. 마케팅 도구로서의 페이스북에 대한 찬반양론을, 특히 실패와 성공에 주의를 기울여 토론하시오. 마케터들이 주로 직접적인 소셜미디어의 위험을 피하면서 페이스북 사이트를 충분히 활용할 수 있는 방법이 무엇인지에 대해서도 제시해 보시오.
3. IMC와 전통적 광고나 프로모션의 차이점에 대해 토론하시오. 마케터들이 자신의 광고나 프로모션 프로그램에 대해 IMC 접근법을 취하는 이유가 무엇인가?
4. 돈 슐츠에 의해 개발된 IMC의 정의와 미국 광고대행사연합회가 개발한 IMC 정의를 비교해 보시오. 다른 점은 무엇인가?
5. IMC에 영향을 주는 세 가지 특정 기술 발전을 설명해 보시오. 여러 기업의 IMC 프로그램에 기술이 영향을 미치는 방법들을 논의해 보시오.
6. 브랜드 구축 프로세스에서 IMC의 역할에 대해 논의하시오. 매스미디어 광고에 의존하지 않고 브랜드자산을 구축하고 유지해 올 수 있었던 기업의 사례를 찾아 보시오.
7. 과거 몇 년간 글로벌 경제가 직면하고 있는 경제 불황기에 호의적 브랜드 이미지를 구축하고 유지하는 것에 대해서 기업이 직면할 문제에 대해 토론해 보시오. 불황기에는 IMC 프로그램에 어떤 변화가 필요한가?
8. 모바일 마케팅 이용에 관해 마케터가 직면하는 기회와 문제를 토론해 보시오. 마케터가 모바일폰을 통해 소비자들에게 메시지를 전할 수 있는 방법들을 논의해 보시오.
9. P&G 같은 기업이 매스미디어 광고에서 탈피하여 소비자들과 연결하는 데 이용될 수 있는 다른 접점을 찾고 있는 이유는 무엇인가? 고객들과 관계를 구축하고 유지하기 위해 사용할 수 있는 다양한 IMC 도구는 어떤 것들이 있는가?
10. 마케팅 분야에 일하고 있는 사람들이 모든 다양한 IMC 수단들을 이해하고 인정해야 할 중요한 이유가 무엇인가? 그 도구들이 어떻게 이용되고 있는지를 살펴 보시오.

2 마케팅 프로세스에서 IMC의 역할

학습목표

1. 마케팅 프로세스와 IMC 프로그램에서 광고와 프로모션이 맡은 역할을 이해한다.
2. IMC 프로그램의 표적 마케팅 개념을 이해한다.
3. 시장 세분화의 역할과 IMC 프로그램에서의 IMC 용도를 이해한다.
4. 포지셔닝과 재포지셔닝 전략의 용도를 이해한다.
5. 마케팅 믹스의 각 요소 하의 다양한 의사결정 영역과 광고와 프로모션 전략의 상호작용과 영향을 이해한다.

에미레이트 항공사의 성공 재발견

1980년대 중반 에미레이트 항공사는 보잉 737기와 에어버스 A300 B4 등 단지 두 가지 항공기만을 가지고 항공사 출범 계획을 가지고 있었다. 에미레이트 그룹의 Sheikh Ahmed bin Saeed Al-Makatoum 회장은 국제 항공사 표준에서 보면 보잘 것 없는 천만 달러를 투자하여 이 항공사를 설립하였다. 이 회사는 현재 세계에서 두 번째로 수익성이 높은 항공사가 되었는데, 수익, 승객 수, 항공기 대수(141대) 측면에서 중동지역의 가장 큰 기업이 되었다.

이 항공사는 '탁월한 서비스, 지속적인 수익성, 논스톱 장거리 노선, 평균수명 5.9년의 새 비행기' 등과 같은 트렌드를 적절하게 포지셔닝하여 성공하였다. 에미레이트 항공사는 이미지 창출을 위해 지난 20년간 꾸준히 노력하였다. 캐세이퍼시픽, 싱가폴 항공사와 같이 최상의 고객서비스를 제공하는 항공사를 경쟁의 대상으로 삼았다. 에미레이트사는 모바일폰 사용 허용과 전 객실에 기내 오락시스템을 제공하는 최고의 항공사가 되기 위한 서비스 체제를 갖추었다.

이 항공사는 "에미레이트 항공과 함께 귀하의 존재를 발견하십시오"라는 단순한 메시지를 통해 브랜드 정체성을 개발하였다. 브랜드와 서비스와 경험 간의 탁월함이 녹아들도록 하였다. 광고의 마지막 줄에는 여행에 대한 브랜드 철학을 이렇게 써놓았다. "에미레이트 항공사만이 당신으로 하여금 진짜로 인생의 성취감을 발견하게 합니다." 이 문구는 브랜드와 탐험에 대한 인간의 욕구를 결합시켰다. 에미레이트 항공사 브랜드는 영감, 흥분, 꿈에 대한 정서적 여행에서부터 계획, 준비, 경험 등의 실용적 여행의 각 단계를 낭만적으로 만들게 하였다. 출장이 잦은 승객들을 겨냥해서는, 새로운 목적지를 방문할 때 여행자들이 느끼는 즐거움을 창출하는 데 캠페인의 주안점을 두었다.

에미레이트 항공사는 '경탄, 발견, 특별한 경험 제공'이라는 광고 전략을 수립하였다. 신규 항공기 구매와 더불어 신규 항로 개척을 시도하면서 캠페인을 계속 확장해 나갔다. 미국의 911 사태 이후 에미레이트 항공사는 항공기 구매 능력을 갖춘 항공사 중의 하나가 되었고, 주로 에어버스 380 같은 대형기종을 새로 구입하였다. 에미레이트 항공사는 완전 접이식 침대, 일곱 가지 코스의 기내식, 기타 서비스를 갖춘 여행 장면을 모습을 비춰주는 광고를 시리즈로 내보냈다. TV광고를 통해서 Orient Express Railway, QE2 크루즈선, 호화스런 객실, 일등석 객실 등 호화스런 여행의 특징을 보여 주었다. 이 항공사는 런던 히드로 공항에 45톤 짜리 에어버스 A380 모형을 만들어 방문객들이 기내를 둘러 볼 수 있게 하였다.

에미레이트 항공사는 새로운 취항지에 대해 인터넷 광고 미니사이트 '논스톱 Fernando'(www.nonstopfernando.com)와 같은 신규 캠페인을 계속 실시하였다. 이 광고는 두바이에서 브라질 상파울로까지 에미레이트 항공사의 신규 논스톱 항로에 브라질 사람 Fernando가 출연하여 14시간 40분의 비행시간 동안 상파울로와 브라질 문화를 소개하는 광고이다. 에미레이트 항공사가 뉴욕을 취항지로 추가했을 당시, 미국에서는 이 항공사를 알고 있는 사람이 거의 없었다. 이제 에미레이트 항공사는 토론토, 로스앤젤레스, 샌프란시스코, 휴스턴, 네 개의 북미지역 취항지를 추가하였다. 토론토 첫 취항 시 일반사람들이 기내 오락의 하이라이트를 경험할 수 있도록, 세계 최대의 리모트 콘트롤을 토론토 던다스 광장에 설치하였고, 실제 수하물 도착 컨베어벨트 앞에서 중요한 인물을 모시는 기사의 모습을 비쳐주는 공항의 3D 광고물들이 시내 곳곳에 설치되었다.

에미레이트 항공사의 마케팅 전략의 초석은 스폰서십이었다. 이 회사의 회장은 스폰서십이야말로 고객들을 결합하는 최선의 방법이라고 믿고 있었다. 스폰서십은 기업이 고객들의 관심사를 공유하고 지지하도록 만들어 더 밀접한 관계를 구축할 수 있게 해 준다. 이 항공사는 신규 취항지를 오픈할 때, 지역사회, 문화, 커뮤니티 행사 등에 대해 종합적인 캠페인을 실시하였다. 토론토 취항 개시 기간에 이 회사는 로저스컵 테니스 경기와 20세 미만의 하계 FIFA컵 대회를 후원하였다. 스폰서십은 급속하게 브랜드 인지도를 형성하고, 광고는 매출액을 늘리는 역할을 하였다. 오랫동안 에미레이트 항공사의 마케팅 책임을 맡았던 마이크 사이몬은 "우리 회사가 다른 항공사나 기업들보다 스포츠행사에 스폰서십을 더 많이 하였다."고 회상하였다. 영국 축구팀인 아스날을 후원하기 전까지만 해도 영국에서 이 항공회사가 알려지지 않았다. 지금은 아스날 스타디움은 에미레이트 항공사의 이름을 따라 지어졌으며, 축구팀, 항공사, 스포츠, 취항지 모두가 연계되어 있다. 인지도를 높이는 것 외에도 스폰서십은 투자수익률에도 영향을 미쳤다. 예를 들면, 이 회사는 호주의 경마행사인 멜버른컵을 스폰서십하여 6배의 투자수익을 거두었다.

에미레이트 항공사가 성장함에 따라 브랜드도 함께 성장했다. 이 회사 이름이 umpires' & fans'라는 크리켓팀 셔츠에 새겨졌다. "에미레이트 항공기를 타세요." 에미레이트 항공사는 2006년 월드컵 경기의 후원사가 되었는데, 이때 축구사랑은 홍콩에서부터 두바이, 남아프리카에 이르기까지 모든 언어를 뛰어넘는다는 것을 분명히 보여 주었다. 또 이 회사는 월드컵을 후원하는 첫 번째 항공사인 글로벌 브랜드가 됨으로써 세계무대로 진입하는 기업임을 세계에 알렸다. 여행의 낭만적 측면과 함께 사막과 연합된 색상의 특징과 브랜드를 강화하는 웹사이트도 운영하였다. 웹사이트를 통해 브랜드 경험, 낭만적인 현장, 여행, 운송, 경험, 가격 등을 취항지의 경치 좋은 사진들과 함께 보여 주었다.

2008년 에미레이트 항공사는 무슬림 국가들 중에서 100대기업을 뽑는 Dinar-Standard 리스트에서 20위로 선정되었다. 2009년 Gulf Marketing Review 잡지는 브랜드 자산가치 지수에서 321억 달러 가치를 지닌 1등으로 선정되었다. 2010년에는 SkyTrax의 세계 항공사 시상 대회에서 7위로 뽑혔다(그 후 사상 첫 2년 연속 수상 기록). 브랜드 확장이 계속됨—취항지 확대와 행사 스폰서십 증대—에 따라 이 회사는 소비자들과 기업고객에 메시지를 보내는 것에 더 집착하는 것 같다.

자료: Rafi-uddin Shikoh, "Global Branding the Emirates Way," September 10, 2005, http://www.dinarstandard.com/marketing/EmiratesBrand0091005.htm; DDB, "Building Brand Value and Influence in the Airline Industry,"February 6, 2009, http://issuu.com/ddbcomyp/docs/ddb_yp_airlinebranding_feb09.

에미레이트 항공사의 성공은 이 장에서 논의될 마케팅 전략 사례의 하나이다. 마케팅 전략은 시장기회, 시장 세분화, 표적 마케팅과 포지셔닝, 마케팅 프로그램 개발 등을 포함한다. 에미레이트 항공사의 강력한 IMC 프로그램과 결합된 강한 브랜드 이미지의 중요성 인식은 시장 성공에 필요한 마케팅 지향성을 의미한다.

본 장에서, 우리는 마케팅 전략이 프로모션의 역할에 미치는 영향과 프로모션 결정이 다른 마케팅 믹스 요소들과 조정되어야 할 방법들을 자세하게 살펴보게 될 것이다. 즉, 마케팅 믹스의 모든 요소들은 IMC 프로그램 결과인 전략 계획과 일치되어야 한다. 프로모션 프로그램이 조직의 마케팅 전략과 프로그램과 일치되는 방법을 분석하기 위한 틀로써 **도표 2-1**의 모델을 사용한다.

이 모델에는 마케팅 전략과 분석, 표적 마케팅 프로세스, 마케팅 계획 프로그램(프로모션 믹스 포함), 표적시장 등 4개의 주요 구성요소가 있다. 마케팅 프로세스는 회사가 제품이나 서비스 분야를 결정하고 특정 시장에 대한 마케팅 전략과 분석을 개발하는 것에서 출발한다. 그 후 다양한 마케팅 믹스 요소들을 표적시장에 효과

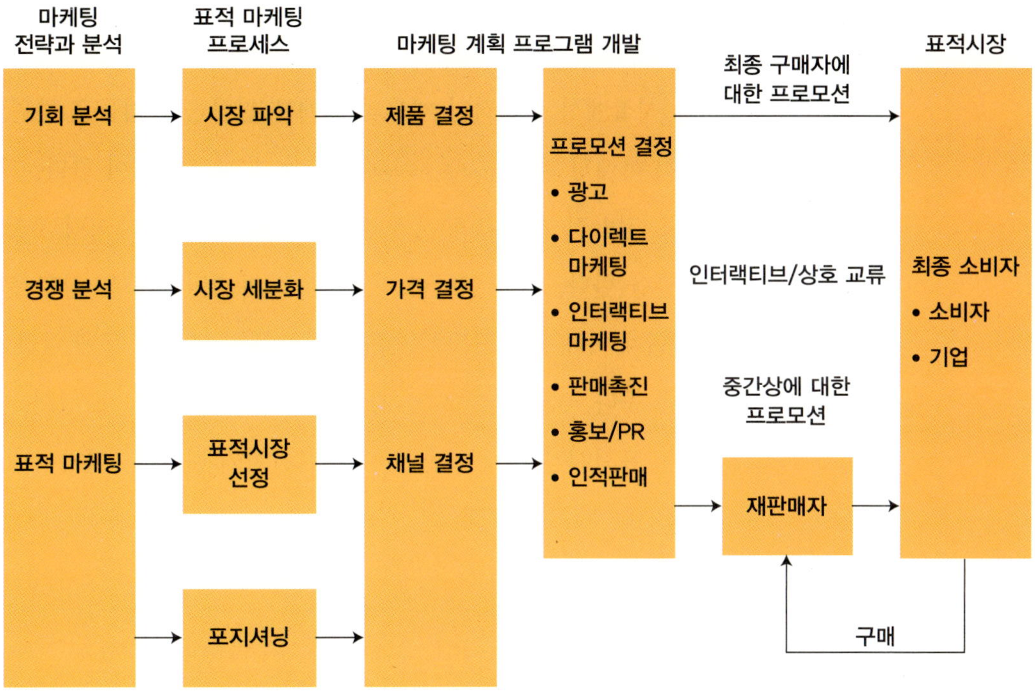

도표 2-1
마케팅과 프로모션 프로세스 모델

적으로 도달할 수 있는 적합한 마케팅 프로그램에 맞추어야 한다. 프로모션 프로그램은 최종 소비자와 자사 제품을 분배할 채널이나 중간상들에 맞추어져야 한다. 이런 분배 채널 구성원들은 제품에 대한 수요를 가진 소비자들에게 공격적으로 판매하고 프로모션할 수 있는 확신이 있어야 한다. 프로모션은 최종소비자들과 중간상에게 수요를 환기하고 유지하는 마케팅 프로그램에서 중요한 역할을 한다.

1장에서 다루었던 내용과 같이, 마케팅 믹스 요소 – 제품, 가격, 분배, 프로모션 – 는 일관성과 커뮤니케이션 효과 극대화를 제공하기 위해 통합되어야 한다. 마케팅 계획은 이 목표를 달성하는 도구가 된다.

도표 2-1에서 보는 바와 같이 마케팅 프로그램 개발을 위해서는 시장의 심층 분석이 필요하다. 이 분석은 계획 프로세스에 대한 투입요소로써 마케팅 조사를 많이 활용할 수도 있다. 이 투입은 제품, 가격결정, 분배, 프로모션 결정에 관한 마케팅 전략 개발의 기초를 제공한다. 이 각 단계에는 상세한 분석이 필요한데, 계획은 마케팅 목표 달성을 위해 수행되어야 할 로드맵으로서의 역할을 하기 때문이다. 일단 상세한 마케팅 분석이 실행되고 마케팅 목적이 설정되면, 마케팅 믹스의 각 요소들을 통합 마케팅 프로그램에 맞추어야 한다. 프로모션 프로그램 요소도 다른 프로그램 요소들과 연계되어야 한다.

마케팅 전략과 분석

시장에서 성공적인 제품의 판매를 원하는 기업들은 자원의 할당에 필요한 **전략적 마케팅 계획**strategic marketing plan을 가지고 있어야 한다. 전략적 마케팅 계획은 주로 전반적 기업 전략에서 진전된 것이며 특정 마케팅 프로그램과 정책의 안내 역할을 한다. 앞서 언급한 바와 같이, 마케팅 전략은 상황 분석 – 기업이 직면하는 현재 마케팅 여건, 제품계열, 또는 개별 브랜드 등에 대한 상세한 평가 – 에 기초를 둔다. 이 상황 분석을 거쳐서 기업은 시장, 기회, 경쟁, **세분시장**market segment 또는 표적시장 등에 대한 이해를 진전시켜 나간다. 여기서는 마케팅 전략과 계획의 각 단계를 살펴본다.

기회 분석

시장에 대한 세밀한 분석은 기존 또는 신규 시장의 기존 제품, 기존 시장의 신제품, 또는 신규 시장을 위한 대체물의 기회를 찾는 기초가 된다. **시장기회**market opportunity는 호의적인 수요 추세가 있는 영역을 가리키는데, 미충족된 니즈가 있고, 효과적으로 경쟁할 수 있을 것으로 예상되는 시장이다.

시장을 면밀하게 조사하고 다양한 세분시장의 경쟁과 수요 추세에 유의하여 시장기회를 파악해낸다. 시장은 동질적인 고객 집단들로 구성된 하나의 대규모 시장이 아니다. 오히려 많은 이질적인 집단이나 세분시장으로 구성되어 있다. 최근에는, 각 세분시장의 수요 추세나 니즈를 충족시키기 위해 맞춤형 마케팅의 중요성이 강조되고 있다.

사진 2-1
자동차 회사들은 최근 하이브리드 시장에서 경쟁하고 있다.

PC 산업의 예를 들어 보자. PC의 세분시장은 가정, 정부, 교육, 과학, 기업체 등으로 나눌 수 있다. 기업시장 소규모 기업과 대규모 기업으로 구성된다. 교육시장은 초등학교에서부터 대학으로 나누어진다. 예컨대, 자동차 시장에서 제품을 판매하고 있는 기업은 경쟁하고자 하는 세분시장이나 특정 시장을 결정해야 한다. 이러한 결정은 그 브랜드가 특정 시장에서 직면하게 될 경쟁의 특성과 규모에 달렸다. 자동차 회사들은 하이브리드 자동차 시장에서 다양한 모델들을 제공하면서 경쟁하고 있다(**사진 2-1**). 경쟁 분석은 마케팅 전략 개발에 중요한 역할을 한다.

경쟁 분석

기업의 마케팅 전략과 계획 개발에서, 관리자는 시장에서 직면할 수 있는 경쟁을 주의 깊게 분석해야 한다. 이 분석에는 직접 브랜드 경쟁에서부터 대체 상품과 같은 간접적인 경쟁 형태도 포함된다. 예컨대, 생수시장의 성장으로 많은 기업들이 이 시장에서 경쟁하고 다양한 상품을 판매하고 있다(**사진 2-2**).

보다 일반적인 수준에서, 마케터는 소비자들의 가처분 소득을 놓고 경쟁하고 있음을 인식하고, 잠재고객들이 돈을 쓰도록 만드는 다양한 방법을 알아야 한다. 세계적인 경기 침체로 고급제품 브랜드를 가지고 있는 기업들은 마케팅 전략을 재검토하고 있다. 고급제품 매출액은 2008년 2% 하락하였고, 2009년에는 9% 하락하였다.[2] 베르사체나 샤넬 등은 광고비 지출을 삭감하였다.

마케팅 전략 개발의 핵심은 **경쟁우위**competitive advantage를 발견해내는 것이다. 프리미엄 가격을 지불할 수 있게 만드는 품질 좋은 제품, 탁월한 고객서비스 제공, 최저 원가 제품과 최저가 제품, 또는 분배 채널의 독점망 유지 등이 경쟁우위를 달성하는 방법이다. 경쟁우위는 제품 차별화와 브랜드자산가치를 창출하고 유지하는 광고를 통해서 달성될 수 있다. 미쉐린 타이어의 장기 광고캠페인이 좋은 사례인데, 이 광고에서는 성능과 안전도가 강조되었다. 콜게이트 치약, 캠벨 수프, BMW, 맥도날드 등의 강력한 브랜드 이미지는 각 시장에서 경쟁우위를 지니

사진 2-2
비타민워터는 다양한 강화수를 판매하고 있다.

사진 2-3
경쟁기업들은 비교광고를 통해 포지션하기도 한다.

고 있다.

일부 마케터들이 최근에 경쟁우위를 유지하기 위해 선도 브랜드를 만들게 할 광고에 충분한 돈을 사용하지 못하고 있다. 광고 지지자들은 많은 비용이 드는 프로모션 활동 대신 광고에 더 많은 돈을 투자하여 브랜드자산 가치와 독점권을 보호해야 한다는 주장을 계속 해 오고 있다. 강력한 브랜드가 제공하는 중요한 경쟁적 우위를 인식하고 있는 기업들은 광고에 많은 투자를 해 오고 있다.

경쟁기업의 마케팅 프로그램은 기업의 마케팅 전략에 중대한 영향을 미치므로 이것도 분석하고 조사해야 한다. 기업의 마케팅과 프로모션 전략에 대한 경쟁자들의 대응도 매우 중요하다. 경쟁기업들은 가격을 인하하고 프로모션 비용을 늘리며 신규 브랜드를 개발하고 비교광고를 통해 상호 공격할 수도 있다(**사진 2-3**). 매우 치열한 경쟁의 사례로 대한항공과 아시아나의 싸움을 들 수 있다.

경쟁의 마지막 측면은 미국 시장에 침투하는 외국 기업들과 국내 기업들의 사업영역이다. 맥주제품에서부터 자동차, 전자제품에 이르기까지 수입은 미국 기업들이 겨루어야 할 강력한 경쟁 형태가 되고 있다. 글로벌 경제에서 경쟁하고 있는 만큼 국내 시장 방어뿐만 아니라 국제 시장에서 효과적으로 경쟁할 수 있는 방법을 기업은 배워야 한다.

표적시장 선정

세분시장에 대한 시장기회 평가와 경쟁분석을 한 다음, 하나 또는 그 이상의 시장을 표적시장으로 선택해야 한다. 표적시장은 마케팅 활동의 초점이 된다. 시장에서 달성하려는 것과 기업의 사명에 맞추어 표적시장의 목표와 목적이 설정되어야 한다. 1장에서 언급한 바와 같이 이러한 목표와 목적은 매출액, 시장점율, 수익성 등과 같은 구체적인 성과변수들로 설정되어야 한다. 표적시장 선정은 마케팅 전략의 중요한 일부이며 광고와 프로모션 활동에 직접적인 영향을 준다. 상황 분석은 프로모션 계획 프로세스의 시작 단계에서 수행되어야 한다고 언급한 IMC 계획 프로그램을 회상해 보라. 마케팅과 커뮤니케이션 목적은 상황 분석에서부터 나오고, 프로모션 믹스 전략은 이러한 목적을 달성하기 위해 개발된다. 하나의 제품, 브랜드, 서비스를 가지고는 시장을 충족시킬 수는 없다. 여러 개의 전략을 추구하고, 시장을 여러 개의 세분시장으로 나누고, 마케팅과 프로모션 활동에 필요한 하나 또는 그 이상의 세분시장을 표적으로 삼아야 한다.

표적 마케팅 프로세스

하나의 제품이 모든 소비자들의 욕구를 충족시켜 줄 수 없기 때문에, 기업들은 각 소비자 니즈를 충족하기 위해 각각의 마케팅 전략을 개발한다. 이런 전략을 **표적 마케팅**target marketing이라 부르며, 다음의 네 가지 기본 단계로 구성된다. 충족되지 않은 니즈를 가진 시장 파악, 시장 세분화, 특정 세분시장 표적 설정, 마케팅 전략을 통한 제품이나 서비스의 포지셔닝.

시장 파악

표적 마케팅 전략을 채택할 때, 마케터는 특정 집단이나 세분시장의 니즈를 파악하고, 이들 세분시장 중에서 하나 또는 그 이상을 선정한 후에 각 표적시장에 대한 마케팅 프로그램을 개발한다. 이 접근 방법은 마케팅의 적용 가능성 증대, 경쟁자들의 세분화 이용 증대, 관리자들에 대한 세분화 훈련, 전략과의 연계성 등의 이점이 있다. 그러나 소비자들의 니즈를 가장 효과적으로 충족시키는 마케팅 프로그램을 설계하기 위해 가능한 많이 소비자들을 이해해야 한다.

표적시장을 파악하면 비슷한 라이프스타일, 니즈, 선호도를 가진 소비자들을 구분하고 그들의 특정 요구사항에 대한 지식이 확장된다. 소비자들의 공통점을 많이 설정할수록, 커뮤니케이션 프로그램이 잠재고객들을 설득하고 정보를 제공하며 효과적으로 그들에게 접근할 수 있게 한다.

맥주산업을 예로 들어 보자. 몇 년 전까지는 제품 차별화가 낮고 전국적인 브랜드가 거의 없는 많은 공급자를 가진 그냥 맥주일 뿐이었다. 그러나 맥주시장은

도표 2-2
표적 마케팅 프로세스

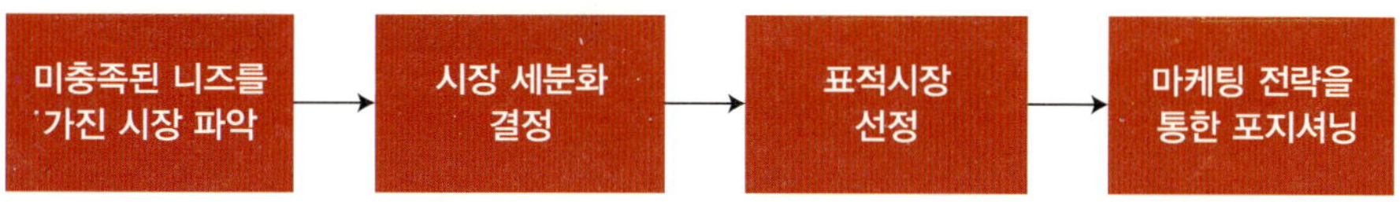

수입맥주
국내 전문맥주/생맥주
슈퍼 프리미엄 맥주
프리미엄 레귤러 맥주
라이트 맥주
아이스 맥주
맥아 맥주 (Malt alternatives)
맥아주 (Malt liquor)
일반 대중 맥주(Popular regular)
기타

자료: Ted Goldammer, The Brewer's Handbook, 2nd ed. Apex Publishers, 2008.

도표 2-3
미국의 맥주시장

분화하기 시작했다. 대형 양조회사 브랜드가 출현하고 많은 브랜들이 사라졌다. 경쟁기업들이 줄어들게 됨에 따라, 주요 양조기업의 경쟁은 격화되었다. 경쟁을 효과적으로 하기 위해, 양조회사들은 차별적인 맛, 라이프스타일 등을 고려하기 시작했다. 이 과정을 통해 많은 세분시장이 발견되었고, 고객의 니즈, 라이프스타일, 기타 특성에 따라 각각의 차별적인 전략으로 대응하게 되었다.

도표 2-3에서 보는 바와 같이 맥주시장은 이제 각 시장에 다양한 제품을 제공하는 세분시장으로 구성되고 있다.[3] 대형 양조회사들이 각 세분시장에 다양한 제품을 제공하고, 소규모 양조회사들과 함께 경쟁을 하고 있다(사진 2-4). 각 기업은 각기 다른 니즈를 가진 시장에 소구하고 있다. 맛은 확실히 하나이지만, 이미지와 병의 크기는 모두 다르다. 소비자들의 사회 계층, 라이프스타일, 경제적 지위 등도 맥주 구입의 중요한 요소들이 되고 있다.

마케터들은 고객들의 니즈를 더 잘 충족시키기 위해 시장 세분화 방법을 늘 강구하고 있다. 시장파악은 마케터들의 이러한 과업에 접근하는 방법임을 다시 한 번 기억해 두자.

사진 2-4
밀러 쿠어스는 여러 가지 맥주를 판매하고 있다.

시장 세분화

모든 소비자들을 위한 마케팅 전략 개발은 불가능하다. 오히려 마케터는 동일한 니즈를 가지고 마케팅 활동에 동일한 반응을 보일 구매자들을 폭넓은 계층들로 파악하려고 한다. **시장 세분화**market segmentation는 '하나의 시장을 (1) 공통된 니즈를 가지고 있고, (2) 마케팅 활동에 대한 동일한 반응을 보일 구분된 집단으로 나누는 것'이다.

마케터가 시장을 세분화할수록 시장에 대한 이해는 더 깊어진다. 그러나 시장이 세분화되면 각 세분시장의 소비자들의 숫자는 줄어든다. 따라서 '어느 정도까지 세분화해야 하는가? 세분화 절차를 어디서 멈추어야 할까?'를 결정하는 것이 핵심이다. 앞에서 언급한 맥주시장의 세분화는 성공적이었다.

관리자들은 표적시장이 프로모션 활동의 개별적 전략을 지지할 만큼 충분한 규모를 갖추고 있는지를 살펴봐야 한다. 그리고 표적시장에의 접근성 여부도 고려해야 한다. 커뮤니케이션 프로그램으로 도달될 수 있는지도 검토해야 한다. 예를 들면, 우리는 10장에서 어떤 표적집단들에게 도달하는 데 사용될 미디어가 없는 경우가 많이 있음을 알게 될 것이다. 프로모션 담당자가 세분시장은 많이 알고 있지만 그들에게 도달하는 데 요구되는 프로그램 개발이 불가능할 수도 있다. 광고캠페인을 개발할 자금의 부족, 판매직원의 부적합, 또는 프로모션 결함 등의 문제에 직면할 수도 있다. 적절한 세분화 전략을 결정한 후 마케터는 그 시장에 접근할 기준을 설정해야 한다. 다음은 세분시장의 몇 가지 기초를 논의하고 광고와 프로모션 실행 프로그램의 예를 제시하고자 한다.

세분화 기준 도표 2-4와 같이, 몇 가지 유용한 시장 세분화 방법이 있다. 마케터는 세분화 변수 중의 하나를 이용하거나 몇 가지를 조합하기도 한다. 스키시장에 적용될 수 있는 세분화 전략을 생각해 보자. 소비자들의 라이프스타일-활동, 재미추구, 실외 스포츠 선호-이 매우 중요하다. 그러나 연령, 수입, 결혼 상태 등과 같은 요인들도 역시 중요하다. 세분와의 기준을 살펴보고 각 시장에 적용될 몇 가지 프로모션 전략을 검토해 보자.

지리적 세분화geographic segmentation는 시장을 몇 개의 지리적 단위로 나누는 것이다. 이 세분시장들은 국가, 주, 군, 이웃 등이 될 수 있다. 소비자들의 구매 습

도표 2-4 시장 세분화 기준

구분	세분화 변수	전통적 세분화
고객 특성		
지리적	지역	Northeast; Midwest; South; West; etc.
	도시 규모	Under 10,000; 10,000~24,999; 25,000~49,999; 50,000~99,999; 100,000~249,999; 250,000~499,999; 500,000~999,999; 1,000,000 or more
	대도시	Metropolitan statistical area (MSAs)
	밀도	Urban; suburban; small town; rural
인구통계적	성별	Male; female
	연령	Under 6 yrs; 6~11 yrs; 12~17 yrs; 18~24 yrs; 25~34 yrs; 35~44 yrs; 45~54 yrs; 55~64 yrs; 65~74 yrs; 75 yrs plus
	인종	African-American; Asian; Hispanic; White/Caucasian; etc.
	라이프 단계	Infant; preschool; child; youth; collegiate; adult; senior
	출생기	Baby boomer (1946~1964); generation X (1965~1976); baby boomlet/generation Y (1977~present)
	가구 규모	1; 2; 3~4; 5 or more
	거주기간	Own home; rent home
	결혼 여부	Never married; married; separated; divorced; widowed
사회경제적	수입	<$15,000; $15,000~$24,999; $25,000~$34,999; $35,000~$49,999; $50,000~$74,999; $75,000~$99,999; $100,000+
	교육	Some high school or less; high school graduate (or GED); etc.
	직업	Managerial and professional specialty; technical, sales and administrative support; service; farming, forestry, and fishing
심리적	개성	Gregarious; compulsive; introverted; aggressive; ambitious
	가치	Actualizers; fulfilleds; achievers; experiencers; believers; strivers; makers; strugglers
	라이프스타일	Settled in; white picket fence; and 46 other household segments
구매 상황		
아울렛 형태	점포 내	Department; specialty; outlet; convenience; supermarket; superstore/mass merchandiser; catalog
	직접 판매	Mail order/catalog; door-to-door; direct response; Internet
편익 추구	제품 형태	Situation specific; general
	니즈	Quality; service; price/value; financing; warranty; etc.
용도	사용량	Light user; medium user; heavy user
	사용자 지위	Nonuser; ex-user; prospect; first-time user; regular user
인지도와 의도	제품 지식	Unaware; aware; informed; interested; intending to buy; purchaser; rejection
행동	관여도	Minimum effort; comparison; special effort

사진 2-5
빅레드는 특정 지역에서만 판매하고 있다.

관은 거주지에 따라 다르다. 음식, 음료수, 외국제품에 대한 태도 등에서 지역적 차이가 존재할 수 있다. 예를 들면, 기업들은 캘리포니아를 미국의 여타 주와는 매우 다르게 간주하고, 그 주의 소비자들을 목표로 한 특정 마케팅 프로그램을 개발하고 있다. **사진 2-5**는 빅레드의 광고로, 이는 지역 음료수 집단 브랜드들 — Cheerwine(캐롤라이나), Vernors(미시건), Moxie(뉴잉글랜드) — 중의 하나인데, 이것은 텍사스 지역에서 성공하였다. Olde Brooklyn Beverage Company는 'Brooklyn Attitude' 제품을 프로모션함으로써 대형 브랜드들과 차별화를 하여 뉴욕시의 특정 지역에 기반을 둔 브랜드를 프로모션하였다.

사회계층, 소득, 교육수준, 가족규모, 성별, 연령과 같은 인구통계적 변수에 기초하여 시장을 나누는 것을 **인구통계적 세분화**demographic segmentation라고 부른다. Secret 냄새 제거제와 Lady Schick 제모기는 세분화 기준으로 성별의 변수를 이용하여 대단한 성공을 거둔 제품들이다. 여성들을 겨냥한 아이빌리지 웹사이트는 인터넷에서 매우 성공한 웹사이트의 하나이다(**사진 2-6**). 여성용 10대 웹사이

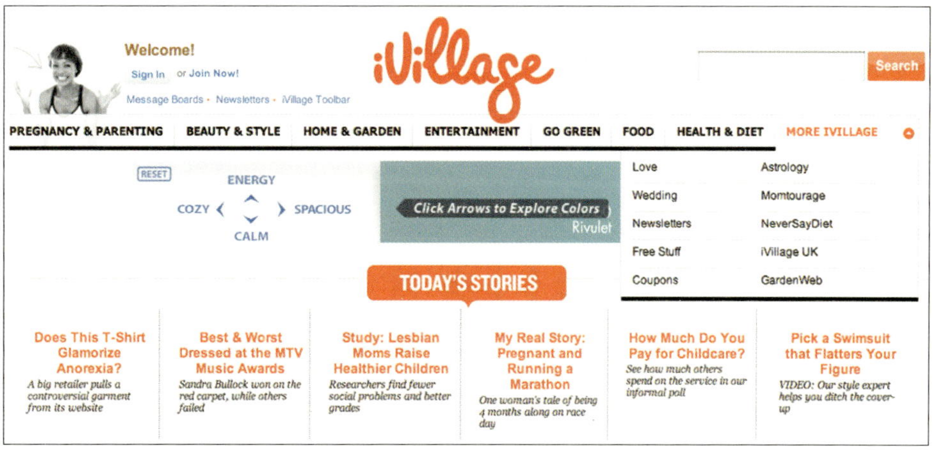

사진 2-6
아이빌리지의 웹사이트는 여성들을 표적으로 삼았다.

사진 2-7

Segunda Juventud는 50세 이상의 히스패닉시장을 표적으로 선정하였다.

트는 연령, 라이프스타일 등과 같은 변수들로 세분화된다.

기업들은 특정한 인구통계적 집단에 더 많은 주의를 둘 필요가 있다. 예를 들면, 구매자들의 70% 이상이 여성인 이케아는 점포 환경을 더 '여성친화적'으로 강화하였다. 여성 세분시장은 보이는 것처럼 쉬운 일이 아닐 수도 있다. 많은 기업들이 베이비붐 세대들에게 더 많은 관심을 가지기 시작했다. 미국의 베이비붐 세대는 1946년에서 1964년 사이에 태어난 7,600만 명에 이른다. 거대한 소비 구매력을 지니고 있고, 이 연령 세분시장은 여행사와 제약회사 들을 포함한 많은 기업들에게 매력이 있다. 이들이 은퇴 설계에 대한 필요성을 인식하게 됨에 따라, Wachovia는 연령 세분화에 많은 노력을 투입했다.[4] AARP 잡지는 50세 이상 인구의 35%를 표적으로 삼았다. Segunda Juventud는 50세 이상 히스패닉계를 표적으로 하고 40만 명의 독자를 가지고 있다.[5] 이 숫자는 2015년까지 미국 인구의 45%에 이를 것으로 기대된다.[6]

인구통계적 세분화를 성공적으로 적용하고 있는 제품에는 도브(성별), 도안스필Doan's Pill(연령), 코카콜라(인종), 메르세데스벤츠 · 렉서스 · BMW(소득), 뱅큇프리패키지디너스Banquet prepackaged dinners(가족 크기) 등이 있다.

인구통계적 변수들은 시장 세분화의 가장 보편적인 방법인 반면, 다른 요소들은 동질성과 소비자행동에 기초를 둔다.

개성 또는 라이프스타일에 기초하여 시장을 나누는 것은 **심리적 세분화**psychographic segmentation이다. 시장 세분화의 기준으로 개성의 유용성에 대해서는 동의가 없음에도 불구하고, 라이프스타일 요소로는 많이 사용된다.

라이프스타일의 결정은 소비자들의 활동 · 관심 · 의견AIOs의 분석에 주로 기초를 둔다. 라이프스타일은 소비자들의 제품, 브랜드, 미디어 사용 등과 관련이 있다. 많은 제품이나 서비스에서, 라이프스타일은 사용과 비사용 간의 최고의 판별 장치가 될 수 있고, 식품, 의류, 자동차 등을 선택하는 중요한 기준이 된다.

심리적 세분화는 가치나 라이프스타일VALS 프로그램과 함께 매우 인기가 있다. VALS 이전에는 라이프스타일이 오랫동안 세분화 기준으로 사용되어 왔고 PRIZM과 같은 이용할 수 있는 대안이 있음에도 불구하고 VALS는 여전히 인기 있는 항목이다. VALS2는 독특한 태도, 행동, 의사결정 패턴을 나타내는 8개의 라이프스타일을 가진 시장으로 나눈다. VALS는 일본과 영국에서도 이용되고 있다(두 나라 모두 6개의 라이프스타일로 분류).[8] VALS2 시스템은 소비자행동의 우수한 예측변수이고 기업들이 브랜드 포지션, 가치 제안, 미디어 선택 등에 있어서 라이프스타일을 세분화의 기준으로 활용하고 있다.

사용량, 충성도 또는 제품에 대한 구매반응 등에 따라 소비자들을 세분화하는 것을 **행동적 세분화**behavioristic segmentation라 한다. 예를 들면, 제품 또는 브랜드 사용량, 사용 정도(대량사용자 소량 사용자), 또는 상표충성도 등은 세분시장의 프로파일을 개발하기 위해 인구통계적 또는 심리적 기준들과 결합될 수 있다.

예를 들면, 사용 정도는 대부분의 소비자들이 제품이나 서비스의 구매량에 있어서 차이가 있다는 사실과 관련된다. 산업재 마케터들은 **80대 20 비율의 법칙**80-20 rule을 언급한다. 이것은 구매자들의 20%가 매출액의 80%를 차지한다는 의미이다. 이러한 사용자들의 특성이 파악되면, 표적고객들에게 더 많은 집중적인 노력을 쏟아 붓고 시간과 돈의 낭비를 줄일 수 있다. 이 동일한 주요 구매자heavy-half전략이 소비자 시장에도 마찬가지로 작용될 수 있을 것이다. 많은 제품의 주요 구매자(예: 비누, 세제, 샴푸, 케익, 맥주, 애완용 사료, 콜라, 화장지)는 인구의 소수가 차지하고 있다.

사진 2-8
AT&T는 국제전화를 이용하는 사람들에게 편익을 제공한다.

제품 구매를 통해, 소비자들은 일반적으로 특정한 니즈와 욕구를 충족시키려고 노력한다. 그들은 이런 니즈를 충족시킬 특정 편익을 제공하는 제품을 탐색한다. 어떤 제품에서 발견된 속성에 근거하여 소비자들을 분류하는 것은 **편익 세분화**benefit segmentation로 알려져 있고 광범위하게 사용되고 있다(**사진 2-8**).

손목시계를 예로 들어보자. 어떤 사람들은 정확성, 방수, 멋과 같은 특정한 편익을 추구할 수도 있지만, 어떤 사람들은 다른 편익을 원할 수도 있다. 일반적으로 사람들은 시계를 생일, 크리스마스, 졸업 선물로 준다. 선물로 구매하는 경우 분명하게 어느 정도는 동일한 편익을 고려하기도 하지만 구매자가 추구하는 편익은 사용자가 획득하려는 것과는 다르다. 훌륭한 선물로서 시계를 묘사하는 광고는 의사결정 시 고려할 다른 차원을 강조한다.

시장 세분화 프로세스 세분화 과정은 상황 분석이 실시되고 난 후에 발생한다. 이 단계에서 마케터는 '미충족된 니즈는 무엇인가?' '어떤 편익을 찾고 있는가?' '이런 제품과 서비스를 찾는 다양한 집단들을 구별할 수 있는 특성은 무엇인가?' 등과 같은 것들을 고려한다. 이 과정에서 특정 세분시장이 파악되고, 마케터가 시장을 이해하는 데 도움이 되는 부가적인 정보들이 수집된다.

특정 세분시장이 편익 추구에 기초를 두고 파악되었다면, 마케터는 이 집단의 특징을 파악하고 이 시장을 이해하는 데 도움이 되는 라이프스타일 특성과 인구통계적 특성들을 살펴보아야 한다. 행동적 세분화 기준도 역시 검증되어야 한다. 예를 들면, 스키는 '탄력성'과 '튼튼함' 등과 같은 편익이 중시될 수 있다. 이 모든 정보들은 스키어들의 완전한 프로파일을 제공하는 데 결합된다.

시장을 정의하고 그 시장에 적합한 전략을 개발하는 데 도움이 되는 리서치 서비스가 제공되고 있다. 앞에서 언급되었던 VALS와 PRIZM은 이런 서비스를 제공하고 있다. 다른 리서치 회사들은 미세 지리적 세분시장으로 구분하기 위해 인구통계적, 사회경제적, 지리적 데이터를 사용한다. 그중의 하나인 닐슨 클래리타스Nielsen Claritas는 인구조사 트랙, 블럭 그룹, 우편번호 코드 등 가능한 작은 지역의 인구통계적, 심리적 프로파일을 제공한다. 에이스 하드웨어Ace Hardware, 월마트, AOL 등의 기업이 이런 서비스를 이용하고 있다(**사진 2-9**).

표적시장 선정

세분화 과정을 통해 시장기회를 발견한다. 표적시장 프로세스의 단계에는 두 가지가 있다. (1) 진입해야 할 시장의 수의 결정, (2) 잠재력이 가장 큰 세분시장 결정.

진입할 세분시장 수의 결정 시장진입 전략은 세 가지가 있다. **비차별화 마케팅**undifferentiated marketing은 세분시장의 차이를 무시하고 전체 시장에 하나의 제품이나 서비스를 제공하는 전략이다. 예를 들면, 헨리 포드가 자동차 사업을 개시했을

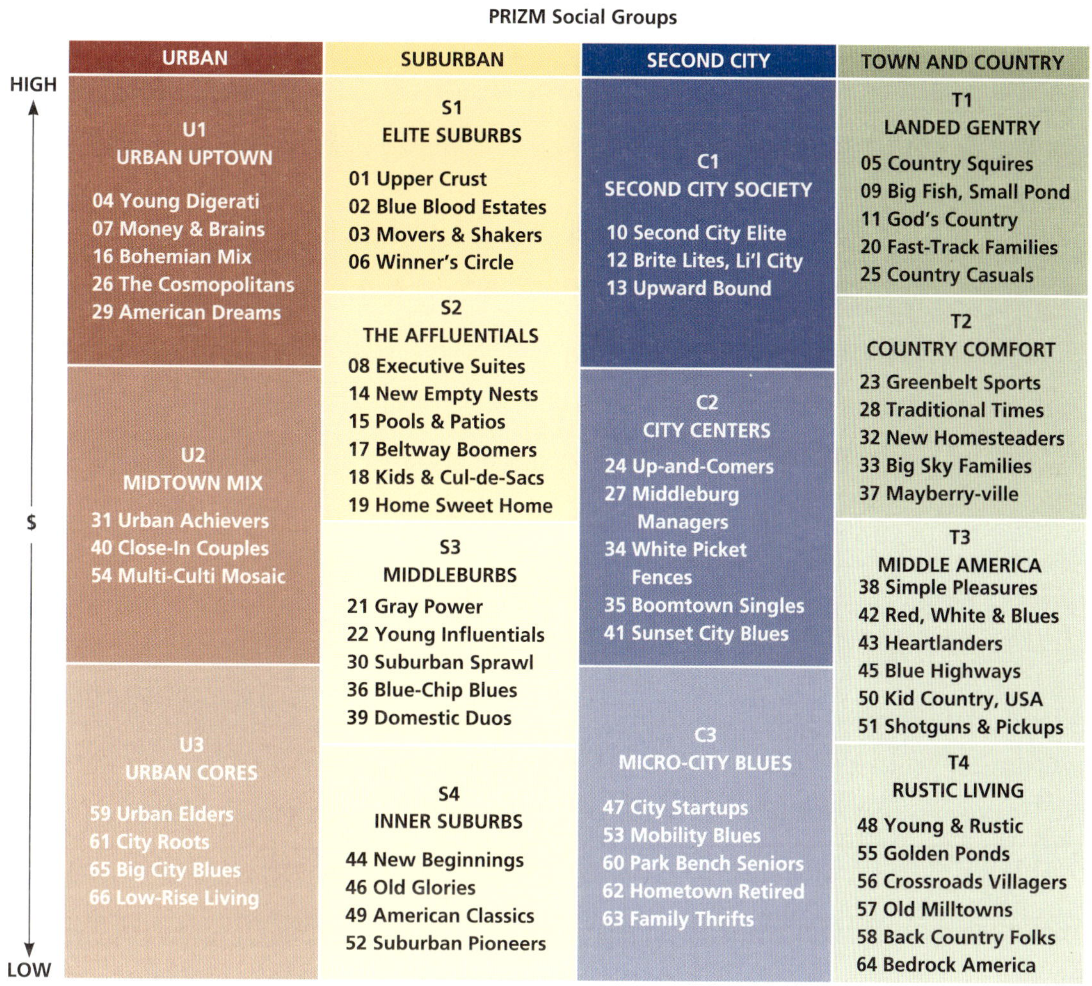

사진 2-9
닐슨 클래리타스는 마케터를 위한 프로파일 자료들을 제공하고 있다.

때, 모든 잠재 소비자들에게 검정색 포드의 똑같은 기본 제품을 제공했다. 수년간 코카콜라는 한 가지 제품버전만을 제공하였다. 이 표준화된 전략으로 이들 기업은 많은 수익을 올리는 동안, 각각 다른 시장에 다른 버전의 제품을 제공하지 않았다.

차별화 마케팅differentiated marketing은 선정된 세분시장마다 각각의 분리된 마케팅 전략을 적용하는 것이다. 예를 들면, 메리어트 호텔 체인은 휴가, 사업, 장기 또는 단기 투숙 등 각기 다른 여행객들을 위해 다양한 고객서비스를 제공한다.

집중화 마케팅concentrated marketing은 기업이 하나의 세분시장을 선정해서 그곳에 마케팅 프로그램을 경주하는 전략인데, 시장의 대규모 시장점유율을 차지하려고 할 때 이용된다. 폭스바겐은 미국의 경차economy-car 시장에서 경쟁한 유일한 주요 자동차이었던 1950년대에 이 전략을 사용하였다. 폭스바겐이 지금은 더 많이 차별화 전략을 취하고 있는 반면, 다른 기업들은 집중화 전략이 효과적인 것임을 알게 되었다. 예를 들면, 롤스로이스는 오직 고소득 시장에만 자동차 영업을 맞추고 있는 반면, 로레알은 화장품과 미용 시장에 주력하고 있다.

잠재력이 큰 세분시장의 결정 두 번째 단계는 가장 매력적인 시장을 선정하는 과정이다. 기업은 세분시장의 잠재 매출액, 성장 기회, 경쟁관계, 자사의 경쟁능력 등을 면밀하게 조사한 후에 시장 진입을 결정해야 한다. 많은 기업들이 신규 시장에 진입하였으나 자원과 전문인력이 부족하여 성공적으로 경쟁하지 못한 사례가 많다. 표적시장을 선정하고 경쟁할 수 있는 시장을 결정한 후에 포지셔닝 단계가 진행된다.

마케팅 포지셔닝

포지셔닝positioning은 '경쟁에서 벗어나기 위한 방법으로 제품이나 서비스를 하나 또는 그 이상의 광범위한 시장에 맞추어 나가는 예술과 과학'으로 정의되어 왔다.[9] 제품이나 서비스 또는 점포의 포지션은 그것과 관련되어 소비자들이 지각하는 속성과 마음속에 떠오르는 이미지이다. 이 커뮤니케이션은 메시지 자체를 통해서 발생된다. 아반떼나 K5 같은 이름을 들으면 무슨 생각이 떠오르는가? 현대백화점, 롯데백화점, 이마트에 대해서는 어떤 것이 마음속에 생각나는가? 이제 이런 제품과 회사의 광고를 생각해 보자. 이들의 접근법은 경쟁기업과 구별이 되는가? 언제 어디서 이런 광고들을 볼 수 있는가?

사진 2-10
소비자에게 초점을 맞추는 포지셔닝

포지셔닝 접근 방법 포지셔닝 전략은 일반적으로 소비자들이나 경쟁자들을 강조한다. 두 가지 접근법 모두 소비자들의 니즈와 제품을 결부시킨다. **사진 2-10**과 같이, 소비자들에게 초점을 맞추는 전략은 소비자들이 얻을 수 있는 편익과 제품을 결합하거나 호의적인 브랜드 이미지를 창출해낸다. 경쟁자들에게 초점을 두는 전략은 경쟁자가 제공할 수 있는 편익과 비교하여 제품을 포지셔닝한다. 예를 들면, 스코프Scope 구강청결제 제품은 경쟁제품인 리스테린보다 향기가 더 낫다는 것을 포지셔닝을 하고, 버츠비Burt's Bees는 경쟁제품보다 더 비싸다는 것을 포지셔닝하고 있다(**사진**

사진 2-11
경쟁에 초점을 맞추는 포지셔닝

2-11).

광고 전문가들은 시장에서 브랜드를 설정할 때 시장 포지셔닝을 가장 중요한 요소로 생각한다. David Aaker와 John Myers는 포지션이란 용어는 시장의 브랜드나 제품 이미지를 나타내는 데 사용된다고 언급하였다.[10] Jack Trout와 Al Ries는 이런 브랜드 이미지는 경쟁자의 브랜드 이미지와는 대조가 되어야 한다고 주장했다. 그들은 현대 시장에서 경쟁자의 이미지는 자사의 이미지만큼 중요하며, 어떤 경우에는 더 중요할 수도 있다고 하였다.[11] Jack Trout는 훌륭한 브랜드 전략은 포지셔닝 없이는 존재할 수 없다고 하였다. 브랜딩은 브랜드 구축의 과정에 대한 것인 반면, 포지셔닝은 소비자들의 마음속에 그 브랜드를 심어놓는 것이라고 하였다.[12]

따라서 이 교재에서 사용된 포지셔닝은 경쟁 제품 또는 브랜드와 관련된 제품과 브랜드 이미지와 관련된다. 제품 또는 브랜드 포지셔닝은 기업이 제공하는 편익을 전달하는 것과 자기 회사와 경쟁기업을 구별하는 것이 핵심적인 요소이다. 이제 마케터가 제품을 포지셔닝하는 데 사용하는 전략들을 살펴보자.

포지셔닝 전략 개발

프로모션 프로그램을 개발하는 데에는 여러 가지 포지셔닝 전략들이 사용된다. David Aaker와 J. Gary Shansby는 제품 속성, 가격/품질, 용도, 제품 범주, 사용자, 경쟁자와 같은 여섯 가지 포지셔닝 전략을 제시하였다. Aaker와 Myers는 문화적 상징을 한 요소로 더 추가하였다.

제품 속성과 편익에 의한 포지셔닝 공통적으로 많이 사용되는 포지셔닝은 특정한 제품의 속성이나 편익에 기초를 두고 경쟁사와 구별되는 브랜드를 설정하는 방법이다. 많은 경우 제품은 하나 이상의 제품 편익에 근거하여 포지셔닝 된다. 이 경우에 마케터는 **부각적 속성**salient attribute(소비자들의 구매 결정에 근거가 되는 중요한 속성)을 파악해야 한다. 예를 들면, 애플사가 자사의 컴퓨터를 처음 출시하였을 때, 핵심적 편익인 사용의 편리함을 강조하였는데, 그 당시에는 컴퓨터 제품이 복잡성을 띠고 있어서 이 전략은 매우 효과적이었다. 최근에는, 수화작용을 강화한 생수제품이 많이 출시되었는데, 이것은 몸의 활력을 돕고 면역력을 증강시키는 작용을 한다. 소비SoBe 라이프워터는 비타민 강화 제품으로 포지셔닝하고 있다(**사진 2-12**).

사진 2-12
라이프워터는 비타민이 풍부한 생수임을 포지션하고 있다.

가격과 품질에 의한 포지셔닝 마케터는 제품을 포지셔닝하기 위해 품질과 가격을 활용하기도 한다. 이 전략의 한 가지 방법은 고가의 고품질 브랜드 이미지를 강조하는 광고인데, 그 브랜드를 사용하는 동안 발생되는 품질 혜익도 부수적으로 적절하게 고려되도록 하는 전략이다. 시장의 최고 위치에 자리 잡은 프리미엄 브랜드는 포지셔닝을 위해 이 전략을 사용한다.

포지셔닝을 위하여 이용하는 가격/품질 특성의 또 다른 전략은 치열한 가격 경쟁 수준에서 그 브랜드가 제공하는 품질이나 가치에 초점을 맞추는 방법이다. 예컨대, 콜스Kohl's는 품질 좋은 제품을 제공하는 가족 지향의 전문품 취급점이라는 이미지를 포지셔닝하고 있다(**사진 2-13**). 가격이 중요한 고려사항이긴 하지만 효과적인 포지셔닝 전략을 위해서는 자사의 제품 품질이 경쟁 브랜드와 비교할 만하거나 적어도 더 우월해야 한다는 것을 유념해야 한다.

사진 2-13
콜스는 자사의 브랜드가 적절한 가격의 품질 좋은 제품이라고 포지셔닝하고 있다.

용도 또는 적용에 의한 포지셔닝 브랜드에 대한 특정 이미지나 포지션을 전달하기 위한 또 하나의 방법은 그 브랜드를 특정 용도와 관련 있는 것으로 만드는 것이다. 인튜이트 광고는 특히 소규모 기업가들을 표적고객으로 삼고 있다(**사진 2-14**).이 전략은 특정한 용도나 작용에 기초하여 어떤 시장에 진입하기 위해 활용되는 동시에, 그 제품의 용도를 확장하는 데 효과적인 방법이다. 예를 들어, 베이킹 소다인 암앤해머는 빵굽기 용도에서부터 속쓰림 완화, 카펫과 냉장고 탈취제로 프로모션되었다(**사진 2-15**).

제품 범주에 의한 포지셔닝 제품의 경쟁이 때로는 제품 범주 밖의 제품으로부터 발생되기도 한다. 항공사들은 다른 항공사끼리 경쟁도 하지만 기차와 버스회사들도 경쟁가

사진 2-14
인튜이트는 소규모 자영업자들에게 필요한 제품을 공급한다.

사진 2-15
암앤해머 베이킹 소다는 다양한 제품 용도를 설명하고 있다.

사진 2-16
V8은 야채 섭취 대용 음료로 포지셔닝했다.

능한 대안들이다. 앰트랙Amtrack 기차 회사는 기차가 저렴하고 즐거우며, 다른 장점이 많음을 강조하며 항공사의 대안으로 포지션해 왔다. 돌Dole 과일주스는 8온스 짜리 주스 제품이 두 개의 과일을 먹는 것과 같다는 것을 강조하면서, 소비자들이 이것을 마시도록 권장했다. V8은 야채 섭취 대용 음료수로 프로모션되었다. 대안 전략은 다른 브랜드에 대항하는 포지셔닝이라기보다는 다른 제품 범주에 대한 자사 브랜드를 포지셔닝하기 위한 것이다. 캘리포니아 아보카도 과일협회는 아보카도를 야채에 반대되는 개념으로 포지션하기 위해 IMC 캠페인을 전개하였다. 유머 소구를 적용하여 인쇄물, 라디오, 옥외광고, 온라인 캠페인에서 아보카도를 '재미있는 과일'로 포지셔닝하는 한편 동시에 다른 과일과 야채에 비해 건강상의 정점이 많다는 사실을 설명하고, 크림치즈, 버터, 소스 등을 포함하는 대안이 되도록 많은 제품을 제공하였다. 마운틴하이Mountain High 요구르트 광고는 빵 재료 대용 제품으로 자사의 제품을 포지셔닝하였다.

제품 사용자에 의한 포지셔닝 제품을 특정한 사용자나 사용자 집단과 연합하여 포지셔닝을 하는 것은 새로운 접근방식이다. **사진 2-17**의 DC 슈즈는 이 전략을

사진 2-17
DC슈즈는 스케이트보드를 타는 사람들로 포지셔닝했다

보여주고 있다. 이 광고는 스케이트보드를 타는 특정 집단과 연합하거나 정체성을 강조하고 있다.

경쟁자에 의한 포지셔닝 경쟁기업은 자사 제품이나 서비스를 포지셔닝하는 중요한 전략이 될 수 있다. 광고주들은 자사 광고에 경쟁자를 언급하는 것은 중대한 실수라고 생각하기도 했다. 그러나 요즘에는 제품과 서비스의 효과적인 포지셔닝 전략으로 특정 경쟁기업을 강조할 수도 있다. 이 접근법은 제품 범주에 의한 포지셔닝 전략과 유사한 것인데, 이 경우는 동일한 범주내에 있는 경쟁에 국한한다. 잘 알려진 이 전략의 사례는 애비스AVIS 렌터카 회사인데, 시장 선도자인 허츠사Herz와 비교해서 포지셔닝하였다. "우리는 2등입니다. 그래서 우리는 더 열심히 노력합니다." 앞서 본 몰트오밀 광고(**사진 2-3**)는 경쟁자와 비교하여 브랜드를 포지셔닝한 사례이다. 경쟁자에 의한 포지셔닝을 하는 경우, 마케터는 그 브랜드와 차별화하기 위해 다른 포지셔닝 전략을 적용해야 하기도 한다.

문화적 상징에 의한 포지셔닝 Aaker와 Myers는 포지셔닝 전략에 문화적 상징의 브랜드 차별화 전략을 포함하였다. 브랜드를 의미 있는 상징과 연합함으로써 그 브랜드가 다른 브랜드와 쉽게 구별되고 차별화된다. 그 예로 대한항공은 우리나라 태극마크를 사용하여 대한민국 국적기로 포지셔닝한 것을 들 수 있다.

사진 2-18
게토레이는 더 넓은 시장에 소구하기 위해 변화를 시도하였다.

재포지셔닝 마지막으로 포지셔닝하는 한 가지 전략은 제품이나 서비스 포지셔닝을 바꾸거나 변경하는 것이다. 제품을 재포지셔닝하는 것은 주로 매출액의 감소나 정체 또는 다른 시장에서의 예상되는 기대 때문이다. 제품 또는 서비스에 대한 태도와 지각을 견고하게 만들기 때문에 재포지셔닝이 달성되기는 매우 어렵다.

한때 스포츠 음료수로 세계에서 인기가 높았던 게토레이는 2008년에 매출이 침체된 이후 브랜드명을 'G2'로 변경하고, 번개표 트레이드마크의 크기를 줄였으며, 다른 시장으로 확장하기 시작하였다(**사진 2-18**). 북미 펩시콜라 CEO인 David Burwick은 "기능적 차이는 엘리트 선수에서부터 일반인들에 이르기까지 모두 이용하는 브랜드이다."라고 하였다. 지금까지는 이러한 노력들이 실망스런 결과를 가져왔다.[20] 다른 기업들에 의해 추진되고 있는 포지셔닝 전략에 대해서 잠시 생각해 보자. 마음속에 떠오르는 모든 성공적인 제품들은 아마도 분명한 시장 위치를 차지하고 있는 제품들일 것이다.

마케팅 계획 프로그램 개발

마케팅 전략 개발과 표적시장을 선정함으로써 마케팅부서는 초점을 맞추어야 할 고객들과 충족시켜야 할 니즈가 무엇인지를 알게 된다. 마케팅 프로세스의 다음 단계는 다양한 마케팅 믹스 요소들을 적합하고 효과적인 마케팅 프로그램과 결합하는 것이다. 각 마케팅 믹스는 다차원적이며 많은 의사결정을 포함한다. 또 각각의 믹스는 전체 IMC 프로그램에 기여하도록 해야 한다. 지금부터 제품, 가격, 분배 채널을 살펴보고 이것들이 미치는 영향과 프로모션 프로그램과의 상호작용을 학습하기로 하자.

제품 결정

기업은 일반적으로 교환에서 소비자들에게 제공할 제품, 서비스, 아이디어를 가지고 있기 때문에 존재한다. 이 제공물들은 물리적 제품(청량음료, 청바지, 자동차), 서비스(금융, 항공, 법무사무), 조직(스페셜 올림픽이나 미국 암 협회), 사람(정치 후보자) 등의 형태를 띤다. 제품은 판매될 수 있고, 사용될 때 소비자들에게 만족을 가져다준다.

제품은 꼭 물리적 객체만을 지칭하는 것은 아니다. 그것은 소비자들의 니즈를 충족시키는 편익이나 가치의 묶음이다. 니즈는 단순히 기능적이거나 사회적 심리적 편익을 포함한다. 예를 들면, 앞서 논의했던 미쉐린 타이어의 캠페인은 타이어의 성능과 내구성(기능)뿐만 아니라 미쉐린 타이어(가치)에 구축된 품질을 강조하고 있다. **제품 상징성**product symbolism은 브랜드나 제품이 소비자들에게 주는 의미와 그것의 구매나 사용 시 소비자들이 경험하게 될 것 등을 의미한다. 많은 제품에서 강한 상징적 특성들과 사회심리적 의미는 기능적 효용보다 더 중요할 수도 있다.[17] 예를 들면, 디자이너 의류인 베르사체, 구찌, 프라다 같은 브랜드는 특히 10대나 젊은 계층들이 상징적 의미와 이미지에 기초하여 구입한다. 광고는 이런 브랜드들의 이미지를 개발하거나 유지하는 데 중요한 역할을 한다.

제품 계획은 디자인과 품질뿐만 아니라 서비스와 보증, 브랜드 이름과 포장 디자인 등과 같은 특성들도 포함한다. 소비자들은 제품과 그 성분의 실체 그 이상을 추구한다. 제품의 품질, 브랜딩, 포장, 심지어 그 뒤에 있는 기업의 명성까지 모두 소비자들의 지각 구성에 영향을 미친다. IMC 프로그램에서 광고, 브랜딩, 포장은 속성 묶음 이상으로 제품을 나타내는 모든 것이 된다. 이 모든 요소들이 제품의 물리적 속성을 넘어서 확장하는 제품 포지셔닝이나 이미지를 나타내도록 조정되어야 한다.

브랜딩 브랜딩은 소비자들의 마음속에 기업이나 제품의 이미지와 호의적인 정체성을 구축하고 유지하는 것이다. 브랜딩의 목표는 (1) 브랜드 인지도와 관심도 창출과 유지, (2) 기업 · 제품 · 서비스에 대한 태도 개발과 강화, (3) 소비자와 브랜드 간의 관계구축 등이다. **브랜드 정체성**brand identity은 명칭, 로고, 심볼, 디자인, 포장과 소비자들이 가지고 있는 연상 이미지 등의 결합으로 구성된다. 나이키의 광고를 잠시 생각해 보자. 제품 편익이나 속성이 주로 언급되지 않고 브랜드에 대한 정보가 효과적으로 전달된다.

브랜딩 전략 관점에서 광고의 중요한 역할의 하나는 브랜드 정체성을 창출하고 유지하는 것인데, 이것은 무형의 부가가치 자산 또는 호의적인 이미지, 차별적인상, 영업권, 또는 회사명, 브랜드명, 상표에 대한 소비자들의 집착 강도 등으로 생각될 수 있다. **브랜드자산**brand equity은 어떤 브랜드가 이름 없는 브랜드보다 매출액 증대와 높은 수익을 올리게 하고 기업에게는 경쟁적 우위를 제공한다. 예를 들면, 롤렉스 시계는 광고를 통해서 개발해 온 강력한 브랜드뿐만 아니라 고품질 때문에 프리미엄 가격을 받는 위치에 있다(**사진 2-19**).

포장 포장은 그 중요성이 점점 증대되고 있는 제품 전략의 한 가지 방법이다. 전통적으로 포장은 절약, 보호, 보관과 같은 기능적 편익을 제공했다. 그러나 점포들의 셀프서비스 강조와 구매 결정이 구매시점에서 이루어지고 있는 사실 때문에 포장의 역할과 기능이 변화되어 왔다. 한 연구에서는 슈퍼마켓에서의 모든 구매 결정의 3분의 2가 비계획적인 것임이 밝혀졌다. 포장은 가끔 제품이 소비자들에게 처음으로 노출되는 것이어서, 그것은 호의적인 첫 인상을 만들어내야 한다. 슈퍼마켓은 3만 개 이상의 경쟁적인 품목을 진열해 놓고 판매한다. 포장을 통해서 소비자들의 주의를 유도하고 유지해야 할 뿐만 아니라 제품의 사용 방법에 관한 정보를 제공하고 구성과 내용도 알려주어야 하며, 공시사항에 대한 모든 법적 조건들을 충족시켜야 한다. 또 콘테스트, 경품, 프리미엄 제공 등과 같은 판매촉진 메시지를 전달하도록 디자인한다.

기업들은 소비자들을 설득하고 그들의 마음속에 브랜드 인상을 창출하는 데 있어서 포장을 중요한 수단으로 여긴다. 또 새로운 용도를 제시함으로써 포장은 브랜드를 확장할 수 있다(**사진 2-20**). 크기, 형태, 색상, 글자 등과 같은 디자인 요소들은 모두 포장의 소구를 도우며 점포에서 소비자들의 쇼핑 카트에 담아가야할 품목을 결정하는 데 중요한 광고 역할

사진 2-19
롤렉스 시계는 광고를 통해 강력한 브랜드자산을 창출해 내고 있다.

사진 2-20
WD-40 광고는 제품의 다양한 용도를 보여준다.

을 할 수도 있다. 기업들은 독특한 브랜드 이미지와 정체성을 창출해 내는 데 포장을 활용한다. 이후 향수판매점을 지나갈 일이 생기면 여러 가지 독특한 포장 디자인을 관찰해 보라(**사진2-21**).

사진 2-21
포장은 제품 이미지를 창출한다.

가격결정

가격변수는 소비자들이 어떤 제품이나 서비스 구매를 포기해야 할 요소로 언급되기도 한다. 가격은 어떤 품목에 교환된 현금이란 용어로 다루어져 온 반면, 소비자들에 대한 제품의 비용은 시간, 정신적 활동, 행동적 노력 등을 포함한다. 보통 가격 수준 설정, 가격 정책 개발, 시장에서의 경쟁자들과 소비자들의 반응을 모니터링하는 것은 마케팅 관리자의 임무이다. 기업은 원가, 수요 요인, 경쟁, 지각된 가치 등을 포함하여 제품이나 서비스에 매겨야 할 가격을 결정할 때 많은 요인들을 고려해야 한다. 가격은 제품의 지각 및 커뮤니케이션 전략과 조화를 이루어야 한다. 물론 비싼 가격은 품질이 우수하다는 것을 전달하는 반면 낮은 가격은 할인 또는 가치 지각을 나타낸다. 최고의 품질이지만 경쟁자보다 더 낮은 가격으로 포지셔닝된 제품은 오직 소비자들을 혼란케 한다. 달리 말하면 가격, 광고. 분배 채널은 제품의 포지셔닝에 대하여 통일된 하나의 목소리만 내야 한다.

가격의 광고와 프로모션과의 관련성 제품 품질, 경쟁, 광고와 같은 요소들은 모두 기업이 매겨야 할 가격을 결정하는 데 상호작용을 한다. 가격결정과 광고 전략은 항상 병행한다. 상대적으로 비싼 광고비는 프리미엄 가격을 수반하고, 낮은 광고비용은 낮은 가격으로 맞춰져야 한다. 이런 결과들은 분명히 한 목소리가 전달되어야 한다는 IMC 관점을 지지한다. 최근의 한 연구에서, 텔레비전 광고의 노출은 가격변화에 대한 반응을 하려는 소비자들의 경향을 감소시켜 준다는 것이 밝혀졌다 이 연구는 제품범주의 대량사용자들은 그들의 민감성을 줄일 가능성이 있다는 사실을 밝혀냈다.[20]

분배 채널 결정

소비자로서 우리는 일반적으로 마케팅 중간상이나 채널 멤버의 역할을 당연한 것으로 여긴다. 만약 여섯 개짜리 탄산 음료수 한 팩이나 세재 한 박스가 필요하면 슈퍼마켓, 편의점 또는 약국에서 구입할 수 있다. 제조업자들은 중간상들의 중요성과 가치를 이해해야 한다.

마케터가 해야 할 중요한 마케팅 결정 중의 하나는 제품이나 서비스가 팔리도록 하는 것이다. 기업이 비싼 가격으로 우수한 제품을 만들 수는 있지만, 적절한 서비스와 지원을 갖추어 고객들이 원하는 시간과 장소에 제공하지 못하면 그것은 아무런 쓸모가 없게 된다. 마케팅 믹스의 장소 요소인 **마케팅 채널**marketing channel은 '상품과 서비스가 사용이나 소비를 위해 이용할 수 있게 만드는 프로세스와 관련된 상호의존적인 조직 집단'으로 정의된다.[21]

분배 전략에서는 IMC 프로그램에서 채널 전략이 가질 수 있는 영향과 커뮤니케이션 목표들이 고려되어야 한다. 스튜어트와 그의 동료들은 통합된 채널 관리의 필요성을 논의하였는데, 이것은 커뮤니케이션과 분배 기능의 경계 모호성을 나타낸다.[22] 제품과 가격결정 시에 가졌던 커뮤니케이션 메시지가 제품이 분배되는 곳에도 일관성 있게 전달되어야 한다. 현대백화점이나 롯데백화점에서 판매되는 어떤 제품이 이마트나 홈플러스에서 판매될 때보다 그 이미지에 관해 다른 메시지를 전달한다는 것은 사실일까? 이 제품이 이런 유통 채널에서 분배된다는 단순한 사실은 우리들의 마음속에 이 제품에 관한 어떤 이미지를 전달할 것이다. 스튜어트는 채널 요소들이 커뮤니케이션에 공헌하는 방법의 예를 제시하였다. 식품점의 전시, 구매시점 판촉, 선반 영상. 잘 통합된 마케팅 프로그램의 분배 채널은 광고를 기억나게 한다. 소비자들은 브랜드를 보고 광고를 회상한다(최근 롯데리아를 지났던 것을 기억해 보라. 그 당시 롯데리아 광고가 기억나는가?).

기업은 어떤 분배 채널도 없이 직접 고객들에게 상품을 판매하는 경우도 있다. 에이본Avon, 타파웨어Tupperware, 메리케이Mary Kay처럼 직접 판매 프로그램을 이용하거나 직접반응 광고, 텔레마케팅, 인터넷 등을 통하여 제품을 판매하는 회사들도 있다. **직접 채널**direct channel은 산업재 제품이나 서비스 제조업자들이 자주 이용하고 있는데, 이것은 판매 후에 서비스와 후속방문이 필요하고, 광범위한 협상이나 판매 노력이 요구되는 고가나 복잡한 제품을 판매하는 경우에 이용되는 채널이다. 소비재 판매 기업들은 **간접 채널**indirect channel을 통해 분배하는데, 주로 도매업(다른 재판매자에게 판매하는 조직), 소매업(기본적으로 최종소비자에게 판매하는 조직)의 네트워크를 이용한다.

프로모션 전략 개발: 푸시 전략 또는 풀 전략

대다수 사람들은 최종 소비자들이나 산업재 고객들에 대한 직접적인 다른 프로모션 형태와 광고를 알고 있다. 매체광고는 프로모션을 위한 표적고객들의 일부에게 도달한다. 소비자 마케팅 믹스를 개발하는 이외에도 기업은 유통업자들을 자극하기 위한 프로그램을 만들어야 한다. 중간상들로 하여금 재고와 상품을 판매하고 제조업자 제품을 프로모션하기 위해 설계된 프로그램은 **푸시 프로모션 전략**promotional push strategy의 일부이다. 이 전략의 목표는 재판매업자나 중간상들에게 제품을 공격적인 판매와 프로모션 활동으로 유통 채널을 통해 제품을 밀어내는 것이다.

중간상들에 대한 프로모션은 프로모션 믹스의 모든 요소들을 포함한다. 판매대리점들은 재판매업자들에게 제품 설명을 촉구하고, 최종 소비자들의 수요를 창출하도록 협의하며, 출시기념 할인, 프로모션 공제금, 공동광고 프로그램 등과 같은 거래에 제공될 특별 프로그램을 준비한다. 제조기업은 도매상과 소매상들이 관심을 가지고 소비자들에게 그 제품을 판매하도록 유도하기 위해 **유통광고**trade advertising를 할 수도 있다. 유통광고는 특별한 산업에 제공되는 출판물에 주로 실게 된다.

푸시 전략은 재판매업체가 제조업자 제품에 대해 이익을 얻을 수 있다는 확신을 가지도록 만들고 상품을 주문하여 그것을 소비자들에게 판매하도록 촉구하기 위한 전략이다. 또 다른 전략으로 **풀 프로모션 전략**promotional pull strategy이 있다. 이것은 최종 소비자들을 지향한 광고와 판매촉진 활동에 비용을 투입하는 것이다. 풀 전략의 목표는 소비자 수요를 창출하고 소비자들이 소매상들로부터 그 제품의 필요를 프로모션하는 것이다. 소비자 수요를 알면, 소매상은 도매상들에게 그 제품을 주문할 것이고, 이것은 결과적으로 제조업의 제품을 요구하게 될 것이다. 이리하여, 최종 소비자의 수요 자극은 분배 채널을 통해 그 제품을 끌어당긴다.

푸시 또는 풀 전략은 기업과 중간상 간의 관계, 프로모션 예산, 제품에 대한 수요 등과 같은 많은 요소들을 포함한다. 호의적인 채널 관계를 가지고 있는 기업은 푸쉬전략을 선호할 것이고, 중간상들로 하여금 자사의 제품을 구비해 두고 판매하도록 그들과 긴밀하게 협력할 것이다. 제한적인 프로모션 예산을 가진 기업은 중간상들과 긴밀히 협력함으로써 분배와 수요를 창출하는 데 비용 효율성을 모색할 수도 있다. 제품에 대한 수요 전망이 독특한 편익 때문에 호의적이고, 경쟁 브랜드보다 우월하거나 소비자들에게 매우 인기가 있는 경우 풀 전략이 적절하다. 기업은 제품의 수명주기에 따라 강조점 변경과 함께 종종 풀 전략과 푸쉬 전략을 결합하기도 한다.

광고와 프로모션의 역할

도표 2-1의 마케팅 모델에서 본 것과 같이, 마케팅 프로그램은 중간상과 기업의 최종 소비자 모두를 대상으로 한 프로모션을 포함한다. 마케터는 제품, 가격, 제품이 있는 장소 등을 소비자들에게 알리기 위해 광고 · 판매촉진 · 다이렉트마케팅 · 홍보와 PR · 인적판매와 같은 다양한 프로모션 믹스 요소들을 이용한다. 각각의 프로모션 믹스는 마케터들이 프로모션 목적을 달성하는 데 도움이 되며, 모든 믹스 요소들은 IMC 프로그램을 달성하는 데 함께 작용한다.

이 점에 대해, 우리는 IMC 프로그램을 위한 기초를 제공하는 마케팅 계획의 여러 가지 요소들을 공부해 왔다. IMC 프로그램의 개발과 실행은 시장분석, 표적 마케팅과 포지셔닝, 여러 믹스요소들의 조정 등을 포함하는 강력한 토대에 근거하고 있다. 마케팅 프로그램의 달성에 도움이 되는 다양한 IMC 요소들의 역할을 계속 공부하기로 하자.

요약

프로모션은 제품, 서비스, 아이디어를 소비자들에게 판매하기 위한 기업의 노력에 중요한 역할을 한다. 〈도표 2-1〉은 프로모션이 마케팅 프로그램에 적합하게 되는 방법을 분석한 모델임을 보여주고 있다. 이 모델은 마케팅 전략과 분석, 표적 마케팅, 프로그램 개발, 표적시장등을 포함한다. 마케팅 프로세스는 표적시장 선정과 마케팅 프로그램의 개발을 위한 지침과 상세한 상황 분석에 기반을 두고 있다.

계획 프로세스에서, 상황 분석은 마케팅 전략의 전제를 필요로 한다. 프로모션 프로그램은 지침으로서 이 전략을 가지고 개발된다. 핵심 결정 중의 하나는 표적 마케팅 프로세스에 적용되는 것인데, 이것은 표적시장에 대한 파악, 세분화, 포지셔닝 등을 포함한다. 시장 세분화와 제품 포지셔닝에는 여러 가지 방법이 있다.

표적마케팅 프로세스가 완료된 후 제품, 가격, 분배, 프로모션에 관한 마케팅 프로그램이 결정된다. 이 모든 것들은 IMC 관점에서 조정되어야 한다. 포지셔닝 전략은 한 목소리를 내는 것이다. 제품 전략, 가격 전략, 분배 채널 선정은 제품이나 브랜드의 전반적 이미지에 기여하는 목적을 가진다. 광고와 프로모션 결정은 이 목표 달성을 위해 다른 마케팅 믹스 결정과 통합해야 한다.

토론문제

1. 브랜드의 이미지를 창출하는 데 있어서 IMC의 역할을 논의하시오. 매체가 이러한 이미지 개발에 어떻게 기여하는가?
2. 하나의 기업을 선정해서 그 기업이 각각의 세분시장에서 고객들과 커뮤니케이션 하는 방법에 대해 논의하시오.
3. 시장 세분화 전략에 대해 논의하고, 마케터들이 그 기법을 채택하는 이유를 설명하시오.
4. 마케팅 전략은 표적 마케팅에 더 많은 노력을 집중하고 있다. 표적 마케팅이란 무엇인가? 현재 이런 전략을 활용하고 있는 기업의 사례를 제시해 보시오.
5. 인구통계적 변수와 심리적 변수에 의한 세분화의 차이점을 설명하라. 각 전략을 채택하고 있는 기업의 사례들을 제시해 보시오.
6. 도입사례인 에미레이트 항공사의 성공적인 시장 전략은 무엇인가? 이 회사를 성공으로 이끈 요인들은 무엇인가?
7. 마케터들이 히스패닉 시장에 마케팅 활동을 증대하고 있는 반면, 동시에 젊은 히스패닉 시장이 점차 주류시장에 통합되고 있다는 증거들이 많이 있다. 미래 시장을 위한 이런 문화 적응 문제의 시사점은 무엇인가?
8. 언급된 바와 같이, 현재 포장은 광고 비히클 역할을 하는 커뮤니케이션 도구가 되고 있다. 동시에 포장은 다른 마케팅 믹스와 함께 변화하고 있다. 프로모션 전략과 함께 가격과 분배 전략에 영향을 주기 위해 포장이 이용되는 방법에 대해서 논의하시오.
9. 많은 기업들이 재포지셔닝 전략을 수행하고 있다. 당신이 알고 있는, 최근에 재포지셔닝을 한 기업의 사례를 제시하고 이들 전략에 대한 장단점을 논하시오.
10. 많은 브랜드들이 몇 년간 포장을 거의 바꾸지 않았다. 암앤해머의 베이킹 소다는 그런 기업 중 하나이다. 수년 동안 포장이나 브랜드 로고를 일관되게 유지해 온 몇 기업들을 제시고 이런 전략의 장단점을 대해서 토론하시오.

2부 I IMC 프로그램 상황 분석

Part Two
Integrated Marketing Communications Program Situation Analysis

3장 I 광고와 프로모션 조직: 광고대행사와 마케팅 커뮤니케이션 조직의 역할

Chapter Three
Organizing for Advertising and Promotion: The Role of Ad Agencies and Other Marketing Communication Organizations

4장 I 소비자행동에 대한 관점

Chapter Four
Perspectives on Consumer Behavior

3 광고와 프로모션 조직: 광고대행사와 마케팅 커뮤니케이션 조직의 역할

학습목표

1. 광고와 IMC 도구들을 체계화하는 방법을 이해한다.
2. 광고와 프로모션 도구를 체계화하는 방법의 장단점을 이해한다.
3. 광고대행사의 서비스를 이해하고, 기타 대행사와 미디어 전문 회사들의 역할을 이해한다.
4. 광고대행사를 선정하고, 그들에게 보상하고, 그들을 평가하는 방법을 알아본다.
5. 전문 마케팅 커뮤니케이션 조직의 역할과 기능을 이해한다.
6. 통합 서비스의 이용에 관한 다양한 관점과 광고주와 대행사의 책임에 대해 고찰한다.

미쓰윤: 광고대행사의 즐거운 비명

옥외광고 버스에 특화한 광고회사 미쓰윤은 최근 유머러스한 광고로 부상하고 있다. 서예원 대표는 말 가면을 즐겨 쓰며 '펀(fun)' 경영을 실천하고 있다. '편강탕'으로 유명한 편강한의원 본점 1~2층이 전형적인 한의원 분위기라면 4층은 별세상이다. 곳곳에 순정만화 그림이 도배돼 있는가 하면 회의실 벽면엔 '입춘大박'이란 간판이 걸려 있다. 5층 계단 오르는 길엔 '대표이사실 & 회의실 & 닭장은 5층'이란 표식이 궁금증을 자아낸다.

궁서체로 버스마다 '편강탕'이란 단 세 글자만 붙인 래핑광고(wrapping ad)로 단숨에 편강한의원 매출을 광고 전 대비 2.5배나 끌어올린 광고대행사 미쓰윤의 익살스러운 본사 풍경이다. 미쓰윤은 2009년 편강한의원의 인하우스(계열) 광고대행사로 문을 열었다. 서효석 편강한의원 원장의 장남인 서예원 편강의료재단 이사장이 대표이다. 서 대표는 촌스러운 그림과 문구를 넣은 전단을 신문에 끼워 보내는 게 전부였던 한의원 광고가 싫었다. 그래서 수십억 원씩 돈을 들여 신문, 잡지 등에 광고를 했다. 효과가 좀 있긴 했지만 젊은 층에 파고들지는 못한다는 생각이 들었다. 그의 표현대로라면 '주판알을 잘 튕기는' 경영학과 출신인 만큼 이리저리 궁리를 했다. 그리고 '매년 30억 원씩 광고비를 집행하는 데 이럴 거면 차라리 편강한의원, 편강탕 효능에 대해 가장 잘 아는 내가 이 비용으로 광고를 만들어보자'라고 생각했다. 이것이 미쓰윤의 출범 배경이다.

미쓰윤이 주목한 것은 버스, 지하철, 옥외광고판 등 기존의 매체였다. 이들의 특징은 많은 사람들이 무심코 흘려본다는 것이다. 서 대표는 '무심코'에 집중했다. 한 번 봤을 때 단순하면서도 강렬한 이미지를 주면 '다시 볼 것'이라고 예상했다. 그렇게 되려면 약간은 촌스럽고, 유머러스하게 접근해야 먹힐 것이라 봤다. '궁서체 편강탕 시리즈'는 이렇게 나왔다. 이후 '천식, 비염엔'식으로 점차 정보를 늘려나갔다. 하나둘 궁금해 하는 젊은 층이 늘어났다. 이들은 직접 편강탕을 검색해 보고 편강한의원을 찾는 고객이 됐다.

최근엔 가녀린 순정만화 여성 캐릭터 그림 위로 "어머, 이 미친 피부결 좀 봐. 폐가 깨끗해지니 피부가 HD급이네"란 대사를 녹여낸 광고로 또 한 번 히트 쳤다. 입소문이 퍼지면서 지난해부터 외부 광고주들 요청이 줄을 잇고 있다. 덕분에 초기 2명으로 시작한 미쓰윤은 3년 만에 직원이 30명 가까이 늘었고 현재 진행 중인 프로젝트만 십여 개에 달한다. 삼성전자, CJ오쇼핑, 넥슨 메이플스토리 등 대기업도 미쓰윤을 찾기 시작했다. KT&G의 신제품 '보헴 시가 미니' 광고는 역대 KT&G 광고 중 최고 인지율을 달성했다.

이런 가운데 부작용도 생겼다. '편강탕' 히트 이후 버스 래핑광고 단가가 1.5배 가까이 뛴 것이다. 처음 광고를 시작했을 때와 달리 1~2년 전부터 스마트폰이 급속도로 활성화되면서 웬만큼 자극적이거나 재밌지 않으면 옥외광고를 잘 들여다보지 않게 된 분위기도 풀어야 할 숙제다. 서 대표는 "광고는 광고주에게 돈 벌어줄 때 빛이 나는 것인 만큼 예술성, 매체 따지지 않고 최적화된 광고를 계속 만들 것"이라고 말했다.

자료: 매경이코노미, 제1704호(13.04.24~04.30).

IMC 프로그램의 개발과 실행은 주로 많은 사람들의 활동이 포함된 복잡하고 구체적인 프로세스이다. 소비자들은 일반적으로 기발한 광고물, 웹사이트, 경품이나 콘테스트 등을 만드는 조직이나 사람에게는 관심을 두지 않는다. 그러나 마케팅 프로세스에 대해 관련 조직의 기능과 구조 및 산업 특성을 이해하는 것은 중요하다. 앞서 두 장에서 살펴 본 바와 같이, 마케터가 고객들을 설득하는 더 나은 방법을 모색하기 때문에 광고와 프로모션 업무는 변화하고 있다. 이러한 변화는 마케터들이 마케팅 커뮤니케이션, 광고대행사와 다른 커뮤니케이션 전문가들과의 관계 등을 체계화 하는 방법에 영향을 미친다.

이 장에서는 IMC 프로그램에 참여하는 다양한 조직들과, 그들의 역할과 책임, 상호 간의 관계 등을 살펴본다. 또 기업들이 광고와 프로모션을 위한 내부 조직화 방법도 논의한다. 대부분의 기업들은 외부 대행사를 통해 광고를 기획하고 실행한다. 대규모 대행사들이 홍보, 인터넷/인터랙티브 프로모션, 판매촉진, 다이렉트 마케팅을 포함하는 다양한 IMC 역량을 갖추고 있다. 따라서 우리는 광고대행사의 역할과 기업과 대행사 간의 전반적인 관계에 특별한 주의를 기울이고자 한다.

프로모션에 대한 IMC 접근법을 취하는 기업들이 늘어남에 따라 다이렉트마케팅, 판매촉진, 인터랙티브 프로모션 대행사와 홍보 관련 기업과 같은 프로모션 과정의 다른 참여자들은 점점 중요한 조직이 되고 있다. 우리는 프로모션 과정에서의 이런 마케팅 커뮤니케이션 전문 조직들의 역할에 대해서도 살펴본다. 마케터들이 하나의 대규모 대행사의 통합된 서비스를 이용하는 것이 좋을지 아니면 다양한 전문조직들로부터 분리된 서비스를 받는 것이 좋을지에 대해서 결론을 내려보기로 한다.

IMC 프로세스 참여자 개관

특정 산업에 대한 논의를 시작하기 전에, 전체 시스템을 살펴보고 그들의 역할을 파악해 보자. **도표 3-1**에서 보는 바와 같이 IMC 프로세스의 참여자들은 5개의 주요 집단으로 나누어진다. 광고주, 광고대행사, 미디어 회사, 전문 커뮤니케이션 서비스 회사, 부수 서비스 회사. 각 집단은 프로모션 프로세스에서 특정한 역할을 수행한다.

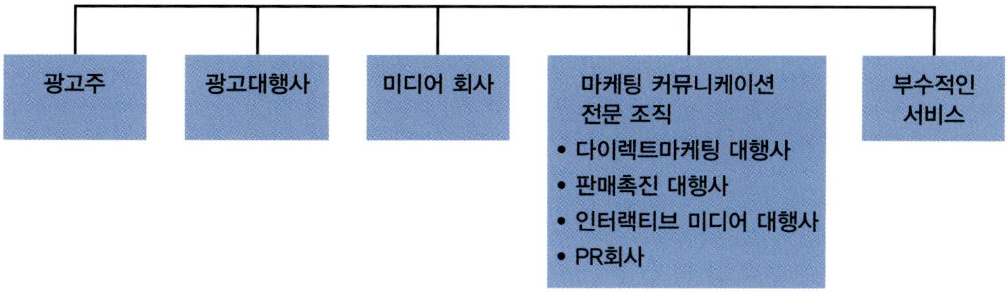

도표 3-1
IMC 프로세스의 참여자

광고주advertiser or client는 이 프로세스의 핵심 참여 조직이다. 광고주는 제품, 서비스 또는 팔릴 수 있는 대상물을 가지고 있고, 광고와 프로모션 수수료를 지불할 자금을 제공한다. 광고주는 마케팅 프로그램의 개발과 채택할 광고와 프로모션 프로그램을 최종적으로 결정하는 책임을 가진다. 이 조직은 내부 광고부서나 내부적으로 둔 대행사에 의해 대부분의 프로모션 활동을 수행한다.

그러나 많은 광고주들은 커뮤니케이션 메시지의 창출, 제작, 배치 등을 전문적으로 하고 마케팅 프로모션 프로세스를 촉진하기 위해 다른 서비스를 제공할 수 있는 외부 전문 **광고대행사**advertising agency를 활용한다. 대기업들은 몇 개의 대행사를 두고 있는데, 특히 여러 제품을 판매하고 있는 경우 더욱 그렇다. 예를 들면 크래프트 식품회사는 여러 개의 브랜드를 관리하는 8개의 대행사를 가지고 있고, P&G는 주요 8개 대행사와 2개의 미디어 구매 회사를 이용한다. 대기업들은 특정 인종시장의 광고 제작을 전문으로 하는 추가적인 대행사들을 활용하기도 한다. 도요타 자동차는 기본적인 등록대행사 외에도 아프리카 미국인, 히스패닉, 아시아계 미국인 시장의 광고 제작을 위해 추가적인 대행사를 활용하고 있다. 광고대행사들이 광고주와 파트너로서 활동하는 경향이 증가하고 있으며, 마케팅과 프로모션 프로그램 개발의 책임이 커지고 있다.

미디어 회사media organization는 광고와 프로모션 프로세스의 또 다른 중요한 참여자들이다. 대다수 미디어사의 주요 기능은 이용자, 시청자, 독자들에게 정보나 즐거움을 제공하는 것이다. 그러나 프로모션 계획자의 관점에서 미디어의 목적은 기업의 마케팅 커뮤니케이션 메시지에 필요한 환경을 제공하는 것이다. 미디어는 소비자들을 끌어들이는 편집이나 프로그램 콘텐츠를 가지고 있어서 광고주들이나 대행사가 그들의 시간이나 공간을 사고 싶도록 만들어야 한다. **사진 3-1**은 전 세계의 소비자들을 향한 내셔널지오그래픽 잡지와 그 가족 미디어 제품의 가치를 촉진하는 광고이다. 미디어는 광고주들이 시장과 고객을 이해하는 데 도움이 되는 기능을 수행하고 있는 반면, 미디어의 기본 목적은 기업들이 표적고객들에게 메시지를 효과적으로 전달하는 수단으로 판매되는 것이다.

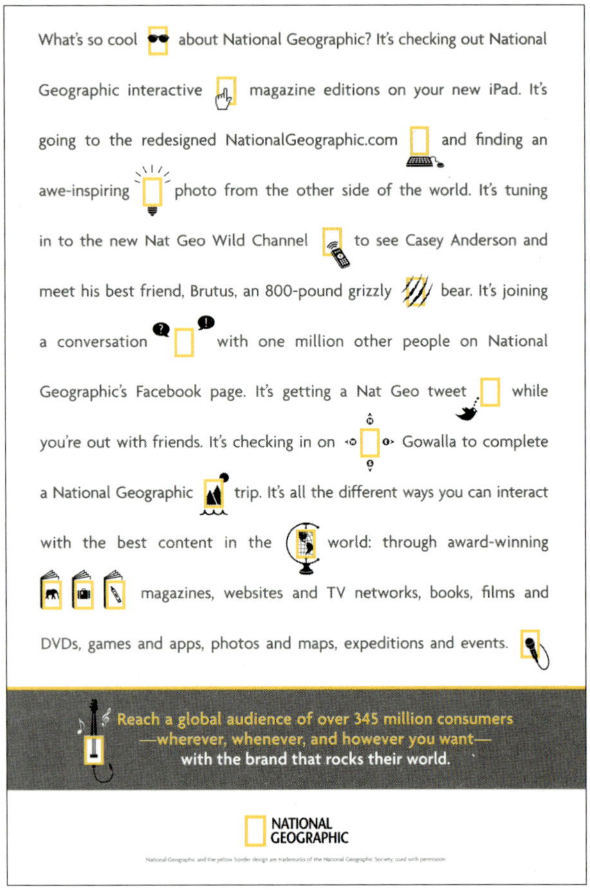

사진 3-1
내셔널지오그래픽은 광고주들에게 가치를 촉진한다.

참여자들 중 다음 집단은 **전문 마케팅 커뮤니케이션 서비스**specialized marketing communications service를 제공하는 조직들이다. 여기에는 다이렉트마케팅 대행사, 판매촉진 대행사, 인터랙티브 미디어 대행사, 홍보회사들이 있다. 이런 조직들은 자신들의 전문 영역의 서비스를 제공한다. 직접반응 대행사는 다이렉트마케팅 프로그램을 개발하고 실행하는 반면, 판매촉진 대행사는 경진대회와 경품, 프리미엄 제공, 견본 프로그램과 같은 프로모션 프로그램을 제공한다. 인터랙티브 미디어 대행사는 인터넷 웹사이트 개발과 관련되어 있으며 마케터들이 대화형 미디어의 영역에 깊숙이 진입할 수 있게 해 준다. 홍보대행사들은 기업, 제품, 서비스에 대한 홍보의 창출과 관리를 담당하고 기업과 관련된 공중들과의 관계와 소통에 역점을 둔다.

프로모션 프로세스의 마지막 참여자들은 광고주, 대행사, 미디어 회사, 전문 마케팅 커뮤니케이션 회사들이 이용하는 폭넓은 지원 기능을 가진 **부수적인 서비스**collateral service를 제공하는 조직들이다. 이런 개인이나 기업들은 다른 조직들이 광고 계획과 실행 및 기타 프로모션 기능에서 이용할 전문적인 기능을 수행한다. 10~14장에서 좀 더 자세하게 참여자들의 역할을 살펴본다.

기업의 광고와 프로모션 조직: 고객의 역할

모든 기업조직은 기본적으로 마케팅 커뮤니케이션의 몇 가지 형태를 이용한다. 그러나 기업이 이 활동을 위해 조직하는 방법은 규모, 제품 수, 마케팅 믹스에서의 광고와 프로모션의 역할, 광고와 프로모션 예산, 마케팅 조직 구조 등을 포함한 여러 요인에 의해 좌우된다. 조직 내의 많은 사람들이 광고와 프로모션 의사결정 과정에 관여한다. 마케팅 담당자들은 광고와 가장 직접적인 관련을 맺고 있고 캠페인계획에 투입, 예산 선정, 제안된 프로그램의 평가 등과 같은 의사결정 과정에 관여하게 된다. 최고경영자는 주로 광고 프로그램이 그 기업을 대표하는 방법에 관심이 있고, 이것은 그 의사결정이 일상 책임의 일부가 아니더라도 광고 결정에 관련되어 있다는 것을 의미한다.

기업 내외의 많은 사람들이 광고와 프로모션 업무에 어느 정도 투입되지만 그 프로그램 관리의 직접적인 책임은 기업 내부의 사람들에게 있다. 기업은 마케팅 이사 아래에 운용되는 광고나 커뮤니케이션 관리자들이 이끄는 광고 부서를 가지고 있다. 대규모 다중제품기업들이 이용하는 대안은 분권적 마케팅(브랜드 관리) 시스템이 이용된다. 셋째 옵션은 기업 내부의 독립된 대행사를 두는 것이다. 이 대안의 각각에 대해서 자세하게 살펴보기로 하자.

집권적 시스템

도표 3-2에서 보는 바와 같이 마케팅 활동은 대체로 판매, 마케팅 조사, 제품계획과 같은 마케팅 기능과 광고가 나란히 놓여있는 기능적 계열로 나누어진다. **광고 관리자**advertising manager는 판매 부분을 제외한 모든 프로모션 활동을 담당한다. **집권적 조직**centralized system에서는 일반적으로 광고 관리자가 모든 기업의 제품과 서비스에 대한 예산, 조정, 광고 개발과 실행, 매체 스케줄 계획, 프로모션 프로그램의 모니터링과 관리 등의 모든 전체 프로모션 활동을 통제한다.

도표 3-2
집권적 시스템 하의 광고 부서

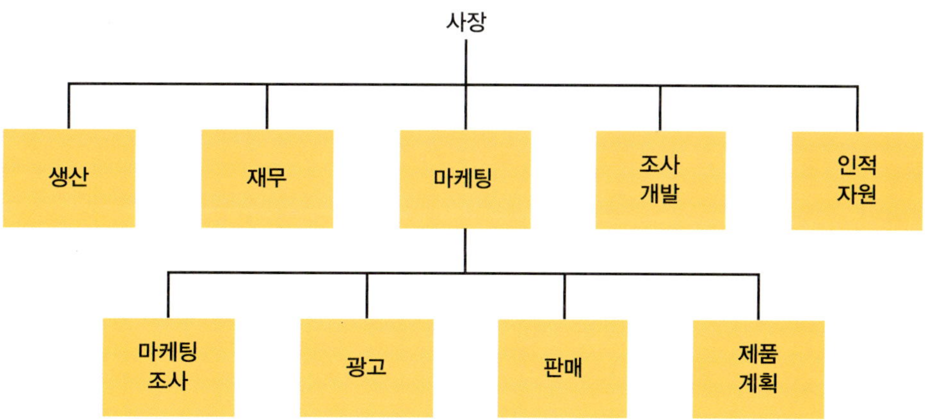

광고나 마케팅 커뮤니케이션 관리자의 특정 임무는 기업의 규모와 프로모션 프로그램에 두는 비중에 따라 달라진다. 이들 관리자와 담당자들의 기본적 기능은 다음과 같다.

계획과 예산 광고부서는 전체 마케팅 계획, 목표, 예산에 근거한 프로모션 프로그램을 관리하고 추천하는 방식으로 광고와 프로모션 계획을 담당한다. 공식적인 계획이 매년 제출되거나 프로그램의 중요한 변화가 발생한 경우에는 새로운 것이 개발되어야 한다. 광고부서가 프로모션 예산을 계획할 때, 자금 할당에 대한 최종 결정은 주로 최고 경영자들이 내린다.

관리와 실행 관리자는 광고 부서를 조직하고 그 활동을 감독하고 통제해 나간다. 이들은 하위조직 또는 광고대행사들이 그 계획을 실행해 나가는 것을 감독해야 한다. 이 과정은 제작, 미디어, 예술, 카피, 디지털 인터랙티브, 판매촉진 등과 같은 부서와 함께 일하는 것이 요구된다. 외부 대행사를 활용하는 경우에는, 광고부서는 많은 실무적 책임이 완화된다. 그러나 이 때에도 대행사의 계획을 검토하고 승인해야 한다.

다른 부서와의 협력 관리자는 광고부서의 활동을 다른 부서와 조율해 나가야 하는데, 특히 다른 마케팅 기능을 담당하고 있는 부서와는 더욱 그렇다. 예를 들면, 고객들에게 제품의 어떤 특성이 중요한 것인지, 회사의 커뮤니케이션을 강조해야 할 것이 무엇인지에 대한 결정을 해야 하는 경우 광고부서는 마케팅 조사와 판매부서와 의견을 교환해야 한다. 마케팅 조사부서는 미디어 부서가 방송이나 인쇄 매체를 결정하기 전에 제품 사용자와 비사용자의 프로파일을 제공한다. 또 광고부서는 고객들의 점포 방문 시에 판매원들이 활용할 수 있게 프로모션 수단, 광고 자료, 판매시점 전시 등과 같은 자료들을 제공해야 한다.

외부 대행사와 서비스 회사들과의 협조 많은 기업들이 광고 부서를 가지고 있지만 외부 서비스 회사들을 많이 이용하고 있다. 예를 들면, 기업들이 광고 프로그램은 내부 조직을 통해서 개발하지만 광고를 노출하기 위해서는 미디어 구매서비스 회사를 이용하기도 하고 광고 책자, 구매시점 촉진물 등과 같은 것을 개발하기 위해서는 전문 서비스 대행사를 활용한다. 광고부서는 자기 회사와 외부 서비스 제공 회사 간의 교량 역할을 하고 이용할 서비스를 결정한다. 일단 외부 서비스 회사를 이용하게 되면 관리자는 자신들의 활동을 조정하고 그들의 업적을 평가하기 위해 다른 마케팅 담당자들과 함께 일해 나간다.

집권적 시스템은 광고를 하기 위해 여러 부서, 제품 또는 서비스 계열, 브랜드 등을 가지고 있지 않은 경우에 종종 이용된다. 예를 들면, 사우스웨스트나 아메리칸, 제트블루와 같은 항공사들은 집권적 광고 부서를 가지고 있고, 타깃, 월마트, 베스트바이 같은 주요 소매업도 그러하다. 많은 기업들은 집권적 광고 부서를 선호하는데, 하나의 중심 지역에서 광고 프로그램을 개발하고 조정함을써 프로모션 프로그램에 대한 커뮤니케이션을 촉진하고, 최고 경영자가 의사결정 과정에 참여하는 것이 더 쉽기 때문이다. 소수의 사람들이 프로그램 결정에 관여하고 의사결정 경험이 증대되고 프로세스가 더 쉬워짐에 따라, 집권적 시스템이 더 효율적인 운영방식이 될 수도 있다.

이와 함께, 집권적 시스템에는 문제점도 있다. 우선 광고 부서가 브랜드에 대한 전반적인 마케팅 전략을 이해하기가 어렵다. 또 광고 부서는 특정한 니즈와 제품이나 브랜드의 문제에 대해 느리게 반응할 수도 있다. 회사가 규모가 커지고 새로운 제품과 브랜드를 개발하고 획득하게 됨에 따라 집권적 시스템은 비현실적인 것이 될 수도 있다.

분권적 시스템

여러 부서와 제품을 가지고 있는 대기업이 집권적인 한 부서에서 모든 광고, 프로모션, 기타 기능을 관리하는 것은 무척 힘이 든다. 이런 유형의 기업들은 일반적으로 다양한 부문, 제품 계열 또는 비즈니스를 위한 독립된 제조, 조사와 개발, 판매, 마케팅 부서 등을 갖춘 **분권적 시스템**decentralized system을 가지고 있다. P&G, 유니레버, 네슬레와 같이 분권적 시스템을 이용하고 있는 기업들은 계획, 예산 수립, 판매, 수익, 성과 들을 포함하는 브랜드 총괄책임을 맡은 **브랜드 매니저**brand manager를 각 제품이나 브랜드에 배치하고 있다(제품 매니저라는 용어는 이런 지위를 기술하는 데 이용된다). 한 명 이상의 보조 브랜드 매니저를 두고 있는 브랜드 매니저는 마케팅 프로그램의 계획, 실행, 통제 업무를 담당한다.[1]

이 시스템에서는, 광고나 프로모션과 관련된 책임과 기능은 브랜드 매니저에

사진 3-2
P&G는 브랜드 간에 경쟁을 하고 있다

게 위임되고, 그는 프로모션 프로그램을 개발할 때 외부의 광고대행사나 기타 마케팅 커뮤니케이션 전문가들과 밀접한 관계를 유지한다.[2] 다중제품 기업에서는 각 브랜드는 각자의 광고대행사를 두고 외부 경쟁자들뿐만 아니라 내부의 다른 브랜드들과 경쟁을 하기도 한다. 예를 들면, **사진 3-2**는 타이드Tide와 게인Gain의 광고를 보여주고 있는데, 둘 다 P&G의 세제시장의 점유율 경쟁을 하고 있다.

도표 3-3
분권적 브랜드 관리 시스템

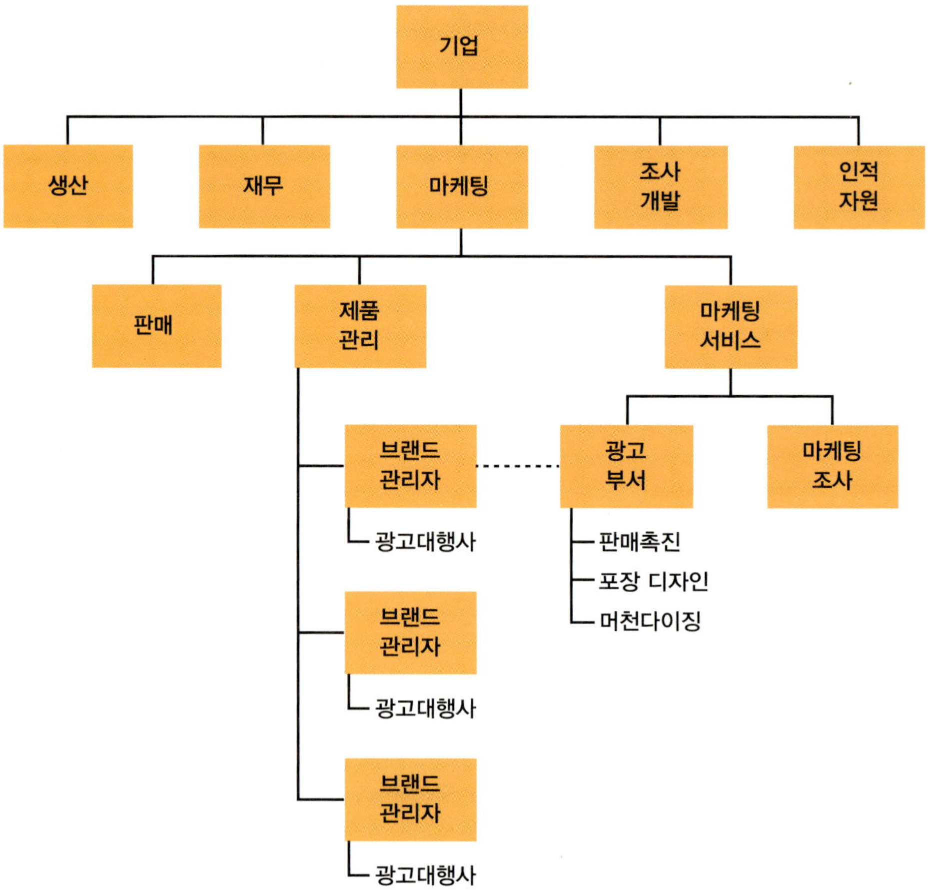

도표 3-3에서 보는 바와 같이, 광고 부서는 마케팅 서비스 부서의 일부이고 브랜드 매니저들을 지원하고 있다. 마케팅 서비스 부서는 IMC 프로그램을 계획하고 조정함에 있어서 브랜드 매니저들을 지원한다. 어떤 기업에서는 마케팅 서비스그룹이 판매촉진을 포함하기도 한다. 브랜드 매니저들은 중간상과 소비자 프로모션을 위한 예산의 개발, 전략의 정의, 전술의 실행을 위해 판매촉진 담당자들과 함께 일한다. 마케팅 서비스 부서는 포장, 상품판매 등과 같은 다른 유형의 지원 서비스를 제공하기도 한다.

어떤 기업들은 관련 제품 집단을 다루는 모든 브랜드 매니저들의 활동을 조정하기 위해 브랜드 매니저 위의 추가적인 경영자 계층을 두기도 한다. 이 시스템 ─ 일반적으로 **범주관리 시스템**category management system으로 언급됨 ─ 은 브랜드 및 광고 매니저와 마찬가지로 범주 매니저들을 포함한다. 범주 매니저는 전체 제품범주 관리자들을 감독하고 수익과 시장점유율을 구축하기 위해 여러 브랜드의 전략적 역할에 역점을 둔다.[3] 각 범주 매니저는 광고 매니저와 동일하게 각 특정 브랜드에 대해 관리하는 한 사람 이상의 브랜드 매니저를 둔다.

광고 매니저는 여러 프로그램 부분을 검토하고 평가할 수도 있고, 브랜드 매니저들과 상의하고 조언을 하기도 한다. 이 사람은 광고에 관한 브랜드 매니저의 결정을 기각할 수 있는 권한을 가질 수도 있다. 광고에 많은 예산을 투입하는 다중제품 기업들에게는 광고매니저가 회사의 대량매체 구입에 따른 미디어 할인을 위해 여러 대행사들과의 과업을 조정한다. 범주관리자는 대기업 복수제품 또는 부문별 기업조직에서 이용된다. 예컨대 P&G의 다양한 포트폴리오는 세 개의 주요 부문 중의 하나에 할당된 86개의 브랜드를 가지고 있다. 미용과 몸단장, 건강과 웰빙, 주택관리(사진 3-3). 각 부문은 관리 목적상 각 브랜드들이 할당된 복수제품 범주를 포함하고 있다. 예를 들어, 북미주택관리 브랜드 부문은 세제 및 섬

사진 3-3
P&G의 폭넓은 브랜드 포트폴리오는 관리상 다양한 범주에 할당되어 있다.

유 보호, 주택 청소, 유아 제품, 배터리, 주방세제, 공기청정제, 벽지 등의 7개 제품 범주로 구성된다.

분권적 시스템의 장점은 각 브랜드가 집중적으로 관리받고 문제와 기회에 빠르게 반응할 수 있다는 것이다. 브랜드 매니저들은 그 브랜드를 차별화할 IMC 프로그램 개발 및 표적시장 파악을 포함하는 마케팅 프로그램에 대해 책임진다.[4] 브랜드 매니저 시스템은 보다 탄력적이고 크리에이티브 플랫폼과 매체 및 판매촉진 스케줄과 같은 광고와 프로모션 프로그램의 여러 측면들을 조정하기가 쉽다.[5]

분권적 시스템의 단점은 브랜드 매니저들이 훈련과 경험이 부족한 경우에 발생한다. 판매촉진의 방법을 모르는 브랜드 매니저들에 의해 브랜드 프로모션 전략이나 광고가 개발될 수도 있을 것이다. 브랜드 매니저들은 지나치게 단기적인 계획과 관리에 치중할 수도 있어 장기적인 프로그램의 개발을 소홀히 할 수도 있다.

또 다른 문제는 개별 브랜드 매니저들이 가끔 관리적 주의, 마케팅 비용, 기타 자원에 대한 경쟁을 초래하게 되는데, 이것들은 비생산적인 경쟁의식과 자금의 잘못될 할당을 초래할 수도 있다. 그 매니저들의 설득은 잠재적 브랜드들의 장기적 수익보다 예산결정에서 더 큰 요인이 될 수 있다. 이런 유형의 문제들은 P&G의 의사결정에 있어서 범주관리 시스템으로 전환하는데 핵심적인 요소들이었다.

끝으로 브랜드 매니저 시스템은 그들이 수립한 계획을 실행하고 통제하는 데 필요한 기능들에 대해 브랜드 매니저들에게 권한을 주지 못한 것에 대해 비판을 받아왔다.[6] 어떤 기업들은 광고와 판매촉진 관리자들 및 그들의 전문 스탭들의 책임과 역할을 확장함으로써 이 문제들을 해결하고 있다. 전문 스탭들은 개별 브랜드 매니저들을 도와주고, 광고나 판매촉진 의사결정은 광고나 판매촉진 매니저, 브랜드 매니저, 마케팅 이사 등이 수행한다. 예를 들면, 미국의 최대 광고주인 제너럴 모터스는 브랜드 매니저 시스템을 중단하고 부문 마케팅 이사들에게 여러 가지 모델에 대한 광고와 프로모션의 많은 통제권을 부여했다.[7] 전통적 브랜드 관리 시스템은 최근 브랜드 매니저들이 계획과 예산 등과 같은 내부적 문제에 너무 많은 시간을 소비하고 외부 문제나 창의성과 문제 해결에 충분한 활동을 하지 않는다는 비판을 받고 있다.[8] 또 이 시스템은 디지털 미디어의 변화하는 세계에 뒤떨어지고 있다는 논쟁도 있다.

사내 대행사

대행사 활동에 대한 많은 통제를 유지하고 비용을 줄이기 위해 기업들은 내부적으로 자신들의 광고대행사를 두기도 한다. **사내 대행사**in-house agency는 광고주가 소유하고 운영하도록 만들어진 광고대행사이다. 어떤 사내 대행사들은 광고부서와 마찬가지이지만, 어떤 사내 대행사들을 독립된 조직으로 대규모 광고금액의 지출에 대한 책임을 지고 있기도 하다. 사내 대행사를 활용하는 대형 광고주들은 현대, 에이본Avon, 레블론Revlon, 베네통 등이다. 이 기업들은 사내 대행사들을 독점적으로 이용하기도 하고, 사내 대행사를 외부 대행사들과 결합하기도 한다. 예를 들면, 소매업 거대기업인 타깃Target은 주간 전단지, 다이렉트메일, 점포 내 진열, 프로모션, 마케팅 소재 등을 다루는 내부 크리에이티브 부서를 두고 있다. 그러나 이 회사는 대부분의 브랜딩, 이미지 광고, TV 및 인쇄 광고는 외부 대행사를 활용한다. 베네통과 바나나리퍼블릭 같은 다른 기업들도 역시 내부 광고조직과 외부 대행사들을 함께 이용한다.

사내 대행사를 이용하는 주요 이유는 광고와 프로모션 비용의 감축에 있다. 대규모 광고 예산을 가진 기업들은 매체 수수료의 상당량을 외부 대행사에 지불하고 있다. 사내 대행사가 있는 경우 이 수수료는 사내 대행사로 유입될 수 있다. 사내 대행사는 부수적인 자료의 생산, 디지털 미디어, 패키지 디자인, PR 같은 작업들을 외부 대행사보다 저렴하게 제공할 수 있다. 루이스는 크리에이티브와 미디어 서비스에 대해서는 외부 대행사가 수행하는 것이 좋은 반면, 상품판매와 판매촉진은 사내 대행사가 수행하는 것이 좋을 것이라고 하였다.[9] 사내 대행사를 선호하는 기업이 많은데, 이것은 마케팅 커뮤니케이션 기능이 최고경영자와 밀접하게 결부되어 있기 때문이다. Forrester 연구소는 거의 60% 사내 대행사들이 CEO나 CMOchief marketing officer에게 직접 보고한다는 사실을 밝혔다.[10] 또 다른 이유는 사내 대행사가 제공하는 안전성이다. 외부 대행사들은 종업원들의 높은 이직률로 인해 고객-대행사 관계에 피해를 줄 수 있기 때문이다. 반대로, 사내 대행사의 종업원들은 이직을 잘 하지 않는데, 5% 미만의 이직률을 보이고 있다.[11]

비용 절감이 사내 대행사를 이용하는 유일한 이유는 아니다. 시간 절약, 외부 대행사와의 나쁜 경험, 제품이나 서비스의 광고와 프로모션을 수행하는 과정에서 오는 시장에 대한 이해와 증대된 지식 등이 역시 그 이유이다. 또 기업들은 전반적인 마케팅 프로그램과 프로모션을 보다 쉽게 조정하고 그 프로세스를 보다 엄격하게 통제할 수 있다.

글로벌 브랜드를 가진 기업들은 사내 대행사를 선호하여 세계적으로 일관된 브랜드 이미지를 가질 수 있고, 그들과 함께 일하는 마케팅 파트너의 수를 줄일 수 있다. 예를 들면, 델Dell은 글로벌 시장에 대한 마케팅 커뮤니케이션 니즈를 제공하는 독점적 대행사인 WPP 홀딩컴퍼니를 활용하고 있다. 이 회사는 세계적으로 800개 이상의 대행사와 마케팅 파트너를 보유하고, 광고와 마케팅 커뮤니케이션 활동의 전부를 강화하고 있다.[12] 외부 대행사보다 더 나은 업무를 위해 내부 대행사를 이용할 수도 있다. 기업들은 시장과 경쟁자들을 잘 이해할 뿐 아니라 사업의 복잡성을 더 잘 이해할 필요가 있다.

외부 대행사들보다 업무를 더 잘 할 것으로 믿기 때문에 많은 기업들은 내부 대행사를 이용한다.[13] 예를 들면 구글은 2007년 내부 대행사를 설립하였지만, 초기 10년간은 광고를 거의 하지 않았다. 왜냐하면 다른 기업들이 검색엔진으로 구글을 언급해 줌으로써, 대규모 홍보와 프로모션이 자동적으로 이루어졌기 때문이었다. 그러나 구글은 더 많은 서비스와 상품을 도입하게 되었고, 많은 고객들에게 자사를 알릴 필요성을 인식하고 이 업무를 효과적으로 수행하기 위해 내부 대행사를 설립하게 된 것이다.[14]

내부 대행사에 대한 반대론자들은 내부 대행사가 객관성이나 폭넓은 서비스를 광고주들에게 제공할 수 없다고 주장한다. 이들은 외부 대행사들이 고도의 기술을 가진 전문가가 있고, 최상의 창의적인 재능을 끌어낼 수가 있어, 외부 조직을 이용하면 기업은 광고 문제에 대한 다양한 관점과 높은 탄력성을 제공받을 수가 있다고 주장한다. 외부 대행사들은 훌륭한 전략 수립 능력을 제공하고 고객에 대한 외부 관점과 TV와 같은 매체에 대해 더 창의적인 경험을 제공한다.[15] 내부 종업원들은 시야가 좁고 동일한 제품 라인에서 근무하고 있는 동안 점점 낡은 사고를 가지게 될 수도 있지만, 외부 대행사는 다양한 배경과 광고주들에게 유효한 아이디어를 가진 다양한 사람들로 구성될 수 있다. 만족하지 않은 경우 외부 대행사를 해고할 수 있기 때문에 탄력성이 더 큰 반면, 내부 대행사의 변화는 느릴 수도 있고 더 큰 지장을 줄 수도 있다.

내부 대행사의 비용 절감은 이런 요소들을 반영해야 한다. 고품질 광고는 마케팅 성공에 결정적인 것이 되고, 내부 대행사 이용 여부를 결정하는 중요한 요소가 되어야 한다. 락포트Rockport나 레드켄Redken Laboratoires 같은 기업들은 최근에 내부 대행사에서 외부 대행사로 옮겼다. 레드켄은 그 이유를 '참신한 시선'과 '객관성의 필요성' 때문이라 하고 관리자들이 제품에 너무 집착하여 차별적인 아이디어를 생각해 내지 못한다고 언급했다. 기업이 성장하고 광고 예산이 증가됨에 따라 종종 외부 대행사들을 이용한다. 미국의 가장 큰 전자제품 소매업인 베스트바이는 거의 20년간 모든 광고를 내부 대행사인 베스트바이 광고사를 통해 실행하였다. 그러나 2007년 이 회사는 외부 대행사를 이용했다. 소매 신문 간지, 히스패닉, 직접/지역 마케팅에 대해서만 광고 업무를 유지했고, 개별 브랜드의 지역 점포 개점과 관련된 광고만 내부 대행사를 통해 실시했다. 베스트바이 경영층은 복합적이고 경쟁적인 기술 시장에서 신뢰받는 소매업체로서 더 나은 위치를 확립하고 공격적인 성장 목표 달성을 도와줄 수 있는 외부 대행사의 필요성을 절감하게 되었다.[16] 지금 이 회사는 브랜드 관련 광고업무와 긱스쿼드Geek Squad 고객지원부서에 주안점을 두기 위해 Crispin Porter와 Bogusky 대행사를 고용하고 있다.[17]

이용할 광고 조직에 대한 최종 결정은 어떤 것이 자사에 가장 효과가 있을 것인가에 달려 있다. 이 세 가지 시스템의 장단점은 도표 3-4에 요약되어 있다. 이제 프로모션 과정의 외부 대행사 기능과 역할에 대해 살펴보기로 하자.

도표 3-4
광고 조직 시스템의 비교

조직 시스템	장점	단점
집중화	• 커뮤니케이션 프로모션 • 소수 인력 • 연속성 • 최고 경영층의 관여 허용	• 전반적인 마케팅 목표에 대한 이해와 관여 감소 • 느린 반응 • 복수제품라인 관리 불가
분권화	• 관리상의 주의 집중 • 문제와 기회에 대한 신속한 대응 • 탄력성 제고	• 비효율적인 의사결정 • 내부 갈등 • 자금 할당의 오류 가능성 존재 • 권한 결여 • 외부보다는 내부에 초점
사내 대행사	• 비용 절감 • 높은 통제 • 조정이 가능 • 안정성 • 최고경영자의 접근	• 경험 부족 • 객관성 결여 • 비탄력적 • 창의성 활용 부족

광고대행사

큰 기업들은 프로모션 프로그램의 개발 · 준비 · 실행 시에 광고대행사를 이용한다. 광고대행사는 광고 프로그램 계획과 실행을 전문적으로 수행하는 조직이다. 1만5천 개 이상의 광고대행사들이 있다. 그러나 대부분 5명 이하의 종업원이 있는 소규모 개인기업들이다. 미국 광고대행사는 매우 집권화되어 있다. 미국 내 매체 구매 금액의 2/3를 500대 대행사들이 처리하고 있다. 사실, 미국의 500대 대

도표 3-5
2009년 미국 광고 매출액 상위 25개 회사

순위	대행사	본사	미국 매출액 (백만 달러)
1	McCann E rickson Worldwide (Interpublic)	New York	450
2	BBDO Worldwide (Omnicom)	New York	436
3	JWT (WPP)	New York	325
4	Y&R (WPP)	New York	286
5	Leo Burnett Worldwide (Publicis)	Chicago	267
6	DDB Worldwide (Omnicom)	New York	250
7	Saatchi & Saatchi (Publicis)	New York	210
8	DraftFCB (Interpublic)	Chicago/New York	198
9	Euro RSCG Worldwide (Havas)	New York	185
10	Grey (WPP)	New York	180
11	Ogilvy & Mather Worldwide (WPP)	New York	175
12	Richards Group	Dallas	170
13	TBWA Worldwide (Omnicom)	New York	168
14	Deutsch (Interpublic)	New York	165
15	Publicis (Publicis)	New York/Paris	165
16	Campbell Ewald (Interpublic)	Warren, MI	161
17	Hill Holiday (Interpublic)	Boston	160
18	Doner	Southfield, MI	142
19	Crispin Porter + Bogusky (MDC Partners)	Miami/Boulder	138
20	Zimmerman Advertising (Omnicom)	Ft. Lauderdale, FL	134
21	Wieden & Kennedy	Portland, OR	115
22	Martin Agency (Interpublic)	Richmond, VA	112
23	Goodby, S ilverstein & Partners (Omnicom)	San Francisco	105
24	RPA	Santa Monica, CA	99
25	Cramer-Krasselt	Chicago	94

행사들이 수행한 총매출액의 약 30%는 10개 대행사가 차지하고 있다. 상위 대행사들은 수입의 상당금액을 해외 영업을 통해서 획득한다. 총수입금 기준 상위 25개 대행사들은 **도표 3-5**에 제시되어 있다. 상위 25개 중 13개 회사가 뉴욕시에 소재하고 있다. 미국 대행사 비즈니스의 약 40%가 뉴욕에서 처리되고 있다. 미국의 다른 선도 광고대행사들은 보스턴, 시카고, 로스앤젤레스, 디트로이트, 댈러스, 미니애폴리스 등지에 자리잡고 있다. 상위 100대 대행사의 약 절반이 뉴욕이나 그 주변 지역에 본사를 두고 있어, 뉴욕 시는 미국 광고산업의 중심지가 되고 있다. 광고대행사 이외에도 다이렉트마케팅, 디지털 프로모션, 마케팅 서비스 대행사 등과 함께 10개 중 9개의 미디어 전문회사들도 뉴욕에 자리 잡고 있다.[18] 뉴욕 시가 미국의 IMC 영업의 허브가 되고 있는 이유는 여러 가지이다. 대규모 광고와 프로모션 예산을 가진 주요 기업들은 뉴욕이나 그 주변 지역에 있다. 2010년, '포춘Fortune 500'에 들어있는 기업 중 45개가 뉴욕 시에 본사를 두고 있는 반면, 상위 40%의 기업들은 뉴욕의 교외 지역이나 코네티컷 또는 뉴저지시에 소재하고 있다. 뉴욕은 거의 모든 주요 TV, 라디오, 잡지, 뉴스회사들이 자리 잡고 있어 세계의 미디어 중심지가 되고 있다.[19]

사진 3-4
뉴욕 시는 미국
광고 산업의 중심이다.

1980년대 후반과 1990년대 초반에, 대형 대행사들이 다른 대행사들을 통합 또는 매입을 하거나 대규모 광고조직 또는 초대형 대행사를 만들어 나감에 따라 광고 산업은 큰 변화를 겪었다. 이런 **초대형 대행사**superagencies들이 설립되어 광고주들에게 세계적인 IMC 서비스를 제공할 수 있게 되었다. 몇몇 광고주들은 초대형 대행사를 이탈하여 보다 탄력적이고 빠른 반응을 하는 소규모 대행사로 옮겨갔다.[20] 그러나 1990년대 중반, 많은 중소기업들이 인수되고 옴니콤 그룹Omnicom group, WPP 그룹, 인터퍼블릭 그룹Interpubilc Gorup of Cos 등과 같은 대규모 광고대행사 기업의 일부가 됨에 따라 합병 변화의 물결이 있었다. 중규모 대행사들도 인수되거나 보다 큰 규모로 제휴하였는데, 이는 그들의 광고주들이 국제적 커뮤니케이션 능력을 갖추어 세계 네트워크에 접근할 수 있도록 요구했기 때문이다. 대행사 영업의 합병은 2000년대에도 계속되었는데, 팔콘Fallon Worldwide, 레오

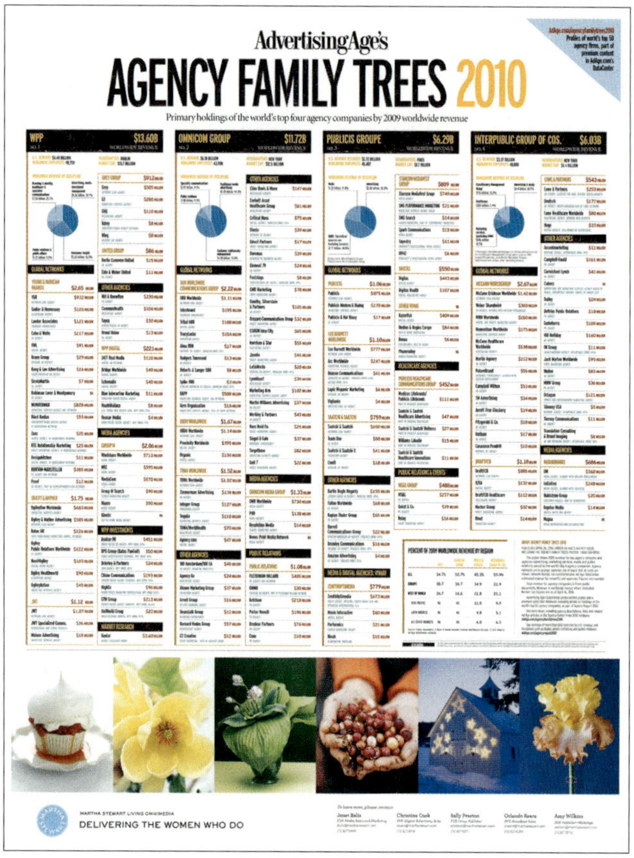

사진 3-5
2009년 세계 상위 4개 지주회사

버넷Leo Burnett, 사치앤사치Saatchi & Saatchi, 캐플란탈러Kaplan Thaler 등과 같은 대형 대행사들이 거대 기업인 프랑스 지주회사인 퍼블리시스 그룹Publicis group에 의해 인수되었다. 2009년에는, 4대 상위 지주회사인 WPP, 옴니콤, 인터퍼블릭, 퍼블리시스가 미국 대행사 수입의 약 절반을 차지하였다. **사진 3-5**는 4대 상위 지주회사를 보여 주고 있다. IMC로의 전환에 따라, 전통적인 광고 서비스 제공으로 얻는 수입보다 더 많은 금액을 대행사들은 벌어 들이고 있는데, 현재 미국 대행사들의 매출액 부문에서 3위를 차지하고 있다. 2009년 대행사 매출액은 미디어 구입(15%), PR(11%), 디지털(14%), 다이렉트마케팅(17%), 프로모션(9%) 분야에서 매출액을 올리고 있다.[21] 많은 광고사들과 대행사들은 인터랙티브 커뮤니케이션, PR, 다이렉트마케팅, 판매촉진 등과 같은 다른 분야에 특화된 기업들을 인수하고 있어서 그들의 광고주들에게 폭넓은 IMC서비스를 제공할 수 있게 된다.

광고대행사의 역할

광고대행사들이 수행하는 기능은 앞에서 언급한 바와 같이 시스템 중 하나를 통해서 광고주들에 의해 수행될 수도 있다. 그러나 대다수 큰 기업들은 외부 대행사들을 이용한다. 이제 광고주들이 외부 대행사를 이용하는 이유를 살펴보자.

광고대행사 이용 이유 외부 대행사를 이용하는 주된 이유는 광고대행사들이 자신의 분야에서 전공한 고도의 기술을 가진 종업원들의 서비스를 광고주들에게 제공할 수 있다는 것이다. 광고대행사 담당자들은 광고주들의 제품이나 서비스를 판매하는 데 도움이 되는 아티스트, 작가, 미디어 분석가, 조사자, 특수 기술, 지식, 경험을 가진 사람들로 구성되어 있다. 대행사들이 특정 사업 분야를 전공하고 그들의 고객들을 돕기 위해 그 산업의 지식을 이용한다. 예를 들면 멘터스Mentus

사는 하이테크, 전자상거래, 생명과학 분야의 IMC를 전문적으로 수행하는 기업이다(**사진 3-6**).

외부 대행사는 내부 정책, 편견, 다른 한계 등에 구속되지 않고 시장과 사업의 객관적 관점을 제공해 줄 수 있다. 외부 대행사는 여러 광고주들의 다양한 마케팅 문제들을 다루어 오는 동안 획득된 폭넓은 경험을 활용할 수도 있다. 예컨대, 여행 관련 광고주와 거래하는 대행사는 항공사, 크루즈 선박회사, 여행사, 호텔, 기타 여행 관련 업종에서 일했던 종업원들을 보유할 수도 있다. 이 대행사는 여행 관련 분야에 경험이 있거나 광고주의 경쟁업체 중의 한 회사에서 일한 적도 있을 것이다. 따라서 이 대행사는 여행산업에 대해 고객들에게 통찰력을 제공해 줄 수 있다.

사진 3-6
하이테크 기업들을 위한 광고 제작 전문 커뮤니케이션 회사

광고대행사 유형

광고대행사는 한두 명의 영업직원이 있는 소규모 기업이 있는가 하면 1천 명이 넘는 종업원을 가진 대규모 기업도 있다. 지금부터 대행사의 유형과 그들이 고객에게 제공하는 서비스를 조직화하는 방법을 알아본다.

종합대행사 많은 기업들은 **종합대행사**full-service agency로 알려진 회사들인데, 이들은 마케팅, 커뮤니케이션 프로모션 서비스를 제공하고, 광고 계획과 개발 및 제작, 리서치 수행, 미디어 선정 등의 업무를 포함한다. 종합대행사는 전략적 시장계획, 판매촉진, 다이렉트마케팅, 인터랙티브 커뮤니케이션, 포장 디자인, PR과 홍보 등과 같은 비광고 서비스도 제공한다.

종합대행사는 **도표 3-6**과 같이 다양한 광고기능 수행에 필요한 활동들을 제공하는 부서를 가지고 있어 고객들에게 서비스를 제공하고 있다.

광고주 서비스 광고주 서비스account service 또는 광고주 관리는 광고대행사와 고객 사이를 연결시키는 조직이다. 광고주와 광고 예산의 규모에 따라 한 명 또는 그 이상이 교량 역할을 한다. **AE**account executive는 광고주의 마케팅과 프로모션 니

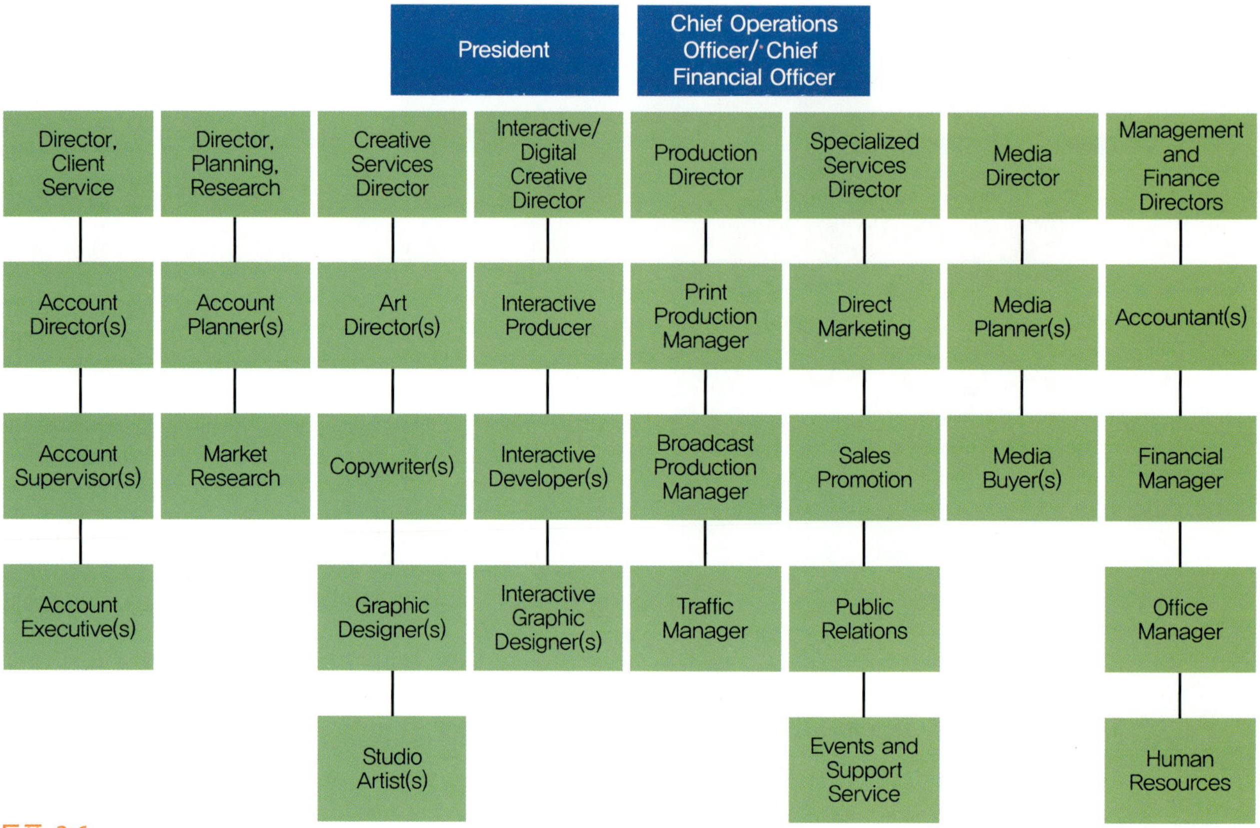

도표 3-6
종합대행사 조직 구조도

즈를 이해하고 대행사 내부에 그것을 전달하는 역할을 담당한다. AE는 광고 계획, 개발, 제작 과정의 대행사 활동을 조정한다. 이 사람은 대행사의 의견을 제시하고 광고주의 승인을 얻어낸다.

대행사-광고주 관계의 핵심인 AE는 광고주의 사업에 대해 많이 알아야 하며 대행사의 전문가들과 의사소통을 할 수 있어야 한다.[22] 이상적인 AE는 마케팅 지식과 광고 프로세스의 모든 단계를 철저하게 이해해야 한다.

마케팅 서비스 지난 20년 동안 마케팅 서비스는 크게 증가했다. 주목받은 서비스는 리서치이다. 대행사들이 광고주들의 고객들과 효과적으로 소통하는 것이 필요하다는 것을 인식함에 따라, 그들은 표적고객을 이해해야 한다. 1장에서 공부한 바와 같이 광고 계획 프로세스는 상황 분석에서부터 출발하는데, 이것은 표적고객들에 대한 정보와 리서치에 기반을 둔다.

대부분의 종합대행사들은 광고 개발에 유용한 정보의 수집, 분석, 해석하는 기능을 가진 리서치부서를 둔다. 이것은 기초조사 – 연구는 리서치부서에 의해 설계, 실행, 해석됨 ― 나 정보의 2차 원천을 통해 실행된다. 때로는 리서치 부서가 독립된 조사기관이나 컨설턴트들이 수행한 연구결과로부터 자료들을 획득하기도 한다. 조사 담당자들은 그 다음 이런 보고서들을 해석하고 고객들과 함께 일하고 있는 다른 대행사 담당자들에게 이 정보를 넘겨준다. 리서치 부서는 광고 효과를 사전 테스트하기 위해 리서치를 설계하고 실행한다. 예를 들면, 카피 테스트는 가끔 크리에이티브 전문가들이 개발한 메시지가 오디언스들에게 어떻게 해석되는지를 결정하기 위해 실행되기도 한다.

대규모 대행사들에게 있어서는, 마케팅 서비스 부서는 광고주들의 제품이나 서비스와 관련되고, IMC 캠페인 측면과 함께 크리에이티브 전략의 개발에 이용될 정보를 수집하는 사람인 **기획담당자**, 즉 **AP**account planner를 두고 있다. AP는 광고주의 표적고객들을 더 잘 이해하는 데 도움이 되고 그들과 소통하는데 최선의 방법이 되는 정보를 수집하는 리서치 부서 담당자, AE, 크리에이티브팀원, 미디어 전문가 등과 함께 활동한다. 그들은 소비자들과 크리에이티브 브리프를 준비하는 데 이용될 수 있는 시장개발에 관한 정보를 수집하고 조직화한다. 크리에이티브 브리프는 광고 아이디어와 콘셉트 개발의 지침으로 이용되는 대행사 크리에이티브 부서의 문서이다. AP는 광고와 다른 IMC 프로그램에 대한 소비자들의 반응을 평가하고 크리에이티브 담당자들과 다른 대행사 종업원들과 함께 성과에 관한 피드백을 하는 데 관여한다.

AP는 대행사에서 중요한 기능을 담당한다. 다른 대행사 종업원들과 마찬가지로 크리에이티브 멤버들에게 소비자들과의 소통에 필요한 광고와 IMC 도구 사용 방법에 대한 통찰력을 제공하기 때문이다.[23] 그러나 마케팅 커뮤니케이션 채널과 소비자들과의 접촉 방법이 증대됨에 따라 AP 기능이 더 확대되고 있다. AP는 다양한 마케팅 커뮤니케이션 책임자들과 소통해야 한다는 것과 이런 모든 분야에서 발생되는 각 단계를 따라갈 수 있어야 한다. 다음은 AP로 잘 알려져 있는, 굿비실버스타인앤파트너스Goodby Silverstein & Partner의 브랜드 전략 이사인 John Thorpe의 말이다. "전략에만 익숙한 플래너는 더 이상 필요 없다. 광고에 대해 발생되는 많은 것들에 대해 정통해야 한다. 그 회사에 대해 모든 것을 파악하고 있어야 한다."[24]

대행사의 미디어 부서는 광고주의 메시지를 전달하는 데 사용될 미디어의 시간이나 공간을 분석하고 선택하며 계약한다. 미디어 부서는 표적시장에 도달하여 효과적으로 설득할 수 있는 미디어 계획을 수립하는 일을 한다. 광고 예산의 대부분이 미디어 시간이나 공간에 사용되고 있어서, 이 부서는 명확한 목표를 설정하고 비용 효율적인 계획을 수립해야 한다.

미디어 전문가들은 그 미디어가 표적들에게 도달하는 방법, 도달률, 광고주의 표적시장과의 적합성 등을 알아야 한다. 효과적인 미디어 계획을 수립하기 위해 미디어 부서는 인구통계적 특성, 잡지와 신문의 독자 수, 라디오 청취자, 소비자들의 인터넷 사용 패턴과 TV 시청 패턴 등에 관한 정보를 검토해야 한다. 미디어 구매자는 실제적인 시간과 공간을 구입함으로써 미디어 계획을 실행한다.

미디어 부서는 대행사 사업의 중요한 일부로 부상하고 있다. 다른 고객접점 원천과 마찬가지로 가격을 협상하고 거대한 미디어 비히클 집단을 효과적으로 이용하는 대행사의 능력은 광고를 만들어내는 능력 못지않게 중요하다. 주요 대행사들과 그 지주회사들은 더 나은 서비스를 제공하기 위해 고객들에게 독립된 미디어 서비스 회사를 설립해 왔다. 예를 들면, 스타콤 그룹Starcom MediaVest group은 퍼블리시스 그룹Publicis group의 자회사로 67개국에서 100개 이상의 네트워크를 가지고 있는 반면, 맥캔에릭슨McCann Erickson Worldwide은 유니버설맥캔Universal McCann을 설립하였는데 이것은 인터퍼블릭 그룹Interpublic group을 위한 중요한 미디어 전문기업이 되고 있다. 대규모 전문기업으로 마인드셰어MindShare가 있는데, 이 회사는 WPP 그룹이 소유하고 있고, OMD Worldwide는 옴니콤 그룹Omnicom group이 소유하고 있다. 이런 미디어 전문기업들은 자신들의 모지주기업의 일부인 대행사들에게 미디어 니즈를 제공하고 있지만 다른 광고주들에게도 미디어 서비스를 제공하기도 한다.

리서치와 미디어 부서는 고객의 광고 프로그램을 계획하고 실행하는 대행사 니즈를 제공하는 기능의 대부분을 수행한다. 대행사들은 고객에게 다른 프로모션 분야를 돕는 부수적인 마케팅 서비스를 제공한다. 대행사가 경진대회 개발, 프리미엄, 프로모션, 판매시점 촉진물, 기타 판매촉진물을 전문적으로 다루는 다른 판매부서나 판매촉진 부서를 둘 수도 있다. 그것은 다이렉트마케팅 전문가와 포장 디자이너, PR/홍보 부서 등을 둘 수도 있다. 많은 대행사들이 고객들을 위한 인터랙티브 미디어 부서를 두기도 하였다. IMC의 인기가 높아짐에 따라 이런 프로모션 분야에 서비스를 제공하고 능력을 개발하기 위해 풀서비스 대행사를 두게 된다. 전통적 광고대행사들은 미디어 광고를 넘어선 IMC 역량을 개발해야 한다는 것을 인식하기 시작하였다.

크리에이티브 서비스 크리에이티브 서비스 부서는 광고물의 창안과 실행을 담당한다. 광고를 구상하고 헤드라인이나 서브헤드, 본문을 쓰는 사람은 **카피라이터**copywriter이다. 이들은 광고캠페인의 주제나 기본적 소구를 결정하는 데 관여하고 종종 인쇄광고나 TV광고의 대략적인 초기 비주얼 레이아웃을 준비한다.

카피라이터는 메시지가 말할 내용을 담당하는 반면 아트 담당자는 광고의 시각적 부분을 담당한다. 인쇄광고에서는 아트디렉터와 그래픽 디자이너가 레이아웃을 만드는데, 광고가 보이게 되는 것과 최종 아트워크가 제작될 것을 그려낸다. TV광고에서는 레이아웃을 스토리보드라 하는데, 이것은 광고가 스틸 형태로 그려진 뼈대나 판의 연속물이다.

크리에이티브 부서의 멤버들은 광고주들의 제품이나 서비스의 크리에이티브 전략의 기초가 되는 것으로 결정된 핵심을 전달할 광고를 함께 개발한다. 작가와 아티스트들은 일반적으로 기업이 만드는 광고의 모든 것을 감독하는 크리에이티브 디렉터 아래에서 업무를 수행한다. 디렉터는 부서의 독창적인 철학을 설정하고 대행사의 고객을 위해 광고 창안에 직접적으로 관여할 수도 있다.

카피, 레이아웃, 일러스트레이션, 미케니컬michanical specification이 완성되고 승인되면, 광고는 제작부서로 넘어간다. 대부분의 대행사가 실제로 최종 광고를 제작하지 않는다. 그들은 최종 광고를 완성하기 위해 인쇄업자, 판화가, 사진작가, 인쇄공, 기타 공급자들을 고용한다. 방송제작을 위해서는 승인받은 스토리보드가 최종 광고로 변환되어야 한다. 제작부서는 광고의 출연자를 결정하고 장면 설정과 함께 독립 제작 스튜디오를 선정한다. 이 부서는 크리에이티브 콘셉트을 광고로 변환하기 위해 외부 감독을 고용할 수도 있다. 특히 광고 금액이 큰 규모인 경우에는 카피라이터, 아트 디렉터, AE, 리서치 및 기획부서의 사람, 광고주의 대표자들이 모두 의사결정에 참여한다.

광고물 창안에는 종종 많은 사람들이 관여하고 몇 달이 걸리기도 한다. 많은 광고주들을 가지고 있는 대행사들은 크리에이티브와 제작과정의 조정은 주요한 과업이 된다. 업무조정부서traffic department는 광고가 기한 내에 완성되는지와 미디어에 광고가 제출되는 기한이 준수되는지를 감독하기 위해 모든 제작 단계를 조정한다. 이 부서는 대행사의 크리에이티브 서비스 지역, 또는 미디어나 고객관리의 일부. 또는 분리된 지역에 위치할 수 있다.

관리와 재정 다른 기업들처럼, 광고대행사도 회계, 재무, 인적자원 등과 같은 기본적인 운영과 관리적 기능을 수행하고 있다. 광고대행사도 새로운 사업을 창출해내야 한다. 대형 대행사들은 이런 기능들을 수행하기 위해 종업원을 고용한다. 대행사의 수입 중 많은 부분(약 64%)이 종업원 급여와 후생비로 지출된다. 따라서 대행사는 종업원들을 주의 깊게 관리해야 하고 그들의 생산성을 극대화해야 한다.

대행사 조직과 구조 종합 광고대행사들은 광고주의 니즈와 자신들의 내부 필요조건들을 충족시킬 수 있는 조직구조를 개발해야 한다. 대부분의 중규모 대행사들은 부서나 그룹 시스템 하의 조직으로 되어 있다. **부문별 시스템**departmental system에서는 각 대행사 기능이 분리된 부서로 설정되어 있고 그들이 전문적인 일을 수행하고 고객들에게 서비스를 제공한다. 광고 레이아웃, 문서, 제작은 크리에이티브 부서가 실행하고, 마케팅 서비스 부서는 리서치 또는 미디어 선정과 구매 업무를 담당한다. 고객서비스 부서는 고객계약을 담당한다. 어떤 대행사들은 부서 시스템을 선호하는데, 다양한 광고주들에게 서비스를 제공함에 있어서 전문성을 발휘할 기회를 종업원들에게 부여하기 때문이다.

대형 대행사들은 **그룹 시스템**group system을 이용하는데, 이 시스템 하에서는 각 부서의 직원들이 특정 고객들에게 서비스를 제공하기 위해 그룹들 안에서 함께 일한다. 각 그룹은 AE나 감독자들이 이끌어 가고 미디어 플래너와 구매자를 포함해서 한 명 이상의 사람을 두고, 크리에이티브팀은 카피라이터, 아트 디렉터, 아티스트, 제작담당자를 두고, 한 명 또는 그 이상의 AE를 둔다. 그룹은 마케팅 리서치, 다이렉트마케팅, 판매촉진과 같은 다른 부서의 사람을 포함할 수도 있다. 그룹의 규모와 구성은 광고주의 광고취급액과 대행사에 대한 고객의 중요도에 따라 다르다. 매우 중요한 광고주들에게는 그룹 멤버들이 한 고객에게 독점적으로 배치된다. 어떤 대행사는, 소액 고객들에게 서비스한다. 많은 대행사들은 그룹시스템을 선호하는데, 종업원들이 고객의 사업에 대해 매우 지식이 많아지게 되고 고객들에게 서비스를 하는 것이 지속적이기 때문이다.

대행사와 서비스의 다른 유형

대행사가 모두 대형 기업은 아니다. 소규모 대행사들은 종업원들이 다양한 직무를 수행하기를 바란다. 예컨대, AE는 자신이 리서치를 수행하고, 미디어 스케줄을 수립하며 크리에이티브 부서가 만든 광고의 제작을 조정할 수도 있다. 몇몇 대기업을 포함한 광고주들은 종합대행사의 서비스에 비용을 지급하는 것에 관심이 없고 서비스 대행사가 제공해야 하는 특정 서비스에만 관심이 있다. 지난 수십 년 동안, 크리에이티브 부티크와 미디어 구매서비스를 포함해서 종합대행사에 대한 여러 가지 대안들이 발달해 왔다.

크리에이티브 부티크 **크리에이티브 부티크**creative boutique는 크리에이티브 서비스를 제공하는 소규모 광고전문대행사이며 광고산업의 중요한 부분이다. 이 전문대행사는 작가, 아티스트 같은 종업원들을 두고 있지만 미디어, 리서치, AP 역량은 부족하다. 크리에이티브 부티크는 외부 대행사의 크리에이티브 서비스만 필요로 하는 기업들의 수요에 부응하기 위해 발전되었다. 대부분의 크리에이티브 부티크가 직접 광고 기업의 업무를 하고 있지만, 종합 광고대행사들이 종업원을 고용하는 데 따르는 가중된 임금 부담을 피하거나 일거리가 많을 때 이 전문대행사들을 이용하기도 한다. 이들 기업은 프로젝트별 또는 시간 단가에 의해 보상을 받는다.

크리에이티브 부티크는 종합대행사 크리에이티브 부서에서 근무하다가 이직한 능력 있는 종업원들이 설립한 회사가 대부분이다. 이런 소형 전문대행사는 창의적인 크리에이티브 작업을 빠르게 해낼 수 있고 대규모 대행사들처럼 복잡하고 더딘 관료체제나 정치성이 없다는 장점을 가지고 있다. 소형 전문대행사들과 직접 거래하기를 원하는 기업들이 많다. 그 이유는 대형 대행사들보다 크리에이티브 담당자를 더 쉽게 만날 수 있고 많은 주의를 기울여 주기 때문이다. **사진**

사진 3-7
Droga5는 매우 성공한 광고전문대행사이다

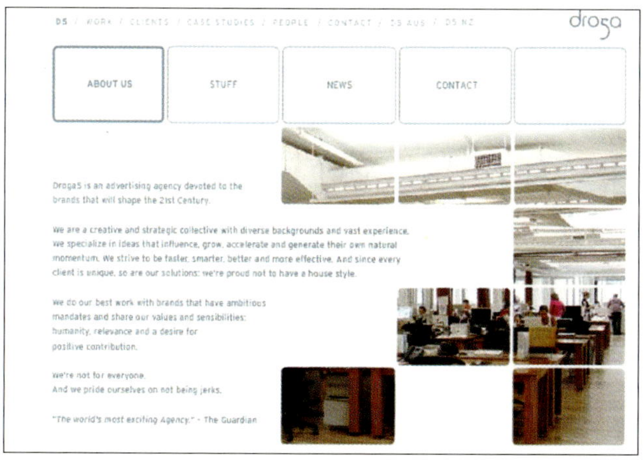

3-7은 뉴욕에 있는 성공한 한 소형 전문대행사의 모습이다.

크리에이티브 부티크는 지속적으로 광고 산업의 중요한 부분이 될 것이다. 그러나 대기업들과 영업 경쟁을 하면서, 특히 광고비 지출을 삭감하는 경우 그들은 많은 문제점에 직면하게 된다. 또 광고주들이 크리에이티브 작업보다는 사업 구축 모색과 같은 대형 대행사들의 서비스 범위를 요구할 때 수용이 곤란하다는 점도 있다.[25]

미디어 구매 전문회사 **미디어 구매 전문회사**media specialist companies는 특히 라디오, TV 시간 등을 구매하는 전문 대행사이다. 광고 미디어 구매는 전문적인 미디어의 확산에 따라 더 복잡하게 되었다. 미디어 구매 서비스는 광고 시간과 공간의 구매와 분석 전문성에 의해 틈새를 찾는 것이다. 대행사와 광고주들은 주로 자신들의 미디어 전략들을 개발하고 그것을 실행하기 위해 구매 서비스 대행사를 고용한다. 미디어 구매 서비스는 광고주들의 미디어 전략을 수립하는 데 도움을 준다. 시간과 공간의 대량 구매를 통한 할인으로 광고주들의 미디어 구매에 대한 비용을 줄여 주는 서비스를 구매대행사들이 제공한다. 미디어 구매 서비스 회사는 수행한 업무에 대해 수수료나 요금을 받는다.

미디어 구매 서비스사는 광고주들이 종합대행사와의 관계를 탈피하는 대안을 모색함에 따라 최근에 큰 성장을 하고 있다. 기업들은 광고 예산을 통제하기 위해 대행사 서비스에 대해 개별적으로 가격을 매기고 미디어 구매를 통합하고 있다. 현대기아 자동차는 종합대행사로부터 미디어 구매 서비스를 해 오던 것을 독립된 미디어 구매 전문회사들로 일부 또는 전부를 옮기고 있다. 앞서 말했듯이, 주요 대행사들이 그들의 광고주들의 미디어 계획과 구매를 담당하는 독립된 미디어 구매 서비스 기업들을 설립하고 미디어 계획, 리서치, 구매 등을 전문화하거나 통합함으로써 분리된 서비스를 제공하고 있다. 많은 대형 광고주들이 미디어 효율성을 개선하고 광고비를 절약하기 위해 자신들의 미디어 구매를 이런 대규모 미디어 전문기업들에게 업무를 통합하고 있다.

독립된 미디어 구매 서비스의 부상과 전통적인 광고대행 미디어 부서의 외부 활용, 대행사 시스템으로부터의 탈피 등은 최근에 광고 산업에 발생된 중요한 변화이다. 전국광고주협회의 최근 연구에서는 대부분 기업들이 이런 기능을 다루기

사진 3-8
이니셔티브는 대형 미디어 전문 회사의 하나이다.

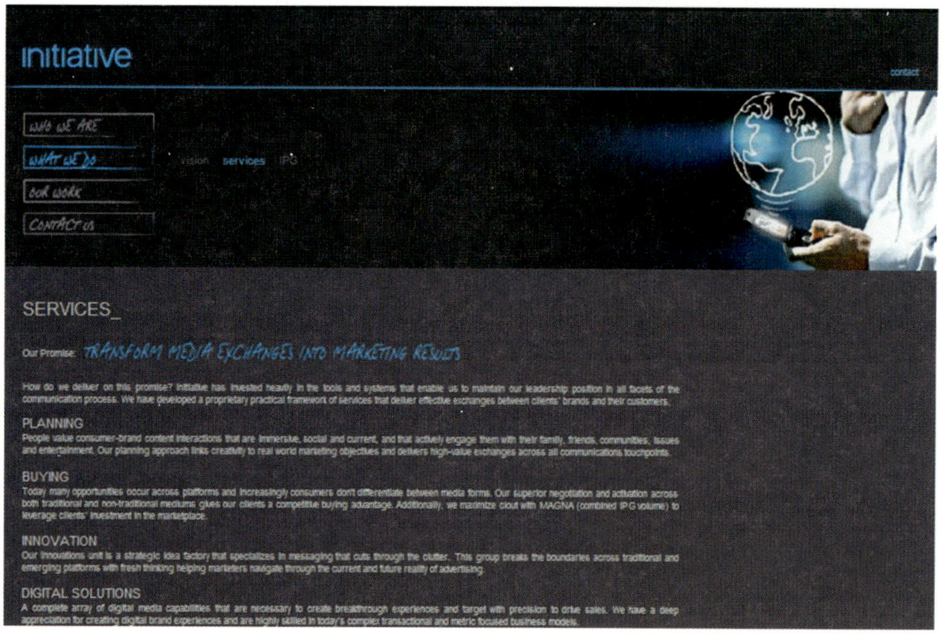

위해 미디어 대행전문기업을 활용하고 있지만, 몇몇 소수의 기업들은 여전히 미디어 계획과 구매를 위해 광고대행사를 이용하고 있음이 밝혀졌다. 이런 미디어 전문기업들은 특히 대형 광고주들을 위해 그들의 크리에이티브 작업을 처리하는 기본 대행사로서 동일 대행지주회사의 일부가 되고 있다.[26] **사진 3-8**은 대형 미디어 전문회사의 하나인 이니셔티브Initiative가 서비스를 프로모션하는 모습이다.

대행사 보상

대행사가 수행하는 서비스의 유형과 금액은 고객에 따라 다르다. 대행사들은 자신들의 서비스에 대해 보상받는 다양한 방법을 이용한다. 보상 시스템에는 대개 수수료, 약정요금제, 비율요금제 등이 있다..

매체사의 수수료

대행사 보상의 전통적인 방식은 **수수료 시스템**commission system인데, 이 방법은 대행사가 광고주를 위해 구매한 광고 시간이나 공간에 대해 매체로부터 특정한 수수료(보통 15%)를 받는 것을 말한다(실외광고 수수료는 16.66%). 이 제도는 다음과 같이 단순한 수수료 지급 결정 방식이다.

어떤 대행사가 전면 잡지광고를 준비하여 10만 달러의 금액으로 표지 뒷면에

도표 3-7
수수료 지불 시스템의 사례

매체사가 대행사에게 청구한 사항		대행사가 광고주에게 청구한 사항	
잡지 공간 구매 비용	$100,000	잡지 공간 구매 비용	$100,000
수수료 15% 차감	−15,000	현금할인 2%	−1,700
미디어 공간 원가	85,000	광고주가 대행사에 지급한 비용	$ 98,300
현급지급 할인 2%	−1,700		
대행사의 매체 비용 지불	$ 83,300	대행사 수입	$ 15,000

그 광고를 싣는 것으로 계약을 했다고 가정해 보자. 이 대행사는 이 공간을 주문하고 잡지사에 광고를 넘겨 준다. 광고가 한 번 게재되면 잡지사는 대행사에게 10만 달러를 청구하게 되는데, 15%의 수수료를 차감한다. 미디어사는 조기 결제에 따른 2%의 현금할인을 해준다고 가정하면 **도표 3-7**과 같이 정리할 수 있다.

수수료 시스템 평가 수수료 시스템이 수년간 대행사에 대한 기본적인 보상 방법이었으나 논란도 많았다. 이 시스템에 대한 비판은 수수료 수준을 높이기 위해 대행사들이 광고주들에게 비싼 가격의 미디어 추천을 부추긴다는 것이었다. 또 하나의 비판은 이 시스템이 대행사 보상을 미디어 비용과 연계하여 지난 10년간 비용을 상승시켰다는 것이다. 이 시스템 하에서는 대행사들이 광고주의 요청이 없더라도 매스미디어 광고를 추천하고 다이렉트메일, 판매촉진, PR, 이벤트 후원 등과 같은 비수수료 IMC 수단을 기피하도록 만들게 한다는 비판이 있다.

수수료 시스템 옹호자들은 이 시스템이 대행사 수수료 보상에 있어서 광고주들을 위해 개발된 광고 품질과 같은 비가격 요소들에 대한 강점을 유지하고 관리하기 쉽다고 주장한다. 즉, 대행사 서비스는 수수료의 규모에 비례하고, 대행사에게 높은 수익을 가져다주는 대형 광고주들에게 많은 시간과 노력을 기울일 수 있다고 주장한다. 또 대형 광고주들에게는 추가비용을 부담시키지 않고 다른 서비스들을 제공할 수도 있기 때문에 매우 탄력적인 것임을 강조한다.

기업들은 1990년대에 들어서 수수료 시스템 이용을 탈피하기 시작했다. 최근 미국 광고주협회가 수행한 대행사 보상에 관한 연구에서 주요 광고주들의 16%만이 수수료 시스템을 이용하였으며, 2000년의 21%에서 많이 감소하였다는 사실이 밝혀졌다.[27] 수수료를 지불하고 있는 기업들은 전통적인 15% 요율을 적용하지 않고 있다. 많은 광고주들이 **협상 수수료**negotiated commission 제도로 바꾸어 평균

8~10%의 낮은 수수료를 지불하고 있다. 광고주들이 IMC 프로그램을 다른 프로모션 형태로 확장하고 매스미디어 광고를 축소함에 따라 대행사들은 미디어 수수료 의존도를 낮추고 있다. 기업들이 사용료와 성과급 인센티브와 같은 다른 방법들을 이용하게 됨에 따라 미디어 수수료로부터 발생되는 대행사 수입금은 감소하고 있다.

약정요금, 원가가산, 인센티브 시스템

대행사들과 광고주들은 요금제 방식 또는 원가가산 등의 새로운 보상 시스템을 개발하였다. 어떤 기업들은 수수료와 요금제 시스템을 결합시킨 인센티브 보상 제도를 개발하여 이용하고 있다.

약정요금제 약정요금 방식은 누진제와 **고정요금제**fixed-fee method의 두 가지 기본 형태가 있다. 대행사는 모든 서비스에 대해 월단위로 기본요금을 부과하고, 광고주별로 모든 미디어 수수료 실적에 따라 추가로 수수료를 부과한다. 대행사와 광고주는 특정 업무를 약정하고 그에 대한 수수료를 대행사가 받게 된다. 때로는 **약정요금-수수료 결합방식**fee-commission combination을 통해 보상받기도 하는데, 이것은 대행사가 받는 미디어 수수료는 요금제와 비교해서 결정된다. 만약 수수료가 약정한 요금제 이하가 되면 광고주는 그 차액을 보상해 주어야 한다. 대행사가 광고주를 위해 비수수료 미디어 부문에서 더 많은 일을 하면 요금에 가산된다.

두 가지 약정요금 방식을 적용하는 경우 대행사는 약정기간 동안 광고주에게 서비스를 제공하거나 프로젝트별로 희망 이익을 가산한 비용을 정확하게 계산해야 한다. 후일의 의견충돌을 방지하기 위해 요금제 방식은 대행사가 광고주를 위해 수행해야할 서비스 범위를 정확하게 특정해 놓아야 한다. 요금제 방식은 광고주와 대행사 사이에 이용된 기본적인 형태가 되고 있으며, 최근 전국광고주 협회의 조사 결과에서 약 66%를 차지하고 있는 것으로 나타났다. 요금제와 수수료가 포함된 혼합 보상방식은 14% 이용되고 있다.

원가가산 약정 **원가가산 시스템**cost-plus system에서 광고주는 대행사에게 작업 수행 원가에 이익 수수료 약정을 첨가하여 이용료를 지불한다(총비용 비율). 이 시스템은 대행사가 광고주 계정에서 업무수행 결과 발생된 비용을 상세하게 기록해 두어야 한다. 직접비용(개인 시간과 부대비용)에 간접비용과 대행사가 광고주에게 청구하는 수익 결정에 필요한 가격이 가산된다.

약정요금과 원가가산 시스템은 수수료 시스템과 결합해서 이용되고 있다. 약정요금 시스템은 광고주의 규모와 광고 예산, 사용된 매체, 요구되는 서비스 등에 따라 광고주와 대행사 모두에게 득이 될 수도 있다. 광고와 프로모션 비용이 사용될 방법과 장소에 대해 구체적으로 상세한 내용을 받아볼 수 있게 때문에 많은 광고주들이 약정요금이나 원가가산 시스템을 선호한다. 그러나 이 요금 제도는 광고주들이 자세한 원가계산을 요구할 뿐만 아니라 제시된 가격에 대한 평가가 어렵기 때문에 광고주들의 원가계산 요구는 대행사들을 힘들게 만든다. 대행사들 역시 그들의 내부 원가계산 내용을 광고주에게 보여 주는 것을 꺼려한다는 단점이 있다.

인센티브 보상 광고주들은 대행사들에게 확실한 원가계산을 요구하고 **인센티브 시스템**incentive-based system을 통해서 성과에 대해 대행사들을 보상하려고 한다. 최근 이 시스템의 새로운 변수가 가치 보상의 형태로 등장하였는데, 여기서는 대행사들이 약정된 틀에 의해 평가한 결과가 목표를 달성하거나 초과한 경우 대행사들이 기본 원가 이상으로 보상받게 된다.[28] 원가는 대행사가 수행할 것으로 예상하는 과업, 시간당 임금률을 적용한 인건비 등에 의해 결정된다. 대행사의 최종 보상 수준은 미리 결정된 성과 목표의 충족 정도에 달려 있다. 이런 목표들은 종종 매출액과 시장점유율과 같은 객관적 측정치나 대행사의 크리에이티브 업무의 품질에 대한 평가와 같은 주관적 측정 결과들을 포함한다. 인센티브 보상제도를 이용하는 기업들은 미디어 수수료, 요금, 보너스 또는 이런 방법들의 혼합을 통해 대행사 보상을 결정한다. 인센티브 시스템의 이용은 광고주의 규모에 따라 달라지는데 대형 광고주일수록 이 제도를 이용할 가능성이 크다. 도표 3-8은 인센티브 시스템 기준에 따라 이용되는 다양한 성과 요소를 보여준다.

도표 3-8
인센티브 계획에 사용되는 성과 요소들

성과 측정	82%
매출액 목표	53
브랜드/광고 인지도	51
프로젝트 목표 달성	44
브랜드 지각	33
카피 테스트 결과	24
시장점유율 목표	24
수익 목표	24
기타 요소	13
인센티브 기준	
대행사 성과	27%
기업 성과	13
대행사와 기업 모두	53

인센티브 시스템으로의 전환 필요성을 인식함에 따라 대부분 대행사들은 성과와 보상을 연계하는 데 동의하고 있다. 대행사 실무자는 대행사가 캠

페인을 완전히 조정할 수 있을 때 최선의 성과급을 받을 수 있다고 주장한다. 따라서 캠페인이 제품이나 서비스의 판매에 도움이 되지 않으면 대행사는 완전한 책임을 지며 보상의 삭감을 받아들여야 한다. 반면에, 매출액이 증가하면 대행사는 그 과업에 대한 보상을 더 받을 수 있다.

비율요금제

비율요금제는 대행사가 외부 공급자들로부터 구매한 여러 가지 서비스에 대해 일정 비율의 가격을 더해 주는 방식이다. 이런 서비스에는 시장조사, 아트워크, 인쇄, 사진, 기타 서비스나 자료들이 포함된다. 추가가격은 17.65~20%의 범위가 보통이며 광고주들의 총청구금액에 가산된다. 이런 서비스 공급자들은 대행사들에게 수수료를 지급하지 않기 때문에, 대행사들의 노력에 대한 정당한 수익을 허용하는 관리적 비용이 비율요금에 포함된다. (초기 원가에 17.65%의 가격이 더해지면 15%의 수수료가 산출된다. 예를 들면, 리서치 원가 $100,000×17.65%= $100,000+$17,650=$117,650. 17,650달러 기격인상분은 117,650달러의 약 15%에 해당한다.)

대행사 수수료 전망

모든 기업이 똑같이 적용하는 대행사 보상 방법은 없다. 지난 10년간 대행사 보상 방법에 중요한 변화가 계속되어 왔다. 인센티브 약정이 급속히 대두되고 있다. 2004년에는 인센티브 보상 제도를 이용하던 기업이 38%였던 것이 최근에는 조사 대상 광고주들의 절반 이상이 이 제도를 적용하고 있다. 인센티브 제도를 이용하는 기업의 60% 정도가 대행사들의 성과가 개선되었고, 그들 중 대다수인 82%가 이 시스템을 계속 적용하려는 것으로 나타났다. 전국광고주협회 연구결과, 대행사 보상제도의 기반으로써 성과 시스템 이용은 계속 증가하고 광고주의 규모나 형태 또는 대행사 서비스의 형태를 불문하고 이 제도가 인기가 있을 것이라고 예측되었다.[29]

기업들의 IMC 접근법 채택 증가에 따라 전통적인 미디어 광고의 의존도가 낮아지고 이 때문에 대행사 보상 방법도 변화하고 있다. 예를 들면, P&G는 수수료 시스템을 더 이상 이용하지 않는다. 2000년에 P&G는 수수료 방식에서 매출액 기준 인센티브 시스템으로 변경하였다. P&G는 TV나 잡지 같은 값비싼 수수료 매체는 낮추고 다이렉트메일, 이벤트 마케팅, 홍보, 인터넷 등과 같은 IMC 도구들을 더 이용하도록 대행사들에게 요구하였다. P&G는 인센티브 시스템에 매우 만족하였고, 이 시스템을 미디어 대행사와 다른 마케팅 서비스 공급자들에게도 확장했다.[30] 2009년 코카콜라는 가치 보상모델을 이용하기 시작했는데, 여기에서는 약정한 목표가 달성되었을 때 발생된 이익으로 원가를 만회하는 것이 보장되어 있다. 이 새로운 모델은 2011년까지 회사의 모든 광고와 미디어 대행사에 적용되었다. 코카콜라는 광고산업의 표준관행으로 가치모델을 채택할 것을 촉구하였다.[31] 콜게이트 팜올리브Colgate-Palmolive, 유니레버, 제너럴 모터스, 닛산, 포드를 포함한 많은 주요 광고주 회사들도 인센티브 보상 시스템을 이용하고 있다. 제너럴 모터스는 자사의 대행사들이 전통적 매스미디어 광고를 뛰어넘어 고객들에게 도달하는 독창적인 방법을 개발하도록 유도하기 위해 이 시스템을 도입하였다.[32]

대행사 보상 제도의 변화는 경제적 요인에 의해서도 영향을 받아 왔는데, 이는 대다수 기업들이 경제 불황기에 광고와 프로모션 예산의 삭감과 모든 마케팅 부분에서 경비 절감을 추구해 왔기 때문이다. 전국광고주협회가 실시한 연구에 의하면 마케터의 72%가 광고 제작 예산을 삭감할 것이고, 68%는 대행사로 하여금 내부비용을 줄이고 원가 절감 방안을 모색하도록 촉구하고 있으며, 48%는 대행사 보상 감축 계획을 하고 있다고 하였다.[33] 대다수 기업들은 서비스 요금에 대해 책임을 부과하고 내부적으로 전문가를 채용하여 대행사들과 재무적 협상과 계약을 담당시켜 나가고 있다.

대행사 평가

거대한 비용이 광고와 프로모션에 할당됨에 따라 비용에 대한 책임이 증가함에 따라 대행사의 성과에 대한 정기적인 검증이 필요하다. 대행사 평가절차는 일반적으로 두 가지 형태가 있는데, 하나는 재무적이고 운영상에 관한 것이고 다른 하나는 보다 정성적인 것이다. **재무적 감사**financial audit는 대행사가 수행한 업무를 평가하는 것이다. 이것은 원가와 비용, 고객에게 사용된 종업원의 시간, 미디어와 외부 공급자에 대한 지급금액에 초점을 둔다. **정성적 감사**qualitative audit는 광고주의 프로그램 계획과 개발에 대한 대행사의 활동과 달성된 결과를 고려하는 데 초점을 둔 것이다.

대행사 평가는 주관적이고 비공식적인 의견에 의해 이루어지기도 하는데, 특히 광고 예산이 적거나 광고가 기업의 마케팅 성과의 가장 중요한 요소로 간주되지 않는 소규모 기업에서 실행된다. 그러나 어떤 기업들은 공식적, 체계적 평가 시스템을 개발했는데, 특히 예산이 큰 경우와 광고기능이 강조되는 경우에는 더욱 그러하다. 최고경영자들은 예산이 효과적이고 효율적으로 사용되기를 바란다. 광고와 기타 프로모션 비용이 증대됨에 따라, 더 많은 기업들이 대행사에 대한 성과를 평가하기 위한 공식적인 절차를 채택하고 있다. 예를 들면 2009년 미국 광고주협회의 조사에 의하면, 76%의 마케터가 크리에이티브 대행사를 평가하기 위해 공식적인 평가 절차를 시행하고 있는 반면, 68%는 한 가지 시스템만 가지고 있는 것으로 나타났다. 또 정성적 성과에 정량적 요소들보다 높은 비중을 두고 있다는 결과도 제시되었다. 이 조사에서 파악된 주요한 정성적 성과 차원은 혁신, 아이디어, 팀워크, 마감일 준수, 전략, 실행 등이었다. 디지털, 홍보, 직접, 다문화 대행사를 위한 공식적인 검토는 실행될 가능성이 더 낮은 것으로 나타난 것은 흥미로운 조사 결과이다.[34]

월풀은 공식적 대행사 평가 시스템을 이용하는 좋은 사례이다. 월풀 경영자는 대행사들의 성과를 평가하기 위해 1년에 한 번씩 미팅을 갖는다. 월풀 관리자는 **사진 3-9**와 같은 광고대행사 성과 평가 내용을 작성한다. 이 보고서들은 매년 대행사들과 함께 검토하고 조정된다. 월풀의 평가 프로세스에서는 6개의 성과 영역들이 다루어진다. 월풀과 대행사는 미흡한 영역을 수정하기 위한 실행 계획을 개발한다.

대행사를 평가할 때 중요한 고려사항은 대행사가 고객들의 사업에 제공한 가치이다. 2007년, 미국광고대행사협회와 광고주협회는 최상의 가치를 창출해 내는 대행사 활동의 7대 차원들은 연구하여 **도표 3-9**에 제시하였다.[35] 이 연구에서 광고주들이 광고주-대행사 관계에 가치를 더해 주는 방법이 고려되었으며, 그 핵심 가치 요인들은 브랜드 문제/기회의 이해, 대행사가 최선의 효과를 내는 필요한 시간과 자원을 고객들에게 제공하는 것, 기대한 결과를 분명하게 밝히는 것, 명확한 방향을 제시하는 것, 건설적인 피드백을 제시하는 것 등으로 밝혀졌다.[36]

크리에이티브 서비스

항상 그렇다 4	종종 그렇다 3	가끔 그렇다 2	좀처럼 그렇지 않다 1	결코 그렇지 않다 0	무응답	점수

1. 대행사는 새로운 아이디어와 독창적인 방법을 제시한다.
2. 대행사는 사실, 전략, 목표 등을 유용한 광고물과 계획에 맞추어 정확하게 해석해 준다.
3. 크리에이티브 팀은 회사의 제품, 시장, 전략 등에 대하여 많은 것을 알고 있다.
4. 크리에이티브 팀은 훌륭한 광고 커뮤니케이션에 관여하고 이런 관련 사항들을 나타내는 캠페인과 광고를 개발한다.
5. 크리에이티브 팀은 일정을 맞춘다.
6. 크리에이티브 팀은 어려움 속에서도 업무를 잘 수행한다.
7. 크리에이티브 팀은 생산원가와 기타 크리에이티브 수수료를 관리하기 위해 사업가적 마인드를 가지고 업무를 수행한다.
8. 대행사가 제시하는 결과물들이 제안된 광고 실행상의 사례별로 잘 정돈되어 있다.
9. 크리에이티브 팀은 중요한 캠페인 프레젠테이션에 참여한다.
10. 대행사는 요청된 것뿐만 아니라 좋은 기회가 될 것으로 여겨지는 아이디어와 실행 방법을 제시한다.
11. 대행사는 독점권을 보호해야 할 자사의 크리에이티브 제품이나 다른 대행사들이 만든 아이디어를 기꺼이 수용하려고 한다.
12. 언급되지 않은 영역 등도 관리해 준다.
13. 대행사는 고객들의 사업에 대해서 헌신적이다.
14. 대행사의 크리에이티브 제안 등을 크리에이티브 브리프를 충실하게 반영한다.

평가 탁월: 90–100% 양호: 80–89% 평균: 70–79% 공정: 60–69% 부족: 60% 이하

총 표시 점수: ___________

총 가능 점수: ___________

점수: ___________

광고주 담당자 프레젠테이션과 서비스

항상 그렇다 4	종종 그렇다 3	가끔 그렇다 2	좀처럼 그렇지 않다 1	결코 그렇지 않다 0	무응답	점수

1. 광고주 담당자 프레젠테이션은 주도권이 있는 사람에 의해 이루어지고 있다.
2. 광고주 담당자는 능동적으로 니즈를 예측하고 있다.
3. 광고주 담당자는 방향을 잘 설정하고 있다.
4. 대행사는 실행된 프로그램의 결과를 설명할 수 있다.
5. 광고주 담당자는 크리에이티브 조언자 이상으로 전략적인 기능을 한다.
6. 광고주 담당자는 경쟁 프로그램에 대해서 정통하고 적시에 그들의 요청에 맞추어 정보를 공유한다.
7. 광고주 담당자는 고객들의 요청에 즉시 반응한다.
8. 광고주 담당자는 비용을 관리하기 위해 기업가적 마인드를 가지고 있다.
9. 대행사의 권고사항은 타당한 근거를 가지고 있고 예산의 범위 내에서 적절하게 이루어진다.
10. 대행사는 기술의 발전과 추세에 대해 광고주에게 조언할 수 있다.
11. 광고주 담당자는 문서와 구두상의 커뮤니케이션에 있어서 고도의 전문성을 가지고 있다.
12. 대행사는 요구사항 이외에도 좋은 기회가 될 아이디어와 광고 실행 방법을 제시한다.
13. 대행사는 예산 할당에 관해 타당한 권유를 해 준다.
14. 대행사는 고객의 사업에 대해 헌신적이다.
15. 광고주와 대행사 간에 긍정적인 사회적 관계가 있다.

평가 탁월: 90–100% 양호: 80–89% 평균: 70–79% 공정: 60–69% 부족: 60% 이하

총 표시 점수: ___________

총 가능 점수: ___________

점수: ___________

사진 3-9

월풀의 광고대행사 성과 평가 기준

도표 3-9

대행사가 고객의 사업에 부가가치를 높이는 방법

자료: "Report on the Agency-Advertiser Value Survey," American Association of Advertisers and Association of National Advertisers, August 2007.

1. 새롭고 적절한 크리에이티브 아이디어의 개발과 생산
2. 대행사 규칙과 기능의 통합과 광고주를 대신하여 대행사 팀과 부서가 잘 협조해 줄 것을 보증
3. 이기를 억제하고 상호 존중하는 환경을 만들어 고객과 협조하는 업무 수행
4. 복합적인 커뮤니케이션에로의 통합이 가능한 아이디어와 프로그램의 개발
5. 고객의 사업을 위해 최고의 인재를 담당하게 하고 필요할 경우 최고 경영자가 업무를 수행
6. 인지도, 고려 상표군, 구매의도 등과 같은 브랜드 동력의 평가
7. 새로운 매체와 기술의 지침과 해법 제공

광고주의 획득과 상실

앞에서 언급된 평가 프로세스는, 성과를 개선하고 관계를 보다 생산적으로 만들기 위해 대행사나 광고주에게 중요한 피드백을 제공한다. 많은 대행사들은 오랫동안 광고주들과 관계를 지속하고 있다. 예를 들면, GE는 세계적인 BBDO와 80년 이상 관계를 유지하고 있다. 말보로와 레오버넷(56년), 맥도날드와 DDB(43년), 켈로그와 레오(68년)처럼 다른 유명한 기업이나 브랜드들과도 오랫동안 관계를 유지하고 있다.

수년간 대행사-광고주 관계를 성공적으로 유지하고 있는 기업들이 있는 반면, 마케터들이 고객들과 새로운 소통 수단들을 모색함에 따라 단일 대행사와의 관계를 유지하는 현상은 줄어들고 있다.[37] 최근에 오랜 관계를 유지해 온 기업들이 그 관계를 단절하고 있는데, 다이어트펩시는 BBDO에서 DDB로 옮겼다. 다이어트펩시 광고는 1960년부터 브랜드를 도입한 이래 BBDO가 다루어 왔다. BBDO가 펩시콜라, 마운틴 듀, 시에라미스트Sierra Mist등과 같은 펩시콜라사의 청량음료 브랜드에 대한 광고를 계속 다루어 오고 있음에도, 잘못하면 대행사를 쉽게 바꿀 수 있다는 것을 보여주는 좋은 사례가 된다. 2010년 스테이트팜State Farm 보험사는 70년간 모든 광고 업무를 맡아 왔던 드래프트FCBDraftFCB와의 관계를 끊고 DDB로 옮겼다. 드래프트FCB는 스테이트팜 보험사의 프로그램을 지난 10년 동안 처리해 왔으며 보험사의 규모와 경쟁률을 자랑하는 새로운 캠페인을 개발하는 데 통찰력을 활용하였다.[38]

최고경영층의 변화를 유도하는 재조직화, 마케팅이나 광고전략의 변화, 또는 광고주나 대행사 중 인수합병으로부터 발생되는 갈등 등과 같은 다양한 이유 또는 더 나은 크리에이티브 작업을 모색하는 과정에서 기업들은 대행사를 바꾸기도 한다. 기업은 광고와 마케팅 노력을 강화하기 위해 대행사를 교체하기도 한다. 삼성, IBM, 마이크로소프트와 같은 많은 글로벌 마케터들은 마케팅 커뮤니케이션에 대한 더 많은 통제력을 확보하고 일관된 세계적 이미지를 창출하는 방법을 획득하는 수단으로 최근 대행사의 수를 줄여왔다.[39]

광고주들이 대행사를 교체하는 많은 이유가 있다. 이런 잠재적인 문제들을 이해함으로써 대행사들이 거래단절을 피하는 데 도움이 된다.[40] 또 대행사들은 신규 고객들을 확보하는 데 필요한 프로세스를 이해하는 것도 중요하다.

대행사들이 고객들을 상실하는 이유 대행사들이 고객을 상실하는 일반적인 이유는 다음과 같다.

- **나쁜 성과 또는 서비스.** 광고주들은 대행사들이 제공하는 광고나 서비스의 품질에 불만족하게 된다.
- **나쁜 커뮤니케이션.** 광고주와 대행사 종업원들은 호의적인 업무 관계를 유지하는 데 필요한 커뮤니케이션 수준을 유지하지 못하거나 개발하는 데 실패한다.
- **광고주들의 비현실적인 요구.** 광고주가 대행사들에게 보상 금액을 초과하고 수익을 악화시키는 요구를 하는 경우이다.
- **개성 충돌.** 광고주와 대행사에서 근무하는 종업원들이 함께 일할 관계가 형성되어 있지 않다.
- **종업원의 이동.** 대행사나 광고주의 종업원들의 교체는 문제를 야기한다. 새로운 관리자는 관계가 형성된 대행사를 이용하고 싶어 한다. 광고주가 대행사를 교체할 때 대행사 종업원은 그들을 고려한다.
- **광고주와 대행사의 규모의 변화.** 광고주가 대행사에 비해 커지거나 업무를 위해 더 큰 대행사를 필요한 경우가 있다. 대행사가 너무 커지면, 광고주들은 자시의 업무량이 너무 적어 대행사들의 관심을 받지 못할 수도 있다.
- **이해의 충돌.** 대행사가 다른 대행사와 합병을 하거나 광고주가 인수합병의 당사자가 되는 경우 이해관계가 발생할 수 있다. 미국에서는, 대행사가 서로 직접적인 경쟁관계에 있는 두 광고주의 업무를 다룰 수 없도록 하고 있다. 어떤 경우에는, 간접적인 경쟁관계에 있는 경우에도 허용되지 않는다.
- **광고주 또는 마케팅 전략의 변화.** 광고주가 마케팅 전략을 변경할 수 있고 새로운 대행사가 신규 프로그램을 다루도록 결정할 수도 있다. 기업들이 IMC접근법을 채택함에 따라 그들은 자신들의 미디어 광고 이상으로 다룰 수 있는 통합된 역량을 갖춘 대행사를 모색하고 있다.
- **매출액 감소.** 광고주의 제품이나 서비스의 매출액이 정체되거나 하락하는 경우, 광고가 그 문제의 원인으로 간주된다. 새로운 크리에이티브 접근에 필요한 신규 대행사를 검토하게 된다.
- **보상방식의 변화.** 보상의 방법이나 수준에 대한 의견 충돌이 생길 수 있다. 많

은 기업들이 인센티브시스템으로 변경함에 따라 보상에 대한 다툼은 더 흔한 일이 되고 있다.

- **정책의 변화.** 당사자 중 한 쪽이 관계의 중요성을 재평가할 때, 대행사가 더 큰 광고주를 확보하거나, 인수합병을 겪고 있을 때 정책변화가 발생할 수 있다.
- **마케팅.** 크리에이티브 전략에 대한 의견 충돌. 광고대행사들은 종종 추구하고자 하는 마케팅 전략이나 그 브랜드에 대해 최상이 될 크리에이티브에 관하여 광고주들과 의견충돌을 하기도 한다.
- **통합 마케팅 역량 부족.** 많은 광고주들은 다양한 IMC 분야에 대해 폭넓은 역량을 갖춘 곳이나 디지털 마케팅과 같은 특정분야의 전문 대행사를 찾는 과정에서 대행사들을 변경하고 있다. 몇 가지 경우에서 광고주들은 한 대행로부터 좀 더 많은 통합 마케팅 서비스를 제공받고 싶어한다. 그러나 많은 마케터들은 공개출처 모델open source model을 옮겨가고 있는데, 여기서는 프로젝트별, 특별한 재능과 전문성에 기반을 둔 대행사들과 마케팅 커뮤니케이션 파트너들을 고용한다.[41]

이런 경고 신호들을 인식하면, 대행사는 광고주의 만족을 보장하는 프로그램과 정책을 조정하기 위한 노력을 할 수 있다. 여기서 논의된 몇 가지 상황들은 반드시 실행해야 할 것들이고, 몇 가지 사항들은 해당되지 않는 경우도 있을 것이다. 그러나 고객을 유지하기 위해 대행사의 관리 범위 내에 있는 것들은 반드시 다루어야 한다.

대행사가 광고주와 영업을 지속하는 것이 수익에 도움이 되지 않으면 거래 중단을 결정해야 한다. 종업원 갈등, 경영철학의 변화, 재무적 인센티브 결여 등은 이런 결정의 몇 가지 이유가 되며, 대행사는 광고주와 거래를 중단할 수도 있다.

대행사들의 광고주 확보 방법 많은 기업들이 이미 광고기능을 조직화해 왔고 소수 신규 기업들이 매년 서비스를 요구함에 따라 대행사 간의 광고주 확보 경쟁은 매우 치열하다. 소형 대행사들은 신규 기업들과 함께 사업을 하고 그들과 함께 성장하려는 반면, 대형 대행사들은 신규 기업들이 최소한 연간 백만 달러 이상을 광고에 투자하기 전까지는 이런 기업들에게 별 관심을 가지지 않게 된다. 많은 상위 대행사들은 연간 5백만 달러 이하의 예산을 가진 광고주를 받아들이지 않으려고 한다. 광고비 규모가 이 수준에 도달하면 광고주 확보를 위한 경쟁은 심해진다.

대형 대행사들의 대다수 신규 영업은 기존 대행사들과 관계 변경을 결정하려는 광고주들로부터 이루어진다. 이리하여, 대행사들은 지속적으로 신규 광고주들을 찾기 위해 경쟁해야 한다. 대행사들이 하고 있는 방법들은 다음과 같다.

소개. 많은 대행사들이 기존의 광고주들, 미디어 대표, 기타 대행사들로부터 소개를 받아 신규 광고주들을 확보한다. 이런 대행사들은 자신의 광고주들, 미디어, 자신들에게 영업을 연결해 줄 수 있는 외부 사람들과 좋은 관계를 유지한다.

섭외. 신규 영업을 획득하는 데 보편적인 방법 중 하나는 직접 섭외하는 것이다. 소형 대행사들은 사업주가 신규 고객을 섭외한다. 대형 대행사는 신규 영업개발그룹이 신규 고객을 찾아나서 계약을 체결한다. 이 그룹은 서신, 콜드콜cold call(권유전화), 안내장 발송 등을 담당한다. 경기침체에 따른 기업들의 광고 예산 삭감으로 대행사들은 마케터들에게 자발적으로 추가 서비스 제공을 즉석에서 결정하는 권한을 주기도 한다. 중역들은 신규 영업이 대행사의 혈액과도 같은 것이며 아직 거래를 하지 않는 광고주들을 대상으로 영업개발팀의 활동을 촉진해야 한다는 것도 인식하고 있다.[42]

프리젠테이션. 신규 영업개발팀의 기본 목표는 프리젠테이션을 하기 위해 기업으로부터 초청을 받아내는 것이다. 이것은 대행사 자신들을 판매하는 기회가 된다-대행사의 경험, 종업원, 역량, 영업절차를 보여주고 이전의 광고작업 내용들을 시현해 보인다.

대행사는 가상적인 프리젠테이션을 요청받기도 하는데, 여기서는 광고주의 마케팅 상황 조사와 시험적인 커뮤니케이션 캠페인 제안 등이 포함된다. 프리젠테이션은 많은 시간과 준비가 필요하고, 계약체결에 대한 보장도 없이 대행사에게 상당한 비용부담이 있기 때문에, 많은 대행사들은 크리에이티브 경쟁에 참여하기를 포기하기도 한다. 이전에 광고주들에게 제공했던 서비스와 프로그램 및 경험에 근거해서 대행사들이 선정되어야 한다고들 한다. 그럼에도 대다수 대행사들은, 선택적으로 또는 고객들을 확보하기 위해 섭외에 참여하게 된다.

가상 프리젠테이션이 어느 정도 중요해짐에 따라 광고대행사 검토 컨설턴트의 중요한 역할이 개발되었다. 대행사 검토 프로세스에 대한 객관적인 관점을 가져다주고, 성공적인 검토에 필요한 지원, 경험, 또는 조직적 공감이 부족한 광고주들을 돕기 위해 이런 컨설턴트 이용되어 왔다. 광고 예산이 천만 달러 이상이 되는 기업에서는 30~40%가 대행사 검토를 하고 있다는 사실이 밝혀지면서 컨설턴트 탐색이 증가하고 있다.[43] 광고주들이 그들의 의견을 존중하기 때문에 전체 대행사 검토 프로세스는 지침에 따라 설정된다. 그러나 한 연구는, 많은 기업들이 자신들의 검토를 도와주는 컨설턴트를 찾고 있지만 광고주들이 고용하려는 대행사의 최종 결정에 대해서는 직접적인 영향을 주지 못한다고 주장하였다.[44]

홍보. 대행사들은 홍보/홍보 활동을 통해 영업을 개척하기도 한다. 그들은 시민사회와 사회적 집단에 참여하고 그 공동체에서 존경을 얻기 위해 무료로 자선 조직과 함께 일한다. 미국 광고주협회와 광고리서치기금 등과 같은 전문협회의 참여 역시 새로운 계약을 끌어낼 수 있다. 성공적인 대행사들은 도처에 있는 매스 미디어와 업종에 무료의 홍보를 얻어내기도 한다.

이미지와 평판. 대행사가 광고주를 신규로 획득하는 가장 효과적인 방법은 광고주에게 제공하는 서비스의 탁월한 결과에 대한 평판일 것이다. IMC 분야와 크리에이티브 작업에 뛰어난 업적에 관한 소문은 광고와 마케팅 업종에 빠르게 확산된다. 광고주들이 이들의 영업에 참여하고 인정을 받을 수 있는 많은 상이 있다. 예를 들면, Effie상은 그들이 달성한 것에 근거한 IMC 캠페인에 대해 매년 주어지는 상이다. 미디어 기획과 전략, 디지털 미디어, 홍보와 판매 촉진 등과 같은 특정한 분야에 큰 성과를 거두었거나 탁월한 광고 독창성을 인정하는 다른 상들도 많이 있다.

사진 3-10
크리스핀포터+보거스키는 버거킹과 같은 탁월한 크리에이티브로 알려져 있다.

Advertising Age이나 Adweek와 같은 업종 내 주요 출판물은 업적에 따라 10대 대행사를 인정하고 있다.[45] 최근에 인정받은 대행사 중 하나는 Advertising Age와 Adweek 모두가 최근 5년간 두 번이나 올해의 대행사로 선정한 크리스핀포터+보거스키Crispin Porter+Bogusky이다.[46] 이 회사는 버거킹, 코크제로, 마이크로소프트, 도미노 피자 등과 같은 광고주들에게 제공한 광고와 IMC에 대한 비전통적 접근과 크리에이티브 워크의 탁월성에 근거한 최고의 대행사가 되었다. 우수한 크리에이티브 워크의 예는 버거킹과 마이크로소프트사의 Xbox 360비디오 게임의 크리에이티브이다.[47]

전문 서비스 회사

기업들은 프로모션 프로그램의 개발과 실행을 광고대행사에게 의뢰한다. 광고대행사 활동을 보완하는 전문 서비스 회사에 맡기기도 한다. 직접반응 대행사들, 판매촉진 대행사들, 홍보 기업들은 미국뿐만 아니라 국제 시장의 IMC 프로그램의 개발과 실행에 있어서 중요하다. 이런 기업들이 수행하는 기능에 대해서 살펴보자.

다이렉트마케팅 대행사

IMC 분야에서 급성장하고 있는 것 중의 하나가 다이렉트마케팅이다. 여기에는 텔레마케팅, 다이렉트메일, TV, 인터넷, 기타 직접반응 광고 등이 포함된다. 이 분야가 성장함에 따라, 무수한 직접반응 대행사들이 소비자 시장과 산업재 시장에서 자신들의 전문화된 기술을 제공하며 진화하고 있다. 랩콜린Rapp Colloin Worldwide, 드래프트Draft, 분더만Wunderman, 오길비원OgilvyOne 같은 상위 다이렉트마케팅 대행사들은 대형 지주회사의 자회사들이다. 그러나 지역기업의 니즈를 처리하는 독립된 다이렉트마케팅 대행사들도 많이 있다(**사진 3-11**).

다이렉트마케팅 대행사direct-marketing agency들은 데이터베이스 관리, 다이렉트메일, 리서치, 미디어 서비스, 크리에이티브 및 제작 역량 등을 포함한 다양한 서비스를 제공한다. 다이렉트메일이 그들의 주무기임에도, 많은 직접반응 대행사들은 인포머셜 제작과 데이터베이스 관리 등과 같은 영역을 포함한 서비스를 확장하고 있다. 데이터개발과 관리는 직접반응 대행사들이 제공하는 가장 중요한 서비스의 하나가 되고 있다. 많은 기업들이 신규 고객들을 정확하게 찾아내고 기존고객들과 관계와 충성도 구축을 위해 데이터베이스 마케팅을 이용한다.

사진 3-11
프로토콜사는 다이렉트마케팅 서비스를 제공하고 있다.

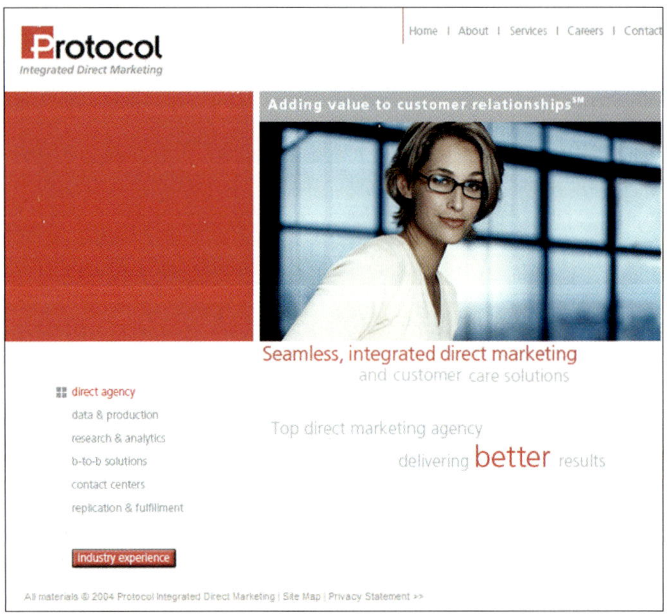

전형적인 직접반응 대행사는 세 개의 주요 부문 – 고객관리, 크리에이티브, 미디어 – 으로 나누어진다. 어떤 대행사들은 고객들의 데이터베이스 개발과 관리를 담당하는 기능을 가진 하나의 부서만 두는 경우도 있다. 고객관리자들은 전반적인 IMC 프로세스에 있어서 그들의 역할을 결정하고 다이렉트마케팅 프로그램을 계획하기 위해 광고주들과 함께 일한다. 크리에이티브 부서는 카피라이터, 아티스트, 프로듀서로 구성한다. 크리에이티브는 직접반응 메시지를 개발하는 업무를 담당하는 반면, 미디어 부서는 그것의 배치에 관련된 업무를 담당한다.

광고대행사처럼 직접반응 대행사들은 신규 거래를 개발하도록 섭외하고 때로는 공식적인 평가 프로그램을 통해 현재의 고객들에 의해 성과를 평가받는다. 대다수 직접반응 대행사들은 약정요금에 의해 보상받는다.

판매촉진 대행사

콘테스트, 경품, 환불과 리베이트, 프리미엄과 인센티브, 견본 프로그램과 같은 판매촉진 프로그램의 개발과 관리는 매우 복잡한 과업이다. 대다수 기업들은 이런 프로그램을 개발하고 조정하기 위해 **판매촉진 대행사**sales promotion agency를 이용한다. 대형 광고대행사들은 내부 판매촉진 부서를 두거나 판매촉진 담당 회사를 이용하기도 한다. 그러나 대부분의 판매촉진 대행사들은 다양한 판매촉진 프로그램의 계획과 개발, 실행에 필요한 서비스를 제공하는 데 전문적인 독립된 기업들이다.

사진 3-12
Don Jagoda Association는 선도적인 프로모션대행사들 중 하나이다.

판매촉진 대행사들은 자신들의 활동과 고객의 광고와 다이렉트마케팅 프로그램을 조율하기 위해 고객의 광고 또는 직접반응 대행사들과 연합해서 일을 하기도 한다. 대형 판매촉진 대행사들에 의해 제공된 서비스에는 프로모션 계획, 크리에이티브 리서치, 협동 조정, 실행, 프리미엄 디자인과 제조, 카탈로그 제작, 콘테스트/경품관리 등이 포함된다. 판매촉진 대행사들은 자신들의 통합 마케팅 서비스 역량을 확장하기 위해 다이렉트/데이터베이스 마케팅과 전화판매도 개발한다. 이 대행사들은 일반적으로 약정요금에 의해 보상을 받는다. **사진 3-12**는 판매촉진 대행사들 중 하나인 Don Jagoda Association의 웹사이트이다.

PR회사

대형기업들은 광고대행사와 PR회사 둘 다 이용한다. **PR회사**public relations firm는 기업의 홍보, 이미지, 소비자업무, 기타 공중 관련(종업원, 공급자, 주주, 정부, 노동조합, 시민행동집단, 일반공중) 등을 관리하는 프로그램을 개발하고 실행한다. 이 회사는 고객과 다양한 공중 사이의 관계를 분석하고, 고객사의 정책과 행동이 이런 공중들에게 영향력을 행사하는 방법의 결정 및 전략과 프로그램을 개발하고, 다양한 PR 도구들을 이용하여 이런 프로그램을 실행하고 그 효과를 평가한다.

PR회사의 활동에는 PR 전략과 프로그램의 계획, 압력행사와 공중업무 활동의 실행, 지역사회 활동과 이벤트 행사에 참여, 뉴스 릴리즈와 기타 커뮤니케이션 준비, 리서치 수행, 특별 이벤트 관리, 위기관리 등이 포함된다. 기업들이 프로모션 계획에 IMC접근법을 적용함에 따라, 그들은 자신들의 PR 활동을 광고와 다른 프로모션 분야의 조정을 획기적으로 늘리고 있다. 많은 기업들이 메시지 신뢰도를 높이고 미디어 비용을 줄이기 위해 PR과 홍보를 마케팅 커뮤니케이션에 통합하고 있다.[48] PR회사들은 일반적으로 의뢰비용 수수료에 의해 보상을 받는다.

인터랙티브 매체 대행사

인터넷과 다른 인터랙티브 매체의 급속한 성장에 따라, 인터랙티브 매체 대행사라는 새로운 형태의 전문적인 마케팅 커뮤니케이션 기업이 생겨났다. 마케터들은 인터넷 웹사이트, 배너광고, 검색엔진회사, 모바일 마케팅, 소셜미디어 캠페인 등과 같은 다양한 인터랙티브마케팅 도구들의 전략적 이용과 개발을 전문으로 하는 **인터랙티브 매체 대행사**interactive agnecy들을 이용하고 있다. 이 대행사들은 성공적으로 인터랙티브마케팅 프로그램을 개발하기 위해 기술뿐만 아니라 독창적인 웹사이트 디자인, 데이터베이스, 디지털 미디어, 고객관계관리 등과 같은 분야의 전문가가 필요하다는 것을 인식하고 있다. 많은 전통적 광고대행사들은 대행사 내의 전문가에서부터 인터랙티브 매체 부문에 이르기까지 인터랙티브 커뮤니케이션 역량을 구축해 왔다. 유로RSCG 4DEuroRSCG 4D와 오길비인터랙티브Ogilvy Interactive는 주요 대행사들의 자회사인 반면, 에이전시닷컴Agency.com, 오가닉Organic, R/GA 같은 회사들은 주요 지주회사들이 소유하고 있다. 대행사들은 통합 마케팅 캠페인을 개발할 때 자회사들과 밀접하게 관계를 맺는다.

대행사들이 인터랙티브 능력을 가지고 있거나 개발하고 있는 반면에, 마케터들은 웹사이트와 인터랙티브 매체를 개발하기 위해 보다 전문적인 인터랙티브 대행사들에게 눈을 돌리고 있다. 이들은 그런 대행사들이 웹사이트 디자인과 개발뿐만 아니라 자신들을 관리하고 지원해 주는 데 더 전문성을 가지고 있다고 느낀다. 인터랙티브 대행사들의 범위에는 웹사이트 디자인과 개발에 특화된 소형 기업에서부터 인터넷/인터랙티브마케팅에 필요한 모든 요소들을 제공하는 종합서비스 대행사들이 있다. 이런 서비스에는 인터넷과 온라인 브랜딩의 이용, 기술적 지식, 시스템 통합, 전자상거래 역량 등이 포함된다.

에이전시닷컴과 같은 종합서비스 대행사들은 나이키, 메트라이프, 휴렛팩커드, 맥도날드, 브리티시 항공사 등 많은 기업들의 인터넷 마케팅 프로그램을 개발하였다. 예를 들면 에이전시닷컴은 브리티시 항공사의 글로벌 포지셔닝 전략을 지원하는 다양한 온라인 프로모션과 웹사이트를 개발하였다(**사진 3-13**). 인터넷이 마케팅 도구로서 중요성이 증대됨에 따라 많은 기업들이 성공적인 마케팅 프로그램을 개발하는 데 도움이 될 인터랙티브 대행사들에게 눈을 돌리고 있다. 소셜미디어의 성장과 그것들을 이용하는 마케터의 증가로 인해 페이스북, 마이스페이스, 트위터와 같은 플랫폼을 위한 애플리케이션과 캠페인 개발에 전문적인 기업들이 부상하고 있다. 예를 들면, 애비뉴소셜

사진 3-13
에이전시닷컴은 브리티시 항공사와 같은 고객들을 위해 온라인 프로모션을 개발하였다.

사진 3-14

애비뉴소셜은 소셜미디어를 활용한 캠페인을 개발하였다.

AvenueSocial은 페이스북을 활용하는 소셜미디어 애플리케이션 개발에 특화된 4년차 회사인데, 이 회사는 유니버셜 픽처스, 네이키드주스Naked Juice, 프링글스, LG와 같은 많은 기업들의 캠페인을 개발하였다(**사진 3-14**). 많은 인터랙티브 대행사들이 성장을 계속할 것이고 인터넷 기반 전략의 개발과 실행에 있어서 중요성과 주도권이 높아질 것이다.

부수적인 서비스

프로모션 프로세스의 마지막 참가자들은 여러 가지 부수적인 서비스를 제공하는 조직들이다. 여기에는 마케팅 리서치 회사, 포장디자인 회사, 컨설턴트, 사진작가, 인쇄업자, 비디오 제작회사, 이벤트 마케팅 서비스 회사 등이 있다. 널리 이용되는 서비스 조직은 마케팅 리서치회사이다. 기업들은 자사의 표적청중들을 이해하고 광고와 프로모션 프로그램의 설계와 평가에 중요한 정보를 수집하는 데 도움을 주는 마케팅 리서치 회사들을 찾고 있다. 내부의 마케팅 리서치 부서가 있는 기업들도 어떤 서비스를 수행하는 외부 리서치 대행사를 고용한다. 마케팅 리서치 회사들은 전문화된 서비스를 제공하고 광고주의 프로모션 프로그램에 중요한 객관적인 정보를 수집할 수 있다. 그들은 심층면접과 실험집단 등과 같은 정성적인 리서치와 시장조사 같은 정량적인 조사를 수행한다.

IMC 서비스

마케터들은 IMC 프로그램의 계획, 개발, 실행에 있어서 광고주들을 도와주는 다양한 전문회사들을 선택한다. 그러나 기업들이 각 마케팅 커뮤니케이션 기능을 위해 다른 조직들을 이용할지 아니면 한 회사 아래서 모든 서비스를 제공하는 대형광고대행사들과 관계를 강화해야 할지를 결정해야 한다.

앞에서 언급한대로, 1980년대와 1990년대에는, 많은 대형 대행사들은 광고주들이 프로모션 비용을 전통적인 광고에서 다른 프로모션 형태로 전환하고 IMC 역량의 개발을 시작했다는 사실을 깨닫게 되었다. 대행사들은 인수합병을 통해서, 광고, PR, 판매촉진, 직접반응 대행사들로 구성된 초대형 기업이 되었다. 많은 대형 대행사들은 다양한 분야의 전문가들을 확보하여 IMC 역량을 확장해가고 있다. 주요 지주회사 대행사들은 인터랙티브, 판매촉진, 다이렉트마케팅 대행사뿐만 아니라 PR회사 등에 막대한 투자를 하고 있다.

통합 서비스의 찬반 양론

통합 마케팅의 개념에 새로운 것이 없다는 주장이 제기되어 왔다. 수년간 다양한 프로모션 도구들을 조정하고 있는 소형 기업과 커뮤니케이션 대행사들에게는 특히 그러하다. 또 약간 큰 규모의 대행사들은 20년 이상 고객들의 프로모션 사업의 많은 부분을 획득하려고 노력하고 있다. 각 대행사가 자신들의 전문성을 내세우고 통합 마케팅 프로그램보다는 개별적인 목표를 추구해 왔다. 또 대행사들의 크리에이티브 전문가들은 판매촉진이나 다이렉트마케팅의 관여하는 것을 꺼려했다. 그들은 쿠폰 디자인이나 다이렉트메일을 디자인하는 것보다 잡지광고나 TV광고 개발에 집중하는 것을 선호하였다.

통합 마케팅 서비스 옹호자들은 대행사가 광고주의 고객들에게 일관된 메시지를 전달하기 위해 함께 노력하고 있다고 주장한다. 그들은 전체 프로모션 프로세스의 통제와 유지는 각 커뮤니케이션 프로그램 요소들의 더 큰 시너지 효과를 달성한다고 주장한다. 또 그들은 광고주가 대행사를 통해 자신들의 모든 마케팅 활동－미디어 광고, 다이렉트메일, 특별행사, 판매촉진, PR－들을 조정하는 것이 훨씬 편리하다고 주장한다. 통합 마케팅 역량을 갖춘 대행사는 제품 또는 서비스의 단일 이미지를 창출할 수 있고 한 목소리로 중간상이나 소비자들에게 접근할 수 있다.

그러나 한 대행사가 IMC 프로그램을 실행하는 것을 모두가 원하는 건 아니다. 반대론자들은 공급자들이 예산에 대해 정치적인 논쟁에 연루될 수 있고, 각 사람과 의사소통을 하지 않고 시너지 효과를 달성할 수 없다고 주장한다. 또 그들은 모든 프로모션 프로그램 측면들을 통제하는 대행사의 활동은, 독립된 제공자들에게는 손실을 초래하는 사업을 계속 가용할 수도 있다고 주장한다. 이론적으로는 그럴싸해 보이지만 시너지와 규모의 경제는 달성하기 어렵고 대행사 자회사 간의 경쟁과 갈등이 중요한 문제가 되어 왔다고 반대론자들은 주장한다.[49]

기업들은 각 프로모션 과업, 광고, 판매촉진, PR 등에 가장 적합하다고 믿는 전문가들을 선택하고 커뮤니케이션 기능을 위해 그들을 이용한다. 광고대행사들은 통합 프로그램을 능통하게 하기 위해 서로 경쟁을 하는 반면, 그들은 여전히 전문 서비스를 제공하는 기업들과도 경쟁해야 한다. 마케팅 컨설턴트인 잭 트라우트 Jack Trout는 "많은 전문가가 있는 한, 대행사 통합은 까다로운 것이 될 수 있다. 전문가들은 문 안으로 걸어오면서 '이것이 우리가 할 수 있는 모든 것이고 우리는 그것을 잘 한다'라고 생각한다. 모든 마케팅 영업을 내부에서 수행하는 대행사들은 모든 종목에 있어서 최고로 인식될 수 없다."라고 말했다.[50]

기존의 복잡한 광고주와 대행사의 관계는 경기침체에서 비롯된 마케팅 예산의 삭감, IMC 프로그램의 비용 절감을 하려는 기업의 욕구 발생 등 여러 가지 요인들에 의해 보다 심각한 문제가 되어가고 있다. 게다가 소셜미디어 출현, 모바일 마케팅, 기타 비전통적인 커뮤니케이션 출현 등도 중요한 변화를 촉진하고 있다. 포레스터Forrester 리서치의 새로운 연구인 '대행사 관계의 미래'에 따르면, 오늘날 마케터가 직면하는 가장 큰 도전 중의 하나는 대행사를 옮기는 기업과 광고나 IMC 전략 변경 시기를 알아야 하는 것이다. 이 연구에서는 주요 대행사들은 전통적인 것과 비전통적 서비스를 함께 묶음으로 만들고, 자신들이 그 모든 것을 제공할 수 있는 능력이 있는 것으로 포지셔닝 하고 있다고 밝혔다.[51] 그러나 마케터들이 자신의 사업을 수행할 수 있는 다른 영역의 많은 대행사들을 가질 것이고 그들과 함께 일할는 것이 중요하다는 가능성 있는 시나리오들이 있다. 마케터들은 IMC 프로그램을 관리하고 조정하는 것을 누가 담당해야 할지를 결정해야 한다.

IMC 책임: 대행사와 광고주

광고주들과 대행사 실무자들을 대상으로 한 조사에서, 두 집단은 통합 마케팅이 기업의 성공에 매우 중요하고 미래에는 더 중요해질 것이라는 결과가 제시되었다.[52] 그러나 IMC 프로세스의 책임이 누구에게 있어야 하는가에 대해서는 마케터와 대행사 실무진들은 각기 다른 견해를 가지고 있다. 광고주들은 자신들의

IMC 캠페인을 조정하고 전략을 설정하는 것을 선호하지만, 대행사 실무진들은 이것들을 자신의 영역으로 간주하고 있다.

대행사 실무진들은 자사가 통합 캠페인이 요구하는 다양한 요소들을 다룰 수 있는 능력이 있는 반면, 특히 대형 광고주들의 마케터들은 이에 동의하지 않는다. 마케팅 실무자들은 IMC 실행에 가장 큰 장애물이 되는 것으로 폭넓은 시각과 그것을 작업하는 기술을 가진 인력의 부족을 거론하였다. 내부의 영역 다툼, 대행사 이기주의, 예산 삭감 공포 등은 통합 마케팅 캠페인 성공에 중요한 장애가 될 수 있다.[53] 통합 마케팅에 관한 대행사 및 마케팅 실무자들의 조사에서, 통합의 가장 큰 문제는 IMC 캠페인 각 측면의 성공을 측정함에 있어서 전략을 일관되게 실행하는 것이 보장되어야 한다는 연구결과가 제시되었다. 이 연구에서 통합 프로그램에 대한 보상은 각 커뮤니케이션 원칙들이 각각의 비용구조를 가지고 있기 때문에 문제가 된다는 것이 규명되었다.[54]

광고와 마케팅 실행이사회CEB는 글로벌 기업들의 마케팅 커뮤니케이션 부서 최고책임자와 대행사 실무자들을 대상으로 복수 대행사 파트너 이용에 관해 조사하였다. 이 연구결과, 어떤 브랜드에 대해 고정적으로 단일 광고대행사 모델이나 대행사를 채택하는 관행이 모델이나 대행사 직원들을 유동적으로 대체하고 있다는 것이 밝혀졌다. 이 모델 하에서, 마케터들은 필요한 전문가와 전문적인 재능을 가진 사람들의 효과를 극대화하기 위해 많은 이질적인 파트너 — 때로는 프로젝트별로 — 들을 고용한다.[55] CEB 보고서에서는 광고주들은 대행사들을 IMC 영역의 전문가 네트워크의 조정자와 브랜드 담당자로 격하시키고 있다는 사실이 언급되었다.

광고대행사들은 자신이 조정자나 담당자로서의 새로운 역할을 수용해야 한다는 전제를 받아들이지 않는다. 이런 대행사들은 여전히 자신들을 전략적이고 실무적 파트너로 여기고 고객들에게 종합서비스를 제공하는 역할을 하고 있는 것으로 간주한다. 대행사들은 자신의 역량을 인터랙티브 및 복수 미디어 광고, 데이터베이스 관리, 다이렉트마케팅, PR, 판매촉진 등으로 확장하고 있다. 그러나 마케터들은 여전히 IMC 캠페인을 위한 전략을 설정하고 좀 더 질좋고 창의적인 특화된 전문가를 찾으며, 복수 대행사를 이용함으로써 더 많은 통제와 비용 효율성을 추구하고 있다. 미국 혼다자동차의 마케팅 담당자인 스티븐 센터Steven Center는 최상의 마케팅 실무자인데, 그는 "대행사들이 우리에게 보다 많이 노출되어 있으며, 원색적인 아이디어와 시장에 대한 르네상스적인 정보를 가져다주어야 한다. 그러나 그들은 우리의 마케팅 사명을 달성하기 위해 우리 회사를 어떻게 조직화 해야 할지에 대해서는 말하지 않을 것이다."라고 언급했다.[56]

요약

광고와 프로모션 프로그램의 개발, 실행, 관리에는 기업 안팎의 많은 사람들의 활동이 포함된다. IMC 프로세스의 참여자들은 광고주 또는 고객, 대행사, 미디어 회사, 특화된 마케팅 커뮤니케이션 기업, 부수적인 서비스 제공자 등이 포함된다.

기업들은 광고와 프로모션을 위해 세 개의 기본시스템을 이용한다. 집권적 시스템은 커뮤니케이션 프로모션, 소규모 종업원, 영속성, 최고경영자의 많은 관여 등의 장점이 있다. 단점으로는 전체 마케팅 목표에 대한 낮은 관여, 반응시간의 지연, 복수제품 관리의 곤란 등이 있다.

분권적 시스템은 집중적인 관리, 문제에 대한 신속한 반응, 탄력성 증가 등의 장점이 있는 반면, 비능률적인 의사결정, 내부 갈등, 자금 할당의 오류, 권한 부족 등의 단점이 있다. 내부 대행사는 비용절감, 통제, 증대된 조정 등과 같은 장점이 있는 반면, 경험, 객관성, 탄력성의 부족 등의 단점이 있다.

기업들은 프로그램의 개발과 실행에 도움을 받기 위해 광고대행사들을 이용한다. 이런 대행사들은 종합 서비스 대행사, 크리에이티브 부티크, 미디어 구매 서비스 등이 있다. 종합 서비스 대행사는 광고주에게 크리에이티브, 고객관리, 마케팅, 재무관리 서비스 등의 종합 서비스를 제공한다. 기타 두 형태는 각각 크리에이티브와 미디어 구매 서비스에 특화되어 있다. 대행사들은 수수료 시스템, 비율요금제, 약정요금제 등의 방법으로 보상을 받는다. 최근에는 대행사에 대한 책임이 강조되고 있다. 대행사들은 재무적, 정성적 측면에서 평가된다. 어떤 광고주들은 매출액과 시장점유율과 같은 성과 측정에 따라 대행사를 보상하는 인센티브 시스템을 이용한다.

광고대행사를 이용하는 것 이외에, 마케터들은 다이렉트 마케팅 대행사, 판매촉진 대행사, PR회사, 인터랙티브 대행사 등을 포함한 마케팅 커뮤니케이션 전문가들을 이용한다. 마케터는 각 프로모션 기능을 위하여 개별적인 전문가를 이용할지 아니면 종합대행사를 이용할지를 결정해야 한다.

대다수 마케터들은 IMC 캠페인 전략을 설정하고 조정하는 것이 광고대행사가 아니라 자신들의 책임이라고 믿고 있음이 최근 연구에서는 밝혀지고 있다. 비광고 분야의 특화된 기술과 폭넓은 시각의 부족은 IMC에 대한 대행사들의 개입을 증가시키는 데 중요한 장애요인으로 간주된다.

토론문제

1. IMC 프로세스의 참여자들은 누구인가? 각각의 역할과 책임에 대해 간단하게 토론하시오.
2. 광고와 프로모션 조직을 만들 때 브랜드 관리 시스템을 이용하는 기업들이 직면하는 다양한 문제들에 대해 토론하시오.
3. 사내 대행사를 이용하는 것에 대해 찬반을 논의하라. 마케터가 이러한 문제를 접근하고 그들의 브랜드 관리자들이 시장에서 발생되는 변화를 따라 갈 수 있도록 확실하게 할 수 있는 방법들은 무엇인가?
4. 대행사 지주회사란 무엇인가? 주요 지주회사의 등장이 광고 산업과 전체 IMC 분야에 영향을 미치는 방법과 방법에 대해 논의해 보시오.
5. 미디어 전문회사에 대해 논의해 보시오. 마케터들이 미디어 구매와 계획 업무를 처리하기 위해 미디어 전문회사를 이용하는 것과 대행사의 미디어 부서를 이용하는 이유를 설명해 보시오.
6. 광고주들과 보상구조를 협상함에 있어서 광고대행사가 직면하는 문제를 논의하시오. 대행사가 협상 과정의 일부로써 인건비, 간접비, 이익률 등을 검토하려는 광고주들에 대해 대행사는 어떻게 반응해야 하는가?
7. 포드나 혼다 같은 자동차 회사들이 광고대행사를 평가할 때 사용될 수 있는 여러 가지 차원을 논의해 보라. 어떤 요인들이 가장 중요한지 그리고 그 이유를 설명하시오.
8. 광고대행사들이 고객을 상실하는 이유를 설명해 보라. 광고대행사를 변경한 회사의 예를 하나 찾아 다른 대행사로 전환한 이유를 파악하시오.
9. IMC 니즈의 모든 것을 처리하게 위해 마케터가 하나의 대행사를 가지는 것과 그 회사의 다양한 프로그램 요소들을 다루기 위해 특화된 마케팅 커뮤니케이션 회사를 이용하는 것에 대해 찬반양론을 제시해 보시오.

4 소비자행동에 대한 관점

학습목표

1. 광고와 프로모션 프로그램의 개발과 실행에 있어서 소비자행동의 역할을 이해한다.
2. 소비자 의사결정 과정과 구매형태의 다양성을 이해한다.
3. 다양한 내부 심리적 프로세스, 소비자 의사결정에 대한 내부 심리적 요소들의 영향, 광고와 촉진의 함의를 이해한다.
4. 소비자 학습과정 연구의 다양한 접근방법과 광고와 프로모션을 위한 시사점을 인식한다.
5. 문화, 사회계층, 집단영향, 상황적 결정 요소와 같은 외부 요인들과 그것들이 소비자행동에 영향을 주는 방법을 이해한다.
6. 소비자행동 연구에 대한 대안적 접근법을 이해한다.

마케팅의 다섯 번째 'P': 목적(purpose)

2007년, 골린 해리스(Golin Harris)의 회장 겸 창업자인 Al Golin은 기업의 사회적 책임(CSR: corporate social responsibility)이 향후 50년간 PR에서 핵심 구성요소가 될 것으로 예측하였다. 소비자와 고객들은 CSR을 요구하고, 기업들이 이에 순응하기를 원할 것이다. 소비자들은 이런 기업에 대해 좋은 감정을 가지고 구매를 통하여 기업의 사회적 책임을 다하는 기업들을 지지한다는 연구결과가 있기 때문이다. 착한 일을 하는 것이 착한 기업이 될 것이다. 마케팅 전략에서 제품이나 가격은 고객들에게 더 이상 유일한 결정 요인이 될 수 없다. 사회적 목적은 기업 평판에 균형을 잡아주는 기준이 될 수 있을 것이다. 이것은 마케터들이 독특한 판매 포인트를 개발하고 경쟁기업의 브랜드와 차별화하는 데 새로운 도구가 된다.

2010년 1월 28일 미국 증권거래위원회가 정한 공시 요건 지침에 따라 CSR과 기업의 사회적 목적은 강력한 결정적 요소가 되었다. 이 지침은 기업이 기후 변화가 자산에 미치는 물리적 영향과 온실가스 억제 규정을 공개하도록 요구한다. 규제가 기업들의 윤리적 관행의 공개를 요청하는 공식적인 조건은 아니지만, CSR은 투자자와 기타 이해관계자들에게 관심 요인이 되고 있음을 나타낸다.

최근 몇 년 동안 CSR이 소비자와 그들의 행동에 미치는 영향에 대해 많은 연구가 수행되었다. Penn Schoen Berland은 2010년 수행한 그의 연구에서, 1,000명의 미국 참가자들 중 75% 이상이 사회적 책임을 중요시 여긴다는 결론을 내렸다. 응답자의 55%는 다른 요인에도 불구하고 사회활동을 하는 기업의 제품을 선택할 확률이 더 높으며, 59%는 사회적 책임을 다하는 기업의 제품이나 서비스를 더 많이 구입할 것으로 응답했다. 그리고 70%는 사회적 책임을 다하는 제품에 100달러 이상을 기꺼이 더 지불할 의도를 가지고 있다는 결과도 제시하였다. 응답자의 28%는 적어도 10달러 이상을 기꺼이 지불하겠다는 의도를 가진다고 하였다. 소비자들의 대다수인 72%는 사회적 책임을 다하는 기업과 제품을 더욱 지지하는 소비습관으로 바꿀 생각이 있다고 하였다. 이 연구에서는 종업원들도 사회적 책임을 다하는 기업을 선호하는데, 응답자의 34%가 사회적 책임을 수행하기 위해 급여삭감도 감수할 수 있다고 하였다.

2010년 13개국의 7,259명을 대상으로 실시된 Goodpurpose Study에서, 86%의 응답자들이 기업의 재무적 이해와 사회적 이해를 동등한 우선순위에 두어야 한다고 했다. 종합적으로 사회적 책임을 다하는 기업들이 더 신용 있고 공정한 것으로 생각되며, 그리하여 좋은 평판을 낳게 한다고 하였다. 그들은 소비자 의사결정 과정에서 CSR을 중요한 요소로 여기는 윤리적/양심적 소비자주의가 새로운 형태의 주류의식이 되었다는 연구결과를 제시하였다. 불편한 진실 같은 영화나 멕시코의 BP 기름 유출 같은 논쟁사건 등 정치 및 시민 행동이 증대됨에 따라 CSR이 단순한 틈새이기보다는 의사결정 요소로 주류가 되었다. 특히 특정 소비자들의 높아진 교육수준, 풍요로움 등으로 CSR이 마케터들에게 더 매력적인 것이 되었다.

이 연구는 또 CSR이 브랜드 구전과 충성도에 호의적인 영향을 미친다는 결과를 제시하였다. 그것은 결국 고객의 태도와 평가에 영향을 미친다. CSR은 공공의 일반적 부정적 시각에 대응하기 위하여 진정성과 정직이 분명한 한 다른 마케팅 도구의 효과를 증폭시키는 역할을 한다.

CSR은 한때 '고객서비스 담당자'라는 의미를 지녔지만 지금은 '기업이 사업을 수행하고 있는 안팎의 커뮤니티와 연결하고 공헌하기 위해 기업이 수행하는 활동과 주도권'으로 정의된다. CSR의 우산 아래에는 다음과 같은 주요 활동이 있다. 박애활동, 사회적 공개, 환경 관리, 다양성, 재무 건전성 및 성장기회, 지역사회 공헌 활동. CSR을 '금전적 이익을 추구하면서 높은 윤리적 기준을 촉진하고 유지하는 기업의 시도'로 정의하는 사람들도 있다.

자료: C. B. Bhattacharya, "Corporate Social Responsibility: It's All About Marketing," November 20, 2009, http://www.forbes.com/2009/11/20/corporate-social-responsibility-leadership-citizenship-marketing.html; Chrystia Freeland, "What's BP's Social Responsibility?," July 18, 2010, http://www.washingtonpost.com/wp-dyn/content/article/2010/07/16/AR2010071604070.html; Bishop Matthew and Michael Green, "Is Corporate Social Responsibility Evil?," July 19, 2010, http://www.huffingtonpost.com/matthew-bishop/is-corporate-social-respo_b_652054.html; Adrienne Fox, "Corporate Social Responsibility Pays Off," Society for Human Resource Management, August 2007, http://www.shrm.org/Publications/hrmagazine/EditorialContent/Pages/0807cover.aspx; Paul Klein, "Social Purpose: The Fifth P of Marketing," Canadian Business Blog, November 8, 2010, http://blog.canadianbusiness.com/social-purposethe-fifth-p-of-marketing/.

이 도입사례는 소비자행동의 변화가 직접적으로 마케팅 전략에 영향을 주는 방법을 설명하고, 소비자 조사는 유용하고 도움이 되는 것임을 증명한다. 마케터들은 많은 요인들이 소비자 의사결정에 직·간접적으로 영향을 준다는 것을 알고 있다. 소비자들의 니즈 개발 방법과 이유와 니즈가 무엇이며, 제품이나 서비스를 사용할 가능성이 높은 사람들이 누구인가를 이해하는 것은 마케터들이 알아야 할 중요한 것이다. 특히, 마케터는 구매 결정을 이끌어내고 영향을 주는 많은 요인들을 알기 위해 소비자행동을 연구할 것이다. 통찰력을 얻기 위해, 마케터들은 다른 원칙들로부터 빌려온 기법들을 이용할 것이다. 심리학, 인류학, 사회학, 신경과학에서 이용된 조사 기법들은 관리자들이 소비자들의 구매 동기를 탐색하는 데 이용하면서 인기가 높아지고 있다. 효과적인 마케팅 전략이 수립되기 전에 소비자들의 태도, 라이프스타일, 의사결정 과정 등을 이해해야 한다.

프로모션 담당자가 IMC 프로그램을 개발할 때 고려해야 할 소비자행동의 몇 가지 측면들이 있다. 소비자 선택은 여러 가지 요인들에 의해 영향을 받는다.

소비자행동을 심층 분석하는 것은 본 교재의 범위를 벗어나는 것이다. 그러나 프로모션 담당자들은 소비자 의사결정의 기초, 의사결정에 영향을 주는 요인들, 지식이 프로모션 전략과 프로그램 개발에 사용될 수 있는 방법 등에 대해 기본적인 이해가 필요하다. 지금부터 소비자행동에 대해 개괄적으로 살펴보자.

소비자행동의 개관

마케터가 직면하는 도전은 소비자들이 제품이나 서비스에 호의적으로 구매하도록 영향력을 행사하는 것이다. 비자Visa 같은 기업의 도전은 소비자들이 신용카드로 더 많은 구매를 하도록 만드는 것이다. BMW는 소비자들이 자동차를 구매하거나 리스를 하도록 만드는 것이다. 제록스나 페덱스 같은 B2Bbusiness to business 기업들은 기업 구매자들이 자사의 사무용 제품을 더 많이 구매하고 그들의 서비스를 이용하도록 만드는 것이다. 그들의 최종목표는 소비자들의 구매 행동에 영향을 주는 것이지만, 대다수 마케터들은 실제 구매가 전체 프로세스의 오직 한 부분이라고 이해하고 있다.

소비자행동consumer behavior은 '소비자들의 니즈나 욕구를 충족하기 위해 서비스와 제품의 탐색 · 선택 · 구매 · 사용 · 평가 · 처분할 때 사람들이 관여하는 활동과 과정'으로 정의된다. 제품이나 서비스 구매 결정은 광범위한 정보탐색, 브랜드 비교와 평가, 기타 행동 등을 포함하여 오래 걸리는 자세한 과정의 결과이다. 어떤 구매 결정은 부수적이고 점포에서 할인가격 표시나 눈에 띄게 전시된 제품을 단순히 보고 결정하는 것일 수도 있다.

사진 4-1
타미바하마(Tommy Bahama)는 해변/섬 라이프스타일에 소구한다

마케터가 성공적으로 소비자들의 구매 행동에 영향을 미치려면 먼저 소비자들의 행동을 잘 이해해야 한다. 마케터들은 소비자들이 충족하려는 특정한 니즈를 알고 소비자들의 구매 차원을 알아야 한다. 소비자들이 대안들에 대한 정보를 수집하고 경쟁 브랜드 중에서 선택하기 위해 그들의 정보 이용과 의사결정 방법데 대해서 마케터는 알고 있어야 한다. 제품을 구입할 때 선호하는 장소는 어디일까? 구매시점에서 마케팅 자극은 어떤 영향을 줄까? 또 마케터들은 고객들의 구매 결정 과정과 이유를 알아야 한다. 예를 들면, 구매 결정은 소비자들의 라이프스타일과 개성에 의해 영향을 받는다. **사진 4-1**에서 광고의 제품이 해수욕 하는 사람의 라이프스타일을 위한 것임을 보여주고 있다.

도표 4-1의 개념 모델이 소비자 의사결정 프로세스 틀로 이용될 것이다. 여기서 각 단계에서 발생되는 것들과 광고와 프로모션이 의사결정에 미치는 영향에 대해 공부할 것이다. 또 동기, 지각, 태도, 통합 과정 등과 같은 여러 가지 심리적 개념들도 살펴본다. 소비자 의사결정 과정의 여러 변수들도 공부하고 의사결정에 영향을 주는 소비자 학습과 외부 영향변수들에 관해서도 조명하고자 한다. 이 장은 소비자행동 연구의 대안 수단들을 고려할 것이다.

도표 4-1
소비자 의사결정의 기본 모형

A. 소비자의 의사결정 단계

문제 인식 → 정보 조사 → 대안 평가 → 구매 결정 → 구매 후 평가

B. 관련 있는 내부 심리 프로세스

동기 → 지각 → 태도 형성 → 통합 → 학습

소비자 의사결정 프로세스

도표 4-1와 같이 소비자 구매 결정 과정은 일반적으로 제품 또는 서비스의 구매에서 구매자들이 통과하는 단계들로 구성된다. 의사결정은 많은 내부 심리적 과정들을 포함한다. 동기, 지각, 태도형성, 통합과 학습은 프로모션 계획 수립자에게는 중요한 것이다. 이것들은 소비자들의 일반적 의사결정 과정에 영향을 미치기 때문이다. 여기서는 구매의 각 단계를 살펴보고 소비자행동 과정의 단계에서 발생되는 것에 여러 하위 과정들에 영향을 주는 방법들을 학습하기로 한다. 프로모션 담당자가 이 과정에 영향을 줄 수 있는 방법들도 고찰해 보자.

문제 인식

소비자 의사결정의 첫 단계는 **문제 인식**problem recognition 과정이다. 이것은 소비자들이 니즈를 지각하고 그 문제를 해결하려는 동기가 부여될 때 발생한다. 문제 인식 단계는 후속 결정 과정들을 유발시킨다.

문제 인식은 소비자들의 이상적 상태와 현재 상태 간의 차이에서 발생한다. 소비자들이 원하는 이상적인 상황과 실제 상황 사이에 불일치가 존재한다. (문제는 항상 부정적인 상태를 의미하는 것이 아님을 유의하라. 목표는 소비자들을 위해 존재하며, 이 목표는 좀 더 긍정적 상황을 달성하는 것일 수도 있다.)

문제 인식의 원천 문제 인식의 원인은 매우 단순한 것이거나 소비자들의 현재와 기대 상태의 변화에서 발생할 수도 있다. 이러한 원인들은 내부적, 외부적 요인들에 의해 영향을 받는다.

재고 부족. 문제 인식은 소비자들이 현존 제품을 사용하고 재고를 보충해야 할 때 발생한다. 구매 결정은 주로 단순반복적이며 친숙한 브랜드나 충실하다고 느끼는 것 중의 하나를 선택함으로써 해결된다.

불만족 문제. 문제 인식은 소비자들이 사용되고 있는 현재의 제품이나 서비스에 대해 불만을 가지고 있을 때 발생한다. 예를 들면, 어떤 소비자가 자신의 신발이 편하지 않거나 멋있지 않다고 생각할 수 있을 것이다. 문제를 가지고 있거나 구매가 필요한 소비자들을 도와주는 데 광고가 이용될 수 있다. **사진 4-2**의 니코덤Nicoderm은 흡연에 불만족하고 금연을 원하는 사람들에게 도움이 된다.

사진 4-2
니코덤은 금연 희망자들을 도와준다.

새로운 니즈/욕구. 소비자들의 생활의 변화는 종종 새로운 니즈와 욕구를 발생시킨다. 예를 들면, 재정 상황, 고용상태, 라이프 스타일의 변화는 새로운 니즈를 발생시키고 문제 인식을 촉발시킨다. 대학을 졸업하고 취업을 하게 되면 의상의 변화가 필요할 것이다(청바지와 티셔츠는 버리고 양복과 넥타이가 필요).

모든 제품 구매가 니즈에 기반을 두는 것은 아니다. 어떤 제품이나 서비스는 필요하지는 않지만 그럼에도 갖고 싶은 소비자들에 의해 추구되는 경우도 있다. 욕구want는 자신이 갖지 않고 있는 것에 대한 욕망이다. 많은 제품들이 기본적인 니즈보다는, 욕구를 충족하려는 소비자들에게 판매된다.

관련제품/구매. 문제 인식은 어떤 제품의 구매에 의해 발생할 수도 있다. 예를 들면, 새로운 갤럭시 노트를 구매하면 보관함, 거치대, 케이스 등과 같은 액세서리에 대한 니즈가 발생한다. PC 구입은 소프트웨어, 업그레이드, 프린터 등에 대한 니즈가 즉각 발생할 수 있다.

마케터 권유. 또 다른 문제 인식의 원천은 소비자들을 자신의 현재 상태나 상황에 대해 만족하지 않도록 부추기는 마케터들의 행동이다. 구강세척제, 향수, 신발용 방취스프레이 등 개인위생 제품 광고는 소비자들이 이런 제품의 사용을 통해서 해결할 수 있는 불안을 창출하기 위해 설계된다. 마케터들은 패션과 의류 디자인을 변경하여 소비자들 사이에 자신들의 옷이 유행이 지난 것임을 인식하도록 만든다. 사진 4-3은 스플래트Splat가 헤어컬러를 바꾸도록 권유한다.

사진 4-3
스플래트는 헤어 컬러를 바꿈으로써 통념에 저항하도록 소비자들을 부추기고 있다.

마케터들은 진기함을 추구하고 싶은 소비자들의 경향을 이용하기도 하는데, 이것은 차별적인 브랜드를 이용하도록 유도한다. 소비자들은 종종 늘 사용하고 있는 제품이나 브랜드에 대해 만족하는 경우에도 새로운 브랜드를 추구한다. 마케터들은 이미 포화상태가 된 시장에 새로운 브랜드를 출시하고 무료 샘플, 보급 가격introductory price, 쿠폰 등과 같은 판매촉진 기법과 광고를 이용하여 브랜드 전환을 촉구한다.

신상품 문제. 문제 인식은 혁신상품이 출시되고 소비자들의 주목을 받게 될 때 발생된다. 마케터들은 지속적으로 신상품과 서비스를 도입하고 그들이 해결해 주는 문제의 유형에 대해 소비자들에게 알린다. 예컨대, 휴대폰을 전화기보다 더 많이 사용함에 따라 항공권 구입과 여행 안내를 도와주는 애플리케이션이 이용되고 있다. 애플리케이션의 증가로 스마트폰이 소비자들에게 점점 더 매력적인 것이 되어간다. 소비자들에게 문제 인식을 만들어내는 마케터들의 시도가 항상 성공하는 것은 아니다. 소비자들은 마케터가 판매하고 있는 제품에 대해 문제나 니즈가 없을 수도 있다. 스마트폰의 경우, 애플리케이션이 제공하는 모든 것들이 어떤 소비자들에게는 불필요한 것이 될 수도 있다. 그들은 단지 전화기 기능만 원할 수 있다.

소비자 동기

문제 인식이 때로는 기본적이고 단순한 과정임에도, 소비자가 어떤 문제를 지각하고 그것을 해결하려는 동기는 의사결정의 나머지 단계에 영향을 미친다. 예를 들면, 어떤 소비자는 기능, 신뢰성, 저렴한 가격에 초점을 두고 새로운 시계 구매의 필요성을 지각할 수 있다. 어떤 소비자는 유행, 브랜드 디자인과 이미지에 중점을 둘 수도 있다. 구매의 근본적인 이유, 즉 소비자들을 특정한 행동을 하도록 강요하는 요소들을 더 잘 파악하기 위해 마케터들은 동기를 연구하는 데 많은 주의를 기울여야 할 것이다.

도표 4-2
매슬로우의 니즈 구조

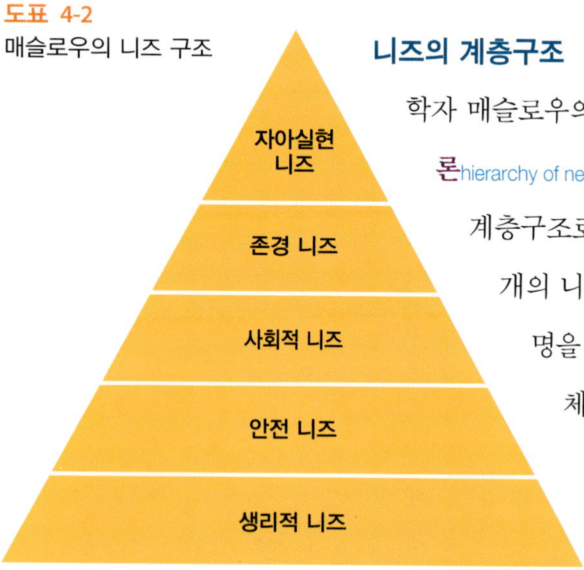

니즈의 계층구조 소비자 동기를 이해하는 데 가장 일반적인 접근법은 심리학자 매슬로우의 고전적 이론에 기초를 두고 있다. 그의 **니즈 계층구조 이론**hierarchy of needs은 인간의 니즈가 중요성에 근거하여 5개의 기본 수준의 계층구조로 이루어져 있다는 것이다. 도표 4-2에서 보는 바와 같이 5개의 니즈는 (1) 생리적 니즈 — 음식, 주택, 의복, 성 등과 같은 생명을 유지하는 데 필요한 기본적인 니즈, (2) 안전의 니즈 — 육체적 위해로부터 안보와 안전에 대한 니즈, (3) 사회적/애정과 소속 니즈 — 다른 사람과의 만족스러운 관계를 맺고, 사랑, 애정, 소속, 수용의 감정 의식에 대한 욕망, (4) 존경 니즈 — 다른 사람들로부터 인정 달성과 획득, 신분, 존경 등의 감정을 느끼는 니즈, (5) 자아실현 니즈 — 자신의 잠재력을 실현하려는 욕망과 자기충족 니즈.

매슬로우 이론에 따르면, 낮은 수준의 생리적, 안전 니즈는 상위 니즈가 중요해 지기 전에 충족되어야 한다. 기본 니즈가 충족되어야 사람은 자기존중과 같은 상위 수준의 니즈 충족을 시도한다. 실제로 사람이 한 단계씩 니즈 충족을 통해서 움직이지 않는 것 같다. 낮은 수준의 니즈들은 소비자 구매 행동의 동기원천이 된다. 그러나 대다수 선진국에서는 기본 생리적 니즈가 충족되기 때문에 마케터들은 소비자들의 상위 수준의 니즈에 소구함으로써 기본 생리적 니즈를 충족하는 제품을 판매한다. 하기스Huggies의 웹페이지가 부모와 아이들 간의 사랑(사회적 니즈)에 초점을 맞추고 있음에 주목하라(**사진 4-4**).

사진 4-4
하기스는 사랑에 대한 니즈에 소구했다.

매슬로우의 니즈 구조가 결점이 있음에도, 그것은 마케터들은 제품과 서비스에 대한 어떤 니즈를 결정하는 데 이용되는 틀을 제공한다. 그 다음 광고캠페인은 어떤 브랜드가 이런 니즈를 충족시킬 수 있는 방법을 보여 주도록 설계된다. 예를 들면, 젊은 독신자는 자동차 구입에서 사회적 또는 자기 존중 니즈를 충족하기를 바라는 반면, 자녀가 있는 가족은 안전에 더 중점을 둘 것이다. 소비자건강제품협회의 스폰서십 광고는 소비자들이 안전 니즈를 강조하고, 포르쉐Porche 광고는 자아실현을 언급한다(**사진 4-5**).

정신분석 이론 소비자 동기 연구에 대한 약간 역설적인 접근법은 프로이드에 의해 주창된 **정신분석 이론**psychoanalytic theory이다. 그의 연구는 성격의 구조와 개발을 다룬 것임에도, 프로이드는 인간행동의 근본적인 동기도 연구하였다. 정신분석 이론은 현대 심리학 개발과 동기와 개성 설명에 영향을 주었다. 이 이론은 구매 결정의 기저를 이룰 수 있는 깊은 심층 동기를 조사하는 데 관심을 가진 마케터들에 의해 소비자행동 연구에도 적용될 수 있다.

정신분석 이론을 소비자행동과 결부하려는 시도를 하는 사람들은 관찰자들과 소비자 자신들에게도 구매 동기가 복잡하고 분명하지 않다고 믿는다. 구매와

사진 4-5
소비자건강제품협회는 안전 니즈에 호소하는 반면, 포르셰는 자아실현을 강조한다.

소비 동기가 잠재의식이 탐색될 때 만 결정할 수 있는 심층동기에 의해 유발될 수 있다.

마케팅에서 이런 조사를 처음으로 실시한 연구자들 가운데, Ernest Dichter와 James Vicary는, 소비자의 구매 동기를 결정하기 위해 정신분석 기법을 활용하고 있다. 이런 연구자들의 연구결과와 이 접근법을 계속 이용한 다른 사람들은 **동기조사**motivation research를 제시하였다.

마케팅의 동기조사 동기조사자들은 소비자행동의 이유 기저에 대한 통찰력을 얻기 위해 다양한 방법론들을 이용한다. 이 방법론에는 심층면접, 투사기법, 연상테스트, 실험집단 등이 있는데, 여기서는 소비자들이 제품과 브랜드와 관련된 연상들을 생각해내도록 요청받는다(도표 4-3). 이런 연상들은 종종 소비자들의 구매 이유에 관한 흥미로운 통찰을 이끌어낸다.

- 아내를 위해 고가의 모피 옷을 구매한 남편은 그의 힘을 보여준다.[1]
- 소비자들은 대형차를 선호하는데, 그들은 그런 대형차가 매일의 운전의 정글로부터 자신들을 보호해 줄 것으로 믿기 때문이다.[2]
- 애인 대용substitute mistress으로 남성들은 자동차를 구입한다.
- 여성들은 케이크 굽기를 좋아하는데, 이는 그들이 아기를 낳고 싶기 때문이다.

도표 4-3
소비자들의 마음을 조사하는 데 사용되는 마케팅 조사 기법

심층면접
소비자들의 동기, 아이디어, 의견 등을 조사하기 위해 비구조적인 질문을 이용하여 응답자들이 자유롭게 답하도록 하는 직접적인 조사 방법

투사 기법
어떤 외부 대상에 대해서 소비자들의 내적 심리 상태를 투사하게 만들어서 표현하거나 파악하기 어려운 소비자들의 가치, 동기, 태도, 니즈에 대한 통찰을 얻어내도록 설계된 조사 기법

연상 테스트
단어, 사진, 광고 등과 같은 자극에 소비자들이 노출되었을 때 가장 먼저 떠오르는 것이 무엇인지를 조사하는 기법

실험집단
특정 제품, 아이디어, 이슈 등을 토론하기 위해 함께 모인 유사한 배경이나 관심도를 가진 소그룹 사람들을 통해 조사하는 기법

- 여성들은 남성들을 유혹하고 자신들의 존재를 미화하기 위해 향수를 쓴다.
- 남성들은 프랑크푸르트 소시지를 여성들보다 더 좋아하는데, 이는 그 소시지를 요리하는 것이 여성들로 하여금 죄의식을 느끼게 만들고 싶기 때문이다. 그것은 게으름의 시인이다.
- 사람들이 샤워를 할 때, 자신들의 죄가 비누거품을 헹굴 때 하수구로 씻어 내려간다.[3]

이런 사례들에서 보듯이, 비록 역설일지라도, 동기조사는 마케터들에게 매우 흥미로운 발견과 많은 회의를 가져다 주었다. 그러나 주요 기업들과 광고대행사들은 제품을 판매하는 데 도움이 되는 동기조사를 계속 이용한다.

정신분석과 동기조사의 문제점들과 공헌 정신분석이론은 모호하고, 외부환경에 무반응적이며, 인간의 조기 발달에 지나치게 의존한다는 것으로 비판받아 왔다. 무의식을 강조하고 있어서 검증되지 않으면 연구결과를 제시하기 힘들고, 결론 도출과 실험 타당성 결론 모두에 비판을 불러올 것이다. 동기조사가 전형적으로 소수의 참여자를 이용하여 연구되기 때문에, 소수 개인의 특이한 성격이 발생할 우려가 있고, 그 연구결과물들은 전체 표본에 일반화될 수는 없다.

그럼에도 앞으로 소비자행동을 이해하기 위한 정신분석적 접근을 무시하기는

곤란하다. 그것의 통찰은 종종 구매자들의 심층감정, 희망, 영감, 공포 등을 겨냥한 광고메시지의 기초로 이용될 수 있기 때문이다.

어떤 기업들과 광고대행사들은 소비자들의 생각 방법에 대한 함의를 얻기 위해 동기조사를 이용해 오고 있다. 그 사례는 다음과 같다.

- 크라이슬러는 소비자들이 바닥에 앉아서 가위를 사용하여 자동차를 묘사하는 잡지의 단어들을 잘라내도록 하였다.[4]
- 맥캔에릭슨McCann-Erickson은 여성들에게 바퀴벌레에 대한 느낌을 그림으로 표현하고 기술하도록 요청하였다. 이 조사에서 많은 여성들이 바퀴벌레들을 '자신을 버린 남성'들과 연상하고, 바퀴벌레들이 죽는 것을 보기 위해 바퀴벌레 살충제를 구매한다는 사실을 밝혀냈다.
- 사치앤사치Saatchi & Saatchi는 맥도날드가 버거킹보다 더 양육 분위기를 만들어낸다는 결론을 얻기 위해 심리적 조사를 활용하였다(누가 더 공격적이고 먼 사람처럼 지각되는지).
- FCBFoote, Cone, Belding는 소비자들에게 얼굴 사진을 여러 장 주고 특정한 제품을 사용했을 사람들의 종류와 얼굴을 연결시켜 보라는 주문을 했다.
- 마커스토마스Marcus Thomas 광고대행사는 심혈관 보호 기구를 선택하는 동기를 결정하기 위해 일대일 심층면접과 투사기법을 이용하였다.

동기 조사의 정성적 특성은 소비자들의 구매 방법과 이유를 평가하는 데 중요한 것으로 고려되어 왔다. 실험집단과 심층면접은 소비자들의 감정에 대한 통찰을 얻는 데 중요한 기법이고, 투사기법은 정형화 또는 사회적 욕망 반응을 얻어내는 유일한 방법이기도 하다. 또 동기조사는 싸이코그래픽의 전신이다.

끝으로, 구매자들은 그들의 구매 결정에서 종종 상징과 기능적 충동에 의해 동기가 부여되기도 한다. 매출 경쟁이 치열함에 따라 텔레비전의 성적 내용의 분량과 노골성이 증가할 것이다.[5] 광고의 성적 소구와 상징은 **사진 4-6**에서 볼 수 있다.

정보 탐색

소비자 의사결정 과정의 두 번째 단계는 정보 탐색이다. 소비자들은 제품이나

사진 4-6
조스진(Joe's Jeans)는 광고에 성적 소구를 이용한다.

서비스 구매를 통해 충족될 수 있는 문제나 니즈를 인식한 후에, 의사결정에 필요한 정보를 탐색하기 시작한다. 초기 탐색 활동은 다양한 구매 대안에 관한 과거의 경험이나 지식을 회상하기 위해 기억에 저장된 정보들을 훑어보는 시도들로 구성된다. 이런 정보 탐색을 **내부 탐색**internal search이라 한다. 일상적이고 반복적인 구매에는 기억에 저장된 이전에 획득된 정보(과거의 경험이나 결과)는 대안 비교와 선택 결정에 충분하다.

내부 탐색으로도 충분한 정보를 얻지 못하면 소비자는 **외부 탐색**external search에 의해 추가적인 정보를 찾을 것이다. 정보의 외부 원천은 다음과 같다.

- 개인적인 원천: 친구, 친척, 동료
- 마케터 원천: 광고, 판매원, 구매시점 전시, 인터넷
- 공중 원천: 잡지와 신문의 기사, 텔레비전 등의 리포트
- 개인의 경험: 실제 제품의 사용, 검증, 실험

도표 4-4는 GfK로퍼GfK-Roper가 소비자들에게 의사결정 시 중요한 것이 무엇인지를 조사한 결과이다. 이용한 외부정보 원천과 그 양의 결정에는 구매 결정의 중요성, 정보획득에 필요한 노력, 과거의 경험, 구매와 관련된 지각된 위험의 정도, 시간의 활용 등 여러 요소들이 포함된다. 예를 들면, 금요일 저녁에 볼 영화를 선택하는 것은 단순하게 친구에게 물어보거나 인터넷의 영화 안내를 찾아본다. 새 자동차 구입과 같은 좀 복잡한 구매 결정은 Road & Track, Motortrend, Consumer Report 검토, 가족들과 친구들과 토론, 온라인 리서치 수행, 자동차 시승 등 많은 정보원천을 이용하게 될 것이다. 이 시점에서 광고 정보는 매우 중요하다.

도표 4-4
GfK로퍼의 조사 결과

The Consumer

WHAT'S IMPORTANT IN BUYING DECISIONS

Roper's syndicated consumer research offers answers to the question: What things are most important in purchase decisions? Percent of adults who cited...

		RACE/ETHNICITY					TECH		
WHAT'S IMPORTANT?	ALL ADULTS	WHITE	AFRICAN-AMERICAN	HISPANIC	"INFLUEN-TIALS"[1]	HAVE CHILDREN AGES 0–17	PC IN HOME	ACCESS WEB AT HOME AND/ OR OFFICE	HOME-OWNERS
Past experience with brand	83%	84%	78%	75%	88%	82%	83%	83%	84%
How quality compares to other brands	63	65	51	62	85	63	68	69	64
Reasonably priced	56	59	49	51	69	55	58	57	58
Personal recommendation of others	48	49	46	36	57	47	49	50	49
Manufacturer's reputation for quality	46	48	35	32	54	42	53	53	49
Well-known/well-advertised	21	21	24	19	18	21	20	21	20
How rated in *Consumer Reports*	15	17	6	11	31	14	18	18	17
Manufacturer's efforts to cut pollution	8	9	7	4	21	8	10	11	9
Manufacturer's trade policies[2]	5	6	3	0	9	2	6	6	6
How manufacturer deals with union labor	5	5	3	5	23	5	6	6	5

1. Consumers identified as "influentials," the 1 in 10 people who strongly influence the other nine. 2. Manufacturer trades with countries that consumer disapproves of. *Source*: GfK-Roper Consulting's syndicated research Aug.–Sept. '06, based on in-person interviews with 2,000 adults age 18+

지각

소비자들이 외부 원천으로부터 정보를 획득하고 이용하는 방법을 알면 마케터들은 커뮤니케이션 전략을 수립하는 데 큰 도움을 받을 수 있다. 마케터들은 (1) 소비자들의 외부 정보를 감지하는 방법, (2) 다양한 정보원천을 선택하고 주의를 기울이는 방법, (3) 정보의 이해와 의미 부여 방법 등에 특히 관심을 가진다. 이런 과정들은 **지각**perception의 모든 부분이다. 지각은 사람이 세상에 대한 의미 있는 모습을 창출해 내기 위해 정보의 수납, 선택, 조직, 해석하는 과정이다. 지각은 개인적인 과정이다. 그것은 개인의 신념, 경험, 니즈, 기분, 기대 등과 같은 내부 요인에 따라 달라진다. 지각 과정은 자극(크기, 색상, 밀도)과 그것이 보이거나 들리는 정황의 특성에 의해 영향을 받는다(사진 4-7).

사진 4-7
트로피카타는 오렌지 쥬스에 초점을 맞추기 위해 색상을 사용한다

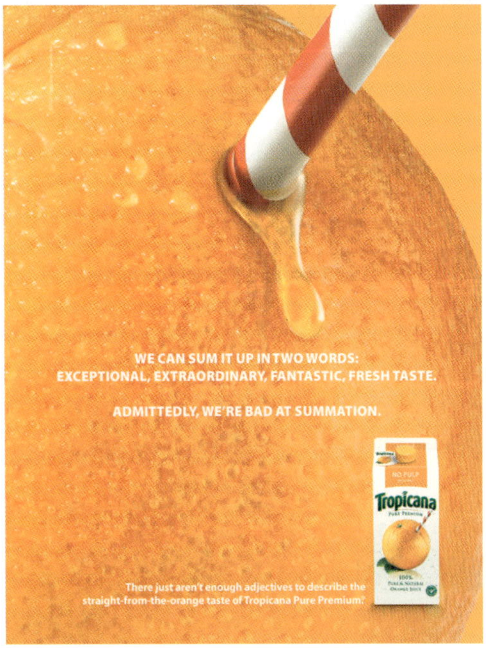

감각 지각에는 세 가지 과정이 있다. **감각**sensation은 광고, 포장, 브랜드명, 구매시점 진열 등과 같은 자극에 대한 감각기관(시각, 촉각, 후각, 미각, 촉각)의 즉각적이고 직접적인 반응이

다. 지각은 자극의 묘사를 창출하기 위해 이런 감각기관을 사용한다. 마케터들이 마케팅 자극에 대한 소비자들의 심리적 반응을 이해하는 것은 매우 중요하다. 예를 들면, 광고나 포장 디자인의 시각적 요소들은 소비자들의 호의적인 주의를 이끌어내야 한다.

마케터들은 광고메시지의 주목 유도를 위해 감각의 입력 수준을 높이려고 한다. 예컨대, 블루밍데일의 뉴욕 지점은 소비자들에게 향수제품을 소개하기 위해 점포 밖의 인도에 도나카란의 신제품 향수 DKNY를 뿌렸다. 크래프트푸드는 신제품 DiGiorno Gatlic Bread Pizza를 향기 나는 스트립 카드와 함께 프로모션한 반면, 에이본Avon은 카탈로그에 향수에서부터 샤워용 거품에 이르는 많은 제품에 향기 나는 스트립카드를 이용하고 있다. 향기 나는 스트립카드는 잡지에 많이 이용되어 왔으며, 잡지 알루어Allure의 독자들을 대상으로 한 연구에서는 86% 독자들이 향기 나는 스트립카드를 시용하였고 72%가 시용 결과 그 제품을 구매하였다고 밝혔다.[6]

정보 선택 감각 입력은 중요하지만 지각 과정의 일부이다. 마케팅 자극이 주목을 끌고 그것들이 이해되는 방법을 결정짓는 다른 요인들은 소비자들의 개성, 니즈, 동기, 기대, 경험 등과 같은 내부의 심리적 요소들이다. 이런 심리적 입력요소들은 사람들이 어떤 것에는 주의를 집중하고 다른 것들은 무시하는 이유를 설명해 준다. 두 사람이 동일한 자극에 대해 매우 다르게 지각하는데, 그 이유는 그들이 다르게 선택하고, 주의를 기울이고 이해하기 때문이다. 사람의 지각 과정은 주로 자신의 니즈와 관련 있는 환경 요소에 집중하고 관련 없는 자극은 무시한다. 컴퓨터, 타이어, 스테레오와 같은 제품 구매를 위해 점포에 있을 때 광고에 많은 주의를 기울이고 있음을 생각해 보라.

정보의 해석 소비자가 자극을 선택하고 주의를 기울인 후에, 지각 과정은 들어온 정보를 조직화하고, 분류하며, 해석하는 것에 중점을 둔다. 이 단계는 사람에 따라 다르고 내부 심리적 요소에 의행 영향을 받게 된다. 입력된 자극에 대해 사람이 내리게 되는 의미와 해석은 어느 정도 자극의 특성에 의존된다. 예를 들면, 많은 광고들은 객관적이고 그것들의 메시지는 명확하고 간단하다. 다른 광고들은 좀 모호하고 그 의미가 소비자들의 개인적 해석에 따라 강한 영향을 받는다.

도표 4-5
선택적 지각 과정

선택적 노출 → 선택적 주의 → 선택적 해석 → 선택적 보유

소비자 지각의 여러 단계에서 선택성이 발생한다. 선택성은 자극이 처리되고 해석되는 방법과 수용에 내외부적 요인들이 영향을 미치는 여과 과정으로 간주된다. 매일 소비자들에게 노출되는 마케팅 자극의 많은 양과 복잡성은 이런 여과가 발생하게 만든다. **선택적 지각**selective perception은 도표 4-5와 같이 노출, 주의, 이해, 지각의 보유 단계에서 발생된다.

선택적 지각 **선택적 노출**selective exposure은 소비자들이 그 정보의 활용 여부를 선택할 때 발생한다. 예를 들면, 텔레비전을 보고 있는 사람이 광고방송 시간에 채널을 돌리거나 다른 곳으로 가버릴 수도 있다.

선택적 주의selective attention는 다른 자극들은 배제하는 반면 어떤 자극에 대해서는 초점을 두는 경우에 발생한다. 선택적 주의에 관한 한 연구에서, 전형적인 소비자는 하루에 약 1,500여 개의 광고에 노출되지만 이런 메시지들의 단지 76%만 지각한다고 주장하였다.[7] 다른 연구에서는 하루에 4,000개 이상의 자극에 노출된다고 평가하고 있다. 이것은 광고주들이 자사의 메시지가 주의를 끌도록 만들어야 한다는 것을 의미한다. 예를 들면, 어떤 광고주들은 자신들의 광고를 흑백 배경에 제품을 컬러로 보여 줌으로써 다른 광고들보다 돋보이게 한다. 이 크리에이티브 전술은 Cherry 7UP, Nuprin, Pepto-Brismol, Tropicana 등의 제품 광고에서 이용된다. 사진 4-8의 VO5광고에서는 빨강색이 제품 라인, 포장, 브랜드 정체성을 강조하면서 주의를 끌기 위해 이용되고 있다.

사진 4-8
VO5로 주목을 유도하기 위해 컬러가 이용되고 있다.

소비자들이 광고주의 메시지를 주목하는 경우에도 의도된 대로 해석되리라는 보장은 없다. 소비자들은 **선택적 해석**selective comprehension을 할 수도 있는데, 이는 소비자들의 신념, 태도, 동기, 경험에 근거하여 정보를 해석하기 때문이다. 소비자들은 자신의 입장을 지지하는 방식으로

정보를 해석한다. 예를 들면, 소비자들이 좋아하는 브랜드를 폄하하는 광고는 편향되거나 거짓말을 하는 것으로 간주될 수 있어, 메시지의 주장이 수용되지 않을 수도 있다.

도표 4-5의 마지막 차단 과정은 **선택적 보유**selective retention인데, 이것은 비록 주의를 기울이고 이해한 후에라도 소비자들이 그 정보를 보고, 듣고, 읽은 정보를 모두 기억하지는 않는 것이다. 광고주들은 제품을 구매할 때에 그 정보가 이용되도록 소비자들의 기억에 정보가 확실히 보유하도록 해야 한다. 학습과 기억과정에 도움이 되는 심볼, 운rhyme, 연상, 이미지 같은 **연상기호**mnemonics는 매우 유용하다. 광고주들은 회사 이름을 크게 외치고 기억하기 쉽도록 전화번호를 이용한다(예: 1-800-GOFEDEX).

식역하 지각 광고주들은 소비자들이 관련이 없거나 원하지 않는 광고메시지를 걸러내기 위해 선택적 지각을 이용하고 있음을 알고, 자사의 메시지가 주목을 받을 수 있도록 여러 가지 전술들을 이용한다. 사용을 비난해 왔던 역설적인 전술의 하나는 소비자들의 무의식에 소구하는 것이다. **식역하 지각**subliminal perception은 의식적 인지 수준 이하의 자극을 지각하는 능력을 말한다. 심리학자들은 일반적으로 자극들에 대한 의식적 인지 없이도 어떤 것들을 지각할 수 있다는 것에 동의한다.

소비자들에게 영향을 주기 위해 식역하의 소리 메시지나 시각적 단서들과 같은 숨은 설득자의 사용 가능성은 광고주들이 강한 흥미를 가질 수 있지만 소비자들에게는 그다지 환영받지 못할 수도 있다.

대안 평가

의사결정 과정의 정보탐색 단계에서 정보를 획득한 후에, 소비자들은 대안평가 단계로 넘어간다. 이 단계에서는, 소비자들은 의사결정 과정을 개시하도록 만든 니즈나 동기를 충족시키고 소비문제를 해결할 수 있는 것으로 파악된 여러 가지 브랜드, 제품이나 서비스를 비교한다. 대안평가 과정에서는 구매 고려 선택 대상으로 파악된 다양한 브랜드를 소비자 **환기세트**evoked set라 부른다.

환기세트 환기세트는 소비자들이 알고 있는 모든 브랜드들 중의 일부 브랜드이다. 소비자들은 대안 평가 단계에서 검토된 브랜드의 수를 관리할 수 있는 수준까지 줄인다. 환기세트의 숫자는 사람마다 다르고 소비자들이 대안들을 비교하는 데 사용하는 시간과 에너지의 양과 구매의 중요성과 같은 요인들에 따라 달라진다.

대부분의 광고와 프로모션 전략 목표는 대안평가 단계에서 그 브랜드가 소비자들의 환기와 고려 세트에 포함될 가능성을 높이는 것이다. 마케터들은 자사의 브랜드가 표적 소비자들의 환기세트의 일부가 되도록 만들기 위해 **최초상기**top-of-mind awareness 창출 방법을 이용한다. 대규모 광고 예산을 가지고 있는 유명한 브랜드들은 높은 인지수준을 유지하고 시장에서 그 제품에 대한 소비자들의 구매 고려 가능성을 높이기 위해 **상기광고**reminder advertising를 활용한다. 새로운 브랜드나 시장점유율이 낮은 마케터들은 소비자들 사이에서 인지도를 확보하고 소비자들의 환기세트에 진입해야 한다. 미시건 주가 살기 좋고 사업하기 좋은 곳으로 프로모션하는 광고가 제품과 브랜드와는 다른 맥락을 이용한 전략을 보여주고 있다(**사진 4-9**). 이 광고는 미시건의 많은 편익을 제시하고 사업을 시작하거나 이전할 장소로서의 환기세트로 미시건을 고려하도록 기업 관점을 프로모션한다. 그러나 마케터들은 역시 구매 결정이 이루어지는 실제 환경에서 자신들의 브랜드를 프로모션하는 작업을 수행해야 한다. 점포 내 견본품, 복도 끝 진열, 특별가격 제시 등과 같은 구매시점 광고물과 프로모션 기법들은 소비자들로 하여금 초기에 진입하지 못했던 브랜드들을 환기세트에 고려하도록 만든다.

사진 4-9
미시건 주는 기업이 활동하기 좋은 곳으로 환기세트에 포함되기를 바란다.

평가 차원과 결과 소비자들이 환기세트를 파악하고 대안의 목록을 만든 후, 그들은 여러 브랜드들을 평가해야 한다. 소비자들에게 중요한 특정 차원들에 대하여 선택 대안을 비교하는 것이 평가이다. 각각의 대안들을 비교하는 데 이용될 제품이나 서비스의 영역 또는 속성들이 평가 차원이다. **평가 차원**

evaluative criteria은 객관적이거나 주관적인 것들이 될 수 있다. 예를 들면, 자동차 구매에 있어서 소비자들은 가격, 보증기간, 연비와 같은 객관적인 속성들과 이미지, 스타일, 성능과 같은 주관적인 속성들을 이용한다.

평가 차원은 주로 제품이나 서비스의 속성들로 검토된다. 많은 마케터들은 자신들의 제품이나 서비스를 **속성묶음**bundle of attributes으로 보지만, 소비자들은 그 대신 결과나 성과라는 용어로 제품이나 서비스를 생각한다. 소비자들은 두 가지 결과 유형을 구별한다. **기능적 결과**functional consequence는 소비자들이 직접 경험하고 유형적인 것으로 제품 또는 서비스의 구체적인 결과를 가리킨다. 청량음료나 토마토 칩의 맛, 자동차의 가속력, 인터넷 서비스의 속도 등은 기능적 결과의 예이다. **심리적 결과**psychosocial consequence는 제품에 대한 느낌, 제품의 구입과 사용에 대해 타인의 시각 등과 같은 무형적, 심리적, 개인적인 추상적 결과를 가리킨다.

소비자들이 특정 브랜드에 대해 경험하게 될 제품/서비스 속성과 결과 또는 성능은 매우 중요하다. 왜냐하면 그들이 형성한 태도와 구매의도에 근거하여 선택 대안들 중에서 결정을 하기 때문이다. 대안평가 과정에서 매우 중요한 두 가지 하위 과정들이 있다. (1) 소비자 태도 창출, 강화, 변화의 과정, (2) 소비자들이 브랜드를 비교하고 구매 결정을 내리는데 이용하는 의사결정 규칙과 통합 전략. 이들에 대해서 구체적으로 살펴보자.

태도

태도는 어떤 대상에 대한 반응하는 학습된 편선향이며 소비자행동 연구에서 가장 많이 다루는 개념이다.[8] 보다 최근의 관점에서는 태도를 어떤 대상에 대한 사람들의 평가나 전반적인 감정으로 검토된다.[9] 소비자들은 유명인, 브랜드, 제품 범주, 소매점 또는 광고와 같은 것들을 포함한 대상들에 대한 태도를 가지고 있다.

태도가 어떤 대상에 대한 소비자들의 평가를 이론적으로 요약하고 긍정적 또는 부정적 감정과 행동의도를 나타내기 때문에 마케터들에게는 매우 중요하다. 마케터들의 태도에 대한 열렬한 관심은 그것이 소비자들의 구매 행동과 관련이 있다는 가정에 근거한다. 광고와 프로모션은 새로운 제품이나 서비스에 대한 우호적 태도를 창출하고 현존하는 호의적 태도를 강화하며 부정적 태도를 바꾸기 위해 이용된다. 특히 광고와 관련된 태도를 연구하고 측정하는 방법은 다속성태도모델이다.

다속성태도 모델 소비자 조사자들과 마케팅 실무자들은 20여 년간 소비자 태도를 연구하기 위해 다속성태도 모델을 이용해 오고 있다. **다속성태도 모델** multiattribute attitude model은, 제품이나 서비스 같은 대상이 소비자들의 태도 형성에 기초를 제공하는 많은 속성을 가지는 것으로 본다. 이 모델에 따르면 소비자들은 특정 브랜드 속성에 대해 신념을 가지고 이들 속성들에 대한 다른 중요성의 수준을 부여한다. 이 접근법을 이용하여 특정 브랜드에 대한 태도는 다음과 같이 나타낼 수 있다.

$$A_B = \sum_{i=1}^{a} B_i \times E_i$$

A_B = 브랜드에 대한 태도

B_i = 속성 i의 성과에 대한 신념

E_i = 속성 i에 부여된 중요성

n = 속성의 수

예를 들면, 소비자는 다양한 치약 브랜드에 대하여 속성에 근거해서 신념(B_i)을 가진다. 한 브랜드는 불소 성분이 있는 것으로 지각될 수 있고 따라서 충치를 예방하고 향기도 좋으며 치석 발생을 억제할 수 있는 것으로 지각될 수 있다. 다른 브랜드는 이런 속성들을 가지고 있지는 않지만, 소비자들은 구강청량과 치아 미백 같은 다른 속성을 가진 것으로 믿을 수 있다.

태도를 예측하기 위해, 소비자들이 속성(E_i)들의 각각에 부여하는 중요성 정도를 알아야 한다. 예컨대, 자녀용 치약을 구입하는 부모들은 치석 예방에 성능이 뛰어난 브랜드를 선호할 수 있고, 주 브랜드first brand에 대한 보다 우호적인 태도를 유도하여 선호도를 가질 수 있다. 10대와 청소년들은 입냄새를 제거하고 하얀 치아를 만들어 주는 브랜드를 선호하여 부 브랜드second brand로 선호하게 된다.

소비자들은 모든 제품 또는 서비스 범주의 브랜드들에 대하여 각각의 많은 신념들을 가지고 있다. 그러나 이 신념들 모두가 태도를 형성하는 데 활성화되지는 않는다. 활성화되고 태도의 기초를 형성하는 특정 속성 또는 중요한 결과를 가져다주는 신념들을 **부각적 신념**salient belief이라 일컫는다. 마케터들은 이러한 부각적 신념들을 파악하고 이해해야 하며, 신념의 부각은 다른 소비상황, 시간의 경과, 다른 세분시장에 따라 변화한다는 사실을 인지해야 한다.

태도변화 전략 다속성 모델은 마케터들이 소비자 태도의 근본적인 기초를 이해하고 진단하는 데 도움이 된다. 소비자들의 브랜드 평가와 다양한 태도나 결과의 중요성의 기저를 이루고 있는 신념들을 이해함으로써, 마케터들은 브랜드 태도의 창출, 변화, 강화를 위한 커뮤니케이션을 더 잘 개발할 수 있다. 다속성모델은 마케터들이 소비자 태도에 영향을 줄 수 있는 다양한 방법들에 대한 시사점을 제공하며, 다음과 같은 것들을 포함한다.

- 중요한 속성에 대한 브랜드 신념 평가 또는 강점의 증대나 변화
- 속성의 중요도나 가치에 대한 소비자들의 지각 변화
- 태도형성 과정에서 새로운 속성의 추가
- 경쟁 브랜드에 대한 신념 평가의 지각 변화

마케터들은 첫 번째 전략을 주로 이용한다. 그들은 중요한 속성이나 결과를 파악하고, 자사의 브랜드가 그것을 잘 수행하는 것임을 소비자들에게 알려준다. 소비자들이 마케터의 브랜드가 중요한 속성을 가지고 있는 것으로 지각하기 않거나 신념 강도가 낮은 상황에서는, 광고 전략은 신념평가를 변화시키는 것이 목표가 되어야 한다. 신념 강도가 높은 경우에도, 중요한 속성에 대한 브랜드 평가를 높이기 위해 광고를 해야 한다. BMW의 "최상의 자동차The ultimate driving machine" 캠페인은 광고를 통해 신념과 강화를 창출하기 위한 전략의 본보기가 된다.

사진 4-10
미쉐린은 광고에서 높은 연비와 안전도를 강조한다.

마케터들은 특정 속성의 상대적 중요성을 인식하게 함으로써 소비자들의 태도에 영향을 주려고 한다. 이 전략은 브랜드에 대한 태도 형성 시 소비자들이 그 속성에 대해 더 중요도를 부여하도록 만드는 것이다. 이 전략을 사용하는 마케터들은 자신들의 특정 브랜드가 가지는 속성의 중요도를 증대시키기를 바란다(**사진 4-10**).

소비자들에게 영향을 주도록 하는 세 번째 전략은 소비자들이 브랜드 평가에 이용할 수 있는 새로운 속성을 첨가하거나 강조하는 것이다. 마케터들은 제품의 개선 또는 부가적 편익의 강조나 그 브랜드 이용과 연결된 결

과에 초점을 둠으로써 이 전략을 자주 이용한다.

마지막 전략은 경쟁 브랜드나 제품 범주의 속성에 관한 소비자들의 신념을 변화시키는 방법이다. 이 전략은 비교 광고에서 많이 나타나는데, 마케터가 특정 제품의 속성에 관해 자신들의 브랜드를 경쟁사 브랜드와 비교한다.

통합과정과 의사결정 원칙

대안평가 과정의 또 하나의 중요한 측면은 구매 결정에 도달하기 위해 브랜드들의 특성에 대해 정보를 결합시켜 나가는 방법이다. **통합과정**integration process은 제품 지식, 의미, 신념들이 두 개 이상의 대안을 평가하기 위해 통합되는 방법이다.[10] 통합과정의 분석 단계에서는 구매 대안들 가운데 소비자들이 결정하는 데 이용될 전략이나 의사결정 규칙의 종류에 주안점을 둔다.

소비자들은 특정 속성에 대해 대안 비교와 검토를 요구하는 의사결정 규칙이나 공식적인 통합전략을 이용함으로써 구매 선택이 이루어진다. 이 과정은 속성별로 정교한 대안 평가를 포함한다. 소비자들이 공식적인 의사결정 규칙을 적용할 때, 마케터들은 소비자들이 요구하는 정보를 제공하기 위해 어떤 속성들이 고려되어야 할지를 알 필요가 있다.

소비자들은 **휴리스틱**heuristic으로 알려진 매우 단순한 의사결정 규칙을 이용하여 구매 결정을 내리기도 한다. 구매빈도가 높은 친숙한 제품에 대해서, 소비자들은 가격 중심 또는 프로모션 중심의 휴리스틱을 이용할 수 있다.

휴리스틱의 한 형태는 **감정참조 규칙**affect referral decision rule인데, 여기서는 소비자들이 여러 대안에 대한 전반적인 인상이나 요약 평가에 근거하여 선택을 한다. 이 결정규칙은 소비자들이 구매시점에서 접근할 수 있는 기억 속에 저장된 브랜드의 감정적 인상을 가진다는 것을 전제로 한다.

친숙하고 인기 있는 브랜드를 판매하는 마케터들은 자사의 제품에 대하여 전반적인 정서적인 느낌이나 인상을 강조함으로써 감정적 참조 규칙에 소구한다, 자사의 제품이 강한 전체 브랜드 이미지를 가지고 있는 시장리더는 감정affect에 소구함으로써 브랜드를 프로모션하는 광고를 자주 이용한다.

구매 결정

구매과정의 어떤 시점에서 소비자들은 환기세트의 브랜드에 대한 정보를 탐색하거나 평가하는 것을 멈추고 구매 결정을 해야 하기도 한다. 대안평가 단계의 결과로써, 소비자들은 어떤 브랜드를 구입하기 위해 구매 의도나 성향을 개발할 수도 있다. **구매 의도**purchase intention는 일반적으로 구매동기와 고려하고 있는 브랜드들의 속성이나 특성들의 조화에 기초를 둔다. 구매의도 형성은 동기, 지각, 태도 형성, 통합 등과 같은 개인적인 하위 과정들을 포함한다.

구매 결정은 실제 구매와 동일한 것은 아니다. 소비자들이 일단 구매할 브랜드를 선택하면, 그는 그 결정을 실행하고 실제 구매를 해야 한다. 구입 시기, 구입 장소, 지출금액 결정 등과 같은 추가적인 결정이 필요할 수도 있다. 특히 자동차, PC, 소비재 내구재와 같은 고관여 상태이면서 복잡한 구매에는 구매 의도 형성이나 구매 결정과 실제 구매 사이에는 시간적 차이가 있다.

소비자 포장제품과 같이 저관여 품목들을 포함하는 비내구재 제품에는 의사결정과 실제 구매 사이의 시간이 짧다. 집을 나서기 전에 소비자들은 특정 브랜드를 포함하는 쇼핑 목록을 만들 수 있다. 이는 소비자들이 **브랜드 충성도**brand loyalty—반복구매 결과를 가져오게 하는 특정 브랜드에 대한 선호도—를 개발하기 때문이다. 브랜드 충성도는 비내구재에 국한되지 않는다. 소비자들은 제품이나 서비스에 대해 여러 유형의 충성도를 개발한다. 마케터들은 소비자들이 브랜드 충성도를 개발하고 유지하도록 노력한다. 그들은 소비자들 앞에서 자사의 브랜드명을 기억하도록 상기광고를 이용하고, 점포 내에서는 눈에 띄는 선반 위치와 진열을 유지하며, 소비자들이 브랜드 전환을 단념하도록 주기적인 프로모션을 실행한다.

소비자들의 브랜드 충성도를 획득하고 유지하는 것이 쉽지는 않다. 아메리카은행Bank of America은 단 1년만에 자사에 대한 고객들의 충성도가 1위에서 바닥으로 떨어진 것을 경험하였다. 경쟁기업들은 소비자들로 하여금 자사의 브랜드를 사용하도록 만들기 위해 여러 가지 기법들을 이용한다. 도표 4-6은 이런 목표를 달성한 몇몇 브랜드이다. 마케터들은 브랜드 전환을 하는 고객들을 대체하는 동시에 자사의 충성 소비자들을 유지하기 위해 치열한 경쟁을 계속 해야 한다.

이미 살펴 본 바와 같이, 비내구재와 편의품의 구매 결정은 주로 점포 내에서

범주	1위 브랜드
항공사	Jet Blue
운동화	New Balance/Nike (공동)
자동차	Hyundai
은행	Wells Fargo
렌터카	Avis
의류	J. Crew
컴퓨터	Apple
신용카드	American Express/Discover (공동)
디지털 카메라	Canon/Nikon (공동)
DVD 플레이어	Samsung

범주	1위 브랜드
저녁뉴스	CBS
HDTV	Sony/Samsung (공동)
고급호텔	InterContinental
세탁기 세제	Tide
온라인 여행	Expedia/Kayak (공동)
청량음료(일반/다이어트)	Pepsi/Diet Pepsi
치약	Tom's of Maine
보드카	Grey Goose
무선전화서비스	AT &T Wireless

도표 4-6
최상의 브랜드 충성도를 가진 브랜드

자료: www.brandkeys.com/awards, 2010.

이루어지고, 거의 동시에 구매가 발생된다. 마케터들은 소비자들이 빨리 인식하고 고려하도록 만들기 위해 자사 브랜드들을 최초상기를 가지도록 확실하게 해야 한다. 포장, 선반 진열, 구매시점 촉진물, 포장에 부착된 쿠폰이나 프리미엄 제공 같은 프로모션 도구들은 구매시점에서 건설적인 과정을 통해서 만들어져 의사결정에 영향을 줄 수 있다.

구매 후 평가

소비자 의사결정 과정은 구매에서 끝나지 않는다. 제품이나 서비스의 사용 후에 소비자들은 기대와 성과를 비교하여 만족하거나 불만족 하게 된다. 소비자들의 기대가 충족되거나 초과할 때 만족이 발생한다. 불만족은 성과가 기대 이하일 때 발생한다. 구매 후 평가 과정은 제품의 실제 사용으로부터 획득된 피드백은 앞으로 구매 가능성에 영향을 주기 때문에 매우 중요하다. 나쁜 성과는 소비자들로 하여금 그 브랜드에 대한 부정적 태도를 형성하게 만들고 다시 그 제품을 구입할 가능성을 낮추거나 심지어는 환기된 세트에서 제외시킬 가능성도 있다.

구매에 대한 결과로 발생할 가능성이 높은 것은 **인지 부조화**cognitive dissonance이다. 이것은 힘든 구매 결정이 이루어진 후에 소비자들이 경험하는 구매 후 의심이나 심리적 긴장에 대한 감정을 가리킨다. 부조화는 소비자들이 근접해 있는 대안

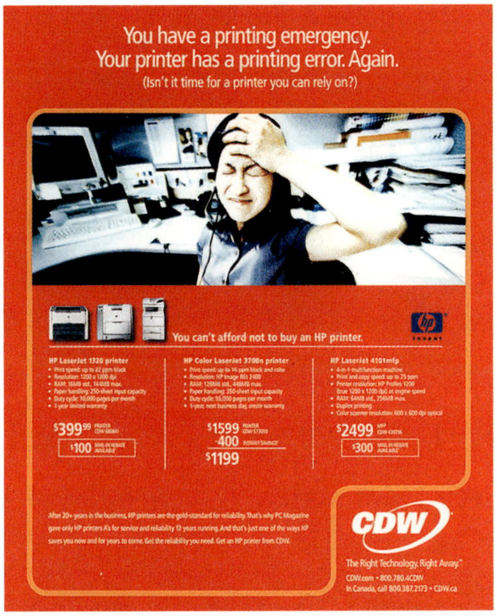

사진 4-11
어떤 기업들은 소비자 불만족에 관한 사항을 이용하기도 한다.

들 중에서 선택해야 하는 중요한 의사결정에서 발생할 가능성이 높다. 특히 선택하지 않은 대안이 선택된 대안에 없는 독특하거나 바람직한 특성을 가지는 경우 특히 그러하다.

인지 부조화를 경험한 소비자들은 이를 축소하기 위해 여러 가지 전략들을 이용할 수 있다. 그들은 자신들의 구매 결정의 현명함을 확인하기 위해 다른 사람들의 의견이나 안심할 수 있는 것들을 탐색하고, 선택하지 않은 대안에 대한 의견이나 태도를 평가절하하며, 자신의 결정을 지지하지 않는 모든 정보를 부정하거나 왜곡하기도 하고, 자신의 선택을 지지하는 정보를 탐색하기도 한다. 소비자들이 스스로 선택한 브랜드의 광고에 더 주목하려고 할 때 중요한 지지적 정보원천은 광고이다.[11] 따라서 기업이 소비자들로 하여금 자사의 브랜드 구매를 강화하기 위해 광고를 하는 것은 매우 중요하다.

마케터들은 구매 후 커뮤니케이션이 중요하다는 것을 깨달았다. 어떤 기업들은 구매자들을 안심시키고 그들의 결정이 현명했다는 것을 확신시키기 위해 후속 서신과 브로셔를 발송한다. 또 구입한 제품에 대한 불평이나 질문 또는 정보가 필요한 경우 전화를 걸 수 있는 무료요금 전화번호나 이메일 등을 보내준다. 마케터들은 고객만족을 위해 자유로운 반품과 환불정책, 보증기간과 품질보증 확대 등을 제공한다. **사진 4-11**에서 보는 바와 같이 어떤 기업들은 새로운 사업 획득을 위한 기회로 구매 후 불만족을 이용하고 있다.

소비자 의사결정의 변수

앞에서는 소비자 의사결정의 일반적인 모델을 설명하였다. 그러나 소비자들은 항상 구매의사 결정의 5단계를 모두 거치거나 제시된 과정을 연속적으로 진행하지는 않는다. 그들은 이전에 제품이나 서비스를 구매한 경험이 있거나 구매 결정이 개인적으로, 사회적으로 또는 경제적으로 중요도가 낮은 경우 하나 이상의 단계를 생략하거나 최소화할 수도 있다. 효과적인 프로모션 전략과 프로그램 개발을 위해, 마케터들은 표적 소비자들이 구매 결정을 하는 데 이용되는 문제 해결 과정을 이해할 필요가 있다.

소비자 구매의사 결정은 습관적 또는 일상적 선택과정에 근거한다. 저가제품, 구매빈도가 잦은 제품의 의사결정 과정은 문제 인식 순간에 발생하고, 빠른 내부 탐색을 하여 의사결정을 한다. 이 경우 소비자들은 외부탐색이나 대안 평가에 노력이나 시간을 거의 소비하지 않는다.

일상적 구매 특징을 가진 제품을 판매하는 마케터들은 자사 브랜드가 환기세트에 포함되도록 해야 한다. 강력한 시장점유율을 가진 브랜드들은 환기세트에 포함될 가능성이 높다. 이런 브랜드 마케터들은 소비자들이 일상적 선택 과정에 따르고 자사 제품을 계속 구매하기를 바란다. 이것은 상기광고, 주기적 프로모션, 점포 내 선반 위치의 부각 등을 통해서 높은 수준의 브랜드 인지도를 유지해 나가야 한다.

신규 브랜드나 낮은 시장점유율을 가진 브랜드는 이와는 다른 문제에 봉착한다. 이런 브랜드의 마케터들은 소비자들의 일상적 선택을 방해하고 소비자들이 다른 대안을 고려하도록 만드는 방법을 찾아야 한다. 무료 샘플, 특별할인가 제공, 고가의 쿠폰 발급 등과 같은 형태의 판매촉진 전략과 함께 시용이나 브랜드 전환을 유도하는 광고가 이용될 수 있다.

사진 4-12
아메리프라이스는 소비자들의 확장된 문제를 해결하는 것을 다루면서 마케터들이 소구하는 방법을 보여 주고 있다.

소비자들이 특정 제품이나 서비스 구매 경험이 적거나, 구매의사 결정 과정에서 이용할 기준이나 브랜드 지식이 부족한 경우에는 좀 더 복잡한 의사결정 과정이 발생한다. 소비자들은 의사결정 과정에서 이용되는 속성과 차원 및 다양한 대안들이 이 차원들에 대해 어떤 성과를 내는지를 알아야 한다. 마케터들은 소비자의 문제를 해결할 수 있는 제품이나 서비스에 대해서는 소비자들의 결정에 이용될 수 있도록 해야 한다. 브랜드에 대한 상세한 정보를 제공하는 광고와 그 광고가 소비자들의 구매 동기와 목표에 초점을 맞추는 것은 매우 중요하다. 판매원들은 자사 제품이나 서비스의 편익이 경쟁제품에 비해 탁월하다는 것을 설명할 수 있어야 한다.

사진 4-12의 아메리프라이스 파이낸셜 광고는 재무 계획 고려 시에 확장된 문제해결을 하려는 소비자들에게 소구하는 좋은 예이다. 광고가 목표를 달성하려는 소비자들을 설득해 나가는 방법을 생각해 보라. 전문적인 조언과 다양한 옵션들은 소비자들에게 도움이 될 수 있다. 광고에서 무료 통화가 가능한 전화번호와 웹사이트를 제공함으로써 좀 더 상세한 정보를 이용할 수 있게 만든다.

소비자 학습 과정

소비자들의 구매 의사결정은 제품이나 서비스의 특성, 제품에 대한 소비자들의 경험 정도, 구매의 중요도와 같은 많은 변수에 따라 달라진다. 그중 한 요인은 제품 또는 서비스에 대한 소비자들의 관여이다. 5장에서는 관여의 개념, 고관여와 저관여 의사결정의 차이점, 광고와 프로모션 전략 개발을 위한 관여의 시사점 등을 살펴보기로 한다.

소비자행동 연구는 인지적 관점에서 의사결정 과정을 조명해 왔다. 5단계 의사결정 과정 모델은 소비자들을 다양한 대안을 평가하고 그것들이 자신의 구매동기나 니즈를 어느 정도 충족시켜 주는지를 결정하기 위한 여러 가지 정신적 과정에 관여하는 문제 해결자와 정보 처리자로 간주한다. 그러나 소비자들이 구매 결정 과정에 이용할 지식과 경험을 얻는 방법에 관해서는 다른 관점들이 있다. 이런 관점을 이해하기 위해, 광고와 프로모션을 위한 시사점과 학습에 대한 다양한 접근법을 공부해 보기로 한다.

소비자 학습은 '사람이 미래의 관련 행동에 적용할 구매, 소비 지식, 경험들을 획득하는 과정'이라 정의된다.[12] 학습에 대한 두 가지 기본적인 접근 방법에는 행동학습이론과 인지학습이론이 있다.

행동학습이론

행동학습이론은 행동을 유발하는 외부 자극의 역할을 강조한다. 즉 소비자들은 내부 심리적 과정을 최소화한다는 것이다. 행동학습이론은 자극-반응에 기초를 두고, 학습은 환경의 외부적 자극에 대한 반응의 결과로써 발생한다는 것을 전제한다. 행동학습 이론가들은 자극과 반응의 결합을 통해 학습이 일어난다고 믿는다. 행동학습이론의 두 가지 접근법인 고전적 조건화와 작동적 조건화를 살펴보자.

고전적 조건화 **고전적 조건화**classical conditioning는 학습이 자극과 반응 사이에 이미 존재하고 있는 관계를 연합하는 과정이라는 것을 전제한다. 고전적 조건화는 러시아의 생리학자인 파블로프에 의해 실행된 동물 연구결과로부터 알려진 학습 형태이다. 파블로프는 개에게 음식을 주면서 개가 음식을 보는 순간 침을 분비하는 사실을 발견하였다. 음식과 침 분비 간의 관련은 학습된 것이 아니다. 그것은 반사적인 반응이다. 왜냐하면 이 관련성은 조건화 과정 이전에 존재하기 때문이다. 음식은 무조건자극이고 침 분비는 무조건 반응으로 불린다. 침 분비가 다른 중립적 자극에 대해서도 발생되는지를 살펴보기 위해 파블로프는 음식을 주면서 벨소리와 연합해 보았다. 실험을 반복한 후에, 개는 벨만 울려도 침을 분비하였다. 이리하여, 벨소리가 초기의 무조건 반응과 유사한 **조건 반응**conditioned response을 이끌어내는 **조건 자극**conditioned stijulus이 되었다.

연합의 과정을 통해서 발생되는 학습에는 두 가지 요인이 중요하다. 첫째 요인은 인접contiguity인데, 이것은 무조건 자극과 조건 자극이 시간과 공간적으로 매우 근접해야 한다는 것을 의미한다. 파블로프의 실험에서, 두 자극이 시간적으로 근접하여 제시되었기 때문에 개는 벨소리와 음식이 연합되어 있음을 학습한다. 두 번째로 중요한 원칙은 반복 또는 연합의 횟수이다. 무조건 자극과 조건 자극이 함께 자주 발생할수록 두 자극 간의 연합이 더 강해질 것이다.

고전적 조건화의 적용 고전적 조건화를 통한 학습은 마케팅에서 중요한 역할을 한다. 구매자들은 연합의 과정을 통해서 여러 가지 브랜드의 우호적 인상과 이미지를 형성하도록 조건이 부여될 수 있다. 광고주들은 소비자로부터 긍정적 반응을 환기하는 것으로 알려진 지각, 이미지, 감정 등과 자사의 제품을 연합하려고 노력한다. 많은 제품들이 이미지 광고를 통해 프로모션되는데, 이런 광고에서는 브랜드가 즐거운 기분을 끌어내는 무조건 자극과 연합되도록 나타낸다. 브랜드가 이런 무조건 자극과 동시에 함께 제시되면, 이 브랜드 자체가 동일한 호의적 반응을 끌어내는 조건 자극에 된다.

도표 4-7은 이런 과정의 도해를 제공하고, **사진 4-13**의 롤리팝 블링 광고는

도표 4-7
고전적 조건화 과정

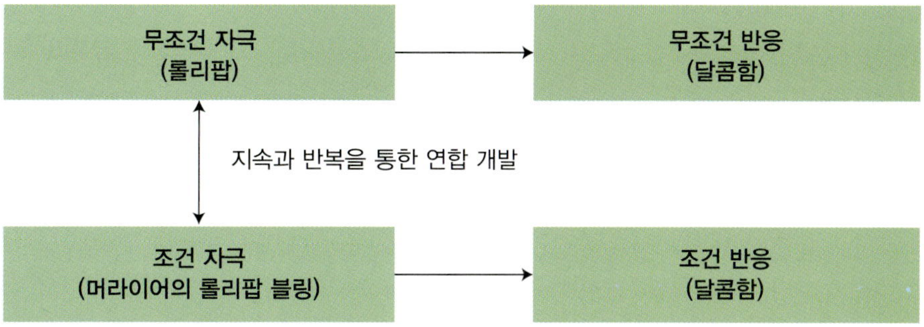

사진 4-13
머라이어 캐리의 새로운 향수는 제품과 막대사탕의 달콤함과 스타일을 연합한다.

이 전략이 적용되는 것을 보여준다. 이 광고가 롤리팝(막대사탕)의 모습과 달콤함을 제품과 연합하는 방법을 관찰해 보라. 이 브랜드 포지셔닝은 이러한 연합을 나타낸다.

고전적 조건화는 제품이나 서비스가 호의적인 감정 상태와 연합될 수 있다. 제랄드 곤Gerald Gorn은 광고의 배경 음악이 제품 선택에 영향을 미치는 방법을 연구하기 위해 이것을 이용하였다.[13] 그는 피험자들이 싫어하는 음악보다는 좋아하는 것을 배경음악으로 만들어 제시되는 경우에 제품을 선택할 가능성이 높다는 사실을 발견하였다. 고전적 조건화를 통해 광고 제품과 연합이 되었기 때문에 광고에 의해 창출된 감정은 중요하다는 결과가 제시되었다. 다른 연구에서는 메시지와 일치되는 음악은 광고 회상과 재인recognition을 강화한다는 것을 보여주었고,[14] 음악은 광고 슬로건 회상을 강화하는 연상기호 도구로 사용될 수 있다. 광고주들은 종종 중립 제품이나 서비스를 유머, 재미있는 스포츠 행사, 대중가요 등과 같은 긍정적 감정을 야기하는 이벤트나 상황과 연합하려는 시도를 한다.

작동적 조건화 고전적 조건화는 사람을 학습과정에서 단순히 자극을 받아들이는 수동적 참여자로 간주한다. 조건화는 반응에 앞서 발생하는 자극 노출의 결과로 일어난다. **작동적 조건화**operant conditioning 이론에서는, 사람은 학습을 위해 발생하는 여러 가지 환경적 양상에 대해 능동적으로 조작하거나 행동한다는 것이다. 작동적 조건화는 도구적 조건화로 불리기도 하는데, 이는 사람이 반응하는 것은

도표 4-8
마케팅에서의 작동적 조건화

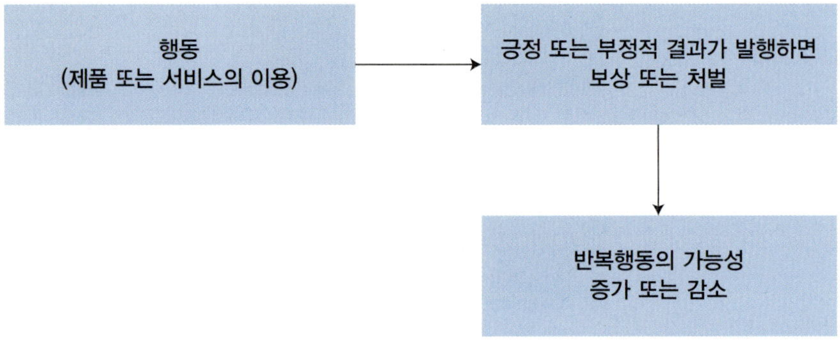

긍정적인 강화(보상)나 부정적 강화(처벌)를 얻기 내는 도구가 되기 때문이다.

특별한 반응과 연합된 보상이나 호의적 결과인 **강화**reinforcement는 작동적 조건화에 있어서 중요한 요소이다. 강화된 행동은 자극과 반응 간의 결합을 튼튼하게 만든다. 따라서 소비자가 광고에 반응하여 어떤 제품을 구입하고 긍정적인 성과를 경험하게 되면, 그 소비자는 이 제품을 재구매할 가능성이 증가할 것이다. 제품의 성과가 좋지 않으면, 그 제품을 구입할 가능성은 줄어든다.

도표 4-8은 작동적 조건화 원리가 마케팅에 적용될 수 있음을 보여준다. 기업들은 제품이나 서비스를 고객들에게 제공하고 반복구매 가능성을 강화하기 위해 그들에게 보상을 제공한다. 강화는 광고에도 적용될 수 있다. 광고는 소비자들이 제품이나 서비스로부터 얻게 될 편익이나 보상을 강조한다. 광고가 소비자들로 하여금 불쾌한 결과를 피하기 위해 특정한 제품이나 브랜드를 이용하도록 권장할 때에도 강화가 발생된다. 예를 들면, 사진 4-14의 교세라Kyosera의 인쇄광고는 인쇄 비용이 많이 드는 부정적 결과를 피하는 데 도움이 될 것이라는 것을 보여준다.

사진 4-14
교세라는 부정적 결과를 피하는 방법을 보여준다.

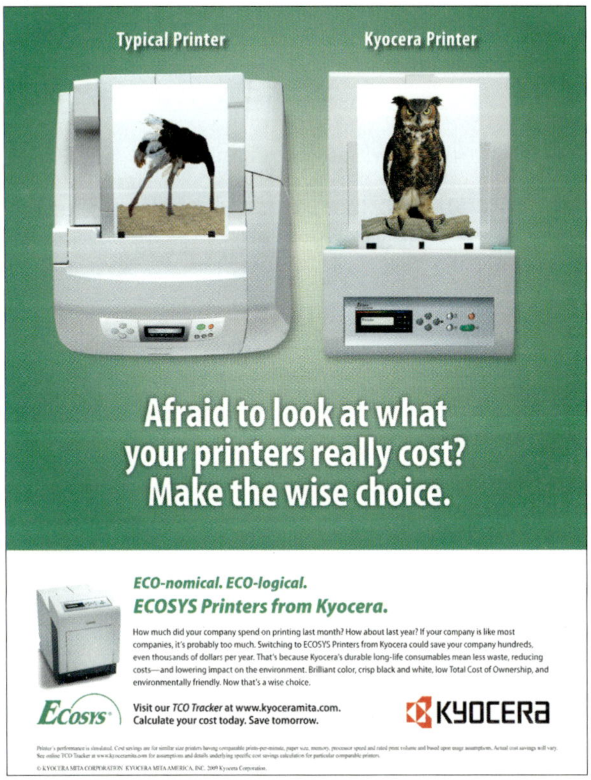

마케터가 프로모션 전략을 통한 강화의 이용과 관련된 두 가지 개념은 강화와 형성화의 스케줄이다. 다양한 **강화 스케줄**schedules of reinforcement은 학습과 행동의 형태에 따라 다르다. 학습은 지속적인 강화 하에서 가장 급속하게 발생하는데, 여기서는 하나의 반응에 대해 보상이 이루어지지만 강화가 중단되면 행동도 중지될 가능성이 높다. 마케터들은 소비자들에게 지속적인 강화를 제공하거나 브랜드 전환 위험을 감수해야 한다.

학습은 보다 천천히 발생하지만 부분적 또는 간헐적인 강화 스케줄이 이용되고 사람들의 몇 가지 반응 중 하나만 보상이 되는 경우에는 오랫동안 지속될 수 있다. 기업은 소비자들이 자사의 제품을 이용하도록 인센티브를 제공할 수 있다. 이런 기업은 인센티브를 늘 제공하지 않으려고 한다. 왜냐하면 소비자들은 그것에 의존하게 될 것이고 인센티브가 없으면 구매를 중단하기 때문이다. 버스 승객수에 관한 강화의 효과를 검증한 한 연구에서, 버스 이용에 대한 보상으로 할인쿠폰을 지급한 경우 지속적인 스케줄로 제공했을 때와 마찬가지로 부분 스케줄도 효과적인 것으로 나타났다.[15] 그러나 부분 스케줄 하에서 할인쿠폰 교부 비용은 상당히 줄었다.

강화 스케줄은 바람직한 행동 패턴이나 반응을 이끌어내는 연속적 행동의 강화인 **형성화**shaping로 알려진 과정을 통해서 소비자 학습과 행동에 영향을 주는 데 이용될 수 있다.

프로모션 맥락에서, 형성 절차는 신제품 도입기 프로그램의 일부로 이용될 수 있다. 도표 4-9는 견본품과 할인쿠폰으로 신제품을 소개하고 소비자들이 시용에

도표 4-9
마케팅에서의 형성화 절차 적용

목표: 반복 구매 행동

유사한 결과	형성화 절차	적용된 강화
제품 시용 권유	무료샘플 제공, 대규모 할인쿠폰	제품 성능, 쿠폰
경제적 부담 없이 구매 권유	비용 부담 없이 즉시 구매할 수 있는 쿠폰, 약간의 할인 또는 차기 구매가 보장된 쿠폰	제품 성능, 쿠폰
적절한 경제적 부담으로 구매할 것을 권유	적절한 비용으로 구입할 수 있는 약간의 할인쿠폰	제품 성능
정찰 가격으로 구매하도록 유도	쿠폰 없이 구매할 수 있도록 함	제품 성능

서 반복 구매하도록 만드는 데 이용되는 방법을 보여준다. 너무 일찍 인센티브를 중단하면, 소비자들은 바람직한 행동을 형성할 수 없지만, 그것을 남발하면 소비자들의 구매는 제품 또는 서비스보다는 인센티브 여부에 의존하게 될 수도 있다.

인지학습이론

행동학습이론은 외부 자극 요인에 대한 지나친 강조점을 둔 소비자들의 기계론적 견해를 가정하고 있다는 비판을 받아 왔다. 행동학습이론은 동기, 지각, 사고와 같은 내부의 심리적 과정을 무시한다. 이 이론은 외부자극 환경이 예측 가능한 반응을 끌어낸다는 것을 가정한다. 많은 소비자 연구자들과 마케터들이 행동학습이론의 단순화된 설명에 동의하지 않고 소비자 의사결정을 구성하고 있는 복잡한 정신적 과정들에 대해 더 관심을 가진다. 학습과 의사결정의 연구에 대한 인지적 접근 방법은 최근에 소비자행동 분야에서 지배적인 것이 되어 왔다. **도표 4-10**은 인지이론가들이 학습과정을 보는 관점이다.

소비자행동이 전형적으로 선택과 의사결정을 포함하기 때문에 인지적 관점은 특히 제품 또는 서비스가 중요한 구매 결정과 관련된 마케터들에게 설득력을 가진다. 지각, 브랜드 신념 형성, 태도개발과 변경, 통합 등과 같은 인지 과정은 다양한 구매를 위한 의사결정 과정을 이해하는 것은 중요하다. 5단계 의사결정 과정을 공부하는 동안 고찰했던 하위 과정들은 소비자행동에서 인지학습과 모두 관련이 있는 것들이다.

도표 4-10
인지학습 과정

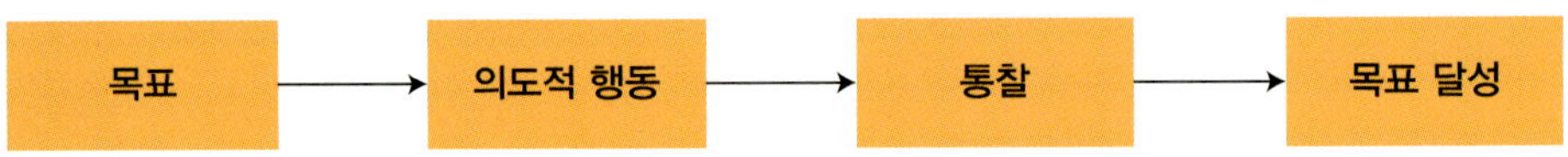

소비자행동에 대한 환경적 영향

소비자들은 혼자서 의사결정을 하는 것이 아니다. 많은 외부 요인들이 소비자들의 의사결정에 영향을 미치는 것으로 파악되었다. 그 요인들은 **도표 4-11**에 제시되었고 지금부터 좀 더 자세하게 다루어 보기로 한다.

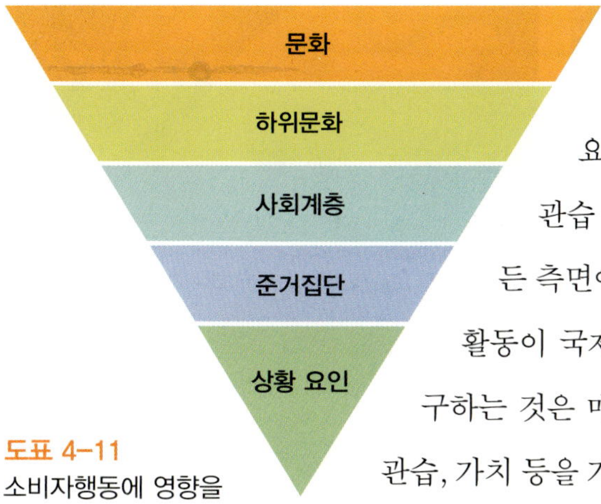

도표 4-11
소비자행동에 영향을 미치는 외부요인

문화

소비자행동에 영향을 주는 외부요인들을 가장 광범위하게 요약한 것이 **문화**culture, 또는 학습된 의미의 복잡성, 가치, 규범, 관습 등이다. 문화적 규범과 가치는 소비행동을 포함한 생활의 모든 측면에 있어서 한 사회 구성원들에게 방향과 길을 제시한다. 마케팅 활동이 국제적으로 확장됨에 따라 소비자행동에 대한 문화의 영향을 연구하는 것은 매우 중요한 일이 되고 있다. 각 국가는 저마다의 문화적 전통, 관습, 가치 등을 가지고 있다.

마케터들은 특정한 문화에서 발생할 수 있는 변화들과 자사 광고와 프로모션 전략 및 프로그램에 이런 변화들의 적용 방법들을 또한 알고 있어야 한다. 미국문화는 광고에 직접적인 통찰력을 갖는 변화를 지속적으로 겪고 있다. 마케팅 조사자들은 기업의 제품과 서비스 판매 방법에 대한 이런 변화와 그 영향들을 관찰하고 있다.

마케터들은 문화가 소비자들에 대해 영향력을 행사하는 것을 알고 있지만, 그들이 각 시장에서 문화적 차이에 대응하는 것이 어렵다는 것을 깨닫게 된다. 다양한 문화의 미묘함은 이해하기 어렵지만, 마케터들은 소비자들이 의사결정을 하고 광고와 프로모션 프로그램들을 채택하는 문화적 맥락을 이해해야 한다.

하위문화

한 문화 내에서 신념, 가치, 행동패턴이 더 큰 문화적 주류 집단들과 분리시켜 주는 작은 집단이 있다. 이런 **하위문화**subculture는 나이, 지역, 종교, 인종, 민족적 구별에 근거한다. 많은 하위문화들이 미국 내에 존재한다. 3대 인종/민족적 하위문화는 아프리카계 미국인, 히스패닉계, 다양한 아시안계 미국인들이다. 이런 인종 하위문화는 규모, 성장, 구매력, 독특한 구매 패턴 등의 이유로 마케터들에게는 매우 중요하다. 마케터들은 이런 표적시장을 위한 다양한 제품과 서비스에 필요한 특정 마케팅 프로그램을 개발한다. **사진 4-15**의 광고는 미국의 하위문화인 아프리카계와 히스패닉계에 소구하기 위해 특별하게 설계된 것이다. 10대, X세대와 Y세대, 노년층 등을 표적으로 한 다른 광고들도 많이 있다. **도표 4-12**는 한 세대가 구매에 영향을 미치는 방법을 설명하고 있다.

사진 4-15
하위문화를 표적으로 하는 광고

도표 4-12
구매 행동에 있어서 세대 차이

세대는 같은 기간에 태어나 관심과 태도를 공유한다. 마케터들의 관심은 이들의 구매 행동에 모아진다. 다음은 이와 같은 관심 사항이나 구매 행동을 요약한 것이다.

가장 많은 세대: 1946년 이전 출생자
- 2차 세계대전과 대공황을 경험한 세대
- 구매 빈도가 잦고 구매할 것에 대한 클레임이 많음
- 인쇄된 요리책을 선호하고 아이스크림과 와인을 즐김
- 소형 점포에서 구매하는 것을 좋아함.

베이비붐 세대: 1946-1964년 출생자
- 가장 높은 소비 성향
- 와인, 애완동물, 탄산음료 선호
- 흥정하는 성향이 있음
- 온라인 쇼핑 선호, 지역 잡화점과 약국을 선호

X세대: 1965-1976년 출생자
- 시간 압박을 느끼고 라떼 커피를 선호
- 머리 손질, 시리얼, 유아식품에 돈을 사용
- 기획상품, 대형할인매장 선호

Y세대: 1977-1994년 출생자
- 충동구매자, 대형할인매장과 온라인 쇼핑 선호, 쿠폰 사용
- 제품, 브랜드, 거래 등에 대한 온라인 활동 전개

Z세대: 1994년 이후 출생자

사진 4-16
재규어 자동차는 상위계층에 소구한다.

사회계층 근본적으로 모든 사회는 계층 형태를 나타내는데, 여기서는 사회의 구성원들이 특정 사회범주에 할당된다. **사회계층**social class은 한 사회의 사람들이 라이프스타일, 가치, 규범, 관심, 행동 등을 공유하는 상대적으로 동질적인 분류 집단을 가리킨다. 사회계층을 결정하기 위한 방법은 많지만, 미국의 계층구조는 주로 직업의 지위, 교육 수준, 수입 등에 기초한다. 사회학자들이 미국에는 세 가지 광의의 사회계층이 존재한다는 의견에 일치를 보인다. 상층(14%), 중층(17%), 하층(16%).

각 계층에 있는 소비자들이 비슷한 가치, 라이프스타일, 구매 행동을 가지고 있기 때문에 마케터들에게는 사회계층이 매우 중요한 개념이다. 따라서 다양한 사회계층 집단은 시장 세분화의 특성 기준을 제공한다. 사회계층별로 제품이나 서비스의 이용 정도, 여가시간 활동, 구매패턴, 매체습관 등이 다르다. 마케터들은 제품이나 서비스의 포지셔닝, 매체 전략, 광고소구의 형태 등의 차별화를 시도해 나간다. **사진 4-16**의 광고는 카피와 일러스트레이션 모두 상위계층에 소구하기 위한 방법을 보여준다.

준거집단

자신이 최근에 참석했던 모임을 생각해 보자. 모임에 가기 위해 옷을 선택할 때, 아마도 '다른 사람들은 어떤 옷을 입고 올까?'에 대해 생각해 본 일이 있을 것이다. 자신이 선택한 복장은 겉모양에 영향을 받았을 수도 있다. 이 단순한 예는 집단이 우리의 행동에 영향을 가하는 한 형태를 보여준다.

집단은 '규범, 가치, 신념을 공유하고, 암묵적으로 또는 명백하게 상호 간에 어떤 제한적인 관계를 가지고 그들의 행동이 상호의존적인 한 명 이상의 사람들'로 정의된다.[16] 집단은 학습과 사회화에 영향을 주는 기본적인 요소들 중의 하나이며, 집단 상황은 많은 구매 결정을 구성한다.

준거집단reference group은 '자신의 판단, 의견, 행동의 기준으로 이용하는 관점이나 가치관을 가진 집단'이다. 집단이 존재하지 않는 경우에도, 소비자들은 세 가지 형태의 준거집단(회원집단, 열망집단, 회피집단)을 이용한다. 모임의 예에서 살펴본 바와 같이, 비록 옆에 있지는 않아도 친구들은 내가 옷을 선택하는 데 기

사진 4-17
왼쪽 사진은 열망집단, 오른쪽 사진은 회피집단에 관한 광고이다.

준이 되는 복장의 표준을 제공한다. 마찬가지로, 대학에서 수업을 함께 하는 친구들, 가족, 동료, 우리가 열망하는 집단 등은 비교기준의 역할을 하고, 전형적으로 소비패턴은 자신에게 가장 중요한 집단의 기대에 따르게 된다.

마케터들은 광고물과 프로모션 전략의 개발에 준거집단 영향을 이용한다. 사진 4-17의 광고는 열망준거집단(소속되기를 갈망하는 집단)과 회피집단(소속되기를 피하려는 집단)의 사례를 보여 준다.

가족 의사결정: 집단 영향의 본보기 가족은 상호간의 준거 역할을 하거나 의사결정 과정에 실질적으로 관여할 수 있다. 도표 4-13에서 보는 바와 같이 가족구성원들은 의사결정 과정에서 다양한 역할이 전제된다. 각 역할은 마케터에게 시사점을 제공한다.

첫째, 광고주는 의사결정 과정에서 다양한 역할을 누가 담당하는지를 결정해서 메시지가 그 사람을 겨냥하도록 해야 한다. 잡지, 신문, 텔레비전이나 라디오 등이 사용될 수 있기 때문에 이런 역할들은 미디어 전략에도 영향을 준다. 둘째, 의사결정 과정과 가족들의 정보 이용에 대한 이해는 메시지 설계와 프로모션 프

도표 4-13
가족의 의사결정 과정 에서의 역할

발안자: 최초로 구매 결정을 제안하는 사람

정보제공자: 의사결정에 이용될 정보 수집을 책임지는 사람

영향자: 선택 과정에서 이용될 수 있는 각 영역에 관해 영향을 미치는 사람

의사결정자: 실제로 의사결정을 담당하는 사람

구매 대리인: 구매 행동을 실질적으로 이행하는 사람

소비자: 실제 구매한 제품을 사용하는 사람

로그램 요소의 선택에 매우 중요하다. 요약하면, 효과적인 프로모션 프로그램을 창출하기 위해 마케터는 의사결정 과정이 작동되는 방법과 각 가족구성원의 역할에 대해 전반적으로 알고 있어야 한다.

상황적 요소

소비자행동에 영향을 주는 마지막 외부 요인은 구매와 사용 상황이다. 소비자들이 제품이나 브랜드를 사용함에 있어서 특정 상황은 그들의 지각, 선호도, 구매행동에 직접적으로 영향을 준다. **상황 요인**situational determinant의 세 가지 형태인 용도 상황, 구매 상황, 커뮤니케이션 상황 들은 영향력을 가진다.

용도는 제품이 사용되는 정황이다. 예를 들면, 개인적 소비를 위해 결정된 구매는 여러 사람들 앞에 명백하게 드러내게 될 상황과는 매우 다르다. 구매 상황은 구매시점에서 작용하는 환경과 더 직접적인 관련이 있다. 시간 제약, 점포 환경, 여타 다른 요인들은 모두 영향을 줄 수 있다. 커뮤니케이션 상황은 광고 노출이 발생되는 상태이다(승용차 안에서의 라디오 청취, 친구와 함께 있을 때 등). 이것은 프로모션 전략의 개발과 가장 관련이 있는 것인데, 소비자들에 대한 영향이 특별한 상황에 따라 다를 수 있기 때문이다. 예를 들면, 소비자가 친구들과 함께 있거나 직장 또는 집중이 방해하는 곳에 있는 때보다 집에서 혼자 듣는 광고에 더 주의를 집중할 수 있다. 광고주는 수신자가 더 집중할 수 있는 특정한 시간을 분리해 낼 수 있으면 그들은 수신자의 분산되지 않는 주의를 확보할 수 있을 것이다.

요약하면, 상황 요인들은 메시지의 성공 가능성을 강화하기도 하고 손상시키기도 한다. 광고주들은 상황 영향의 평가 정도에 따라 표적청중들과의 성공적인 설득 가능성을 높일 수 있다.

소비자행동에 대한 대안 접근법

소비자를 연구하는 사람들은 심리적 접근법에다 경제학, 사회학, 인류학, 철학, 기호학, 신경과학, 역사학과 같은 여러 과학적 학문들의 관점들을 보완한다. 이런 교차학문 관점은 소비자를 연구하는 방법론의 영역을 확장해 왔고, 소비자 의사결정에 부가적인 시사점을 제공해 왔다.

새로운 방법론

심리학자들은 통제된 실험 환경에서 실험적 변수들은 일정한 것으로 간주하고 광고와 여타 커뮤니케이션 형태에 대한 소비자들의 반응을 연구하지만, 사회학자나 인류학자들은 상황에 따른 행동을 연구한다. 이런 이유로 그들은 종종 개인 면접, 참여자 관찰 연구, 민족지학과 같은 정량적 방법론을 채택한다. 이런 방법론들은 소비자행동에 양향을 미칠 수 있는 사회, 문화, 환경 영향을 포착하는 데 도움이 된다.

인문학 역시 소비자 조사를 위한 새로운 방법론이 되고 있다. 역사학자들과 기호학자들은 자신들의 연구 분석을 광고메시지와 다른 커뮤니케이션 형태에 맞추고 있다. 이런 연구자들은 언어학 또는 역사학적 관점에서 커뮤니케이션의 중요성을 검증한다. 기호학과 구조분석 등과 같은 조사 방법은 광고와 다른 소비 측면의 상징적 의미를 분석한다.

새로운 시사점

이런 대안적 관점과 방법론들은 추가적인 통찰력을 제공하고 소비자에 대한 지식을 확장해 준다. 예를 들면, 근래에는 문화 형성과 커뮤니티 지향성에서 광고메시지의 문화적 중요성이 많이 강조되고 있다. 또 마케터들은 광고캠페인이 문화 형성에 도움이 되는 방법을 잘 이해하고 있다. 최근 광고물의 다양한 관점 분석 덕분에, 사회에 대한 광고 이미지의 영향을 더 잘 파악할 수 있게 되었다.

어떤 소비자 조사자들은 교차학문적 연구가 소비자 연구에 더 적합한 것으로 믿고 있는데, 이는 복잡성과 다차원성을 고려하기 때문이다. 심리학 연구결과와 결부될 때 이런 접근법들은 커뮤니케이션의 영향을 더 잘 이해하도록 도와준다.

요약

이 장에서는 소비자행동 분야를 소개하고 프로모션 전략과의 관련성을 공부하였다, 소비자행동은 사람들이 제품이나 서비스의 탐색, 선택, 구매, 사용, 평가, 처분 시에 이루어지는 활동과 절차로 간주된다. 소비자 의사결정 5단계 모형은 문제 인식, 정보탐색, 대안평가, 구매, 구매 후 평가로 구성된다. 소비자 의사결정 과정에 영향을 미치는 내부적 심리과정은 동기, 태도 형성과 변화, 통합과정 등이 있다.

의사결정 모델은 소비자행동을 기본적으로 인지 지향성으로 간주한다. 이 장에서 소비자 학습과 광고와 프로모션을 위한 학습의 함의에 대한 다양한 접근법을 검증하고, 다른 방법론들도 살펴보았다. 고전적 조건화와 작동적 조건화 같은 행동학습이론이 논의되었다. 행동학습이론의 문제점들도 언급되었고, 인지학습의 대안적 관점도 살펴보았다.

또 소비자 의사결정에 영향을 주는 외부 요인들도 고찰하였다. 문화, 하위문화, 사회계층, 준거집단, 상황 요인들에 대해서도 공부하였고, 프로모션 전략과 프로그램 개발을 위한 함의도 제시하였다. 소비자행동에 대한 대안전 관점들을 소개하면서 이 장은 마무리 되었다.

토론문제

1. 소비자들은 각각 다른 문제 인식 형태를 경험한다. 문제 인식의 각 형태를 설명하고 이런 유형의 구매에 대한 예를 제시하시오.
2. 이 장은 소비자행동을 이해함에 있어서, 신경과학의 역할을 논의하였다. 신경과학의 의미를 서술하고 이 연구분야가 소비자행동에 도움이 될 방법을 논의하시오.
3. 사회계층이 소비자행동에 어떻게 영향을 미칠까? 사회계층에 의해 영향을 받을 수 있는 제품의 사례를 제시해 보시오.
4. 식역하 광고의 개시, 실재 및 영향에 대해 많은 논란이 있어 왔다. 기업들이 노골적으로 이 관행을 적용함에 따라 윤리적 문제가 제기되었다. 이 관행이 윤리적인가? 그 이유를 서술하시오.
5. 선택적 지각을 설명하고, 소비자들이 정보를 여과하는 방법들을 기술하시오.
6. 마케터들이 소비자행동을 이해하는 것이 왜 중요한가? 마케터들이 마케팅전략에 소비자행동의 이해 결과를 적용하는 방법에 대해 보기를 들어 보시오.
7. 최근 많은 기업들이 그린캠페인을 착수하여 환경문제에 많은 주의를 기울이고 있다. 기업들이 왜 이런 캠페인을 전개하는지에 대한 이유를 설명하시오. 이런 캠페인들이 환경이나 기업에 대한 소비자들의 태도를 바꿀 수 있다고 생각하는가?
8. 미국에서 급성장하고 있는 세분시장은 히스패닉계 시장이다. 마케터들이 히스패닉에 소구할 수 있는 방법에 대해 논의하시오. 히스패닉은 다른 인종보다 차별적인 IMC 전략을 요구하는가?
9. 기능적인 결과와 심리적 결과의 차이점을 설명하시오. 두 가지 모두에 초점을 두는 광고의 예를 제시하시오.
10. 소비자행동 이해에 대한 정신분석이론과 그 적용과 관련된 문제점들을 논의하시오. 또 소비자 이해를 위한 공헌한 점들에 대해서도 논의하시오.

3부 | 커뮤니케이션 프로세스 분석

Part Three
Analyzing the Communication Process

5장 | 커뮤니케이션 프로세스

Chapter Five
The Communication Process

6장 | 모델, 메시지, 채널 요소

Chapter Six
Source, Message, and Channel Factors

5 커뮤니케이션 프로세스

학습목표

1. 마케팅 커뮤니케이션 프로세스의 기본 요소와 커뮤니케이션 역할을 이해한다.
2. 커뮤니케이션 프로세스의 다양한 모델을 검토한다.
3. 대안반응 계층구조와 프로모션 계획과 전략을 위한 함의를 포함한 마케팅 커뮤니케이션 수신자들의 반응 과정을 분석한다.
4. 마케팅 커뮤니케이션에 대한 소비자들의 인지 과정상의 특성을 검토한다.

미스터맘을 겨냥하라: 21세기 아빠

지난 20여 년 동안, 우리는 가정에서의 성역할 변화를 경험하고 있다. 남성과 여성의 전통적인 역할의 개념들이 변화하고 있다. 1950년대처럼 집에서 쿠키를 굽고 귀가하는 자녀들을 맞이하는 어머니 상을 지금은 더 이상 갖고 있지 않다. 마케터들이 가정 제품들에 대해서는 항상 어머니 또는 일반적 여성들을 대상으로 하였다. 그러나 현재에는 미국 가정 남성들의 1/3이 주요 쇼핑객이 되었고, 불경기로 인해 점점 더 많은 남성들이 미스터 맘이 되어가고 있다. 세계적인 경기침체 여파로, 뉴질랜드에서는 실업자 가장의 수가 4만 명으로 증가하였다. 남자들이 가정에서 자녀들을 돌보는 것이 주된 임무가 아님에도, 아버지들이 가정을 꾸려 나간다는 사실이 연구결과 밝혀졌다. 보스턴 대학의 한 연구에서는, 남성들이 직장과 가정의 일 사이에서 갈등을 느끼기 시작하고, 일 보다는 가정에 더 충실하고 있다는 결과가 제시되었다. 자녀들의 주된 양육자가 되어가는 남자들을 분석하는 「왜 아빠가 아닌가?」라는 영화 이야기처럼, 여러 매체들은 가사 책임의 일부 또는 전부를 책임지고 있는 남성들이 점점 증가하고 있다고 한다.

여론조사 전문회사인 닐슨(Nielsen Data)사는 여성들이 구매를 주도하고 있지만, 특히 대형할인점과 식품점에서의 남성 고객이 증가하는 반면 여성의 숫자는 감소하고 있다고 하였다. Andrea Learned와 Carolyn Hadlock은 마케터들이 부모의 상징으로 어머니에 초점을 두는 대신 새로운 부모인 아버지를 고려할 필요가 있다고 역설하였다. 블로거인 RebelDad는 한 기저귀 회사를 고발하였다. 이 회사가 개인적으로 어머니날 인사장을 이렇게 적어 이메일을 통해 발송했다는 것이 고발 이유였다. "브라이언, 어머니날을 축하해." 이제 아버지를 배려하지 않으면 브랜드들은 잠재고객들에게 결례가 될 수도 있음을 의미하는 사례이다.

사회가 여전히 집안일을 하는 남성들을 게으름뱅이나 아무 것도 할 줄 모르는 방해가 되는 사람으로 여기고 있어, 가사 일을 하는 남성들이 압박감을 느끼고 있다. 집에 있는 아버지(SAHD: stay-at-home Dad)와 연상되는 대부분의 모습은 Todd Palin인데, 이 사람은 코미디의 주인공 George Lopez와 Joy Behar에 의해 공공연하게 무력화되는 사람을 의미하는 말이다. SAHD의 이미지는 아빠가 무능하고, 남자답지 못하며, 무책임하거나 이 세 가지 모두를 포함한다. 남성들의 방에는 유아용 착탈식 테이블이 없다. 요컨대 사회는 SAHD를 거부한다. 엄마그룹들은 아빠들을 비판하거나 그들을 소외시켜서, 자신들만의 집단에서 모든 것을 출발하도록 만들어 왔다. 심지어 마케팅/광고에서 조차도 이런 남성들이 기저귀를 갈아주는 데에는 설명서가 필요하다고 하면서 가사 일을 하는 아빠들을 무능한 사람으로 묘사하고 있다. 예를 들면 2007년 팸퍼스(Pampers) 광고에서는 엄마가 식탁을 차리고 있는 동안에 아빠는 코를 골면서 자고 있는 모습을 내 보냈다. 2008년 하기스 기저귀 회사는 오줌줄기를 내뿜는 아들의 기저귀를 갈아주는 아버지 모습을 담은 좀 더 호의적인 광고를 내 보냈다. 아빠 유형의 블로거인 Greg Allen은 마케터들이 6월 한 달 동안에는 아빠에 관한 이야기를 하지만 나머지 11개월은 모두 엄마에 관한 이야기들뿐이라고 하였다.

P&G는 아버지들을 표적으로 하여 팸퍼스 브랜드를 마케팅하였다. 2010년 6월 17일, Joel Madden과 배우 Gilles Marini 같은 유명인사 아버지들과 함께 맨해튼에서 '아빠와 데이트를'이라는 이벤트를 개최하였다. 100명의 아빠들이 아장아장 걷는 아이들과 함께 초대되어 다채로운 기저귀 갈아주기 게임을 하였다. 이 회사는 뉴올리언즈 미식축구 팀의 쿼터백인 Drew Bees가 양키스 대 메츠의 게임에서 팸퍼스 티셔츠를 입고 첫 터치다운을 하는 모습의 광고를 하였다. Bees는 Dry Max의 온라인 비디오 광고에도 출연하였다. 팸퍼스 페이스북에서는 아빠들의 육아 이야기를 공유할 수 있게 하였다. 이 브랜드는 육아팀에서 아빠에게 감사하는 스폿광고인 '아빠와의 놀이시간'을 내보냈다.

그러나 이 회사는 엄마 지향적 마케팅을 바꾸는 데에는 어려움을 겪고 있다. 대부분의 포장들은 여전히 아빠 대신 아기들과 함께 하는 어머니 모습을 지향하고 있다. '아빠와 함께 데이트를'이란 이벤트에서 Dry Max의 관한 소재도 경쟁브랜드인 하기스와 비교해서 중성적인 관점보다도 여성 대명사로써 어머니를 지향하는 팸퍼스의 이미지를 어머니 쪽으로 기울어지게 하였다.

하기스도 튼튼한 면기저귀가 더 남성답게 보이도록 하여 아빠들을 표적으로 마케팅을 해 왔다. 이케아(IKEA)는 아빠들을 광고에 출연시켰다. 2011년 자사의 카탈로그에 엄마 없이 자녀들을 훌륭하게 양육하는 아버지의 모습을 실었다. 부엌에서 아기에게 밥 먹이는 장면, 부엌에서 딸과 함께 저녁식사를 준비하는 모습, 침실에서 아기를 재우는 모습 등의 세 가지 장면을 노출하였다. 크래프트(Kraft)사도 아버지들을 대상으로 그릴용 Mac & Cheese 제품에 대한 광고를 실시하였다. 아빠들이 출연하는 광고가 구매의사결정을 하는 사람에 관한 것이 아니지만 집안에서의 일상을 더 잘 반영할 수 있다.

아빠들이 표적시장이 된 것은 비록 20년 정도밖에 안 되지만, Drew Bees가 다른 아버지들과 대화를 나누는 것과 같이 지금 마케터들은 세간의 이목을 끄는 아빠들이 될 것을 촉구한다. 닉네임 RebelDad인 블로거 Brian Reid는 마케터들이 더 이상 아버지 세분시장을 무시할 수 없게 만들고 있다고 언급한다.

자료: Andrew Adam Newman, "Getting Dad to Do Diaper (Buying) Duty," The New York Times, June 22, 2010, http://www.nytimes.com/2010/06/23/business/media/23adco.html; Peter Leimbach, "Role Reversal: Mr. Mom Goes Shopping," Adweek, July 1, 2009, http://www.adweek.com/aw/content_display/news/e3i1a1890f91e4cda9a516cb9d8389af8ab?pn=3; Andrea Peyser, "You Da Man, Mr. Mom!," The New York Post, June 7, 2010, http://www.nypost.com/p/news/local/you_da_man_mr_mom_TY14PXmwWSPwPXoPeaaiAP/1; "Survey of Dads Reveals Key to Happy Marriage is Equal Division of Housework," June 17, 2010, http://www.prnewswire.com/news-releases/survey-of-dads-reveals-key-to-happy-marriage-is-equaldivision-of-housework-96556749.html; Rachel Grunwell, "Dads Happy to Stay Home," The New Zealand Herald, March 21, 2010, http://www.nzherald.co.nz/nz/news/article.cfm?c_id=1&objectid=10633316.

모든 IMC 프로그램의 기능은 설득하는 데 있다. 기업의 IMC 전략은 현재 또는 가망고객과 공중들에게 보내는 다양한 커뮤니케이션을 통해서 실행된다. 기업은 광고물, 브랜드명, 로고와 그래픽시스템, 웹사이트, 보도자료, 포장 디자인, 촉진물, 시각 이미지 등과 같이 다양한 방법으로 커뮤니케이션과 메시를 발송한다. 도입사례에서 언급된 것처럼, 소비자 풍경은 변화하고 자신들의 메시지를 전달하고 설득하기 위해 캠페인이 조정된다. 이런 것을 소홀히 하면 표적시장과 멀어지게 되고 브랜드는 손상을 입는다.

마케터가 표적고객들을 설득하는 방법은 여러 요인들에 의존되는데, 여기에는 현재 또는 가망고객들이 기업이나 브랜드 및 회사가 창출하고자 하는 이미지에 대하여 '얼마나 많이 알고 있느냐?' 하는 것과 '무엇을 생각하고 있는지?' 등이 포함된다. IMC 프로그램 계획과 실행에 포함되는 커뮤니케이션 프로세스와 기업이나 브랜드에 대한 메시지의 창출, 전달, 평가 방법의 측면에서 그것이 의미하는 바를 이해하는 것이 필요하다. 효과적인 마케팅 커뮤니케이션 프로그램 개발은 강조하려는 제품의 특징이나 속성을 선택하는 것보다는 훨씬 복잡하다. 마케터들은 소비자들이 메시지를 지각하고 이해하는 방법과 이런 반응들이 기업과 제품 또는 서비스에 대한 소비자들의 반응을 형성화shaping하는 방법을 알아야 한다. 소셜미디어가 유행함에 따라 마케터들이 소비자들과 소통하는 방법과 그들이 참여하고 이런 대화에 영향을 주는 방법을 이해하는 것도 중요하다.

이 장에서는 커뮤니케이션의 기초를 학습하고 소비자들이 광고와 프로모션 메시지에 반응하는 방법에 관한 다양한 관점과 모델들을 고찰한다. 마케팅 커뮤니케이션 프로그램의 계획, 실행, 평가에 있어서 커뮤니케이션 프로세스 이해의 중요성을 설명하는 것이 목표이다.

커뮤니케이션의 특징

커뮤니케이션communication은 '발신자와 수신자 사이의 정보 전달, 아이디어의 교환, 생각의 공통과 일치'로 정의된다.[1] 이러한 정의에는 발생할 커뮤니케이션에 대한 것이 제시하는데, 두 당사자 사이에 약간의 공통된 생각이 있어야 하고 한 곳에서 다른 곳으로 정보가 전달되어야 한다. 앞으로 공부하겠지만, 생각의 공통성 구축은 쉬운 일이 아니다. 많은 카뮤니케이션들이 실패하고 있다.

커뮤니케이션 프로세스는 매우 복잡할 때가 있다. 메시지 특성, 청중들의 메시지 이해, 메시지가 수신되는 환경 등과 같은 요인들이 이의 성공을 좌우한다. 수신자의 정보원 지각과 그 메시지기 전달되는 데 이용된 매체가 어타 요소들과 마찬가지로 설득 능력에 영향을 준다. 단어, 사진, 소리, 색상 등은 수신자들에게 다른 의미를 지닐 수도 있고, 그것들에 대한 사람들의 지각과 해석이 다르다. 예를 들면, 미국의 동부 연안이나 서부 해안에서 소다수를 달라고 하면, 판매원은 코카콜라나 펩시콜라와 같은 청량음료수를 준다. 그러나 중부지역 또는 남부지역 일부에서는 청량음료는 탄산수로 알고 있기 때문에 소다수를 주문하면, 판매원들은 아이스크림을 얹은 탄산수를 준다. 마케터들은 단어나 상징이 갖는 의미를 이해하고 그것들이 소비자들의 제품과 메시지에 대한 해석에 영향을 미치는 방법을 알아야 한다.

각국이 각각의 언어를 가지고 있고, 한 국가 안에서도 다른 언어와 사투리가 있으며, 언어적 뉘앙스의 미묘한 차이와 방언 토착어가 있어서, 언어는 효과적인 커뮤니케이션에 주요 걸림돌의 하나가 되고 있다. 이것은 외국에서 제품을 판매

사진 5-1
우유 옥외광고는 가족 사랑을 소구함으로써 히스패닉 소비자들을 목표로 하고 있다.

하고 있는 기업들에게는 특히 중요한 문제가 될 수 있다. 미국의 이중 언어와 다문화 민족 시장의 증가는 국내 마케터들에게 문제를 야기한다. 예를 들면, 많은 마케터들이 히스패닉 시장에 대한 소구의 중요성을 인식하고 있지만, 급속하게 성장하는 이 세분시장과 커뮤니케이션하는 방법이 매우 도전적인 것임을 알게 된다. 일반 시장 캠페인을 스페인어로 더빙하거나 새로 만든 히스패닉계 목표의 크리에이티브를 가진 광고를 할 것이지 아니면 영어로 된 광고를 내보내어 이중 언어를 쓰는 히스패닉계들이 그 광고를 보도록 하게 만들 것인지를 마케터들은 결정해야 한다. 많은 기업들이 특히 히스패닉을 위한 광고를 많이 만들어내고 있다. **사진 5-1**은 히스패닉 소비자들을 대상으로 개발된 캘리포니아 낙농처리 협회의 옥외광고이다. 이 광고의 메시지가 가족들에게 헌신하는 것을 언급하고 있는데, 이것은 강력한 라틴계의 전통 가치이다.

커뮤니케이션의 기본 모델

수년간 **도표 5-1**에서 보는 바와 같이, 커뮤니케이션 프로세스에 대한 다양한 요소들을 다룬 기본 모델이 진화되어 왔다.[2] 커뮤니케이션 프로세스의 주요 참여자는 발신자와 수신자이다. 메시지와 채널은 주요 커뮤니케이션 수단이다. 주요

도표 5-1
커뮤니케이션 프로세스 모델

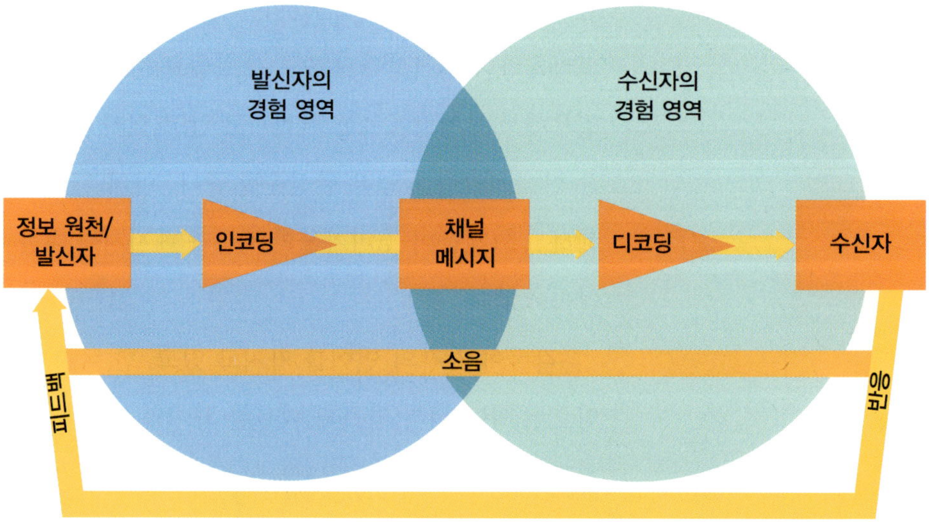

커뮤니케이션 기능과 프로세스에는 인코딩encoding, 디코딩decoding, 반응, 피드백 등의 네 가지 중요한 요소들이 있다. 마지막 요소인 소음noise은 효과적인 커뮤니케이션 작용과 프로세스를 방해하는 시스템과는 관련 없는 모든 요소들을 말한다.

정보원의 인코딩

커뮤니케이션의 발신자 또는 **모델**source은 다른 사람이나 집단과 공유하려는 정보를 가지고 있는 사람이나 조직을 말한다. 모델은 광고에 출연하는 유명인과 같이 고용된 대변인 또는 판매원이나 기업이나 조직 자체인 비인적 실체가 될 수도 있다. 예를 들면, 특정 대변인이나 모델이 없는 경우에는 광고모델은 회사가 된다. 기업들은 대다수의 경우 광고에 대변인을 내세워 광고메시지를 전달한다. 인기 있는 대변인은 자사 광고에 주목을 끌어내어 메시지를 전달할 뿐 아니라 표적고객들에게 메시지가 잘 전달되도록 한다. 예컨대, 시티즌사Citizen Watch Company는 2003년 첫 출시한 Eco-Drive시계 "멈출 수 없는Unstoppable"이란 캠페인에 대변인으로, 떠오르는 스포츠 스타들을 여러 명 광고에 출연시켰다. **사진 5-2**는 프로골퍼 폴라 크리머가 출연한 캠페인의 하나이다.

모델에 대한 소비자들의 지각이 수신되는 커뮤니케이션에 영향을 주기 때문에, 마케터들은 수신자들에게 친숙하고 신뢰가 높거나 어떤 면에서든 수신자와 관련 있는 전달자를 선정하는 데 주의를 기울여야 한다.

사진 5-2
프로골퍼 폴라 크리머는 시티즌 Eco-Drive 시계의 모델이다.

커뮤니케이션 프로세스는 수신자에게 전달될 메시지를 표현하기 위해 단어, 상징, 사진 등과 같은 것들을 선택할 때 시작된다. **인코딩**encoding으로 알려진 이 프로세스는 생각, 아이디어, 정보 등을 상징적인 형태로 만드는 것을 의미한다. 발신자의 목표는 수신자들이 이해하게 되는 방식으로 메시지를 부호로 만드는 것이다. 인코딩을 할 때에 표적들에게 친숙한 단어, 기호, 상징들을 활용해야 한다. 주차금지, 금연 등을 나타내는 익숙한 동그라미처럼 많은 심볼들은 세계적 의미를 가지고 있다. 기업들은 세계 소비자들에게 잘 알려진 높은 수준의 인식 상징들을 가지고 있다. 예를 들면 맥도날드의 황금색 아치, 나이키의 심볼, 코카콜라 등록상표 등이 바로 그런 것이다.

메시지

인코딩 프로세스는 모델이 전달하려는 정보나 의미를 포함하는 메시지 개발 단계로 진입된다. **메시지**message는 언어적인 말이나 문장 또는 비언어적인 심볼이 될 수 있다. 메시지는 사용될 커뮤니케이션 채널에 맞추어 전달될 수 있는 형태로 만들어져야 한다. 광고에서는 메시지가 광고메시지로 읽힐 수 있는 카피나 단순한 몇 단어로 쓰인 것에서부터 복잡한 제작 과정을 표현하는 것에 이르는 넓은 범위를 지닌다. 커뮤니케이션 효과를 결정하는 것은 메시지의 실제 단어가 아니라 오히려 광고가 창출하는 이미지나 인상이다. **사진 5-3**의 코치Coach 광고는 메시지 전달을 위해 사진만 사용하고 있다. 그러나 브랜드명과 사진의 사용은 단순성을 강조하는 의도된 메시지와 함께 고전적 디자인과 미국스타일의 핸드백 이미지를 전달하는 데 효과적인 방법이다.

마케터들은 메시지 내용, 메시지 구조, 디자인에 관한 의사결정을 해야 한다. 내용content은 메시지에 포함된 정보나 의미를 말하고 구조와 디자인은 정보나 의도된 의미를 전달하기 위해 메시지를 배열하는 방법을 가리킨다. 6장에서 메시지 소구와 구조에 관한 문제들을 검토하고 메시지 디자인은 크리에이티브 전략을 다루는 곳에서 살펴볼 것이다.

사진 5-3
광고에 의해 전달된 이미지는 언어 이상으로 소통할 때가 있다.

채널

채널channel은 커뮤니케이션이 발신자로부터 수신자에게 이동되는 수단이다. 광의의 수준에서 커뮤니케이션 채널은 인적 채널과 비인적 채널의 두 종류가 있다. 인적 채널은 표적 사람이나 집단과의 직접적인 대인 접촉이다. 판매원들이 판매 메시지를 구매자 또는 잠재고객에게 전달할 때 커뮤니케이션의 인적 채널 역할을 한다. 친구, 이웃, 동료, 회원, 가족구성원과 같은 커뮤니케이션의 사회적 채널도 인적 채널이다. 그들은 소비자들에게 강력한 **구전 커뮤니케이션**work-of-mouth communication을 제시한다.[3]

기업들은 다양한 버즈 마케팅 기법을 이용하여 기업

이나 브랜드를 위한 긍정적인 구전 논의를 창출해낸다. **버즈 마케팅**buzz marketing은 단지 구전 커뮤니케이션으로 알려져 사용되고 있는 새로운 이름이 하나인 반면, 소비자-생성 마케팅consumer-generated marketing과 바이러스 마케팅과 같은 용어들도 구전 커뮤니케이션 프로세스를 기술하는 데 이용되고 있다.[4] 마케터들이 영향력 있는 사람들에게 견본품을 제공하여, 그 브랜드를 다른 사람들에게 추천하도록 권장해 왔기 때문에, 사실 구전마케팅에 새로운 것은 없다. 예를 들면, 알코올 음료수를 판매하는 마케터들은 자사의 브랜드를 광고하도록 바텐더, 웨이터, 웨이트리스들의 활용에 대한 중요성을 잘 알고 있는 반면, 제약회사들은 영향력 있는 약사들이 그들의 동료들에게 자사의 제품을 추천하도록 노력했다. 그러나 현재 버즈 마케팅을 이용하는 기업들은 세련된 새로운 방법들을 많이 내놓는다. 마케터들은 브랜드에 대한 구전을 확산시키는 방법으로써 소비자들이 사용자 생성 콘텐츠를 만들고 그것을 퍼뜨리기 위해 소셜미디어를 이용하도록 조장하는 콘테스트 기법을 사용한다. 예를 들면, 프리토레이Frito Lay는 소비자들에게 자사의 도리토스Doritos 브랜드에 대한 'Crash the Super Bowl' 광고 경진대회를 수년간 후원했다(**사진 5-4**). 이 회사는 2010년 슈퍼볼 기간에 네 개의 사용자 생성 도리토스 광고를 내보냈고, 대회 기간에 가장 인기 있는 위치에 이 광고물이 게시되었다.[5]

마케터들은 이메일, 텍스트 메시지, 블로깅과 같은 온라인 기법과 마이스페이스, 페이스북, 유튜브 같은 소셜네트워크를 이용하여 브랜드에 대한 구전을 확산시키는 바이러스 소문을 만들어내는 데 주안점을 두고 있다. 예를 들면, 유니레버 도브Dove의 광고대행사는 예쁘지만 평범한 소녀가 짙은 화장, 미용, 목과 눈의 포

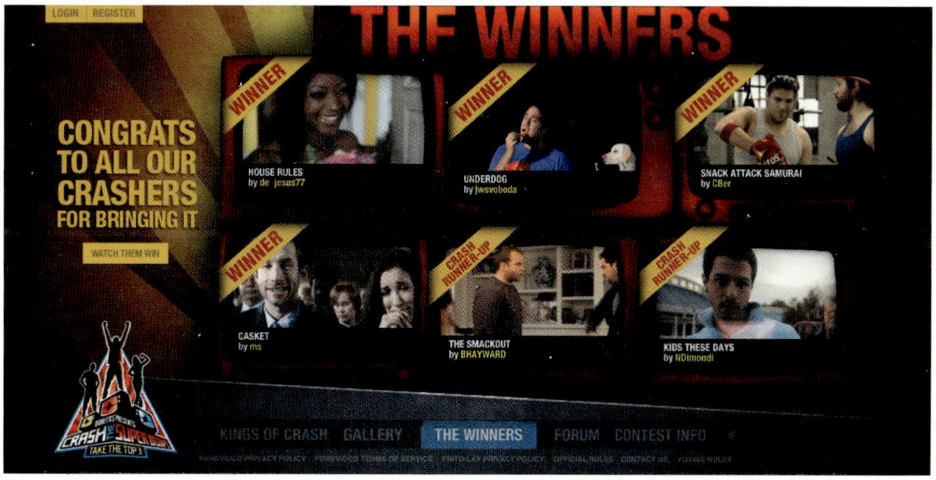

사진 5-4
프리토레이는 슈퍼볼 기간에 보일 수 있는 소비자 생성 광고 경진대회를 후원한다.

사진 5-5
Vocalpoint는 어머니들이 제품과 다양한 이슈에 관한 정보를 공유할 수 있는 온라인 커뮤니티이다.

토샵 편집 등을 통해 매우 예쁜 광고게시판 모델로 변신한 젊은 여성의 75초짜리 저속 촬영 광고물을 제작하였다. "아름다움에 대한 경탄은 왜곡되지 않는다No wonder our perception of beauty is distorted"라는 말로 끝을 맺는 이 비디오는 유튜브에 게시된 후에 1,200만 건 이상의 조회수를 기록하였고, 도브의 자긍심 기금Dove's Self-Esteem fund의 인지도를 높이는 데 도움이 되었다. 그리고 이것은 Dove 브랜드 프로모션에 4년간 이용되었던 "참된 아름다움 캠페인Campaign for Real Beauty" IMC 프로그램의 일부가 되었다.[6]

어떤 기업은 소비자가 자사의 제품경험을 나눌 수 있는 웹사이트를 구축하고 있다. 예컨대, 2005년 세계 최대의 광고주인 P&G는 가장 영향력 있는 미국 어머니 구매자 집단을 표적으로 한 새로운 구전 프로그램을 시작하였다. 19세 이하의 자녀들을 가진 28~45세 사이의 어머니 60만 명 이상이 소셜네트워크인 Vocalpoint라는 프로그램에 등록하였다(**사진 5-5**). 이 여성들은 일반적으로 평일에는 25~30명과 대화를 하거나 교류하고 있고, 평균적인 어머니들은 5명과 이야기를 주고받는다. Vocalpoint에 참여하는 여성들은 제품 샘플과 신제품 아이디어에서부터 기업과 연결하는 최선의 방법에 이르는 등 다양한 이슈에 대한 자신들의 의견을 요구할 수 있는 권한을 부여받았다.

바이러스 기법이 브랜드 소문을 만들어내는 데에는 인기가 있지만, 구전 마케팅 조사 기관인 켈러페이그룹Keller Fay Group이 연구한 결과에서는 제품, 서비스, 브랜드에 대한 대화의 90%가 오프라인에서 발생한다는 사실이 제시되었다.[7] 대면 대화가 구전의 72%를 차지하는 반면, 전화 대화는 18%에 이르고, 단지 7%가 이메일 메시지, 블로그, 채팅방과 같은 온라인 채널을 통해 발생한다고 이 연구는 밝히고 있다. 또 이들의 연구에서는, 구전의 거의 절반은 브랜드에 사용된 다양한 IMC 도구들, 즉 인쇄물, TV광고, 웹사이트, 구매시점 진열과 프로모션 등에 대해 언급한다고 하였다.

이런 연구결과들은 IMC 관점에서는 매우 중요하다. 왜냐하면 소비자들이 IMC

프로그램의 다양한 요소들을 참조하고 브랜드에 대해 호의적으로 대화함으로써 구전이 강력한 회람 효과pass-along benefits를 가져오기 때문이다. 또 이들의 연구결과는 모든 IMC 요소들이 소비자들의 브랜드 지각 방법과 브랜드에 대해 생성된 구전 토론에 일제히 영향을 준다는 사실에 대한 마케터 인식의 중요성을 강조한다. 소비자들이 다른 사람들과의 대화에 의해서 가장 많은 영향을 받는다는 사실은 마케터가 이런 구전들에 긍정적인 영향을 주는 방법을 찾아낼 필요가 있음을 보여준다.

그러나 마케터들이 버즈마케팅 기법을 이용하려고 할 때 자신들이 내리는 계획안에 대해 유의해야 한다. 예를 들면, 데이비드 고즈와 다이앤 메이즐린은 체인스토어의 구전 캠페인 영향에 관한 연구에서, 기업이 어떤 표적들에게 버즈 마케팅 활동을 조준해야 하는가를 더 잘 알기 위해서 가장 성공적으로 소문을 내는 사람들의 특성을 조사하였다.[8] 이 조사에서, 충성고객들보다는 그 점포의 충성고객이 아닌 사람들이 구전을 통한 매출액 창출에 더 효과적이라는 사실이 제시되었다. 이런 결과는 어떤 의미에서는 반직관적인 결과를 제시하는데, 충성고객들은 친구와 지인들에게 제품에 대해 이미 말해 버렸고, 호의적인 구전활동을 생성해 내는 중이기 때문이라는 것이다. 반면에, 비충성 고객들은 제품에 대한 구전의 확산을 부추기도록 설계된 버즈마케팅 캠페인에 더 반응을 보일 수 있다. 그러나 마케터들은 새로운 사람들을 만나서 친구 관계를 맺는 성향이 높은 사교적인 사람들과, 오피니언 리더로 간주되는 사람들인 비충성고객들과 충성고객들 중에서 최고의 소문 창출자들을 파악해야 한다.

버즈 마케팅과 바이러스 마케팅이 확산되고 있는 반면, 그것의 이용과 제품 메시지를 확산시키는 사람이 자신의 집단 공개에 대한 우려가 있어 왔다. 구전 마케팅 협회가 2004년에 설립되어 구전 사용을 위한 윤리적 지침을 제공함으로써 구전 마케팅의 이용을 개선하고 소비자들과 산업을 보호해 오고 있다. 이 협회는 마케터들이 제품이나 서비스를 추천하는 사람들이 영향을 미칠 사람들에게 자신이 누구를 위해서 일하고 있다는 사실을 공개하도록 강제하는 규정과 지침을 개발하였다. 광고의 부당한 이용으로부터 소비자 보호 활동을 하는 비영리조직인 Commercial Alert란 조직의 전 임원인 개리 러스킨은 이런 공개 없이는 인간관계의 근본적인 상업화 위험이 존재하고, 이런 곳에서는 친구들이 상호 광고의 노리

개로 대우하고 사회적 신뢰를 저해한다고 하였다.[9]

버즈 마케팅 기법은 조작을 금지해야 하고 마케터들이 그것을 사용하는 방법에 대해서 주의해야 한다고 전문가들은 말한다. 기업들이 제품 프로모션을 위해 인위적으로 소문을 만들어낸다는 것을 소비자가 인식하는 경우, 기업들은 버즈마케팅의 역효과를 경험하였다. 버즈마케팅의 인기 상승은 기업의 몰락을 의미할 수도 있다고 어떤 이들은 주장한다. 왜냐하면 소비자들은 모든 기업들이 브랜드 소문을 만들어낸다는 것을 알아차리고 그 소문을 무시할 가능성이 높아질 수도 있기 때문이다.[10]

커뮤니케이션의 비인적 채널은 발신자와 수신자 간의 접촉 없이 메시지를 전달한다. 메시지가 동시에 많은 사람들에게 전달되기 때문에 비인적 채널은 일반적으로 **매스미디어**mass media 또는 매스 커뮤니케이션이라 불리기도 한다. 예를 들면 저녁 시간의 황금시간 대에 방송되는 광고는 천만 가구에 노출될 수 있다. 비인적 커뮤니케이션은 인쇄물과 방송광고의 두 가지 형태로 나눌 수 있다. 인쇄 매체에는 신문, 잡지, 다이렉트메일, 게시판 등이 있고, 방송매체는 라디오와 텔레비전이다. 인터넷은 비인적, 인적 커뮤니케이션의 두 가지 특징을 모두 가지고 있다. 현재 인터넷은 소비자에게 압도적인 정보원이 되고 있기 때문에 매스미디어가 되었다. 소비자들은 온라인으로 제공된 정보를 단지 소비만 하고 소비자와 웹사이트에 이런 정보를 제공하는 기업이나 조직과 개인적 접촉이 없기 때문에, 인터넷은 비인적 특성을 지니고 있다. 그러나 소비자들이 온라인으로 마케터들과 의사를 교환하고 소셜미디어의 이용을 통해 서로가 정보를 전달하고 공유하기 때문에 점점 더 인적 커뮤니케이션 형태가 되고 있다.

수신자/디코딩

수신자receiver는 발신자와 생각이나 정보를 공유하는 사람들이다. 일반적으로 수신자들은 마케터의 메시지를 읽고, 듣고, 보고 그것을 해독하는 표적시장의 소비자들과 청중들이다. **해독**decoding은 발신자의 메시지를 생각으로 되돌려 변환하는 프로세스를 말한다. 이 프로세스는 수신자들의 준거 틀이나 경험의 분야에 따라 지대한 영향을 받는다. **경험영역**field of experience은 수신자가 커뮤니케이션 상황으로 가지고 온 경험, 지각, 태도, 가치 등을 말한다.

효과적인 커뮤니케이션을 위해, 수신자의 메시지 해독 프로세스는 발신자의 인코딩과 일치되어야 한다. 쉽게 말하면, 이것은 수신자가 모델이 전하려는 것을 정확하게 이해하고 해석해야 한다. **도표 5-1**에서 보았듯이, 모델과 수신자 각각은 커뮤니케이션 상황에 적용할 준거의 틀을 가지고 있다. 발신자와 수신자 간의 어떤 공통된 배경이 있는 경우에 효과적인 커뮤니케이션이 발생할 가능성이 더 높다. 발신자가 수신자에 대한 지식을 더 많이 가질수록, 발신자는 수신자의 니즈를 잘 이해하고 그것들을 강조하고 효과적으로 전달할 수 있다.

발신자와 수신자 간의 공통배경 개념이 기본일 수도 있는 반면, 광고 커뮤니케이션 프로세스에서는 많은 어려움이 수반된다. 마케팅 및 광고 담당자들은 그들이 설득시켜야 할 대량시장을 구성하고 있는 소비자들과는 너무 다른 경험 영역을 가지고 있다. 대다수 마케터와 광고담당자들은 대학교육을 받고 대도시 주변에서 일하면서 거주하고 있다. 그러나 대학에 다닌 적도 없고, 육체노동을 하고 있으며, 작은 도시나 시골지역에 살고 있는 소비자들에게 효과적으로 전달할 것으로 생각되는 광고를 개발하려고 노력한다. 대형 광고대행사 크리에이티브 임원은 광고실무자들이 문화적 주류들로부터 격리되어 가고 있는 방법을 언급하였다. "우리는 마케터들을 채용해서 죽도록 일을 시킨다. 그러면 그들은 대도시의 고급스런 식당을 드나들게 되고 평범한 음식을 먹는 대중 수신자들과는 접촉이 끊어지게 된다."[11]

발신자와 수신자 사이의 공통 배경을 설정하는 데 문제가 되는 또 다른 요인은 연령이다. 미국을 비롯한 많은 국가들의 인구가 점점 고령화됨에 따라, 광고대행사 종업원들과 고령의 소비자들과의 나이 차이 때문에 발생할 많은 문제들에 대한 우려들이 제기되고 있다. 국제광고대행사협회의 한 연구에서는, 광고대행사에서 일하고 있는 전문가들이 일반적 인구보다 더 젊다는 결과가 제시되었다. 대행사 종업원들의 약 40%는 30~39세인 반면, 미국 성인 인구의 20%만이 30대이다.[12] 크리에이티브 분야에 일하고 있는 사람들이 40세 이하가 주류가 됨에 따라 젊은이 편향은 특히 크리에이티브 부서에서는 명확하게 드러난다. 연령 차이는 보다 젊은 사람들이 지배적인 디지털/인터랙티브 미디어 분야에서도 매우 심하게 나타난다.

대행사들이 나이 든 소비자들을 이해하지 못하고 접촉하지도 못하는 광고주들은 중요한 시장에 도달할 기회를 상실할 수도 있다. 국가 부의 절반 이상을 50

사진 5-6
AARP는 50세 이상의 시장에 도달하기 위한 능력을 증대시키고 있다.

세 이상이 장악하고 있고, 그들은 제품과 서비스에 2조 달러 이상을 소비하고 있다. 또 50세 이상의 세분시장은 향후 10년간 23%까지 증가할 것이다. 이 연령 집단은 다른 집단보다도 가처분 소득이 높고 그들은 그것을 기꺼이 사용하려고 한다. **사진 5-6**은 AARP가 다양한 미디어와 프로모션 수단을 동원하여 50세 이상의 시장에 도달하기 위한 다양한 방법들을 프로모션하고 있음을 보여준다.

대부분의 광고가 제품이나 서비스를 실제 구매하는 소비자에 대한 것이 아니라 광고를 만들어내는 사람들에 관한 것이라고 비판하는 사람들도 있다. 마케터와 대행사가 메시지를 수신하는 표적시장의 소비자들의 관점과 준거 틀을 이해하는 것은 매우 중요하다. 기업들은 소비자들이 자사의 메시지를 이해하고 광고주의 의도대로 그것을 해독하는지를 확인하기 위해 메시지 예비조사에 많은 시간과 돈을 투자한다.

소음

커뮤니케이션 프로세스 도처에서, 메시지는 수신을 방해하거나 왜곡하는 관련 없는 요인들의 지배를 받는다. 이런 계획하지 않은 왜곡이나 방해는 **소음**noise으로 알려져 있다. 메시지 인코딩 과정에서 발생하는 오류나 문제들, 라디오나 텔레비전의 신호 왜곡, 수신 시점의 분산 등이 소음의 사례들이다. 우리가 좋아하는 TV광고를 보고 있는 동안 신호 전달의 문제가 발생하면 그것은 분명하게 수신을 방해하고 광고의 영향을 감소시킨다.

소음은 발신자와 수신자의 경험영역에 공통성이 없기 때문에 발생할 수도 있다. 공통 배경의 부족은 수신자와 다른 의미를 가지거나 익숙하지 않은 기호, 상징, 언어 등 부적절한 메시지 인코딩의 결과이다. 발신자와 수신자 간의 공통 배경이 많을수록 이런 소음의 유형이 발생할 가능성은 더 낮아진다.

반응/피드백

메시지를 보고, 듣고, 또는 읽은 후 소비자들의 반작용의 집합을 **반응**response이라 한다. 수신자의 반응은 기억 속의 정보 저장 같은 관찰할 수 없는 반응과 텔레비전에 광고된 제품을 주문하기 위해 무료전화 번호를 누르는 행위 같은 즉각적인 반응 등 넓은 범위를 이루고 있다. 마케터들은 발신자에게 되돌려 주는 수신자의 반응의 부분인 피드백에 관심을 가진다. 다양한 형태를 가지고 있는 **피드백**feedback은 커뮤니케이션 프로세스에서 순환 고리를 종결짓고 발신자로 하여금 그 메시지가 해독되고 수신되는 방법을 살펴보게 해 준다.

인적판매 상황의 예를 들어 보면, 고객들은 질문, 지적, 반대를 할 수도 있고 몸짓과 찡그림 같은 비언어적 반응을 통해 자신들의 반응을 나타낼 수도 있다.[13] 판매원은 고객의 반응을 통해 즉각적인 피드백을 할 수 있는 장점을 가진다. 그러나 이것은 매스미디어에서는 일반적으로 이용되지 않는다. 왜냐하면 광고주는 고객들과 집적 접촉하는 것이 아니기 때문에, 그들은 자신의 메시지가 수신될 수 있는 방법을 결정하기 위해 다른 수단들을 이용해야 한다. 피드백의 최종 형태는 판매를 통해서 발생하는 반면, 광고와 구매 행위 간의 직접적 관련성을 찾기 어렵다. 따라서 마케터들이 고객들의 조회, 점포 방문, 쿠폰 반환, 회신 카드 등의 피드백을 받는 다른 방법들을 사용한다. 리서치 기반 피드백은 광고의 회상과 구독률, 메시지 이해, 태도변화, 기타 반응 형태 등이다. 이런 정보를 가지고 광고주들은 커뮤니케이션 프로세스의 성공과 실패 이유를 결정하고 조정할 수 있다.

마케터가 적당한 모델 선정, 적절하게 기호화된 소구나 효과적인 메시지를 개발하고 그 다음에 그 메시지가 효과적으로 전달되고 해독되도록 표적청중들에게 가장 잘 전달할 수 있는 채널을 선택하는 경우에 성공적인 커뮤니케이션이 달성된다. 6장에서는 모델, 메시지, 채널결정을 살펴보고 프로모션 담당자가 커뮤니케이션 전략을 개발하기 위해 통제 가능한 변수들을 조작하는 방법을 공부할 것이다. 이런 결정은 표적청중들이 프로모션 메시지에 반응하는 방법을 고려해야 되기 때문에, 지금부터는 소비자가 광고와 기타 마케팅 커뮤니케이션의 형태에 반응하게 될 프로세스와 수신자들에 대해서 살펴보기로 한다.

수신자 분석

고객들을 효과적으로 설득하기 위해서, 마케터들은 표적고객들이 누구이며, 그들이 제품이나 서비스에 대해 받는 느낌이나 지식은 무엇이며, 그들의 의사결정 과정에 영향을 미칠 수신자 설득 방법을 알아야 한다. 또 시장이 다양한 커뮤니케이션 모형이나 메시지 형태들에 대해 반응하는 방법들도 마케터들은 알고 있어야 한다. 모델, 메시지, 채널 변수 등에 관한 의사결정을 내리기 전에, 프로모션 계획자들은 이런 각 요소들과 관련된 잠재적 효과를 이해해야 한다. 여기서는 마케팅 커뮤니케이션 수신자에 관해 논의의 초점을 모아보자. 수신자들을 확인하는 방법과 프로모션 메시지에 대한 반응을 고려하는 과정을 살펴본다. 이런 정보는 다음 장의 통제 가능한 커뮤니케이션 변수 평가의 기초가 된다.

표적수신자 파악

마케팅 커뮤니케이션 프로세스는 광고와 프로모션 활동의 초점이 되는 표적수신자들의 파악으로부터 시작된다. 표적수신자는 개인, 집단, 틈새시장, 세분시장, 일반 공중들로 구성된다(도표 5-2). 마케터들은 각 청중에게 차별적으로 접근한다.

표적시장은 특정 니즈를 가지고 있는 사람들로 구성될 수도 있고 특히 그들에게 커뮤니케이션을 맞추어야 한다. 이것은 종종 인적 커뮤니케이션을 요구하고, 일반적으로 인적판매를 통해 실현될 수 있다. 광고처럼 여타 형태의 커뮤니케이션은 수신자들을 기업으로 끌어들이기 위해 사용될 수 있지만, 구체적인 메시지는 개별 고객들의 특정 니즈에 반응할 수 있는 판매원들이 전달한다. 생명보험, 재무서비스, 부동산 등은 이 방법에 의해 프로모션되는 사례이다.

도표 5-2
수신자들의 수준

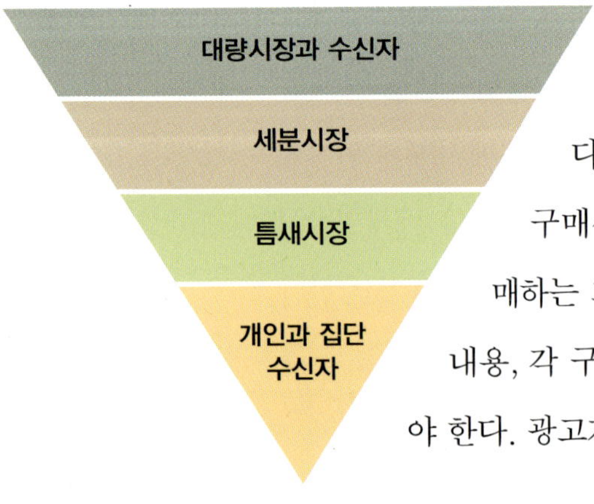

둘째 수준의 표적수신자는 집단이다. 마케터는 종종 구매결정을 하거나 영향을 미치는 집단과 커뮤니케이션을 해야 한다. 예를 들면, 산업재 구매자들은 규모와 구성이 다양한 위원회나 구매센터 등이 될 수 있다. 다른 기업이나 조직에 제품과 서비스를 판매하는 회사들은 구매 위원회의 구성원, 각 사람이 영향을 미치는 결정의 내용, 각 구성원들이 제품을 평가하는 데 사용되는 차원들을 이해하고 있어야 한다. 광고가 구매센터의 구성원들을 표적으로 하고, 복합수준의 인적판매에 영향을 주거나 실제로 의사결정을 하는 사람들에게 도달할 필요가 있다.

마케터들은 유사한 니즈와 욕구를 가지고 있고, 따라서 기본적 커뮤니케이션 전략을 가지고 도달할 수 있는 어떤 세분시장의 형태를 나타내는 고객들을 탐색한다. 아주 작고, 잘 한정된 고객 집단을 틈새시장이라 부른다. 이 시장은 주로 인적판매 활동이나 다이렉트메일과 같이 고도로 표적화된 미디어를 가지고 도달할 수 있다. 표적의 하위수준의 집합은 세분시장인데, 이것은 비슷한 니즈를 가지고 있어서 유사한 메시지로 도달될 수 있는 넓은 구매자 계층을 이루고 있다. 2장에서 살펴 본 바와 같이 이런 세분시장에는 시장을 세분화하는 방법과 이들 세분시장에 도달하는 다양한 방법들이 있다. 세분시장이 좀 더 커지게 됨에 따라 마케터들은 이 시장에 도달하기 위해 주로 신문, 잡지, 텔레비전과 같은 폭넓은 미디어로 전환한다.

대다수 소비재 마케터들은 광고나 홍보 같은 매스 커뮤니케이션을 통해서 대규모 현재 또는 잠재고객(매스 시장)의 주의를 유도한다. 매스커뮤니케이션은 마케터로부터 소비자에게로 정보가 일방적으로 흘러간다. 그 메시지에 대한 수신자의 반응 피드백은 일반적으로 간접적이고 측정하기 어렵다.

예를 들면 텔레비전은 동시에 수백만 소비자들에게 메시지를 보낼 수 있게 한다. 그러나 이것이 효과적인 커뮤니케이션이 발생했음을 의미하지는 않는다. 이것은 소비자들에게 노출된 수백만의 메시지 중의 단지 하나에 불과할 수도 있다. 이 정보가 주목을 받고, 처리되며, 이해 되거나 후일의 검색을 위해 저장되리라는 보장은 없다. 비록 광고가 처리되었다 하더라도, 소비자들이 관심이 없거나 잘못 이해할 수도 있다. 제이콥 자코비와 웨인 호이어는 그들의 연구에서 인쇄광고와 텔레비전 광고의 약 20% 정도를 독자들이 잘못 이해하고 있다는 결과를 제시하였다.[14]

인적 또는 면대면 커뮤니케이션과는 달리, 마케터들이 효과적인 매스 커뮤니케이션을 위한 메시지를 명확하게 하거나 설명할 기회를 갖지 못한다. 마케터는 표적청중들과 메시지에 대해 반응할 가능성과 방법에 대한 지식을 가지고 커뮤니케이션 상황에 참여해야 한다. 이것은 프로모션 계획과 전략을 위한 함의와 함께 수신자의 반응처리를 이해해야 한다는 것을 의미한다.

반응 프로세스

효과적인 커뮤니케이션 프로그램 개발의 가장 중요한 점은 수신자가 특정 행동으로 옮기는 데 경험한 반응 프로세스와 프로모션 활동이 소비자들의 반응에 영향을 주는 방법을 이해하는 것이다. 많은 사례에서 볼 수 있듯이 마케터의 유일한 목적은 기업이나 브랜드 이름의 인지도를 창출해내는 것인데, 이것은 제품에 관심을 촉발시킬 수 있다. 또 한편으로는 마케터가 브랜드에 대한 소비자들의 지식과 태도를 바꾸고 궁극적으로는 그들의 행동을 변경할 수 있도록 구체적인 정보를 전달하는 것을 목적으로 삼는다.

전통적 반응구조 모형

기업, 제품 또는 브랜드를 알지 못하는 상태에서부터 실제 구매 행동에 이르는 단계를 묘사하기 위해 모형들이 개발되었다. 도표 5-3은 잘 알려진 반응구조 모형 4개를 보여주고 있다. 이 모형들은 비슷하게 보이지만 각기 다른 이유에서 개발되었다.

AIDA 모형은 판매원이 인적판매 과정에서 고객들을 돕는 단계를 나타내기 위해 개발되었다.[15] 이 모형은 구매자를 주의, 관심, 욕망, 행동의 과정을 연속적

도표 5-3
반응구조 모형

단계	모형			
	AIDA 모형	효과계층 모형	혁신채택 모형	정보처리 모형
인지 단계	주의	인지 지식	인지	제시 주의 이해
감정 단계	관심 욕구	호감 선호 확신	관심 평가	수용 보유
행동 단계	행동	구매	시용 수용	행동

으로 통과하는 사람으로 묘사한다. 판매원은 먼저 소비자들의 주의를 끌고, 그 다음 제품이나 서비스에 약간의 관심을 가지게 한다. 강한 수준의 관심은 그 제품의 소유나 사용 욕망을 창출해야 한다. AIDA 모형의 행동 단계는 고객들이 구매하도록 만들고 판매를 종결하는 것을 포함한다. 마케터에게는 판매 프로세스에서 이 단계가 가장 중요하지만 가장 힘든 것이 될 수도 있다. 판매원들이 판매 프로세스를 완료하는 데 도움이 되는 마무리 기법 훈련을 받아야 한다.

이런 반응 구조로 가장 잘 알려진 모형은 로버트 래빗지와 캐리 스테이너가 광고 목표 설정과 측정을 위해 개발한 패러다임이다.[16] 이들의 **효과계층 모형** hierarchy of effects model은 광고의 효과에 의한 과정을 나타낸다. 이 모형은 소비자들이 제품이나 서비스에 대한 초기 인지에서부터 실제 구매에 이르기까지 순차적인 순서의 단계를 연속적으로 거쳐 가는 것을 전제한다. 이 모형의 기본 전제는 광고 효과가 일정 기간을 두고 발생한다는 것이다. 광고 커뮤니케이션은 즉각적인 행동 반응이나 구매를 유발하지 않고, 오히려 소비자들이 다음 단계에 이동하기 전에 각 단계에서 완료되어야 한다. 7장에서 살펴보겠지만, 효과계층 모형은 기업들이 광고 효과 측정과 목적 설정의 기초가 되어 왔다.

혁신채택 모형 innovation adoption model은 혁신의 확산에 관한 연구로부터 발전되었다.[17] 이 모형은 소비자들이 새로운 제품이나 서비스를 채택할 때 거치게 되는 단계를 나타낸다. 다른 모형과 마찬가지로, 잠재적인 채택자들은 행동을 취하기 전에 어떤 단계의 순서에 들어와야 한다는 것이다(이 경우에는, 신제품을 채택하기로 결정하는 것). 채택의 선행 단계는 인지, 관심, 평가, 실험적 사용 등이다. 기업이 신제품을 출시할 때 직면하는 도전은 소비자들의 인지도와 관심을 창출하고 그 후 그들이 그 제품을 호의적으로 평가하게 만드는 것이다. 신제품을 평가하는 최선의 방법은 실제 사용을 통해서 성과를 판단하도록 하는 것이다. 마케터들은 전시나 견본 프로그램을 통해 시험적 사용을 권장하거나 소비자들의 비판을 최소화하도록 해야 한다(**사진 5-7**). 시용 후에, 소비자들은 그 제품을 채택하거나 거절

사진 5-7
견본이나 시연 프로그램은 일회용 콘택트렌즈와 같은 신제품의 사용을 촉진한다.

하게 된다.

이 혁신채택 모형은 신제품을 시장에 도입하기 위해 IMC 도구를 사용하려는 기업들에게는 특히 중요하다. 이런 마케터들은 소비자들이 그 신제품에 관심이 있고 다른 사람들에게 영향을 줄 능력을 가지고 있기 때문에 특히 그 제품에 관심을 갖는 어떤 유형의 소비자들이 있음을 알고 있다.[18] 마케터들은 이런 조기 채택자들을 파악하고 그들을 설득하는 방법과 그들이 다른 소비자들에게 정보를 확산시켜 주도록 프로모션하는 방법을 지속적으로 모색해야 한다.

도표 5-3의 마지막 모형은, 윌리엄 맥기어가 개발한 **정보처리 모형**information processing model이다.[19] 이 모형은 설득 커뮤니케이션 상황에서 광고를 좋아하는 수신자는 정보처리자이거나 문제해결자임을 전제한다. 그는 수신자가 설득되는 단계의 순서는 반응계층을 구성하고 있음을 제안한다. 이 모형의 단계는 효과계층 모형과 비슷하다. 즉 주의와 이해 단계는 인지와 지식 단계와 비슷하고, 승인yielding은 호감liking과 유사하다. 맥기어 모형은 다른 모형에서 없는 단계가 하나 더 있다. 그것은 보유retention 단계인데, 소비자가 타당하거나 관련 있는 것으로 이해하는 정보의 일부분을 보유하는 단계이다. 대부분의 프로모션 캠페인은 소비자들이 즉각적인 행동을 취하도록 하는 것은 아니지만 나중에 의사결정을 할 때 사용할 정보를 제공하기 위해 설계된 것이기 때문에 이 단계가 중요하다.

도표 5-4
반응계층 모형의 피드백 획득 방법

효과 테스트		설득 과정 단계
시청자/청취자 규모, 웹 방문자	→	노출/제시
청취자, 독자, 시청자 재인	→	주의
회사, 체크리스트	→	이해
브랜드 태도, 구매의도	→	메시지 수용/승인
회상	→	보유
재고, 구매시점 소비자 패널 스캐너 데이터	→	구매 행동

반응계층 모형의 각 단계는 종속변수이고 커뮤니케이션 프로세스의 목적 역할을 할 수도 있다. 도표 5-4에서 보는 바와 같이, 각 단계는 측정될 수 있고, 소비자들은 설계된 다양한 전략의 효과에 관한 피드백을 광고주에게 제공한다. 이 정보처리 모형은 프로모션 캠페인의 효과를 계획하고 평가하는 데 효과적인 틀이 될 수 있다.

전통적 계층모형의 함의 커뮤니케이션 반응계층 모형들은 몇 가지 관점에서 프로모션 계획자들에게 유용하다. 첫째, 이 모형들은 잠재 구매자들이 제품이나 서비스의 인지에서부터 구매 행동으로 옮겨가는 단계의 순서를 설명한다. 둘째, 잠재 구매자들은 이 계층의 다른 단계의 상태에 있을 수도 있기 때문에, 광고주는 다른 커뮤니케이션 문제들에 직면하게 될 것이다. 예를 들면, 소니Sony의 리더기Reader와 같은 혁신제품을 출시하는 기업은 소비자들이 그 제품의 특징과 편익을 인지하도록 미디어 광고를 만들 수 있다(사진 5-8). 소니는 그 광고에서 제품 정보를 제공하기도 하지만 전자 리더기에 대해 더 알 수 있도록 웹사이트와 소매점 방문을 권장한다. 제품 전시를 보기 위해 온라인 점포나 소매점을 찾는 소비자들은 반응계층모형에 따라 반응순서를 진행하기 때문에 광고만 본 사람보다는 구매 단계에 더 가깝게 다가갈 수 있을 것이다. 고객충성도가 높은 성숙 브랜드의 마케터들은 긍정적인 지각을 강화하고 그 브랜드의 인지도를 유지하기 위해 지지 또는 상기광고를 할 필요가 있다.

사진 5-8
소니 리더기와 같은 혁신제품 광고는 소비자들이 제품 특성과 편익을 인지할 수 있도록 만든다.

계층모형들은 커뮤니케이션 효과의 중간 측정 도구로서의 유용성이 있다. 마케터는 청중들이 반응 계층의 어떤 위치에 있는지를 파악해야 한다. 예를 들면, 리서치 결과 한 표적 세분시장은 브랜드에 대해 낮은 인지도를 가지고 있는 반면, 다른 세분시장은 브랜드와 그 다양한 속성들을 알고 있지만 낮은 애호나 브랜드 선호도를 가질 수 있다. 전자의 세분시장을 위한 커뮤니케이션 과업은 브랜드 인지도 수준을 높이는 것이 된다. 광고 횟수 증가나 견본 제품 사용 등이 대안이 되어야 한다. 후자의 세분시장을 위한 과업은 광고주들이 부정적 감정에 대한 이유를 파악한 후 향후의 광고에 이 문제를 언급하는 것이다.

광고조사 결과나 다른 증언에서 소비자들이 자사 제품의 속성이나 성과 차원에 대해 호의적인 것으로 지각하고 있는 것으로 나타난 경우에 기업은 광고에 이런 장점을 이용해야 한다.

전통적 반응계층 모형 평가 도표 5-3에서 살펴본 바와 같이, 네 가지 반응 모형은, 반응 프로세스가 모두 세 가지 기본 단계를 연속적으로 이동하는 것으로 제시되고 있다. 인지단계는 특정 제품이나 브랜드를 수신자가 지각하거나 아는 단계를 나타낸다. 이 단계는 브랜드 존재 인지, 속성 또는 편익에 대한 지식, 정보, 또는 이해를 포함한다. 감정단계는 특정 브랜드에 대한 느낌과 감정 수준(좋아하거나 싫어함)을 가지는 단계이다. 이 단계는 욕망, 선호, 확신과 같은 더 강한 감정의 수준을 포함한다. 행동 단계는 특정 브랜드에 대한 시용, 구매, 채택, 거절 등과 같은 소비자의 행동이나 행동의도가 발생되는 단계이다.

네 가지 반응 모형 모두 이런 세 가지 단계의 비슷한 수준이 있음을 전제한다. 인지 개발은 감정반응에 선행하고, 감정반응은 행동에 선행한다. 소비자들이 어떤 브랜드를 알게 되거나 인지하게 되고, 그것에 대한 감정을 개발하고, 욕구나 선호를 형성한 다음 구매한다는 것을 가정한다. 이런 논리적 진전은 종종 정확한 반면, 반응 순서는 항상 이 방법대로 작동되지는 않는다.

지난 20년간 마케팅, 사회심리학, 커뮤니케이션 등의 상당한 리서치에서 전통적 반응계층의 인지→감정→행동의 순서에 의문이 제기되어 왔다. 반응구조의 다른 여러 가지 모형들이 이론화되고 있다.

대안반응위계

마이클 레이는 지각된 제품 차별화와 제품 관여에 기초하여 대안적 3단계 순서 모형 세 개를 개발하였다.[20] 이 **대안반응위계**alternative response hierarchy들은 표준학습, 부조화/귀인, 저관여 위계이다(도표 5-5).

표준학습위계 많은 구매상황에서, 소비자들은 전통적 커뮤니케이션 프로세스에서 묘사되고 있는 반응 프로세스 순서를 거치게 된다. Ray는 이것을 **표준학습위계**standard learning hierarchy라 불렀는데, 이는 학습→감정→실행의 순서로 구성된

도표 5-5
대안반응위계.
정보처리의 세 가지 순서 모형

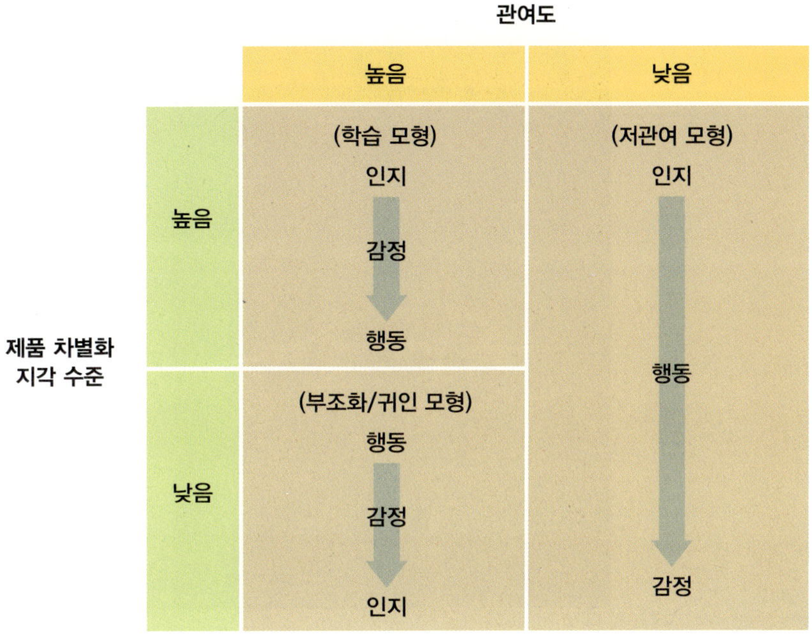

다. 다양한 브랜드에 대해 획득 또는 학습된 정보와 지식은 소비자들의 행동을 이끌어내는 감정affect이나 느낌feelings을 개발하는 기초가 된다. 이 체계에서는 소비자들이 커뮤니케이션 과정에서 능동적 학습을 통해 정보를 수집하는 적극적 참여자로 간주된다.

레이는 소비자들이 구매 프로세스에 깊이 관여되어 있고 브랜드 차별화가 큰 경우 표준학습위계가 발생할 가능성이 높다고 한다. 산업재 제품과 서비스 및 PC, 프린터기, 카메라, 가전제품 등의 소비자 내구재와 같은 고관여 구매 결정은 표준학습위계 반응 프로세스가 발생할 가능성이 있는 영역들이다. 이런 영역에 있는 제품과 서비스 광고는 매우 구체적이고 브랜드 평가와 구매 결정에 도움이 되는 정보들을 제공하는 데 주안점을 두어야 한다. **사진 5-9**에서 보는 바와 같이 아큐라 자동차는 표준학습체계에서 인지적이고 감정적인 단계에 소구하고 있다.

부조화/귀인위계 레이가 제안한 두 번째 반응위계는 소비자들이 먼저 행동하고 난 후, 그 행동 결과에 따라 태도와 느낌을 형성하고 그 다음에 행동을 지지하는 정보를 학습하거나 처리하는 상황을 나타내는 것이다. 이 **부조화/귀인 모형** dissonance/attribution model 또는 행동→감정→학습 프로세스는 품질은 비슷하지만 복잡하고 드러나지 않는 속성을 가진 두 대안 중에서 소비자들이 하나를 선택해야

사진 5-9
아큐라 광고는 표준학습체계의 다양한 단계들을 언급한다.

하는 상황에서 발생한다. 소비자들은 어떤 비인적 매체 정보원의 추천에 기초하여 제품을 구매할 수도 있고, 그 후 그 브랜드에 대한 긍정적 태도를 개발함으로써 자신의 결정을 지지하는 노력을 하고, 기각했던 대안에 대해서는 부정적 감정을 가질 수도 있다. 이렇게 함으로써 소비자들은 구매에 대한 의심에서 오는 모든 걱정이나 구매 후 부조화를 감소시킨다. 부조화 감소는 선택적 학습을 수반하는데, 이는 소비자들이 선택한 것을 지지하는 정보를 탐색하고 자신의 결정에 대해 의심이 생기게 하는 정보는 회피하는 것을 말한다.

사진 5-10
이 광고는 비자카드 사용 결정의 현명함을 강화한다.

이 모형에 따르면, 어떤 상황에서는 매스미디어를 통해 학습이 일어날 때, 구매 후에 태도가 형성되기도 한다. 이 상황에서는 매스미디어의 주된 영향은 초기의 구매 행동과 태도변화가 아니라 구매 후에 '현명한 구매'이었음을 강화하거나 지지적 정보를 제공함으로써 부조화를 감소시키는 것이 되어야 한다고 레이는 말한다. 예를 들면, **사진 5-10**의 광고는 비자 카드사가 제공하는 다양한 안정망을 카드 소지자들에게 확신시킴으로써 비자 신용카드를 사용하려는 소비자들의 의사결정을 강화하는 모습을 부여주고 있다.

표준학습 모형의 반응위계는 소비자들이 구매상황에 관여되어 있는 경우 발생할 가능성이 높아진다. 이것은 특히 구매 후 상황과 관련된다. 예를 들면, 어떤 소비자가 친구의 추천으로 타이어를 구매하고, 그 후에 그 기업에 대한 호의적인 태도를 가지고 부조화를 감소하기 위해 그 기업의 광고에 세심한 주의를 기울이기도 한다.

어떤 마케터들은 반응위계의 관점에 반대하는데, 매스미디어가 소비자들의 초기 구매 결정에 영향을 주지 않는다는 위계반응의 체계를 수용할 수 없다는 이유 때문이다. 그러나 이 모형은 매스미디어가 영향력이 없다고 주장하지는 않지만 단지 구매 결정 후에 중요한 영향이 발생한다는 것이다. 마케팅 커뮤니케이션 담당자는 광고와 프로모션 활동이 브랜드 선택을 권장하는 것이 아니라 구매패턴이 지속될 것을 확신하고 선택을 강화하는 데 필요하다는 것을 알아야 한다.

저관여위계 레이가 제안한 세 가지 반응 위계의 가장 흥미로운 것은 아마도 **저관여위계**low-involvement hierarchy일 것이다. 이는 수신자가 인지에서부터 행동, 행동 변화로 옮겨간다고 간주하는 것이다. 이 학습→행동→감정 순서는 구매 과정에서 소비자 관여의 상황을 특징짓는 것으로 생각된다. 이 모형은 구매 결정의 관여가 낮고, 브랜드 간에 최소한의 차이가 있으며, 매스미디어 광고(특히 방송광고)가 중요한 경우 발생하는 경향이 있다고 레이는 제안하였다.

저관여위계의 개념은 텔레비전 광고의 영향을 설명하는 허버트 크러그먼의 이론에 많은 근거를 두고 있다.[21] 크러그맨는 텔레비전 광고가 브랜드 인지도와 회상에 강한 영향을 미치지만, 그 제품에 대한 소비자들의 태도에는 변화가 거의 없는 이유를 밝혀내고 싶었다. 그는 텔레비전이 기본적으로 저관여 매체이고 광고가 노출되는 동안 시청자들의 지각방어가 감소되거나 없다는 것을 가정하였다. 저관여 상황에 있는 소비자들은 그 광고메시지를 이전에 획득한 신념, 니즈, 과거 경험과 비교하지 않는다. 그 광고는 특히 반복된 노출로 소비자들의 지식에 감지하기 힘든 변화를 초래한다. 소비자 지식의 이런 변화는 태도변화를 가져오지는 않지만, 브랜드 이름, 광고 주제, 또는 슬로건과 같은 광고된 브랜드에 관한 내용을 학습하는 것과 관계는 있다. 크러그맨에 의하면, 소비자들이 구매상황에 진입할 때, 이 정보는 구매를 촉발시키기 위해 충분한 것이 될 수도 있다는 것이다. 이 소비자는 그 후 그 브랜드에 대한 경험의 결과로 구입한 브랜드에 대한 태도를 형성하게 될 것이다. 따라서, 저관여 상황의 반응 순서는 다음과 같다.

사진 5-11
맛과 품질을 프로모션하는 광고는 하인즈가 케첩시장을 석권하는 데 도움이 되고 있다.

저관여 하에서 메시지 노출 → 인지구조로 이동 → 구매 → 긍정적 또는 부정적 경험 → 태도 형성

저관여위계에서, 소비자들은 적극적인 정보탐색보다는 수동적인 학습을 하고 무작위로 정보 포착을 한다. 수동적이고 무관심한 소비자들은 실제 메시지 내용보다는 음악, 모델, 상징, 슬로건 또는 징글 등에 더 집중할 수도 있음을 인식해야 한다. 광고주는 어떤 능동적인 인지 처리 없이 소비자들의 마음속에 저장되고, 실제 소비 상황에서는 회상하기 쉬운 징글을 개발함으로써 이 위계를 활용할 수도 있다.

저관여 제품의 광고주들은 핵심카피 요점이나 독특한 제품 편익 같은 단순한 제품 주장을 반복해야 한다. 스콧 호킨스와 스테판 호크는 저관여 상황 하에서는, 단순한 제품 주장의 반복이 그것에 대한 소비자들의 기억과 신념을 강화한다는 사실을 발견하였다.[22] 이들은, 저관여 제품의 광고주들은 길고 자세한 메시지를 더 많은 청중들에게 전달하기보다는 반복 횟수를 늘리는 전략이 유익하다는 결론을 내렸다. 예를 들면, 하인즈는 20년 이상 자사의 브랜드가 부피가 가장 크고 토마토의 양이 많다는 것을 소비자들에게 반복적으로 이야기함으로써 케첩시장을 지배하고 있다. 그러나 그들 모두가 '하인즈는 가장 선호하는 최고의 브랜드'라는 동일한 기본 메시지를 전달한다(**사진 5-11**).

저관여 제품의 광고주들이 이용하는 또 다른 인기 있는 크리에이티브 전략은 광고 분석가 해리 맥마한Harry McMahan이 명명한 VIPvisual image personality이다.[23] 광고주들은 소비자들이 광고를 알아보고 시선을 고정시키도록 하는 시각적 이미지를 개발하기 위하여 종종 필즈버리Pillsbury 찐빵, 모리스Morris 고양이, 토니Tony 호랑이, 미스터클린Mr. Clean 등과 같은 심볼을 사용한다. 에버레디Eveready는 1989년 에너자이저Energizer 배터리 광고에서 핑크색의 토끼를 사용하기 시작했는데, 이것이 20년 이상 매출액 증대에 도움이 되고 있다. **사진 5-12**에서 보는 바와 같이, 에너자이너 버니Energizer Bunny는 페이스북에서 4만 명 이상의 회원을 확보하고 있다.

사진 5-12
에너자이저 버니는 인기있는 브랜드 심볼이다.

대안반응위계 모형의 시사점

광고와 소비자 조사자들은 모든 반응 순서와 행동들이 전통적 또는 대안반응위계에 의해서 적절하게 설명될 수 없음을 인식하고 있다. 광고는 소비자들이 제품에 대한 학습, 태도형성, 의사결정에 사용하는 정보원의 하나일 따름이다. 소비자들은 브랜드에 관한 판단 형성에 직접경험뿐 아니라 광고와 여타 마케팅 커뮤니케이션 형태의 정보를 통합할 가능성이 높다. 예를 들면, 로버트 스미스는 광고가 시용 이전에 처리되는 경우 브랜드 평가에 관한 비호의적인 시용 경험의 부정적 영향을 줄일 수 있음을 발견하였다. 그러나 부정적 시용 경험이 광고 노출에 선행하는 경우 그 광고의 인지평가는 더 부정적이 된다.[24] 최근 연구에서는 광고가 소비자들의 상표에 대한 경험의 객관적 감각 해석과 그들의 상표 기억에 영향을 미칠 수 있다.[25]

여러 가지 반응위계 모형은 소비자들이 광고와 마케팅 커뮤니케이션 형태에 반응하는 방법에 흥미로운 관점을 제공한다. 또 이 모형들은 마케터들이 각각의 상황에서 추구할 수 있는 프로모션 전략에 대해 시사점들을 제공한다. 반응위계 프로세스의 대안모형들에 대한 연구에서는 전통적 학습모형이 항상 적용될 수 없음을 보여 준다. 고수준 신념과 잘 형성된 태도에 기초하여, 능동적인 정보처리와 학습 및 행동을 하는 고관여 소비자의 구매에서는 적합하지 않을 수도 있다. 때로는 소비자들이 광고의 반복 노출에 기인한 일반적 인지도에 기초하여 구매 의사결정을 하며, 태도형성은 적어도 그 구매 후에 발생한다. 광고와 프로모션 활동들은 시용trial을 유도하고, 소비자들은 그 제품을 직접 경험한 것에 기초하여 브랜드 선호도를 형성할 수 있다.

프로모션 계획 관점에서, 마케터가 제품이나 서비스의 커뮤니케이션 상황을 검토하고 어떤 반응 프로세스가 발생할 가능성이 가장 높은지를 결정하는 것은 매우 중요하다. 그들은 제품이나 서비스의 관여수준, 제품/서비스 차별화, 소비자들의 다양한 정보 원천 이용과 경험 수준 등을 분석해야 한다. 일단 관리자들이 어떤 반응 순서가 작동할 가능성이 높은지를 결정한 후에는, IMC 커뮤니케이션 프로그램이 제품이나 서비스를 지지하여 반응 프로세스에 영향을 미치도록 설계되어야 한다. 관여수준 및 태도형성과 그 이후 브랜드 선택의 기초가 되는 동기와 반응 프로세스를 포함한 기타 요인들을 고려하는 몇 가지 계획 모형이 개발되어 오고 있다.[26] 이 모형들은 관리자들이 광고와 마케팅 커뮤니케이션 전략을 개발할 때 중요한 것이 될 수 있다. 이제 FCBFoote Cone & Belding 모형을 살펴보자. 이 FCB 모형은 광고와 여러 프로모션 도구들이 제품 관여도와 소비자들의 의사결정 순서의 형태에 따라 다르게 작용한다는 것을 이론화한 것이다.

FCB 계획 모형

커뮤니케이션 상황을 분석하는 흥미로운 접근법은 FCB 광고대행사의 리차드 본의 FCB 모형이다. 본과 그의 동료들은 효과위계 모형과 그 변형 모형, 고관여 및 저관여 연구와 같은 전통적 반응이론에 기반을 둔 광고계획 모형을 개발하였다.[27] 그들은 뇌분화brain specialization 이론에서 따온 사고와 감성 차원을 각 관여도 차원에 첨가하였다. 우뇌/좌뇌 이론은 왼쪽 뇌가 합리적, 인지적 사고를 더 잘하는 반면, 오른쪽 뇌는 시각적, 감성적이며 감정적 기능을 더 잘 수행한다는 것을 제안한다. FCB 그리드로 알려진 이 모형은 대안반응 위계의 가장 적절한 변수에 따라 정보전략, 감정전략, 정보습관전략, 만족전략 등 4개의 기본 광고계획 전략을 보여준다(**도포 5-6**).

정보 전략은 이성적 사고와 경제적 숙고가 지배적인 고관여 제품이나 서비스에 필요한 것이며, 표준학습위계가 적합한 반응모형이라고 본은 제안하였다. 감정 전략은 고관여/감성 구매에 적합하다. 이런 유형의 제품 광고는 자기 존중 구축이나 사람의 이기나 자아이미지를 강화하는 것과 같은 심리적이고 감성적인 동

도표 5-6
FCB 그리드

	이성	감성
고관여	**1. 정보 전략** 자동차, 주택, 가구, 신제품 모델: 인지 – 감정 – 행동 (경제학적 모형) **활용 가능성** 테스트: 회상, 진단 매체: 긴 카피, 사색적인 매체 크리에이티브: 구체적인 정보 시연	**2. 감정 전략** 보석, 화장품, 의류, 오토바이 모델: 감정 – 인지 – 행동 (심리학적 모형) **활용 가능성** 테스트: 태도 변화, 감정 환기 매체: 넓은 공간, 이미지 강조 크리에이티브: 강력한 실행 요소
저관여	**3. 습관형성 전략** 식품, 가정용품 모델: 행동 – 인지 – 감정 (반응 모형) **활용 가능성** 테스트: 매출액 매체: 작은 크기 광고, 라디오, 판매시점 광고 크리에이티브: 상기	**4. 자아만족 전략** 담배, 주류, 캔디 모델: 행동 – 감정 – 인지 (사회학적 모형) **활용 가능성** 테스트: 매출액 매체: 광고 게시판, 신문, 판매시점 광고 크리에이티브: 주의 환기

기를 강조해야 한다.

습관형성 전략은 대부분 시용 구매 후에 학습이 발생하는 일상적 행동 패턴을 가진 저관여/사고 제품에 적합하다. 이런 제품의 반응 프로세스는 행동학습 모형(4장의 작동적 조건학습)과 일치한다. 자아만족 전략은 감각적 즐거움과 사회적 동기가 중요한 저관여/감성 제품에 적합하다. 다시 말하면, 제품 경험이 학습과정의 중요한 일부가 되기 때문에 실행→감정 또는 실행→학습 위계가 작동한다. 본은 최소인식 수준(수동적 학습)은 저관여 제품이면서도 더 깊고 능동적 학습이 필요하지 않은 두 가지 유형의 구매에 선행할 수도 있다.

FCB 그리드는 소비자-제품 관계를 분석하고 적절한 프로모션 전략을 개발하려는 크리에이티브 전문가와 같이 광고계획 과정에 관여하고 있는 사람들에게는 유용하다. 소비자들이 관여도와 사고/감성 영역에 있는 제품이나 브랜드를 지각하는 방법을 결정하는 데 소비자 조사 결과가 이용될 수 있다.[28] 이 정보는 합리적 대 감성적 소구의 이용, 관여수준 증대, 또는 감성에 기초한 소비자들의 사고-유형 제품의 평가 등과 같은 효과적인 크리에이티브 옵션을 개발하는 데 이용될 수 있다. 예를 들면, 최근 가전제품 회사들은 광고에서 가능한 많이 제품

사진 5-13
LG는 제품 디자인을 강조함으로써 소비자들이 가전제품을 교체하도록 권유한다.

의 디자인과 이미지의 장점을 강조해 왔다. 이런 기업들은 가전제품 시장의 고급 세분시장의 성장을 기회로 삼고 있는데, 이 시장은 중간 시장과 하위 시장에 비해 2배나 성장했다.[29] LG는 낡고 매력이 없는 가전제품들을 LG의 매끈한 프리미엄 라인으로 교체하도록 소비자들을 권장하는 IMC 캠페인을 전개하였다. **사진 5-13**은 '업그레이드' 캠페인을 위한 기발한 광고를 보여준다.

커뮤니케이션의 인지반응

여러 해 동안 위계적 반응모형들은 마케팅 커뮤니케이션에 대한 수신자들의 반응을 연구하기 위한 기본적 접근방법이 되어 왔다. 주의attention는 특정 통제변수(모델과 메시지 요소들)와 결과 또는 반응변수(주의, 이해, 태도, 구매의도) 간의 관계를 파악하는 데 초점을 맞추었다. 이 접근방법은 이런 반응들을 일으키는 것이 무엇인지를 설명할 수 없는 블랙박스 특성을 포함해서 여러 면에서 비판을 받았다.[30] 이런 우려에 대한 반응에서, 연구자들은 설득적 메시지에 대한 인지반응의 특성을 이해하기 위한 노력을 전개하였다. 광고메시지에 대한 소비자들의 인지처리의 특징을 검증하기 위해 몇 가지 접근법들이 개발되었다.

인지반응 접근법

광고메시지에 대한 소비자들의 인지 처리 연구에 가장 널리 이용된 방법들 중의 하나는 **인지반응**cognitive response인데, 이것은 커뮤니케이션을 읽고, 보고 듣는 중에 소비자들에게 떠오르는 생각이다.[31] 이런 생각들은 소비자들이 메시지에 대한 반응을 글로 쓰거나 언어로 말하게 함으로써 측정된다. 이런 생각들은 수신자의 인지처리나 반응을 나타내고 그 메시지를 궁극적 수용 또는 거절의 결정을 돕는다고 가정한다.

인지반응 접근법은 학자들과 광고 실무자들 모두의 연구에 널리 이용되어 왔다. 인지반응 접근법의 초점은 광고메시지에 의해 유발된 반응 형태와 이런 반응이 광고, 브랜드 태도, 구매의도에 대한 태도와 연결하는 방법을 결정하는 데 있

도표 5-7
인지반응 모델

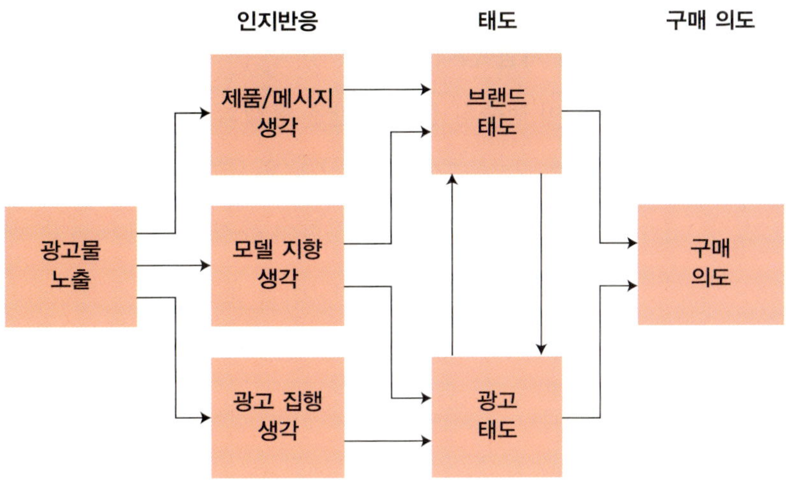

다. 도표 5-7은 연구자들이 파악한 인지반응의 세 가지 기본 범주 – 제품/메시지, 모델지향, 광고집행 생각 – 와 이들이 태도 및 의도와 관련되는 방법을 나타낸다.

제품/메시지 생각 생각의 첫째 범주는 제품 또는 서비스에 대한 것과 커뮤니케이션에서 조성된 주장 등으로 구성된다. 두 개의 특정 반응 형태인 반박주장과 찬성주장에 초점이 맞추어져 왔다.

반박주장counterargument은 소비자들이 메시지가 취하는 입장과 반대되는 생각을 가지는 것을 말한다. 예를 들어, 사진 5-14의 울트라 타이드의 광고를 보자. 어떤 소비자는 이 광고의 주장에 대해 불신감이나 반감을 표현할 수도 있나('모든 세세가 때를 제거하다는 것은 믿을 수가 없어'). 이 광고를 보는 다른 소비자들은 **지지주장**support argument 또는 메시지 주장을 확실히 믿을 수도 있다.('울트라 타이드는 좋은 제품으로 보여. 나는 그걸 사용해 볼 거야').

사진 5-14
소비자들이 때로는 제품 품질에 대한 광고반응에서 지지주장을 하기도 한다.

반박주장의 가능성은 메시지가 수신자의 신념과 반대되는 주장을 하는 경우 더 높다. 예를 들면, 좋아하는 브랜드를 공격하는 광고를 보는 소비자는 반박주장을 할 가능성이 더 높다. 반박주장들은 메시지 수용과 부정적인 관련이 있다. 수신자가 반박주장을 많이 할수록 그 메시지가 주장하는 입장을 수용할 가능성이 더 낮아진다.[32] 지지주장은 반대로 메시지 수용과 긍정의 관계를 가진다. 따라서 마케터는 반박주장을 최소화하고 지지주장을 프로모션하는 광고나 프로모션 메시지를 개발해야 한다.

모델 지향 생각 인지반응의 두 번째 범주는 커뮤니케이션의 모델에 대한 것이다. 이 범주의 중요한 반응 형태의 하나는 **모델 폄하**source derogation 또는 대변인이나 기업의 주장에 대한 부정적 생각이다. 그러한 생각들은 일반적으로 메시지 수용을 감소시킨다. 소비자들이 특정 대변인을 짜증스럽게 여기거나 신뢰하지 못할 경우, 그 모델이 말하는 것을 수용하지 않을 가능성이 높다.

물론 모델과 관련된 생각들은 늘 부정적인 것만은 아니다. 모델에 대해 호의적으로 반응하는 수신자들은 우호적인 생각 또는 **모델 지지**source bolster를 창출한다. 기대하는 바와 같이 대부분의 광고주들은 메시지에 대해 이런 효과를 전이시키기 위해 표적청중이 좋아하는 대변인을 활용하려고 노력한다. 적절한 모델이나 대변인의 선정과 관련된 고려사항들은 6장에서 논의될 것이다.

광고집행 생각 인지반응의 셋째 범주는 도표 5-7과 같이 광고 자체에 대한 생각들로 구성된다. 광고를 보거나 읽으면서 수신자들이 가지는 많은 생각들은 제품과 직접적인 메시지 주장들과는 무관하다. 오히려, 그것들은 광고에 대한 소비자들의 느낌을 나타내는 감정적 반응들이다. 이런 생각들은 광고의 독창성, 비주얼 효과의 품질, 색상, 말투 등과 같은 광고 집행에 반응을 포함할 수도 있다. **광고집행 관련 생각**ad execution-related thought들은 호의적이거나 비호의적일 수도 있다. 광고물과 브랜드에 대한 태도에 이런 생각들이 미치는 영향 때문에 이것들은 중요하다.

최근에는 광고 특히 텔레비전 광고에 대한 소비자들의 반응에 관심이 모아지고 있다.[33] **광고태도**attitude toward the ad는 광고에 대한 수신자들의 호의 또는 비호의를 나타낸다. 이런 반응들이 브랜드 자체에 전이되거나 구매의도에 직접적으로 영향을 주고, 감정적 반응들이 광고 효과의 중요한 결정요인이 되기 때문에, 광고주들은 광고에 대한 소비자들의 반응에 관심을 가진다. 한 연구에서는, 광고를 즐겨 보는 사람들은 광고에 중립적인 사람들에 비해 그 브랜드가 최고라는 확신할 가능성이 두 배나 높다는 결과를 제시하였다.[34]

광고에 대한 소비자들의 감정은 광고 효과의 결정에 있어서 브랜드 태도만큼 중요하다.[35] 광고에 의해 창출된 감정반응과 감정은 수신자들이 참여하는 처리 유형과 광고의 특성과 같은 여러 가지 요인에 달려 있다.[36] 광고주들은 이제 크리에이티브 전략의 기초로서 감정반응과 감정을 유발하도록 설계된 감성광고를 이용한다. 브랜드에 대한 소비자들의 관여도와 그 메시지를 처리하는 데 주의를 기울일 가능성은 감성광고 전략의 성공을 좌우한다. 마케터들이 광고에 대한 소비자들의 주의를 유도하는 또 다른 방법은 광고의 비쥬얼에서 성적 이미지를 이용하는 것이다.

메시지의 인지적 처리 수준과 다른 유형을 구성하는 요인들을 통합하는 모델을 살펴봄으로써 수신자 분석을 마무리하고자 한다.

정교화 가능성 모델

소비자들이 설득적 메시지에 대해 반응하고 처리하는 방법의 차이는 도표 5-8의 설득의 **정교화 가능성 모델**elaboration likelihood model(ELM)로써 설명될 수 있다.[37] ELM은 Richard Petty & John Cacioppo가 커뮤니케이션이 태도에 영향을 미침으로써 설득을 끌어내는 과정을 설명하기 위해 제안한 것이다. 이 모델에 따르면, 태도형성이나 변화 과정은 설득적 메시지에 대한 반응에서 발생하는 관련 정보의 양과 정교화 또는 처리 특성에 따라 달라진다. 높은 정교화high elaboration는 수신자들이 그 메시지에 포함된 정보나 주장에 대해 세심한 주의, 생각, 평가를 하는 것을 의미한다. 낮은 정교화는 수신자들이 능동적인 정보처리나 사고를 하기보다는 단순한 긍정적 또는 부정적 단서에 기초하여 메시지 주장을 추론한다.

ELM의 정교화 가능성은 메시지 처리 동기와 처리 능력 두 요소의 함수이다. 메시지 처리 동기는 관여도, 개인적 관련성, 개인적 니즈와 환기수준과 같은 요소들에 달려 있다. 처리 능력은 메시지를 처리할 개인의 지식, 지적 능력, 기회 등에 의존된다. 예를 들면, 유머러스한 광고나 매력적인 모델이 나오는 광고를 보는 사람들은 그 제품에 대한 정보 처리를 분산할 수도 있다.

ELM에 따르면 설득이나 태도 변화에 대한 중심경로와 주변경로라는 두 가지 기본 경로가 있다. **설득에 대한 중심경로**central route to persuasion에서는, 수신자들은 커뮤니케이션 과정에서 매우 능동적이고 메시지에 대한 주의를 기울이고 이해를 하며 평가할 수 있는 능력과 동기가 높은 참여자로 간주된다. 광고메시지의 중심처리가 발생하는 경우, 소비자들은 메시지 내용에 밀접한 주의를 기울이고 메시지 주장을 면밀히 검토한다. 높은 수준의 인지반응 활동이나 처리가 발생하고, 또 수신자를 설득하는 광고 능력은 기본적으로 제시된 주장의 품질에 대해 소비자들

도표 5-8
정교화 가능성 모델

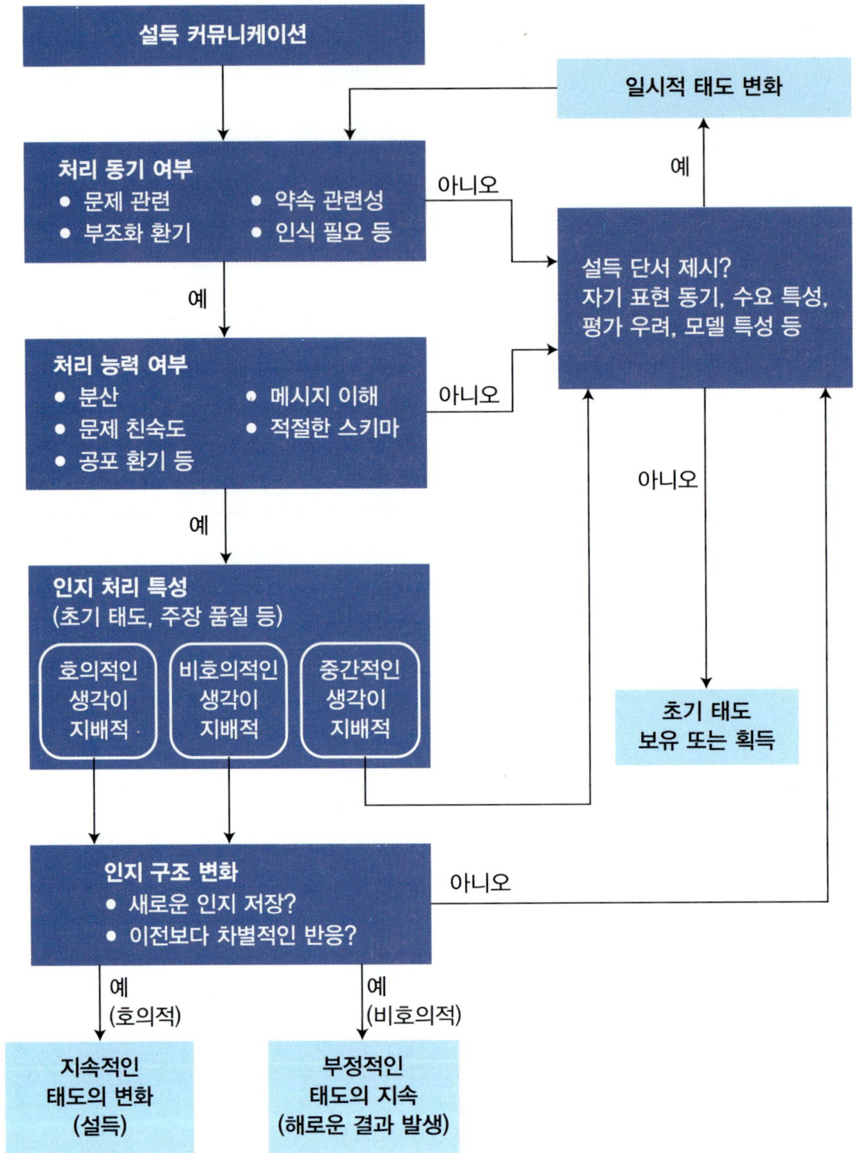

이 내리는 평가에 의존된다. 현저한 호의적인 인지반응(지지주장과 모델 격려)은 인지구조의 호의적인 변화를 이끌어낸다. 이것은 긍정적인 태도 변화 또는 설득을 유도한다.

역으로 인지처리가 대단히 비호의적이고 반박주장과 모델 폄하를 초래하면, 인지구조의 변화는 비호의적이고 해로운 결과를 가져오거나 부정적 태도변화를 초래한다. 중심경로를 통해 발생한 태도변화는 비교적 지속적이고 그것을 변화시키려는 후속적인 노력에 저항하여야 한다.

도표 5-8의 우측에 보이는 **설득의 주변경로**peripheral route to persuasion에서는, 수

사진 5-15
이 광고는 가장 인기 있는 유명 인사 보증인을 주변단서로 활용하는 내용을 포함한다.

신자는 정보처리 동기나 능력이 부족하고 구체적인 인지 처리를 할 가능성이 낮은 사람으로 간주된다. 메시지 정보를 평가하기 보다는 이 수신자는 중요한 주장의 부수적인 주변적 단서에 의존한다. 이 수신자의 메시지에 대한 반응은 그가 이런 주변단서들을 평가하는 방법에 달려 있다.

이 소비자들은 광고물에서 제시된 메시지 주장을 세심하게 평가하기보다는 주변단서의 다양한 유형이나 인지적 간단한 방법들을 이용할 수 있다.[38] 광고 모델이 전문가라든지 매력 있고 호감을 느끼는 사람으로 보이거나 광고 제작 방법, 음악, 형상 등과 같은 광고 집행 측면을 소비자들이 좋아하는 경우에 호의적 태도가 형성될 수 있다. **사진 5-15**의 피크롱라이프Peak Long Life 부동액 광고는 매력적이고 관련성이 높은 유명인 보증인(레이스카 드라이버인 Danica Patrick)과 브랜드 포지셔닝과 일치하는 시각적 형상에 소구를 포함한 몇 가지 긍정적 주변단서들을 내포하고 있다. 이런 단서들은 소비자들이 광고의 메시지를 처리하지 않는 경우에도 그들로 하여금 그 브랜드에 대한 긍정적 태도를 형성하도록 돕는다.

주변단서들은 어떤 메시지를 거부하도록 만든다. 예를 들면, 극단적 입장을 지지하고, 좋아하지 않거나 신뢰성에 문제가 있는 모델이 등장하거나 세련되지 않은 광고는 소비자들이 정보 또는 메시지 주장에 대한 어떠한 고려도 없이 거절될 수 있다. **도표 5-8**에서 본 바와 같이, 주변처리 결과로 발생한 태도는 일시적인 것으로 간주된다. 호의적 태도가 반복광고와 같은 주변 단서들에 대한 지속적 노출에 의해 유지되어야 한다.

ELM의 시사점 ELM은 특히 관여도 관점에서 마케팅 커뮤니케이션에 대한 중요한 시사점을 제공한다. 예컨대 표적고객들의 관여수준이 높은 경우, 광고나 판매 제안은 메시지 수신자가 반박하거나 반박주장을 하기 어려운 강한 주장들을 포함해야 한다. 표적청중들의 관여수준이 낮은 경우, 주변단서들이 자세한 메시지 주장보다는 더 중요할 수 있다.

광고에서 유명인사 모델 효과는 수신자의 관여수준에 달려있다는 흥미로운 ELM의 실험 결과가 제시되었다.[39] 관여도가 낮은 경우 유명인사 보증인은 태도에 중요한 영향을 주었다. 수신자들의 관여도가 높은 경우, 유명인사는 브랜드 태도에 영향을 미치지 못했고 광고에 이용된 주장의 품질이 더 중요하였다.

이런 연구결과에서 제시된 설명은 유명인사가 저관여 상황에서는 주변적 단서로서의 역할을 하고 그 메시지의 방대한 처리를 하기보다는 모델에 대한 감정에 기초하여 수신자들이 호의적인 태도를 형성하도록 만든다. 그러나 고관여 상황에 있는 소비자는 메시지 내용에 대해 보다 구체적인 중심 처리를 한다. 메시지의 품질이 모델의 정체성보다 더 중요한 것이 된다.

ELM의 가장 효과적인 메시지 유형은 소비자들이 따르는 설득 경로에 의존한다는 사실을 제시한다. 마케터들은 제품 범주에 대한 관여수준들이 낮고 소비자들이 상세하게 광고메시지를 처리하는 동기가 없다는 사실을 인식하고 있다. 저관여 제품의 마케터들은 자사 브랜드에 대한 호의적인 태도를 창출하고 유지하기 위해 반복광고를 이용하는 크레에이티브 전략을 사용한다.

반응처리와 광고 영향 요약

수신자 분석에서 살펴본 바와 같이, 마케팅 커뮤니케이션에 대한 반응에 있어서 소비자들이 겪게 되는 과정은 여러 관점에서 검토될 수 있다. 배크러터스 Vakratas와 앰블러는 최근 광고의 소비자들에 대한 영향과 작용 방법을 이해하기 위한 연구에서, 250여 편 이상의 신문기사와 책들을 검토하였다.[40] 이런 연구에 기초하여 그들은 영향 위계들이 거의 100년간 활발하게 채택되어 왔지만, 일시적 순서라는 의미에서 영향의 위계들의 개념을 지지하는 것은 거의 없다는 결론을 내렸다. 이와 함께 그들은 광고가 작용하는 방식과 반응 프로세스를 이해함에 있어서 광고와 구매 사이에 세 가지 중요한 매개효과가 존재한다고 주장하였다(도표 5-9). 그 세 가지는 반응의 생각 차원인 인지, 느낌 차원인 감정, 제품 구매와 사용의 결과에 근거한 피드백 차원인 경험 등이다. 또 그들은 광고에 대한 개인적 반응은 정보를 처리하는 동기와 능력 같은 요소들에 의해 중재되거나 여과되는데, 이것들은 광고에 대한 개인의 반응을 근본적으로 바꾸거나 변경한다는 결론을 내렸다. 아울

도표 5-9
광고의 영향에 대한 연구 틀

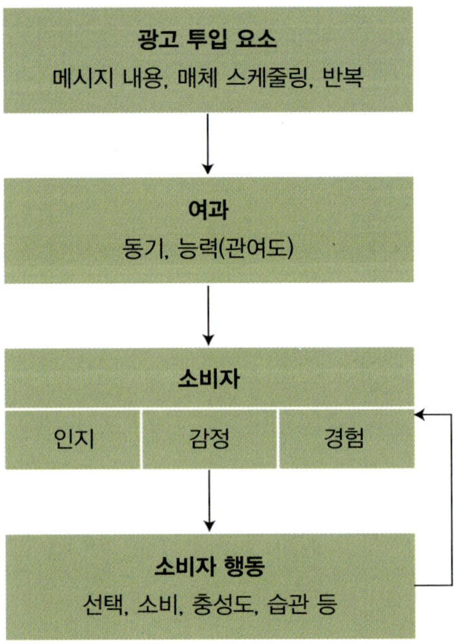

러 광고의 효과가 몇 가지 매개변수들이 다른 것들보다 더 중요한 이 세 가지 차원을 이용하여 평가되어야 하며, 제품 범주, 제품수명주기의 단계, 표적수신자, 경쟁, 기타 마케팅 믹스 요소들의 영향 등과 같은 요소들에 의존된다는 것도 제안하였다.

다른 연구자들은 위계 모델들에 대해 비판해 왔다. 예를 들면, 홀은 광고주들이 광고 효과 위계 모델의 명시적 암묵적 의존으로부터 탈피해야 하며 광고 처리의 중심에 감정과 경험을 두는 모델을 개발해야 한다고 주장하였다.[41] 이런 비판들의 시사점은 마케터들이 광고가 영향을 주는 중요한 변수인 인지, 감정, 경험에 주안점을 두어야 한다는 것이다. 그러나 그들은 반응의 특정한 순서를 가정할 수는 없지만 광고와 기타 프로모션 형태가 다양한 제품/시장 상황에서 이런 매개변수들에 영향을 주는 방법을 더 잘 이해하기 위하여 연구와 분석을 실시해야 한다고 주장하였다.

효과위계 모델에 관한 많은 걱정과 논쟁이 언급되어 왔지만, 그것들이 광고 관행과 연구에 중요한 것이라고 많은 사람들은 믿고 있다. 토마스 배리는 그들의 한계점에도 불구하고 위계모델들은 행동을 예측하는 데 도움이 된다고 주장한다. 그는 이런 모형들이 청중이나 세분시장 경험에 근거한 인지, 감정, 행동의 영향에 주안점을 두는 광고 전략의 필요성 여부에 대한 시사점과 그것들이 가치 있는 계획, 훈련, 개념 틀을 제공한다는 사실을 언급하고 있다.[42]

IMC 프로그램 담당자들은 표적수신자과 대중이 기타 마케팅 커뮤니케이션과 광고에 반응하는 방법을 가능한 한 많이 알아야 한다. 예를 들면, William Weilbacher는 마케팅 커뮤니케이션 프로그램이 단지 광고 이상의 것을 포함해야 한다고 언급해 왔다.[43] 소비자들은 PR, 광범위한 판매촉진 활동, 웹사이트, 다이렉트마케팅, 스폰서십, 영화와 TV의 PPL, 기타 형태의 마케팅 커뮤니케이션 등을 포함한 브랜드 스폰서십 커뮤니케이션에 계속적으로 몰두하게 된다. 위계 모델들이 광고의 효과를 설명하는 것 이상으로 소비자들이 브랜드에 대한 모든 다양한 IMC의 정보를 종합하는 것과 그 방법을 고려해야 한다고 그는 주장한다.

이 장에서 논의한 다양한 모델들은 커뮤니케이션의 기존 요소를 나타내고 소비자들이 광고 및 IMC 도구들에 대한 반응과 처리 방법에 대한 통찰을 제공하기 때문에 매우 중요하다. IMC 연구와 평가에 기초로서의 커뮤니케이션 프로세스를 이해하는 것은 매우 중요하다. 커뮤니케이션 프로세스를 이해함으로써 마케팅 커뮤니케이션 프로그램의 계획, 실행, 평가 시 더 나은 의사결정을 내리는 데 도움이 된다는 결론이 IMC의 다양한 측면들에서 밝혀졌다.

요약

IMC 프로그램 요소들의 기능은 설득이다. 그러므로 프로모션 담당자는 커뮤니케이션 프로세스를 이해하고 있어야 한다. 이 프로세스는 매우 복잡하다. 마케팅 커뮤니케이션의 성공은 메시지 특징, 메시지에 대한 수신자들의 이해, 메시지가 전달되는 환경 등과 같은 많은 요인들에 달려 있다. 효과적인 커뮤니케이션이 발생하려면, 발신자는 수신자들이 의도된 방식대로 해독할 수 있도록 메시지를 인코딩해야 한다. 수신자의 피드백은 적정한 해독이 이루어졌거나 소음이 커뮤니케이션 프로세스를 방해하였는지 여부를 결정하는 데 도움이 된다.

마케터들은 수신자들이 다양한 커뮤니케이션 모델들이나 메시지 유형에 대해 반응할 가능성이 높은 방법을 이해해야 할 필요성에 따라, 프로모션 계획은 수신자 또는 표적수신자들에서부터 시작된다. 프로모션 계획은 수신자들이 거치게 되는 반응 과정의 두 가지 관점에서 분석되어야 한다. AIDA, 효과 위계, 혁신 채택, 정보처리 모형 등을 포함한 여러 가지 반응모형이 개발되었다. 전통반응위계의 각 순서는 표준학습, 부조화/귀인, 저관여 모형 등을 포함한다.

인지반응 접근 모형은 메시지에 의해 유발된 생각과 그 생각들이 커뮤니케이션에 대한 수신자의 최종 수용이나 거절을 결정하는 방법을 다룬다. 태도형성과 변화의 ELM은 설득에 대한 중심과 주변 경로라는 메시지 처리의 두 가지 형태를 인식하는데, 이것은 메시지를 처리하는 수신자의 동기와 정보처리 능력에 달려있다. 광고와 구매 사이에는 인지, 감정, 경험의 세 가지의 중요한 매개변수가 있다. IMC 프로그램 계획을 담당하는 사람은 자신들의 표적수신자와 광고 및 기타 마케팅 커뮤니케이션 형태에 대한 반응 방법을 가능한 한 많이 알아야 한다.

토론문제

1. 도입사례에서 소비자 풍경의 변화를 논의하였다. 표적소비자들의 관점에서 마케터들이 변화하고 있는 방법에 대해 토론해 보시오. 특정 업종의 새로운 시장을 목표로 하는 광고의 사례를 찾아 보시오.
2. 마케터들이 다른 언어로 광고메시지를 개발할 때 오역과 같은 커뮤니케이션 문제들을 다루는 몇 가지 방법에 대해 토론하시오.
3. 인코딩이란 무엇을 의미하는가? 라디오와 텔레비전 및 인쇄 광고의 인코딩이 어떻게 구별되는가를 설명하시오.
4. 마케터들이 브랜드의 구전 토론과 소문을 창출하기 위해 이용하는 다양한 기법을 논의하시오.
5. P&G의 Vocalpoint 프로그램처럼 온라인 브랜드 커뮤니티에 참여하도록 소비자들을 모집하는 회사가 다른 사람들과 어떤 제품을 토론하는 경우 조직과의 관계를 공개하도록 참여자들을 독려해야 한다는 것에 대한 의

견을 피력하시오. 찬성과 반대의 이유를 명시하시오.

6. 첨단기술 제품 도입기의 조기 디지털 수용자 특징과 역할에 대해서 토론해 보시오. 조기 수용자를 표적으로 하는 신기술 제품의 광고나 블로그의 예를 찾아보고 그렇게 하는 그들의 활동을 분석해 보시오.

7. 광고대행사의 크리에이티브 부서에서 일하는 많은 젊은이들이 연령 차이 때문에 나이 든 소비자들과 연결되는 광고를 개발할 수 없다는 비판자들에 동의하는가? 당신은 광고주들이 나이 든 소비자들을 무시한다고 생각하는가? 이 주장의 양면을 평가하시오.

8. 〈도표 5-3〉에서 제시된 소비자 반응모형 중 하나가, 아이패드와 같은 신제품 도입을 계획하는 기업에게 유용하게 이용될 수 있는 방법을 토론해 보시오.

9. 청량음료나 종이타월 같은 저관여 제품의 마케터들이 PC나 자동차 같은 고관여 제품의 마케터들과는 다르게 다양한 IMC 도구를 이용하는 방법을 토론해 보시오.

10. 설득의 중심경로와 주변경로가 무슨 의미인지 설명하고, 광고나 기타 마케팅 커뮤니케이션 형태에 대한 반응에 있어서 소비자들이 이용하려고 할 때 결정될 요소들을 설명하시오.

6 모델, 메시지, 채널 요소

학습목표

1. 커뮤니케이션 시스템의 주요 변수와 그들이 프로모션 메시지에 대한 소비자들의 정보처리에 영향을 미치는 방법을 학습한다.
2. 프로모션 메시지의 모델이나 전달자 선정과 관련된 요소들을 검증한다.
3. 프로모션 메시지 개발에 사용되는 소구와 메시지 구조 형태를 검토한다.
4. 프로모션 메시지 전달에 이용되는 채널이나 미디어가 커뮤니케이션에 미치는 영향을 고찰한다.

소비자 마케팅: '진짜' 마케팅

2007년, 광고잡지인 「Advertisement Age」는 그 해에 가장 중요한 영향을 준 것은 소비자라고 공포하였다. 그 해는 다이어트코크-멘토스가 폭발적인 판매 증가를 보였는데, 이것은 다이어트코크와 멘토스 사탕이 혼합될 때 벨라지오 분수처럼 거품을 뿜어내는 광고 덕분이었다. 이 광고는 다이어트코크와 멘토스 두 상품의 매출액을 15%나 증가시켰다. 2009년, 마케팅 리서치 회사인 닐슨은 50개국 2만 5,000명의 네티즌을 대상으로 한 연구에서, 이 광고가 온라인 소비자들(70%)과 일반 소비자들(90%)이 추천한 가장 신뢰받는 광고라는 사실을 밝혔다. 지난 몇 년간 소비자들이 만든 미디어가 1억 개 이상의 폭발적인 조회수를 기록하였는데, 이것은 사람들의 구전이 어떤 때보다 더 중요해 졌다는 것을 의미한다.

브랜드는 모델, 채널, 메시지와 함께 소비자들에게 점점 더 의존하고 있다. 2010년, P&G는 시러큐스 대학의 학생인 애덤 워드와 제이슨 피셔를 자사 제품 Fusion ProGlide 면도기의 광고모델로 활용하였다. 이 두 사람은 질레트를 대표하는 권한을 받아, 거리의 마케터가 되어 지나가는 남성들을 붙잡아 자동차 앞으로 나오게 해서 앉아서 신규 면도기로 면도를 하도록 종용하는 임무를 수행하였다. 이때 참여자들의 반응이 촬영되었고, 유명인사들의 인터뷰와 함께 그 브랜드의 마이크로사이트에 게시되었다.

이와 유사하게 포드사도 100명의 시승자들에게 신차 Fiesta를 6개월 동안 사용하게 했고, 유튜브, 사진, 블로그, 트위터를 통해 Fiesta 활동을 소개하도록 요청하였다. 포드사는 모든 활동을 시승자들에게 일임하였는데, 소비자들이 마음대로 쓰도록 내버려두고 일반대중적인 브랜드로 전락하는 데에 따르는 위험도 감수하였다. 놀랍게도 그 결과 세계적으로 영예로운 마케팅 커뮤니케이션 상인 Effie Award를 받았다. 이 캠페인은 3만 1,000회 이상의 방송, 6,400만 명의 유튜브 조회수, 4,020만 명의 트위터와 페이스북 방문과 2억 2,900만 명의 소비자 참여를 기록하였다. 5만 2,000명 이상의 사람들이 시승 프로그램에 참가하였고, 그 중 30%가 시판에 대한 정보를 제공해 줄 것으로 요청하였다. 포드는 대중의 60%가 Fiesta에 대해 알고 있으며, 이런 성과를 올리기 위해서 전통적인 매체를 사용했더라면 5,000만 달러가 지출되었을 것이라고 보았다.

여러 브랜드들이 소비자들을 점점 더 많이 마케팅에 활용하고 있으며, 이런 정보처리를 촉진하기 위해 새로운 소문대행자(buzz agent)가 생겨나고 있다. 이런 사람들은 무료 샘플을 받고, 제품의 검토, 내용에 대한 토의, 테스트 등의 활동에 대한 자원봉사자의 임무가 주어진다. 그들은 돈을 받고 활동하는 것은 아니지만 전반적으로 정직한 사람들인지, 이런 활동을 하는 이유 등에 대해 면접 시에 경영진들로부터 질문을 받게 된다. 이때 대답이 각색된 것이 아니고 진실성이 입증되면 소문대행자로 추천된다.

필립스사는 보스턴 지역에 있는 BzzAgent사에게 자원봉사자들을 통해 자사의 신제품인 소니케어 에센스 칫솔을 판매해 줄 것을 요청하였다. 3만 명의 참여자들에게 70달러짜리 칫솔을 보냈다. 마케팅 회사는 참여자들이 그 제품을 좋아할 경우 친구들에게 쿠폰을 나누어 주도록 하였다. 이 활동에 대한 조사 결과, 3만 명의 참여자들이 각각 평균 9.14명에게 말하였고 이 말을 들은 사람들은 또 다시 평균 4.14명에게 제품에 관한 이야기를 전달하여 총 144만 9,480명이 이 제품에 대한 소문을 접했다고, BzzAgent사는 주장하였다. 뿐만 아니라 BzzAgent사 덕분에 필립스사의 매출액이 250만 달러 증대되었다고 하였다.

이와 비슷하게 OPI사는 자사의 손톱 매니큐어 Nic's Sticks를 알리기 위해 SheSpeaks 마케팅 회사를 대행사로 선정하였다. 제품을 사용하고 친구들에게 무료 쿠폰을 나누어줄 9천 명의 여성 지원자들이 모집되었다. 이 캠페인 결과 12만 개의 제품이 판매되었는데, 이것은 한 명당 13개의 무료 쿠폰이 교환되었음을 의미한다. 나누어준 쿠폰의 교환 비율은 잡지에 게재된 것보다 300% 높았다.

이러한 '진짜' 마케터들과 광고주들은 그들의 경험과 참여 마케팅을 자신의 것으로 만들었다. 그들은 제품의 전달을 통해 메시지와 채널을 좌우한다. 여러 사례에서 보았듯이, 그들은 전문가들보다 훨씬 더 성공적으로 사업을 수행하고 있다.

자료: Rob Walker, "The Hidden (in Plain Sight) Persuaders," The New York Times, December 5, 2004, http://www.nytimes.com/2004/12/05/magazine/05BUZZ.html?r=3&pagewanted=9; David Gianatasio, "Nielsen: Consumers Trust Online Opinions," AdWeek, July 7, 2009, http://www.adweek.com/aw/content_display/news/e3i0a5fa05df2f2bdcfe08f71da7df1e37a?imw=; Tory Johnson, "How to Become a Word-of-Mouth Marketer," Good Morning America, July 7, 2008, http://abcnews.go.com/GMA/Consumer/Story?id=5318387&page=1; "Action Marketing Group Awarded Golden Effie for Ford Fiesta Influencer Campaign," Enhanced Online News, July 8, 2010, http://eon.businesswire.com/news/eon/20100708006620/en/Effies/Fiesta-Movement/Ford-Fiesta.

6장에서는 커뮤니케이션 시스템의 주요 변수들 — 모델, 메시지, 채널 — 을 분석한다. 모델의 특성, 프로모션 메시지에 대한 반응에 모델이 영향을 미치는 방법, 전달자 유형의 하나인 모델이 다른 것보다 효과적인 이유 등을 공부한다. 그 다음, 메시지에 초점을 두고 그것의 효과에 영향을 주는 소구 형태와 메시지 구조를 학습한다. 끝으로, 채널이나 미디어와 관련된 요소들이 커뮤니케이션 프로세스에 영향을 주는 방법을 학습하기로 한다.

설득 매트릭스를 통한 프로모션 계획

효과적인 광고와 프로모션 캠페인을 개발하기 위하여, 기업은 적절한 채널이나 미디어를 통하여 설득력 있게 메시지를 전달하는 대변인을 선정해야 한다. 모델, 메시지, 채널 요소는 커뮤니케이션 모형에서 기업이 통제 가능한 요소들이다. **설득 매트릭스**persuation matrix(**도표 6-1**)는 각 통제 요소들은 소비자들의 반응 프로세스와 상호작용 방법을 마케터가 검증하는 데 유용하다.[1] 이 매트릭스에는 두 가지 변수가 있다. 독립변수는 5장에서 설명되었던 커뮤니케이션 프로세스의 통제 가능한 변수들이다. 종속변수는 소비자들이 설득되는 과정의 각 단계이다. 마케터들은 메시지를 전달하는 사람이나 모델, 이용되는 메시지 소구 형태, 채널 또는 미디어 등을 선택할 수 있다. 그리고 마케터들이 수신자들을 통제할 수는 없지만, 그들은 표적청중들을 선택할 수 있다. 초기 메시지 수신자는 구전을 통해서 친구나 동료들과 같은 다른 사람들에게 정보를 전달할 수도 있기 때문에 목적 변수들이 될 수 있다.

프로모션 계획 담당자들은, 한 전략이 다른 전략을 훼손하지 않도록 각 독립변수 결정 시 반응위계의 단계에 영향을 미치는 방법을 알아야 한다. 유머러스한 메시지가 주목을 끌지만 소비자들이 그 내용을 처리하지 못하면 이해도를 떨어지게 할 수 있다. 유머, 성적 소구, 유명인사 등을 이용하는 많은 광고들이 소비자들의 주의는 포착하지만 그 브랜드명이나 메시지의 빈약한 회상을 초래할 수 있다. **도표 6-1**의 해당 숫자들은 설득 매트릭스로 평가될 수 있는 의사결정을 설명하고 있다.

종속변수: 설득되는 단계	독립변수: 커뮤니케이션 요소				
	모델	메시지	채널	수신자	목적지
메시지 제시			(2)		
주의	(4)				
이해				(1)	
수용		(3)			
보유					
행동					

도표 6-1
설득 매트릭스

1. 수신자/이해: 수신자가 광고를 이해할 수 있을까? 마케터들은 표적시장이 자신들의 메시지를 확실히 이해할 수 있도록 만드는 방법을 알아야 한다. 교육수준이 낮은 사람은 복잡한 메시지를 이해하는 데 더 많은 어려움을 느낀다. 전문용어는 어떤 수신자들에게는 익숙하지 않을 수 있다. 마케터들이 표적시장을 많이 알수록, 그들은 고객들이 이해하는 단어, 상징, 표현이 어떤 것인지를 더 많이 알게 된다.
2. 채널/설명: 어떤 미디어가 설명력을 증대시킬 수 있을까? 인기 있는 황금시간대의 텔레비전 프로그램은 매주 약 1,200만 가구가 시청한다. 「Time and People」과 같은 인기 있는 잡지는 발행될 때마다 400만 가정이 구독한다. 그러나 마케터에게는 표적청중에게 '얼마나 잘 도착하는가'가 중요한 점이다. CNBC의 금융 쇼 프로그램인 'Mad Money with Jim Cramer'는 주말 저녁에 20만 명 정도가 시청하지만, 그 시청자들은 대부분 고가의 자동차, 금융 서비스, 비즈니스 관련 제품의 주요 가망고객들인 상층의 사업가들로 구성되고 있다.
3. 메시지/유연함: 어떤 유형의 메시지가 호의적 태도 또는 느낌을 창출해낼 수 있을까? 일반적으로 마케터들은 제품이나 서비스에 대한 긍정적인 느낌을 끌어내는 적절한 메시지를 창출하려고 한다. 유머러스한 메시자들은 종종 소비자들로 하여금 좋은 기분을 가지게 하고 광고 브랜드와 연상되는 긍정적인 감

정을 불러일으킨다. 음악은 소비자들이 메시지를 더 잘 받아들이도록 만드는 감정을 더한다. 많은 광고주들은 소비자들을 환기시키거나 이성에 대한 매력을 강화하는 명시적인 성적 소구를 이용한다. 어떤 마케터들은 자사 브랜드를 경쟁자와 비교하기도 한다.

4. 모델/주의: 소비자들의 주목을 유도하는 데 어떤 모델이 효과적인가? 매일 수많은 광고가 쏟아지고, 그 때문에 광고주들이 이런 잡동사니들을 돌파하는 데 어려움이 커지고 있다. 마케터들은 표적청중의 이목을 집중시킬 수 있는 모델들 — 배우, 운동선수, 록 가수, 매력적인 모델 — 을 이용하여 이 문제를 해결하려 한다.

모델 요소

모델 요소는 복합적인 측면을 가진 개념이다. 타이거 우즈가 나이키의 광고의 모델로 나오면 사람들은 '우즈 자신을 위한 것인가, 기업을 위한 것인가, 아니면 자신과 기업 모두를 위한 것인가'라는 생각을 하게 된다. 물론 소비자들은 친구나 친척들로부터 정보를 얻는다. 사실, 개인적 정보원은 구매 결정에 가장 큰 영향을 준다. 한 사람에게서부터 다른 사람에게로 전달된 구전 정보는 광고와 같이 공식적인 마케팅 채널을 통해 수신된 정보들보다 훨씬 더 믿을 만하며 진실한 것으로 지각된다. 5장에서 살펴본 바와 같이, 마케터들은 자사 제품과 서비스에 대한 우호적 구전 토론과 추천을 창출해내기 위해 소문buzz과 잠행stealth 마케팅 기법들을 이용하고 있다.[2]

사진 6-1
헤이든 파네티어는 우유 광고에 출연했다.

우리는 **모델**source이라는 용어를 '마케팅 메시지를 직접 또는 간접적으로 전달하는 데 관여된 사람'으로 정의한다. 직접 모델은 메시지를 전달하거나 제품 또는 서비스를 보증하는 대변인을 가리킨다. 예를 들면 **사진 6-1**에서 보는 바와 같이, 우유의 영양 중요성과 혜익을 촉진하는 우유 가공업자 교육 프로그램이 스폰서십하는 광고의 모델인 여배우 헤이든 파네티어 경우가 이 사례이다. 간접적인 모델은 메시지를 실제로 전달을 하지 않지만 주목을 유도하거나 광고의 출현을 강화해 준다. 어떤 광고는 직접 또는 간접적인 모델을 사용하지 않는 경우도 있다. 이 경우 모델은 전달하는 메시지를 가진 기업이 되는 것

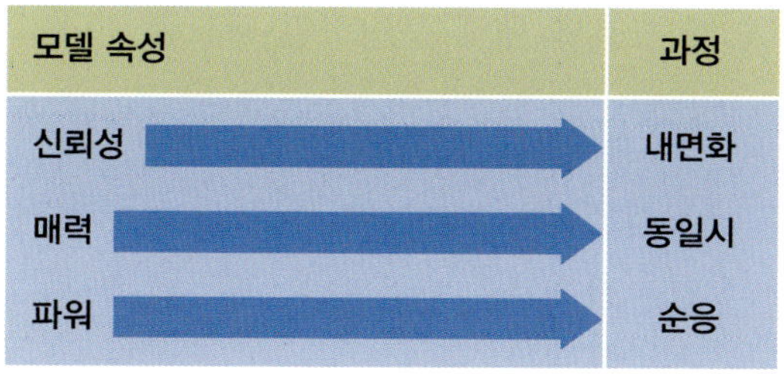

도표 6-2
모델 속성과 수신자 정보처리 모드

이다. 대부분의 연구가 메시지 모델로서 사람에 초점을 두기 때문에, 모델 요소에 관한 검토는 이 접근법을 따른다.

기업들은 판매 메시지를 전달할 사람들을 선정할 때 많은 주의를 기울인다. 기업들은 광고 모델에 많은 비용을 투입한다. 또 회사를 대표하고 판매 메시지를 전달하는 판매원들의 채용, 선발, 훈련에도 많은 비용을 사용한다. 기업들은 모델 특성이 판매와 광고메시지에 영향을 준다는 사실을 인식하고 있다.

마케터들은 메시지 영향을 극대화할 특성을 가진 모델들을 선발하려고 노력한다. 모델은 박식하고, 인기가 많고 육체적 매력이 있고, 표적청중들과 비슷하기도 하거나 어떤 식으로든 수신자들을 보상하거나 처벌하는 힘을 가지고 있는 사람일 수도 있다. 허버트 켈먼Herbert Kelman은 모델 속성에 대한 세 가지 기본 범주 — 신뢰성, 매력성, 힘 — 를 개발하였다.[3] 각각은 다른 프로세스를 통하여 수신자의 태도나 행동에 영향을 준다(도표 6-2).

모델 신뢰성

신뢰성credibility은 모델이 관련된 지식, 기술, 경험을 가지고 있고 편견 없이 객관적인 정보를 제공한 것으로 수신자가 믿고 있는 정도이다. 신뢰성의 중요 차원은 전문성과 진실성이다.

지식이 많은 사람으로 보이는 전달자 — 전문성을 가진 사람 — 는 전문성이 부족한 사람보다 더 설득력이 있다. 그러나 이 모델 역시 진실성 — 정직하고 윤리적이며 믿을만한 특성 — 을 가져야 한다. 수신자들은 자신이 지지하고 있는 어떤 태도에 대해 개인적인 동기를 가지고 있거나 편향되어 있는 경우, 지식이 많은 모델의 영향이 약화될 수 있다. 커뮤니케이션 연구에서 밝혀진, 신뢰성의 영향 중 하나는 '전문성이 있거나 진실한 모델들은 그렇지 않은 모델들보다 더 설득력이 있다는 것'이다.[4] 신뢰성이 높은 모델로부터 얻은 정보는 **내면화**internalization의 프로세스를 통해 신념, 의견, 태도, 행동에 영향을 미친다. 이런 모델이 제공하는 정보가 정확하다고 수신자들이 믿기 때문에, 신뢰하는 전달자의 의견을 수신자들이 수용할 때 내면화가 발생한다. 수신자가 일단 의견이나 태도를 내면화하면 그것은 그의 신념체계에 통합되고, 메시지를 잊어버려도 그것이 유지될 수 있다.

수신자들이 제품, 서비스, 기업 또는 이슈들에 대해 부정적인 태도를 가지고 있는 경우에는 높은 신뢰성을 가진 전달자가 특히 중요하다. 왜냐하면 신뢰할 수 있는 모델은 반박주장을 억제시킬 가능성이 높기 때문이다. 5장에서 공부한 바와 같이, 감소된 반박주장은 더 큰 메시지 수용과 설득력을 가져온다.

전문성 내면화 과정을 거쳐 형성된 태도와 의견은 사람의 신념 체계의 일부가 되기 때문에, 마케터들은 높은 신뢰성을 가진 전달자를 이용하려고 한다. 기업들은 모델 전문성을 전달하기 위해 다양한 기법을 이용한다. 판매원들은 제품라인에서 훈련을 받는데, 이것은 그들의 전문성에 대한 고객들의 지각을 증대시킨다. 첨단기술 제품의 마케터들은 엔지니어링, 컴퓨터 과학, 전문성을 보증할 수 있는 다른 분야에서 전문적인 기술적 배경을 가진 판매 대리인들을 채용한다.

대변인들은 특정 제품이나 서비스 영역의 지식, 경험, 전문성 때문에 선정된다. 의사나 치과의사처럼 사람들로부터 전문가로 인정받는 광고 보증인들은 광고에서 흔한 일이다(**사진 6-2**). 루비나 오해니언Roobina Ohanian은 그의 연구에서 전문가 모델 사용의 중요성을 강조하였다. 그녀는 유명인사가 광고에서 전문가로 지각되는 것이 구매의도를 설명하는 데 있어서 그들의 매력이나 진실성보다도 더 중요하다고 하였다. 또 그녀는 유명인사 대변인들은 그들이 보증하는 제품에 대해서 박학다식하고 경험이 있으며 자질을 갖추었을 경우에 가장 효과적인 것이 될 수 있다고 제안하였다.[5]

사진 6-2
도브는 스킨케어의 전문가들이 추천하였다는 사실을 가지고 제품 판매를 촉진하였다.

진실성 전문성이 중요한 반면, 표적수신자들은 그 모델이 믿을 수 있는 사람이라는 것을 발견해야 한다. 진실한 이미지를 가진 사람을 찾는 일이 어려울 때가 있다. 대부분 진실한 공인들은 자신들의 평판과 이미지에 중대한 영향을 주기 때문에 제품 광고에 선뜻 출연하지 않는다. 소비자들에게 공인으로서 인기와 시장성을 측정하는 회사인 E-Poll Market Research는 진실성, 인지도, 소구력을 평가하여 유명인사들의 순위를 측정하는 조사를 실시했다.[6]

오락산업의 역사상 가장 널리 알려진 목소리와 당당한 풍채를 가지고 있는 배우인 제임스 얼 존스가 1등으로 선정되었는데, 이 명단에는 톰 행크스, 마이클 제이 폭스, 마이크 로우Mike Rowe, 모건 프리먼, 샐리

필드, 론 하워드, 윌 스미스, 빌 코스비, 덴젤 워싱턴 등도 포함되었다. 엔터테인먼트 프로듀서이며 토크쇼의 진행자인 오프라 윈프리도 역시 진실한 모델로 꼽힌다. 이런 유명인들 거의가 모두 광고 보증인이나 대변인으로 많은 돈을 받을 위치에 있지만, 그들의 이미지에 영향을 받을까봐 염려해서 실제 그런 일을 거의 하지 않는다.

광고주들은 모델들의 진실성에 대한 지각을 높이기 위해 여러 가지 기법들을 활용한다. 소비자가 무료로 대변인이 되고 그 제품에 대한 객관적 평가를 보여 주기 위해 몰래 카메라가 이용된다. 위장된 브랜드가 비교되기도 한다(물론, 스폰서십자의 브랜드는 항상 소비자들의 단골 브랜드보다 더 나은 성과를 보이고, 소비자들은 항상 경탄을 나타낸다). 광고주들은 신뢰성을 강화하기 위해 간접대화 기법을 이용하기도 한다. 이 기법은 제품이나 서비스에 대해 우호적인 주장을 하는 대화를 어떤 사람이 간접적으로 듣고 있는 광고 상황을 만들어내는 것을 수반한다. 대부분의 소비자들은 이런 기법에 회의적이어서, 이 기법들은 광고주들의 신뢰성 지각 강화에 있어서 제한적이다.

마케터들은 홍보와 같은 IMC 도구를 사용하여 모델 신뢰성 이슈를 처리할 수 있다. 뉴스 프로 진행자와 같은 모델들로부터 획득된 정보는 매우 영향력이 강하다. 왜냐하면, 비록 그것들이 때로는 언론 보도자료의 내용을 제시하더라도, 이런 모델들은 편견이 없는 사람으로 지각되어 더 신뢰할 수 있기 때문이다. 어떤 상황에서는, 유명인들이 뉴스프로그램이나 토크 쇼에 나와서 새로운 영화나 음악 CD 공개와 같은 이벤트나 곧 있을 행사를 알리기도 한다. 잠행 마케팅 기법이 늘어남에 따라 소비자들은 뉴스 프로그램과 토크 쇼에서 유명인들이 만들어내는 홍보 활동을 경계하게 된다. 예를 들면, 「New York Time」는 유명인사들이 뉴스와 토크 쇼에서 자사의 약품을 광고를 해 주는 대가로 제약회사들은 유명인이나 그들의 자선활동에 돈을 지불했다는 기사를 썼다. 이 기사에 대한 논란이 발생함에 따라 CNN과 주요 방송 네트워크 회사들이 인터뷰 기간에 있었던 모든 금전 거래를 공개할 것이라고 발표했다.[7]

제품이나 서비스 광고에서의 잠재적 편향에 대한 걱정은 유명인사들보다 더 많은 것을 수반할 수 있다. 특정 기업의 브랜드를 언급해 주도록 기업으로부터 돈을 받고 있다는 사실을 공개하지 않고, 지역과 전국적인 텔레비전 뉴스 프로그램과 쇼 프로그램에서 특정 제품을 알리는 것과 호의적인 평가를 하는 것에 대해 소비자 지지자들과 제품 전문가들은 비판했다. 대부분의 텔레비전 쇼에서, 소비자 전자제품과 같은 분야의 트렌드와 패션 전문가나 전문성을 가진 사람들이 제시한 정보를 단지 그들의 전문성에 근거하여 편향 없는 것으로 말하는 관행에 대해 많은 우려가 제기되어 왔다. 그러나 그 전문가들이 특정 제품을 언급하도록 돈을 받는 경우에는 소비자들을 오도할 수 있다.[8]

기업의 대표를 모델로 활용 모델 신뢰도를 높이기 위한 또 다른 방법은 기업광고에서 회장이나 최고경영자를 모델로 기용하는 것이다. 기업들은 회장이나 CEO가 품질과 고객서비스에 대한 기업의 약속을 궁극적으로 표현한다고 믿는다. 어떤 기업은, 자사나 브랜드의 정체성과 인격 창출에 도움이 되도록 회장과 최고경영자를 활용한다. 예를 들면, 리처드 브랜슨의 '삶에 대한 불손과 열정'은 초대형 점포, 항공사, 모바일폰, 청량음료의 버진Virgin 제국의 이미지를 의인화하는 데 도움이 되었다. 브랜슨은 여러 가지 버진 브랜드 광고에 가끔 이용되었다. IG 컨설팅 회사의 글로벌 브랜드 이사는 다음과 같이 언급하였다. "CEO는 회사의 절대적인 근간이다. CEO에게는 힘이 있다."[9] CEO가 등장하는 광고캠페인은 매출액 증대뿐만 아니라 기업의 리더를 유명인사로 만드는 데 도움이 된 사례가 많다.[10] 리 아이아코카는 크라이슬러 기업의 광고에 60회 이상이나 출연하여, 기업의 성공적인 전환을 이끌어낸 전국적인 유명인사가 되었다. 2005년 크라이슬러는 아이아코카를 '종업원 가치 향상' 프로그램을 위한 광고에 출연시켰다. 인기 있는 기업 대변인의 한 사람은 웬디스Wendy's 패스트푸드 레스토랑의 창업자인 데이브 토마스이다. 그는 1989년부터 그가 사망한 2002년 초까지 웬디스의 광고에 800회 이상 출연하였다.[11] 이밖에도 자사 광고에 종종 출연했던 잘 알려진 기업가들은 델사의 창업자인 마이클 델, 앤호이저부시의 CEO인 오거스트 부시 4세August Busch IV, 포드 자동차의 회장인 윌리엄 포드, 고급 진공청소기와 가전제품 발명가이자 자신의 이름을 딴 회사의 창업자인 제임스 다이슨 등이 있다. 회사 창업자, 소유자, 회장을 광고의 대변인으로 활용하는 관행들은 특히 지역시장에 공급하고 있는 소매업과 자동차 딜러 같은 중소기업에서도 활발하다.

마케팅과 광고 전문가들은 광고에 기업 회장이나 소유주들을 이용하는 전략에 대해 의문을 제기하고, 논리보다는 자부심이 그들을 출연시키는 이유라고 언급한다.[12] 전문가들은 사업가들이 시청자의 눈에 믿음이 가고 온화함을 불러일으키는 보이지 않는 품격을 소유하고 있을 때에만 카메라 앞에 서야 한다고 말한다. 예를 들면, 마이크로소프트 회사의 빌 게이츠가 경쟁사인 애플에 참패를 당한 회사의 이미지를 강화하기 위한 텔레비전 광고에 출연하였다. 게이츠는 마이크로소프트에 대해 소비자들이 차별적인 방법으로 생각하도록 별난 유머를 사용하도록 시도한 스폿광고에 코미디언 제리 사인펠트와 함께 출연하였다. 그러나 이 광고는 잠시 방송되었으며, 많은 광고 비평가들은 이 광고에서 게이츠는 좋은 인상을 주지 못했다고 말했다.[13]

CEO를 둘러싼 문화와 이미지 창출은 그 개인이 노동 문제, 정치적 이슈, 개인적 문제 등과 같은 어떤 논란에 휩싸일 때 기업 브랜드 이미지를 더 훼손할 수 있다는 것은 또 하나의 염려이다. 이 관행의 비판자들은 매우 인기가 많아진 CEO 모델은 기업의 제품/서비스 또는 광고 메시지보다 더 많은 주목을 받을 수 있다고 말한다. 만약 기업의 이미지가 인기 있는 리더와 너무 밀접하게 연결되면, 그 리더가 회사를 떠나게 되면 문제가 될 수도 있다. 예를 들면, 광고의 아이콘이 되었고 그 회사의 목소리이자 인격이었던 데이브 토마스를 대체하는 데 웬디스Wendy's는 많은 어려움을 겪었다.[14] 최근의 재정난과 기업의 최고경영층이 관련된 스캔들은 몇 년 전에 누렸던 경영자들의 신뢰성을 잠식하였다는 논쟁이 있다. 게다가 새로운 미디어 시대에 신뢰성과 신용에 대한 인상을 주지 못한 기업의 경영층을 비판하는 것은 매우 쉽다.[15]

특히 최고경영자들이 기업의 이미지 강화에 도움이 될 유명인의 가치를 지니고 있는 경우, 자사의 광고에 최고경영자들을 계속 모델로 이용할 가능성이 높다. 어떤 연구에서는 기업의 회장이나 CEO를 모델로 활용함으로써 소비자들이 그 기업의 제품이나 서비스에 대한 문의를 할 가능성이 증대된다는 것으로 나타났다.[16] 이런 관행을 지지하는 자들은 최고경영층이나 소유주들을 광고에 활용하는 것은 신뢰와 정직한 이미지를 투시하는 효과적인 방법이고, 더 중요한 것은 기업이 얼굴 없는 조직에 의해서 운영되지 않는다는 아이디어가 될 수 있다고 주장한다. 어떤 전문가는 이렇게 말한다. "이런 사람들은 매주 그리고 몇 년간 소비자들의 거실에 매일 밤 들어가서 그 가족의 일원이 된다. 어떤 제품 범주를 고려하고

자 할 때 우리는 텔레비전에서 늘 봐 왔던 그 사람을 생각하게 된다."[17]

신용 있는 모델의 한계 높은 신용을 가진 모델이 언제나 자산이 되지는 않고, 낮은 신용을 가진 모델이 늘 부채가 되는 것은 아니라는 것을 제시하는 많은 연구 결과들이 있다. 신뢰가 높거나 낮은 모델은 자신의 최고 이익에 반하는 입장을 주장할 때에는 효과가 있다.[18] 메시지 수신자가 그 메시지에서 지지하는 입장에 호의적이지 않을 경우 신뢰성이 높은 모델이 더 효과적이다.[19] 그러나 청중이 중립적 태도에 있는 경우에 신뢰성이 있는 모델은 덜 효과적일 수 있고, 수신자의 초기 태도가 호의적인 경우 신뢰성이 보통인 모델보다 신뢰성이 높은 모델이 덜 효과적일 수 있다.[20]

신뢰성이 낮은 모델이 신뢰성이 높은 모델만큼 효과적일 수 있는 다른 이유는 **수면자 효과**sleeper effect인데, 이는 메시지 설득력이 시간의 흐름에 따라 증가하는 것을 말한다. 설득적 메시지의 즉각적인 영향은 낮은 신뢰성 모델과 연합되기 때문에 억제될 수도 있다. 그러나 시간이 지남에 따라 모델과 메시지의 연합은 소멸되고 수신자의 주의는 그 메시지의 우호적인 정보에 집중되어 더 지지적인 결과를 초래한다. 그러나 많은 연구에서 수면자 효과의 존재를 설명해 내지는 못하였다.[21] 신뢰가 높은 모델에 대한 노출은 더 믿을만한 전략이 되기 때문에 많은 광고주들은 수면자 효과를 확신하는 데 주저한다.[22]

모델의 매력

광고주들이 자주 이용하는 모델 특성은 **매력**attractiveness인데, 이것은 유사성, 친숙도, 호감도 등을 포함하고 있다.[23] 유사성은 모델과 메시지 수신자 사이의 닮음을 의미한다. 친숙도는 잦은 노출을 통해 그 모델을 아는 것으로 정의된다. 호감도는 육체적 모습, 행동, 기타 인간적 특성 결과 때문에 발생되는 그 모델에 대한 애정이다. 모델은 운동선수나 영화배우가 아니더라도 소비자들이 때로는 그들의 육체적 외모와 재능, 또는 성품을 존경한다.

모델의 매력은 **동일시**identification 과정을 통해 설득을 이끌어 낸다. 수신자는 그 모델과 어떤 유형의 관계를 추구하고 따라서 비슷한 신념, 태도 선호도 또는 행동을 취하도록 동기가 부여된다. 이러한 태도의 유지는 그 모델의 지속적인 지지 입장 및 수신자와 모델과의 지속적인 동일시에 달려 있다. 모델이 태도를 바꾸면, 수신자도 변할 수 있다. 내면화와는 달리, 동일시는 매력적인 모델로부터 얻은 정보를 수신자의 신념 체계에 늘 통합하지는 않는다. 수신자는 그 모델이나 모델이 매력을 유지하는 동안에만 태도나 행동을 유지할 수 있다.

커뮤니케이션 수신자들이 자신들과 비슷하다거나 호감을 가진 사람들을 동일시하고 주의를 기울일 가능성이 높다는 것을 마케터들은 인식한다. 유사성과 호감도는 마케터들이 전달자를 선택할 때 추구하는 두 가지 모델 특성이다.

유사성의 적용 사람들이 자신과 비슷하다는 느낌을 가지는 사람들로부터 얻은 메시지에 더 큰 영향을 받는다는 사실을 마케터들은 알고 있다.[24] 전달자와 수신자가 비슷한 니즈, 목표, 관심, 라이프스타일을 가진다면, 그 모델이 지지하는 태도는 더 잘 이해되고 수용된다. 기업들은 고객들과 잘 어울리는 특성을 가진 판매원들을 선발한다. 특정 지역의 판매직은 고객들과 공통의 관심사와 배경을 가진 지역 사람들로 충원될 수 있다. 글로벌 마케터들은 때로는 외국인들을 고용하여 고객들이 그들과 더 쉽게 관계를 맺을 수 있게 한다.

고객들이 주로 스포츠에 많은 관심을 가지고 있기 때문에, 기업들은 스포츠 용품이나 맥주를 판매하기 위해 전직 운동선수들을 채용할 수도 있다. 판매원들을 자신들과 비슷하다고 느끼는 고객들은 그들이 전달하는 메시지에 의해 영향을 많이 받는다는 사실이 여러 연구에서 제시되고 있다.[25]

유사성은 광고에 나오는 사람에 대해 소비자들이 공감하는 상황을 창출하데 이용된다. 생활의 단면을 보여주는 광고에서, 광고주들은 주로 소비자들이 '그 상황을 자신이 이해할 수 있다'라는 생각을 하도록 바라면서 어떤 문제를 제시하는 광고를 시작한다. 이것은 전달자와 수신자 사이의 연대를 설정하는 데 도움이 되고, 모델의 설득 수준을 증대시킨다. 소비자들과 유대를 형성하는 최선의 방법은 매일 평균적인 사람들이 쉽게 알 수 있는 일반적인 모습regular-looking을 사용하는 것이다. 예를 들면, 최근 몇 년간 인기 있는 광고 중에 버드와이저 맥주의 '어이, 안녕?Whassup?'이란 캠페인이 있다. 이 광고에서 대행사는 배우들보다는, 만나면 맥주를 마시면서 "어이, 안녕?"이라는 다소 과장된 인사를 서로 나누는 필라델피아의 실제 친구들을 광고에 내보냈다.

호감도 적용: 유명인 활용 광고주들은 탤런트나 영화배우, 운동선수, 음악가, 기타 인기 있는 공인처럼 존경받는 모델 활용의 가치를 인식하고 있다. TV광고의 약 20%가 유명인들이 출연하는 것으로 추측되고, 광고주들은 그들에게 수백만 달러를 지급한다.[26] 38개 잡지에 게재된 광고내용 분석 연구에서, 사람이 포함된 인쇄광고의 약 15%가 유명인이었다고 밝혀졌다. 유명인사의 이용은 패션, 스포츠, 10대 잡지가 가장 높았고, 일반뉴스와 비즈니스 발간물에는 가장 낮았다. 제품범주에서 유명인사의 이용은 운동제품, 패션/의류, 화장품이 상위순서를 차지하고 있다.[27] 최근 최고의 유명인사 보증인은 골프선수인 타이거 우즈였는데, 그는 여러 개의 광고출연으로 매년 1억 달러 이상의 돈을 벌었다. 다른 미국 상위 출연자들은 골퍼인 필 미켈슨, 농구스타 르브론 제임스와 마이클 조던, NASCAR 드라이버인 데일 에른하르트 주니어 등이다. 상위 국제 출연자들은 축구선수인 데이비드 베컴, 포뮬러 1 선수인 키미 라이코넨Kimoi Räikkönen, 그리고 테니스 선수 로저 페더러 등이 있다.[28]

여성으로는, 테니스 선수인 마리아 샤라포바인데, 그녀는 나이키, 랜드로버, 티파니, 콜한Cole Haan(**사진 6-3**)의 광고에 출연하였다. 배우이자 가수인 제니퍼 로페즈와 제시카 심슨, 테니스 선수인 비너스 윌리엄스와 세레나 윌리엄스 자매, 골퍼인 미셸 위 등도 상위에 올라와 있다.

왜 기업들은 자사의 광고에 유명인사를 출연시켜 그들의 제품을 보증하는 데 거대한 돈을 사용하고 있을까? 기업들은 유명인들이 제동력stopping power을 가질 것으로 생각한다. 즉, 유명인사들은 많은 광고들로 가득 채워진 미디어 환경에서 광고메시지에 주목을 유도해낸다. 마케터들은 인기 있는 유명인이 소비자들의 감정, 태도, 구매 행동에 호의적으로 영향을 줄 것이라 생각한다. 그리고 그들은 유명인들이 제품의 이미지와 성과에 대한 표적수신자들의 지각을 강화해 줄 수 있다고 믿는다. 예를 들면, 유명한 운동선수는 잠재적

사진 6-3
마리아 샤라포바는 나이키, 티파니, 랜드로버, 콜한과 같은 여러 기업들의 광고에 출연하였다.

구매자들로 하여금 그 제품이 자신들의 기능을 향상시켜 줄 것이라 확신시킬 수 있다.

기업이 유명인들을 대변인으로 활용할 때 제품의 그늘지움shadowing과 과다노출의 위험, 표적수신자들의 이해력, 광고주에 대한 위험 등을 포함한 많은 요인들을 고려해야 한다.

제품 그늘지움overshadowing the product 유명인이 표적수신자들의 광고메시지 처리에 어떤 영향을 줄까? 소비자들은 유명인에게만 관심을 집중하고 브랜드 인식을 하지 못할 수도 있다. 광고주들은 주의를 유도하고 판매 메시지를 강화할 수 있는 유명인 대변인을 선정해야 하지만, 그 브랜드를 가리지 않도록 해야 한다. 예를 들면, 크라이슬러 회사는 Pacifica 스포츠 왜건, Crossfire 스포츠 쿠페, Town & Country 미니밴과 같은 자사의 다양한 브랜드 광고에 가수인 셀린 디온을 출연시켰으며, 그녀의 라스베이거스 쇼 'A New Day'를 스폰서십하였다. 그녀는 크라이슬러의 'Drive & Love' 캠페인의 일부 TV광고에서 주연을 하였는데, 이 광고는 크라이슬러의 고급 이미지를 강조하고 브랜드의 프리미엄 포지셔닝에 도움이 되도록 개발된 것이었다. 그러나 유명인의 모습이 그 제품을 가리게 되었고 자동차보다는 그녀를 더 알린 결과를 가져와 이 캠페인은 성공하지 못했다.[29]

과다노출overexposure 소비자들은 유명인들이 출연료를 받는 다는 것을 알기 때문에 유명인의 모델에 대해 매우 회의적인 시각을 가지고 있다.[30] 이 문제는 유명인사가 너무 많은 제품이나 기업의 대변인이 되거나 과다노출 되는 경우에 특히 공개적으로 드러나게 된다. 예를 들면, 사이클 선수였던 랜스 암스트롱은 디스커버리 커뮤니케이션스, 나이키, 파워바, 제너럴밀스, 오클리 등을 포함하여 약 20여 개의 기업과 광고출연 계약을 하였지만, 광고 출연에 제한을 받아 과다노출이 되지 않았다(**사진 6-4**).[31] 광고주들은 유명인이 광고에 출연하는 제품의 수를 제한하는 조항을 만들어 과다노출에 대한 자신들을 보호할 수 있다. 그러나 그런 조항들은 주로 몸값이 비싸고 인기가 많은 유명인들은 유사한 제품에 출연하는 것을 막을 수 없다. 자신들의 명성이 짧을 것임을 알고 있는 유명인들은 가능하면 많은 광고에 출연하여 돈을 벌려고 한다. 그러나

사진 6-4
파워바는 랜스 암스트롱을 모델로 활용한 브랜드 중 하나이다.

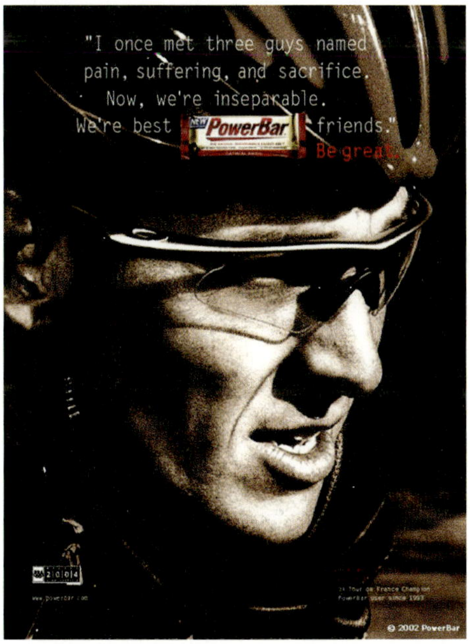

그들은 너무 많은 제품 광고에 출연하여 자신의 신뢰성이 훼손되지 않도록 주의해야 한다. 예를 들면, 가수 겸 배우인 셰어는 너무 많은 인포머셜에 출연하여 광고대변인으로서 신뢰성에 손상을 입었다. 그녀가 많은 인포머셜에 출연하는 것이 자신의 배우 경력을 완전히 파괴했다는 것을 깨닫고 난 후에 광고출연을 중단하였다.[32]

표적수신자의 이해력target audiences' receptivity 유명인사를 광고 대변인으로 선정할 때 가장 중요하게 고려해야 할 사항은 '그가 광고의 내용과 얼마나 잘 어울리는 것인가?'라는 것과 표적수신자들이 '얼마나 잘 이해하는가?'라는 것이다. 아놀드 파머와 마이클 조던과 같이 한때 유명했던 스포츠 선수들은 베이비붐 세대들과 나이 든 소비자들에게는 매우 호의적이기 때문에 여전히 효과적인 광고 대변인이 될 수 있다. NBA 스타 르브론 제임스는 프로선수가 된 후에 나이키나 코카콜라와 같은 여러 회사의 강력한 대변인 역할을 해 왔다. 그는 대단한 인지도를 가지고 있고, 스포츠 신발과 청량음료의 기본적인 표적시장인 젊은 소비자들에게 매우 인기가 있기 때문이다. 2010년 맥도날드는 그와 다년간 광고 계약을 맺었다. 그의 개인적 인품이 기업에 어울리고 패스트푸드를 많이 먹는 젊은 남성들에게 인기가 있기 때문이었다.[33]

제품이나 서비스를 특히 알고 있거나 강력한 태도가 형성되어 있는 소비자들은 지식이 없거나 중립적 태도를 취하고 있는 소비자들보다 유명인사에 의해 영향을 적게 받을 수 있다. 나이가 많은 소비자들보다 대학생들은 유명인사가 보증한 제품에 대해 긍정적 태도를 가질 가능성이 높다는 연구결과가 있다.[34] 10대teenage 시장은 유명인사 대변인을 매우 잘 수용하는 것으로 나타났는데, 이는 광고에서 엔터테이너와 운동선수들이 이 집단들을 겨냥하여 의류, 화장품, 음료수 등과 같은 제품을 자주 이용함으로써 증언해 주었기 때문이다. 그러나 많은 마케터들이 10대 소비자들은 유명인사 대변인에 대해 회의적이고 조소적이며 유머, 아이러니, 있는 그대로의 사실을 이용하는 광고에 더 잘 반응한다는 결과를 알기 시작했다. 10대를 표적으로 하는 어떤 마케터들은 캠페인에서 더 이상 유명인을 이용하지 않거나 웃음거리를 이용하여 10대들의 반응을 끌어낸다.

어떤 기업들은 자신들의 표적시장이 유명인들의 보증에 의해 영향을 받지 않는다는 것을 확인한 후에는 유명인사의 광고 활용을 완전히 피하고 있다. 예를 들면, 뉴발란스New Balance는 유명인사의 광고출연 없이 나이키의 뒤를 이어 스포츠 신발의 2위를 달리고 있다. 이 회사의 핵심고객들은 25~49세로 대부분의 스포츠 신발기업이 목표로 하고 있는 젊은이들과 10대 시장보다는 나이도 많고 성숙한 사람들이다. 최근까지 이 회사는 자사의 제품을 보증하기 위해 스포츠 선수들을 고용하는 정책을 전면적으로 반대하고 경쟁업체들이 그들의 신발을 스포츠 선수들에게 신기는 데 과도한 금액을 지불하는 것을 비꼬는 광고를 하기도 하였다. 이 회사 CEO인 짐 데이비스는 "우리 회사의 신발 판촉을 위해 2천만 달러 이상을 스포츠 선수에게 주는 것은 가치 없는 일이라 생각한다. 우리는 더 나은 신발을 만드는 데 돈을 투자하는 채널을 선호한다."[35] 자사의 제품을 사용하는 전문가들에게 지불한 마케팅 예산을 가지지 않거나 유명인사를 대변인으로 활용하는 전략을 반대하는 소규모 기업들은 때로는 품질개발에 우선순위를 둔다. 예를 들면, **사진 6-5**의 'Yes! Golf' 광고는 퍼터의 품질에 기초하여 대변인에게 수수료를 지불하는 다른 골프 회사들에 대항하여 경쟁하는 기업의 모습을 보여준다.

광고주의 위험risk to the advertiser 유명인사의 행동은 기업에 문제를 일으킬 수도 있다.[36] 많은 연예인들과 스포츠 선수들은 그들이 제품 광고에 출연했던 기업을 당황하게 만드는 행동에 연루되어 왔다. 예를 들면, 허츠Hertz는 오제이 심슨을 20년간 광고의 대변인으로 활용해 왔는데, 그가 그의 전처와 그녀의 친구를 살해한 혐의로 고소를 당했을 때 그 모든 가치를 상실하였다. 맥도날드, 코카콜라, 스팔딩Spalding, 누텔라Nutella와 같은 기업들도 NBA 수퍼스타 코비 브라이언트가 성폭행죄로 기소되었을 때 그의 광고 출연을 모두 중단하였다. 나이키와 어퍼덱Upper Deck 같은 기업들도 브라이언트와 장기계약을 맺고 있었으나 몇 년간 그의 광고 모델 출연을 제한하였다. 브라이언트의 주가는 떨어졌지만, 스포츠 마케팅 전문가들은 그의 이미지를 개선하는 데 몇 년이 걸려 다시 시장성 있는 광고모델이 되었다고 말하였다.[37] 브라이언트는 2008년 미국 프로농구의 최우수선수상을 수상함으로써 생존 가능한 광고모델의 지위를 회복할 수 있게 되었고, 2009년과 2010년 연속 로스앤젤레스레이

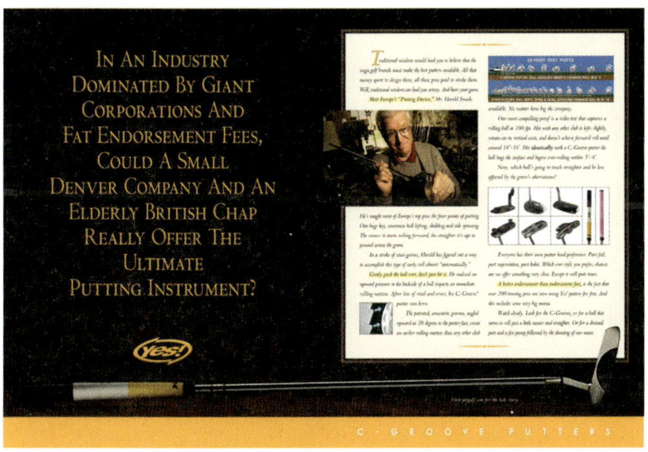

사진 6-5
Yes! Golf는 프로골퍼들이 자사의 퍼터를 무료로 사용할 수 있게 했다.

커스 팀을 월드챔피언 전에 올라가도록 이끌었으며, 이로써 경기장 안팎의 논란을 피할 수 있게 되었다. 지난 몇 년 간 소니, Guitar Hero World Tour 음악 비디오 게임, 비타민 워터 같은 여러 기업과 브랜드들이 브라이언트를 광고모델로 계약하였다.[38]

최근에는 유명인사의 행동과 관련된 사건들 때문에 모델광고 계약이 취소된 경우가 여러 건 있었다. 2008년 북경 올림픽에서 7개의 금메달을 딴 수영선수 마이클 펠프스는, 파티에서 물담뱃대를 통해 마리화나를 피우는 장면이 사진에 찍힌 후 시리얼 회사인 켈로그의 광고모델이 취소됨에 따라 많은 수입을 잃게 되었다. 켈로그는 "펠프스의 이런 행동이 자사의 이미지를 훼손할 수 있어 그와의 광고계약을 취소한다."고 발표하였다.[39] 미국 미식축구연맹 쿼터백 선수인 마이클 빅은 버지니아 교외에서 투견장을 운영하고 투견용 개를 죽게 한 혐의로 유죄판결을 받은 후 수백만 달러의 광고출연료를 잃게 되었다. 빅과의 광고모델 계약을 취소한 회사는 나이키, 리복, 에어트랜 항공사AirTran Airways, 돈러스Donruss, 어퍼덱 등이었다.[40]

유명인들의 사생활이 기업의 이미지에 영향을 주고 공중들에 의해 검증받고 있음에 따라 유명인들을 광고모델로 이용하는 것은 비용도 많이 들고 위험이 수반된다는 것을 마케터들이 인식하고 있다. 어떤 기업들은 유명인들을 선정할 때 딜레마에 빠질 수 있다. 기업들은 꽂꽂한 유명인사들을 선호하는 반면, 여전히 그들의 강렬함이나 소비자들과의 관계에서 다소 불손함을 원하기도 한다. 이 점은 젊은 계층의 소비자들에게 제품을 판매하는 기업들은 특히 더 그렇다.

이런 문제를 피하기 위해, 기업들은 가끔 유명인사의 개인 생활과 배경을 조사하기도 한다. 광고 계약을 할 때 논란이 발생할 경우 계약을 해지할 수 있다는 윤리조항들을 명시하기도 한다. 고급브랜드인 버버리와 샤넬, 패션 소매업 H&H 같은 기업들은 슈퍼모델 케이트 모스의 코카인 흡입 사건이 브리티시 타블로이드 판에 게시된 이후 그녀와의 광고 계약을 취소하였다.[41] 그러나 마케터들은 광고 계약서에 윤리조항을 첨가할 때에만 자신들이 문제에서 벗어날 수 있다는 것을 명심해야 한다. 따라서 마케터들이 자사나 자사의 브랜드를 위해 유명인을 대변인이나 모델로 사용할 때 그들의 특성이나 잠재적 위험을 면밀하게 검토하는 것이 매우 중요하다.[42]

투자수익률return on investment 유명인사를 광고 모델로 이용할 때 기업이 고려해야 할 가장 중요한 요소는 그들의 사용에 따른 투자수익률이다. 마케터들은 자사 또는 자사 브랜드, 광고물에 대한 인지도와 주목을 강화하고 강력한 구매의도를 가져 올 브랜드와 유명인사 간의 강한 연합을 개발하기 위해 유명인사들을 이용한다. 그러나 이런 모든 요인들은 높은 매출액으로 연결되어 광고모델 거래에 따른 높은 투자수익률을 달성해야 하는데, 때로는 이것이 발생하지 않는 경우가 있다. 예를 들면, GM은 1999년부터 2008년 말까지 뷰익 Buick 브랜드 광고 모델로 타이거 우즈를 이용하였다. 그러나 그 기간 동안 뷰익의 판매액은 매년 40만 대에서 20만 대까지 감소하였다.[43] GM은 우즈가 나이 든 사람들의 자동차라는 뷰익의 이미지를 변화시키고 젊은 층을 그 브랜드로 끌어들이는 데 도움이 되었다고 하였다.[44] 그러나 전문가들은 우즈의 역할에 의문을 제기하였고, 뷰익의 이미지에 적합하지 않았으며 캐딜락Cadillac과 같은 다른 자동차 모델에 출연했었어야 한다는 의견을 제시하였다.

많은 기업들이 유명인사의 광고 출연에 따른 시장점유율이나 매출액의 증대를 밝혀내지 못하고 있다. 아니타 엘버스와 제로엔 베른은, 6개의 포장제품에 180명의 운동선수들을 광고모델로 출연시킨 347개 광고의 경제적 효과에 대한 연구를 실행하였다. 이들의 연구결과에 따르면, 운동선수들이 출연한 제품의 매출액이 첫 6개월 동안은 약 4%의 뚜렷한 증가를 보였다. 그러나 그 이후에는 경쟁자들과 비교해서 이들 브랜드의 매출액은 이들의 출연으로 지속적인 중요한 변화가 없었으며, 광고모델의 장기적 가치에 의문이 제기되었다.[45]

매출액이 증가한 기업들도 있고, 유명인사 출연으로 획득된 가치를 결정함에 있어서 마케터들이 고려해야 할 다른 요인들도 있음을 명심할 필요가 있다. 앞에서 논의한 바와 같이 유명인사들의 광고출연과 관련된 여러 문제점들이 있음에도 불구하고, 마케터들은 그들의 이용을 계속할 가능성이 있다.

유명인사의 광고모델에 대한 의미 이해 광고주들은 제품이나 기업의 이미지, 표적시장의 특성, 유명인사의 개성을 조화시켜 나가는 노력을 해야 한다.[46] 소비자들에게 비치는 유명인사들의 이미지는 주목을 끄는 능력만큼이나 중요하다. 그랜트 맥크라켄은 유명인의 광고출연에 대한 흥미로운 관점을 개발하였다.[47] 그는

도표 6-3
의미전달과 보증 과정

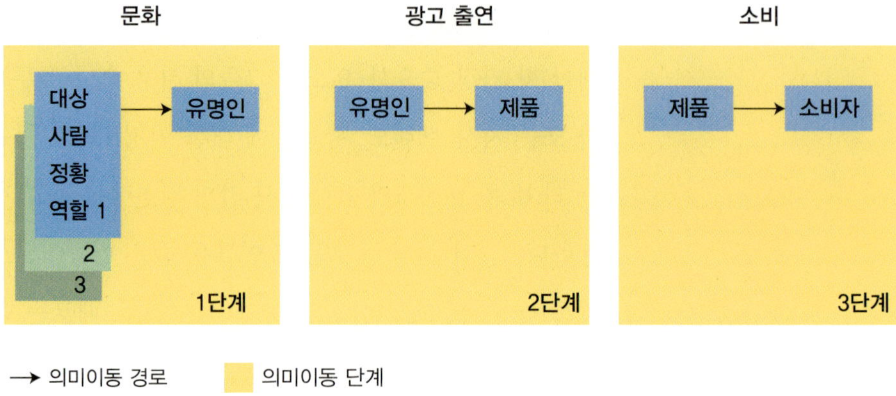

신뢰와 매력은 유명인 광고 모델의 작용 방법과 의미 전달에 기초한 하나의 모형이 될 수 있는 이유를 충분히 설명하지 못한다고 주장하였다(**도표 6-3**).

이 모형에 따르면, 광고모델로서의 유명인사의 영향은 그가 광고 보증의 과정에 전달한 문화적으로 획득된 의미에 따라 달라진다. 각 유명인은 지위, 계층, 성별, 연령, 개성, 라이프스타일 등과 같이 많은 의미를 포함하고 있다. 1단계를 설명하기 위해 맥크라켄은 다음과 같이 언급하였다.

> 유명인사들은 텔레비전, 영화, 군대, 운동, 기타 직업에서 맡은 역할로부터 강력한 의미를 그려낸다. 새로운 드라마 역할은 유명인사를 대상, 사람, 맥락의 범주와의 접촉으로 이동시킨다. 유명인사들에게 있던 의미가 그 후에 이런 제품, 사람, 맥락 들에게 전이된다."[48]

영화배우 빌 코스비는 완벽한 아버지, 배우 제리 사인펠트는 괴짜 코메디언, 가수 겸 배우인 제시카 심슨은 바보 금발의 매력 있는 사람의 의미를 획득한 유명인사들이다. 인기 있는 주간 쇼 프로그램인 『Live With Regis and Kelly』의 공동사회자이며 『All My Chirldren and Hope & Faith』를 포함해서 많은 텔레비전의 주인공이었던 켈리 리파는 직업과 개인적 생활의 균형을 이룰 수 있는 만능 여성이라는 매우 호의적인 이미지를 개발하였다.

맥크라켄은 유명인사 모델은 자신의 의미와 이미지를 광고에 부여하고 그것들을 자신이 출연하는 제품에 이동시킨다는 것을 제안한다(**도표 6-3**의 2단계). 예를 들면 일렉트로룩스는 켈리 리파의 이미지를 활용하여 자사의 우아한 프리미엄 계열, 고성능 가전제품을 위한 통합 마케팅 캠페인에 그녀를 출연시켰다.[49] 이 캠

사진 6-6
켈리 리파는 일렉트로룩스 가전 제품의 만능 여성상을 창출하였다.

페인은 리파를 만능 탤런트로 묘사하고, 일하는 장면, 가정의 즐거운 생활, 딸들과의 대화하는 장면 등을 포함한 그녀의 바쁜 일상의 다양한 역할을 보여주었다(**사진 6-6**). 그녀가 끊임없이 해야 할 일이 있지만 그것들을 모두 잘 해내는 전형적인 여성으로 출연한 후에 그 브랜드의 효과적인 보증인이 되었다.

맥크라켄 모델의 마지막 단계에서, 유명인사가 제품에 가져다 준 의미가 소비자에게 전달된다. 리파를 광고에 이용함으로써, 일렉트로룩스는 자신의 생활에서 많은 일들을 척척 해내는 여성들을 돕기 위해 계획된 가전제품이라는 강력한 브랜드 이미지를 전달할 수 있었다. 이 메시지를 전달하기 위해 일렉트로룩스는 TV와 인쇄 광고에 리파를 활용하였고, 웹사이트에 그녀가 주인공으로 등장하여 친구들과 함께 하는 단막 필름을 만들어 업로드하였다. 이 마지막 단계가 복잡하고 달성하기 어렵다고 맥크라켄은 언급하고 있다. 소비자들이 유명인사가 어떤 제품에 전달해 준 의미를 소유하게 되는 방법은 적어도 그 과정의 부분을 이해하는 것이다.

유명인을 광고 보증인으로 활용하는 회사들을 위해 의미 전달 모델은 몇 가지 중요한 시사점을 제공한다. 마케터들은 먼저 특정 제품, 서비스 또는 기업에 관해 표적청중들이 중요하게 여기는 상징적 의미나 이미지를 결정해야 한다. 그 다음 그 이미지나 의미를 가장 잘 나타낼 수 있는 유명인이 누구인가를 결정해야 한다. 광고캠페인은 제품의 그 의미를 포착하고 그것을 소비자들에게 전달하도록 설계되어야 한다. 마케팅과 광고 담당자들은 유명인사를 선정할 때 직관에 의존하기도 하지만, 어떤 기업들은 유명인사들의 의미에 대한 소비자들의 지각을 결정하기 위해 리서치를 수행하기도 한다. 예를 들면, NBA 스타 야오밍은 중국으로 진출하려는 기업들에게 매우 효과적인 광고모델이 되었다. 야오밍을 광고대변인으로 활용하기 위해, 그의 관리팀은 시카고 주립대학의 경영대학 학생들에게 그에 관한 마케팅 연구를 하도록 의뢰하였다. MBA 학생들은 상하이와 베이징을 포함한 중국의 5대 도시의 실험집단들을 대상으로, 야오밍을 대변인으로 활용할 때 마케터들이 초점을 맞추어야 할 4억의 도시 소비자들의 핵심가치를 조사하기 위해 광범위한 서베이를 수행하였다. 학생들은 열심, 부지런함, 자신감, 재능, 용감한 행동, 명랑함 등과 같은 속성들이 이런 중국 도시인들에게 중요한 가치로 묘사되었고, 야오밍은 다른 중국인 유명인사들보다 이런 측면에서 높은 점수를 얻었다는 연구결과를 얻었다.[50]

마케터들은 유명인사들이 적절한 의미를 제품에 전달하는지를 결정하기 위해 사전조사를 실행할 수도 있다. 유명인사들이 광고에 출연하면, 마케터들은 캠페인의 효과를 측정해야 한다. 이 유명인사가 표적청중들에게 적당한 의미를 전달하는 데 계속 영향을 미칠 수 있을까? 더 이상 주목을 받지 못하는 유명인사들은 중요한 의미를 제품에 전이시키는 능력을 상실할 수도 있다.

유명인사의 광고 모델 결정

마케터들은 유명인사를 기업이나 특정 브랜드를 위한 광고 대변인으로 선정할 때 많은 요인들을 고려한다. 광고와 마케팅 관리자들이 유명인 대변인을 선정할 때 이러한 다양한 요인들을 참작해야 한다는 것이 많은 연구에서 제시되고 있다.[51] 표적수신자들과 제품/서비스 또는 브랜드를 유명인들과 조화를 이루게 하는 중요한 요인들은 유명인의 전반적인 이미지, 유명인 출연료, 신뢰성, 반론 위험, 표적청중들에게 유명인의 친숙도와 호감성 등이다.

마케팅 실무자들은 직관과 직감적인 느낌에 의존하는 반면, 어떤 마케터들은 유명인의 친숙도를 측정한 조사 결과에 의존하고 다른 요소들과 함께 표적수신자들에게 소구한다. 기업들과 광고대행사들은 뉴욕에 있는 Marketing Evaluation

사의 상업적 자료인 Q점수를 사용한다. 스포츠 선수, 배우, 엔터테이너들의 Q점수를 결정하기 위해, 이 회사는 일 년에 몇 차례 전국 소비자 패널 대표들을 대상으로 조사를 한다. 응답자들은 스포츠 선수들이나 연예인을 보거나 들어본 적이 있는지에 대한 대답을 하고, 만약 그렇다면 자신이 좋아하는 사람 중의 한 사람인지, '아주 좋다', '좋다', '그저 그렇다', '나쁘다' 등에 대한 척도를 평가한다. 친숙도 점수는 어떤 유명인사에 대해서 들어본 적이 있는 사람의 비율을 가리키는 반면, 자신이 선호하는 사람 점수는 그 유명인의 매력이나 인기에 대한 절대적 측정치이다. Q점수는 '내가 좋아하는 사람 중의 한 사람'이라고 표시한 사람의 응답자 비율을 취한 다음, 그 사람의 숫자를 그 사람에 대해서 들어본 적이 있다고 표시한 응답자들로 나눈 값이 된다. 이 점수는 이런 질문에 의해서 계산된다. '그 유명인사를 알고 있는 사람들 중에서 그는 얼마나 매력이 있는가?' 연기자들의 평균 Q점수는 일반적으로 18 정도 되고 스포츠 선수들은 약 17 정도이다. 마케팅 평가 Q점수는 응답자들의 연령, 소득, 직업, 교육, 인종 등과 같은 다양한 인구 통계적 변수 특성에 기초하여 세분화될 수 있어 마케터들은 어떤 유명인의 인기도가 소비자들의 각 집단에 따라 달라지는 방법에 대한 많은 아이디어를 가지게 된다. 이제는 마케팅 평가 점수는, 유명인의 개성을 '적당하다' 또는 '나쁘다'라고 응답한 사람들을 '그 사람이 친숙하다'라고만 응답한 사람들의 숫자로 나눈 부정적인 점수를 나타낸다. **사진 6-7**은 연기자 Q점수의 연구 사례를 보여주고 있다. Q점수 외에도, 다양한 유명인사들에 대한 인기도에 관한 데이터와 그들의 이미지가 기업들이나 브랜드와 조화를 이루는 데 통찰력을 제공하는 리서치 회사들의 정보를 이용한다.

호감도 적용: 장식적 모델

광고주들은 능동적인 전달자보다는 소극적이고 장식적인 역할을 하는 육체적으로 매력적인 사람을 광고에 출연시켜 주목을 유도하기도 한다. 육체적으로 매력 있는 모델들은 그렇지 않은 모델들보다 일반적으로 긍정적 영향을 미치고 광고와 제품 모두에 대해 호의적인 평가를 창출해 낸다는 연구결과들이 많이 있다.[52] 광고되는 제품에 대한 모델의 성적 적합성과 제품과 모델과의 관련성은 중요한 요소들이다.[53] 화장품이나 패션의류 같은 제품들은 외모와 깊은 관련성이

MARKETING EVALUATIONS, INC.
PERFORMER Q STUDY

	PERSONALITY NAME						
	ONE OF MY FAVORITES	VERY GOOD	GOOD	FAIR/ POOR	TOTAL FAMILIAR	POSITIVE Q SCORE	NEGATIVE Q SCORE
TOTAL SAMPLE	9	18	30	25	83	11	31
6 - 11 YEARS	16	12	18	9	56	29	17
12 - 17 YEARS	11	21	30	23	86	13	27
18 - 34 YEARS	11	22	33	29	95	11	31
35 - 49 YEARS	11	20	34	26	90	12	29
50 AND OVER	4	13	28	27	72	6	37
18 - 49 YEARS	11	21	34	28	93	11	30
18 YEARS AND OVER	8	18	32	27	85	10	32
25 - 54 YEARS	11	20	32	28	91	12	31
TOTAL MALES							
6 AND OVER	9	16	31	25	81	11	31
18 - 34 YEARS	10	21	33	29	94	10	31
35 - 49 YEARS	13	18	33	25	89	15	28
50 AND OVER	4	11	28	25	67	5	36
18 - 49 YEARS	11	20	33	27	91	13	30
18 YEARS AND OVER	9	17	31	26	83	11	32
25 - 54 YEARS	12	21	30	27	90	13	30
TOTAL FEMALES							
6 AND OVER	10	19	30	26	84	12	31
18 - 34 YEARS	12	22	33	30	97	12	31
35 - 49 YEARS	8	21	35	27	91	9	30
50 AND OVER	5	15	28	29	76	7	38
18 - 49 YEARS	10	22	34	28	94	10	30
18 YEARS AND OVER	8	19	32	29	87	9	33
25 - 54 YEARS	10	20	34	29	92	11	31
HOUSEHOLD INCOME							
UNDER $20,000	8	13	30	20	71	11	28
$20,000 - $39,999	9	18	31	26	85	11	31
$40,000 - $59,999	11	14	34	27	86	13	31
$60,000 AND OVER	9	21	28	27	85	11	31
$75,000 AND OVER	9	19	29	28	85	11	32
EDUCATION (ADULT)							
HIGH SCHOOL GRADUATE/LESS	10	19	30	23	80	12	28
SOME COLLEGE/DEGREE	7	17	34	32	90	8	36
OCCUPATION (ADULT)							
WHITE COLLAR	7	21	35	29	91	7	32
BLUE COLLAR	10	16	32	28	85	12	32
RACE							
NON BLACK	7	17	31	27	81	9	33
BLACK	26	25	23	16	90	29	17
ETHNICITY							
HISPANIC	12	17	37	23	89	13	26
NIELSEN COUNTY SIZE							
A	11	18	32	26	87	12	30
B	9	19	30	25	83	11	30
C & D	8	16	28	24	75	10	32
REGION							
NORTHEAST	10	21	25	30	85	12	35
NORTH CENTRAL	9	19	32	24	83	11	28
SOUTH	11	18	32	21	82	13	26
WEST	7	13	30	30	80	9	38

사진 6-7
Marketing Evaluation사의 연기자 Q점수 사례

있기 때문에 매력적인 모델을 활용하는 게 유용할 것이다.

어떤 모델들은 광고에 주목을 유도하지만 제품이나 메시지에는 그렇지 못한 경우도 있다. 매력적인 모델이 광고의 인지도는 높이지만 카피 주목률copy readership이나 메시지 회상을 강화하지는 못한다는 연구결과가 있다. 따라서 광고주들은 반드시 소비자들의 주의가 모델을 넘어서 제품과 광고 메시지에 이르도록

사진 6-8
도브의 '참된 아름다움 캠페인'에는 슈퍼모델이 아닌 일반 여성들이 광고에 출연하였다.

해야 한다.[54] 마케터들은 매우 매력적인 모델의 출연이 광고효과에 부정적 영향을 주는지 여부를 고려해야 한다. 최근의 몇 가지 연구에서, 어떤 여성들은 광고에 출연한 예쁜 모델들과 그들의 육체적으로 완벽한 이미지를 자신들과 비교할 때 부정적 감정을 경험한다는 결과들이 제시되었다.[55]

어떤 기업들은 여성들이 '원래 있는 그대로가 아름답다'고 말하게 함으로써 미용 광고에 대한 전통적 접근법을 약화시키는 캠페인을 개발했다. 예를 들면, 유니레버의 도브 브랜드는 오랫동안 슈퍼모델을 광고에 출연시키지 않고, 그 회사의 전형적인 소비자들과 비슷한 일상적인 여성들과 소녀들을 광고 모델로 활용하였다. 2004년 이후, 이 회사는 일반적인 여성들에게 소구하기 위해 재미있는 글로벌 통합 마케팅 캠페인을 전개해 오고 있다.[56] '참된 아름다움 캠페인Campaign for Real Beauty'을 잡지광고, 대규모 PR, 여성들이 미와 관련된 이슈들을 토론할 수 있는 웹사이트(www.campaignforrealbeauty.com) 등에서 전개하였다(**사진 6-8**). 도브는 이 캠페인에서 사회적 지지자들을 받아들였고, 이것은 '현상 변화와 폭넓고 건강한, 보다 민주적인 아름다움에 대한 관점 제공을 목표'로 하였다.[57]

모델의 영향력

켈먼의 분류 기법의 특징은 **모델 영향력**source power이다. 모델은 수신자들에게 실제로 보상과 벌을 부여할 수 있을 때 영향력 가진다. 이런 영향력의 결과로써, 모델은 그가 지지하는 태도나 요구에 대해 다른 사람들이 반응하도록 권유할 수 있다. 모델의 영향력은 여러 요인들에 의존된다. 모델이 수신자들에게 긍정적 또는 부정적 제재를 가할 수 있는 사람으로 지각되어야 하고(지각된 통제), 수신자는 모델이 수신자들의 순응 여부에 관심을 가지고 있는지에 대해 생각을 해야 한다(지각된 관심). 모델의 순응 관찰 능력에 대한 수신자들의 평가도 역시 중요하다(지각된 검토).

사진 6-9
배우 클린트 이스트우드의 권위 있는 이미지는 그를 효과적인 모델로 만들었다.

수신자가 모델이 힘을 가지고 있는 것으로 지각할 때, **순응**compliance으로 알려진 프로세스를 통해 영향력 과정이 발생한다. 수신자는 모델의 설득적 힘을 받아들이고 호의적인 반응의 획득이나 처벌의 회피를 기대하며 그의 태도를 묵인한다. 수신자는 모델의 입장을 겉으로는 동의하지만 이 입장에 대해 내면적 또는 개인적 확약을 하는 것은 아니다. 순응을 통해 권장된 설득은 피상적인 것일 수 있고 모델이 어떤 보상이나 처벌을 할 수 있는 것으로 수신자가 지각할 때만이 유지될 수 있다.

모델 특성으로서의 힘은 광고처럼 비인적 상황에 적용하는 것은 매우 어렵다. 광고 전달자는 일반적으로 수신자들에게 어떤 제재를 가할 수 없고 순응이 실제로 발생하는지에 대한 것을 결정할 수도 없다. 영향력 활용의 간접적 방법은 대변인을 권위 있는 사람을 활용하는 것이다. 예를 들면, '미국을 자랑스럽게 여기자Take Pride in America'라는 캠페인은 배우 겸 감독인 클린트 이스트우드를 모델로 기용했는데, 그는 영화에서 근엄한 이미지를 가지고 있어서, 공원을 훼손하거나 오염시키지 않도록 사람들에게 명령하는 공공 서비스 캠페인에 적합하였다(**사진 6-9**).

모델의 힘을 이용하는 것은 인적 커뮤니케이션 상황에 더 많이 적용된다. 인적판매 상황에서 판매원은 구매자가 판매원에 대한 순응의 대가로 특별한 보상이나 호의를 기대하는 경우 구매자들에 대한 영향력을 행사할 수 있다. 제품 수요가 공급을 초과하는 기업의 판매원들은 힘을 행사하는 위치에 있다. 구매자들은 그 제품의 적절한 공급을 받기 위해 판매원들의 요구에 순응할 수 있다. 단기적 이익을 극대화하기 위해 그 힘을 남용하면 고객들과의 장기적 관계에 손상을 입을 수 있기 때문에, 판매원들은 힘을 가진 지위를 조심스럽게 이용해야 한다.

메시지 요소

마케팅 커뮤니케이션이 제시되는 방법은 그 효과를 결정하는 데 매우 중요하다. 프로모션 담당자들은 설득적 메시지뿐만 아니라 제시에 필요한 정보의 조직화 방법과 사용될 메시지 소구 형태도 고려해야 한다. 라디오를 제외한 모든 매체에서 광고는 언어적 정보와 함께 시각적 요소에 매우 의존하고 있다. 많은 옵션이 메시지 제시와 디자인 측면에서 다루어진다. 여기서는 메시지 구조를 검토하고 광고에서 사용되는 여러 가지 소구 형태에 대해서 살펴보기로 한다.

메시지 구조

마케팅 커뮤니케이션은 주로 전달자가 전달하려는 많은 메시지 주장들로 구성된다. 메시지 전략의 중요한 측면은 이런 주장들을 전달하고 표적수신자들이 가질 수 있는 반박주장을 극복하는 최선의 방법을 알아내는 것이다. 제시 순서, 결론 도출, 메시지 주장 측면, 반박, 언어적/비언어적 메시지 특성들과 같은 설득 메시지 구조가 광고의 효과에 영향을 미치는지에 관해 방대한 연구들이 수행되었다.

제시 순서 설득 메시지 설계에 있어서 기본적으로 고려해야 할 것은 핵심 메시지의 제시 순서이다. 가장 중요한 메시지가 처음, 중간, 끝 중 어느 부분에 제시되어야 할까? 학습과 기억에 관한 연구에서는 일반적으로 처음이나 마지막에 제시되는 메시지가 중간 부분에 제시되는 것보다 더 잘 기억된다고 하였다(도표 6-4).[58] 이 연구는 전달자의 가장 강한 주장은 메시지의 초기 또는 끝 부분에 제시되어야 하지만 중간에 제시되어서는 안 된다는 것을 제안한다.

도표 6-4
제시 순서의 기능으로서의 광고메시지 회상

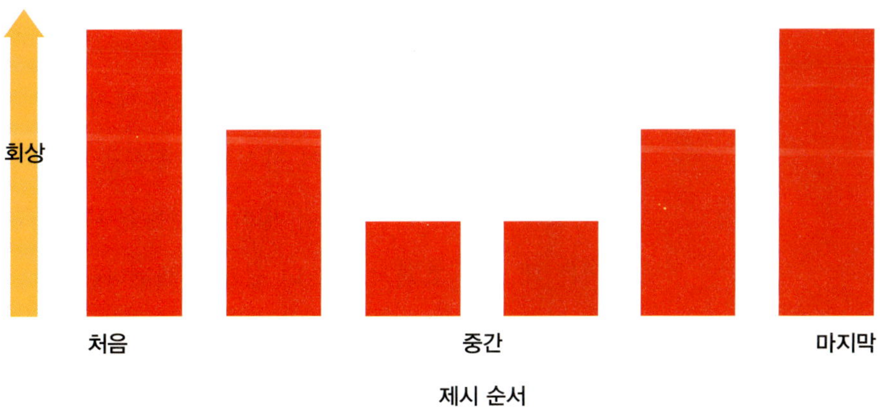

메시지 초반부에 강한 주장을 제시하는 것은 **초기효과**primacy effect가 작동된다는 것을 전제하는데, 이는 '처음 제시된 정보가 가장 효과적이다'는 의미를 지닌다. 끝 부분에 가장 강한 주장을 두는 것은 **최근효과**recency effect를 가정하는데, 이는 후반부에 제시된 메시지가 가장 설득력이 있다는 의미이다.

강한 판매 주장을 초반부 또는 후반부에 두는 것은 여러 요인들에 따라 달라진다. 표적청중이 전달자의 주장에 반대하는 경우, 초반부에 강한 주장을 제시하면 반대주장의 수준을 낮출 수 있다. 약한 주장을 초반부에 제시하면, 높은 수준의 반박주장을 이끌어내어 뒤이어 제시되는 강한 주장이 신뢰받지 못하게 될 수도 있다. 청중들이 그 주제에 대해 관심이 없는 경우 강한 주장이 메시지 초반에 제시되면 효과가 커서, 수신자들은 그 메시지에 관심을 가질 수 있다. 표적수신자가 전달자의 태도에 편향되어 있거나 이슈나 제품에 높은 관심을 가진 경우, 강한 주장은 메시지 후반부에 둘 수 있다. 이것은 보다 호의적이고 더 나은 정보 보유 결과를 가져올 수 있다.

길고 많은 주장을 가진 상세한 메시지가 제시되는 경우에, 제시 순서는 비판을 받을 수 있다. 가장 효과적인 판매 제시는 강한 판매 주장과 시작하고 끝을 맺으며, 약한 주장은 중간 부분에 둔다. 15초 또는 30초짜리의 짧은 TV나 라디오 광고에서는, 제시 순서가 그다지 중요하지 않다. 그러나 소비자들은 저관여와 낮은 관심 상태에서 많은 제품과 서비스 메시지들을 수신한다. 따라서 광고주들은 브랜드명과 핵심 판매주장을 메시지 초반부에 내보내고 회상과 보유를 강화하기 위해 끝 부분에서 그것을 반복하기를 원한다. 제시 순서는 다른 마케팅 커뮤니케이션 형태에 있어서도 중요한 고려사항이다. 예를 들면, 많은 언론기사들은 기사의 '피라밋 스타일'을 이용하는데, 이는 편집자들이 끝 부분에 있는 기사들을 가끔 제외하기 때문에 가장 중요한 정보가 읽힐 수 있도록 가장 앞부분에 제시한다.

결론 도출 마케팅 전달자들은 그들의 메시지가 확실한 결론을 분명하게 밝힐 것인지 아니면 수신자들이 자신들의 결론을 내리도록 할 것인지를 결정해야 한다. 일반적으로 연구자들은 명백한 결론을 내려주는 메시지가 태도에 영향을 미치는 데 보다 효과적이고 더 쉽게 이해된다는 것을 제안한다. 그러나 다른 연구들에서는 결론 도출의 효과는 표적수신자, 이슈나 토픽의 형태, 상황 특성에 따라

달라진다는 것을 제안하고 있다.[59]

교육 수준이 높은 사람들은 스스로 결론을 내리는 것을 선호하고 분명하게 설명하거나 메시지의 추론을 끌어내려는 시도를 귀찮아 할 수도 있다. 그러나 결론의 언급은 교육 수준이 낮은 사람들에게는 필요할 수도 있는데, 이런 소비자들은 어떤 결론을 내리지 못할 수도 있고 메시지를 부정확하게 추론할 수도 있다. 마케터들은 주제에 대한 청중들의 관여도 수준을 고려해야 한다. 개인적이거나 자아 관련 주제들에 대해서는 수신자들은 스스로 판단하기를 바라고, 전달자가 결론을 내려는 시도에 대해 분개를 느낄 수도 있다. 한 연구에서는, 명백한 결론이 없는 광고들은 높은 관여도를 가진 청중들에게는 어떤 특정한 결론을 포함한 폐쇄형 주장 광고보다 훨씬 효과적이라는 것을 밝히고 있다.[60]

결론 도출 여부는 주제의 복잡성에 따라 달라진다. 교육 수준이 높은 청중들도 특정 분야의 지식이 낮은 경우에는 도움이 필요할 수도 있다. 마케터는 그 메시지가 즉각적인 행동을 목표로 하는지 아니면 좀 장기적인 효과를 기대하는가? 만약 즉각적인 행동이 목표라면 메시지는 분명한 결론을 내려주어야 한다. 이것은 정치 광고에서 흔한 전략인데, 특히 선거일이 가까운 광고에 있어서는 더욱 그러하다. 즉각적인 영향이 목표가 아니고 반복노출로 인해 청중들이 스스로 결론을 내리도록 기회를 주려고 할 때에는 결론이 없는 메시지가 사용될 수 있다.

메시지에서 결론을 도출하는 것은 표적청중들로 하여금 마케터가 의도하는 주장을 확실하게 포착하게 한다. 그러나 광고주들은 고객들이 스스로 결론을 내리도록 하는 것은 메시지에서 만들어지는 주장들을 강화하는 것으로 믿는다. 예를 들면, 켄터키 주에 있는 건강서비스 대행사는 결론 없는 광고가 결론을 언급하는 광고보다 소비자들이 건강 서비스를 이용하는 데 있어서 더 잘 기억되고 더 효과적이라는 사실을 파악하였다. 술과 약품 남용에 관한 질문을 하고 답을 제시하지 않는 광고는 그 문제에 대한 해결책을 제시하는 메시지보다 전화상담서비스를 10대들이 훨씬 더 많이 이용하는 것으로 나타났다.[61] **사진 6-10**의 실크 두유 광고는 결론을 내리지 않은 광고의 좋은 본보기이다. 헤드라인의 질문은 소비자들로 하여금 두유를 마시는 것에 대한 아이디어의 여지가 있다.

사진 6-10
이 광고는 사용에 제한을 두지 않는 접근 방법을 이용하고 있다.

메시지 주장 측면 마케터가 직면하는 또 하나의 메시지 구조 결정은 메시지 주장 측면이다. **일면주장**one-sided message은 긍정적이거나 장점만을 제시하는 것을 말한다. **양면주장**two-sided message은 장점과 단점을 함께 제시하는 방법을 가리킨다. 일면주장은 표적수신자들이 이미 그 주제에 대해 호의적 의견을 가지고 있는 경우에 더 효과적이다. 이것은 교육수준이 낮은 타깃에게도 효과가 있다.[62]

양면주장은 표적수신자들이 반대의견을 가지고 있거나 교육수준이 높은 경우에 더 효과적이다. 양면주장 메시지는 모델의 신뢰성을 강화한다.[63] 교육을 많이 받은 타깃은 보통 많은 반대의견을 가진다는 것을 알고 있기 때문에, 그 이슈에 대해 양면을 제시하는 전달자는 편견이 적고 더 객관적으로 보일 가능성이 높다. 마틴 에이센드는 최근 일면주장과 양면주장의 영향에 관한 메타분석 조사를 수행하였다. 이 연구에서 그는 메시지 측면의 설득적 영향은 많은 요인들에 의존된다고 하였다. 이런 요인들은 광고의 부정적 정보의 중요성과 양, 속성 품질, 부정적 정보의 위치, 부정적 속성과 긍정적 속성 간의 상관관계, 부정적 정보에 대한 광고주의 자발적 또는 비자발적 공개 여부 등을 포함한다.[64]

사진 6-11
이 광고는 감기약의 효능을 촉진하기 위해 양면주장을 이용했다.

대부분의 광고주들은 일면주장 메시지를 이용한다. 그들은 자사의 브랜드의 약점을 알게 되는 부정적 영향을 걱정하거나 경쟁자들에 대한 긍정적인 어떤 것들을 말하고 싶어 하지 않는다. 그러나 예외는 있다. 때로는 광고주들이 몇 가지 속성들에 관해 브랜드들을 비교하고 자신들의 제품이 모든 사람에게 최고의 제품으로 보여 주지 못한다는 것을 말한다. 어떤 상황에서는 기업들이 자사의 제품의 단점을 알려 주고 그것들을 고객들이 알게 하는 것이 최선의 방법이라는 것을 느끼는 상황이 있을 수 있다.

어떤 상황에서는 마케터들이 제품의 전반적 지각을 강화하는 수단으로써 부정적 속성에 초점을 맞출 수도 있다. 예컨대, 버클리W.K.Buckly사는 캐나다에서 직설적인 양면주장의 슬로건 '버클리의 약물. 맛은 끔찍하지만 효과는 좋습니다'를 이용하여 감기 시럽의 선도 브랜드 중의 하나가 되어 왔다. 이 브랜드 광고는 감기 시럽의 끔찍한 맛을 놀리는 것이었지만 그 맛은 이 약이 효과적이라는 이유이다(**사진 6-11**). 버클리는 미국 시장에서도 마찬가지로 유머러스한 양면주장 전략을 견지하고 있다.[65]

반박 양면주장 메시지의 특별한 형태로 알려진 **반박소구**refutational appeal는 전달자가 이슈에 대한 양 측면을 제시한 후에 반대 관점을 반박한다. 반박소구는 경쟁기업의 반박주장에 대해 표적 수신자들에게 면역을 강화하는 경향이 있기 때문에 소비자들이 반대 메시지에 저항하도록 만드는 데에는 일면주장보다 더 효과적이다.[66]

사진 6-12
아몬드에 대한 영영상의 걱정을 다루기 위해 반박소구가 사용된다.

반박 메시지는 마케터들이 변화에 저항하고 자사의 제품이나 기업에 대한 공격이나 비판을 방어하는 태도를 구축하려고 할 때 유용하다. **사진 6-12**는 캘리포니아 아몬드협회 이사회가 아몬드의 지방함유량에 관한 영양상의 걱정을 반박하는 것을 보여 준다. 종종 비교 메시지의 표적이 되는 시장선도자들은, 경쟁자들의 주장을 파악하고 그것들을 반박하는 것이 저항적인 태도와 충성도를 구축하는 데 도움이 된다는 것을 알아낼 수 있다.

언어적 메시지와 시각적 메시지 지금까지 우리는 정보 또는 메시지의 언어적 부분에 초점을 두어 왔다. 그러나 광고의 비언어적, 시각적 요소들도 역시 중요하다. 많은 광고들은 최소한의 정보를 제공하고 전달하기 위해 시각적 요소에 의존하고 있다. 카피나 메시지 주장을 강화하거나 정보를 진달하기 위해 사진들이 주로 사용된다.

광고의 언어적이고 시각적 부분 모두 광고메시지가 처리되는 방법에 영향을 미친다.[67] 소비자들은 광고나 텔레비전 광고 장면의 일러스트레이션과 같은 시각적 요소에 근거하여 이미지나 인상을 얻게 된다. 어떤 경우에는, 사진에 의해 자극된 처리가 언어에 의해 자극되는 경우보다 통제가 약하고 그 결과 덜 호의적인 것이 될 수 있기 때문에, 광고의 시각적 부분은 설득력을 감소시킬 수 있다.[68]

사진은 소비자들이 동반하는 카피를 처리하는 방법에 영향을 준다. 언어적 정보가 심상imagery value이 낮은 경우, 사진을 제공하면 제품 속성의 즉각적이고 지연된 회상 모두를 증가시킨다는 연구결과도 있다.[69] 그러나 언어적 정보가 이미 높은 심상을 가진 경우, 사진의 첨가가 회상을 증대시키지는 않는다. 광고주들은 때로는 소비자들의 마음속에 인상을 떠오르게 하기 위해 시각적 이미지가 언어적 소구를 지지하는 광고를 디자인한다. **사진 6-13**은 애로우헤드Arrowhead Mountain Spring Water의 광고가 제품의 순수성이라는 핵심 속성을 전달하기 위해 아름다운 산의 모습을 활용한 방법을 보여준다.

어떤 경우에는 광고주들이 다른 전략을 구사한다. 즉 그들은 시각적 부분을 제시된 언어적 정보와 불일치하거나 모순되도록 광고를 디자인한다. 이 전략의 이면 논리는 예상하지 못했던 사진이나 시각적 이미지의 사용이 소비자들의 주목을 끌어내고 그들로 하여금 그 처리를 정교화하거나 많은 노력을 기울이게 한다는 것이다.[70] 언어적 내용과 불일치하는 비주얼의 사용으로 제시된 정보를 더 많이 처리하고 더 많은 회상을 유도한다는 많은 연구결과들이 있다.[71]

사진 6-13
시각적 이미지가 중요한 제품 속성을 전달하는 데 효과적인 방법이 된다.

메시지 소구

적절한 소구 방법을 찾는 것은 광고주가 결정해야 하는 매우 중요한 크리에이티브 전략 중 하나이다. 어떤 광고는 소비자 의사결정 과정의 합리성과 논리적 측면에 소구하도록 설계되고, 다른 것은 감성적 반응을 유발시키도록 감정에 소구한다. 효과적인 광고는 제품 구매를 위한 실질적인 이유와 감정적 가치를 결합하는 것이라고 믿는 사람들도 있다. 여기서는 우리는 비교광고, 공포, 유머 등을 포함한 일반적인 메시지 소구 형태를 다루기로 한다.

비교광고 **비교광고**comparative advertising는 광고에서 직접 또는 간접적으로 경쟁회사의 이름을 거명하고 한 개 이상의 특정 속성을 비교하는 광고 관행이다.[72] 이 형태는 연방무역협회Federal Trade Commission(FTC)가 1972년 이의 사용을 지지한 후에 보편화되었고, FTC와 협력한 텔레비전 방송사들이 비교광고의 금지를 해제하면서 성행하였다.

초기에는 비교광고의 진기함이 더 큰 주목을 받게 되었다. 그러나 그것이 일반화되고 난 이후에 주목 유도 가치는 점차 줄어들었다. 어떤 연구에서는 비교광고가 아닌 것보다 비교광고를 본 소비자에게서 회상률이 높게 나타났으며, 비교광고가 브랜드 태도나 구매 의도와 같은 다른 반응 변수들에서는 일반적으로 효과가 더 큰 것은 아니었다는 결과가 제시되었다.[73] 광고주들은 비교 메시지가 신뢰성에 영향을 미치는 방법들을 고려해야 한다. 비교 메시지로 공격하고 있는 브랜드에 대해 특히 회의적일 수도 있다.

비교광고는 신규 브랜드의 경우에 특히 유용할 수 있다. 왜냐하면 비교광고는 이미 확실하게 자리 잡은 브랜드에 대항하여 새로운 시장참여자가 직접 파고들어 특별한 장점을 소구할 수 있기 때문이다. 직접 비교는 소비자들이 신규 브랜드를 환기 또는 선택 브랜드군의 위치로 올려놓는 데 도움이 된다.

비교광고는 시장점유율이 낮은 브랜드에 자주 적용된다. 그들은 선도자의 시장에 다가가고 그와의 연상을 바라면서 자신들을 시장선도자들과 비교한다. 새빈Savin Corp.은 수년간 복사기 산업의 선도자인 제록스를 직접 겨냥한 비교광고를 하였다. 이 캠페인 덕분에 많은 중소기업의 의사결정자들이 제록스와 다른 기업들의 대안으로 새빈을 고려하는 데 확신을 가지게 되었다. 밀러Miller Brewing Company는 시장 선도자를 공격하기 위해 몇 년 전에 Miller Lite를 위한 효과적인 비교 캠페인을 전개하였다. 'Good Call' 캠페인은 Miller Lite 맥주가 Bud Light 맥주에 비해 맛이 좋고 저탄산성 음료 대체 브랜드로 자리 잡게 되었고, 10년만에 최고 수준의 매출액을 올리는 데 도움이 되었다(**사진 6-14**). Miller Lite는 여러 해 동안 비교 캠페인을 하였지만 소비자들이 전투적인 접근에 지친다는 조사 결과를 확인한 후에 이 캠페인을 그만 두었다. 그러나 2007년 밀러는 Bud Light에 비해 맛이 탁월하다는 주장을 하면서 다시 비교광고를 재개하였다.[74]

사진 6-14
비교광고로 Miller Lite는 시장점유율 획득에 도움이 되었다.

세간의 주목을 끄는 많은 마케터들은 경쟁 시장에서 자신들의 브랜드들을 차별화하기 위해 비교광고를 활용하고 있다.[75] 2006년 이래 애플은 'Get a Mac'이

사진 6-15
애플사는 'Get a Mac' 캠페인 광고에서 비교광고를 이용했다.

라는 비교 캠페인을 전개하고 있는데, 이것은 사용하기 쉬운 Mac PC를 촉진하는 한편 마이크로소프트 운영시스템의 문제를 빈정대는 것이었다. 이 광고는 Mac과 PC의 이름을 가진 두 명의 주인공을 등장시켰다. Mac은 느긋하고 창의적이며 침착한 성격을 지닌 사람으로 묘사하고 있는 반면 PC는 늘 정장과 넥타이를 하고 격식을 갖추고, 긴장하며 좀 더 느긋한 Mac의 능력에 의해 좌절하는 명석하지만 세상물정을 모르는 성격을 가진 사람으로 묘사되었다(**사진 6-15**). 애플은 마이크로소프트가 소비자들로부터 받은 Vista OS에 대한 냉대를 활용하는 캠페인을 시작하여 소비자들로 하여금 window가 기본적으로 장착된 PC 대신 Mac의 구입을 고려하도록 종용하였다. 마이크로소프트사는 2009년 Vista의 몇 가지 문제들을 해결하기 위해 Window 7을 출시하였으나, 애플은 PC 시장의 점유율을 높이는 데 도움이 되는 그 캠페인을 계속 전개하였다.[76]

대다수가 자신들의 광고에 경쟁사의 제품을 등장시키는 것이 득이 될 것이 거의 없다고 믿기 때문에, 시장 선도자들은 비교광고를 하는 것을 망설인다. 물론 예외도 있다. 코카콜라는 Coke의 시장점유율을 잠식하는 펩시콜라의 도전에 대응하기 위하여 비교광고를 사용했다. 앤호이저부시Anheuser Busch도 라이벌 기업인 밀러의 Bud light에 대한 비교광고에 대응하였다. 마이크로소프트사는 PC 이용자를 방어하고 애플이 고정관념을 가지고 있다는 비판적인 비교광고 시리즈를 내보내면서 애플사의 비교광고에 대응하였다. 또한 마이크로소프트사는 Mac과 PC의 가격을 비교하고 애플 제품의 가격이 훨씬 비싸다는 것을 소비자들이 알아가는 모습을 보여주는 'Laptop Hunters' 캠페인을 내보냈다.[77]

비교 메시지가 꽤 일반적으로 이용되는 다른 분야는 정치광고이다. 정치광고는 정치연설을 중요한 구성요소로 간주하고, 상업광고 주장보다 미국 헌법수정 제1조(언론 · 종교 · 집회의 자유를 정한 조항)를 더 향유하고 정부나 이익집단의 규제를 적게 받는다. 따라서 상대방의 결점, 투표 기록, 공적인 허위진술, 약속파기 등과 같은 약점에 대한 부정적, 일면적 공격을 수반하는 정치적 광고가 매우 보편화되고 왔다.[78] 이런 광고의 목표는 상대방의 성격, 기록, 지위 등을 폄하하고 실질적인 그의 통치능력에 대한 유권자들의 의심을 불러일으키는 데 있다. 부정적 정치광고가 성공적으로 이용되고 있는 주된 이유는 유권자들이 정치 후보자들의 인상을 형성할 때 긍정적인 정보보다는 부정적 정보에 더 큰 비중을 두는 경향이 있기 때문이다.[79] 그러나 정치인들이 이용하는 '공격적 광고'는 양 후보자 모두에게 부정적 지각을 초래할 수 있다는 연구결과들도 있다.[80]

공포 소구 두려움은 위협에 대한 위험을 표현하거나 나타내는 감정적 반응이다. 광고는 어떤 경우에 이런 감정적 반응을 유발시키고 그 위협을 제거하기 위한 **공포 소구**fear appeal를 이용한다. 마약금지 광고 같은 것들은 행동의 변화가 없을 경우 발생할 수 있는 육체적 위험을 강조한다. 향수, 구강 청결제, 비듬치료용 샴푸 같은 다른 광고들은 반감이나 사회적 거부를 느끼도록 한다.

공포의 영향 공포 소구 메시지 이용을 결정하기 전에 광고주들은 공포의 영향, 공포 수준, 반응할 표적의 구별 방법 등을 고려해야 한다. 메시지의 공포 수준과 수용이나 설득 간의 관계는 도표 6-5에서 보는 바와 같이 곡선으로 이루어진다.[81] 이것은 매시지 수용이 사용된 공포의 양에 따라 어느 지점까지는 증가한다. 그 지점을 넘어서면 공포수준이 증가할수록 수용은 감소한다.

공포와 설득 간의 관계는 공포소구가 조장과 억제 효과 모두를 가진다는 사실에 의해 설명될 수 있다.[82] 낮은 수준의 공포는 조장효과를 가진다. 즉 그것은 메시지에 대한 주목과 관심을 이끌어내고 수신자가 그 위협을 해소하는 방법에 반응을 하게 만든다. 따라서 메시지의 공포 수준이 적절한 지점에 도달할 때까지는 설득력이 증가된다. 그러나 높은 공포수준은 억제효과를 가진다. 수신자가 시선을 돌리거나, 선택적으로 지각하기도 하고 메시지 주장을 노골적으로 거부하는 등 감정적으로 그 메시지를 차단한다. 도표 6-5는 두 가지 반대효과가 공포와 설득 간의 비단조적 곡선 관계를 그려내는 방법을 설명하고 있다.

도표 6-5
공포 수준과
메시지 수용도 간의 관계

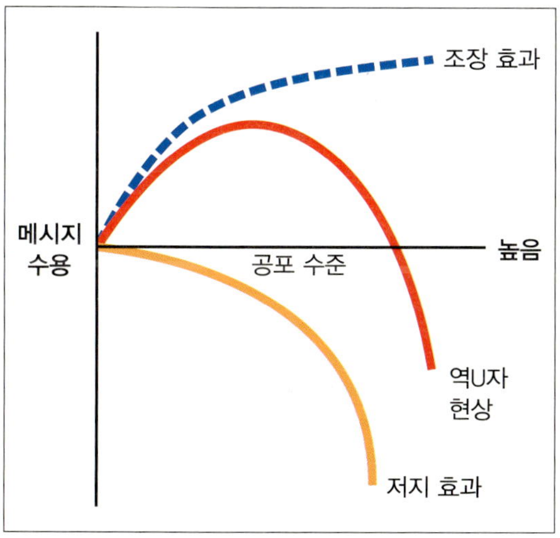

Anand-Keller와 Block은 공포가 작용하는 관점을 지지하는 연구결과를 제시하였다.[83] 그들은 공포소구가 사람들의 흡연을 중단하도록 만드는 데 효과적인 것이 될 수 있는가를 검증하였다. 그들의 연구에서, 낮은 수준의 공포를 사용하

는 커뮤니케이션은 파괴적인 행동(흡연)의 해로운 결과에 대해 고심하도록 충분한 동기가 부여되지 않기 때문에 효과가 적다는 결론이 내려졌다. 그러나 공포의 수준을 높이는 소구도 해악에 대해 너무 많은 고심을 하기 때문에 부적절하다는 결론을 내렸다. 이것은 메시지 회피와 같은 방어적 경향을 유발시키고 그 문제에 대한 권장된 해법의 처리를 방해하였다.

공포의 곡선 설명에 대한 또 다른 접근방법은 보호동기 모델이다.[84] 이 이론에 따르면 네 가지 인지평가 과정이 위협에 대한 사람의 반응을 중재한다는 것이다. (1) 지각된 위험의 심각성에 관한 정보 평가, (2) 위협이 발생한 가능성 평가, (3) 위협을 제거하기 위한 대처 행동 지각 능력, (4) 대처 행동을 수행할 수 있는 개인의 지각된 능력.

이 모델은 공포 소구 메시지의 정보에 대한 인지적 평가와 감정반응 매개 설득 두 가지를 제안한다. 수신자는 위협과 관련된 정보를 계속 처리할 가능성이 높고, 대처행동이 발생할 가능성이 증대된다.

보호동기 모델은 공포소구를 이용하는 광고가 위협의 심각성, 발생 가능성, 대응반응의 효과, 반응의 실행 용이성 등에 대한 정보를 표적수신자들에게 제공해야 한다는 것을 제안한다.[85] 예컨대, **사진 6-16**의 광고는 컴퓨터 하드 드라이버의 백업에 이용되는 Seagate Technology's Replica 제품의 온화한 공포소구를 표현한 것이다. 이 광고는 컴퓨터가 고장 나고 모든 파일을 잃어버리면 어떤 일이 일어날 것인지에 관한 메시지를 전달하기 위하여 그림으로 장난기 많은 일러스트레이션을 이용하고 있다. 이 광고가 Replica 제품 사용의 용이성과 마음의 평안을 얻게 되는 것을 보여 줌으로써 위협에 대한 해결책을 제공해 주는 방법들을 유심히 살펴보라.

표적수신자들이 반응하는 방법을 고려하는 것도 역시 중요하다. 공포소구들

사진 6-16
시게이트는 소비자들에게 문제를 알리고 해결하는, 부드러운 공포 소구를 이용하고 있다.

은 위협을 피하는 사람들보다는 자기 확신에 차있고 위험에 대처하는 것을 선호할 때 더 효과적이다.[86] 공포소구는 제품의 사용자들보다는 비사용자들에게 더 효과적이다. 따라서 공포소구는 흡연자들을 금연하게 만드는 것보다는 비흡연자들을 흡연으로부터 보호하는 것이 더 나을 수도 있다.

공포소구에 관한 연구에서, Herbert Rotfeld는 어떤 연구들은 메시지에서 표현된 잠재적인 해악의 수준과 위협의 형태를 공포와 혼동할 수 있다고 하고, 이것은 감정적 반응이라 주장하였다.[87] 그는, 공포나 각성의 감정적 반응과 설득 간의 관계는 곡선 관계가 아니라 공포의 수준이 높을수록 더 큰 설득력을 가져온다는 것을 의미하는 정의 함수 관계라고 결론을 내렸다. 그러나 Rotfeld는 사람마다 공포를 다른 것으로 여기기 때문에 모든 공포 메시지가 동일하게 효과가 있는 것은 아니라고 하였다. 따라서 사람들은 동일한 위협에 대해 달리 반응하고, 그러므로 가장 강한 위협이 항상 가장 큰 설득력을 가지는 것은 아니다. 이런 주장은 공포소구를 이용하는 마케터들이 메시지에 의해서 창출되는 감정적 반응과 그들이 메시지에 반응하는 방법을 고려해야 한다는 것을 제안한다.

유머 소구 유머러스한 광고가 때로는 광고메시지를 가장 잘 기억하게 하고 가장 널리 알려질 수 있다. 페덱스, 제이코GEICO, 펩시, 버드와이저 등이 유머소구를 효과적으로 이용해 왔다. TV나 라디오 같은 미디어들이 유머러스한 메시지를 살 전달할 수 있어서, 주로 이들 미디어를 통해 유머가 제시된다. 그러나 인쇄광고에서도 유머가 기끔 이용된다. **사진 6-17**에서 보여주는 광고는 인쇄광고에서 유머가 이용되는 방법을 보여주는 좋은 사례이다. 이것은 호주와 뉴질랜드에서 자동차 정면 및 측면 충돌 실험 결과 승객보호 정보를 소비자들에게 제공하는 호주 신차 평가 프로그램Australasian New Car Assessment Program(ANCAP)의 광고이다.

광고주들이 유머를 사용하는 이유는 여러 가지이다. 유머러스한 메시지는 소비자들의 주의를 끌어들이고 유지하도록 만든다. 유머는 소비자들을 긍정적인 상태로 만들고, 광고 자체를 좋아하게 만들어 제품이나 서비스에 대한 사람들의 느낌을 좋게 만들어 주는 데 효과적이다. 그리고 유머는 수신자들로 하여금 메시지에 대한 반박주장을 하지 못하도록 분산시키기도 한다.[88]

비판자들은 재미있는 광고가 사람들을 유머러스한 상황으로는 유도하지만 브

사진 6-17
이 광고는 인쇄매체에서 유머 기법을 실행하고 있다.

랜드나 제품 속성으로부터 그들을 분산시킨다고 주장한다. 효과적인 유머를 만들어내는 것이 어렵고 어떤 시도들은 대중 소비자들이 감지하기가 너무 힘이 든다고 하였다. 텔레비전이나 라디오 광고가 반복적으로 노출될 때 광고효과가 감소되는 경향을 **마모**wearout라 한다.[89] 마모는 소비자들이 광고가 여러 번 노출된 후에 더 이상 그 광고에 주의를 기울이지 않거나 그것을 자주 보는 것에 싫증을 느끼는 경우 발생할 수 있다. 소비자들이 유머러스한 광고를 한 번 듣게 되면, 그 광고에 싫증을 느끼게 되기 때문에 유머소구 광고는 다른 소구 방법의 광고보다 마모현상이 더 빨리 나타난다고 많은 전문가들은 주장한다. 그러나 유머 소구의 지지자들은 소비자들이 아주 진지한 메시지보다 유머광고에 더 호의적으로 반응함에 따라, 재미있는 광고가 오랫동안 효과가 지속된다고 주장한다.[90]

유머 사용에 대한 찬반 모두 타당한 이유가 분명히 있다. 모든 제품이나 서비스가 유머광고에 적합하지는 않다. 유머광고의 효과는 제품 형태와 수신자들의 특성을 포함한 여러 가지 요소에 따라 다르다는 것이 많은 연구에서 밝혀졌다.[91] 예를 들면, 유머는 고관여이고 사고형 제품보다는 저관여이고 감정적 제품에 더 효과적이고 많이 이용되고 있다.[92] 최근의 한 연구에서는 수신자 관여가 유머 광고의 효과를 중재한다는 것을 검증하였다. 이 연구에서는 본질적으로 유머가 없

- 유머는 인지와 주의를 돕고, 다음의 경우에 효과적이다.
  - 유머는 일반적으로 회상과 이해에 도움이 되지 않는다.
  - 유머는 브랜드와 단순한 카피 등록에는 도움이 된다.
  - 유머는 복잡한 카피 등록에는 효과적이지 않을 수 있다.
  - 유머는 주의를 끄는 데 도움이 된다.
- 유머는 일반적으로 설득에는 효과가 없다.
  - 유머는 브랜드 전환을 돕는다.
  - 유머는 설득을 강화하는 긍정적인 분위기를 만든다.
- 유머는 모델 신뢰성에는 도움이 안 된다.
- 유머는 행동과 구매를 이끌어내는 데 효과가 적다.
- 유머는 위의 모든 사항들의 목적 달성에 이용되는 경우 크리에이티브가 더 긍정적이다.
- 라디오와 TV는 유머를 사용하기에 좋은 매체이고 DM이나 신문은 유머를 사용하는 경우가 적다.
- 비내구내 소비재와 기업서비스는 유머를 사용하기에 적합하지만, 기업광고나 산업재 제품에는 부적합하다.
- 유머는 제품과 관련이 있어야 한다.
- 민감한 제품이나 서비스에는 유머를 사용해서는 안 된다.
- 유머는 젊은 집단, 교육 수준이 높은 집단, 남성, 전문직 등에게 적합하다. 고령 집단이나 교육 수준이 낮은 집단, 하위계층에는 유머가 부적합하다.

도표 6-6
유머에 관한 크리에이티브 이사들의 의견과 상위 광고대행사 리서치의 요약

는 제품의 광고에서 유머를 사용하는 것은 관여도가 상대적으로 낮을 때 더 효과적이라는 사실을 검증하였다. 이러한 결과는 고관여 제품이 저관여 제품만큼 유머광고가 적합하지 않다는 생각을 지지해 준다.[93] 한 연구에서 150대 광고대행사들의 크리에이티브 임원들과 연구조사자들을 대상으로 설문을 실시하였다.[94] 이 연구에서는 미디어, 제품, 수신자의 관점에서 유머 사용의 적절한 상황을 통해서 촉진되는 커뮤니케이션 목표에 대해 조사하였는데, 그 결론을 도표 6-6에에 제시하였다.

채널 요소

커뮤니케이션의 마지막 통제 가능한 변수는 메시지를 전달하는 데 사용된 채널 또는 미디어이다. 마케팅 커뮤니케이션을 전달하는 데 다양한 방법들이 이용될 수 있는 반면, 5장에서 살펴본 바와 같이 그것들은 대체로 인적 매체와 비인적 매체의 두 가지 범주로 나누어진다.

인적 매체와 비인적 매체

인적 커뮤니케이션 채널과 비인적 커뮤니케이션 채널 간의 기본적 차이에는

여러 가지가 있다. 인적 영향 채널로부터 받은 정보는 매스미디어를 통해서 얻은 정보보다 일반적으로 설득력이 더 강하다. 그런 차이가 있는 이유는 다음의 광고와 인적판매의 비교로 요약될 수 있다.

> 설득의 관점에서, 판매 메시지는 광고보다는 매우 탄력적이고, 개인적이며 강력하다. 광고는 보통 소비자들과 최소한의 인적 접촉을 가지는 사람들에 의해서 준비된다. 메시지는 대중에게 소구하기 위해 만들어진다. 이와는 달리, 훌륭한 판매 제안 메시지는 미리 결정되지 않는다. 판매원이 제품이나 서비스에 대한 엄청난 지식을 가지고 있고 대화가 진행되는 과정에 따라 적절한 항목들을 선택한다. 따라서 판매원은 판매 시점의 고객이나 가망고객들의 니즈와 생각에 이런 지식들을 적용해 나갈 수 있다. 더 나아가 구매자의 요청이나 반대가 있으면, 판매원이 적절한 방식으로 반대의견에 대처할 수 있다. 이것들은 광고에서는 불가능하다.[95]

인적 채널은 IMC 프로그램에서 몇 가지 방법으로 이용되고 있다. 5장에서 논의한 바와 같이, 마케터들은 소셜미디어의 성장과 함께 보다 일반적인 것이 되어가는 구전 커뮤니케이션의 중요성을 인식하고 있다. 구매시점에서 판매원을 통한 더 많은 개인적 커뮤니케이션이 전통적으로 사용된다. 여기서는 마케터들이 매스미디어에 관하여 고려해야 할 중요한 요소들을 살펴보자.

매스미디어 영향

메시지를 전달하기 위해 사용되는 여러 가지 매스미디어는 수신자 유형과 숫자, 비용, 정보처리 조건, 질적 요인 등과 같은 것들을 포함한다. 매스미디어의 비용과 효과에 대한 평가는 매체전략에서 다룬다. 그러나 정보가 처리되는 방법과 정황이나 환경에 의한 커뮤니케이션의 영향들은 반드시 알아야 할 사항들이다.

정보처리의 차이 여러 매체를 통해 전달되고 처리되는 정보의 평가 방식에는 차이가 있다. 신문, 잡지, 다이렉트메일과 같은 인쇄미디어와 인터넷 광고 정보는 자신의 진도self-paced에 맞추어 처리된다. 즉, 독자들이 광고를 자신의 속도own rate에 맞추어 처리하고 그들이 바라는 만큼 오랫동안 학습을 할 수 있다. 반대로 라디오나 텔레비전 같은 방송 정보는 외부속도externally paced에 맞추어야 한다. 즉, 전달 속도는 미디어가 주도한다.

인쇄매체와 방송매체의 처리 속도의 차이는 광고주들에게 몇 가지 함의를 제공한다. 자신의 속도에 맞출 수 있는 인쇄매체는 메시지 수신자가 길고 복잡한 메시지를 더 쉽게 처리한다. 광고주들은 많은 정보를 가진 자세한 메시지를 제시하려고 할 때 인쇄광고를 종종 이용한다. 방송매체는 더 짧은 메시지를 전달하는 데 효과적이며 특히 텔레비전의 경우에는 말과 함께 그림이 포함된 정보를 제시할 수 있어 더 효과적이다.

방송 메시지는 길이와 복잡성이라는 한계가 있는 반면, 광고주들은 이 문제를 해결해 나갈 수 있는데, 그 한 가지 전략은 소비자들의 주의를 끌기 위해서 라디오나 텔레비전을 이용해서 자세한 메시지를 읽도록 특정 인쇄매체로 그들을 안내하는 것이다. 예를 들면, 주택건설업자들은 신규 개발에 주목을 유도하는 라디오 광고를 이용하고 그 다음에 상세한 정보를 얻기 위해 신문의 부동산 섹션으로 청취자들을 안내한다. 어떤 광고주들은 동일한 메시지를 방송과 인쇄 버전으로 만들기도 한다. 카피의 비율은 두 매체 모두 비슷하지만, 수신자들은 인쇄광고를 편안한 속도로 처리한다.

정황과 환경의 영향

광고메시지 해석은 광고나 제시되는 환경이나 정황context에 의해 영향을 받는다. 커뮤니케이션 이론가인 마샬 맥루한Marshall McLuhan는 그의 저서 「매체가 곧 메시지이다The medium is the message」에서, 매체는 그것이 포함하는 어떤 메시지와는 관계없는 이미지를 전달한다고 강조하였다.[96] **정성적 매체 영향**qualitative media effect은 그것이 메시지에 관해 가지고 있는 영향이다. 매체 비히클 이미지는 그 메시지에 대한 반응에 영향을 줄 수 있다. 예를 들면, 고품질 남성의류 광고는 Sports Afield라는 잡지보다는 GQ와 같은 패션잡지에 실릴 경우 더 많은 영향력을 가진다. 리조트 취항 항공사와 여행 관련 서비스회사들은 「Travel & Leisure」와 같은 잡지에 일부 광고를 하는데, 이는 기사, 사진, 다른 광고물들이 독자로 하여금 여행에 관한 즐거움을 가지도록 만들기 때문이다(**사진 6-18**).

매체환경은 광고가 제시되는 프로그램의 특성에 의해 창출될 수도 있다. 소비자들이 슬픈 프로그램보다는 행복한 텔레비전 프로그램을 시청하는 중에 본 광

사진 6-18
잡지 「Travel & Leisure」는 여행 관련 광고에 있어서 탁월한 수신 환경을 창출해 낸다.

고에 대해 더 긍정적으로 반응한다는 사실이 한 연구에서 밝혀졌다.[97] 광고주들은 올림픽게임과 크리스마스 특집과 같은 긍정적 기분을 자아내는 인기 있는 프로그램에 광고를 하기 위해 비싼 광고료를 지불한다. 반대로 광고주들은 시청자들이 부정적인 기분을 느끼거나 회사나 그 제품에 해로울 수 있는 프로그램에 광고하는 것을 피하려고 한다. 회사들은 지나친 폭력이나 성적 내용을 포함하는 프로그램에 광고를 하지 않을 것이다. 코카콜라는 뉴스 프로그램에 절대로 광고하지 않는데, 이는 나쁜 뉴스는 자사의 낙관적이고 재미있는 자사의 이미지와 일치하지 않기 때문이다. Andrew Aylesworth와 Scott MacKenzie는 연구를 통해 부정적 분위기의 프로그램에 노출된 광고들이 긍정적인 분위기의 프로그램에 노출될 경우보다 훨씬 덜 체계적으로 정보를 처리한다는 결과를 제시하였다.[98] 만약 중심경로를 통한 메시지 설득의 효과를 노리고자 한다면, 매체 구매자들을 '기분 좋게 해 주는' 프로그램에 자사의 광고를 내보내도록 이들은 제안하였다. 그러나 주변경로를 통해 설득하려면 약간 부정적인 프로그램에 내보내는 것이 효과적일 수 있는데, 여기서는 부정적인 감정상태에 있는 시청자들은 광고를 자세하게 분석하지 않는다는 가정을 하기 때문이다.

클러터

광고주에게 매우 중요한 매체환경의 또 다른 문제는 **클러터**clutter인데, 이것은 한 매체 내에 있는 광고의 양으로 정의된다.[99] 그러나 텔레비전의 경우 방송환경에서 제시되는 광고, 쇼를 위한 촉진 메시지, 공공서비스 안내 등과 같은 비프로그램을 포함한 모든 것으로 간주된다. 소비자들의 주의를 끌기 위해 많은 메시지들이 다양한 매체 경쟁을 하기 때문에 클러터들의 증가는 광고주들에게는 염려가 된다. 잡지는 평균 50%가 광고로 뒤덮여 있고, 공공발간물의 경우는 50%가 넘을 때도 있다. 평균적으로 텔레비전 방송의 약 1/4은 광고로 편성되는 반면 대다수 라디오 방송국은 시간당 10~12분 동안 광고를 한다. 많은 광고는 소비자들을 괴롭히고, 효과적으로 광고가 전달되지 못하도록 만든다. 비프로그램 시간의 증가와 광고시간을 짧게 만드는 추세 때무에 텔레비전 광고주들은 클러터에 대해 많은 우려를 하고 있다. 1970년대의 광고업종의 표준으로써 60초짜리 스폿광고가 30초짜리로 대체된 반면, 많은 광고주들이 현재는 15초짜리 스폿광고를 이용하고 있다. 1990년대에 클러터가 30%로 증가하고 2000년 이후에는 8%가 더 증가함에 따라 광고업계는 텔레비전의 시청환경이 너무 많은 클러터들로 뒤덮여 있는 현상에 대해 계속 우려를 표명해 오고 있다. 그러나 4대 주요 방송사들은 클러터 증가 수준을 최근에 통제하고 있지만, 황금시간대의 시간당 비프로그램 시간이 약 15% 정도를 차지하고 있다.[100] 한 연구에서 주요 방송사의 황금시간대에 상업방송의 평균 길이가 단지 3분에 지나지 않는다는 결과를 제시하였다. 이리하여 주요 방송사의 황금시간대 프로그램을 세 시간 시청하는 사람은 100개의 광고, 프로그램 광고, 공공서비스 안내 등에 노출된다.[101] 클러터 수준은 케이블방송의 낮 시간 프로그램에도 평균 이상이 된다. 인기 있는 쇼 프로그램에 대해 더 많은 수수료를 부과하기 때문에 방송사들이 광고를 더 많이 내보낸다. 물론 광고주들과 대행사들은 시청자들이 많은 상위 쇼 프로그램에 자사의 광고를 내보내도록 방송국에 압력을 가함으로써 이 문제를 영구화시킨다.

광고주들과 대행사들은 방송국이 프로그램 시간의 양을 최소화하고 그 후에 기능하면 비프로그램의 비율을 관리해 나가기를 바란다. 방송사들이 더 많은 광고를 하기 원하면, 프로그램 판촉, 공공서비스 안내, 프로그램 참여자 명시 등에서 탈피해야 한다. 이 문제는 없어지지 않을 것 같지만, 광고주들은 유머, 유명인사 대변인, 진기함, 독창적인 접근 등과 같이 이런 클러터들을 타파하기 위한 방법을 계속 모색해 나가야 할 것이다.[102]

요약

이 장에서는 커뮤니케이션 프로세스의 일부인 모델, 메시지, 채널 요소 등의 통제 가능 변수들을 살펴보았다. 이 변수들의 각각에 관한 의사결정을 할 때에는 수신자들이 겪게 되는 메시지 반응에 대한 그 변수들의 영향을 고려해야 한다. 설득 매트릭스는 소비자들의 반응 프로세스에 있어서 통제 가능한 커뮤니케이션 결정의 영향을 평가하는 데 도움이 된다.

메시지를 전달할 적절한 모델이나 전달자를 선정하는 것은 커뮤니케이션 전략에서 매우 중요하다. 신뢰성, 매력, 영향력은 모델의 중요한 속성이다. 마케터들은 특정 분야의 전문가나 신뢰할 수 있는 이미지를 가진 전달자를 고용함으로써 메시지 효과를 강화한다. 광고메시지를 전달할 유명인사를 활용하는 것은 매우 보편적인 방법이다. 광고주들은 유명인사들이 수신자들의 주의를 끌어 들이고 동일시 과정을 통해서 수신자들의 태도나 행동에 영향을 주기를 바란다. 이 장에서는 유명인사가 이끌어내는 제품 보증 과정의 의미와, 유명인사의 이미지와 기업이나 브랜드 이미지 일치의 중요성을 논의하였다.

광고메시지 디자인은 커뮤니케이션 프로세스의 매우 중요한 일부이다. 메시지 구조에 관한 옵션은 메시지 주장 제시 순서, 결론 도출, 메시지 주장 측면, 반박, 언어적 요소와 시각적 특성 등과 같은 다양한 내용들을 포함한다. 비교 메시지와 공포와 유머 같은 감정소구를 포함한 각각의 메시지 소구 전략의 단점과 장점들이 고려되어야 한다.

끝으로, 메시지를 전달하는 데 이용될 채널이나 매체를 고려해야 한다. 매스미디어는 커뮤니케이션 프로세스에 영향을 줄 수 있다. 광고가 제시되는 정황과 수신 환경은 매스미디어 선택에 있어서 고려해야 할 중요한 사항이다. 클러터는 특히 텔레비전의 경우 광고주들에게는 심각한 문제가 되고 있는데, 텔레비전 광고가 더 짧아지고 광고 숫자는 더 늘어나고 있다.

토론문제

1. 도입사례는 제품과 브랜드를 프로모션하기 위해 소비자들을 활용하는 방법을 제시하고 있다. 이런 관행의 장단점에 대해 토론해 보시오. 그것이 IMC 믹스의 통합 부분이 될 수 있다고 생각하는가? 또는 그것이 다른 소비자들의 점진적인 불신을 초래할 것으로 생각하는가?
2. 마케터들이 IMC를 계획하기 위해 〈도표 6-1〉의 설득 매트릭스를 이용하는 방법에 대해 토론하시오. 텔레비전 광고나 인쇄광고를 하나 선택해서 그것이 소비자들의 반응 과정에 영향을 미치는 방법을 평가하기 위한 설득 매트릭스를 이용하시오.
3. Herbert Kelman이 언급한 세 가지 기본 모델 속성들과 그들이 태도나 행동변화에 영향을 미치는 각각의 프로세스를 논의하시오. 각 속성을 활용하는 프로모션 메시지 종류나 광고물의 사례를 찾아보시오.
4. 창업자, CEO, 회장 등과 같은 최고 경영자들을 광고 대변인으로 이용하는 기업의 장단점을 논의해 보시오. 훌륭한 대변인이라고 생각되는 기업의 경영자의 예를 제시하고 왜 그가 효과적인지에 대한 이유를 설명해 보시오.
5. 귀하는 코카콜라 회사가 자사의 비타민 워터 브랜드를 위해 광고 대변인으로 NBA 스타인 Kobe Bryant를 이용할 결정에 동의하는가? 그를 사용하는 것에 대한 장단점을 설명해 보시오.
6. 현재 특정 기업이나 브랜드 광고에 출연하는 유명인사

를 찾아보고 대변인으로 이 사람을 이용하는 것을 분석하기 위해 〈도표 6-4〉의 McCracken의 의미전달 모델을 이용하여 설명해 보시오.

7. 새로운 조리법을 프로모션하는 방법으로써 피자의 맛에 대한 문제를 발견하기 위한 광고캠페인을 전개하는 도미노 피자의 결정을 평가해 보시오. 이 전략이 제품 개선을 촉진하는 방법이 된다고 생각하는가?

8. 마케터들이 동일한 광고를 반복적으로 실행하는 이유 중 광고마모를 가져오는 요인들을 논의해 보시오. 마모를 지연시키거나 회피하기 위한 전략들은 어떤 것일까?

9. 텔레비전 광고의 맥락에서 클러터는 어떤 의미인지를 설명해 보시오. 1시간 짜리 텔레비전 프로그램을 시청하고 그 프로그램을 보는 동안 등장하는 클러터가 몇 개나 되는지 평가해 보시오. 광고주들은 이 클러터 문제를 어떻게 해결할 수 있을까?

10. 정성적 매체 효과가 어떤 의미인가? 잡지 하나를 선정하고 발행된 매체 환경의 특성을 논의해 보시오.

4부 I IMC 프로그램의 목표와 예산 수립

Part Four

Objectives and Budgeting for IMC Programs

7장 I 프로모션 프로그램을 위한 목표 설정과 예산 수립

Chapter Seven

Establishing Objectives and Budgeting for the Promotional Program

7

프로모션 프로그램을 위한 목표 설정과 예산 수립

학습목표

1. 광고와 프로모션에 있어서 구체적인 목적을 세우는 것이 얼마나 중요한 것인가를 안다.
2. IMC 과정에서 프로모션의 목적과 마케팅 목적의 각각 역할이 무엇인지 이해한다.
3. IMC에 있어서 판매 목적과 커뮤니케이션 목표가 어떻게 다른지를 이해하고 또한 이들 목표와 연관된 주요사항은 무엇인지 이해한다.
4. IMC 프로그램을 수행하기 위하여 목표를 세울 때에 마케터들이 흔히 겪는 문제점들은 무엇인지 이해한다.
5. IMC에서 예산 수립 과정을 이해한다.
6. 예산 수립에 관한 이론적인 배경을 이해한다.
7. 예산 수립의 다양한 방법을 안다.

스탠다드차타드 은행: '여기에 영원히' 브랜드 캠페인

2007년 이래로 세계의 금융산업은 매우 어려움을 겪고 있었다. 미국의 대공황 이래로 가장 큰 금융위기를 겪었고 수많은 유서 깊은 금융회사들이 문을 닫았다. 그 결과 미국의 소비자들은 금융기관이라 하면 우선 극도로 적대적이었고 불신을 나타내기 시작하였다. 소비자들은 은행을 기껏해야 자기네들의 이익을 편취하는 기관이라 생각하였고 사회에는 전혀 관심을 두지 않는다고 생각하는 터이었다. 이와 같은 현상은 모든 것이 미국에서 비우량 주택담보대출 문제로부터(subprime mortgage crisis: 미국의 비우량 금융권이 돈을 갚을 능력이 없는 사람들에게도 집을 사라고 돈을 빌려준 사태로부터 출발한 세계금융위기) 시작하였고 이에 따른 세계불황에 기인한다.

수많은 금융기관이 헤매고 있을 와중에도 스탠다드차타드 은행(Standard Chartered Bank)은 소비자들이 늘어났고 시장점유율도 늘어났다. 바로 '여기에 영원히(Here For Good)'이라는 브랜드 캠페인 광고를 하였기 때문이다. 2010년도 상반기에 이 은행은 40년만에 처음으로 브랜드 위상 정립과 연계한 광고캠페인을 벌였다. 이 광고캠페인의 목표는 스탠다드차타드를 다른 은행들과 차별화시키고 브랜드를 강화하고, 특히 세계에서 급성장하고 있는 아시아, 아프리카, 중동에서의 지속적 성장을 강조하는 것을 목표로 하는 것이었다.

'여기에 영원히'는 간단명료하고 의미 있는 문구인데 스탠다드차타드 은행이 고객과의 관계에 얼마나 몰입하는 지를 내포하고 있으며, 스탠다드차타드 은행의 가치관과 행동반경을 포함하고, 지속 가능 경영관을 반영하고, 스탠다드차타드 은행의 역사와 전통을 말해주며 앞으로도 영원히 좋은 성과를 달성하겠다는 뜻을 내포하고 있다.

스탠다드차타드 은행의 CEO인 피터 샌즈(Peter Sands)는 '여기에 영원히'는 150년 전통의 성과를 이어온 우리 브랜드의 기풍을 담고 있다고 표현하면서 다음과 같이 언급했다.

> "우리 브랜드는 한마디로 고객들에게 몰입을 한다는 것이다. 주주들에게 가치를 창출하고, 고객들을 지원하고 파트너로 여기며, 좀 더 넓게는 우리 사회에 공헌하는 것이다. 우리는 장기적으로 존재할 것이다. 우리는 어려울 때에 도망가지 않을 것이다. 우리는 어려운 결정도 불사할 것이고 이것이 바로 우리가 비즈니스를 해온 내력이다. '여기에 영원히'는 150년에 걸쳐서 아시아, 아프리카, 중동에 우리의 전략과 성공을 지탱하여 왔고, 우리의 미래에 초석이 될 것이다."

오랜 파트너인 TBWA 광고회사와 더불어 스탠다드차타드 은행은 전 세계적으로 회사 브랜드 광고를 9개의 언어로 4개의 TV광고를 30개의 시장에서 전개하였고 25개의 인쇄광고를 제작하여 전격적으로 집행하였다. 이 모든 광고들은 다음과 같은 스탠다드차타드 은행의 브랜드 요지문에 기반을 두고 있다.

> 은행이 진정 그 무엇을 의미할 수 있는가? 은행이 양심과 야망을 조화할 수 있을까? 해야 할 일을 하라. 할 수 있는 일을 하지 마라. 인생에 있어서 모든 것을 헤아릴 수는 없다. 오로지 수익을 창출하는 데 안달하지 말고 어떻게 수익을 창출하는지도 살펴보라. 사람들 곁에 서고 사람들 위에 서려고 하지 마라. 모든 해결책은 사람에게 달려있다. 단순히 선을 행함으로 은행이 위내해 질 수 있는가? 다방면에서 우리의 목적은 오직 한 가지이다. 사람을 위해 여기에 있다. 번영을 위해 여기에 있다. 먼 미래를 위해 여기에 있다. 여기에 영원히.

4개의 TV광고는 은행의 국제적인 모습을 담고 있으며 특히 아시아, 아프리카, 중동 지역에 특화하고 있다는 것을 보여준다. 스탠다드차타드는 4명의 아트 감독을 섭외하였으며 각자에게 자신의 경험과 전문성에 입각하여 스탠다드차타드의 브랜드 요지를 풀어가도록 하였다. 스테판 세그마이스터(Stefan Sagmeister) 감독은 세계적인 그래픽 디자이너인데, 그는 스탠다드차타드 은행이 다양한 세계적인 시장에 몰입하고 있다는 것을 창의적으로 나타내기 위하여 타이포그라피 기술을 발휘하였다. 중국의 가장 유명한 영화감독인 티엔 장장(Tian Zhuang Zhuang) 감독은 나무와

도시의 삶을 이용한 스토리 전개로 스탠다드차타드의 유산들과 오랜 역사를 상징적으로 표현하였다. 에즈라 우베(Ezra Wube) 감독은 에디오피아 태생의 미술가인데, 아프리카에서의 도약의 신화를 담기 위하여 전통 미술과 디지털 애니매이션을 결합하였다. 샌드라 마디(Sandra Madi) 감독은 요르단의 다큐멘터리 영화감독으로, 스탠다드차타드의 사람에 관한 몰입을 나타내기 위하여 세대 간의 관계를 나타내는 단순한 스토리텔링 기법을 썼다.

4명의 유명 감독은 각자의 방법으로 스탠다드차타드가 나타내려고 하는 "여기에 사람을 위하여, 여기에 번영을 위하여, 여기에 먼 미래를 위하여, 여기에 영원히"라는 브랜드 약속을 다양한 관점에서 표현하였다.

현지 정서에 맞게 제작된 25개의 인쇄광고 제작물은 스탠다드차타드와 여기에 영원히' 사이의 독특한 관계를 형성하게 하였다. 모든 인쇄광고들은 트러스트마크(스탠다드차타드의 트러스트마크는 이 회사 로고에서 볼 수 있는데 스탠다드차타드를 의미하는 S자와 고객을 뜻하는 C자를 서로 엉키게 표현하며, 이는 고객과의 파트너십을 의미한다) 형상의 실루엣을 표현하고 있는데, 이는 아시아, 아프리카, 중동에 있어서 영업 흔적을 반영한다. 각각의 광고는 스탠다드차타드 은행이 "여기에 사람을 위하여, 여기에 번영을 위하여, 여기에 먼 미래를 위하여, 여기에 영원히"에 몰입됨을 나타낸다.

모든 인쇄광고는 온라인과 빌보드에 의하여 확산되었다. 모든 광고에서 은행의 URL 주소를 나타내도록 하였으며, TV광고에서도 다양한 지역에 있어서의 살아있는 이야기들과 함께 브랜드 요지를 잘 표현하였다.

대부분의 다른 은행이 자신들의 존재를 알리려고 할 때 스탠다드차타드 은행은 존재를 알리는 것에 더하여 상당한 족적을 남기고 있는데 이는 스탠다드차타드 은행은 경쟁사와는 달리 새로운 브랜드 약속으로 차별화하고 금융산업에서의 불황을 타개해나가는 선구자로 자리매김을 하고자 하였다.

자료: Gabriel Kwan, "Peter Sands Unveiled New Brand Promise in Hong Kong: 'Here for Good' Amplifies Standard Chartered's Core Values and Long-Term Commitment,"April 29, 2010, Standard Chartered Global Bank, http://www.standardchartered.com.hk/news/2010/press_20100429.pdf; "Behind the Scenes with Standard Chartered's 'Here for Good)' Campaign'," CEI, May 5, 2010, http://www.cei.asia; Standard Chartered Global Bank, "About Us—Here for Good," 2010, http://www.standardchartered.com/here-forgood/brand-belief/en/index.html?pid=h4g_grp_main_flash.

스탠다드차타드 은행의 '여기에 영원히' 캠페인은 광고캠페인에 있어서 광고목적을 수립하는 것이 얼마나 중요한 것인가를 보여준다. 이 장에서 광고캠페인의 목적은 주로 마케팅 목적과 커뮤니케이션 목표에 의하여 측정된다는 것을 말해 준다. 특히 이 장은 IMC의 목표가 회사 전반적인 마케팅 목표에 근거하고 또한 회사의 프로모션 예산에 달려 있다는 것을 설명하고 있다.

많은 회사들이 IMC 프로그램을 진행하는 데 있어서 가장 중요한 단계라 할 수 있는 현실 가능한 목표를 수립하는 데 있어서 어려움을 느끼고 있다. 복잡한 마케팅 환경이라든지, 광고와 다른 프로모션 수단 간에 서로 상이한 시야가 존재한다든지 아니면 광고 프로모션을 위한 자금의 불투명하다든가 등의 문제들로 인하여 마케팅 커뮤니케이션 목표를 세우는 것은 '혼돈 가운데서 질서를 창조해내는 일'

이나 마찬가지이다. 목표를 세우는 것은 복잡하고 어려운 일이지만 반드시 합당하게 이루어져야 한다. 왜냐하면 프로모션 프로그램 전체의 목표를 세운다는 것은 세부 프로모션 수단에 있어서 의사결정을 하는 데에 주춧돌 역할을 하기 때문이다. 광고와 다른 프로모션 수단의 예산 수립이라든지 아니면 크리에이티브 전략이나 미디어 전략에 있어서의 예산 수립도 이 전체적인 광고와 프로모션 목표 수립에 달려있기 때문이다.

구체적인 광고 프로모션의 목표 수립은 기업 계획에 있어서 주요한 과정임에 틀림없다. 그럼에도 불구하고 많은 회사들은 구체적인 마케팅 목표를 세우는 데에 실패하거나, 부적절한 목표를 세워서 프로모션을 진행하거나 그 효과를 측정하는 데에 있어서도 부적합한 경우도 많다. 많은 마케터들이 기업의 마케팅 프로그램이 IMC에 어떻게 공헌하는지 확신을 갖지 못하고 있다. 광고 프로모션의 최종 목표는 간단하다. 바로 매출을 창출하는 것이다. 하지만 대부분 마케터들은 소비자가 제품이나 서비스를 구입하는 데에 광고와 여러 프로모션 수단이 구체적으로 어떤 역할을 하는지 모른다.

물론 광고와 프로모션이 매출을 창출하는 데에 있어서 유일한 마케팅 수단들은 아니다. 더욱이 광고의 효과를 매출로만 측정하는 것이 항상 가능한 것도 아니고 또한 그러한 필요가 있는 것도 아니다. 예를 들면 **사진 7-1**에서와 같이 스탠다드차타드 은행의 광고는 자사를 홍보하는 광고 그 이상의 목적이 있다. 포춘지의 특별광고 섹션에 게재된 이 광고는 스탠다드 은행이 AAOAll for Africa Organigation를 후원하고 있다는 것을 보여주고 있다.

사진 7-2의 카타르 재단Qatar Foundation 광고를 살펴보라. 이 광고로 카타르 재단은 무엇을 원하고 있다고 보는가? 어떻게 효과를 측정할 것인가?

이 장에서는 IMC 프로그램을 마련하고 수행하고 측정하는 데 있어서 전체 광고 프로모션의 목표와 그 역할에 관하여 살펴본다. 상이한 상황에 적합한 다양한 목표에 중점을 두고자 한다. 또한 예산 설정 과정을 살펴보고 목표 설정과 예산과의 상호의존적인 관계를 알아본다.

목표의 중요성

많은 기업들이 구체적인 IMC 목표 설정에 실패하는 이유 중 하나는 그들이 목

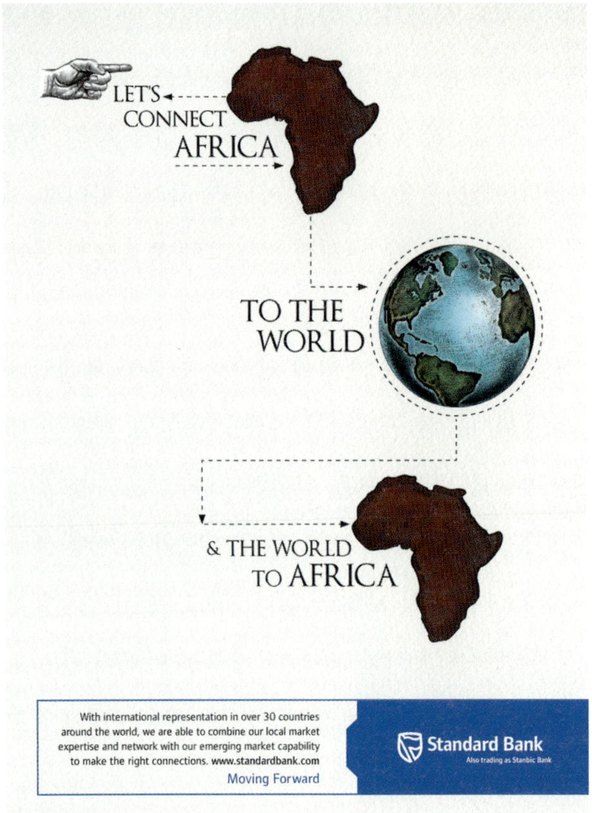

사진 7–1
이 광고의 목표는 스탠다드 은행이 아프리카를 후원한다는 것을 보여주기 위한 것이다.

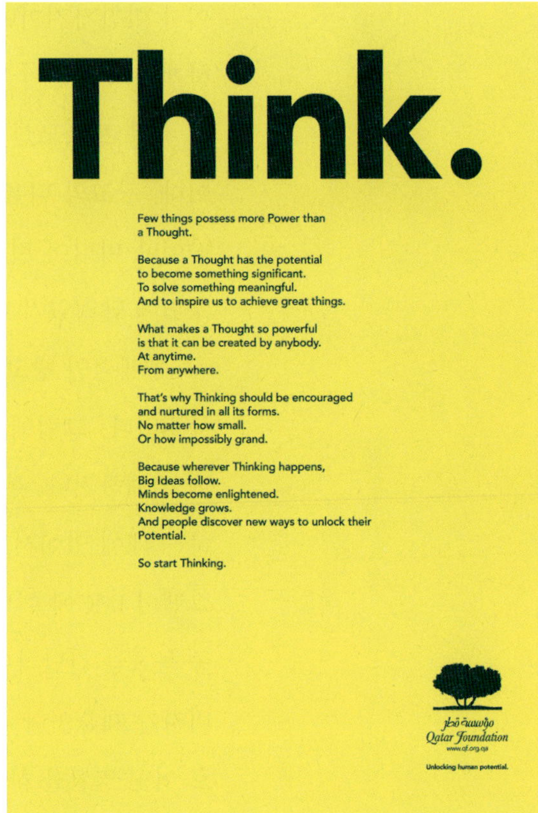

사진 7–2
이 광고에서 카타르 재단의 목표는 매출 창출이 아닌 다른 것일 것이다.

표를 분명히 세워야 하는 그 자체의 중요성을 인식하지 못하기 때문일 것이다. 또 다른 이유는 그 구체적인 목표가 무엇이 되어야 하는지에 관한 의견차이 때문일 것이다. 광고, 프로모션의 목표를 분명히 세우는 것은 매우 중요한데, 목표를 분명히 하는 것은 기업의 전반적인 커뮤니케이션 활동에 있어서, 기업의 기획 단계에 있어서, 구체적인 의사결정에 있어서, 또한 성과를 측정하고 평가하는 데 있어서 중요한 역할을 하기 때문이다.

커뮤니케이션

IMC 프로그램에서 목표를 구체적으로 세우면 광고캠페인을 담당하는 다양한 그룹들을 조화롭게 융화시킬 수 있다. 광고 프로모션 대행사뿐만 아니라 광고주 측에서도 여러 사람들이 IMC 프로그램을 기획하고 개발하는 데 참여한다. 광고 프로모션 프로그램은 회사 내부에서, 광고대행사 내에서, 그리고 그 두 기관 사이에서 조화롭게 융화되도록 조정되어야 한다. PR회사나 판매촉진sales promotion 회사, 리서치 전문가 혹은 매체 구매업media buying과 같은 프로모션 캠페인에 관련된 여러 다른 집단들 또한 기업이 그들의 IMC 프로그램을 통해 무엇을 달성하기를 희망하는지를 알고 있어야 한다. IMC 프로그램에 참여하는 다양한 집단들이 서로 협의하여 구체적으로 명문화된 목표를 가지고서 광고 프로모션 프로그램과 관련된 문제들을 논의한다면, 발생할 수 있는 많은 문제들을 피해 갈 수 있을 것이다.

계획과 의사결정

구체적으로 프로모션의 목표를 세운다면 IMC 계획을 성공적으로 개발하는 데에 도움이 될 것이다. 예산 수립, 크리에이티브 전략, 매체 결정뿐만 아니라 다이렉트마케팅direct marketing, 홍보public relation/publicity, 판매촉진, 그리고 판매업자에 대한 지원 등 기업이 수행하는 촉진 전략의 모든 단계가 구체적으로 정해진 목표에 기반을 두어야 한다.

의미 있는 목표는 의사결정에 유용한 지침이 될 수 있다. 프로모션 기획자는 다양한 프로모션 믹스를 쓰는 가운데 크리에이티브 전략과 결정하고, 매체를 결정하고 예산을 할당하는 데 있어 수많은 전략적, 전술적 선택에 직면한다. 이 모든 세세한 부분에 있어서 경영자의 선택은 그 세부 전략이 회사의 전체적인 프로모션 목표와 부합하여야 한다.

결과의 측정과 평가

구체적인 목표 설정이 중요한 이유는 그렇게 하는 것이 프로모션 활동의 성공과 실패를 가르는 기준점이 되기 때문이다. 구체적인 목표 없이는 회사의 다양한 광고, 프로모션의 노력이 무엇을 달성했는가를 판단하기가 매우 어렵다. 광고 프로모션의 목표가 잘 설정되었지 판단할 수 있는 기준 가운데 하나는 그 목표가 측정 가능하여야 한다는 것이다. 잘 설정된 목표는 프로모션 프로그램이 얼마나 잘 수행되는지 결정하는 방법과 기준을 구체화한다. 구체적이고 유의미한 목표를 설정함으로써 프로모션 기획자는 마케팅 커뮤니케이션 프로그램의 효율성을 평가하는 데 사용될 수 있는 평가기준을 마련할 수 있다. 대부분의 조직들은 프로모션에 투자한 것이 어느 정도 수익을 거두었는지에 매우 관심을 두고 있는데, 실제

성과를 측정 가능한 목표와 비교하여 수익이 그 비용을 감당하는지 살펴보는 것이 가장 좋은 방법이다.

IMC 목표 결정

IMC 목표는 회사 혹은 브랜드가 직면한 마케팅과 프로모션의 쟁점사안을 확인하는 철저한 상황 분석에 기초해야 한다. 상황 분석은 마케팅 목표를 세우는 데 있어서 그리고 다양한 마케팅 계획을 세우는 데 있어서 초석과 같은 작업이다. IMC 목표는 회사 전체의 마케팅 계획으로부터 비롯되며 회사의 마케팅 목표를 근원으로 한다. 많은 기업들이 광고나 프로모션을 마케팅과 동의어라고 생각하는 경향이 있지만, 사실 광고와 프로모션 목표는 마케팅 목표와 같지 않다.

마케팅 목표 대 커뮤니케이션 목표

마케팅 목표marketing objective는 일반적으로 기업의 마케팅 계획에서 명시되어 있으며 주어진 기간 내에서 전체 마케팅 프로그램에 의해 무엇이 달성될 수 있는지에 관하여 기술해놓은 것이다. 마케팅 목표는 대개 판매량, 시장점유율, 수익, 투자수익 등과 같은 구체적이고 측정 가능한 시장 성과물로 정의된다. 좋은 마케팅 목표는 계량화되어 있어야 한다. 즉, 좋은 마케팅 목표는 목표시장을 기술하고 있으며 목표 달성을 위한 기한(대개 1년)을 세부적으로 명시한다. 예를 들어, 한 복사기 회사는 '앞으로의 12개월 동안 소규모사업 분야에서 10% 매출 증가'를 그들의 마케팅 목표로 가질 수 있다. 목표가 효과적이기 위해서는 또한 현실적이며 달성 가능한 것이어야 한다.

아주 높은 시장점유율을 가진 어떤 기업은 상품 카테고리 내의 성장을 자극함으로써 매출량 증가를 추구할 것이다. 그러한 기업은 현재 고객들에 의한 소비를 증가시키거나 비고객들로 하여금 자사 제품을 사용하도록 장려함으로써 매출 증가를 달성할 수 있을 것이다. 또 다른 기업은 특정 상권 내에 유통망과 자사 제품의 판매를 확대하는 것을 그들의 마케팅 목표로 하고 있다. 이와 같이 기업들은 특정 문제들을 해결하여 그들의 1차적인 목표를 이루기 위한 행동들과 관련한 2차적인 마케팅 목표를 가지곤 한다.

마케팅 커뮤니케이션 경영자가 마케팅 계획을 검토할 때, 해당 기업이 마케팅 프로그램으로 무엇을 지향하는지, 어떻게 그 지향하는 바에 다가갈 것인지, 광고와 프로모션의 역할이 무엇인지를 이해해야 한다. 매출과 수익, 혹은 시장점유율 증대와 연관하여 정의된 마케팅 목표는 대개 구체적인 프로모션 목표로는 부적절하다. 마케팅 목표는 전체 마케팅 프로그램에 대한 목표이며 그것을 달성하는 것은 프로모션promotion뿐만 아니라 제품 기획product planning과 생산production, 가격책정pricing, 그리고 유통distribuition을 포함하는 모든 마케팅 믹스 요소들의 적절한 조화와 실행에 달려 있다. 예를 들어, 한 기업이 프로모션 프로그램에서 큰 성공을 거두어 제품에 대한 흥미와 시용trial을 불러일으킬 수 있다. 하지만 고객이 그 제품을 구매하러 갔을 때 제품을 구할 수 없다면 어떻게 되는가? 혹은 제품은 있지만 가격이 너무 비싸 제품을 사지 않기로 결정한다면 어떤가? 형편없는 제품 성과performance가 다른 마케팅 전략과 전술에 의한 경우에도 과연 프로모션 프로그램이 비난받아야 하는가?

IMC 목표integrated marketing communication objective는 IMC 프로그램으로 달성할 수 있는 다양한 측면을 기술하고 있다. IMC 목표는 표적고객에게 적절한 메시지를 전달해야 하는 구체적인 커뮤니케이션 과업에 근거하여야 한다. 경영자는 전반적인 마케팅 목표general marketing goal를 커뮤니케이션 목표goal와 구체적인 프로모션 목표promotional objective로 바꿀 수 있어야 한다.

때때로 기업들은 정식 마케팅 계획을 가지고 있지 않고 필요한 정보를 쉽게 이용할 수 없는 경우가 있다. 이러한 경우 프로모션 기획자는 회사 안팎의 다양한 정보원으로부터 제품과 시장에 관한 정보를 가능한 한 많이 모아야 한다.

이 모든 정보를 검토한 후, 프로모션 기획자는 IMC가 마케팅 프로그램과 얼마나 부합하는지, 광고와 다른 프로모션 요소를 통해 성취하고자 하는 것이 무엇인지를 확인해야 한다. 그 다음 단계는 구체적인 커뮤니케이션 목표 혹은 임무에 관련하여 목표를 설정하는 것이다.

광고 기획자들은 커뮤니케이션 관점으로부터 프로모션에 접근하여 광고와 다른 프로모션 믹스들의 목표가 대개 제품과 서비스에 관한 정보를 전달하거나 판매하는 메시지를 전달하는 것이라고만 생각한다. 다른 한편에서는 경영자들이 매출 혹은 매출과 연관된 시장점유율과 같은 지표만이 광고와 프로모션의 의미 있는 목표가 될 수 있으며 목표를 설정하는 데 기초가 되어야 한다고 주장한다. 이러한 두 관점은 지금껏 많은 논쟁의 주제가 되어왔고 더 검토되어야 할 가치가 있다.

세일즈 목표 대 커뮤니케이션 목표

판매 위주 목표

대부분 경영자들에게 있어서 프로모션 프로그램의 의미 있는 유일한 목표는 매출증대이다. 기업이 광고와 프로모션에 돈을 쓰는 가장 근본적인 이유는 그들의 제품이나 서비스를 판매하기 위함이라는 것이 경영자들의 입장이다. 광고 프로모션에 돈을 쓴다는 것은 경제적 이윤을 벌어들여야 정당화되는 기업 자원의 투자이다. 경영자들은 일반적으로 여러 투자 대안을 두고서는 투자수익률ROI과 같이 잘 알려진 재무적인 기준으로 비교한다. 그러나 광고와 프로모션 비용의 구체적인 수익을 결정하는 것은 꽤 어려운 일이다. 또한 많은 경영자들이 광고와 다른 형식의 프로모션 활동에 쓰인 돈이 일정한 비율 혹은 실제 금액만큼의 매출 증가나 브랜드의 시장점유율 증가와 같은 측정 가능한 결과물을 생산해내야 한다고 생각한다. 경영자들은 기업의 목표는 (캠페인의 성공/실패도 물론) 매출의 달성에 기반을 두어야 한다고 생각한다.

결국 경영자들은 광고 프로모션비에 투자한 만큼 결과가 나올 수 있도록 대행사들을 독려한다. 반대로, 몇몇 대행사들은 어떻게 그들의 IMC 프로그램이 수행되는지에 관한 더 많은 투자수익률 정보를 제공하기 위한 고유의 툴을 개발해 왔다. 이러한 전제 하에 몇몇 대행사들은 스스로를 차별화하는 시도를 하고 있다.

어떤 경영자들은 광고나 프로모션 활동에 관련된 사람들이 프로모션 프로그램이 어떻게 매출에 영향을 주는지에 관하여 생각하도록 하기 위해 판매 위주sales-oriented의 목표를 선호한다. 예를 들어, 스테이트팜State Farm, 올스테이트Allstate, 프로그레시브Progressive 보험회사를 뒤이어 4위에 랭킹된 가이코GEICO는 그들의 광고 예산을 경쟁사 예산의 2배에 이르는 75%만큼 증가시켰고, 광고의 미디어 점유율을 확대하였다. 그 결과 가이코는 현재 신규고객 확보에 있어 1위 보험회사가 되었다.[1] 하인즈Heinz는 그들의 IMC 예산을 두 배로 늘렸고 이는 19% 매출 증가를 가져다주었다.[2] 이 광고와 프로모션 캠페인의 성공은 이러한 판매목표 달성에 의해 판단되었다.

판매 위주의 문제점 가이코와 하인즈는 광고비를 늘임으로써 매출이 증대된 것으로 보인다. 이 결실이 과연 증가된 광고 예산의 직접적인 결과물이라는 것을 의미하는 것인가? 반드시 그런 것은 아니다. 이 상황을 풋볼게임과 비교해서 광고를 쿼터백으로 생각해 보자. 쿼터백은 팀에서 가장 중요한 선수이다. 그러나 다른 선수들의 지원이 있어야만 맡은 바를 완수할 수 있다. 만약 팀이 진다면 쿼터백에게 전적으로 패배의 책임을 전가하는 것이 옳은 것인가? 물론 그렇지 않다. 쿼터백이 단순히 팀의 한 일원인 것처럼, 프로모션 또한 마케팅 프로그램의 한 요소일 뿐이다. 그리고 목표 매출 수준에 도달하지 못한 것에는 여러 가지 이유가 있다. 쿼터백은 라인맨이 수비하고, 리시버가 그의 패스를 받아야 팀을 승리로 이끌 수 있다. 그리고 러닝백은 공격팀이 러닝과 패싱의 균형 잡힌 공격을 하도록 돕는다. 쿼터백이 아무리 뛰어난 게임을 하더라도 수비가 실점을 많이 한다면 팀은 승리할 수 없다.

비즈니스 세계에서 매출 성과는 제품 디자인이나 품질, 패키징packaging, 유통distribution 및 가격책정과 같은 다른 마케팅 믹스 요소들이 원인이 될 수 있다. 광고는 소비자들로 하여금 브랜드를 인지시키고 관심을 갖게 할 수 있지만 그것을 구매하게 할 수는 없다. 도표 7-1에서 볼 수 있듯이 매출은 광고와 프로모션뿐만이 아닌 많은 요인들의 함수이다. 마케팅에는 '형편없는 제품을 죽이는 데는 좋은 광고보다 더 빠른 방법은 없을 것이다'라는 격언이 있다. 도표 7-1을 고려한다면, 이 격언은 성공적인 마케팅 계획이 실행되기 위해서는 모든 마케팅 요소들이 잘 조

도표 7-1
매출에 영향을 미치는 요인들

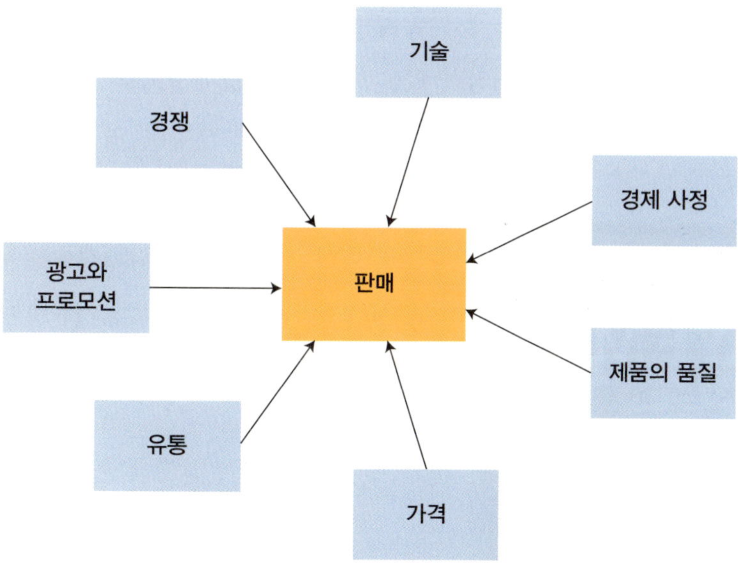

화되어야 한다는 것을 설명한다.

매출 지향적 목표의 또 다른 문제점은 광고의 효과가 종종 장기에 걸쳐 발생한다는 것이다. 많은 전문가들은 광고가 지연효과lagged effect(시간이 지나서 효과가 발생) 또는 **이월효과**carryover effect(광고에 지출된 비용이 반드시 매출에 즉각적인 영향을 미치지 않는다는 것)를 가지고 있음을 인정한다.[3] 광고는 브랜드에 대한 인지도, 흥미 그리고 우호적인 태도를 불러일으킬 수 있다. 하지만 이러한 감정은 소비자들이 제품 시장에 들어서기까지는 실제 구매로 이어지지 않을 것이다. 누적된 광고 효과의 지속기간을 설명한 계량경제학적 연구 보고서에 따르면 광고의 매출 효과는 성숙기에 있으며 자주 구매되는 저가격 제품에는 최장 9개월까지 지속된다.[4] 광고의 이월효과를 설명하기 위해, 그리고 광고의 장기적인 매출 효과를 밝히기 위해 다양한 모델들이 개발되었다.[5] 하지만 이 이월효과 때문에 광고와 매출 간의 정확한 관계를 알아내는 것은 매우 어렵다.

또 다른 매출 지향적 목표의 문제점은 프로모션 프로그램을 기획하고 개발하는 책임자들에게 지침을 제공하지 못한다는 것이다. 광고회사의 크리에이티브나 미디어 부서에 종사하는 사람들은 광고주가 전달하고자 하는 광고의 메시지, 표적고객, 그리고 원하는 효과 또는 표적고객의 반응 등에 관해서 여러 가지 방향제시를 필요로 한다. 곧 살펴볼 커뮤니케이션 목표는 광고와 프로모션 프로그램을 기획, 개발, 실행하는 사람들을 위한 세부적인 지침을 제공한다는 점에서 권장된다.

판매 위주가 적합할 때 프로모션을 위해 매출을 목표로 설정하는 것에 대해서 많은 문제점이 있을 수 있지만 판매 위주의 목표가 적합한 상황이 있다. 특정 종류의 프로모션은 본래 직접적인 행동을 염두에 두고 있다. 즉, 잠재고객으로부터 즉각적인 행동 반응을 이끌어내려 한다. 판매촉진 프로그램 대부분의 주된 목표는 매출을 단기간에 상승시키는 것이다. 동시에 단기 전략이 장기간의 이득 또한 이끌어낼 것을 희망한다. 매사추세츠주 첼시에 있는 케임Kayem Foods이 좋은 사례이다. 100주년 행사를 기념하기 위해 케임은 소시지의 포장 디자인을 바꿨다. 소비자 조사 결과 포장의 광고 카피와 라벨을 바꾸는 것이 제안되었고 제품은 재출시되었다. 첫 12주 동안 케임은

사진 7-3
케임의 마케팅 전략은 매출 증가로 이어졌다.

15.7%의 판매량 증가를 보았다. 그리고 지역 규모의 회사로 전국적인 출시를 계획했다.[6]

직접반응 광고direct-response advertising는 매출에 기반을 두어 광고의 효과를 평가하는 방식 중 하나이다. 상품은 소비자에게 발송되는 다이렉트메일을 통하여 혹은 신문, 잡지, 인터넷 그리고 텔레비전에서 광고된다. 소비자들은 우편, 인터넷, 수신자부담 전화를 통해 상품을 구매한다. 직접반응 광고는 일반적으로 목표를 설정하고 광고를 통해 발생된 매출 반응으로써 성공을 측정한다. 예를 들어, TV 직접반응 광고의 목표와 평가는 방송국에서 광고를 방송하는 매시간 받은 주문 수에 기반을 둔다. 이러한 상황에서 광고가 커뮤니케이션과 프로모션의 유일한 방식이며 반응이 일반적으로 즉각적이기 때문에 매출을 목표로 설정하는 것이 적절하다. **사진 7-4**의 머큐리 보험Mercury Insurance Group의 광고는 직접반응 광고를 통해 판매되는 제품의 예를 보여준다.

사진 7-4
머큐리 보험은 제품과 서비스를 판매하기 위해 직접반응 광고를 사용한다.

사진 7-5
탱스의 개업기념 광고는 뷰티 제품을 강조하고 있다.

미국에서 전체 광고 지출의 상당한 비율을 차지하고 있는 소매광고retail advertisement에서 광고주들은 흔히 즉각적인 반응을 추구하고 있다. 특히 세일 또는 특별한 이벤트가 프로모션되고 있을 때는 더욱 즉각적인 매출 증가를 요구한다. **사진 7-5**의 백화점 탱스TANGS의 창업기념일 세일 광고는 세일기간 동안 고객들을 매장으로 유인하도록, 그리고 매출량을 발생시키도록 고안되었다. 탱스의 경영진은 세일기간 동안의 점포 혼잡도store traffic와 매출량을 분석하고 비세일기간 동안의 그것들과 비교함으로써 프로모션 효과를 결정할 수 있다. 소매업자들은 그들의 매장에 우호적인 인식perception을 만들고 증진시키도록 고안된 이미지 구축 캠페인image-building campaigns에도 광고와 프로모션 비용을 할당한다. 예를 들어, 매출 감소 기간 이후, 도미노피자Domino's Pizza는 제품에 상당한 변화를 주었다. 이러한 변화를 알리기 위해 도미노는 포커스그룹 참가자들에게 도미노의 이전 피자를 폄하하는 광고를 보여주고, 그 뒤에 새로운 제품 메뉴를 전달하는 TV광고를 포함한 새로운 광고캠페인을 도입하였다. 이 캠페인은 1960대 이래로 전 세계 8,000여 개의 매장을 가지고 피자 사업을 해 온 도미노 피자에게 명백히 위험한 전략이었다. 이 사례에서는 오직 매출 지향적인 목표만 사용하는 것이 적절하지 않았을 것이다. 따라서 이 캠페인의 효과는 고객들의 마음속에 있는 브랜드 이미지를 형성하거나 변화시킬 수 있는 능력으로 평가 받아야만 한다.

매출 지향적인 목표는 다른 마케팅 요인들이 비교적 안정적이고 광고가 회사의 마케팅 프로그램 내에서 주도적인 역할을 하고 있을 때 사용된다. 예를 들어 포장상품의 기업들은 잘 확립된 유통경로, 안정된 경쟁 가격과 프로모션 예산, 유사한 품질의 제품을 갖춘 성숙기 시장에서 경쟁하고 있다. 그들은 광고와 판매촉진을 브랜드 매출 혹은 시장점유율의 핵심 결정요인으로 본다. 그래서 이러한 프로모션 믹스 변수들의 효과를 따로 분리할 수 있다고 본다. 많은 기업들이 프로모션 노력으로부터 얻은 매출수준에 대한 통찰력을 가지기 위해 광고와 판매촉진, 다이렉트마케팅 프로그램을 통해 충분한 시장 지식을 축적해 왔다. 켈로그Kelloge Morning Foods 부사장인 마크 바인즈Mark Bynes는 매출의 급전turnabout을 효과적인 광고와 브랜드 리포지셔닝repositioning, 그리고 흥미를 불러일으키는 더욱 감정적인 소구의 결과로 보았다.[7] 그리하여 많은 기업들이 매출을 중심으로 목표를 세우고 프로모션 노력의 결과를 매출에 따라 평가하는 것이 합리적이라고 생각한다.

광고와 프로모션 프로그램은 결과가 기대에 미치지 못했을 때 특히 매출로 평가되는 경향이 있다. 매출 성과를 보여줘야 한다는 압박을 받는 마케팅과 브랜드 경영자들은 광고와 판매촉진 프로그램을 평가하는 데 단기적인 관점을 취한다. 그들은 매출 감소나 시장점유율 하락에 따른 일시적인 해결책을 찾으려 한다. 그들은 광고와 매출을 직접 연관 짓는 것의 위험성을 무시한다. 만약 기대 매출수준이 달성되지 않을 경우 광고대행사뿐만 아니라 판매와 캠페인들은 바뀌게 될 것이다. 3장에서 언급했듯이, 기업들은 대행사가 매출 성과와 연관된 인센티브 기준 보상시스템을 수용하기를 원한다. 그러므로 매출이 많은 경우에 있어서 광고와 프로모션 상황에서 적절한 목표가 아님에도 불구하고 경영자들은 매출과 시장점유율 수치를 지켜보다가 정체되거나 하락할 경우 프로모션 프로그램에 변화를 주는 경향이 있다.

커뮤니케이션 목표

사진 7-6
콘솔리데이티드 에디슨은 그들 회사의 이미지를 만들어냈다.

어떤 마케터들은 판매 지향적 목표와 관련된 문제를 인식하고 있다. 그들은 IMC 프로그램의 주요 역할은 커뮤니케이션을 하는 것이며 계획도 커뮤니케이션 목표에 기반을 두어야 한다고 인식한다. 광고와 다른 프로모션 노력들은 브랜드 지식, 흥미, 우호적인 태도, 이미지, 구매의도와 같은 커뮤니케이션을 달성하기 위해 고안된다. 왜냐하면 광고주들은 소비자들이 즉각적으로 구매행동을 보이지 않기 때문에 소비자들의 구매행위가 일어나기 전에 제품에 관련된 정보를 주어야 하고 우호적인 태도를 갖게 해야 함을 알았기 때문이다.

예를 들어 **사진 7-6**의 광고는 건설회사인 에디슨이 미래를 위해 건물을 짓는다는 기업의 포커스를 소비자들에게 알리기 위해 제작된 것이다. 즉각적인 행동을 요구하는 것이 없지만, 이 광고는 기업의 차별화된 이미지를 만들기 위해 현장에서 일하는 자사 직원들과 나란히 아이들의 사진을 사용함으로써 기업에 대한 우호적인 인상을 전하고 있다. 시청자들은 콘솔리데이티드 에디슨Consolidated Edison을 생각할 때 이 이미지를 떠올릴 것이다.

커뮤니케이션 위주의 목표를 옹호하는 사람들은 일반적으로 광고와 프로모션 목표를 설정할 때 5장에서 다뤘던 계층적 모델 형식을 사용한다. 이러한 모든 모델에서 소비자들은 인지, 감성, 행동의 세 가지 연속적인 단계를 거치게 된다. 소비자가 이 세 단계를 거치면서 그들은 구매에 가까이 다가선다.

도표 7-2
커뮤니케이션 효과 피라미드

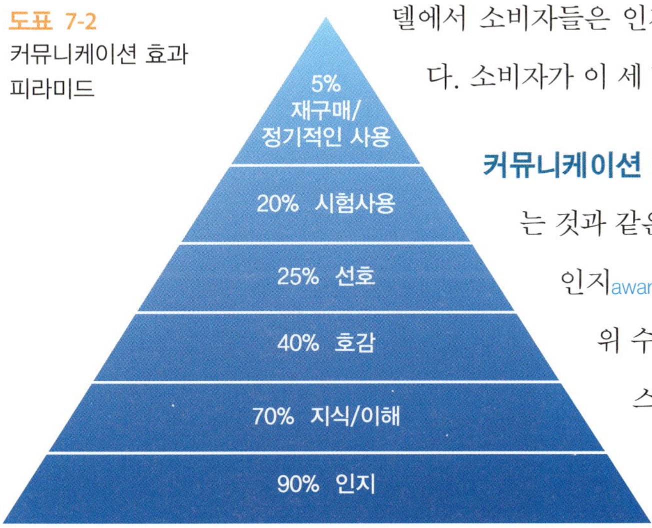

커뮤니케이션 효과 피라미드 광고와 프로모션은 피라미드를 만드는 것과 같은 방식으로 커뮤니케이션 과제를 수행한다. 첫 번째로 인지awareness와 지식knowledge 혹은 이해comprehension과 같은 하위 수준의 목표를 성립한다. 그 다음 과제는 제품이나 서비스에 관해 잘 알고 있는 소비자들을 피라미드의 더 높은 수준으로 이동시키는 것이다(**도표 7-2**). 피라미드의

사진 7-7
카리부커피는 서로 다른 표적시장을 위해 서로 다른 목표를 세웠다.

맨 밑에 해당하는 하위 단계는 시용, 재구매repurchase, 혹은 정기적인 사용regular use과 같은 상위 단계보다 달성하기 쉽다. 그러므로 잠재적인 고객들의 비율은 그들이 피라미드의 위로 올라갈수록(깔때기의 밑으로 내려갈수록) 감소할 것이다.

커뮤니케이션 피라미드는 정착된 브랜드의 프로모션 목표를 결정하는 데에도 사용된다. 프로모션 기획자는 반드시 그들의 표적고객이 피라미드의 다양한 구역 중 어디에 위치해 있는지 결정해야 한다. 만약 브랜드에 대한 인지와 브랜드 특성, 혜택에 대한 지식이 낮은 수준이라면, 커뮤니케이션 목표는 이들을 올리는 것이 되어야 한다. 만약 피라미드에서 브랜드에 관한 인지는 높지만 브랜드에 대한 호감과 선호가 낮다면 광고의 목표는 브랜드에 대한 목표시장의 이미지를 바꾸는 것과 소비자들을 구매 단계로 이동시키는 것이 될 것이다. 예를 들어, 동부와 중서부 15개 주의 지역 브랜드 카리부커피Caribou Coffee는 스타벅스에 크게 밀린 2위 브랜드임에도 불구하고 소비자들에게 매우 선호되는 브랜드로, 「Consumer Reports」에 따르면 품질 면에서 1위를 차지하였다. 2010년, 로고를 부분적으로 변경하고 광고 지출을 늘림으로써 국가적인 브랜드로 도약, 브랜드 이미지를 쇄신하였다. 카리부커피는 커뮤니케이션 피라미드를 사용하여 각 지역에 맞게 목표를 변경하였다.[8] 기존의 동부와 중서부 지역에서는 현재 브랜드 이미지를 강화하거나 유지하는 반면 새로운 시장에서는 인지와 지식을 높이는 것에 초점을 두었다. 물론 궁극적으로 목표는 목표시장 내 모든 이들을 시용과 구매 단계로 이동시키는 것이 될 것이다.

커뮤니케이션 위주의 목적이 갖는 문제점 모든 마케팅과 광고 경영자들이 커뮤니케이션 목표를 받아들이는 것은 아니다. 어떤 이들은 매출 목표를 구체적인 커뮤니케이션 목표로 바꾸는 것이 굉장히 어렵다고 말한다. 그러나 어느 순간에는 매출 목표가 커뮤니케이션 목표로 바뀌어야 한다. 만약 정착된 브랜드의 마케팅 계획이 10%의 매출 증가를 목표로 한다면 프로모션 기획자들은 결국 이를 달성하기 위해서 표적고객target audience에게 전달될 메시지에 관해서 생각해 보아야 한다. 가능한 목표는 다음과 같다.

- 브랜드에 대한 구체적인 특징, 혜택, 이점을 지지하는 목표시장 내 소비자 비

율을 증가시키는 것

- 경쟁사 제품보다 자사 제품을 선호하는 표적고객 내 소비자 수를 증가시키는 것
- 기존의 제품 이용자들이 더 자주, 더 많은 상황에서 제품을 이용하도록 장려하는 것
- 자사 브랜드를 한 번도 사용해 본 적 없는 소비자들에게 사용을 장려하는 것

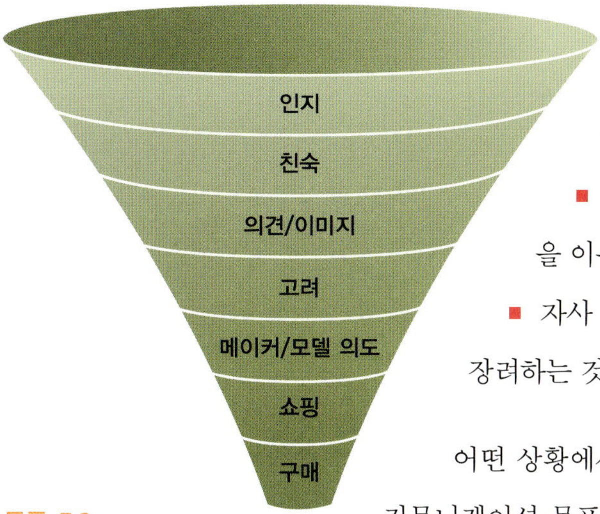

도표 7-3
GfK 구매깔대기

어떤 상황에서는 프로모션 기획자들이 해당 산업에 대한 연구로부터 커뮤니케이션 목표와 매출 간의 관계에 대한 식견을 갖출 것이다. 도표 7-3은 소비자들의 의사결정에 관한 진단 모델로써 자동차 산업에서 많이 사용되는 GfK 국제 구매깔때기를 보여준다.

매출 목표를 구체적인 커뮤니케이션 목표로 바꾸려는 과정에서 프로모션 기획자들은 어느 정도가 인지, 지식, 호감liking, 선호preference, 확신conviction의 적절한 수준이 되는지 알지 못하는 경우가 있다. 이 정보를 제공하는 데는 공식이 없다고 보면 된다. 프로모션 경영자는 해당 브랜드 및 유사 브랜드의 마케팅 사례history뿐만 아니라 자신의 개인적인 경험, 브랜드 경영자와 제품 경영자들의 경험을 골고루 사용해야 할 것이나. 커뮤니케이션 목표에 있어서 나양한 측정치의 평균들은 경쟁회사의 측정치와 더불어 시장에서 유사한 제품들의 측정치에도 비교되어야 한다. 이러한 정보들은 커뮤니케이션 목표치를 수립하는 데 걸린 시간과 예산뿐만 아니라 그 결과치와도 연결되어야 한다. 그러나 어느 시점에 있어서는, 매출과 같은 판매 지향적인 목표는 기업이 무엇을 누구와 커뮤니케이션하기를 희망하는지에 맞게 커뮤니케이션 목표로 바뀌어야 한다.

많은 마케팅, 프로모션 경영자는 프로모션 프로그램의 기획, 실행, 평가에 있어서 구체적인 커뮤니케이션 목표를 설정하는 것이 얼마나 중요한지를 알고 있고 구체적인 업무를 진행하는 데 있어서의 중요성을 인식하고 있다. 커뮤니케이션 목표는 광고 기획 절차에서 영향력 있는 접근법 중 하나인 DAGMAR 접근법에서 광고 목표를 설정하기 위한 기준이 된다.

DAGMAR: 목표 설정의 방식

1961년, 러셀 콜리Russel Colley는 「Association of National Advertiser」에 'Defining Advertising Goals for Measured Advertising Result(DAGMAR)'이라는 제목의 보고서를 제출하였다.[9] 그 보고서에는 콜리가 광고 목표를 설정하고 광고 캠페인의 결과를 측정하는 모델을 개발한 것이 담겨 있었다. **DAGMAR** 모델의 주된 전제적인 이론은 커뮤니케이션 효과들은 광고 목표 설정에 논리적 근간이 되어야 하고 또한 이에 기반을 두어 광고 프로모션의 성공 혹은 실패가 측정되어야 한다는 것이다.

DAGMAR 접근법은 광고의 목표가 구체적이고 측정 가능한 **커뮤니케이션 과제**communication task를 포함한다. 마케팅 과제와는 반대로 커뮤니케이션 과제는 몇 가지 마케팅 요소들에 의해서라기보다 광고에 의해서 수행되고 기인한다고 볼 수 있다. 콜리는 커뮤니케이션 과제가 4단계를 가진 커뮤니케이션 과정의 계층적 모델에 기초한다고 제안하였다.

- **인지**awareness: 브랜드나 기업의 존재를 소비자들에게 알림
- **이해**comprehension: 제품에 대한 이해와 브랜드나 기업이 소비자를 위해 무엇을 할 수 있는지에 대한 이해 구축
- **확신**conviction: 제품을 구매하도록 하는 소비자의 정신적 성향mental disposition 구축
- **행동**action: 소비자들에게 그 제품을 사도록 함

앞서 다뤘던 것과 같이, 광고 효과에 관한 다른 계층 모델은 커뮤니케이션 반응 과정communication response process을 분석하는 기초로 사용되었다. 몇몇 광고 이론가는 래비지Lavidge와 스타이너Steiner의 효과의 계층 모델을 선호하는데 이는 구체적이며 성과를 이루고 측정하는 데 더 나은 방법을 제공하기 때문이다.[10]

광고 효과의 계층적 모델이 DAGMAR에 사용되는 커뮤니케이션 반응 과정의 기초 모델이긴 하지만, 콜리는 광고가 수행할 것으로 기대되는 다른 구체적인 과제도 연구하였는데 이는 궁극적인 매출의 목표로 이어졌다. 그는 광고의 기여도를 특징화하고, 목표를 세우는 데 출발점의 역할을 하도록 하기 위해 52가지의 광고 업무의 체크리스트를 개발하였다.

목표의 특성

광고 기획 과정에 있어 DAGMAR의 두 번째 주된 기여는 좋은 목표를 구성하는 것이 무엇인지에 관한 정의이다. 콜리는 광고 목표는 구체적이고 측정 가능한 커뮤니케이션 과제라는 점에서 기술되어야 하며 표적고객을 구체화하고 기준 시작점과 필요한 변화 정도를 나타내며 목표를 달성에 필요한 기간을 구체적으로 명시해야 한다고 주장한다.

구체적이고 측정 가능한 과제 목표에서의 구체화된 커뮤니케이션 과제task는 광고주가 표적고객에게 어떠한 소구와 메시지를 커뮤니케이션할 것인지를 분명히 기술하여야 한다. 광고주는 일반적으로 자사의 기본적인 메시지를 표현하기 위해 카피 플랫폼copy flatform을 사용한다. 목표 혹은 카피 플랫폼 문장은 광고메시지를 개발하는 크레이티브 전문가creative specialist를 안내하기에 충분히 구체적이고 명확해야 한다. 예를 들어 현대자동차는 수년간 자동차 부문 고객만족도에서 최하위 혹은 그 근처에 머물러, 그들의 자동차에 대한 소비자들의 인식을 개선하는 것뿐만 아니라 품질을 높이는 것에 주의를 집중하였다. 그 결과로, 현재는 현대가 고객만족도 리스트에서 최고 위치에 있다. DAGMAR에 따르면 목표는 또한 반드시 측정이 가능하여야 한다. **사진 7-8**에 제시된 바와 같이, 현대자동차의 다양한 수상경력은 현대의 성공에 대한 척도를 마련하였다.

사진 7-8
현대는 고객만족 리스트에서 상위권을 차지했다.

표적고객 좋은 목표의 또 다른 중요한 특성은 잘 정의된 표적고객이다. 기업의 제품과 서비스의 주요 표적고객은 상황 분석에 잘 기술되어있다. 이것은 광고매체 선택 시 기초가 되는 지리학, 인구통계, 사이코그래픽스psychographics와 같은 기술변수뿐만 아니라 이용률이나 추구편익과 같은 행동변수에도 기반이 된다.

기준점과 필요한 변화 정도 목표를 설정하기 위해 반드시 알아야 할 점은 인지awareness, 지식knowledge, 이미지image, 태도attitude, 의도intention와 같은 반응 단계 변수response hierarchy variables에 있어서 표적고객의 현재 상태이다. 그런 다음 캠페인에 의해 소비자들이 변화되어야 하는 정도를 결정한다. 다양한 반응 단계에서 표적고객의 현 위치를 결정하는 것은 기준점을 필요로 한다. 소비자들이 반응 단계에서 어느 수준에 머물러 있는지를 결정하기 위하여 마케팅 리서치가 수행되어야 한다. 새로운 제품이나 서비스의 경우, 기준점은 일반적으로 모든 변수에 있어서 0이나 이와 가깝게 두기 때문에 초기 리서치가 필요 없다.

기준점을 설정하는 것은 프로모션 기획자에게 어떤 커뮤니케이션 과제가 달성되어야 하는지 결정하는 기반과 특정 목표를 구체화하는 기반을 제공한다. 예를 들어, 브랜드에 대한 예비조사가 인지는 높으나 소비자의 인식perception과 태도는 부정적임을 나타낼 수 있다. 그렇다면 이 캠페인의 목표는 브랜드에 대한 표적고객의 인식과 태도를 바꾸는 것이 되어야 할 것이다.

정량적인 기준점은 커뮤니케이션 목표를 세우는 데 유용할 뿐만 아니라 캠페인이 성공적인지 아닌지를 판단하는 데도 매우 중요하다. 목표는 캠페인의 성공 혹은 실패를 측정하는 기준을 제공한다. 광고 전 브랜드 인지 소비자의 비율을 알지 못한다면 표적고객 사이에서 90%의 브랜드 인지를 가져온 광고캠페인이라도 효과적이었다고 평가되기 어렵다. 캠페인 이전 인지수준이 70%인 캠페인과 30%인 캠페인은 다르게 해석되어야 할 것이다.

구체적인 기간 광고의 목표를 설정하는 데 마지막으로 고려할 점은 목표가 달성되어야 할 기간을 구체화하는 것이다. 적절한 기간은 수일에서 일 년까지, 혹은 더 길어지는 경우도 있다. 대부분의 광고캠페인은 광고주가 처한 상황과 필요한 반응의 종류에 따라 수개월에서 1년 정도로 기간을 잡는다. 예를 들어, 표적고객에게의 광범위하고 반복적인 광고를 하는 집중적인 매체계획media schedule을 통해서 브랜드에 대한 인지수준을 발생시키거나 상당히 빠르게 증가시킬 수 있다. 제품의 리포지셔닝은 소비자들의 인식의 변화가 필요하며 훨씬 더 많은 시간이 소요된다.

DAGMAR에 대한 평가

목표를 설정하는 DAGMAR 접근법은 광고 기획 과정에 상당한 영향을 미쳐왔다. 많은 프로모션 기획자들이 목표를 설정하고 그들의 프로모션 캠페인의 효과를 평가하는 기초로써 이 모델을 사용했다. DAGMAR는 또한 광고주들이 광고의 효과를 측정하는 데 판매 위주의 목표보다는 커뮤니케이션 위주의 목표를 사용하는 데에 비중을 두도록 하였으며, 캠페인의 영향력impact을 평가하기 위해서 소비자 반응 단계response hierarchy에서 단계적인 측정을 장려하였다. 콜리의 연구는 광고 기획자들이 목표를 더 잘 이해하도록 함으로써 광고와 프로모션 기획 과정의 개선을 가져다주었다. 이러한 사실은 광고에서 주관성을 낮추는 결과를 가져다주었고 광고주와 대행사 간에 더 나은 커뮤니케이션을 가지게 하고 더 나은 관계를 가지게 한다.

DAGMAR에 대한 비판 DAGMAR가 광고 기획 절차에 기여했지만 광고업계의 모든 사람들이 전적으로 받아들인 것은 아니다. 기획 도구planning tool로써의 DAGMAR에 의심을 갖는 사람들도 많다.[11]

- **반응 단계의 문제점**: DAGMAR 접근법에 대한 가장 주된 비판점은 이것의 효과가 계층모델에 너무 의존한다는 것이다. 소비자들이 구매 전에 커뮤니케이션 효과의 순서를 항상 따르지 않는다는 사실이 밝혀졌으며 다른 반응모델이 개발되었다. 이 장의 앞부분에서 제시했듯이, 월드와이드웹이 선형적이었던 소비자들의 의사결정 과정을, 소비자들이 어느 단계에서나 들어오고 나갈 수 있는, 원형의 의사결정과정으로 크게 변화시켰다는 점에서 대부분의 비판이 발생하였다(**사진 7-9**). DAGMAR MOD II에서는 적절한 반응모델은 상황에 의존함을 인식하고 구매 상황에 적용할 수 있는 의사결정 단계의 순서를 찾을 것을 강조한다.[12]

사진 7-9
퍼포믹스(Performics)는 고객들이 나선형의 과정(marketing spiral)을 거친다고 주장한다.

- **매출 목표**: DAGMAR에 대한 또 다른 비평은 광고 목표의 유일한 관련 측정치는 매출이라고 주장하는 사람들로부터 나온다. 그들은 커뮤니케이션 목표는 달성했지만 매출 증가에는 실패한 광고캠페인을 용납하지 않는다. 광고는 소비자들로 하여금 구매하도록 유인할 때만 효과적인 것으로 여겨진다. 이러한 논리의 문제점은 커뮤

니케이션 목표에 대한 논의에서 언급되었다.

- **실용성과 비용**: DAGMAR의 다른 비판점은 그것을 실행하는 데에 있어 어려움에 대한 우려이다. 정량적인 기준점을 설정하고 반응 단계에서의 변화를 측정하기 위한 연구에는 돈이 든다. 이는 많은 비용과 시간이 들며 방법method, 기준criteria, 측정치measures 등에 있어서 상당한 불일치를 가져온다. 많은 비평가들은 DAGMAR가 대규모의 광고와 연구 예산을 가진 대기업에게만 실용적이라고 주장한다.
- **창의성 억제**: DAGMAR에 대한 마지막 비판점은 광고를 개발하는 사람들에게 너무 많은 구조적 과제를 부과함에 따라 광고의 창의성을 방해한다는 것이다. 크리에이티브 업무에 종사하는 대다수의 사람들이 DAGMAR 접근법이 인지에 대한 캠페인의 효과, 브랜드 인지율, 혹은 구체적인 설득에 대한 측정 방법에 대한 계량적인 평가를 과하게 걱정하고 있다고 생각한다. 정말 창의적이고 브랜드자산에 기여하는 메시지를 개발하기보다는 숫자 시험에 통과하는 것에 초점이 맞추어져 있다는 것이다.

목표 설정의 문제점

DAGMAR 모델이 광고와 프로모션 기획의 논리적인 과정을 제안했음에도 불구하고 대부분의 광고주와 대행사는 이러한 기초 원리를 따르지 못하고 있다. 그들은 캠페인의 구체적인 목표를 설정하는 것에 실패한다. 그들은 프로모션 프로그램의 성공을 결정하는 적절한 기준를 가지고 있지 않다. 많은 광고대행사들은 성공을 결정하는 적절한 목표를 제시하지 않는다. 그래서 성공한 것으로 추정되는 캠페인도 그 성공이 진짜인지 증명하지 못한다. 이러한 캠페인들이 올바른 것을 했음에도 불구하고 그들은 그것이 무엇인지를 알지 못한다.

B2Bbusiness to business 시장에서의 광고 관행을 연구한 조사에서, 콜리의 네 가지 DAGMAR 기준을 충족시키는 광고 목표를 사용하였는지 살펴보았다.[13] B2B 시장에서 최고의 마케팅 커뮤니케이션을 하는 회사에 상을 주는 Gold Key Award 연례 대회에 참가한 회사들을 분석해 본 결과 대다수의 회사들이 구체적인 광고 목표를 설정하지 않았고 목표 과제를 구체화하지 않았으며 효과의 계층모델 단계

측면에서 결과를 측정하지 않았고, 목표를 평가기준에 맞춰보지도 않았음이 드러났다.

프로모션 기획자들의 목표 사용 개선

지금껏 보아온 것처럼, 광고주와 대행사가 광고캠페인을 위해 설정한 목표에 세심한 주의를 기울이는 것이 중요하다. 광고주와 대행사는 프로모션 기획과 의사결정을 잘 인도해 줄 뿐만 아니라 성과를 평가하기 위한 기준으로써 사용될 수 있는 구체적이고 측정 가능한 목표를 세우기 위해 노력하여야 한다. 안타깝게도 많은 기업들이 IMC 프로그램에 적절한 목표를 세우지 않는다.

고위 경영자들은 기업의 IMC 프로그램이 무엇을 하도록 되어있는지에 관해 추상적인 생각만을 가지고 있기 때문에 많은 기업들이 적절한 목표를 세우는 데 실패한다. 기업 간의 광고회사 회장, 사장을 비롯한 여러 고위 경영자들의 태도를 측정한 American Business Press의 한 연구에 따르면 과반수 이상인 427명의 응답자가 그들의 광고가 효과를 보고 있는지 알지 못한다고 대답했으며 10% 이하의 사람들이 그들의 광고가 잘되고 있다고 생각하였다.[14] 이 연구는 고위 경영자들은 기업의 광고가 무엇을 의도한 것인지 알지 못하며 그것을 어떻게 측정할 것인지는 더더욱 모른다는 점을 아주 잘 보여준다.

DAGMAR의 모든 기준을 만족하는 목표를 설정하는 기업은 거의 없을 것이다. 그러나 프로모션 기획자들은 구체적이고 측정 가능한 목표를 설정해야 하며 단순 매출 목표를 넘어서야 한다. 구체적인 커뮤니케이션 반응 요소들이 항상 측정될 수 없다 할지라도 그 외의 기준들을 만족시키는 것은 초점을 더 분명히 할 것이고 IMC 기획 과정의 질을 높일 것이다.

IMC 프로그램을 위한 목표 설정

광고 목표에 과대한 관심이 쏠린 한 가지 이유는 많은 기업들이 전통적으로 표적고객과 커뮤니케이션을 해 온 주요 방법이 광고이기 때문이다. 판매촉진sales promotion, 다이렉트마케팅direct marketing, 홍보publicity와 같은 다른 프로모션 믹스 요소들은 광고 프로그램을 돕고 보완하는 데 간헐적으로 사용된다.

DAGMAR와 같은 마케팅 커뮤니케이션 기획의 전통적인 광고 기반 관점이 아

도표 7-4
전통적 광고에 기반을 둔 마케팅 커뮤니케이션 관점

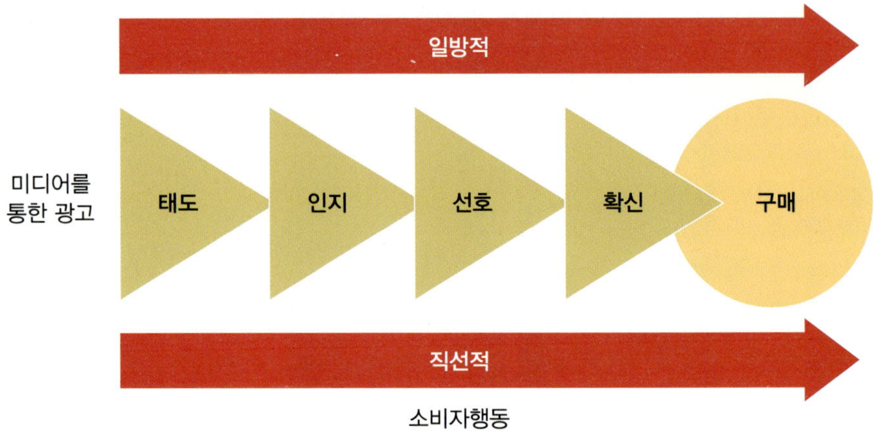

주 오랫동안 업계에서 지배적이었던 것이 또 다른 이유이다. 계층적 소비자 반응 모형hierarchical response model에 기반을 두었으며 효과 경로를 따라 소비자들을 이동시키기 위해 마케터들이 광고메시지를 어떻게 개발하고 확산시키는지 고려한다. 도표 7-4의 접근법은 돈 슐츠Don Schults 교수가 인사이드-아웃 계획이라고 부르는 것이다. 그는 "이것은 마케터가 무엇을 말하고 싶은지, 마케터가 언제 말하고 싶은지, 브랜드에 있어 중요하다고 믿는 것들에 관하여 또한 마케터들이 사용하기를 원하는 매체방식에 중점을 두고 있다."고 했다.[15]

슐츠는 소비자들로부터 시작하여 브랜드까지 거꾸로 진행되는 IMC를 위한 아웃사이드-인 계획을 지지하였다. 이는 프로모션 기획자들은 소비자들과 가망고객들이 사용하는 다양한 매체에 대해서, 언제 마케터의 메시지가 소비자들과 가장 관련되는지, 그리고 소비자들이 언제 메시지에 대해 가장 수용적인지에 대해 연구하는 것을 의미한다.

이와 유사한 접근법이 톰 던칸Tom Duncan 교수에 의해 제안되었다. 던칸은 IMC는 **제로베이스 커뮤니케이션 계획**zero-based communication planning을 사용해야 한다고 주장했는데 제로베이스 커뮤니케이션 계획이란 어떤 과제가 완수되어야 하는지, 어떤 마케팅 커뮤니케이션 기능을 어느 정도까지 사용해야 하는지를 결정하는 것을 포함한다.[16] 던칸은 효과적인 IMC 프로그램은 가장 효율적으로 기업의 주요 문제나 기회를 전달하는 마케팅 커뮤니케이션 기능으로 시작하여야 하며 상황에 가장 적절한 프로모션 믹스 도구가 사용되어야 한다고 했다.

광고 목표를 결정하는 데 고려되어야 할 점 중 대다수가 다른 IMC 프로그램의

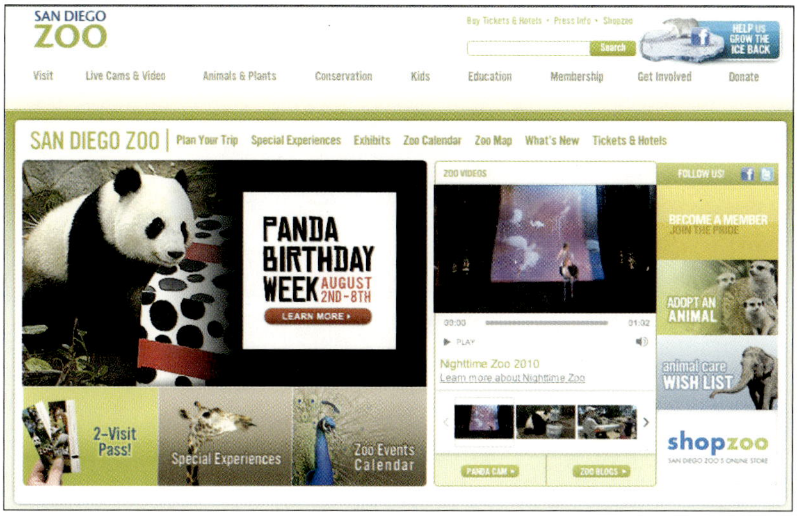

사진 7-10
샌디에이고 동물원은 다양한 매체를 통하여 방문객을 유인하였다.

요소들의 목표를 설정하는 것과 관련이 있다. 프로모션 기획자들은 전체 마케팅 프로그램에서 다양한 판매촉진 기술, 홍보, PR, 다이렉트마케팅, 인터넷, 인적판매의 역할이 무엇인지, 그리고 그것들이 광고뿐만 아니라 서로 어떻게 상호작용을 하는지를 결정해야 한다.

예를 들어, 샌디에이고 동물원의 마케팅 커뮤니케이션 프로그램은 많은 목표를 가지고 있다. 우선, 이 프로그램은 동물원의 프로그램을 위한 기금을 제공해야 하며, 재정적, 정치적 힘을 위한 후원자들로부터의 든든한 기반을 유지해야 한다. 또한 이 프로그램은 동물원의 다양한 프로그램에 대하여 대중들을 교육시켜야 하며 지역적, 국가적, 심지어 국제적인 수준에서 우호적인 이미지를 유지해야 한다. 그들의 IMC 프로그램에서 주요 목표는 2개의 명소로 방문객들을 끌어오는 것이다.

이러한 목표를 달성하기 위해, 샌디에이고 동물원의 광고대행사는 IMC 프로그램을 개발하였다. 도표 7-5에서 보는 바와 같이 이 프로그램은 다양한 IMC 수단을 이용하였다. 이러한 프로모션 요소를 위한 목표를 설정할 때, 기획자는 기업의 이 프로모션 요소를 사용함으로써 어떤 표적고객들에게, 얼마간의 기간 동안, 무엇을 커뮤니케이션하고자 하는지 고려해야 한다. 광고로 원래의 목표와 비교해 결과를 측정하고 평가해야 하며 이러한 시도는 각각의 프로모션 요소의 효과와 분리하여 시행되어야 한다.

프로모션 예산 수립과 할당

1장의 도표 1-4를 보면, 마케팅 계획과 프로모션 상황 분석의 리뷰부터 커뮤니케이션 과정 분석에 이르는 화살표가 한쪽 반향으로 진행되는 것에 반해 커뮤니케이션 분석과 예산 결정 사이의 흐름은 양방향의 상호작용임을 확인할 수 있

도표 7-5 샌디에이고 동물원은 판촉 요소별로 다양한 목표를 설정하였다.

광고
목적: 표적고객들을 동물원으로 오게 하는 것이다. 표적고객이 동물원에 관한 이미지를 떠오르게 하고 동물원의 새로운 볼거리와 이벤트, 프로모션을 알린다.
표적고객: 동물원의 회원 및 비회원. 샌디에고와 남가좌 지역의 다섯 개의 군에 분포한 가구들. 관광객 및 기타.
타이밍: 예산이 허락하는 대로. 대부분 IMC 활동을 하는 기간 동안.
수단과 매체: TV, 라디오, 신문, 잡지, 직접우편, 옥외광고, 관광객을 위한 기타 매체.

판매촉진
목적: 표적고객들을 동물원으로 오게 하기위하여 동원할 수 있는 가격이나 제품 등의 변수를 사용함.
표적고객: 협력사에 달려 있지만 대부분 남가좌 지역.
타이밍: 협력사와 논의하여 동물원의 필요에 따라서 진행함.
수단과 매체: 쿠폰, 투어, 직접우편, 우편카드, 광고전단, 온라인 티켓 등.

PR
목적: 동물원과 주요 볼거리에 관하여 알리고, 교육하고, 이미지를 지속적으로 갖게 하며 광고 메시지를 강화함.
표적고객: 주제, 범위 , 시간에 따라서 현지 표적고객이나 아니면 해외 관광객.
타이밍: 지속적으로 함을 원칙으로 하되 프로모션이나 이벤트 시기와 간헐적으로 동물뉴스를 할 때나 새로운 동물 영입하였을 때에 등 필요에 따라서 진행함.
수단과 매체: 주요 뉴스, 혹은 주요 신문, 잡지 혹은 방문자 가이드나 관광책자 등.

명분마케팅/스폰서십/이벤트
목적: 동물원에 재원을 가져주고, 스폰서 프로그램과 함께 진행되는 특별행사와 이벤트 프로그램 등에 재원을 주기 위하여 파트너와 함께 서로 윈윈하는 스폰서 프로그램으로 만듦.
표적고객: 동물원 및 관련 협력회사를 후원하는 사람들이나 업체들.
타이밍: 후원사와 동물원의 필요에 따라서 진행함.
수단: 광고, 홍보, 디스카운트 협력 프로그램 등. 노출은 협력사의 스폰서 계약, 지속시간, 범위, 교육 프로그램 등에 비례한다.

다이렉트마케팅
목적: 동물원에 대하여 재정적인 그리고 정치적인 힘을 실어주기 위한 후원자를 확보함.
표적고객: 근교 사람들, 지역에 사는 사람들, 전국적인 사람들, 외국 사람들. 어린이 클럽인 코알라 클럽과, 노인들, 부부 및 독신자 등.
타이밍: 연중 지속적으로 진행함.
수단: 다이렉트메일 및 간이 전시물

그룹판매
목적: 동물원에 대하여 그룹으로 고객을 유치하여 그룹판매를 높이고자 함.
표적고객: 컨벤션, 인센티브 그룹, 버스투어, 협회, 스카우트들, 유쓰 그룹, 캠프, 시니어 그룹, 및 국내 국외 관광 그룹들 등.
타이밍: 대부분 피크 시즌이나 컨벤션 기간 도중에 진행함.
수단: 관광 쇼나 관광박람회, 텔레마케팅, 다이렉트마케팅, 산업출판광고 등.

인터넷
목적: 동물원, 프로그램, 회원권 등에 관하여 정보를 줌.
표적고객: 동물원에 관하여 정보를 얻기를 원하는 모든 사람들.
타이밍: 연중 진행하고 자주 업데이트함.
수단: 웹사이트, 동물원 블로그, 동물원 샵과 이-뉴스레터, 페이스북, 트위터.

다. 이것은 목표를 수립하는 것이 기획 과정에 중요한 부분이지만 예산의 한계 또한 중요한 것임을 의미한다. 어떠한 조직도 무제한의 예산을 가지고 있지 는 않다. 따라서 목표는 항상 예산을 염두에 두어야 한다.

기업의 프로모션 지출에 대해 생각할 때, 주로 지출되는 그 엄청난 금액만 생각한다. 대개 그 돈이 어떻게 할당되었는지, 그리고 그 비용의 수취인에 대해서는 생각하지 않는다. 예산 책정은 그 기업 자체에만 영향을 미치는 것이 아니라 직·간접적으로 연관된 수많은 기업들에게도 큰 영향을 미친다. 이 장의 나머지 부분에서는 예산 수립에 근본이 되는 몇 가지 이론들을 살펴볼 것이며, 기업이 어떻게 프로모션 노력에 필요한 예산을 세울 것인지 논하고 이러한 접근법에 내재된 강점과 약점에 대해 다룰 것이다. 예산액 수립과 예산 할당, 이 두 가지 주요 예산 결정을 집중적으로 다룰 것이다.

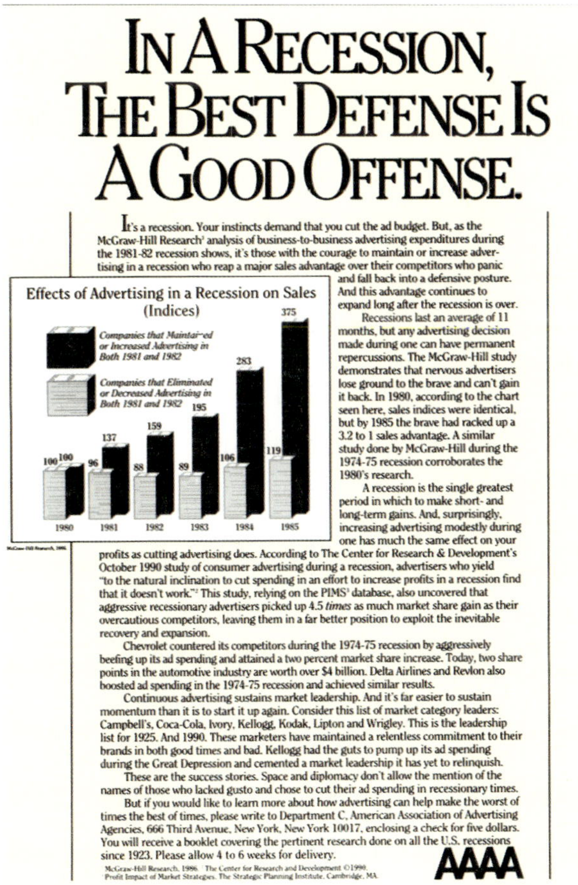

사진 7-11
AAAA가 경제 불황에도 광고의 지속적인 사용을 홍보하고 있다.

예산 수립

기업의 광고, 프로모션 예산의 규모는 몇천 달러에서 몇십억 달러 이상에 이르기까지 다양하다. P&G, 버라이즌Verizon과 같은 기업들이 제품을 홍보하기 위해 일 년에 20억 달러 이상을 지출할 때, 그 정도의 지출로 자신들이 세운 목표를 달성하기를 기대한다. 예산 책정은 단지 수천 달러만 지출하는 기업들에게도 중요한 일이다. 이 기업들의 궁극적인 성공 혹은 실패는 그들이 사용한 돈에 의해 결정될 것이다. 마케팅 경영자가 직면하는 가장 중요한 결정이 프로모션 노력에 얼마만큼을 지출할 것인가를 결정하는 것이다.

안타깝게도 많은 경영자들이 광고와 프로모션의 중요성을 깨닫지 못한다. 그들은 커뮤니케이션 예산을 투자라고 보기보다는 비용으로 인식한다. 지출된 돈이 추가적인 매출과 시장점유율에 기여한다고 보는 대신, 예산 비용이 수익을 방해하는 것으로 본다. 그로 인해, **사진 7-11**이 주장하는 것처럼 반대의 상황이 발생해야

도표 7-6
경기 침체기의 광고에 대한 연구결과

- 전 세계에 걸쳐서 광고는 경기와 밀접한 관계가 있다.
- 불경기에 광고비를 줄여야 하는 가장 큰 이유는 호경기 때보다 불경기에는 매출이 줄어들 것이라는 생각 때문이다.
- 불경기에 광고비를 줄이면 불경기 기간 동안 그리고 불경기를 벗어나고도 매출에 부정적인 효과가 있다는 상당한 일관적인 증거들이 있다.
- 불경기에 광고비를 줄이지 아니하면 불경기 기간 동안 그리고 불경기를 벗어나고도 매출을 증대시킬 것이다.
- 불경기에 광고비를 늘인 회사들은 불경기 기간 동안 그리고 불경기를 벗어나고도 높은 매출과, 시장점유율과 수익을 얻었다.
- 대부분의 회사들이 불경기에 광고비를 줄여서 잡음을 없애고 광고효율을 높이려고 한다.

하는 강력한 증거가 있음에도, 시기가 어려울 때 광고와 프로모션 예산이 가장 먼저 삭감된다. 도표 7-6은 불황 시 광고에 대한 연구의 광범위한 보고서 결론을 보여준다. 이 보고서는 1926년부터 2009년까지 미국 내 40개의 연구들을 다룬다. 보고서에 볼 수 있듯이, 경제불황 동안 광고를 계속 하자는 주장이 광고 지출을 줄이자는 의견보다 우세하다.[17] 그들의 광고 지출을 보면 알 수 있듯이 많은 성공 기업이 이에 동의한다. 게다가 이러한 결정은 일시적인 책임이 아니다. 새로운 예산은 매년, 신제품이 출시될 때마다, 혹은 경쟁력을 갖추기 위해 내부/외부 요인에 변화가 필요할 때마다 수립한다.

예산 수립은 가장 중요한 결정임에도 불구하고 변화에 가장 저항적이다. 지난 10년간 광고와 홍보물 간의 비교는 예산을 수립하는 동일한 방법을 드러낼 것이다. 이 과정의 이론적 기초는 경제학적 이론과 한계분석에 그 근원을 둔다. 광고주들은 또한 브랜드에 의해 발생된 총수입과 총변동비용 간 차이인 **공헌이익** contribution margin에 기반을 둔 접근법을 이용한다.[18] 그러나 로버트 스타이너Robert Steiner에 따르면, 한계분석과 공헌이익은 본질적으로 같은 용어이다. 여기서는 예산 수립에 대한 논의를 이들의 이론적 접근법에 대한 조사로 시작할 것이다.

예산 수립의 이론적 이슈 광고 예산을 설정하는 데 사용되는 대부분의 모델은 경제적 혹은 매출 반응 관점을 취하는 것으로 분류된다.

한계분석 도표 7-7은 **한계분석** marginal analysis의 개념을 그래프로 보여준다. 광고, 프로모션 지출이 증가함에 따라 매출과 총이익 또한 어느 지점까지 증가하다

도표 7-7
한계분석

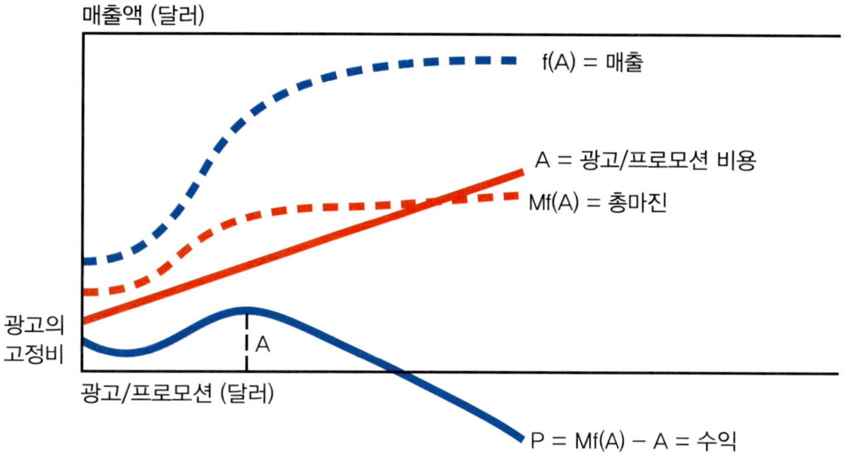

가 수평을 유지한다. 이익은 총이익과 광고 지출의 차이의 결과로 나타난다. 예산 수립을 위해 이 이론을 사용하는 기업은 지출에 의해 발생한 한계수입이 증가하는 광고/프로모션 비용을 초과하는 한 계속해서 광고/프로모션 비용을 지출할 것이다. 그림에서 볼 수 있듯이, 최적의 지출수준은 한계비용이 한계수입과 같아지는 지점(A지점)이다. 만약 광고/프로모션 지출의 총합계가 이익을 초과한다면 책정액이 너무 높으며 예산을 줄이기로 결정할 것이다. 만약 수익이 더 높다면 더 높은 예산이 허용될 것이다. 이러한 접근이 예산 배분 결정에도 적용되는 점을 이 장 후반에서 살펴볼 것이다.

한계분석이 논리적으로 보이지만 다음과 같은 몇 가지 단점들이 있다. 첫째, 매출은 광고나 프로모션 지출의 직접적인 결과이며 이러한 효과는 측정할 수 있다, 둘째, 광고와 프로모션은 전적으로 매출에 책임이 있다. 이 가정을 각각 좀 더 자세히 알아보자.

1. **매출은 광고와 프로모션 노력의 직접적인 척도라는 가정.** 이 장 초반부에서 광고주들은 전체 마케팅 목표를 달성하도록 도움을 주는 커뮤니케이션 목표를 설정해야 한다는 사실에 대해 논의하였다. 이러한 전략의 한 가지 이유는 광고와 프로모션이 매출에 미치는 영향을 증명하는 것이 불가능하진 않지만 어렵기 때문이다. 매출을 직접적인 척도로 사용하는 연구에서는 광고와 프로모션의 공헌도를 설정하는 것이 거의 불가능했다. 아커David Aaker와 칼멘James Carmen의 말에 따르면, "광고와 매출 간의 관계를 찾는 것은 건초더미에서 바늘

찾기보다 더 힘든 일이다."[19] 그러므로 예산규모가 직접적으로 제품의 매출에 영향을 주는 것을 보여주려고 노력하는 것은 잘못된 일이다. 더 논리적인 접근 방식은 커뮤니케이션 목표의 성과물에 대한 다양한 예산의 영향력을 조사하는 것이다.

커뮤니케이션 목표에 대한 논의에서 살펴보았듯이, 매출은 프로모션 노력의 유일한 목표가 아니다. 인지, 흥미, 태도 변화, 그리고 다른 커뮤니케이션 목표들도 종종 추구된다. 그리고 핵심은 제품을 판매하는 것이지만, 이들의 목표는 프로모션 프로그램이 개발되는 근원적인 역할을 할 것이다.

2. **매출은 전적으로 광고와 프로모션에 의해서 결정된다는 가정.** 이 가정은 회사의 성공에 기여하는 마케팅 믹스의 나머지 요소 – 가격, 제품, 유통 – 를 무시한다. 환경적인 요소들 또한 프로모션 프로그램에 영향을 미치며 마케팅 경영자 들이 다른 요인들이 바라던 목표의 성취를 도왔거나 방해했을 때 광고가 효과적이다 혹은 아니다를 가정하도록 한다.

종합적으로, 예산 측정 과정의 경제학적 접근이 논리적임에 반해, 매출과 수입에 대한 프로모션의 효과를 결정하는 데 있어 어려움은 이것의 적용 가능성을 제한한다. 한계분석은 예산 수립의 기초로, 직접반응 광고를 제외하곤 거의 사용되지 않는다.

매출반응 모델 도표 7-7의 매출곡선sales curve을 보면서 광고와 프로모션 노력을 계속 증가시킴에도 불구하고 왜 매출이 수평을 유지하는지 의문을 갖게 될 것이다. 광고와 매출 간의 관계는 반응곡선의 모양에 관하여 많은 연구와 토의가 있었다.

거의 모든 광고주들이 두 개의 광고/매출반응 함수모델 – 오목하향 함수 혹은 S자형 반응 곡선 – 중 한 가지를 지지한다.

- 오목하향 함수: 매출에 미치는 광고 효과에 관한 100개 이상의 연구를 검토한 후, 사이몬Julian Simon과 안트Johan Arndt는 광고 예산의 효과는 미시경제학적 수확체감의 법칙을 따른다는 결론을 내렸다.[20] 즉, 광고의 횟수가 증가함에 따라 매출 증가분은 감소한다. 이는 구매로 이어질 가능성이 가장 큰 이들은 광고

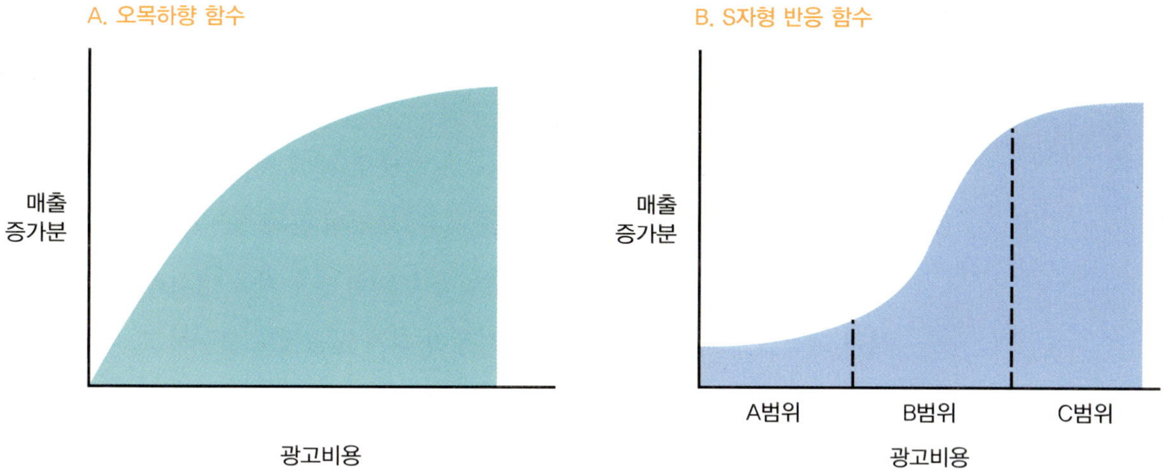

도표 7-8
광고 매출/반응 함수

노출 초반에 구매 행동을 보이지만, 구매할 것 같지 않은 이들은 광고로 결과가 변화하지 않을 것이라는 논리이다. 각각의 추가 광고는 잠재고객들에게 그들의 결정에 영향을 미칠 새로운 정보를 거의 제공하지 않을 것이다. 그러므로 **오목하향 함수 모델**concave-downward function model에 따르면, **도표 7-8 A**에서 나타나듯이 광고의 효과는 빠르게 약해지기 시작한다. 이 모델 하의 예산 책정은 매출에 최적의 영향력을 발생하기 위해서는 광고비용을 줄일 것임을 제안한다.

- S자형 반응 함수: 많은 광고 경영자들은 **S자형 반응곡선**S-shaped response curve을 가정하고 예산 지출(매출로 재측정된)에 S자형 반응 함수(**도표 7-8 B**)를 설계한다. 광고 예산의 초기 지출은 거의 효과가 없다(A범위에서 근본적으로 평평한 매출 곡선으로 나타나듯이). 어떤 예산 수준(B범위의 도입부)에 도달한 후 광고와 프로모션 노력은 추가 지출의 증가분이 증가된 매출의 결과를 가져오면서 효과를 보이기 시작한다. 그러나 이 증가하는 이익incremental gain은 어떠한 점에 도달할 때까지만 계속되는데 그 이유는 C범위부터는 추가된 지출이 매출로 거의 되돌아가지 않기 때문이다. 이 모델은 소규모의 광고 예산은 예를 들어 구전효과word of mouth와 같은 다른 방법으로 발생되는 것일 수 있는 매출에 거의 효과를 갖지 않는다는 것을 보여준다. 추가로 광고비에 지출하여도 매출에는 거의 효과가 없을 수 있다. B범위를 넘어선 추가비용은 매출에 추가적인 효과가 없으며 대부분이 낭비로 여겨질 수 있다. 한계분석과 마찬가지로 사람

들은 지불한 돈의 최대 수익을 얻을 수 있는 B범위 내의 곡선 지점에서 광고를 실시하고자 할 것이다.

이러한 매출반응 모델들의 약점들은 사용할 때에 제약을 준다. 초기에 나타난 많은 문제점들 – 종속변수로 매출을 이용, 측정의 문제 등 – 은 이 모델들의 유용성을 제한한다. 그러나 이러한 모델들을 논의하는 목적을 명심해야 한다. 한계분석과 매출반응곡선이 직접적으로 적용이 되지 않음에도 불구하고, 이들은 경영자들에게 예산 책정 절차가 어떻게 진행되는지의 이론적 기초에 관한 통찰력을 준다. 이 모델들이 유용성을 가지고 있음을 보여주는 실증적인 증거들도 있다.

이전 장에서 배운 연구들과 효과계층hierarchy of effects은 또한 인지를 얻기 위한, 그리고 소비자 수용과 같은 차후의 상위 목표를 위해서 광고의 반복노출이 얼마나 중요한가를 설명한다. 이러한 모델들이 광고와 프로모션 예산을 세우는 데 직접적으로 수단을 제공하지 않음에도 불구하고 예산 책정 전략을 수립하기 위해 이들을 이론적인 기초로 사용할 수 있다. 이러한 이론적 기초는 현재 예산 책정과 할당에 사용되는 많은 방법들보다 우위를 점하고 있다.

예산 수립의 추가적인 요인 지금까지 논의했던 이론적인 기초들이 예산을 세우는 데 고려되어야 함은 물론, 여러 다른 이슈들 또한 반드시 고려되어야 한다. 광고에 대한 반응의 직접적인 측정으로써 매출을 사용하는 것의 약점은 다양한 상

도표 7-9
광고 예산에 영향을 미치는 요인들

주: +(−)는 해당 요인이 광고가 미치는 판매 효과에 긍(부)정적 효과를 나타냄.

요인	광고와 매출의 관계
제품 요인	
차별화 정도	+
보이지 않는 제품의 우수 품질	+
정서적인 구매 동기	+
내구성	−
큰 지출의 구매	−
구매 빈도	곡선적 관계
시장 요인	
제품 수명주기: 도입기	+
제품 수명주기: 성장기	+
제품 수명주기: 성숙기	−
제품 수명주기: 쇠퇴기	−
비탄력적 수요	+
시장점유율	−
경쟁: 심함	+
경쟁: 집중됨	+
시장개척 상품	−
고객 요인	
산업제 제품	−
집약적 수요	+
전략 요인	
지역시장	−
브랜드의 초창기	+
유통회사의 고마진	−
긴 유통채널	+
고가	+
고품질	+
미디어 전략	+
크리에이티브 전략	+
프로모션 전략	+
원가 요인	
고수익 마진	+

황적 요소들이 영향을 미칠 수 있다는 것이다. 광고/매출 비율에 영향을 미치는 것으로 나타난 어떤 요인들은 **도표 7-9**에 나타나 있다. 감정적인 구매 동기, 숨겨진 제품 품질, 차별화를 위한 탄탄한 기초가 특징인 제품들의 광고는 매출에 주목할 만한 영향을 미칠 것이다. 고가가 특징인 제품과 성숙기나 쇠퇴기의 제품은 광고의 혜택을 더 적게 받을 것이다.

예산을 책정하는 매출액 비례법percentage-of-sales method은 광고와 매출 효과가 역의 관계라는 점에서 취약점을 가지고 있다. 따라서 상황이 사실상 광고/매출 관계로 이어지는지 혹은 그의 반대의 경우인지 확신할 수 없다. 그러므로 이러한 요인들이 예산 지출 결정에 고려되어야 함에도 불구하고 언제, 어디서 지출을 증가시킬지 감소시킬지 결정하는 유일한 결정요소가 될 수 없다.

「Advertising Age」의 Editorial Sounding Board는 미국 내 상위 200개의 회사(광고주 대표)의 92명의 임원들과 200대 대형 광고대행사(대행사 대표)의 130명의 임원들 그리고 11명의 광고 컨설턴트(에이전시 쪽 대표)들로 구성되어 있다. **도표 7-10**는 이 위원회의 설문조사 결과로 예산 수립에 중요한 요인들을 내놓았다.

이 위원회의 응답은 예산이 수립되는 방법에 있어 요인들의 중요성을 부분적으로 반영한다. 이 요인들의 상대적 중요성의 차이를 이해하기 위해서는 현재 예산 수립에 사용되고 있는 접근법을 이해하는 것이 중요하다. 이러한 접근법들에 대해 알아보자.

도표 7-10
예산 수립에 고려되는 요인들

광고 전략 및 크리에이티브 전략에 있어서의 변화	51%
경쟁사의 전략 변화 및 경쟁사의 광고예산 수준	47
공헌수익 목표와 그 밖의 재무적인 목적	43
이전 해의 광고예산 수준을 조금 수정하여	17
최고경영층의 광고예산 설정이나 한도 설정	11
매출비중 예측치	8
미디어 비용 인상에 대한 예측치나 가정치	25
미디어 전략의 수정과 혹은 미디어 구매 전략	17

예산 수립 방식

프로모션 예산을 수립하는 이론적 접근법은 거의 사용되지 않는다. 작은 규모의 회사에서는 아예 사용되지 않을 것이다. 대신, 연습과 경험을 통해 많은 방법들이 개발되었다. 이 절에서는 예산을 수립하는 전통적인 방법들 몇 개와 각각의 상대적 장점과 단점을 살펴본다. 우선 다음 두 가지를 반드시 이해해야 한다. (1) 많은 기업들이 한 가지 이상의 방법을 사용한다. (2) 예산 수립 방식은 기업의 규모와 기업의 다양한 양상에 따라서 달라진다.

상의하달식 접근법 이 절에서 다룰 접근법은 (경영진 수준에서) 예산 금액이 세워진 다음 그 돈이 (**도표 7-11**에 나타난) 다양한 부서로 전해내려가기 때문에 **상의하달식 접근법**top-down approach이라고 불리는 방식이다. 이러한 예산은 근본적으로 미리 결정되며 특별한 이론적 기초가 없다. 상의하달식 방법에는 가용예산법, 자의적 할당방식, 매출액 비례법, 경쟁기준법, 투자수익률 등이 있다.

가용예산법 **가용예산법**affordable method(all-you-can-afford method로도 일컬어짐)에서는 기업이 생산이나 운영과 같은 다양한 분야에 사용될 금액을 결정한다. 그 후 남은 금액을 그들이 가용할 수 있는 금액으로 여겨 이를 광고와 프로모션에 할당한다. 광고/프로모션 기능에 의해 수행될 업무는 고려되지 않는다. 그리고 다양한 예산의 효과를 측정할 가이드라인을 세우지 않아 돈을 덜 쓰거나 넘

도표 7-11
예산 수립의 접근법 비교: 상의하달식 접근 대 상향집결식 접근)

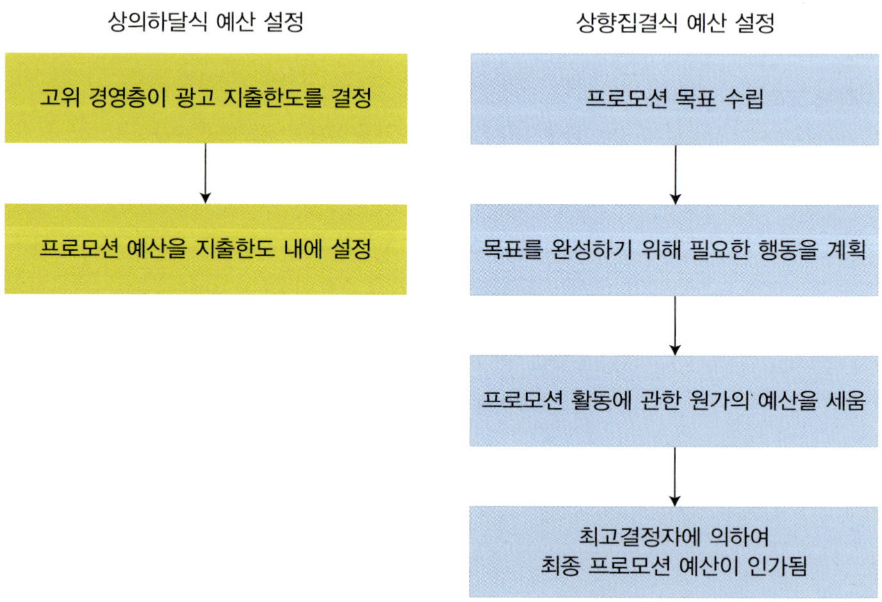

치게 쓸 가능성이 높다.

이상하게 보일지 모르지만, 이 접근법은 작은 규모의 기업들 사이에서 흔한 방식이다. 큰 규모의 기업들, 특히 마케팅 위주가 아니거나 광고와 프로모션의 역할을 이해하지 못한 기업들 사이에서도 사용된다. 예를 들어, 많은 첨단 기업들은 신제품 개발과 엔지니어링에 초점을 맞추고 있고 제품이 충분히 좋다면 알아서 잘 팔릴 것이라고 생각한다. 이러한 기업들은 광고와 프로모션 업무를 수행할 돈이 거의 없다.

이 접근법의 논리는 '우리는 이 방식으로 손해볼 건 없어'라는 사고에서 나온다. 즉, 무엇을 할 능력이 되는지를 알고, 그것을 초과하지 않는다면 재정적 문제를 겪지 않을 것이라는 것이다. 이것이 엄격히 회계 측면에서 사실이 될 수 있는 반면 마케팅 관점에서는 알맞은 관리 의사결정으로 볼 수 없다. 이 방법은 제품이 순조롭게 출발해 시장에 나오기에 충분한 돈을 할당하지 않는다. S자형 매출반응 모델의 경우, 기업은 A범위에서 운영한다. 혹은 기업은 C범위에서 필요 이상으로 지출할 수 있다. 시장 상황이 어려워지고, 매출이나 수익이 떨어지기 시작하면 이 방식은 예산이 증가해야 할 시기에 예산 삭감으로 이어질 것이다.

자의적 할당법 아마도 가용예산법보다 이론적으로 더 빈약한 예산 책정 방식이 **자의적 할당법**arbitrary allocation일 것이다. 이는 사실상 이론적인 기초에 기반을 두지 않고 예산액은 윗사람의 명령에 의해 정해진다. 즉, 예산은 오로지 필요하리라 생각되는 것에 기초하여 경영진에 의하여 결정된다. 살베슨Melvin Salveson은 "경제적 기준보다도 경영자들이 마음대로" 예산을 결정한다고 하였다.[21] 살베슨은 대기업을 지칭했지만, 이 접근법은 소규모 기업과 비영리집단들에게도 흔한 방식이다.

자의적 할당법은 뚜렷한 장점이 없다. 체계적 사고를 할 수 없고, 예산 수립의 목표도 없으며 광고나 프로모션의 콘셉트과 목적이 크게 무시된다. 경영자들은 광고와 프로모션에 일정한 돈이 지출되어야 한다고 생각하고 나서 숫자를 고르는 사실 외에는 이 방식이 계속해서 사용되는 이유를 잘 설명할 수 없다. 그러나 예산은 계속해서 이러한 방식으로 설정되었고 이 방식을 논의하는 목적은 단지 이 방식이 사용되고 있지만 권장하지 않는다는 것을 지적하기 위함이다.

매출액 비례법 아마도 예산 수립에 가장 흔히 사용되는 방법(특히 대기업에

도표 7-12
매출액 비례법을 대체할 방법들

매출액 비례법		
2011	총매출	$1,000,000
	매출의 10%	$100,000
2012	광고 예산	$100,000
단위원가 비례법		
2011	병당 제조원가	$4.00
	광고단가	1.00
2012	10만 단위당 예상 매출	
2012	광고 예산 (100,000 × $1)	$100,000

서)은 이 **매출액 비례법**percentage of sales method일 것이다. 이는 광고와 프로모션 예산이 제품의 매출에 기초한다는 내용이다. 경영자들은 예산액을 (1) 달러 매출 비율을 이용하거나 (2) 단위당 제품의 프로모션 비용을 할당한 후 판매된 단위 수를 곱해 주는 방식으로 결정한다. 이러한 두 가지 방식은 도표 7-12에 나타나 있다.

매출액 비례법에서의 변수는 예상되는 미래 매출 비율을 기초로 사용한다. 이 방식은 또한 예상되는 매출의 비율 혹은 예상 단위원가unit cost projection를 이용한다. 매출의 비율 방법에서 다음 해의 매출은 마케팅 경영자의 추정에 기초하여 예상된다. 예산은 이러한 매출의 비율이며 종종 도표 7-13에서처럼 산업표준비율이다.

미래 매출을 기준으로 사용하는 한 가지 이점은 예산이 지난해의 매출에 기반을 두지 않는다는 것이다. 시장이 변함에 따라 경영자들은 과거 자료에 의존하기보다 이러한 변화가 매출에 미치는 효과를 다음 해 예측에 반영해야 한다. 그 결과로 얻은 예산이 현재 상태를 반영할 가능성이 더 크며 더 적절하다.

도표 7-13은 매출 대비 광고비 비율이 모든 산업에 걸쳐 다양함을 보여준다. 어떤 기업은 극히 작은 비율(예를 들면, 건설 기계, 장비 산업의 경우 0.2%)로 예산을 짜며, 다른 기업들은 훨씬 큰 비율(증류, 혼합주류 산업의 경우 15.6%)을 지출한다. 실제 지출된 금액은 기업의 총매출액에 따라 매우 다양하다. 그러므로 건설장비 산업에서 매출액 비율이 더 작을수록 실제로 상당히 많은 광고비용이 사용되는 결과를 가져올 것이다.

매출액 비례법을 지지하는 사람들은 수많은 장점을 든다. 이 방식은 지난해 매출에 대한 지출 혹은 기업이 다음 해에 판매할 것에 기초하기 때문에 재정적인 면에서 안전하고 광고비 지출을 합리적인 수준에서 제한할 수 있다. 매출의 증가

도표 7-13 산업별 매출 대비 광고비 비율

Industry	SIC	Ad as % Sales	Ad as % Margin	Annual AD % Growth
ABRASIVE, ASBESTOS, MISC MINRL	3290	5.2	21.8	11.3
ACCIDENT & HEALTH INSURANCE	6321	1.3	7.4	11.6
ADVERTISING	7310	1.1	2.5	13
ADVERTISING AGENCIES	7311	0.3	0.7	-10.7
AGRICULTURAL CHEMICALS	2870	1.7	4.7	5.7
AGRICULTUR E PRODUCTION-CROPS	100	0.7	5.9	47.4
AIR COURIER SERVICES	4513	0.8	3.6	8.6
AIR TRANSPORT, SCHEDULED	4512	0.9	4.3	7.1
AIR-COND, HEATING , REFRIG EQ	3585	1.2	4.5	5.3
AIRCRAFT	3721	0.1	0.6	12.1
AMUSEMENT & RECREATI ON SVCS	7900	4.8	21.6	6.6
AMUSEMENT PARKS	7996	7	14.3	-6
APPAREL & OTHER FINISHED PDS	2300	5.1	11.1	8.9
APPAREL AND ACCESSORY STORES	5600	4.5	9.9	5.2
AUTO AND HOME SUPPLY STORES	5531	2.2	4.7	10
AUTO DEALERS, GAS STATI ONS	5500	0.8	5.6	5.4
AUTO RENT & LEASE, NO DRIVERS	7510	1.9	5.2	5.5
AUTO REPAIR, SERVICES, PARKING	7500	3.8	15.7	-2.2
BEVERAGES	2080	7.3	11.6	8.6
BIOLOGICAL PDS, EX DIAGNSTICS	2836	1.7	2.2	11
BLANKBOOKS, BINDERS, BOOKBIND	2780	5	10.8	9.8
BLDG MATL , HARDWR, GARDEN-RETL	5200	2.2	6.7	8.5
BOOKS: PUBG, PUBG & PRINTING	2731	11.7	22.1	21.4
BTLD & CAN SOFT DRINKS, WATER	2086	3	6.3	9
BUSINESS SERVICES, NEC	7389	0.4	1.1	6.5
CABLE AND OTHER PAY TV SVCS	4841	7.4	13.4	6.3
CAN FRUIT, VEG, PRESRV, JAM, JEL	2033	1.9	6.2	9.2
CAN, FROZN, PRESRV FRUIT & VEG	2030	4.6	12	0.2
CATALOG, MAIL-ORDER HOUSES	5961	3.3	12.4	13.3
CEMENT, HYDRAULIC	3241	0.5	1.4	8.8
CHEMICALS & ALLIED PDS-WHSL	5160	0.9	5.1	26
CHEMICALS & ALLIED PRODUCTS	2800	5.5	9.7	6.6
CIGARETTES	2111	2.2	4.2	2.6
CMP INTEGRAT ED SYS DESIGN	7373	1.4	3.3	10.9
CMP PROCESSING, DATA PREP SVC	7374	2	5.7	2.5
CMP PROGRAMMING, DATA PROCESS	7370	3.7	8	8.2
COMMERCIAL PRINTING	2750	7.4	35.6	0.9
COMMUNICATI ONS EQUIP, NEC	3669	3.7	8.5	1.5
COMMUNICATI ONS SERVICES, NEC	4899	8.5	19.6	14.9
COMPUTER & OFFICE EQUIPMENT	3570	0.7	2.8	-14.3
COMPUTER COMMUNICATI ON EQUIP	3576	0.3	0.5	5.9
COMPUTER PERIPHERAL EQ, NEC	3577	2.9	6.3	4.8
COMPUTER STORAGE DEVICES	3572	0.3	0.8	12.3
CONCRETE, GYPSUM, PLASTER PDS	3270	0.6	2	4
CONGLOMERATE	9997	0.5	2.1	9.6
CONSTRUCTION MACHINERY & EQ	3531	0.2	0.8	11.7
CONVRT PAPR, PAPRBRD, EX BOXES	2670	1.4	3.5	4.2
CREDIT REPORTING AGENCIES	7320	2.1	3.8	23.1
CUTLERY, HANDTOOLS, GEN HRDWR	3420	1.4	3.5	8.4
DAIRY PRODUCTS	2020	1.4	6.3	4.7
DENTAL EQUIPMENT & SUPPLIES	3843	3.9	6.8	10.5
DEPARTMENT STORES	5311	4.7	12.2	9.2
DISTILLED AND BLENDED LIQUOR	2085	15.6	25.9	18.2
DOLLS AND STUFFED TOYS	3942	10.2	21.6	5

Industry	SIC	Ad as % Sales	Ad as % Margin	Annual AD % Growth
DRUG & PROPRIETARY STORES	5912	0.7	3.6	6.9
DRUGS AND PROPRIETAR Y-WHSL	5122	0	0.7	9.1
DURABLE GOODS-WHOLESALE	5000	0.5	2.2	13.4
EATING PLACES	5812	3.1	11.8	7
EDUCATI ONAL SERVICES	8200	11.3	24	8.9
ELEC MEAS & TEST INSTRUMENTS	3825	0.6	1	-9.5
ELECTR, OTH ELEC EQ, EX CMP	3600	2.1	6.3	4.6
ELECTRIC & OTHER SERV COMB	4931	0.4	4.7	-5.9
ELECTRIC HOUSEWARES AND FANS	3634	2	6.8	-1.2
ELECTRIC LIGHTING, WIRING EQ	3640	0.8	2.4	7.3
ELECTROMEDICAL APPARATUS	3845	0.9	1.3	10.1
ELECTRONIC COMPONENTS, NEC	3679	0.5	1.7	7.6
ELECTRONIC COMPUTERS	3571	1.2	4.3	9
EMPLOYMENT AGENCIES	7361	2.4	7.4	-1.7
ENGINEERING SERVICES	8711	0.3	1.4	16.3
ENGINES AND TURBINES	3510	1.6	6.5	16
EQUIP RENTAL & LEASING, NEC	7359	1.8	2.9	6.6
FABRICAT ED RUBBER PDS, NEC	3060	9	27.4	13.8
FAMILY CLOTHING STORES	5651	2	5.6	4.7
FARM MACHINERY AND EQUIPMENT	3523	0.7	2.4	3.2
FINANCE LESSORS	6172	1.4	2	7.3
FIRE, MARINE, CASUALTY INS	6331	0.9	9.7	10.9
FOOD AND KINDRED PRODUCTS	2000	10	22.1	-5
FOOTWEAR, EXCEPT RUBBER	3140	3.8	8.8	9.7
FUNCTIONS REL TO DEP BKG, NEC	6099	7.6	18.8	4.8
FURNITURE STORES	5712	8.5	22.8	10.8
GAMES, TOYS, CHLD VEH, EX DOLLS	3944	10.7	20.9	-1.9
GENERAL INDUSTRIAL MACH & EQ	3560	0.6	1.8	7.8
GRAIN MILL PRODUCTS	2040	2.6	10.4	5.7
GROCERIES & RELATED PDS-WHSL	5140	0.8	3.8	4.3
GROCERIES, GENERAL LINE-WHSL	5141	0.7	6.2	5.4
GROCERY STORES	5411	0.9	3.2	2.7
HELP SUPPLY SERVICES	7363	0.4	1.9	5.6
HOBBY, TOY, AND GAME SHOPS	5945	3.8	10.9	7.1
HOME FURNITURE & EQUIP STORE	5700	5.4	14.3	9.5
HOME HEALTH CARE SERVICES	8082	1.5	3.3	13.1
HOSPITAL & MEDICAL SVC PLANS	6324	0.4	1.6	29
HOTELS AND MOTELS	7011	1.6	8	6.6
HOUSEHOLD APPLIANCES	3630	2.4	12.2	3.2
HOUSEHOLD AUDIO & VIDEO EQ	3651	5.3	41.8	0.5
HOUSEHOLD FURNITURE	2510	5.2	17.4	5.7
IN VITRO, IN VIVO DIAGNOSTICS	2835	3.7	6.1	13.6
INDL INORGANIC CHEMICALS	2810	0.3	0.9	8.8
INDUSTRIAL MACH & EQ-WHSL	5084	1.5	3.1	11.7
INDUSTRIAL ORGANIC CHEMICALS	2860	0.1	0.4	14.2
INS AGENTS, BROKERS & SERVICE	6411	0.3	2.1	5.8
INVESTMENT ADVICE	6282	1.5	2.1	9.5
JEWELRY STORES	5944	8.2	21.7	10.5
KNITTING MILLS	2250	4.3	12.3	-1.7
LAB ANALYTICAL INSTRUMENTS	3826	1.2	2.1	10.3
LEATHER AND LEATHER PRODUCTS	3100	3.7	5.5	12.7
LIFE INSURANCE	6311	1.2	6.6	7.7
LUMBER & OTH BLDG MATL-RETL	5211	1.6	4.9	12.5
LUMBER AND WOOD PDS, EX FURN	2400	0.6	4.3	13.2

주: 매출액 대비 광고비 비율이나 예산은 300개 산업군에서 이루어져 있다. 여기에 언급된 200개의 산업군은 2007년도 광고비를 기준으로 상위 광고지출 산업에 관한 것이다. 다른 산업군에 관해서는 chonfeld & Associates, Inc.에 문의하기 바란다.

는 예산 증가로 이어지고, 매출 감소는 광고의 감소라는 결과를 가져다주기 때문에 예산을 충당하기에 충분한 돈이 마련된다. 매출액 비례법은 단순하고, 간단하며, 실행하기에 쉽다. 기준이 과거 매출이든 미래의 매출이든 간에 관계없이 예산에 도달하기 위한 계산은 어렵지 않다. 마지막으로 이 예산 책정 방식은 일반적으로 안정적이다. 매출의 증가와 감소에 따라 예산안이 달라지지만, 이러한 변화가 극적이지 않는 한 경영자들은 예산의 한도에 대한 합리적인 아이디어를 가질 것이다.

동시에, 매출액 비례법은 예산이 수립되는 데 기본 전제, 매출을 포함하는 몇 가지 심각한 단점을 가지고 있다. 매출수준으로 지출될 광고와 프로모션 비용을 결정하는 것은 광고와 매출 간의 인과관계를 뒤집는 일이다. 이 방법은 광고를 투자로 보기보다는 매출을 발생시키기 위한 비용으로 다룬다. 도표 7-14에서처럼, 프로모션 비용을 투자로 여긴 기업들은 나중에 보상을 얻어냈다.

이 방식의 두 번째 문제점은 이전에 장점으로 거론되었던 안정성이다. 지지자들은 만약 모든 기업들이 유사한 비율을 사용한다면 이는 시장에 안정성을 가져다줄 것이라고 말한다. 하지만 만약 어떤 기업이 이 표준비율에서 벗어나면 어떤

도표 7-14
판촉비 투자가 향후 가져다줄 수확

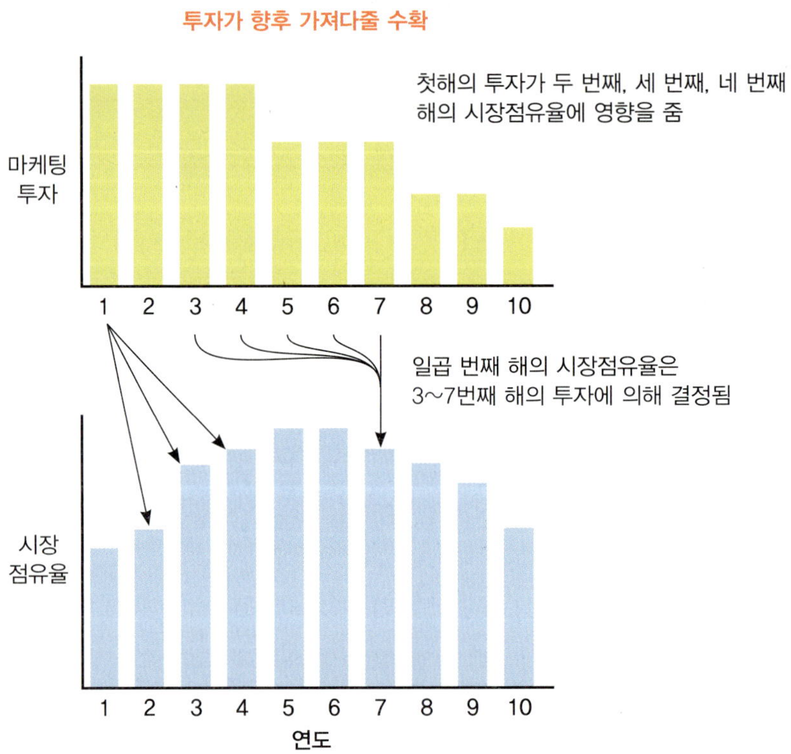

일이 발생하는가? 문제는 이 방법이 내부적으로나 경쟁자로부터로나 전략의 변화를 허락하지 않는다는 것이다. 공격적인 기업은 광고와 프로모션 예산에 더 많은 돈을 할당하기를 희망할 것이다. 경영자가 산업표준에서 벗어나기를 희망하지 않는 한 매출액 비례법에서는 가능하지 않은 전략이다.

매출액 비례법은 자금의 심각한 남용의 결과를 초래할 수도 있다. 만약 광고와 프로모션이 제품을 마케팅하는 역할을 가지고 있다면 광고에 더 많은 돈을 할당하는 것은 S자형 곡선에서 보여주듯이 매출의 증가를 발생시킬 것이다(어느 한 지점까지). 만약 낮은 매출량의 제품이 더 적은 프로모션 예산을 갖게 된다면 이는 매출 신장을 방해할 것이다. 극단적으로 말하자면, 매우 성공적인 제품은 과잉의 예산을 받게 되는데, 그 예산의 일부는 다른 곳에 더 유용하게 지출될 수도 있다.

매출액 비례법은 또한 신제품 도입기에 사용하기 어렵다. 만약 매출 기록을 이용할 수 없다면 예산을 수립할 기준이 없다. 특히 제품이 매우 혁신적이거나 매출 패턴의 변동이 큰 경우 미래 매출을 예상하는 것은 어렵다.

마지막으로, 만약 광고 예산안이 매출에 달려있다면 매출의 감소는 광고 예산이 가장 증가되어야 할 시기에 광고 예산의 감소로 이어질 수 있다. 광고와 프로모션 예산을 계속해서 삭감하는 것은 매출 하향추세를 더 자극시킬 것이다. 성공적인 몇몇 기업들은 어려운 시기, 혹은 일찍이 보여준 것과 같이 매출주기 중 침체기 동안 추가적인 자금을 할당했다. 경기침체기 동안 광고 지출을 유지하거나 증가시킨 기업들은 (광고 지출을 줄인 기업들과 비교했을 때) 매출과 시장점유율 두 부문에 있어서 가시적 성과를 보여주고 더 높은 성장을 달성할 수 있다.

미래 매출액 비례법이 지금껏 논의한 몇 가지 문제점들에 대한 해결책으로 제안되고 있지만, 예측의 문제, 순환적인 성장cyclical growth, 그리고 통제할 수 없는 요인들이 이 방식의 효과를 제한하고 있다.

경쟁기준법 만약 마케팅 경영자들에게 광고와 프로모션 예산 설정 시 경쟁사들이 할당하는 방식에 기초하는지 묻는다면 그들은 아마 부정할 것이다. 그러나 매출액 비율percentage of sale과 광고비가 배분되는 매체에 관하여 그들의 광고 지출에 대해 조사해 본다면, 주어진 산업분야 내 기업들의 매출액 비율의 차이가 거의 없는 것을 확인할 수 있을 것이다. 그러한 결과는 우연이 아니다. 경쟁 광고 정보를 제공하는 기업들, 동업 조합 그리고 다른 광고업계 정기 간행물은 경쟁자들의 지출에 대한 소식통이다. 대형 기업들은 10개 매체에서의 상위 1,000개 회사의 광고와 전체적인 것을 추정한 Competitive Media Reporting과 같은 서비스를 구독하곤 한다. 작은 기업들은 지역 인쇄매체에서 경쟁자의 광고를 발췌하는 **클리핑서비스**clipping service를 이용하는데, 이는 회사가 실시 중인 광고의 누적비용을 결정하는 일을 도와준다.

경쟁기준법competitive parity method에서 경영자들은 광고 예산을 경쟁회사의 매출액 비율에 따라서 결정한다. 이들의 주장은 이런 식의 예산 수립이 해당업계에서의 특수성을 반영한 업계의 혜안을 이용할 수 있다는 것이다. 또한 이 방식은 업계 내 경쟁을 고려하여서 마케팅 전쟁이 일어날 가능성을 최소함으로써 시장의 안정성을 가져준다. 만약 경쟁사들이 프로모션 예산 지출의 증가를 대등하게 할 것 같지 않다는 것을 안다면 그 기업은 시장점유율을 확보하기 위해 공격적인 자세를 취하지 않을 것이다. 이것은 이례적이거나 비현실적인 광고 지출을 최소화한다.

그러나 경쟁기준법은 많은 단점을 가지고 있다. 우선, 광고와 프로모션은 어떤 문제나 기회들을 고심하여 특정 목표를 달성하도록 고안되어야 하는데 이를 등한시한다. 둘째, 기업들은 유사한 수준의 지출을 하기 때문에 그들의 프로그램들이 동등하게 효과를 보일 것이라고 가정한다. 이러한 가정은 동일한 프로모션 예산을 가지고도 어떻게 다양한 프로모션 수단을 사용하느냐에 따라서 성공 혹은 실패가 갈릴 뿐만 아니라 어떻게 매체를 배분media allocation하느냐 혹은 같은 예산을 가지고도 어떻게 창의적인 광고 집행creative execution을 하느냐에 따른 효과를 무시한다. 더 나아가 기업 그 자체로서 갖는 가능한 이점들을 무시한다. 어떤 기업들은 단순히 다른 기업들보다 더 나은 제품을 생산한다. 유Yoo와 맨다치타라Mandhachitara의 연구에 따르면 경쟁기준법 전략을 쓸 때에는 경쟁사의 광고가 사실상 자신의 회사에 이익이 될 수도 있으며 경쟁사의 이익이 항상 다른 이들의 손실이 되는 것이 아니라는 점을 반드시 고려해야 한다. 도표 7-15에서와 같이, 경쟁회사의 광고 예산이 자사의 매출에 어떻게 영향을 주는지를 결정하는 네 가지 다른 상황이 존재한다. 살펴보면 네 가지 상황 중 한 가지만이 제로섬 시나리오이다.[22]

또한 경쟁자들이 그들의 현존하는 전략을 계속해서 추구할 것이라는 보장은

도표 7-15
경쟁회사의 광고비 지출이 항상 우리 회사에 해를 끼치지는 않는다

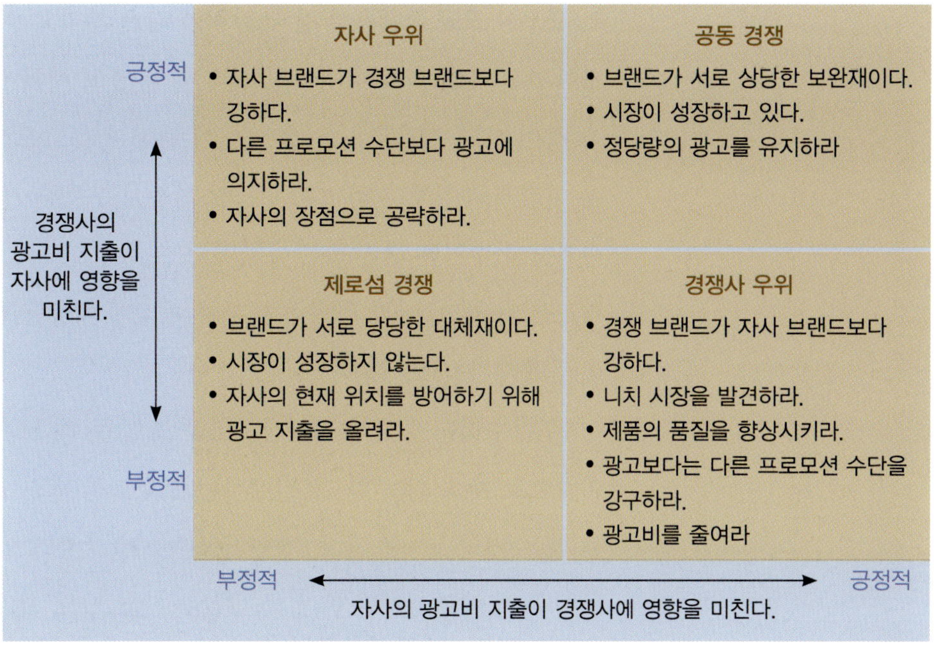

없다. 경쟁사의 매출액 대비 광고비율 기준 수치가 경쟁사의 지난해 프로모션 비용 조사에 의해 결정되기 때문에(스파이 활동이 일어나지 않는 한), 향후 예상되는 시장의 변화와 이에 따른 광고 예산 변동은 미리 알기가 힘들다. 나아가 경쟁사가 다른 기업이 무엇을 하든 간에 그들의 광고비 지출을 증가 혹은 감소시키지 않을 것이라고 보장할 수 없다. 마지막으로, 경쟁기준법으로는 프로모션 전쟁을 피할 길이 없다. 코카콜라 대 펩시콜라, AT&T 대 버라이즌의 사례는 상대방의 프로모션 비용 증가에 대응하는 방식으로의 프로모션 전쟁으로 악명 높다.

프로모션 예산을 수립하는 유일한 방법으로 경쟁기준법을 활용하는 기업은 거의 없다. 이 방법은 거의 매출액 비례법 등 다른 방법과 함께 사용된다. 경쟁을 무시하는 것은 절대 현명하지 않다. 경영자들은 반드시 경쟁사들이 무엇을 하고 있는지 항상 알고 있어야 한다. 그러나 목표를 세우고 전략을 개발하는 데 그들을 단순히 모방해서는 안 된다.

투자수익률 매출액 비례법에서 매출은 광고 예산액 수준을 좌우한다. 하지만 광고가 매출을 발생하게 한다는 것도 알아야 한다. 한계분석이나 S자형 곡선 접근법에서 광고와 프로모션에 대한 투자 증가는 매출의 증가로 이어졌다. 여기서 핵심은 바로 투자이다. **투자수익률 방식**return on investment(ROI) budgeting method에

서 광고와 프로모션은 공장과 설비와 같은 투자로 여겨진다. 그러므로 예산을 투자하면 결과로 수익이 이어진다. 기업의 광고 이외에 다른 부문에서 상당한 노력을 하여서 그 결과로 수익을 얻듯이 광고와 프로모션도 마찬가지다. 투자수익률은 어떻게 측정해야 하는지에 관해 의견이 분분한 가운데 지난 수년 동안 현업 종사자들의 수많은 관심을 받아왔다. **도표 7-16**은 「Advertising Age」에 보고된 5점 척도(5점=최고) 아래 다양한 매체가 어떻게 매출을 발생시키는지 이지스그룹Aegis Group의 평가를 보여준다.

투자수익률 방식이 지면상으로는 그럴 듯 해 보이지만, 적어도 매출이 평가의 기준으로 계속 되는 한, 현실에서는 프로모션 노력에 의해 제공된 수익을 평가하는 것은 거의 불가능하다. 경영자들은 지출로부터 얼마만큼의 수익을 얻을 수 있는지 묻기 마련이지만 답이 나지 않은 채로 남게 되며 이 장의 도입부에서 보여준 것과 같이 효과를 결정하는 데 사용되는 기준에 의존하게 된다. 투자수익률은 여전히 사용하기에 어려운 방식이다.

상의하달식 예산 수립 방법의 요약 지금까지의 내용을 보고 아마도 이 방식들의 사용이 권장되지 않고 효과를 제한하는 여러 단점들을 가지고 있는데, 왜 우리가 이 예산 수립 방법을 논의하는지 의문이 들 것이다. 그러나 이 방식의 한계점을 인식하기 위해서, 특히 결점을 가진 이 방식들이 마케터들에 의해 흔히 사용되는 방식이기 때문에, 반드시 다양한 방식들을 이해해야 한다. 다양한 연구자들에 의해 수년간 진행된 조사에 따르면 가용예산법과 경쟁기준법, 매출액 비례법, 그리고 목표과업법objective and task method은 흔히 사용되는 예산 수립 방법이다. 언급한 바와 같이, 투자수익률에 대한 강조는 지난 수년간 급격하게 증가해왔다.[23, 24, 25, 26, 27] 전통적으로 고위 경영자들에게는 아랫사람들을 통제하려는 욕망이 있는데 이것이 아마 상의하달 방식이 지속적으로 사용되는 주요 이유일 것이다.

상향집결 방식 상의하달 방식의 주요 결점은 이러한 판단에 의한 방식이 목표와 또 그 목표를 달성하기 위해 세워진 전략과 관련 없이 미리 결정된 예산 지출액을 초래한다는 점이다. 더 효과적인 예산 수립 전략은 기업의 커뮤니케이션 목표를 고려하고 이러한 목표를 달성하는 데 필요한 예산을 수립하는 것이다. 앞서 언급한 바와 같이 프로모션 기획 모델promotional planning model은 한편으로는 커뮤니

도표 7-16 이지스그룹에서 발표한 다양한 매체별 투자수익률

매체	측정 과제	투자수익률 측정치
직접반응 광고	다이렉트메일, 텔레마케팅, 그 외 종류의 직접반응 광고물들은 여기에 언급된 수단들 가운데 가장 측정 가능하다. 특히 이 방법은 제약업, 텔레커뮤니케이션, 재무서비스에 효과적이다.	5
판매촉진	쿠폰이나 가격할인을 제공하는 것으로 소비자에게 상당한 반응을 일으키고 그렇기 때문에 상당량의 데이터를 발생시킨다. 데이터는 그 자체로 측정의 문제를 야기하고 특히 소비재 포장제품들은 스캐너 데이터로 인하여 더욱 측정의 문제가 중요하다. 쿠폰을 신문 안에 넣어서 배포하는 방법은 한층 더 귀한 데이터를 만들어낸다.	5
인터넷	인터넷은 자동차와 같이 고가품의 구매에 큰 영향을 미친다. 인터넷 광고란 검색엔진을 비롯하여 사브 자동차가 사용하여 큰 효과를 거두고 있는 웹사이트 컨텐츠 등 다양한 면모가 있다는 것만 유의하면 인터넷 광고의 효과는 측정이 수월하다. 목표는 소비자가 어떻게 인터넷과 상호작용 하는가를 알아내는 것이다.	5
TV	TV를 통한 판매촉진은 매우 단기간에 효과가 나타나고, 미묘하고 점진적인 효과들 때문에 다양한 점들을 고려해야 한다. 그러나 투자수익률은 비교적 정교한 수준에서 측정되며 TV라고 해서 그런 측정 가능한 수준의 효과가 어렵다는 변명의 여지는 없어 보인다. 미디어 분석가는 15초 광고와 30초 광고를 어떻게 효과적으로 사용하고 하루에 있어서 이들을 어떻게 분배하는지에 관하여 자세하게 분석한다.	4.5
인쇄광고	전문가들은 인쇄광고를 주간으로 할 것인지 월간으로 할 것인지, 표적고객에게 할 것인지 아니면 일반대중에게 할 것인지, 판매촉진의 광고를 할 것인지 아니면 충성도 제고의 광고를 할 것인가에 관하여 고민한다. 인쇄물 안에 집어넣는 판촉물들은 또 다른 문제이며 이들은 측정 가능하다. 다른 매체와 마찬가지로 인쇄물의 판매촉진 광고물들은 해당 매체가 어느 정도 측정 가능한가와 더불어 데이터의 정확도와 타이밍이 매우 중요하다. 인쇄매체는 매체기획에 있어서 도달률을 높이는 데 기여하는 바가 크다.	4.5
PR	PR 효과 측정을 전담하는 회사들이 있다. PR로 인해 해당 브랜드나 해당 산업이 긍정적인 혹은 부정적인 인상을 주었는지를 측정한다. PR은 매출에 긍정적인 효과를 준다. 문제는 많은 마케터들이 PR 데이터를 받아들이지 않으려 한다는 것이다.	4
비디오 게임	게임이 온라인으로 하느냐 오프라인으로 하느냐가 매우 중요한 문제이다. 게임 안에 내장되어있는 광고는 측정하기가 힘든데, 그 이유는 어느 정도 자주 게임을 하는지를 잘 모르기 때문이다. 미국 LA를 배경으로 제작된 비디오 게임, '실제범죄 LA의 거리(True Crime, Street of LA)'에서 형사로 나오는 닉강(Nick Kang)은 범죄자를 추적하는 데 GPS가 장착된 모터롤라 휴대폰을 사용했는데 광고 효과를 상당히 창출하였다. 온라인 게임에서는 인터넷을 통하여 풍부한 데이터를 가지고 있다.	온라인 오프라인
라디오	사용 가능한 데이터들이 다른 전통 4대 매체보다도 상당히 빈약하여 라디오광고의 효과 측정은 매우 어렵다고 할 수 있다.	3
영화	영화광고는 옥외광고나 키오스크 광고와 마찬가지로 몇 번 노출이 되었는가로 그 효과를 측정한다.	3
이벤트 스폰서	효과 측정 가능성은 이벤트가 단기간에 효과를 낼 수 있는지에 달려있다. 올림픽과 같은 대형 이벤트는 측정 가능하다. 그 밖의 이벤트들은 측정하기 어려울 때가 많다. 효과 측정이 매우 어려울 수 있는데 이는 이벤트가 매우 여러 부분으로 나누어질 수가 있고 이벤트 자체를 어떻게 광고하느냐에 따라서 다르기 때문이다.	3
PPL	PPL이 어느 정도로 효과적으로 진행되었으며 몇 번 노출되었는지를 측정하는 회사들이 있다. TV광고와 유사하게 취급되지만, 모든 PPL이 같은 것은 아니라는 것을 명심할 필요가 있다. 폭스 채널의 아메리칸 아이돌이 좋은 사례이다. 그리하여 문제는 명확해지는데 어떻게 PPL의 질적인 효과를 측정하는가가 관건이다.	3
옥외광고	옥외광고의 자체 특성으로 인하여 가능한 데이터가 매우 부족하며 옥외광 고효과만을 측정하는 전문적인 회사가 없다. 옥외광고 효과는 천편일률적인데 이는 어느 지역에서 한 달 동안 몇 명의 사람이 보았다와 같은 단순한 결과만을 주기 때문이다.	2
게릴라 마케팅	매출을 목표로 한다면 효과를 측정하는 것이 매우 어렵다. 40만 명이 살고 있는 지역에서 만 명에게 무료 티셔츠를 나누어준다면 그 효과를 어떻게 측정할 것인가. 게릴라 마케팅은 다양한 수단을 포함하고 있으며, 유용한 데이터를 구축하기 힘든데 왜냐하면 소비자들의 반응이 어느 정도 측정 가능한 변수이냐가 문제이기 때문이다. 게릴라 마케팅에 관한 마케터들의 투자수익률 기대치는 다른 수단에 비하여 낮기 때문에 데이터를 급하게 측정할 필요는 없다. 전통 매체에 비하여 게릴라 마케팅에 투자가 적은 이유도 여기에 있다.	1

케이션 목표가, 다른 한편에는 프로모션 믹스 대안이 상호작용하는 과정으로서의 예산 책정을 보여준다. 이 방안은 정해진 목표를 달성하기 위해 프로모션 믹스 전략이 실행되도록 예산을 수립하는 것이다.

목표과업법 프로모션 목표 수립과 예산 수립은 순차적으로 일어나는 것이 아니라 함께 진행되는 것이 중요하다. 염두에 둔 특정 목표 없이 예산을 세우는 것은 어려우며 얼마만큼의 돈이 사용 가능한지에 관계없이 목표를 세우는 것은 말이 되지 않는다. 예를 들어 한 기업은 그들의 목표시장의 X% 인지awareness를 얻기를 희망한다고 하자. 최소 예산액은 이 목표를 달성하도록 요구되며 이 기업은 기꺼이 그 액수를 지출할 것이다.

예산 수립의 **목표과업법**objective and task method은 다음 3단계의 **상향집결 방식**buildup approach을 사용한다. (1) 달성할 커뮤니케이션 목표 정의, (2) 그것을 달성하기 위해 필요한 구체적인 전략과 업무 결정, (3) 이 전략과 업무 수행과 연관된 비용 추산. 총예산은 이러한 비용의 누적금액에 기초한다.

목표과업법의 실행은 다소 복잡하다. 경영자는 이 실행 과정 내내 감독해야 하고 목표가 얼마나 잘 달성되는지에 따라 전략을 바꾸어야 한다. **도표 7-17**에서 보는 바와 같이, 이 과정은 몇 가지 단계를 포함한다.

1. **목표 분리하기.** 프로모션 기획 모델이 제시되면, 기업은 달성할 두 가지의 목표, 즉 마케팅 목표와 커뮤니케이션 목표를 갖게 된다. 마케팅 목표가 결정된 후에 이러한 목표를 달성하기 위한 구체적인 커뮤니케이션 목표를 결정할 수 있다. 커뮤니케이션 목표는 반드시 정해진 시간과 함께 구체적이고 달성할 수 있으며 측정이 가능하여야 한다.
2. **필요한 업무 결정하기.** 설정한 목표를 달성하기 위한 전략 계획에는 많은 요소들이 포함된다. 이러한 업무는 다양한 매체를 통한 광고, 판매촉진 활동, 그리고 다른 프로모션 믹스 요소들을 포함하며 각각의 역할이 있다.
3. **필요한 지출 추정하기.** 상향집결 방식의 분석은 이전 단계에서 결정한 업무와 관련하여 견적원가를 결정하여야 한다. 예를 들어, 광고를 통해서 인지도를 높이려면 얼마가 드는지 혹은 샘플링을 통해서 소비자들이 직접 시용trial해 보도록 하는 데 드는 비용 등이 포함된다.

도표 7-17
목표과업법

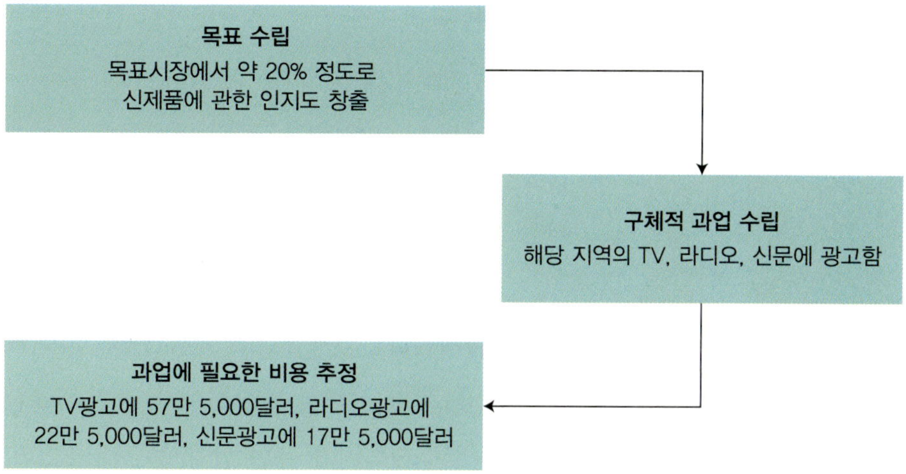

4. **검토하기.** 설정한 목표를 얼마나 잘 달성하고 있는지를 결정하는 여러 가지 방법이 있다. 성과는 지출된 예산에 비추어 검토되고 평가되어야 한다.
5. **목표 재평가.** 일단 어떤 목표가 달성되면, 새로운 목표를 위해 광고비는 더 잘 쓰이게 된다. 그러므로 어떤 기업이 소비자 인지수준까지 달성했다면 예산이 소비자 평가나 소비자 시용 등과 같은 고차원의 목표에 집중하도록 바뀌어야 한다.

목표과업법의 주요 장점은 예산이 앞으로 달성되어야 할 목표에 의해 정해진다는 점이다. 마케팅을 수행하는 경영자들은 구체적인 전략을 가지고 예산 수립 과정에 참여한다.

목표과업법의 단점으로는 어떤 업무가 필요할지, 또 각각의 업무에 필요한 비용이 얼마인지 결정하는 데에 대한 어려움을 들 수 있다. 예를 들어, 목표시장에서 50%의 인지를 얻기 위해 필요한 구체적인 업무가 무엇인가? 그 업무에 필요한 비용을 얼마나 될 것인가? 이러한 결정이 구체적인 목표를 결정하는 것보다 쉬운 반면(예를 들면, 규정한 시장에서 시용을 불러일으키기 위해 필요한 샘플링의 비용을 측정), 구체적으로 무엇이 필요한지, 그리고 그 일을 완수하는 데 얼마의 비용이 드는지 아는 것이 항상 가능한 일은 아니다. 이 과정은 현재 존재하는 제품이나 동일 제품 카테고리 내의 유사 상품에서 가이드로 사용할 지난 경험이 있는 경우에는 조금 순조롭다. 하지만 신제품 도입 시엔 특히나 어렵다. 그 결과 이 방식을 통한 예산 수립은 이전에 언급했던 방식들만큼 수행하기 쉽거나 안정적이지 않다. 이러한 단점으로 인해 많은 마케팅 경영자들이 총지출 금액을 설정하는 방법으로 상의하달식 방법에 머물러 왔다.

목표과업법은 이전에 언급했던 방법들에 대하여 강점을 가지고 있으나 제품의 실적이 없는 경우 훨씬 수행하기 어렵다. 이어지는 내용에서는 신제품 도입의 경우 예산 수립의 어려움에 대해 다룰 것이다.

현금흐름계획법 신제품을 도입하는 첫 번째 달에는 높은 수준의 인지와 시용을 불러일으키기 위해서 평상시보다 많은 광고와 프로모션 예산액이 필요하다. 닐슨Nielsen의 데이터를 40년 이상 연구한 페크햄James O. Peckham은 성공적으로 신제품을 출시하기 위해 필요한 평균 광고 매출 비율이 대략 1.5:2 정도라고 추정하였다.[28] 도표 7-18의 두 개 사례에서 보다시피, 이것은 새로운 진입자의 경우 필요한 시장점유율의 대략 두 배를 지출하여야 한다는 의미이다. 예를 들어 식품산업의 경우 101 브랜드는 이 카테고리 내 전체 광고비의 34%의 지출을 통해 12.6%의 시장점유율을 얻었다. 이와 똑같이 화장품류 산업에서 401 브랜드는 19.5%의 매출을 얻기 위해서 광고비 30%를 지출하였다.

얼마만큼 지출할지 결정하기 위해서 마케터들은 광고와 프로모션 예산액의 투자가치를 결정하는 **현금흐름계획법**payout plan을 종종 사용한다. 기본적인 아이디어는 2, 3년간 제품이 발생시키는 비용뿐만 아니라 창출할 수입을 계획하는 것이다. 기대수익률에 기초하여 현금흐름계획법은 광고와 프로모션 지출이 얼마만큼 필요한지, 수익은 언제쯤 기대되는지 결정하는 것을 도와준다. 도표 7-19는 3년 현금흐름계획법을 보여준다. 이 제품은 첫 번째 해에는 돈을 잃고, 두 번째 해에는 가까스로 손익분기점에 도달하여 세 번째 해 말이 되어서야 비로소 상당한 수익을 보여주기 시작한다.

광고와 프로모션 예산은 첫 번째 해에 가장 크고 두 번째, 세 번째 해에는 감소한다. 이 예산액은 페크햄의 연구결과와 일관되고 가능한 한 빠르게 영향을 주기 위해 필요한 추가 지출을 반영한다. (매장의 진열대 크기는 한정되어 있고, 매장 주인은 제품이 성공하기까지 기다려주지 않는다는 점을 기억해야 한다.) 일반적으로 기업은 제품이 수익을 보이기 시작해야 하는 기한을 정해 주기 때문에 예산은 또한 신제품 지출을 위한 가이드라인을 반영하여야 한다. 마지막으로 시장

도표 7-18
광고 지분과 매출과의 관계 (2년 요약)

A. 음식제품의 새로운 브랜드

브랜드	평균 광고 지분	확보된 매출 지분	매출 대비 광고 지분율
101	34%	12.6%	2.7
102	16	10.0	1.6
103	8	7.6	1.1
104	4	2.6	1.5
105	3	2.1	1.4

B. 욕실용품의 새로운 브랜드

브랜드	평균 광고 지분	확보된 매출 지분	매출 대비 광고 지분율
401	30%	19.5%	1.5
402	25	16.5	1.5
403	20	16.2	1.2
404	12	9.4	1.3
405	16	8.7	1.8
406	19	7.3	2.6
407	14	7.2	1.9
408	10	6.0	1.7
409	7	6.0	1.2
410	6	5.9	1.0
411	10	5.9	1.7
412	6	5.2	1.2

도표 7-19
3년간의 현금흐름계획법 사례 (단위: 백만 달러)

	첫 번째 해	두 번째 해	세 번째 해
매출액	15.0	35.50	60.75
공헌 이익 (상자당 0.5달러)	7.5	17.75	30.38
광고/프로모션 비용	15.0	10.50	8.50
이익 (손실)	(7.5)	7.25	21.88
누적이익 (누적손실)	(7.5)	(0.25)	21.63

점유율을 구축하는 것이 그것을 유지하는 것보다 더 어려운 일이라는 것을 명심해야 한다. 그러므로 세 번째 해에 가서 지출의 상당한 감소가 있다.

현금흐름계획법이 항상 완벽한 것은 아니지만, 이 방법은 경영자들이 예산을 수립하는 하는 데 지침이 되고 있다. 이 방식이 목표과업법과 함께 사용될 경우 이전에 언급했던 상의하달식 접근보다 훨씬 논리적으로 예산을 수립할 수 있다. 그러나 일찍이 발표된 연구에 근거하면 현금흐름계획법은 널리 사용되는 방법으로 보이진 않는다.

정량적 모델 예산 수립에 정량적 모델을 적용하는 시도는 제한적인 성공을 거두었다. 대부분의 경우 이 방법은 매출에 대한 광고 예산의 상대적 기여 정도를 결정하기 위해 다중회귀분석과 같은 통계적 기술 등의 **컴퓨터 시뮬레이션 모델**computer simulation model을 이용한다. 관련한 문제점들 때문에 많은 사람들이 이 방법에 동의하지 않으며 정량적 모델은 아직 충분한 빛을 내지 못하고 있다. 사람들이 광고비 대비 매출이 일어나는 구체적인 메커니즘에 관한 인과를 알고 싶어 하는 요구가 점점 증가함에 따라서 향후 더 정교한 모델이 나올 것 같다. 그러나 이 모델에 관한 구체적인 논의는 이 책의 범위를 벗어난다. 이 방법은 장점을 가지고 있으나 널리 성공을 달성하기 전에 개선이 좀 더 필요하다.

예산 수립 방식의 요약 누구나 받아들이는 예산 수립 방식은 없다. 각 방식들의 일부 취약점으로 인하여 실행할 수도 없거니와 사용하기 부적절한 것이 되어버렸다. 이전 연구들이 보여준 바와 같이 목표과업법의 사용은 높은 단계에 있으며 반면에 그보다 덜 정교한 방법들은 채택될 가능성이 다양하다. 많은 광고주들은 현금흐름계획법을 사용하고 있다.

경영자들이 광고와 프로모션 예산을 어떻게 결정하는지에 관한 연구의 일환으로, 로우George Low와 모Jakki Mohr는 8개의 소비재 기업의 21명의 경영자들과 인터뷰하였다. 그들은 광고와 프로모션 비용의 배분에 영향을 주는 지출 수준을 설정하는 데 필요한 결정 과정과 절차에 연구의 초점을 맞추었다.

그들의 결과물에 기초하여(도표 7-20) 연구자들은 예산 수립 과정은 많은 경영자들에게 여전히 당혹스러운 문제라는 점과 경영자가 선호하는 바에 따라서가 아닌 제도적 압력으로 인해서 상당 부분의 광고와 프로모션의 예산이 결정된다는 결론을 내렸다. 그리고 저자는 예산을 성공적으로 수립하고 수행하기 위해서 경영자들은 반드시 (1) 임기응변적인 접근법을 피하고 예산 프로세스의 지침이 되는 종합적인 전략을 사용해야 하고, (2) IMC 개념을 이용하는 전략적 기획 틀을

도표 7-20
광고와 프로모션 예산은 어떻게 수립되는가

의사결정 과정에 있어서의 특징
▪ 경영자가 브랜드에 관하여 전반적인 마케팅 목표를 수립한다.
▪ 목표와 예측치를 근거로 미래의 재무적인 흐름을 추정한다.
▪ 계량적인 모델과 경영적인 판단으로 광고와 프로모션 예산이 수립된다.
▪ 예산은 고위 경영자에게 제출되어 허락을 맞고 수정을 하기도 한다.
▪ 예산이 실행된다. (실행 과정에서 흔히 수정되기도 한다)
▪ 예산은 결과치와 비교하여 평가된다.
예산 할당에 영향을 미치는 요인
▪ 위험을 감수할 것인가 회피할 것인가 정도
▪ 마케팅 정보를 사용하는데 있어서 정교함을 요구 하는 정도
▪ 경영적인 판단
▪ 계량적인 도구를 사용
▪ 브랜드 차별화 전략
▪ 브랜드 자산
▪ 크리에이티브 메시지의 강도
▪ 유통업자의 힘
▪ 단기 혹은 장기전략
▪ 상의하달적인 영향력
▪ 판매원들의 정략적인 압력
▪ 고질적인 조직의 무기력증
▪ 수시로 생기는 변경사항

개발해야 하며, (3) 돌발상황에 관한 대책을 세워야 하며, (4) 장기목표에 집중해야 하며, (5) 지속적으로 프로그램의 효과를 평가해야 한다고 했다.[29]

이 방식을 매출액 비례법과 함께 사용하면 더 유용하고 정확한 광고 예산에 도달할 수 있을 것이다. 예를 들어, 많은 기업들이 달성하고자 하는 목표를 세움으로써 예산 수립 과정을 시작하고, 그러고 나서 매출액 비례법이나 기타 방법을 통해 회사에서 확보 가능한지를 결정하여 예산을 정한다. 경쟁사의 예산도 물론 이러한 결정에 영향을 미칠 수 있다.

예산 할당

예산이 책정되면 그것을 할당하는 것이 다음 단계이다. 예산 할당 결정은 어느 시장, 어느 제품, 어느 프로모션 요소가 얼마만큼의 예산을 받게 되는지 결정하는 것이다.

IMC 수단들에의 할당 이전에 언급한 바와 같이 많은 광고주들이 전통적 광고 매체로부터 B2C와 B2B 고객 둘 다 목표로 하는 판매촉진으로 예산의 일부를 이동시키고 있다. 도표 7-21은 대부분의 전통적인 매체에서 2008년에서 2009년 사이 광고 지출이 감소하고 그중 라디오와 몇몇의 잡지는 기록적으로 낮은 수치를 보였다는 것을 보여주고 있다. 이 기간 동안 증가세를 보인 매체는 인터넷(디스플레이 광고만)과 별쇄광고FSI 뿐이었다.

어떤 마케터들은 또한 그들의 광고비용을 늘리고 동일한 비용으로부터 더 많은 효과를 얻기 위해 부서별 할당 결정을 이용한다. 기업들은 부서 지출 통합, 삭감하기, 대행사 비용agency fees 줄이기, 더 적은 캠페인을 생산하기, 목표매체에 대한 의존도 높이기 등 많은 조치를 취해 왔다. 이전에 언급한 바와 같이, P&G와 코카콜라는 예산의 상당 부분을 전통매체에서 비전통적인 매체로 할당하고고, 더 혁신적이고 효율적으로 집행하기 위해 노력하고 있다.

고객/대행사 규정 예산 할당에 영향을 미칠 수 있는 다른 요인은 기업 또는 광고대행사의 개별 방침이다. 대행사는 광고주가 판매촉진으로의 예산 할당을 막고 그 예산을 광고에 지출하기를 선호할 것이다. 대행사는 이러한 돈은 효과를 측정하기 어렵고 통제 하에 있지 않을 경우 부적절하게 사용될 것이라는 입장을 취할

도표 7-21
미국 매체별 광고 지출 현황 (2008–2009)

광고 지출 비율의 변화	
매체	**2009년(2008년 대비)**
TV	-9.5%
■ 네트워크TV	-7.6
■ 케이블TV	-1.4
■ 스폿TV	-23.7
■ 스페인어TV	-8.9
■ 종합전국TV	-4.9
잡지	-17.4
■ 소비자 잡지	-16.6
■ B2B 잡지	-26.2
■ 일요잡지	-11.0
■ 지방 잡지	-27.7
■ 스페인어 잡지	-21.6

광고 지출 비율의 변화	
매체	**2009년(2008년 대비)**
신문	-19.7%
■ 지방신문	-20.0
■ 전국신문	-17.8
■ 스페인어 신문	-16.4
인터넷(디스플레이 광고)	7.3
라디오	-20.3
■ 지방라디오	-20.6
■ 전국라디오	-24.6
■ 네트워크라디오	-8.7
옥외	-13.2%
별쇄광고	3.0%
합계	-12.3%

것이다. (많은 사례에서 이 부분에서는 수수료가 없으며 이 사실은 대행사의 저항을 가져온다.)

대행사나 광고주의 성향도 직접적으로 돈이 어디에 쓰일지에 영향을 준다. 광고대행사 대부분이 크리에이티브 분야가 전문인 경영자들에 의해 운영되며 크리에이티브 예산을 더 강조하는 경향이 있다. 어떤이들은 특정한 매체를 선호할 수 있다. 예를 들면, 어떤 대행사들은 스스로 비전통적인 매체에서 전문가임을 표명하고 그 매체에 더 많은 광고주의 돈을 지출한다. 어떤이들은 인터넷 매체에 더 많은 돈을 지출하는 경향이 있다. 광고대행사와 광고주 둘 모두 과거 성공에 근거하여 프로모션 프로그램의 특정 측면들에 우호적이며 그 점이 예산이 어디에 쓰일지에 상당히 영향을 미친다.

시장 규모 예산이 정해진 목표달성을 위한 구체적인 프로모션 수단에 따라 할당되어야 하는 반면, 시장의 규모는 그 결정에 영향을 미칠 것이다. 작은 규모의 시장에서는 목표시장까지의 접근이 더 수월하고 비용이 덜 들어간다. 이러한 시장에서의 과도한 지출은 포화상태로 이끌고 효과적인 지출을 어렵게 한다. 대규모의 시장에서는 목표그룹은 더 분산되어 있으며 따라서 그들에게의 접근은 비용이 더 소모된다. 시카고나 뉴욕시의 매체를 구입하는 비용을 오하이오의 콜럼버스, 앨라바마의 버밍햄과 같은 작은 시장보다 훨씬 디 많이 들며 더 많은 예산을 필요로 할 것이다.

시장 잠재성 다양한 이유로, 어떤 시장은 다른 시장보다 더 큰 잠재성을 보유한다. 스노우 스키의 마케터들은 플로리다의 포트로더데일보다는 콜로라도의 덴버에서 더 큰 수익을 올릴 수 있다. 멕시코 수입 맥주는 중서부보다 경계주(텍사스, 애리조나, 캘리포니아)에서 더 잘 팔릴 것이다. 캘리포니아와 뉴잉글랜드에서는 불균형적으로 많은 수입차가 팔리고 있다. 특정 시장이 높은 잠재성을 가지고 있을 때, 마케팅 경영자들은 그곳에 예산을 추가로 할당하려 할 것이다. (매출이 높지 않은 시장은 무시해도 좋다는 의미가 아님을 기억하라. 핵심은 잠재성이다. 매출은 낮으나 잠재성이 높은 시장은 추가적인 예산액의 후보지가 될 수 있다.)

시장점유율 목표 「Harvard Business Review」에 소개된 두 가지 연구는 시장점유율을 유지하거나 증대시키는 목표와 함께 광고 지출을 다루었다.[30] 존스John Jones는 브랜드의 시장점유율과 광고지분advertising voice 비중(제품 카테고리 내 주요 매체의 노출에 대한 총가치)을 비교하였다. 존스는 브랜드를 '이윤을 창출하는 브랜드profit taking brands, 즉 언더스펜더underspender(매출 대비 광고비를 적게 지출)'와 '광고지분share of voice이 시장점유율보다 명백히 높은 투자 브랜드'로 분류하였다. 그의 연구에서 작은 시장점유율을 가진 브랜드들 중 이윤을 창출하는 브랜드는 소수이다. 하지만 브랜드가 그들의 시장점유율을 증가시킴에 따라 거의 5개 중 3개가 상당히 작은 광고지분을 가졌다.

존스는 이런 변화를 설명할 세 가지 요인을 들 수 있다고 언급하였다. 첫 번째로, 새로운 브랜드는 일반적으로 평균보다 높은 광고 지원을 받는다. 두 번째로는 오래된, 더 성숙한 브랜드는 광고 지출을 줄인다. 즉, 브랜드가 성숙기에 다다르면 광고 지원은 감소한다. 세 번째로 광고에도 규모의 경제가 존재하여, 잘 정착된 브랜드에서 광고는 큰 효과를 내므로 지출을 줄일 필요가 있다. 존스는 더 큰 브랜드의 경우 광고 지출을 줄여도 시장점유율을 유지하는 것이 가능하다고 결론 내렸다. 반면에 작은 브랜드들은 계속해서 큰 광고지분을 유지해야 한다.

슈로어James Schroer는 마케터가 시장점유율을 높이고자 하는 상황에서의 광고 예산을 설명하였다. 그는 마케터들이 할 일을 제안하였다.

- 마케터들은 전국적인 광고 노력을 하는 대신 경쟁이 약하거나 지출이 적은 시장에 집중하여 시장을 세분화하여야 한다.
- 마케터들은 경쟁사의 비용 상태를 살펴보아야 한다. (경쟁사가 얼마 동안 현재의 또는 증가된 광고비를 지출하는지)
- 마케터들은 광고 예산 삭감으로 인한 단기적인 이익에 반대하여야 한다.
- 마케터들은 장기전보다 단기 틈새 전략을 고려해야 한다.

도표 7-22는 다양한 시장에서 지출 우선순위에 관한 슈로어의 제안이다.

광고의 규모의 경제 몇몇 연구는 큰 시장점유율을 보유한 기업이나 브랜드는 작은 경쟁사들에 비해 유리한 위치에 있으며 따라서 광고에 적은 돈을 들이고 더 나은 수익을 얻을 수 있다는 증거를 제시하고 있다.[31] 큰 규모의 광고주들은 더

도표 7-22
광고지분과 광고 지출: 개별 시장에서의 우선순위

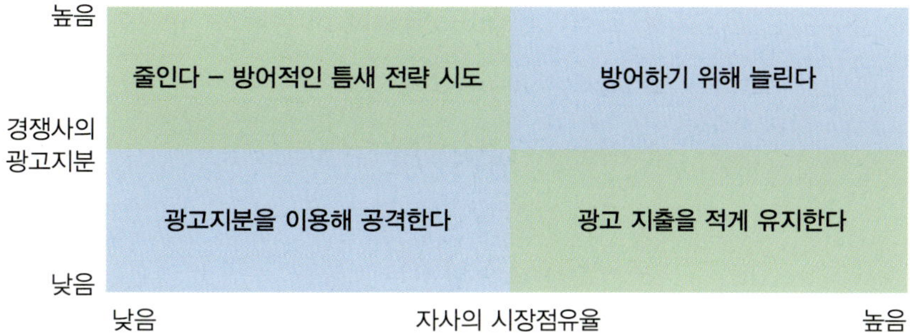

좋은 광고 단가advertising rate를 얻을 수 있기 때문에 그들의 시장점유율에 비해 상대적으로 낮은 광고점유율을 유지할 수 있고, 평균 생산비가 줄어들며, 여러 제품을 함께 광고하는 장점을 축적할 수 있다. 게다가 그들은 더 선호하는 시간과 공간 위치, 중간상인들의 협동, 그리고 우호적인 홍보를 누릴 수 있을 것이다. 이러한 이점들이 **규모의 경제**economies of scale로 알려져 있다.

랭카스터Kent Lancaster는 이 입장을 지지하는 연구를 검토하고, 다양한 소포장 제품에 대한 연구를 수행한 후 이 상황이 유효하지 않으며 사실 대규모 브랜드의 제품은 실제로 불리한 입장에 있다는 것을 알아냈다.[32] 그의 연구결과는 시장을 선도하는 브랜드가 평균 2.5%를 더 지불한다는 것을 보여주었다. 그는 다음과 같이 결론 내렸다.

1. 대기업이 중소기업보다 상대적으로 광고비를 낮게 책정한다는 증거는 없다.
2. 한 제품그룹 내 시장을 선도하는 브랜드가 다른 브랜드들보다 더 낮은 매출 대비 광고비를 가진다는 증거는 없다.
3. 매출 1달러당 광고비와 광고주 규모 사이에 고정된 관계가 있다는 증거는 없다.

이 연구를 비롯한 여러 연구의 결과는 기업의 규모나 브랜드의 시장점유율로 축적되는 규모의 경제는 실제 존재하지 않음을 보여준다.[33]

조직적 특성 광고와 프로모션 사이에서 어떻게 예산 할당이 정해지는지에 관한 문헌들을 검토하면서 로우와 모는 조직적인 요인이 중요한 역할을 한다고 결론내렸다.[34] 로우와 모는 다음의 요인들이 예산 할당 결정에 영향을 미치는 것을 주목하였다. 이 요인들은 조직에 따라서 다르게 작용하며, 광고나 프로모션 비용에 상대적으로 얼마를 지불하는가에 영향을 미친다.

- 조직의 구조 ─ 집권화 대 분권화, 규정화 정도, 그리고 복잡성
- 조직 위계 내 힘과 정치
- 전문가 의견의 사용(컨설턴트 등)
- 결재 그리고 협상 채널
- 최적의 예산에 이르도록 하는 고위 간부에 주어지는 압력

이러한 요인들이 예산 할당에 영향을 주는 한 가지 사례는 마케팅 부서와 회계나 생산과 같은 다른 기능 부서 간의 상호작용 정도와 관련이 있다. 광고 대 프로모션의 상대적 중요성은 부서마다 다를 수 있다고 주장한다. 금전적인 요소를 생각하는 회계부서 사람들은 프로모션 활동의 매출 효과에 찬성할 것이며, 반면에 생산부서 사람들은 갑작스런 수요의 급증이 생산 스케줄을 고려하지 않을 것이기 때문에 프로모션으로의 예산 할당에 반대할 것이다. 마케팅 부서는 의사결정에 있어 이러한 그룹들의 생각에 영향을 받을 것이다.

전문가 의견을 제공하기 위해 외부 컨설턴트를 이용하는 것 또한 의사결정에 영향을 미칠 수 있다. 업계지, 학술지, 심지어 일반 도서들도 의사결정자들의 사고에 귀중한 참고자료일 것이다. 종합해 보면, 예산 할당 결정에는 반드시 여러 요인들이 고려되어야 한다는 것은 명백하다. 시장의 규모, 시장의 잠재성, 추구하는 구체적인 목표, 그리고 기업이나 대행사의 이전 관행들과 우선순위 등의 모든 요소가 예산 할당 결정에 영향을 미친다.

요약

이 장은 광고 기획에 있어 목표의 역할과 IMC 프로그램의 평가, 그리고 그 목표를 이루기 위해 기업이 어떻게 예산을 수립하는지를 검토하였다. 프로모션 프로그램을 개발하기 위해, 또 성과가 측정되고 평가하는 데 기준을 제공하기 위해 구체적인 목표가 필요하다. 목표는 커뮤니케이션 장치로서, IMC 프로그램을 기획하는 가이드로서, 다양한 대안에서 결정하고, 측정과 평가를 위한 중요한 기능을 수행한다.

IMC의 목표는 조직의 전체 마케팅 계획에서 시작되며 마케팅 프로그램에서 다양한 프로모션 믹스 요소들의 역할에 기반을 둔다. 많은 경영자들이 목표를 세우는 기초로 매출이나 시장점유율과 같은 관련 측정치를 사용한다. 그러나 매출 지향(sales-based) 목표의 다양한 문제 때문에 많은 프로모션 기획자들은 광고와 다른 프로모션 믹스 요소들의 역할은 커뮤니이션을 하는 것이라고 생각한다. 그들은 목표 수립에 대한 기초로서 반응단계에서와 같이 커뮤니케이션 목표를 사용한다.

목표 설정에서 강조하는 대부분은 전통적인 광고에 기반을 둔 마케팅 커뮤니케이션 관점이다. 그러나 많은 기업들이 어떤 업무가 수행되어야 하는지, 또 어떤 마케팅 커뮤니케이션 기능이 어느 정도의 수준까지 사용되어야 하는지에 초점을 맞춘, 제로베이스 커뮤니케이션 계획으로 전향하고 있다. 광고 목표를 세우는 데 사용되는 많은 이론들은 프로모션 믹스의 다른 요소에도 적용될 수 있다.

이미 결론 내린 바와 같이, 예산 결정은 일반적으로 경험이나 강력한 이론적 기초에 기반을 두는 것이 아니다. 그리고 그 과정은 프로모션 프로그램에 있어서 공고화된 과정도 아니다. 경제학적 모델은 쓰기에는 제한이 있고 종종 매출에 대한 효과를 직접 설명하려고 하며 마케팅 믹스의 다른 요소들은 무시한다. 논의한 방법 중 몇몇은 이론적 기초가 없으며 수행하기로 되어있던 광고와 프로모션의 역할을 무시한다.

예산 책정을 개선하는 한 가지 방법으로는 효과의 측정을 상위목표인 마케팅 목표가 아닌 하위목표라 할 수 있는 커뮤니케이션 목표에 의지하는 것이다. 커뮤니케이션 목표와 함께 목표과업법을 사용하는 것은 예산 수립 문제점의 최적의 해결책을 아닐 수 있으나, 상의하달식 방법에서 개선된 점이라 할 수 있다. 마케터들은 여러 방식들의 결합을 사용하는 것이 유리하다는 점을 안다.

예산을 결정함에 있어, 광고와 프로모션 비용을 할당할 때 경영자들은 반드시 여러 요인들을 고려해야 한다. 시장 규모와 잠재성, 대행사 규정, 그리고 경영자들의 선호는 예산 할당 결정에 영향을 줄 수 있다.

토론문제

1. 마케터들에게 구체적인 광고/프로모션 목표를 세우는 것이 왜 중요한가? 이러한 목표가 유효하기 위해서는 이떠한 기준을 만족시켜야 하는가?
2. 커뮤니케이션 목표를 세우는 데 관련된 문제점들은 어떤 것들이 있는가? 마케터들이 이러한 문제점을 어떻게 극복할 수 있는가? 예를 들어 설명하시오.
3. IMC 목표를 세우는 것의 가치는 무엇인가? 마케터들은 구체적인 목표를 세움으로써 어떻게 그들의 커뮤니케이션 프로그램을 개선시키는가?
4. 마케터들이 예산을 세우는 데 고려해야 할 두 가지 핵심 문제는 무엇인가? 차이점을 설명하고 각각의 예시를 들어보시오.
5. 예산 수립과 관련된 S자형 반응곡선과 오목하향 곡선을 설명하시오. 각각이 다른 제품에 어떻게 적절한지 예를 들어보시오.
6. 매출에 대한 광고의 효과를 직접 측정하고자 하는 노력은 항상 있었다. 동시에 그것이 거의 불가능하다고 생각하는 사람들이 많다. 광고와 매출 간의 관계를 설정하는 것이 왜 이렇게 어려운 일인가?
7. S자형 반응 모델과 급격히 효과가 감소하는(the rapidly diminishing returns) 모델 간의 차이를 설명하여라. 어떤이들은 전자가 저관여 제품에, 후자는 고관여 제품에 적절하다고 생각한다. 이 입장에 동의 여부를 밝히고 그 이유를 설명하시오.
8. 효과계층 모델은 많은 기업에 의해 채택되어왔다. 효과계층모델의 의미를 논의해 보자. 이 모델에는 약점은 없는가?
9. 경제가 하락세에 있는 경우 많은 기업들이 광고와 프로모션 예산을 삭감한다. 이러한 전략이 항상 최고의 전략이 아닌 이유를 설명하시오.
10. 이 장에서 언급한 바와 같이, ROI 결정 방식이 주목을 받고 있다. 이러한 관심의 증가 원인에 대하여 논의해 보시오. ROI를 측정하는 것은 왜 어려운가?

5부 I IMC 프로그램 개발

Part Five

Developing the Integrated Marketing Communications Program

8 크리에이티브 전략: 기획과 개발

학습목표

1. 광고에 있어서 창의성이란 무엇인지 알아보고 크리에이티브 전략을 살펴본다.
2. 광고메시지 작성에 도움되는 과정을 살펴보고 크리에이티브 과정에서 필요한 리서치에는 어떤 것이 있는지 살펴본다
3. 크리에이티브 전략의 전개 과정과 광고주와 광고회사의 다양한 인력들의 역할에 관하여 살펴본다.
4. 광고캠페인의 근간이 되는 핵심 판매 아이디어를 결정하는 다양한 방법론을 알아본다.

샹그릴라: '우리의 천성입니다.'

1971년, 홍콩 본점의 샹그릴라(Shangri-La) 호텔과 리조트들은 싱가폴에 첫 지점을 개장했다. 그 지점의 조망이 좋은 정원과 화려한 게스트룸, 그리고 아시안 스타일 테마는 호텔체인점들의 디자인을 계속해서 안내하는 기준을 설정했다. 거의 40년 지난 현재, 샹그릴라는 70개가 넘는 직영호텔과 17개국에 있는 트레이더스 브랜드(Traders brand)를 소유하거나 관리한다. 뿐만 아니라 13개국에 40개가 넘는 지점을 개발 중이다.

이 브랜드는 현재 그 브랜드만의 아시안 환대산업 속에 살아 숨쉬는 3만 개가 넘는 방들과 3만3천 명 이상의 직원들을 보유하고 있다. 2010년 6월에 샹그릴라는 고객과 동반자들에 대한 참된 보살핌과 존경이 담긴 브랜드 특성을 전하는 새로운 브랜드 캠페인을 시작했으며, 이와 같은 특성으로 말미암아 샹그릴라 체인이 명실공히 아시안 태평양의 럭셔리 호텔로 자리매김하게 하였다. 샹그릴라의 직원들과 파트너들 그리고 고객들과의 광범위한 대화를 통해 오길비앤매더(Ogilvy&Mather)는 샹그릴라 문화의 핵심을, '마음으로 사람들을 포용하는 것, 그리고 그들을 가족처럼 대하는 것'으로 구체화시켰고 호텔 건물 자체의 외형적 특성이 아닌 삶에 감성적인 경험들을 풍기는 광고캠페인을 전개하였다. 대부분의 다른 호텔체인은 마케팅 전략에 있어서 호텔 외관에 중요시하는 전략을 폈지만 샹그릴라의 이 새로운 광고메시지는 브랜드의 따뜻함을 강조하여 차별화하였다. 이 캠페인은 환대산업의 근본적인 정의를 재확인하였다. 환대산업은 대부분의 광고에서 강조하는 아름다운 방들과 대궐 같은 로비들이 중요한 것이 아니라 마음으로부터 우러나오는 고객과의 상호작용이 더욱 중요하다는 것이다.

'우리의 천성입니다(It's in Our Nature)'라는 이 캠페인은 궂은 날씨에 폭풍우를 무릅쓰고 산을 넘는 한 고독한 여행자에 관한 이야기이다. 그의 외롭고 어려운 여행은 타지역과 타문화로 자주 여행을 떠나, 집으로부터 수마일을 떨어져, 머무르는 호텔이 얼마나 화려하든지 간에 길을 잃거나 혼자가 된 것 같은 느낌을 받는 현대 비즈니스 여행자들의 소외감에 대한 은유이다. 그 고독한 여행자가 폭풍우에 굴복하려는 찰나 늑대의 무리가 도움을 주러 온다. 늑대들은 놀랍게도 그의 주위로 모여 그에게 기대어 눕는다. 그러고는 여행자를 마치 그들의 한 구성원인 양 감싸 안는다. 이 광고는 간단하고 보편적인 진실을 전달한다. "낯선 사람을 자신인 것처럼 포용하는 것보다 더 좋은 환대는 없다."

늑대들로 대표되는 샹그릴라는 현대 여행자를 위해 진실되고 따뜻한 천국이 된다. 그리고 여행자는 어딜 가든지 상관없이 자신이 환영 받고 있다고 느끼게끔 한다. 이 캠페인은 3분짜리 바이럴 광고(viral)를 포함했고 (샹그릴라 웹사이트에서 가능한 90초 광고로 편집된) 그 후에 TV용, 항공용, 온라인용, 그리고 영화관용을 위해 60초 그리고 30초로 편집되었다. 게다가 세 개의 인쇄광고, TV광고의 인쇄버전, 그리고 백조의 둥지에 정착된 여행자와 돌고래에 의해 둘러싸인 여행자 두 그림이 있었다.

이 캠페인은 환대산업에서의 표준을 설정하였고, 샹그릴라 브랜드의 정체정을 개발하고 인지도를 높이기 위해서 브렌단 인스(Brendan Inns)가 언급한 '동일함'이 환대산업에서 흔하다는 사실을 극복했다. BBDO 상하이의 앤드류 록(Andrew Lok)은 이 광고를 흠 없는 광고 실행을 달성한 조각품이며, 이를 보기 위해 인생의 귀중한 몇 분을 소비할 가치가 있다고 극찬했다. 그러나 어드밴티지 애드버타이징(Advantage Advertising)의 라예스 메논(Rajesh Menon)은 (아름다운 작품 방향성에도 불구하고) 메시지가 새롭지 않고, 청중에게 꼭 샹그릴라 호텔에 머물러야 한다는 확신을 주지 못했다는 의견을 내놓았다. 대신 그는 홀리데이인(Holiday Inn)의 'Stay You' 캠페인이 더 진실되다고 보았다.

인스는 샹그릴라는 캠페인이 환대산업에 있어서 다른 어떠한 회사보다 두드러지기를 원했다고 말해 왔고 일년 반 이상을 광고를 계획하고 개발하는 데 공들여 왔었다. 원래 2009년 마지막 분기에 출시되기로 의도되었고, 광고메시지를 연구하고 그 광고의 실행을 계획하는 데 많은 시간을 소비하면서, 샹그릴라는 고객이 브랜드와 감성적으로 연결되고 환대에 대한 그들의 기대를 재평가하도록 캠페인을 개발했다. 이 캠페인은 환대산업이란 호텔이 제공하는 침대나 수영장 그 이상의 것으로 고객이 집으로부터 멀리 떨어져 있어도 마음을 따뜻하게 하는 진정한 인간적 연결점에 관한 것을 말해 주고 있다.

그리고 결과로 이 캠페인은 2011년 the Asian Marketing Effectiveness Festival, 2011년 AdFest, 그리고 2010년 Spikes Asia Advertising Festival에서 상을 탔다.

자료: "Reviewed: Shangri-La's 'It's in Our Nature' TVC,"Campaign Asia-Pacific, July 7, 2010, http://www.campaignasia.com/Tools/Print.aspx?CIID=219169; Matt Eaton, "Shangri-La in Global Brand Push," May 31, 2010, Marketing Interactive, http://www.marketing-interactive.com/news/20009.

IMC 프로그램의 중요한 구성요소 중 하나는 광고메시지이다. 광고메시지의 기본 역할은 정보 제공이지만 알고 보면 더 많은 역할을 한다. 우리가 TV를 통해 보거나 라디오를 통해 듣는 광고들, 잡지나 신문에서 보는 인쇄광고들, 배너광고를 포함한 다양한 형태의 온라인 광고들은 정보 제공뿐만이 아니라 재미, 동기부여, 매혹, 판타지, 그리고 때로는 짜증의 원천이 된다. 광고들은 소비자들의 문제, 욕망, 목표에 어필하거나, 때로는 이들을 창조하기도 하고 형성한다. 마케터 관점에서 광고메시지는 소비자들에게 제품이나 서비스가 어떻게 문제를 풀 수 있는지 또는 욕망을 만족시키거나 목표를 성취하게끔 돕는지를 알려주는 방법이다. 광고는 또한 이미지와 연상을 창출하거나 하나의 브랜드를 소비자 마음속에 위치시키기 위해, 더불어 제품이나 서비스를 구매하고 사용하는 경험을 변형시키기 위해 사용될 수 있다. BMW를 한 번도 운전해 보거나 타보지 않은 소비자들도 그것을 '완결한 차the ultimate driving machine'라고 인지한다. 많은 사람들이 홀마크Hallmark의 연하장에 대해 좋은 느낌을 갖는다. 왜냐하면 '여러분이 최고의 정성을 보내는 데 충분히 신경 쓸 때'라는 이 회사의 광고 주제를 기억하기 때문이다.

단지 저녁 시간대의 광고들만 보거나 몇몇 잡지들을 정독하는 것만으로도 광고메시지를 전달하는 데 무수한 방법이 있다는 것을 알 수 있다. 하지만 이 모든 광고메시지들이 태어나기까지는 광고메시지가 무엇을 말할 것인지 또는 어떻게 의사소통할 것인지를 결정하는 **크리에이티브 전략**creative strategy과 메시지 전략이 어떻게 실행될 것인지에 대한 **크리에이티브 전술**creative tactics이 있다. 이 장에서는 광고 크리에이티브 전략에 초점을 맞춘다. 특히 광고에서 크리에이티브가 무엇을 의미하는지를 생각해 보고 광고에서 잘 알려진 크리에이티브 접근법을 살펴본다.

또한 크리에이티브 전략 개발 과정을 살펴본다. 그리고 광고캠페인의 중심적

사진 8-1
훌륭한 광고는 BMW 자동차가 '완결한 차'라는 이미지를 형성하도록 돕는다.

인 테마로 사용되고 소비자의 주의를 환기시키며 독특한, 그리고 기억에 남는 메시지로 연결되는 '빅 아이디어'를 결정짓는 다양한 접근방법을 살펴본다. 크리에이티브 전문가들은 클러터clutter를 뚫고 나가는 것과, 현실에 안주하며 위험을 기피하는 광고주들을 만족시켜야 하는 '빅 아이디어' 고안이 갈수록 어려워진다는 것을 깨닫고 있다. 그러나 광고주들은 크리에이티브 전문가들에게 계속적으로 표적고객과의 내실 있는 공감을 얻을 창의적인 메시지를 찾도록 자극하고 있다.

독자들 중 누군가는 직접적으로 광고 디자인이나 제작에 관여하지 않을지도 모른다. 광고회사의 다른 부서에서 또는 광고주 편에서 일하길 선택할지도 모른다. 하지만 크리에이티브 전략이 기업의 IMC 노력의 성공에 있어서 매우 중요하기 때문에 프로모션 과정에 종사하는 모든 사람들은 광고캠페인과 메시지 개발을 주도하며 다양한 크리에이티브에 관한 선택사항을 제공하는 크리에이티브 전략과 전술을 이해해야 한다. 또한 크리에이티브 부서는 아니지만 광고대행사 안에 있는 여러 사람들과 또한 광고주 편의 사람들도 광고캠페인을 개발하고 보완하며 그 효과에 대해 평가하는 일에 있어서 크리에이티브 전문가들과 함께 해야 한다. 그러므로 마케팅이나 제품 매니저들, AE들, 연구원들, 그리고 미디어 부서의 인사들은 크리에이티브 과정의 진가를 인정하고 크리에이티브 인사들과 생산적인 관계를 가져야 한다.

광고에서 창의성의 중요성

광고 및 마케팅 실무자들뿐만 아니라 많은 학생들에게 광고의 가장 재미있는 측면은 크리에이티브 분야이다. 적어도 한두 번은 광고에 대해 강한 흥미를 느끼고 광고 속에서 행해지는 창조적 통찰력에 존경심을 표시한 적이 있을 것이다. 좋은 광고는 보는 즐거움이 따르며, TV광고를 만드는 비용이 백만 달러를 넘을 수 있기 때문에 거대한 하나의 서사시라 할 수 있다. 많은 기업들은 이 비용을 잘 쓰인 돈이라고 간주한다. 그들은 광고메시지가 개발되고 실행되는 방법은 프로모션 프로그램의 성공에 있어서 매우 중요하고 결국에는 전체 마케팅 프로그램의 효과에 지대한 영향을 미칠 수 있다는 것을 깨닫는다. P&G, 버라이즌Verizon, AT&T, 유니레버Unilever, 포드Ford Motor Co., 나이키Nike, 맥도날드McDonald's, 코카콜라Coca-Cola, 그 밖의 여러 기업들과 같은 주요 광고주들은 매년 소비자들의 심장과 마음을 사로잡을 광고메시지를 개발하는 데 수백만 달러를 들인다. 그들은 또한 광고메시지를 방영할 미디어 시간과 공간을 구매하는 데 수억 달러가 넘는 돈을 지불한다. 이러한 대기업들은 제품이 아무리 훌륭할지라도 창의적인 광고 또한 마케팅 성공에 있어서 중요한 부분이라는 것을 안다.

좋은 크리에이티브 전략creative strategy과 크티에이티브 실행creative execution은 제품과 서비스의 성공을 정하는 데 있어서 결정적인 역할을 하고, 또한 어려운 시기를 겪고 있는 브랜드의 운명을 뒤집는 데 있어서 종종 핵심이 될 수 있다. 반대로, 형편없이 고안되거나 실행된 광고캠페인은 기업의 부채가 될 수 있다. 많은 기업들은 굳건한 마케팅과 홍보 계획을 가지고 있고 광고에 상당한 돈을 쓰고 있다. 그러나 그들은 그들의 경쟁자들로부터 그들을 차별화시킬 창의적인 캠페인을 떠올리는 데 있어서 어려움을 겪는다. 하지만 단지 광고가 창의적이고 유명하다고 해서 판매가 올라가거나 혹은 추락하는 브랜드를 소생시키지는 않는다. 많은 광고들이 창의성으로 광고대회에서 상을 타왔지만 판매를 올리는 데는 실패해왔다. 어떤 경우에 있어서는 광고가 매출을 발생시키는 데 실패하여서 광고주가 이탈하는 사례도 있다. '세상에! 매운 미트볼이야!Mama Mia! That's a spicy meatball!'와 '내가 이걸 다 먹었단 걸 믿을 수 없어I can't believe I ate the whole thing'라는 광고는 1960년대, 1970년대에 알카셀처Alka-Seltzer를 위해 만들어진 광고이다. 많은 광고인들이 이 광

사진 8-2
앨토이즈를 위한 광고는 크리에이티브 상들을 받았지만 매출을 올리진 못했다.

고를 최고의 광고로 꼽는다. 이 광고는 수많은 크리에이티브 상들을 받았지만 알카셀처의 판매는 여전히 떨어졌고 해당 광고회사는 광고주를 잃었다.[1] 최근의 예로는, 레오버넷Leo Burnett 대행사의 일을 들 수 있다. 레오버넷은 13년 동안 앨토이즈Altoids breath mints를 위한 광고를 맡았는데 그들이 만들었던 '신기하게도 강한curiously strong' 캠페인은 수많은 크리에이티브 상들을 받았지만 앨토이즈의 매출은 떨어졌고 구강청정제품 범주의 시장에서 시장 선도자로서의 지위를 잃었다. 그리고 이는 리글리Wm.Wrighley Jr. Co.로 하여금 광고대행사를 바꾸게 하고 새로운 크리에이티브 접근으로 옮기게끔 하였다.[2]

광고와 마케팅에 종사하는 많은 사람들은 어떤 상황에서는 광고 대상에 대해 비판을 하기도 하고 이중적 잣대를 들이대기도 한다.[3] 그들은 광고대행사 크리에이티브 종사자들은 광고주의 제품을 판매하는 광고들보다는 상을 받는 광고들을 만드는 것에 더욱 심혈을 기울여야 한다고 주장한다. 또 다른 편의 광고인들은 상들이 효과적인 광고를 만드는 데 있어서 창의성을 인식시키는 좋은 방법이라고 믿는다.

7장에서 보았듯이, 광고캠페인의 성공은 항상 매출의 관점에서만 판단될 수는 없다. 하지만 많은 광고와 마케팅 인사들, 특히 광고주의 입장에 있는 사람들은 광고가 궁극적으로 제품이나 서비스를 구매하게끔 이끌어야 한다고 믿는다. 창의적인 광고와 효과적인 광고 사이의 균형을 찾는 것은 어렵다. 이 딜레마를 더 잘 이해하기 위해서 광고에서 창의성이란 무엇이며 창의성의 역할은 무엇인가라는 주제로 돌아간다.

광고의 창의성

창의성이란 무엇인가

창의성creativity이란 필시 광고에서 가장 많이 사용되는 용어일 것이다. 광고는 종종 크리에이티브라고 불린다. 광고를 만드는 사람들은 창의적인 타입으로 알려져 있다. 그리고 광고대행사들은 그들의 창의성에 대한 명성을 발전시킨다. 어쩌면 너무 많은 관심이 창의성이라는 개념에 집중되는지도 모른다. 왜냐하면 많은 사람들이 창의적인 것을 광고메시지를 개발하는 사람들에게 주어진 구체적인 도전이라고 보기 때문이다. 제품 특징과 이점, 마케팅 계획, 소비자 분석, 그리고 커뮤니케이션 목표와 관련된 모든 정보를 창의적인 개념으로 바꾸어서 삶에 광고메시지를 전달해 주는 것이 바로 크리에이티브 종사자들의 직업이다. 따라서 당연히 다음과 같은 질문을 하게 된다. 광고에서 창의성이란 도대체 무엇인가?

광고의 창의성에 대한 다른 관점

광고에서 무엇이 창의성을 구성하는지에 대한 관점은 각기 다르다. 한 극단적인 측면에는 광고가 오로지 제품을 팔아야 창의적이라고 주장하는 사람들이 있다. 이들은 광고메시지가 혁신적인지 또는 상을 받는지보다 광고메시지나 혹은 광고캠페인이 매출에 미치는 영향이 훨씬 더 중요하다고 본다. 다른 극단적인 측면에는 광고의 창의성을 예술적인 혹은 심미적인 가치와 독창성의 관점에서 평가하는 사람들이 있다. 그들은 창의적인 광고들이 경쟁적인 클러터를 깰 수 있고 소비자의 관심을 끌며 또한 임팩트를 줄 수 있다고 생각한다.

광고의 창의성에 대한 다른 관점들은 종종 각자의 역할에 달려있다. 허쉬만Elizabeth Hirschman에 의한 연구는 관리 타입(브랜드 매니저들과 AEaccount executive)과 크리에이티브들(아트 디렉터, 카피라이터, 광고 디렉터, 프로듀서)을 포함한 TV 광고 제작에 관여하는 다양한 사람들의 생각을 조사했다.[4] 그녀는 제품 매니저와 AE들은 광고의 주요 목적이 시장에서 우호적인 인상을 주는 프로모션 도구로 본다는 것을 발견했다. 그들은 광고가 광고주의 마케팅과 커뮤니케이션 목표들을 충족시키는지에 관련하여 평가되어야 한다고 믿는다. 하지만 크리에이티브 측면에 있는 사람들의 관점은 허쉬맨이 언급한 대로 훨씬 이기적이다.

> 이러한 광고주 성향에는 완전히 대조적으로 아트 디렉터, 카피라이터, 그리고 광고 디렉터(commercial director)는 광고를 그들 자신의 심미적인 관점과 개인적 직업 목표를 촉진시키기 위한 전달 수단으로 보았다. 카피라이터와 아트 디렉터 둘 모두는 이 점을 분명히 하였다. 강조하자면 그들의 관점에서 보기에 호감 가는 광고는 그들의 독특한 창의적 재능을 전달하는 것이며 그렇게 함으로써 그들로 하여금 더 많은 봉급에 더 나은 직업을 얻게끔 만드는 것이었다.[5]

허쉬만은 인터뷰를 하면서 브랜드 매니저들이 메시지의 임팩트를 극대화시키기 원했던 크리에이티브 쪽 사람들보다 훨씬 더 위험 회피형이었으며 더욱 보수적인 광고를 원했다는 것을 알아냈다.

광고에서 창의성이란 아마 필시 이 두 극단 사이의 어디인가 존재할 것이다. 클러터를 깨고 표적고객에게 인상을 남기기 위해 광고는 독특하고 재미있어야 한다. 5장에서 주목했듯이 변화하는 브랜드 선호성향들 속에서 한 광고가 성공적일지 아닐지에 대한 주요 결정요소가 그 광고의 '호감도'이거나 청중의 전체적 반응이라는 것을 연구는 보여주었다.[6] 잘 디자인되고 실행되었으며 감정적 반응을 만들어내는 TV광고와 인쇄광고들은 광고되고 있는 제품과 서비스에 전달되는 긍정적인 느낌을 만들 수 있다. 많은 크리에이티브계 사람들은 광고메시지를 개발하는 데 있어서 그들에게 사려 깊은 자유만 주어진다면 이러한 타입의 광고가 나올 수 있다고 믿는다. 그러나 오직 창의적이기 위해서 창의적이게 된 광고들은 소비자로 하여금 제품과 서비스를 구매하게끔 만드는 관련성 있고 의미 있는 메시지를 전달하는 데 종종 실패한다.

광고캠페인을 계획하고 개발하는 데 종사하는 모든 사람들은 참신함/독특함 그리고 임팩트 측면과 '그것이 팔지 않으면 그것은 창의적인 것이 아니다'라고 하는 관점의 균형을 맞추는 것의 중요성을 이해해야만 한다. 마케팅/브랜드 매니저와 AE는 크리에이티브 팀에게 매출 지향적이고 마케팅 커뮤니케이션 지향적인 목표에 너무 많은 비중을 두게끔 하는 것은 오늘날과 같이 경쟁적이고 어수선한 미디어 환경 속에서 종종 효과적이지 않은 식상한 광고를 야기할 수 있다는 것을 반드시 인식하여야 한다. 동시에 크리에이티브 전문가들 역시 광고의 목표는 제품과 서비스를 파는 데 있어서 도움을 주는 것이며 좋은 광고란 광고주가 이 목표를 성취할 수 있도록 돕는 방법으로 의사 소통해야 한다는 것을 인식해야만 한다.

창의성의 결정요소

광고 창의성advertising creativity이란 광고 커뮤니케이션에 있어서의 문제를 해결해 주는 데에 쓰이는 신선하고, 독특하며, 합당한 아이디어들을 만들어내는 능력이다. 광고계에서 일하거나 그 방면 공부를 하는 사람들은 일반적으로 창의성에는 차별성과 관련성이라는 창의성의 두 가지 차원의 중심 결정요소에 동의한다.[7]

차별성divergence이란 한 광고가 새롭고 다르고 식상하지 않은 요소들을 포함하고 있는 정도를 말한다. 스미스Robert Smith와 그의 동료들은 광고에서 차별성을 이룩할 수 있는 방법들을 설명하는 다섯 가지 요인들을 다음과 같이 구체화시켰다.[8]

1. 독창성: 드물고 놀랍거나 혹은 명백하고 흔한 것으로부터 벗어나 있는 요소들을 포함하는 광고들
2. 유연성: 색다른 사고를 가진 광고이거나 보는 관점을 하나의 관점에서 다른 차원의 것으로 바꾸는 광고들
3. 정교화: 기대하지 않은 디테일들을 포함하거나 기대하지 않은 종결을 포함하거나 기본 아이디어를 좀더 복잡하거나 정교하게 하는 광고들
4. 종합성: 일반적으로는 관련성이 없는 사물들이나 아이디어들을 합치거나 연결시키거나 혹은 섞는 광고들
5. 예술적 가치: 예술적인 말의 인상들이나 관심을 끄는 모양들과 색깔들을 포함하는 광고들

창의성의 두 번째 주요 결정요소는 다양한 광고의 요소들이 소비자에게 의미 있거나 유용하거나 혹은 가치 있는 정도를 반영하는 **관련성**relevance이다.[9] 스미스와 동료들은 관련성이 두 가지 방법으로 성취될 수 있다고 주장했다. 그 하나는 **광고에서 소비자로의 관련성**ad-to-consumer relevance으로 광고가 소비자에게 의미 있는 광고 실행에 관한 요소들을 포함한 상황을 말한다. 예를 들어, 광고주들은 소비자들이 아는 유명인사, 그들이 좋아하는 음악, 또는 그들의 흥미와 관심을 잡을 수 있는 시각적 이미지들과 다른 실행기술들을 사용할지도 모른다. 다음으로는 **브랜드가 소비자에게 관련성**brand-to-consumer relevance을 갖는 것을 말하는데 광고된 제품이나 서비스의 브랜드가 소비자의 개인적 관심인 상황을 말한다. 관련성이나 적합성은 또한 광고가 브랜드에 적절한 정보나 이미지를 제공하는 정도라는 면에서 조명될 수 있다. 패션 의류, 보석, 화장품, 그리고 주류와 같은 많은 제품들의 광고들은 그들의 메시지를 전달하기 위하여 구체적인 제품 정보를 제공하기보다는 시각적 이미지에 자주 의존한다. 그러나 이러한 이미지들은 소비자가 이 브랜드들에 대한 인상과 태도를 형성하는 데에, 그리고 이 브랜드를 선택할지 다른 브랜드를 선택할지를 결정하게 하는 데 있어서 중요한 영향을 미친다.

사진 8-3
창의적인 광고로서
앱솔루트 보드카는
아이콘 브랜드가 되었다.

사진 8-3에서 보여주는 앱솔루트 보드카Absolute vodka의 광고는 주로 관념을 깨버리는 이미지에 의존하는 창의적인 광고의 좋은 예이다. 이 광고는 '앱솔루트의 세계에서!In an Absolute World!'라는 태그라인tagline을 사용하는 단일화된 범세계적인 캠페인인데, 특히 앱솔루트 브랜드 자체를 이 세상의 모든 것이 앱솔루트 보드카와 같이 이상적이라는 기발한 상상의 세계를 재미있게 표현하고 있다.[10] 이 특이한 광고는 뉴욕 타임즈 스퀘어를 하나의 빌보드가 아니라 오히려 유명한 예술작품으로 꾸며놓았고 등장하는 다양한 매체의 클러터를 오히려 세계의 예술적인 보물들을 공유하는 수단처럼 보이도록 고안되었다. 이 광고의 크리에이티브 전략은 소비자들로 하여금 앱솔루트 세계가 무엇처럼 보일 것인지에 대해 생각하게 할 뿐만 아니라 소비자들이 자신만의 세계에 대한 시선을 반영하도록 함으로써 IMC 프로그램의 광고와 다른 구성요소 전체가 영혼을 울리고, 웃음도 자아내게 하며, 상상의 나래를 펴게 한다. 앱솔루트는 그 자신의 브랜드를 유명하고 인기 있는 문화의 선도자로 자리매김하려 하며 광고캠페인의 궁극적인 목표는 앱솔루트 브랜드를 문화적 아이콘으로서 유지하는 것이다.

수많은 연구들은 광고의 창의성이 인지, 정서, 행동적 반응들을 포함하여 반응 계급의 다양한 단계들에 걸쳐서 광고메시지에 대한 소비자들의 반응에 영향을 미친다는 것을 보여주었다.[11] 한 예를 들면, 광고가 창의적이고 기발할수록 소비자에게는 더 많은 정보처리 시간을 필요로 함을 보여주었고 이는 더 긴 노출과 더 많은 관심을 야기했다. 또한 창의적인 광고들은 소비자로 하여금 광고된 브랜드에 대하여 더 많은 관심을 갖게 하고 더 높은 수준의 기억 능력과 정보를 처리하기 위한 더 많은 동기를 야기시킨다는 것을 보여주었다.[12] 이러한 인지적 결과들에 더하여 또 다른 연구들은 창의적 광고가 태도와 구매 의도들을 포함하여 감정적인 반응에 긍정적인 영향을 미친다는 것을 보여주었다.[13] 또한 관련 연구들은 차별성의 차원에서 참신함이 광고에 있어서 창의성에 특히 중요한 구성성분임을 보여주었다. 그러나 광고주들은 종종 차별성보다 관련성을 선호한다. 왜냐하면 그들은 그들의 대행사가 제품 특성과 이점들과 같은 적절한 정보를 전달하는 광고들을 만들기 원하기 때문이다. 스미스와 그의 동료들은 광고주들이 차별적인 접근법에 민감하게 반응하지 말아야 하고 광고를 제작하는 과정에서 차별적인 생각을 가진 이들에 대한 근본적인 요구가 있다는 것에 주목해야 한다고 주장한다.[14]

대부분의 마케터들이 소비자의 관심을 끌기 위해 경쟁해야 하는 아주 어수선한 미디어 환경에서 광고메시지들이 노출된다는 점을 고려했을 때, 참신하고 차별적이면서도 또한 관련성 있고 의미 있는 광고들을 만드는 것에 심혈을 기울여야 한다는 것은 매우 중요한 사실이다. 광고대행사에서 일하는 사람들, 특히 크리에이티브 부서에서 일하는 사람들은 참신하고 독특하면서도 여전히 표적고객에게 관련성 있는 정보를 전달하는 광고메시지를 개발하는 것이 중요하다는 것을 인식한다. **도표 8-1**은 이전의 다시매시우스벤튼앤보울스D'Arcy Masius Benton & Bowles 광고대행사가 사용하는 창의적인 광고를 개발하기 위한 가이드라인들이다. 이 광고대행사는 창의적인 광고메시지는 핵심적이고 강력한 아이디어에 기반을 두어 만들어져야 하고, 표적고객에게 합당한 정보를 전달할 훌륭한 광고디자인과 광고실행이 사용되어야 한다고 한다. 이 광고대행사는 이러한 원리들을 P&G의 차밍Charmin과 팸퍼스Pampers, 노렐코Norelco, 버드와이저Budweiser, 그리고 많은 다른 유명한 브랜드들과 같은 광고주들을 위한 뛰어난 창의적 작품을 개발하는 데 사용했다. 이 에이전시는 2002년에 퍼블리시스그룹Publicis Groupe으로 통합되었지만 이 보편적인 광고 기준은 여전히 퍼블리시스 광고대행사에서 사용되고 있다.

크리에이티브 전략 계획하기

크리에이티브 도전

광고의 크리에이티브 분야에서 일하는 사람들은 실제로 자주 도전에 접한다. 그들은 모든 마케팅 조사와 크리에이티브 요약문, 마케팅 전략, 커뮤니케이션 목표, 그 외 모든 광고에 들어가는 입력자료들을 광고메시지로 변형시켜야 한다. 그들의 주된 일은 카피를 쓰거나 레이아웃과 삽화들을 디자인하거나, 캠페인이

도표 8-1 다시매시우스벤튼앤보울스의 보편적인 광고 기준

1. 해당 광고는 제품의 위상을 간단명료하게 잘 정립했는가?
   표적고객들은 광고된 제품이 무엇인지, 무엇을 위한 것인지, 왜 그 제품에 관심을 가져야 하는가를 광고를 보는 순간 금새 알아차릴 수 있어야 한다. 광고되는 제품이나 서비스가 표적고객들의 삶에 있어서 어떻게 잘 부합하는지에 관한 분명한 비전을 제시하는 것이 바로 광고에 있어서 가장 중요한 일이다. 간단명료하면서도 집중하여 위상을 정립해 주지 못하는 광고는 어떠한 크리에이티브도 없다고 보면 된다.
2. 해당 광고는 브랜드의 결정적인 혜택을 잘 나타내는가?
   해당 광고는 제품의 주요하지 않은 주변적인 혜택보다는 가장 핵심적이고 설득력 있는 소비자 혜택을 중심으로 고안되어야 한다. 광고에서 어떻게 표현할 것인가를 걱정하기 전에 먼저 올바른 것을 만들고 있다는 확신이 있어야 한다. 소비자의 가장 핵심적인 혜택을 잘 모를 때에는 광고를 만들기 전에 먼저 이를 알도록 하여야 한다.
3. 해당 광고는 강력한 아이디어(power Idea)를 가지고 있는가?
   강력한 아이디어는 마케팅 전략을 역동적이고 창의적인 의사소통 과정으로 승화시킨다. 광고를 실행할 때에 이것이 핵심적인 크리에이티브 아이디어이다. 이상적인 강력한 아이디어는 다음과 같다.
   - 간단한 단어, 문구, 표현으로 표시될 수 있어야 한다.
   - 표적고객의 주목을 끌어야 한다.
   - 핵심적인 소비자 혜택에 기반을 두어야 한다.
   - 브랜드를 나타낼 수 있어야 한다.
   - 표적고객에게 분명하게 제품을 경험할 수 있게 하여야 한다.
4. 해당 광고는 브랜드 품성을 나타내는가?
   위대한 브랜드는 다음과 같은 공통점이 있다. 다른 브랜드에서는 볼 수 없는 추가적인 브랜드 품성이 있다. 이것은 단순히 브랜드가 고객들에게 의미하는 것을 표현하는 데에 그치지 않는다. 모든 브랜드는 다들 무엇을 하려고들 하지만 위대한 브랜드는 무엇인가 대단한 일을 한다. 브랜드는 브랜드를 디자인 하는 사람이 원하는 대로 만들어지지만 하루만 그렇게 될 수도 있다.
5. 해당 광고는 쉽게 기대하기 어려운 것인가?
   왜 우리 광고주들이 누구나 만들 수 있는 범부들의 작품에 돈을 쓰게 만들어야 하는가? 그러지 말아야 한다. 우리는 감히 다른 이들과는 달라야 한다. 같다는 것은 자살행위와 마찬가지이다. 우리가 남들보다 특출나지 않으면 뛰어나다 할 수가 없다. 중요한 것은 경쟁을 따라하는 것이 아니라 경쟁을 물리치는 것이다.
6. 해당 광고는 일편단심인가?
   만약 올바른 것을 이야기하고 있다고 마음먹고 있고 그것을 아주 우수하게 잘 말할 수 있는 창의성을 가지고 있다면 왜 어떤 다른 것을 이야기하는 데 시간을 낭비하여야 하는가? 광고 한 편으로 사람들에게 어떤 큰 것을 기억하길 원한다면, 커뮤니케이션이 과도로 넘치는 이 시대에서 지금보다 더 어렵게 만들지 말아야 할 것이다.
7. 해당 광고는 표적고객에게 어떠한 심적보상을 가져다 주는가?
   쉽게 말하자면 광고로 인하여 표적고객에게 눈물, 미소, 웃음 등을 줄 수 있어야 한다. 감성적인 자극은 표적고객으로 하여금 광고를 다시 반복하여 보게 만드는 아주 특별한 것이다.
8. 해당 광고는 시각적으로 사로잡는가?
   사람들이 기억하고 마음속에 되새기는 광고는 일상적인 것이 아니다. 강력함을 느끼게 하고 시각을 사로잡으며 두 눈에는 영양가 있는 눈요기잔치가 될 것이다.
9. 해당 광고는 뼈아픈 노력의 산물로 광고인의 재주를 보여주는가?
   광고 문구는 소비자들의 가슴에 정말로 새겨져야 하고 비주얼은 고객의 가슴에 디자인되어야 하고 음악도 고객의 가슴에 새겨져야 한다. 왜 위대할 수 있음에도 단순히 좋다는 데에 안주하여야 하는가? 우리는 절대적으로 광고의 모든 면에 있어서 완벽하여야 한다.

위의 크리에이티브 표준은 우리의 술책은 아니다. 획기적이지 않을 수도 있다. 대신 이들은 우리 회사가 존재해야 하는 근원적인 이유를 설명하고 있다.

근거할 중심적 주제를 효과적으로 전달할 광고들을 만드는 것이다. 간단하게 제품이나 서비스의 특징과 이점들을 말하기보다는 광고메시지를 표적고객의 관심에 깊이 관련시킬 형태로 만들어야 하고 그 광고를 기억에 남게끔 해야 한다.[15]

크리에이티브 팀의 일은 도전적이다. 왜냐하면 모든 마케팅 상황은 다르고 각 캠페인이나 광고는 다른 크리에이티브 접근법을 요구할지도 모르기 때문이다. 수많은 가이드라인들이 효과적인 광고를 만들기 위해 개발되었지만 어떤 마법의 공식도 없다.[16] 카피라이터 스네이든Hank Sneiden은 그의 책 「Advertising Pure and Simple」에서 다음과 같이 언급하였다.

> 광고를 만드는 데의 원칙들은 무디고 판에 박힌 듯한 광고를 만들어내며 창의성, 영감, 독창력에 독이 될 수 있으며 광고를 진행하는 데에도 방해된다. 내가 광고에서 아는 유일한 원칙은 정해진 원칙이 없다는 것이다. 어떤 공식도 없다. 맞는 방향도 없다. 같은 문제가 주어졌을 때 다수의 창의적 재능들은 그 문제를 다수의 다른 방향들로 풀 것이다. 만약 성공적인 광고를 위한 확실한 공식이 있었다면 모든 사람들은 그것을 사용했을 것이다. 그러면 창의적인 사람들은 필요 없을 것이다. 우리는 간단하게 우리의 광고들을 만드는 로봇들을 프로그래밍할 것이고 그 로봇들은 수많은 제품들을 팔 것이다, 다른 로봇들에게.[17]

크리에이티브 위험을 감수하는 것

크리에이티브계 사람들 대다수는 광고를 만들 때 입증된 공식을 따라간다. 안전하기 때문이다. 광고주들은 너무 다른 광고에 종종 불편함을 느낀다. 앱솔루트 보드카, 에비앙Evian 등 많은 광고주들을 위해 일하는, 훌륭한 창의적 작품들로 주목 받은 광고대행사인 TBWA의 이전 수장인 트래고스Bill Tragos는 다음과 같이 말했다. "아주 극소수의 광고주들은 생각한다. 그들의 작품이 나쁜 까닭은 그들이 그 광고가 그런 방향으로 되도록 감독했고 선택했던 사람들 때문이라고. 나는 적어도 50%의 광고대행사의 성공적인 작품이 광고주에 달려있다고 생각한다."[18]

많은 크리에이티브계의 사람들은 만약 광고주들이 주목을 받을 돌파구 광고를 원한다면 그들이 어느 정도의 위험을 감수하는 것이 중요하다고 말한다. 광고주들이 위험을 감수하게끔 하는 데 있어서 성공적이었던 한 대행사는 위든케네디

사진 8-4
나이키는 위험을 감수하고 위든케네디를 믿었기에 창의적인 광고가 탄생할 수 있었다.

Wieden+Kennedy이다. 그들은 나이키, 마이크로소프트, ESPN과 같은 기업들을 위해 훌륭한 창의적인 작품들로 잘 알려져 있다. 이 대행사의 창시자들은 성공의 핵심요소가 대부분의 대행사들과 그들의 광고주들이 뒷걸음치고 보수적으로 될 때, 위험을 감수하는 것에 있어서 변함없는 믿음을 가졌다고 믿는다.[19] 이 대행사는 훌륭한 광고를 만들 수 있었는데 왜냐하면 나이키와 같은 광고주들이 기꺼이 위험을 감수하려 했고 대행사의 우선순위 시스템에 따랐기 때문이다. 이 우선순위란 크리에이티브 작업을 첫 번째 우선순위로 두고 광고주-대행사 관계를 두 번째에 두는 데 있다. 이 대행사는 광고주들이 크리에이티브 과정을 너무 많이 방해할 때 심지어 갈로Gallo와 같은 거대한 광고주들과의 관계를 철회했다. P&G나 코카콜라와 같은 몇몇 주요 광고주들은 그들의 광고의 창의성을 증가시키기 위한 노력의 일환으로 위든케네디를 그들의 대행사 명단에 추가했다.[20]

독일의 고용 웹사이트 잡스인타운jobsintown.de은 독일에서 가장 큰 온라인 채용 사이트인데, 가장 크다는 온라인 사이트라는 사실로 이 회사는 광고에서 크리에이티브 위험을 감수해야만 하였다. 다른 일반 회사들처럼 잡스인타운은 자신의 웹사이트에 소비자들을 끌어오기 위해 직업 불만족에 초점을 맞추는 광고들을 사용하였으나, 다른 회사들과는 다르게 궂은 근무 환경을 패러디했다. 그 광고는 '삶은 잘못된 직업을 위해 너무 짧다Life is too short for the wrong job'라는 태그라인을 가지고 기계—인간의 직업들을 가져간 코믹한 기계의 반전—의 인테리어를 관리하는 직원들을 묘사함으로써 갑갑한 막사의 장래성 없는 직업 고정관념과 지루한 일을 과장했다. 이 캠페인은 ATM기계 옆과 같은 주변 미디어 광고들로 2006년에 시작하였는데 이 광고엔 한 남자가 ATM 유저들에게 자금을 지출하는 기계 속에 있는 것으로 묘사되거나 혹은 커피 자판기 속에 들어있는 커피 바리스타로 묘사되었다. 이 광고캠페인은 나중에 인쇄광고와 스크린보호 광고 및 옥외광고 등에 종합적으로 쓰였다. '여러분의 커리어를 더 좋게 할 방법들이 있어요' 혹은 '귀하의 상관을 구어 삶지 않고도 좋은 직장을 얻을 수 있어요'라는 슬로건이 등장하였다. 결국 이 기업이 감수했던 크리에이티브 위험은 그 웹사이트의 클릭률에 있어서 12% 상승이라는 보상을 받았다.

그렇다고 모든 기업들과 대행사들이 광고는 효과적이기 위해 무조건 위험해야 한다는 것에 동의하는 것은 아니다. 많은 마케팅 경영자들은 제품이나 서비스의 특징과 이점들을 간단하게 전달하고 소비자들에게 구매할 이유를 주는 광고들에 더 편안함을 느낀다. 그들은 광고캠페인을 수백만 달러 규모의 투자로 본다. 그리고 그들의 목표는 대행사의 변덕스러운 크리에이티브계 직원들에게 자금을 대는 것이 아니라 제품을 파는 것이다. 그들은 몇몇 크리에이티브계 사람들이 광고의 가장 중요한 밑바탕의 시각이 '판매에 도우이 되는가'라는 명제를 잃었다고 주장한다. 많은 크리에이티브 사람들에 의해 지지되는 예술적인, 이미지 지향적인 광고 접근법과 이에 대비하여 많은 광고주들이 선호하는 무조건적인 매출증대 접근법과 사이에는 많은 논쟁이 이어져 왔다.

끊임 없이 계속 되는 논쟁: 크리에이티브 광고 대 무조건적 매출증대 광고

수십 년 동안 마케팅의 과정에서 광고의 역할에 대한 끊임없는 논쟁이 있었다. 광고의 핵심이 무엇이냐를 두고서 광고가 사람들을 감동시켜야 한다는 사람들과 단지 제품을 팔아야 한다는 사람들 사이에서 끝없이 싸움이 진행되었다. 한쪽에서는 '정장론자suits' 또는 '이성론자rationalists'들이 있다. 이들은 광고가 제품이나 서비스를 팔아야만 하고, 광고에 더 많은 판매점과 정보가 있을수록 소비자들이 구매하도록 움직이게 하는 더 나은 기회가 있을 거라고 주장한다. 반대 쪽은 '시인poets' 또는 창의성 지지자들이다. 이들은 광고가 단지 제품광고에서 넘어서서 소비자와 브랜드 사이에 혹은 소비자와 기업 간에 감정적인 유대를 만들어야 한다고 주장한다. 창의적이고 예술적인 광고의 효과성에 대한 논쟁은 새로운 것이 아니다. 이성론자들은 수년 동안 시장에서 실패했던 창의적이고 상을 수상한 캠페인들의 긴 리스트를 지적하는 것에 있어서 큰 즐거움을 느껴왔다. 어떤 사람들은 심지어 전설적인 광고인이며 많은 사람들이 평생토록 가장 위대했던 카피라이터라고 생각하는 오길비Dadvid Ogilvy마저도 한 때 아래와 같이 말했다는 것에 주목한다. "만약 그 광고가 매출을 창출하지 않는다면 그것은 크리에이티브하지 않은 것이다."[21]

'시인'들은 좋은 광고가 하는 가장 중요한 일은 소비자와 감정적 연결을 만드는 것이라고 주장한다. 그들은 소비자들이 광고에 의해 질려버리기를 원하지 않는다는 점에 주목한다. 그들은 즐거움을 얻길 바라고 영감을 얻길 바란다. 실제로 최근의 일반적인 TV 시청자들을 대상으로 한 연구는 64%의 사람들이 광고를 시청하기보다는 그것을 피하는 방법을 찾는다는 것을 발견하였다.[22] 그러므로 광고는 소비자들이 광고가 나올 때에 채널을 돌려버리지 않을 만큼 충분히 창의적이고 즐거워야 하면서도 여전히 제품과 서비스를 팔 수 있어야만 한다. 이는 '정장론자' 사이에 걱정을 유발하는 또 다른 부분이다. 그들은 소비자들의 감성을 움직였지만 매출이나 시장점유율을 증가시키지 못해서 광고대행이 철회되었던 많은 크리에이티브 캠페인들의 사례가 있다는 점에 주목한다. 크리에이티브한 광고에 때문에 비평가의 칭송을 받고 상들을 받았지만 리바이스Levi Strauss, 노르웨이크루즈라인Norwegian Cruise Lines, 밀러Miller Brewing Co., 게이트웨이Gateway 등의 회사들과 같이 매출을 올리는 데 실패했던 광고대행사의 광고대행을 중단한 주요 광고주들이 있다.[23]

소비자의 감성적인 수준에 연결시키는 광고를 지지하는 대다수의 '시인'들은 제품을 파는 일이 '이성'적인 측면에 있는 사람들만큼이나 그들에게 큰 우선순위라고 주장한다. 어떤 상위에 속하는 광고대행사 간부는 다음과 같이 말한다. "우리는 이런 종류의 광고가 이 정도 수준으로 솜씨를 발휘하여 효과가 있다는 것을 입증했다. 그렇지 않았으면 우리는 이 분야에 있지도 않았을 것이다." 그러나 보젤Bozzell 대행사에서 이전에 크리에이티브 디렉터를 맡았던 부셰Brent Bouchez는 '시인'들이 광고는 물건을 파는 것이며 광고가 크리에이티브하다는 것은 소비자들의 문제를 해결하고 소비자들이 제품을 사고 싶게 만드는 재미있는 브랜드를 만드는 것이라는 시각을 잃고 있다고 주장한다. 그는 또한 "지금은 우리가 광고의 로고가 찾기 어려워지면 혹은 제품이 광고에 전혀 나오지 않으면 그것이 바로 성공이라고 간주하게끔 젊은 크리에이티브계 사람들을 가르치는 것을 그만해야 할 때이다. 지금은 우리가 파는 것이 무엇이냐 혹은 왜 우리가 이 제품을 사야 하는가에 대해 아무 것도 말하지 않는 것에 대한 변명으로서 '다른 회사들의 광고로 인해 방해 받는 클러터를 깨뜨리기 위해서 입니다'라는 말을 사용하는 것을 멈출 때이다."라고 말했다.[24]

얼마나 많은 자유재량이 크리에이티브계 사람들에게 주어져야 하는지, 그리고 얼마나 많은 위험을 광고주가 기꺼이 감수해야 하는지에 관련된 문제는 앞으로 많이 토론해 볼 여지가 있다. 그러나 광고주들과 대행사 임직원들은, 흔히 발견하기는 힘들지만, 참신하지만 소비자들과 함께 의사소통하는 것에 대한 적절한 접근법을 개발하는 능력이 크리에이티브 전문가들을 가치 있게 만든다는 것에 일반적으로 동의한다.

크리에이티브계 임직원

소설, 영화, TV쇼에서 보여주는 광고인의 이미지는 자유분방함, 자유분방한 사고, 별난 성격을 가진 사람이다. 크리에이티브계 임직원들의 교육적 배경은 예술, 문학, 음악, 인간학 혹은 저널리즘과 같이 비즈니스가 아닌 분야이다. 그래서 그들의 흥미와 관점은 경영 교육과 배경을 가진 매니저들과는 다른 경향이 있다. 크리에이티브계 사람들은 문제에 접근하는 방식에 있어서 더욱 추상적이고 구조화되어 있지 않고, 체계적이지 않으며 관습에 얽매이지도 않고, 논리보다는 직감에 더더욱 의존한다. 예를 들어 코버Arthur Kover는 광고 카피라이터들에 대한 연구를 진행했고 그들이 어떤 공식적인 커뮤니케이션 이론들로 무장하지 않고 일한다는 것을 발견했다. 그러나 그의 연구에서 인터뷰에 임했던 사람들은 모두 광고를 만드는 데 있어서 지침이 되는 비슷한 비공식적이고 함축적인 이론들은 가지고 있었다. 이 이론들은 광고 클러터를 깨뜨리고 소비자들의 의식을 열며, 메시지를 전달하기 위해 소비자들과 연결하는 방법을 찾는 것에 근거한다.[25]

광고 크리에이티브 분야의 사람들은 때때로 이상한 사람으로 고정관념화된다. 이는 어쩌면 그들이 다르게 옷을 입고 항상 전통적인 9시부터 5시까지의 스케줄대로 일하지 않기 때문일 것이다. 물론 크리에이티브 사람들의 관점으로 보면, 이상한 사람은 바로 마케팅 또는 브랜드 매니저나 AE(정장론자)이다. 대행사 직원들 중 누가 크리에이티브계 임직원인지 그들의 옷이나 행동에 의해서 알아 낼 수는 없을 것이다. 겉으로 드러나지 않을진 모르지만, 크리에이티브계 사람들과 관리직 사람들 사이에 성격 차이나 관점의 차이가 있음을 인정해야 한다. 그래야 크리에이티브계 사람들이 최고의 작품을 만들 수 있고, 광고를 만드는 모든 사람들이 협력할 수 있을 것이다.

창의성이 광고대행사의 크리에이티브 부서에서 일하는 사람들 만의 영역이 아니라는 점을 아는 것은 중요하다. 통합된 마케팅 커뮤니케이션IMC은 IMC 프로

사진 8-5
미디어 플래닝에서도 IMC 프로그램의 다른 구성요소들과 마찬가지로 창의성에 대한 상을 준다.

그램의 계획과 실행에 연관된 모든 사람들로부터의 크리에이티브한 생각을 필요로 한다. 마케팅과 브랜드 매니저와 같은 광고주 측의 사람들뿐만 아니라 AE들, 미디어 플래너들, 디지털 미디어 전문가들과 같은 대행사의 다른 파트에서의 모든 임직원들은 IMC 캠페인을 계획하고 개발하며, 실행하는 데 있어서 마주하게 될 도전들에 대한 창의적인 해결책들을 함께 찾아봐야 한다. 예를 들어, 미디어 플래닝, 판매 촉진, 그리고 디지털과 쌍방향 미디어와 같은 분야에서 창의성에 대한 상이 매년 주어진다. **사진 8-5**는 미디어워크에 실린 수상 축하 광고이다. 미디어스톰 에이전시는 시스코Cisco System 제품인 주머니에 넣을 수 있는 사이즈의 플립형 캠코더의 광고로 2010 Media Plan of the Year Award에서 수상하였다.

또한 광고주 측에서 일하는 사람들도 좋은 광고를 만들기 위해 필요한 크리에이티브 과정들을 가로막는 대행사와의 관계를 만들지 않는 것이 매우 중요하다. 새서Shelia Sasser와 코슬로우Scott Koslow는 매우 고도로 능숙한 크리에이티브들은 새 아이디어들에 수용적인 열린 마음의 광고주들과 일하기를 열망한다는 점을 지적했다. 그들은 또한 대행사에 의해 개발된 최고의 창의적인 작품 중 몇몇이 사용되지 않는다는 점에 주목한다. 왜냐하면 광고주들이 임박한 압력 아래 있지 않는 이상은 크리에이티브 위험들을 감수하기를 꺼려하기 때문이다.[26] 광고대행사들과 다른 IMC 전문가 집단들은 창의성이 그들이 하는 일의 심장부에 있기 때문에 이를 잘 해낸다. 그러므로 광고주뿐 아니라 대행사들은 크리에이티브한 생각과 크리에이티브한 광고의 개발을 촉진시키는 환경을 만들어야 한다. 광고주들은 또한 크리에이티브 임직원들과 마케팅과 제품 매니저들의 관점 사이에 차이를 이해해야만 한다. 광고주들이 광고에 대한 궁극적인 승인을 가지고 있지만, 크리에이티브 전문가들의 의견들은 광고 아이디어와 내용들을 평가할 때에는 마땅히 존중되어야 한다.

크리에이티브 과정

어떤 광고계 사람들은 광고에서의 창의성이란 하나의 과정으로서 가장 잘 묘사되며 크리에이티브의 성공이란 어떠한 조직된 접근법을 따라올 때에 이루어진다고 한다. 이것은 효과적인 광고를 만들기 위해 따라야 할 확실한 청사진이 있음을 의미하지는 않는다. 앞서 보았듯이, 많은 광고계 사람들은 규칙을 만들거나 창의성을 표준화하는 시도들을 거부한다. 그러나 대다수는 광고를 만들 때 어떠한 하나의 과정을 따른다.

광고에서 유명한 크리에이티브 접근법 가운데 하나는 영James Webb Young에 의해 개발되었다. 그는제이월터톰슨 J. Walter Thompson 대행사의 이전 크리에이티브 부사장이다. 그는 다음과 같이 말했다. "아이디어의 제작은 포드 자동차를 만드는 것처럼 그렇게 확실한 과정이다. 아이디어의 제작 역시 조립라인을 거친다. 이 제작과정에는 제작자의 마음은 배울 수 있고 통제될 수 있는 표준제작기술에 따라간다. 그리고 그 기술을 효과적으로 사용한다는 것은, 어느 다른 도구를 효과적으로 사용하는 것처럼, 어떻게 그 기술을 실행하는가에 많이 달려 있다."[27] 영의 크리에이티브 과정 모델은 다섯 가지 단계를 포함한다.

1. 몰입 단계: 배경 조사를 통해 기본자료와 정보를 모으고 커뮤니케이션 문제에 본인을 몰입시키기
2. 흡수 단계: 정보 가져오기, 정보를 가지고 작업하기, 그리고 그것을 마음속에 넣고 씨름하기
3. 배양 단계: 의식 중에 있는 문제를 마음 밖으로 끄집어 내서 무의식 속으로 집어넣기
4. 조명 단계: 아이디어의 탄생 — '유레카! 내가 찾았다!' 현상
5. 현실화 또는 입증 단계: 그 아이디어가 여전히 좋아 보이고 현실적인 문제를 푸는지를 보기 위해 그 아이디어를 연구하기, 그리고 나서 실전적으로 사용할 수 있게 아이디어를 다듬기

영의 크리에이티브 과정은 영국의 사회학자 왈라스Graham Wallas가 저서 「The Art of Thought」에서 훨씬 전에 만들었던 4단계 접근법과 비슷하다.[28]

1. 준비 단계: 여러 연구들을 통해 문제를 푸는 데 필요한 배경 정보들을 모으기
2. 배양 단계: 잠시 물러나 아이디어들이 개발되도록 하기
3. 조명 단계: 빛과 해결책을 보기
4. 확인 단계: 아이디어를 개선하고 광을 내서 그것이 적절한 해결책인지 보기

크리에이티브 과정의 모델들은 광고의 크리에이티브 분야에서 일하는 사람들에게 매우 가치 있다. 왜냐하면 그것들은 광고 문제들에 접근하는 체계적인 방법을 제공하기 때문이다. 배경 정보를 모으고 준비하는 것은 크리에이티브 과정의 첫 번째 단계이다. 우리는 이전 장들에서 보았듯이, 광고주와 대행사는 제품과 서비스, 목표시장, 그리고 경쟁에 대한 완전한 이해를 하게 됨으로써 크리에이티브 과정을 시작한다. 그들은 또한 마케팅과 홍보 프로그램에서 광고의 역할에 초점을 맞춘다.

이 모델들은 어떻게 정보들이 합성될 것이고 크리에이티브 전문가들에 의해 사용될 것인지에 대해서는 자세히 말하지 않는다. 왜냐하면 이러한 과정은 개인에 따라서 달라지기 때문이다. 여러모로 이러한 과정은 우수한 창의적 마인드를 가진 사람과 전략가를 구분하게 만든다. 하지만 많은 대행사들은 그들이 광고를 개발하는 크리에이티브 과정을 진행할 때, 정보를 모으고 크리에이티브 전문가들을 돕기 위해 어카운드 플래닝account planning이라 불리는 과정을 현재 사용하고 있다.

어카운트 플래닝

크리에이티브 과정을 도와주고 촉진하기 위하여 많은 대행사들이 **AP**account planning를 사용하는데, AP란 광고주의 제품과 서비스, 브랜드, 표적고객들에 대한 모든 관련 정보에 관하여 조사를 수행하고 정보를 모으는 과정이다. AP는 1960년대와 1970년대 동안 영국에서 시작되었고 유럽과 아시아뿐만 아니라 미국에 있는 대행사들에도 퍼져나갔다. 이 개념은 최근 수년간 매우 유명해졌다. 많은 광고대행사들이 AP의 든든한 도움을 받는 대행사들에 의해 개발된 성공적인 캠페인들을 보아왔기 때문이다.[29] 실례로 그러한 대행사 가운데는 굿비실버스타인앤파트너스Goodby, Silverstein & Partners를 들 수 있는데 이 대행사는 새턴Saturn, 휴렛팩커드Hewlett-Packard, 세가Sega, 나이키와 같은 광고주들을 위한 고도의 성공적인 캠페인

을 개발하기 위해 AP를 사용했다. 뿐만 아니라 캘리포니아유가공협회California Milk Processor Board를 위해 그 유명한 '우유 드셨나요?Got Milk?' 광고도 만들었다.

이 대행사의 샌프란시스코 지부 전 부사장/AP였던 스틸John Steel은 「Truth, Lies & Advertising: The Art of Account Planning」라는, 제작과정에 관한 훌륭한 책을 썼다.[30] 그는 AP의 주요임무는 광고제작에 있어서 주요한 의사결정을 하는 사람들에게 명석한 의사결정을 하도록 필요로 하는 모든 정보를 제공하는 것이라고 말한다. 스틸에 따르면, "AP는 광고가 모습을 드러내도록 영향을 많이 미치도록 해야 하고, 광고주에게 주의 깊게 전략적 기반을 제공해야 하고, 크리에이티브계 사람들에게 아이디어에 관하여 피드백을 주기도 하고 자신의 몇 가지 아이디어들을 더하는 정보를 전달하는 것이다."

AP는 크리에이티브 전략 개발 동안에 소비자들의 관점으로부터 제작이 진행되도록 하는 중요한 역할을 한다. AP들은 크리에이티브 팀과 미디어 전문가들과 같은 다른 대행사 임직원들뿐만 아니라 광고주들과도 같이 일해야 할 것이다. 그들은 그들이 축적해놓았던 지식과 정보가 크리에이티브 전략 개발에 있어서 뿐만 아니라 광고캠페인에 있어서 다른 여러 가지의 사항에서 어떻게 사용될 수 있는지를 논의한다. AP들은 일반적으로 크리에이티브 전략개발 과정 동안에 수행된 모든 조사(양적 조사와 질적 조사 모두)에 대해 책임이 있다. 지금부터, 어떻게 다양한 타입의 조사와 정보가 광고의 크리에이티브 과정에 투입될 수 있을지를 알아본다. 이 정보는 AP나 혹은 광고제작 과정에서 정보를 제공해야 하는 사람들에 의해 수집될 수 있다.

크리에이티브 과정에서의 필요사항: 준비, 배양, 조명

배경 조사 멍청한 크리에이티브계 사람이나 팀만이 광고주의 제품이나 서비스, 목표시장, 경쟁자, 그리고 관련된 배경 정보에 대하여 제작 초기에 충분히 연구하지 않고 제작 과제에 접근할 것이다. 크리에이티브 전문가는 또한 효과적이고 구체적인 광고 접근법들이나 테크닉들뿐 아니라 시장에서의 일반적 추세와, 조건들 그리고 시장에서 일어나고 있는 일들에 관하여 아는 것이 많아야 한다. 크리에이티브 전문가는 수많은 방법으로 배경 정보를 얻을 수 있다. 여러 가지 비공식적으로 사실을 찾아내는 기술들이 모리아티Sandra Moriarty에 의해 제시되었다.

- 제품과 서비스와 관련된 어떤 것이든 읽기 — 책, 전문서적, 일반 관심 기사, 연구 리포트 등
- 제품과 서비스와 연관된 모든 사람들에게 묻기 — 디자이너, 엔지니어, 판매원, 그리고 소비자들
- 사람들이 말하는 것을 듣기. 판매점에 방문하여 사람들의 말을 듣는 다든지, 쇼핑몰, 레스토랑, 그리고 심지어 대행사의 카페테리아에 방문하여 사람들의 말을 듣는 것이 유익할 수 있다. 광고주의 말을 듣는 것은 특히 가치 있을 수 있다. 왜냐하면 그들은 제품과 시장에 대해 가장 잘 알기 때문이다.
- 제품과 서비스를 사용하고 그것에 대해 익숙해져라. 여러분이 그 제품을 더 많이 사용하면 할수록 여러분은 더 많이 알게 될 것이고 그것에 대해 더 많이 말할 수 있다.
- 여러분이 광고를 통하여 정보를 전하려는 애쓰는 표적고객들을 더 잘 이해하기 위해 광고주의 비즈니스에 대해 배우고 그 안에서 일하기.[31]

준비, 배양, 조명 단계에서 도와주기 위해, 많은 대행사들은 크리에이티브계 사람들에게 미리 계획된 일반적인 자료와 구체화된 제품 자료들을 제공한다. **미리 계획된 일반적인 자료**general preplanning input는 책, 정기간행물, 전문서적, 학술잡지, 그림들, 그리고 클리핑 서비스를 포함한다. 그리고 이는 제품, 시장, 그리고 경쟁자와 경쟁자의 광고에 대한 잡지와 신문 기사들을 모으고 체계화한다. 이 자료는 또한 광고주, 대행사, 미디어 또는 다른 소스들에 의해 수행된 연구들로부터 올 수 있다.

또 다른 유용한 미리 계획된 일반적인 자료로는 시장에서의 추세와 시장의 전개상황이나, 시장에서 벌어지는 사건들을 고려한다. 정보는 해당도시의 혹은 주정부나 연방정부로부터 나올 수가 있고, 이차자료를 제공하는 업자들이나 다양한 산업무역협회뿐만 아니라 광고와 미디어 단체들을 포함한 수많은 정보원으로부터 접근이 가능하다. 예를 들어, 미국광고대행사협회American Association of Advertising Agencies와 같은 광고산업 그룹들과 전국방송인연합회National Association of Broadcasters(NAB)나 미국잡지협회Magazine Publishers of America(MPA)와 같은 미디어 단체들은 시장 추세와 전개상황 그리고 어떻게 그것들이 소비자에게 영향을 미치는지에

사진 8-6
광고산업 출판물들은 시장 추세에 대한 정보의 훌륭한 원천이다.

대한 정보를 제공하는 연구 보고서들과 뉴스레터들을 출판한다. 크리에이티브 전략을 개발하는 데에 연관된 사람들은 또한 애드위크Adweek, 애드버타이징에이지Advertising Age, 브랜드위크Brandweek 그리고 월스트리트저널The Wall Street Journal과 같은 출판물들을 읽음으로써 관련된 적기의 정보를 모을 수 있다.

제품/서비스의 구체적 연구조사 일반적인 배경 조사와 미리 계획된 자료를 얻는 것에 더하여 크리에이티브계 사람들은 **상품/서비스의 구체적 조사**product/service-specific preplanning input를 받는다. 이 정보는 일반적으로 제품이나 서비스, 표적고객 또는 이 두 개의 조합에 대해 수행된 구체적인 형태의 연구에서 온다. 태도 연구, 포커스그룹 인터뷰, 그리고 특정한 제품, 서비스 혹은 브랜드 사용자의 인구통계적, 심리도식적 양상과 같은 양적 그리고 질적 소비자 연구조사는 제품에 대한 구체적으로 미리 계획된 자료의 예이다. 크리에이티브 팀에게 도움이 되는 많은 제품 혹은 서비스에 관한 구체적인 연구조사들은 광고주나 대행사에 의해 수행된다. 몇 년 전에 광고대행사 BBDO는 크리에이티브 전략에 도움이 되는 **문제탐지**problem detection이라는 접근법을 고안하였다.[32] 이 연구조사 기술은 제품과 서비스에 익숙한 소비자에게 그들을 괴롭히는 모든 것들과 그들이 제품을 사용할 때 마주하게 되는 문제들에 관하여 철저한 목록을 만들도록 요청하고 있다. 소비자들은 중요성의 순서에 따라 이 문제들의 등급을 매기고 각 문제와 그들의 연관성의 측면에서 다양한 브랜드들을 평가한다. 문제탐지 연구는 제품 개선, 재료변경이나 새로운 제품들을 만드는 데에 가치 있는 자료를 제공해 준다. 이것은 또한 크리에이티브계 사람들에게 강조해야 할 속성이나 특징들과 관련한 아이디어와 새로운 브랜드 혹은 이미 존재하는 브랜드 위상을 정립하기 위한 가이드라인들을 제공할 수 있다. 어떤 대행사들은 심리도식적 연구들을 매년 수행하고 제품과 서비스 사용자들의 상세하게 심리도식적 혹은 라이프스타일 양상을 만든다.

DDB월드와이드DDB Worldwide는 소비자들의 다양한 범주의 제품과 서비스의

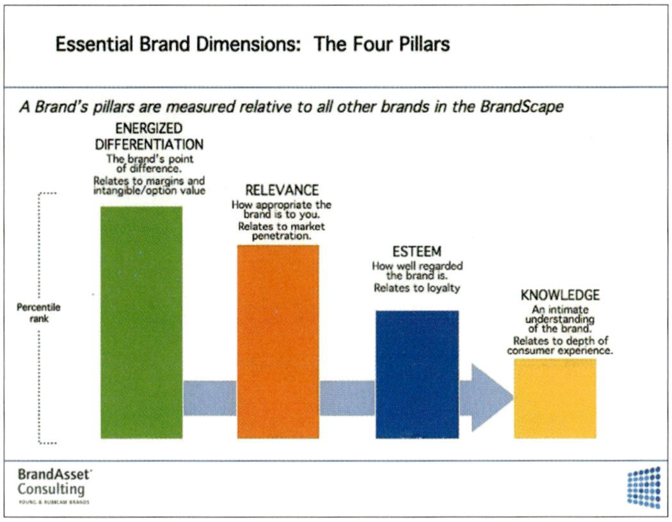

사진 8-7
영앤루비캠은 브랜드를 관리하기 위해 브랜드자산 평가지를 사용한다.

사용하는 것을 연구할 뿐만 아니라 그들의 활동, 관심사, 의견 그리고 태도들을 측정하기 위해 소비자의 마음속으로 들어가는 거대한 규모의 심리도식적 연구를 매년 수행한다. 이 정보는 그들이 광고를 개발하기 위한 표적고객의 심리도식적 양상을 만들기 위해 그리고 일반적인 소비자 트랜드에 대한 통찰력을 얻기 위해 사용된다. 수많은 광고대행사들은 광고주의 고객들과 고객들이 그 광고주의 브랜드에 어떻게 연결되어 있는지를 더 잘 식별할 수 있도록 돕는 브랜딩 조사를 수행한다. 예를 들어 영앤루비캠Young&Rubicam은 브랜드를 만들고 관리하기 위한 등록상표가 붙은 도구, BAV™을 개발했다. 이 모델은 네 가지 기본적 부분인 활성화된 차별화, 연관성, 존경, 지식을 사용한다. 이 기본적 부분들은 브랜드를 위한 핵심 이슈를 확인하고 현재의 그리고 미래의 재정적 성과와 가능성을 평가한다. 레오버넷 대행사는 글로벌 브랜드를 만드는 철학과 이의 실행을 견고히 하기 위하여 브랜드 믿음 시스템Brand Belief System을 쓴다. 이 시스템은 브랜드를 신봉하는 자들 사이에 일체감을 가지게 하는 데에 초점을 맞춘다. 그리고 여기서 말하는 일체감이란 브랜드와 브랜드 신봉자들 사이에 형성되는 관계의 핵심에 있으며 네 가지 근본적인 질문들을 생각하게 한다.

주요 대행사들은 브랜딩 조사를 수행하고 있고 그들이 소비자에 대한 더 나은 통찰력을 얻기 위해, 그리고 그들의 광고주를 위한 더 효과적인 캠페인을 개발하기 위해 그들이 사용할 수 있는 모델이나 시스템을 개발하고 있다. 강력한 브랜드를 만들고 유지하는 것의 중요성은 미래에는 더욱 커질 것으로 보인다. 이러한 사실은 대행사들로 하여금 광고주의 광고캠페인을 도와 주기 위해 사용될 수 있는 새롭고 더 나은 도구와 기술들을 개발하도록 더 많은 압력을 주게 될 것이다.

질적 조사 자료 많은 대행사들, 특히 강력한 연구부서를 가진 대기업일수록, 창의적 전략의 개발에 있어서 도움을 주기 위해 그리고 크리에이티브 과정에서 자료를 제공하기 위해 그들이 사용하는 그들 고유의 연구 프로그램들과 구체적인 기술을 가지고 있다. 다양한 질적 조사 연구들에 더하여 심층면접들, 혹은 포커스 그룹들과 같은 질적 연구 기술들은 크리에이티브 팀에게 크리에이티브 과정의 초기 단계들에 있어서 가치 있는 통찰력을 제공할 수 있다. 포커스그룹은 목표시장의 소비자들을 대상으로(일반적으로 10~12명) 특정한 주제와 관련된 토론을 전개하는 조사 방법이다. 포커스그룹은 왜, 그리고 어떻게 소비자들이 제품과 서비스를 사용하는지, 그들이 특정한 브랜드를 선택하는 데 있어서 무엇이 중요한지, 다양한 제품과 서비스에 대해 그들이 무엇을 좋아하고 싫어하는지 그리고 그들이 불만족스럽게 느낄지도 모르는 특별한 주장들에 관한 통찰력을 제공한다. 포커스그룹 세션은 또한 사용할 광고 어필의 타입들에 관한 토론이나 혹은 다양한 기업들의 광고 평가를 포함할 수도 있다.

포커스그룹 인터뷰는 크리에이티브 전략 개발에 종사하는 크리에이티브계 사람들과 연관된 다른 사람들에게 소비자를 직접 접하게 만들어 준다. 포커스그룹에 귀를 기울이는 것은 카피라이터, 아트 디렉터, 다른 크리에이티브 전문가들에게 표적고객이 누구이고, 그들이 무엇을 좋아하며 크리에이티브 사람들이 광고메시지를 만드는 데 있어서 쓰고, 디자인하고, 혹은 감독해야 하는 사람들에 대한 더 나은 감각을 제공한다. 포커스그룹들은 또한 생각 중인 다른 크리에이티브 접근법들의 생존능력을 평가하기 위해, 그리고 추구할 최고의 방향을 제안하기 위해 사용될 수 있다.[33] 많은 마케터들은 현재 Greenfield Online나 Invoke Solutions와 같은 조사 기관들에 의해 구성된 80~100명의 소비자들의 인터넷 조사 패널들뿐 아니라 온라인 공동체의 소비자 그룹을 사용하는 온라인 포커스그룹을 수행하고 있다. 이 방법에서는 어떤 광고 콘셉트은 즉시 메시지로 보내거나 채팅방과 같은 것을 이용하여 이 패널들에게 제시될 수 있고 패널들로부터 상세한 피드백은 몇 시간 만에 모이고 통계 처리될 수 있는데 전통적인 오프라인 포커스그룹의 경우에는 비슷한 결과를 얻기 위해 몇 주가 필요했던 것과는 대조적이다.[34]

대행사 크리에이티브 임직원들은 그들의 아이디어와 작품이 소비자들에 의해 비평받는다는 생각에 대해 오랫동안 걱정을 표현해 왔다. 많은 크리에이티브계 사람들은 좋은 아이디어들은 평가받아야 할 필요가 없고 평가는 흔히 크리에이티브 실행을 빈약하게 만들 수 있다고 주장한다. 그리고 그들은 평가가 크리에이티브 과정을 방해하고 혁신적이고 참신한 광고메시지를 개발하는 광고제작자

사진 8-8
아플락의 오리는 포커스그룹들에서 좋지 않은 점수를 받았지만 매우 성공적인 캠페인이 되었다.

들의 능력을 제한한다고 주장한다.[35] 포커스그룹에 비판적인 사람들은 만약 기업이 포커스그룹 참여자들의 반응에 주의를 기울였다면 아플락Aflac의 오리가 보여주었던 것과 같은 고도로 성공적인 캠페인들이 방영되지 않았을 것이라고 말한다. 많은 참여자들은 오리가 재미있다고 생각했던 반면, 다른 이들은 그것이 모욕적이라고 생각했다. 오리는 결국 남게 되었는데 캐플란탈러그룹Kaplan Thaler Group의 임원이 Ipsos-ASI라는 리서치 회사에서 기존 제작한 네 가지 광고와 더불어 경쟁광고회사의 다른 작품들과 비교할 것을 회사에 확신시킨 후였다.[36] 오리를 보여주던 그 장면의 회상 점수는 그 당시에 보험 분야에서 가장 높은 점수였다. 캐플란탈러는 광고를 수주하였고 1999년 후반기에 데뷔했던 오리를 보여주는 캠페인은 상을 탔다. 그리고 그 이후로 계속해서 방영되었다. 또한 그것은 아플락의 인지도를 높이도록 도왔고 추가 보험 제공자들을 위한 판매에 엄청난 상승효과를 가져왔다.

많은 크리에이티브 임직원들이 그들의 아이디어들이 포커스그룹에 의해 검토받는 것에 대해 반대하는 반면, 포커스그룹으로부터의 자료들이 매우 가치 있고 통찰력 있다는 수많은 예시 상황들이 물론 존재한다. 크리에이티브 임직원들은 기업들이 그들 브랜드를 위해 개발된 광고들이 소비자들로부터 호감 있는 반응을 일으키고 소비자들로 하여금 그 기업의 제품과 서비스를 구매하게끔 만드는 최고의 가능한 기회를 가지고 있다는 것을 보장하기를 바란다는 것을 인식해야만 한다. ARFAdvertising Research Foundation의 이전 리서치 오피스 장이었던 플러머Joe Plummer는 다음과 같은 말로 그들의 위치를 꽤 잘 설명했다. "광고주가 높은 레벨의 성공에 대한 자신감 없이도 1억 달러를 포기할 거라고 진정으로 생각하는 크리에이티브 임직원은 참 순진무구할 따름이다."[37]

광고대행사들 사이에서 점차 유명해지고 있는 질적 연구의 또 다른 형태는 **민족지학적 연구**ethnographic research이다.[38] 이는 자연적 환경에서 소비자들을 관찰하는 것이다. 어떤 대행사들은 소비자들의 집이나 직장 혹은 연극 속에서 관찰하고 연구하기 위해 민족학자들이나 훈련된 연구자들을 보낸다. 예를 들어, 오길비앤매더 대행사는 디스커버리 그룹Discovery Group이라 불리는 조사 부서를 가지고 있다. 이 부서는 소비자들의 집에 들어가 그들의 여가 활동들을 따라다니고, 소비자들의 일상생활을 추적한다. 오길비의 광고주였던 밀러Miller Brewing Co.를 위해 디스커버리 직원들은 밀러를 마시는 사람들과 경쟁 음료업체의 음료를 마시는 사람들을 촬영하면서 전국을 여행했다. 그들은 참여자들의 그룹 역학을 살펴보고 또한 사람들이 마실 때 어떻게 그 역학이 바뀌는지를 연구하기 위해 이 테이프 녹음을 사용했다. 대행사는 이 연구로부터 얻은 통찰력을 밀러 라이트 맥주를 위한 새로운 광고캠페인을 개발하는 데 사용했다. 포커스그룹보다 민족지학적 연구를 선호하는 마케팅 대행사나 연구자들이 많다. 왜냐하면 포커스그룹 방법은 수많은 한계점을 가지고 있기 때문이다. 강한 성격을 가진 사람들은 포커스그룹에서 지나치게 이상한 영향을 미쳐서 참여자들이 종종 그들의 솔직한 행동 패턴과 동기들을 말하지 않거나 심지어 인식조차 못하는 경우도 있다. 그러나 민족지학적 연구들은 수행하기에 너무 많은 비용이 들 수 있고 운영하기가 더욱 어렵다.

일반적으로 크리에이티브계 사람들은 그들로 하여금 광고주의 목표시장을 더 잘 이해하도록 돕고 크리에이티브 아이디어를 발생시키는 데 도움이 될 어떤 조사나 정보에는 관대하다. 광고산업은 크리에이티브 과정을 밑바침 하는 연구조사를 사용하는 것에 대한 중요성을 인식하고 있다. ARF는 오길비앤매더를 설립한, 광고의 전설적인 인물의 이름을 딴 데이비드 오길비 상을 준다. 이 상은 광고캠페인의 전략을 성공적으로 결정하거나 광고캠페인의 성공을 결정짓는 데 성공적으로 사용되었던 조사로서 인정받은 광고대행사의 팀들, 광고주 기업들, 그리고 연구조사 기관들에게 주어진다.

굿비실버스테인앤파트너스는 2010년에 캘리포니아유가공협회를 위해 만들었던 십대를 타겟으로 우유소비를 증가시키는 광고캠페인을 만드는 데에 사용된 연구조사로 오길비 상을 탔는데 이들의 연구는 집에서 멀리 떨어져서 살고 있는 갓 해방된 십대들(예를 들면 대학생)이 레드불, 비타민워터, 혹은 스타벅스의 차와 커피 같은 시원한 이미지를 가진 음료들을 선호했기 때문에 우유를 적게 마시고 있었으며 특히 그들이 그들의 친구와 있을 때 더욱 그렇다는 것을 보여주었다. 이

사진 8-9
오길비 상을 받은 광고캠페인 개발에는 리서치가 큰 역할을 하였다.

광고대행사는 십대들에게 우유를 건강과 열정의 혈관으로 재포지셔닝했던 소셜미디어 기반의 캠페인에 대한 기초자료로 질적 조사와 양적 조사 모두를 사용했다. 대행사는 리드보컬과 기타리스트의 이름을 따서 이름 지어진 화이트 골드라 불리는 허구의 밴드를 만들었는데 이 허구밴드와 더불어 칼슘 쌍둥이인 올리나Wholena와 스킴벌리Skimberly를 등장시켰다. 이 대행사는 우유와 우유 관련 제품을 위하여 유머러스한 곡들을 쓰고 작곡했으며 심지어 몇몇 곡들의 무삭제 뮤직 비디오까지 제작했다. 밴드에게 소셜미디어 네트워킹 존재를 부여하기 위해 밴드 웹페이지들이 마이스페이스와 페이스북에 만들어졌다. TV와 락 포스터 스타일의 인쇄광고는 밴드의 이야기를 말해 주고 십대들을 웹사이트와 소셜미디어 페이지들로 이끌기 위해 사용되었다. 캠페인은 십대들의 우유의 핵심 이미지 속성들에 대한 관점을 바꾸는 데 매우 성공적이었으며. 우유의 사회적 수용을 높였고 캘리포니아에 살고 있는 십대들 사이에 우유 소비를 증가시켰다.[39]

크리에이티브 과정에서의 필요사항: 확인, 수정

크리에이티브 과정의 확인과 수정 단계는 이해 단계 동안에 발생된 아이디어들을 평가하고 적합하지 않은 것들을 제거하며 남아있는 것들을 수정하고 광을 내고 마지막 표현방식을 확정한다. 이 단계에서 사용되는 방법은 다양한 포커스 그룹들을 사용하는데 크리에이티브 콘셉트, 아이디어, 혹은 주제들이나 메시지 커뮤니케이션 연구들, 포트폴리오 테스트들, 그리고 평가는 시청자 반응 프로필들과 같은 것들을 평가하는 데 쓰인다. 크리에이티브 과정의 이 단계에서 표적 고객의 구성원들은 다듬어지지 않은 창의적 레이아웃들을 평가하기 위해, 그리고 그들이 광고로부터 어떤 의미를 얻는지, 그들이 그 광고의 실행에 대해 무엇을 생각하는지, 혹은 어떻게 그들이 슬로건과 주제에 반응하는지를 보여주기 위해 질문 받을 것이다. 크리에이티브 팀은 목표시장의 구성원들로 하여금 스토리보드 형식에 있는 광고를 평가하도록 함으로써 TV광고가 어떻게 광고메시지를 의사 소통하는지에 관한 통찰력을 얻을 수 있다. 여기서 **스토리보드**storyboard란 제안된 광고의 시각적 계획이나 레이아웃을 보여주기 위해 사용되는 일련의 그림들이다. 이것은 각 장면들을 위한 카피나 오디오 부분과 함께 핵심 프레임이나 장면들을 일련으로 그려놓은 것이다(**사진 8-10** 참조).

스토리보드 형식으로 기술된 광고를 테스트하는 것은 어려울 수 있다. 왜냐하면 스토리보드들은 많이 소비자들이 이해하기에 너무 추상적이기 때문이다. 광고의 크리에이티브에 관한 밑그림을 더욱 현실적으로 평가하기 쉽게 만들기 위해서 대행사는 애니매틱을 만들 것이다. 여기서 **애니매틱**animatic이란 오디오 사운드트랙과 더불어 만든 비디오형 스토리보드를 말한다. 스토리보드와 애니매틱은 모두, 다른 대행사 임직원들이나 광고주에게 논의와 승인을 위한 창의적인 아이디어를 보여주기 위해서뿐만 아니라 연구조사 목적을 위해서 유용하다. 크리에이티브 과정 가운데 이 단계에서는 광고캠페인 주제를 가지고 앞으로 나아가거나 광고를 실질적으로 제작하기 전에 크리에이티브 팀은 최선을 다하여 크리에이티브 접근법이나 실행 스타일을 찾으려고 시도하고 있다. 확인/검토 과정은 최종 결정이 이루어지기 전에 광고의 더욱 공식적이고 광범위한 사전 테스트를 포함한다.

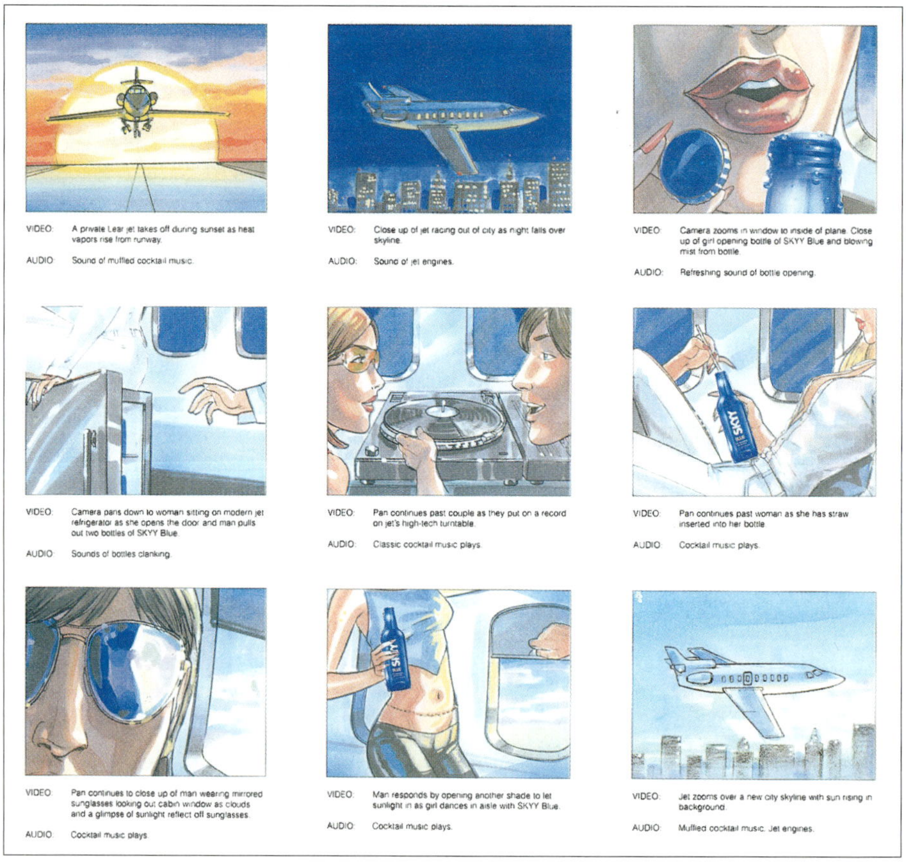

사진 8-10
마케터들은 소비자에게 스토리보드를 보여주고 그에 대한 소비자들의 반응을 통해 통찰력을 얻을 수 있다.

크리에이티브 전략 개발

광고캠페인

대부분의 광고들은 IMC 또는 광고캠페인을 구성하는 일련의 메시지의 일부분이다. 여기서 **광고캠페인**advertising campaign이란 구체화된 기간에 걸쳐서 다른 미디어를 통해 나타나는 단일한 주제나 아이디어를 중심으로 이루어지는 일관성 있는 마케팅 커뮤니케이션 활동이다. 캠페인이 만들어지도록 단일화된 주제를 결정하는 것은 크리에이티브 과정의 매우 중요한 부분이다. 왜냐하면 그 주제는 사용될 개별적인 광고들과 다른 형태의 마케팅 커뮤니케이션을 위한 톤을 설정하기 때문이다. **캠페인 주제**campaign theme는 강력한 아이디어여야만 하는데 왜냐하면 모든 광고와 다른 홍보 활동들에서 전달될 중심 메시지이기 때문이다. 광고캠페인을 위한 주제는 일반적으로 핵심 아이디어를 짧은 단어들이나 간결한 문구로 줄이는 **슬로건**slogan 또는 **태그라인**tagline을 통해 표현된다. 광고 슬로건은 표적고객에게 전달되기 위해 노력하는 메시지뿐만 아니라 기업이나 브랜드의 포지셔닝을 간결하게 표현하는 요약으로서 작용해야 한다.[40] 슬로건은 일반적으로 모든 광고에 나타나며 브랜드 문구를 상기시키거나 강화하는 여러 다른 형태의 마케팅 커뮤니케이션에서 사용된다.

광고캠페인 계획은 마케팅과 IMC 계획과 같이 기본적으로 단기간이며 매년 행해진다. 하지만 캠페인 주제는 일반적으로 더 긴 시기 동안 사용될 작정으로 개발된다. 불행히도 많은 캠페인 주제들은 오직 짧은 시간 동안 유지된다. 일반적으로 이 이유는 그것들이 효과적이지 않거나 시장에서의 상황이 변했다든지 경쟁자가 출현하기 변하기 때문이다.

어떤 마케터들은 캠페인 주제를 자주 바꾸는 반면에 성공적인 캠페인 주제는 몇십 년 동안 지속될 수 있다. 필립모리스Philip Morris는 '말보로 나라Marlboro country'라는 캠페인을 50년 동안 사용했고, 제너럴밀스General Mills는 몇십 년 동안 '아침밥 챔피언Breakfast of Champions'으로 위티스Wheaties 시리얼의 위상을 정립했다. 그리고 BMW는 1974년 이래로 '완결한 차입니다the ultimate driving machine'라는 주제를 사용했다. BMW가 지난 30년간 수차례 대행사를 바꿔왔을지라도, 이 고전적인 태그라인은 계속 유지되었다. 도표 8-2는 최근 마케터들에 의해 사용된 광고 슬로건들

도표 8-2
효과적인 광고 슬로건 사례

기업명 또는 브랜드명	슬로건
1. 나이키 Nike	Just do it
2. 홈디포 Home Depot	You can do it. We cah help.
3. 질레트 Gillette	The Best a Man Can Get
4. 맥도날드 McDonald's	I'm Loving It!
5. 드비어스 De Beers	A Diamond id Forever
6. 사우스웨스트 항공 Southwest Airlines	A symbol of freedom
7. 아디다스 adidas	Impossible is nothing
8. 렉서스 Lexus	The Pursuit of Perfection
9. 언더아모르 Under Armour	We Must Protect This House. I Will.
10. 메이시 Macy's	The magic of Macy's

중에 기억에 남고 기업과 브랜드에 대한 독특한 메시지를 전달하기 때문에 매우 효과적인 것으로서 인식되는 몇몇을 나열한 것이다.

마케팅과 IMC 과정의 어느 다른 분야에서처럼 광고의 크리에에티브 분야와 캠페인 주제를 개발하는 것은 구체적인 목표들에 의해 좌우된다. 무엇이 전달되어야 하는가에 초점을 맞추는 크리에에티브 전략은 캠페인 주제의 선택과 광고캠페인에서 사용되는 모든 메시지의 개발을 선도할 것이다. 크리에에티브 전략은 표적고객의 확인이나 광고가 처리해야 할 기본적인 문제, 이슈 또는 기회, 메시지가 전달할 필요가 있는 핵심 판매 아이디어 혹은 핵심 이점과 그리고 광고에서 포함될 필요가 있는 어떤 도움되는 정보 등의 여러 요인들을 포함한다. 일단 이 요인들이 결정되기만 하면, 크리에에티브 전략 문구는 사용될 메시지 소구와 실행 스타일을 서술해야 한다. 많은 광고대행사는 카피와 크리에에티브 플랫폼으로서 알려진 문서에 이 요소들의 윤곽을 잡는다.

크리에이티브 브리프

문서화된 **크리에이티브 브리프**creative brief는 크리에에티브 전략의 기본적인 요소들을 구체화시킨다. 제각기 다른 대행사들마다 크리에이티브 플랫폼, 작업 계획, 크리에이티브 청사진 혹은 크리에에티브 계약이라고 이 문서를 부를 지도 모

도표 8-3
크리에이티브 브리프 아웃라인

1. 광고가 표현해야 하는 기본적인 문제와 이슈
2. 광고와 커뮤니케이션의 목표
3. 표적고객
4. 핵심 판매 아이디어 혹은 주요 혜택
5. 크리에이티브 전략 선언문(캠페인 주제, 고수, 실행 기술)
6. 보조 정보와 요청사항

른다. 광고주 관련 AE들이나 관련 매니저들이 일반적으로 크리에이티브 브리프를 준비한다. 더 큰 대행사에서는 연구기관 혹은 대행사의 전략적 광고주기획부서 사람이 이것을 쓸 것이다. 광고주 계정에 할당된 대행사 팀이나 그룹이나 뿐만 아니라 크리이에티브 분야 임직원들뿐만 아니라 미디어와 연구조사 부서의 대표자들을 포함해서 자료를 가지고 있다. 광고주 측의 광고 매니저와 마케팅 그리고 브랜드 매니저들은 궁극적으로 크리에이티브 브리프를 승인한다. 도표 8-3은 크리에이티브 과정을 선도하기 위해 사용될 수 있는 크리에에티브 플랫폼의 샘플을 보여준다. 크리에이티브 브리프에 여러 다른 이름들이 있듯이 사용되는 아웃라인과 포맷 그리고 포함된 여러 단계의 세부사항들에 있어서 많은 변형들이 있다.

크리에이티브 브리프의 여러 가지 구성 요인들은 이전 장들에서 논의되었다. 예를 들면 7장에서는 DAGMAR 모델을 살펴보았다. 그리고 광고 목표를 설정하기 위해서는 잘 정의된 표적고객을 구체화하는 것이 필요하다는 것을 살펴보았고 또한 어떤 메시지가 이 표적고객에게 전달되어야 하는지를 말하는 커뮤니케이션 과제 문구를 개발하는 것이 필요하다는 것을 보여주었다. 제품이나 서비스들이 어떤 문제를 풀어야 하는지 혹은 광고에서 어떤 이슈들이 처리되어야 하는지를 결정하는 것은 수행될 캠페인을 위한 커뮤니케이션 목표들을 정하는 데 도움이 된다. 브리프의 두 가지 중대한 구성성분은 핵심 판매 아이디어의 개발과 크리에이티브 전략 개발이다. 이 두 단계는 주로 크리에이티브 팀이나 전문가의 책임이고 광고캠페인 주제의 기본바탕을 형성한다.

크리에이티브 브리프에는 또한 어떤 광고메시지에서 나타나야 하는 정보와 필요정보들(브랜드 식별, 부인 등)이 나타나 있다. 이 정보는 캠페인에 사용되는 다양한 광고 실행에 걸쳐서 통일성을 보장하는 데 있어서 중요하고, 그리고 어떠한 법적 필요 요건을 충족시키는 데 있어서 중요할 것이다. 사진 8-11 A는 지난

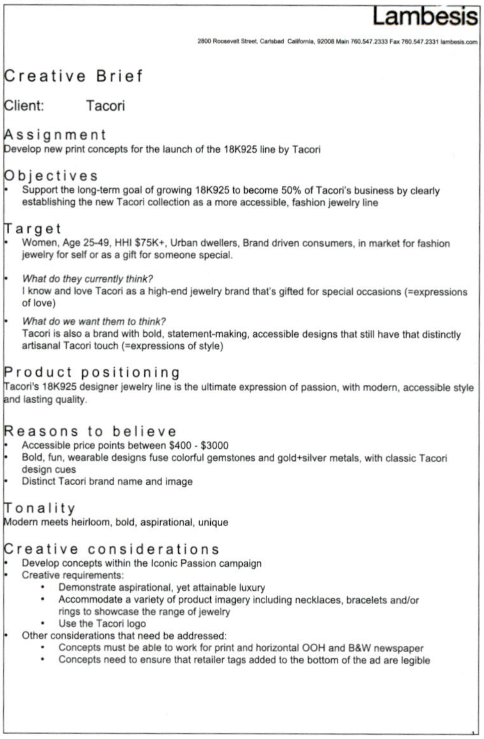

Lambesis

2800 Roosevelt Street, Carlsbad California, 92008 Main 760.547.2333 Fax 760.547.2331 lambesis.com

Creative Brief

Client: Tacori

Assignment
Develop new print concepts for the launch of the 18K925 line by Tacori

Objectives
- Support the long-term goal of growing 18K925 to become 50% of Tacori's business by clearly establishing the new Tacori collection as a more accessible, fashion jewelry line

Target
- Women, Age 25-49, HHI $75K+, Urban dwellers, Brand driven consumers, in market for fashion jewelry for self or as a gift for someone special.
- *What do they currently think?*
  I know and love Tacori as a high-end jewelry brand that's gifted for special occasions (=expressions of love)
- *What do we want them to think?*
  Tacori is also a brand with bold, statement-making, accessible designs that still have that distinctly artisanal Tacori touch (=expressions of style)

Product positioning
Tacori's 18K925 designer jewelry line is the ultimate expression of passion, with modern, accessible style and lasting quality.

Reasons to believe
- Accessible price points between $400 - $3000
- Bold, fun, wearable designs fuse colorful gemstones and gold+silver metals, with classic Tacori design cues
- Distinct Tacori brand name and image

Tonality
Modern meets heirloom, bold, aspirational, unique

Creative considerations
- Develop concepts within the Iconic Passion campaign
- Creative requirements:
  - Demonstrate aspirational, yet attainable luxury
  - Accommodate a variety of product imagery including necklaces, bracelets and/or rings to showcase the range of jewelry
  - Use the Tacori logo
- Other considerations that need be addressed:
  - Concepts must be able to work for print and horizontal OOH and B&W newspaper
  - Concepts need to ensure that retailer tags added to the bottom of the ad are legible

사진 8-11 A
타코리 주얼리를 위한 크리에이티브 브리프

사진 8-11 B
타코리를 다가가기 쉬운 패션 주얼리 라인으로 확립하려는 크리에이티브 브리프에 근거하여 만들어진 인쇄광고

몇 년간에 걸쳐서 엄청난 판매 성장을 경험했던 파인 주얼리 기업인 타코리Tacori를 위한 인쇄 캠페인을 만들었던 램베시스Lambesis 대행사에 의해 사용된 크리에이티브 브리프이며, **사진 8-11 B**는 이 브리프에 근거해서 만들어진 광고이다. 이 브리프에서 쓰여있듯이, 타코리를 위한 광고의 주요 목표는 타코리 콜렉션을 더 더욱 다가가기 쉬운 패션 주얼리 라인으로 확립하는 것이다.

크리에이티브 브리프를 개발하는 데 사용될 수 있는 소비자, 제품과 서비스, 그리고 시장과 관련된 정보를 얻는 것은 크리에이티브 기획 과정의 중요한 부분이다. 이 기본 정보가 대행사 크리에이티브 사람들에게 제공되는 것이 매우 중요한 반면에 대행사뿐 아니라 광고주에서의 의사소통 결렬이라든지 혹은 이 둘 사이의 의사소통 결렬 때문에 항상 제공되는 것은 아니다. 서덜랜드John Sutherland, 듀크Lisa Duke, 애버너시Avery Abernethy는 광고주로부터 대행사 크리에이티브 직원으로의 마케팅 정보 흐름 모델을 개발했다. 이는 **도표 8-4**와 같다.[41] 이 모델은 게이트 키퍼들이 대행사의 크리에이티브계 직원들에게 가는 정보의 흐름을 지연시킬 수 있는 다섯 가지 주요 커뮤니케이션 접점과 의사결정 지점들이 있다는 것을 보여준다.

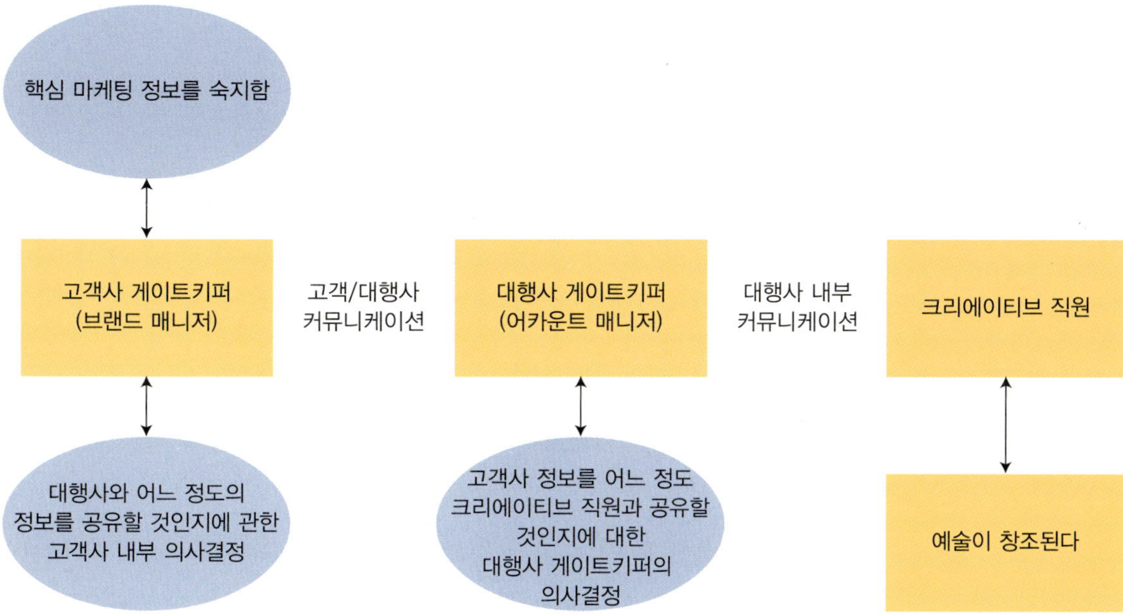

도표 8-4
마케팅 매니저에서 크리에이티브 직원으로의 마케팅 정보 흐름 모델

자료: John Sutherland, Lisa Duke, and Avery Abernethy, "A Model of Marketing Information Flow," *Journal of Advertising* 33, No.4 (Winter 2004), p.42.

광고주 측에 있는 브랜드 매니저와 광고 매니저 그리고 대행사 측면에 있는 계정 매니저 사이에 발생하는 광고주-대행사 의사소통 접점에 가장 큰 관심이 모아진다. 의사소통 문제들은 광고주와 그들의 대행사 사이에 발생할 수 있는데 이는 크리에이티브 직원들의 일을 더욱 어렵게 만들 수 있다. 그러나 이 모델은 네 가지의 다른 가능성 있는 의사소통 접점의 실패 지점들이 있다는 것을 보여준다. 그 네 가지는 다음과 같다. (1) 효과적인 광고를 위해 필요로 하는 몇몇의 혹은 모든 정보에 대한 지식이 부족한 광고주 혹은 광고주 게이트 키퍼, (2) 효과적인 광고를 만드는 것과 관련된 모든 접근 가능한 정보를 대행사와 공유하지 않기로 결정한 광고주, (3) 대행사 게이트 키퍼들이 획득한 광고주 정보의 모든 것을 크리에이티브 직원들과 다 공유하지는 않기로 결정, (4) 광고주로부터 얻은 모든 관련된 정보를 크리에이티브 직원들이 얻지 못하는 결과를 초래할 지도 모르는 대행사 내부 의사소통의 실패.

서덜랜드와 듀크, 애버너시는 대행사 크리에이티브 디렉터들, 카피라이터들, 아트 디렉터들을 대상으로 창의적 전략을 개발하고 실행하는 데 있어서 그들에게 사용을 가능하게 하는 구체적인 타입의 마케팅 정보에 대해 광범위한 설문조사를 수행했다. 그들은 표적고객의 인구통계학적 양상, 고객의 제품사용 정보, 광고주의 제품성과 정보, 경쟁자들의 제품성과 정보, 마케팅 전략 정보, 그리고 광고주들에 의해 공급되는 핵심 판매 접점 등 여섯 가지의 구체적인 타입의 마케팅 정보를 확인했다. 이들의 연구는 대행사의 크리에이티브 임직원들이 종종 크리에에티브 전략을 효과적으로 디자인하고 실행하기 위해 필요로 하는 정보가 부족하다는 것을 보여주었다. 그들은 이 구체적인 범주들의 정보는 오직 1/2 혹은 2/3 정도만 제공된다는 사실을 발견했다. 심지어 가장 기본적인 표적고객의 인구 통계학적 양상도 30% 정도는 제공되지 않는다. 이 연구는 크리에이티브 임직원들이 효과적인 광고를 개발하는 데 필요로 하는 정보들과 그들에게 실제로 제공되는 것 사이에 차이가 있다는 것을 나타내고, 결국 광고주와 대행사 사이에 더 나은 의사소통을 필요로 한다는 것을 지적한다.

카피 플랫폼에 포함된 정보는 크리에이티브 직원에게 중요한 배경 정보와 전체 광고 전략의 기본적 요소들을 제공한다. 크리에이티브 과정에 있어서 다음 단계는 메시지 전략의 개발이고 전략을 만들고 그 전략을 삶에 가져오는 빅 아이디어를 찾는 것으로부터 시작한다. 크리에이티브 팀에게 주어진 주요 도전들 중 하나는 캠페인의 기본으로서 사용될 핵심 판매 아이디어를 결정하는 것이다. 핵심 판매 아이디어와 캠페인 주제를 결정하는 데 사용되는 몇 가지 접근법들을 알아보자.

핵심 판매 아이디어 탐색

창의적 전략의 중요한 부분은 광고캠페인의 **핵심 판매 아이디어**major selling idea가 될 중심 주제를 결정하는 것이다. 주얼러A. Jerome Jeweler는 자신의 저서 「Creative Strategy in Advertising」에서 다음과 같이 언급했다.

> 핵심 판매 아이디어는 여러분의 제품과 서비스에 대해 말할 수 있는 가장 강력한 단 하나의 것으로서 나타나야 한다. 이것은 여러분의 표적고객에게 가장 광범위하고 가장 의미 있는 호소력을 가진 주장이어야 한다. 일단 여러분이 이 메시지를 결정하고 나면 여러분이 이것과 함께 꼭 살 수 있도록 하라. 이 것이 캠페인 안에 있는 모든 광고들 사이에서 중심 이슈로 충분히 강하게 남아 돋보이게끔 하라.[42]

몇몇 광고 전문가들은 광고캠페인이 효과적이기 위해서 그것은 소비자의 관심을 끌고 반응을 얻고 광고주의 제품과 서비스를 경쟁자의 것으로부터 차별화되도록 설정하는 빅 아이디어를 포함해야만 한다고 주장한다. 잘 알려진 광고인

오툴John O'Toole은 빅 아이디어를 '전략의 목적을 통합하고 제품의 이점을 소비자 욕구와 신선하고 관여도를 높이는 방식으로 통합하며, 광고주제를 삶으로 가져오고 표적고객을 멈추게 하여 보고 듣게 만드는 시각의 섬광'이라고 묘사했다.[43]

물론 크리에이티브 팀에게 주어지는 실제적인 도전은 광고에서 사용할 빅 아이디어를 찾아내는 것이다. 하지만 많은 제품과 서비스들은 사실상 어떤 독특함도 제공하지 않기 때문에 그들에 대해 말하기에 재미있는 무언가를 찾는 것은 어렵다. 일반적으로 이 직종에서 일해 왔던 사람들 중 가장 창의적인 광고 카피라이터라고 여겨지는 데이비드 오길비는 훗날 말했다.

> 나는 빅 아이디어를 포함하는 캠페인은 백 개 중 하나 있을까 말한 한다고 생각한다. 나는 빅 아이디어들을 더 많이 고안해야 하는 발명가이어야 하지만 카피라이터라는 내 긴 경력 속에서 나는 20개 이상을 갖지 못했었다, 물론 그것을 빅 아이디어로 쳐준다면 말이다.[44]

광고에서 정말 훌륭한 아이디어를 만나는 것은 정말 힘든 일이지만, 창의적이고 성공적인 광고캠페인들의 기본이 되었던 빅 아이디어들도 많이 있다. 전형적인 예로 '우리는 최선을 다합니다We try harder'가 있다. 이 광고는 에이비스Avis를 허츠Hertz보다 더 나은 서비스를 제공하는 약자의 렌터카 기업으로서 포지셔닝했다. '펩시세대Pepsi generation'라는 주제와 '신세대의 맛the taste of a new generation', '다음세대Generation Next' 같은 후속광고도 좋은 사례이고 미국 군대를 위한 모집 광고에서 사용된 '당신을 무한대로 키우세요Be all you can be'라는 주제도 그렇다. 웬디스Wendy's의 '소고기는 어디에?Where's the beef?'라는 광고는 패스트푸드 체인을 신선한 가정집을 느끼도록 도왔던 클래식 풍의 느리고 걸걸한 목소리의 펠러Clara Peller를 특징으로 삼았다. 효과적인 광고캠페인을 만든 빅 아이디어의 최신 사례로는, 개인형 컴퓨터들로 들어가는 인텔 마이크로프로세서들을 위한 '인텔인사이드Intel Inside' 캠페인과, 나이키의 '행하고 보하세요Just do it', 우유 소비 촉진을 위해 사용되었던 '우유 드셨나요?Got Milk?'와 우유 콧수염 , 맥도날드의 '난 이 맛을 사랑해요!I'm Lovin' It!'과 애플의 '달리 생각하세요Think Different' 캠페인 등이 있다. 기업들이 IMC 프로그램에서 사용했던 빅 아이디어들 중 몇몇은 더 이상 전통적인 매스미디어를 통해 실행되지 않는다. 많은 기업들은 인터넷에서 가능한 다양한 크리에에티브 기회들의 이점을 취하고 있고 전통적인 미디어를 온라인 요소들과 통합하고 있으며 'advertainment'라고 알려진 새로운 장르의 광고를 사용하고 있다.

사진 8-12
이 UTC 광고는 B2B 광고에서의 빅 아이디어 사례이다.

빅 아이디어는 B2B 광고에서도 중요하다. 예를 들어, UTCUnited Technologies Corporation는 캐리어Carrier의 냉난방기, 해밀턴Hamilton Sundstrand 항공우주시스템과 산업화된 상품들, 오티스Otis 엘리베이터와 에스컬레이터, 패티앤휘트니Pratt&Whitney 항공엔진과 시콜스키Sikorsky 헬리콥터들, UTC 화재 안전 시스템들 그리고 UTC 파워 연료 세포 등과 같은 상품을 포함하는 다양화된 기업이다. 이 기업은 비즈니스와 투자 공동체에 제품과 비즈니스 실적에 대한 더 나은 이해를 제공하기 위해 통합된 마케팅 캠페인을 시작했다. 이 캠페인은 '여기서 무엇이든 볼 수 있습니다You can see everything from here'이라는 주제를 사용하고 UTC에 대한 더 풍요롭고 깊은 메시지를 전달하도록 디자인되며 표적고객으로 하여금 이 기업과 기업의 혁신적인 제품들에 대해 호기심을 유발한다. 이 캠페인에서 사용되었던 초기 인쇄광고 중 하나는 시콜스키의 헬리콥터와 패티앤휘트니의 항공엔진의 복잡하게 자세한 단면을 보여주었다(**사진 8-12**). 이 광고들은 투자자와 표적고객에게 친근함와 호감도를 올리는데 매우 효과적이었다. 그리고 이는 월스트리트저널, 배런스Barrons, 포브스Forbes, 비즈니스위크BusinessWeek와 같은 비즈니스 출판물에서 나오는 타기업광고의 클러터를 제거했다.

핵심 판매 아이디어 개발

빅 아이디어에 대한 영감을 정확히 짚어내거나 광고 크리에이티브 사람들에게 빅 아이디어를 찾는 방법을 가르치는 것은 어렵다. 앞서 언급했듯이, 코버Arthur Kover는 광고 카피라이터들이 크리에이티브 과정에 어떻게 접근하는지 그리고 빅 아이디어들을 어떻게 찾는지를 이해하기 위해 그들에 대한 연구를 수행했다. 그는 광고 카피라이터들이 빅 아이디어의 목적을 광고 클러터를 깨뜨리고 메시지를 전달하는 것으로 본다는 것을 알아냈다.[45] 광고학과 교수 로지터John Rositer 대부분의 카피라이터들이 핵심 혜택 주장을 전달하는 것에 초점을 맞춘다고 주장하는데 **핵심 혜택 주장**key benefit claim이란 카피라이터들에 의해 광고되는 제품을 판매하는 데 있어서 관건이 되는 이점을 말한다. 그는 가장 창의적인 아이디어는 극적으로 그리고 효과적으로 핵심 혜택 주장을 전달하는 방법을 찾는 데서 근거한다고 말한다.[46] 맥도날드의 'I'm Lovin' It'과 같이 광고캠페인에 대한 근본으로 사용되는 태그라인에서 핵심 혜택 주장이 분명해진다. 그러나 크리에이티브 팀은 여전히 광고의 실행과 IMC 프로그램의 다른 구성요소들에 있어서 이 메시지를 전달하는 효과적인 방법들을 개발하기 위해 노력해야 한다.

크리에이티브 임직원들이 빅 아이디어를 찾는 접근방법과 어떻게 실행할 것인지에 대한 수많은 방법들이 있다. 그러나 수년에 걸쳐서 핵심 판매 아이디어를 발견하고 효과적으로 광고를 개발하도록 하는 몇 가지의 주요한 접근법들이 왔다. 그중에서 가장 잘 알려진 네 가지 접근법들은 다음과 같다.

- USP 사용하기
- 브랜드 이미지를 만들기
- 내재적 드라마 찾기
- 포지셔닝

USP **독특한 판매 제안**이라고 번역되는 USPunique selling proposition의 개념은 광고 대행사 테드베이츠Ted Bates의 이전 사장이었던 리브스Rosser Reeves에 의해 개발되었고 그의 영향력 있는 저서인 「Reality in Advertising」에 서술되었다. 리브스는 다음과 같이 USP의 세 가지 특징을 적었다.

1. 각 광고는 소비자에게 제안을 해야 한다. 단지 말만이 아니고, 단지 제품의 과대선전만이 아니며, 단지 진열 광고가 아니다. 각 광고는 각 독자에게 말해야 한다. "이 제품을 사라. 그러면 당신은 이러한 이점을 얻게 될 것이다."라는 제안이 있어야 한다.
2. 제안은 경쟁자가 제공할 수 없거나 제공하지 않는 것이어야만 한다. 그것은

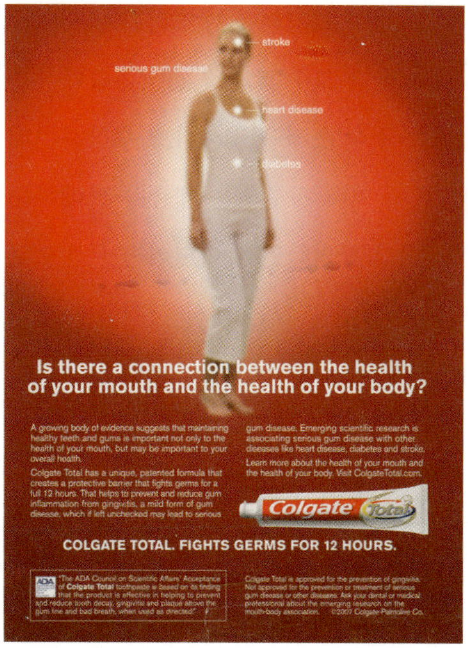

사진 8-13
콜게이트 치약 광고는 USP를 사용했다.

브랜드에서 혹은 주장에서 독특해야만 한다.

3. 제안은 엄청나게 많은 사람들을 움직일 만큼 충분히 강력해야 한다. 즉, 새로운 소비자들을 자신의 브랜드로 끌어와야만 한다.[47]

리브스는 USP의 근원을 형성시키는 제품특성이나 혜택에 있어서의 이점이 광고에서 대부분을 차지해야 하고 반복적인 광고를 통해 강조되어야 한다고 말했다. USP를 기반으로 한 광고의 예시는 콜게이트Colgate의 치약Total toothpaste을 위한 캠페인이 있다. 이 브랜드는 12시간 동안 세균들과 싸우면서 잇몸 질병을 줄이고 막도록 돕는 보호적 장벽을 생성하는 독특하고 특허 받은 비법을 가지고 있었다.

리브스는 광고에 대한 접근법으로, 광고에서는 진실로 독특한 제품과 서비스 속성, 이점 혹은 내재적 장점들이 있어야만 한다고 주장한다. 이 접근법은 USP를 결정하기 위해서뿐만 아니라 광고에서 주장하는 바를 기록에 담기 위해서라도 제품과 소비자들에 대한 상당히 많은 조사를 필요로 할 것이다. FTCFederal Trade Commission는 뒷받침하는 자료를 제공하지 않고 광고주들이 우월성 혹은 독특함을 주장하는 것에 반대한다. 또한 어떤 기업들은 그들의 경쟁자들이 입증할 수 없는 독특함을 가진다고 주장하는 것에 관하여 고소하였다.[48]

광고인들은 UPS가 경쟁자들이 쉽게 따라 할 수 없는 지속적인 경쟁우위를 제공하는지를 고려해야만 한다. 특히 포장된 제품 분야에 있는 기업들은 빠르게 제품 특징에 브랜드 특색을 맞춘다. 그래서 USP에 근거를 두는 광고가 더 이상 쓸모 없어지고 있다. 예를 들어, 2008년에 밀러Miller Brewing Co.는 MGD 64를 도입했다. MGD 64는 64칼로리의 MGDMiller Genuine Draft 브랜드로 그 당시 시장에서 가장 낮은 칼로리의 국내산 맥주였다. 그러나 1년도 안 되어 주 경쟁자인 앤호이저부시Anheuser Busch가 밀러Miller의 저칼로리 맥주의 성공을 주목해 Bud Select 55를 런칭했다. Bud Select 55의 칼로리는 55였다.[49]

브랜드 이미지 만들기 제품이나 서비스의 여러 범주에서 경쟁적인 브랜드들은 너무 비슷해서 핵심 판매 아이디어로서 사용할 독특한 속성이나 이점을 찾거나 만드는 것이 매우 어렵다. 미국에서 쓰인 광고비용의 대부분을 차지하는 많은 포장 제품들은 기능이나 성능에 기반을 두어 차별화하는 것이 어렵다. 이러한 제품들을 판매하기 위해 사용되는 크리에이티브 전략은 **이미지 광고**image advertising를 통해 브랜드에 대한 강력하고 기억에 남는 정체성을 개발하는 것에 근거한다.

데이비드 오길비는 그의 유명한 저서인 「Confessions of an Advertising Man」에서 브랜드 이미지라는 개념을 대중화했다. 오길비는 이미지 광고에 관하여 '모든 광고는 브랜드 이미지인 복잡한 상징에 대한 공헌으로서 생각되어야만 한다'고 했다. 그는 브랜드들이 비슷할 때 브랜드의 이미지 혹은 성격이 특히 중요하다고 주장한다.

> 브랜드들 사이에 유사성이 클수록 브랜드 선택에 대한 이유가 작용하는 부분이 작아진다. 위스키, 담배, 혹은 맥주의 경우엔 다양한 브랜드들 사이에 어떤 결정적 차이가 없다. 모두들 비슷하다. 케이크 믹스도 그렇고 세제도 마찬가지이고 마가린도 마찬가지이다. 이들에 있어서는 브랜드를 대한 가장 신랄하게 정의된 브랜드 품격을 만드는 것에 광고를 헌신하려는 제조업자는 가장 높은 이익에 가장 큰 시장점유율을 얻을 것이다. 같은 맥락에서보면 그들 자신이 곤경에 처했음을 발견할 제조업자들은 판촉을 위해 그들의 광고 자금을 빼돌린 근시안적인 기회주의자들이다.[50]

사진 8-14
베베는 섹시하고 스타일리쉬한 브랜드로서의 이미지를 만드는 광고를 사용한다.

이미지 광고는 갈수록 더 유명해지고 있고 소프트 드링크, 술, 담배, 자동차, 항공사, 재무서비스, 향수, 그리고 의류를 포함한 다양한 제품과 서비스들을 위한 핵심 판매 아이디어로서 사용되고 있다. 많은 소비자들은 브랜드 이미지 때문에 디자이너의 청바지나 랄프 로렌의 폴로 셔츠를 입고 특정 브랜드의 맥주나 음료수를 마신다. 성공적인 이미지 광고의 열쇠는 제품 사용자들에게 호소할 이미지를 만드는 것이다. 이것은 문화적 의미를 가지고 있는 어떠한 상징이나 예술품과 브랜드를 연관시킴으로써 행해진다. 예를 들어 말보로는 브랜드를 강인하고 개인주의적이고, 자유와 독립의 상징으로서 인식되는 카우보이와 연관시키는 광고를 사용함으로써 선도적인 담배 브랜드가 되었다. 대부분의 패션 브랜드들이 섹시함, 스타일리쉬함, 글래머러스함, 세련됨과 같은 심리사회적인 연상과 느낌들을 전달하는 매력적인 모델들과 시각적 어필을 특징화하는 광고를 사용함으로써 이미지를 만든다. 베베bebe 광고는 많은 스타일과 패션에 관심이 있는 젊은 여성들과 이러한 이미지 특징들을 감성적인 연결을 만드는 방법으로 구체화한다.

내재적 드라마 찾기 핵심 판매 아이디어를 결정하는 또 다른 접근법은 **내재적인 드라마**inherent drama 혹은 소비자가 그것을 구매하게끔 만드는 제품의 특징을 찾는 것이다. 내재적 드라마 접근법은 시카고에 있는 광고대행사 레오버넷의 창시자 레오 버넷Leo Burnett의 광고 철학을 표현한다. 버넷은 내재적인 드라마가 "찾기 어렵지만 그것은 항상 있으며 모든 광고 소구 중에서 가장 재미있고 믿을 만하다는 것을 알았다."[51] 그는 광고라는 것은 소비자가 향유하는 혜택들을 표현하는 데 있어서 드라마적인 요소들을 강조해야 하고 소비자가 누리는 혜택에 근거해야 한다고 믿는다.

버넷은 따뜻하고 현실적인 방법으로 메시지를 보여주는 소박한 타입의 광고를 지지했다. 내재적인 드라마 접근법을 사용한 그의 대행사에 의해 개발된 몇 가지 유명한 광고들은 맥도날드, 메이태그Maytag appliances, 켈로그 시리얼, 홀마크Hallmark 카드 등이 있다. 최근 불경기 동안 버넷은 홀마크를 위해 연하카드를 '당신이 할 수 있는 가장 큰 작은 일the biggest little thing you can do'로 강조하는 감성 기반의 캠페인을 개발했다. 이 광고는 카드를 보내는 것처럼 작은 행동으로부터 올 수 있는 감사를 강조했고 홀마크가 수년 동안 팔아왔던 99센트 라인의 카드들을 홍보했다. 이 캠페인은 배우자, 아이들, 그리고 멘토들이 예상치 못한 카드들에 어떻게 반응하는지를 보여주는 15초 TV광고의 시리즈들을 특징화했고 존 메이어John Mayer의 'Say What You Need to Say말해야 할 것을 말해 주세요'를 배경음악으로 사용했다. 이 캠페인은 또한 리치 미디어의 인터넷 배너 광고들을 사용했는데, 예를 들면 마우스를 클릭하거나 사이트를 열 때에 소비자로 하여금 광고에서 카드를 선택하고 그것을 받은 사람의 반응을 보여주는 **사진 8-15**와 같은 것이 있다.[52]

사진 8-15
홀마크 광고는 내재적 드라마를 이용한다.

포지셔닝 광고 전략에 대한 기반으로서 포지셔닝positioning이란 개념은 1970년대 초반에 트라우트Jack Trout와 리스Al Ries에 의해 도입되었고 크리에에티브 개발에 있어서 유명한 기반이 되었다.[53] 기본적 아이디어는 광고가 제품과 서비스를 소비

사진 8-16
GE는 자사를 보건 의료와 같은 분야에서 혁신적인 기업으로 포지셔닝한다.

자의 마음속에 있는 특정한 자리에 확고히 하고 위치시키기 위해 사용된다는 것이다. 포지셔닝은 브랜드뿐만 아니라 기업을 위해 수행된다. 다양한 제품과 서비스 범주들에 있는 많은 최고의 브랜드들은 시장 선도자의 위치를 향유했다. 왜냐하면 그것들은 강력한 위치나 정체성을 소비자들의 마음 속에 확고히 하고 유지했기 때문이다.[54] 예를 들어 BMW의 '완결한 차입니다the ultimate driving machine'으로 자동차 포지셔닝이 전체 제품 라인을 차별화하도록 도왔고, 크레스트Crest는 충치 예방이라는 포지셔닝에 근거하여 치약의 성공을 도모하고 유지했다.

포지셔닝은 또한 다양한 부서를 가진 대기업들뿐만 아니라 모든 기업들을 위해 수행된다. 예를 들어 GEGeneral Electric는 그 기업 자체를 새천년을 위한 에너지, 건강, 운송업, 그리고 기술적 인프라를 건설함으로써 세계에서 차이를 만드는 혁신적이고 상상력 있는 기업으로 포지셔닝한다. **사진 8-16**은 GE의 건강한 상상 캠페인에서 나온 광고를 보여준다. 이는 기업이 빠른 진단, 개입, 그리고 질병 예방에 초점을 맞춤으로써 100개 이상의 나라에서 의료 서비스의 제공을 어떻게 변화시키는 지에 초점을 맞춘다.

트라우트와 리스는 포지셔닝을 소비자들이 제품과 서비스의 범주에서 경쟁적 브랜드와 관련하여 그 브랜드에 대해 가지고 있는 이미지라고 독창적으로 묘사했다. 그러나 이 개념은 직접적인 경쟁적 포지셔닝으로 확장되었다. 2장에서 논의했듯이 제품은 제품 속성, 가격/품질, 사용법 혹은 적용, 제품 사용자들, 혹은 제품 계층의 근본에서 포지셔닝될 수 있다. 이들 중 어느 것이라도 크리에이티브 전략에 기본이 되는 핵심 판매 아이디어를 떠올릴 수 있고 브랜드가 표적고객의 마음에 있는 특정한 자리를 차지하게 할 수 있다. 포지셔닝이 독특한 속성을 기반으로 행해질 수 있기 때문에 포지셔닝과 USP 접근법은 겹칠 수 있다. 포지셔닝 접근법들은 수많은 성공적인 창의적 전략들을 위한 토대로서 사용되어 왔다.

포지셔닝은 같은 시장에서 경쟁하는 다수의 브랜드들을 가지고 있을 때 종종 기업의 창의적 전략의 기반이 된다. 예를 들어, 두 개의 잘 팔리는 자동차 오일 브

사진 8-17
펜조일과 퀘이커스테이트를
위한 광고는 브랜드를 다르게
포지셔닝한다.

랜드인 펜조일Pennzoil과 퀘이커스테이트Quaker State은 몇 년 전에 기업합병으로 같은 기업이 되었으며 현재 쉘오일사Shell Oil에 의해 소유되었다. 쉘은 이 두 브랜드를 다르게 포지셔닝하고 각 브랜드의 자동차 오일 소비자 그룹을 약간 다르게 겨냥함으로써 이 두 브랜드를 구분하는 정체성을 만들었다.[55] 펜조일은 보호를 상징하는 브랜드로서 포지셔닝하고 '적극적이고 명확한 사람' 혹은 엔진오일이 바꾸는 데 비용을 내는 것을 아끼지 않을 사람들을 겨냥한다. 퀘이커스테이트 경우엔 성과 포지셔닝을 사용하고 자신의 자동차를 유지하는 데에 관심이 많고 자신만의 엔진오일을 구매하고 자신이 직접 오일을 교환하려는 '열렬한 지지자' 부분을 겨냥한다. **사진 8-17**은 이 포지셔닝 주제들을 반영하는 광고를 보여준다.

빅 아이디어에 대한 현대의 접근법

USP, 브랜드 이미지, 내재적 드라마, 포지셔닝 접근법들은 종종 광고캠페인을 위한 크리에이티브 전략의 기반으로 사용된다. 이 크리에이티브 스타일들은 광고와 대행사에서의 몇 가지 성공적인 크리에이티브 마인드로 여겨져 왔다.[56] 그러나 많은 다른 크리에이티브 접근법들이 이용 가능하다. 오늘날 광고 분야에서 주요 영향력을 지닌 현대적인 광고 선구자들이라면 할리니앤파트너스Hal Riney&Partners의 리니Hal Riney, TBWA치아트데이TBWA/Chiat/Day의 클로Lee Clow와 치아트Jay Chiat, 위든케네디Wieden+Kenedy의 위든Dan Wieden, 굿비실버스테인앤파트너스Goodby, Silverstein&Partners의 굿비Jeff Goodby와 실버스테인Rich Silverstein이 있다. 오늘날의 크리에이티브 선도자들을, 애드버타이징에이지Advertising Age의 바그노니Anthony Vagnoni는 이렇게 묘사하였다.

> 현대의 크리에이티브 선구자들은 책을 쓰지 않고, 광고에 대한 자신들의 이론들을 인터뷰하거나 피력하지 않는다. 그들은 어떤 규칙도 지지하지 않고 오길비가 이야기하는 '여러분이 아무 것도 말할 것이 없을 때 노래하라'라는 말처럼 어떤 단순한 금과옥조도 없다고 주장했다. 만약 선언들과 책들이 사라진다면, 그것들을 대체할 것은 광고의 지능 레벨을 올리고자 하는 깨어있는 욕망이다. 오늘날의 광고선구자들은 광고를 영감을 주고 즐겁게 하는 시대를 정화하는 사회적 힘으로 본다.[57]

굿비Goodby와 실버스테인Silverstein은 다음과 같이 피력하였다. "광고는 광고처럼 보이거나 느껴지지 않지만 사람들의 삶으로 스며 들어갈 때 가장 효과가 높다. 광고라는 것은 사람들을 가장 낮은 차원에서 다루는 것이 아니라 사람들을 최고로 여기는 것이다." 그들은 그들의 크리에이티브 공식을 대중이 보기 좋아하고 동시에 매출을 올릴 수 있는 현명한 작업을 하는 것으로서 묘사한다.[58] 클로Lee Clow는 다음과 같이 말했다. "어떤 규정집도 여러분에게 누구를 표적고객으로 삼아야 할지 가르쳐 주지 않는다. 우리 광고계의 최고의 사람들은 사회문화적 현실을 이해하고 어떻게 사람들이 미디어와 소통하는지를 이해하고 있다. 만약 우리가 그렇게 하지 않는다면 우리는 사람들을 연결할 수 있을만한 광고메시지들을 만들 수 없을 것이다."[59]

특정 대행사들은 결코 하나의 크리에이티브 접근법만에 국한되지 않는다. 예를 들어 이미지 광고의 전형적인 사례인 '말보로 나라Marlboro country' 캠페인은 레오버넷 대행사에 의해 개발되었다. 많은 다른 광고대행사들은 테드베이츠에서 리브스에 의해 주창되었던 USP접근법을 따랐다. 크리에이티브 전문가나 팀에게 주어지는 도전은 핵심 판매 아이디어(그것이 USP, 브랜드 이미지, 내재적 드라마, 포지셔닝, 혹은 그 어떤 다른 접근법에 근거하든지)를 찾는 것이고 그것을 효과적인 크리에이티브 전략을 개발하는 데 있어서 안내문으로서 사용하는 것이다.

광고주들은 통합된 마케팅 커뮤니케이션의 새로운 세계에서 핵심 아이디어를 찾기 위한 주요 도전에 마주하고 있다. 그들은 그들의 브랜드를 차별화할 수 있고 전통적 매체를 넘어서는 크리에이티브 아이디어들을 개발하는 도전에 마주친다. 대부분의 마케터들과 대행사들은 다양한 미디어에 걸쳐서 사용될 수 있고 소비자를 사로잡아 그들과의 대화 속에 들어오게끔 할 수 있는 핵심 아이디어를 떠올려야 한다는 것을 알고 있다.[60] 광고주들이 마주하는 문제는 최근 현대Hyundai, 스프린트Sprint, 그리고 휴렛팩커드Hewlett-Packard와 같은 광고주들을 위한 훌륭한 크리에이티브 광고작품들로 애드위크Adweek에 의해 올해의 대행사로 선정된 굿비실버스테인앤파트너스 샌프랜시스코 지부의 굿비Jeff Goodby에 의해 피력되었다. 대행사의 성공과 적응능력을 설명함에 있어서 굿비는 다음과 같이 언급했다. "우리 회사는 설립 후 23년 동안보다 지난 2년 동안 더 많이 바뀌었다. 이는 필요 불가결한 변화였고 모든 사업이 존재하기 위해서라면 변해야 할 것이다. 어떤 사람도 광고가 무엇인지 더 이상 알지 못하고 우리 회사의 변화는 이에 대한 반응이다."[61]

요약

광고메시지를 크리에이티브하게 개발하고 실행한다는 것은 기업의 IMC 프로그램에서 중대한 부분들이고 마케팅 캠페인 성공에 있어서 열쇠가 된다. 마케터들은 일반적으로 그들의 크리에이티브 전략을 개발하고 준비하며 시행하는 데 있어서 광고대행사에 의지한다. 왜냐하면 이 대행사들은 광고의 크리에이티브 기능에 전문가이기 때문이다. 크리에이티브 전문가 혹은 팀은 마케터의 메시지를 소비자에게 전달하는 효과적인 방법은 개발하는 데에 책임을 진다. 광고주와 대행사 측에 있는 다른 사람들은 크리에이티브 전략을 개발하고 그것을 시행하며 그것의 효과성을 평가하기 위해 크리에이티브 전문가와 함께 일한다.

작가, 예술가, 그리고 광고를 개발하는 많은 이들이 마주하는 도전은 창의적으로 되어야 하고 커뮤니케이션 문제들에 대한 해답으로서 사용될 수 있는 신선하고 독특하며 적합한 아이디어들을 떠올려야 한다는 것이다. 광고에서 크리에이티브 과정이란 준비, 배양, 조명, 확인, 검토 등의 몇 가지 단계들로 이루어진다. 다양한 정보의 원천들은 크리에이티브 전문가들이 최고의 캠페인 주제, 어필 혹은 실행 스타일을 결정하도록 돕는 데 쓰인다.

크리에이티브 전략 개발은 구체적인 목표들에 의해 비롯되며 표적고객, 광고가 처리해야 하는 기본적인 문제, 메시지가 성취하기를 추구하는 목표들, 그리고 광고주가 전달하기를 원하는 핵심 판매 아이디어 혹은 핵심 이점 등을 포함하여 수많은 요인들에 근거한다. 이 요인들은 일반적으로 광고캠페인의 개발을 하기 위해 사용되는 카피 플랫폼 안에 언급되어 있다. 크리에이티브 전략에 있어서 중요한 부분 가운데 하나는 캠페인의 중심 주제가 될 핵심 판매 아이디어를 결정하는 것이다. 이를 위한 몇 가지 접근법들에는 USP를 사용하기, 브랜드 이미지 만들기, 브랜드에서 내재적 드라마 찾기, 그리고 포지셔닝 등이 있다.

토론문제

1. 이번 장 도입사례에서 샹그릴라 호텔과 리조트의 글로벌 브랜딩 캠페인의 새로운 방향을 논의하였다. 광고의 크리에이티브 관점에서 이 광고를 평가하고 장점을 논의하시오. 광고가 브랜드와 제품을 파는 효과적인 방법이라고 생각하는가? 근거를 제시하시오.
2. 광고 크리에이티브는 커뮤니케이션 문제들에 대한 해결책으로서 사용될 수 있는 독특하고 적합한 아이디어들을 만드는 능력으로 여겨진다. 이 정의는 크리에이티브한 광고가 참신하면서도 관련이 있거나 혹은 적합한 것이어야 한다고 주장한다. 참신하지만 제품이나 서비스에 연관되지 않은 광고(인쇄광고 혹은 TV광고)의 사례를 찾아보시오. 광고주가 왜 이 광고를 승인했을지를 논의하시오.
3. 광고 크리에이티브에서 차별성이 성취될 수 있는 방식을 설명하는 다양한 요인들에 대해 논하시오. 이 다양한 요인들이 어떻게 차별성을 가져오는지를 설명하는 광고의 사례를 찾아보시오.
4. 오직 크리에이티브에만 기반을 둔, 깐느라이온 광고제(the Cannes Lions)와 같은 광고 상들에 대한 자신의 의견을 피력하시오. 자신이 마케터라면 이러한 크리에이티브 상들을 대행사 평가 과정에서 고려할 것인가? 그 이유는 무엇인가?
5. 크리에이티브 광고와 판매 지향적 광고 사이의 논쟁에 대해 논하시오. 광고의 창의성을 판단하는 책임은 누가 져야 할까? 광고주? 대행사의 크리에이티브 임직원들?
6. 크리에이티브 과정을 제한할지도 모르는 포커스그룹 조사에 반대하는 광고 크리에이티브 임직원들이 많다. 포커스그룹 사용에 대해 장단점을 논하시오.
7. 자신이 광고대행사 AP이고 새로운 브랜드의 생수를 위한 광고캠페인에서 작업하도록 임명받았다고 가정하라. 크리에이티브 팀에게 제공할 수 있는 다양한 종류의 미리 계획된 일반적인 자료와 제품에 관련된 구체적 자료를 설명하시오.
8. 효과적인 태그라인을 개발하는 데 있어서 고려되어야 하는 요인들과 광고캠페인의 개발에서 광고 슬로건이 수행하는 역할을 논의하시오. 효과적으로 메시지를 전달한 태그라인과 그렇지 못한 태그라인의 사례를 각각 찾고 그것을 선택한 이유를 논하시오.
9. 다섯 가지 주요 커뮤니케이션 방해물들과 도표 8-4에서 보여준 마케팅 정보 흐름 모델에 있는 결정 지점들을 간략하게 설명하시오. 각 방해물에서 어떻게 커뮤니케이션의 실패가 발생할 수 있는지, 그리고 이것이 크리에이티브 과정에 어떤 부정적인 영향을 미치는지를 논하시오.
10. USP의 핵심 특징들을 논하시오. 핵심 판매 아이디어의 기반으로 USP를 사용하는 광고캠페인을 개발하는 데 있어서 광고주가 꼭 고려해야 할 요인에는 무엇이 있는가?
11. USP, 브랜드 이미지, 내재적 드라마, 포지셔닝과 같이 핵심 판매 아이디어를 개발하기 위해 사용된 접근법들 중 하나를 반영한다고 생각하는 광고나 캠페인의 사례를 찾아보시오. 핵심 판매 아이디어가 그 광고나 캠페인에서 어떻게 반영되는지를 논하시오.

9 크리에이티브 전략: 실행과 평가

학습목표

1. 광고메시지의 개발과 실행에 사용될 수 있는 다양한 종류의 소구방법들을 분석한다.
2. 광고회사들이 사용할 수 있는 다양한 크리에이티브 실행 방식들과 그 방식들이 가장 적합하게 사용될 수 있는 광고 상황에 대해 분석한다.
3. 인쇄광고와 TV광고를 창안하는 데 있어서 관련된 다양한 실용적 이슈들을 분석한다.
4. 광고주들이 광고대행사들의 크리에이티브 업무를 어떻게 평가하는지를 살펴보고, 평가와 승인 과정의 가이드라인을 논의한다.

컴포트: 법칙은 때로는 깨지라는 의미로 존재한다

섬유유연제 시장의 선도자인 컴포트(Comfort)는 1969년 영국에서 처음으로 모습을 보였다. 유니레버(Unilever)사는 컴포트를 유럽, 아시아, 라틴아메리카, 그리고 중동에 유통시켰다. 영국과 베트남을 비롯하여 23개국 가운데 14개국에서 시장선도자 위치를 차지하고 있었지만 동남아시아에서는 통하지 않았고 매출이 정체되어 있었다. 이와 같은 사실은 걱정거리였는데 왜냐하면 성숙기에 접어든 서양시장에서의 성장이 정체되어서 동남아시아에서는 마진 높게 이를 만회할 기회가 있었기 때문이다.

섬유유연제 시장에서는 브랜드 영향이 매우 작아서 고전하고 있는데 대부분의 광고에서는 다양한 일을 하는 엄마가 빨래를 껴안고 있고 그 빨래에서는 꽃향기가 나는 모습을 보여주었다. 컴포트는 시장선도자임에도 불구하고 광고에서는 흔히 볼 수 있는 모습을 보여주었다. 컴포트는 자신의 브랜드를 다르게 차별화하기를 원했고 소비자와 강력한 감성적 결합을 생성하기를 원했다.

유럽시장에서는 광고를 2000년도에 론칭한 '옷의 세계(Cloth World)'라는 개념 아래 진행하여왔다. 이 광고는 사람과 섬유를 동시에 배려하는 옷으로 만들어진 애니메이션 세상을 그렸다. 광고를 담당한 오길비앤매더(Ogilvy&Mather) 아시아태평양 지부는 유럽시장에서 시장을 흔들어놓고 소비자들에게 컴포트 브랜드를 각인시키기 위하여 옷의세계라는 광고를 다시 탄생시키기로 하였다.

불행하게도 현재 팽배해있는 다음과 같은 마케팅 원칙과 연구조사는 방해요인이 되었다.

- 원칙1: 소비자에게 분명하게 이 제품이 무엇이고, 목표는 무엇이며, 이 제품을 믿어야 하는 이유가 무엇인지에 관하여 분명하게 그리고 단순하게 이야기하여야 한다. 개도국의 시장은 충분히 정교하지 않기 때문에 간접화법은 통하지 않는다.
- 원칙2: 제품이 소비자에게 합당하다는 것을 보여주려면 제품을 직접 보여주거나 소비자 교육을 통해서 하여야 한다.
- 원칙3: 베트남과 같이 새로이 개척한 시장과 인도네시아와 같이 독실한 회교도 국가에서는 광고는 경박하거나 경솔하여서는 안 되고 너무 도전적이어도 안 된다.
- 원칙4: 섬유유연제 광고는 무조건 향긋한 냄새와 깨끗이 빨래한 옷으로 인하여 기뻐하는 여인의 모습을 보여주어야 한다.

옷의 세계 광고는 위의 원칙을 모두 깨뜨렸고 새로이 고안하여 실행하였다. 후속연구에 의하면 섬유유연제를 많이 쓰는 아이를 가진 주부들은 자신을 수동적인 집안에 있는 천사로 여기지 않았다. 이러한 주부들은 가족의 성공에 매우 적극적이고 비록 일반적으로는 지루하고 일상적인 현실이지만 긍정적인 조그만 차이를 가질 때에 상당한 보상심리를 느꼈다.

영국에서 론칭된 원래의 광고에는 리사 위버(Lisa Weaver)와 대런 데님(Darren Denim)을 등장시켜 옆집에 사는 교외지역의 부부의 모습을 보여주었다. 하지만 동남아시아 시장에서의 광고캠페인은 동남아 시장에서는 부부로서 록음악의 거장인 앤디(Andy)를 등장시키고 또한 상당히 안목 있는 앤디 부인인 라일리(Lily)를 등장시켰다. 이러한 사실은 공적인 공간과 사적인 공간의 구분을 강조하였고 현실에서 도피하는 마음을 부추겼다.

이 캠페인은 2006년 12월에 티저 광고로 시작하여 앤디와 라일리를 옥외광고와 인쇄광고로 이어나갔다. 옷의 세계 광고는 성공적이었고 경쟁사인 다우니(Downy)와 소클린(Soklin)과는 차별화되었고 시장점유율이 2006년도에는 57.4%이였지만 2009년에는 57.4%로 늘었다. 이 캠페인은 컴포트가 기존원칙을 깨고 나서 시장점유율도 얻고 브랜드 충성도도 높아졌고 IPA나 AME 광고제에서 2010년도에는 상을 받게 되었다.

자료: http://www.warc.com/Content/ContentViewer.aspx?ID=6e78970f-a286-4314-8f11-3df20f0b0f49&MasterContentRef=6e78970f-a286-4314-8f11-3df20f0b0f49.

8장에서는 광고 크리에이티브의 중요성에 대해 논하고 크리에이티브 과정의 다양한 절차를 살펴보았다. 광고메시지가 어떤 정보를 전달해야 하는지를 결정하는 것에 대해 집중적으로 논했다. 이번 장은 그 메시지가 어떻게 실행되는지에 대해 초점을 맞출 것이다. 이 장에서는 광고를 개발하는 데 사용되는 다양한 소구와, 효과적인 광고메시지를 고안하고 만드는 데 관련된 실용적인 이슈들을 살펴본다. 몇 가지의 가이드라인을 제시하고, 광고주가 광고대행사의 크리에이티브 작업을 평가하는 데 그 가이드라인들이 도움을 줄 수 있음을 보여줄 것이다.

소구와 실행 방법

광고 소구advertising appeal는 소비자들의 관심을 끌고, 제품, 서비스, 공유가치cause에 대한 그들의 감정에 영향력을 주기 위해 사용되는 접근을 말한다. 또한 광고 소구는 '사람들을 움직이고, 그들의 요구와 필요를 말하고, 그들의 관심을 자극하는 어떤 것'으로 볼 수 있다.[1] **크리에이티브 실행 방법**creative execution style은 특정한 소구가 고객들에게 전달되는 광고메시지로 변하는 과정의 방법이다. 와일바처William Weilbacher는 다음과 같이 말했다.

> 소구는 광고 내용의 기초를 이루는 형식이며, 광고 실행은 광고 내용이 수행되는 방법이다. 광고 소구와 실행 방법은 대개 서로 독립적이다. 즉, 특정한 소구는 다양한 광고 소구에 적용될 수 있는 다양한 방법과 특정한 수행 방법으로 실행될 수 있다. 광고 소구들은 다양한 매체에 적용되는 반면에, 몇몇의 실행 방법들은 특정 매체에 더 잘 적용되는 특성을 지닌다.[2]

광고 소구

다양한 종류의 소구가 광고메시지의 기초로 사용된다. 소구는 크게 정보적/이성적 소구와 감성적 소구로 나눌 수 있다. 여기서는 크리에이티브 전략의 일환인 이성적 소구와 감성적 소구의 사용법에 집중할 것이다. 또한 이성적 소구나 감성적 소구가 어떻게 광고메시지를 만드는 데 결합되는지도 고려해 볼 것이다.

정보적/이성적 소구 **정보적/이성적 소구**information/rational appeal는 제품이나 서비스

사진 9-1
아큐라TL의 안정성을 촉진 시키기 위해 이성적 소구가 사용되었다.

에 대한 고객들의 실제적, 기능적, 실용적인 사용에 집중하고, 제품이나 서비스의 특징들 혹은 특정한 상품을 소유하고 사용하는 이점과 원인들을 강조한다. 이러한 메시지는 사실, 학습, 설득의 논리성을 강조한다.[3] 이성에 기반을 둔 소구들은 정보적이며, 이를 사용하는 광고주들은 일반적으로 자신의 제품이나 서비스가 고객들의 욕구를 만족시킬 특별한 이점을 제공한다고 설득한다. 그들의 목적은 표적고객들이 제품을 사도록 설득하는 것인데, 그 이유는 이것이 가장 유용하고 고객들의 욕구를 충족하는 데 더 좋은 역할을 하기 때문이다. 예를 들어 **사진 9-1**의 아큐라Acura 광고는 아큐라TL 자동차의 ACEAdvanced Compatibility Engineering 구조의 혁신적인 안전성을 집중적으로 보여준다.

다양한 이성적 자극들이 광고 소구의 기초로 사용되는데, 이에는 안락함, 편리성, 경제성, 건강과, 촉각, 미각, 후각과 같은 감각적 자극들이 포함된다. 광고에서 쓰이는 다른 이성적 자극들도 광고에 자주 사용되는 품질, 신뢰성, 내구성, 효율성, 효능, 성능 등을 포함한다. 소비자들에게 중요한 제품의 특징들, 효능들, 그리고 평가기준들은 정보적/이성적 소구의 기반으로 쓰이는데 제품마다 다를 것이고 또한 시장의 분류에 따라서도 다를 것이다.

와일바처는 이성적 소구에 속하는 소구의 다양한 방법들을 특징, 비교우위, 우호적 가격, 뉴스, 제품/서비스의 인지도 등으로 나누었다.

특징 소구feature appeal를 사용하는 광고는 제품과 서비스의 독보적인 특징에 집

사진 9-2
레드불은 학생들에게 제품의 이점을 알리기 위해 특징 소구를 사용했다.

중한다. 이러한 광고들은 매우 정보적이며 제품의 다양한 특징과 특성들을 제시하여 우호적인 태도를 형성하며, 이성적 구매 결정의 기초로 사용될 수 있다. 자동차와 같은 기술적, 고관여 제품들은 이러한 종류의 광고 소구를 사용한다. 특징 소구는 이뿐만 아니라 다양한 제품과 서비스에 사용될 수 있다. 이러한 종류의 소구는 주로 제품 특성이 어떻게 고객들에게 특정한 이점을 가져다주는지를 보여준다. **사진 9-2** 레드불 광고는 에너지 음료에 들어있는 다양한 성분들과 음료를 마시게 됨으로 나타나는 이점인 성취도, 지속성, 집중력을 보여준다. 이러한 특정한 광고는 에너지 음료의 중요한 목표시장인 학생들을 목표로 하며, 레드불이 시험공부를 할 때 깨어있도록 돕거나 경각시켜 준다고 제시한다.

비교우위 소구competitive advantage appeal는 광고주가 다른 제품들과 직·간접적인 비교를 하거나, 주로 한 가지 혹은 그 이상의 특징들에 대한 우수성을 주장한다. 이 소구의 유형은 6장 '비교광고'에서 논의되었다.

우호적 가격 소구favorable price appeal는 메시지의 주요 내용을 가격 제시에 둔다. 가격 소구 광고는 할인, 특별 판매, 항시저가를 제시하는 소매업자들에 의해 자주 사용된다. 가격 제시 광고는 주로 불경기 때 전국체인의 광고주에게 사용된다. 많은 패스트푸드 체인점들이 판촉 거래의 방법으로, 또한 '가치 있는 메뉴들value menus'라는 방법으로, 또한 전반적으로 낮은 가격대로 파는 방법을 통해서 가격을 주요한 마케팅 전략으로 사용하고, 그들의 광고 전략은 이것을 전달하는 데 초점을 맞춘다. 다른 종류의 광고주들 또한 가격 소구를 많이 사용하는데, 항공사나 자동차대여 회사와 같은 업체들이 있다. 가격 기반 소구는 B2Bbusiness to business 마케팅 담당자들도 많이 사용하는데, 이는 제품과 서비스를 광고하고 그들의 가치나 가격 효용성을 증진시키기 위해서이다. 예를 들어, **사진 9-3**의 HPHewlett-Packard 광고는 비즈니스용 HP 오피스젯프로 프린터의 가격 효용성을 광고하고 있다. 광고 카피는 이 프린터가 레이저 프린터에 비해 한 페이지 당 최대 50%나 적은 비용으로 컬러인쇄를 할 수 있고, 보다 적은 에너지를 소비하는 것에 대해 설명하고 있다. 광고의 시각 자료 또한 생생한 색상을 사용하여 숫자 50을 표현하였고, 오

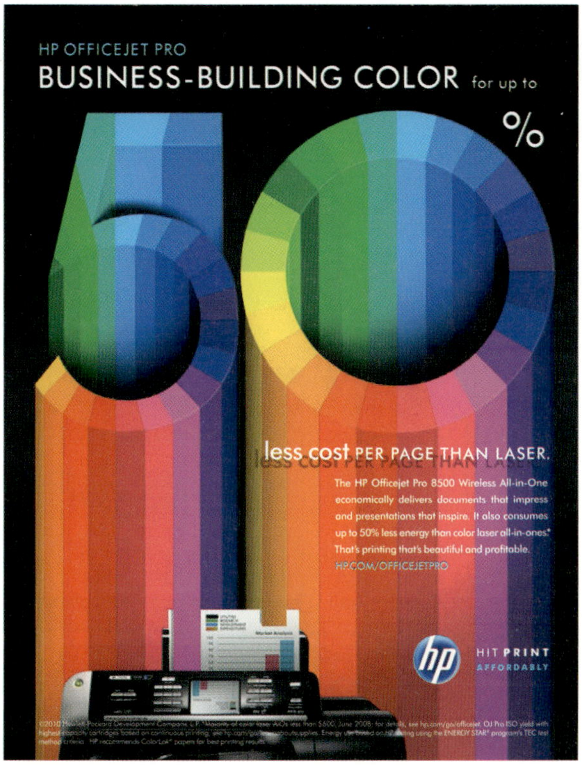

사진 9-3
HP는 오피스젯 프로를 사용하는 회사들에게 컬러 프린트의 저렴함을 광고하고 있다.

피스젯프로의 컬러인쇄 기능의 품질을 나타내는 메시지를 전달한다.

뉴스 소구news appeal는 제품, 서비스, 혹은 회사에 대한 다양한 종류의 뉴스나 발표를 중심으로 광고를 제작한다. 이러한 종류의 광고는 새로운 제품이나 서비스에 사용될 수 있고, 고객들에게 중요한 수정 사항이나 개선점을 알리는 데 사용되기도 한다. 이 방법은 회사가 목표시장에 전달하고 싶은 중요한 뉴스를 가지고 있을 때 가장 효과적이다. 예를 들어, 항공사들은 그들이 새로운 도시들에 서비스를 제공하거나 새로운 항로를 개설하였을 때 고객들에게 이러한 정보를 알려 관심을 유발하고 싶을 때 종종 사용한다.

제품/서비스 인기도 소구product/service popularity appeal는 브랜드를 사용하는 고객 수, 브랜드 전환 고객 수, 브랜드를 추천한 전문가 수, 혹은 시장에서의 선두적인 지위를 언급하며 제품이나 서비스의 인기도를 강조한다, 이 광고 기법의 중점은 브랜드가 널리 사용되는 것이 이것의 품질과 가치를 증명하며, 다른 고객들이 반드시 이 제품과 브랜드를 사용하는 것을 고려해야 한다는 것이다. **사진 9-4**의 광고는 테일러메이드TaylorMade 골프채가 다른 선두 경쟁사에 비해 PGA 투어 전문가들에 의해 더 많이 사용된다는 것을 제시하고 있다. 이 광고는 혁신, 골프장비의 기술적 우수함, 유명세에 초점을 둔 동시에, 아마추어 골퍼들이 구매 결정을 하는 데 큰 영향을 주는 투어 전문가들이 이 클럽을 사용한다는 사실을 강조하였다.

사진 9-4
테일러메이드는 프로골퍼들 사이에서 가장 많이 사용되는 드라이버라는 유명세를 홍보하고 있다.

감성적 소구

감성적 소구emotional appeal는 제품이나 서비스를 구매함에 있어서 작용하는 소비자들의 사

도표 9-1
감성적 소구의 기초들

개인의 상태나 감성		사회를 기반으로 하는 감성
안전	**환기/자극**	**인정**
보안	슬픔/비애	위치
두려움	자부심	존경
사랑	성취/공적	관여도
감성	자존감	당황
행복	실현	소속/귀속
기쁨	즐거움	거절
향수	야망	수락
정서	안락	승인

회적, 심리적 욕구를 사용한다. 많은 소비자들의 구매 결정 동기는 감성적이며 브랜드에 관한 그들의 감성은 제품의 특징이나 성향에 대한 지식보다 중요하다. 많은 제품과 서비스 광고주들은 이성적, 정보 기반 소구를 어리석다고 생각한다. 많은 광고주들은 경쟁 브랜드들과 뚜렷한 차이점이 없는 브랜드를 팔 때 고객의 감성에 소구하는 것이 보다 효과적이라고 믿는데, 그 이유는 이성적으로 차별점을 보이는 것이 힘들기 때문이다.[4]

사진 9-5
이 우유 광고는 자긍심 및 자부심과 같은 감성적 동기에 소구하고 있다.

도표 9-1와 같이 다양한 감성과 욕구들은 고객들의 감성수준에 영향을 주기 위해 고안된 광고 소구이다. 이러한 감성 소구들은 (기쁨이나 즐거움과 같은) 개인이 지향하는, 혹은 (지위나 인지도와 같은) 사회적으로 지향하는 심리적 상태나 감정에 기초를 둔다. 배우 아만다 바인즈Amanda Bynes가 등장하는 **사진 9-5**의 광고는 자존심과 자부심과 같은 감성적 자극들에 소구하며, 이는 미국유가공업자협회AMP에 의해 만들어진 통합적 마케팅 캠페인인 '우유를 통해 만들어진 몸매Body by Milk'의 일환이다. 이 광고는 십대들을 표적 고객으로 하며 우유의 영양과 이것이 그들을 어떻게 더 건강하게 보이게 하는지를 교화하고자 고안되었다.

광고주들은 감성적 소구를 크리에이티브 전략에 있어서 다양한 방법으로 사용한다. 캠프Kamp와 매키니스Macinnis는 많은 광고들이 주로 광고의 등장인물들이 제품이나 서비스를 사용하는 결과로 감성적 이득을 경험하는 **감성적 통합**emotional integration 개념에 의존한다고 말한다.[5] 유머나 성적 매력, 혹은 유쾌하고 자극적이며 경쾌하거나 즐거운 다른 소구들을 사용하는 광고들은 소비자들의 감성에 영향을 줄 수 있고 우호적인 상태로 만들 수 있다. 신랄한 광고를 사용하여 시청자들에게 경각을 주는 TV광고주들이 많다. 홀마크Hallmark, 나이키, 코닥Kodak, 맥도날드는 주로 따듯함, 향수, 혹은 감성을 유발하는 광고를 만든다. 마케터들이 감성 소구를 사용하는 이유는 감성 소구로 인해 유발되는 긍정적인 감성들이 브랜드나 회사에 이전될 것이라고 기대하기 때문이다. 연구조사에 의하면 광고를 통해 형성된 긍정적 상태나 기분은 브랜드에 대한 고객들의 평가에 긍정적인 영향을 준다고 한다.[6] 또한 감성적 광고는 비감성적 메시지보다 잘 기억된다는 것을 보여준다.[7]

감성을 기반으로 한 광고 소구가 효과적이라는 것은 프링글Hamish Pringle과 필드Peter Field의 연구에 잘 문서화되어 있으며, 이들이 쓴 새로운 책인 「브랜드 영구성Brand Immortality」에도 잘 나와 있다.[8] 이들은 영국에서 열린 실무자들을 위한 우수 광고 경연대회에 출품한 880개의 광고캠페인을 분석하였다. 그 결과 이성적 소구나 정보 소구를 사용하는 대신 감성적 소구에 주로 의존하고 있다는 사실을 발견하였다. 그들의 연구 중 가장 주요점은 순수하게 감성적 내용을 포함한 광고캠페인들이 오직 이성적 내용만을 사용하는 캠페인들보다 2배 이상의 수익을 얻는다는 것이다. 또한 감성적 소구만 사용하는 캠페인들은 감성적 소구와 이성적 소구를 혼합하여 사용하는 것보다 효과적이었다. 그들의 연구는 또한 감성적 캠페인이 어떻게 큰 효과를 발휘하는가에 대한 이유 중 하나를 감성 소구는 가격 민감성을 줄이고, 가격 프리미엄을 붙인 브랜드들을 많이 팔아서 결과적으로 수익성에 기여하기 때문이라고 했다. 그들은 또한 감성적 캠페인들이 현재 세계적 불황과 같은 경제적 불경기 동안에도 지속적으로 좋은 효과를 낸다고 말했다.[9]

광고캠페인의 기반으로 감성적 소구에 의존하여 성공한 회사들과 브랜드들이 많다. 예를 들어, 맥도날드는 2003년에 그들의 광고 전략을 바꾸었고 고객들과 보다 우호적인 연결을 위해 광고에 감성적 강조점들을 더욱 많이 사용하였다. 맥도날드는 감성적 광고가 치열한 경쟁의 패스트푸드 산업에서 중요한 차별화의 요인인 고객과의 독특한 유대감을 형성하는 데 더 이득이 된다고 믿는다. 2003년에 맥도날드는 '나는 이 맛을 사랑해요!I'm Lovin It!' 주제를 사용하기 시작했는데, 이는 패스트푸드 산업에 대한 고객들의 감성적 애정을 증진시키기 위해 고안된 글로벌 IMC 캠페인의 기초가 되었다. 이 캠페인은 매우 성공적이었고, 회사의 매출성장에 상당한 도움이 되었다. 맥도날드는 1년 동안 소비자 조사와 크리에이티브에 관한 브레인스토밍 방법을 거친 후에 계속하여 이 켐페인을 지속하기로 하였고 '나는 이 맛을 사랑해요!' 캠페인은 지금까지 맥도날드의 가장 성공적이고 오래 진행된 광고캠페인으로 남아있다.[10] 맥도날드는 자사의 음식과 관련된 가족 유대감이나 재미와 같은 감성을 점점 더 많이 사용하고 광고에서 맥도날드의 특별한 순간을 축하하는 등의 보다 많은 감성을 사용하려고 계획하고 있다.[11]

감성적 소구를 사용하는 또 다른 이유는 제품 사용 경험에 대한 고객들의 해석에 영향을 주기 위해서이다. 이를 행하는 한 가지 방법은 **감성전이형 광고** transformational ad를 이용하는 것다. 감성전이형 광고는 "광고에 노출되지 않았다면 도저히 느낄 수 없는 광고된 브랜드를 사용(소비)하는 경험과 독특한 감성적 특징들을 연계시키는 광고 전략이다."[12]

감성전이형 광고는 제품과 서비스에 대한 감정, 이미지, 의미, 신념 등을 형성하는데, 이는 소비자가 제품을 사용하는 데 작용될 수 있고, 사용 경험의 해석을 전이시킬 수도 있다. 푸토Christopher Puto와 웰스William Wells는 감성전이형 광고가 두 가지 특성을 지녔다고 말한다.

1. 제품 사용 경험을 광고된 브랜드의 객관적 묘사를 통해 얻은 것보다 풍부하고, 우호적이고, 재미있고, 즐겁게 만들어야 한다.
2. 브랜드 사용 경험과 광고 경험을 매우 밀접하게 연결시켜 주어야 하며, 소비자들이 광고에 의해 형성된 경험을 회상하지 않고는 브랜드를 기억할 수 없게 만들어야 한다.[13]

감성전이형 광고는 소비자들이 제품이나 서비스를 소비할 때 갖는 경험의 종류를 제시함으로써 소비 경험을 보다 즐겁게 만들어 제품이나 서비스 차별화를 돕는다. 여행사에서 주로 이러한 종류의 광고를 사용하는데, 이는 고객들이 크루즈 여행이나 특별한 장소에 갔을 때 갖게 되는 경험과 감성을 떠올리도록 돕는다.

이미지 광고는 회사나 브랜드에 독특한 연관성 혹은 성격을 부여하는데, 이는 주로 감성전이형 광고의 성격을 띤다. 이는 고객이 특별한 제품이나 서비스를 사

사진 9-6
스카이 보드카 광고는 브랜드 이미지를 창조하기 위해 영화 주제를 사용하고 있다.

용할 때 활성화되는 특정의 감성이나 무드 상태에 기반을 둔다. 예를 들어 람베시스Lambesis 광고대행사는 영화에서 나올 법한 칵테일 장면들을 연상시켜 스카이SKYY 보드카에 특별한 이미지를 부여하였다. 영향력이 높은 광고는 어떠한 문구도 삽입하지 않고, 오로지 보는 사람들이 스스로 실제적 시나리오를 해석하도록 다양한 스토리의 세련되고 유혹적인 이미지를 보여줄 뿐이다. 스카이 광고는 전반적으로 스카이의 독특한 코발트블루의 특징을 강조하고 있고, 스카이 브랜드가 칵테일을 마시는 즐거운 순간을 떠오르게 하는 촉매 역할을 하도록 보여주는 것이 전부라 할 수 있다. 이 광고는 스카이가 목표로 삼은 새로운 스타일에 민감한 시대의 조류를 결정하는 사람들과의 강한 감성적 유대감을 형성하도록 도왔다.[14]

이성적, 감성적 소구의 혼합　대부분의 광고에서, 크리에이티브 전문가들이 하는 결정은 감성적 혹은 이성적 소구 중에서 하나를 정하는 것이 아니라 이 두 가지 방법을 어떻게 잘 혼합하느냐에 관련된 것들이다. 카피라이터 오길비David Ogilvy와 라파엘슨Joel Raphaelson은 다음과 같이 말했다.

> 어떤 종류의 구매도 온전히 이성적인 이유로 이루어지지는 않는다. 세제와 같이 완전히 기능적 제품조차도 그 순간의 감성적 혜택을 상기시킨다. 밝고 깨끗한 옷을 입고 있는 그들의 자녀를 보는 것에 대한 만족감과 같은 것 말이다. 탄산음료, 맥주, 화장품, 개인용품, 가장 구식의 제품들 등의 제품 분류에서는 이성적 요소는 매우 적다. 그 어느 누가 새 차를 구매하면서 느끼는 즐거움을 경험해 보지 않았겠는가?[15]

소비자 구매 결정은 주로 감성적, 이성적 동기 둘 다에 의해 이루어지며, 효과적인 광고를 만드는 데 있어 두 요소가 모두 고려되어야 한다. 예를 들어, 개인용 컴퓨터 시장에서 소비자들이 기계적인 성능뿐만이 아니라 디자인과 스타일을 고려하여 브랜드를 선택한다. 델Dell과 같은 회사들은 컴퓨터 디자인에 매우 많은 관심을 쏟고 있고, 이 제품들을 광고하는 방법도 바꾸고 있다. 또한 서비스와 관련된 구매 결정도 이성적 동기와 감성적 동기 모두가 작용한다. 예를 들어, 소비자들이 항공사를 선택할 때, 가격, 유용성, 출발과 도착 시간, 마일리지와 같은 요소들을 고려한다. 그러나 항공사들은 경쟁에서 감성적 요소 또한 중요한 역할을 하는 것을 인지하고 있다. 특히 이용 빈도수가 높은 승객들은 이성적 동기뿐만 아니라 감성적 동기에 의해 충성고객이 되며, 몇몇 항공사들은 이러한 여행객들을 감성적인 요소와 연결시키는 광고를 사용한다. 예를 들어, 아메리칸항공사American Airlines는 '우리는 당신이 왜 여행을 하는지 알고 있습니다We Know Why You Fly'라는 캠페인을 2004년부터 실시하였는데, 이는 아메리칸항공사가 이용 빈도수가 높은 승객들이 어떻게 그리고 왜 비행기를 이용하는지에 대한 진정한 이해를 보여주기 위함이다. 캠페인에 사용된 TV광고와 인쇄광고는 아메리칸항공사가 승객들의 전체적 여행 경험을 통해 운행하는 방법을 설명하고 있다. 광고경연대회에서 수상한 이 광고는 아메리칸항공사의 가장 가치 있는 승객들과 감성적으로 연결시켜 주며 브랜드 충성도를 높여주고 있다.[16]

사진 9-7
아메리칸항공사 광고는 주로 이성적 동기와 함께 감성적 소구를 사용한다.

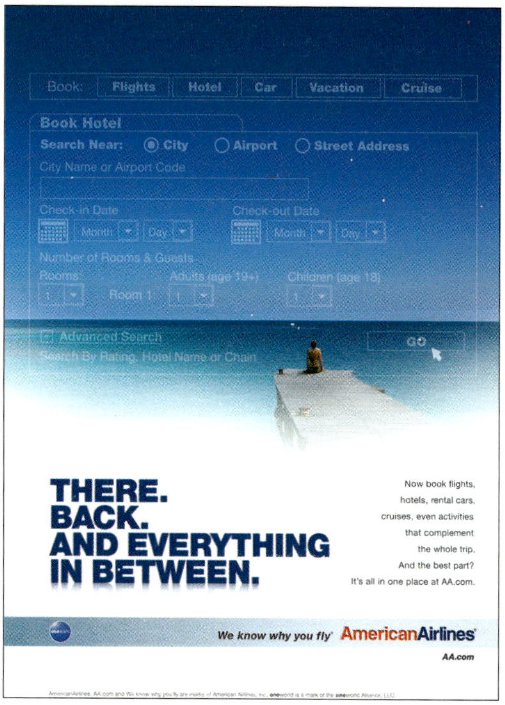

광고 학자들과 광고대행사들은 소비자 의사결정에 있어서 이성적 동기와 감성적 동기 사이의 관계를 밝히려고 노력했고 광고가 두 동기에 어떻게 영향을 주는지 관심을 기울여 왔다. 광고대행사 맥캔에릭슨McCann-Erickson Worldwide과 광고학 교수 레이Michael Ray는 **감성적 유대감**emotional bonding이라고 알려진 유명한 조사 기법을 개발하였다. 이 기법은 소비자들이 브랜드를 어떻게 느끼는지 평가하고 제품군에 연관된 이상적인 감성적 상태에 비교된 브랜드에 가지는 감성적 공감대가 어떠한지를 평가한다.[17]

감성적 유대감의 기본 개념은 도표 9-2처럼 소비자들이 브랜드와 관련된 3단계의 관계를 개발한다는 것이다. 가장 근

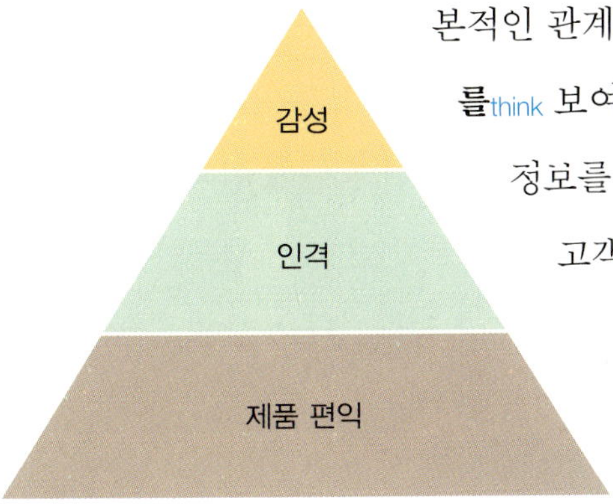

도표 9-2
브랜드와 관련된 관계의 수준

본적인 관계는 소비자들이 제품 혜택들과 관련하여 브랜드를 어떻게 **생각하는지를**think 보여준다. 대부분 이것은 이성적 학습 과정을 통해 형성되며 광고가 제품 정보를 얼마나 잘 전달하는지에 의해 측정된다. 이 단계의 소비자들은 충성 고객은 아니며, 브랜드 전환이 종종 일어난다.

다음 단계에서는, 소비자들은 브랜드에 **인격**personality을 부여한다. 예를 들어 어떤 브랜드는 순응적이거나 용기가 부족해 보이고 어떤 브랜드는 신념에 차있고, 공격적이며 모험적이라고 생각된다. 브랜드에 대한 소비자의 판단은 제품의 성향이나 제품/서비스의 혜택의 전달을 넘어선다. 대부분의 상황에서 소비자들은 광고에서 볼 수 있는 내재적이거나 드러나 보이는 제품의 품질평가 단서들에 기반을 두고 브랜드의 개성을 판단한다. 맥캔에릭슨 연구자들은 브랜드와 소비자 사이에서 형성된 가장 강한 관계는 브랜드에 대한 기분이나 감성적 애착에 기반을 둔다고 믿는다. 소비자들은 특정한 브랜드들과 감성적 유대감을 형성하는데, 이는 이 브랜드들에 대한 긍정적인 심리적 움직임을 이끌어낸다. 마케터의 목표는 그들의 브랜드와 소비자 사이에 가장 강력한 감성적 유대를 개발하는 것이다. 맥캔에릭슨은 광고가 소비자와 브랜드 사이의 감성적 유대감을 형성하고 강화할 수 있다고 믿는다. 맥캔과 자회사들은 광고가 소비자와 의사소통을 잘할 수 있도록 크리에이티브 과정에서 감성적 유대감 연구를 사용한다. 맥캔에릭슨은 마스터카드MasterCard International의 '매우 가치 있는Priceless' 캠페인을 위하여 감성적 유대감 연구를 사용하였는데, 이것은 대단히 성공적이었다. 맥캔에릭슨은 1990년대 후반에 마스터카드 광고를 수주했는데, 당시 마스터카드는 카드업계에서 비자Visa와 아메리칸익스프레스American Express 뒤를 잇는 3위의 회사였다. 맥캔에릭슨에게 내려진 가장 주요한 임무는 브랜드를 리포지셔닝하고 브랜드의 기능적 소구와 함께 마스터카드와 고객 간의 정서적 유대감을 형성하는 것이었다. 이 캠페인에 숨겨진 아이디어는 좋은 소비자는 그들에게 소중한 가치를 얻고 그들의 일상을 보다 풍요롭게 하기 위해 신용카드를 사용한다는 것이었다. 크리에이티브 실행은 몇 달러의 돈으로 살 수 있는 제품들의 구매목록을 보여주고 이와 더불어 '돈으로 살 수 없는 값진' 소중한 제품을 보여주는 것이었다. '세상에는 돈으로는 살 수 없는 것들이 있다. 그 무엇보다도 마스터카드가 그것이다There are some things money can't buy. For everything else there's MasterCard'의 광고 문구는 모든 것들을 사기 위해 카드를 사용하라고 제시하고 있다. 야구 메이저리그와 하키 내셔널리그, PGA 골프투어의 스폰서십을 포함한 IMC 캠페인이 이 '고품격' 캠페인과 함께 진행되었다. 대회와 당첨 이벤트 또한 캠페인에 포함되었다. 이 캠페인은 현재 80개국에서 진행되었으며 수많은 크리에이티브 상을 수상하였다. 사진 9-8은 캠페인의 최근 인쇄광고이다.

사진 9-8
마스터카드의 '매우 가치 있는' 캠페인은 고객들과의 감성적 유대감을 형성한다.

기타 유형의 소구들 모든 광고가 이성적 혹은 감성적 소구로 깔끔하게 구분되는 것은 아니다. 예를 들어, 어떤 브랜드의 광고는 **상기광고**reminder advertising로 분류되기도 하는데, 이것은 브랜드 인지도와 브랜드명을 소비자들에게 상기시키는 것을 목표로 한다. 잘 알려진 브랜드들이나 시장 개척자들은 주로 상기광고를 사용하여 소비자들 마음속에 목표시장에서의 선도적인 인지도를 유지하고자 한다. 예를 들어 네이처밸리Nature Valley는 사진 9-9와 같이 골퍼들에게 가방에 그래놀라 바를 가져가라고 상기시키는 현명한 광고를 골프잡지에 실었다. 많은 골퍼들이 골프 경기에서 그래놀라 바나 에너지 바를 먹으며, 이 광고는 그들이 클럽에 네이처밸리 바나 다른 것들을 가방 속에 챙겨가라는 골프 은유(당신은 무엇을 가져갈 것인가?)를 사용하고 있다. 계절적 패턴의 소비 제품/서비스 또한 상기광고를 사용하는데, 특히 적절한 시기에 진행된다. 예를 들어, 사탕제품 마케터들은 할로윈, 밸런타인데이, 크리스마스, 부활절 시기에 주로 그들의 매체 예산을 늘리고 상기광고를 진행한다.

사진 9-9
이 독창적인 광고는 골퍼들에게 네이처벨리 그래놀라 바를 소지하라고 상기시킨다.

온라인 광고는 상기광고의 한 방법이다. 인터넷에 많이 보이는 배너 광고들은 클릭 수가 적고 대부분의 소비자들이 광고를 한 번도 클릭하지 않기도 하지만, 여전히 효과적이고 친숙함을 형성하는 가치 있는 역할을 수행하고 있다. 온라인 광고의 심리에 대한 연구는 배너 광고의 지속적인 노출이 친숙함을 증진시키고 브랜드에 대한 긍정적인 감정을 형성하는 것을 보여준다.[18] 이러한 우호적인 감정은 심리학자들이 말하는 최소 수준의 노출 효과를

사진 9-10
현대는 '생각해 보라' 캠페인의 일환으로 티저 광고를 사용했다.

통해 형성되며, 이러한 반복적 노출 자극은 (브랜드명 등에) 우호적 감정을 형성한다.[19] 온라인 광고가 소비자들이 사이트를 방문할 때 발생하는 일시적 노출을 통한 긍정적 영향력을 가질 수 있지만, 많은 광고 전문가들은 소비자들이 대부분의 배너 광고 보기를 거부하며 다른 형태의 광고 또한 마찬가지이다. 그들은 사람들이 온라인 광고에 스스로 관심을 가지고 사이트에 방문하도록 만드는 것이 점점 더 어려워지고 있다고 말한다.[20]

새로운 제품을 소개하는 광고주들은 주로 **티저 광고**teaser advertising를 사용하는데, 이는 제품이나 브랜드에 대해 이야기는 하나 실제로 보여주지는 않아 호기심, 관심, 즐거움을 유발한다. 티저 광고는 **미스터리 광고**mystery ads로도 불리는데, 다가오는 광고캠페인에 관심을 쏟도록 유도하고 관심과 홍보를 유발하기 하기 위해 사용된다. 티저 광고는 또한 새로운 영화나 TV프로그램 혹은 주요한 제품 출시를 위해 사용된다. 이 광고 방법은 특히 자동차 산업에서 새로운 모델을 소개하거나 제품의 중요한 변화를 알리는 데 사용된다. 예를 들어, 3장에서 논의되었던 현대의 '생각해 보라Think About It' 캠페인은 초기에 티저 광고를 사용되어 호기심을 유발하였다. **사진 9-10**은 캠페인의 일환으로 사용된 티저 광고이다. 한 광고 회사의 간부가 말하는 것처럼, "우리가 생각하는 것과 달리, 소비자들은 광고에 대한 세미나를 열지 않는다. 티저 광고에서 제품에 대한 충분한 정보를 소비자에게 전달하여 그들이 농담으로 받아들이지 않도록 해야 한다."[21]

또 다른 형태의 광고는 갈수록 유명해지고 있는 **소비자들이 제작한 콘텐츠**user generated content(UGC)로, 이는 회사나 광고 대행업체가 만드는 것이 아니라 소비자가 직접 만드는 광고이다.[22] 많은 마케터들이 소비자들이 참여한 창의적인 콘텐츠들을 개발하고 있고, 이들을 광고에 고려하고 있다. 프리토레이Frito-Lay는 '수퍼볼을 날려버려라Crash the Super Bowl'라는 창의적인 콘테스트를 후원할 때 대규모로 UGC를 사용한 최초의 회사라 할 수 있으며 광고 전문가가 아닌, 전적으로 아마추어들에 의해 고안되고 제작된 사용자 기반 광고를 활용하였다. 광고는 2008 슈퍼볼 때 방영되었고 TV방송에서 가장 사랑받은 광고로서 「USA 투데이」의 광고미터Ad Meter에 오르기도 했다.[23] 유투브와 페이스북과 같은 상호작용 소셜미디어 활용의 증가는 마케터들이 브랜드에 소비자들이 더욱 관여하도록 만들기 위해 소비자 기반 콘텐츠를 더욱 많이 사용하게 하였다.[24]

많은 광고들은 단지 제품이나 서비스를 팔기 위해 만들어지기보다는, 회사의 이미지를 증진시키거나 투자 유발이나 사원 고용과 같은 회사의 다른 목적들을 이루기 위해 만들어진다. 이런 것들은 주로 회사 이미지 광고라고 하며, 17장에서 자세하게 다룰 것이다.

광고 실행

광고메시지를 고안하기 위하여 기본적인 광고 소구 방법이 정해지면, 크리에이티브 전문가나 크리에이티브 팀은 실행을 시작한다. 크리에이티브 실행은 광고 소구를 표출해내는 방법이라고 할 수 있다. 소비자와 소통하기 위해 의미 있는 소구나 메시지가 광고에 있어서 매우 중요한 요소임에는 틀림없으나, 광고 실행 방법 또한 매우 중요하다.

크리에이티브 실행의 중요성에 대해 가장 잘 알려진 옹호자는 DDDDolye Dane Bernbach 광고대행사 창립자인 윌리엄 번박William Bernbach이다. 광고산업에 대한 유명한 책 「Madison Avenue」에서 메이어Martin Mayer는 카피라이터에 대한 데이비드 오길비의 "광고에서 당신이 말한 것은 당신이 어떻게 말하는가보다 중요하다."라는 원칙에 대해 번박은 "광고 실행은 광고 내용이 될 수 있으며 이것은 당신이 말하는 것만큼이나 중요하다. 아픈 사람은 몇 마디를 중얼거릴 수는 있으나 아무 일도 일어나지 않는다. 반면 건강하고 언변이 좋은 사람이 말하면 이들은 세상을 뒤흔들 수도 있다."라고 말한 것을 언급했다.[25] 번박은 그 시대의 혁신적인 사람들 중 한 명이었는데, 헤드라인과 시각요소 사용을 재정의하고, 아트감독과 카피라이터가 어떻게 협동할 수 있는지, 기분과 감정을 불러일으키는 데 광고를 어떻게 사용할 수 있는지를 보여줌으로써 광고 크리에이티브의 기본적인 요소부터 바꾸었다.

광고메시지는 다음과 같이 다양한 방법으로 재현되고 시행될 수 있다.

- 단순 판매 및 사실적 메시지
- 애니메이션

- 과학적/기술적 증거
- 입증
- 비교
- 증언
- 생활단편묘사
- 인격상징물사용
- 이미지 묘사
- 드라마화
- 유머
- 기법의 결합

이제 이러한 방법들과 이들을 사용할 때 고려해야 할 사항들을 살펴보자.

단순판매 및 사실적 메시지 크리에이티브 실행에 있어서 가장 기본적인 방법은 단순판매straight sell 및 사실적 메시지factual message이다. 이 방법의 광고는 제품/서비스에 대한 정보를 그대로 제시한다. 이 방법은 주로 메시지가 제품/서비스 혹은 특정한 특성과 효과에 초점이 맞춰져있을 때 정보적/이성적 어필과 함께 사용된다.

단순판매 방법은 보통 인쇄광고에서 사용된다. 제품이나 서비스의 사진이 광고 대부분을 차지하며 사실적 문구가 나머지를 차지한다. 이 방법은 또한 TV광고에서도 실행되는데, 제품이나 서비스가 화면에 나타나고 광고에 등장하는 사람이 주로 판매 메시지를 전달한다. 제품에 대한 소비자의 관여가 높은 제품들이나 산업용, 기업 간 판매용 제품들이 주로 이 방식을 사용한다. **사진 9-11**의 포드Ford 피에스타Fiesta 광고는 단순판매 방법의 훌륭한 예라고 할 수 있다. 창의적인 광고 구도로 새로운 피에스타의 사진이 제시되고 자동차의 다양한 최첨단 기술 특징들이 광고 문구에 잘 나타나 있다. 이 인쇄광고는 미국시장에서 새 피에스타를 출시하기 위해 사용된 '이것은 대단한 거래야It's a Pretty Big Deal'라는 IMC 캠페인의 일환이었다.

사진 9-11
포드는 새 피에스타를 위한 이 광고에서 단순 판매 방법으로 광고실행을 한다.

과학적/기술적 증거 단순판매 방법으로 광고를 실행하는 것을 조금 변형시키면, 과학적/기술적 증거라는 실행 방법이 나온다. 광고주들은 주로 기술적 정보나 과학적 혹은 실험 연구의 결과나 과학기관이나 연구기관의 문서 등을 사용하여 광고 주장을 편다. 예를 들어, 미국

사진 9-12
키너레이즈는 임상 치료 테스트 결과가 제품 성능을 어떻게 지지하는지를 보여준다.

치과치료학협의회에서 불소가 충치 예방을 어떻게 돕는지를 증명한 것은 선도적인 치약 회사인 크레스트Crest가 사용한 캠페인이었다. **사진 9-12**에 나타난 키너레이즈Kinerase 안티 에이징 스킨케어 치료법 광고는 이 제품이 노화 방지를 어떻게 돕는지 의학적으로 증명함으로써 과학적/기술적 증거 실행 방법을 사용하였다.

입증 광고는 제품이나 서비스의 실제 사용이나 사용 단계 상황을 보여줌으로써 중요한 혜택을 묘사한다. 입증demonstration 실행법은 제품의 성능이나 효능 혹은 브랜드를 소유하고 사용함으로써 얻는 혜택을 소비자에게 설득시키는 데 매우 효과적이다. TV는 특히 입증 실행법에 잘 맞는데, 그 이유는 제품의 혜택이나 장점이 화면에 즉시 보여줄 수 있기 때문이다. TV보다는 극적이지 않지만, 입증 광고는 인쇄광고에서도 많이 볼 수 있다. **사진 9-13**에 나온 삼성의 새로운 LED 9000 고화질 TV광고는 이 방법을 활용한 훌륭한 예시이다. 두 손가락 사이의 TV의 얇은 측면을 보여주는 이미지는 제품의 우아한 디자인뿐만 아니라 TV가 초슬림 형태로 되어 있다는 것을 효과적으로 잘 보여주고 있다.

사진 9-13
이 광고는 삼성의 새 LED TV의 초슬림 특징을 입증하는 효과적인 방법이다.

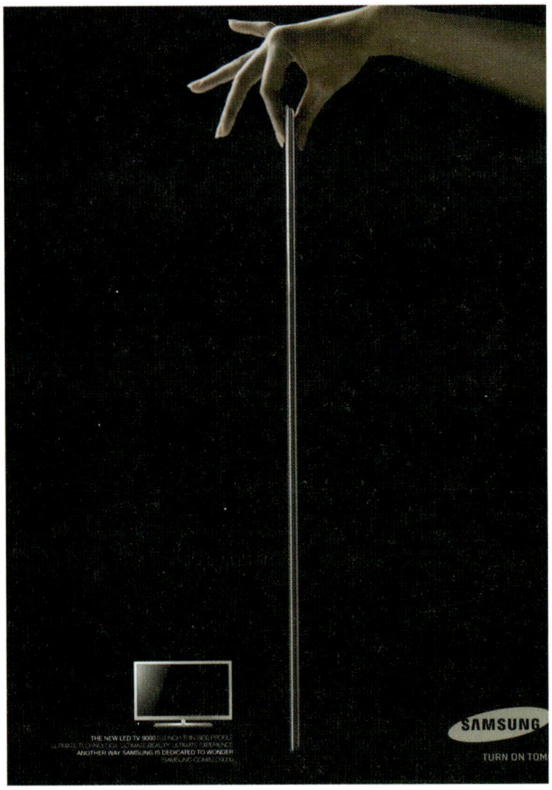

비교 브랜드 비교는 광고 실행의 기초가 된다. 비교 실행 접근법은 광고업계에서 점점 더 유명해지는 추세이며, 이는 이 광고기법이 경쟁사와 다른 그 브랜드만의 특별한 장점을 보여주거나, 산업의 선두회사와 비교함으로써 새로운 제품이나 잘 알려지지 않은 제품을 포지셔닝하는 직접적인 방법이기 때문이다. 비교 실행기법은 앞에서 언급한 바와 같이 주로 비교우위 소구를 실행하는 데 사용된다.

증언 많은 광고주들은 소비자가 자신의 경험에 기초하여 제품이나 서비스에 감탄할 때 이를 증언testimonial에 의

사진 9-14
제니크레이그는 체중감량 프로그램을 광고하기 위해 증언 방식을 사용하고 있다.

해 메시지를 전달하는 방법을 사용한다. 증언 방법은 만족한 고객들이 브랜드와 제품을 사용하면서 얻는 혜택에 대한 자신들의 경험을 이야기하도록 한다. 이 접근방법은 증언을 전달하는 사람이 표적고객들이 잘 아는 대상이거나, 흥미 있는 이야기를 가지고 있을 때 매우 효과적이다. 증언 기법은 법적 문제를 피하기 위해 반드시 제품이나 서비스의 실제적 사용에 기초해야 하며, 증언 전달자는 신뢰할 수 있는 사람이어야 한다.

체중감량 회사나 상당수의 마케터들은 그들의 제품, 서비스, 프로그램을 광고하기 위해 증언 기법을 사용한다. 예를 들어 제니크레이그Jenny Craig는 유명인사뿐만 아니라 일반인들이 회사의 프로그램들을 통해 어떻게 체중을 감량할 수 있었는지를 증언하는 TV광고와 인쇄광고를 사용한다. **사진 9-14**는 제니크레이그 프로그램을 통해 체중을 감량한 소비자를 보여주는 광고이다.

이와 관련이 있는 실행 기법으로 보증endorsement이 있는데, 유명인사나 제품이나 서비스 분야의 전문가와 같이 잘 알려져 있고 존경 받는 사람이 회사나 브랜드를 대변한다. 보증자가 회사나 제품과 서비스를 광고할 때 메시지는 반드시 그들의 개인적 경험에 기초할 필요는 없다.

생활단편 묘사 특히 포장 상품에서 생활단편 묘사slice-of-life가 폭넓게 쓰이는데 이는 주로 문제/해결 접근법에 기초한다. 이 유형의 광고는 소비자들이 일상에서 겪는 문제나 갈등을 묘사한다. 그렇게 함으로써 이 광고는 제품이나 서비스가 어떻게 이 문제를 해결할 수 있는지를 보여준다. 생활단편 묘사 기법은 주로 비듬, 천식, 신체 냄새, 세탁 문제와 같은 것들을 소비자에게 상기시키는데 불쾌하고 비현실적이라는 비난을 받기도 한다. 이러한 광고들은 주로 부자연스럽고 어리석으며 가짜 같고 심지어 소비자에게 거부감을 주기도 한다. 그러나 많은 광고주들이 여전히 이 기법을 선호하는데 그 이유는 대부분의 고객들에게 관련된 상황을 제시하고 브랜드를 판매하는 데 도움이 되는 제품 특징과 혜택을 묘사하는 것이 효과가 있다고 믿기 때문이다. P&G는 지난 수년 동안 생활단편 묘사 기법이나 증언 기법을 많이 사용하였다. 그러나 P&G는 유머, 애니메이션, 혹은 다른 비전통적인 실행

기법들을 사용하기 시작했고, 현재는 생활단편 묘사나 증언 기법을 덜 사용한다.[26]

생활단편 묘사 혹은 문제해결 실행 방법들은 소비재에 제한되지 않는다. 많은 B2B 회사들도 제품이나 서비스가 비즈니스 문제를 풀어나가는지에 초점을 둔 문제해결 실행방법을 쓴다.[27] 여러 B2B 마케터들이 **죽음 묘사**slice-of-death advertising 방법이라 불리는 다양한 문제해결 실행 기법을 사용한다.[28] 이 실행 전략은 공포 소구와 함께 사용되는데, 그 핵심은 B2B 사업자들이 공급업자나 서비스 제공업자를 잘못 선택함으로써 얻게 되는 부정적 결과를 보여주는 것이다. 예를 들어 페덱스FedEx는 거의 30년 동안이나 유머와 함께 중요한 운송물과 서류들이 제시간에 도착하지 않음으로써 발생하는 일들을 보여주는 광고 기법을 사용하고 있다.

이 실행 기법은 소비자들이 일상에서 마주치는 상황들을 드라마화하기 위해 고안된 것이므로 광고 실행이 무엇보다 중요하다. 시청자들이 광고에서 묘사된 상황이나 특징들을 인식하도록 하는 것은 매우 어려운 일이다. 생활단편 묘사 광고의 성공은 주로 배우가 어떻게 다가오고 그들의 역할을 어떻게 실행하느냐에 달려 있기 때문에, 전문적인 배우들이 주로 사용되는데 이는 광고의 품질과 직결된다. 소규모 광고주들은 유명배우를 고용할 만한 큰 예산이 없거나 생활단편 묘사 광고를 효과적으로 제작하기 위한 지불 능력이 없다. 따라서 이 실행 기법은 주로 전문배우를 고용하거나 고품질의 광고를 제작할 수 있는, 광고 예산이 충분한 회사들에 의해 사용된다.

많은 마케터들이 생활단편 묘사 기법이 문제나 이슈를 보여주고 해결책을 제시하는 효과적인 방법이라고 생각하기 때문에 이 기법을 사용한다. 예를 들어 리스테린Listerine은 유명한 새로운 자연 감귤향 구강청정제를 소개하기 위해 생활단편 묘사 기법을 매우 효과적으로 사용하였다.[29] 그 광고는 제품의 강한 향 때문에 거부감을 가지고 있는 소비자들에게 문제를 제시하기 위해 고안되었다. 이 스폿광고는 주부가 가게에서 리스테린을 사서 집으로 돌아오는 장면으로 시작한다. 그러나 구강청정제를 보는 순간 그녀의 남편과 두 아이가 숨기 시작한다. 그러자 엄마는 그들에게 이 제품은 향이 강하지 않은 자연 감귤향 리스테린이라고 말한다. 유머스러운 이 광고는 '당신은 해결할 수 있습니다. 세균은 할 수 없습니다You can handle it, Germs can't'라는 목소리와 함께 아빠가 주방 찬장에서 나오고 아이 한 명이 주방 구석 찬장에서 내려오면서 만든 냄비와 팬의 흔들림을 보여주면서 끝이 난다.

사진 9-15
리스테린은 새 향의 제품을 소개하기 위해 생활단편 묘사 실행을 사용했다.

애니메이션 최근 유명해진 광고 실행 접근법이 애니메이션이다. 이 기법은 아티스트들에 의해 애니메이션화된 장면들이 그려지거나 컴퓨터로 제작되며 만화, 인형, 혹은 다른 종류의 허구적 캐릭터들이 사용된다. 만화 애니메이션은 특히 어린이들을 상대로 하는 광고에 잘 사용된다. 움직이는 만화 등장인물들은 그린 자이언트 베지터블(졸리그린자이언트Jolly Green Giant)과 키블러 쿠키(키블러Keebler elves)를 포함한 많은 광고에 사용된다.

애니메이션은 크리에이티브 전문가들이 컴퓨터 기반 그래픽과 다른 기술적 혁신의 가능성을 발견함으로써 사용이 증가하는 추세이다. 예를 들어 최근에 금융 서비스를 촉진하는 찰스슈왑Charles Schwab & Co.의 TV광고는 재미있는 애니메이션 광고를 사용하고 있다. 이 광고들은 로토스코핑rotoscoping이라는 기술을 사용하고 있는데, 이 기술은 실제 촬영된 배우들의 디지털 비디오를 컴퓨터 상에서 특별한 소프트웨어를 사용하여 스크린 이미지에 색칠을 입혀 애니메이션처럼 보이도록 만든다.[30] 이 기술은 광고에서 이목을 끌고 자연스럽고 실제적인 회사의 이미지를 만드는 데 효과적이었다(**사진 9-16**).

인격 상징물 광고 실행 가운데 이 기법은 광고메시지를 전달하고 제품과 서비스가 식별될 수 있도록 캐릭터나 상징물을 만드는 것이다. 인격 상징물personality symbol 방법은 구매자들에게 '부디 억지로 쥐어짜지 마십시오'라고 요구한 휘플 씨

사진 9-16
찰스슈왑 광고를 만들기 위해 로토스코핑으로 알려진 애니메이션 기술이 사용되었다.

Mr. Whipple나 회사 장비들이 매우 정교하여 그럴 필요가 없음에도 불구하고 초조하게 전화기 옆에 앉아있는 메이태그Maytag의 수리공과 같이 실제 사람을 캐릭터로 쓸 수도 있다.

상징물은 만화 캐릭터나 동물로도 만들 수 있다. 5장에서 살펴본 바와 같이, 고양이 모리스Morris, 호랑이 토니Tony, 참치 찰리Charlie 같은 캐릭터는 각각 나인라이브9-lives 고양이 사료, 켈로그Kellogg's Frosted Flakes, 스타키스트Star-Kist tuna를 촉진시키기 위해 몇십 년 동안 사용되었다. 최근에 사용된 유명한 캐릭터에는 에너자이저의 토끼Energizer bunny, 가이코GEICO 보험의 도마뱀이나 버거킹Burger King 캐릭터가 있다.

사진 9-17
아플락 오리는 회사의 매우 유명한 광고의 인격 상징물이다.

가장 유명하고 효과적인 캐릭터는 아플락Aflac의 오리인데, 아플락은 주요 보험회사가 아니었으나 지난 5년간 이 캐릭터를 사용하면서 매출뿐만 아니라 인지도 또한 높혔다.[31] 아플락은 캐릭터를 내보내는 광고를 통해 막대한 혜택을 얻기 위해 회사의 로고에 오리를 통합시켜 재디자인하였다(사진 9-17).

이미지 묘사 아마 브랜드나 회사에 대한 정보를 아주 조금, 혹은 전혀 담고 있지 않은 채 오로지 시각적 요소만 사용한 광고를 본 적이 있을 것이다. 이러한 광고들은 정보보다는 주로 사진, 삽화, 상징적 요소와 같은 시각적 요소들로 구성된 이미지 묘사imagery 실행 기법을 사용한다. 이미지 묘사 기법의 광고 목적은 소비자들이 광고에서 보여주는 상징, 캐릭터, 상황을 통해 브랜드를 연상하게끔 만드는 것이다. 이미지 묘사 광고들은 주로 탄산음료, 술, 디자이너 의상과 같이 외형적 차이점이 잘 나타나지 않는 제품이나 서비스를 광고하기 위해 사용되는 감성적 소구 기법의 기초가 된다. 그러나 이미지는, 대부분의 마케터가 표적고객이 자신의 회사나 브랜드에 우호적인 감성적 연대를 형성하기를 원하기 때문에 모든 종류의 제품이나 서비스에 있어서 매우 중요하다.

이미지 묘사 실행은 브랜드가 어떻게 사용되거나 실행되고 어떠한 상황에서 사용될 수 있는지를 보여주는 **제품사용 묘사**usage imagery가 주를 이룬다. 예를 들어 트럭과 SUV 차량 광고는 주로 척박한 토지나 험한 길에서 운전하는 것과 같은 어려운 상황들을 보여준다. 또한 사용 묘사 기법은 주로 서비스 마케팅에 사용되어 회사의 서비스 사용과 관련된 우호적인 이미지를 보여준다. 이것의 훌륭한 예는 사진 9-18에 나와 있는 미국과 아시아에서 실행되고 있는 싱가포르 항공의 비즈니스 클래스 광고이다. 광고에 사용된 시각적 이미지는 싱가포르 항공사가 다른 어떤 항공사들보다 넓은 비즈니스 좌석을 보유한다는 사실을 알림으로써 이 서비스를 촉진시키기 위해서 사용되었다. 또한 이 유형의 실행 기법은 광고의 초점이 브랜드를 사용하는 소비자 유형에 맞춰져 있는 사용 묘사의 기초가 되기도 한다. 화장품, 보석, 디자이너 의상 브랜드의 광고들은 주로 매혹적인 모델을 사용하여 소비자가 모델들의 신체적 매력들을 브랜드와 결합시키기를 바란다(사진 9-19). 이미지 실행 기법은 바라는 이미지를 소비자에게 전달하기 위해 사진, 색상, 색조, 디자인과 같은 시각적 요소들에 중점을 둔다. 이미지 실행 기법에 의존하는 마케터들은 그들의 브랜드와 관련된 사용 혹은 사용

사진 9-18
싱가포르 항공사는 비즈니스 클래스 좌석이 넓다는 것을 전달하는 용도 비유적 묘사를 사용한다.

사진 9-19
이 베베 광고는 브랜드의 우호적 이미지를 창조하기 위해 매력적인 모델을 사용했다.

자 묘사가 목표소비자로부터 정확한 감정과 반응을 유발시키도록 하여야 한다.

드라마화 특히 TV에 잘 맞는 실행 기법이 드라마화dramatization인데, 이 기법은 주안점이 제품이나 서비스를 짧은 이야기로 풀어내는 것에 있다. 드라마화는 문제해결 접근에 주로 의존한다는 점에서는 생활 묘사 기법과 유사하지만, 이 기법은 이야기를 전달할 때보다 흥미성과 서스펜스를 더 사용한다. 드라마화를 사용하는 목적은 묘사하는 장면에 소비자를 이끌어오기 위함이다. 드라마화 옹호자는 이 방법이 성공적일 때, 시청자는 이야기 속에 빠져들어 등장인물의 걱정과 감정을 경험한다고 말한다.[32] 모리아티Sandra Moriarty는 드라마화 광고에는 5단계가 있다고 했다.

> 첫 번째로 노출인데, 이것은 행동을 유발하는 상황 단계이다. 다음으로는 갈등인데, 이것은 문제를 인식하는 단계이다. 드라마화 유형의 중간 단계는 이야기가 형성되고 갈등이 고조되며 불안이 증가하는 행동 이행 단계이다. 네번째 단계는 절정으로, 문제가 해결되는 단계이다. 드라마화의 마지막 단계는 해결점인데, 끝맺음이 제시되는 단계이다. 광고에서 이 단계는 제품 인식과 행동을 유발하는 단계를 포함한다.[33]

프릭켄Mario Pricken은 자신의 저서 「창의적인 광고Creative Advertising」에, 드라마화 실행을 통해 이야기를 제시할 때 고려되어야 할 여러 질문들을 적어놓았다. 여기에는 제품의 혜택을 가장 잘 알기 위해 이와 관련된 상황은 무엇인가, 어떤 종류의 스토리가 제품을 가장 좋은 친구나 파트너로 인식되게 만들 수 있는가, 어떤 상황이 소비자의 관심을 자극적으로 유발할 수 있는가, 어떤 상황이 스타, 생활 보호자, 도우미 역할을 하도록 만드는가, 어떤 일상적 스토리가 소비자들을 웃도록 만드는가와 같은 것들이 있다. 그는 또한 이야기를 제시하는 데 가장 적합한 다양한 종류의 드라마적 스타일이 있다고 말한다. 반드시 제한된 것은 아니지만, 여기에는 스릴러, 모험, 코미디, 슬랩스틱, 러브 스토리, 다큐멘터리와 같은 장르들이 있다.[34]

드라마화를 사용하는 크리에이티브 팀 조직이 직면한 어려움은 일반적인 광고 시간인 30초 안에 스토리를 어떻게 효과적으로 전달하는가와 어떻게 다양한 요소들을 포함시키는가이다. 예를 들어 루어팍Lurpak는 음식의 숨은 공신으로 버터를 포지셔닝하는 '좋은 음식은 그럴만한 가치가 있다Good Food Deserves' 캠페인의 일환으로 2011년 1월에 드라마화 실행 기법을 실행했다. 영국의 극장에서 방영된 60초짜리 광고는 주중 식사의 잠재성을 강조하고 사람들이 보다 만족스러운 식사를 위해 더 좋은 음식을 결정하도록 권했다. 이 광고는 소비자들에게 일회용 음식에 비해 멋진 식사가 얼마나 간단하고 건강한 식사가 될 수 있는지를 상기시키는 데 초점을 두었다. 광고의 내용은, 집에 도착하는 한 남자를 보여주면서 시작하는데, 그는 냉장고를 열고 인스턴트 식품을 먹으려고 쳐다보고 있는데 다음과 같은 목소리가 나온다. "일한 뒤에. 이 배고픈 남자의 오묘한 선택의 시간, 박스에 담긴 음식이 당신을 부르고 있소. 프랑스인들이라면 어떻게 했을까 생각해라?" 그리고선, 갑자기 생각난 듯이, 남자는 간단한 오믈렛을 만드는 심오한 모험을 시작한다. 이후 광고는 준비된 음식을 먹으면서 만족하는 그와 목소리를 들려준다. "냉장고에서 좋은 식욕을 창출하는 미식가Bon appetit, intrepid fridge forager!" 이 광고는 맛있는 음식을 만드는 것이 반드시 복잡한 것은 아니며 재료가 더욱 중요하다는 것

사진 9-20
이 루어팍 광고는 드라마화 실행을 사용하고 있다.

을 시사한다. 광고의 주안점은 제품의 장점과 브랜드를 연결시켜주는 "루어팍의 음식은 훌륭하다."라는 맺음말을 통해 더욱 명확해진다.

유머 유머는 광고 소구의 유형으로 6장에서 소개되었으나, 이 기법은 다른 광고 소구들을 제시하는 방법으로 사용되기도 한다. 인쇄광고에서도 유머 기법을 사용하기는 하지만, 이 기법은 TV와 라디오에 더 적합하다. 실행 기법으로 유머를 사용하는 장 · 단점은 유머를 광고 소구의 방법으로 사용할 때와 유사하다.

기법의 결합 많은 종류의 실행 기법이 광고메시지를 전달하기 위해 결합될 수 있다. 예를 들어 애니메이션은 주로 인격 상징이나 판타지를 보여주는 방법으로 사용된다. 생활 묘사 기법은 주로 제품과 서비스를 증명하기 위해 사용된다. 비교는 가끔 유머 접근법을 사용하기도 한다. 페덱스는 회사원들이 다른 배달 서비스를 사용하여 중요한 서류가 제때에 도착하지 않는 긴급한 상황을 묘사하여 유머를 사용한 생활 묘사 기법을 활용한다. 광고에 하나 이상의 실행 기법을 사용할지를 정하는 것은 크리에이티브 전문가들의 몫이다.

크리에이티브 전술

지금까지의 우리는 광고메시지에 사용될 수 있는 창의적인 전략의 개발과 다양한 소구 방법들 그리고 실행 스타일에 대해 알아보았다. 크리에이티브 접근법, 소구의 방법들, 실행 전략들이 결정되면, 실질적인 광고 제작에 초점이 맞춰진다. 광고메시지의 고안과 제작은 여러 활동을 수반하는데, 카피 작성, 삽화 제작, 광고의 다양한 시각적 요소 등이 있으며 이 모든 것들을 통합하여 효과적인 메시지를 제작한다. 이 단계에서는 광고의 언어적, 시각적 요소들을 관찰하고 인쇄광고와 TV광고를 제작하는 데 고려될 전술들을 알아볼 것이다.

인쇄광고를 위한 크리에이티브 전술

인쇄광고의 기본 요소는 헤드라인, 바디카피, 시각적 요소 혹은 삽화, 레이아웃(모든 요소들이 적절하게 배치되는 것)이다. 광고의 헤드라인과 바디카피의 비율은 카피라이터의 몫이다. 주로 아트 감독의 지휘 하에 일하는 아티스트들이 시각적 프레젠테이션을 담당한다. 아트 감독들은 또한 레이아웃을 만들거나 광고의 다양한 구성요소들의 정렬(헤드라인, 부제, 바디카피, 삽화, 표제, 로고 등 이와 같은 요소들)을 위해 카피라이터들과 함께 일하기도 한다. 우리는 인쇄광고의 세 가지 구성요소들과 어떻게 이 요소들이 조정되는지를 간략하게 알아볼 것이다.

헤드라인 **헤드라인**headline은 인쇄광고에서 첫 번째로 위치되는 단어들이며, 이 단어들은 가장 먼저 읽히게 되거나 가장 강력하게 이목을 이끄는 역할을 한다. 헤드라인들은 주로 큰 광고 유형에 사용되고, 두드러지게 보이도록 하기 위해 바디카피나 텍스트와 떨어뜨려 배치한다. 대부분의 광고인들은 헤드라인을 인쇄광고의 가장 중요한 요소로 고려한다,

헤드라인의 가장 중요한 역할은 독자들의 관심을 끌고 나머지 메시지를 읽는 데 흥미를 가지도록 하는 것이다. 광고의 시각적 요소가 중요함에도 불구하고, 헤드라인이 주로 독자의 관심을 끄는 대부분의 책임을 진다. 연구자는 일반적으로 사람들이 인쇄광고를 볼 때 헤드라인을 가장 먼저 보고 그 다음으로는 삽화라고 말한다. 오직 20%의 독자만이 헤드라인의 범위를 넘어 바디카피를 읽는다.[35] 따라서 관심을 끌기 위한 것뿐만 아니라, 헤드라인은 독자에게 제품과 서비스에 대한 보다 자세하고 설득적인 내용을 포함한 광고의 카피 부분을 읽어야만 하는 이유를 제시할 수 있어야 한다. 이를 위해서는, 헤드라인은 반드시 메인 주제와 어필, 광고의 비율을 짧은 단어로 제시해야만 한다. 어떤 인쇄광고는 어떠한 바디카피도 포함하지 않아서, 헤드라인이 반드시 전체 광고메시지를 전달하기 위해 삽화와 상호작용해야 한다.

사진 9-21
이 광고의 헤드라인은 비자 시그너처 신용카드를 사용함으로써 사람들이 어떻게 돈을 절약할 수 있는지를 제시하여 관심을 끌고 있다.

헤드라인은 또한 특정한 제품이나 서비스를 살 의향이 가장 많은 소비자의 주의와 관심을 끌어 시장 세분화 기능을 하기도 한다. 광고주들은 특정한 유형의 잡지 유형(예를 들어, 여행잡지, 일반 관심사 잡지, 패션잡지 등)을 선택함으로써 세분화 작업을 시작한다. 효과적이 헤드라인은 더 나아가 소비자들의 특정한 수요, 욕구, 관심사를 제시함으로써 제품을 살 가능성이 높은 소비자들을 선택하게 하는 역할을 하기도 한다. **사진 9-21**에 있는 비자Visa 시그너처Signature 신용카드의 광고에 있

는 헤드라인은 소비자들이 비자 시크너쳐 카드를 사용해서 다양한 구매를 할 때에 20%를 절약할 수 있다는 것을 제시하여 관심을 끈다.

헤드라인의 유형 헤드라인은 많은 유형이 있다. 다양한 요인들에 따라 사용되는 유형이 달라지는데, 여기에는 크리에이티브 전략, 특별한 광고 상황(예를 들어 제품 유형, 사용된 미디어 수단, 적절한 시기), 삽화나 바디카피와 같은 광고의 다른 구성 요소들과의 관계 등이 포함된다. 헤드라인은 직접적 헤드라인과 간접적 헤드라인으로 분류될 수 있다. **직접적 헤드라인**direct headline은 이들이 제시하는 메시지와 목표소비자가 직접적으로 제시된다는 점에서 직설적이며 정보 전달적이다. 직접적 헤드라인의 일반적인 유형들은 특정한 이익, 약속 제시, 이 제품과 서비스에 독자가 관심을 가져야만 하는 정당한 이유 등을 제시하는 것들이 있다.

간접적 헤드라인indirect headline은 제품과 서비스를 묘사하거나 주제를 전달함에 있어 직설적이지 않다. 그러나 이러한 헤드라인들은 주로 독자의 관심과 흥미를 끄는 데 보다 효과적인데, 그 이유는 이들이 호기심을 유발한 후 바디카피에서 그것에 대한 해답과 설명을 찾도록 유도하기 때문이다. 간접적 헤드라인을 작성하는 방법으로는 질문 형식, 자극법, 방법 제시, 도전방법 등이 있다.

사진 9-22
이 폭스바겐 광고는 간접적 헤드라인을 사용하여 소비자들이 바디카피를 읽도록 한다.

간접적 헤드라인은 독자들이 광고에 관여하고 메시지의 요점을 바디카피에서 찾도록 동기 부여하기 위해 호기심을 유발한다. 이러한 방법은 헤드라인이 독자들의 관심을 충분히 자극하지 못할 때는 위험적인 요소가 될 수도 있다. 광고주들은 관심을 끌고 메시지를 더 읽을 이유를 제시하는 강한 시각적 어필을 사용하는 것뿐만 아니라 관심을 유발하기에 충분한 간접적 헤드라인을 사용함으로써 이러한 문제를 해결한다. 예를 들어 **사진 9-22**에 나와 있는 폭스바겐Volkswagen CC의 광고는 '이 자동차는 좌석이 없다'는 간접적 헤드라인을 사용하여 잡지 독자들에게 호기심을 유발하고 이것이 의미하는 것이 무엇인지를 알아내기 위해 카피 밑을 읽어 보도록 자극한다. 광고의 아래쪽에 있는 바디카피는 폭스바겐이 어떻게 뒤의 두 좌석 사이에 있는 작은 공간, 즉 아무도 앉고 싶어 하지 않는 그 공간을 없앴는지를 설명하고 있다. 이것은 더 넓은 공간을 제공하고 승차인의 편리를 위해 이 공간이 두 뒷좌석에 추가되었다는 것을 설명한다.

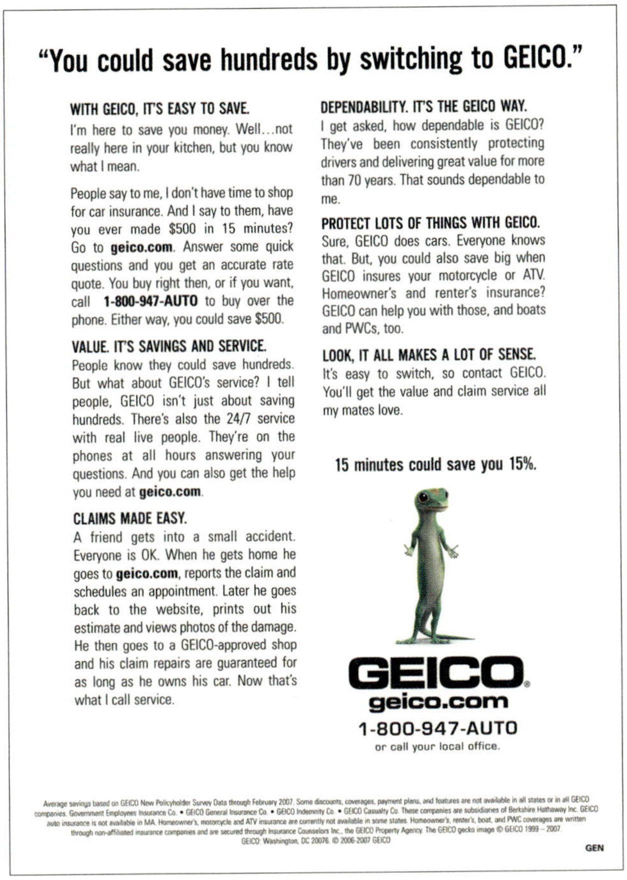

사진 9-23
가이코 광고는 부제를 사용하여 특성과 이점을 강조하고 카피를 보다 쉽게 읽을 수 있도록 한다.

부제 광고에서 대부분 단지 하나의 헤드라인을 갖는 것과는 달리 주 헤드라인과 두 번째 표제 또는 부제를 포함한 것을 종종 볼 수 있다. **부제**subhead는 주로 헤드라인보다는 작으나 바디카피보다는 크다. 부제는 주로 많은 양의 바디카피를 떨어뜨려 놓음으로써 메시지의 신뢰성을 증진시키고 주 판매 요점을 강조하기 위해 사용된다. 이들의 내용은 헤드라인과 광고 슬로건 혹은 주제를 강조한다. 사진 9-23의 가이코 자동차 보험회사 광고는 많은 양의 광고 카피를 제시하고 메시지의 주요 요점을 강조하기 위해 부제를 효과적으로 사용한 좋은 사례라고 할 수 있다.

바디카피 인쇄광고의 주요 문구 부분을 **바디카피**body copy라 한다(때로는 카피라고만 부르기도 한다). 바디카피가 주로 광고 내용의 핵심이지만, 표적고객이 바디카피를 읽도록 만드는 것은 다소 힘들다. 카피라이터는, 바디카피는 반드시 광고주의 메시지를 전달하기 위해 충분히 길어야 하지만, 또한 독자의 관심을 끌기 위해서는 짧아야만 한다는 딜레마에 빠진다.

바디카피 내용은 주로 헤드라인이나 다양한 부제들의 요점을 다루지만, 구체적인 내용은 사용된 광고 소구의 유형이나 실행 전략에 따라 달라진다. 예를 들어, 관련된 정보나 제품 특징과 이익, 경쟁적 장점을 제시한 직접적 판매 카피는 주로 이전 장에서 다룬 다양한 이성적 소구 방법과 함께 사용된다. 감성적 소구는 주로 이야기를 전달하거나 제품과 관련된 문제나 상황의 관심을 제공하는 서술적 카피를 사용한다.

사진 9-24
이 광고는 간접흡연의 위험에 대한 메시지를 전달하기 위해 독특한 시각 이미지를 사용하고 있다.

광고 바디카피는 비교, 가격 소구, 입증, 유머, 드라마화 등의 다양한 유형의 크리에이티브 전략과 실행 방법에 합당하게 사용되어야 한다. 카피라이터들은 크리에이티브 전략을 실행하고 목표독자들에게 광고주들의 메시지를 전달하는 데 효과적으로 사용될 수 있는 소구 유형에 적합한 카피 유형을 선택한다.

시각적 요소 인쇄광고의 세 번째 주요 구성요소는 시각적 요소이다. 삽화는 인쇄광고의 주요한 부분이며 광고 효과를 결정하는 데 중요한 역할을 한다. 광고의 시각적 요소는 관심을 끌고, 아이디어와 메시지를 전달하고 헤드라인과 바디카피와 상호작용하여 효과적인 메시지를 만들어낸다. 몇몇의 인쇄광고에서는 광고의 시각적 요소는 기본적으로 메시지여서 강하고 의미를 담은 이미지를 전달해야만 한다. 예를 들어 **사진 9-24**의 금연 광고는 바에 있는 여자가 건물의 석면을 제거하는 노동자들이 입는 보호복을 입고서 간접흡연으로부터 자신을 보호하는 창의적인 시각적 요소를 사용하였다. 밑에 있는 간단한 카피는 시각적 이미지로 제시된 메시지를 강화시켜주는 역할을 한다.

광고의 시각적 요소에 관하여 다음과 같은 많은 결정들을 하여야 한다. 어떤 확인 표시(브랜드명, 회사명이나 거래명, 거래표시, 로고 등)가 포함되어야하는가, 사진 · 핸드드로잉 · 삽화 중 어떤 것을 사용할 것인가, 어떤 색상을 사용할 것인가(흑백으로 할 것인지, 단지 물감의 번짐으로 할 것인지), 시각 요소가 어디에 초점을 맞춰야 하는지 등을 정한다.

배치 인쇄광고의 모든 요소가 중요하지만, 중요한 사안은 이러한 요소들이 어떻게 혼합되어 완성된 광고를 만드는가이다. **배치**layout는 광고의 다양한 부분들의 외형적 정렬인데, 여기에는 헤드라인, 부제, 바디카피, 삽화, 확인 마크 등이 포함된다. 배치는 각각의 광고 파트가 어디에 배치되는지를 보여주고 광고를 읽는 사람들에게 가이드라인을 제공한다. 배치는 카피라이터들이 어느 정도의 공간을 사

사진 9-25
다사니의 새 플랜트병 포장을 출시하는 데에 창의적인 인쇄광고가 사용되었다.

용하는지와 어느 정도의 카피를 적어야 하는지를 결정하는 데 도움을 준다. 이것은 또한 아트 디렉터들이 사진의 크기와 유형을 결정하는 데도 도움이 된다.

인쇄광고의 배치가 주로 직접적으로, 몇몇의 크리에이티브 실행방법들은 힘들기는 하나 마케터들이 사용하는 혼합적인 메시지를 전달하는 데 매우 효과적인 방법이 되기도 한다, 예를 들어 램베시스Lambesis 광고회사는 다사니DASANI® 생수에 사용할 독특한 광고를 만들었는데, 브랜드의 새 병의 창의적인 땅의 정기를 불어넣는 디자인을 알리는 통합적 마케팅의 일환이었다. 이 인쇄광고는 생수를 벗겨낼 수 있는 녹색 친환경 느낌의 잎사귀에 담아서 PlantBottle이라는 개념으로 광고하였다(사진 9-25). 이 캠페인 광고로 인하여 소비자들에게 다사니가 혁신적이고 친환경적인 회사로 인지하도록 도왔다. 배치는 주로 대략적인 윤곽으로 광고주에게 제시되는데 이는 광고주가 시안을 예비 승인을 하기 전에 광고가 어떤 모습인지를 시각화할 수 있도록 한다. 광고대행사는 인쇄광고 제작에 있어서 더욱 돈이 드는 다음 단계로 넘어가기 전에 반드시 광고주의 승인을 얻어야 한다.

TV를 위한 크리에이티브 전술

소비자들은 TV광고를 제작에 시간, 노력, 돈을 들이는 것을 당연하게 여긴다. 다양한 방해요소clutter를 뚫고 효과적으로 고객과 커뮤니케이션을 하는 TV광고를 제작하는 것은 상당히 꼼꼼한 단계를 거쳐야 하며 또한 매우 비싼 과정들이라 할 수 있다. 시간당 비용 효율을 따져보면 TV광고는 매우 비싼 제작물이다.

TV는 독특하고 강력한 광고매체인데, 그 이유는 다양한 광고 소구와 실행을 수행하는 데 필수 요소로 결합되는 시각, 음향, 동작과 같은 요소들을 모두 포함하기 때문이다. 인쇄광고와는 달리, 시청자들은 내용 전달에 있어서의 자신 스스로가 시청기회를 조절할 수 없기 때문에 관심을 끄는 부분을 다시 볼 기회가 없거나 명확하게 전달되지 않는 부분을 다시 읽을 수도 없다. 다른 어떠한 광고와 마찬가지로, TV광고 제작에 있어서 가장 중요한 목표는 시청자의 관심을 끌고 이것을 지속시키는 것이다. 하지만 이것은 다른 회사의 광고를 비롯한 방해요소 때문에 매우 어려우며, 사람들이 주로 책이나 잡지를 읽거나 이야기를 하면서 TV광고를 보기 때문에 더 어렵다.

인쇄광고와 같이, TV광고에는 다양한 구성 요소가 있다. 비디오와 오디오는 소비자들에게 적절한 영향을 미치게 하고 또한 광고주의 메시지를 전달하기 위해 반드시 함께 사용되어야 한다.

비디오 광고의 비디오 요소들은 TV화면에 보이는 것들이다. 시각적 요소는 일반적으로 TV광고의 가장 지배적 부분이며, 따라서 이것은 반드시 시청자의 관심을 끌고 아이디어, 메시지, 이미지를 전달해야 한다. 많은 시각적 요소들이 성공적인 광고를 만들기 위해 혼합되어야 한다. 이에 관련된 의사결정은 세팅, 광고에 등장하는 인물, 조명, 그래픽, 색상, 상징적 인식과 같은 요소들뿐만 아니라 제품, 출연자, 액션의 순서, 증언 등을 결정하여야 한다.

오디오 광고의 오디오는 음성, 음악, 음향 효과를 포함한다. 이와 같은 음성들은 광고에서 다양하게 사용된다. 광고문구 전달자의 직접적인 제시를 통해 들려질 수도 있고, 광고에 나온 다양한 사람들의 대화를 통해 전달될 수도 있다. 광고의 오디오 파트를 나타내는 가장 일반적인 방법은 **보이스오버**voiceover라 불리는 음성해설을 쓰는 것인데, 이는 보이지 않는 해설자에 의해 메시지가 전달되거나 화면의 동작이 이야기되거나 묘사되는 것이다. 주요 광고주들 사이에서의 추세는 광고를 위해 내레이터를 하기 위해 특정한 목소리를 가진 유명인사를 사용하는 것이다.[36] 배우 모건 프리먼Morgan Freeman은 비자의 내레이터 광고를 하였고, 페트릭 뎀시Patrick Dempsey는 스테이트팜 보험을, 그리고 버라이즌 와이어리스는 배우 데미 무어Demi Moore의 목소리를 그들의 TV광고에 출연시켰다.

음악 또한 TV광고의 중요한 부분이며 다양한 역할을 수행한다.[37] 많은 광고에서 음악은 유쾌한 배경음악을 제공하고 적절한 분위기를 연출하는 데 도움이 된다. 광고주들은 주로 **니들드롭**needledrop을 사용하는데, 스콧Linda Scott은 다음과 같이 말했다.

> 니들드롭은 광고대행사와 음악산업에서 쓰이는 전문용어이다. 이는 미리 제작되며, 다양한 목적으로 사용되고, 매우 전통적인 방식의 음악을 말한다. 이러한 측면에서 니들드롭은 주식 그림, 클립아트, 스캔된 복사본과 같다. 니들드롭은 본래 음악의 저렴한 대체본이다. 한 템포당 계산하게 되며, 특정한 효과가 필요할 때 광고나 영

화에 삽입된다.[38]

몇몇 광고에서는 음악이 광고메시지의 핵심이 되기도 한다. 이것은 소비자의 이목을 끌고, 클러터를 뚫고 나가고, 주요한 판매 포인트를 전달하며, 이미지와 포지셔닝을 하는 데 도움이 되며, 감정을 더하기도 한다.[39] 예를 들어 나이키는 디 아워즈The Hours라는 영국의 인디밴드가 부르는 '정글의 알리Ali in the Jungle'를 광고 음악으로 사용하여 스포츠 경기에서 영감을 주는 메시지를 전달한다. 브랜드 메시지를 전달하기 위해 음악을 사용한 또 다른 예는 펩시콜라의 블랙아이드피스Black Eyed Peas의 음악 '더 트라이브The Tribe'인데 이 광고는 세상을 새롭게 하기 위한 아이디어에 모금을 하기 위해서 만든 소셜미디어 기반의 명분 마케팅cause marketing을 추진하는 일환으로 펩시 리프레시 프로젝트를 런칭하기 위해 사용되었다.[40]

오크스Steve Oakes는 최근에 광고 음악에 대한 소비자 인지적 감성적 반응에 대한 연구 분석을 실시하였다.[41] 그는 음악과 광고 관련 분위기, 장르, 악보, 이미지, 템포 등과 같은 다양한 요소 간의 일치성이 상기, 브랜드에 대한 태도, 효과적인 반응, 구매 의도를 증가시켜 광고의 의사소통 효과에 기여한다고 말한다. 그의 연구는 또한 음악이 소비자들이 광고메시지를 더 잘 수용하도록 만드는 고전적 조건부여 프로세스 과정을 거치기도 한다고 말한다.[42] 이러한 연구는 음악에 의해 유발된 분위기와 이것이 광고에 대한 반응에 어떻게 영향을 미치는지를 강조한다.

크리에이티브 전략에서 음악은 이와 같이 중요한 역할을 하기 때문에, 많은 회사들은 광고에 유명한 음악을 사용할 권리를 사기 위해 많은 비용을 투자한다. 회사들이 광고를 위해 라이센싱할 음악을 사용할 권리를 획득하는 데는 두 부분의 요소가 있다. **음악작곡 구성요소**musical composition는 악보와 가사를 포함하며, 이와는 달리 **원곡자 녹음**master recording은 최초로 곡을 연주하는 음악가의 소리를 포함한다.[43] 후자는 매우 비싸기 때문에, 광고주들은 주로 음악을 사용하는 권리만을 구입하며 원곡자와 비슷한 소리를 가진 다른 사람으로 대체한다. 음악에 대한 권리들은 원곡자, 가수의 소속사, 음반제작회사와 같이 다양한 구성원들에 의해 다루어진다. 예를 들어 고인이 된 레게의 거장 밥 말리Bob Marley가 부른 음악의 권리는 그의 소속사에서 다루어지는 반면, 비틀즈Beatles의 곡들은 음반제작회사에서 다룬다. 음악을 재녹음하는 것이 덜 비싸기는 하나, 몇몇 광고주들은 그들의 광고에 원곡자의 목소리를 사용하기 위해 수백만 달러를 기꺼이 지불하기도 한다.

TV와 라디오 광고에서 또 다른 중요한 음악적 요소는 **징글**jingle인데, 이것은 주로 광고 주제와 간단한 메시지를 전달하는 제품이나 서비스에 대한 기억하기 쉬운 음악이다. 예를 들어 더블민트 껌Doublemint gum은 수년간 잘 알려진 "Double your pleasure, double your fun with Doublemint, Doublemint gum"을 사용하고 있다. 징글은 매우 기억하기 쉽고 제품의 민트향을 상기시키는 역할을 한다. 서브웨이 레스토랑Subway Restaurant의 'Five-dollar foot-long' 징글은 패스트푸드 산업에서 고안된 가장 효과적인 촉진 광고 중 하나로 필수적인 역할을 해 오고 있다. 외우기 쉬운 징글 "Five. Five. Five dollar. Five dollar foot-long"은 5란 단어를 여러 번 반복하여 제품의 가격을 인식시키고 큰 샌드위치의 가치를 광고한다.[44] 오스카메이어Oscar Mayer는 제품에 사용한 유명한 징글들이 있는데, 그중에는 통합 마케팅 프로그램의 근본인 블로냐 음악 "나의 블로냐는 성이 있다. 그것은 오-스-카이다My bologna has a first name, It's O-S-C-A-R"와 오스카메이어 비엔나소시지 음악 "나는 오스카메이어의 비엔나소시지가 되고 싶다I'd love to be an Oscar Mayer wiener"가 있다. 회사의 모바일 함대는 오스카메이어 인재찾기의 일환으로 여러 나라를 돌고 있는데, 그곳에서 30년 전통의 볼로냐 노래와 비엔나소시지 징글을 지속할 아이들을 찾는 지역 오디션을 열고 있다.[45]

어느 광고에서는, 징글이 제품 인지의 형태로 더 잘 사용되며, 메시지의 끝에 등장한다. 징글은 주로 광고의 상업적 음악을 만드는 것에 주력하는 회사들에 의해 제작된다. 이러한 징글 회사들은 크리에이티브팀과 함께 광고에 삽입될 주요 음악과 전달될 메시지들을 결정한다. **도표 9-3**은 에드버타이징에이지가 뽑은 지난 세기의 상위 징글 10개를 보여준다.

징글의 사용은 1950년대부터 시작되었지만, 현재 많은 광고주들이 최신의 혹은 클래식 팝송들을 광고에 사용하기 때문에 과거와 같이 자주 사용되는 편은 아니다. 레오버넷 광고대행사의 음악 담당자는 징글을 사용하는 회사들은 반드시 주의해야 한다고 말하며 "우리는 현재 아이팟, MTV, 비디오 시대에 살고 있기에 징글은 진부하게 들린다."고 언급했다.[46] 그러나 이러한 우려에도 불구하고, 많은 마케터들은 여전히 징글을 사용한다. 예를 들어 P&G는 최근에 차밍의 새 대용량 화장지의 특성을 알리는 새로운 징글을 만들었다. P&G는 또한 징글의 사용을 라

도표 9-3
지난 세기의 상위 10위 징글

징글	회사나 브랜드
1. You deserve a break today	맥도날드
2. Be all that you can be	미국 육군
3. Pepsi Cola Hits the Spot	펩시콜라
4. M'm, M'm Good	캠벨수프
5. See the USA in your Chevrolet	쉐보레
6. I wish I was an Oscar Mayer Wiener	오스카 메이어(Oscar Mayer)
7. Double your pleasure, double your fun	윙글리(Wrigley's Doublemint gum)
8. Winston tastes good like a cigarette should	윈스톤
9. I t's the Real Thing	코카콜라
10. Brylcreem – A little dab'll do ya	브릴크림

디오와 TV 광고를 넘어서, 매장 판매대에 사운드칩을 장착하여 소비자들이 지나갈 때마다 음악을 작동시키거나, 이벤트와 판촉 행사에 사용하기도 했다. P&G 브랜드 경영자는 징글은 여전히 효과적이며, 만약 소비자들이 징글을 흥얼거렸다면, 그들은 그 제품을 사게 될 것이라고 언급했다.[47] 징글은 또한 여전히 지방 광고주들에게 잘 사용되는데, 이러한 회사들은 징글이 회사명과 광고를 소비자의 마음속에 인식시키는 효과적인 방법이라고 보기 때문이다.

TV광고의 설계와 제작 TV광고를 설계하는 첫 번째 의사결정은 사용될 소구의 방법과 실행 전략의 유형이다. 텔레비전은 이성적, 감성적 소구와 둘을 혼합한 소구 사용 모두에 적절하다. 직접적 판매, 정보 전달, 증명, 추천, 비교 등과 같이 이성적 소구와 함께 사용되는 다양한 실행 전략은 TV에 효과적으로 사용될 수 있다. 텔레비전은 특히 주로 드라마화와 생활 묘사 광고를 사용한 유머, 두려움, 로맨스, 판타지와 같은 감성적 어필을 사용하기 적절하다.

광고주들은 제품이나 서비스를 단지 이야기하고, 증명하고, 비교하는 것에서 더 나아가야 한다는 것을 인식한다. 광고는 광고의 방해요소들을 뚫고 나가야 하고, 시청자의 관심을 끌어야 한다. 또한 그들은 반드시 이성적 구매 욕구뿐만 아니라 감성적으로 소구할 수 있어야 한다. 텔레비전은 근본적으로 오락적 매체이며 많은 광고주들은 광고들이 정보 전달적일 뿐만 아니라 흥미로울 때 가장 성공적이라는 것을 인식한다. 대부분의 가장 유명한 광고캠페인들은 강한 엔터테인먼트적 요소가 결합된 광고들에 의해 특징지어지는데, 그중에는 음악적 요소를 사용한 애플과 갭이 있고, 세련되고 참여적 광고로 나이키가 있고, 가이코, 페덱스, 버드라이트와 같이 회사/브랜드 광고로 유머적 광고가 있다.

TV광고들은 대부분의 마케터들에게 IMC 과정의 필수적 요소인데, 특히 넓은 시장을 상대로 제품과 서비스를 광고하는 큰 회사들에게는 더욱 그렇다. 그러나 TV광고의 계획과 제작비용은 매우 높기에, 광고캠페인을 위한 예산에서의 일부분으로 생각하여야 한다. 수천 달러의 광고를 제작하는 것은 가능하지만, (지역적 소매업자와 기업들을 위한 광고와 같이) 마케터들은 형편없이 제작된 TV광고는 비효과적이며 회사와 브랜드 이미지에 부정적인 영향을 줄 것이라는 점을 인지하고 있다. 따라서 고품질의 TV광고를 만드는 데 많은 비용이 소요된다. 미국 광고협회가 실시한 가장 최근의 TV 제작비용 설문조사에서 국내 브랜드의 30초 광고를 제작하는 데 드는 평균 비용이 342,000달러라고 조사되었다.[48] **도표 9-4**는 주요 패스트푸드 체인점의 광고 제작비용의 예시이다.

제작 직원, 장비, 장소 비용, 비디오 편집, 음향 녹음과 편집, 음악 사용료, 연예인을 포함하여 TV광고 제작비용에 많은 요소들이 포함된다. TV광고 제작비용의 증가는 마케터들 사이에서 주요한 걱정거리이며, 많은 회사들이 비용을 줄이기 위한 방법을 찾고 있다. 예를 들어, 큰 비용 요소는 연예인 비용으로 광고에 출연하는 배우들이 그 광고가 몇 번이나 방송되는지에 따라 추가 비용을 받는 것이다. 그러나 광고주와 대행사들을 대표하여 방송업계와 매매를 주관하는 광고업계 그룹인 방송관계협회의 합동 정책 위원회는 방송이 되는 횟수와 더불어 광고를 보는 시청자의 규모에 의해 계산되는 총비율 포인트에 따라 광고 배우에게 지불하는 새로운 보상제도를 제안하고 있다. 이것이 승인된다면 이 새로운 보상 제도는 2012년에 시행될 것이다.[49]

광고 설계 TV광고의 다양한 요소들은 대본에 표현되는데, **대본**script은 비디오와 오디오 내용에 관하여 어떻게 할 것인지를 자세하게 기술한 광고문서 형식이다. 이 대본은 광고의 다양한 오디오 구성요소를 보여준다. 여기에는 목소리, 음악, 음향 효과의 문구가 적혀있다. 대본의 비디오 부분은 카메라 움직임과 각

도표 9-4
30초 TV광고에 소요되는 제작비용

Big Time Productions
1234 Production Place
Santa Monica, CA 90404

Bid Date 3/25/10		Firm Bid (x) Cost Plus Fixed Fee ( )	
Production Co:	Big Time Productions	Agency:	Awesome Ads
Address:	1234 Production Place	Address:	1234 Advertising Way
	Santa Monica, CA 90404		Santa Monica, CA 90404
Telephone:	(310)555-5555	Telephone:	(310)555-5555
Fax:	(310)444-4444	Fax:	(310)444-4444
Job #:	M10-340	Agency Prod:	Ashley Producer
Director:		Agency Art Dir:	Brian Artist
Executive Producer:		Agency Writer:	Deborah Writer
Production Contact:		Agency Bus Mgr:	Alan Business
DP:		Client:	FAST FOOD CHAIN
Art Director:		Product:	Sandwich, Burger,
Editor:	Fine Edits	Bid Name:	
Pre-Production			
Days:			
Build & Strike Days:		Commercial Title:	Length:
Pre-Light Days:	One	1) "Delicious Sandwich"	:30
Studio Shoot Days:		2) "Yummy Burger"	:30
Location Days:	Two Hours: 10 & 14		
Locations(s)	Los Angeles		

SUMMARY OF PRODUCTION COSTS	TOTAL
PRE-PRODUCTION & WRAP	$76,676
SHOOTING LABOR	$93,901
LOCATIONS & TRAVEL	$65,690
PROPS, WARDROBE & ANIMALS	$18,670
STUDIO & SET CONSTRUCTION	$88,056
EQUIPMENT	$42,750
FILMSTOCK DEVELOP & PRINT	$22,920
DIRECTOR/CREATIVE FEES	$32,400
INSURANCE	$12,288
PRODUCTION MARK UP	$92,153
NEEDLEDROP MUSIC	$2,000
EDITING	$66,504
TALENT	$33,905
GRAND TOTAL	$647,913

도, 장면, 변환, 그 외의 중요한 지침들과 같은 광고의 시각적 계획을 담고 있다. 대본은 또한 비디오가 어떻게 광고의 오디오 부분과 상호작용 하는지 보여준다.

기초 대본이 작성되면, 작가와 아트 디렉터는 제안된 광고의 시각적 계획이나 레이아웃을 제시하기 위한 일련의 도면이라 할 수 있는 스토리보드를 함께 제작한다. 스토리보드는 각 장면마다 동반되는 비디오 장면의 그림들과 오디오 묘사를 포함한다. 인쇄광고의 레이아웃과 같이, 스토리보드는 광고의 제작과 승인을 위해 최종 광고가 어떤 모습일지를 보여주는 추정본을 제공한다. 광고주에게 제시하고 예비검사를 받기 위해서 광고의 더 높은 수준의 완성 형태가 필요한 경우, 애니아매틱(사운드트랙이 포함된 스토리보드의 비디오테이프)이 제작될 수도 있다.

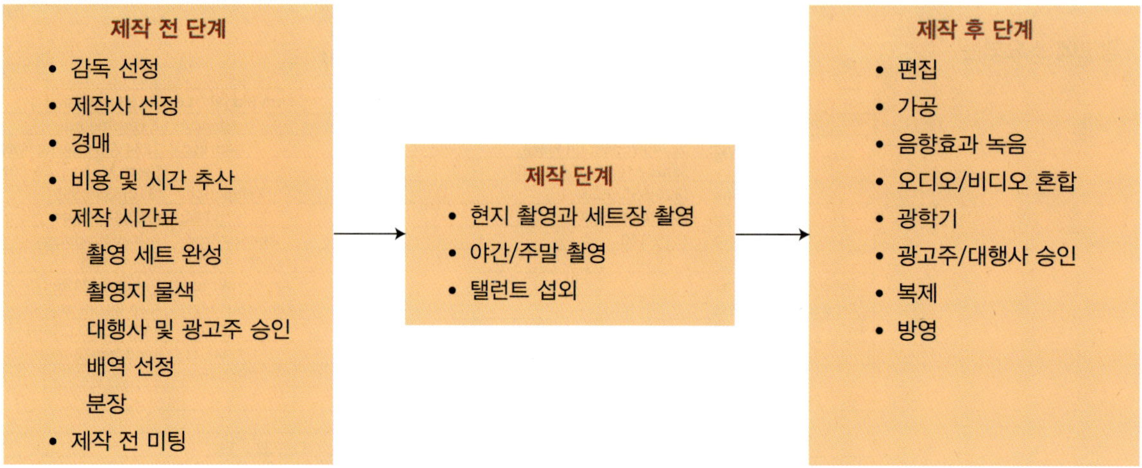

도표 9-5
광고 제작의 세 가지 측면

제작 스토리보드나 광고의 애니아매틱이 승인되면, 3단계로 구성된 제작 단계로 이동하게 된다.

1. 제작 이전 단계: 모든 작업과 수행들은 광고의 실제 촬영/녹화 이전에 발생한다.
2. 제작 단계: 광고가 촬영되거나 비디오 녹화되고 녹음되는 단계
3. 제작 이후 단계: 광고가 제작되고 녹화된 후의 활동과 작업들

도표 9-5에 각 단계의 다양한 활동들이 나와 있다. 최종 제작 단계가 시작되기 전에 광고주는 반드시 재검토해 보고 광고메시지 창작에 사용될 크리에이티브 전략과 다양한 방법들을 승인해야 한다.

크리에이티브 작업에 대한 광고주의 평가 및 승인

크리에이티브 전문가들이 광고에 사용될 광고 소구와 실행방식을 결정하는데 책임을 많이 지고 있음에도 불구하고, 광고주들은 반드시 어떠한 광고라도 제작되기 전에 크리에이티브 접근 전략을 평가하고 승인해야 한다. 많은 고객사들이 대행사의 크리에이티브 업무를 평가하는 데 관여되는데, 여기에는 광고 혹은 커뮤니케이션 경영자들, 제품 혹은 브랜드 경영자들, 마케팅 디렉터나 부회장, 법무부서의 대표자들, 혹은 때로는 회사의 최고경영자나 이사회까지도 포함된다.

크리에이티브 평가와 승인 과정에 있어서 각자의 참여 정도는 회사의 규정, 회

사진 9-26
TV에 거의 방영된 적 없는 애플의 유명한 '1984' 광고

사에 제품이 미치는 중요도, 마케팅 프로그램에서 광고의 역할, 제안되는 광고 접근법에 따라 다르다. 예를 들어 치아트데이Chiat/Day 광고대행사는 맥킨토시 개인용 컴퓨터를 소개하는 데 사용된 유명한 광고 '1984'를 방영하기 위해 애플 이사회를 설득시켜야만 했다. 애플 이사회는 조지 오웰의 고전 소설 1984의 빅 브라더 콘셉트에 기반을 둔 광고가 지나치게 논란적이며 자신들의 이미지에 피해를 줄 수 있다고 생각했다. 광고는 전적으로 오웰의 반이상향적 이미지와 주경쟁사인 IBM을 상징하는 것으로 생각되는 통제하는 힘controlling force을 파괴하기 위해 한 젊은 여성이 영화 화면으로 나무망치를 던지는 극적인 장면을 사용했다. 광고대행사는 1984 슈퍼볼 기간 동안 광고를 방영하기 위해 애플사의 광고위원회를 설득했으며, 이 스폿광고는 TV광고로 수퍼볼 기간에서만 방영되었지만 영향력은 대단히 컸다. 이 광고는 매체의 주요한 관심사였으며 마케팅과 광고 산업에서 화젯거리가 되었다. 몇 년 전, TV가이드는 '1984' 광고를 전 시대를 통틀어 최고의 TV 광고로 선정하였다.

본 장의 앞부분에서 P&G의 광고가 증언과 생활단편 묘사 광고 실행법을 전개하기보다는 다소 위험하고 보다 활발한 유형의 광고로 그 실행방법을 바꾸고 있는 것을 살펴보았다. 그러나 이 회사는 여전히 보수적이며, 다른 많은 경쟁사들이 사용하는 전위적인 광고에 적응하는 데 느린 편이다. 다양한 P&G 브랜드 광고를 제작하는 광고대행사들은 회사에 완연한 기업 문화에 도전하는 기이한 광고 실행법은 승인되지 않는다는 것을 잘 알고 있다.[50]

광고계에서는 대부분, 광고주의 고위 관리자들이 광고대행사 선택에 관여하고 광고의 주제와 크리에이티브 전략을 승인한다. 광고대행사가 제안한 각각의 광고들의 평가와 승인은 주로 브랜드를 전적으로 책임지고 있는 광고 및 제품 경

영자에 달려있다. 광고회사의 AE와 크리에이티브팀의 일원은 제작을 시작하기 전에 승인을 받기 위해 광고주의 광고와 제품 및 마케팅 경영자들에게 크리에이티브 구상을 제시한다. 광고가 실제로 제작에 들어가기 이전에 주의 깊은 평가가 이루어져야 하는데, 이는 이 단계에서 실제 광고를 제작하는 데 필요한 다양한 역할들을 수행하는 사업자들을 고용하기 위해 상당한 시간과 비용이 요구되기 때문이다. 인쇄 레이아웃이나 TV광고 스토리보드에 대하여 광고주가 평가하는 것은 매우 어려운데, 그 이유는 광고 혹은 브랜드 경영자가 일반적으로 크리에이티브 전문가가 아니며, 실행 가능한 크리에이티브 접근법들을 거절하거나 형편없는 광고가 되는 아이디어들을 수락하지 않기 위해서이다. 그러나 광고주의 일원들은 대행사가 제안하는 크리에이티브 전략에 관하여 평가하기 위하여 다음에 제시되는 가이드라인을 사용할 수 있다.

크리에이티브 제작물 평가를 위한 지침서

광고주들은 광고대행사가 제안한 크리에이티브 접근법을 평가하기 위해 다양한 기준을 사용한다. 어떠한 상황에서는, 광고주가 광고물을 평가하는 데 도움이 되는 많은 양의 정보를 얻기 위해 애니아매틱이나 대략의 스토리보드 레이아웃을 원하기도 한다. (인쇄광고와 TV광고를 사전 검사하는 다양한 방법들은 18장에서 다룰 것이다.) 그러나 평가 과정은 주로 주관적이다. 광고나 브랜드 경영자는 정성적 측면에 의존한다. 크리에이티브 접근법 평가의 기본적인 기준은 다음과 같다.

사진 9-27
핵심 브랜드자산 기반에 기초하고 마케팅 목적과 일치하는 스카이 향 첨가 광고

- **크리에이티브 접근이 브랜드의 마케팅이나 광고 목적과 일치하는가?** 광고주가 고려해야 할 가장 중요한 요소 중 하나는 대행사가 제안한 크리에이티브 소구와 실행 방법이 브랜드의 마케팅 전략, 전체 마케팅 프로그램에서 실행된 광고와 판촉의 역할과 일치하는가의 여부이다. 즉, 크리에이티브 접근법은 브랜드 이미지와 일치해야 하며, 시장에서 소비자들에게 정립된 포

지셔닝과 일치하여야 하며, 마케팅 및 광고 목적에 기여하여야 한다. 예를 들어, 스카이 스프릿츠SKYY Spirits는 향이 첨가된 보드카 시장의 증가 추세에 편승하기 위해 최근에 자연적 향이 첨가된 최고급 보드카를 소개함으로써 제품 라인을 확장시켰다. 새로운 스카이 향 첨가 라인의 광고는 자연적 향 성분뿐만 아니라 독특한 브랜드의 코발트블루 병을 나타내는 매우 창의적이고 강한 시각적 이미지를 사용하였다. 이러한 광고들은 새로 출시된 다양한 제품 라인들까지도 스카이의 핵심 브랜드 가치의 근본과 일치함을 보여준다. 스카이 인퓨전SKYY Infusion 라인의 확장은 또한 전반적인 브랜드 애호도를 신장하고 핵심 스카이 브랜드자산에 기여한다.

- **크리에이티브 접근이 크리에이티브 전략이나 목표와 일치하는가? 이 광고가 본래 전달하고자 했던 것을 잘 전달하고 있는가?** 광고 소구와 실행은 카피 형식에 깔린 의사소통 목적을 반드시 충족시켜야 하며, 광고는 반드시 광고 전략이 말하고자 하는 것을 전달해야 한다. 크리에이티브 전문가들은 때로는 광고메시지가 본래 전달하고자 하는 것을 놓칠 수도 있고, 광고 전략 실행에 실패하는 접근법을 사용할 수도 있다. 광고 승인에 책임을 가지는 광고주의 경영자들은 광고대행사 크리에이티브 전문가들에게 해당 광고 소구와 실행이 어떻게 크리에이티브 전략을 충실히 따르고 있고 의사소통 목적을 충족시키는 데 도움이 되는지 설명하도록 요구해야 한다.
- **크리에이티브 접근은 목표소비자에게 적절한 방법인가?** 일반적으로, 광고주의 제품과 서비스의 표적고객을 정의하고, 위치를 파악하고, 이해하기 위해 많은 시간을 들인다. 제안된 광고 소구나 실행이 표적고객에게 매력적이고, 이해되고, 효과적으로 의사전달이 되는가를 주의 깊게 고려해봐야 한다. 이는 광고의 모든 요소를 살펴보고 광고 시청자가 어떻게 반응할 것인지를 포함한다. 광고주들은 표적고객들로부터 부정적인 반응을 얻을 것이라 예상하는 광고를 승인하고 싶어 하지 않는다. 예를 들어, 고연령 고객들을 목표로 하는 광고에는 표적고객들의 평균 연령보다 10살 어린 모델들을 사용하기를 제안하는데 그 이유는 대부분의 사람들이 자신은 연대기적 연령보다 어리다고 느끼기 때문이다. 광고주들은 또한 10대들의 시장을 위한 광고를 개발하는데 상당한 어려움을 겪는데, 그 이유는 십대들의 스타일, 패션, 언

어, 가치가 너무나도 빠르게 변하기 때문이다.[51] 광고주들은 아마도 그들이 십대들 사이에서는 더 이상 유행하지 않는 광고 접근법, 모델, 심지어는 표현까지도 사용하고 있는 것을 알게 될 것이다.

사진 9-28
이 재미있는 골프 프라이드 광고는 창의적이며 중요한 제품 특성을 전달하고 있다.

- **크리에이티브 접근이 고객에게 명료하고 설득적인 메시지를 전달하는가?** 대부분의 광고들은 브랜드를 판매하는 데 도움이 될 메시지를 전달한다. 많은 광고들은 고객들이 브랜드를 사용하도록 동기부여하는 명료하고 설득적인 메시지를 전달하는 데 실패한다. 창의성이 광고에 있어서 중요하지만, 고객이 브랜드를 사야만 하는 이유를 제시하는 제품 정보나 특성, 장점, 이미지와 같은 정보를 전달하는 것 또한 매우 중요하다. **사진 9-28**의 골프 프라이드Golf Pride 광고는 어떻게 광고가 창의적이면서도 여전히 중요한 제품 특성을 전달하는지를 보여준다. 이 광고는 아침식사 준비를 마친 골퍼를 응시하는 눈사람을 보여주면서 유머 소구를 사용하고 있다. 눈사람은 골퍼들이 사용하는 홀에서의 득점 8(최악의 나쁜 점수)을 의미한다. 이는 숫자 8의 형태와 비슷한 모습 때문이다. 카피가 골퍼들이 골프 프라이드 그립과 함께 그들의 골프채를 다시 잡음으로써 어떻게 실력을 향상시킬 수 있는지를 설명하는 카피를 보여주면서 시각 이미지가 골퍼들의 관심을 끈다.
- **크리에이티브 실행이 메시지를 압도하고 있지는 않은가?** 특히 TV광고에 있어서 일반적으로 크리에이티브 실행에 지나치게 많은 강조가 있어서 광고주의 메시지가 파묻히는 것이 흔히 비판 받는다. 많은 창의적이고 흥미로운 광고들은 브랜드명과 판매 목적을 효과적으로 알리는 데 실패해 왔다. 예를 들어, 아플락Aflac은 많은 연구결과로 대부분의 소비자들이 아플락 보험이 정확히 어떤 것인지 모른다는 것을 알게 된 후, 회사의 아이콘인 오리 캐릭터를 사용한 광고를 수정해야만 했다. 소비자들은 광고가 어떤 보충적 광고인지, 아플락이 무슨 일을 하는지를 설명하고 있지 않다고 지적했으며, 따라서

최근의 광고들은 제품과 회사 설명에 더욱 치중하고 있다.[52]

대부분의 광고매체에 클러터가 증가함에 따라, 시청자와 독자의 관심을 얻기 위해 보다 참신한 크리에이티브 접근을 사용할 필요가 있다. 그러나 크리에이티브 실행은 메시지를 압도할 수는 없다. 광고주들은 반드시 정확한 목적의식을 가지고 있어야 한다. 제품 판매의 메시지가 희석되지 않아야 하나, 크리에이티브 전문가들의 노력을 억제하지 않고 그들이 무디고 지루한 광고를 제작하지 않도록 주의하여야 한다.

- **크리에이티브 접근이 사용될 매체 환경에 적합한가**? 다양한 매체는 편집 내용의 성향이 다르고, 보는 독자 혹은 시청자의 유형이 다르고, 그 매체가 주로 광고 하는 광고들의 특성이 달라 그 자체의 특정한 분위기를 가진다. 따라서 광고가 매체 환경에 얼마나 적합한지를 고려해야 한다. 예를 들어 슈퍼볼은 광고를 위한 거대한 전시장이 되었다. 광고에 관심을 두지 않는 사람들도 30초 광고가 얼마나 비싼지 알고 있으며, 게임 자체에 쏟는 관심과 같은 정도의 관심을 광고에 두기 때문에, 많은 광고주들은 슈퍼볼을 위한 새로운 광고를 제작하거나 새로운 광고들을 마련할 필요성을 느끼고 있다.
- **광고는 신뢰할만하고 흥미로운가**? 마케터들은 광고가 고객들을 불쾌하게 하는지뿐만 아니라 신뢰할 만한지를 고려해야 한다. 예를 들어 가정 청소기 메소드Method는 최근에 천연재료 화장실 타일 청소 제품의 온라인 광고인 '빛나는 거품'을 철회시켰다. 비디오는 경쟁사인 SC존슨SC Johnson의 스크러빙 버블 브랜드 광고에 나온 것과 비슷한 친근한 버블 캐릭터와 함께 광고에 등장하는 여성을 보여주면서 시작한다. 그러나 다음날 여성이 샤워를 할 때, 거품 캐릭터는 여전히 그곳에서 여성이 신체를 씻는 동안 성적인 발언을 하면서 곁눈질하는 성도착자로 변한다. 광고는 전통적 가정 청소기 광고를 패러디하고, 가정용 청소기의 성분을 밝히기를 장려하는 가정용품 등급 표시 제정을 옹호하기 위해 제작되었다. 그러나 광고는 여성을 비하한다고 생각하는 몇몇 소비자들로부터 부정적인 반응을 얻게 되었고, 메소드 제품의 보이콧 운동을 펼쳤다. 메소드는 광고에 대한 대부분의 평가가 긍정적이었음에도 불구하고, 해당 웹사이트에서 광고를 삭제시켰다.[53]

광고가 표적고객을 속이거나 불쾌하게 하는지를 결정하는 궁극적인 책임은 광고주들에게 있다. 회사 기준들을 기반으로 크리에이티브 전문가들이 제시한 접근을 평가하는 것은 광고 혹은 브랜드 경영자의 역할이다. 광고주의 법률담당 부서가 크리에이티브 소구, 메시지 내용, 혹은 실행이 회사에 어떠한 문제를 일으키지 않는가의 여부를 결정하기 위해 광고를 검토하게 될 수도 있다. 광고가 대중에게 전파되기 전에 법적 문제를 일으킬 가능성이 있는 어떠한 원인을 찾는 것은 보다 더 적절한 조치이다.

광고주의 광고 담당 경영자, 브랜드 경영자, 혹은 다른 경영자들은 크리에이티브 전문가들이 제안한 아이디어를 검토하고, 평가하고, 승인하는데 이러한 기본적인 가이드라인을 사용할 수 있다. 아마도 회사의 광고와 마케팅 상황에 보다 적합한 다른 요인들도 있을 수도 있다. 또한 회사가 주로 사용하는 기준들에서 벗어나는 것이 허용되는 상황들이 있을 수도 있다. 우리가 18장에서 살펴볼 것처럼, 광고주들은 이러한 주관적인 기준들을 사용하는 것에서 나아가, 크리에이티브 전문가 혹은 팀이 제안한 특정한 접근의 효과성을 결정하기 위해 보다 정갈한 사전 조사의 방법들을 사용하길 원할 것이다.

요약

이 장에서는 광고메시지가 어떻게 제작되고 실행되는지를 살펴보았다. 광고캠페인을 이끌 크리에이티브 전략이 결정되면, 크리에이티브 계획을 수행하기 위한 특정한 유형의 광고 소구와 실행 방식에 중심을 둔다. 광고 소구는 소비자들로부터 어떠한 반응을 이끌어내고 그들의 감정에 영향을 주기 위해 광고에 사용되는 핵심적인 메시지이다. 소구는 이성적, 감성적 소구로 큰 두 범주로 나뉠 수 있다. 이성적 소구는 제품이나 서비스에 대한 고객들의 현실적, 기능적, 실용적 욕구에 초점을 두며, 감성적 소구는 제품과 서비스 구매에 대한 사회적, 심리적 원인들과 관련된다. 수많은 종류의 소구들이 광고주들에게 사용된다.

크리에이티브 실행 방법은 광고 소구가 메시지에 제시되는 방법이다. 많은 일반적인 실행 기술들과 이를 사용하는데 고려하여야 할 요소들을 이 장에서 살펴보았다. 인쇄광고와 TV광고를 제작하는데 관련된 전술적 이슈들도 살펴보았다. 인쇄광고의 구성요소들은 헤드라인, 바디카피, 삽화, 그리고 레이아웃이 있다. 우리는 또한 TV광고의 비디오 및 오디오 구성요소와, 광고 계획과 제작과 관련된 고려사항들을 살펴보았다.

크리에이티브 전문가들은 크리에이티브 광고들의 기술적 측면뿐만 아니라 광고 소구와 실행 스타일을 결정하는데 책임을 져야 한다. 그러나 광고주는 반드시 어떠한 광고가 제작되고 진행되기 이전에 크리에이티브 접근법을 검토하고, 평가하고, 승인해야만 한다. 많은 기준들이 광고주의 광고 담당, 제품 담당, 혹은 브랜드 담당경영자들, 그리고 판촉 과정에 관련된 다른 경영자들에 의해 사용될 수 있으며, 이는 최종 제작을 승인하기에 앞서 광고메시지를 평가하기 위함이다.

토론문제

1. 도입사례에서 컴포트의 '옷의 세계(Clothworld)' 광고캠페인을 유럽에서 전개한 것을 아시아 시장에 각색 적용하는 것을 보았다. 옷의 세계 캠페인의 두 가지 다른 실행법의 장·단점을 논하시오. 컴포트 유럽 광고대행사는 그들의 작업이 재창조 되는 것에 어떠한 반응을 보일것이라고 생각하는가? 컴포트의 아시안 광고대행사는 기존 캠페인의 변형을 시행하는 것에 대해 어떻게 느낄 것이라고 생각하는가?
2. 몇몇 광고 제작자들은 이성적 광고나 감성적 광고의 차이가 상관이 없다고 하는데, 이는 거의 모든 광고가 두 측면 모두를 포함하기 때문이라고 말한다. 이 주장을 평가해 보시오.
3. 광고에 제시된 제품 유형이나 서비스 특징과 표적고객에게 제공하는 장점에 주의하여 제품특성 소구를 사용한 광고의 예를 찾아보시오. 선택한 광고 효과에 대한 자신의 의견을 피력하시오.
4. 온라인광고가 인쇄 혹은 TV 광고와 같이 전통적인 매체에서 사용된 광고 유형과 어떻게 다른지, 마케터들이 인터넷 웹사이트에서 광고를 할 때 겪을 어려움에 대해 토론해 보시오.
5. 단순노출효과란 무엇인가? 다양한 웹사이트에 게시된 배너 광고들이 어떻게 단순노출효과로 인해 이득을 볼 것인지 토론해 보시오.
6. 감정전이형 광고란 무엇인가? 감정전이형 광고 관점의 사진 9-6에 나온 스카이 보드카의 영화 주제 광고를 분석해 보시오.
7. 광고에 있어서의 생활 묘사 실행 방법사용에 대해 논하시오. 어떤 종류의 제품들과 서비스에 이 실행 기술을 가장 효과적으로 사용할 수 있을 것인가?
8. 인쇄광고에서 헤드라인의 역할에 대해 토론하라. 직접적 헤드라인과 간접적 헤드라인의 차이점은 무엇이고 어떤 상황에서 각 유형의 헤드라인이 사용되는가?
9. 광고에 있어서의 음악의 역할에 대해 논하시오. 음악을 사용한 TV광고의 예를 찾아보고 메시지를 전달함에 있어서 음악의 역할에 대해 토론해 보시오.
10. 근래의 광고캠페인을 선택하여 이 장의 마지막에서 논의된 크리에이티브 가이드라인에 따라 분석해 보시오. 광고에서 가이드라인과 일치하지 않는 부분이라고 느끼는 것을 찾아보고, 왜 그렇게 생각하는지 토론하시오.

10 매체 계획 및 전략

학습목표

1. 매체계획에 포함된 주요 용어를 이해한다.
2. 미디어계획이 어떻게 진행되는지 살펴본다.
3. 미디어 목적에는 어떤 것이 있는지를 안다.
4. 미디어 전략을 개발하고 실행하는 과정을 안다.
5. 다양한 미디어의 특성을 이해한다.

비브람: 다섯 발가락 운동화가 족적을 남기다

이탈리아 회사인 비브람(Vibram S.p.A)은 신발 밑창을 파는 회사로 70년 이상을 지내온 신발 관련 회사이다. 이 회사는 '다섯 발가락(five finger)' 러닝화를 생산하는데 거의 맨발에 가까운 운동화를 생산하는 업체들 가운데는 선도자라 할 수 있다. 2009년에 이 회사는 AMP 미디어라는 회사와 함께 트레일 신발에 열광하는 소비자들을 온라인으로 불러 모아 직접 대화를 하자는 취지의 광고캠페인을 시작하였다. 이전에는 이 회사가 인쇄광고에 마케팅력을 거의 집중하였기 때문에 온라인 캠페인은 매체 계획과 구매 측면에서 큰 변혁이었다.

비브람은 단순히 디지털 미디어에 발을 담근 것이 아니라 2009년에는 모든 매체비용을 오로지 온라인에만 집중하여 완전히 본격적으로 온라인에 뛰어든 것이다. 비브람이 인터넷의 파워에 편승하여 표적고객들을 연결하는 데 효과적인 상승작용을 얻었기 때문에 앞으로도 변함없이 온라인 마케팅에 매진할 것으로 보인다.

비록 비브람 신발 밑창이 최고의 러닝화에 폭넓게 사용되지만 사람들은 이러한 기술 하나만으로는 이 회사를 알아주지 않는다. 그래서 비브람은 트레일 온동화를 좋아하는 사람들에게 비브람이 들어간 신발의 우수한 성능에 관해서 인지도를 높이고자 하였다. 이와 같이 달리기를 좋아하는 사람들은 시장의 그룹을 형성하기 시작하였고 또한 비브람 신빌밑창이 들어간 소코니(Saucony) 제품이나 파타고니아(Patagonia) 제품에 관심을 두는 그룹도 있었다.

온라인이라는 단 하나의 매체를 사용하지만 비브람은 전술을 다양화하고 고객들과 완전한 광고메시지를 전달하기를 원했다. 러닝계에서 최고봉에 위치하는 Runnersworld.com과 Trailrunnermag.com과 같은 온라인 사이트에 배너광고를 사용하여서 신발을 살만한 고객들을 겨냥하였다. 이들 배너광고는 독자들의 관심에 부합하게끔 제작이 되어 사이트 내에 관련 장비 부문이나 트리일 러닝화 부문에 위치하였다. 또 사람의 관심을 부추기게끔 60초짜리 배너광고를 돋보기 기능과 함께 만들었다.

비브람은 비브람 신발밑창이 들어간 파타고니아나 소코니 신발을 시험해 볼 수 있게 블로그를 사용하고 온라인 글을 작성하는 사람들과 교류를 하기를 원했다. 선택된 블로거들에게는 증정품을 주었으며 좀 더 구체적인 제품정보를 가지게끔 블로거들에게 회사 책임자들과 접촉하게 하였다. 이와 같이 비브람은 회사에 영향력을 가진 사람들과 직접적으로 대면하고 관계를 가질 수 있었다. 이 회사는 트레일 시즌 내내 고객들과 대화하고 향후에 나오는 교류의 장도 마련하였다.

이 캠페인은 2009년에 5개월 동안 전개되어서 310만 개의 유료 노출(impression)을 보유하게 되었고 또 다른 10만 개의 소셜미디어 노출을 얻었다. 캠페인 전후에 전개한 조사에 의하면, 캠페인 전에는 57%의 고객이 비브람에 관하여 제한된 인지도를 가지고 있었으나 캠페인 후에는 거의 100% 비브람 브랜드가 향후 구매에 있어서 주요한 고려사항이라 답했으며 고객들은 다른 사람에게 추천하고 또한 사겠다고 하였다.

비브람 블로거들은 각자 블로그를 읽는 사람을 제외하고 평균 다른 31명의 블로거들에게 이야기하였다. 24명의 블로거들이 비브람 제품 샘플을 받았고 그들은 24개의 제품 리뷰를 올렸으며 모두들 다시 참여할 의사가 있다고 하였다.

처음부터 비브람은 정확한 타겟그룹의 네티즌들에 집중하였다. 트레일(산책로나 등산로를 운동 삼아 걷거나 뛰는 것)을 매우 좋아하는 사람들을 대상으로 하여 비브람 브랜드를 신뢰하는 소비자들의 열정을 이끌어낼 수가 있었고 의미 있는 고객관계를 유지할 수 있었다. 또한 그 네티즌 그룹은 버즈마케팅 효과를 나타내고 매출을 올리도록 비브람을 다른 사람들에게 지지하게 한다.

비브람 회사에게는 완전히 온라인으로 광고를 옮겨감으로 트레일 핵심고객을 사로잡았다. 핵심고객들은 온라인에서 서로 교류를 나누면서 많은 시간을 보낸다. 트레일 러닝을 특징으로 하는 웹사이트를 선택하거나 블로그를 운영함으로써 표적고객을 설정하는 것이 쉬워졌다. 온라인으로 진출하여 비브람은 온라인 대화를 하고 소비자를 제품을 사게끔 마음을 바꾸게 하였다. 더 나아가 하나의 미디어에 집중함으로써 소비자들을 비브람 브랜드로 사로잡았다. 비브람의 성공신화와 더불어 온라인 미디어가 지출면에서 다른 미디어를 헤집고 나오고 있다.

자료: Karen Macumber, "Case Study: The Brand That Went 100% Digital," iMediaConnection, February 1, 2010, www.imediaconnection.com/content/25759.asp#%23.

이 장의 도입사례는 마케팅 경영자들이 미디어 환경에서 일어나고 있는 새로운 변화에 어떻게 적응해가고 있는지를 설명하고 있다. 비브람은 미디어 의사결정에 영향을 주는 미디어 소비 습관에 따라서 전면적인 온라인 마케팅 전략을 도입하였다. 아마도 역사상 다른 어떤 때도 미디어 의사결정에 영향을 주는 이러게 많은 변화가 생기지는 않았을 것이다. 그 결과 매체계획은 이전보다도 더욱 복잡하게 되었다. 이와 같은 변화들은 마케팅 경영자들에게 이전에는 존재하지 않았던 시장기회를 주고 또한 한편으로는 가능한 모든 대안에 관하여 깊은 지식을 요구하기도 한다. IMC는 더 이상 사치가 아니고 필수가 되었다. 또한 매체기획자들은 이제는 다양한 새로운 대안을 고려해야 하고 전통매체에서 일어나는 변화도 감지하여야 한다. 이와 같이 새롭고 진화하는 매체로 인하여 가뜩이나 어려운 매체계획을 더욱 어렵게 만들고 있다. 언제 어디서 어떻게 광고메시지를 전달할까에 관한 계획을 한다는 것은 복잡하고 어려운 일이다. 매체계획의 주요한 목적은 표적고객에게 제품이나, 브랜드, 서비스가 무엇을 할 수 있는지에 관한 메시지를 가장 효율적이고 비용절감 할 수 있게 전달하게 하는 체계를 개발하는 것이다.

이 장에서는 마케터에게 가능한 다양한 메시지 전달 방법에 관하여 설명하고, 미디어 의사결정에 가장 중요한 고려사항을 살펴보고, 미디어 전략과 계획을 전개하는 것을 논하여 본다. 이장의 후반부에서는 다양한 매체의 장단점을 논하고 이들을 자세히 검토하여 본다. 새로운 미디어가 나름의 용어와 개념을 사용하지만, 많은 부분에서 전통적인 매체계획 용어를 사용한다는 것을 주지할 필요가 있겠다. 이 장에 있어서는 전통적인 개념에 중점을 두며 이 장 이후의 장들에서는 해당 미디어에 구체적인 개념에 중심을 둘 것이다.

매체계획의 개관

매체계획 과정은 쉬운 작업이 아니니다. 마케터가 선택할 수 있는 미디어로는 텔레비전, 신문, 라디오, 잡지와 같은 매스미디어나 옥외광고, 교통광고, 전광판 등의 OOHout-of-the-home 미디어가 있다. 다이렉트마케팅, 인터넷, 판촉상품, 판매촉진, 매장 내 구매시점 광고 등 여러 가지 다양한 미디어도 고려되어야 한다. 브랜디드 엔터테인먼트branded entertainment, 무선시스템, 쌍방향 미디어interactive media와 같은 뉴미디어의 확산 역시 마케터가 생각해 볼 수 있는 많은 선택권을 제공했다.

언뜻 보기에는 이러한 대안들 중에서 선택하는 것이 비교적 간단해 보이지만, 이는 드문 경우이다. 매체선택의 이유 중 하나는 미디어가 갖는 특성 그 자체로 인한 것이다. 텔레비전은 시각과 청각을 결합시키며, 이는 대부분의 다른 미디어가 갖지 못하는 이점이다. 잡지는 더 많은 정보를 전달할 수 있고, 잠재고객으로 하여금 훨씬 오랫동안 메시지를 유지시킬 수 있다. 신문도 그만의 장점이 있으며, 옥외광고, 직접광고매체 및 기타 매체도 그만의 장점을 갖고 있다. 인터넷은 다른 미디어에 비해 많은 이점을 갖고 있지만 그 능력에 있어서는 제한도 있다. 각 대안의 특징들은 여러 가지 다른 요인에 따라 고려되어야 한다. 미디어를 선택하는 절차는 매니저가 같은 종류의 미디어 내에서 다른 대안을 선택할 때(예를 들어, 타임Time지나 이나 뉴스위크Newsweek지 중에서 선택할 때, 미국드라마 굿와이프The Good Wife나 CSI 중에서 선택할 때, SNS인 페이스북이나 마이스페이스 중에서 선택할 때)보다 더 복잡하다.

크고 작은 많은 회사들은 사운드 미디어 전략의 중요성을 인식하게 되었다. 이 회사들은 최상의 효과를 내는 다중 미디어 비클multiple media vehicle의 이용뿐만 아니라, 크리에이티브 광고물과 미디어를 통합하는 데 주목하고 있다. 예를 들어, 텔레비전 광고는 이제 회사의 인터넷 사이트를 볼 수 있도록 표시하고 있다. 어떤 광고는 프로그램 도중에 방영되는 광고에서 텔레비전 프로그램의 배우를 특징으로 삼기도 한다. 프로그램 에피소드의 일부로 등장하는 광고에서, NBC는 드라마 척Chuck에 나오는 배우를 2010 동계 올림픽과 혼다 크로스투어Honda Crosstour를 홍보하는 데 동원했다.

광고된 제품이나 서비스는 매체계획 과정에 영향을 미친다. **도표 10-1**에서 증명된 바와 같이, 회사는 그들의 메시지를 특정한 표적고객에게 전달하기 위해 경쟁사보다 더 유용한 미디어를 찾아왔다. 예를 들어, GM과 아메리카은행Bank of America는 여전히 TV광고에 돈을 들이면서도 인터넷에 높은 비율의 예산을 할당하는 반면, 버라이즌Verizon과 AT&T, P&G는 방송매체에 많은 돈을 들이고 있다.

기본 용어와 개념

매체계획에 대한 논의를 시작하기 전에, 매체 계획 및 전략 과정에서 사용되는

도표 10-1 미국 내 상위 광고회사 (미국의 총광고비에 의한 순위, 2008, 단위: 백만 달러)

순위 2009	순위 2008	기업	본사 소재지	총광고비 2009	총광고비 % Chg	미추정 광고비	추정 매체 광고비	잡지	신문	옥외	TV	라디오	인터넷
1	1	Procter & Gamble Co.	Cincinnati	$4,188.9	−13.4	$1,351.2	$2,837.7	$949.3	$187.7	$0.5	$1,582.3	$17.6	$100.3
2	2	Verizon Communications	New York	3,020.0	−8.0	779.0	2,241.0	98.8	475.5	78.9	1,182.8	162.7	242.2
3	3	AT&T	Dallas	2,797.0	−9.0	886.7	1,910.3	40.6	257.9	42.1	1,289.8	131.6	148.2
4	4	General Motors Co.	Detroit	2,214.9	−21.6	0.0	2,214.9	274.2	632.0	19.4	1,013.9	66.6	208.9
5	10	Pfizer	New York	2,097.0	10.0	579.2	1,517.8	317.8	77.4	3.0	1,004.0	41.1	74.6
6	5	Johnson & Johnson	New Brunswick, NJ	2,060.9	−18.5	764.7	1,296.3	323.3	48.2	2.3	851.5	11.6	59.5
7	6	Walt Disney Co.	Burbank, CA	2,003.8	−9.6	909.1	1,094.7	150.7	113.4	36.2	643.2	48.4	102.8
8	8	Time Warner	New York	1,848.1	−10.7	643.6	1,204.5	242.4	108.7	49.6	726.0	34.9	42.8
9	14	L'Oréal	Clichy, France	1,833.6	−0.4	943.7	889.9	387.9	40.0	0.2	455.2	0.8	5.8
10	16	Kraft Foods	Northfield, IL	1,748.4	3.6	957.2	791.2	301.1	53.5	2.0	397.8	15.6	21.3
11	21	Walmart Stores	Bentonville, AR	1,729.5	14.2	555.2	1,174.3	231.7	41.8	3.1	796.3	51.2	50.2
12	11	Sears Holdings Corp.	Hoffman Estates, IL	1,700.3	−8.8	1,004.2	696.1	44.3	168.3	0.7	434.0	25.0	23.8
13	7	Bank of America Corp.	Charlotte, NC	1,587.8	−24.8	1,123.4	464.4	52.8	105.5	3.2	150.9	19.6	132.5
14	9	General Electric Co.	Fairfield, CT	1,575.7	−22.0	647.0	928.7	89.1	120.5	26.3	563.7	60.3	68.8
15	13	Ford Motor Co.	Dearborn, MI	1,516.8	−17.7	418.5	1,098.2	175.8	28.5	3.4	711.6	36.6	142.2
16	22	Sprint Nextel Corp.	Overland Park, KS	1,500.0	0.0	254.7	1,245.3	106.8	107.7	32.5	639.8	33.1	325.5
17	18	Anheuser-Busch InBev	Leuven, Belgium/St. Louis	1,467.2	−7.6	931.8	535.4	49.9	4.0	37.0	412.3	25.7	6.5
18	15	GlaxoSmithKline	Brentford, Middlesex, U.K.	1,394.9	−23.6	597.3	797.7	188.9	18.9	0.1	544.9	13.1	31.8
19	12	JPMorgan Chase & Co.	New York	1,341.0	−27.6	998.0	342.9	26.7	67.0	23.4	154.1	40.6	31.2
20	35	Nestlé	Vevey, Switzerland	1,332.6	17.0	488.2	844.4	227.5	55.7	4.2	489.5	23.2	44.2
21	29	Unilever	Rotterdam/London	1,294.3	6.7	430.2	864.1	300.2	31.3	0.2	490.8	8.9	32.7
22	17	American Express Co.	New York	1,294.2	−22.0	909.6	384.7	40.7	111.5	12.7	138.8	27.6	53.3
23	20	Merck & Co.	Whitehouse Station, NJ	1,286.5	−17.0	587.7	698.7	247.0	51.2	0.7	366.9	1.6	31.3
24	19	Toyota Motor Corp.	Toyota City, Japan	1,286.3	−18.2	450.1	836.1	108.2	21.3	16.8	629.9	8.0	51.9
25	30	McDonald's Corp.	Oak Brook, IL	1,236.4	2.9	362.8	873.6	43.2	4.1	58.9	675.8	65.0	26.7

자료: Advertising Age. Copyright © 2010 Crain Communications.

몇 가지 기본적인 용어와 개념에 대해 살펴보고자 한다.

매체계획media planning은 제품이나 서비스를 이용할 예상 구매자나 현재 구매자에게 판촉메시지를 전달하는 것과 관련된 일련의 의사결정 과정이다. 매체계획은 많은 결정이 수반되는 하나의 과정이고, 매체계획이 전개되면서 각 단계의 의사결정은 바뀌거나 버려지기도 한다.

매체계획은 매체선택의 가이드가 된다. 이는 특정 **매체목표**media objectives와 그 목표를 달성하기 위해 계획된 특정 **매체전략**media strategies이라는 실행계획 개발을 필요로 한다. 목표와 전략이 수립되면 이 정보는 매체계획으로 체계화된다.

매체medium란 이용 가능한 전달시스템의 일반적 범주로서 방송매체(텔레비전 및 라디오), 인쇄매체(신문 및 잡지), 다이렉트마케팅, 옥외광고 및 기타 보조매체를 포함한다. **미디어 비클**media vehicle은 매체 범주 내의 특정한 회사를 말한다. 예를 들어, 타임지와 뉴스위크지는 인쇄 비클, 굿와이프The Good Wife와 60분60 Minutes은 방송 비클이다. 다음 장에서 볼 수 있듯이, 각 매체는 그만의 특징뿐 아니라 상대적인 장점과 단점을 가지고 있다. 구체적인 결정을 할 때는 메시지를 전달하는 데 필요한 가치를 고려해야 한다.

도달률reach은 주어진 시간에 하나의 미디어 비클에 대해 최소한 한 번 이상 노출된 청중의 수의 정도를 나타낸다. **매체도달범위**coverage는 매체를 통해 메시지를 수신할 수 있는 잠재고객의 범위를 나타낸다. 매체도달범위는 잠재고객과 관련되어 있고, 도달률은 실제로 메시지가 전달된 고객을 나타낸다. (이를 구분하는 것이 왜 중요한지는 다음 장에서 분명하게 드러난다.) 마지막으로 **빈도**frequency는 특정 기간 동안 수신자가 미디어 비클에 노출된 수를 나타낸다. 매체계획과 관련하여 중요하고도 자주 쓰이는 용어는 이외에도 많지만(Advertising Media A to Z를 참조하기 바람),[1] 계획 과정을 이해하는 데 필수적인 이상의 용어를 바탕으로 논의를 시작해 보자.

매체계획

매체계획media plan은 시장으로 보내는 광고주의 메시지를 얻기에 가장 좋은 방법을 결정짓는다. 기본적인 의미에서 매체계획의 목표는 마케터가 최소한의 비용으로 최대한의 잠재고객에게 가장 효율적인 방법으로 메시지를 전달하는 매체의 조합을 찾는 것이다.

매체계획을 전개하는 데 필요한 활동과 각 활동의 목적은 **도표 10-2**에 나타나 있다. **도표 10-2**에서 볼 수 있듯이, 많은 결정들은 이러한 일련의 과정들을 거쳐 만들어진다. 계획이 진전될수록, 변화를 필요로 하는 사건이 발생한다. 많은 광고주들은 필요할 때마다 목표와 전략을 빈번하게 수정하고 갱신한다.

매체계획에서 발생하는 문제들

유감스럽게도, 매체전략 결정은 표준화된 작업이 아니다. 많은 문제들이 계획을 세우기 어렵게 만들고, 계획의 효율성 또한 떨어뜨린다. 이러한 문제로 불충분한 정보, 일관성 없는 용어, 시간적 제약, 효율성 측정의 어려움 등이 있다.

불충분한 정보 시장과 매체에 대한 수많은 정보가 존재하지만, 매체계획자들은 이용 가능한 더 많은 정보를 요구한다. 어떤 자료는 측정조차 되어있지 않다. 그 이유는 자료를 측정하는 것이 불가능하거나 측정하는 데 비용이 많이 들기 때문이다. 예를 들어, 라디오 청취자를 여러 방법이 있지만, 표본 크기와 비용의 제약으로 인해 오직 주기적인 청취자에 대한 연구만이 보고되고 있다. 시청자의 규모를 측정할 때 발생하는 이러한 문제는 라디오뿐만 아니라 다른 매체에서도 문제가 된다.

측정 시기 또한 문제가 된다. 어떤 시청자 측정방법은 1년 중 특정한 기간에만 시행될 수 있다. 예를 들어, 2월, 5월, 7월, 11월과 같은 개편기간sweeps period에 텔레비전 시청자를 측정하거나 광고료를 산정하게 된다. 그리고 이 정보는 여러 달 동안 일반화되기 때문에, 장래 계획에 대한 결정은 현재 상황을 반영하지 못하는 과거의 자료에 기반을 두고 만들어질 수밖에 없다. (가장 큰 규모의 56 TV markets meters가 정보를 제공하는 데 이용되고 있다.) 가을 시즌에 텔레비전 광고 계획을 세운다고 생각해 보자. 새로운 프로그램의 시청자에 대한 자료는 전혀 없고, 여름 시청자 수가 일반적으로 현저히 적기 때문에 여름 동안 방영된 프로그램에 대한 시청자 정보는 가을의 상황이 어떻게 전개될지 반영하지 못한다. 광고주가 방영 전에 이러한 프로그램들을 검토하더라도, 모든 시장의 실제 시청자 수치와 맞아떨어지지 않는다.

도표 10-2 매체계획 전개와 관련된 활동

상황분석

목적: 마케팅 문제가 무엇인지를 안다. 자회사와 경쟁회사를 다음과 같은 측면에서 분석한다

1. 전체 시장의 크기와 시장점유율
2. 매출 추이와, 비용, 수익
3. 유통 관행
4. 판매 방법
5. 광고의 사용
6. 잠재 고객 파악
7. 제품의 성격

마케팅 전략 계획

목적: 마케팅 문제를 풀기 위해 필요한 행동계획을 작성한다. 다음과 같은 사항을 포함한다.

1. 마케팅 목표
2. 제품 및 지출계획
3. 유통 전략
4. 어느 마케팅 믹스가 사용될지
5. 최상의 시장세분화 발견

크리에이티브 전략 계획

목적: 광고를 통하여 무엇을 의사소통할까를 결정한다.

1. 어떻게 제품이 소비자의 욕구를 충족시키나
2. 어떻게 제품이 광고에서 위상정립되는가
3. 광고문구의 내용
4. 각 광고의 구체적인 목적들
5. 광고의 수와 크기 결정

↓

미디어 목적 설정

목적: 마케팅 목표와 전략을 미디어가 수행할 수 있는 목표로 변환한다.

↓

미디어 전략 결정

목적: 미디어 목적을 매체기획자의 매체선택과의 사용을 조절하는 일반적인 지침서를 작성한다. 가장 좋은 전략대안이 선택되어야 한다.

↓

전반적인 미디어 수단(class) 결정

목적: 어느 매체수단이 가장 목표를 잘 수행하는지를 결정한다. 신문, 잡지, 라디오, TV 등의 전반적인 미디어 수단을 결정한다. 이 분석은 미디어 간의 비교라 불린다. 전반적인 미디어 결정 시에는 청중/시청자의 크기가 중요한 요인으로 작용된다.

↓

미디어 수단 내의 결정

목적: 미리 정해진 기준으로 미디어 수단 내에 어느 미디어가 가장 좋은지 평가하고 결정한다. 다음과 같은 변수를 고려한다.

1. 잡지가 권유된다면 어느 잡지?
2. TV가 결정된다면
   a. 방송 혹은 케이블? b. 네트워크 혹은 스팟 TV? c. 네트워크TV라면 어느 프로그램? d. 스팟이면 어느 시장?
3. 라디오나 신문이 선택된다면
   a. 어느 시장이 사용될 것인가? b. 지역미디어를 구매하는 데 있어서 소비자의 판단기준은 ?

↓

미디어 사용 결정: 방송매체

1. 후원업체의 형식은? 단독 공동 등
2. 어느 정도의 도달률과 빈도율?
3. 광고 스케줄링: 어느 날 어느 달에 광고를 내보내야 하는가?
4. 스팟 광고의 위치: 프로그램 안에 위치 혹은 프로그램 간에 위치?

미디어 사용 결정: 인쇄매체

1. 광고의 개수와 어느 날 어느 달에?
2. 광고의 위치: 미디어 내에서 원하는 위치
3. 특별한 처리: 접이식 광고, 색깔, 기타
4. 원하는 도달률과 빈도율

미디어 사용 결정: 기타 매체

1. 빌보드
   a. 시장의 위치와 설치 계획
   b. 원하는 옥외광고 보드 결정
2. 다른 미디어: 해당 미디어에 특별한 의사결정

정보의 부족은 소규모 시장이나 소규모 광고주에게 더 큰 문제가 된다. 그들은 필요한 정보를 구매할 형편이 되지 못할 것이다. 결과적으로, 소규모 광고주는 매체 자체가 제공하는 제한되고 뒤떨어진 정보에 기반을 두거나, 혹은 정보가 전혀 없는 상태로 결정을 내리게 된다.

일관성 없는 용어 매체마다 비용기준이 종종 달라지기도 하고, 이러한 비용을 수립하는 데 사용된 측정기준이 항상 일관성을 지니지는 않는다는 점에서 문제가 발생하기도 한다. 예를 들어, 인쇄매체는 비용 자료를 1,000명의 사람에게 도달하는 데 드는 비용에 관해서 나타내고(CPMcost per thousand), 방송매체는 시청률에 따른 비용(CPRPcost per ratings point)을, 그리고 옥외매체는 보는 수를 사용한다. 인터넷의 출현으로 인해 전체적으로 새로운 용어도 생겨났다. 비용산정 기준으로 사용되고 있는 시청자 정보는 여러 가지 다양한 방법을 통해 수집되고 있다. 또한, 실제로는 다른 뜻을 가진 용어들이 같은 뜻으로 사용되고 있는 경우(예를 들어 도달률과 매체도달범위)도 있어 혼란을 주기도 한다.

2005년에는, 미국광고주협회National Association of Advertisers(AAAA)와 광고조사재단Advertising Research Foundation(ARF) 일원으로 구성된 합동 태스크포스 위원회가 광고에 소비자가 노출되는 정도를 측정하는 더 좋은 방법을 결정하는 계획에 착수했다. 위원회는 노출을 측정하는 방법을 상당히 바꿔놓을 계획을 발표했다. 이는 기본적으로 빈도(한 광고에 노출된 횟수)에 대한 사용을 참여engagement로 대체시킨 것이다. 참여는 고객이 이용 가능한 매체선택이 증가하는 수치를 더 잘 반영하는 측정방법이라고 말하고 있다. 위원회는 새로운 용어에 대해 동의하고 있지만, 다른 사람들은 참여에 대해 더 정확한 정의를 요구하면서 큰 호응을 보이지 않기도 한다. 위원회 역시 추가적인 검토를 하고 참여 개념을 인증하기로 동의했다.[2]

도표 10-3
인기 있는 상위 5개 TV 프로그램

자료: LiveHive Systems. Reported in: Amy Hotz, "One Tree Hill" has TV's most socially engaged viewers, www.starnewsonline.com, August 27, 2009, pp. 1–2. Reprinted with permission.

1.	One Tree Hill
2.	90210
3.	John and Kate Plus 8
4.	Desperate Housewives
5.	So You Think You Can Dance

동시에, 참여engagement의 중요성이 마케터들에게 인식되었다. 시청률 자료를 제공하는 닐슨사Nielson Company는 최근 참여 자료를 제공하는 회사들 중 하나인 IAG Research를 최근 매입했다. 반면 도요타Toyota는 시청자에게 높은 참여가 주어지는 프로그램에만 자신들의 광고를 방송하는 것이 보장되는 NBC와 거래했다.[3] 다른 회사들 역시 참여 자료를 제공

하고 있다.

시간적 제약 광고주들은 항상 바쁜 것처럼 보인다. 때로는 광고주들이 바쁠 필요가 있기 때문이고, 때로는 광고주들이 스스로 바쁠 필요가 있다고 생각하기 때문이다. 경쟁사의 행동에는 즉각적인 대응이 필요하다. 하지만 때로는 잘못된 긴박감이 시간적 제약에 영향을 주기도 한다. 각각의 상황에서, 매체선택은 적절한 계획이나 시장 혹은 매체에 대한 분석 없이 결정되곤 한다.

효율성 측정의 어려움 일반적으로 광고와 판촉활동의 효율성을 측정하는 것은 매우 어렵기 때문에, 다양한 매체 혹은 미디어 비클의 상대적인 효율성을 결정하는 것 또한 어렵다. (7장에서 한 ROI에 대한 토의를 떠올려보자.) 이 문제가 진전되는 동안, 매체계획자는 여러 대안에 대해 좀 더 많은 추정을 하거나 그 영향에 대해 추측해 보게 된다.

이러한 문제들로 인해 모든 매체 결정이 양적으로 결정되지는 않는다. 때로는 매니저가 어떤 매체의 이미지가 시장에서 친숙함을 주는지 추정하고, 최근 사건이 어떤 영향을 줄지 예측하거나, 이용 가능한 모든 대안에 대해 숙지하지 못한 상황에서 판단을 내려야 한다.

이러한 문제들이 매체 결정 과정을 복잡하게 하지만 모든 과정을 전적으로 주관적인 활동으로 만드는 것은 아니다. 이번 장의 나머지 부분에서 매체전략이 어떻게 개발되는지 그리고 그 효율성을 증대시키는 방법에 대해서 자세히 살펴볼 것이다.

매체계획의 개발과정

1장의 판촉계획 모델에서 표적시장을 선정하여 목표를 세우고, 그 목표를 달성하기 위해 전략을 수립하는 것에 대해 논했다. 매체 계획과 전략의 개발 역시 이와 비슷하고, 다만 메시지를 전달하는 최적의 방법을 결정하는 데 좀 더 구체적인 초점이 맞춰진다. 그 과정은 도표 10-4에서 볼 수 있듯이, 연속적인 단계를 포함한다. (1) 시장 분석, (2) 매체목표 수립, (3) 매체전략 개발 및 실행, (4) 평가 및 후속 조치 순이다. 각 단계를 구체적인 사례와 함께 차례로 논할 것이다. 이 본문

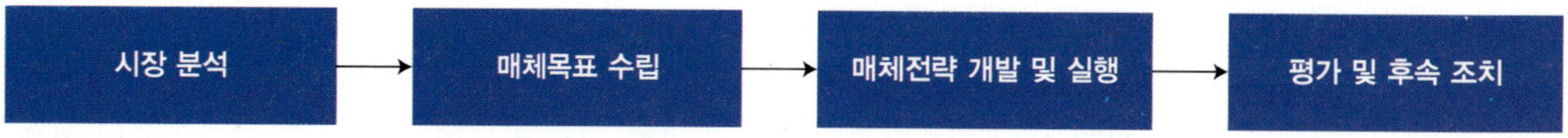

도표 10-4
매체계획의 개발 과정

에 해당하는 웹사이트에는 실제 매체계획을 포함하고 있으며, 각 단계의 추가적인 예를 살펴볼 수 있도록 이번 장의 나머지 부분의 전반적으로 다루고 있다.

시장분석 및 표적시장 선정

전반적인 판촉계획 과정에서 상황 분석 단계는 내부 및 외부 요인에 대한 완벽한 검토, 경쟁력 있는 전략, 그리고 선호도가 포함한다. 매체전략의 개발과정에서, 시장분석이 다시 한 번 행해지고, 이번 분석에서는 매체와 메시지 전달에 초점이 맞춰진다. 이번 단계에서 핵심이 되는 질문은 다음과 같다. 누구에게 광고를 할 것인가(표적시장이 어디인가)? 매체계획에 어떤 내부 및 외부 요인이 영향을 미칠 것인가? (지리적으로) 어디에 그리고 언제 우리의 노력을 집중시켜야 할까?

누구에게 광고를 할 것인가

상황 분석을 통해 얻어진 수많은 표적시장 중에서, 구체적으로 어떤 그룹을 따를지 결정하기 위해, 매체계획자는 광고주, AEaccount representative, 마케팅 부서, 광고 제작 감독creative director과 함께 작업한다. 다양한 요인들이 이 결정에서 매체계획을 세우는 데 도움이 될 수 있다. 어떤 부분은 1차 연구를 필요로 하는 반면 다른 부분에서는 2차 자료가 도움이 되기도 한다.

Experian Simmons(이전의 SMRBSimmons Market Research Bureau)는 연례 보고서 Experian Natioanl Consumer Study를 통해서 정보를 제공한다. 이 연구물은 전통적인 매체 사용량(영어 및 스페인어), 제품 · 브랜드 · 서비스가 사용된 정도, 인구통계학 및 심리학적 특징에 대한 정보를 제공한다. 또한 미국인의 휴대전화 사용, 소셜 네트워킹, 새로이 부상하는 여러 기술에 대해 통찰하는 New Media Study도 제공한다. 이 회사의 경쟁사인 GfK MRIGfK-Mediamark Research, Inc. 역시 소비자 정보와 인구에 따른 매체 사용 특징에 대한 정보를 제공한다.

매체계획자는 종종 가공되지 않은 수치보다 비율이나 각종 지수에 대해 우려한다. 이는 매체계획자들이 1차 및 2차 자료 등 기타 자료에 의해 그들 자신의 자료를 얻게 된 것이므로, 제공된 수치는 그들의 필요를 충족시킬 만큼 구체적이지 않거나, 매체계획자들이 자료를 수집한 방법 때문에 수치 자체에 의문이 제기되기도 한다. Experian과 GfK MRI가 제공하는 총수치는 매체계획자가 자신의 수치에 결합시키는 데 이용된다.

한편으로는 **인덱스넘버**index number가 시장의 잠재력을 알리는 좋은 지표로 여겨진다. 이 수치는 다음의 공식으로부터 도출된다.

$$\text{인덱스} = \frac{\text{인구통계학적 세분시장의 이용자 (\%)}}{\text{인구통계학적 세분시장의 전체 인구 (\%)}} \times 100$$

인덱스넘버가 100이 넘는 경우는 100 이하인 경우보다 제품이 세분시장에서 비례적으로 보다 많이 사용되고 있음을 의미한다. 예를 들어, **도표 10-5**의 GfK MRI 자료에 따르면 18~24세와 25~34세의 연령대에 있는 사람들이 그들의 직업상 에너지 음료를 소비할 것 같지 않음에도 불구하고, 각각 다른 연령대에 있는 사람들보다 에너지음료를 더 많이 마시는 것을 볼 수 있다. 종합적인 전략에 의거하여, 마케터는 어떤 집단이 현재 제품을 사용하고 있으며 어떤 집단을 표적으로 삼을지 혹은 제품을 덜 사용하는 집단을 선정해서 사용량을 늘리는 시도를 하도록 결정하는 데 이 정보를 사용하고자 한다. **도표 10-6**은 어떻게 GfK MRI Report를 해석할지에 대한 더욱 자세한 지침을 제공한다. (또한 유투브-구글 GfK MRI-PLUS에도 교육용 동영상이 있다.)

인덱스가 도움이 되는 것은 맞지만, 홀로 사용될 수는 없다. 비율과 제품 사용 수치 또한 시장의 정확한 상황을 알기 위해 필요하다. 특정한 인구 계층의 인덱스가 높다고 해서 그 집단을 표적으로 삼는 것이 항상 매력적인 것을 의미하지는 않기 때문이다. 높은 인덱스는 작은 분모(인구의 아주 낮은 비율)로 인한 결과로 나타나기도 한다. **도표 10-7**에서, 18~24세의 연령층이 가장 높은 인덱스를 갖지만, 제품 사용이 가장 적을 뿐 아니라 인구 비율이 가장 낮다. 오로지 인덱스에만 의존하는 마케터는 무려 82%의 제품 사용자를 무시하게 된다.

Experian과 GfK MRI가 인구통계학적, 지리학적, 심리학적 정보를 제공하는 반면, 다른 요인들도 특정 시장과 매체 사용을 규정짓는 데 유용하다는 것을 기억해야 한다.

도표 10-5 에너지음료 소비자에 대한 GfK MRI Report

2009년 가을 상품: 음료
에너지 음료를 최근 6개월 이내 마신 성인

	합계 (단위:1,000)	예상치 (단위:1,000)	수평합	수직합	지수
합계	225887	37773	16.7	100	100
학력: 대학 졸업	60806	7865	12.9	20.8	77
학력: 대학 수강	63023	12270	19.5	32.5	116
학력: 고등학교 졸업	69801	11069	15.9	29.3	95
학력: 고등학교 졸업 못함	32257	6569	20.4	17.4	122
학력: 대학원 이상	20290	1804	8.9	4.8	53
학력: 대학 수강 않음	102058	17638	17.3	46.7	103
18~24세	28537	10756	37.7	28.5	225
25~34세	40349	10766	26.7	28.5	160
35~44세	42375	7937	18.7	21	112
45~54세	44155	4952	11.2	13.1	67
55~64세	33466	1831	5.5	4.8	33
65세 이상	37006	1531	4.1	4.1	25
성인 18~34세	68885	21522	31.2	57	187
성인 18~49세	134084	32198	24	85.2	144
성인 25~54세	126879	23655	18.6	62.6	111
남자 18~34세	34689	13460	38.8	35.6	232
남자 18~49세	66843	20561	30.8	54.4	184
남자 25~54세	62815	14895	23.7	39.4	142
여자 18~34세	34196	8062	23.6	21.3	141
여자 18~49세	67241	11637	17.3	30.8	103
여자 25~54세	64064	8760	13.7	23.2	82
직업: 전문직 및 관련 업종	30311	4277	14.1	11.3	84
직업: 경영, 사업, 재무	21717	2882	13.3	7.6	79
직업: 판매, 사무원	33214	6831	20.6	18.1	123
직업: 자연자원, 건설, 보수	13444	3812	28.4	10.1	170
직업: 그 외 직종	39994	8856	21.1	23.4	132
가계소득 150,000달러 이상	23605	3657	15.5	9.7	93
가계소득 75,000~149,999달러	64718	10284	15.9	27.2	95
가계소득 60,000~74,999달러	24815	4517	18.2	12	109
가계소득 50,000~59,999달러	18294	3193	16.9	8.5	101
가계소득 40,000~49,999달러	20241	3364	16.6	8.9	99
가계소득 30,000~39,999달러	21328	3743	17.5	9.9	105

자료: Mediamark Research, GfK MRI. Reprinted with permission.

도표 10-6 인터넷 Reporter Report를 읽는 방법

How to Read an Internet Reporter Report

Below is a screen capture of a Reporter Report, complete with explanations of key numbers. Please note that all the numbers are based on the 2002 Fall MRI study, and that the projected numbers (000) are expressed in thousands.

Base counts: in the MRI Fall 2002 study weighted to Total '000, there were 64,715,000 Adults 18-34 in the 48 contiguous United States

Projected Count (000): projected to the full population, 46,006,000 Adults 18-34 have drank a Regular Cola Drink, Not Diet in the Last 6 Months.

Percent Across: out of Adults 18-34, 71.1% drank Regular Cola Drinks, Not Diet in Last 6 months.

	A	B	C	D	E	F	G
1		Beverages					
2		Regular Cola Drinks, Not Diet					
3		Drank in Last 6 Months Total					
4		Adults 18+					
5			Total '000	Proj '000	Pct Across	Pct Down	Index
6							
7	Total		204964	119291	58.2	100	100
8	Adults 18-34		64715	46006	71.1	38.6	122
9	Adults 18-49		130165	84623	65	70.9	112
10	Adults 25-54		120777	74669	61.8	62.6	106

Percent Down: out of all the people who drank Regular Cola Drinks, Not Diet, 38.6% are Adults 18-34.

" * " Sign: If there is an asterisk sign, that means the sample size is less than 50 respondents and the numbers are unstable and should not be used.

Index: people who drank Regular Cola Drinks, Not Diet, are (122-100=) 22% more likely than the general population to be Adults 18-34; also, Adults 18-34 are 22% more likely than the general population to drink Regular Cola Drinks, Not Diet.

How the Numbers are Derived	
Pct. Across= 71.1	The percent calculated by dividing the Proj '000 value in the row by the Total '000 value in the base column=46006/64715=71.1%.
Pct. Down= 38.6	The percent calculated by dividing the Proj' 000 value in the row by the Proj. '000 value in the base row=46006/119291=38.6%.
Index=122	The percent calculated by dividing the Pct. Across in the row by the Pct. Across in the base row (71.1/58.2).

자료: Mediamark Research & Intelligence, LLC (GfK MRI). Reprinted with permission.

도표 10-7
높은 인덱스에 대한 오해의 소지

나이 군집	군집의 인구 (%)	군집 내 제품 사용자 (%)	인덱스
18~24세	15.1	18.0	119
25~34세	25.1	25.0	100
35~44세	20.6	21.0	102
45세 이상	39.3	36.0	91

어떤 내부 및 외부 요인가 작용하고 있는가

매체전략은 언제든지 내부 및 외부 요인에 영향을 받는다. **내부요인**internal factor은 매체 예산의 크기, 경영 및 관리 능력, 광고대행사의 조직구성을 포함한다. **외부요인**external factor은 경제(매체비용의 상승), 기술의 변화(새로운 매체의 이용 가능성), 경쟁 요인, 그리고 선호도가 포함될 수 있다. 이러한 정보 중 일부는 1차 연구를 필요로 하는 반면, 많은 정보는 잡지와 신디케이트 서비스syndicated service, 그리고 일간신문 등의 2차 자료를 통해 이용할 수 있다.

한 서비스의 경쟁력 있는 정보를 도표 10-1에서 살펴보았다. 경쟁력 있는 Media Reporting Service는 동일한 시장에서 경쟁하는 다양한 브랜드의 광고비 지출 수치에 대해 제공한다. 다른 많은 자료를 통해서도 경쟁력 있는 정보를 이용할 수 있다.

어디에서 판촉활동을 할 것인가

어디에서 판촉활동을 할 것인지에 대한 질문에서는 지리학적인 고려가 필요하다. 7장에서 언급되었듯이, 회사들은 종종 국가나 전 세계 중 일부 지역의 판매량이 더 많다고 판단하고, 그 지역의 시장잠재력에 따라 광고비를 할당한다. 예를 들어, 멕시코 맥주 파시피코Pacifico는 미국 중서부 통계조사 영역보다 태평양 연안의 통계조사 영역 내 맥주시장에서 훨씬 더 높은 브랜드 점유율을 보인다. 한 가지 의문은 과연 어디에서 광고비가 더 현명하게 쓰일 수 있냐는 점이다. 파시피코가 브랜드가 이미 주도기업들 사이에서 시장점유율을 유지하고 있지만 시장에 추가적인 광고비를 할당해야 할까? 아니면 회사가 현재 큰 이익을 얻고 있지는 못하지만 성장할 여지가 많은 시장에 광고비를 할당하는 것이 더 큰 잠재력이 있을까? 아마도 최선의 해결책은 광고판촉비를 가장 효율적인 시장에 지출해야만 한다는 것이고, 그러한 시장에서 바라던 목표를 성취할 수 있을 것이다. 유감스럽게도, 판촉활동의 영향을 직접적으로 측정하는 것이 항상 가능하지는 않다는 것을 볼 수 있었다. 동시에, 어떤 전략들은 계획자가 결정을 내리는 데 도움을 줄 수 있다.

인덱스를 사용하여 어디에 판촉할 것인지 결정하는 방법 Simmons 및 GfK MRI의 인덱스뿐 아니라 아래와 같은 세 가지 다른 인덱스 역시 유용하다.

1. **구매력지수 조사**survey of buying power index는 미국의 모든 주요 대도시의 시장에서 행해진다. 또한 이 조사는 인구, 유효구매력 소득층, 지역의 총소매판매량을 포함하여 수많은 요인에 기반을 두고 행해진다. 각각의 요인들은 개별적으로 특정 대도시 지역이나 자치주의 잠재력에 대한 구매력지수를 만드는 데 가중된다. 인덱스 결과는 **도표 10-8**에서 볼 수 있듯이 매체계획자에게 시장의 상대적 가치에 대한 통찰을 제공한다. 다른 시장 정보와 결합되어 사용될 때, 구매력지수 조사는 마케터가 어떤 지리적 지역을 표적으로 삼을지 결정하는 데 도움이 된다.
2. **브랜드개발지수**brand development index(BDI)는 마케터가 결정 과정에서 지리적 지역에 따른 제품 사용량 비율을 고려하는 데 도움이 된다.

$$\text{인덱스} = \frac{\text{인구통계학적 세분시장의 이용자 (\%)}}{\text{인구통계학적 세분시장의 전체 인구 (\%)}} \times 100$$

BDI는 주어진 시장 지역에서 브랜드의 미국 총판매량에 대한 비율과 시장의 총인구를 비교한다. 그리고 이 비교를 통해 주어진 시장에서 브랜드의 판매 잠재력을 결정한다. **도표 10-9**에서 이 계산의 사례를 볼 수 있다. 인덱스 수치가 높을수록 시장 잠재력도 크다. 이 사례의 경우, 인덱스 수치는 이 시장이 브랜드 개발에 있어서 높은 잠재력을 갖고 있음을 의미한다.

3. **제품군개발지수**category development index(CDI)는 BDI가 브랜드를 분자로 사용하는 것과 달리 제품군에 관한 정보를 분자로 사용하는 것만 제외하면 BDI와 같은 방법으로 계산된다.

$$\text{CDI} = \frac{\text{시장에서의 제품군 총판매량 대비비율}}{\text{시장에서의 총미국인구 대비비율}} \times 100$$

CDI는 특정 브랜드에 대한 정보보다는 전체적인 제품군 개발의 잠재력에 대한 정보를 제공한다. 이 정보가 BDI와 결합될 때, 훨씬 더 통찰력 있는 판촉 전략이 개발될 수 있다. 예를 들어, 미국의 커피시장 잠재력을 고려해 보자. 첫째로 그 제품군이 특정 시장지역에서 얼마나 잘될지를 살펴볼 것이다. 그 예로 유타와 아이다호에서 제품군 잠재력은 낮다(**도표 10-10**에서 살펴볼 수 있음). 마케터는 이 지역에서 자신의 브랜드가 어떻게 타 브랜

도표 10-8 구매력지수 조사

도시	총인구	가계 수	아시아/태평양계 미국인	아프리카계 미국인	히스패닉계 미국인	나이 군집별 인구					
						2 - 11	12 - 17	18 - 24	25 - 34	35 - 49	50+
Ft. Myers-Naples, FL	1,217,708	508,145	15,343	84,084	247,548	141,863	80,224	85,712	149,848	222,580	508,015
Gainesville, FL	322,150	129,627	12,118	55,007	22,018	34,805	22,127	59,388	47,021	57,414	93,993
Jacksonville, FL	1,758,602	680,711	44,550	384,062	99,011	240,379	142,160	158,680	235,808	379,557	552,285
Miami-Ft. Lauderdale, FL	4,300,579	1,561,568	90,165	886,325	1,979,958	542,344	334,111	384,710	502,057	984,256	1,443,731
Orlando-Daytona Beach-Melbourne, FL	3,723,526	1,464,418	105,286	488,912	640,945	457,847	276,477	323,235	493,413	775,064	1,304,938
Panama City, FL	368,863	148,310	4,522	50,011	12,953	43,900	26,555	31,351	51,089	76,883	129,719
Tallahassee-Thomasville, FL-GA	725,699	281,591	10,361	230,056	36,005	92,149	54,215	95,867	106,825	142,844	213,904
Tampa-St.Petersburg (Sarasota), FL	4,368,468	1,821,660	98,189	464,796	620,598	519,526	310,946	343,185	531,163	867,935	1,691,454
West Palm Beach-Ft. Pierce, FL	1,905,978	786,561	37,615	272,071	318,530	223,654	134,638	144,177	218,045	372,294	768,673

도시	EBI 합계	소매 매출	구매력지수
Ft. Myers-Naples, FL	31,562,042,500	21,286,463,216	0.4633
Gainesville, FL	5,844,027,500	4,651,926,011	0.0968
Jacksonville, FL	37,164,647,500	28,725,730,663	0.5906
Miami-Ft. Lauderdale, FL	89,188,970,000	75,015,224,126	1.4625
Orlando-Daytona Beach-Melbourne, FL	77,523,552,500	59,556,677,892	1.2333
Panama City, FL	7,087,285,000	5,238,076,874	0.1133
Tallahassee-Thomasville, FL-GA	12,952,682,500	10,535,214,913	0.2166
Tampa-St.Petersburg (Sarasota), FL	96,233,265,000	65,492,720,766	1.4595
West Palm Beach-Ft. Pierce, FL	51,014,940,000	35,632,927,152	0.7529

자료: Copyright © 2009 by Nielsen Claritas Inc., a part of the Nielsen Company, and/or infoUSA, Inc. (as applicable): This product contains proprietary and confidential property of Nielsen Claritas Inc. and/or infoUSA, Inc. (as applicable). Unauthorized use, including copying of the product is expressly prohibited.

도표 10-9
BDI 계산

$$BDI = \frac{\text{남부 애틀란타 지역에서 브랜드 매출 비율}}{\text{미국 내 남부 애틀란타 지역 총인구 비율}} \times 100$$

$$= \frac{50\%}{16\%} \times 100 = 312$$

도표 10-10
Using CDI and BDI to Determine Market Potential

$$CDI = \frac{\text{유타, 아이다호 지역에서의 제품군 판매 비율}}{\text{미국 내 유타, 아이다호 총인구 대비 비율}} \times 100$$

$$= \frac{1\%}{1\%} \times 100 = 100$$

$$BDI = \frac{\text{유타, 아이다호 지역에서의 브랜드 매출 비율}}{\text{미국 내 유타, 아이다호 총인구 대비 비율}} \times 100$$

$$= \frac{2\%}{1\%} \times 100 = 200$$

도표 10-11
BDI 및 CDI 인덱스의 사용

	높은 BDI	낮은 BDI
높은 CDI	높은 시장점유율 좋은 시장 잠재력	낮은 시장점유율 좋은 시장 잠재력
낮은 CDI	높은 시장점유율 매출 대비 감소	높은 시장점유율 빈약한 시장 잠재력

높은 BDI과 높은 CDI	이 시장은 제품군과 브랜드 둘 다 풍부한 매출 잠재력을 보여준다.
높은 BDI과 낮은 CDI	제품군은 잘 팔리지 않는데 자사 브랜드는 잘 팔린다. 광고하기에 좋은 시장이지만 나중에 매출이 줄어들 것에 초점을 두어야 한다.
낮은 BDI과 높은 CDI	제품군은 높은 시장 잠재력을 보이나 브랜드는 잘 팔리지 않는다. 무슨 이유인지 살펴보는 것이 필요하다.
낮은 BDI과 낮은 CDI	제품군도 잘 팔리지 않고 브랜드도 잘 되지 않는다. 광고하기에 적합한 지역이라 할 수 없다.

드에 비교되는지 알아보기 위해 BDI를 분석한다. 다음으로 이 정보는 **도표 10-11**에 나타난 것처럼, 특정 제품군 및 특정 브랜드가 어떻게 잘 수행될 수 있을지 결정하고, 추가적인 시장점유율을 얻기 위해서 어떤 미디어 웨이트 media weight 혹은 광고량이 필요한지 판단하는 데 사용된다.

이러한 인덱스들이 회사의 제품 및 브랜드의 시장잠재력에 대한 중요한 통찰을 제공하는 한편, 이 정보는 판촉 의사결정 과정에서 전반적인 전략에 대한 보충적인 자료다. 사실, 이 정보의 대부분은 이미 매체계획자에게 제공되었다. 이러한 정보가 미디어 웨이트를 각 지역에 부과하는 것을 결정하는 데 더 구체적으로 사용되기 때문에, 이 결정은 궁극적으로 각 지역에 할당된 예산뿐만 아니라 도달률, 빈도, 스케줄링 같은 다른 요인에도 영향을 미친다.

매체목표 수립

상황 분석이 마케팅 및 커뮤니케이션 목표 수립으로 이어지듯이, 매체 상황 분석은 구체적인 매체목표 수립으로 이어져야 한다. 매체목표는 그 자체로 끝이 아니다. 매체목표는 커뮤니케이션 및 마케팅 목표 달성으로 이어진다. 매체목표는 미디어 프로그램media program의 목표이자 매체전략을 통해 성취될 수 있도록 제한되어야 한다. 매체목표의 사례는 다음과 같다. 다음을 통해 표적시장에서 관심을 불러일으키자.

- 6개월 이상 표적시장에 80%의 매체도달범위를 달성하기 위해 방송매체를 사용한다.
- 같은 6개월 이상의 기간 동안 최소한 3회 이상 표적고객의 60%에 도달하도록 한다.
- 분위기와 창조성을 통해 긍정적인 브랜드 이미지를 창출한다.

도표 10-12
매체계획 개발에서 고려되는 기준

■ 미디어 믹스
■ 목표시장 매체도달범위
■ 지리적 매체도달범위
■ 스케줄링
■ 도달률과 빈도
■ 최신성
■ 크리에이티브 측면과 분위기
■ 유연성
■ 예산고려사항

매체전략의 개발 및 실행

무엇을 성취할 것인지 결정했다면, 매체계획자는 이러한 목표를 어떻게 성취할 것인지 고려한다. 즉, 매체계획자는 목표를 달성하기 위해 요구되는 행동으로부터 직접적으로 발달된 것이자 **도표 10-12**의 기준을 포함하는 매체전략을 개발하고 실행한다.

미디어 믹스

광고주들은 다양한 매체 및 미디어 비클을 이용할 수 있다. 단 하나의 매체 및 미디어 비클을 이용하는 것이 가능하지만, 많은 대안들이 사용될 수 있다. 추구되는 목표, 예산의 크기, 개인적인 선호 등은 어떤 조합의 매체가 사용될지를 결정하는 몇 가지 요인들에 속한다.

예를 들어, 제품에 대해 효과적으로 전달하도록 시각적인 설명이 필요한 판촉 상황을 고려해 보자. 이 경우, 텔레비전이 가장 효율적인 매체가 될 것이다. 만약 판촉 전략이 시험사용을 유도하기 위해 쿠폰 사용을 필요로 한다면, 인쇄매체가 필요할 것이다. (어떤 회사는 또한 웹사이트를 통해 쿠폰을 프린트할 수 있는 기능을 제공한다.) 깊이 있는 정보를 위해서는 인터넷이 가장 유용하다.

미디어 믹스를 이용하면, 광고주들은 자신들의 매체전략에 더 많은 다양성을 더해 줄 수 있다. (다음 장에서 살펴보겠지만) 각각의 매체는 그 자신만의 구별되는 이점을 통해 기여하기 때문이다. 매체를 조합함으로써, 마케터는 전체적인 커뮤니케이션 및 마케팅 목표를 달성할 가능성을 높일 뿐 아니라 매체도달범위 coverage, 도달률reach, 빈도 순위를 증가시킬 수 있다.

표적시장 매체도달범위

매체계획자는 어떤 표적시장에 가장 큰 매체 역점을 두어야 하는지 결정한다. 매체전략을 개발하는 것은 이 표적시장에서 가장 적절한 매체와 연결시키는 것을 포함한다. 연결과정에서 다음과 같은 질문이 필요하다. '예상 구매자에게 메시지를 전하는데 어떤 매체 및 미디어 비클을 통하는 것이 최선일까?' 여기서 문제는 도표 10-13에서 볼 수 있듯이 시장에서 매체도달범위coverage를 획득하는 것이다. 최상의 목표는 두 번째 파이 도표에서 볼 수 있듯이 완전한 시장 침두full market coverage를 하는 것이다. 하지만 이는 아주 최적의 시나리오다. 현실적으로는 세 번

도표 10-13
시장 내 매체도달범위 가능성

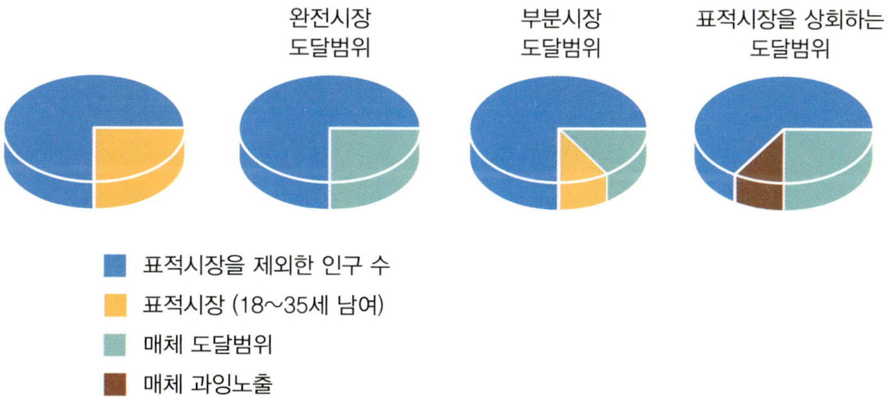

째와 네 번째에 나타난 상황이 일어날 법하다. 세 번째 도표에서, 매체의 도달범위는 전체 시장의 도달범위에 미치지 못하고, 메시지에 노출되지 못한 일부 잠재고객이 남아있다. 네 번째 도표에서는 매체도달범위가 표적고객을 초과하게 되어 마케터는 노출과다(**낭비된 매체도달범위**waste coverage로도 불림) 문제에 직면한다. 만약 매체도달범위가 구매를 원치 않는 사람이나 잠재적 사용자에게까지 도달하게 된다면 이는 낭비이다. (이 용어는 잠재적 구매자나 사용자가 아닌 사람들에게 도달한 경우 사용된다. 소비자는 목표로 삼은 표적시장의 일부가 될 수는 없지만 잠재력이 고려될 수는 있다. 예를 들어, 누군가를 위한 선물로서 제품을 사는 사람이 이에 해당한다.)

매체계획자의 목표는 매체도달범위를 가능한 많은 표적고객의 일원에게로 확대하는 반면 낭비된 매체도달범위를 최소화하는 것이다. 이러한 상황은 보통 상반관계trade-off를 이루곤 한다. 때로는 요구되는 것보다 적은 매체도달범위를 달성하기도 하고, 반대로 가장 효율적인 매체가 원치 않는 사람들에게 노출되기도 한다. 이 경우, 매체 관련 노동자들은 가능한 가장 효과적인 전달을 할 것이고, 낭비된 매체도달범위 비용이 그들의 사용에 의해 얻어지는 가치를 초과하기 때문에, 낭비된 매체도달범위는 정당화된다.

텔레비전에서 미식축구 게임을 볼 때, 찰스스왑Charles Schwab, 아메리트레이드Ameritrade, 이드레이드E*trade 같은 증권중개 회사의 광고를 볼 수 있다. 모든 시청자가 증권거래 서비스를 이용할 가능성이 있는 것은 아니지만, 매우 높은 비율의 잠재고객들이 이 전략을 통해 광고를 접할 수 있다. 미식축구 프로그램은 높은 낭비된 매체도달범위의 단점을 상쇄시킬 만큼 시장도달범위를 만들어내기 때문에 좋은 매체 품목으로 고려된다.

도표 10-14는 GfK MRI에서 제공된 정보가 어떻게 매체와 표적고객을 연결하는 데 사용될 수 있는지 보여준다. 이 정보는 에너지 음료 이용자들이 읽은 잡지나 그들이 시청한 텔레비전 프로그램에 대해 알려준다. (여기서 인덱스 수치를 사용하여 실습해 볼 수 있다.) 도표 10-14로부터 알 수 있듯이, Dirt Rider, Cycle World, ESPN The Magazine은 현명한 선택이 되겠지만, Country Sampler, Country Living, Family Circle은 원하는 노출을 이끌어내기 어려울 것이다.

도표 10-14 GfK MRI가 제공하는 에너지 음료 이용자들의 매체 사용

2009년 가을 상품: 음료
에너지 음료를 최근 6개월 이내 마신 성인

		합계 (단위:1,000)	예상치 (단위:1,000)	수평합	수직합	지수
합계		163435	31134	16	100	100
Cooking Light 일반 독자		11436	1329	11.6	3.5	70
Cooking with Paula Deen 일반 독자		6772	790	11.7	2.1	70
Cosmopolitan 일반 독자		18208	4226	23.2	11.2	139
Country Living 일반 독자		11560	1279	11.1	3.4	66
Country Sampler 일반 독자	*	1790	154	8.6	0.4	52
Cycle World 일반 독자		3047	779	25.6	2.1	153
Diabetes Forecast 일반 독자		4970	654	13.2	1.7	79
Dirt Rider 일반 독자		1898	666	35.1	1.8	210
Discover 일반 독자		7140	1735	24.3	4.6	145
Ducks Unlimited 일반 독자		2352	566	24	1.5	144
Ebony 일반 독자		10055	2051	20.4	5.4	122
The Economist 일반 독자		2850	474	16.6	1.3	100
Elle 일반 독자		5942	1324	22.3	3.5	133
Elle Decor 일반 독자	*	1928	285	14.8	0.8	88
Entertainment Weekly 일반 독자		10650	2765	26	7.3	155
Entrepreneur 일반 독자		2736	726	26.5	1.9	159
ESPN The Magazine 일반 독자		14621	5043	34.5	13.4	206
Esquire 일반 독자		3238	643	19.8	1.7	119
Essence 일반 독자		7491	1485	19.8	3.9	119
Every Day with Rachael Ray 일반 독자		6393	992	15.5	2.6	93
Everyday Food 일반 독자		4228	717	17	1.9	101
Family Circle 일반 독자		19553	1779	9.1	4.7	54
Family Handyman 일반 독자		4577	672	14.7	1.8	88

자료: Mediamark Research, GfK MRI. Reprinted with permission.

지리적 매체도달범위

스키는 특정 지역에서 인기가 아주 많다. 스키에 대한 관심이 높지 않은 지역에서 스키를 판촉하는 것은 관심을 유발시키지 못하는 한 현명한 전략이 아닐 것이다. 남동부 지방에서 스키에 대한 관심을 촉진시킬 수는 있지만, 시장이 눈이 내리는 곳에서부터 멀리 떨어져 있기 때문에, 스키 장비에 대한 판매량을 눈에 띄게 증가시키기는 어려울 것이다. 다른 요인에 비해 특정한 지리적 지역에 무게를 실은 목표는 이해하기 쉽고, 그러한 지역에 자연스럽게 더 많은 판촉 노력과 비용이 드는 전략이 따르게 된다.

스케줄링

분명히, 회사는 소비자에게 제품이나 브랜드명을 끊임없이 상기시키기 위해 항상 광고를 유지하고자 한다. 현실에서 이는 여러 가지 이유(주된 이유는 예산 때문)로 인해 불가능하다. 광고가 항상 필요한 것도 아니다. 스케줄링의 주된 목표는 판촉활동의 시기를 맞춤으로써 가장 잠재력이 높은 구매시기와 일치시키는 것이다. 어떤 제품들은 이러한 시기를 확인하기 쉽지 않은 반면, 다른 제품들은 아주 명확하기도 하다. 매체계획자가 이용할 수 있는 세 가지 스케줄링 방법인 지속광고방법, 간헐광고방법, 맥박광고방법이 도표 10-15에 나타나 있다.

지속광고방법continuity은 매일, 매주 혹은 매달에 걸쳐 지속적으로 광고하는 것을 의미한다. 핵심은 공백이나 광고를 하지 않는 기간 없이 고정적인 패턴으로 전개하는 것이다. 이러한 전략은 식료품, 세탁용 세제, 또는 계절 변화에 관계없이 지속적으로 사용되는 제품을 광고하는 데 이용된다.

두 번째 방법인 **간헐광고방법**flighting은 보다 덜 지속적인 것으로, 간헐적으로 광고를 하며 광고를 하지 않는 기간이 있다. 어떤 기간에는 많은 판촉비용이 들

도표 10-15
판촉 스케줄링의 세 가지 방법

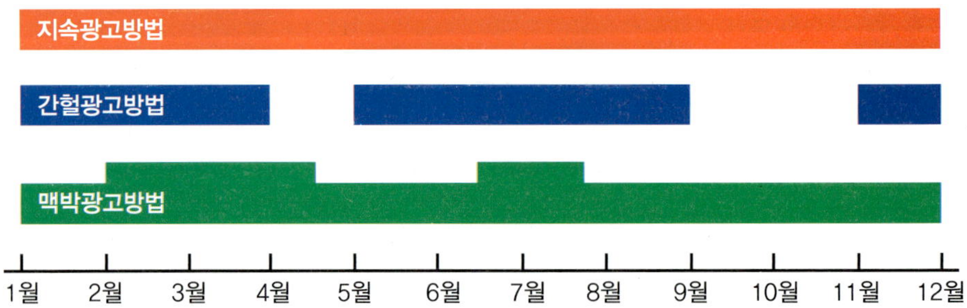

고, 다른 기간에는 광고를 하지 않는다. 예를 들어, 많은 은행들이 여름에는 광고비를 지출하지 않지만 연중 나머지 기간에는 광고를 유지한다. 스키는 10월과 4월에 많은 광고를 하지만, 5월과 8월, 9월에는 광고를 덜 하는 편이며, 6~7월에는 전혀 광고를 하지 않는다.

맥박광고방법pulsing은 사실 앞의 두 가지 방법을 결합한 것이다. 이 방법은 지속광고방법이 유지되고 있지만, 특정 기간에는 판촉활동이 강화된다. 맥주 산업에서는, 광고가 일 년 내내 지속되지만 (미국의) 현충일이나 노동절, 6월 4일과 같은 공휴일 기간에는 광고가 증가한다. 스케줄링 전략은 목표, 구매주기, 예산 및 다른 요인들에 의존한다. 도표 10-16에 각 스케줄링 방법에 대한 장점 및 단점이 나타나 있다. 최근의 한 종합적인 연구(텔레비전 연구 커뮤니티에서 '스케줄링에 대해 밝히는 가장 종합적인 연구'로 꼽히고 있음)에서는 지속광고방법가 간헐광고방법보다 더 효율적이라고 했다. 이 견해를 기반으로 봤을 때 소비자들이 구매하고자 하는 시점에 가능한 가까이 메시지에 노출되도록 하는 것이 중요하다. 또한 이 연구는 광고주들이 주간 스케줄을 가능한 길게 지속해야 한다고 결론짓는다.[4] 여기서 핵심은 '가능한 길게'라는 능력이다. 예산이 상당한 경우, 예산이 제한적일 때보다 지속광고방법는 오히려 선택사항이 된다.

도표 10-16
각 스케줄링 방법의 특징

	지속광고방법
장점	▪ 소비자에게 계속하여 기억하게 한다. ▪ 구매주기 전체에 걸쳐서 광고한다. ▪ 미디어에 있어서 우선순위(다량구매할인, 원하는 위치에 배치 등)를 부여한다.
단점	▪ 비용이 많이 든다. ▪ 과잉 노출의 가능성이 존재한다. ▪ 제한된 미디어에 노출될 수밖에 없다.

	간헐광고방법
장점	▪ 소비자의 구매주기 이내에 비용효율이 높다. ▪ 제한된 비용으로 다른 매체나 비클을 사용할수 있다.
단점	▪ 경쟁사에게 더 높은 노출을 유도하거나 경쟁사를 유리하게 한다. ▪ 식상함의 가능성을 높인다. ▪ 광고를 하지 않는 기간 동안에 인지도, 관심 등이 낮을 수 있다. ▪ 광고를 하지 않는 기간 동안에 경쟁사에게 위험이 노출된다.

	맥박광고방법
장점	▪ 위에서 언급한 두 가지 방법의 장점을 모두 가지고 있다.
단점	▪ 계절 주기적 상품에는 적합하지 않다.

도달률 대 빈도

광고주는 다양한 목표와 예산에 대한 제약이 있기 때문에, 대개 도달률과 빈도 사이의 균형을 유지해야 한다. 광고주들은 더 많은 사람들에게(도달률) 혹은 보다 적은 사람들에게 더 자주(빈도) 메시지가 전해질지 결정해야 한다.

도달률은 어느 정도로 필요한가 5장에서 논의된 계층구조에 대해 돌이켜 보면, 각 모델의 첫 단계는 제품이나 브랜드에 대한 관심awareness을 필요로 한다는 것을 알 수 있다. 사람들이 관심을 가질수록, 각각 그 다음 단계로 이동하게 된다. 관심을 얻기 위해서는 도달률reach이 필요하다. 즉, 잠재구매자에게 메시지를 노출시켜야 한다. 새로운 브랜드나 제품은 모든 잠재구매자에게 새로운 등장을 알려야 하는 목표를 갖기 때문에 높은 수준의 도달률이 필요하다. 높은 도달률은 계층구조의 차후 단계에서도 요구된다. 예를 들어, 소비자수용 계층구조adoption hierarchy의 시행단계에서, 판촉 전략으로 쿠폰이나 무료샘플을 이용하게 된다. 마케터의 목표는 이러한 샘플을 통해, 사람들이 제품에 대해 알게 되고, 시도해 보며, 제품에 우호적인 태도를 형성하게 함으로써 더 많은 사람들에게 도달하게 만드는 것이다. (결과적으로 이러한 태도가 구매로 이어진다.)

문제는 관심과 태도 변화, 혹은 구매 의지를 끌어내기 위해 요구되는 도달률이 어느 정도인지 알 수 없다는 점에서 발생하며, 미디어 비클에 배치된 광고가 실제로 목표로 삼은 고객에게 잘 도달하는지도 문제가 된다. (첫 번째 문제에 관한 연구가 존재하며, 효율적인 도달률에 관련하여 아랫부분에서 논의될 것이다.)

만약 60분60 Minutes의 광고시간을 구입한다면, 그 프로그램을 시청하는 모든 사람이 광고를 보게 될 것인가? 그렇지 않다. 많은 시청자들은 도표 10-17(도달률과 도달범위 간 차이점을 드러내는 좋은 사례를 제공함)에 나타난 것처럼 광고 중에 그 자리를 떠나거나, 주의를 다른 데로 돌린다. 만약 표적그룹에 해당하는 모든 사람에게 한 번에 메시지를 노출시킨다면, 100% 수준으로 관심을 끌기에 충분할 것인가? 그렇지 않다. 이는 다음 문제로 이어진다. 광고가 눈에 띄고, 영향을 미치기 위해서는 어느 정도의 노출 빈도가 필요할까?

어느 정도의 빈도가 요구되는가 매체계획에 있어서, 빈도frequency는 조금 다른 의미를 갖는다. (매체계획의 문제점 중 하나는 용어가 종종 다른 의미를 갖기도 얼마나 많은 시청자들이 실제로 광고를 보는가? 퍼시사(R. D. Percy & Co.)는 히트센서가 장작된 고성능 피플미터로 평균 약 82%의 시청자가 15분 동안 프로그램을 보고 있다는 것을 밝혀내었다. 이른 아침의 뉴스 프로그램은 광고 효율성이 떨어지는데 많은 사람들이 외출 준비에 바쁘기 때문이다.

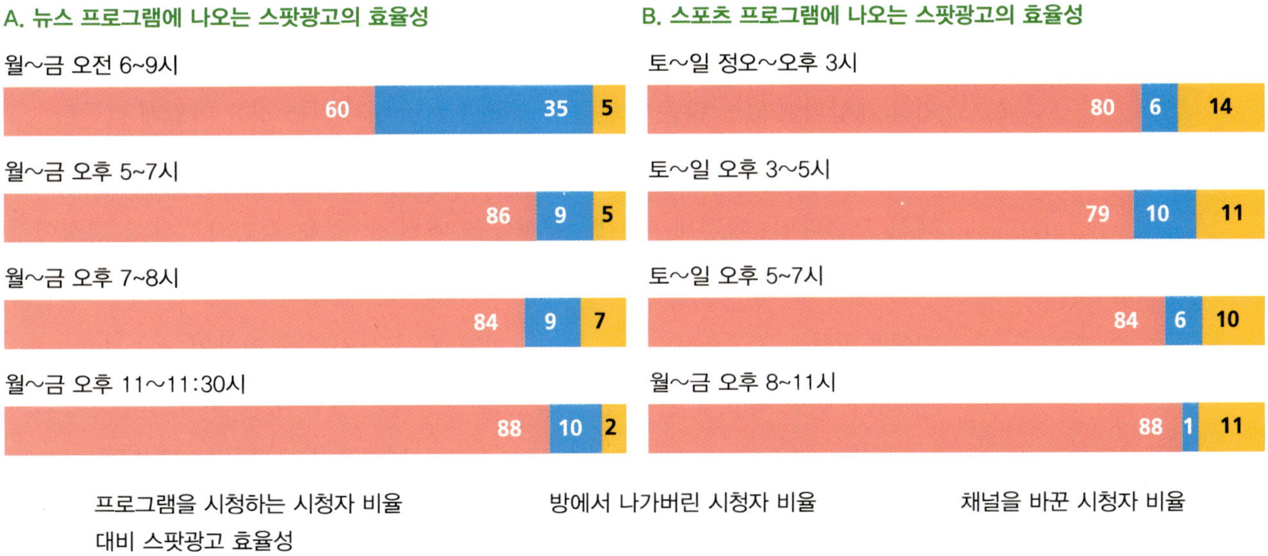

도표 10-17
누가 여전히 광고를 시청하는가?

한다는 것이었다.) 여기서 빈도란, 반드시 광고 그 자체는 아니더라도 특정한 기간(대개 13주) 동안 미디어 비클에 노출된 무엇인가의 횟수를 말한다. 도표 10-17은 프로그램에 따라서 이 수치가 12~40%가 이른다는 것을 보여준다. 마케터는 프로그램을 시청하는 모든 사람이 광고를 보기 위해 방에 그대로 남아있지 않는다는 것을 항상 알고 있다. 광고를 건너뛸 수 있는 사람이 늘어난다는 것으로 보아, 광고에 노출되지 않는 사람이 증가한다는 것을 분명히 알 수 있다. 앞에서 말한 바와 같이, 마케터는 광고시간 동안 방을 떠나는 사람들을 줄이고자, 광고에 더 많은 사람들의 관심을 끌 수 있는 방법을 계속해서 찾는다.

많은 광고주들이 1:1 비율로 노출되는 것이 존재할 수 없다는 점에 동의한다. 따라서 광고가 특정 미디어 비클에 배치되었다고 해서, 소비자가 그 미디어 비클에 노출되었다는 사실이 광고를 봤을 것이라고 보장하지 못한다. 결과적으로, 빈도 수준은 매체계획에서 실제로 광고에 노출된 정도보다 과장되게 나타난다. 이러한 과장은 일부 매체 구매자들로 하여금 미디어 비클에 대한 접근을 광고에의 노출이라기보다는 광고를 '보게 되는 기회'로 여기도록 이끈다.

광고주는 미디어 비클에의 노출이 광고로의 노출로 이어지는지 알 수 있는 확실한 방법이 없기 때문에, 매체와 광고주는 다음의 절충안을 채택했다. 미디어 비클에 한 번의 노출이 시청자가 반드시 광고를 보게 되는 기회라고 고려하게 되면, 그 노출은 도달률reach로 여겨진다. 따라서 노출 수치는 도달률 및 빈도의 수준을 계산하는 데 사용된다. 그러나 이 절충안은 영향을 미칠 수 있는 정도의 빈도를 결정하는 데는 도움이 되지 않는다. 광고의 창조성, 수용자의 관여도, 소음noise 및 기타 개입되어 있는 많은 요인들이 정확한 결정을 내리는 것을 어렵게 만든다.

이 시점에서 다음과 같은 생각을 할 수 있다. '만약 아무도 이러한 것들에 대해서 모른다면, 어떻게 이러한 결정들을 내릴 수 있을 것인가?' 사실 결정이라는 것은 항상 명백한 자료를 바탕으로 만들어지는 것이 아니다. 광고대행사인 영앤루비캠Young and Rubicam의 부사장이자 통신 서비스 책임자인 오스트로Joseph Ostrow는 "광고 목표를 위한 빈도 목표를 설정하는 것은 예술과 과학의 혼합이지만 예술에 대한 확고한 성향이 필요하다."고 말했다.[5] 먼저 도달률과 빈도 목표를 설정하는 데 관련된 절차를 검토하고 나서 각각의 논리에 대해 논의해 보자.

도달률 및 빈도 목표 수립 광고는 하나 이상의 미디어 비클에 노출되어 반복(빈도)되는 결과를 낳을 수 있다. 하나의 광고가 어느 때 한 텔레비전 프로그램에 배치되었을 때, 노출된 사람의 숫자가 도달률reach이다. 광고가 두 개의 프로그램에 배치된다면, 한 번에 노출되는 총수는 **비중복도달률**unduplicated reach이라고 한다. 어떤 사람들은 같은 광고를 두 번 보게 될 것이다. 두 프로그램의 도달률은 **도표**

도표 10-18
도달률 및 빈도에 대한 표현

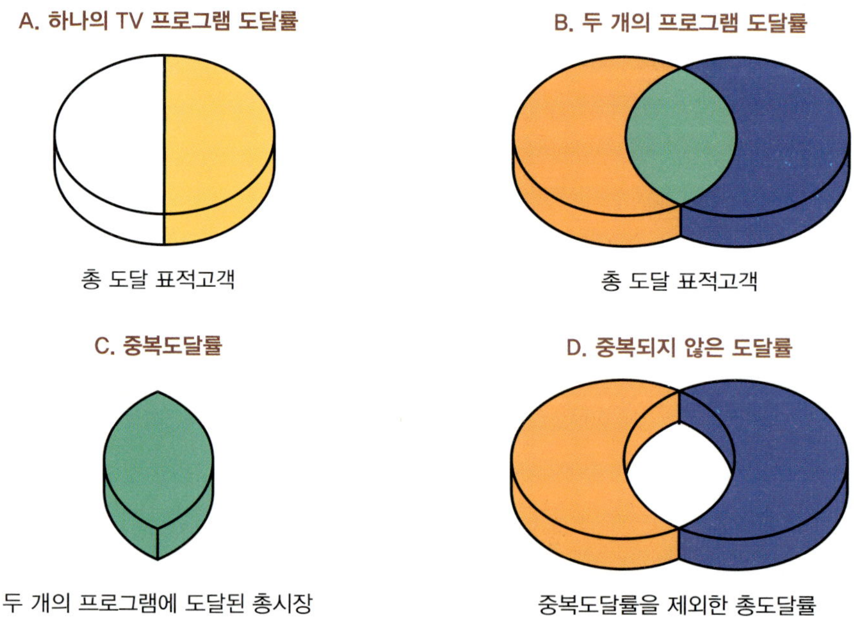

10-18 C에 묘사된 것처럼 두 개의 프로그램에 모두 도달한 많은 사람들은 포함하고 있다, 이 중첩된 부분을 **중복도달률**duplicated reach라고 부른다.

비중복도달률과 중복도달률의 수치 모두가 중요하다. 중복도달률이 빈도에 대한 추정치를 제공하는 한편, 비중복도달률은 잠재적인 새 노출을 가리킨다. 대부분의 매체 구입은 두 종류의 도달률 모두 포함한다. 사례를 생각해 보자.

방송산업에서 잠재적인 도달률의 기준은 TV나 라디오 **프로그램 시청률**program rating이다. 이 수치는 비율로 표현된다. 가정에 도달한 총수치를 추정하기 위해, 이 비율을 TV세트를 갖춘 가정집 수에 곱한다. 예를 들어, 만약 미국에 TV 세트를 갖춘 가정이 1억 1,490만 호이고, 프로그램의 시청률이 30%라면, 계산은 0.30에 1억 1,490만을 곱한 3,447만 호가 된다. (시청률과 기타 방송 용어는 11장에서 더 자세히 다룰 것이다.)

종합시청률의 사용 얼마나 많이 광고할 것인지 그 양이나 가중치를 결정하는 것은 광고주의 목표를 성취하기 위해 필요하고, 마케터는 시청률(도달된 사람 수) 및 빈도(노출된 횟수의 평균) 수치에 의존한다. 프로그램 시청률과 이 기간 동안 가정에 도달하는 평균 횟수(노출 빈도)를 결합하는 개요 측정은 **종합시청률**gross ratings point(GRP)이라 불리며 흔히 사용되는 기준이다.

종합시청률GRP = 도달률Reach × 빈도Frequency

GRP는 미디어 스케줄이 중복도달률 추정치를 사용하여 도달할 수 있는 총시청자에 기반을 둔다. **목표시청률**target ratings point(TRP)은 매체 구입으로 도달할 수 있는 주된 표적시청자의 수와 횟수를 말한다. GRP와 달리, 목표TRP는 낭비된 매체 도달범위waste coverage를 포함하지 않는다.

GRP가 정확한 도달률을 측정할 수 없다는 점에서, 광고주는 반드시 생각해 보아야 한다. 특정한 도달률을 얻기 위해서 어느 정도의 GRP가 필요한가? 이러한 GRP가 어떻게 효과도달률effective reach로 바뀌게 되는 것인가? 예를 들어, 50%의 비중복도달률을 달성하기 위해 구매해야 하는 어느 만큼의 GRP를 구입해야 하며, 어느 정도의 노출 빈도가 이 스케줄을 가능할 수 있게 할 것인가? 위 예시는 이 과정이 어떻게 작동하는지 이해하는 데 도움이 될 것이다.

도표 10-19
네트워크 목표시청률을 위한 도달률의 추정

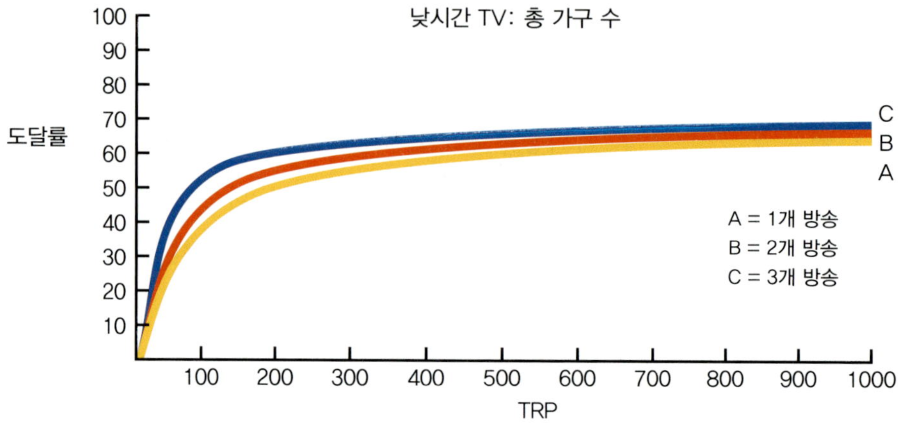

먼저 시청률이 무엇을 나타내는 것인지 알아야 한다. 100 GRP를 구매하는 것은 100%의 시장에 1회 노출되거나, 50%의 시장에 2회 노출되거나 혹은 25%의 시장에 4회 노출되는 것 등을 의미한다. 보다시피 이러한 정보는 마케터가 효과적으로 사용할 수 있도록 더욱 구체적이어야 한다. 얼마나 많은 GRP가 필요한지 알기 위해서, 관리자는 표적시청자 중 얼마나 많은 구성원에게 실제로 도달하게 되는지 알 필요가 있다. **도표 10-19**의 그래프가 이러한 계산에 도움이 된다.

도표 10-19를 보면, 하나의 네트워크에서 100 TRP를 구입하면 표적시장의 전체 가정 중에서 32%로 추정되는 도달률을 달성할 수 있다. 이 수치는 2개의 네트워크를 사용하는 경우 37.2%로, 3개의 네트워크를 사용하는 경우 44.5%로 상승한다. GRP에 대한 공식으로 돌아가 본다면, 노출 빈도의 추정치는 각각 3.125, 2.688, 2.247로 도달률과 빈도 사이의 상충관계trade-off를 보여준다.

흥미로운 사례로 2010년 캘리포니아 주지사를 위한 공화당 후보 경선에서 GRP가 사용되었다. 6월 선거를 앞두고, 유력한 후보자인 휘트먼Meg Whitman의 3월 광고 스케줄은 11개의 캘리포니아 미디어 시장에서 1주일에 1,000 GRP로 구성되었다. 이 구입을 통해 가장 큰 시장에서는 평균적인 텔레비전 시청자에게 일주일에 대략 10회의 노출을, 보다 작은 시장에서는 일주일에 대략 6회의 노출 빈도를 산출할 것으로 기대되었다. 상대 후보는 특정 시장에 의존하여 이 액수에서 15~50%로 추정되는 양을 소비했다.[6] 이 경선에서 휘트먼이 승리를 거두었다.

가장 중요한 문제는 목표를 달성하기 위해서 얼마만큼의 GRP가 필요할 것인가이다. 워커Scott Walker에 따르면, 대부분의 광고주들은 그들의 메시지를 볼 수 있도록 분명히 하기 위해서 500~700 GRP를 보유하길 선호한다.[7] 수많은

도표 10-20
도달률과 빈도의 효과

1. 표적고객의 구매주기 이내에 한 번 광고를 노출하는 것은 대부분 아무런 효과도 없다.
2. 한 번 노출하는 것이 대개의 경우 효과가 없기 때문에 생산적인 매체계획이라는 것은 도달률을 높이기보다는 빈도를 강화하는 것이다.
3. 구매주기 이내에서 두 번 노출하는 것은 효과적이라는 증거들이 있다.
4. 구매주기 이내에 혹은 4주 내지 8주 동안에 세 번 노출하는 것에 넘어서서 계속하여 빈도를 높이는 것은 효과가 줄어드는 것으로 나타났으나 여기에 관한 뚜렷한 증거는 없다.
5. 광고 빈도와 효율에 관하여 일반적인 원칙이 존재하는 것은 사실이지만 브랜드마다 차별화되는 특성 또한 마찬가지로 중요하다.
6. 빈도에 관한 어떠한 반응 원칙이나 일반화는 아무런 증거가 없다.
7. 상당한 연구 자료에 의하면 식상함은 빈도가 높아서가 아니라 광고문구나 크리에이티브 측면이 더 문제이다.

연구원들이 이 문제에 대해 분석했다. 푸트콘앤벨딩Foote, Cone & Belding의 부사장이자 연구소장인 버거David Berger는 2,500 GRP는 대략 70% 가능성으로 높은 관심을 이끌어낼 수 있고, 1,000~2,500 GRP는 33%의 가능성을, 1,000 이하의 GRP는 거의 관심을 이끌어내지 못한다고 밝혔다.[8] 올슨David Olson도 비슷한 결과를 얻었고, 더 나아가 관심이 증가하면, 비록 상당히 느린 속도이긴 하지만 제품에 대한 시도 역시 증가한다는 것을 보여주었다.[9] 두 경우 모두에서, 영향력을 내기 위해서는 높은 수치의 GRP가 요구된다는 것이 분명하게 드러났다.

도표 10-20은 이러한 분야의 연구를 기반으로, 다른 수준의 노출에서 기대되는 효과들에 대해 요약한다. 많은 요인들이 작동할 것이고, 직접적인 관계가 성립되기는 어려울 것이다. 도표 10-20에서 볼 수 있는 결과에 추가적으로, 오스트로Joseph Ostrow는 반복의 수가 관심awareness을 급속하게 높이는 반면, 태도나 행동적 반응에는 훨씬 적은 영향을 미친다는 것을 밝혔다.[10]

앞서 말했던 선거 후보자가 선거 전 11개의 시장에서 1주일에 1,000 GRP를 구입하는 것은 비용이 많이 드는 일일 것이다. 더 늘어난 기간 동안 계속해서 그와 같은 수준으로 소비하는 경우(재정 형편상 심각한 타격은 말할 것도 없고) 노출과다를 일으킬 수 있으며, 시청자는 광고에 싫증을 내게 된다.

효과도달률의 결정 마케터에게는 예산 제약이 있기 때문에, 빈도frequency의 희생으로 도달률reach를 증가시킬지 보다 적은 시청자에게 노출빈도를 증가시킬지 결정해야만 한다. 수많은 요인들이 이 결정에 영향을 미친다. 예를 들어, 새로운 제품이나 브랜드 도입은 최대한 많은 사람들에게 가능한 빨리 인지도를 끌어내기 위해 도달률, 특히 비중복도달률unduplicated reach를 최대화하려고 시도할 것이다. 동시에, 고관여제품이나 혜택이 분명하지 않은 경우, 효과도달률을 달성하기 위해 특정한 수준의 빈도가 요구된다.

효과도달률effective reach은 각각의 효과적인 빈도 증가에 도달한 미디어 비클의 시청자 비율을 나타낸다. 이 개념은 광고에 한 번 노출되는 것은 원하는 메시지를 충분하게 전달하지 못할 것이라는 가정에 기반을 둔다. 일찍이 살펴보았듯이, 비록 광고주들은 최소 3번의 노출을 결정하지만, 광고가 영향을 미치는 데 필요한 정확한 노출 횟수는 아무도 모른다. 효과도달률(노출)은 도표 10-21의 음영 부분에서 볼 수 있듯이 3~10회의 노출 범위 안에 있다. 3회 미만의 노출은 불충분한 노출로 여겨지고, 10회가 넘으면 과다 노출이기 때문에 효과적이지 못한 도달률로 여겨진다. 이러한 노출 수준은 효과적인 커뮤니케이션을 보장하지는 못한다. 각기 다른 메시지는 더 많거나 더 적은 수의 노출을 필요로 하기 때문이다. 예를 들어, 마이어즈리포트Myers Reports의 사장인 마이어즈Jack Myers는 3회 노출 이론three-exposure theory은 소비자들이 매일 대략 1,000여 개의 광고에 노출되던 1970년대에는 유효했다고 주장했다. 이제 소비자들은 매일 3,000~5,000개의 광고에 노출되기 때문에, 3번의 노출은 충분하지 않다. 텔레비전의 다양화, 잡지의 확산 및 대체 가능한 다양한 매체의 출현은 마이어즈로 하여금 12회의 노출이 최소한의 빈도로 요구된다는 의견을 갖게 했다. 또한 미디어어낼러시스플러스Media Analysis

도표 10-21
효과도달률의 그래프

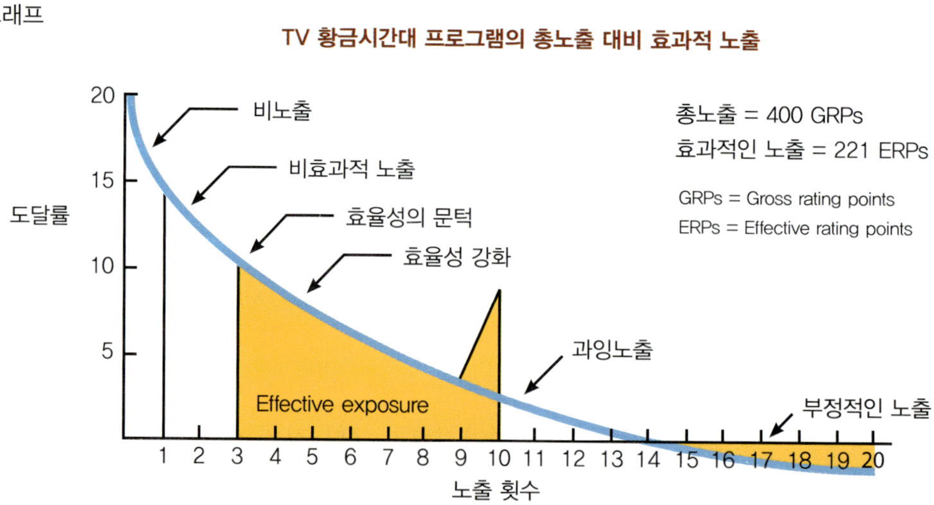

Plus의 사장이자 CEO인 수마넥Jim Surmanek은 메시지의 복잡성, 메시지의 길이, 노출의 최신성recency 역시 이 수치에 영향을 미친다고 주장했다.[11]

광고주들은 시청자에게 실제로 몇 번이나 노출될지 알 수 없기 때문에 효과도달률과 빈도의 가능성을 높이기 위해 일반적으로 3회 이상의 노출이 되도록 GRP를 구입한다. 수마넥은 또한 노출이 아주 최근에 이루어졌거나 구매시점과 가까운 경우, 효과도달률은 1회 노출보다 작을 수 있다고 주장했다(따라서 노출이 된 시점이 빈도보다 더 중요하다). 수마넥은 메시지가 복잡하고 메시지를 이해하는 데 여러 번의 노출이 요구되는 경우 더 많은 노출이 필요하다고 주장했다.[12]

매체계획의 전문가 에프론Erwin Ephron은 이에 반대한다. 에프론은 최소한의 빈도로 도달률을 증가시키는 것이 1990년대에는 일반적이었지만, 시장의 변화(광고 회피, 멀티태스킹, DVR과 같은 기술 혁신)로 인하여 광고에의 노출을 어렵게 만든 시점에서는 더 이상 성공할 수 있는 전략이 아니라고 주장한다. 결과적으로, 광고가 눈에 띄고 영향력을 가질 수 있도록 도달률과 빈도 모두가 가치를 갖게 계획을 세우는 것이 중요하다. 다시 말해서, 더 높은 빈도는 더 높은 도달률을 가져온다.[13] 효과도달률을 결정하는 것은 훨씬 복잡한 문제이다. GRP를 계산할 때, 광고주가 **평균빈도**average frequency라고 부르는 수치, 혹은 특정 기간 동안 미디어 비클에 노출된 미디어 스케줄에 표적 시청자가 도달한 평균횟수를 사용하기 때문이다. 이 수치를 사용할 때의 문제점은 다음과 같은 시나리오에서 발생한다. 다음의 매체 구입을 생각해 보자.

50%의 시청자에게 1회 도달한다.
30%의 시청자에게 5회 도달한다.
20%의 시청자에게 10회 도달한다.
평균빈도 = 4

이러한 매체 구입에서, 평균빈도는 4로, 효과적인 상태보다 약간 많은 수치이다. 그러나 50%에 해당하는 시청자는 단지 1회의 노출만 받게 된다. 따라서 평균빈도는 오해의 소지가 있으며, GRP를 계산하는 데 평균빈도를 사용하는 것은 시청자에게 노출 부족의 결과를 초래한다.

이런 문제점을 갖고 있음에도 불구하고, GRP는 마케터에게 유익한 정보를 제공한다. 관심을 얻기 위해서는 특정한 수준의 GRP가 필요하고, GRP의 증가는 고차원의 목표에 영향을 주는 더 많은 노출과 반복으로 이어질 것이다. 아마 GRP 구입에 대한 가장 좋은 조언은 다음의 전략을 추천한 오스트로Ostrow의 제안일 것이다.[14]

1. 평균빈도를 사용하는 대신, 마케터는 광고 목표에 효과적으로 도달하고 빈도 수준에 대한 도달률을 최대화하는 최소한의 빈도 목표를 결정해야 한다.
2. 효과적인 빈도를 결정하기 위해, 마케팅 요인 및 메시지 요인, 그리고 미디어 요인을 고려해야 한다(**도표 10-22** 참조).

요약하면, 도달률 대 빈도의 결정은 중요하지만 아주 어려운 것이다. 수많은 요인들이 고려되어야 하며, 구체적인 규칙들이 항상 적용되는 것이 아니다. 이 결정은 종종 과학보다 예술에 가깝다고 볼 수 있다.

최신성 에프론이 언급했듯이, 광고에의 1회 노출이 구입 일주일 이전의 추가적인 노출들보다 더 큰 영향력을 갖는다는 생각은 많은 광고주들로 하여금 도달률에 더 많은 관심을, 빈도에 더 적은 관심을 갖게 했으며, **최신성**recency에 대한 강조에 집중하도록 이끌었다. 캠페인들은 **최신성 계획**recency planning을 이용한다. 최신성 계획은 구매 결정 시점과 최대한 근접해서 최소한의 빈도 수준으로 짧은 간격의 도달률에 중점을 두는 것이다. 4주 계획 기간의 도달률에 집중하는 대신에, 최신성 계획은 1주일 이상의 지속적인 스케줄을 필요로 하며, 표적화를 줄여 잠재적인 소비자가 보다 많이 노출될 수 있도록 한다.[15] 노출의 대부분이 낭비적인 것이라고 주장하는 사람이 있는 반면, 에프론은 이에 반대하여, 시장 내 다른 시간대에 있는 사람들뿐만 아니라 관심과 이미지 형성 역시 노출의 이득을 볼 수 있다고 말한다.[16] 에프론과 크룩만Krugman은 모두 광고는 브랜드 같은 기능을 한다고 주장하며 다음과 같이 말한다. "광고는 선반에 놓인 제품과 같다. 소비자가 언제 찾아올지 알 수 없기 때문이다. 따라서 광고는 항상 선반의 공간을 차지하고 있어야 한다."

크리이티브 측면 및 분위기

광고가 배치된 매체의 상황은 표적고객들의 인식에 영향을 미친다. 특정한 크리에이티브 전략은 특정한 매체를 필요로 한다. TV는 시각과 청각적인 요소를

마케팅 요인들
▪ 브랜드 역사: 브랜드가 새로운 것인가 아니면 기존의 것인가? 새로운 브랜드는 일반적으로 높은 수준의 빈도가 필요하다. ▪ 브랜드 점유율: 브랜드 점유율과 빈도 사이에는 역비례의 관계가 존재한다. 브랜드 점유율이 높을수록 낮은 수준의 빈도가 필요하다. ▪ 브랜드 충성도: 브랜드 충성도와 빈도 사이에는 역비례의 관계가 존재한다. 브랜드 충성도가 높을수록 낮은 수준의 빈도가 필요하다. ▪ 구매주기: 짧은 구매주기를 가진 제품은 소비자들의 제품에 관한 지각을 최신으로 유지하기 위하여 일반적으로 높은 빈도가 필요하다. ▪ 사용주기: 매일 사용하는 제품이나 혹은 자주 사용하는 제품은 빠른 기간에 재사용이 필요함으로 높은 수준의 빈도를 요구한다. ▪ 경쟁사의 점유율: 경쟁사의 광고 수준이 매우 높고 또한 경쟁사를 물리치거나 적어도 그 수준의 광고를 하고자 할 때는 높은 빈도가 필요하다. ▪ 표적고객: 표적고객이 광고문구를 이해할 수 있고 기억할 수 있는 정도에 따라서 광고빈도가 다르다.
광고문구나 크리에이티브 요인들
▪ 광고문구의 복잡성: 광고문구가 복잡할수록 높은 수준의 빈도가 필요하다. ▪ 광고문구의 독특함: 광고문구의 독특함과 빈도 사이에는 역비례의 관계가 존재한다. 광고문구의 독특함이 높을수록 낮은 수준의 빈도가 필요하다. ▪ 새로운 캠페인 대 지속형 광고캠페인: 새로운 광고캠페인은 일반적으로 높은 수준의 빈도가 필요하다. ▪ 이미지 광고 대 제품판매 광고: 이미지 광고는 일반적으로 높은 빈도가 필요하다. ▪ 광고문구의 다양화: 단일 광고문구는 낮은 수준의 빈도를 요구하지만 다양한 광고문구를 쓰면 일반적으로 높은 수준의 빈도가 필요하다. ▪ 광고문구의 식상함: 높은 빈도의 광고는 일반적으로 소비자에게 식상함을 줄 수 있다. 식상함 효과는 면밀히 살펴보고 빈도결정에 고려되어야 한다. ▪ 광고단위: 큰 지면을 사용하는 큰 단위의 광고는 일반적으로 낮은 수준의 빈도가 필요하다.
미디어 요인들
▪ 광고방해 요소: 해당 매체에서 많은 다른 광고들이 사용되면 일반적으로 높은 수준의 빈도를 요구한다. ▪ 편집환경: 해당 매체의 편집환경이 자사제품에 우호적일수록 낮은 수준의 빈도가 필요하다. ▪ 매체의 주목도: 해당 비클이 소비자의 주목을 많이 끄는 매체이면 낮은 수준의 빈도가 필요하고 잘 드러나 보이지 않는 비클은 일반적으로 높은 수준의 빈도가 필요하다. ▪ 스케줄링: 일반적으로 지속광고방법이 간헐광고방법이나 맥박광고방법보다 일반적으로 낮은 빈도가 필요하다. ▪ 사용하는 미디어 개수: 미디어를 사용하는 개수가 적으면 낮은 수준의 빈도를 요구하지만 다양한 미디어를 쓰면 일반적으로 높은 수준의 빈도가 필요하다. ▪ 반복노출: 월간지와 같이 반복노출이 많은 매체는 낮은 수준의 빈도가 필요하다.

도표 10-22
빈도 수준 결정 시 중요한 요인들

함께 제공하기 때문에 다른 매체보다 감정을 일으키는 데 효과적이다. 잡지는 뉴스와는 또 다른 인식을 만들어낸다. 매체전략을 개발하면서, 마케터는 반드시 창조성과 분위기 요인을 모두 고려해야 한다. 각각을 더 자세히 살펴보자.

크리에이티브 측면 강력한 크리에이티브 캠페인을 통해 제품의 성과를 상당히 증가시킬 수 있다. 그러나 이 창조성을 시행하기 위해, 그러한 전략을 지원해 주는 매체를 이용해야 한다. 예를 들어, 4장에서 살펴본 랑콤Lancome의 수분크림을 위한 캠페인은 메시지를 효과적으로 전달하기 위해 인쇄매체를 이용했다. 다른 많은 것들 중에서 홀마크Hallmark는 감성소구를 만들어내기 위해 TV를 효과적으로 이용했다. 어떤 상황에서는, 매체 및 크리에이티브 부서가 특정 매체의 시청자들에게 최대의 영향을 미칠 수 있도록 함께 가까이 일하면서, 추구되는 매체전략이 크리에이티브 전략을 지지하는 원동력이 되기도 한다.

분위기 일부 매체는 커뮤니케이션을 넘어 분위기mood를 만들어내기 때문에 메시지의 창조성을 향상시킨다. 예를 들어, Gourmet, Skiing, Travel and Leisure, House beautiful과 같은 잡지가 만들어내는 분위기에 대해 생각해 보자. 이러한 각각의 특별 이익을 위한 미디어 비클은 독자들을 특별한 분위기로 이끈다. 고급와인, 스키 부츠, 여행용 트렁크, 가정용 제품들에 대한 판촉은 이러한 분위기에 의해 향상된다. 다음의 매체에서 제품을 광고할 때 어떤 다른 이미지가 만들어질 수 있는지 생각해 보자.

New York Times 대 National Enquirer

Architectural Digest 대 Reader's Digest

높은 시청률의 황금시간대 TV 프로그램 대 오래된 재방송

TV 대 인터넷

메시지는 목표를 달성할 수 있도록 특정한 매체와 특정한 미디어 비클을 필요로 한다. 또한 특정 매체와 미디어 비클은 배치되어 있는 메시지의 인식을 넘어서는 이미지를 갖추고 있다.

유연성

효과적인 매체전략은 유연성flexibility을 필요로 한다. 빠르게 변화하는 마케팅 환경으로 인해, 전략은 수정될 필요가 있다. 만약 계획이 조금의 유연성을 갖고 있지 않다면, 기회는 박탈당하고 회사는 새로운 위협에 대처할 수 없게 된다. 유연성은 다음 문제에 대해 다룰 필요가 있다.

1. 시장 기회: 때때로 광고주가 활용하길 원했던 시장기회가 발생한다. 예를 들어, 와인 회사는 미국시장의 유행 변화로 인한 와인에 대한 관심 증가를 활용하려는 시도를 해 왔다. 새로운 광고매체의 발달은 이전에는 가능하지 않았던 기회를 제공할 것이다.
2. 시장 위협: 내부 혹은 외부 요인이 회사에 위협을 가하기도 하며, 매체전략의 변화가 요구된다. 예를 들어, 경쟁사가 우위를 점하기 위해 매체전략을 바꾸기도 한다. 이러한 도전에 대응하는 데 실패하게 되면 회사에도 문제가 발생한다.
3. 매체의 이용 가능성: 때때로 마케터는 원하는 매체나 미디어 비클을 이용할 수 없다. 아마도 그 매체가 특정 표적계층에 도달할 수 없거나 시간적 · 공간적 여유가 없기 때문이다. 여전히 특정 매체가 도달할 수 없는 일부 지리학적 지역이 존재한다. 매체 이용이 가능할 때도, 제한된 광고 시간이나 지면이 이미 판매되었거나 진입 시 마감일이 지났을 수 있다. 따라서 대안이 되는 미디어 비클이나 매체도 반드시 고려되어야 한다.
4. 매체 혹은 미디어 비클의 변화: 매체나 특정 미디어 비클의 변화는 전략의 변화를 필요로 한다. 예를 들어, 케이블 텔레비전의 등장은 쌍방향 매체의 도입처럼 메시지 전달의 새로운 기회를 열었다. 인터넷은 수많은 새로운 기술들이 추가적인 선택권을 제공하는 동안 많은 소비자 기업들이 인터넷을 사용하도록 이끌었다. 새로운 특별 이익을 위한 잡지, 휴대전화, 소셜네트워크, 비디오게임 광고 등은 아주 적은 것들이다. 또한, 시청률 감소나 편집 방식의 변화도 광고주들이 다른 대안을 사용하게 만든다.

이러한 요인들의 변동은 매니저가 특정 시장환경에 적응할 수 있게 하기 위해 매체전략이 반드시 충분한 유연성을 갖도록 개발되어야 함을 의미한다.

예산 고려사항

매체전략 개발에서 매우 중요한 결정 중 하나는 비용 추정이다. 어떤 전략의 가치는 그 전략이 최소의 비용과 최소의 낭비를 통해 시청자에게 메시지를 얼마나 잘 전달하는 지에 따라 결정될 수 있다. 도달률, 빈도, 그리고 이 결정에 영향을 미치는 가능성 등 이미 많은 요인들에 대해 탐구해 보았다. 마케터는 비용과 각 요인들과의 균형을 맞춤으로써 최적의 전달을 하도록 노력한다.

광고 및 판촉 비용은 두 가지로 분류될 수 있다. 매체 혹은 미디어 비클의 **절대적 비용**absolute cost은 메시지를 배치하기 위해 필요한 실제 총비용이다. 예를 들어, 뉴스위크지의 4색 전면광고는 165,000달러의 비용이 든다. **상대적 비용**relative cost은 광고 시간 및 공간을 위해 든 비용과 전달된 시청자 규모 사이의 관계를 나타낸다. 상대적 비용은 미디어 비클을 비교하는 데 이용된다. 매니저가 예산제약 안에서 시청자에게 전달을 최대화하려 노력해야 한다는 점에서 상대적 비용은 중요하다. 메시지를 전달하는 데 수많은 대안들이 이용 가능하기 때문에, 광고주는 이러한 선택과 관련한 상대적 비용을 평가해야 한다. 매체비용이 제공되는 방법이나 이러한 매체 간 비용을 비교하는 문제는 종종 평가를 어렵게 만든다.

매체의 상대적 비용의 결정 대안들을 평가하기 위해, 광고주는 매체의 상대적 비용뿐 아니라 이러한 매체의 미디어 비클의 상대적 비용도 비교해야 한다. 유감스럽게도, 방송, 인쇄, OOHout-of-home 미디어가 항상 동일한 비용 할당이 되지 않을뿐더러, 인쇄매체의 미디어 비클들도 그러하다. 다음은 주로 사용되는 비용기준이다.

1. **CPM**cost per thousand: 수년 동안 잡지산업은 1,000명의 사람에게 도달하는 비용에 기초하여 비용 할당을 제공했다. 이 계산 공식은 다음과 같다.

   $$\text{CPM} = \frac{\text{광고 공간의 비용(절대적 비용)}}{\text{판매부수}} \times 1{,}000$$

   도표 10-23은 타임time지와 뉴스위크Newsweek지라는 같은 인쇄매체의 두 개의 미디어 비클을 계산하는 사례를 나타낸다. 또한 (다른 모든 것이 같을 때) 타임지가 절대적 비용이 더 높음에도 불구하고, 더 비용 효율이 높다. (뒤에서 '다른 모든 것이 같을 때'에 대해서 다시 살펴볼 것이다.)

2. **CPRP**cost per ratings point: 방송매체는 CPRP 혹은 CPPcost per point라고 불리는 다른 비용기준으로 비교한다. 공식은 다음과 같다.

   $$\text{CPRP} = \frac{\text{광고시간의 비용}}{\text{프로그램 시청률}}$$

도표 10-23
CPM 계산: 타임지와 뉴스위크지 비교

	타임	뉴스위크
지면당 비용	287,440달러	165,000달러
발행부수	325만 달러	150만 달러
CPM 계산	287,440 × 1,000	165,000 × 1,000
	3,250,000	1,500,000
CPM	88.44달러	110달러

도표 10-24
CPRP의 비교: 지역 TV시장의 CSI와 서바이버 비교

	CSI	서바이버
스폿광고 단가	10,000달러	7,500달러
시청률	18	17
도달률 (가구)	197,100	186,150
계산	$10,000/18	$7,500/17
CPRP (CPP)	555달러	441달러

지방 TV시장의 스폿광고spot ad 계산 사례를 **도표 10-24**에서 볼 수 있다. 이 사례는 서바이버Survivor가 CSI보다 비용 효율이 더 높음을 나타낸다.

3. **지면 인치 단가**daily inch rate: 신문에서, 비용 효율성은 신문의 1인치 컬럼당 비용인 지면 인치 단가에 기초한다. 잡지처럼, 신문도 이제 상대적 비용을 결정하기 위해 일찍이 다루었던 CPM 공식을 사용한다. **도표 10-25**에서 볼 수 있듯이, (다른 모든 것이 같을 때) 피츠버그 포스트 가제트Pittsburgh Post Gazette에 광고하는 것은 클리블랜드 플레인 딜러Cleveland Plain Dealer에 광고하는 것보

도표 10-25
CPM 계산: 타임지와 뉴스위크지 비교

	피츠버그 포스트 가제트	클리블랜드 플레인 딜러
페이지당 비용	20,969달러	59,598달러
인치당 비용	303.90	473
발행부수	184,234	271,180
계산	CPM = 페이지 비용 × 1,000 / 발행부수	
	$2,969 × 1,000 / 189,234	$59,598 × 1,000 / 271,180
	113.81달러	달러219.77

다 비용이 훨씬 더 든다.

보다시피, 다양한 매체들을 비교하는 것은 어려운 일이다. 방송매체에서 CPM이나 신문에서 지면 인치 다가column inch rate에 대응하는 것은 무엇이 있을까? 상대적 비용 절차를 표준화하기 위해, 방송 및 신문 매체는 다음의 공식을 사용하는 CPM을 이용하기 시작했다.

$$\text{TV: } \frac{\text{시간 1단위의 비용} \times 1{,}000}{\text{프로그램 시청률}} \qquad \text{신문: } \frac{\text{광고 공간의 비용} \times 1{,}000}{\text{발행부수}}$$

CPM을 기반으로 매체를 비교하는 것은 중요하지만, 매체 간 비교는 오해의 소지가 있다. 텔레비전이 시각과 청각 모두를 제공하는 능력, 잡지의 수명, 그리고 각 매체의 각기 다른 특징들은 직접적인 비교를 어렵게 만든다. 매체계획자는 CPM 수치를 사용해야 하지만 결정을 내릴 때 각 매체 및 각 미디어 비클 고유의 특징 역시 고려해야 한다.

CPM은 실제 비용 효율성을 과대평가하거나 과소평가할 수 있다. 낭비된 매체도달범위waste coverage의 발생이 불가피한 상황이라고 가정해 보자. (이러한 관점을 증명하기 위해 타임지의 수치를 이용했을 때) 판매부수가 표적시장을 넘어선 것이다. 만약 이 메시지에 도달된 사람이 제품의 잠재구매자가 아니라면, 그들에게 도달하는 데 쓴 비용은 **도표 10-26**의 A시나리오처럼 매우 낮은 CPM의 결과를 초래한다. 전체적인 판매부수보다는 목적지로 추구되는 표적시장에의 잠재적인 도달률을 사용해야 한다. 훨씬 더 높은 CPM을 지닌 매체가 만약 더 많은 잠재수신자에게 도달할 수 있다면 그것이 더 현명한 구입이 될 것이다. (대부분의 매체 구입자는 전체 시청자가 아닌 표적 시청자에 기초하여 CPM을 계산하는 **목표 CPM**target CPM, 즉 **TCPM**에 의존한다.)

CPM 역시 비용 효율성을 과소평가할 수 있다. 잡지 광고지면 판매자는 1명 이상의 사람이 하나의 잡지를 읽기 때문에, 실제 도달률이 과소평가된다고 수년 동안 주장해 왔다. 판매자들은 정확한 판매부수로서 발행부수당 **열독률**readers per copy을 사용하기를 원한다. 이는 잡지를 구매하지 않고 읽는 사람들의 수를 추정한 **회독률**pass-along rate을 포함한다. **도표 10-26**의 B시나리오는 이것이 어떻게 비용 효율성을 과소평가하는지를 보여준다. 부모와 두 명의 10대 자녀로 이루어진

도표 10-26
CPM의 추정

A시나리오: 효율성의 과대평가	
표적시장	18~49
잡지 발행부수	3,250,000
표적시장 대비 발행부수	65% (2,112,500)
페이지당 단가	$287,440

$$\text{CPM} = \frac{\$287,480}{3,250,00} = \frac{\$88.40}{\$287,480}$$

$$\text{CPM (실제 표적고객)} = \frac{\$287,440 \times 1,000}{2,112,500} = \$136.07$$

B시나리오: 효율성의 과소평가	
표적시장	나이, 성별 구분 없이 모두
잡지 발행부수	3,250,000
페이지당 단가	$287,440
회독률	3* (33% of households)

$$\text{CPM (한 부당 독자 수를 기준)} = \frac{\text{페이지 단가} \times 1,000}{\text{발행부수} + 3(1,072,500)} = \frac{(287,440 \times 1,000)}{4,322,500}$$

$$= \$66.50$$

*회독률이 타당하다고 가정함.

가족이 타임지의 각 호를 읽는다고 가정해 보자. 이러한 가족들은 타임지의 판매부수의 33%를 구성한다고 추정한다. 판매부수 수치가 단 하나의 잡지만 포함하는 반면, 실제로 이러한 가정에서는 4번의 잠재적 노출이 발생했다. 이는 총도달률을 4,322,500으로 올릴 수 있는 셈이다.

열독률은 직관적 감각을 사용하므로 극히 부정확할 가능성이 존재한다. 잡지의 주인이 바뀐 실제 횟수를 결정하는 것은 어려운 일이다. 남학생 클럽의 얼마나 많은 학생들이 스포츠일러스트레이티드Sports Illustrated나 맥심Maxim을 읽었을까? 여학생 클럽이나 기숙사에서 얼마나 많은 학생들이 코스모폴리탄Cosmopolitan이나 배니티페어Vanity Fair을 읽었을까? 각각의 그룹에서 얼마나 많은 사람들이 비지니스위크BusinessWeek를 읽었을까? 연구를 통해 이러한 결정을 내리지만, 회람을 추정하는 것은 아주 주관적인 것이며, 그것을 도달률을 추정하는 데 사용하는 것은 추측에 근거한 것이다. 이러한 수치는 매체를 통해 정규적으로 제공되지만, 매니저는 그 수치를 사용하는 데 신중을 기한다. 동시에, 매체 구입의 기술이 생기면서, 많은 잡지 매니저들은 판매부수보다 도달률의 크기에 대해 생각한다.

비용 효율성의 과대 혹은 과소 평가에 대한 가능성뿐 아니라, CPM은 매체가 지닌 가치에 대해 오직 양적인 추정만 할 수 있다는 점에서 제한되어 있다. CPM은 (타임지와 뉴스위크지와 같은) 아주 유사한 미디어 비클을 비교하는 데는 좋지만, 예를 들어 잡지와 인터넷 배너 광고 CPM을 측정할 때처럼 매체 간 비교 시에는 그 가치가 떨어진다. 앞서 직접적인 비교를 불가능하게 하는 매체 간 차이점을 살펴본 바 있다.

매체전략의 개발은 다양한 요인을 포함한다. 이 과정이 단순히 숫자를 넘어서 더 많은 것들을 필요로 한다는 점에서, 매체전략 개발을 과학이라기보다 예술이라고 한 오스트로의 말은 일리가 있다.

평가 및 후속 조치

모든 계획은 성과에 대한 평가를 필요로 한다. 매체계획도 예외가 아니다.

계획 절차의 개요를 짜면서, 계획을 위한 목표를 수립하고 전략을 개발했다. 이러한 전략을 수행하면서, 마케터는 그것이 성공적이었는지 아닌지를 알 필요가 있다. 효율성을 측정할 때는 반드시 두 가지 요인을 고려해야 한다. (1) 이러한 전략을 통해 매체목표를 얼마나 잘 성취했는가? (2) 이 매체계획이 전체적인 마케팅 및 커뮤니케이션 목표를 달성하는 데 얼마나 기여를 했는가? 만약 전략이 성공적이었다면, 미래의 계획에서도 사용되어야만 한다. 그렇지 않다면, 그 결점을 분석해야 한다.

매체전략의 효과성을 측정하는 문제는 이 시점에서 분명해진다. 이번 장의 초반부에서, 측정방법의 문제점과 기타 여러 가지로 일관된 용어가 부족하다는 점으로 인해 계획 과정이 제한되어 있음을 보았다. 이러한 문제들이 다양한 전략의 상대적 효과성을 평가하는 데 제한을 가하는 동안, 결정내리는 것을 불가능하게 한다. 하지만 때로는 계획이 진행되는 것을 확인할 수 있다. 비록 평가절차가 실패할 염려가 없는 것은 아니지만, 시도하지 않는 것보단 낫다.

매체의 특징

지금까지 매체전략 개발에 포함된 요소에 대해 살펴보았다. 이 과정에서 가장 기본적인 요소는 시장에 맞는 매체를 찾는 것이다. 다음 장에서, 각 매체가 특정

도표 10-27
매체별 특징

매체	장점	단점
TV	넓은 커버리지 높은 도달률 시각 청각 모션 효과 노출당 저렴한 비용 시각을 사로잡음 호의적 이미지	목표고객 선택의 제한성 광고문구의 소멸성 절대적으로 높은 광고단가 높은 제작비용 경쟁사의 방해광고
라디오	지역의 커버리지 저비용 높은 빈도 유연함 제작비용의 저렴함 목표고객을 선정함에 있어서 우수성	오로지 청각에 의존 방해광고 주목도가 떨어짐 광고문구의 소멸성
잡지	목표고객 선별의 우수함 우수한 제작물 높은 수준의 정보제공 메시지의 장수성 다수의 독자	광고게재를 위한 오랜 리드타임 오로지 시각효과 유연성의 부족
신문	높은 커버리지 저비용 광고 게재위한 짧은 리드타임 광고가 원하는 해당란에 게제 됨 시기 적절성이 보장됨 독자가 노출을 스스로 결정함 쿠폰을 쓸 수가 있음	메시지 수명이 짧음 방해광고 상대적으로 낮은 주목률 재생사용이 힘듬 독자는 오로지 부분만 읽을 가능성
옥외	구체적인 장소에 겨냥할 수 있음 무한 반복노출 쉽게 눈에 보임	일반적으로 주목하는 시간이 짧음 이미지가 그다지 좋지 않음 방해 광고 간판이 존재
직접우편	목표고객 선별의 우수함 독자가 노출을 스스로 결정함 높은 수준의 정보제공 반복노출의 가능성도 존재	노출에는 고비용 요구함 낮은 이미지 (정크메일) 방해광고 존재
인터넷과 인터렉티브 미디어	소비자가 메시지를 선택함 소비자의 주목도와 관여도가 높음 쌍방향 관계가능 직접판매가 가능함 유연한 메시지 가능	제한된 크리에이티브 발현 웹상의 혼잡 기술의 한계 제한된 수자의 효율성 테스트 제한된 도달률

목표를 달성하는 데 득 또는 실이 되는 고유한 특징들에 대해서 살펴볼 것이다. 먼저, 도표 10-27은 매체에 대한 전반적인 비교 및 몇 가지 특징들을 제공한다. 이는 아주 일반적인 비교이고, 다양한 매체 선택은 각 상황에 맞게 분석되어야 한다. 하지만 이는 다음 장 내용에 대한 좋은 시작점이다.

요약

이 장은 매체목표의 결정, 매체전략의 개발, 그리고 매체계획의 형식에 따른 목표 및 전략의 공식에 대한 개관을 제공했다. 매체정보의 원천, 매체의 특징, 핵심적인 매체 결정에 대해서도 다루었다.

매체전략은 전체적인 마케팅 및 커뮤니케이션 목표를 보충하고 지원하도록 만들어져야 한다. 이 계획의 목적은 개발된 프로그램에 메시지를 전달하기 위해 고안된다.

매체전략 개발에 포함된 기본 과제는 주어진 예산 제약하에서 표적시장에 가장 적합한 매체를 결정하는 것이다. 매체계획자는 도달률과 빈도의 균형을 맞추고, 낭비된 매체 도달범위를 최소화하면서 표적시청자에게 메시지를 전달하려 노력한다. 동시에, 많은 추가 요인들이 매체결정에 영향을 미친다. 매체전략 개발은 과학이기보다는 예술로 불린다. 많은 양적 자료도 이용 가능하지만, 계획자는 창조성과 수량화할 수 없는 요인에도 의존하기 때문이다.

이번 장에서 적절한 미디어 믹스, 표적시장의 결정과 지리학적 도달범위, 스케줄링, 도달률과 빈도의 균형 등을 포함하여 많은 요인에 대해 다루었다. 크리에이티브 측면, 예산 고려사항, 스케줄에서 유연성의 필요성, 그리고 매체계획 절차에서의 계산의 사용 또한 다루었다.

이번 장은 매체계획자가 이용할 수 있는 다양한 자료도 소개했다. 다양한 매체의 장·단점을 요약한 도표도 제공되었다.

토론문제

1. 한 유명한 매체계획자가 매체구입은 예술의 성향을 가지고 있는 예술과 과학의 조합이라고 말했다. 이것이 의미하는 바가 무엇인지 설명하고 이 경우가 해당하는 상황을 사례로 제시하시오.
2. GfK MRI와 Experian Simons 모두 제품 사용자의 프로필에 대해 설명하는 인덱스를 제공했다. 도표 10-5에 제시된 인덱스를 사용하여, 에너지음료 사용자의 프로필에 대해 설명해 보시오. 누가 이 제품을 가장 적게 마실 것으로 보이는가?
3. 만약 제품이 높은 BDI와 낮은 CDI를 갖는다면 이는 회사에 무엇을 의미하는가? 낮은 CDI와 낮은 BDI일 때는 무엇을 의미하는가?
4. 매체환경이 지속적으로 변할 때, 광고주들은 더욱 많은 돈을 새로운 매체에 옮길 것이므로, 누군가는 TV와 신문 같은 전통매체는 적어도 현재의 방식으로는 살아남지 못할 것이라고 했다. 이것이 정확한 설명이라고 생각하는지 그 이유와 함께 토론해 보시오.
5. 어떤 매체는 광고주가 상대적 비용으로서 CPM보다는 달러당 독자수(readers per dollar)에 더 많은 주의를 기울여야 한다고 주장한다. 그들이 이렇게 말하는 이유를 설명하고, 이러한 두 측정방법을 사용할 때의 장·단점에 대해 토론해 보라.
6. (미디어 용어에서) 참여(engagement)가 무엇을 의미하는가? 매체계획자에게 참여의 관련성에 대해 설명해 보시오.
7. 텔레비전의 현재 시청률 조사 시스템에 대한 비판은 이 시스템이 스위프 시간(sweeps periods)에 기초한다는 것이다. 일부는 원격계측 방식(meter system)에 의해 더 정확한 상황이 제공된다고 주장한다. 각 방법의 장·단점에 대해 토론해 보시오.
8. 일부 마케터는 평균 소비자가 하루에 3,000~5,000개의 광고에 노출된다고 추정한다. 효과적인 빈도에 대한

현재의 추정치는 하루에 1,500회의 노출에 기초한다. 만약 효과적인 빈도를 위해 광고에 더 많은 노출이 필요하다면 어느 정도 필요한지 토론해 보시오.

9. 일부 B2B 광고주(예를 들어, 복사기 회사 등)는 NFL Sunday 혹은 Monday Night football games에 광고를 한다. 예상되는 대로, 그러한 구입은 높은 수준의 낭비된 매체도달범위로 이어진다. 낭비된 매체도달범위가 무엇인지 설명하시오. 이는 좋은 매체구입이 될 것인지 아닌지를 토론해 보시오.

10. BDI 및 CDI가 무엇을 의미하는지 설명하라. 광고주들은 자신들의 매체계획에서 이러한 인덱스를 어떻게 사용하는가?

11 매체 평가: 텔레비전과 라디오

학습목표

1. 텔레비전과 라디오 산업의 구조와 광고 프로그램에서의 각 매체의 역할을 검토한다.
2. 텔레비전과 라디오의 광고매체로서의 장점과 한계점을 생각해 본다.
3. 방송 매체의 광고 시간이 어떻게 구매되는지, 시청청취자들이 어떻게 측정되는지, 가격이 어떻게 결정되는지를 설명한다.
4. TV와 라디오의 미래 경향과 이것이 광고에 있어 이들 매체의 사용에 어떻게 영향을 줄 것인지에 대해 생각해 본다.

온라인 비디오: 여기는 웹페이지이고 이것이 여러분의 TV를 사라지게 할 것이다.

유튜브 스타이며 미국의 흑인 인터넷 가수인 테이 존데이(Tay Zonday)는 Cherry Chocolate Rain이라는 그의 비디오 도입부에서 "여기는 웹페이지이고 이것이 여러분의 TV를 사라지게 할 것이다."라고 선언했다. 이 비디오는 공개된 지 일주일 만에 100만이 넘는 조회수를 이끈, 닥터페퍼(Dr.Pepper)의 홍보를 위해 후원을 받아 만들어진 리믹스 영상이다. 닥터페퍼는 체리향 초콜렛 음료인 Cherry Chocolate Dr.Pepper의 출시를 홍보하기 위해 테이 존데이가 기록한 3,500만 조회 수를 기록한 Chocolate Rain이라는 독특한 노래를 패러디함으로써 출시 첫 주에 100만 조회를 기록 하였다.

닥터페퍼는 증가하는 수의 온라인 시청자들에게 다가가기 위해서 기존의 유튜브의 성공을 이용하였다. 넬슨(Nielsen)에 의하면 사람들이 온라인 영상을 보기 위하여 투자하는 시간은 2011년 1월에 전년도 대비 45%가 증가하였다. 게다가, 각 시청자들은 그들의 영상재생빈도(streaming) 를 28% 증가시켰고, 이는 결과적으로 전체 비디오 재생률에 31.5%의 상승을 가져와 145억의 재생 횟수를 기록하였다. 여성에 초점을 맞춘 넬슨의 또 다른 연구에서는 온라인 비디오들은 대개 온라인 화폐로 여겨지는데 그 이유는 소셜미디어 사이트에서 비롯된 비디오 영상은 약 50%의 영상재생빈도를 가져주기 때문이라는 것이 밝혀졌다. 즉, 점점 더 많은 여성들이 그들의 재생 콘텐츠를 다른 여성들에게서 얻는다는 것이다. 비디오 콘텐츠를 공유한다는 점에서 광고는 TV보다 온라인에서 표적고객에게 더 쉬운 접근이 가능하다. 어떤 시청자들은 친구들과 공유하기 위해 적극적으로 오락 콘텐츠를 찾아 나선다. 이 오락 콘텐츠 중 가끔은 광고도 포함되어 있다. 온라인 비디오는 넓게 확산될 수 있는 반면, TV광고는 단지 제한된 숫자의 시청자들에게만 도달이 가능하다.

그러나 이는 마케터와 다른 매체 형식들, 특히 TV에 있어 어떠한 의미를 지닐까? 비디오 광고 기술 회사인 윰(Yume)을 위해 진행된 연구는 TV와 온라인 영상에 관련한 행동들을 비교하였는데, 이 연구에 따르면, TV 시청자는 10%로 감소하고 있는 반면 온라인 시청자는 61%의 폭발적인 수치로 증가하고 있다. 더한 사실은, 추후의 12개월에 있어 예상되는 온라인 비디오 이용의 순증가는 45%나 되지만 TV 시청은 4% 순감소이다. 온라인 이용자 중 거의 절반(49%)은 매일 영상을 본다. 또 다른 37%는 일주일에 여러 번 시청한다. 22%의 시청자들은 온라인 비디오를 보는 것이 그들의 하루 일과 중 일부분임에 강력하게 동의한다. 뿐만 아니라 시청자들은 평균적으로 일주일에 7시간을 인터넷에서 비디오를 보는 일에 투자한다고 한다.

소비자는 비디오 콘텐츠를 보기 위하여 차츰 인터넷으로 발길을 돌리고 있으며, TV에서는 천천히 멀어지고 있다. 60%의 시청자들은 언제든 그들이 원할 때 콘텐츠를 이용하는 것이 가능하기 때문에 온라인 비디오를 본다고 밝혔다. 또한 시청자들 중 절반은 인터넷이 TV보다 더 전문적이고 구체화된 콘텐츠를 제공한다고 느꼈으며, 34%는 온라인 비디오가 최신 동향을 파악하는 데 있어 더 나은 수단이라고 말하였다. 응답자 중 58%가 TV 콘텐츠를 볼 때 다중작업을 한다고 답한 반면, 26%만이 온라인 광고를 시청할 때 다중작업을 한다고 하였다. 이는 온라인 영상이 마케터들에게 시청자와의 더 높은 접촉 가능성을 보장함을 시사한다.

TV 콘텐츠를 보는 소비자까지도 디지털 비디오 레코더(digital video recorder)로 시청할 때 광고를 건너뛰는 것을 사용한다고 하였다. 이미 녹화된 쇼를 볼 때 광고를 건너뛰었는가에 대한 질문에, 49%가 TV광고의 75%에 대하여 그렇다고 답한 반면, 단지 29%만이 온라인 비디오 광고의 75%를 건너뛰었다고 답하였다. 사실상, 베인사(Bain and Company에 의한 연구는 비디오 광고가, 디스플레이 광고를 할 때에 비교하여 직접 판매를 1.39%에서 5.83%로 증가시키며 더 많은 수입을 창출함을 밝혀냈다.

온라인 비디오는 다양한 소비자들에게 접근성이 더 높으며, 과거에 주장된 것과 달리 젊은 층에만 한정되어 있지 않다. 온라인 콘텐츠의 시청자들은 주로 여성이며 35세에서 54세의 나이를 지니고 있다. 이는 초창기의 다수가 온라인 비디오를 그들의 뉴스와 오락의 자료로 받아들였음을 시사한다. 더욱이 온라인 비디오는 TV 콘텐츠와는 다르게 지리적 위치에 의해 제한되지 않는다. 이는 그들의 브랜드 인지도를 크게 증가시키는 것을 가능하게 한다.

사실, 온라인을 많이 보는 사람들 가운데서도 매일 온라인 비디오를 보는지, 시청하는 비디오 콘텐츠 중 절반을 온라인에서 보는지, 또는 이제 갓 긴 형태의 콘텐츠를 온라인에서 보기 시작했는지에 따라 구분이 존재한다. TV를 통해서는 효과적으로 접근하기 가장 힘든 이 소비자들은, 온라인 비디오 콘텐츠와 관계 맺기 가장 쉽다는 것이 증명되고 있다. 보통 가구의 최고 구매자인 여성들은 온라인 광고를 오락의 변화로 인한 자연스런 발전이라고 바라보며, 이를 받아들이고 있다. 광고는 침해 요소는 적고, 오락적이면서도 쉽게 통제될 수 있는 경향이 있기 때문에 방해로 인식되지 않는다. 비디오 콘텐츠는 건너뛰거나 음소거를 통해 간편하게 침해 요소를 제거할 수 있다.

소비자들은 빠른 속도로 그들의 일상에 온라인 비디오 콘텐츠를 받아들이고 있으며, 어떤 이들은 TV에서 점점 멀어지고 있다. 아주 오래전에 비디오가 라디오 스타를 없애버렸던 방식과 같이 인터넷이 TV를 사라지게 하는 것은 시간문제일 것이다.

자료: Jessica Hogue and Karen Benezra, "How Women Connect, Catch Up and Find Comfort with Online Video," Nielsenwire, November 15, 2010, http://blog.nielsen.com/nielsenwire/online_mobile/how-women-connect-catchup-and-find-comfort-with-online-video/; "January 2011: Online Video Usage Up 45%," Nielsenwire, February 11, 2011, http://blog.nielsen.com/nielsenwire/online_mobile/january-2011-online-video-usage-up-45/; Yume, "YumeWhite Paper: Online video and Television Viewing Attitudes and Behaviors," February 2011, http://www.yume.com/content/insights-papers.

TV 산업에서 일어나고 있는 변화는 중요하다. 이 변화가 대부분의 가구에 있는 엔터테인먼트의 기본적인 형태뿐 아니라 가장 큰 광고매체에 엄청난 영향을 주고 있기 때문이다. 아마 가장 큰 영향은 온라인 비디오의 출현일 것이다. TV 시청자가 10% 정도로 감소하고 있는 반면, 온라인 시청자는 61%로 증가하고 있다. 그럼에도 불구하고, TV는 아직까지도 가장 큰 광고매체로 여겨지고 있다. 아마도 이 매체를 뉴스와 오락에 유용하게 하는 것과 같은 특성들이 고객들에게 강한 영향을 줄 수 있는 크리에이티브한 광고들을 불러들이기 때문일 것이다.

라디오도 우리 삶의 필수적인 부분이다. 많은 사람들은 시계가 달린 라디오에 의해 아침에 일어나며, 직장이나 학교에 차를 타고 가는 동안 정보를 알아내고, 라디오에서 즐거움을 찾는다. 많은 사람들에게 라디오는 그들의 차, 집, 심지어 직장에서의 영원한 동반자이다.[1] TV 시청자들과 마찬가지로, 라디오 청취자들은 마케터들에게 있어 중요한 표적고객이다.

이 단원에서는, 방송매체인 TV와 라디오를 검토하며, 각각의 일반적인 특징과 그들의 구체적 장단점을 함께 살펴본다. 광고주들이 TV와 라디오를 그들의 광고와 매체 전략 중 일부분으로 어떻게 사용하는지, 어떻게 그들이 TV와 라디오의 시간을 구매하는지, 그리고 어떻게 표적고객들이 측정되며 각 매체에 있어 평가

되는지를 검토한다. 또한 TV와 라디오의 광고매체로서의 역할을 바꾸는 요소들을 살펴본다.

텔레비전

예전부터 텔레비전이야말로 이상적인 광고매체라는 말을 자주 했었다. TV의 시각적 이미지, 소리, 움직임, 색을 결합시킬 수 있는 능력은 광고주들에게 다른 미디어에서는 할 수 없는 창의적이고 상상력이 풍부한 소구appeal를 개발할 수 있는 기회를 제공한다. 그러나 TV에도 많은 광고인들이 그것의 사용을 제한하거나 막기까지 하는 확실한 문제점들이 존재한다.

텔레비전의 장점

TV는 다른 매체들보다 창의성과 영향력, 보급률과 비용 효율성, 포섭력과 주목도, 선택성과 유연성 등 많은 장점을 갖고 있다.

창의성과 영향력 아마 TV의 가장 큰 장점은 광고메시지를 표현하는 데 있어 이가 제공하는 기회일 것이다. 시각과 소리의 상호작용은 엄청난 창의적 유연성을 제공하고, 제품과 서비스를 표현하는 데 있어 드라마틱하고 실생활에서와 같은 묘사를 가능하게 한다. TV광고는 어떤 브랜드에 대한 기분이나 이미지를 전달하는 것뿐만 아니라 흥미 없는 제품이 흥미로워 보이도록 감정적이거나 즐거움을 주는 호소appeal를 형성하는 데 쓰일 수 있다.

또한 텔레비전은 어떤 제품이나 서비스를 보여주는 데 있어 훌륭한 매체이다. 예를 들어 인쇄된 광고는 고화질 TV와 같은 제품을 보여주는 것과 이와 관련된 특징의 설명을 전달하는 데 효과적이다. 그러나 **사진 11-1**의 히다치 울트라비전

사진 11-1
텔레비전 광고는 이 히타치 플라즈마 TV의 화질을 전달하는 데 있어 효과적인 방법이다.

Hitachi UltraVision 플라스마 TV을 위한 '강화된Power Unleashed' 주제의 광고와 같이, TV 광고는 그것의 풍부한 색상, 선명한 디테일, 그리고 실감나는 화면을 보여주는 데 있어서 가장 효과적인 수단이다.

보급률과 비용 효율성 TV광고는 다수의 표적고객에 다다르는 것을 가능하게 한다. 거의 모든 사람이, 나이, 성별, 수입 또는 교육 수준과 관계없이 적어도 조금은 TV를 보며, 대부분의 사람들은 정기적으로 TV를 시청한다. 닐슨미디어리서치Nielson Media Research의 추정에 따르면, 2살 이상의 나이를 지닌 2억 8천만 명에 이르는 사람들이 1억 149만의 TV 세대주에서 거주하고 있으며, 이 중 거의 77%는 18세 이상이다.[2]

광범위한 표적고객층에게 어필하는 제품과 서비스를 판매하는 마케터들은 TV가 그들을 대중시장에 도달하게 하며, 대개 매우 비용 효율적인 매체라고 생각한다. 황금시간대의 TV 프로그램은 평균적으로 500만 세대에 방영된다. ***American Idol***과 같은 인기 있는 프로그램은 거의 1,200만에 육박하는 세대와 그의 두 배에 달하는 시청자들이 방송을 접한다. 1,000명에 도달하는 데 필요한 평균광고비용인 CPM은 2009년에 네트워크 저녁 시간대 방송이 대략 27달러, 낮 시간대 주말 방송이 7.35달러였다.[3]

TV는 광범위한 대중에게 도달할 수 있는 능력과 비용 효율적인 방식 때문에 대중소비제품을 파는 회사들에게 인기 있는 매체이다. 제품과 서비스에 대한 광범위한 유통과 조달력availability을 지닌 회사들은 1,000세대당 아주 낮은 비용으로 대중시장에 도달하고 그들의 광고메시지를 전달하기 위하여 TV를 사용한다. 텔레비전은 이제 대형 소비자 포장 상품을 파는 마케터, 통신회사, 자동차 제조업자, 그리고 주요 소매업자들에게는 없어서는 안 될 존재가 되었다. AT&T와 P&G 같은 회사들은 그들의 매체 예산의 3분의 2 정도를 다양한 유형의 TV광고(네트워크, 스폿, 케이블, 그리고 관련 프로그램들)에 사용한다. 참조로 펩시콜라와 코카콜라는 40%가 넘는 예산을 TV광고에 사용한다. 도표 11-1은 네트워크 방송국의 상위 10개의 광고주들과 그들의 비용을 보여준다.

포섭력와 주목도 TV광고는 시청자들이 자신의 가장 좋아하는 프로그램을 볼 때 강요되기 때문에 근본적으로 거슬리는 성격을 지닌다. 광고를 피하기 위해 특

도표 11-1
네트워크TV의 상위 10개의 광고주 (2006년)

자료: "100 Leading National Advertisers," *Advertising Age*, June 21, 2010, p. 14. Copyright © 2010 Crain Communications.

순위	회사명	Measured TV광고 (단위: 백만 달러)
1	AT&T	762.7
2	화이자 (Pfizer)	605.2
3	제너럴 모터스 (General Motors)	544.2
4	버라이즌 (Verizon Communications)	510.1
5	포드 (Ford Motor Co.)	509.5
6	P&G	496.4
7	스프린트 넥스텔 (Sprint Nextel Corp.)	442.4
8	타임워너 (Time Warner)	396.9
9	도요타 (Toyota Motor Corp.)	340.4
10	월마트 (Walmart Stores)	329.6

별한 노력을 기울이지 않는 한 대부분은 1년에 1,000개에 이르는 광고에 노출된다. 시청 옵션의 증가와 DVD, DVR, 리모컨, 그리고 이 외의 자동장치들이 도입됨으로써 TV 시청자들은 더 쉽게 광고메시지를 피할 수 있게 되었다.[4] 그러나 나머지 시청자들은 아직도 많은 주의를 광고메시지에 기울일 가능성이 있다. 5장에서 논의된 바와 같이 소비자의 학습과 반응 과정에 있어서의 TV가 저관여low-involvement 매체라는 본성으로 인하여 TV광고가 단순히 기억하기 쉬운 슬로건과 징글jingle의 수많은 반복과 노출에 의해서만 소비자들에게 효과가 있다는 것을 의미할 수도 있다.

선택성과 유연성 TV광고의 사용으로는 명확하게 세분화되고 정의된 시장에 도달하기 어렵기 때문에, 텔레비전은 대개 선택적이지 못한 매체로 비판받아 왔다. 그러나 프로그램 콘텐츠, 방영시간, 그리고 지역적 범위에 따라 표적고객의 구성에 변화가 있기 때문에 어느 정도의 선택성이 가능하다. 예를 들어 토요일 아침 TV는 어린아이들에게 오락을 제공한다. 토요일과 일요일 오후 프로그램은 스포츠를 좋아하는 남성들을 위해 구성되어 있다. 그리고 평일 주간 방송은 주부들에게 강하게 어필한다.

케이블TV의 성장과 함께 광고주들은 인구통계학적 그룹과 더불어, 스포츠, 뉴스, 역사, 예술, 음악과 같이 구체적인 관심분야가 있는 그룹에게 어필하면서 방

사진 11-2
옥시전은 젊고, 경제적으로 풍부한 여성들에게 도달하기 위하여 자신의 능력을 홍보한다.

송 범위를 개선한다. **사진 11-2**는 옥시전Oxygen 케이블 방송을 홍보하는 광고를 보여주며 이는 새로운 제품을 사용해 보고 싶어 하고 더불어 다른 이들에게 추천하고 싶어 하는 젊고 경제적으로 풍부한 여성들에게 어떻게 도달하는지를 보여준다.

광고주들은 각기 다른 지리적 시장을 이용하기 위해 특정 시장 구역에서 지역광고나 스폿광고를 통해 그들의 매체 전략을 조정할 수 있다. 광고는 반복적으로 방영되거나 또는 특별한 행사들을 이용할 수 있도록 계획될 수 있다. 예를 들어 밀러쿠어즈Miller/Coors, 앤호이저부시Anheuser-Bush, 질레트Gillette와 같은 회사들은 제품의 대부분의 시장을 차지하는 남성들에게 집중적으로 광고할 수 있게 해 주기 때문에, 메이저리그 야구나 NFL 미식축구 경기와 같은 스포츠 경기들에 주요 스폰서로 나선다.

텔레비전의 한계점

텔레비전이 크리에이티브 측면에선 그 무엇에게도 뒤지지 않지만, 이 매체는 많은 광고인들이 사용하기에는 부족하거나 모자라는 몇 가지 단점들이 있다. 높은 비용, 표적고객 선택성의 부족, 순식간에 지나가는 텔레비전 메시지의 성질, 클러터clutter, 제한된 시청자의 주의, TV광고에 대한 불신 등이다.

비용 많은 표적고객에 도달하는 측면에서의 TV의 효과성에도 불구하고, 광고를 하기엔 비싼 매체이다. TV의 높은 비용은 방송시간을 구입하는 것에서만 나오는 게 아니라 질 좋은 광고를 만드는 비용에서도 비롯된다. 전국적 브랜드를 위한 30초짜리 광고의 제작비용은 평균적으로 약 40만 달러이며, 더 공들인 광고에는 100만 달러 이상이 든다.[5] 또한 많은 광고인들은 특별히 아프리카계 미국인이나 히스패닉과 같은 특정 인종시장을 위한 광고를 개발한다.[6] 더 많은 광고주들은 다양한 광고를 만들어야 하는 미디어에 기반을 둔 크리에이티브 전략을 구사하고 있기 때문에 이로 인해 비용이 상승된다. 심지어 지역광고까지도 제작하기에는 매우 비싸지만 이들 지역광고는 대개 높은 품질의 광고가 아니다. 광고를 제작하고 방영하는 데 필요한 높은 비용으로 인하여 중소 광고주들은 거덜 나기도 한다.

표적고객 선택성의 부족 프로그램과 케이블TV를 번갈아 가면서 이용하면 TV에서도 어느 정도의 선택성이 가능하다. 그러나 아주 구체적이고 주로 작은 표적고객을 찾는 광고주들은 TV의 보도범위가 대개 그들의 시장 넘어서까지 미치기 때문에 비용효과성을 줄인다고 본다(10장에서 논의되었음). 방송국은 매체가 도달하는 전체 시장범위를 기준으로 광고 요금을 매기기 때문에, 지리학적인 선택성은 소매업자들과 같은 지역광고주들에게 문제가 될 수 있다. 예를 들어 펜실베이니아나 피츠버그에 있는 방송국은, 펜실베이니아 서부와 중앙, 동부 오하이오, 북서쪽의 버지니아, 그리고 심지어 메릴랜드 일부분에 있는 시청자들에게까지 도달한다. 시장이 직접적으로 피츠버그 지역 근처에만 제한되어 있는 작은 회사들은 대개 방송국이 회사의 거래지역보다 더 넓게 지리적으로 방송하기 때문에, TV를 비효율적인 매체라고 생각할 것이다.

표적고객 선택성은 광고주들이 광고하는 것을 결정할 때 프로그램이나 요일, 시간대를 통해서 특정집단의 고객을 목표로 하면서 나아지고 있다. 그러나 TV는 아직 라디오, 잡지, 신문, 광고용 다이렉트메일만큼 명확히 세분화된 시장에 도달하기 위한 표적고객 선택성을 많이 제공하지 않는다.

순식간의 메시지 TV광고는 보통 30초나 더 짧은 시간밖에 지속되지 않으며, 시청자가 관찰하거나 고려할 수 있게 하는 그 어떤 유형의 것도 남기지 않는다. 제한된 방영시간에 대한 요구가 강화되고 광고주들이 그들의 제한된 매체 예산으로 더 많은 인상impression을 남기려고 하기 때문에 TV광고는 계속 짧아져 왔다. 어린이들이 시청하는 시간대를 제외하고는 30초짜리 광고는 1970년대 중반에 하나의 표준이 되었으며, 1986년 9월에는 세 개의 주요 네트워크 방송국들이 그들의 전체 스케줄에서 15초짜리 스폿을 받아들이기 시작하였다. 1987년부터 짧아진 스폿광고들은 네트워크 광고 가운데서 약 3분의 1보다 좀 더 많은 양을 차지했고 비네트워크 광고 가운데는 약 14%를 차지했다. 30초짜리 스폿광고는 네트워크 TV 광고 가운데 약 51%를 차지하고 있고 비네트워크 광고의 약 70%의 광고점유율을 차지하며 지배적인 광고 길이로 남아있다.[7]

광고 길이의 감소에 있어 주요 요인은 지난 10년간 상승한 매체 비용의 인플레이션이다. 황금시간대 스폿광고의 평균 비용이 거의 10만 달러까지 이르는 상황에서, 많은 광고주들은 그들의 매체 비용을 유지하기 위한 유일한 수단을 짧은 광고라고 생각한다. 일반적으로 15초짜리 스폿은 30초짜리 스폿의 반의 가격으로 판매된다. 15초나 심지어 10초짜리 광고를 이용함으로써 광고주들은 추가적 스폿광고들을 방영하여 메시지를 강화하거나 더 많은 시청자에게 도달할 수 있을 것이라 생각한다. 많은 광고주들은 짧은 광고들이 더 적은 돈을 사용하면서도 긴 스폿광고들 만큼 효과적으로 메시지를 전달해 줄 수 있다고 믿는다.

몇 년 전, 많은 광고주들은 15초짜리 스폿광고가 지배적인 광고 단위가 될 것이라 예상하였다. 하지만 15초짜리 광고의 이용은 2003년 이후로 38%에 머무르고 있다. 이것은 광고를 만드는 크리에이티브 요인과, 네트워크 시간의 더 낮아진 가격의 네트워크 시간이라든지 아니면 클러터clutter를 제한하려는 네트워크들의 바람 등의 여러 가지 요인에 의해서일 것이다.[8]

클러터 순식간에 지나가는 메시지와 짧은 광고의 문제점들은 광고주의 메시지가 단지 수많은 스폿광고들과 광고 시간에 방영되는 프로그램이 아닌 다른 프로나 자료 가운데에 하나에 불과하다는 사실과 복합되어 있기 때문에 소비자들에게 주목받기 어렵다. 광고주들의 TV광고와 관련한 큰 염려 중 하나는 그런 클러터 때문에 발생하는 효과가 잠재적 하락한다는 것이다.

TV를 볼 때 스테이션 브레이크station break(프로그램 사이의, 방송국 이름을 알리기 위한 짧은 시간)에 등장하는 광고, 뉴스나 곧 있을 프로그램에 대한 홍보, 공익광고의 수를 세어보면 왜 클러터가 주요 문제점인지 이해하게 될 것이다. 이 모든 메시지들이 주의를 끌기 위해 경쟁하는 상황에서, 시청자들이 왜 혼란스러운 인상을 받으며 심지어 짜증나기도 하는 것인지, 그리고 왜 광고된 제품이나 서비스를 기억하거나 제대로 인지하는 것이 불가능한지를 이해하는 것은 어렵지 않다.

광고주들이 짧은 광고들을 사용하여 이러한 문제점이 일어났지만, 네트워크와 개별 방송국들이 그들의 프로그램을 위해 홍보 소식을 방영하고, 광고를 위한 시간을 더 만들며 유명한 프로그램에 시간을 재분배할 때도 클러터는 증가한다. 오랜 세월 동안, 가능한 광고시간의 양은 미국방송협회 자율심의 제도Code Authority of the National Association of Broadcasters에 의해 황금시간대에는 시간당 9.5분으로, 이외에는 12분으로 제한되었다. 1982년에 법무부는 이것이 독점금지법을 침범했다는 근거로 법규를 중단하였다. 처음에는 TV 네트워크들이 그들의 시간 기준을 변경하지 않았지만, 지난 20년간 그들은 그들의 스케줄에서 광고시간을 증가시켜왔다. 네트워크들은 자신들이 광고의 목록을 증가시킬 수밖에 없고 아니면 이미 터무니없이 높게 가격을 올려야 한다고 주장한다. 광고주들과 광고대행사들은 네트워크들에게 광고와 클러터들의 원천을 줄이라고 압력을 가하고 있다.

제한된 시청자의 주의 광고주들이 TV 프로그램에서 시간을 살 때는 보장된 노출이 아니라 오히려 많은 수의 소비자들에게 그의 메시지를 소통할 수 있는 기회를 구입하는 것이다. 그러나 시청자들의 규모가 광고시간 동안에 줄어든다는 증거가 계속해서 나타나고 있다. 사람들은 광고 중 화장실에 가거나, 먹을 것 마실 것을 가지러 가기위해 방을 비운다. 또는 어떤 다른 방식으로 광고 중 방해를 받는다.

소비자들의 주의를 광고에 집중시키는 일은, 최근 대부분의 가구에서 VCR이나 DVR로 프로그램을 녹화할 수 있게 되면서 더 힘든 과제가 되었다. 더욱이 많은 가구는 케이블이나 위성방송 서비스 중 하나를 받고 있고 평균적으로 100개 이상의 채널을 제공받는다. 이는 더 많은 시청 옵션이 가능해졌다는 것을 의미한다. 이 요소들은 집핑과 잽핑의 문제점을 낳았다. **집핑**zipping은 시청자들이 이전에 녹화된 프로그램을 다시 보는 동안 광고들을 빨리 감기할 때 발생한다. DVR의 시장진출의 확산으로 많은 사람들이 녹화된 프로를 보고 있으며 광고들을 빨리 감기 한다. 문제점은 많은 네트워크들이 그들의 가장 인기 있는 프로그램을 같은 날(보통 수요일이나 목요일) 같은 시간대에 서로 대립하여 방송한다는 사실에 의해 복잡하게 된다는 것이다. 가장 인기 있는 쇼는 결국 가장 많이 녹화된다. 게다가 이 프로그램들의 시청자들은 많은 광고주들이 탐내는, 경제적으로 풍부한 18~49세 연령 집단으로 구성된다.[9]

디지털 비디오 녹화기의 선두회사인 티보TiVo는 광고인들에게 프로그램과 서비스 가입자들의 시청 습관에 근거한 광고의 매초 시청률을 판매한다. 이 서비스는 스탑워치Stop/Watch라고 불리며, 광고 시청률 데이터와 인구통계학의 정보를 제공한다. 더불어 마케터들이 2만 명의 티보 가입자 패널들을 설문조사할 수 있는

사진 11-3

티보는 가입자들의 시청 패턴을 추적한다.

기회를 제공하여 그들의 시청 습관과 왜 광고를 건너뛰는지를 더 잘 이해할 수 있도록 한다(**사진 11-3**). 또한, 닐슨미디어리서치는 광고를 빨리 감기하는 사람들에 대하여 연구를 진행하였고, 18~34세 사이의 여성과 남성은 더 많이 광고를 건너뛴다는 것과 나이가 많은 여성일수록 젊은 여성들보다 적은 수의 광고를 건너뛴다는 것을 밝혀냈다.[10]

잽핑zapping은 광고를 피하기 위하여 채널을 바꾸는 것을 의미한다. 거의 모든 텔레비전 세트에 리모컨이 딸려있으며 이것은 시청자들이 채널 바꾸는 것을 쉽게 해 준다. 존 크로민John Cromin에 의해 진행된 관찰연구를 살펴보면, TV프로그램을 보는 표적고객들 가운데 약 3분의 1정도가 광고가 나타났을 때 잽핑한다고 보면 된다고 한다.[11] 닐슨Neilsen의 연구에 의하면, 대부분의 광고 잽핑은 프로그램의 시작에 발생하며, 끝에서도 간간이 일어난다고 한다. 이 시점에서의 잽핑은 프로그램 사이 광고 시간commercial break이 너무 길고 예측 가능하기 때문에 발생할 가능성이 높다. 잽핑은 또한 CNN, MTV2, ESPN과 같은 케이블 채널들의 24시간 연속방송 포맷의 프로그래밍에 의해 부채질되었다. 시청자들은 몇 개의 뉴스 헤드라인, 스포츠 성적, 또는 뮤직비디오를 위해 채널을 바꿀 수 있고 그 다음 다시 이전 채널로 돌아올 수 있다. 연구 따르면 청장년층이 노년층보다 잽핑을 더 많이 한다는 것과 남성이 여성보다 더 할 가능성이 높다는 것을 보여준다.[12]

시청자 사이에서 잽핑 행동들에 관해 행해진 연구들은 사람들이 TV를 완전히 그만 볼 이유가 있거나 다른 채널에서는 어떤 것이 하고 있는지 알아내고 싶기 때문에 프로그램 사이 광고 시간에 TV 보는 걸 멈춘다는 사실을 알아냈다. 잽핑으로 채널을 왔다갔다 하는 많은 사람들은 광고되고 있는 제품의 타입이나 구체적인 광고의 특징과는 연관이 없었다.[13] 또한 연구는 잽핑을 하는 사람들은 잽핑을 하지 않는 사람들보다 더 적은 개수의 광고 브랜드를 기억하였고, 잽핑하는 사람들에 의해 상기된 대부분의 브랜드는 시청자들이 다시 프로그램으로 되돌아올 가능성이 높은 위치인 프로그램 사이 광고시간 끝쪽 가까이 배치되어 있었다.[14]

더욱 많은 소비자들이 더 이상 광고에 귀를 기울이지 않고 이용 가능한 채널

사진 11-4
GSN은 시청자들의 연관성 수준을 홍보한다.

의 수가 증가하게 되면서, 잽핑의 수준이 증가할 확률이 높아졌다. 그러므로 네트워크들과 더불어 광고주들에게 직면한 도전과제는, 어떻게 시청자들이 프로그램 사이 광고시간 동안에 채널을 바꾸는 것을 막고 광고에 더 수용적이게 할 것인가이다. **사진 11-4**는 GSN Gamed Network의 광고가 어떻게 TV 프로그램과 시청자들 사이의 관여도를 높여서 소비자들의 광고에 관한 관여도를 높여 시청자로 하여금 광고메시지를 수용하게하고 광고된 제품의 구매의도를 높이는지 잘 보여준다.

또한 TV 네트워크 방송국들은 광고주들과 함께 협력하여 프로그램 사이 광고시간 동안 사람들을 광고를 보도록 하기 위한 수단을 찾고 있다. 한 사례로, CW 방송국은 제품 주위에 만들어진 작은 쇼처럼 광고시간이 보이도록 제작하기 위해 광고주 클레롤Clairol과 함께 팀을 짰다. 이 2분짜리 '콘텐츠 포장content wraps'은 *America's Top Model*과 같은 프로그램 도중에 방영되었으며, 주요 제품은 소비자의 메이크업과 스타일링 기법의 일부분으로 소개되었다.[15] NBC 방송국은 일부는 프로그램 홍보이고 또 일부는 광고인 새로운 '하이브리드' 광고 자투리 시간을 개발하며 광고주들과 협력하고 있다. 네트워크들은 광고를 광고의 콘텐츠와 연관된 프로그램과 연결시키기 위해서 스프린트Sprint와 아메리칸 익스프레스American Express 같은 광고주들과 함께 일해 왔다. 네트워크 TV 방송사는 또한 이 스폿광고를 시청자들이 보고 있을 가능성이 가장 높은 광고시간의 초반부에 배치한다.[16] IAG리서치에 의한 연구에 따르면 하이브리드 광고들이 전통적인 광고들 보다 같은 제품에 대하여 30% 더 높은 기억력을 생성함을 알아냈다.[17] 그러나 방영되는 각 프로그램을 위해서 광고를 변경하는 것은 매우 비싸질 수 있다. 그러므로 광고주들은 이 문제를 다루기 위해서 계속해서 다른 방법을 찾을 것이다.

어떤 광고주들은 광고캠페인 테마를 바꾸어가며 광고를 다르게 실행하는 것이 시청자들의 주의를 유지시키기 위한 하나의 방법이라고 믿는다. 다른 이들은 시청자들의 주의를 유지시키고 끌어들이도록 창의적인 광고메시지를 제작하는 것이 광고를 잽핑하는 것을 막기 위한 궁극적인 수단이라고 생각한다. 그러나 많은 소비자들이 그냥 광고를 보는 것을 원하지 않기 때문에 이것은 말이 쉽지 실제로 행하는 것은 어렵다.

기술의 발전은 TV 시청 습관에 있어 변화를 계속 이끌어낼 것이고 TV광고를 보는 소비자들의 수에 영향을 줄 것이다. 이 장의 도입사례에서 보듯이, 인터넷에서 제공되는 비디오광고는 TV 산업에 주요한 위협이 되고 있다. 온라인 비디오와 더불어, 디지털비디오녹화기DVR와 주문형 비디오VOD 같은 시간을 뛰어넘는time-shifting 기술 또한 TV 시청 패턴에 영향을 주고 있다. 4,300 이상의 가구가 VOD에 접근이 가능하며 그 이용은 급진적으로 증가되고 있다. VOD 시스템은 사용자가 프로그램을 쌍방향적으로 선택하고 볼 수 있도록 하며 그들이 VCR이나 DVR에서 하는 것과 같이 프로그램을 일시정지, 빨리 감기, 되감기를 가능하게 한다. 그러므로 그들은 광고를 완전히 피할 수 있다.

대부분의 VOD 서비스는 시청자들에게 프로그램을 보기 위해 한 에피소드당 99센트 정도의 요금을 요구한다. 이 프로그램들은 어떠한 광고도 포함하지 않으며 네트워크 TV 방송국들은 시청자들이 프로그램에 광고 없이 접근하는 것을 꺼려하여 서비스가 가능한 프로그램들의 수를 제한하였다. 그들은 시청자들이 이러한 타입의 시청 경험에 익숙해질까봐 염려하고 있다. 그러나 두 개의 주요 네트워크 TV 방송국인 ABC와 ESPN을 소유한 월트디즈니사Walt Disney Co.는, 2007년 주요 케이블 운영회사 콕스Cox Communications와 한 거래를 성사시켰다. 이 거래는 콕스가 시청자가 광고를 건너뛰는 것을 가능하게 빨리 감기 기능을 없애는 조건에서 디즈니가 인기 프로그램들과 축구경기들을 요구만 하면 언제든지 무상으로 제공한다는 내용이었다. 만약 기존의 프로그램이나 경기 방송을 봤더라면 접했을 광고 개수와 같은 수의 광고를 시청자들이 필수적으로 보지 않더라도, ABC와 ESPN은 그들의 프로그램들에 광고 시간을 팔 수 있다.[18]

많은 가구들이 DVR과 VOD와 같은 서비스를 구입하면서, TV 프로그램을 보는 데 있어 대안적인 수단과 그들이 원하는 스케줄에 보는 것에 대한 소비자의 관심은 증가할 가능성이 높다. 더 많은 사람들은 또한 훌루Hulu와 팬캐스트Fancast 같은 사이트를 통해 인터넷으로 TV 프로그램을 보고 있으며, 네트워크와 지역 TV 방송국들은 웹사이트에서 시청 가능한 더 많은 프로들을 만들고 있다.[19] TV 산업이 직면한 도전과제는, 어떻게 대안적인 시청 방법에 대한 요구에 부응할 것인가와 어떻게 그들의 전통적인 광고 사업 모델을 보호하면서 이것들로부터 수입을 이끌어낼 것인가이다.

불신과 비판적 평가 많은 광고 비평가들에게 TV광고는 광고 산업에 대한 모든 잘못된 점들을 전형적으로 보여준다. 비평가들은 흔히 TV광고가 생활 속에 너무나 광범위하게 퍼져있고 사람들에게 거슬리게 하는 본질 때문에 이 매체를 비판한다. 소비자들은 TV광고의 세례 속에서 무방비로 노출되어 있다고 할 수 있는데 소비자들이 어떤 메시지가 전달되는지와 화면에 무엇이 나올 것인가에 관하여 전혀 통제할 수 없기 때문이다. 시청자들은 TV광고가 불쾌하게 느껴지거나 충분한 정보를 제공하지 않다고 느끼거나, 혹은 너무 자주 보거나 그들이 싫어하는 내용이 나올 때 싫어한다.[20] 연구에 따르면 다양한 형식의 광고 중에서 일반적으로 TV광고에서 불신이 가장 높았음을 보여줬다.[21] 또한 어린이들이나 노인들과 같은 특정 그룹에 미치는 TV광고의 영향에 대하여 염려가 고조되어 왔다.[22]

텔레비전 시간 구매

TV를 매체 믹스 중 한 부분으로 이용하기로 선택한 광고주들에게는 몇 가지의 선택이 가능하다. 그들은 다양한 유형과 크기를 가진 표적고객군집에게 매력적인 다양한 방송 프로그램 형식의 시간을 구매할 수 있다. 광고주들은 시간을 전국적, 지역적 기준으로 구입할 수 있다. 또는 광고주들은 하나의 프로그램 전체를 후원하거나, 후원사들의 일환으로 참여하거나, 또는 프로그램 중간에 짧은 토막광고를 이용할 수 있다.

특히 막대한 돈을 쏟는 대기업에게 있어서는 TV광고 시간의 구입은 광고에 있어서 아주 중요한 전문성을 요구하는 단계이다, TV광고를 많이 하는 대형 광고주들은 매체 스케줄을 짜고 TV 방송시간을 구매하기 위하여 일반적으로 광고대행사 매체전문가나 특화된 매체 구매 서비스를 이용한다. 전국적인 방송시간을 구매할 것인가 지역 또는 스폿광고를 할 것인가, 어떤 특정 방송국을 선택할 것인가, 혹은 프로그램 전체를 혼자 후원할 것인가 아니면 후원에 참여할 것인가, 다른 등급의 시간대는 어떤 것을 할 것인가, 그리고 어떠한 적합한 프로그램에 광고할 것인가 등에 관련하여 결정이 이루어져야 한다. 지역 광고주들은 전국적인 광고는 고려하지 않아도 되지만 언급한 나머지 결정들에는 모두 직면하게 된다.

네트워크광고 대 스폿광고

모든 광고인들이 해야 하는 기본적인 결정은 그들의 TV 매체 예산을 전국 네트워크에 할당할지 지역이나 스폿광고에 할당할지 선택하는 것이다. 대부분의 전국 광고주들은 전국적 보도를 제공하기 위해서 네트워크 스케줄을 이용하며 추가적인 보도가 필요한 시장에 도달하기 위해 이것을 지역적 스폿의 구입으로 보충한다.

네트워크 광고 광고주들이 그들의 메시지를 퍼뜨리는 일반적인 방법은 **텔레비전 네트워크**televison network에서 방송시간을 구매하는 것이다. 네트워크는 자신의 프로그래밍과 서비스를 공급하는 일련의 제휴된 지역 TV 방송국, 또는 **계열사**affiliate들을 가지고 있다. 대부분 독립적으로 소유된 이 계열사들은 특정 시간 동안에 네트워크에 의해 제공되는 프로그래밍을 위해서 시간을 선점하며 프로그램에서 전국적인 광고를 다룰 것을 계약상으로 동의한다. 네트워크들은 이 시간대 동안 얻는 광고 수입을 계열사들과 함께 나눈다. 계열사들은 또한 네트워크 시간대가 아닐 때nonnetwork와 점유된 기간의 스테이션 브레이크(프로그램 사이의, 방송국 이름을 알리기 위한 짧은 시간) 동안에 전국적, 지역적 광고주들 모두에게 광고시간을 자유롭게 판매할 수 있다.

미국에 있는 세 곳의 주요 전통적 네트워크는 NBC, ABC, 그리고 CBS이다. 폭스Fox Broadcasting Co.는 자신들의 프로그램을 제휴된 독립 방송국들에서 방영하였고 네 번째 주요 네트워크가 되었다. *Family Guy*, *American Idol*, *House*, *Glee*와 같은 몇몇의 폭스의 황금시간대 프로그램들은 높은 인기를 얻었으며, 특히 광고주들에 의해 자주 겨냥되는 18~49세의 연령집단에게서 인기를 끌었다. 폭스는 또한 NFL 미식축구, 메이저리그 야구와 같은 스포츠 경기를 방영할 수 있는 계약으로 인하여 스포츠 프로그래밍에 있어 주요 회사가 되었다.

또 다른 텔레비전 네트워크인 CW는, 11년 된 2개의 회사 WB와 UPN이 합병을 결정한 2006년에 설립되었다.[23] CW 방송국은 CBS/Viacom와 타임워너Time Warner의 매체 복합기업의 일부인 워너브라더스Waner Bros.에 의해 공동 소유되고

사진 11-5
CW 네트워크에는 America's Next Top Model 같은 여러 개의 유명 프로그램이 있다.

있다. WB와 UPN 둘 다 젊은 시청자들을 겨냥했으며 CBS와 워너브라더스는 두 네트워크의 프로그래밍과 계열사를 결합함으로써 그들이 결국엔 CW를 다섯 번째로 주요한 방송 네트워크의 회사로 만들기를 희망한다. CW 방송사는 아직도 18~49세의 연령층을 겨냥하지만 전체 황금시간대 스케줄을 제공하지는 않는다. 이 회사는 6일 동안 15시간의 황금시간대 프로그래밍을 방영하며, 토요일에는 단지 아침 만화영화 블록cartoon block만 있다. 이 새로운 네트워크는 *America's Next Top Model*, *Supernatural*, *Gossip Girl* 같은 몇 개의 유명한 프로그램을 가지고 있다(**사진 11-5**). CW와 네 개의 주요 네트워크 외에, 미국에는 스페인어로 방영되는 몇몇 네트워크들이 있다.[24]

네트워크들은 거의 완전한 전국 보급률을 위해 미국 전역에 계열사들이 있다. 한 광고주가 방송시간을 네 개의 전국적 네트워크들에서 구입하면, 광고는 전국에 제휴된 방송국 네트워크를 통하여 미국 전역에 걸쳐 전송된다. 네트워크 광고는 광고주가 그들의 메시지를 동시에 전국적으로 방영할 수 있다는 면에서 대중매체로 확고히 자리매김하고 있다.

인도의 텔레비전 매체와 엔터테인먼트의 선두회사인 지 엔터테인먼트Zee Entertainment Enterprises Limited에 의해 총괄적으로 소유된 Zee TV, Zee Cinema, Zee Action, Ten Crichet, Zong과 같은 채널들은 차츰 세계적으로 인기를 얻고 있으며 **사진 11-6**에서처럼 이 네트워크가 광고하는 것과 같이, 광고주들에게 빠르게 성장하는 국외 거주 인도인 시장에 도달할 수 있는 수단을 제공한다. 지 엔터테인먼트는 세계적으로 강한 존재감을 통하여, 167개 국가에서 5억 명이 넘는 시청자들을 즐겁게 해 준다.

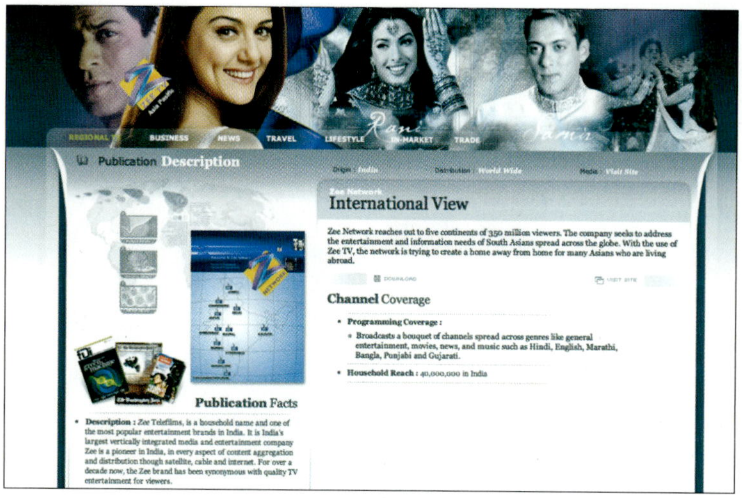

사진 11-6
인도의 선두 텔레비전 네트워크인 지 엔터테인먼트는 자신의 도달범위를 광고주들에게 광고한다.

네트워크 광고의 주요 장점은 구매 과정의 단순화이다. 광고주들은 광고를 전국적으로 방영하기 위하여 단지 하나의 기관 또는 매체 대표만 상대하면 된다. 미국에 있는 네트워크들은 또한 인기 있고 폭넓게 시청되는 많은 프로그램들을, 특히 황금시간대에 제공한다. 많은 전국의 표적고객에 도달하는 데 관심이 있는 광고주들은 일반적으로 황금시간대에 방영되는 프로에 광고를 산다.

네트워크 광고가 많은 수의 표적고객에 도달하는 데 있어 효과적인 방법이긴 하지만, 황금시간대 프로에 광고를 하는 비용은 도달하는 표적고객의 수 때문에 매우 높다. *Grey's Anatomy*, *Two and a Half Men*, *NCIS*, *The Office*와 같은 인기 있는 미국의 황금시간대 프로그램들은 30초짜리 광고를 하는 데 20만 달러를 훨씬 넘어서는 비용을 청구할 수 있다.[25] 18~49세 집단에게 좋은 호응이 있는 TV 프로그램은, 이 집단이 많은 광고주들에게 아주 중요한 인구통계학적인 세분시장이기 때문에 대개 프리미엄 비용을 청구할 수 있다. 지난 5년간의 TV에서 가장 비쌌던 프로그램은 1월에서 5월에 방영되는 *American Idol*으로, 이것은 18~49세의 인구와 함께 총시청자들에게 지난 6년 중 최고의 프로그램으로 뽑혔다. 지난 몇 시즌 동안 *American Idol*은 평균적으로 거의 매주 2,500만 시청자를 기록하였고 5월 후반에 있던 마지막 에피소드에서는 광고 방영에 거의 100만 달러를 청구할 수 있었다.[26]

더 많은 광고주들이 대중시장에 도달하기 위해 네트워크 광고에 의지하면서 광고시간의 구매 가능성 또한 문제로 대두되었다. 전통적으로 대부분의, 특히 인기 방송에서 황금시간대 광고 스폿은, TV시즌이 시작되기 전에 열리는 구매기간인 광고주와 방송국 간 광고시간대를 거래하는 이른바 **업프론트 시장**up-front market이 진행되는 동안에 판매되었다. 황금시간대 네트워크 광고를 이용하고 싶은 광고주들은 그들의 매체 스케줄을 계획해야 하며 대개 TV시간을 1년 정도 앞서서 미리 사두어야 한다. 주요 고객인 TV광고를 많이 하는 광고주들의 요구는, 큰 광고대행사들이 업프론트 시장에 참여하도록 강요한다. 그러나 TV시간은 TV시즌 동안 행해지는 **스캐터 시장**scatter market에서도 구매된다. 업프론트 시장에서 구매할 때의 주요 인센티브인 취소 옵션들과 낮은 가격은 분기의 스캐터 시장에서도 일반적으로 되어가고 있다. 네트워크 TV는 한 번의 매체 구매로 나라의 특정 구역에서 광고주의 메시지가 방영될 수 있도록 지역적 기준으로도 구입될 수 있다.

최근에는 주요 네트워크들과 케이블 회사들은 그들의 광고시간 재고를 업프론트 시장에서 모두다 판매로 제공하는 것보다는, 적어도 10% 혹은 그 이상으로 따로 남겨둔다. 이것은 주로 업프론트 시장 구매시기 동안 판매가 약할 때 스캐터 시장에서 더 높은 가격으로 광고시간을 팔 수 있을 거라는 희망으로 행해진다.[27] 네트워크는 텔레비전 시즌 동안 결국 많은 표적고객을 끌어모으는 새로운 프로그램에 대해서도 스캐터 시장에서 높은 광고시간 가격을 받을 수 있다. 또한, 네트워크 시간에 대한 공급과 수요의 변동은 광고주들이 보통 특정 프로그램에 광고시간의 약한 수요를 이용할 수 있고 스캐터 시장에서 더 낮은 비용으로 구입할 수 있기에 광고주들의 이익에도 맞출 수 있다.

스폿광고와 지역광고 **스폿광고**spot advertising는 지역TV 방송국에서 방영되는 광고를 의미하며, 이때 광고시간은 개별 방송국과 협상하고 직접 구매해야 한다. 전국적 광고주들에 의해 이루어진 모든 네트워크광고는 **전국스폿광고**national spot advertising로 알려져 있다. 유통업자, 레스토랑, 은행, 자동차 딜러와 같은 지역 회사들에게 판매된 방송시간은 **지역광고**local advertising로 알려져 있다. 지역 광고주들은 그들이 사업하는 지역적 시장에 보도의 범위가 제한되는 매체를 원한다. 이것은 TV로 성취되기는 어렵지만, 많은 지역의 사업들은 TV광고를 효과적 이용을 할 수 있을 만큼 충분히 크다.

스폿광고는 전국적 광고주들에게 지역적 시장 조건에 적응할 수 있는 유연성을 제공한다. 광고주들은 시장 잠재력이 크거나 추가적인 지원이 필요한 지역에 광고를 집중시킬 수 있다. 이것은 일정지역에 치우친 유통구조를 가지거나 제한된 광고 예산을 가지고 있는 광고주들에게 매력적이고 이와 더불어 테스트 마케팅이나 제한된 시장 지역에 새 제품을 출시하는 광고주에게 매력적이다. 전국적 광고주들은 보통 스폿 텔레비전 광고를 지역 유통업자들이나 딜러들을 통해 이용하며, 협력광고cooperative ad 프로그램 중의 일부로서 그리고 지역 딜러에게 지원을 제공하기 위해서 이용하기도 한다.

전국적 광고주들에게 있어 주요 문제점은 스폿광고를 확보하기 더 어려울 수도 있다는 점이다. 왜냐하면 이는 광고시간을 여러 개의 지역 방송국에서 구입되어야 하기 때문이다. 더욱이 지역개별 방송국들에는 가격 정책과 할인 구조에 있어 전국적 네트워크 방송들보다 더 많은 변동이 있다. 그러나 이 문제는 전국적 광고주들을 상대하는 몇몇의 지역 방송국의 판매 대리인으로서의 역할을 하는 개인들인 **스테이션렙**station rep의 이용으로 어느 정도 줄어들었다.

스폿광고는 클러터에 영향을 받기 쉽다. 왜냐하면 지역 방송국들은 네트워크 광고주들이 모든 이용 가능한 시간을 구입하지 않은 경우를 제외하고는, 네트워크에서 비롯된 프로에서 단지 프로그램 사이사이의 쉬는 동안을 나타내는 스테이션 브레이크 동안에만 시간을 팔 수 있기 때문이다. 스테이션 브레이크에는 사람들이 방을 떠나고, 채널을 바꾸고, 다른 일을 하고, 또는 TV를 그만 보기 때문에 이 시기에 시청자는 일반적으로 감소한다.

스폿광고가 네트워크에서 비롯된 프로 사이사이의 스테이션 브레이크에 가장 국한되어 있을 때, 지역 방송국들은 뉴스, 영화, 신디케이트 쇼syndicated show (독립 방송국에서 직접 판매하는 프로그램), 지역에서 만들어진 프로그램들로 구성된 자신들의 프로그램에 광고시간을 판매한다. 대부분의 도시들은 스폿광고주들이 사용하는 독립방송국이 있다. 지역 광고주들은 독립방송국들이 주요 네트워크 계열사들보다 일반적으로 낮은 비용을 갖기 때문에 매력적으로 느낀다.

대부분의 전국적 광고주들이 직면하고 있는 결정은 TV예산의 사용을 효과적으로 하기 위해서 네트워크와 스폿광고를 어떻게 결합시켜야 하느냐이다. 전국적 광고주들에게 스폿광고를 매력적이게 하는 다른 요인은 신디케이션의성장이다.

신디케이션 광고주들은 방송국별로 혹은 시장별로 판매되거나 유통되는 프로그램인 **신디케이트 프로그램**syndicated program으로 광고를 하는 방법으로도 TV 시청자들에게 도달한다. 신디케이터는 프로그램을 모든 시장에 있는 한 방송국에게 팔고자 한다. 신디케이트 프로그래밍에는 여러 가지 타입이 있다. **오프 네트워크**

신디케이션off-network syndication은 독립방송국에 의해 구매된 네트워크 프로그램의 재방송을 의미한다. 오프 네트워크 신디케이션에 포함된 인기 있는 프로에는 *Two and a Half Men*, *Family Guy*가 있다. 미국 연방통신위원회인 FCC의 주시청 제한 규정prime-time access rule은 큰 네트워크 계열사들이 오후 7~8시 동안 이것들을 방송하는 것을 금한다. 그러나 독립방송국들은 이 제한에 영향받지 않는다. 신디케이트가 될 자격이 있기 전에 한 프로그램은 최소한의 수의 에피소드들을 가지고 있어야 하며 재정지원이나 신디케이트 프로의 생산에 있어 네트워크의 개입에 대한 제한이 존재한다.

오프 네트워크 신디케이션 프로그램들은 질 좋은 프로그래밍과 이미 어느 정도 형성된 표적고객을 함께 제공하기 때문에 지역 방송국들에게 있어 아주 중요하다. 신디케이트 시장은 프로그램을 생산하고 네트워크에 판매하는 스튜디오들에게도 매우 중요하다. 대부분의 황금시간대 네트워크 프로그램들은 처음에 스튜디오들을 위해 손해를 보는데, 이는 네트워크들에 의해 지불되는 특허권 사용료는 생산비를 충당하지 못하기 때문이다. 4년(신디케이션이 되기 위해 필요한 에피소드의 수를 생산하기 위해 걸리는 시간) 동안 에피소드가 계속 바뀌는 30분짜리 연속 홈 코미디는 보통 수백만 달러의 적자를 쌓으며 심지어 한 시간짜리 드라마는 더 높은 손실을 가져온다. 그러나 제작자들은 신디케이션에 프로그램을 판매할 때 그들의 돈을 되찾는다.

특별외주제작first-run syndication은 신디케이트 시장을 위해 특별이 제작된 프로그램을 의미한다. 특별외주제작 시장은 네트워크 프로그램이 되지 못한 몇몇을 포함한 여러 가지의 프로들로 구성되어 있다. 인기 있는 특별외주제작의 예로는 *Live with Regis & Kelly*와 *The Herry Springer Show*와 같은 토크쇼, *Inside Edition*과 *Entertainment Tonight*과 같은 오락 프로그램, *Judge Judy*와 같은 법정 프로그램이 있다.

광고주 지원 신티케이션advertiser-supported syndication 혹는 **바터 신디케이션**barter syndication(방송국 측에서 신디케이터로 하여금 프로그램 내에 일부 광고시간을 팔 수 있도록 허용한 형태의 프로그램 공급)은 방송국들에서 돈보다는 프로에서의 광고시간의 일부를 대가로 프로그램을 파는 관행을 의미한다. 프로그램을 진행하는 모든 방송국들의 광고시간은 전국적 단위로 처리되어 전국 광고주들에게 판매된다. 방송국은 남은 시간을 지역과 스폿 광고주들에게 판매한다. 오프 네트워크 신디케이션와 특별외주제작 프로그램은 둘 다 모두 바터 신디케이션을 통해 제공된다. 일반적으로 반 이상의 광고시간이 사전 매각되고 나머지가 지역 광고주들에 의해 구매가 가능하다. 바터 신디케이션은 네트워크 타입 매체 구입의 편의성이 있으며 전국 광고주들이 신디케이트 시장에 참여하는 것을 가능하게 한다. 반면 지역 방송국들은 무료 프로그래밍을 갖고 나머지 시간을 지역이나 스폿 광고주들에게 팔 수 있다. 최근에는 직거래 바터 거래보다는 바터현금제barter/cash 거래로 바뀌는 추세인데 바터현금제 거래는 방송국이 프로그램에 대한 할인된 요금으로 현금을 지불하고 사전 배치된 교환된 몇몇의 광고 받아들이는 것이다. 인기 있는 바터 프로그램에는 *Wheel of Fortune*, *Jeopardy*, *The Oprah Winfrey Show*가 있다.

신디케이션은 이제 전국방송 표적고객의 3분의 1 이상을 차지하고 있으며, 어떤 선두의 전국 네트워크회 4개사에 수입에도 대적할만한 광고 수입을 형성하는 아주 큰 사업이 되었다. 주간시간대나 이른 황금시간대, 혹은 새벽시간대late fringe(오후 11시부터 새벽 1시까지의 TV시청 시간대)와 같은 특정 방송시간에는 신디케이트 프로그램들이 네트워크 프로그램보다 인기가 더 좋아졌다. 어떤 시장에서는 *Wheel of Fortune*과 같은 신디케이트 프로그램들이 네트워크 뉴스보다 더 많은 수의 표적고객을 끌어들인다.

많은 전국 광고주는 신디케이트 프로를 그들의 도달범위를 넓히고, 돈을 아끼고, 특정 표적고객을 겨냥하기 위해 이용한다. 예를 들어 *Two and a Half Men*, *Family Guy*, *CSI*와 같은 오프네트워크 신디케이션 프로그램들은 대개 접근이 어렵지만 많은 광고주들이 원하는 젊은 층(18~34세)들에 인기를 끌기 때문에, 그리고 네트워크 프로보다 천 명당 소요되는 경비가 더 적기 때문에 광고주들에게 인기가 있다. **도표 11-2**는 2009-2010년도 상위 10개 신디케이트 프로그램들을 보여준다. 신디케이션은 계속해서 인기를 얻고 있으며 더 많은 광고주들이 신디케이트 방송을 그들의 텔레비전 매체 스케줄의 일부분으로 만들고 있다. **사진 11-7**은 SNTASyndicated Network Television Association의 웹사이트에서 신디케이션의 장점들을 홍보하는 페이지를 보여준다.

신디케이션은 확실한 단점이 있다. 몇몇 신디케티이트 방송의 표적고객은 보통

도표 11-2
2009~2010년도
상위 10개의 신디케이트
정기 프로그램들

자료: The Nielsen Company.

순위	프로그램	가구 시청률
1	Wheel of Fortune	6.6
2	Jeopardy	5.6
3	Two and a Half Men	4.8
4	Judge Judy	4.5
5	Oprah Winfrey Show	4.4
6	Entertainment Tonight	4.2
7	Family Guy	3.4
8	CSI New York	3.3
9	Inside Edition	3.0
10	Wheel of Fortune (weekend)	3.0

사진 11-7
SNTA는 신디케이트의 장점들을 홍보한다.

나이가 많고 외진 지역에 거주하며, 신디케이터들은 네트워크 방송처럼 많은 연구 정보를 제공하지 않는다. 또한 신디케이션은 신디케이트 방송이 특정 시장에서 소개된 적이 없거나 바람직하지 않은 시간대에 방영되었거나 할 수도 있기 때문에 매체 구매자들에게 디 많은 문제를 발생시킨다. 그러므로 매체 구매자들은 신디케이션 스케줄을 위해 각 시장을 관찰하여야 하고 방영시간과 다른 요소들을 점검하여야 한다.

TV광고 시간 구매 방법

네트워크광고 대 스폿광고 중 어떤 것을 이용할 것인지 결정하는 것과 더불어서, 광고주들은 프로그램 전체를 후원할 것인지, 프로그램에 참여할 것인지, 또는 스폿광고를 프로그램 사이사이 할 것인지를 결정하여야 한다. 어떤 프로그램의 후원과 참여는 네트워크나 지역 시장 기준 둘 모두에서 가능하나, 스폿광고는 단지 지역 방송국을 통해서만 가능하다.

후원 **후원**sponsorship 방식에서 광고주는 제작에 있어서 그리고 일반적으로 프로그램의 콘텐츠와 안에 등장하는 광고들에 대해서 책임을 떠맡는다. TV의 초창기에는, 대부분의 프로그램은 기업에 의해 제작되고 후원되었고 후원사의 이름이 명시되었는데 이의 예로는 *Texas Star Thearter*와 *The Colgate Comedy Hour*가 있다. 오늘날 대부분의 프로그램들은 네트워크나 네트워크에 이를 판매하는 독립 제작사에 의해 만들어진다.

몇몇 회사들은 아직도 방송제작 사업에 연관되어 있다. 예를 들어, 1950년부터 연속극을 제작해 온 Proctor&Gamble은 Paramount Telvision Group과 네트워크 TV와 특별외주제작을 위한 프로를 개발하기 위한 협정을 체결했다. *Kraft Theater*와 *Hallmark Hall of Fame* 드라마 시리즈와 같이, 여러 주요 회사들은 특별한 프로그램을 오랫동안 후원해 왔다. 프로그램들에 대한 단독 후원은 일반적으로 특별한 경우로 제한되어 계속해서 줄어들고 있다. 그러나 포드, AT&T, GE, IBM과 같은 몇몇 회사들은 아직도 프로그램 후원을 가끔 사용하고 있다.

광고주 회사는 프로그램을 여러 가지 이유로 후원을 결정할 것이다. 프로그램을 후원한다는 것은 회사들로 하여금 높은 품질의 프로그램을 제작한다는 명성으로 인하여 해당 회사와 그 회사 제품의 이미지를 향상시킨다는 점에서 상당히 많은 이득을 얻게 한다. 전통적으로 특히 주요 네트워크들에서 광고 없는 후원은 보기 드물었으며, 이는 한 프로그램을 후원하는 것은 모든 전국적 시간과 더불어 지역 시간들을 네트워크 계열사로부터 매수해야 하기 때문에 많은 비용이 들 수 있기 때문이다. 그러나 최근 몇몇 회사들은 그들의 제품을 프로그램에 배치하는 것(PPL)을 포함한 패키지 거래의 일환으로 광고 없이 방송되는 프로그램을 후원하였다. 예를 들어 포드 자동차는 그들의 자동차가 프로그램에서 주요하게 다루어지는 것에 대한 대가로 Fox의 광고 없는 시즌 드라마 프로그램인 *24*를 여러 시즌 동안 후원하였다. 케이블 네트워크 FX는 *Nip/Tuck*과 *Rescue Me*와 같은 프로의 개봉에서 회사의 제품이 배치되는 보장을 대가로 광고 없는 후원 거래를 자주 이용했다.[28]

광고주 회사들은 또한 그들의 광고를 방영하는 프로그램에 대해 광고횟수, 광고배치, 광고의 콘텐츠에 관한 사항을 포함하여 전반적인 통제권을 더 갖기 위해서 프로그램을 후원한다. 광고는 광고시간의 총합이 네트워크나 방송국의 규정을 넘어가지 않는 한 어떠한 방법이라도 될 수 있다. 새로운 제품이나 브랜드를 소개하는 광고주들은 가끔 프로그램을 후원하고 그들을 출시하기 위해 몇 분간의 긴 광고를 진행한다. 이러한 사항들이 일부 광고주들에게 후원을 매력적으로 생각하게 하지만, 단독 후원의 높은 비용은 이 선택을 오로지 대기업들에게만 가능하게 한다. 대부분의 광고 시간은 참여와 같은 다른 방법들을 통해 구입된다.

참여 대부분의 광고주들은 후원의 높은 비용을 낼 여유가 없거나 후원이 허락하는 것보다 더 높은 유연성을 원한다. 거의 90%에 이르는 네트워크의 광고시간이 **참여**participation를 통해 판매되며, 몇몇 광고주들은 광고시간이나 스폿을 특정 프로그램에서 구매한다. 광고주는 특정 프로그램에 한 번이나 여러 번 정기적이거나 비정기적으로 참여할 수 있다. 참여하는 광고주는 프로그램의 제작에 어떠한 재정적 책임이 없다. 이것은 광고시간을 판매하고 통제하는 네트워크나 개별 방송국에 의해 책임이 맡겨진다.

참여의 장점은 광고주들이 프로그램에 대한 장기적 책임이 없고, 지출은 예산에 맞는 참여 스폿을 구매하기 위해서 어떠한 횟수로던지 조정이 가능하다. 이것은 특히나 제한된 예산을 가지고 있는 작은 광고주들에게 중요하다. 두 번째 장점은 TV광고 예산이 매체 스케줄에서 다양한 프로그램들에 걸쳐 이루어질 수 있어서 결국 더 많은 표적고객을 도달할 것이다.

참여의 단점은 광고주들이 광고의 배치에 대해서 통제권을 많이 가지고 있지 않으며, 어떨 때에는 시간 확보가 아예 가능하지 않을 수도 있다는 것이다. 많은 스폿에 시간과 돈을 쓰는 광고주들에게는 시간확보의 우선권이 주어지는데, 하나의 프로그램 이상에서 단 하나의 스폿을 사려고 하는 회사들은 특정 프로그램, 특히나 황금시간대의 시간은 손에 넣을 수 없다는 것을 알게 된다.

스폿광고 이전에 토의되었던 바와 같이, 스폿광고spot announcement들은 지역 방송국에서부터 구입이 되며 일반적으로 네트워크 프로그램과 함께보다는 인접할 때에 나타난다(그래서 용어는 adjacencies라고 한다). 스폿광고는 순수 지역 광고주들에 의해 가장 자주 이용되나, 네트워크 스케줄이 없는 회사들과 (불균등하거나 제한된 유통으로 인하여) 네트워크광고와 스폿광고를 둘 다 쓰는 대기업에 의해서도 구매된다.

광고시간 선정과 프로그램의 선정

TV시간을 사는 데 있어 또 다른 고려사항은 각 광고주들의 광고메시지를 위하여 올바른 시기와 프로그램을 선택하는 것이다. TV광고의 비용은 하루의 시간과 특정 프로그램에 따라 달라지며, 그 이유는 표적고객의 규모가 이 두 요소가 어떻게 기능하느냐에 따라 달라지기 때문이다. TV시간은 방송일의 구체적 분류인 **시급구분**dayparts으로 나누어져있다.

하루를 구성하는 시급구분은 방송국에 따라 다르다. 그러나 평일 시급구분의 전형적 분류는 **도표 11-3**과 같다. 다양한 TV 시급구분에 따라서 표적고객의 성격과 사이즈 두 요소가 다르기 때문에 시급당 비용이 달라진다. 황금시간대는 가장 많은 수의 표적고객을 끌어들이고, 오후 8시 30분~9시가 가장 많이 시청되는 30분의 시간이며 일요일은 텔레비전이 가장 인기 좋은 밤이다. 광고하는 회사들이 황금시간대에 프리미엄 요금을 내야만 하기 때문에, 이 시급구분은 큰 규모의 전국 광고주에 의해 장악된다.

다양한 시급들은 다른 인구통계학적 집단을 끌어당기기 때문에 광고주들에게 중요하다. 예를 들어 낮시간 TV는 일반적으로 여성들을 끌어 들인다. 이른 아침은 여성과 아이를 끌어 모은다. 늦은 밤 시간에는 CBS에서 하는 *The Late Show with David Letterman*과 NBC의 *The Tonight Show with Jay Leno*로 채널을 맞추는 젊은이들에 접근하려 하는 광고주들 사이에서 인기를 얻고 있다. 표적고객 규모와 인구통계학적 구성은 또한 각기 프로그램의 타입에 따라서 달라진다.

도표 11-3
일반적인 TV 시급구분

주: 동부 태평양 지역의 시간대이다. 시급 구분은 시장에 따라서, 방송국에 따라서 다를 수 있다.

이른 아침 시간대	오전 5시 ~ 오전 9시	월~금
낮 시간대	오전 9시 ~ 오후 3시	월~금
오후 변두리 시간대	오후 3시 ~ 오후 5시	월~금
이른 뉴스 시간대	오후 5시 ~ 오후 7시	월~토
준 황금시간대	오후 7시 ~ 오후 8시	월~토
황금시간대	오후 8시 ~ 오후 11시 오후 7시 ~ 오후 11시	월~토 일
늦은 뉴스 시간대	오후 11시 ~ 오후 11시 30분	일~토
늦은 변두리 시간대	오후 11시 30분 ~오전 2시	월~금
한밤 시간대	오전 2시 ~ 오전 5시	월~금

케이블 텔레비전

케이블의 성장 아마도 텔레비전 산업의 발전 중 가장 중요한 것은 **케이블 텔레비전**cable television의 성장일 것이다. 케이블이나 CATV(공동 시청 안테나 텔레비전)는 TV 신호를 방송전파 대신 섬유나 동축 케이블로 전달하며, 방송신호를 받을 수 없던 먼 지역에 수신을 제공하기 위해 개발되었다. 케이블은 그 후 대도시로 확장되었고, 개선된 수신율과, 가입자들에게 제공하는 방송국 선택의 폭이 넓어짐에 따라 급진적으로 성장하였다. 케이블은 지난 20년간 상당한 성장을 경험하였다. 1975년에는 TV 소유 가구 중 오직 13%이 케이블을 가지고 있었다. 2010년에는 유선케이블이나 직접방송위성direct broadcast satellite과 같은 대안적인 전달시스템을 통해 케이블의 시장침투가 1억 1,460만 세대주로 전국적으로 91%에 도달하였다.

케이블 가입자는 평균적으로 100개 이상의 채널들을 제공받는 곳들에 매달 요금을 지불하며, 이곳에는 지역 네트워크 계열사와 독립 방송국, 다양한 케이블 네트워크들, 슈퍼스테이션, 지역 케이블 시스템 채널들이 포함된다. 케이블 네트워크들과 채널들은 이원적 매출원을 갖고 있는데 이는 가입자가 내는 요금과 광고수입이라는 두 가지 수입원이 있기 때문이다. 또한, 케이블 운영자들은 광고 후원에 의해 지원되지 않은, 매달 서비스 사용 요금 이상의 돈을 지불할 용의가 있는 가구들만 이용 가능한 프로그래밍을 제공한다. 이 프리미엄 채널에는 HBO, Showtime, The Movie Channel 등이 있다.

케이블TV는 뉴스전문, 팝음악, 컨트리 음악, 일기예보, 교육적, 문화적 채널, 어린이를 위한 방송 등을 포함한 전문화된 채널들을 제공함으로써 시청자들과 광고주들까지도 이용할 수 있는 프로그램 옵션을 확장한다. 도표 11-4는 인기 있는 케이블 채널과 그들이 방영하는 방송 프로그램 편성의 유형을 보여준다. 인공위성을 통하여 케이블 업자들에게 신호를 전국적으로 보내는 독립적인 지역 방송국인 **슈퍼스테이션**superstation은, 그들의 프로그램이 가입자들에게 도달 가능하게 만들기 위해 많은 케이블 시스템들에 의해 수반된다. TBS와 WGN과 같은 슈퍼스테이션들에서의 프로그래밍은 일반적으로 스포츠, 영화, 그리고 네트워크 프로의 재방송으로 구성된다. 슈퍼스테이션들은 전국광고를 방영하기도 하며, 전국에 걸쳐 있는 케이블을 소유한 가구들에게 상대적으로 비싸지 않은 선택이다.

케이블은 텔레비전의 광고매체로서의 성격에 상당한 영향을 주었다. 첫째로,

도표 11-4 주요 케이블 네트워크들

방송사	프로그램 유형
ABC Family	Family/general/original
A&E Network	Biographies/dramas/movies/documentaries
Adult Swim	Young adult entertainment/programs
AMC	Movies/documentaries
Animal Planet	Wildlife and nature documentaries/adventure/children's entertainment
BBC America	Drama/comedy/news/arts
BET	Entertainment/information for African-Americans
Big 10 Network	College Sports
BIO	Biographies, drama
Bloomberg Television	Business and financial news
Bravo	Drama/movies/reality shows
Cartoon Network	Cartoons
CMT: Country Music Television	Country music video/concert/specials
CNBC	Financial and business news/interviews and discussions
CNN	News/information
CNN Espanol	News/information (Spanish language)
CNN/HLN	News/information
Comedy Central	Comedy programs/original
Court TV	Court/legal
Discovery Channel	Family/health/technology/science
E! Entertainment Television	Entertainment/celebrities/pop culture
ESPN	Sports/specials/events
ESPN 2	Sports
ESPN Sports Classics	Sports history/biographies
ESPN Deportes	Sports (Spanish language)
ESPNEWS	Sports news
Food Network	Food/cooking/entertainment
Fox Business Network	Business news
FOX News Channel	News/information
Fox Soccer Channel	Soccer/sports
FSN	Sports
Fuse	Music/concerts
FX	Entertainment/original programs
GAC: Great American Country	Country music/concerts
Galavision	Programming/entertainment for Hispanics
GSN: Games Network	Game shows
Golf Channel	Golf
Hallmark Channel	Original movies/miniseries
HGTV	Decorating/gardening
History Channel	Historical documentaries/ movies
Lifetime Networks	News/information/women's interests
MLB Network	Major league baseball
MSNBC	News/information
MTV	Music/reality shows/drama
MTV 2	Music/videos/popular culture
mun2 Television	Bilingual programming for Hispanics/Latino youth culture
NGC (National Geographic Channel)	Adventure/exploration/science/culture
NFL Network	NFL football
Nickelodeon/Nick at Nite	Youth interest/cartoons/comedy/game shows
Oxygen	Movies/news/comedy/women's interests
SOAPnet	Soap operas/drama
Syfy Channel	Science fiction
Speed	Motor sports/automotive
Spike TV	Original programming/sports/entertainment for men
Superstation WGN	Movies/dramas/sports/sitcoms/reality-based programs
TBS	Entertainment/movies/sports
Tennis Channel	Tennis/health and fitness/lifestyle
TLC (Learning Channel)	Science/history/adventure/behavior
TNT	Movies/general entertainment/sports
Travel Channel	Travel information
TV Guide Channel	Television entertainment information
USA Network	Entertainment/movies/sports
VH1	Music videos/movies/concerts/documentaries
Versus	Sports/outdoor/nature
Weather Channel	Weather
WGN	Entertainment/sports/movies
WE tv	Women's entertainment/fashion/health

확장된 시청 옵션은 상당한 양의 표적고객 분열을 야기했다. 케이블 시청자들의 성장에 있어 많은 부분은 네 개의 주요 네트워크들의 희생으로 인해 얻어졌다. 케이블 채널들은 이제 황금시간대에 주요 네트워크들보다 더 많은 시청자를 가지고 있다. 많은 케이블 방송국들은 소비자들 사이에서 매우 인기 있어졌으며, 이는 광고주들을 그들의 매체 계획과 네트워크 계열사 방송국에서 네트워크와 스폿 광고를 하기 위해 그들이 지불할 용의가 있는 가격을 재평가하도록 이끌었다. 네트워크들은 성장하는 케이블의 인기를 인식하고 케이블 산업에 연루되게 되었다. ABC는 ESPN을 구매하였고, NBC는 1989년에 CNBCComsumer News and Business Channel을 시작하였다. 그리고 1996년에는 24시간 뉴스 채널인 MSBN을 착수하기 위해 마이크로소프트와 합작투자를 시작하였다.[29] 2004년에는 NBC는 NBC Universal을 구성하기 위해 비벤디 유니버셜Vivendi Universal Entertainment과 합작하였고, 이 NBC Universal은 영화회사, 텔레비전 방송국, 그리고 젊은 히스패닉인을 겨냥하는 CNBC, MSNBC, Bravo, USA Network, Sci Fi Channel, mun2를 포함한 열 개의 다른 케이블 네트워크들을 소유하고 운영한다. 이 네트워크들과 더불어, 주요 케이블 운영자들은 케이블 네트워크 또한 소유한다. 예를 들어 가장 큰 케이블 운영자인 컴캐스트Comcast는 E! Entertainment Televison, Golf Channel, Versus(이전에는 Outdoor Life Network였음)를 포함한 여러 개의 네트워크들을 소유한다. 컴캐스트는 업계 선두주자인 ESPN과 대결하기 위해 Versus를 스포츠 네트워크를 주류로 하도록 포지셔닝하여왔다. 2005년에 이 네트워크는 전국하키리그 경기를 방영할 수 있는 권한을 얻었으며(**사진 11-8**) 2007년에는 몇몇 대학 미식축구와 농구 경기들을 방영하기 시작했다.[30] 또한 Versus는 여러 주에 걸쳐 매년 여름 열리는 연간 Tour de France 사이클 경기를 방영한다.

사진 11-8
Versus는 주요 케이블 스포츠 네트워크가 되고 있다.

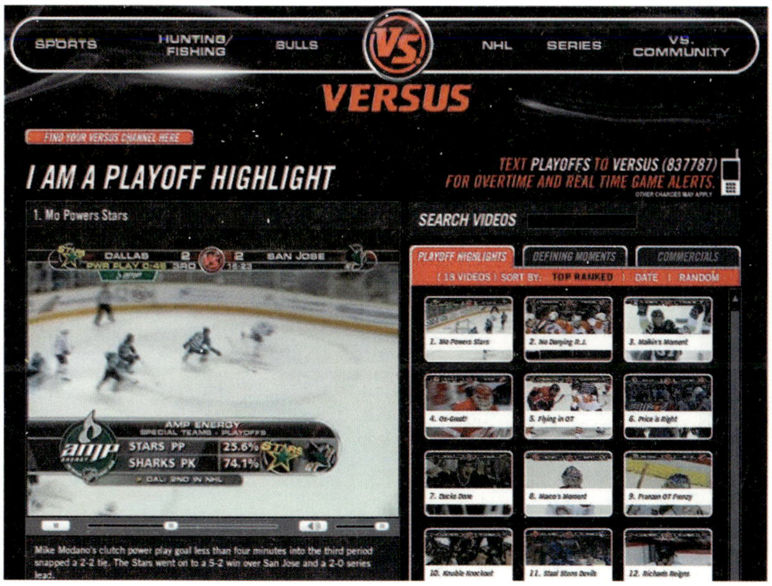

케이블에서의 광고 케이블 광고 수입은 1980년대 중반부터 꾸준히 증가

하고 있으며 2010년에 250억 달러를 넘어섰다. 이 성장의 대부분은 ESPN, USA, TNT, MTV, VH1과 같은 전국 케이블 네트워크들의 광고에서 비롯되었다. 그러나 많은 전국 광고주들은 그들의 광고 예산 중 얼마를 스폿 케이블로 옮기고 있으며 지역 운영자들과 전국 케이블 네트워크를 통해 구매하고 있다. 지난 4년간, 스폿 케이블 수입도 2010년에 거의 69억 달러에 달하며 성장하였다.

케이블 시간은 방송 TV와 같이 전국적, 지역적, 지역적 스폿 수준에 따라 구매될 수 있다. 많은 큰 마케터들은 단 하나의 매체 구매를 통해 전국에 있는 많은 수의 시청자들에 도달하기 위해서 케이블 네트워크에서 광고한다. 케이블에서의 지역 광고는 기본적으로 특정 지리학적 구역을 커버하는 스포츠나 뉴스 채널을 통해 이용 가능하다.

많은 전국 광고주들은 구체적인 지리학적 시장에 도달하기 위해 지역 케이블 시스템의 스폿광고로 돌아서고 있다. 스폿 케이블은 특정 시장에 도달하는데 있어 그들에게 더 많은 정확성을 제공하며, 그들은 하나의 네트워크 구매를 행하기보다는 몇몇의 작고 겨냥된 매체 구매를 통하여 돈을 아낄 수 있다. 스폿 케이블 광고의 성장은 또한 한 지리적 구역에 있는 몇 케이블 시스템들과 네트워크들이 광고를 목적으로 합작함을 의미하는 **인터커넥트**interconnect의 이용으로 인해 촉진되었다. 이 인터커넥트들은 광고주가 스폿 케이블 구매로 도달할 수 있는 표적고객의 규모를 증가시킨다. 예를 들어 시카고에 있는 컴캐스트 Spotlight 인터커넥트는 보다 큰 시카고의 대도시 지역에 있는 230만 케이블TV 세대주보다 더 많이 도달한다. ADLINK Digital 인터커넥트 는 로스앤젤레스와 주변에 둘러싼 네 개의 도시에 있는 300만의 케이블 가입자들에게 서비스를 제공한다. 뉴욕 인터커넥트는 국가에서 가장 큰 시장 구역에 있는 350만 세대주에 도달하며, 광고주들에게 60개의 다른 네트워크의 타깃팅 능력을 제공한다(**사진 11-9**). 많은 수의 케이블 시스템을 모으며 스폿 광고주들이 더 많은 시청자들에 도달가

사진 11-9
뉴욕 인터커넥트는 자신이 가진 타깃팅 잠재력을 광고주들에게 홍보한다.

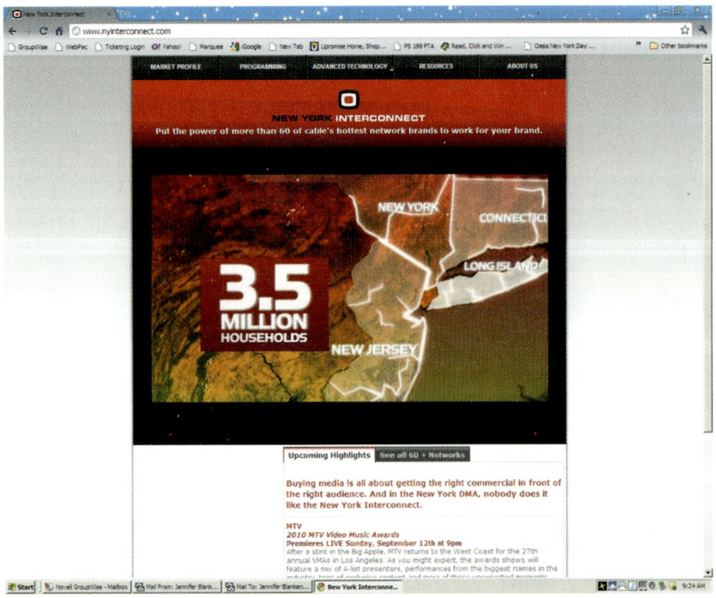

능하게 하는 복잡한 인터커넥트 시스템들이 개발되고 있다. 또한 이 새로운 시스템들은 전체 인터커넥트나 시스템 하의 여러 구역 중 하나를 구입할 수 있기 때문에, 지역 광고주들이 선택적인 케이블 구매를 할 수 있도록 한다.

스폿 케이블이 전국 광고주들 사이에서 아주 인기 있어지고 있는 와중에, 이것은 방송 TV에서의 스폿광고와 같은 몇 가지 문제점들을 가지고 있다. 구매 과정이 매우 복잡하며 시간이 많이 걸린다. 매체 구입자들은 스폿 케이블 구입으로 구성된 매체 스케줄을 만들기 위해 백여 개의 케이블 시스템들과 연락해야 한다. 지역 케이블 시스템들도 광고주들에게 강한 지원이나 인구통계, 생활양식, 또는 시청자 패턴에 대한 많은 정보를 제공하지 않는다.

케이블의 장점 케이블TV는 몇 가지 중요한 장점들이 있기 때문에 광고매체로서 엄청난 성장을 경험하였다. 첫 번째는 선택성이다. 케이블 가입자들은 비가입자들보다 더 어리고, 더 부유하며, 더 잘 교육을 받은 경향이 있으며 더 높은 구매력을 갖는다. 게다가 다양한 케이블 네트워크들에서 전문화된 프로그래밍은 매우 특정한 겨냥 시장에 도달한다.

케이블TV가 **내로캐스팅**narrowcasting이나 아주 특정한 시장에 도달함에 있어 제공하는 기회들 때문에 많은 광고주들은 케이블로 돌아섰다. 예를 들어 MTV는 미국과 많은 다른 나라의 광고주들에 의해 십대나 젊은 어른들에 도달하기 위해 이용된다. CNBC는 이제 경제뉴스에 있어 세계적인 선두주자이며 높은 교육수준과 경제적으로 풍부한 표적고객들에 도달한다(**사진 11-10**). ESPN은 스포츠와 아주 밀접해졌고 모든 연령대의 남성을 겨냥하고 싶어 하는 광고주들 사이에서 매우 인기 있다.

사진 11-10
CNBC는 경제뉴스에서 선두주자가 되었으며 경제적으로 매우 풍부한 시청자들을 지니고 있다.

또한 광고주들은 케이블의 낮은 비용과 유연성 때문에 이에 관심이 있다. 케이블 프로그램에 대한 광고비용은 주요 네트워크들에 있는 프로그램의 비용보다 훨씬 낮다. 네트워크 프로그램에서의 광고시간은 일부 시간대에서는 1,000명당 비용을 기준으로 보았을 때 2배에서 3배까지 가격이 더 높을 수 있다. 스폿광고는 또한 대부분의 케이블 방송국에서 상당히 더 싸며, 지역 케이블들이 가장 감당 가능한 비용의 텔레비전 광고 수단이다. 이것은 제한된 예산을 가지고 있는 광고주와 명확히 정의된 표적 고객에게 그들의 광고를 겨냥하는 데 관심 있는 이들에게 TV를 더욱더 실행 가능한 매체 선택으로 만든다. 또한 케이블 광고주들은 일반적으로 네트워크들이 요구하는, 1년 정도 미리 해야 하는 큰 업프런트 약속을 하지 않아도 된다.

케이블의 낮은 가격은 이것을 지역 광고주들 사이에서 매우 인기 있는 광고 매체로 만든다. 자동차 딜러들, 가구 매장, 레스토랑, 그리고 많은 나머지 상인들은 지역 케이블 채널들의 낮은 비용을 이용하기 위해 라디오, 신문, 심지어 잡지와 같은 전통적 매체들에서 그들의 광고 지출을 옮기고 있다. 지역 케이블 광고는 광고 시장의 부분들 중에서 가장 빠르게 성장하고 있는 것들 중 하나이며, 케이블 시스템들은 그들이 지역 광고에서 벌어들이는 수입의 비중을 증가시키고 있다.

케이블의 한계점 케이블이 점점 더 국가, 지역, 그리고 지역 광고주들 사이에서 점점 더 유명해지고 있지만 여전히 몇 가지 단점이 있다. 가장 큰 문제점은 기본 케이블 서비스를 가진 가구들은 여전히 케이블 방송보다 네트워크 프로그램과 신디케이티드 프로그램을 더 많이 보기 때문에 케이블은 여전히 주요 방송망에 다소 가려져있다. 이것은 케이블이 네트워크TV보다 일반적으로 덜 유명한 프로그램을 방영하는 사실에서 유래한다.

케이블의 다른 단점은 표적고객 분산이다. TV 시청자의 케이블 점유율은 크게 증가하고 있지만, 시청자들은 케이블 가입자에게 사용 가능한 다양한 채널로 분산된다. 일반적으로 케이블의 시청자 수는 적다. 심지어 잘 나가는 MTV, ESPN, 그리고 CNN 방송조차도 겨우 1%나 2% 정도의 시청률을 보인다. 많은 수의 케이블 방송국이 표적고객을 분산시켰고 케이블 구매절차 또한 매우 어렵게 하였는데 이는 케이블의 많은 방송국들이 시장에 있는 수많은 시청자들에게 도달해야 하기 때문이다. 시청자 특징 분석과 더불어 케이블 방송국에 대한 특정 지역에서 시청률이 존재하지 않을 수도 있고 또한 그 시청률이 신빙성이 없다는 것도 문제이다.

또한 케이블은 특히 몇 개의 주요 시장들에서 여전히 총유입이 적다. 2010년에는 유선전달 시스템이나 위성 같은 대안적 전달 시스템 모두에서 나온 케이블 총유입은 로스앤젤레스 방송권역designated market area(DMA)에서는 86%, 휴스턴에서는 84% 그리고 댈러스에서는 84%였다. 몇 개의 방송권역에서는 많은 가구들은 지역광고를 제공하지 않는 대안적 전달 시스템으로 케이블 프로그램을 받기 때문에 유선 케이블 유입은 더 낮다. 예를 들어 로스앤젤레스, 덴버, 댈러스 등 몇 개의 주요한 방송권역에서 유선 케이블의 유입은 60% 미만이다. 따라서 이런 시장에 있는 지역 광고주들은 지역 유선 텔레비전 방송망을 통해 광고하는 것은 상당히 많은 가구에는 도달할 수가 없다.

케이블의 미래 케이블TV는 케이블의 시청률이 오르고 있고 광고주들이 케이블 시청자들에게 다가갈 수 있도록 더 많은 돈을 투자하고 있기 때문에 계속해서 강하게 성장할 것으로 보인다. 하지만 케이블 산업은 채널 숫자의 증가, 시청자들의 분산, 정부 규제의 변화, 그리고 다른 통신회사들과 직접위성방송들로부터의 프로그램 분배 산업에서 경쟁과 같은 몇 가지 당면과제에 직면하고 있다. 시스템 업그레이드에 막대한 투자와 더불어 디지털 비디오 압축과 광섬유와 같은 기술의 발전들이 케이블 텔레비전 방송 중계업자들에게 더 많은 채널을 제공하게 해 주었고 현존하는 케이블 채널들이 더 경쟁을 하도록 해 주었다. 볼 수 있는 채널 수의 증가는 더 많은 케이블 시청자의 분산으로 이어졌고 유선 텔레비전 방송망이 기존의 프로그래밍에 필요한 자금을 조달하기 위한 광고료를 부과하기 더 어려워졌다. 케이블 채널의 성장은 하나의 네트워크에서 다양한 채널을 전송하는 **다중화**multiplexing에서 나왔다. A&E Television Network, ESPN 그리고 the Discovery Communication을 포함한 몇몇 대표적인 케이블 네트워크는 여러 개의 채널을 소유하고 있다.

광고 수단으로써의 케이블의 미래는 궁극적으로 케이블 텔레비전 방송국이 자신들의 프로그램을 가지고 도달할 수 있는 표적고객들의 크기와 질에 달려있다. 이것은 결국 시청자들을 끌 수 있는 프로그램을 제공하는 케이블 방송국의 능력에 달려있다. 프로그램 개발과 습득에서의 의붓자식과 같은 케이블의 이미지는 바뀌고 있다. VH1, E!, TBS, ESPN, 그 밖의 여러 케이블 네트워크는 상당히 시청률을 올릴 수 있는 기존의 영화, 다큐멘터리 그리고 다른 프로그램들을 만들고 있다. A&E, the Discovery Channel, the National Geographic Channel, 그리고 the History Channel과 같은 네트워크들은 뛰어난 문화적 그리고 교육적인 프로그램

사진 11-11
Mad Men은 케이블 네트워크에서 방영된 고품격 프로그램 중 하나이다.

을 제공하고 있다.

많은 광고와 대중매체 전문가들은 특히 어린이들과 35세 이하의 젊은이들을 비롯한 많은 사람들, 특히 케이블과 전통 방송 TV를 딱히 구분하지 않는다고 언급한다.[31] 케이블 프로그램들은 ***American Idol***이나 ***NCIS***와 같은 유명한 공중파 네트워크 쇼들처럼 수많은 표적고객들을 끌기 힘들다. 그러나 케이블 네트워크는 높은 품질로 성장하고 있고 1960년대 광고의 전성기 때 미국 광고업계에서 경쟁을 하는 남자와 여자의 드라마쇼인 AMC의 ***Mad Men***과 같은 비평가들의 극찬을 받은 프로그램들이 개발되었다. 이 쇼는 Emmy for Outstanding Drama Series와 두 개의 Golden Globe Awards for Best Television Drama Series 상을 포함한 수많은 상을 받았다. 케이블 네트워크의 고품질 쇼에는 AMC의 ***Breadking Bad***, TNT의 ***The Closer***, 그리고 Lifetime의 ***Army Wives***이 있다.

케이블TV는 계속해서 스포츠 프로그램을 볼 수 있는 주요한 선택이 될 것이고 남성 시장에 다가가는 것에 관심이 많은 광고주들에게는 정말 중요할 것이다. 지역 시장에 스포츠 프로그램을 제공하는 몇 개의 지역 스포츠 방송국이 있다. 이 지역 스포츠 방송국들에게 중요한 프로그램은 축구, 농구, 야구와 같은 전문적인 스포츠와 대학 스포츠를 생방송하는 것이다. 이러한 많은 지역 네트워크는 Fox Sports Net이나 Comcast SportsNet과 연관되어 있다. 이렇게 하여 광고주들은 하나의 대중 매체를 사면서 다양한 지역에 있는 광고를 구매한다. 캐이블 방송 ESPN이 미국 프로농구리그(NBA)를 방송하는 6년 계약을 체결하고 또한 미국 미식축구연맹(NFL)과 메이저리그야구(MLB)에 대해서 월요일 저녁에 보도를 할 수 있는 계약을 체결한 것은 케이블 네트워크들이 주요 방송망과 스포츠 입찰 전쟁에서 경쟁할 수 있다는 것을 증명하였다.[32]

케이블 유입이 증가하면서 프로그램이 나아지고 있고 더 많은 광고주들이 케이블의 표적시장에 다가갈 수 있는 능력과 효율성에 관하여 인정하고 있기 때문에 광고매체로써의 케이블의 인기가 계속 증가할 것이다. 많은 광고대행사들이나 매체 전문회사들은 그들 광고주의 매체계획에 있어서 케이블의 사용을 평가하는 전문가들을 양성하고 있다.

TV 시청자 수 측정하기

TV광고에서 가장 중요한 고려사항은 시청자의 크기와 구성이다. 시청률 조사는 광고주들뿐만 아니라 네트워크와 방송국에게도 중요하다. 광고주들은 그들이 특정한 프로그램 시간을 샐 때 그들이 다가갈 수 있는 시청자의 크기나 특징들을 알고 싶어 한다. 그리고 그들이 지급하는 요금은 시청자 크기에 달려있기 때문에 광고주들은 시청률이 정확한지를 확실히 알고자 한다.

네트워크나 방송국이 광고 방송시간에 따라 요금을 결정해야 하기 때문에 시청자의 크기와 구성은 또한 그들에게도 중요하다. 쇼프로그램 가운데서 상당수는 상당한 시청자를 끌지 못하여서 종종 폐기된다. 시청자 크기를 결정하는 것은 정확한 과학이 아니며 이에 대해서는 수년 동안 상당히 맹렬한 논쟁이 벌어지고 있다. 여기에서 우리는 어떻게 시청자들을 측정하고 어떻게 광고주들이 이 정보를 그들의 매체계획을 짜는 데 사용하는지를 알아볼 것이다.

시청률 조사 TV 시청자의 크기와 구성은 시청률조사에 의해 측정된다. 네트워크 TV와 지역 시청지 정보의 유일한 소스는 닐슨미디어리서치Nielsen Media Research이다. 수년간 지역 시청자 정보는 아비트론사Arbitron Co.에서도 얻을 수 있었지만 계속된 재정 손실 때문에 1993년 말 아비트론은 지역 TV 시청률을 측정하는 사업을 그만두었다.[33] 닐슨은 TV가 있는 가구를 표본추출하여 시청 정보를 얻고 이 정보를 전체 시청자 정보에 투영시킨다. 시청자 측정 정보를 모으기 위해 사용하는 기술은 일지, 전자 측정기나 기록장치, 개인 면접 등이다. 닐슨은 방송국의 시청자를 측정하고 평가하는 데 사용할 수 있는 다양한 종류의 정보를 제공한다. 이러한 측정수치들은 매체기획자들에게 있어서 매우 중요한데 이들 수치가 어떤 프로그램에 있어서 광고 시간을 사는 가치를 말해 주기 때문이다.

TV가구 시장에 있는 TV 소유 가구의 숫자는 종종 **UE**universe estimate 라고 불린다. 닐슨은 2009~2010년 TV 시즌에 1억 1,490만 미국 가구들이 적어도 하나의 TV를 소유하고 있다는 것을 측정했다. 미국 가구의 98%가 넘게 TV를 가지고 있기 때문에, **TV가구**television household는 어떤 시장에서의 가구의 수와 상응한다.

프로그램 시청률 아마도 모든 시청자 조사 방법들 중 가장 잘 알려진 것은 특정한 시간에 특정한 프로그램을 시청하는 TV가구의 비율인 **프로그램 시청률**program rating일 것이다. 프로그램 시청률은 특정한 프로그램을 시청하고 있는 가구의 숫자를 그 지역에 있는 총 가구의 수로 나누면 계산된다. 예를 들어 1,000만 가구가 *American Idol*을 본다면 미국 전역 시청률은 8.7이 된다.

$$\text{시청률} = \frac{\text{프로그램 시청 가구 수}}{\text{미국의 총 가구 수}} = \frac{10,000,000}{114,900,000} = 8.7$$

시청률rating point 1이라는 것은 특정한 프로그램을 시청하고 있는 모든 TV가구 가운데서 1%가 시청한다는 뜻이다. 미국 전국 차원에서 보면 시청률 1은 114만 9,000가구를 의미한다. 따라서 만약 *American Idol*과 같은 최상위 프로그램이 시청률 9가 평균이라면 그것은 매주 1,030만 가구에 다다른다.

광고시간에 부과할 요금이 프로그램 시청률에 기반을 두고 있기 때문에 프로그램 시청률은 방송국들에게 중요한 숫자가 된다. 시청률은 네트워크뿐만 아니라 개인 방송국에도 매우 중요하다. 시즌 동안의 어떤 프로그램 시청률이 1% 변화한다면 광고 수입에서 수백만의 달러를 얻거나 잃을 수 있다. 광고주들은, 시청률이 시청자의 크기와 광고비를 측정하는 가장 중요한 요소가 되기 때문에 시청률에 관하여 큰 관심을 두고 있다.

TV를 시청 중인 가구 특정 시간 동안 TV를 시청하는 가구의 비율을 **TV를 시청 중인 가구**households using television(HUT)라고 부른다. sets in use라고도 불리는 이 수치는 항상 퍼센트로 표현된다. 예를 들어 만약 미국의 TV를 소유하고 있는 7,000만 가구가 목요일 밤 9시에 TV를 켠다면 HUT 수치는 64%이다. TV 사용은 시간이나 계절에 따라 다양하게 달라진다.

시청자 점유율 또 다른 중요한 시청자 측정 방법은 특정한 프로그램을 보는 특정한 기간에 TV를 사용하는 가구의 비율인 **시청자 점유율**share of audience이다. 시청자 점유율은 TV가 켜져 있는 가구들에만 기반을 두고 있기 때문에 이 수치는 사용하고 있는 TV의 숫자와 잠재적인 시청자의 전체 크기의 변화를 고려한다. 시청자 점유율은 쇼를 시청하고 있는 가구의 숫자를 TV를 사용하고 있는 가구의 수로 나누면 계산된다. 따라서 만약 7,000만 미국 가구들이 *American Idol*이 방송되는 시간대인 9시에 TV가 켜져 있다면 시청자 점유율은 14.3%이다.

$$\text{시청자 점유율} = \frac{\text{프로그램 시청 가구 수}}{\text{TV를 켜놓은 총 가구 수}} = \frac{10{,}000{,}000}{70{,}000{,}000} = 14.3$$

적어도 모든 가구가 그들의 TV를 켜고 있지 않는 한 시청률은 항상 프로그램 시청률보다 높다. 점유율 수치는 프로그램이 시청자들에게 얼마나 잘 다가가고 있는지를 드러내기 때문에 중요하다. 예를 들어 늦은 밤에는 시청자의 수가 상당히 적어진다. 그래서 늦은 밤에 하는 프로그램의 인기를 평가하기 위한 좋은 방법은 경쟁 프로그램과 시청률을 비교하는 것이다.

시청률 서비스는 또한 텔레비전 방송의 어떤 부분이든 5분 정도를 시청하는 가구의 총 숫자인 **총 시청자 수**total audience라는 시청자 통계를 제공한다. 이 숫자는 다양한 인구통계학적 분류에 근거하여 세분화된 수치를 제공한다.

전국 시청자 정보 닐슨미디어리서치는 방송국이나 주요 유선 텔레비전 방송망에서 제공하는 프로그램을 보는 전국적인 시청자의 크기와 구성을 날마다 그리고 주마다 측정하는 **닐슨TV지수**Nielsen Television Index라고 알려진 국가적인 시청률 서비스를 제공한다. 시청자를 측정하기 위해서 닐슨은 모든 미국 가구들을 대표할 수 있는 10,000개의 가구를 주의 깊게 선정해 전국적인 표본으로 사용한다. 다양하게 인용되는 닐슨 측정은 전자미터 기술을 사용해서 측정하는 가구들의 여러 가지 인구 통계학적 정보에 기반을 두고 측정 자료를 제공한다. TV 시청률 조사장치인 **피플미터**people meter는 10,000가구 중 어떤 것을 보는지뿐만 아니라 누가 보는지가 측정되는 시스템이 있는 옛날식의 오디미터audimeter의 기술을 포함한 전자측정기다. 기계는 가족을 위한 6개의 버튼과 방문객들을 위한 2개 버튼으로 이루어진 TV 위에 올려놓을 수 있는 작은 상자이다. 원격조절 장치로 방 어디서든 기계를 사용할 수 있도록 했다. 표본가구의 각 구성원에게는 시청자로써의 자신을 드러낼 수 있는 버튼이 각각 주어진다. 또한 이 장치는 시청자들이 켜고 끄기 위해 방에 들어오고 나가는 것을 기억하도록 음향감지기가 갖춰

사진 11-12
닐슨은 피플미터를 이용해 전국적으로 시청자를 측정했다.

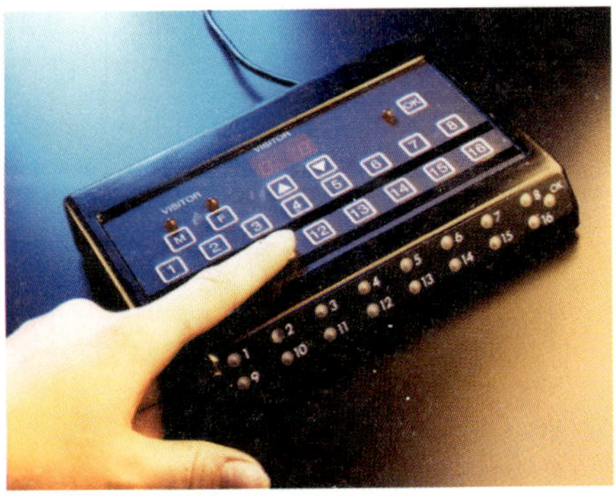

져 있다.

가구에서 TV 시청률 조사 장치로 모은 시청자 정보는 닐슨의 컴퓨터에 회수될 때까지 홈시스템에 저장된다. 모인 정보는 누가 보고 있는지와 더불어 언제 TV가 켜져 있는지, 어떤 채널을 보고 있는지, 언제 채널이 바뀌는지, 그리고 언제 TV가 꺼지는지까지 포함된다. 시청자의 인구학적 특징들은 또한 이 시스템에 있고 시청자도 그러한 특징과 맞아떨어진다. 닐슨 운영본부는 TV와 광고 산업에 넘겨주기 위해 매주 이러한 정보를 수집한다. 닐슨은 전국의 하룻밤 동안 시청 결과를 제공하기 위해 55개 시장에 미터장치를 단 가구를 표본으로 사용한다.

지역 시청자 정보 지역 시청자들에 대한 정보는 지역 광고주들과 전국적 스폿 광고를 구입하는 회사 모두에게 중요하다. 닐슨미디어의 지역시장 측정 서비스는 **방송권역**designated market area(DMA)이라 잘 알려진 210개의 지역 방송권역에 있는 시청자들을 측정하는 방식인 NSINielsen Station Index이다. 방송권역은 방송을 계획하고 구매하고 TV 시청자들을 측정하는 데 사용하는 중복되지 않는 권역이고 일반적으로 높은 시청률을 가지고 있는 주요 지역이나 대도시에 위치한 방송국이 있는 카운티county(우리나라의 구에 해당)를 모아놓은 것이다. NSI는 시간대와 프로그램을 보는 정보를 알려주고, 시청자 크기와 각 방송권역의 인구통계학적 전보를 알려준다.

사진 11-13
WJZ는 지역 뉴스를 위하여 스윕 시청률의 존재를 알렸다.

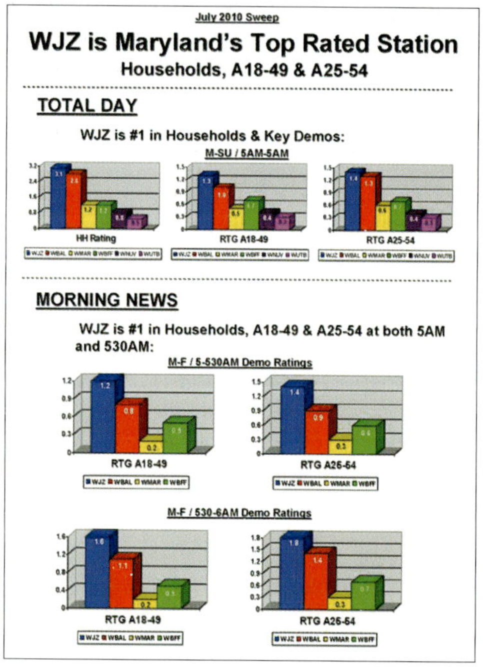

또한 전국적인 시청자 측정과 함께 닐슨은 지역피플미터Local people meter(LPM) 기술을 사용해 가장 큰 지역시장을 측정한다. 지역피플미터는 현재 상위 20개의 시장에서 사용되고 있고 닐슨은 2011년까지 상위 56개의 시장에서까지 확대할 계획을 세우고 있다. 대규모 지역시장에서부터 중소규모 지역시장에서는, 시청 정보가 TV가 켜진 채널만 잡을 수 있는 전자측정장치electronic set meter를 사용 중인 400~500개의 가구들로부터 모인다. 이 정보는 7일 동안 시청 일지를 작성한 표본가구들로부터 모인 인구통계학적 정보들을 모아서 1년에 적어도 4번 이상 정보를 확충한다. 닐슨은 이 시장에도 전자 측정을 확대시킬 계획을 하고 있지만, 현재 작은 시장들은 종이 일지만 사용해서 측정하고 있다.

닐슨은 모든 지역시장에서 **스윕**sweep이라는 일종의 시청일지를 통해 시청률 측정 기간 동안 1년에 적어도 4번 시청자를 측정한다. 이 개념은 대서양 연안에서 시작되어 닐슨이 가구에 일지를 발송하고 결과를 발표하기 시작했을 때인 1950년대부터 시작되었다. 스윕 측정기간은 11월, 2월, 5월, 7월이었다. 몇 개의 큰 시장에서는 일지들이 추가로 세 달 정도까지 스윕 시청자 정보를 제공할 수 있다. 스윕 기간 동안 모인 시청자 정보는 지역 TV 방송국들과 케이블 시스템이 프로그램 스케줄을 결정하는 데 사용되고 광고시간의 가격을 매기고 사는 데 기본이 된다.

많은 광고 관리자들과 미디어 구매자들은 스윕 기간 동안 모인 지역 시청률 평가에 회의적이다. 그들은 스윕 동안 네트워크 방송사들과 지역 계열사들이 그들의 시청률을 올리기 위해 특별한 프로그램과 홍보 노력들을 한다는 것과 그 기간 동안 모인 숫자는 다른 기간에 있어서의 시청자 크기를 의미하지 않는다고 주장한다.[34]

닐슨이 사용하고 있는 측정 방식에 대부분의 우려는 지역 시장의 시청을 측정하는 종이일지의 사용과 관련되어 있다. 그 시스템은 무엇을 보고 있는지 그리고 누가 보고 있는지의 기록을 계속할 표본가구를 필요로 한다. DVR들과 비디오의 증가와 함께 현재 너무 많은 채널을 볼 수 있기 때문에 일지에 그들의 모든 시청을 정확하게 기록하는 것이 닐슨 패널리스트에게 점점 더 힘들어지고 있다. 많은 가구들이 일지를 돌려보내지 않고, 돌아온 것 중에도 다 채워지지 않은 경우가 많다. 닐슨은 지역시장을 위한 이런 측정방법에 문제점이 있다는 것을 인정했고 그것을 수정하고자 노력하고 있다.[35] 지역피플미터의 사용을 증가시키고 다음 3년 동안 모든 지역시장들이 완전한 전자측정장치로 확대될 수 있길 바라고 있다.

시청자 조사의 발전 몇 년 동안 광고산업은 지역적으로든 전국적으로든 TV 시청자들을 측정하는 방법에 있어서 변화가 요구되어 왔다. 광고계 사람들은 새로운 디지털 방식을 쓰는 기술이 언제, 어디서, 그리고 어떻게 사람들이 TV를 봤는지를 측정하는 데에 있어서 주요한 변화를 일으키고 있다고 주장한다. 또한 그들은 닐슨의 측정방식은 폭발적으로 증가하는 TV 대수와, 방송 송출 시스템에서의 혁혁한 변화와, 그리고 급격하게 증가하는 방송 프로그램들에 의해서 유용성이 떨어졌다고 한다. 광고주와 매체기획자들은 시청자 크기와 구성 그리고 광고매체로써 TV를 어떻게 사용하고 얼마나 지급해야 할지에 주요한 영향을 주고 있기 때문에 이러한 변화 양상을 주의 깊게 관찰해야 한다고 주장한다.

광고주들의 주요한 우려 중 하나는 프로그램을 위한 것이 아니라 TV광고를 위해서 시청률이 측정된다는 것이다. 2007년에 닐슨은 생방송된 광고와 광고가 나가고 3일이 지나기 전까지 DVR에서 다시 재생된 것을 포함한 것의 평균 시청자를 측정하는 C3라고 불리는 **광고 시청률**commercial rating을 제공하기 시작했다.[36] 그 새로운 측정은 각각의 광고나 특정한 시간대를 추적하는 것이 아니라 프로그램에서 모든 전국적인 광고 순간의 평균 시청자 정보를 제공한다. 현재 많은 광고주들은 전통적인 프로그램 시청률에 단순히 기반을 두기보다는 얼마나 많은 시청자들이 광고를 실시간으로 그리고 쇼가 방송된 후 3일 안에 DVR 다시 보았는지를 측정하는 것에 기반을 두고 다원 방송에 있어서 광고시간에 얼마나 지불해야 할지를 결정한다.

광고주들이 광고 시청률이 존재한다는 것이 프로그램 시청률보다 엄청난 발전으로 보고 있지만 여전히 어떻게 시청자를 측정할 것인지에 대한 우려가 있다. 피플미터의 사용은 종이일지의 사용에 있어서의 발전으로 보고 있지만 비평가들은 이러한 장치들은 여전히 장치를 달고 있는 가구로부터 계속적으로 협조를 요구한다는 것에 주목한다. 아이들을 포함한 닐슨 패널리스트들은 그들이 시청을 시작하거나 멈추는 모든 시간에 원격제어장치를 이용해 미리 할당된 번호를 눌러야 한다. 미디어 연구자들은 닐슨 표본으로 선정된 2년 뒤, 아이들은 종종 잊어버리고 어른들은 그 일에 싫증난다고 주장한다. 그리하여 측정된 가구에 있는 사람들의 참여를 덜 요구하면서도 보다 더 정확한 프로그램을 제공하고 시청자 정보를 제공하는 수동적인 측정방식의 사용이 필요하다는 주장이 나오고 있다.[37]

닐슨미디어리서치는 시청률 측정의 어려움에 대해 계속 고심하며 노력하고 있다. 2006년에 닐슨은 사람들이 TV를 보는 방식의 변화에 대응하여 만든 A2/M2Anytime Anywhere Media Measurement으로 알려진 주요한 계획을 발표했다. 이 계획은 모든 지역시장에 전자식 측정의 도입과 닐슨의 피플미터에서 인터넷 그리고 집 밖에서 측정, 그리고 수동적인 측정장치의 개발을 포함하고 있다.[38] 이 계획의 한 부분으로 닐슨은 대학생의 TV 시청 방식을 측정하기 시작했다. 최초로 2007년에는 닐슨미디어리서치의 전국적인 시청률은 표본에 속하지만 먼 대학에서 살고 있는 학생들의 TV 시청 방식에 대한 정보를 포함했다. 닐슨 확대가구 연구Nielsen's Extended Home study는 약 150명의 대학생들의 시청 방법을 조사하기 위해서 전국 대학의 기숙사, 여학생과 남학생 클럽하우스, 그리고 교외에까지 피플미터를 설치하였다.

확대가구 연구에서 발견된 흥미로운 점은 대학생들이 다른 18~24세의 사람들과 거의 비슷하게 TV를 시청한다는 것이다. 학생들은 1주일에 최대 30시간까지 TV를 시청하고 11시 이후인 늦은 밤에 주로 시청한다. 학생들이 가장 많이 시청한 네트워크는 MTV였고 뒤이어 Tuners Adult Swim, TBS, ESPN 그리고 Comedy Central이 있었다. 시청률 조사에 따르면 Comedy Central의 ***South Park***가 18~24세의 남자 대학생들 사이에서 가장 인기 있는 케이블 프로그램이라는 것을 보여주었다. 또한 애니메이션은 학생들 사이에서 인기가 매우 많았고 미디어 전문가들이 생각했던 것보다 더 많은 여성들이 스포츠를 보았다.[39] 2010년 닐슨은 헬스클럽, 호텔, 바, 레스토랑, 그리고 환승 장소와 같은 집을 떠나 있는 곳에서의 주요 10개 네트워크 방송을 대상으로 시청자들을 측정하여 처음 1분기별 결과를 발표하였다. 초기 연구에서 밝혀진 바에 따르면, 집을 떠나있는 장소에서의 네트워크 10개사는 거의 매달 2억 3,700만 개의 노출이 있었고 거의 반이 넘는 노출들은 아주 탐나는 18~34세 인구통계학적 부문에서 이루어졌다.[40]

사진 11-14
South Park는 남자 대학생들이 가장 많이 보는 프로그램이다.

A2/M2 계획은 또한 텔레비전 프로그램에 있어 시청자의 참여를 측정하는 새로운 측정치를 포함한다. **시청자 참여**engagement는 소비자, 미디어 비히클, 그리고 브랜드 이미지 사이에 집적된 정신적이고 감성적인 연결로 정의할 수 있다. 이 개념은 미디어 전문가들로 하여금 미디어 관여도를 측정하여야 하고, 언제 소비자들이 TV 프로

그램으로 채널을 맞추는지와 함께 언제 광고와 다른 종류의 마케팅 메시지들에 열린 마음을 가지고 있는지도 함께 고려해야 한다는 경각심을 던져주었다.[41] 현재의 시청률 측정 방법은 종종 TV 프로그램과 시청자와의 유대관계의 강도 측면에서 시청자들을 구별하지 않고 단순히 시청자의 크기만 알려주었다는 점에서 비난을 받고 있다. 이러한 한계점으로 인하여 광고와 미디어 관련 연구자들은 똑같이 TV 프로그램을 본다고 측정되었지만 그 프로그램과 관련해 집중, 태도 그리고 심지어 행동까지 아주 다른 모습을 보이는 시청자들 사이에 질적인 연구 방법상의 분류를 고안하여야 한다는 과제를 떠안게 되었다. 러셀Christel Russel과 노먼Andrew Norman, 헥클러Susan Heckler는 시청자 연결(audience connectedness)이라는 개념을 소개하였는데. 이 개념은 어떤 TV 시청자들은 특정한 TV 프로그램과 함께 그 프로그램에 묘사된 인물들과 같이 그리고 함께 시청하는 사람들과 관계를 맺고 충성심을 갖는다는 개념이다.[42] 이렇게 연결된 시청자들은 프로그램에 관여도가 떨어져 있는 시청자들과는 아주 다르다. 그들은 광고와 PPL에 더욱 주의를 기울이고 프로그램의 웹사이트를 방문한다든지 프로그램과 관련 있는 제품을 구입하는 것과 같은 행동적인 측면에서 더욱 참여하고자 한다. 닐슨은 IAG 순위로 시청자 참여 정도를 측정하기 시작했다. IAG 순위는 PPL광고, 상업광고, 그리고 프로그램을 기억하는 것과 그것들에 어떻게 반응하는지를 측정하여 매긴다.[43]

라디오

TV는 종종 이상적인 광고매체를 의미하고 많은 사람들에게 광고산업의 매력과 흥분을 가져다준다. 하지만 라디오는 더 이상 많은 광고주들에게 관심을 받고 있지 못하기 때문에 로드니 데인저필드Rodney Dangerfield(미국의 유명한 코미디언인데 주로 무시당하는 역할을 많이 하였음)의 미디어라고 불린다. TV가 성장하기 이전에는 네트워크 프로그래밍과 전국적인 광고주들에 의해 독점되어온 라디오는 주요한 지역 광고 방법으로 진화했다. 주로 네트워크 광고는 적어도 5%의 라디오 수입을 차지하고 있었다. 또한 라디오는 아주 적은 인구세분에 호소하는 아주 특화된 프로그래밍에 적합한 매체가 되었다.

광고주들에게 있어서 라디오의 중요성은 만연해있는 방법인 숫자로 가장 잘 증명할 수 있다. 미국에는 10,600개가 넘는 민간 방송국이 있다. 평균적으로 각 가구당 5.6개의 라디오를 사용하고 총라디오는 5억 7,600만 개에 달한다. 12살이 넘는 전체 미국인 중 71%가 매일 라디오를 듣고 있으며. 라디오는 독서, 운전, 달리기, 일, 그리고 사교와 같은 많은 활동분야에서 아주 흔한 배경 매체가 되었다. 평균적으로 미국인들은 주중에는 약 3시간 정도 주말에는 5시간 정도 라디오를 듣는다.[44] 광고주들이 이 매체가 얼마나 설득력 있는 매체인지를 알게 된 후 라디오광고 수입은 1990년 8억 8,000만 달러에서 2009년 16억 달러로 증가했다.

라디오는 소비자들 삶에 있어서 중요한 역할을 하고 그들의 구매 행동에 많은 영향을 미친다. 라디오는 마케터들이 소비자들과 효과적으로 의사소통을 할 수 있도록 도와준다는 장점을 갖고 있었기 때문에 라디오는 광고의 주요한 수단으로 살아남았고 번창했다. 광고주들에게 라디오 사용을 장려하기 위해 라디오 산업은 이러한 장점들을 홍보했다.

라디오의 장점

라디오는 다른 매체들에 비해 가격 효율성, 선별성, 유연성, 정신적 상상, 통합 마케팅 기회들을 포함해서 많은 장점들을 가지고 있다.

가격 효율성 광고매체로서 라디오가 갖는 가장 큰 장점은 비용이 적게 든다는 점이다. 라디오광고를 제작하는 것은 아주 저렴하다. 라디오 아나운서가 읽을 광고 스크립트와 방송국에서 보도될 미리 녹음된 메시지의 복사본만 있으면 된다. 라디오시간 또한 저렴하다. 네트워크 라디오의 1분은 5,000달러밖에 하지 않는다. 경비효율지표로 환산하면 3달러 혹은 4달러 정도인 것이다. 라디오 지역광고

사진 11-15
라디오광고협회는 광고주들에게 라디오의 가치를 알리고 있다.

는 TV 지역광고와 비교했을 때 경비효율지표상 훨씬 저렴하다. 라디오는 상대적으로 적은 비용이 들기 때문에 모든 광고 미디어 중에서 가장 효율적이다. 또한 낮은 절대적 비용은 효과적인 라디오 캠페인에 드는 비용이 종종 다른 미디어들에 드는 비용보다 낮다는 것을 의미한다.

라디오의 적은 비용은 광고주들이 예산을 가지고 더 많이 그리고 더 자주 미디어 스케줄에 등장할 수 있다는 것을 뜻한다. 광고주들은 메시지를 더 넓게 전달하기 위해 다양한 라디오 방송국들을 사용하고 또한 적정수준의 빈도를 유지하기 위하여 다양한 라디오 방송을 사용한다. 광고주들은 라디오를 이름을 알릴 수 있는 빠르고 상대적으로 저렴한 방법이라고 생각한다. 라디오광고는 TV광고보다 더 빨리 제작할 수 있으며, 광고주들은 더 자주 사용한다. 많은 전국 광고주들 또한 라디오의 가격 효율성을 인정하고 이것을 그들의 미디어 전략의 일부분으로 사용한다.

수용성 라디오는 종종 광고주들에게 그들의 메시지를 선뜻 받아들일 수 있는 환경을 조성한다. 미국 라디오광고협회Radio Advertising Bureau가 광고조사회사 해리스Harris Interactive와 함께 연구를 진행한 결과를 보면, 소비자들이 TV나 인터넷에서 하는 광고보다 라디오광고가 더 개인적으로 의미 있고 연관성이 있다고 생각한다는 것을 밝혔다.[45] 또한 이 연구는 라디오 청취자들은 때로는 라디오 방송국과 정서적으로 연관이 되어있기 때문에 라디오 청취자가 매체로써 라디오와 특이한 관계가 있다고 밝혔다. 이러한 정서적 연관성은 메시지가 잘 만들어지고 또한 라디오방송 가운데 적정 위치해 있을 때 소비자들에게 라디오광고에 더 수용적으로 받아들이게 할 수 있다. **도표 11-5**는 다른 미디어에 비해 라디오와 어떻게 정서적으로 연관되어 있는지 측정한 결과이다. 또한 이들의 연구는 소비자들이 라디오광고를 그들과 더 개인적으로 더 의미 있다고 여긴다는 것을 발견했다. 이것은 아마 뒤에서 다룰 특정한 방송국의 청취자에 대한 인구통계학적이고 심리적인 특징을 공략하는 라디오광고의 특성 때문일 것이다.

선별도 라디오의 다른 주요한 장점은 다양한 방송국의 다양한 프로그램 구성 방식과 지리적인 보도에서 선택할 수 있는 청취자의 범위가 높다는 것이다. 라디오는 광고주로 하여금 특정한 인구통계학적 집단이나 특정한 생활양식을 가지고 있

도표 11-5
라디오의 감성적 특징 수치

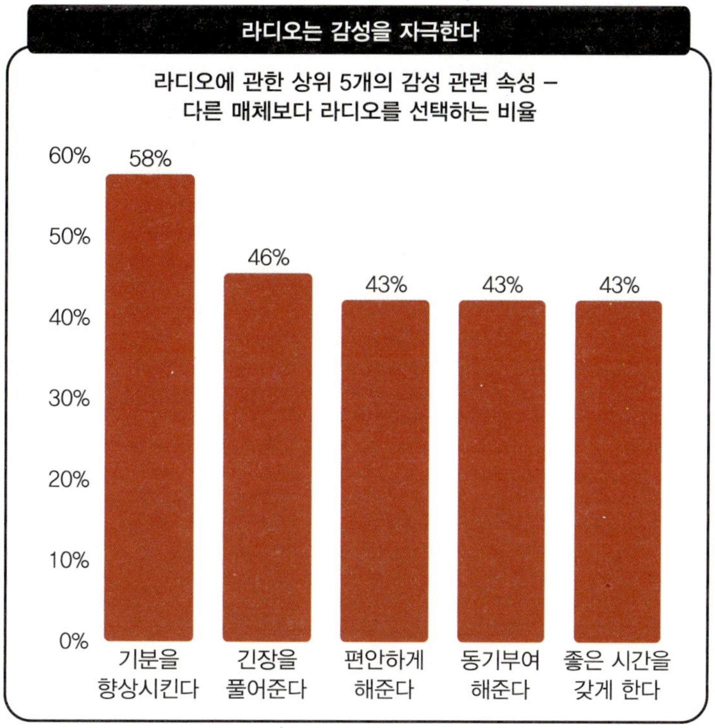

는 청취자에게 광고를 집중시킬 수 있게 해 준다. 대부분의 지역 라디오 방송국들은 성인취향의 음악방송, 듣기 편한 음악, 클래식 음악, 컨트리 음악, 뉴스/토크쇼, 재즈 그리고 모든 뉴스들과 같은 구성 방식을 가지고 있다. **도표 11-6**은 18~24세와 25~34세 연령대를 위한 다양한 라디오 구성 방식에서 드러난 라디오 청취자의 비율을 보여준다. 수치로 알 수 있듯이 성인취향의 음악방송이 청취자의 거의 3분의 2를 차지하고 있다. 반면 토크쇼나 듣기 쉬운 음악과 같은 구성 방식은 젊은 층에서 많은 인기를 끌지 못했다. 청소년, 대학생 그리고 직장인들과 같은 찾기 힘든 소비자들은 다른 미디어보다 라디오를 통해 더 쉽게 접할 수 있다.

라디오는 다른 미디어가 접할 수 없는 소비자들에 다가갈 수 있다. TV 시청을 상대적으로 많이 하지 않는 사람들은 라디오에 상당히 더 많은 시간을 투자하며, 보통 그들은 평균 이상의 소득 수준과 교육 수준을 가지고 있다. 잡지나 신문을 많이 보지 않는 독자들 역시 라디오를 듣는 데는 많은 시간을 투자한다. 라디오는 특정한 비영어권 민족 시장에 다가갈 수 있는 대중적인 방법이 되었다. 로스앤젤레스, 뉴욕시, 댈러스, 마이애미에는 넓은 히스패닉 시장에 다가갈 수 있도록 스페인어를 사용하는 라디오 방송국이 몇 개 있다. 대중을 대상으로 하는 매스마

도표 11-6 나이 그룹별 라디오 청취자 비율

형태	성인 중 18~24세 청취자 비율	형태	성인 중 25~34세 청취자 비율
Contemporary hit radio (CHR, Top 40)	31.8	Contemporary hit radio (CHR, Top 40)	31.6
Urban	28.2	Alternative	30.4
Alternative	25.8	Hispanic	29.6
Rock	22.8	Rock	28.0
Hispanic	19.5	Urban	26.7
Adult hits ("Jack," etc)	15.3	Adult hits ("Jack," etc)	23.3
Classic rock	14.3	Adult contemporary	22.8
Country	14.0	Classic rock	19.9
Adult contemporary	13.5	Country	19.4
Classic hits	11.8	All sports	18.5
Soft AC/lite rock	10.8	Classic hits	17.3
Gospel	10.3	Soft AC/lite rock	17.3
Religious	10.0	All talk	16.5
Oldies	9.3	Religious	16.3
All talk	8.1	Gospel	15.1
Ethnic	7.8	Ethnic	12.9
Jazz	7.5	Oldies	12.5
Classical	7.1	Jazz	11.7
All sports	6.4	Classical	11.3
Easy listening	4.1	All news	10.4
Adult standards	3.6	News/talk	10.1
News/talk	3.6	Easy listening	6.1
All news	3.0	Adult standards	5.5

주: 조사된 181명의 청취자 가운데 전국 라디오를 청취하는 31.8%는 18~24세 그룹이다. 위의 수치는 미디어마크리서치(Media Mark Research & Intelligence LLC)와 더블베이스(DoubleBase) 2009에 기초하였고 성인 181명의 청취자를 나이별 분포를 구한 것이다.

자료: Radio Advertising Bureau Marketing Guide 2010.

케팅이 서서히 기울어가고 시장 세분화와 지역적 마케팅이 고객를 들고 있음으로 라디오는 점점 더 중요한 매체가 되고 있다.

유연성 라디오는 모든 광고매체 중에서 가장 유연한 매체일 것이다. 라디오광고는 마무리 기간이 짧아 광고주들이 방송에 나가기 직전까지 메시지를 바꿀 수 있기 때문이다. 보통 라디오광고는 짧은 시간 안에 계획되고 만들어진다. 라디오 광고주들은 쉽게 그들의 메시지를 지역시장 상황과 마케팅 상황에 잘 맞출 수 있다.

상상력 자주 간과되는 라디오의 잠재적인 장점 가운데에는 라디오가 상업적인 메시지를 전달할 때 청취자들의 상상력을 이용할 수 있다는 장점이다. 소리만 이용하는 라디오에서 크리에이티브적인 선택권은 제한되어 있지만 광고주들은 시각적인 효과를 없애면서 라디오 메시지가 무엇을 전달하고자 하는지 소비자들 스스로가 상상해 볼 수 있게 만든다.

라디오는 또한 **재촬상**image transfer이라고 불리는 기술을 통해 TV 메시지를 강화할 수 있다.[46] 재촬상이란 TV광고 이미지가 라디오에도 계속되는 것을 의미한다. 우선 마케터는 TV광고의 비디오 이미지를 만든다. 그리고 동시에 TV광고의 비디오 이미지와 유사한 음성 부분을 라디오광고의 기본으로 사용한다. 이 개념은 소비자들이 라디오 메시지를 들을 때 그들이 TV광고와 연결시켜 그 비디오 이미지를 강하게 만드는 것이다. 재촬상은 광고주들이 라디오광고가 TV광고와 함께 상승효과를 만들 수 있는 방법이다. **사진 11-6**은 미국 라디오광고협회에서 나온 홍보는 재촬상이 어떻게 작용하는지를 보여준다.

사진 11-16
미국 라디오광고협회는 재촬상의 개념을 광고한다.

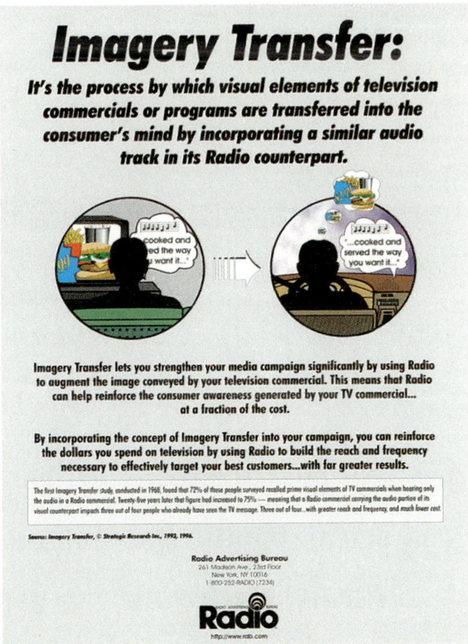

통합 마케팅 기회 라디오는 마케터들에게 다양한 통합 마케팅 기회를 제공한다. 라디오는 광고주들에게 TV, 잡지, 신문 등과 같은 다른 매체와 함께 사용해서 의식을 제고시키고 그들의 메시지를 전달할 수 있는 시너지 효과를 만들어준다. 최근에 라디오 산업에서 라디오가 다른 미디어와 함께 어떻게 소비자들을 움직일수 있는가를 살펴보는 연구를 후원하고 있다. 이 연구에 따르

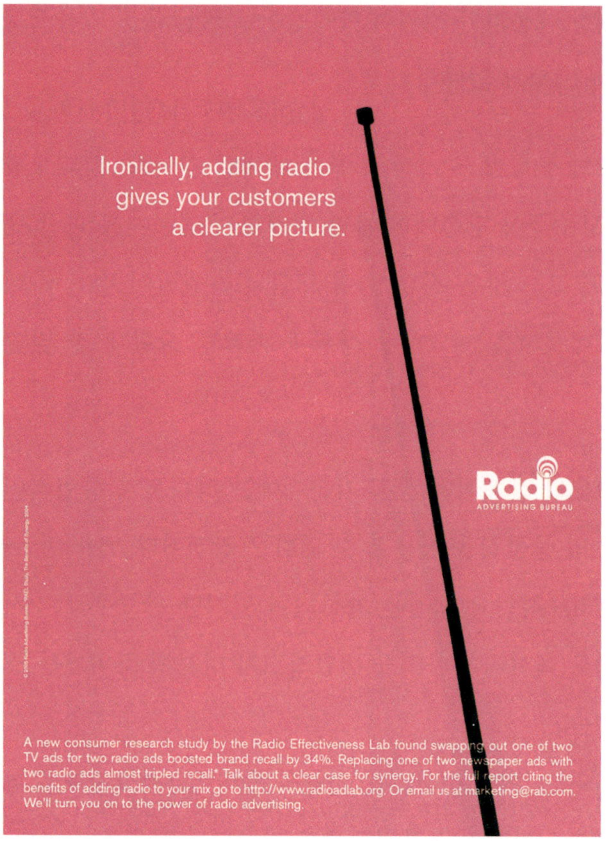

사진 11-17
라디오 산업은 라디오의 시너지 효과를 보여주는 연구를 광고한다.

면 라디오와 TV를 동시에 사용하거나, 라디오와 신문을 동시에 사용하는 것은 브랜드 인지도와 브랜드 선정에 있어서 긍정적인 영향을 미친다고 한다.[47] **사진 11-17**은 라디오와 신문광고 사이의 시너지 효과를 알려주는 미국 라디오광고협회의 광고이다.

라디오는 또한 판촉, 이벤트 마케팅, 그리고 대의명분마케팅과 같은 다른 IMC 도구들과 함께 사용될 수 있다. 라디오 방송국은 많은 지역들에게 있어서 중요한 부분이고 DJ나 프로그램 진행자가 유명하거나 영향력 있는 인물이다. 광고주들은 지역시장에 자회사의 영향력을 높이고 지역소매인들에게 영향력을 행사하기 위하여 라디오 방송국과 유명인들을 이용한다. 라디오는 장소에 기반을 둔 구매시점판촉 point-of purchase promotion과 더불어서 매우 효과적으로 쓰인다. 소매상들은 파격세일이나 특별한 행사와 함께 현장에서 가게로 손님을 끌어들이고 구매를 하도록 하는 라디오 방송을 이용하기도 한다. 생방송 라디오는 또한 이벤트 마케팅과 함께 사용될 수 있다. 마케터들은 샘플이나 증정품을 주기 위한 부스를 바닷가, 스포츠 이벤트, 혹은 축제 가운데에 세운 뒤 그곳에서 라디오 생방송 판촉을 후원해 준다.

라디오의 한계점

광고매체로서 라디오의 효율성이 떨어뜨리는 몇 가지 요인들이 있는데, 여기에는 크리에이티브의 한계, 청취자 분산, 혼란스러운 구매과정, 제한된 조사 자료, 제한된 청취자 집중도 그리고 클러터가 있다. 매체기획자는 반드시 광고기획을 할 때에 이들을 고려하여야 한다.

크리에이티브의 한계 광고매체로서 가장 중요한 결점은 시각적 이미지가 없다는 것이다. 라디오 광고주는 상품을 보여줄 수 없고 묘사할 수도 없고 어떤 종류의 시각적 매력이나 정보를 제공할 수 없다. TV광고처럼 라디오광고도 자율성이 없고 청취자가 선택할 여지가 없는, 오래 가지 못하고 순식간에 사라지는 메시지를 제공한다. 이러한 크리에이티브의 한계 때문에 광고주들은 라디오를 무시하는 경향이 있고 광고대행사에서는 라디오광고 개발을 부하 직원에게 맡긴다.

청취자 분산 라디오의 또 다른 문제점은 방송국이 너무 많아서 청취자들이 분산된다는 점이다. 특정한 방송국을 청취하는 시장의 비율은 아주 낮다. 많은 대도시에 있는 상위 라디오 방송국은 전체 청취자 중 적어도 10%의 청취자만 끌어모을 수 있다. 라디오광고로 다양한 곳에 전달하고 싶은 광고주들은 지역 시장을 커버하기 위해서 많은 방송국의 시간을 사야 한다.

혼란스러운 구매과정 전국적인 범위에서 라디오를 사용하고 싶은 광고주에게 얼마나 매체 기획과 구매과정이 혼란스러워질 수 있는가는 손쉽게 보여줄 수 있다. 전국적으로 운영되는 10,600개의 민간 라디오 방송국의 일부의 시간이라도 정보를 얻는 것과 평가하고 그리고 계약하는 것은 정말 어렵고 많은 시간이 소요된다. 몇 개의 라디오 네트워크와 수백 개의 방송국 패키지를 제공하는 몇 개의 신디케이티드 프로그램이 증가하면서 이 문제점은 다소 해결되고 있다.

제한된 조사 자료 라디오 청취자 조사 자료는 TV, 잡지, 신문과 비교했을 때 다소 제한되어 있다. 대부분 라디오 방송국은 소규모로 운영하고 있고 청취자에 대한 상세한 조사를 하기에 돈이 부족하다. 그리고 대부분의 라디오를 사용하는 광고주들은 그들의 시장에 있는 라디오 청취자에 대한 조사를 충분히 진행할 수 없는 지역회사들이다. 따라서 매체기획자들은 라디오 시간을 구매할 때 필요한 정보를 충분히 갖고 있지 않다.

제한된 청취자 집중도 라디오를 괴롭히는 또 다른 문제점은 광고에 청취자들을 집중하게 만드는 것이 어렵다는 점이다. 특히 음악과 같은 라디오 프로그램은 다른 행동을 하면서 듣기도 해서 청취자들이 완전하게 집중하고 있지는 않다. 따라서 청취자들은 광고의 일부 또는 전부를 놓칠 수 있다. 라디오가 청취자를 더 사로잡을 수 있는 곳은 바로 차 안이다. 그러나 광고에 청취자들이 집중하게 만드는 것은 여전히 어렵다. 대부분의 사람들은 그들의 차 라디오 채널을 미리 맞춰 놓고 광고가 나가는 동안 다른 라디오 프로그램으로 바꾼다. 애번틀리Avery Abernetly는

사진 11-18
라디오는 광고가 방송되는 동안 청취자를 유지하고 있다고 알리고 있다.

차에 있는 청취자들에게 광고하는 것과 라디오 프로그램에 노출되는 것 사이에는 큰 차이가 있다는 것을 발견했다. 청취자들은 광고방송의 절반에 노출되어 있고 광고를 피하기 위해 자주 프로를 바꾼다.[48] 그러나 아비트론사Arbitron Inc.와 콜맨리서치Coleman Research는 광고를 위한 프로그램 중단 시간이 시작되고 나서와 시작되기 전을 비교하면서 광고 방송을 위한 프로그램 중단 시간 동안 보유하고 있는 시청자를 분석해 보았는데[49] 평균적으로 92% 정도의 초기 시청자들은 그 시간 동안에도 프로그램을 바꾸지 않았다고 한다. 거의 모든 청취자들이 1분 광고시간 동안 변화가 없었다. 자동차에서 라디오를 듣는 것을 방해하는 다른 요인은 바로 휴대 전화의 급성장이다. 최근 연구에 따르면 휴대전화를 가지고 있는 통근자들 중 절반이 1년 전보다 라디오를 덜 듣는다고 대답했다.[50]

디지털 미디어와 경쟁 라디오를 듣는 청취자에게 영향을 줄 수 있는 몇 개의 디지털 기술의 발전으로 라디오는 위험에 처해 있다. 전통적인 라디오 방송에 가장 큰 위험을 끼치는 것은 위성 라디오의 성장이다. 위성 라디오는 동서로 뻗어 있는 위성에 신호를 보내 그 신호를 디지털식으로 해석하는 방식이다. 현재 위성 라디오의 주요 타깃은 자동차를 소유하고 있는 사람들이다. 그들은 거의 100개가 넘는 음악, 뉴스, 토크, 스포츠 그리고 아이들을 위한 프로그램을 볼 수 있는 상업광고를 하지 않는 디지털 라디오를 듣기 위해 그에 필요한 수신기를 100달러 정도 주고 사거나 한 달에 13달러 정도의 수신료를 낸다. 미국 인터넷라디오 방송서비스사인 시리우스Sirius사는 일부러 충격적인 발언을 하는 라디오 DJ 스턴Howard Stern을 2006년부터 5년 계약을 성사시키기 위해 5억 달러를 냈다(**사진 11-19**). 또한 동종의 XM이라는 회사와 시리우스는 NASCAR을 포함한 프로 스

사진 11-19
위성 라디오는 이제 전통적인 라디오 방송국과 경쟁할 수 있다.

포츠와 대학 스포츠의 중계권을 얻기 위해 엄청난 돈을 투자했다. 그들은 지역시장에서 다른 지상파 방송국보다 경쟁력을 갖기 위해 교통, 날씨정보와 같은 지역에 좀 더 적합한 프로그램을 추가했다. 2008년에 두 개의 라이벌 위성 라디오 회사는 하나로 합쳐 1,900만 청취자들을 보유하고 있는 하나의 큰 위성 라디오 회사 시리우스XMSirus XM을 만들었다. 이 합병은 비용을 줄여줄 것이고 HD 라디오, MP3 플레이어, 그리고 인터넷을 통해 온라인 청취를 하는 보통 라디오에 대적해 빨리 성장하는 오디오 대안들보다 더 경쟁력 있다고 생각했다. 하지만 지난 2년 동안 자동차 판매량이 급격하게 감소하였고 이에 따라서 위성 라디오 수신기를 차에 설치하는 시청자가입이 많이 줄어들게 되어 주 수입원에 문제가 생겨 회사는 경제적 위험에 처했다.[51]

위성 라디오뿐만 아니라 지상파 라디오 또한 아이팟iPod과 같은 MP3 플레이어나 판도라Pandora, 야후뮤직Yahoo! Music과 같은 인터넷 음악 서비스가 성장하면서 큰 영향을 받고 있다. 라디오를 위협하는 디지털 기술 가운데에는 팟캐스팅podcasting이 있는데 팟캐스팅이란 인터넷을 통해 라디오 프로그램 파일을 PC에 다운로드 받아 MP3플레이어 · PMP(휴대용 멀티미디어 기기) · 휴대폰 등의 휴대기기에 저장, 재생할 수 있는 서비스이다. 팟캐스팅은 개인이 자신의 라디오 쇼를 만들 수 있게 해 주었고 이에 관한 허가, 채널 빈도 그리고 방송과 같은 전통적인 진입장벽들을 그냥 지나치게 해 주었다.[52]

클러터 다른 광고매체만큼 라디오도 클러터가 심하다. 대부분의 라디오는 1시간에 거의 10분 정도 광고할 수 있다. 인기 있는 아침 시간이나 저녁 혼잡 시간대 동안에는 광고시간이 12분까지 늘어날 수 있다. 그리고 청취자를 끌어오기 위해 광고 없이 계속 음악을 트는 라디오 방송국 몇몇이 라디오의 클러터를 더욱 심하게 만든다. 그러면 더 많은 광고가 짧은 시간 안에 방송되어야 하고 결국 청취자들은 계속 광고를 듣기보다 다른 방송국으로 채널을 바꾼다. 광고주들은 그들의 메시지가 소비자들에게 잘 전달되도록 그들의 클러터를 뚫고 갈 수 있는 강하고도 반복을 하는 광고를 만들어야 한다. 라디오 청취에 관한 에디슨리서치Edison Research에 의하면, 사람들은 광고가 너무 많으면 라디오를 덜 듣는다고 한다.[53]

몇 개의 라디오 방송국은 광고의 숫자를 줄이면서 클러터를 줄이고자 했다.

미국에 있는 300개의 시장에서 1,200개가 넘는 라디오 방송국을 소유하고 있는 클리어채널Clear Channel Communication은 청취자와 광고주를 위해 1시간에 나오는 광고의 숫자를 줄였다. 비아콤Viacom과 엔터콤Entercom Communication을 포함한 라디오 방송국을 소유하고 있는 다른 큰 회사들 또한 광고의 빈도를 줄이고 있다.[54]

라디오 산업은 마케터들에게 라디오가 광고의 수단으로 더 가치 있게 만들고자 다른 방법을 모색하는 중이다. 2010년 클리어채널은 광고주들에게 컨텍스추얼 라디오contextual radio라고 알려진 새로운 서비스를 제공하였는데, 이는 어떤 프로그램이나 특정한 종류의 내용 바로 뒤에 자동적으로 라디오광고를 넣는 것을 의미한다.[55] 몇 개의 회사는 이 서비스를 라디오 광고메시지를 더 잘 전달하기 위하여 사용하고 있다. 예를 들어 월마트Walmart는 그곳에서만 팔고 있는 AC/DC의 Black Ice 앨범을 광고한다. 그 광고는 AC/DC의 노래가 끝나자마자 클리어채널에서 광고된다. 가이코GEICO는 자동차, 오토바이, 레저용 자동차 광고가 끝나자마자 "보험 가격 15%를 줄이세요."라는 광고를 틀었다.

라디오 시간 구매

라디오 시간을 사는 것은 광고주들이 네트워크, 스폿 아니면 로컬 구매를 할 수 있다는 점에서 TV 시간을 사는 것과 비슷하다. 이러한 선택권은 TV 시간 구매 부분에서 다루었기 때문에 여기서는 간단히 언급하겠다.

사진 11-20
라디오 프로그램인 Limbaugh 토크쇼는 지금 전국적으로 연합되어 있다.

네트워크 라디오 라디오 광고시간은 전국 방송망 중 하나의 네트워크로 구매한다. 현재 웨스트우드원Westwood One, 시타델미디어Citadel Media, 프리미어Premiere와 같은 7개 주요 전국 라디오 방송망이 있다. 그리고 전국적으로 100개가 넘는 지역 라디오 네트워크가 있다. 네트워크를 사용하는 것은 전국적이나 지역적으로 라디오광고를 하기 위해서 협상을 해야 한다거나 여러 행정절차를 밟는 것을 최소화시켜주고 또한 개별 라디오 방송국에 드는 비용보다 낮다. 그러나 네트워크 안에 있는 계열 방송국의 숫자와 그들이 다가갈 수 있는 청취자의 유형은 상당히 다양하기 때문에 네트워크 라디오를 사용하는 것은 방송국을 고르는 데 있어서 광고주의 유연성을 해친다.

스폿 라디오 전국 광고주들은 스폿 라디오를 다양한 시장에 있는 개인 방송국의 광고시간을 사는 데 사용할 수 있다. 스폿 라디오의 구입은 시장, 각각의 방송국, 그리고 광고시간을 고르는 것과 지역시장 상황에 맞춰 메시지를 전달하는 것을 더 유연하게 해 준다. 스폿 라디오는 라디오 시간 판매의 약 20%를 차지한다.

지역 방송 라디오를 많이 이용하는 광고주는 단연 지역 광고주들이다. 라디오 광고시간의 79%는 지역회사의 개인 방송국이 구매한다. 자동차 딜러, 소매업자 금융기관은 지역 라디오광고를 많이 이용하는 광고주들이다. 그러나 일부 라디오 광고주들은 지역 케이블TV로 바꾸고 있는데, 시청률이 비슷하고 시각적 효과까지 더해지기 때문이다.

시급 구분

라디오의 방송시간은 도표 11-7에서 볼 수 있듯이 다양한 시간대로 나누어져 있다. 라디오 청취자의 크기는 방송시간에 따라 아주 다양하고 광고료도 그에 따라 바뀐다. 청취자들이 가장 많이 듣는 시간은 이른 아침이나 출퇴근시간이다. 라디오 광고요금은 스폿의 숫자나 구매한 청취 계획의 종류, 지역시장에서 가능한 시간의 수요와 공급, 개별 방송국의 청취률에 따라 다양하게 바뀐다. 광고요금 정보는 방송국에서 바로 얻을 수 있고 SRDS의 Radio Advertising Source가 그것을 요약한다. SRDS의 Radio Advertising Source는 지역 방송국과 라디오 네트워크의 스폿 라디오 광고요금 정보를 제공한다. 어떤 방송국은 광고시간 동안 광고 요금을 보여주는 광고 요율표를 제공한다. 그러나 많은 방송국은 그 광고 요율표나

도표 11-7
라디오의 방송시간대 구분

아침 운전 시간대	오전 6시 ~ 오전 10시
낮 시간대	오전 10시 ~ 오후 3시
오후/저녁 운전 시간대	오후 3시 ~ 오후 7시
밤 시간대	오후 7시 ~ 자정
한밤 시간대	자정 ~ 오전 6시

	표적 청취자, 18~49세									
	월~금 오전 6~10시				월~금 오전 10시 ~ 오후 3시				월~금 오후 3~7시	
	AQH (00)	CUME (00)	AQH RTG	AQH SHR	AQH (00)	CUME (00)	AQH RTG	AQH SHR	AQH (00)	CUME (00)
KCBQ 방송										
METRO	25	263	0.2	0.8	40	365	0.3	1.3	36	340
TSA	25	263			40	365			36	340
KCBQ-FM 방송										
METRO	101	684	0.7	3.1	117	768	0.9	3.7	83	736
TSA	101	684			117	768			83	736
KCEO 방송										
METRO	11	110	0.1	0.3	8	81	0.1	0.3	10	95
TSA	11	110			8	81			10	95
KFMB 방송										
METRO	171	790	1.3	5.3	106	678	0.8	3.3	141	1092
TSA	171	790			106	678			141	1092

도표 11-8
아비트론 라디오 시청률 조사에서 나온 부분적인 샘플

역자주: METRO는 대도시권을 TSA는 교통권역을 의미한다.

SRDS에 적힌 요금을 엄격하게 따르지 않는다. 그들의 요금은 협상이 가능하고 유용성, 시간, 그리고 구매된 스폿의 숫자에 따라 바뀐다.

시청자 정보

라디오의 문제점은 청취자 정보가 부족하다는 것이다. 라디오 방송국이 너무 많고 청취자들이 적고 분산되어 있기 때문에 방송국은 자세한 청취자 조사에 비용을 투자하기 힘들다. 또한 라디오는 부수적이고 배경적인 역할을 하기 때문에 누가 어떤 시간에 얼마나 듣는지 조사하는 것은 힘들다. 주요 라디오 청취율 서비스는 아비트론Arbitron이 소유하고 있다. 아비트론은 지역 방송국과 네트워크 청취자의 정보를 제공한다.

아비트론 아비트론은 286개의 지역 라디오 시장에 걸쳐있다. 그리고 1년에 4번 시청률 조사를 한다. 아비트론은 7일 동안 라디오 청취일지를 쓰는 대표적인 청취자의 표본을 갖고 있다. 시장을 위한 청취자 조사는 이 일지 기록, 타임 피리어

	표적 청취자, 18~49세									
	월~금 오후 3~7시		월~금 오후 7시 ~ 자정				주말 오전 10시 ~ 오후 7시			
	AQH RTG	AQH SHR	AQH (00)	CUME (00)	AQH RTG	AQH SHR	AQH (00)	CUME (00)	AQH RTG	AQH SHR
KCBQ 방송										
METRO	0.3	1.4	6	138	0.5	51	356	0.4	2.4	
TSA			6	138		51	356			
KCBQ-FM 방송										
METRO	0.6	3.2	23	354	0.2	2.1	67	616	0.5	3.2
TSA			23	354			67	616		
KCEO 방송										
METRO	0.1	0.4		8			1	8		
TSA				8			1	8		
KFMB 방송										
METRO	1.0	5.4	87	827	0.6	7.9	92	567	0.7	4.4
TSA			87	827			92	567		

도표 11-8
아비트론 라디오 시청률 조사에서 나온 부분적인 샘플 〈계속〉

드에 의해 기록되고 또 아비트론 라디오시장조사서Arbitron Radio Market Report에 있는 선택된 인구에 기반을 둔다. 도표 11-8은 다양한 시간동인 18~49세 청취자를 조사한 아비트론 시청률 조사 샘플이다. 아비트론 보고서에는 세 가지 기본 추산이 있다.

- 청취자 추산: 라디오를 듣고 있는 사람의 예상 수
- 청취율: 조사 지역 인구에서 청취자가 차지하는 비율
- 비율: 총 추정된 청취자의 비율

이 세 가지 추정은 quarter-hour와 누적 청취자를 사용해서 정의된다. **AQH 수치**Average Quarter-Hour figure는 어떤 15분 동안 최소한 5분 동안 라디오 방송을 들은 사람의 평균 수를 뜻한다. 예를 들어 KCBQ 방송국은 오전 6시부터 오전 10시까지 평균 2,500명의 15분당quarter-hour 청취자를 갖고 있다. 그것은 주중에 그 시간대 어떤 15분이든지 18~49세 중 평균적으로 2,500명은 그 방송국에 채널을 맞추

고 있다는 것이다. 이 수치는 청취자와 특정한 시간대에 광고 계획을 세우는 비용을 결정하는 데 도움을 준다.

Cume은 누적 청취자를 뜻하는데 이는 라디오 방송시간 동안 15분 중 적어도 5분 이상은 라디오를 듣는 다른 사람의 추정치이다. **도표 11-8**에서 보면 주중 아침 방송시간 동안 KCBQ 방송국에서 18~29세 누적 청취자는 26,300명이다. Cume은 라디오 방송국으로 인해 도달 가능한 사람 수를 추산한다.

AQH RTG Average Quarter-Hour Rating은 조사된 지역 인구의 비율로 추정된 청취자의 수를 표현한다. **AQH SHR**Average Quarter-Hour Share는 각 방송국을 듣고 있는 전체 청취자의 비율이다. 이 지표는 조사지역에서 전체 라디오를 청취하는 사람들에서 어떤 라디오 방송이 차지하는 비율을 말한다. KCBC 방송국의 평일 오전 6시부터 오전 10시까지 방송시간 동안 AQH는 0.2이며 AQH SHR은 0.8이다.

아비트론은 라디오 청취자를 측정하는데 쓰기 위해서 휴대용 피플미터 기계를 시장에서 실험하고 있다. **휴대용 피플미터**potable people meter(PPM)은 들고 다니는 호출기와 비슷한 크기이고 라디오 프로그래밍에 내장되어 있는 들을 수 없는 식별부호를 해석하면서 소비자들이 어떤 라디오를 듣는지 전자적으로 추적한다. 라디오 산업과 광고주들은 더 자세하고 정확한 라디오 청취자 측정을 아비트론에게 부탁했다. 그들은 새로운 PPM 기술을 더 유효한 청취자 측정 시스템으로 보고 있다.[56] 아비트론은 휴스턴과 필라델피아에서 청취자를 조사하기 위한 새로운 방법을 사용하기 시작했다. 그리고 2008년에 뉴욕, 로스앤젤레스, 시카고, 댈러스를 포함해 다른 시장으로 확대하고 있다. 이 회사는 PPM을 2010년 말까지 주요 50개 시장에 들어가고자 한다. 라디오 산업은 PPM 시스템이 더 많은 사람들이 라디오를 듣고 있다는 것을 증명하여 광고주들이 더 많은 라디오 광고시간을 사도록 한다고 느낀다. **사진 11-21**은 아비트론이 개인적인 피플미터의 가치를 알려주는 광고이다.

사진 11-21
아비트론은 PPM 시스템을 홍보하고 있다.

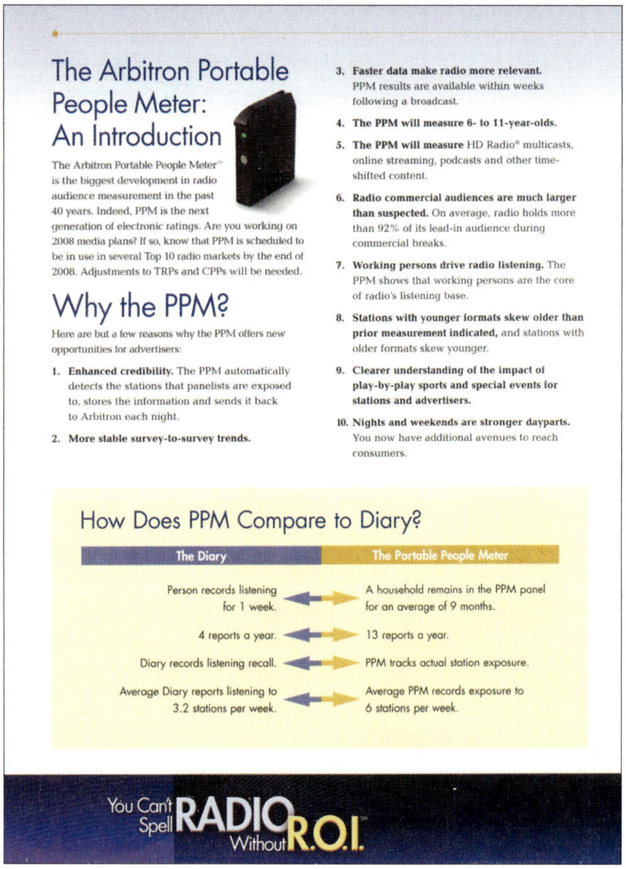

아비트론은 최근 웹캐스트 청취자를 측정하기 시작했다. 아비트론 온라인 라디오 평가Online Radio Rating는 모든 웹캐스트의 인터넷 오디오와 비디오 청취자를 측정하는 청취자 조사 시스템이다. 그러나 이 서비스는 여전히 예비검사 단계이다. 아비트론의 연구는 온라인 사용자들 중 30%가 인터넷 라디오 방송국을 들은 적이 있다고 했다. 그리고 그 숫자는 계속해서 증가하고 있다. 이것은 후에 인터넷 라디오 청취자를 측정하는 것이 점점 더 중요해질 것이라는 것을 보여준다.

RADAR 아비트론이 갖고 있는 다른 시청률 서비스는 RADAR인데, RADAR는 모든 방면에서 청취자를 조사하는 것으로 라디오 네트워크, 미디어 서비스 회사 그리고 광고주들에게 지원받고 있다. RADAR 측정은 유선전화를 보유한 가구에 있는 12세 이상 사람들 중 20만 명을 표본으로 해 1년 동안 모은 일지를 조사한 정보에 기반을 두고 있다. 응답자들은 1주일 동안 요일, 시간 그리고 위치와 같은 모든 라디오 청취를 기록하도록 교육 받고 인구 통계학적 정보도 또한 일지에 기록된다.

RADAR 기록은 1년에 4번 청취자와 다양한 시장세분의 추정치와 함께 네트워크 청취자 조사를 발표한다. 청취자 추정치는 다양한 방송시간에 시간대 별로 측정하며 RADAR는 모든 광고의 다양한 프로그램에 있는 광고를 위해 네트워크 청취자의 추정치도 제공한다.

TV처럼 라디오 매체기획자들은 라디오가 목표 청취자에게 다가는 가치와 상대적인 가격을 측정하기 위해 라디오 청취자 측정 정보를 반드시 사용해야 한다. 라디오 시간 구매에 책임이 있는 매체구매자는 목표청취자 범위, 가격, 시간계획 그리고 라디오 미디어 예산에 최적화할 수 있는 정도에 대한 정보를 필요로 한다.

요약

텔레비전이나 라디오 혹은 전파매체는 대부분의 소비자 일상에 가장 만연해있고, 광고주에게 다양한 청중에 다가갈 수 있는 기회를 준다. 두 방송매체 다 공간 지향적이기보다는 시간 지향적이다. 그리고 그들의 프로그램과 광고메시지를 방송하기 위해 네트워크가 속하는 연계된 방송국의 시스템을 사용한다는 점에서 유사하다. 라디오광고나 TV광고는 전국적 또는 지역적인 프로그램으로 진행될 수 있다. 아니면 지역 방송국이 스폿을 살 수 있다.

TV는 역사적으로 다른 광고매체들에 비해 빠르게 성장했고 전국적 광고주들에게도 선구적인 방법이 되었다. 시각, 청각 그리고 움직임의 조합은 광고메시지를 효과적으로 전달할 수 있는 많은 선택권을 제공해 주기에 다른 어떤 매체도 이런 창의적인 능력을 뽐낼 수 없다. TV는 또한 광고주들에게 상대적으로 적은 비용으로 많은 지역을 공략할 수 있다. 케이블이 성장으로 야기된 다양한 프로그래밍과 다양한 시청자 구성으로 인하여 광고주들은 더욱 다양한 시청자를 선택할 수 있게 되었다. TV가 종종 최고의 광고매체로 보이지만 한계점은 있다. 광고를 만드는 것과 방송하는 데 드는 비용이 높다는 점, 다른 미디어에 비해 선택권이 적다는 점, 메시지가 순식간에 지나간다는 점 그리고 광고가 어지럽다는 점이다. 마지막 두 가지 문제점은 최근 몇 년 동안 점점 더 짧은 광고를 선호하기 시작하면서 가중되었다 할 수 있다.

전국적인, 지역적인 TV 시청자의 크기와 구성에 대한 정보는 닐슨미디어리서치가 제공한다. 네트워크나 방송국에서 그들의 프로그램 광고시간 가격은 시청자 측정 수치에 기반 한다. 이 정보는 표적고객에 도달하는 도달률과 빈도를 달성하는 데 필요한 방송 프로그램을 선정하는 데 쓰이기 때문에 매체기획자들에게도 또한 중요하다.

TV산업에서는 케이블이 계속해서 성장하고, 직접위성방송의 지역 케이블 텔레비전 방송 중계업자들과의 경쟁이 예상되어 TV를 소유하고 있는 가구에는 채널이 늘어나는 결과를 가져올 것이다. 또한 계속적인 시청자 측정과 같이 시청자를 측정하는 방법에 있어서도 변화가 생기고 있다.

오락과 광고매체로써의 라디오 역할은 TV의 급성장과 함께 변화하고 있다. 라디오는 주요한 지역 광고매체로 성장하고 있다. 라디오는 세분화된 시장에 어필할 수 있는 아주 특화된 프로그래밍을 제공한다. 라디오는 광고주들이 청취자들에게 잘 다가갈 수 있고 자주 다가갈 수 있는, 또 아주 효율적인 가격에 제한된 청취자들에게 다가갈 수 있는 기회를 제공한다. 또한 장소기반 홍보전략과 이벤트 스폰서와 같은 통합 마케팅 프로그램을 만들 기회를 준다.

라디오의 가장 큰 단점은 시각적 이미지를 제공할 수 없기 때문에 생기는 크리에이티브의 제약이다. 라디오광고는 짧고 순간적이라는 점, 라디오 청취자들이 아주 분산되어 있다는 점 그리고 광고의 클러터 또한 문제점으로 제기되고 있다.

TV와 더불어 라디오 광고시간 요금 구조는 청취자의 크기에 따라 달라진다. 아비트론은 지역 라디오 청취자 정보를, 그리고 아비트론에서 제공하는 RADAR 조사는 네트워크 청취자 정보를 제공해 주는 가장 주요한 정보원이다.

토론문제

1. 도입사례에서 온라인 비디오가 TV산업에 미치는 영향에 대해 다루었다. 지난 20년 동안 TV산업에 큰 영향을 미친 다른 발전과 앞으로 영향을 줄 요소들에 대해 토의해 보시오.
2. 광고매체로써 TV의 장점과 한계점에 대해 논의해 보고 어떻게 이러한 요인들이 주요한 전국 광고주들과 작은 지역 광고주들의 TV 사용에 영향을 미치는지 토론해 보시오.
3. 아디다스(Adidas)가 행사에 독점적인 후원업체가 된 것에 대응하기 위해 나이키(Nike)가 사용했던 완벽하고 통합된 마케팅 켐페인의 방법에 대해 논의해 보시오. 나이키의 캠페인에 대응해 월드컵에서 발판을 되찾기 위해서 아디다스는 어떻게 했어야 할까?
4. TV광고의 가장 인기 있는 형식은 30초 광고이다. 왜 30초 광고가 광고주들 사이에서 인기 있는지 논의해 보시오. 언제 마케터들이 효과적으로 10초 혹은 15초 광고를 사용할 수 있을까?
5. TV 광고시간을 살 때 광고주들이 어떤 것들을 선택할

수 있는가? 지역 광고주가 선택하는 것과 전국 광고주가 선택하는 것에 어떤 차이가 있는가?

6. TV에서 스포츠 프로그램이 인기 있는 이유에 대해 토론해 보시오. 광고주가 미디어 비히클로써 스포츠 프로그램의 인기를 활용할 수 있는 방법에는 무엇이 있는가?

7. 지역 TV 시청자 수를 측정할 때 스윕 기간을 사용하는 것에 대해 평가해 보시오. 스윕 기간을 이용하는 것이 지역 TV 시청자 수를 측정하 는데 더 바람직한 방법이라고 생각하는가? 어떻게 더 발전될 수 있는가?

8. 광고 시청률이란 무엇인가? 그리고 이는 프로그램 시청률과 어떻게 다른가? 광고주들과 매체기획자들이 프로그램 시청률보다 광고 시청률을 더 선호하는 이유에 대해 논의해 보시오.

9. 라디오광고의 장점과 단점에 대해 논의해 보시오. 라디오광고가 지역 광고주와 달리 전국 광고주들에게 어떻게 사용될 수 있는가?

10. 광고주들을 포함해 라디오 방송국이 어떻게 라디오의 클러터 문제를 해결하고 사람들이 광고에 관심을 가지도록 만들지 논의해 보시오. 클리어채널(Clear Channel)이 제공하는 컨텍스추얼 프로그램 서비스로부터 이익을 얻을 광고주의 예를 들어보시오.

12 인쇄매체 평가

학습목표

1. 다양한 종류의 잡지와 신문에 관하여 살펴보고 광고의 수단으로서 이들의 가치를 살펴본다.
2. 잡지와 신문이 광고매체로서 어떠한 장점과 단점이 있는지 알아본다.
3. 잡지와 신문에서 어떻게 광고지면을 살 수 있는지 살펴보고 구독률이 어떻게 결정되는지 그리고 어떻게 광고단가가 책정되는지 살펴본다.
4. 앞으로 잡지와 신문에서 일어날 미래의 추세를 이해하고 이러한 추세가 어떻게 광고매체로서 이들이 사용될 때에 영향을 미칠 것인지 살펴본다.

무료신문: 무가지로 가는 것이 신문을 살리는 일이다

지난 수년 동안에 인쇄매체는 어려움을 겪고 있다. 뉴스는 온라인에서 무료로 분단위로 제공되고 온라인 블로그를 통하여 사설을 쉽게 얻을 수 있으며, 젊은이들은 뉴스를 주로 인터넷이나 TV로 보고 신문을 정기적으로 보지 않기 때문이다. 신문들은 온라인판을 만들어 자신들의 브랜드를 신장하려 하지만 때로는 이 과정에서 제 살 깎기의 어려움을 겪기도 한다.

신문은 살아남기 위하여 온라인 구독신청과 무료신문이라는 두 가지 선택을 해야 했다. 무료신문은 심오하지 않은 뉴스로 구성된 적은 사이즈의 아침신문이라 할 수 있는데 주로 통근하는 사람들에게 무료로 주어지며 광고수입에만 의존한다. 이러한 무료신문은 스웨덴의 메트로(Metro)에서 비롯되었다. 무료신문은 지난 10년간 디지털 미디어에 이어서 두 번째로 큰 미디어로 성장해 왔다 할 수 있다. 대부분의 유럽에서 그리고 미국, 캐나다와 남미, 아시아 상당수 지역에서 무료신문이 도입되었다. 무료신문은 현재 58개국에서 하루에 약 2,200만 부수가 발행되고 있으며 약 4,500만의 사람들이 읽고 있다.

어떤 사람들은 무료신문에 관한 재정적인 성공 가능성을 의심하기도 하지만 매트로 신문이 2010년에 400만 유로의 순수익을 내는 것을 보면 여기에 관한 답은 명확하다. 무료신문들은 전통적인 신문이 당면하는 신문배포의 문제라든지 진열광고 등의 문제를 풀어나갔다.

전통적인 신문이 마케팅과 구독자유치에 많은 금액을 쓰는 반면에 무료신문들은 신문을 무료로 배포하기 때문에 이러한 비용을 없앴다. 무료신문은 넓은 지역에 배포되지는 않고 교통이 밀집되어 있는 지역에만 주로 배포되어서 배포비용을 최소화한다. 그리고 배포를 항상 최적화한다 할 수 있는데 만약 어떤 구역이 수익성이 떨어진다 싶으면 바로 지역을 바꿀 수가 있기 때문이다. 무료신문은 또한 대중교통을 목표로 하기도 하는데 통근자가 한 번 읽고 나서 그 자리에 두면 다른 통근자가 읽어서 구독률을 높일 수 있기 때문이다.

무료신문은 기사를 내부 기자가 쓰는 것이 아니라 와이어 서비스로부터 제공받기 때문에 제한을 두어서 발행비용 또한 줄일 수가 있다. 얇다는 것은 통근 시에 읽는 표적고객들에게도 잘 맞고 와이어 서비스로 기사를 가져오는 것은 내부 인건비를 많이 줄일 수가 있다. 무료신문에 실제적인 내용은 부족하지만 전통적인 신문을 접할 기회가 없는 젊은 전문가들 사이에 인기가 높다.

무료신문들은 또한 수입 면에서도 다르다. 전통 신문에 비하여 광고에 크게 의존하면서 폭넓은 디스플레이 광고를 선사하였다. 무료신문의 디스플레이 광고는 인터넷에서는 제대로 채택되지 않았다. 그리하여 무료신문이 가져다 주는 광고에서의 풍부한 대안들로 인하여 무료신문은 전통신문보다 더 매력적으로 다가온다.

전통신문들은 주로 안내광고에 의존하지만 무료신문은 추가 면을 할애하여 디스플레이 광고를 제공해 준다. 그리고 무료신문은 비용을 당일의 수입을 고려하여 하루당으로 조절할 수 있다. 전통신문은 광고를 위한 추가 페이지가 있다면 독자들의 기분을 상하게 하여 그들로부터 신뢰에 손상이 갈 수 있지만 무료신문은 무료이기 때문에 독자들에게 얽매일 필요가 없다.

무료신문이 너무 성공적이라 전통신문의 광고수입을 갉아먹고 있다. 무료신문의 광고비가 해마다 5%씩 올라서 2009년에는 15억 달러였는데, 전통 신문광고는 40억 5천 달러로 축소되었다.

런던이브닝스탠다드지는 무료신문으로 바뀌면서 독자가 배 이상으로 늘었고 수입도 대폭 늘었다. 하지만 모든 신문이 이와 같은 전형을 따르는 것은 아니다. 어떤 전통신문들은 무료신문들을 추가로 배포하기도 한다. 잡지도 쇼트리스트(Shortlist)와 같은 무료신문의 전형을 따르기도 하는데, 남성들의 패션 무료잡지 쇼트리스트 모드라는 무료잡지를 내놓아 성공을 거두고 있다.

무료신문과 무료잡지는 이전에 시도하지 않았던 온라인으로 여흥을 즐기는 젊은 도시의 전문가들에게 손내밀고 있다. 마케터들은 무료신문과 무료잡지로 인하여 도심의 젊은 고객들에게 더욱 가까이 다가가는 수단을 얻었다. 왜 무료신문이 인쇄매체의 미래가 될 것인지는 쉽게 알 수 있다.

자료: Adaline Lau, "AdEx: Freesheets Eat Into Traditional Papers," November 2, 2009, http://www.marketing-interactive.com/news/16079; Roy Greenslade, "Metro International Posts First Profit in Four Years," http://www.guardian.co.uk/media/greenslade+freesheets; John Reynolds, "The London Evening Standard Attracts 1.4m Readers," February 3, 2010, http://www.mediaweek.co.uk/news/981659/London-Evening-Standard-attracts-14m-readers/; Matthew Robson, "How Teenagers Consume Media: The Report That Shook the City," *The Guardian*, July 13, 2009, http://www.guardian.co.uk/business/2009/jul/13/teenage-media-habits-morgan-stanley.

잡지와 신문은 2세기 이상 사용된 광고매체이다. 수년간 잡지와 신문은 광고주가 이용할 수 있는 유일한 주요 매체이었다. 특히 텔레비전과 같은 방송매체의 성장으로, 읽는 습관reading habit은 줄어들었다. 더 많은 소비자들은 그들의 흥미거리의 주요 원천으로써뿐만 아니라 뉴스와 정보를 위해 TV시청으로 옮겨갔다. 그러나 방송매체로부터의 경쟁에도 불구하고 신문과 잡지는 여전히 소비자와 광고주 모두에게 중요한 매체 비클media vehicle로 남아있다.

전 세계적으로 수천 개의 잡지가 출판된다. 그들은 수천 개의 사업과 직업뿐만 아니라 모든 특정 소비자들의 흥미와 라이프스타일에 흥미를 일으킨다. 특정 목표관중target audience에 도달하는 고도로 특성화된 매체가 됨으로써 잡지산업은 번영해 왔다. 신문은 광고 수입과 광고주 수 측면에서 여전히 주요 광고매체이다. 신문은 수십만의 소매업을 위한 지역 광고매체로써 특별히 중요하며 대규모 전국 광고주large national advertisers에 의해서도 종종 사용된다.

잡지와 신문은 우리의 삶의 중요한 부분이다. 많은 소비자들에게 신문은 제품 정보에 대한 주요 출처이다. 소비자들은 누가 세일을 하는지, 혹은 매주 푸드 섹션이나 삽입광고에서 제공하는 쿠폰이 있는지 확인 없이는 쇼핑을 가지 않는다. 많은 사람들이 더 잘 알기 위해서 혹은 단순히 흥미거리로 매주 혹은 매월 다양한 잡지를 읽는다. 다양한 직업에서 일하는 개인들은 산업 내, 혹은 일반적으로 사업 내 추세와 동향을 파악하기 위해서 경영잡지에 의존한다.

대부분의 우리들이 인쇄매체에 크게 연관되어 있지만 광고 수입의 도움 없이 살아 남을 수 있는 신문과 잡지는 거의 없다는 점을 놓쳐서는 안 된다. 소비자 잡지consumer magazine는 수입의 평균 54%가 광고로부터 발생한다. 비즈니스 잡지의 경우에는 거의 73%이다. 신문은 그들의 총수입의 70%가 광고로부터 발생한다. 많은 도시에서 일간지의 운영을 지원할 충분한 광고 수입을 확보하지 못하여 일간지의 개수가 감소하고 있다. 인쇄매체는 광고주의 흥미를 끌 수 있는 대규모의 혹은 매우 특성화된 독자층을 확보할 수 있어야 한다.

잡지와 신문 두 가지 모두 인터넷의 중대한 도전에 직면하고 있는데, 인터넷은 각 매체의 전통적 방식을 읽었던 독자들에게 영향을 미치고 또한 매년 마케터들의 광고 예산의 상당 부분을 차지하고 있다. 도입사례에서 언급한 바와 같이, 잡지와 신문은 무료로라도 자신들의 매체를 독자들 손에 쥐어 준다. 그들이 직면한 도전들에도 불구하고, 잡지와 신문은 여전히 대부분의 광고주들에게 매우 중요한 매체 비클이며 IMC 프로그램 전체뿐 아니라 미디어 플랜media plan에 있어 그들의 역할을 이해하는 것이 중요하다.[1]

잡지와 신문의 역할

광고주의 매체계획에 있어서 잡지와 신문의 역할은 방송매체의 역할과 다른데 이는 잡지와 신문이 독자들의 재량에 의하여 살펴볼 수 있는 자세한 정보를 제공하기 때문이다. 인쇄매체는 라디오와 텔레비전과 같이 방해적intrusive이지 않는데 그 이유는 인쇄매체가 효과를 발휘하기 위해서는 독자의 약간의 수고가 필요하다. 이러한 이유로 신문과 잡지는 종종 고관여매체high-involvement media로 불린다.[2] 잡지에 관한 열독률은 새로운 매체 선택권의 증가에도 불구하고, 18세 이상의 성인 80%가 잡지를 구독하고 평균적으로 매달 11개의 잡지를 구독함에 따라, 굳건히 남아있다.[3]

미국 내 가정의 거의 3분의 2가 매일 신문을 받아본다. 그러나 대부분의 잡지는 매우 선별적인 독자층을 가진다. 라디오와 같이, 잡지는 구체적인 유형의 소비자와 세분시장에 도달한다는 점에서 중요하다. 잡지와 신문 모두 인쇄매체인 것에 반해 각각이 유인하는 광고 유형이 다른 것처럼 이 둘의 장점과 단점은 상당히 다르다. 이 장에서는 이 두 가지 주요 인쇄매체 방식에 집중할 것이다. 매체계획에서 언제, 어떻게 신문과 잡지를 사용할 것인지 결정하는 요소와 함께 각각의 구체적인 장점과 한계점을 살펴볼 것이다.

잡지

지난 수십 년간 잡지는 소비자, 산업재, 이 두 시장에서 광범위한 독자들의 교육, 정보, 엔터테인먼트 욕구에 부응하기 위해 급속도로 성장했다. 잡지는 모든 광고매체 중에서 가장 특화되어있다. *Reader's Digest*, *Time*, *Newsweek*와 같은 몇 가지 잡지는 일반적인 대중의 관심을 끄는 정기간행물인 반면, 대부분의 잡지가 매우 구체적인 독자를 겨냥하고 있다. 인구통계학적demographic, 생활양식life style, 활동activity, 흥미interest, 혹은 매력fascination이라는 점에서 거의 모든 타입의 소비자들에 호소하도록 고안된 잡지가 있다. 많은 잡지들이 다양한 직업에 속한 개인들

사진 12-1
특정 산업이나 직업을 목표로 하는 잡지

뿐만 아니라 구체적인 사업과 산업을 목표로 하고 있다(**사진 12-1**).

잡지가 아주 다양하다는 사실이 방대한 수의 광고주들에게 잡지를 매력적인 매체로 여기게 만든다. TV매체가 미국 내 광고주 사이에서 가장 큰 광고 지출을 차지하지만, 많은 기업들이 다른 어떤 매체보다 잡지에 광고를 한다. 이의 사용자들은 크래프트 식품회사Kraft Foods와 제너럴 모터스General Motors와 같이 잡지광고에 매년 4억 달러 이상을 지출하는 대규모 소비재 기업에서부터 스킨다이버Skin Diver 잡지에 스쿠버 장비를 광고하는 소규모의 회사까지 다양한 규모로 구성되어 있다.

잡지의 분류

이용 가능한 다양한 종류의 잡지와 이들을 이용하는 광고주에 대하여 알아보기 위하여 잡지가 일반적으로 분류되는 방식을 살펴보자. 매체기획자들에게 정기간행물에 대한 주요 참조를 하는 미디어 리서치 회사 SRDSStandard Rate and Data Service는 잡지를 독자층에 기반을 두어 소비자(농업 포함), 의료 서비스, 그리고 비즈니스 간행물이라는세 가지 큰 카테고리로 구분하고 각각의 카테고리는 잡지의 편집과 관련된 내용과 독자 소구 방향에 따라 더 세분된다.

소비자 잡지 일반 대중들은 소비자 잡지를 정보 또는 엔터테인먼트를 위해 구매한다. SRDS는 2,700개의 국내 소비자 잡지를 77개의 분류로 구분하였고 이 중에는 일반사설, 스포츠, 여행, 여성 관련 등이 있었다. 소비자 잡지를 분류하는 또 다른 방식에는 배포방식by distribution이 있다, 소비자 잡지는 구독subscription이나 배포circulation, 매장 배포store distribution, 혹은 두 가지 방법 모두를 통해 팔린다. *Time*과 *Newsweek*는 구독의 방식과 매장 내 판매, 이 두 가지 방식으로 판매된다. *Woman's World*는 주로 매장을 통해 판매된다. **도표 12-1**은 구독 수에 따라서, 그리고 단일본single-copy 판매 부수에 따라 각각 상원 10위까지의 잡지를 보여준다. 잡지는 또한 빈도에 따라 분류되기도 한다. 주간지, 월간지, 격월간지가 가장 흔한 형태이다.

소비자 잡지는 잡지에 지출되는 모든 광고비의 약 3분의 2을 차지하여 잡지 산

구독 수 순위			판매 부수 순위		
1.	AARP The Magazine*	24,462,726	1.	Cosmopolitan	1,685,138
2.	AARP Bulletin*	24,174,159	2.	People	1,322,399
3.	Better Homes and Garden	7,434,849	3.	Woman's World	1,172,254
4.	Reader's Digest	7,377,684	4.	First	1,053,589
5.	National Geographic	4,436,244	5.	US Weekly	827,784
6.	Good Housekeeping	4,209,676	6.	In Touch Weekly	746,048
7.	AAA Westways*	3,831,215	7.	Family Circle	695,533
8.	Game Informer Magazine	3,691,124	8.	O, The Oprah Magazine	677,679
9.	Ladies Home Journal	3,645,046	9.	In Style	657,647
10.	Woman's Day	3,511,374	10.	Glamour	588,671

주: 수치는 2009년에 ABC 문건에 의거하여 검증된 유료 구독자의 평균이다.
* 높은 수치의 발행부수는 멤버십의 혜택으로 인한 것이다.

자료: The Association of Magazine Media, Fact Sheets and Trends, March 2010, www.magazine.org. Reprinted with permission.

도표 12-1
구독 수와 단일본 판매 부수에 따른 잡지

업의 가장 큰 부분을 차지한다. 소비자 잡지는 제품과 서비스를 사용하는 일반 소비자들에게 접근하고자 하는 마케터들과 특정 목표시장에 접근하려는 기업들에게 가장 적합하다. 소비자 잡지에 가장 자주 광고를 싣는 카테고리는 자동차, 통신사, 전화판매, 세면도구와 화장품, 컴퓨터, 사무용품과 문구류, 그리고 비즈니스와 소비자 서비스가 있다. 담배 제품의 마케터들은 그들의 미디어 예산의 대부분을 잡지에 소비하는데 이는 방송매체에서 담배 광고가 금지되어있기 때문이다.

대규모 전국규모의 광고주들은 지출 측면에서 소비자 잡지 광고를 잠식하려는 경향이 있는 반면에 2,700개의 소비자 잡지는 특정 시장에 소구하는 제품을 판매하는 소규모의 기업에 있어서도 역시 중요하다. 전문special-interest 잡지는 유사한 라이프스타일 혹은 흥미로 소비자들을 모으고 마케터들에게 도달범위coverage 혹은 발행부수circulation의 낭비 없이 이러한 사람들에게 접근하는 효율적인 방식을 제공한다. 예를 들어 K2, 로시놀Rossignol, 살로몬Salomon과 같은 스키, 스노보드 장비 제조업체는 스키를 타는 사람이나 스노보드를 타는 사람들에게 광고하기 위한 적합한 수단(vehicle)인 *Powder*지를 찾을 것이다.

이러한 전문 잡지들은 특정 세분시장에 접근하려고 하는 기업들에게 소중할 뿐만 아니라 또한 그들의 잡지 콘텐츠contents가 종종 관련 상품과 서비스에 대해 매우 우호적인 광고 환경을 조성한다. 예를 들어, 열렬한 스키어와 스노보더는

사진 12-2
Transworld Snowboarding 잡지는 진지한 스노보더에 접근하기에 훌륭한 매체이다.

*Transworld Snowboarding*이나 *Skiing*의 이번 시즌 첫 번째 호를 읽은 후 첫 눈이 오기만을 학수고대할 것이다. 그리고 잡지에서 전달하는 스키와 스노보드 상품 그리고 스키 리조트 광고에 상당히 수용적이게 된다.

농업 간행물 소비자 SRDS 카테고리는 또한 농업 종사자와 그의 가족들과 연관된 모든 잡지로 구성되어있다. 약 300개의 간행물들이 거의 가능한 모든 타입의 농가의 흥미에 맞게 제작되었다. SRDS는 농업 분야 정기간행물을 모든 타입의 농업 종사자를 대상으로 하는 종합 잡지(예를 들어, *Farm Journal*, *Successful Farming*, *Progressive Farmer*)에서 가금(*Gobbles*), 돼지 농장(*National Hog Farmer*), 또는 목축업(*Beef*)과 같이 특성화된 농업 분야에 관한 전문잡지에 이르는 9개의 분류로 나누었다. *Nebraska Farmer*나 *Montana Farmer Stockman*과 같은 수많은 농업 간행물은 특정 주나 지역의 농업 종사자를 대상으로 한다. 역사적으로 농업이 비즈니스로 여겨지지 않았기 때문에 농업 간행물은 비즈니스 간행물로 분류되지 않는다.

사진 12-3
Beef 잡지는 소 목장 주인들에게 많이 읽힌다.

비즈니스 간행물 비즈니스 간행물은 특정 사업, 산업 혹은 직업을 위한 잡지 혹은 업계지trade journal이다. SRDS는 9,300개가 넘는 미국 잡지와 업계지를 220개 이상의 시장 분류로 나누었다. 주요 분류는 다음과 같다.

1. 변호사를 위한 *National Law Review*, 건축가를 위한 *Architectural Forum* 등과 같은 특정 직업 군을 위한 잡지.
2. 다양한 제조, 생산업체의 사업가에 맞춰진 산업 잡지Industrial magazines. 예를 들어, *Iron and Steelmaker*, *Chemical Week*, *Industrial Engineering*.
3. 도매상, 딜러, 유통업자, 그리고 소매업자를 타깃으로 하는 업계지. 그중에는 *Progressive Grocer*, *Drug Store News*, *Women's Wear Daily*, 그리고 *Restaurant Business*가 있다.

4. *Forbs*, *Fortune*, 그리고 *BusinessWeek*과 같이 사업 전 분야의 고위 관리자를 대상으로 하는 일반 비즈니스 잡지. (일반 비즈니스 잡지는 SRDS의 소비자 간행물 판consumer publications edition에도 포함된다.)
5. 치과, 내과 및 외과, 간호, 생명 공학, 그리고 병원관리를 포함하는 다양한 분야를 타깃으로 하는 의료 관련 간행물.

다양한 비즈니스 간행물들이 특정한 흥미를 가진, 특정한 타입의 전문가들에 접근하여 그들의 산업, 직업, 그리고 경력과 관련된 중요한 정보를 제공한다. 비즈니스 간행물은 목표시장을 구성하는 특정한 타입의 개인들에게 접근할 효율적인 방법을 제공하기 때문에 광고주들에게 중요하다. 한 기업이 다른 한 기업에 직접적으로 그들의 상품 혹은 서비스를 판매하는 업계 간, 그리고 기업과 기업 수준에서 많은 마케팅이 발생한다.

잡지의 장점

잡지는 광고매체로서 매력적으로 만드는 많은 특징을 가지고 있다. 잡지의 강점에는 선택성selectivity, 뛰어난 재생reproduction 품질, 크리에이티브 유연성, 성과, 위신, 독자의 높은 수용성과 관여, 그리고 잡지가 광고주에게 제공하는 서비스 등이 있다.

선택성 광고매체로 잡지를 이용하는 주요 이점 중 하나는 그들의 **선택성** selectivity, 즉 특정 목표관중에 접근하는 능력이다. 잡지는 다이렉트메일direct mail을 제외한 모든 매체 중에서 가장 선택적selective이다. 미국 내 발간되는 수천 권의 잡지는 모든 타입의 소비자와 비즈니스에 접근하고 광고주들로 하여금 그들의 제품을 구매하는 사람들의 계층들에 광고를 할 수 있게 한다. 예를 들어, *PC World*는 컴퓨터 광들을 타겟으로 하였고 *Spin*은 음악에 열렬한 흥미가 있는 사람들에 접근하였고, *Ebony*는 상류층 아프리카계 미국인 시장에 집중하였다. 매년 새로운 흥밋거리와 트렌드를 타깃으로 하여 많은 새로운 잡지가 소개된다. 1985년 이래로 잡지 출간을 추적해 온 후스니Samir Husni 박사에 따르면, 2009년에는 매월 평균 64권의 새로운 잡지가 출간되었다.[4] 스포츠/레크레이션, 엔터테인먼트/유명인, 여행, 패션/의류, 그리고 뷰티/옷차림과 같은 분야 내 변화하는 니즈, 흥미, 그리

사진 12-4
지난 2년간 잡지 전문가 Samir Husni가 선정한 30가지 저명 잡지

고 대중들의 관심을 충족하기 위해 새로운 소비자 잡지는 계속해서 발간되고 있다. **사진 12-4**는 후스니 박사에 의해 선택된, 지난 25년 동안 발간된 주목할 만한 잡지를 보여준다.

홍미에 근거하여 선택성을 제공하는 것에 더하여 잡지는 광고주에게 높은 인구통계학적, 지리적 선택성을 제공한다. 인구통계학적 선택성demographic selectivity, 즉 특정 인구층에 접근하는 능력은 두 가지 방식으로 이용 가능하다. 우선, 편집물editorial content의 결과로 대부분의 잡지는 상당히 잘 정의된 인구 세그먼트를 목표로 한다. *Ladies' Home Journal*, *Ms.*, *Self*, *Cosmopolitan*은 대개 여성들이 구독한다. *Esquire*, *Playboy*, *Sports Illustrated*는 주로 남성들이 구독한다. 노년층 소비자의 경우 *Modern Maturity*와 같은 간행물을 통해 접근할 수 있다.

잡지가 인구통계학적 선택성을 제공하는 두 번째 방식은 특별판special edition을 통해서이다. *Reader's Digest*, *Time*, *Newsweek*와 같이 폭넓은 관중의 홍미를 끄는 잡지들도 그들의 인구통계적 특별판special demographic edition을 통해 높은 수준의 인구통계학적 선택성을 제공할 수 있다. 대부분의 대표 소비자 잡지는 각기 다른 인구층 시장different demographic market을 겨냥한 다른 판edition을 출간한다.

지리적 선택성geographic selectivity은 광고주들이 특정 도시나 지역에서의 광고에 집중하도록 한다. 지리적 선택성을 달성하는 한 가지 방식은 특정 지역을 타깃으로 하는 잡지를 이용하는 것이다. 지역적 홍미를 다룬 잡지에는 *Yankee*(뉴잉글랜드), *Southern Living*(남부), *Sunset*(서부), *Texas Monthly*(텍사스) 등이 있다. 최근 더 성공적이었던 매체 발전 중 하나가 대부분의 미국 주요 도시에서의 시티 매거진의 성장이다. 몇 가지만 예를 들자면, ***Los Angeles Magazine***, ***Philadelphia***, ***Boston*** 등은 그 도시의 거주자에게 라이프스타일, 이벤트에 관한 기사를 제공하며 그 주변 대도시에도 제공한다. 시티 매거진이나 지역 매거진은 광고주들이 흥미로워 하는 특정 지역 시장에 집중할 수 있도록 한다. 이러한 잡지는 또한 고급 브랜드의 마케터를 유인하는 고수입 독자층이나 대학교육을 받은 독자층이나 브랜드 충성도가 높은 독자층이나 영향력이 있는 독자층을 가지고 있다. 이러한 출판물의 대부분은 73개의 다른 시장에서의 잡지를 대표하는 도시/지역잡지협회 City and Regional Magazine Association에 속해 있다. 광고주는 하나의 매체를 구매해서 one media buy 이 협회에 속하는 모든 잡지에 광고를 낼 수 있다.

잡지에서 지리적 선택성을 달성하는 다른 방법은 전국1 혹은 지역 매거진의 특정 지역판geographic edition에 광고 공간ad space을 사는 것이다. 수많은 간행물은 그들의 판매 부수를 지역이나 주요 대도시로 그룹화하여 나누고 광고주에게 그들의 광고를 이러한 지역판에 집중할 수 있는 선택권을 제공한다. 잡지는 지리학적 지역으로 나눠 각각의 지역에 지역판regional edition을 제공하고, 광고주들에게 특정 주나 대도시를 겨냥한 판을 선택권을 제공한다. 많은 잡지들은 그들이 흥미로워 하는 지리학적 시장을 가장 잘 어울리게 할 수 있도록 광고주들이 지역 혹은 대도시판metropolitan edition을 결합하도록 허락한다.

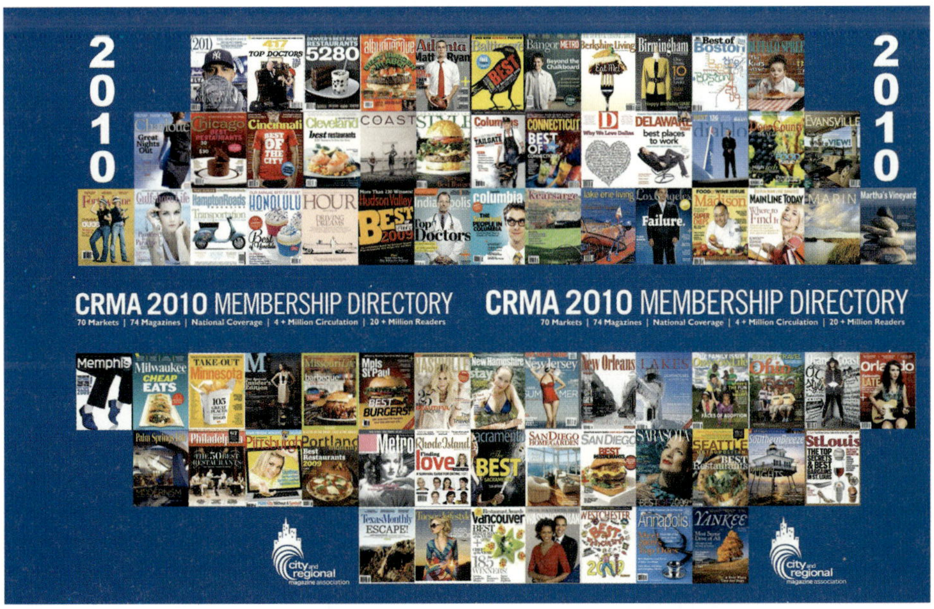

사진 12-5
시티 매거진은 광고주들에게 높은 지리적 선택성을 제공한다

SRDS는 지리학적 그리고 인구통계학적 판edition을 제공하는 350개의 소비자 매거진을 목록화하였다. 지역단위의 광고주는 잡지가 판매되는 지역에만 접근할 수 있는 판edition에 광고 공간을 구매할 수 있다 하지만 여전히 주요 전국잡지에서 광고하는 특권을 누릴 수 있다. 전국단위의 광고주들은 최대 잠재성을 지니거나 홍보 지원이 더 필요한 지역에 그들의 광고를 집중하기 위해 지역판geographic edition을 이용할 수 있다. 그들은 또한 제품을 시험 판매하거나 그 전국의 다양한 지역에서 대체 홍보 캠페인을 위해 지역판regional edition을 이용할 수 있다.

지역판regional edition의 광고는 다양한 시장의 소매업자 혹은 유통업자의 이름을 열거하여 더 큰 지역 후원을 불러올 있다. 지역적 마케팅으로의 추세는 마케터들이 이용할 수 있는 지역 매체 보유의 중요성을 증가시키고 있다. 지역, 인구통계학적 에디션의 이용 가능성은 또한 표적고객에 도달하기 위한 경비효율지표cost per thousand(CPM)(광고 도달 시청자 또는 독자 1,000명당 소요되는 경비)를 줄일 수 있다.

재생 품질 잡지광고의 가치 있는 특성 중 한 가지는 광고의 재생 품질reproduction quality이다. 잡지는 일반적으로 고품질의 제지에 인쇄되며 흑백, 칼라로의 훌륭한 재생을 제공하는 인쇄 과정을 거친다. 잡지는 대개 광고의 지배적인 역할을 하는 일러스트레이션을 사용하는 시각적 매체이므로 이는 매우 중요한 특성이다. 대부분의 잡지의 재생 품질은 특히 색채color가 필요할 때 신문과 같은 다른 주요 인쇄매체보다 훨씬 우수하다. 색의 사용은 사실상 대부분의 제품군에서 필수가 되었고 전체 잡지의 3분의 2가 현재 색채를 사용하고 있다. 잡지의 훌륭한 재생 품질은 대행사로 하여금 혁신적, 창의적인 작업의 기회를 제공한다. 예를 들어, **사진 12-6**은 북미 시장의 새로운 BMW 1 시리즈 론칭에 사용된 캠페인의 일환으로 GSD&MGSD&M Idea City 대행사가 제작한 창의적인 광고를 보여준다.

사진 12-6
이 BMW 광고는 잡지에서 이용할 수 있는 훌륭한 복사 품질을 활용하였다.

크리에이티브 유연성 잡지의 우수한 재생 능력과 더불어 잡지는 또한 광고주에게 광고 자료의 종류, 크기, 배치에 있어 상당한 유연함을 제공한다. 어떤 잡지는 (종종 추가 비용

을 지불하면) 광고의 창의적인 매력을 높이고, 관심, 독자 수를 늘릴 수 있는 다양하고 특별한 옵션을 제공한다. 여기에는 게이트폴드, 블리드페이지, 삽입광고, 그리고 크리에이티브 공간 확보 등이 있다.

게이트폴드gatefold는 광고주로 하여금 펼칠 수 있고 광고에 특대 크기의 스프레드를 제공하는 제3 페이지를 사용함으로써 두드러지는 광고효과를 줄 수 있도록 한다. 게이트폴드는 크기가 큰 소비자 잡지의 안쪽 커버나 안쪽 페이지에서 종종 찾을 수 있다. 광고주들은 특히 신제품 또는 새로운 브랜드 도입과 같은 특별한 경우 매우 강렬한 인상을 주기 위해 게이트폴드를 사용한다. 예를 들어, 자동차 광고주들은 신차년도마다 새로운 차를 소개하기 위해 게이트폴드를 사용하곤 한다. 그러나 모든 잡지가 게이트폴드를 제공하는지 않으며 반드시 사전에 잘 예약이 되어야 하고 프리미엄이 붙는다.

블리드페이지bleed page는 흰 여백을 남겨 두지 않고 내용을 페이지의 가장자리까지 늘린 것을 말한다. 블리드는 광고가 커지는 인상을 주며 더 극적인 영향을 준다. 대다수의 잡지가 블리드에 최대 10~20%의 추가 비용을 청구한다.

게이트폴드와 블리드페이지에 이어 잡지를 통해 이용 가능한 크리에이티브 선택에는 색다른 페이지 크기와 모양이 있다. 어떤 광고주들은 페이지에서 튀어나오는 3차원 팝업광고를 개발함으로써 독자의 관심을 끌고 있다. 다양한 **삽입광고**insert는 많은 잡지에서 사용된다. 이들은 회신카드, 요리 소책자, 쿠폰, 레코드record, 그리고 제품 샘플을 포함한다. 화장품 회사들은 새로운 향수를 소개하기 위해 뜯어서 냄새를 맡게 하는 삽입광고를 사용하고, 어떤 기업들은 이 방식을 데오드란트, 세탁 세제, 혹은 냄새가 중요한 다른 상품들을 홍보하기 위해 사용한다. 삽입광고는 또한 직접반응 광고direct-response ad와 결합하여, 그리고 판매촉진 전략 중 하나로 사용된다.

향기 나는 광고, 팝업 광고, 노래가 나오는 광고, 두터운 카드, 스티커, 그리고 CD-ROM들은 잡지에서 광고주들에 의해 사용되는 삽입광고의 종류이다. 광고주들은 때때로 잡지 내 클러터를 돌파하고 독자들의 관심을 포착하기 위해 특별한 삽입광고를 사용한다. 예를 들어 CW방송국은 새 드라마인 *Supernatural*을 홍보하기 위해 매우 독창적인 삽입광고를 사용하였다. 이 삽입광고는 *US Weekly*와 *Rolling Stone*에 게재되었다. 이 삽입광고는 페이지가 개봉되면 고품질의 사운드

사진 12-7
CW방송국은 그들의 새로운 드라마 Supernatural을 홍보하기 위해 창의적인 삽입광고를 사용하였다.

칩이 소리를 내게 되었다. 헤드라이트가 켜지고 깜빡이기 시작하면서 1967년식 임팔라(드라마에서 주인공들이 타고 다니는 차종)의 그림이 살아나고 Dave Mattew의 노래가 분위기를 만들면서 주인공들의 대화가 그들의 초자연적인 이야기를 실제 삶으로 데려온다. 많은 잡지 출판업자들은 독창적인 삽입광고를 사용하기를 원하는 광고주들과 일하기를 원하는데 그 이유는 출판업자들은 잡지가 제품을 선보일 방법으로서 뉴미디어와 경쟁할 수 있다는 것을 보여주고자 하기 때문이다. 삽입광고가 제작팀과 제작사에게는 도전을 주지만, 추가 배송비용에 따른 비용은 일반적으로 광고주에게 전가된다. 삽입광고를 제작하는 총비용은 복잡성, 무게, 조립과정, 그리고 다른 요소에 따라 다양하다. 몇몇의 매우 정교한 삽입광고는 수백만 달러 정도의 비용을 광고주에게 요구할 수 있다.[5]

다양한 종류의 특이인쇄물print-aculars에 대해 반발도 있다. 비평가들은 그들이 잡지의 외관과 느낌을 변화시키고 독자의 구독도 바꿀 것이라 주장한다. 광고주들은 많은 삽입광고와, 팝업광고, 말하는 광고talking ad, 혹은 다른 방해요소에 대응하여 경쟁해야 하는 평범한 광고를 하려고 하지 않는다. 어떤 광고주와 대행사는 심지어 출판업자에게 언제 그들이 화려한 삽입광고를 실시할지 알려달라고 요청하여 그들의 보통regular 광고를 그 잡지에서 뺄지 말지를 결정할 수 있도록 한다.[6]

크리에이티브 공간 확보creative space buy는 잡지의 또 다른 선택권이다. 어떤 잡지는 광고주들에게 그들의 미디어 예산의 효과를 증가시키기 위해 어떤 특정 공간 묶음space unit을 구매하도록 한다. 예를 들어, **사진 12-8**과 같이 다목적 윤활유 제품인 WD-40는 여러 잡지에 반 페이지나 4분의 1 페이지 크기의 광고를 연속 페이지에 게시하여 각 페이지에 제품의 다른 용도를 알려주고 있다. 이 전략은 회사에 매체 비용에 더 큰 영향을 주었고 제품의 다양한 용도를 홍보하는 데 도움을 주었다.

영속성 잡지의 또 다른 특징적인 장점은 이들의 긴 수명이다. TV와 라디오는 매우 짧은 수명을 가진 잠시 동안의 메시지라는 성격이 있다. 신문은 일반적으로 읽

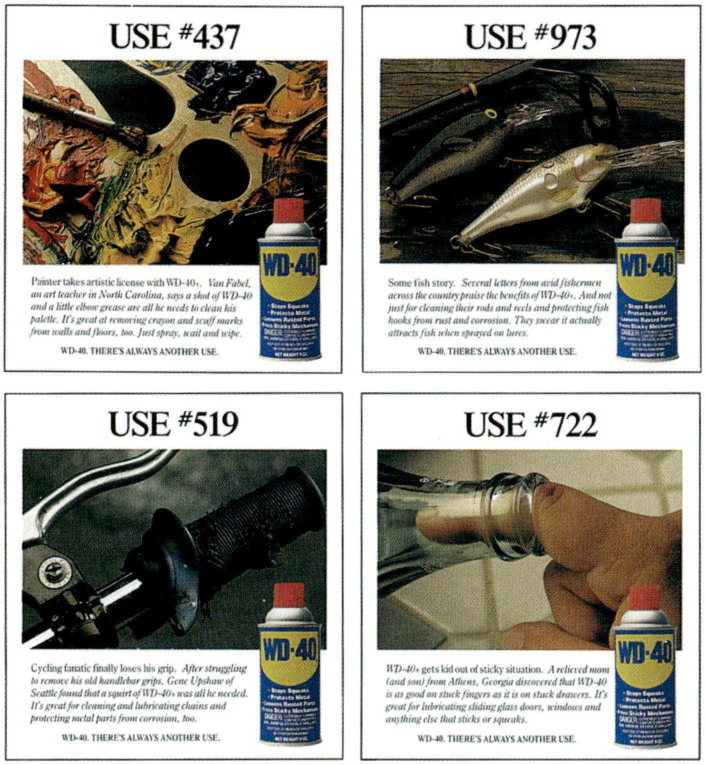

사진 12-8

WD-40은 그들의 미디어 예산으로부터 더 큰 효과를 얻기 위해서 페이지 4분의 1 크기의 광고를 사용하였다.

힌 다음 금방 버려진다. 그러나 잡지의 경우 일반적으로 몇 일에 걸쳐 읽히며 참고용으로 보관된다. 잡지는 다른 어떤 매체보다 오랜 기간 집에 보관되며 일반적으로 수시로 살펴본다. 잡지 독자에 관한 연구에 따르면 독자는 평균 잡지를 읽기 위해 약 2~3일에 걸쳐 한 시간에 가까운 시간을 소비한다.[7] 연구에 따르면 또한 소비자의 약 75%가 미래 참고용으로 잡지를 보유한다는 것을 알아 냈다.[8] 잡지의 오랜 수명의 한 가지 이점은 독자들이 서둘러서 읽지 않고 광고를 더 자세하게 살펴볼 기회가 더 많다는 것이다. 이는 고관여제품이나 복잡한 제품과 서비스에 있어 매우 중요한 사항인 더 길고 자세한 카피를 광고에서 사용할 수 있다는 것을 의미한다. 잡지의 영구성은 또한 독자가 여러 번 광고에 노출될 수 있다는 것을 의미하며 잡지가 다른 독자에게 전달될 수 있다.

명성 잡지광고의 또 다른 긍정적인 특징은 우호적인 이미지를 가진 출판물에 광고함으로써 제품이나 서비스가 얻는 명성이다. 제품이 인지된 품질, 평판, 그리고/또는 이미지에 크게 의존하는 기업은 종종 품질이 높은, 그리고 소비자가 광고 페이지에 높은 수준의 흥미를 가지고 있는 명망 있는 출판물의 광고 공간을 구입한다. 예를 들어, *Esquire*와 *GQ*는 매우 우호적인 환경에서 남성 패션을 다룬다. 그리고 의류 제조업자는 그들의 제품라인의 명성을 높이기 위해 이러한 잡지에 그들의 제품을 광고할 것이다. *Architectural Digest*는 고품질의 사진과 예술 작품을 포함하는 인상적인 편집 환경을 제공한다. 잡지의 상위 독자는 그 간행물에 우호적인 이미지를 가질 것이고 이는 그 페이지에 광고되는 제품으로 이어질 것이다. *Good Housekeeping*은 그들의 직인이 찍힌 제품에 구매 후 2년 내에 결함이 있음을 입증하면 잡지는 제품을 교환해 주거나 구매가격으로 환불해 주는 독특한 소비자 정책을 가지고 있다. 현재는 Good Housekeeping Research Institute로 유

사진 12-9
Good Housekeeping의 표시는 잡지에서 광고되는 제품에 대해 소비자에게 확신을 심어준다.

명한 이 기업의 리서치 부서는 한 세기가 넘는 기간 동안 제품을 평가해 왔다. 이 직인은 광고가 *Good Housekeeping*의 발행물에 게재된 제품에서만 사용될 수 있다. 이 직인은 특정한 브랜드에 대한 소비자들의 확신을 증가시킬 수 있고 실제로 환불이 보장되기 때문에 구매에 따른 인지된 위험perceived risk의 정도를 줄여준다.[9]

대부분의 미디어 기획자들은 발행물에 의해 형성된 환경이 중요하다는 것을 인식하는 반면에 잡지가 제공하는 이미지를 알아내는 것은 어려운 일이라는 것을 안다. 독자의견조사Reader opinion survey와 같은 객관적으로 평가하는 측정치와 마찬가지로 미디어 기획자들의 경험에 기반을 둔 주관적인 판단으로 종종 잡지의 명성을 평가한다.[10]

소비자 수용성과 참여 신문을 제외하면 소비자는 다른 어떤 매체 광고보다 잡지광고에 더 수용적이다. 잡지는 일반적으로 그들이 담고 있는 정보가 독자의 관심을 끌고, 잡지광고가 구매 결정을 하는 데 필요한 추가 정보를 제공하기 때문에 구매된다. 여러 연구들에 의하면 잡지가 소비자의 자동차, 뷰티 제품, 의류, 패션, 재무 설계, 그리고 개인과 비즈니스 여행 등과 같은 다양한 제품과 서비스에 대한 정보의 주요 출처임을 보여주고 있다.[11]

미디어 기획자는 잡지광고의 주요 장점 중 하나가 독자를 사로잡고 그들의 관심을 붙잡는 능력이라고 여겼다. 수많은 연구는 소비자가 잡지를 읽을 때 잡지와 관련을 갖게 되며, 광고를 받아들일 수 있게 되고, 광고를 즐겁게 여기며, 심지어 광고를 잡지의 중요한 부분이라고 여기게 될 것이라는 점을 보여주고 있다. TV, 라디오, 그리고 인터넷과 같은 거슬리는intrusive 매체는 소비자가 광고에 주목하지 않는다는 문제와 또한 광고메시지를 피하려 하는 문제점과 싸우고 있다. 그리고 광고주들이 이러한 매체에 그들의 광고를 틀고자 더욱 노력할수록 소비자들은 더욱 광고를 듣지 않을 방법을 모색한다. 그러나 잡지의 독자들은 스스로 잡지 내용과 광고에 노출되는 비율과 기간을 조절할 수 있고 광고를 덜 방해되는 것으로 본다는 것을 인식하고 있다.

사진 12-10은 시몬스Simmons가 실시한 Multi-Media Engagement 연구결과로

써, 잡지가 광고 수용성과 다른 관여도 측정치에서 TV나 인터넷보다 월등히 높은 점수를 받았음을 보여준다. 이 조사에 따르면 광고에 있어서 소비자 관여는 매우 중요한데 그 이유는 광고에 관한 소비자 관여가 높으면 광고에 관한 기억을 높이고 광고 브랜드에 대한 추가적인 정보를 찾아보고, 그들의 웹사이트를 방문하고, 차후 참고용으로 광고를 저장하고, 다른 사람들에게 그것을 추천할 뿐만 아니라 제품이나 서비스를 구매하는 등의 구체적인 행동과 직접적으로 관련이 있기 때문이다.

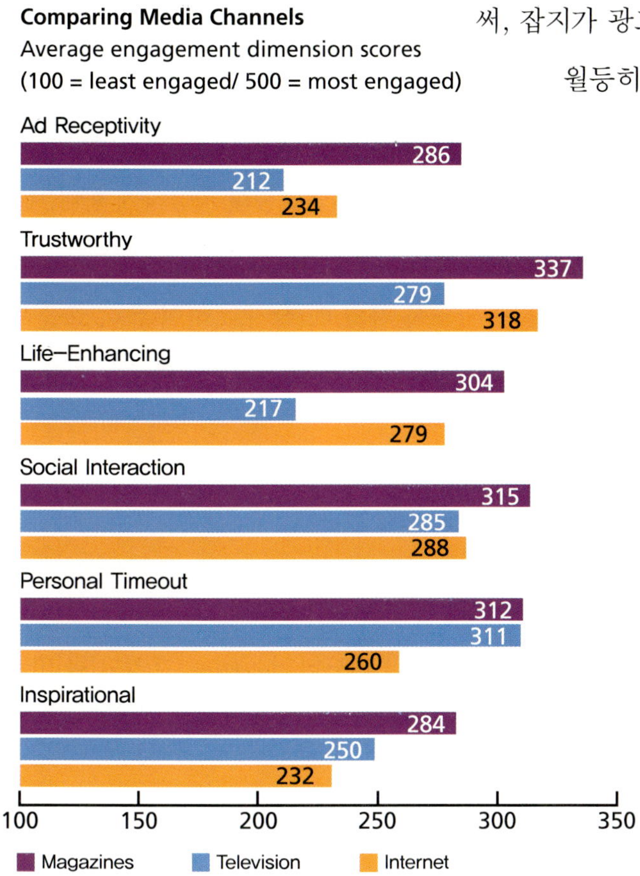

사진 12-10
매체 채널 비교. 잡지는 소비자로부터 TV나 인터넷보다 더 우호적인 점수를 받았다.

서비스 잡지의 장점으로 알아볼 마지막 사항은 몇몇 잡지가 광고주에게 제공하는 특별한 서비스이다. 어떤 잡지는 소매업자와 같은 중개인에게 그들의 발행물에 제품이 광고되고 있다는 것을 알려주고 제품을 전시하거나 홍보하도록 권장하는 머천다이징 직원merchandising staff이 있다. 잡지(주로 대형 잡지)가 제공하는 또 다른 서비스는 그들이 소비자를 대상으로 실시하는 조사연구이다. 이러한 연구는 일반적인 소비자 동향, 변화하는 구매 패턴, 그리고 미디어 사용media usage을 다루거나 특정 제품 혹은 산업을 다룬다.

몇몇 잡지가 제공하는 중요한 서비스는 **스플릿런**split run이며 이는 두 가지 혹은 그 이상 버전의 광고를 특정 잡지에 번갈아 가며 게재하는 것이다. 이 서비스는 스플릿런의 효과에 관해 몇 가지 증거를 제공하면서 광고주가 어떤 광고가 가장 많은 반응 혹은 문의를 만들어내는지 결정하도록 하는 스플릿런 테스트를 수행하기 위해 사용된다. 과학기술의 발전은 또한 잡지가 광고주에게 선택적 제본방식과 잉크젯 이미징을 통해 확실한 표적고객에 개인 맞춤형 메시지를 전달할 수 있는 기회를 제공하는 것을 가능하게 하였다. **선택적 제본방식**selective binding은 수 부의 잡지 제작을 한 가지 연속 과정으로 제작을 가능하게 하는 컴퓨터화된 생산 과정이다. 선택적 제본방식은 잡지가 그들의 구독자 베이스 내 특정 그룹을 목표로 전달address하는 것을 가능하게 한다. 잡지 출판업자는 똑같은 발행물에서 다른 편집 혹은 광고메시지를 구독자의 다양한 그룹에게 전송할 수 있게 된다. **잉크젯이미징**ink-jet imaging은 기계판mechanical plate을 사용하는 대신 종이에 잉크를 투사하여 메시지를 재생할 수 있다. 이 과정은 광고메시지를 개인맞춤화 가능하게 한다. 많은 출판업자들이 선택적 제본방식과 잉크젯이미징이 광고주들로 하여금 그들의 광고메시지를 더욱 정교하게 겨냥할 수 있도록 하였고, 잡지로 하여금 더 효율적으로 다이렉트메일direct mail등의 다른 다이렉트마케팅 수단과 경쟁하도록 만들었다고 생각한다.

잡지의 단점

잡지가 제공하는 장점이 상당히 많지만 단점도 역시 많다. 단점에는 광고비용, 제한된 도달과 빈도, 광고게재에 요구되는 긴 리드타임lead time, 그리고 클러터clutter의 문제, 과열된 광고 경쟁 등이 있다.

비용 잡지 속 광고 비용은 그들이 도달하고자 하는 고객의 크기와 잡지의 선택력selectivity에 따라 다양하다. *Time*, *Reader's Digest*나 *Better Homes and Gardens*와 같은 대량 부수를 발행하는 일반대중용 잡지large mass-circulation magazine 속 광고는 값이 매우 비싸다. 예를 들어, *Time*의 전국판national edition(330만 부) 전면의 컬러 광고는 2010년 기준 28만 7,000달러이다. 인기 있는 자리, 예를 들어 뒷표지back cover는 거의 40만 달러에 달한다.

다른 매체와 마찬가지로, 잡지는 절대원가의 관점뿐만 아니라 상대원가의 개념으로 보아야 한다. 대부분의 잡지는 낮은 CPMcost per thousand으로 구체적인 목표관중에 도달한다는 점에서 그들의 효율성을 강조한다. 또한 점점 더 많은 잡지가 인구통계학적 판이나 지역판geographic edition을 제공하여 그들의 비용을 낮추는데 도움을 주고 있다. 미디어 기획자는 일반적으로 그들의 표적고객에 도달하는데 있어 발행물의 상대 원가에 집중한다. 그러나 그들은 작고 특별화된 세분시장에 접근하는 능력 때문에 높은 CPM의 잡지를 추천할 것이다. 물론, 제한된 예산을 가진 광고주들은 잡지 공간의 절대원가와 이러한 발행물에 질 좋은 광고를 제작하는 비용에 관심이 있을 것이다.

제한된 접근과 빈도 잡지는 일반적으로 접근도 빈도 면에서 다른 매체만큼 효율적이지 않다. 미국 내 약 90%의 성인이 매 달 한 개 혹은 그 이상의 소비자 잡지를 구독하는 반면, 개인적으로 발행물을 읽는 성인의 비율은 훨씬 줄어들고 있다. 그래서 잡지는 얇은 가계 침투a thin penetration of household가 있다. 예를 들어, *Reader's Digest*는 3위의 7,600만 판매 부수를 가지고 있지만 이는 미국 내 1억 1,500만 가계 중 오직 7%만을 대변한다. 도표 12-2에서 볼 수 있는 것과 같이 2009년 기준 오직 39개의 잡지만 200만을 넘는 유료 발행부수를 가지고 있다. 그러므로 폭넓은 접근을 찾는 광고주들은 많은 잡지 매체를 구입해야 하며 이는 더 많은 협상과 거래를 뜻한다. 폭넓은 접근 전략을 위해서, 잡지는 다른 매체와 결합하여 이용된다. 대부분의 잡지가 월간지, 혹은 기껏해야 주간지이기 때문에 동일한 발행물의 이용을 통해 빈도를 구축할 기회는 제한되어 있다. 동일한 발행물에 복합광고multiple ad를 사용하는 것은 빈도를 구축하는 데 비효율적이다. 대부분의 광고주들은 미디어 스케줄에 유사한 표적고객을 가진 다른 잡지를 추가함으로써 빈도를 달성하려고 한다.

긴 리드타임 잡지의 또 다른 단점은 광고를 게재하기까지 필요한 긴 리드타임이다. 대부분의 주요 간행물들은 30~60일의 리드타임을 가지고 있으며 이는 실제 출판 날짜 사전에 광고 공간을 구입하고, 광고가 잘 준비되어야 한다는 것을 의미한다. 광고의 아트와 카피는 마감날 이후에는 만들 수 없다. 이렇듯 긴 리드타임은 잡지 광고가 현재 이벤트나 변화하는 시장 상황에 대응하는 데 있어서 라디오나 신문과 같은 다른 매체만큼 시기 적절할 수가 없다.

클러터와 경쟁 클러터의 문제는 일반적으로 방송매체에서 논해지지만, 잡지 또한 이러한 단점을 가지고 있다. 잡지의 광고 혼잡도는 일종의 역설이다. 잡지 자체가 성공할 수록 더욱 많은 광고지면을 가지게 되지만 이는 더 큰 광고 혼잡도로 이어진다. 사실, 잡지는 그들이 판매하는 광고 페이지 수로 그들의 성공을 측정한다.

잡지 출판사들은 잡지 본문 내용과 광고의 적절한 균형을 유지함으로써 광고 혼잡도의 문제를 통제하고자 한다. 잡지협회Association of Magazine Media에 따르면, 소비자 잡지는 평균 47%의 광고와 53%의 내용으로 구성된다.[12] 그러나 많은 잡지들이 그들의 페이지 수 절반 이상에 광고를 싣는다. 이러한 광고 혼잡도는 광고주

도표 12-2 평균 유료 발행부수 상위 50 잡지

2009 순위	잡지명	2009년 검증된 유료 발행부수	2009 순위	잡지명	2009년 검증된 유료 발행부수
1	AARP The Magazine*	24,463,228	26	Newsweek	2,316,590
2	AARP Bulletin*	24,174,159	27	American Legion Magazine*	2,287,971
3	Reader's Digest	7,629,105	28	Remedy/Remedy MD	2,275,882
4	Better Homes And Gardens	7,627,992	29	Playboy	2,275,882
5	Good Housekeeping	4,641,651	30	Redbook	2,224,448
6	National Geographic	4,602,119	31	Parenting	2,186,320
7	Woman's Day	3,949,248	32	FamilyFun	2,175,670
8	Family Circle	3,874,240	33	AAA World*	2,103,343
9	Ladies Home Journal	3,850,782	34	Seventeen	2,075,401
10	AAA Westways*	3,831,215	35	ESPN The Magazine	2,070,363
11	Game Informer Magazine	3,703,120	36	Parents	2,064,249
12	People	3,614,861	37	Martha Stewart Living	2,061,226
13	Time	3,350,415	38	Guideposts	2,055,606
14	Taste Of Home	3,258,915	39	Smithsonian	2,023,786
15	Sports Illustrated	3,227,409	40	Real Simple	1,995,625
16	Prevention	3,106,409	41	Money	1,926,070
17	Cosmopolitan	2,954,665	42	US Weekly	1,924,093
18	Southern Living	2,848,107	43	Men's Health	1,862,937
19	AAA Via*	2,775,449	44	Endless Vacation	1,838,685
20	TV Guide Magazine	2,682,799	45	Every Day With Rachael Ray	1,801,034
21	Maxim	2,525,432	46	Entertainment Weekly	1,788,799
22	AAA Living	2,459,874	47	Cooking Light	1,772,793
23	O, The Oprah Magazine	2,438,710	48	In Style	1,763,475
24	AAA Going Places*	2,438,377	49	Birds & Blooms	1,747,499
25	Glamour	2,419,017	50	Golf Digest	1,676,068

*잡지의 높은 발행부수는 멤버십 혜택 때문이다.
ABC 자료로부터 나온 평균 수치이며 연간 발행부수를 뜻한다. 연간 발행되는 잡지나 국제판 잡지나 만화잡지는 제외되었다. 총발행부수가 평균 발행부수에 근거하기에 정확하지 않을 수도 있다.

자료: The Association of Magazine Media, Fact Sheet, www.magazine.org. Reprinted with permission.

들로 하여금 독자의 주목을 얻고 독자를 광고로 이끌어오는 것을 어렵게 한다. 그러므로 많은 지면 광고는 강한 시각적 이미지와 기억하기 쉬운 헤드라인, 또는 이전에 언급한 바 있는 잡지 독자의 흥미를 끄는 독창적인 기술들을 사용한다. 몇몇 광고주들은 광고 혼잡도 문제를 해결하고 잡지내용을 확보하기 위해 그들만의 특정 한정판 잡지custom magazine을 제작한다. 수많은 기업은 또한 고객들과 관계를 구축하기 위해 그들만의 잡지를 출판해 오고 있다. 예를 들어, 파머스보험Farmer's Insurance은 고객들에게 다양한 주제 관한 유용한 기사를 담은 ***The Friendly Review***라는 잡지를 보낸다. 특정 한정판 잡지custom-published magazine는 또한 필립모리스Philip Morris와 같은 담배회사들 사이에서 매우 인기 있는데, 그들은 고객들에게 광고용 다이렉트메일direct mail을 보낸다.[13] 어떤 기업들은 자신들의 특정 한정판 잡지의 온라인 버전을 제공하기 시작했다. 예를 들어, P&G는 몇 해전부터 ***HomeMadeSimple***을 출판하기 시작하였고 이 특정 한정판 잡지는 TLC방송국의 프로그램과 구입자 마케팅shopper marketing 프로그램으로 진출하였다. ***Audi*** 잡지는 77개국, 24개의 언어로 이용이 가능한 특정 한정판 잡지이다. 이는 글로벌 트렌드, 혁신, 그리고 아우디Audi 제품의 업데이트, 다른 최첨단 디자인과 콘텐츠에 초점을 두었다. 이는 Best Customer Magazine 부문에서 2010 머큐리Mercury 상을 수상하였고 전 세계적으로 다른 출판물과 동등하게 하나의 라이프스타일 잡지가 되었다. ***Audi*** 잡지는 인쇄물만이 아니라, 아이패드와 아이폰과 같은 플랫폼과 온라인 www.audi.com에서도 또한 이용할 수 있다. 이러한 능력을 가진 것은 업계 최초였다. 크래프트식품Kraft Foods 또한 ***Kaft Foods & Family***라는 온라인 잡지를 출간하였고, 온라인 버전의 성공으로 이 기업은 300만 명 이상의 소비자에게 인쇄물 버전을 제공할 수 있었다.[14]

소비자는 인쇄광고에 더 수용적이고 관대한 경향이 있기 때문에 인쇄매체에서의 광고 혼잡도는 라디오나 TV만큼 심각한 문제는 아니다. 소비자들은 또한 간편히 페이지를 넘김으로써 잡지에의 노출 정도를 조절할 수 있다.

잡지 발행부수와 구독률

광고매체를 계획하면서 잡지 사용 여부를 결정하는 데 중요한 고려사항 중 두 가지는 규모size와 잡지가 접근하는 독자의 특징이다. 매체 구매자들은 표적고객

내 가능한 많은 사람들에게 광고주의 메시지를 전달하는 능력에 기초하여 잡지를 평가한다. 이를 위해 그들은 반드시 출판물의 발행부수뿐만 아니라 그들의 총구독률을 고려해야 하며 이러한 수치를 그들이 접근하고자 하는 표적고객과 대조해 보아야 한다.

발행부수 발행부수circulation 수치는 정기구독이나 매장 구입을 통해 출판물을 받아보는 개인individual의 수를 보여준다. 이러한 오리지널 구독자 혹은 구매자에게 유통되는 부수는 기본 발행부수primary circulation로 알려져 있으며 이것이 잡지 요금 구조magazine's rate structure의 기초가 된다. 발행부수는 발행할 때마다 변동하는데 특히 소매retail나 가판대에서의 판매에 크게 의존하는 잡지의 경우 그러하다. 많은 발행물들이 그들의 요금을 **보증 발행부수**guaranteed circulation에 기초하고 있으며 만약 발행된 잡지의 수가 보증 수치 이하로 떨어지는 경우 광고주에게 가격을 할인해 준다. 가격할인을 최소화하기 위해 대부분의 보증 발행부수 수치는 보수적이다. 즉, 보증 발행부수는 평균 실제 발행부수average actual delivered circulation 이하로 설정된다. 광고주들은 어느 초과 부수에 대해 돈을 내지 않는다.

많은 출판업자들은 보증이 충족되지 못할 경우, 환불을 제공해야 하고, 발행부수가 보증된 수치를 초과할 경우에는 광고주에게 보너스의 결과를 내기 때문에 보증 발행부수라는 개념에 대해 불만족스러워하고 있다. 그러므로 많은 잡지들이 이제는 발행부수에 기반을 둔 제도를 사용하지 않는다. 요금은 거의 항상 보증을 수반하지 않지만, 주어진 각 호issue에 의해 배송된 실제 발행부수 이하인 평균 발행부수에 기초한다. 그러나 발행부수는 요금 기준rate base 이하로 떨어질 것 같지 않는데 발행부수가 요금 기준 이하로 떨어지면 해당 잡지에 부정적으로 반영되어 현행 가격에서 광고주를 끌어들이기 힘들기 때문이다.

발행부수 감사 발행부수 수치가 잡지의 광고 요금의 기준이며, 잡지를 선택하는 데 주요 고려사항 중 하나라는 점에서 발행부수 수치의 신뢰성은 중요하다. 대부분의 주요 간행물은 발행부수 감시 서비스 중 하나에 의해 회계감사를 받는다. 소비자 잡지와 농업 간행물은 1914년에 설립되어 광고주와 대행사, 그리고 출판업자의 후원을 받는 ABCAudit Bureau of Circulation의 감사를 받는다. ABC는 잡지와 신문의 발행부수 수치를 확인하기 위해 그들의 구독, 판매량에 관한 정보를 모으고 평가한다. 오직 70% 혹은 그 이상의 유료 발행부수 간행물만이 ABC에 의한 확인 감사verification audit를 받을 수 있다. 2002년 ABC는 잡지 발행부수와 판매량을 측정하는 새로운 가이드라인을 승인하였다. 이 변화는 기본 가격의 절반이 않되는 가격으로 판매되는 잡지는 유료 발행부수에 포함시키지 않는다는 내용인 오래된 '50% 규칙'을 폐지하였다. 새로운 방식 아래, 어떠한 가격으로 판매된 잡지도 유료 발행부수에 포함되었지만 잡지는 판매량과 가격을 그들의 발행부수 문건에 고지해야 한다.[15] 2,000부 이상의 비즈니스 잡지가 Business Publication Audit(BPA) of Circulation의 감사를 받았다. 이들 중 많은 잡지가 기업의 구매에 영향을 미칠 수 있다고 생각되는 개인에게 일반적으로 무료로 배송되는 발행물을 의미하는 **무료배포 부수에 기초**controlled-circulation basis하여 출판된다.

발행부수 측정 서비스는 미디어 기획자에게 미디어 비클로써의 가치를 평가하도록 잡지의 발행부수의 규모와 유통에 관한 믿을 만한 수치를 제공한다. ABC 문건은 또한 다른 중요한 정보도 제공한다. ABC 문건은 잡지가 어떻게 주state와 크기size에 의해 유통되는지 뿐만 아니라, 전가 이하로 판매되는 발행부수의 비율과 얼마나 많은 부수가 공짜로 배포되는지에 관한 정보를 준다. 많은 광고주들은 잡지를 구입하는 구독자가 할인을 받거나 혹은 무료로 잡지를 받은 사람들 보다 잡지를 읽을 가능성이 크다고 믿는다.

발행부수 확인은 몇몇 높은 관심을 받아온 잡지와 신문에서 발생한 발행부수 스캔들로 인해 지난 2년간 매우 정밀한 조사에 착수해 왔다. 예를 들어, *PC Magazine*은 32만 명의 구독자를 '유료paid'로 잘못 분류하여 그 결과 그들의 요금 기준을 21%로 과대 측정했음이 밝혀졌다.[16] 발행부수의 과대 표시에 관해 밝혀진 사실은 *YM magazine*의 폐간의 원인이 되었고 2004년 말 발행이 중단되었다. 문제점들은 또한 다른 잡지에 의해 보고된 가판대 판매에서도 발견되었고 이는 광고주들로 하여금 잡지가 사용한 발행부수 수치를 더욱 정밀하게 조사하도록 하였다.[17]

매체 구매자들은 일반적으로 발행부수 확인에 감사되지 않은 발행부수 수치를 가진 간행물들에 회의적이다. 어떤 기업들은 미감사 발행물에서 광고를 하지 않을 것이다. 감사 자료와 함께 발행부수 데이터는 SRDS나 간행물 자체에서 이용 가능하다. **사진 12-11**은 ABC의 감사 대상인 잡지 발행 문건의 예시를 보여준다.

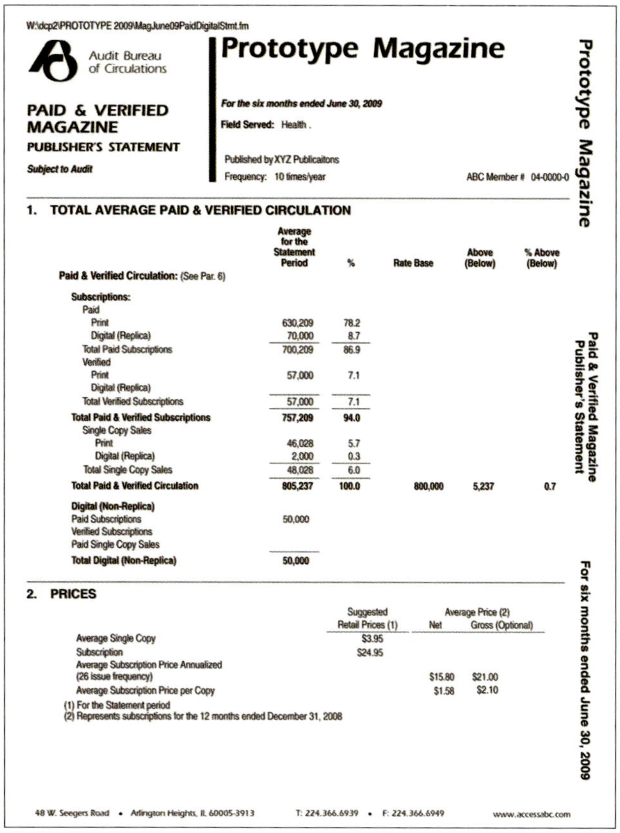

W:\dcp2\PROTOTYPE 2009\MagJune09PaidDigitalStmt.fm

Audit Bureau of Circulations

PAID & VERIFIED MAGAZINE
PUBLISHER'S STATEMENT

Subject to Audit

Prototype Magazine

For the six months ended June 30, 2009

Field Served: Health .

Published by XYZ Publicaitons
Frequency: 10 times/year

ABC Member # 04-0000-0

Prototype Magazine

Paid & Verified Magazine Publisher's Statement

For six months ended June 30, 2009

1. TOTAL AVERAGE PAID & VERIFIED CIRCULATION

	Average for the Statement Period	%	Rate Base	Above (Below)	% Above (Below)
Paid & Verified Circulation: (See Par. 6)					
Subscriptions:					
Paid					
Print	630,209	78.2			
Digital (Replica)	70,000	8.7			
Total Paid Subscriptions	700,209	86.9			
Verified					
Print	57,000	7.1			
Digital (Replica)					
Total Verified Subscriptions	57,000	7.1			
Total Paid & Verified Subscriptions	**757,209**	**94.0**			
Single Copy Sales					
Print	46,028	5.7			
Digital (Replica)	2,000	0.3			
Total Single Copy Sales	48,028	6.0			
Total Paid & Verified Circulation	**805,237**	**100.0**	**800,000**	**5,237**	**0.7**
Digital (Non-Replica)					
Paid Subscriptions	50,000				
Verified Subscriptions					
Paid Single Copy Sales					
Total Digital (Non-Replica)	**50,000**				

2. PRICES

	Suggested Retail Prices (1)	Average Price (2) Net	Gross (Optional)
Average Single Copy	$3.95		
Subscription	$24.95		
Average Subscription Price Annualized (26 issue frequency)		$15.80	$21.00
Average Subscription Price per Copy		$1.58	$2.10

(1) For the Statement period
(2) Represents subscriptions for the 12 months ended December 31, 2008

48 W. Seegers Road • Arlington Heights, IL 60005-3913 T: 224.366.6939 • F: 224.366.6949 www.accessabc.com

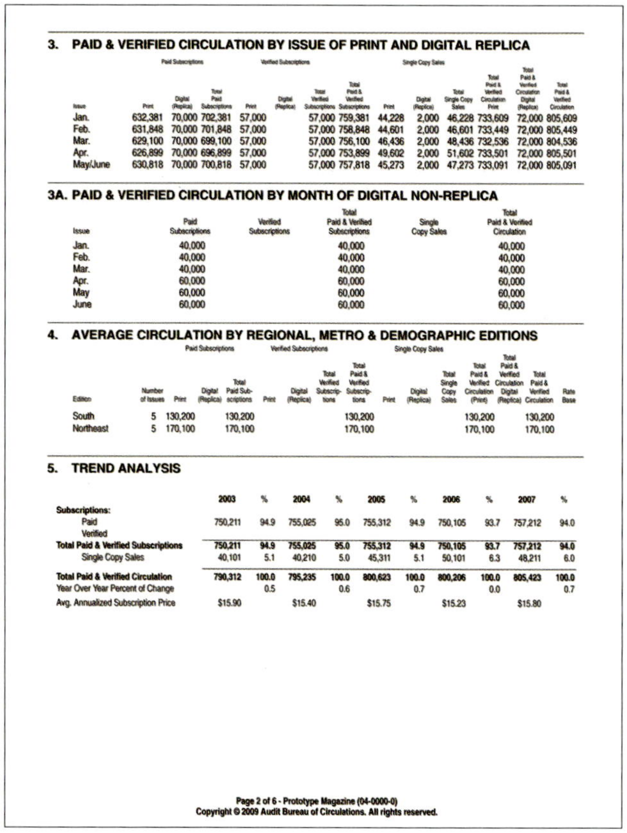

3. PAID & VERIFIED CIRCULATION BY ISSUE OF PRINT AND DIGITAL REPLICA

Issue	Paid Subscriptions: Print	Digital (Replica)	Total Paid Subscriptions	Verified Subscriptions: Print	Digital (Replica)	Total Verified Subscriptions	Total Paid & Verified Subscriptions	Single Copy Sales: Print	Digital (Replica)	Total Single Copy Sales	Total Paid & Verified Circulation Print	Total Paid & Verified Circulation Digital (Replica)	Total Paid & Verified Circulation
Jan.	632,381	70,000	702,381	57,000		57,000	759,381	44,228	2,000	46,228	733,609	72,000	805,609
Feb.	631,848	70,000	701,848	57,000		57,000	758,848	44,601	2,000	46,601	733,449	72,000	805,449
Mar.	629,100	70,000	699,100	57,000		57,000	756,100	46,436	2,000	48,436	732,536	72,000	804,536
Apr.	626,899	70,000	696,899	57,000		57,000	753,899	49,602	2,000	51,602	733,501	72,000	805,501
May/June	630,818	70,000	700,818	57,000		57,000	757,818	45,273	2,000	47,273	733,091	72,000	805,091

3A. PAID & VERIFIED CIRCULATION BY MONTH OF DIGITAL NON-REPLICA

Issue	Paid Subscriptions	Verified Subscriptions	Total Paid & Verified Subscriptions	Single Copy Sales	Total Paid & Verified Circulation
Jan.	40,000		40,000		40,000
Feb.	40,000		40,000		40,000
Mar.	40,000		40,000		40,000
Apr.	60,000		60,000		60,000
May	60,000		60,000		60,000
June	60,000		60,000		60,000

4. AVERAGE CIRCULATION BY REGIONAL, METRO & DEMOGRAPHIC EDITIONS

Edition	Number of Issues	Paid Subscriptions: Print	Digital (Replica)	Total Paid Sub-scriptions	Verified Subscriptions: Print	Digital (Replica)	Total Verified Subscrip-tions	Total Paid & Verified Subscrip-tions	Single Copy Sales: Print	Digital (Replica)	Total Single Copy Sales	Total Paid & Verified Circulation (Print)	Total Paid & Verified Circulation Digital (Replica)	Total Paid & Verified Circulation	Rate Base
South	5	130,200		130,200				130,200				130,200		130,200	
Northeast	5	170,100		170,100				170,100				170,100		170,100	

5. TREND ANALYSIS

	2003	%	2004	%	2005	%	2006	%	2007	%
Subscriptions:										
Paid	750,211	94.9	755,025	95.0	755,312	94.9	750,105	93.7	757,212	94.0
Verified										
Total Paid & Verified Subscriptions	**750,211**	**94.9**	**755,025**	**95.0**	**755,312**	**94.9**	**750,105**	**93.7**	**757,212**	**94.0**
Single Copy Sales	40,101	5.1	40,210	5.0	45,311	5.1	50,101	6.3	48,211	6.0
Total Paid & Verified Circulation	**790,312**	**100.0**	**795,235**	**100.0**	**800,623**	**100.0**	**800,206**	**100.0**	**805,423**	**100.0**
Year Over Year Percent of Change		0.5		0.6		0.7		0.0		0.7
Avg. Annualized Subscription Price	$15.90		$15.40		$15.75		$15.23		$15.80	

Page 2 of 6 - Prototype Magazine (04-0000-0)
Copyright © 2009 Audit Bureau of Circulations. All rights reserved.

사진 12-11
ABC publisher's 예시

구독률과 총독자수 광고주들은 종종 발행물에 접근하는 이차적인 회독자에 관심 있다. **회독자**pass-along readership는 주 구독자 혹은 구입자가 다른 사람에게 잡지를 주는 경우, 혹은 발행물의 병원 대기실이나 미용실, 비행기 등의 장소에서 읽히는 경우 발생한다.

광고주들은 가정 내 독자in-home reader가 일반적으로 잡지에 더 많은 시간을 소비하고, 더 자주 들여다 보며, 더 큰 만족을 얻기 때문에 회독자나 가정 밖 독자들out-of-home reader보다는 1차 가정 내 독자들에 더 큰 가치를 부여한다. 그러므로 이러한 독자들은 광고에 더 주의를 기울이며, 관심을 가질 가능성이 크다. 그러나 회독자의 중요성은 무시되어선 안 된다. 그들은 잡지의 구독률을 크게 확장시킨다. *People*지는 그들의 가정 밖 독자들이 1차 가정 내 독자들만큼이나 잡지를 읽는 데 많은 시간을 소비한다는 점을 밝혀내기 위해 미디어 리서치 연구를 수행했다.

부수당 독자 수(총 1차 구독자와 회독자)와 평균 발행부수를 곱하는 방식으로 잡지의 **총 독자 수**total audience, 즉 **구독률**readership을 계산할 수 있다. 예를 들어, *Time*과 같은 잡지의 경우 부수당 최대 6명 독자를 가지는 높은 회독률 때문에

330만의 발행부수 기준circulation base을 가지지만 독자는 1,900만 명이 넘는다. 그러나 요금 구조는 일반적으로 입증이 가능한 1차 수치에 근거하고, 많은 미디어 기획자가 회독자를 50%로 평가절하한다. 총 구독률 수치는 (추후 논의 할) 주요 기업형 잡지 리서치 서비스major syndicated magazine research services에 의해 발표되나, 매체 구매자들은 이러한 수치에 의구심을 표명한다.

독자 정보와 잡지에 대한 연구

잡지에 관한 정보의 가장 중요한 출처는 SRDS이다. SRDS의 지면 및 온라인 서비스는 미국 국내와 국제적인 소비자 잡지뿐만 아니라 비즈니스, 의료 업계 간행물에 관련된 완벽한 기획 정보를 제공한다. SRDS Media Solution 데이터베이스는 표준 광고 요금, 발행부수 수치, 날짜, 일반 필요요건general requirement, 연락처, 그리고 online media kits, 웹사이트로의 링크와, 구독률과 포지셔닝에 대한 추가 정보를 제공하는 감사조서audit statement를 수록하고 있다. **사진 12-12**는 SRDS에서 찾을 수 있는 *Fitness*지에 관한 정보의 예시를 보여준다.

발행부수와 총독자 규모는 미디어 비클media vehicle을 선택하는 데 중요하지만, 미디어 기획자는 또한 잡지의 독자와 광고주의 표적고객과의 조화match에도 관심을 가지고 있다. 독자에 대한 정보는 발행물의 자체적인 리서치와 연합조사 등의 여러 출처로부터 얻을 수 있다. 대부분의 잡지들은 미디어 기획자에게 독자의 인구통계, 재무 정보, 라이프 스타일, 그리고 제품 사용 성격을 자세히 다룬 보고서

사진 12-12
잡지에 대한 정보는 SRDS에서 이용할 수 있다.

를 제공한다. 잡지의 규모가 클수록, 그들의 독자에 관한 더욱 자세하고 종합적인 정보를 제공할 수 있다.

연합연구조사 또한 이용할 수 있다. 소비자 잡지의 경우 정보의 1차 출처는 Experian Simmon과 MRIMediamark Research Inc.이다. 이러한 연구들은 주요 전국 혹은 지방 잡지의 독자에 관한 폭넓은 정보, 예를 들어 인구통계, 라이프스타일 특징, 그리고 제품 구매와 사용 데이터 등을 제공한다. 대부분의 대형 광고대행사와 미디어 구매 서비스들은 또한 소비자의 미디어 습관에 관한 지속적인 연구를 수행하고 있다. 이러한 모든 정보는 특정 종류의 제품 사용자들에게 도달하는 데 있어서 다양한 잡지들의 가치를 결정하는 데에 도움을 준다.

비즈니스 발행물의 경우 소비자 잡지보다 독자 정보가 일반적으로 더 제한적이다. 비즈니스 발행물의 경우 넓게 분산된 구독률과 비즈니스 발행물 독자의 특성으로 독자 연구audience research가 더욱 어렵다. 미디어 기획자는 일반적으로 잡지가 제공하는 정보와 Business Publication Audits과 같은 정보에 의하여 잡지를 받아보는 개인들의 직함과 그들이 종사하는 산업의 특성들을 제공받는다. 이러한 정보는 다양한 비즈니스 발행물이 접근하는 독자들을 이해하는데 있어 가치가 있다.

잡지 광고 공간 구입

비용요소 잡지 요금magazine rate은 기본적으로 발행부수에 달려있다. 발행부수 이외의 다른 변수에는 광고의 크기, 잡지 속 위치, (지리학적, 인구통계학적) 선택된 특별판, 특별한 제작 요구조건production requirement, 첨부insertion의 횟수와 빈도 등이 있다.

비록 몇몇 잡지가 광고의 인치 크기로 기준으로 요금을 매기지만, 일반적으로 광고 공간은 전 페이지, 반 페이지, 4분의1 페이지와 같은 공간 단위를 기준으로 판매된다. 광고가 클수록 비용도 많이 든다. 그러나 많은 광고주가 전면 광고를 사용하는데 이는 더 많은 주목과 구독률을 갖기 때문이다. 연구들에 따르면 전면 광고가 반 페이지 광고보다 30% 더 많은 구독률을 발생시킨다고 한다.[18]

광고는 흑백, 흑백 더하기 1색, 혹은 4색(=컬러)으로 제작되고 게재될 수 있다. 광고에 색이 많을수록, 인쇄 비용이 증가하기 때문에 비용이 더 많이 든다. 평균적으로, 4색광고는 흑백광고보다 30% 이상 비용이 더 든다. 광고주들은 일반적으로 컬러광고를 선호하는데 그 이유는 컬러광고가 시각적 효과가 더 크며 시선을 끌고 주의를 집중시키는 데 더 우수하기 때문이다.[19] Roper Starch Worldwide는 잡지광고 구독률의 다양한 요인들의 효과를 분석하였다. 'noted' 점수(읽은 잡지에서 해당 광고를 본 것을 기억하는 독자 비율)는 제품 카테고리에 따라서 6~59%에 위치했으며 흑백광고의 경우보다 4색 전면 광고에서 더 수치가 높았다. 'read most' 점수(광고의 절반 이상을 읽었다고 말하는 사람의 비율)도 흑백광고보다 4색광고에서 평균 25% 정도로 더 높았다.[20] 다른 연구들은 크기와 색상의 효과를 조사했으며, 컬러 펼친면spread이 광고회상 측면에서 한 면 컬러광고보다 30%, 흑백 펼친면보다 35% 더 좋은 결과를 가져왔다.[21] 블리드페이지나 삽입광고와 같은 특수한 기계적인mechanical 제작이 필요한 광고는 또한 추가 비용이 들 것이다.

잡지광고 공간의 가격rate은 또한 광고가 실행run되는 횟수와 구체적인 기간 동안 지출되는 금액에 따라서 다양하다. 광고주가 광고를 더욱 자주 게재할 것을 계약한다면 광고 공간은 더 낮은 금액을 청구한다. 수량할인은 달러로 측정된, 계약 기간 동안 구입된 총공간에 기초한다. 광고주들은 잡지 결합, 즉 네트워크 광고를 구입함으로써 돈을 절약할 수 있다.

잡지네트워크magazine network는 광고주들에게 일괄구입으로 잡지그룹a group of publication 내 광고 공간을 구매할 수 있는 기회를 제공한다. 출판업자들은 대개 유사한 성격의 독자에 접근하는 다양한 잡지를 보유하고 있다. 네트워크는 다각적인 독자를 가진 잡지그룹의 출판사일 수 있으며 다른 여러 회사에서 출판하는 잡지그룹의 광고 공간을 판매하는 독립적인 네트워크일 수 있다. 예를 들어, 뉴스 네트워크News Network는 *Time*, *Newsweek*, *U.S News & World Report*와 같은 뉴스에 관련된 잡지그룹의 광고 공간을 판매한다. 아이비리그 잡지네트워크Ivy League Magazine Network는 아이비리그 대학과 2개의 비 아이그리그 대학인 스탠포드대학, 시카고대학의 동창회지의 컨소시움consortium이다. 광고주들은 광고 공간을 구입하고 네트워크를 통해 하나의 미디어 구입으로 총 9개 대학의 고등 교육을 받은, 부유한 졸업생들에게 접근할 수 있다.

사진 12-13
광고주들은 아이비리그 네트워크를 통해서 아이비리그 졸업생에게 접근할 수 있다

잡지의 미래

다른 주요 광고매체와 마찬가지로 잡지는 경제상황과 이에 따라 함께 발생하는 광고 지출의 증감에 크게 영향을 받는다. 지난 몇 년간 잡지산업은 매우 힘든 시기를 보냈다. 광고주들이 경기 침체로 지출을 줄이면서 많은 잡지가 매출의 감소를 경험했다.[22] 많은 잡지들이 광고페이지의 수가 줄어드는 것을 경험했으며 광고페이지 감소를 상쇄하기 위해 가격rate을 올리는 것이 곤란하다는 것을 알았다. 그리고 광고 수익이 줄어드는 동안 출판사들의 다른 주요 수입원인 발행부수circulation도 또한 감소하였다.

Gourmet(68년), *I.D. Magazine*(55년), *Metropolitan Home*(28년), *Vibe*(17년), *Bleder*(8년) 등 수년간 출판되어온 많은 잡지들이 최근 폐간되었다.[23] 몇몇 다른 잡지들 또한 그들의 인쇄판print edition 발행을 중단하고 온라인으로 제공하고 있다. 예를 들어, 광고페이지의 급격한 감소로 인해 Ziff Davis가 27년간 인쇄판으로 제공한 *PC Magazine*을 2009년부터 디지털 잡지를 만든 한편, *Teen People*은 2007년 그들의 인쇄판을 중지하고 현재는 오직 온라인으로만 발행하고 있다.[24]

경제적 상태가 잡지산업에 큰 영향을 미치지만, 이 산업이 직면한 또 다른 중요한 문제들도 많다. 종이와 잉크의 비용이 계속해서 오르고 있으며 잡지산업은 최근 몇 차례 그들의 비용구조에 큰 영향을 미친 상당한 우편배송 비용postal rate 인상을 견뎌내고 있다.[25] 잡지는 또한 TV, 인터넷, 광고용 다이렉트메일과 같은 다른 매체와의 강력한 경쟁에 직면하였다. 출판업자들은 잡지광고를 마케터들에게 어필하기 위해 고강도의 사설이 필요하고, 더 나은 발행부수 관리, 잡지 간의 거래cross-magazine and media deal와, 데이터베이스 마케팅, 기술적 진보, 그리고 전자 배송 방법 등 그들의 입장을 개선할 다양한 방법을 검토하고 있다.

강력한 기사의 잡지 소비자들의 흥미, 라이프스타일, 그리고 변화하는 인구통계, 그리고 기업과 시장 트렌드에 소구하는 강력한 기사내용을 보유한 잡지들은 독자와 광고주의 마음을 끄는 최상의 입지에 있다. 예를 들어 *Time*과 *Newsweek*과 같은 일반 뉴스 발행물뿐 아니라 *Forbes*, *Fortune*, *BusinessWeek*과 같이 폭넓게 집중된 비즈니스 잡지들은 경기불황 동안 어려움을 겪어왔고, 발행부수와 광고페이지 수의 감소를 경험해 왔다.[26] 그러나 여성을 타켓으로 한 *Vogue*, *Glamour*,

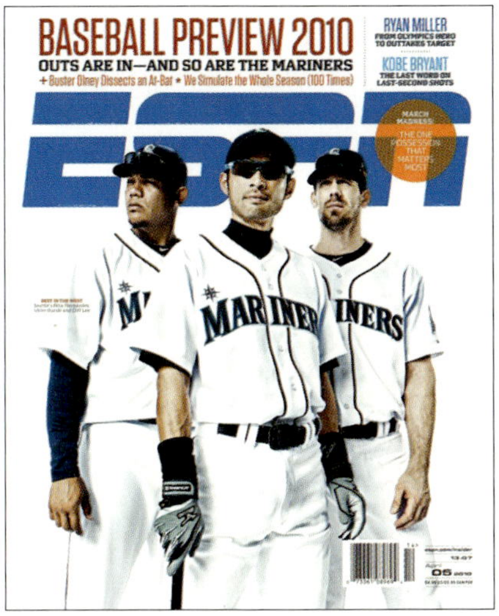

사진 12-14

ESPN The Magzine은 남성 독자의 흥미를 끄는데 크게 성공했다.

*Women's Health*와 같은 패션, 라이프스타일 잡지와 *Esquire*, *Men's Journal*, *ESPN The Magazine*과 같은 목표를 잘 잡은well-targeted 남성잡지는 불황을 잘 견뎌냈다.[27]

발행부수 관리 잡지 출판업자가 직면한 주요 어려움들 중 하나는 그들의 발행부수 수준circulation base을 증가하거나 심지어 유지시키고자 노력하는 것이다. 발행부수는 대부분의 출판업자에게 두 번째 주 수입원이다. 그리고 출판업자들은 추가 독자나 구독자를 유인하거나 유지하는 비용을 반드시 주의 깊게 관리하여야 한다. 구독자를 확보하는 비용은 지난 몇 해 동안 극적으로 증가하였다. 동시에 잡지 구독에 소비자들이 지불하는 가격이 감소해 왔다.[28] 그러므로 출판업자들은 그들의 요금 수준rate base(광고주들에게 보장한 발행부수 수준)을 유지하기 위해 더 많은 돈을 지출해야 하나 그들은 판매되는 각각의 구독에서 더 적은 돈을 벌었다.

출판업자들은 또한 스윕스테이크 관련sweepstakes-related 구독(잡지를 몇 개 구독하면 100만 달러를 얻을 기회가 있다는 식의 구독 요구)이 소비자들의 신뢰를 떨어뜨린다는 논란의 결과로써 스윕스테이크 관련 구독이 감소에 직면하고 있다. Publishers Clearing House와 같은 에이전트들은 스스로가 초래해서 또한 외부적인 요인이 의해서 변화를 겪고 있으며 이 변화는 그들이 출판업자를 위해 만들어내는 구독자 수를 감소시키고 있다. 스윕스테이크 대행사Sweepstakes agent로 인한 손실을 보상하기 위해 출판업자들은 그들의 웹사이트를 통해 구독이 가능하게 하거나, 무료 체험 부수를 온라인으로 제공하거나, 특별 프로모션을 수행하거나, 또는 학교 관련 구독 서비스school-related subscription service와 같은 다른 에이전트를 활용하는 것과 같은 다른 방식을 모색하고 있다.[29] *Instyle*과 같은 어떤 출판업자들은 소셜미디어 사이트 유저들이 대개 뉴스 피드news feed에서 흔한 잡지 콘텐츠의 짧은 광고문blurbs of magazine content을 광고와 구독 옵션이 포함된 전문full article으로 확장할 수 있게 하는 방식을 통해 페이스북상에서 잡지를 판매하기 시작하였다.[30]

많은 잡지들이 또한 그들의 발행부수를 관리하는 데 관심을 더 쏟고 있다. 수년간 잡지는 발행부수가 많을수록 광고 가격advertising rate을 비싸게 설정할 수 있다는 가정 하에 그들의 발행부수를 늘리는 데 집중해 왔다. 그러나 출판업자들은 구독자들이 수많은 다이렉트메일과 프리미엄 제공, 혹은 할인 구독을 요구하기 때문에, 현재 발행부수 가운데 마지막 10~15%를 유인하고 유지하는 비용이 추가 수입 발생보다 더 크다

최근 발행부수 기준을 줄이는 잡지가 늘고 있다. 많은 출판업자들이 가격 인상을 더욱 쉽게 그들의 주요 독자 혹은 구독자들에게 전가할 수 있다고 생각하며 광고주들에겐 더욱 브랜드 충성도가 높고 집중된 독자들을 제공할 수 있다고 생각한다. 많은 광고주들은 발행부수 관리의 개선을 환영하고 있다. 그들은 매년 광고단가 인상에 부딪히며 비효율적인 발행부수에 대해 지불하기보다는 차라리 수십만 명 적은 구독자를 가진 잡지에 접근할 것이다. 많은 잡지들이 또한 발행부수 측면에서 절약한 돈을 발행물의 내용editorial content을 개선하는 데 사용하고 있으며 이는 더욱 많은 독자와 광고주를 유인할 것이다.

잡지 출판업자들이 그들의 발행부수를 관리하는 반면 몇몇 출판업자들은 발행부수 보증을 넘어 광고주들로 하여금 그들의 발행물에 실은 광고가 효과를 볼 것이라고 확신시켜준다. 예를 들어, 타임사Time Inc.는 특정 인원의 소비자들이 그들 잡지에 게재된 광고를 기억하고 그것에 대한 어떤 행동을 취할 것이라는 보장을 하기 위해 그들 발행물의 가장 큰 광고 공간 바이어인 스타콤Starcom MediaVest Group과 협업하고 있다. 이러한 효과는 잡지광고 효율을 위한 협업Alliance for Magazine Accountability이라고 불리며 어피니티Affinity's Vista Service나 미디어마크Mediamark Research와 같은 외부기업의 성과 자료performance data를 사용할 것이다.[31]

온라인 배송방법 많은 잡지들이 그들의 발행물을 온라인으로도 이용할 수 있도록 함으로써 디지털 혁명과 기술에 대한 소비자들의 계속되는 흥미에 발 맞추고 있다. 잡지협회Association of Magazine Media에 따르면, 2009년 약 7,500개의 소비자 잡지 웹사이트를 포함하여 웹사이트를 보유한 잡지는 15,204개에 달한다.[32] 소비자와 비즈니스 잡지 웹사이트의 수는 지난 5년간 거의 두 배로 증가하였다. 온라인 버전의 잡지는 출판업자와 광고주 모두에게 인터넷의 여러 장점을 제공한다. 그들은 광고주에게 스폰서십뿐만 아니라 비디오, 배너 광고와 프로모션을 온라인 버전의 잡지에 개제할 수 있는 기회를 제공한다. 점점 더 많은 사람들이 전통적인 지면 형식보다는 온라인으로 잡지를 읽는 것을 더 편안해 한다. 이는 많은 출판업

자들이 그들의 기본 인쇄 발행물을 뛰어넘어 확대하도록 하고 있다. 많은 출판업자들이 그들의 잡지 브랜드를 구독률 증가뿐만 아니라 광고 도달 기회를 제공하는 온라인, 소셜 네트워킹, 모바일, 사용자 제작 콘텐츠user-generated contents 등을 포함하도록 확장하고 있다. 대부분의 잡지들이 발행물의 온라인 버전을 만드는 한편, 잡지산업은 전통 인쇄 발행물의 가치에 대한 홍보 또한 하고 있다.

브랜드 잡지 최근 몇 해 동안, 많은 브랜드들이 그들만의 잡지를 제작하기 위해 잡지사를 찾아오고 있다. 자신들의 잡지 제작은 브랜드 마케터들로 하여금 브랜드와 관련된 콘텐츠와 이미지를 조정할 수 있도록 한다. 이는 또한 브랜드 라이프스타일을 설정 · 개발하고 고객관계를 향상하는 훌륭한 기회를 제공한다. 이러한 브랜드 잡지는 또한 표적고객에 관해서 새로운 형식의 선택성selectivity을 제공하며 브랜드들은 사이코그래픽스의 구체적인 목표시장에 접근하기 위해 그들의 잡지에 광고할 기회를 제공받는다. 예를 들어, *Audi* 잡지 내 광고는 특정 라이프스타일과 취향을 가진 고소득 계층의 개인들을 목표로 한다.

신문

인쇄매체의 또 다른 주요 유형인 신문은 총달러규모 면에 있어서 모든 광고매체 중에서 가장 규모가 크다. 2009년 250억 달러에 달하는 돈이 신문광고에 지출되었고, 이는 미국 내 총광고지출의 약 18%이다. 신문은 지역 광고주local advertiser, 특히 소매업자들에게 특별히 중요한 광고 수단이다. 그러나 신문은 전국 광고주national advertiser에게도 중요하다. 지역 소매업자에 의해 지출된 많은 광고비용이 사실 협업광고cooperative advertising programs(16장에서 논의)를 통해 전국규모 광고주로부터 제공받는다. 광고 수단으로서의 신문은 다양한 특징과 역할을 지니고 있다.

신문의 종류

신문의 전통적인 역할은 즉각적이고 자세한 뉴스의 보도뿐 아니라 독자의 관심을 끄는 다른 정보와 특징들을 제공하는 것이었다. 대다수의 신문이 지역 커뮤니티에 제공되는 일간지이다. 그러나 주간지, 전국지, 전문독자 신문은 광고주에게 중요한 특별한 특징들이 있다.

일간지 주중에 매일 발행되는 일간지daily newspaper는 전국적으로 도시나 큰 규모의 타운에서 찾아볼 수 있다. 많은 지역들이 한 개 이상의 일간지를 보유하고 있다. 평일에는 대략 성인들의 50%가 일간지를 읽으며 일요일에는 성인 55%가 일간지를 읽는다.[33] 이들은 지역 내 뉴스, 이벤트, 이슈뿐만 아니라 비즈니스, 스포츠 그리고 다른 관련 정보와 엔터테인먼트에 관한 자세한 보도를 제공한다. 일간지는 조간신문, 석간신문, 또는 일요일판 신문으로 더욱 세분될 수 있다. 2009년에 미국에는 1,408개의 일간지가 있었고, 이 중에서 석간신문이 38%, 조간신문이 62%였다. 또한 대부분이 일간지에 의해 출판된, 902개의 일요일판 신문이 있었다.

주간지 대부분의 주간지weekly newspaper는 뉴스와 광고의 양이 일간지를 뒷받침할 수 없었던 작은 타운이나 교외지역에서 시작되었다. 이 신문들은 주로 지역과 관련된 뉴스와 스포츠 그리고 이벤트에 초점을 맞추며 대개 전국이나 세계 뉴스, 스포츠 그리고 경제와 비즈니스 뉴스 등은 무시한다. 미국 내 6,700개의 주간지가 출판되고 있으며 평균 발행부수는 7,500부에 가깝다. 주간지는 그들의 지역적 집중focus과 낮은 절대원가absolute cost 때문에 주로 지역 광고주의 흥미를 끈다. 대부분의 전국 광고주들은 대도시 내에서 일간지나 일요일판 신문과 동일한 주간지의 발행부수, 그리고 이러한 주간지에 광고를 계약하고 게재하는 데 있어 여러 문제점 때문에 주간지를 피한다. 그러나 하나의 사무실에서 많은 지역에 주간지를 출간하고 그들의 모든 지역신문 내 광고 공간을 판매하는 신디케이트의 출현으로, 주간지와 관련한 계약과 절차 문제는 감소하고 있다.

전국신문 미국 내 전국적인 발행부수를 보유한 신문으로는 *USA Today*, *The Wall Street Journal*, *The New York Times* 등이 있다. 이 세 가지는 일간지이며 전국적인 흥미를 끄는 내용editorial content을 보유하고 있다. *The Wall Street Journal*은 200만 명이 넘는 독자를 보유, 미국 내 가장 큰 발행부수를 가진 신문이며 미국을 선도하는 신문이 되기 위해 최근 *USA Today*를 넘어섰다.[34] 대부분의 신문사들이 온라인판에 구독료를 부과하는 데 성공하지 못하고, 그래서 오로지 인쇄물print subscription과 가판대 판매만 셈했던 것이 반해 *The Wall Street Journal*은 온라인판에 구독료를 부과하기 때문에 그들의 발행부수 수치에 온라인 독자들도 포함되어있다. *The Wall Street Journal*은 사업가들에 접근하기에 훌륭한 매체 수단이며, 또한 **사진 12-15**의 광고에서 보는 바와 같이 매우 부유한 독자층을 보유하고 있다. 두 번째로 인기 있는 전국 신문은 스스로 '국민 신문the nation's newspaper' 라고 포지션한 *USA Today*이다. *USA Today*는 전국적 뉴스뿐만 아니라 돈, 스포츠, 라이프스타일, 엔터테인먼트 분야를 다루어 특히 비즈니스와 레저 여행자들에게 매우 인기 있다. 전국 신문은 주로 큰 전국 광고주와 그들 발행물의 특정 지역판을 이용하는 지역 광고주들의 흥미를 끈다. 예를 들어, *The Wall Street Journal*은 광고가 실릴, 18개 지역을 다루는 세 가지 지역판을 가지고 있으며, *USA Today*는 광고주에게 그들의 전국판national edition이나 25개의 지역판regional edition에 광고를 게재할 기회를 제공한다.

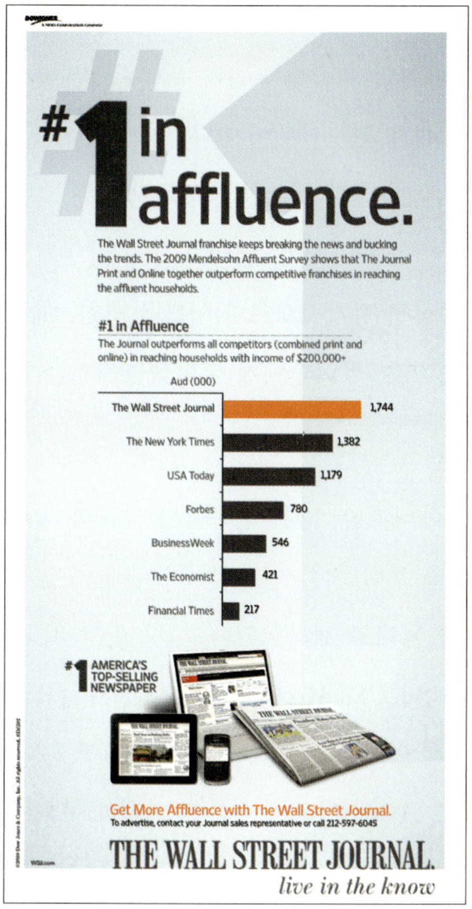

사진 12-15
The Wall Street Journal은 대표적인 전국신문이며, 부유한 독자들에게 접근한다.

1999년, 전국신문national newspaper을 어떻게 정의할 것인가에 대한 새로운 규정을 세운 Competitive Media Reporting에 의해 *The New York Times*는 지역신문이 아닌 전국신문으로 분류되었다.[35] 이 규정은 신문이 한 주에 최소 5번이 발행되고 한 지역 내 67% 이상의 분포가 없어야 한다고 말하고 있다. 33% 이상의 디스플레이 광고가 전국적인 광고 범주에서 나와야 하며 그들 광고의 50% 이상이 전국규모 광고주로부터 나와야 한다. 전국신문이라는 명칭은 주요 신문들이 전국규모 광고주의 흥미를 끄는 점에서 중요하다.[36]

1908년에 출간된 *The Christian Science Monitor*도 2008년 말 온라인 출판에 집중하기 위해 일간 인쇄판daily print edition을 중단했음에도 불구하고 전국신문으로 여겨진다. 이 신문은 현재 주말에만 인쇄판print edition을 제공하고 있다. *The Monitor*의 인쇄판 발행부수가 5만 부로 감소한 반면, 그들의 온라인 트래픽traffic은 매달 500만 페이지뷰에 달할 정도로 증가하였다.[37]

전문독자 신문 다양한 신문들이 특별한 콘텐츠를 제공하며 노동조합, 전문기관, 산업, 취미를 즐기는 사람들 등 특정한 그룹을 위한 신문들이 발행되고 있다. 광고업에 종사하는 많은 사람들이 *Advertising Age*를 읽으며, 마케팅에 분야 종사자들은 *Marketing News*를 읽는다. 전문독자 신문special-audience newspaper은 또한 폴란드, 중국, 히스패닉, 베트남, 그리고 필리핀처럼 외국어를 말하는 민족그룹에서도 출간된다. 미국에는 40개 이상의 언어로 제작되는 신문이 있다.

다양한 종교 집단을 타깃으로 하는 신문은 또 다른 커다란 전문독자 신문 그룹을 구성한다. 예를 들어, 140개 이상의 카톨릭신문이 미국 전역에 걸쳐 발행되고 있다. 또 다른 전문독자 신문의 종류는 학창시절 정기적으로 읽어봤을 법한, 대학신문이다. 많은 대학들이 신문을 발행하며, 이는 광고주에게 대학생들에게 접근할 훌륭한 수단을 제공한다.

신문 증보판 그 자체로는 신문의 범주가 아니지만, 많은 신문들이 그들의 일요일에 잡지 형태의 증보판newspaper supplement을 포함한다. 일요일 증보판은 수년간 대부분의 신문들의 일부가 되어왔고 다양한 형태로 제작되었다. 그중 한 가지 타입은 미국 전역에 수백 부가 배포되는 *Parade*나 *USA Weekend*와 같은 연합일요잡지syndicated Sunday magazine이다. *Parade*는 500개 이상의 신문을 통해 배부되며 7,200만 명의 독자들에게 이른다. *USA Weekend*는 700개 이상의 신문에 의해 배부되며 매주 4,800만 독자에 의해 읽힌다. 이러한 발행물들은 전국지national magazine와 유사하며 전국적, 지역적 광고를 싣는다.

사진 12-16
Parade는 인기있는 일요일 증보판이다.

몇몇 대형 신문은 모기업신문에 의해 배부되는 지방 일요증보판local Sunday supplement을 발행한다. 이러한 증보판은 지역적 흥미를 끄는 이야기를 실으며 지역규모 혹은 전국규모 광고주 모두가 광고 공간을 구입한다. *The New York Times Sunday Magazine*은 가장 잘 알려진 지역 증보판이다. *The Washington Post*, *San Francisco Examiner*, *Los Angeles Times*는 그들만의 자체 일요일판 잡지Sunday magazine를 가지고 있다.

몇몇 지역에서는 신문이 지역 증보판regional supplement뿐만 아니라, 음식, 스포츠, 혹은 엔터테인먼트 등과 같은 특정 토픽을 다룬 특별 주간 증보판specialized weekday supplement도 다루기 시작했다. 증보판은 신문을 이용하면서 4색 인쇄 품질을 얻고 싶어하는 광고주들에게 매우 가치 있다.

신문광고의 종류

신문광고는 다른 카테고리로 분류될 수 있다. 신문광고의 대표 종류는 디스플레이 광고와 안내광고이다. 다른 특수한 종류의 광고와 사전 인쇄된 삽입물또한 신문에서 찾아볼 수 있다.

디스플레이 광고 **디스플레이 광고**display advertising는 신문 안에서 찾아볼 수 있으며, 일반적으로 카피 문구에서 나아가 일러스트레이션, 헤드라인, 여백, 그외의 여러 시각적 장치를 사용한다. 디스플레이 광고는 대략 평균 신문광고 수입의 70%을 차지한다. 신문 속 디스플레이 광고의 두 가지 종류는 지역광고와 전국(일반)광고가 있다.

지역광고local advertising는 신문을 제공하는 시장 내 소비자들과 커뮤니케이션 하길 원하는 지역단체, 기업, 개인에 의해 게재되는 광고를 말한다. 수많은 소매업자와 은행, 여행사와 같은 서비스업자들과 더불어 슈퍼마켓과 백화점은 대표 지역 디스플레이 광고주이다. 지역광고는 때때로 소매광고로 일컬어지는데 이는 소매업자가 지역 디스플레이 광고의 85%을 차지하기 때문이다.

전국광고national advertising 혹은 **일반광고**general advertising는 전국적으로나 지역적으로 판매되는 브랜드 제품이나 서비스 마케터들에 의해 실시되는 신문 디스플레이 광고를 말한다. 이러한 광고는 회사의 제품이나 서비스의 수요를 불러일으키고 유지하기 위해, 그리고 광고주의 제품을 갖추고, 홍보하는 지역 소매업자들의 노력을 보완하기 위해 고안되었다. 주요 소매체인, 자동차회사, 항공사 등이 일반광고를 많이 쓰는 광고주들이다. .

안내광고 **안내광고**classified advertising 또한 신문에 상당한 수익을 가져다 준다. 이 광고는 제품이나 서비스 혹은 제공하는 내용에 따라 소표제subhead 아래에 배치된다. 구인, 부동산, 자동차는 안내광고의 세 가지 주요 카테고리이다. 대부분의 안내광고가 작은 크기의 글이지만, 어떤 신문은 안내 디스플레이 광고classified display advertising를 허용하기도 한다. 이러한 광고는 신문의 안내 섹션에 게재되지

사진 12-17
신문 삽입광고는 목표시장에 접근하기 위해 사용된다.

만 눈에 띄도록 일러스트레이션과 더 큰 사이즈의 글자, 여백, 가장자리 장식 등을 사용하고 심지어 컬러를 사용하기도 한다.

특수광고와 삽입광고 신문 속 특수광고special advertisement는 다양한 정부, 재무 보고, 안내, 비즈니스와 개인의 관계 내 변화에 대한 공고 등을 다룬다. 신문 내 광고의 다른 종류에는 특정 후보나 이슈 혹은 조직을 홍보하는 정치적 혹은 특수 광고special-interest ad가 있다. **사전 인쇄된 삽입광고**preprinted inserts는 신문을 통해 배부되는 또 다른 형태의 광고 종류이다. 이 광고는 신문 자체에는 나타나지 않는다. 이들은 광고주에 의해 인쇄되어 신문이 배달되기 전 신문 사이에 끼워 넣어진다. 많은 소매업자들이 그들의 특정 상권 내의 고객들에 접근하기 위해 배달지역 내에 광고전단, 카탈로그, 브로셔와 같은 삽입광고를 사용한다. **사진 12-17**은 *San Diego Union-Tribune*이 삽입광고 배부 서비스를 어떻게 운영하는지 광고주에게 홍보하는 것이다.

신문의 장점

신문은 지역과 전국 광고주들 사이에서 인기를 얻게 하는 수많은 특징을 가지고 있다. 그 특징에는 폭넓은 지역 확보, 유연성, 지리학적 선택성, 독자 관여도, 특수한 서비스 등이 있다.

폭넓은 지역 확보 신문의 주요 장점 중 하나가 광고주에게 제공하는 높은 시장 범위, 즉 시장확보 정도이다. 대부분의 지역에서 50% 이상의 가정이 일간지를 읽으며 도달률은 아마 수입과 교육 수준이 높은 가정에서 70%를 초과할 것이다. 대부분의 지역은 한두 개의 일간지가 제공되며 종종 같은 회사가 조간과 석간 모두를 출판한다. 한 개의 공간을 구입함으로써 광고주는 특정 시장 내 높은 수준의 총체적 접근을 달성할 수 있다.

신문의 폭넓은 시장 확보는 신문을 진정한 대중매체로 자리잡게 하며 광고주에게 그들의 메시지를 인구의 모든 세분시장에 접근할 훌륭한 기회를 제공한다.

또한, 많은 신문들이 매일 출판되어 읽히기 때문에, 광고주들은 미디어 스케줄에 높은 수준의 빈도를 만들어낼 수 있다.

유연성 신문의 또 다른 장점은 그들이 광고주에게 제공하는 유연성이다. 우선, 신문은 광고를 제작하고 게재하기 위한 필요요건에 있어서 유연적이다. 신문광고는 수 시간 내에 쓰이고 배치되어 준비된다. 대부분의 일간지의 경우 광고 마감시간은 발행되기 24시간 전이다(컬러를 사용하거나 일요증보판과 같은 특수 광고의 마감시간은 더 길다). 짧은 제작시간과 마감시간은 신문을 현재 사건에 대응하거나 소비자에게 시기적절한 정보를 제공하는 데 훌륭한 매체로 만든다. 예를 들어 2009년 9월 시드니 도시 전역에 붉은 안개를 만든 황사가 있는 동안 윈덱스Windex나 내피산NapiSan과 같은 청소 제품 브랜드는 황사를 언급하고 이 재앙 기간 동안 그들 제품의 잠재적인 이점을 강조하는 광고를 전국지에 게재하였다. 내피산의 광고는 "얼룩에 탁월하고 황사에 좋아요Great for stains, And dust storms" 라는 광고문구와 함께 붉은 하늘에 건조를 위해 걸어 놓은 세탁물 사진을 게재하였다. 텔스트라Telstra, 비자Visa, 뱅크웨스트Bankwest와 같은 전국적인 브랜드 또한 신문의 시기적절함과 독특하게 사설과 광고 콘텐츠를 나란히 배치하는 장점을 이용하고 있다.

신문의 유연성의 두 번째 관점은 광고주가 이용할 수 있도록 한 독특한 옵션으로부터 나온다. 신문광고는 다양한 크기, 모양, 형식으로 제작되고 게재될 수 있다. 독자의 흥미를 얻기 위해 컬러 또는 특수한 삽입광고를 사용할 수 있다. 광고는 일요일 잡지나 증보판에 게재될 수 있으며 광고주의 목적에 따라 다양한 스케줄 선택이 가능하다.

지리적 선택성 신문은 일반적으로 다이렉트메일direct mail을 제외한 다른 어떤 매체보다 광고주에게 더 많은 지리적 혹은 지역적 선택성을 제공한다. 광고주는 큰 매출 잠재력을 가진 지역에 접근할 하나의 신문(혹은 여러 신문의 결합)을 선택함으로써 그들의 도달범위coverage를 다양하게 할 수 있다. 전국 광고주는 그들이 다른 매체로는 접근할 수 없는 특수한 지역에 그들의 광고를 집중하기 위해 또는 특정 지역 내 강력한 매출 잠재력의 장점을 이용하기 위해 신문의 지리적 선택성 geographic selectivity이라는 장점을 이용한다. 예를 들어, BMW, 메르세데스Mercedes,

볼보Volvo 등은 캘리포니아 주와 뉴욕 주, 뉴저지 주 내에 많은 신문 미디어 스케줄을 이용하고 있는데 이는 이들 시장 내 고급 수입 차에 대한 높은 매출 잠재력을 이용하기 위해서이다.

많은 기업들이 그들의 지역 마케팅 전략에 신문을 활용하고 있다. 신문광고는 그들로 하여금 제품을 일일이 시장을 기준으로 특징지어, 지역시장 상황에 맞게 광고캠페인을 대응하고 조정하도록 하며, 거래로부터 더 많은 지지를 받아 더 많은 소매 홍보에 뛰어 들도록 한다.

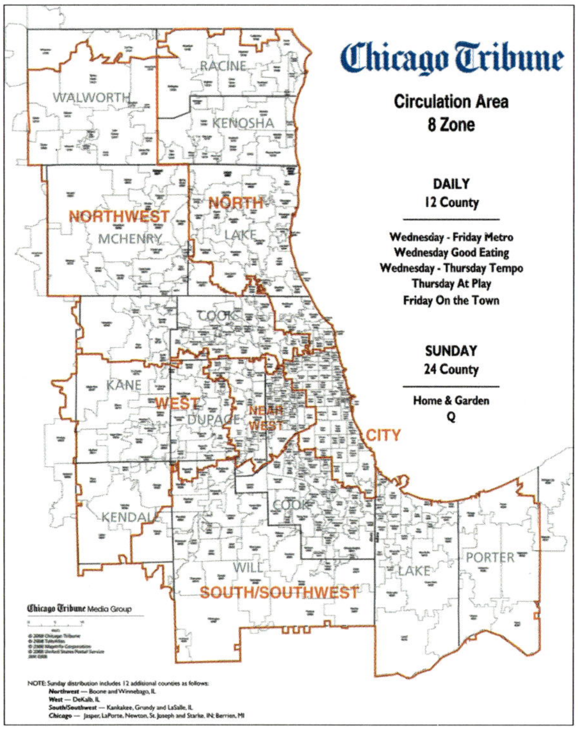

사진 12-18
Chicago Tribune은 광고주에게 여러 발행부수 지역을 제공한다.

소매업자와 같은 지역 광고주는 지리적 선택성 혹은 특수 시장이나 상권 내 유연성에 관심이 많다. 그들의 매체 목표medial goal는 그들 고객 대부분이 있는 지역에 광고를 집중하는 것이다. 많은 신문들이 현재 광고주에게 이러한 목적에 맞는 다양한 지리적 지역 또는 구역zone을 제공하고 있다. 예를 들어, **사진 12-18**에서 볼 수 있듯이 *Chicago Tribune*은 광고주에게 8개의 다른 발행 지역circulation area zone을 제공한다.

독자 관여도와 수용 신문의 또 다른 중요한 특징은 소비자의 수용 정도와 신문, 그리고 이들이 담고 있는 광고에 대한 관여도이다. 전형적인 일간지 독자들은 매일 평일 신문을 읽는 데 시간을 들이며 일요일 신문에는 더 많은 시간을 들여 읽는다. 대부분의 소비자들은 뉴스, 정보, 엔터테인먼트뿐만 아니라 소비 결정에 도움을 받기 위해 신문에 크게 의존한다.

많은 소비자들은 사실상 신문이 보유하고 있는 광고 때문에 신문을 구입한다. 소비자들은 제품의 가격과 이용 가능성을 결정하기 위해, 그리고 누가 세일을 하는지 보기 위해 소매 광고를 이용한다. 광고주에게 도움이 되는 신문의 한 가지 측면은 신문의 특정 분야에 대한 독자들의 지식이다. 우리들의 대부분이 자동차 제품, 스포츠 제품의 광고가 일반적으로 스포츠 섹션에서 발견되고 반면에 재무 서비스는 비즈니스 섹션에서 발견된다는 것을 알고 있다. 많은 신문들의 푸드섹션은 요리방법과 메뉴 아이디어로 인기 있을 뿐만 아니라 식료품 가게 광고와 많은 상점과 기업들이 제공하는 쿠폰으로 인기가 있다.

정보 출처로서의 신문의 가치는 여러 연구에서 나타나 있다. 어떤 연구는 소비자가 다른 어떤 매체보다 신문 속 광고를 기다린다고 밝혔다. 또 다른 연구에서는 소비자의 80%가 신문광고가 그들이 매주 쇼핑을 하는 데 가장 큰 도움을 준다고 말했다. 신문광고는 또한 수많은 연구에서 가장 신뢰할 수 있는 광고 방식으로 평가되었다.

제공되는 서비스 신문이 제공하는 특별한 서비스가 광고주에게 중요할 수 있다. 예를 들어, 많은 신문은 제조업체에게 머천다이징 서비스와 프로그램을 제공하는데 이는 그 제품의 업계trade로 하여금 이 회사 제품의 광고가 실시되고 있다는 것을 알게 하고 지역 소매업자들이 그 물건을 갖추고, 전시, 홍보해야 한다는 점을 확신하도록 돕는다.

많은 신문들은 또한 시장 상황에 대한 지식, 그리고 독자 연구나 소비자 설문조사와 같은 리서치를 통하여 지역 시장 정보의 훌륭한 출처이다. 예를 들어, 샌디에이고 내 대표 일간지인 *San Diego Union-Tribune*의 출판업자는 다양한 보고서와 시장 연구를 통해서 지역 시장에 대한 정보를 제공한다(**사진 12-19**).

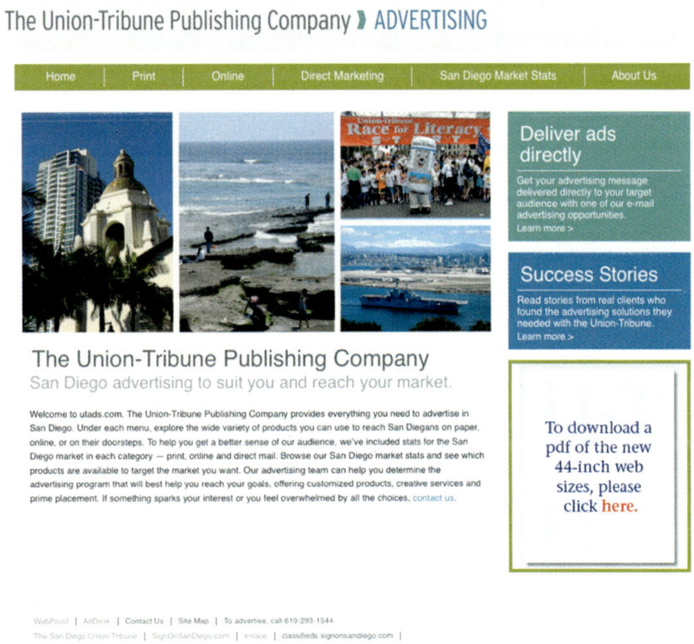

사진 12-19
신문 출판업자는 종종 지역 시장에 관한 훌륭한 정보의 출처이다.

신문은 또한 무료 광고 문안copywriting 작성과 아트 서비스를 통해 소규모 기업을 도와줄 수 있다. 에이전시나 광고 부서가 없는 소규모 광고주들은 종종 그들의 광고를 작성하고 제작하는 데 신문에 의지한다.

신문의 한계점

신문은 많은 장점을 가지고 있지만, 모든 매체가 그러하듯 미디어 기획자가 반드시 고려해야 할 단점 또한 가지고 있다. 신문의 한계점에는 품질 문제점, 짧은 수명, 선택력의 부족, 클러터 등이 있다.

제작 품질 불량 광고매체로써 신문의 큰 한계점 중 하나는 그들의 떨어지는 제작 품질이다. 신문에 사용되는 거친 제지원료, 컬러의 부재, 그리고 고품질의 복사를 위해 필요한 시간의 부족은 대부분의 신문광고의 품질을 제한한다. 신문은 최근 몇 년간 그들의 제작 품질을 개선해 왔고 컬러 복사도 더욱 많이 이용 가능하게 되었다. 또한 신문광고에 고품질의 컬러를 추구하는 광고주는 별쇄광고판freestanding insert이나 일요증보판Sunday supplement과 같은 대안에 의지하고 있다. 그러나 이러한 것들은 더 비용이 들며 많은 광고주들이 바라는 것이 아닐 것이다. 대체로, 제품의 시각적인 모습이 중요한 경우 광고주는 신문광고에 의존하지 않을 것이다. 음식과 패션 제품의 광고는 일반적으로 잡지를 활용하는데 이는 잡지의 우수한 복사 품질과 컬러를 이용하기 위해서이다.

짧은 수명 몇 주 동안 집에 보관될 잡지와 달리, 일간지는 일반적으로 하루 보다 짧은 시간 보관된다. 그렇기 때문에 광고는 발행 당일을 지나면 거의 어떠한 효과도 가지지 않으며 반복 노출도 일어나지 않는다. 이 문제점을 더 심각하게 만드는 점은 많은 소비자들이 신문과 보내는 시간이 짧다는 점과 신문 내 특정 섹션은 펼쳐 보지 않을 가능성이 있다는 점이다. 미디어 기획자는 신문에 광고하는 회수를 높이고 특정 제품이나 서비스 시장 내 소비자들이 읽을 것 같은 섹션에 광고함으로써 이러한 문제점을 다소 상쇄할 수 있다. 도표 12-3은 연령별 신문의 다양한 섹션에 대한 구독 수치를 보여준다.

선택성의 부족 신문이 광고주에게 지리적 선택성을 제공하는 반면에 이들은 인

일간신문 섹션	18~24	25~34	35~44	45~54	55~64	65+
주요 뉴스/전면	75%	80%	85%	89%	92%	93%
국제, 전국 뉴스	32	43	49	57	65	63
지방 뉴스	66	79	85	86	90	92
경제	23	31	41	47	51	47
만화	43	31	32	33	42	51
논설	12	21	32	42	55	60
엔터테인먼트/라이프스타일	33	42	42	49	54	45
패션	21	15	17	20	26	25
음식/요리	22	25	33	41	49	46
홈디자인/가구/정원	10	16	24	29	36	32
영화 목록과 리뷰	39	30	31	33	39	33
과학과 기술	18	21	25	29	34	28
스포츠	55	53	55	55	52	56
여행	12	20	25	31	39	34
TV 프로그램	18	21	24	29	37	45
광고란	25	29	34	38	43	41
유인물/삽입물	15	29	40	41	46	41
안내 광고	45	44	41	39	37	29
광고	56%	61%	64%	64%	65%	59%
주간 평균 구독자 (단위: 1,000)	7,686	12,423	17,037	20,347	15,910	21,870

자료: Newspaper Association of America: Newspaper Daily Section Readership, 2008, www.naa.org.

도표 12-3
연령별 일간신문 섹션 구독률

구통계적 혹은 라이프스타일 특징이라는 측면에서는 선택적인 수단이 아니다. 대부분의 신문은 폭넓고 매우 다양한 그룹의 소비자에게 접근하는데 이는 마케터들이 좁게 정의된 세분시장에 집중하는 것을 어렵게 만든다. 예를 들어, 낚시용품의 제조업자들에게 신문은 매우 비효율적인데 그 이유는 낚시를 하지 않는 모든 신문 독자에게 접근함에 따라 낭비되는 부수 때문이다. 그러므로 그들은 *Field & Stream*이나 *Fishing World*와 같은 전문잡지를 사용할 가능성이 크다. 이들 제품의 신문광고는 소매업자가 비용을 분배하거나 광고 속 소개된 수많은 스포츠 제품에 그들 제품을 펼치는 협동 계획을 통해 실시될 것이다.

사진 12-20
Los Angeles Times는 그들이 현재 제공하고 있는 혁신광고를 홍보하고 있다.

클러터 대부분의 다른 광고매체와 마찬가지로 신문도 클러터로 골치가 아프다. 미국 내 평균 일간지의 64%가 광고이기 때문에, 광고주의 메시지는 수많은 다른 광고와 소비자의 관심과 흥미를 끌기 위해 경쟁해야 한다. 또한, 대부분의 광고가 흑백이라는 점에 신문의 크리에이티브 선택권creative option은 제한적이다. 그러므로 신문 광고주는 큰 광고 공간 구입이나 컬러와 같은 값비싼 방법 없이는 클러터를 극복하는 데 어려움이 있다.

많은 신문들이 현재 광고주에게 계단형stairstep, 북엔드bookend, U자형U-shape, 아일랜드광고island ad, 스패디아광고spadea ad, 반면 펼침광고half-page spread와 같은 비전통적인 크기와 포맷을 사용하는 혁신적인 모양의 광고를 활용할 기회를 제공한다. 많은 신문들이 또한 현재 그들 발행물의 첫 페이지뿐만 아니라 신문 내 다양한 섹션의 첫 페이지에 광고를 허용하고 있다. 이러한 혁신적인 포맷의 사용은 광고주들이 더욱 쉽게 독자의 관심을 끌고 광고메시지에 대한 회상을 증가시키는 것을 가능하게 한다. **사진 12-20**은 현재 광고주에게 제공하는 몇 가지 혁신적인 광고 형태를 홍보하는 *Los Angeles Times*의 미디어키트media kit의 한 페이지를 보여준다.

신문 독자

다른 매체와 마찬가지로, 미디어 기획자는 미디어 플랜에 있어 신문의 가치를 고려하기 위해 반드시 신문이 접근하는 독자의 특성과 규모를 이해하여야 한다. 매체 부류로써 신문이 그들의 시장에 침투하는 데 훌륭한 역할을 하기 때문에 일반적인 일간지는 광고주에게 시장 내 대부분의 가정에 접근할 기회를 제공한다. 그러나 지역 광고주가 특정 시장 혹은 상권을 다루는 것을 목표로 하는 반면에 전국적인 광고주들은 폭넓은 지역 혹은 나라 전체에 접근하기를 희망한다. 그들이 바라는 수준의 도달범위coverage를 달성하기 위해 그들은 수많은 신문에 공간을 구입하여야 한다.

신문 독자 규모에 관한 정보의 기초 출처는 광고요율표rate card, 출판업자들의 진술서publisher's statements, 또는 SRDS의 Newspaper Advertising Source를 통해 이용 가능한 발행부수 수치circulation figure로부터 나온다. 신문들의 발행부수 수치는 대개 이미 언급한 ABCAudit Bureau of Circulation에서 확인된다. 미디어 플랜 내 수많은 신문을 활용하는 광고주들은 일반적으로 대부분의 편리한 자료를 SRDS에서 찾는다.

신문 발행부수 수치는 일반적으로 도시권역city zone, 소매상권역retail trading zone, 기타 지역all other areas 세 가지로 나뉜다. 도시권역은 신문이 발행되는 도시와 그 도시와 성격이 유사한 인접 지역으로 구성된 시장권market area이다. 소매상권역은 거주민들이 정기적으로 도시권역 내 상인과 거래하는 도시권역 밖에 위치한 시장이다. 기타 지역 카테고리는 도시권역과 소매상권역에 포함되지 않은 모든 발행부수를 다룬다.

때때로 발행부수 수치circulation figure는 도시권역과 소매상권역, 기타 지역이 결합된 오직 주요 시장만을 위해 제공된다. 지역과 전국적인 광고주 모두 신문을 평가하고 선별하는 데 다양한 카테고리에서 나타나는 발행부수 패턴을 고려한다.

전국적인 광고주들은 종종 그들이 다루는 상권의 규모에 기초하여 신문 공간을 구입한다. 예를 들어, 제너럴모터스General Motors는 최상위 10개, 50개, 100개 시장 등에서 광고를 구입한다. 전국적인 광고주들은 구매된 상권의 개수에 따라 다른 수준의 시장확보를 적용한다.

독자 정보 발행부수 수치는 미디어 기획자에게 신문의 가치와 다양한 상권을 다룰 수 있는 신문의 능력을 평가하는 데 필요한 기초 자료를 제공한다. 그러나 미디어 기획자는 또한 신문 독자의 특징과 광고주의 표적고객의 특징이 일치하기를 원한다. 신문 독자 규모와 특징에 관한 자료는 신문사가 실시한 연구자료들뿐만 아니라 광고연구서비스Commercial research service로부터 이용이 가능하다. 잡지의 경우, 신문에 관한 다양한 가치 있는 정보의 출처는 그들의 지면과 온라인 서비스가 일간지, 신문사, 민족신문ethnic newspaper, 대학신문, 만화, 신문사가 배포한 잡지에 관한 완벽한 기획 정보를 제공하는 SRDS이다. SRDS의 Newspaper Advertising Source 자료는 표준 광고료, 발행부수 수치, 날짜, 일반적인 요건, 연락처, 그리고 미디어를 위한 다른 중요한 정보를 담고 있다.

Experian Simmons나 Mediamark Research Inc.와 같은 기업들은 라이프 스타일과 미디어 관련 행동들media behavior 이나 제품/브랜드 선호도에 관한, 그리고 신문에 관한 정보를 포함하고 있는 연합연구자료를 제공한다. 이러한 연구들은 다른 미디어 비클media vehicle보다 비교적 신문에게 더 중요하다.

많은 신문사들이 현재 그리고 잠재적인 광고들에게 구독률과 인구통계, 쇼핑 습관, 그리고 라이프 스타일과 같은 독자들의 특징에 관한 정보를 제공하기 위해 그들만의 독자 연구를 의뢰한다. 이러한 연구들은 종종 다양한 종류의 고객들에 접근하는 데 있어 신문의 효율성을 홍보하기 위해 고안된다. 이 연구들은 신문사 자체적으로 후원하기 때문에 많은 광고주들은 이들의 결과물에 대해 회의적이다. 사용된 연구 방법과 연구에 의해 도출된 결과에는 세심한 주의가 필요하다.

신문 공간의 구입

광고주들은 신문 공간을 구입할 때 수많은 옵션과 가격 구조에 직면한다. 광고 공간의 비용은 신문의 발행부수뿐만 아니라 컬러나 특선special selection에 대한 프리미엄 청구, 할인 가능 여부와 같은 요인에 따라 결정된다. 신문 공간의 구입 과정과 가격은 전국 광고주와 지역 광고주에 따라 다르다.

일반 대 지역 요금 신문은 일반 또는 전국 광고주와 지역 또는 소매 광고주에 따라 다른 요금 구조를 가지고 있다. **일반광고요금**general advertising rate은 신문의 광고권역designated market area(DMA) 밖으로 광고하는 광고주에 적용되고 또한 출판업자에 의해 사실상 '일반general'으로 여기지는 분류들에게 적용된다. 이는 자동차, 담배, 포장재, 제약회사와 같은 전국적인 광고주에 의해 실시되는 광고들이 포함된다. **소매광고요금**retail advertising rate 또는 **지역광고요금**local advertising rate은 DMA 안에서 사업을 하거나 제품 혹은 서비스를 판매하는 광고주들에게 적용된다. 일반 광고주들이 부과하는 요금은 지역 광고주들이 부과하는 것보다 평균 75% 더 높다. 신문사들은 요금의 차등은 몇 가지 이유로 정당화된다고 주장한다. 첫째, 일반광고general advertising를 다루는 것은 광고대행사가 15% 수수료를 가져가고, 수수료는 또한 비지역광고nonlocal advertising를 요청하는 독립적인 영업사원independent sales reps

에게 지불되어야 하기 때문에 더 비용이 많이 든다고 주장한다. 둘째, 그들은 일반광고가 지역광고보다 덜 미덥다는 점을 언급한다. 일반 광고주들을 주로 지역 광고주들만큼 계속적으로 신문을 이용하지 않는다. 마지막으로, 신문사들은 일반 광고의 수요가 비탄력적이라고 주장한다. 요금을 낮추거나 올려도 일반광고의 수요는 증가하지 않을 것이다. 이는 전국적인 광고의 요금을 낮출 동인이 없다는 것을 의미한다.

전국적인 광고주들은 이러한 논쟁을 요금 차등에 대한 정당한 이유라고 보지 않는다. 이들은 전국적인 광고를 다루는 데 드는 비용이 더 크지 않다는 점과 많은 전국적인 광고주들은 정기적으로 신문을 이용함을 주장한다. 전국적인 광고주들은 광고를 준비하기 위해 광고대행사를 이용하기 때문에 그들은 특별한 서비스를 요청할 가능성이 낮다. 광고의 디자인과 준비를 도와주기 위해 많은 신문사들이 두고 있는 많은, 그리고 비용이 드는 직원들은 주로 지역 광고주들이 이용하고 있다.

전국과 지역 광고에 대한 차등 요금 구조는 상당한 논쟁의 근원이었다. 몇몇 신문사들은 미국신문협회Newspaper Association of America(NAA)와 같이 요금 차이를 좁히기 위해 노력하고 있다. 1993년 NAA는 6개의 이용이 적은 카테고리, 자동차, 화장품과 세면도구, 음식, 가정용품, 술과 음료, 의약품과 치료약의 전국 광고주를 목표로 한 NNNNewspaper National Network을 만들었다.[38] 이 네트워크의 목표는 신문의 전략적인 이용을 촉진하고, 그들의 한 번 광고에 한 번의 요금청구 모델one order/on bill model과 함께 신문 공간의 구입을 용이하게 함으로써 이 카테고리 내 전국적인 광고주로부터 광고비를 더 끌어 모으는 것이다. **사진 12-21**은 전국적인 광고주들이 신문에 그들의 광고를 내도록 장려하는 NNN의 광고이다.

사진 12-21
Newspaper National Network는 전국 광고주들에게 신문에 광고를 게재하라고 장려한다.

많은 마케터들이 그들의 신문광고를 특별분류 계획을 통해 내보내거나 지역 요금을 지불하는 소매업자, 지역업자, 유통업자와 협력 광고 계약cooperative advertising deal을 통해 전국적인 광고주라는 이름표를 회피하고 요금을 낮추려고 한다. 그러나 요금 차등은 많은 전국적인 광고주들이 신문을 그들의 매체 믹스 내 큰 부분을 차지하지 못하게 하고 있다.

신문 요금

전통적으로, 전국 광고주들의 신문 공간은 광고지면의 크기를 나타내는 광고행agate line으로 판매되었다. 문제는 신문이 다양한 폭의 칼럼을 사용한다는 점이다. 어떤 것은 한 페이지당 6개의 칼럼이 있는 반면 다른 어떤 것은 8~9개의 칼럼을 가지고 있어서 광고의 크기, 모양, 비용에 영향을 미친다. 이는 수많은 신문의 공간을 구매하는 전국 광고주들에게 복잡한 제작과 구매 절차를 야기한다.

이러한 문제를 해결하고 신문을 표준 단위로 공간과 시간을 판매하는 다른 매체와 더욱 비슷하게 만들기 위해서 신문산업은 1984년 **SAU**Standard advertising unit로 바꾸었다. 이 시스템에서 모든 신문들은 테블로이드 크기의 5칼럼 폭과 표준칼럼에 2-1/16 인치의 칼럼 폭을 사용한다. 칼럼의 인치는 표준 단면쇄나 타블로이드 광고 크기를 만들기 위한 측정 단위이다.

전국 광고주는 특정 SAU 하나당 한 개의 광고를 준비할 수 있으며 이는 이 포맷 크기를 사용하는 국내 모든 신문에 적합할 것이다. 요금은 이를 기초하여 매겨진다. 대부분의 일간지가 SAU 시스템을 사용하기 때문에 구매와 제작 과정이 전국 광고주들에게 상당히 간소화되었다.

지역 광고주들의 신문 요금은 계속해서 1개 칼럼 넓이당 1인치 깊이인 칼럼인치column inch에 기반을 둔다. 지역광고주들의 광고요금은 칼럼인치당 매겨지며 미디어 기획자는 광고의 칼럼인치 수치와 인치당 비용을 곱하여 총공간 비용을 계산한다.

비용 구조 칼럼인치와 SAU가 기본 신문광고 요금을 결정하는 데 사용되지만, 미디어 기획자는 다른 옵션과 요인을 반드시 고려해야 한다. 많은 신문들이 수량에 따른 할인이나 반복된 공간 구입에 대한 할인을 제공하지 않는 **정액요금**flat rate 구조를 가지고 있다. 또 다른 신문사들은 다양한 할인이 가능한 **기본요금구조**open-rate structure를 가지고 있다. 이러한 할인은 일반적으로 빈도나 공간의 대량 구매에 기반을 두며, 1년에 구입된 칼럼 인치의 수치에 달려있다.

신문 공간 요금은 또한 선호하는 위치나 컬러와 같이 광고주의 특별한 요청에 따라 다양하다. 신문이 명시한 기본 요금은 신문이 광고를 어느 페이지 혹은 어느 위치에 둘 수 있다는 것을 의미하는 **ROP**run-of-paper이다. 대부분의 신문이 요청한 위치에 광고를 실으려 하나, 광고주들은 더 높은 **위치우선요금**preferred position rate을 지불함으로써 지면 내 특정 섹션, 위치를 확실히 한다. 컬러광고는 많은 신문에서 단 기준 혹은 사전인쇄 삽입물preprinted inserts 혹은 일요일 증보판을 통해 이용할 수 있다.

광고주들은 또한 여러 개 신문을 하나의 그룹으로 사용하는데 할인을 해 주는 **병합게재 할인요금**combination rate을 기준으로 신문 공간을 구입할 수 있다. 일반적으로, 병합게재 할인요금은 출판업자가 한 시장 내 조간과 석간 신문 모두를 소유하는 경우 발생하고, 대개 24시간 동안 두 신문 내 동일 광고를 게재하는데 할인된 단일 가격을 제공한다. 병합게재 할인은 또한 광고주들이 수많은 시장 내 한 출판업자가 소유한 여러 개의 신문에서, 혹은 조합syndicate이나 신문사 그룹으로 제휴한 다수의 신문multiple newspaper에서 광고 공간을 구입할 시 이용할 수 있다.

신문의 미래

신문은 총광고량total advertising volume에서 보면 가장 큰 광고매체이나 이 장 초반에서 언급한 바와 같이 전통적인 인쇄 신문의 광고 수입은 지난 몇 년간 급격히 감소해 왔다. 신문은 그들 대부분의 광고 수입을 지역 광고주, 특히 그들의 제품과 서비스를 광고하고 소비자들에게 특별할인과 다른 종류의 프로모션을 알리고자 디스플레이 광고를 이용하는 소매업자들로부터 얻는다. 신문은 전국 광고주들의 광고 지출의 5%보다 적은 부분을 차지하고 있어서 신문은 그들의 광고 수입을 위해 지역 광고주들에게 크게 의존하고 있다.

신문의 주요 강점은 지역 광고주들에 의해 계속적으로, 효과적으로 이용되는 매체로써의 역할에 있다. 지역 광고주들에게 신문의 중요성은 가까운 미래에 바뀔 것 같지 않다. 그러나 신문이 지배적인 지역 광고매체로써 강한 입지를 유지하고 더 많은 전국 광고를 얻게 위해 반드시 고심해야 할 수많은 문제점과 이슈가 있다. 다른 광고매체와의 경쟁, 발행부수 유지 및 관리, 크로스 미디어cross-media 기회, 그리고 구독률의 감소가 이에 포함된다.

다른 매체와의 경쟁 전국 광고량의 점유율을 높이기 위한 신문산업의 전쟁은 힘겨워졌다. 제작 품질이나 요금 차등 문제과 더불어, 신문은 전국과 지역 광고주 모두에 대해 다른 매체와의 경쟁에 직면하고 있다.

신문이 매체 간 전쟁에 있어서 더 이상 전국 광고에만 한정되지 않는다. 많은 기업들이 마케팅 도구로써 신문에게 투자했을 광고 비용을 투자할 공간으로써 인터넷을 고려하고 있다. 지역 라디오와 TV 방송국(특히 케이블방송국)뿐만 아니라 증가하는 전화번호부 출판업자들은 공격적으로 지역 광고주들을 붙잡으려 하고 있다. 신문사들은 이 광고주들을 유지하기 위해서 더 힘들게 분투해야 할 것이다.

신문은 또한 오랜 기간 동안 중요한 주요 수익 중심점profit center이었던 안내광고classified advertising와 구인광고employment advertising를 위한 다양한 온라인 사이트와의 새로운 경쟁에 직면하고 있다. 미국에서 신문의 안내광고는 2000년 이후로 꾸준히 감소하였으며 구인광고 수익은 옛날의 절반 정도의 수입밖에 되지 않는다. 신문은 이제 구인목록job listing을 위한 Monster.com이나 Job.com과 같은 온라인 구직 사이트에 맞서 경쟁해야 한다. 이베이eBay나 크레이그리스트Craigslist와 같은 웹사이트들은 전통적으로 지역신문의 안내광고로만 팔던 다양한 상품들을 파는 매우 인기 있는 방식이 되고 있다. 샌프란시스코에서 젊은 사람들의 일종의 반체제 메시지 게시판으로 시작한 크레이그리스트는 현재 대부분의 주요 도시로 확장하고 있고 30세 미만의 사람들 사이에서 매우 인기를 얻고 있다. 이 온라인 사이트는 상품, 아파트 렌트, 서비스, 개인광고, 그리고 구인 목록을 위한 섹션을 포함하고 있다. 몇몇 신문들은 안내광고의 온라인 사이트와 경쟁하는 것이 매우 어려운 일임을 인식하고, 구독률을 높이기 위한 하나의 방법으로 정해진 기준 소매 가격 하에 상품의 무료 안내광고를 제공함으로써 대응하고 있다.[39]

신문은 다른 매체로부터의 도전들에 대응하기 위해서 많은 다른 일들을 하고 있다. 많은 신문사들이 그들의 마케팅 수완을 확장하고, 그들의 광고주와의 관계를 구축하고 유지하게 위한 노력을 하고 있다. 어떤 신문사들은 부가 서비스를 제공할 정교한 데이터베이스와 다이렉트메일 수완을 직접 개발하고 있다. 다른 신문사들은 그들의 마케팅 리서치 부서를 증가시키고, 주요 고객에 대한 포괄적인 시장 연구를 준비하며, 그리고 어떤 경우에는 미디어 연구자와 마케팅 파트너의 역할을 한다.

발행부수 신문산업은 수년간 감소하는 부수를 역전하기 위해 고군분투해 왔다.[40] 미국 내 수많은 주요 신문들이 부수의 감소를 경험해 오고 있으며 이러한 문제에 대응하기 위해 구독률 측정을 강조하고, 그들의 신문의 온라인 버전을 개발하는 등의 방법을 추구하고 있다. 잡지와 같이, 많은 신문이 그들의 부수를 주의 깊게 보고 있으며 추가적인 부수를 발행하는 비용이 발생시키는 광고 수입에 의해 정당화되는지 분석하고 있다. 많은 신문들이 가판대와 집 배달 가격을 인상하고 있으며, 발행 수입이 그들의 총수입 이상을 차지한다.

몇몇 주요 대도시 신문들은 광고주들이 특정 지역 내 소비자에게 접근하기 위해 신문을 사용하며 그 지역 밖 독자들에 대해서는 지불을 원하지 않는다는 점을 알게 되었다. 그러므로 어떤 신문들은 '이기적인 발행ego circulation'이라고 일컬어지는 것을 제거하고 있으며 그들이 당면한 상권 내 지역 부수에 더 많이 집중한다.

신문사들은 새로운 고객을 유치하기 위해 엄청난 돈을 지불하는 것보다 구독자를 유지하는 데 집중하는 것이 비용 면에서 훨씬 효율적이라는 점을 알아냈다. 미국신문협회Newspaper Association of America의 통계에 따르면 신문 구독자들이 취소하는 비율은 2000년 55%에서 2009년 32%로 상당히 감소하였다. 이러한 수치는 많은 신문들이 그들의 핵심 구독자 유지에 집중하고 있고, 자동재계약에 대한 할인과 같은 프로그램을 제공하고 있는 사실을 반영한다.[41]

독자 유인과 유지 광고매체로써 신문의 성장은 매체 자체 인기의 감소에 의해 제한될 수 있다. 신문 구독률은 지난 20년간 서서히 감소해 왔다. 평균 평일에 신문을 구독하는 성인 인구의 비율은 1970년 78%에서 가장 최근 48%로 감소하였다. 일간지를 구독하는 미국 가정 비율은 1980년 77%에서 60%로 줄었다. 신문 구독률의 감소는 시간이 없는 현대 맞벌이 가정의 라이프스타일, 그리고 TV의 선택권의 증가, 그리고 물론 인터넷과의 경쟁과 같은 여러 가지 요인의 영향을 받았을 수 있다.

수많은 신문들이 더욱 흥미 있고, 쉽고 빠르게 읽을 수 있도록 재디자인 되었다. 컬러와 그래픽 사용의 증가뿐만 아니라 스포츠나 엔터테인먼트의 확장된 보도expanded coverage 등을 포함한다. 어떤 곳은 독자들이 요약을 대강 훑어본 후 무엇을 읽을 것인지 결정하도록 신문 각각의 섹션에 간략한 기사 요약을 제공하기 시작하였다.

특별히 출판업자들이 우려하는 것은 여성과 청소년과 같은 중요 세분시장 사이에서 신문 구독률의 감소이다. 여러 조사들은 하루에 신문을 읽는 여성의 비율이 1981년 67%에서 최근 46%로 감소했음을 보여준다.[42] 신문사와 광고주들은 여성이 남성보다 구매 의사결정을 내릴 가능성이 훨씬 더 크기 때문에 우려하고 있다. 많은 신문들은 새로이 여성들의 섹션을 도입하고 현대 여성들의 흥미를 끌기 위해 오래된 것을 수정하고 있다. 이는 예를 들어, 아이와 직업이 있는 여성이 어떻게 그들의 시간을 보내는지 와 같은 건강, 육아, 그리고 직업과 같은 이슈에 대한 기사들을 포함한다.

신문들은 또한 많은 젊은 사람들이 상당한 TV 시청자이고 점점 더 많은 시간을 인터넷 검색으로 보내기 때문에 그들의 미래 독자가 어디서 나올지에 관해 관심을 갖는다. 그러나 최근 어떤 연구는 신문 구독률이 10대들 사이에서 높음을 나타내고 있으며 많은 신문사들이 10대들이 정기 구독자가 되거나 남아있기를 바라면서 이들을 유인하기 위한 특별한 노력을 기울이고 있다. 신문산업은 또한 젊은이들 사이에서 구독률을 유지하기 위한 조치를 취하고 있다. 예를 들어, 미국신문협회는 젊은이들이 신문을 읽도록 장려하는 광고를 후원하고 있다.[43] 지난 몇 년간 미국신문협회는 신문 구독을 통해 읽고 쓰는 능력을 증진하기 위해 어린이들의 흥미로부터 친숙한 캐릭터를 사용한 캠페인을 운영하고 있다. **사진 12-22**에서 보여주는 광고는 'Daily Buzz' 문구를 읽고 있는 애니메이션 영화 *The Bee Movie*의 캐릭터를 등장시켰다.

사진 12-22
이 광고는 젊은 사람들이 신문을 읽도록 장려하는 캠페인의 일부이다.

온라인 배송

인터넷과 온라인 서비스의 성장은 전통적인 인쇄판 신문 구독률을 약화시키는 또 다른 요인이다. 가정으로의 인터넷의 침투가 증가하면서 신문과 잡지는 가장 위협받는 매체 중 하나다. *Advertising Age*가 실시한 조사는 집에서 인터넷을 사용할 수 있는 소비자가 차, 재무 서비스, 여행이나 패션을 쇼핑할 때 주요 정보의 출처로써 잡지나 신문을 사용할 가능성이 낮음을 보여준다. 이 연구는 또한 10대부터 노인에 이르는 소비자들은 미래에 책, 잡지, 신문을 읽기 위해 인터넷을 사용할 것이라는 것을 알아내었다.[44]

신문 출판업자들은 그들의 신문을 온라인으로도 이용할 수 있게 함으로써 이러한 위협적인 상황을 극복하고자 노력한다. 거의 모든 주요 신문들이 웹사이트를 제작하였고 많은 출판업자들이 현재 그들의 신문을 온라인으로 이용할 수 있게 하였다. 온라인으로 이용할 수 있는 미국 신문의 개수는 1995년 100개 이하였던 것이 1,500개 이상으로 증가하였다. 2005년 1월부터 2007년 마지막 분기까지 디지털 신문의 독자는 60%가 증가한 7천만 명 이상의 순방문자unique user에 달했다.[45] 대부분의 일간지는 현재 그들 신문의 온라인 버전을 제공하여 웹사이트를 통해 뉴스를 보는 것을 선호하는 독자들을 붙잡고 있다. 여러 연구들은 온라인 신문을 이용하는 사람들이 온라인에서 더 많은 시간을 보내며, 더 잘 교육받았으며, 일반적으로 더 높은 수입을 가지고 있고 높은 관여도를 가지고 있으며, 상위 계층의 독자임을 보여주었다. 그들은 또한 온라인으로 구입하고 무엇을 구입할지 결정하는 데도 인터넷을 사용할 것이다.[46] 많은 신문들이 그들의 온라인 판을 광고주에게 홍보하기 위해 이러한 정보를 사용한다. **사진 12-23**은 *San Diego Union-Tribune* 신문의 온라인 신문/웹사이트인 SignOnSanDiego.com의 판촉물을 보여준다.

사진 12-23
The San Diego Union Tribune은 그들의 온라인 신문을 홍보하고 있다

많은 신문이 지역, 전국 광고주 모두로부터 광고 수입advertising dollars을 끌어 모으기 위해 노력하고 있다. 네트워크는 또한 지역신문이 전국 광고주에게 그들 웹사이트에 온라인 광고를 팔 수 있게 형성된다. 예를 들어, 전국신문네트워크National Newspaper Network는 전국 광고주에게 전국의 신문 웹사이트에 접근할 수 있게 하고, 전통적인 방식과 동일하게 온라인 광고의 구입을 가능하게 하였다. 신문 출판업자가 온라인 광고의 판매에 더욱 집중하고 있는 동시에 그들은 또한 구글, 야후, 그리고 로컬닷컴local.com과 같은 주요 인터넷 검색 엔진과의 강한 경쟁에

직면해 있는데 그 이유는 이러한 기업들이 지역 광고주들에게 광고를 값싸고 쉽게 게재할 수 있도록 했기 때문이다. 많은 신문사들은 이러한 인터넷 검색 엔진 경쟁자들과 동맹을 맺어 행동과학을 이용한 표적고객 광고처럼 더 정교한 광고를 파는 그들의 기술을 사용할 수 있다.[47]

요약

잡지와 신문이라는 두 가지 주요 인쇄매체는 많은 광고주들의 미디어 플랜과 전략에 있어 중요한 역할을 한다. 잡지는 매우 선택적인 수단이며 특정 고객과 세분시장에 접근하는 데 있어 매우 중요하다. 잡지의 세 가지 넓은 카테고리는 소비자, 농업, 비즈니스 간행물이다. 각각의 카테고리는 내용(editorial contents)과 독자들의 흥미에 따라 더욱 세분될 수 있다.

잡지는 선택성이 높다는 장점에 더해서 훌륭한 광고 품질과 창의적인 유연성, 장기 수명, 명성(prestige), 그리고 잡지 광고에 대한 독자들의 높은 수용성뿐만 아니라 잡지가 광고주에게 제공하는 서비스 등의 장점이 있다. 잡지의 단점에는 그들의 고비용, 제한된 접근과 빈도, 긴 리드타임, 그리고 대부분 간행물들에 있어서 광고 클러터가 포함된다.

잡지의 광고 공간 가격은 다양한 요인에 따라 다양한데, 광고의 크기, 발행물 내 위치, 구입되는 특별판, 컬러의 사용, 삽입물의 개수와 빈도 등이 있다. 잡지의 가격은 내용(editorial contents), 특정 목표 독자에 접근할 수 있는 능력 등 다른 요인들도 반드시 고려되어야 하지만, 경비효율지표를 기준으로도 비교된다.

신문은 총수량(total volume) 측면에서 가장 큰 광고 수단이며 모든 광고 비용의 4분의 1을 차지하고 있다. 신문은 지역 광고주, 특히 소매업체에게 매우 중요한 수단이다. 지역 광고주와 전국 광고주 사이에 차등 요금 구조가 논쟁의 근원이 되고 있음에도 불구하고 신문은 전국 광고주들에게도 또한 이용된다. 신문은 특정 지역 내 상당한 비율의 가정에 접근하는 매체이다. 신문의 다른 장점에는 유연성, 지리적 선택성, 독자 관여도, 그리고 특별한 서비스가 포함된다. 신문의 단점에는 그들의 고 품질의 광고 제작의 부족, 짧은 수명, 독자 선태성의 부족, 그리고 클러터가 포함된다.

시장 세분화와 지역적 마케팅에 대한 트렌드는 많은 광고주들이 신문과 잡지를 더 많이 사용하도록 유도하고 있다. 그러나 잡지와 신문 모두 라디오, 케이블TV, 다이렉트 마케팅, 그리고 인터넷과 같은 다른 매체와의 경쟁의 증가에 직면하였다. 잡지와 신문 모두 그들의 발행부수의 품질을 개선하고자 노력 중이며 데이터베이스 마케팅 서비스를 제공하고, 미디어 간 계약(cross-media deals)을 시작하였다. 비용의 상승과 구독률의 감소는 많은 잡지사와 신문사들이 겪는 문제이다. 잡지와 신문 모두 독자를 유지하고 광고 수입을 증가시키기 위한 방법으로 그들의 발행물을 온라인으로 이용할 수 있도록 만들고 있다.

토론문제

1. 잡지와 신문의 전통적인 인쇄매체에 영향을 미치는 몇 가지 발전(developments)에 토론해 보라. 잡지와 신문 출판업자들이 이러한 변화에 대응하고 광고주들을 유지할 수 있는 방법들에는 무엇이 있는가?
2. 전자 리더기, 아이패드, 태블릿PC와 같이 기술적인 발전이 어떻게 광고 미디어비클(media vehicle)로써의 잡지와 신문의 역할에 영향을 미치는지 토론해 보라. 이러한 기계들이 대규모 시장 침투를 달성하는 데 얼마나 걸릴 것이라고 생각하는가?
3. 광고매체 전략의 일부로 잡지의 역할에 대해 논하시오. 잡지의 장점 및 단점이 무엇인가?
4. 광고매체의 구입에 관하여 selectivity가 의미하는 것이 무엇인가? 잡지가 광고주에게 선택성을 제공하는 다양한 방식에 대해 토론해 보자.
5. 발행물 표지에 광고를 허용하는 잡지와 신문의 결정에 대해 토론해 보자. 이러한 발행물의 표지에 광고가 등장하는 것이 적절하다고 생각하는가?
6. 광고주에게 잡지의 활력(vitality)을 홍보하기 위해 5개의 주요 잡지 출판업자들에 의해 실시되는 'Power of Print' 광고캠페인에 대해 평가 해 보자. 여러분이 이 캠페인이 효과가 있을 것이라고 생각하는가? 왜 그런지 혹은 왜 그렇지 않은지 이야기해 보자.
7. 만약 여러분이 Callaway 나 TaylorMade와 같이 골프 클럽 제조업체를 위한 광고 공간을 구입한다면 여러분은 어떤 요인을 고려할 것인가? 여러분의 잡지 선택은 골프 간행물에만 한정되는가?
8. 더 많은 잡지와 신문사들이 현재 그들의 발행물을 온라인으로 이용할 수 있도록 하고 있다. 온라인 잡지와 신문의 이용 가능성이 전통적인 인쇄 버전에 어떻게 영향을 미치는 지 토론해 보자. 출판업자들은 더 많은 광고 수입을 끌어 모으기 위해 어떻게 온라인 잡지와 신문을 이용하는가?
9. 신문 산업이, 그리고 광고 수단으로써 신문의 사용이 직면한 주요 어려움은 무엇인가? 신문은 어떻게 이러한 어려움에 대응할 수 있는가?

13 서포트 미디어

학습목표

1. IMC 프로그램에서 서포트 미디어의 역할을 분석한다.
2. IMC 프로그램 개발을 위한 다양한 전통적 그리고 비전통적 서포트 미디어의 종류를 살펴본다.
3. 서포트 미디어의 장점과 단점을 논의한다.
4. 서포트 미디어의 효과분석 방법을 알아본다.

이케아: 집 밖의 집

스웨덴 가구브랜드인 이케아(IKEA)는 세계적으로 아주 유명한 브랜드이다. 이케아는 1960년대 저렴하지만 혁신적인 디자인으로 유명해졌고 1970년대에는 하나의 문화적 현상으로까지 자리매김 하였다. 또 빌리(Billy)책장 시리즈는 현대의 문화아이콘으로 꼽힐 정도이다. 빌리는 젊은이들이 자기집에 자신의 공간을 꾸미는 새출발을 한다는 상징이기도 하다.

이케아의 혁신적인 디자인은 세계 유명 박물관에서도 인정하고 있다. 예를 들어 뉴욕현대미술관(Museum of Modern Art in New York)은 이케아 가구를 상설 전시하고 있으며 유럽의 The Pinakothek de Moderne in Munich, Imperial Furniture Collection in Vienna, 그리고 Liljevalchs Konstrall 등의 박물관에서도 이케아 특별전을 하였다.

이케아는 1960년대에 유행했던 모더니즘을 받아들였다. 특히 바우하우스 운동(Bauhaus movement)로 알려진 디자인에 영향을 받았는데 바우하우스의 창시자인 발터 그로피우스(Walter Gropius)는 "디자인이란 지성도 물질도 아닌 삶의 한 부분이며 문명화된 사회의 개개인을 위한 필요를 충족시켜 주어야 한다."라고 말했다. 이케아는 이 정의를 가구 디자인에 적용하여 잘 디자인되고 기능적인 가구제품을 제공하여 사람들이 보다 나은 일상을 사는 것을 회사의 사명으로 삼았다.

2006년 이케아는 미국 뉴욕의 버스정류장을 바꾸어 놓았다. 이 캠페인은 버스정류장, 공원벤치, 공중전화기 등의 공공장소를 이케아 가구를 이용하여 새롭게 탈바꿈시켰다. 그리고 "좋은 디자인은 당신의 일상을 조금 더 좋게 만들 수 있습니다."라는 문구를 노출시켰다. 이 캠페인은 시민들이 많이 찾는 장소를 이용하여 이케아 가구가 소비자의 삶을 어떻게 더 좋게 만들 수 있는지 보여주는 기회였고 소비자들이 이케아 가구를 직접 접해 볼 수 있는 영업 전술이기도 했다. 이케아는 이와 유사한 캠페인을 2010년 파리에서도 실시하였다.

또 일본, 러시아, 미국의 기차, 지하철에서도 이와 비슷한 캠페인을 진행하였는데 일본과 러시아에서는 객차 내 의자를 이케아 소파와 같이 디자인하였고 또 창에는 이케아 커튼도 달았다. 미국에서는 각종 시설물에 이케아 섬유제품을 사용하여 프로모션하였다.

이런 사례는 이케아 마케팅 팀이 서포트 미디어를 잘 이해하고 활용하고 있다는 것을 보여준다. 즉 서포트 미디어를 통해서 고객에게 브랜드를 상기시키고 제품을 경험할 수 있게 한다는 것이다. 특히 대부분의 이케아 매장이 시내에서 떨어진 교외에 있기 때문에 이렇게 기억을 상기시키는 것이 더 중요하다. 핀란드의 헬싱키에서는 시내 중심부에 미니(mini) 이케아를 만들어 운영하였다. 3일간 총 1만5천 명의 헬싱키 시민이 미니 이케아를 방문하였고 방문객의 손에는 이케아에서 선물한 아이스크림이 들려 있었다.

호주 시드니 근교의 본다이비치에서는 세계에서 '가장 긴 책장' 행사를 진행하였다. 이케아의 유명 브랜드 빌리 탄생 30주년을 기념한 이 행사에서는 30개의 빨간색 빌리 책장이 일렬로 늘어섰다. 그리고 2010년 1월 31일 이 책장에는 출판사에서 기증받은 수천 권의 책이 채워졌다. 해변에 온 사람들은 자기 책과 책장의 책을 교환하거나 The Australia Literacy and Numeracy Foundation에 자선 기금을 기부할 수 있었다. 이 사례는 이케아가 옥외 마케팅을 이용하여 사회공헌, 마케팅, 기념행사를 동시에 진행하는 것을 보여준다.

또 다른 호주의 캠페인에서는 시드니, 퍼스, 브리즈번의 시내에 유리로 만든 공간에 생활 공간을 재현하였다. "Experience the Difference"라는 슬로건으로 이케아의 액세서리 브랜드를 알리는 이 캠페인에서는 소비자들이 가구를 바꾸지 않아도 가구 액세서리(예: 쿠션, 조명, 담요, 카펫 등)만 바꾸어 새로운 생활 공간을 창조할 수 있다는 것을 보여주었다. 또 고객들은 'Win the Difference'라는 행사에 선발되면 이케아가 당첨자의 방을 바꾸어주는 행운을 누릴 수 있었고, 개개인이 자신의 공간 인테리어 변신 노하우를 광고를 통해 알리는 프로모션도 진행하였다.

이케아의 옥외광고는 교통수단이나 공공장소에만 한정되지 않는다. 이케아는 일반적인 광고판(billboard)을 창조적으로 활용하기도 한다. 2009년 네덜란드 암스테르담에서 진행된 옥외광고는 광고판 앞에 이케아의 소파가 붙어있다. 그리고 광고판은 수초에 한 번씩 집안의 다른 배경이 나온다. 이케아 소파가 어떤 배경에도 잘 어울리는 소파라는 것을 보여주는 것이다. 또 뉴욕에서는 유명한 보드카 브랜드인 앱솔루트(Absolut Vodka)와 함께 광고판 캠페인을 진행했다. 광고판 안에는 앱솔루트 보드카 고유의 병모양에 따라 바닥이 펼쳐져 있고 그 위에 이케아 가구들이 수직으로 배치되어 있다(마치 거실을 위에서 보는 모양으로). 일반적으로 이차원인 광고판을 삼차원으로 활용한 것이다.

이런 사례들을 살펴보면 이케아가 옥외광고물을 통하여 제품을 고객에게 전달하고 있음을 알 수 있다. 이케아 가구들을 소비자의 일상생활 주변에서 볼 수 있게 함으로써 좋은 디자인이 소비자의 생활과 가정에서 소비자의 일상을 더 좋게 만들 수 있다는 것을 보여주는 것이다.

자료: Helen Greenwood, "The IKEA Revolution," Sydney Morning Herald, September 14, 2010, http://www.smh.com.au/entertainment/art-and-design/the-IKEArevolution-20100914-159qm.html; http://www.bestadsontv.com/ad/31343/IKEA-Mini-IKEA; http://www.life.com/image/96283998; http://adsoftheworld.com/media/ambient/IKEA_3d_catalogue_cover.

이케아의 사례를 보면 제품 판매를 위해 다양한 서포트 미디어가 이용되고 있음을 알 수 있다. 고객들은 가능하다면 광고를 피하려고 한다. 예를 들어 텔레비전 시청 중에 광고가 나오면 채널을 돌려버리는 것이다. 때문에 광고주들은 잠재소비자에게 그들의 광고메시지를 전달할 수 있는 다른 방법을 찾고 있다. 광고 노출을 높이기 위한 노력은 광고산업을 많이 바꾸어 놓았다. 그 결과 지난 몇 년간 서포트 미디어의 사용은 급격히 늘어나고 있다. 즉 고객들이 광고를 회피하려고 하면 할수록 사실 더 광고에 노출되는 결과를 가져왔다. 예전에는 주로 텔레비전이나 신문을 통해서만 보던 광고를 요즘에는 집 밖 어디에서나 쉽게 접하게 되었다.

이런 광고들은 맨홀 뚜껑, 화장실 변기, 버스 정류장, 슈퍼마켓, 휴대폰, 심지어는 사람의 몸에서까지 볼 수 있다. 이번 장에서는 이러한 다양한 서포트 미디어에 대하여 다룰 것이다. 또 서포트 미디어의 장단점, 활용방법, 그리고 평가방법을 살펴볼 것이다. **서포트 미디어**support media라고 부르는 이유는 앞장에서 배운 텔레비전, 신문 등의 4대 매체가 거대 광고주의 주요 광고전략을 수행하는 데 비하여 서포트 미디어는 4대 매체의 메시지가 도달하지 못하는 곳을 보완하거나 4대 매체의 메시지를 강화하거나 지원하는 역할을 하기 때문이다. 이런 서포트 미디어는 어떤 경우에는 다른 매체의 보완용으로 사용하지만 또 어떤 경우에는 서포트 미디어 단독으로 사용되기도 한다.

서포트 미디어가 얼마나 다양하게 활용되는지 또 얼마나 자주 접하게 되는지를 안다면 놀랄 것이다. 이제 서포트 미디어 산업의 범위와 종류에 대하여 알아보도록 하자.

서포트 미디어의 범위

서포트 미디어는 다른 말로 **대안매체**alternative media, **BTL매체**below-the-line media, **무측정매체**nonmeasured media, **비전통매체**nontraditional media 등으로 불리기도 한다. 이러한 호칭은 서포트 미디어가 아주 다양한 경로를 통하여 광고메시지를 전달하고 제품과 서비스를 선전한다는 뜻이기도 하다.

많은 광고주와 광고대행사들은 서포트 미디어의 사용을 확대하고 있으며 새로운 매체를 계속적으로 개발하고 있다. 급격히 많아진 서포트 미디어의 종류들로 인하여 이를 크게 전통적traditional 서포트 미디어와 비전통적nontraditional 서포트 미디어로 나누어 볼 필요가 있다. 그럼 각 종류별로 보다 자세하게 알아보자.

전통적 서포트 미디어

옥외광고out-of-home advertising는 아주 다양한 형태의 매체를 아우른다. 도표 13-1은 미국옥외광고협회Outdoor Advertising Association of America(OAAA)의 옥외광고의 다양한 종류를 보여주고 있다. 또 도표 13-2를 보면 광고판billboard과 거리시설물street furniture이 전체 옥외광고 시장의 71%의 비중을 차지하는 것을 알 수 있다.

도표 13-1
옥외매체: 옥외광고를 구성하는 다양한 형태

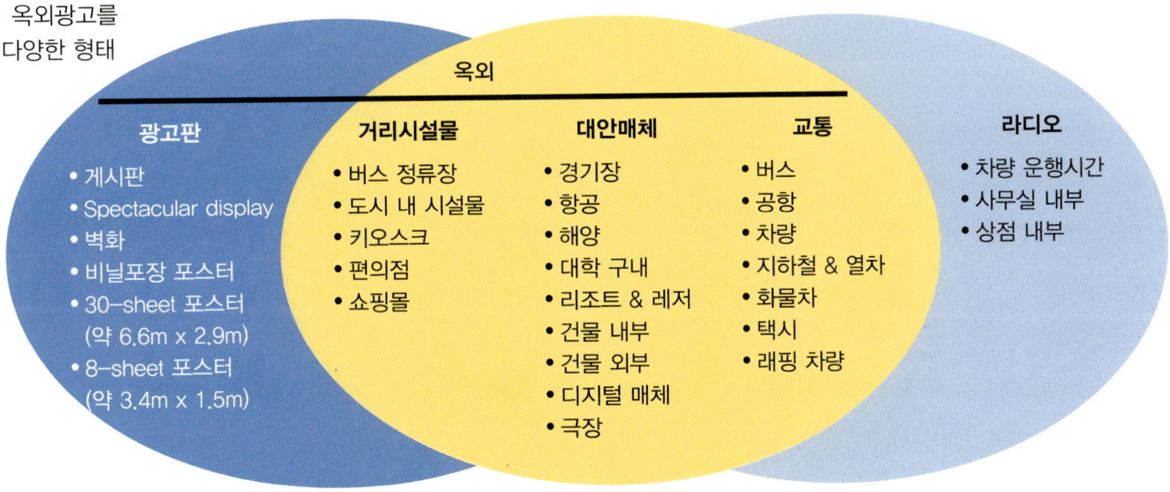

자료: Reprinted with permission of Outdoor Advertising Association of America, Inc.

도표 13-2
옥외광고의 주요 4대 매체별 매출액 (2009년 기준, 총 매출액 59억 달러)

단위: 백만 달러

자료: Outdoor Advertising Association of America, Inc.

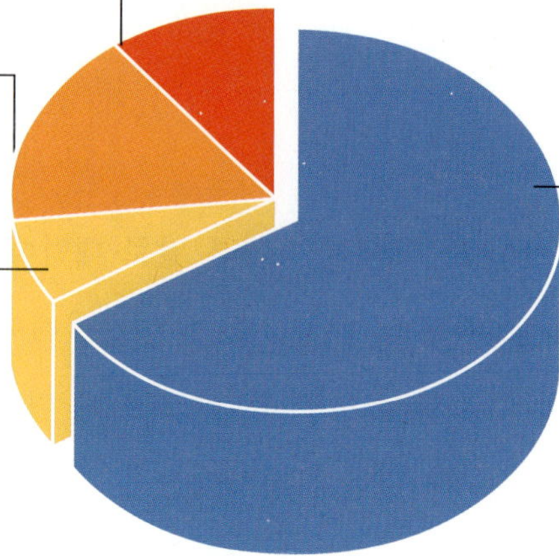

옥외광고

옥외광고outdoor advertising는 약 5천 년 전 이집트나 그리스에서도 사용된 오래된 매체이다. 특히 도시나 교외에 거주하는 사람에게는 보다 설득적인 커뮤니케이션 형태이기도 하다.

2000년도까지 지속적인 성장을 보여온 옥외광고는 2008년 들어 다른 광고매체처럼 하향세를 보이고 있다. 옥외광고의 광고매출액은 2009년 미국에서 59억 달러를 기록했는데 이는 전체 광고매출의 약 5%를 차지하는 수치이다.[1] 옥외광고는 한때 담배회사가 가장 즐겨 사용하는 광고매체였으나 지난 1998년 이후에는 건강에 대한 우려로 미국 내 46개 주에서 담배의 옥외광고가 금지되었다. 최근 옥외광고의 주요 광고주는 놀이공원, 보험회사, 부동산 회사, 통신회사들이 차지하고 있다. 개별 회사로 보자면 맥도날드 햄버거, 버라이즌(이동통신회사), 가이코GEICO(보험회사), AT&T(이동통신회사), 그리고 코카콜라 등이 옥외광고에 돈을 많이 쓰는 회사들이다. **도표 13-3**에서 보는 바와 같이 옥외광고는 다양한 산업에서 사용되는 매체이다. 요즘에는 많은 여성들이 직장을 다니고, 많은 사람들이 운전을 하고 있다. 때문에 이들을 겨냥한 식음료나 정유회사가 옥외광고에서 차지하는 비중이 늘고 있다.

도표 13-3
옥외광고 비용지출 기준 10대 산업 (2009년 기준)

1.	각종 서비스업과 오락 산업
2.	보험과 부동산업
3.	통신산업
4.	대중교통, 호텔, 리조트
5.	매체와 광고산업
6.	소매업
7.	식당
8.	금융산업
9.	자동차 딜러, 서비스업
10.	자동차, 자동차 부품, 정비소

이렇듯 옥외광고가 꾸준히 인기를 끌고 있는 이유는 옥외광고가 기술

사진 13-1
사람들의 주위를 끌기에 적합한 광고판의 예

사진 13-2
미국 뉴욕 타임스퀘어에 설치된 도시바의 광고판

발전을 통하여 계속적인 혁신을 해왔기 때문이다. **사진 13-1**을 보면 광고판이 더 이상 일반적인 크기와 2차원에 머무르지 않는다는 것을 알 수 있다. 3차원으로 확장된 기발한 광고판은 사람들의 주의를 끌고 있다. 또 디지털 옥외광고도 옥외광고의 성장에 기여했다. 광고문이 수시로 바뀌는 디지털 광고판은 보다 많은 광고주들이 광고를 게시할 수 있게 하였다. 디지털 광고판은 예전에는 설치하기 어려웠던 지역이나 유행이 자주 바뀌는 지역에도 광고판을 설치할 수 있게 만들었다(**사진 13-2**). 이런 광고판은 스포츠 경기장, 슈퍼마켓, 서점, 식당, 쇼핑몰, 고속도로변, 그리고 각종 건물의 벽면이나 옥상에 설치되어 있다. 옥외광고는 말 그대로 어디에서나 볼 수 있는 매체인 것이다.

하지만 옥외광고(주로 광고판)는 논쟁의 대상이기도하다. 미국에서는 1965년 고속도로 환경미화법이 추진되어 고속도로변 광고판을 모두 없애버리려고도 했으며, 미국 내 46개주는 광고판의 담배광고를 금지했다. 전 세계적으로 도시나 지역에 따라 옥외광고를 규제하려는 움직임도 있다.

디지털옥외광고 **디지털옥외광고**digital out-of-home media는 옥외광고 중 가장 빠르게 성장하는 분야이다. 디지털옥외광고digital outdoor는 (1) 비디오광고video advertising network, 디지털광고판digital billboard, (3) 앰비언트광고ambient advertising 등의 형태로 나눌 수 있다. 비디오광고는 상점이나 극장 혹은 공공장소에서 볼 수 있는 각종 영상을 통한 광고를 말하며 디지털광고판은 거리나 스포츠 경기장에 LED나 LCD를 이용해서 메시지를 전달하는 것이다. 앰비언트광고는 일상생활에서 볼 수 있는 각종 사물(전봇대, 의자, 자동차) 등에 설치된 광고로 디지털기술이 적용되는 경우가 많다. 미국의 디지털옥외광고시장은 현재 약 19억 달러의 규모이다. 이는 디지털옥외광고가 창의적이며 관심을 끌기 쉽고, 고객들과 상호작용하기 쉬운 장점을 가지고 있기 때문이다.

대안 옥외광고 매체

이 밖에도 다른 형태의 옥외광고들에는 항공광고, 장소별 광고, 차량광고 등이 있다. 미옥외광고협회OAAA에서는 이런 광고들을 대안매체로 분류하고 있다. 그럼 이런 광고들을 살펴보자.

항공광고 비행기가 광고현수막을 끌고 비행하거나 비행기의 연막으로 하늘에 광고문구를 새기는 것을 **항공광고**aerial Advertising라고 한다. 항공광고는 일반적으로 절대적 비용이 많이 들지 않는 편이다. 그리고 특정한 표적집단에게 광고메시지를 노출할 수 있는 장점이 있다. 예를 들어 바닷가에서는 선탠과 관련된 업체의 광고를 하고, 맥주 업체는 맥주 소비가 많은 스포츠 경기장 주변에서 항공광고를 하는 것이다. 사진 13-3은 비행선 광고하는 것으로 유명한 굿이어 타이어의 사례를 잘 보여주고 있다.

사진 13-3
많은 회사들이 비행선을 광고매체로 활용하고 있다.

차량광고판 **차량광고판**mobile billboards은 차량에 광고문구와 이미지를 도색하거나 특수필름으로 부착(차량 래핑)한 것을 말한다. 어떤 경우에는 트럭의 화물칸에 작은 광고판을 싣고 다니는 것도 포함된다(사진 13-4). 이런 차량을 사람이 많이 모이는 곳이나 잠재고객이 많이 있는 지역을 돌아다니게 하여 광고메시지를 전달하는 것이다. 이와 관련된 연구를 살펴보면 차량광고판 광고는 높은 회상률recall과 주목률readership을 달성하며 제품 판매에도 영향을 주는 것으로 알려져 있다.[2] 차량광고는 맥도날

사진 13-4
흥미로우면서도 독특한 차량광고판의 사례

드, 사브(자동차 제조사), 스프린트(미국 이동통신회사) 등 대기업들도 자주 사용하고 있다.

매장내광고

매장내광고in-store media에는 상점의 내부의 복도, 엘리베이터, 쇼핑카트, 매장 내 TV 등 쇼핑객들의 눈에 미치는 곳에 설치한 광고들을 말한다. 매장내광고의 효과는 아주 크다. 한 연구에 따르면 내방객의 44%가 매장내광고를 보았으며 그중 75%가 그 상품의 구매를 고려한다고 한다.[3]

매장내광고 중 가장 일반적인 것이 구매시점 광고point of purchase media이다. 또 POPAIPoint of Purchase Advertising Institute의 연구에 따르면 내방객의 2/3 정도가, 그리고 충동구매성향이 강한 제품류는 80% 이상이 매장 내에서 구매제품을 결정한다고 한다.[4] 그래서 구매시점 광고가 점점 더 중요해지고 있으며 기업들은 다른 마케팅 비용을 줄이고 구매시점 광고 지출은 늘리고 있다.

그 밖의 옥외매체

도표 13-4에서 볼 수 있는 것과 같이 다양한 옥외매체들이 존재한다.

교통광고

교통광고transit advertising는 버스, 택시, 지하철, 기차, 비행기, 선박 등을 이용하는 수백만의 사람들을 대상으로 하는 광고이다. 오랜 역사를 가진 교통광고는 최근에 다시 각광을 받고 있다. 그 이유는 많은 여성들이 직장으로 출퇴근을 하며 교통수단을 사용하는 유동인구가 증가했고, 고객층이 세분화되고, 사람들이 많은 시간을 집밖에서 보내기 때문이다. 맥도날드, 스프린트, 프리토레이(제과회사) 등 미국의 많은 대기업들이 교통광고를 활용하고 있다. 교통광고의 장점은 비

도표 13-4
옥외광고판의 종류

Number of Out of Home Displays (2010)				
Billboards	**Street Furniture**	**Transit**	**Alternative**	**Cinema**
Bulletins	**Bus Shelters**	**Buses**	**Digital Place-Based**	**Cinema**
148,868 faces	49,082 displays	205,426 faces	101,805 screens	17,800
Digital Bulletins	**Urban Furniture, i.e.**	**Airports**	**Arena & Stadiums**	
2,000 faces	Phone Kiosks	68,560 faces	1,352	
	Newsracks			
Posters		**Subway & Rail**	**Interior Place-Based, i.e.**	
146,606 faces	**Shopping Malls**	184,078 faces	Convenience Stores	
	30,532 displays		Health Clubs	
Junior Posters		**Truckside/Mobile**	Restaurants/Bars	
23,336 faces		10,593 vehicles		
			Exterior Place-Based, i.e.	
Walls/Spectaculars		**Taxis/**	Airborne	
1,133 faces		**Wrapped Vehicles**	Marine	
		46,194 vehicles	Resorts & Leisure	

교적 저렴한 비용, 높은 노출 빈도, 유연성, 구매시점 촉진 가능성 등이 있다. 예를 들어 미국 캘리포니아 소고기협회는 노스캐롤라이나 주 지역의 기차역에 교통광고를 실시했다. 한 달 후 그 효과를 측정하니 기차로 출퇴근하는 열차이용객의 42%가 광고를 기억했으며 또 캘리포니아 소고기에 대하여 우호적인 태도가 형성되었음을 발견하였다.[5]

교통광고의 종류 교통광고는 (1) 차량내광고, (2) 외부 포스터, (3) 기차역, 플랫폼, 터미널 포스터 광고가 있다.

차량내광고inside cards는 버스, 택시, 지하철 내부에 좌석, 천장, 창문 등에 붙어 있는 광고를 말한다. 최근에는 디지털미디어를 부착하여 뉴스, 각종 정보를 내보내며 동영상광고를 같이 방송하기도 한다. 광고메시지를 교체하기 용이하며 이용객들의 주위를 끌기 쉽기 때문에 광고주들의 주목을 많이 받는 광고수단이다.

반면 차량내광고는 논란을 만들기도 한다. 예를 들어 뉴욕시 지하철의 광고를 보면 공익을 위한 에이즈, 혼외임신, 성폭력, 유아사망 관련된 캠페인 광고가 많이 게시된다. 하지만 이런 주제에 대하여 관심이 없거나 동의하지 않는 사람도 있고 또 이런 주제의 광고는 어떤 사람들을 우울하게 만들기도 한다는 논란이 있다.

외부 포스터outside poster는 버스, 택시, 지하철 등의 외부에 부착하는 광고이다. 최근에는 디지털 기술(예: GPS시스템)을 활용한 택시 전광판 광고도 있다. 뉴욕 택시의 예를 들면, 택시가 남미계 미국인이 많이 사는 지역을 지날 때는 광고의 언어가 스페인어로 바뀌고, 증권가 앞을 지날 때는 주가를 보여주며, 특정 지

사진 13-5
전자기기를 활용한 전광판이 택시 광고판에 부착되어 있다.

사진 13-6
기차역 혹은 지하철역에 부착되어 있는 광고는 시민들의 주의를 끌기에 적합하다.

역에 접근하면 인근 지역에 있는 상점이나 식당의 광고를 보여주기도 한다. 이런 광고메시지는 특정한 날이나 시간에 맞추어 다른 광고문구를 보여주기도 한다 (**사진 13-5**).

기차역, 플랫폼, 터미널 포스터station, platform, and terminal poster는 기차역이나 지하철역, 공항 혹은 다른 교통수단 정류장 등의 복도, 전광판, 바닥광고, 진열장 등에 설치된 광고를 말한다. **터미널 포스터**terminal poster는 매우 매력적이고 효과적으로 주의를 끌 수 있는 광고 수단이다(**사진 13-6**). 버스정류장 광고는 다른 광고에 비하여 노출을 확대하기에 유리하며 지하철 승강장의 디지털 사인 광고는 아주 흔한 광고가 되었다.

옥외광고의 장단점 옥외광고는 아래와 같은 장점이 있다.

1. 지역 상권 내 높은 노출효과: 특정 지역, 거리, 도로에서 24시간 광고가 노출된다.
2. 높은 빈도: 보통 30일 단위로 교체되기 때문에 그 기간 동안 광고가 계속 반복적으로 노출된다.
3. 지역적 유연성: 법이 허용하는 범위 내에서 도로변이나 빌딩 옥상 등 어디든지 설치할 수 있다.
4. 창의성: 창의적이고 독특한 형태나 내용의 광고를 선보일 수 있다.

5. 인지도를 높이는 능력: 임팩트가 크고 단순한 메시지를 전달하기 때문에 인지도가 높다.
6. 효율성: 다른 매체에 비하여 CPMcost per thousand impression이 높다. 예를 들어 옥외광고의 CPM은 라디오광고의 절반이고 TV, 신문, 잡지보다는 낮다.
7. 효과성: 실제 구매 결정으로 이어지는 경우가 많다. 다국적 광고대행사 BBDO의 조사에 따르면 옥외광고를 본 사람의 35%가 광고판에서 본 전화번호로 전화를 했다고 한다.[6] 또 Bhargava와 Donthu의 연구에서는 다른 프로모션과 함께 실행될 경우 옥외광고는 제품판매에 영향을 미친다고 한다.[7]
8. 제품 구현성: 최신 기술은 옥외광고 제작에 소요되는 시간을 단축시켰으며 최신 디지털광고판은 몇 분 안에 메시지를 바꿀 수 있다.
9. 적시성: 쇼핑몰 근처에 설치된 광고판은 광고판을 보고 바로 쇼핑몰 방문으로 이어지는 비율이 높다.

반면 옥외광고는 아래와 같은 단점이 있다.

1. 과다노출: 본 사람에게 계속 반복 노출되거나 광고와 관련 없는 사람이 그저 길을 가다가 광고를 보게 되는 경우도 많다.
2. 내용전달의 한계: 대부분의 옥외광고는 노출시간이 짧기 때문에 광고판에 많은 글자나 내용을 넣기에 부적합하다.
3. 진부화: 광고판의 반복노출이 많기 때문에 사람들이 광고내용에 금방 실증을 느끼게 된다.
4. 비용 상승: 광고판을 설치할 장소가 한정되어 있기 때문에 광고비용이 지속적으로 상승하고 있다.
5. 효과 측정: 광고에 대한 도달률, 노출빈도 등의 광고 효과를 측정하기가 힘들다.
6. 이미지 문제: 옥외광고를 통한 광고는 이미지 문제(고급스럽지 않은 느낌)를 야기하기도 한다.

정리하면 옥외광고는 앞서 살펴본 장단점을 가지고 있다. 옥외광고의 몇 가지 단점들은 다른 형태의 옥외광고를 사용함으로써 극복될 수 있다.

교통광고의 장단점 일반 옥외광고와 구분하여 교통광고의 경우 아래의 장단점을 가지고 있다. 먼저 장점은 아래와 같다.

1. 노출: 장시간에 걸친 노출은 교통광고의 중요한 장점이다. 출퇴근 시간에 지하철이나 버스에 타면 별로 할 일이 없어 탑승시간 동안 광고를 보게 되는 경우가 많다. 또 다른 장점은 노출되는 사람의 절대적인 숫자가 많다는 것이다. 미국의 경우 매주 약 900만 명의 사람이, 그리고 2008년 연간 100억 명의 사람이 대중교통을 이용하였다.[8]
2. 빈도: 교통광고는 반복적으로 노출될 확률이 높다. 대중교통으로 출퇴근하는 사람의 경우 특정 광고에 대하여 한 달에 20~40회 정도 노출된다. 특히 지하철역이나 버스정류장에 설치된 광고의 노출 횟수가 많다.

교통광고의 단점은 아래와 같다.

1. 도달: 대중교통 이용자들의 거주지역, 생활패턴에 따라 광고 노출이 제약된다. 예를 들어 농촌지역은 대중교통이 발달되어 있지 않으며 교통광고를 통한 광고노출이 제한적이다.
2. 이용객의 감정: 사람으로 붐비는 지하철이나 버스를 상상해 보자. 복잡하고 짜증나는 상황은 광고를 받아들이기에 적절한 상황이 아닐 수 있다. 또 논란이 될만한 광고문구는 부정적인 감정을 만들 수도 있고 바쁜 공항이용객은 광고를 볼 마음의 여유가 없을 수도 있다.

옥외매체에 대한 효과 측정

미옥외광고협회OAAA는 Eyes On이라는 새로운 옥외광고 효과 측정 방법을 개발하였다. 이 방식은 아이트랙킹eye tracking, 도달범위, 광고내용에 대한 설문지 등의 결과를 합하여 하나의 점수로 보여주는 방식이며 인구통계적 정보와 인종적 정보를 함께 제공한다.[9]

또한 여러 가지 다른 방식으로도 옥외광고 효과를 측정하고 있다. 미국에서는 Competitive Media Reports, Simmons Marketing Research Bureau, Point of Purchase Advertising Institute, Outdoor Advertising Association of America,

Traffic Audit Bureau, Scarborough, American Public Transportation Association 등의 기관에서 옥외매체 광고 효과 측정 정보를 제공한다.

판촉물 마케팅

미국 판촉물협회Promotional Products Association International(PPA)의 정의에 따르면 **판촉물 마케팅**promotional products marketing이란 "판촉물을 광고나 촉진활동에 이용하는 수단이며 판촉물은 주로 스페셜티, 사은품premium, 선물, 상품, 기념품commemorative을 말한다." 판촉물 마케팅은 최근에는 **스페셜티 마케팅**specialty marketing이라는 용어로 더 자주 쓰이며 그 정의는 아래와 같다.

> 광고, 판매촉진, 동기부여를 시키는 매체로 상호나 광고가 표시되어 있고, 쓸모 있거나 전시할 만한 가치가 있는 것을 광고스페셜티라고 하며 이는 판촉물의 한 종류이다.
>
> 스페셜티 마케팅은 일반 사은품과 비교했을 때 완전히 무료로 배포되는 것이며 이것을 받기 위해서 어떤 것을 구매할 필요가 없는 것이다.[10]

이 정의에 따르면 스페셜티 마케팅은 광고나 판매촉진 매체로 인식되고 있으며 또한 IMC마케팅을 위한 지원성격의 광고매체라고 볼 수 있다.

스페셜티 마케팅에 사용되는 것은 수천 가지가 넘는데 예를 들어 볼펜, 커피잔, 열쇠고리, 달력, 티셔츠, 성냥 등이 있으며 이 밖에도 여러 독특한 제품들도 많다. 미국에서는 매년 181억 달러가 스페셜티 마케팅에 사용되고 있다(도표 13-5).[11] 주변을 찾아 보면 자신이 가지고 있는 스페셜티 마케팅 상품(볼펜이나 티슈 등)을 쉽게 찾을 수 있을 것이다. 스페셜티 마케팅의 목적은 자사 재품 애용에 대한 감사, 회사이름에 대한 지속적인 노출, 신제품의 소개, 회사나 브랜드명에 대한 기억 강화 등이다. 앞서 얘기한대로 스페셜티 마케팅은 주로 다른 광고 수단을 보조하는 역할로 사용된다.

판촉물 마케팅의 장단점

판촉물 마케팅의 장점은 다음과 같다.

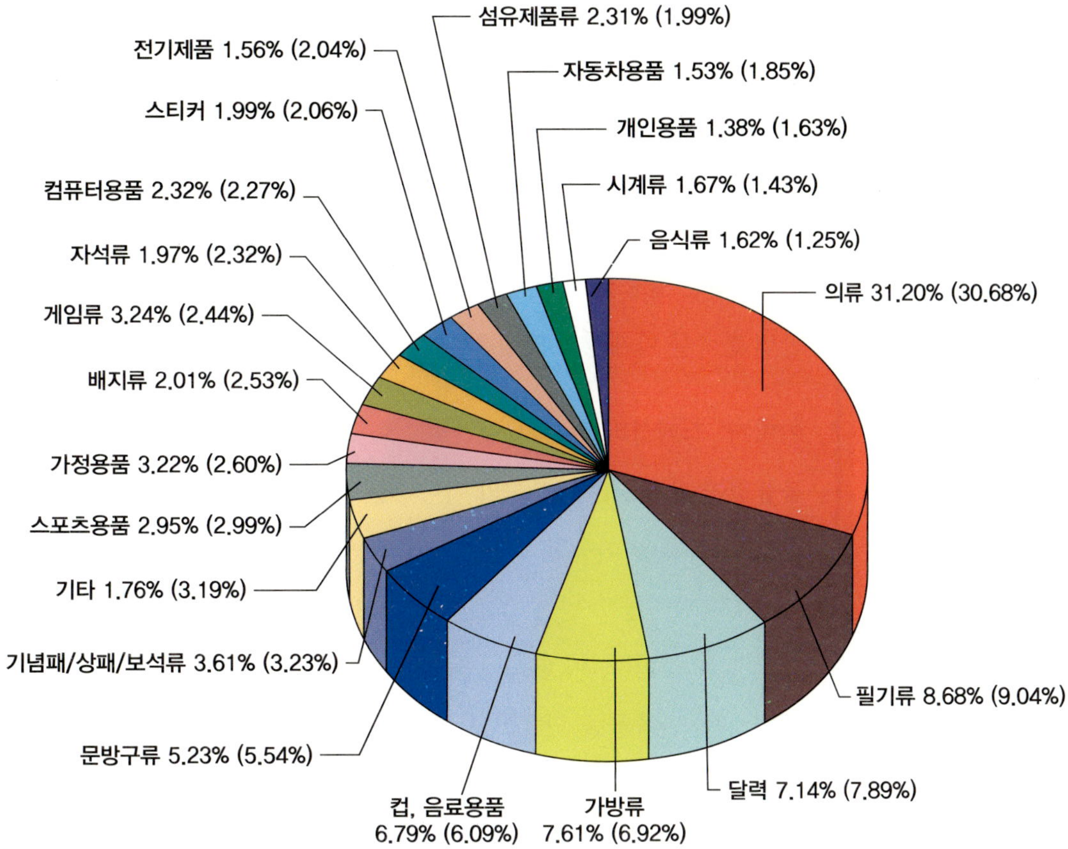

도표 13-5
2009년 스페셜티 광고의 제품군별 매출액

WEIGHT FOR 2009

주: 전체 합이 반올림으로 인하여 100%로 딱 떨어지지 않을 수 있음. 50.26%의 기업은 연간 매출액이 25억 달러 이상이며, 나머지 49.74%의 기업은 25억 달러 미만임.

자료:Source: http://www.ppa.org/ProductsResources/Research/SalesVolumeEstimates/2010. Reprinted with permission of Promotional Products Association International.

1. 선택성: 스페셜티광고는 표적집단에 직접 배포하므로 적절한 잠재고객층에 도달할 확률이 높다.
2. 유연성: 도표 13-5처럼 다양한 종류의 상품들이 있기 때문에 판촉물 선택의 폭이 넓고 판촉물에 넣고자 하는 문안이나 로고 등을 자유롭게 선택할 수 있다.
3. 빈도: 대부분의 스페셜티광고는 기억을 유지하기 위해 사용된다. 예를 들어 열쇠고리나 달력은 추가적인 비용 없이 소지자에게 장기간 반복적으로 노출되기 때문에 기억을 유지시키기 용이하다.
4. 비용: 일부 제품을 제외하면 일반적인 스페셜티광고 제품은 저렴하게 구입할 수 있다. 물론 CPM 기준으로는 비싼 편이지만 계속적인 반복노출을 생각한다면 1회 노출당 비용은 저렴한 편이다.
5. 호의: 판촉물은 그것을 받는 사람에게 호의를 일으키는 거의 유일한 광고 판매촉진 수단이다. 대부분의 판촉물은 유용하기 때문에 사람들은 판촉물 받는 것을 좋아하고 그 광고주에게 좋은 인상을 가지게 된다.

6. 높은 회상: 스페셜티는 광고주의 이름과 광고문안에 대한 회상율이 높다.
7. 다른 매체를 보조: 낮은 비용과 반복 노출이라는 특성 때문에 판촉물은 다른 매체를 통한 광고나 판매촉진활동을 보조하는 수단으로 유용하다.

판촉물은 또 상품전시회, 딜러 지원, 사원 포상, 고객이나 영업사원 시상 등을 지원하는 하는 물품으로 사용될 수 있다.

반면 판촉물 마케팅의 단점은 다음과 같다.

1. 이미지: 스페셜티 광고가 일반적으로 고객층의 호의를 유발하지만 싸구려나 볼품없는 판촉물은 광고주의 이미지를 손상시킬 수 있다.
2. 포화: 판촉물을 이용한 광고가 성행하면서 많은 회사들이 판촉물을 나누어주고 있다. 판촉물로 받은 볼펜이 여러 개라면 광고주나 광고문구를 보고 기억하기 힘들 것이다. 이 때문에 독특한 판촉물을 선택해야 한다.
3. 준비시간: 판촉물을 만들고 광고문구를 넣는데 다른 광고매체와 비교하여 준비 및 제작시간이 길다.

판촉물 마케팅의 효과분석

몇몇 연구기관에서 판촉물 마케팅의 효과를 측정한 아래 결과를 보자.

- 71%의 사람들이 지난 1년간 판촉물을 받은 경험이 있다고 응답했다.
- 33.7%의 사람들은 그 판촉물을 계속 가지고 있다고 했다.
- 76%는 판촉물의 광고주를 기억했다.
- 52%는 판촉물을 받은 후 해당 기업의 제품이나 서비스를 이용했다.
- 52.1%의 사람들은 그 회사의 대한 인상이 더 좋아졌다고 대답했다.
- 73%는 그 판촉물을 일주일에 한번 꼴로 사용한다고 했으며 45.2%는 매일 사용한다고 했다.
- 55%의 사람들은 판촉물은 1년 이상 가지고 있다고 응답했다.[12]

Georgia Southern University에서 실시한 연구를 보면 상품전시회 참가자의 71.6%가 판촉물을 나누어준 회사를 기억했으며, 65.5%가 판촉물이 유용하다고 생각했고, 76.3%가 판촉물을 나누어준 회사에 대하여 우호적인 태도를 보인다고

사진 13-7
전화번호부는 소비자의 구매 순환의 마지막 단계가 된다.

조사되었다.[13]

판촉물에 대한 보다 자세한 정보는 국제판촉물협회PPAI(www.ppai.org)에서 찾을 수 있다.

전화번호부광고

지금은 많이 사용하지 않지만 **전화번호부광고**Yellow Pages advertising도 유용한 광고매체이다. 전화번호부광고는 전 세계적으로 310억 달러(미국만 130억 달러) 이상의 시장을 형성하고 있다.[14]

전화번호부광고는 **지향성 매체**directional medium라고 할 수 있다. 즉 일반 광고와 비교하여 인지도나 제품에 대한 수요를 창출하지는 못하지만 소비자가 사고 싶은 물건이 생겼을 때 어디서 그 물건을 살 수 있는지 안내해 주기 때문이다(**사진 13-7**). 미국에 경우에는 약 80%의 사람들이 전화번호부광고(인쇄판과 온라인판 포함)를 참고하여 구매한다고 한다. 또한 전화번호부를 통해 제품이나 서비스를 구매한 사람의 38%는 그 회사나 점포를 처음 이용한 소비자였다.[15] 그래서 전화번호부는 소비자의 구매 순환buying cycle의 마지막 단계를 담당하게 된다.

전화번호부광고의 장단점 전화번호부광고의 장점은 (1) 어디서나 구할 수 있고, (2) 구매시에 활용되며, (3) 비용이 저렴하고, (4) 오래 보관할 수 있으며, (5) 필요할 때만 찾아서 보기 때문에 귀찮게 하는 광고로 인식되지 않으며, (6) 신뢰도를 높게 느낀다는 것이다. 반면 단점은 (1) 광고의 지역적 한계가 있고, (2) 보통 일년에 1회만 출판하므로 적시에 광고하기 어려우며, (3) 창의성을 발휘하기 힘들며, (4) 준비시간이 오래 걸리고, (5) 클러터clutter가 많고, (6) 광고지면이 제약되는 점이다.

최근에는 전화번호부 인터넷판도 있는데 전화번호부 광고의 단점들은 인터넷 전화번호부를 통해 대부분 해결할 수 있다.

다른 전통적인 서포트 미디어

극장광고

극장광고advertising in movie theaters는 최근 급격히 성장하고 있다. 극장광고는 주로 본 영화나 영화예고편에 앞서 보여진다. 더불어 영화관 내부에서 보이는 각종 광고도 포함하는데 예를 들면 팝콘이나 음료수 잔의 광고도 극장광고이다. 극장광고는 1980년대 이후 빠르게 발전했는데 미국의 극장광고 매출액은 연 5억 달러가 넘는다.

극장광고에 대하여 소비자들은 혼재된 태도를 보인다. 일반적으로 관객들은 극장광고에 대하여 '짜증난다'고 느낀다. 반면 전미극장광고협회Cinema Advertising Council(CAC)의 조사에서는 관객들의 63%가 극장광고에 대하여 '별로 상관하지 않는다'라고 답했다.[16] 한편 다른 사람들은 관객이 영화표 값을 지불하고 영화를 보는 이상 광고를 보는 것은 잘못된 일이다라고 생각한다. 이와 관련하여 미국 오리건주 포틀랜드시에서 활동하는 전미영화관람객협회Captive Motion Picture Audiences of America(CMPAA)는 극장광고 금지하는 서명운동을 하여 3천여 명의 서명을 받기도 했다.[17]

하지만 여러 기업들은 여전히 극장광고를 선호하고 있으며 한 연구결과를 보면 극장광고는 일반 텔레비전광고에 비하여 광고를 기억하는 비율이 3배나 높다고 한다.[18]

극장광고의 장단점 극장광고의 장점은 아래와 같다.

1. 노출: 많은 사람들이 영화관을 가기 때문에 극장광고도 많은 사람들에게 노출된다. 2009년 미국에서는 16억 명이 극장을 찾았고 티켓 매출은 매년 98억 달러에 이른다.[19]
2. 감정적 몰입: 한 연구에서는 41.5%의 관객들이 텔레비전광고(올림픽 중계나 아카데미상 시상식과 같은 대형 이벤트의 TV광고를 포함하여)에 비하여 극장광고에 더욱 감정적으로 몰입한다고 응답했다.[20]
3. 비용: 극장광고 비용은 다양하지만 일반적인 광고 노출당 비용으로 계산하면 저렴한 편이다.

4. 주의: 사람들은 극장광고에 주의를 더 집중한다고 한다. 어떤 연구에서는 일반적으로 광고를 잘 보지 않는 사람도 극장에서는 광고를 본다고 한다. 그래서 극장광고는 다른 매체의 광고와 비교하여 소비자가 광고를 볼 확률이 1.5배 정도 높다.[21]
5. 클러터clutter: 대부분의 극장이 상영하는 광고편수를 제한하기 때문에 다른 광고로 인한 클러터가 적은 편이다.
6. 근접성: 영화관 주변 상점이나 식당에 대한 광고는 영화관람 전후에 바로 방문과 매출로 이어질 수 있다. (극장에서 영화를 보는 사람의 74%가 영화관람과 외식을 병행한다고 한다.[22])
7. 세분화: 각 영화가 세분화된 관객층을 대상으로 하기 때문에 표적고객에게 맞는 광고를 보여주기가 용이하다.

반면 극장광고의 단점은 아래와 같다.

1. 짜증나게 함: 극장 관객들은 기본적으로 광고를 보기 싫어하는 성향이 있기 때문에 극장광고에 대하여 짜증을 느끼게 된다. 이 부정적 감정이 광고하는 제품, 관람하는 영화, 그리고 방문한 극장에 전이될 수 있다.
2. 비용: 지역적 극장광고의 경우 비용이 싼 편이지만 전국적인 노출을 위한 극장광고는 텔레비전광고에 비하여 약 20% 정도 비싸다.

비전통적인 서포트 미디어

브랜디드 엔터테인먼트

IMC에서 최근 가장 빠른 성장을 하고 있는 것이 바로 **브랜디드 엔터테인먼트** branded entertainment라고 할 수 있다. 브랜디드 엔터테인먼트는 마케팅 활동과 엔터테인먼트를 결합하여 텔레비전, 영화, 음악, 기술 등을 통하여 행하는 광고활동이다. 이를 통해 고객의 관심을 유발하며 상품이나 브랜드의 노출을 목표로 한다. 브랜디드 엔터테인먼트의 규모가 얼마나 되는지 파악하기란 매우 어렵다. 하지만 확실한 것은 이 분야가 매년 급속히 성장하고 있다는 것이다.

PPL PPLproduct placement(간접광고)은 전체 광고 예산에서 차지하는 비중이 아직까지는 크지 않다 하지만 최근 들어 급성장하는 분야이다. 예를 들어 2009년 미국에서 공중파TV의 PPL 예산은 3%가 증가하였고 케이블TV의 PPL예산은 5%가 늘어났다.[23] 반면 이 분야의 규모를 예측하기는 쉽지 않은데 그 이유는 많은 PPL이 무료로 진행되거나 다른 광고비 지출의 반대급부로 제공되기 때문이다. PPL 관련 업계에 따르면 이런 반대급부로 제공되는 PPL의 규모가 전체 PPL의 75~95%에 이른다고 한다.[24] 또 Russell과 Belch가 진행한 유사한 연구에서도 같은 결과가 나왔다.[25] 이런 PPL의 성장은 지속될 것으로 보인다. 특히 최근 텔레비전 프로그램을 녹화할 수 있는 DVRdigital video recorder 기기의 보급(녹화된 방송을 보는 동안 광고는 건너뛸 수 있음), 소비자의 라이프스타일 변화 등으로 시청자들은 일반 광고를 점점 더 적게 보게 되는 경향이 있는데 이 때문에 PPL은 더욱 중요해지고 있다. 또 PPL은 유럽시장에서도 점차 확대되고 있다.

사실 PPL 기법은 아주 새로운 것이 아니다. 1930년대 이미 출현하였고 1950년대에는 많은 드라마에 PPL이 보여졌다. 하지만 PPL은 2000년대를 접어들면서 급속한 성장을 보이고 있다. 최근에는 BMW, 애플, 펩시 등의 대형기업들도 PPL을 IMC의 중요한 부분으로 인식하고 활발한 투자를 하고 있다(**사진 13-8**). PPL이 효과적인 이유는 선전하고자 하는 상품이 프로그램에 내에 녹아있기 때문에 그 내용을 회피할 수 없어 제품 노출이 증가되기 때문이다. 그리고 광고처럼 거슬리지 않기 때문에 부정적 감정이 발생하지 않는다. 더구나 한 연구에 따르면 프로그램이나 유명 출연진에 대한 좋은 감정이 상품이나 브랜드에 전이되어 제품이나 브랜드에 대한 이미지가 개선되며 판매도 증진된다.[26, 27]

사진 13-8
아우디 스파이더는 아이언맨2에 PPL을 하고 유명해졌다.

반면 PPL이 급속히 성장하면서 마케터들은 PPL이 너무 흔해지는 것이 아닌가 하고 걱정하고 있다. 요즘 텔레비전이나 영화를 보면 PPL이 없는 프로그램을 찾기 힘들다. 그래서 소비자들은 PPL이 너무 많이 나오며 광고 같다는 생각을 하게 된다. 그 결과로 PPL에 대한 효과는 점점 떨어질 수도 있다.[28] 또 이런 PPL에 대하여 법적 규제를 해야 한다는 목소리도 있으며 미 연방통신위원회FCC에서도 이를 검토하고 있다.

정리하면 PPL은 그 횟수나 매출액 측면에서 빠르게 성장하고 있으며 뮤직비디오, 게임, 소설 분야를 비롯한 모든 매체를 통하여 행해지고 있다.

제품통합 PPL과 비교하여 제품이 프로그램에 더욱 깊게 관여하는 것을 **제품통합**product integration이라고 한다. PPL에서 스폰서의 제품이 연속극 같은 TV프로그램의 소품으로 등장(예: 주인공이 사용하는 휴대폰이나 운전하는 자동차)한다면 제품통합은 제품 그 자체가 프로그램 줄거리의 중요한 소재가 된다는 차이가 있다. 미국의 시트콤 「모던패밀리Modern Family」의 예를 보자. 한 에피소드에서 주인공의 생일날 아이패드를 받기 위해 좌충우돌하는 주인공과 가족들의 이야기가 코믹하게 그려진다. 결국 주인공은 아이패드를 손에 넣고 그날 밤 소파에 앉아 아이패드를 즐겁게 사용하는 것을 보여주며 끝난다.[29] 즉 아이패드가 단지 소품으로 사용된 것이 아니라 프로그램의 이야기 자체가 아이패드를 중심으로 이루어졌다. 이것이 PPL과 비교되는 제품통합이다.

애드버테인먼트 광고주가 자사 제품의 광고를 위하여 소비자 층이 즐길 수 있는 영상이나 음악을 만드는 것을 애드버테인먼트advertainment라고 한다. 애드버테인먼트는 일반 광고와 달리 소비자 층이 광고주가 제공한 영상이나 음악을 그 자체로 즐기며 자연스럽게 광고메시지를 받아들이게 된다. 우리나라의 예를 들면 2014년 LG유플러스에서는 NS윤지와 데프콘이 출연한 '기변투미' 뮤직비디오와 G드래곤이 출연한 '팔로미송' 뮤직비디오를 제작하고 유튜브 등을 통해 공개하여 인기를 끌었다.

콘텐츠스폰서십 광고주가 직접 광고 등의 콘텐츠를 만드는 대신 텔레비전 프로그램을 스폰서십(혹은 후원)하는 것을 말한다. 일반적으로 콘텐츠스폰서십content sponsorship을 하는 광고주는 프로그램의 PPL, 제품통합, 프로모션 등의 혜택을 받게 된다. 미국의 P&G는 Discovery Health Channel의 「National Body Challenge」라는 12주간의 체중 다이어트 프로그램을 후원했다. 미국의 TNT, Fox, NBC 등의 방송사는 콘텐츠스폰서십을 운영하고 있으며 미국의 유명 드라마 「Ugly Betty」라는 프로그램도 콘텐츠스폰서십을 진행하고 있다.[30] 미국의 ABC는 좀 색다른 콘텐츠스폰서십을 진행하고 있다. 즉 후원사의 제품을 프로그램에 넣는 방식이 아니라 프로그램의 콘텐츠를 후원사 광고에 이용하는 방식이다. 스프린트(미국 이동통신사)는 「위기의 주부들Desperate Housewives」이라는 유명한 드라마의 콘텐츠를 이용하여 광고를 만들었다. 광고에는 위기의 주부들의 이야기를 배경으로 스프린트의 Palm Pre 휴대폰이 등장한다. 우리나라에서는 지난 2013년 인기를 끌었던 「응답하라 1994」의 방송 장면을 활용한 광고가 만들어지기도 하였다.

광고지원 VOD 광고지원 VODad-supported video on demand는 광고주가 영상을 제작하고 그 영상이 케이블TV의 VOD주문형비디오서비스를 통하여 시청자들에게 무료로 제공되는 것을 말한다. 미국의 자동차회사 GM은 자사의 스포츠카인 콜벳의 역사에 대한 프로그램을 만들고 이를 케이블TV의 VOD서비스를 통해서 시청자들에게 방송하였다.

브랜디드 엔터테인먼트의 장단점 브랜디드 엔터네인먼트는 여러 가지 장점을 가지고 있다.

1. 노출: PPL의 예를 든다면 많은 사람들이 영화를 보고(미국에서만 연간 16억명이 영화를 봄), 한 영화가 보통 3개월에서 길게는 6개월까지 상영되며, 총 75만 번의 노출 기회를 제공하고, 대부분의 영화관람객들은 경청을 하는 사람들이다. 상영관에서의 영화관람에 더하여 DVD, VOD, 텔레비전에서의 영화상영 등을 생각하면 제품을 노출할 수 있는 기회가 매우 많다.

   TV를이용한 노출도 시청률과 표적고객 집단을 고려하여 진행한다면 높은 노출을 달성할 수 있다.
2. 빈도: 제품이 텔레비전 프로그램에서 어떻게 사용되느냐에 따라 다르지만 보통 지속적인 반복 노출을 할 수 있다. 최근 텔레비전 드라마에서 배우들이 스마트폰 사용하는 장면이 얼마나 자주 등장하는지 생각해 보자. 케이블TV를 통한 드라마의 재방송을 생각하면 노출 빈도는 더 올라간다.
3. 다른 매체 지원: 브랜디드 엔터테인먼트는 다른 매체의 프로모션을 지원해 주는 역할을 한다. 즉 한쪽에서는 텔레비전 광고를 하고 다른 편에서는 PPL이나 영화 타이인tie-in 프로모션(제휴 프로모션)을 하는 것이다.

4. 광고모델 연상source association: PPL 등에 등장하는 제품은 그 제품이 등장한 프로그램이나 사용하는 배우와의 연상으로 이어지고 시청자는 제품에 대한 좋은 감정을 가지게 된다. 524명의 8살에서 14살 사이의 청소년을 대상으로 한 연구에 따르면 75%의 시청자가 자기가 좋아하는 프로그램에 어떤 제품이 등장했는지를 기억했다고 하며 또 72% 사람들은 자기가 좋아하는 스타가 사용하는 제품을 구매하려 한다고 대답했다.[31] 성인을 대상으로 한 또 다른 연구에서는 응답자의 1/3이 TV나 영화에서 본 제품을 구매하려고 했다고 한다.[32]
5. 비용: 브랜디드 엔터테인먼트의 비용은 공짜에서 수백만 달러까지 들기는 하지만 CPM측면에서 보면 대체로 저렴한 프로모션 매체이다. 한 프로그램에서 제품이 반복적으로 노출되고 그 프로그램이 재방송 등으로 반복적으로 방송되기 때문이다.
6. 회상: 연구마다 정도의 차이는 있지만 프로그램이 방송된 다음날의 제품 회상률recall을 보면 일반 광고보다 높다고 한다.
7. 규제 회피: 우리나라, 미국, 그리고 전 세계 다른 나라들에서는 특정 제품을 특정 시청자 층에게 광고할 수 없는 규제가 있다(예: 담배, 술 등). PPL을 이용하면 담배나 술 제조사가 이런 규제를 회피하여 소비자에게 제품을 노출 시킬 수 있는 기회를 가질 수 있다. 하지만 광고 규제를 회피하는 수단으로 PPL 등을 이용하는 행위를 멈추게 하려는 노력도 이루어지고 있다. 예를 들어 미국 주류업계감시기관인 Martin Institute는 「The Wedding Crashers」라는 드라마에서 미성년자음주를 옹호하는 PPL을 한 혐의로 유명 맥주회사 버드와이저를 고소하기도 하였으며 위스키제조사인 Diageo와 Brown-Forman도 비슷한 이유로 재판을 받고 있다.[33]
8. 수용: 일반적으로 시청자들은 PPL에 등장한 제품을 수용하며 긍정적은 태도를 형성한다. 한 연구결과를 보면 80%의 응답자가 PPL에 대하여 긍정적인 태도를 나타냈으며,[34] 10대를 대상으로 한 다른 연구에서는 43%가 PPL이 '재미있다', 또 39%가 '유익한 정보다', 그리고 35%가 '재미있고 흥미롭다'라고 답했다.[35] 2006년에 eMarketer가 실시한 유사한 연구도 같은 결과를 내놓았다.[36]
9. 타깃팅: 콘텐츠스폰서십이나 광고지원 VOD 등은 특정 고객층을 타깃팅하기에 용이하다.

하지만 단점 역시 존재한다.

1. 높은 절대 비용: 브랜디드 엔터테인먼트의 CPM은 비교적 낮지만 이를 제작하기 위한 절대비용은 상당히 높은 편이다. 최근 브랜디드 엔터테인먼트에 대한 수요가 증가하면서 비용이 상승하는 것도 한 이유이다. 전미광고주협회National Association of Advertisers(NAA)의 조사에 따르면 광고주의 79%가 브랜디드 엔터테인먼트의 비용이 너무 높다고 생각하고 있다.[37] 이런 높은 비용 때문에 브랜디드 엔터테인먼트 활동을 중지하는 업체들도 늘고 있다.
2. 노출 시간: 제품이 노출되었을 때의 효과는 크겠지만 시청자들이 그 제품이 나왔다는 사실을 모를 수도 있다. 특히 PPL의 경우에는 PPL된 제품이 무엇이었는지 알아채기 더 힘들 수도 있다.
3. 제품에 대한 호소 제약: 제품자체를 보여주고 제품을 프로그램이나 출연진과 연계시킬 수는 있지만 제품에 대한 자세한 설명을 할 수는 없다. 따라서 그 효과는 간접적이고 제품에 대한 시연도 제한적이다.
4. 통제의 어려움: 영화나 텔레비전 프로그램에 자사 제품의 노출 횟수를 통제하기 힘들다. 그래서 대부분의 담당자들은 자신의 제품이 생각했던 것보다 적게 노출되었다고 느낀다. 또 영화나 TV프로그램의 제작이 지연되는 경우에는 당초 계획했던 기간에 제품을 노출시킬 수 없는 경우도 발생한다.
5. 부정적 여론: 대부분의 TV시청자나 영화 관람객들은 PPL이라는 것이 무엇인지 알고 있다. 따라서 이들은 TV나 영화의 내용 그 자체와 PPL 제품을 분리해서 인식하려 한다. 그런데 제품 노출이 너무 많다면 시청자들은 제품에 대한 부정적 이미지를 형성할 수 있으며 심지어는 광고를 볼 때처럼 귀찮고 짜증나게 느낄 수도 있다.
6. 경쟁: 브랜디드 엔터테인먼트의 인기는 회사간 경쟁을 유발하고 제작비용도 상승시킨다.
7. 부정적인 PPL: 자사 제품이 부정적인 PPL에 대상이 될 수도 있다. 예를 들어 살인장면의 배경이나 소품으로 자사에 제품이 사용된다고 상상해 보라.
8. 클러터: 브랜디드 엔터테인먼트의 급격한 성장은 PPL 등의 등장 횟수를 크게 늘렸으며 너무 많은 PPL은 클러터로 작용한다.

브랜디드 엔터테인먼트 측정 브랜디드 엔터테인먼트 분야가 빠르게 성장하면서 그 효과를 분석하기 위한 많은 학술적 연구와 실무 현장에서의 조사가 이루어지고 있다. 하지만 아직 효과를 측정하는 업계 기준은 만들어지지 않았다. 미국에서는 Nielsen Media Research, Nielsen-IAG Research, Deutsch/iTVX, 그리고 Brand Advisors라는 마케팅조사 회사들이 이 분야의 효과분석자료를 제공하고 있다.

게릴라마케팅

브랜디드 엔터테인먼트와 더불어 최근 각광받는 비전통적인 프로모션방식이 게릴라마케팅guerrilla marketing이다. 게릴라마케팅은 스텔스마케팅, 거리마케팅, 버즈마케팅, 매복마케팅, 바이럴마케팅 등으로 불리기도 한다. 게릴라마케팅은 처음에는 주로 젊은이들을 그 대상으로 했으나 점점 다양한 나이대의 소비자들을 대상으로 실시되고 있다.[38] 또 더 많은 마케팅 예산이 게릴라마케팅에 배정되고 있고 더 다양하고 큰 규모의 게릴라마케팅이 기획되고 있다.[39] 게릴라마케팅은 여러 기술발달의 혜택을 보고 있는데 그중 하나가 스마트폰의 보급이다. 최근에는 대부분의 사람들의 휴대폰에 사진기가 부착되어있고 게릴라마케팅의 현장을 사진이나 동영상으로 찍어 다른 사람과 공유할 수 있기 때문이다.

게릴라마케팅은 아주 독특하고 기상천외한 방식으로 주로 거리나 사람이 많이 모이는 장소에서 사람들에게 놀라움을 제공한다. 예를 들어 사람이 많은 강남대로 한복판에서 독특한 코스튬을 입은 사람들이 보행신호가 켜지면 횡단보도를 건너면서 공연을 한다고 생각해 보라(회사의 로고나 메시지를 노출하면서). 주변에 있던 사람들의 관심이 쏠릴 것이고 일부는 소셜미디어를 통하여 그 이벤트에 대한 얘기를 다른 사람에게 전파할 것이다. 또 다른 예로 일본 도쿄의 한 복판에서는 축구장 모양으로 생긴 광고판이 건물 위에 설치되었고 이 광고판에 두 명이 매달려 축구를 하였다. 이 기발하고 아슬아슬한 장면은 많은 사람의 주목을 끌었으며 여러 해외 방송 뉴스에 소개되기도 하였다(유투브 등에 'vertical soccer'로 검색하면 관련 동영상을 찾아볼 수 있다).

기타 매체

사진 13-9
사람들의 몸이나 옷에 광고를 노출시키는 경우가 많아지고 있다.

이 밖에도 아주 다양한 매들이 존재한다. 그중 최근에 성장세를 보이는 매체를 살펴보자.

- 비디오게임광고: 비디오게임을 하는 사람과 시간이 증가함에 따라 비디오게임은 중요한 매체로 인식되기 시작했다. 티모바일(미 이동통신회사), 오비츠(미 온라인 여행회사), 나이키, 코카콜라, 리바이스 등의 회사도 비디오게임 매체를 이용하고 있다. 심지어 버락 오바마 미대통령은 선거기간 중 X-box라는 게임기의 게임을 이용한 선거 캠페인을 하기도 했다. 미국의 경우 약 68%의 사람들이 비디오게임을 하고 있고 그중 여성의 비중도 40%에 이른다.[40]
- 주차장광고: 주차장광고는 옥외광고 중 성장세를 보이고 있다. 주차장 벽면 등에 하는 광고를 말하는데 지역에 따라서 다양한 사람들에게 광고할 수 있다.
- 주유소펌프광고: 셀프 주유가 보편화된 미국에서는 기름을 넣는 동안 소비자가 보게 되는 주유기에 광고를 넣는 것이 인기이다. 닐슨의 조사에 따르면 주유소광고는 높은 회상률과 참여율을 보인다. 또 주유소 광고의 엔터테인트먼트적인 측면을 좋아하며 다음에 다시 주유소를 방문했을 때 또 광고를 볼 용의가 있다고 대답했다.[41]
- 장소기반 매체: 장소기반 매체place-based media는 광고를 봐줄 사람이 있는 곳이면 어디든 광고를 설치한다 라는 개념의 매체이다. 예를 들어 병원, 약국, 미용실 등에 광고가 삽입된 TV나 잡지 거치대 등이 장소기반 매체이다. 미국의 PRNPremiere Retail Network은 월마트, 코스트코, 샘스클럽 등 미국 대형 유통사의 1만 개가 넘는 점포에 TV를 설치하여 월간 2억3,700만 명의 이용객에게 광고를 노출하고 있다.[42]
- 기타: 이외에도 사람들의 시선이 가는 다양한 곳에 광고를 하는데 **사진 13-10**을 보면 심지어 권투선수의 권투화 밑창에도 광고가 있는 것을 볼 수 있다.

사진 13-10
광고들이 온갖 곳에 표시되어 있다.

기타 매체의 장단점 기타 매체의 장점을 알아보자.

- 인지도와 주목: 기타 매체의 가장 큰 장점은 사람들의 주목을 끌 수 있다는 것이다. 일반적이지 않은 기발한 곳에서 광고를 보게 되므로 사람들의 주목을 끌고 인지도를 높일 수 있다.
- 비용 효율성: 광고주들이 일반적으로 사용하지 않는 매체이기 때문에 아직까지는 비용이 저렴하다.
- 타깃팅: 어떤 전술을 사용하느냐에 따라 아주 특화된 집단에게만 광고를 노출시킬 수 있다.

기타 매체의 단점은 다음과 같다.

- 귀찮음: 언제 어디서 광고를 노출시키느냐에 따라서는 사람들이 부정적인 감정을 가지고 귀찮게 여길 수 있다. 예를 들어 마이크로소프트는 도로변 인도에 회사 로고를 인쇄하기도 했는데 사람들의 관심을 못 끌었을 뿐 아니라 시에 벌금까지 내야 했다.
- 진부화: 아직까지는 기타 매체의 많은 시도들이 새롭고 기발하게 보일지 몰라도 이런 것이 계속되면 진부한 것이 될 수 있다.

요약

이번 장에서는 다양한 서포트 미디어에 대하여 공부하였다. 서포트 미디어는 다른 말로 비전통 매체 혹은 대안매체라고도 하며 광고주가 그들의 표적고객에게 도달하기 위한 여러 방법 중 일부분이다. 이번 장에서는 서포트 미디어의 대략적인 기법들을 보았다. 서포트 미디어에는 옥외광고(광고판, 매장내 광고, 교통광고 등), 판촉물, 항공광고 등 다양하다. 특히 PPL이나 제품통합 같은 브랜디드 엔터테인먼트 분야는 가장 빠르게 성장하는 분야이다.

서포트 미디어는 다양한 장점을 지니고 있다. 비용, 표적시장으로의 접근성, 유연성 등은 대표적인 서포트 미디어의 장점이다. 특히 앞서 다루었던 각종 서포트 미디어들은 각 매체 별로 마케팅 목적을 달성하는 데 아주 효과적임이 증명되었다.

하지만 서포트 미디어에도 단점이 있는데 그중 가장 문제가 되는 것은 서포트 미디어 청중에 대한 도달률이나 청중에 대한 확인이 쉽지 않다는 것이다. 일반적인 다른 매체(주로 대중매체)와 달리 서포트 미디어는 도달률을 측정할 수 있는 방법이 없다. 따라서 광고주는 서포트 미디어의 예상 도달률 같은 자료 없이 의사결정을 해야 하는 문제점이 발생한다.

다양한 써포츠 미디어가 계속적으로 성장하는 추세로 볼 때 미래에는 이런 서포트 미디어를 위한 효과 측정 방법이 개발될 것으로 보인다. 이런 문제가 해결된다면 서포트 미디어는 더 이상 비전통 매체 혹은 대안매체라 불리지 않고 더욱 일반화될 것이다.

토론문제

1. 디지털 옥외광고는 매우 빨리 성장하는 분야이다. 이런 새로운 서포트 미디어의 예를 들어 보고, 새로운 서포트 미디어가 전통적 옥외광고에 비하여 어떤 장점이 있는지 말해 보시오.
2. 판촉물(혹은 광고스페셜티)은 아주 흔하고 큰 시장을 형성하고 있다. 여러분 주위에서 볼 수 있는 판촉물의 예를 들고 그 판촉물은 어떤 마케팅 목표를 달성하기 위하여 사용될 수 있는지 얘기해 보시오.
3. 전통적 옥외광고(광고판, 교통광고 등)는 다른 매체광고가 위축되는 상황에서도 지난 몇 년간 꾸준한 성장을 하였다. 왜 다른 매체(TV, 신문 등)에 비교하여 전통적 옥외광고가 꾸준한 증가세를 보이는가? 또 전통적 옥외광고가 다른 매체와 비교하여 보다 효과적인 경우의 예를 들어 보시오.
4. 브랜디드 엔터테인먼트의 장점과 단점을 논의해 보시오. 이 분야는 향후 더 성장할 것으로 보는가? 아니면 위축될 것으로 보는가? 그 이유는 무엇인가?
5. 이 장의 도입사례에서 다양한 서포트 미디어를 활용한 이케아의 사례를 살펴보았다. 왜 가구회사가 이런 서포트 미디어를 활용한 프로모션을 진행했다고 생각하는가? 여러분의 생각에 이케아의 서포트 미디어 활동은 효과적이었다고 생각하는가?
6. 최근 극장에서 영화를 상영하기 전에 광고를 상영하는 것은 일반화되고 있다. 이런 극장광고의 장단점을 토론해 보시오. 또 극장광고가 계속 증가하는 원인은 무엇이라고 생각하는가?
7. 최근 게릴라마케팅이 점점 더 활성화되면서, 어떤 광고주는 심지어 법률에 위배되는 보다 자극적인 게릴라마케팅을 진행하고 이를 홍보의 수단으로 이용하려는 요구를 하기도 한다. 불법적이거나 비도덕적인 게릴라마

케팅의 예를 논의해 보시오. 또 불법적인 게릴라마케팅을 제한하기 위해서 어떻게 하는 것이 좋을까?

8. 최근에 경험한 PPL이나 제품통합의 예를 들어 보시오. 여러분이 경험한 PPL이나 제품통합은 어떤 프로그램서 어떻게 노출되었는가? 그리고 그것은 어떤 표적고객을 대상으로 한 것인가? 자신이 본 PPL이나 제품통합은 효과적이었다고 생각하는가? 왜 그렇다고 생각하는가? 혹은 왜 그렇지 않다고 생각하는가?

9. 비디오게임에 광고를 삽입하는 것은 점점 증가하고 있다. 왜 비디오게임 내 광고가 인기를 더해가고 있다고 생각하는가? 비디오게임 내 광고의 단점이 있다면 무엇인가?

10. 지난 몇 년간 PPL은 빠르게 성장했다. PPL이 빠르게 성장하는 이유는 무엇일까? 여러분은 앞으로 PPL이 더욱 성장할 것으로 생각하는가? 왜 그렇다고 생각하는가? 혹은 왜 그렇지 않다고 생각하는가?

14 다이렉트마케팅

학습목표

1. 커뮤니케이션 도구로써 다이렉트마케팅의 분야를 살펴본다.
2. 다이렉트마케팅을 활용하기 위한 전략과 전술을 학습한다.
3. 다이렉트마케팅 매체의 활용을 살펴본다.
4. 다이렉트마케팅의 범위와 효과를 확인한다.

모바일 마케팅: 새로운 유행이 시작되다

광고라는 시각에서 볼 때 휴대폰은 가장 효과적인 마케팅 도구로 사용될 수 있는 가능성을 가지고 있다. 소비자들은 언제나 휴대폰을 소지하고, 개인적으로 사용하는 기기이며, 항상 사용하기 때문이다. 아직까지는 휴대폰이 통화나 문자를 주고 받는 데 주로 사용되어 휴대폰이 보여 줄 수 있는 마케팅적 가치를 전부 보여 주지는 못했지만 모바일 마케팅(휴대폰, 스마트폰을 이용한 마케팅)은 인터넷 마케팅보다 더 유용한 마케팅 도구이다. 단순히 숫자상으로도 휴대폰은 컴퓨터보다 두 배나 더 많다.

아직까지 모바일 마케팅은 문자를 이용하여 자사에 서비스에 가입을 유도하고 각종 프로모션 행사 정보를 전달하는 정도로 사용하고 있다. 즉 주로 일방향 커뮤니케이션을 하고 있는 것이며 휴대폰의 성능을 모두 활용하지 못하고 있다. 이런 한계를 극복한 사례로 나이키의 NikePhotoID가 있다. 나이키는 소비자들이 자신이 좋아하는 색이 들어간 사진을 휴대폰으로 찍어 나이키에 보내도록 하였다. 사진을 보내고 나면 그 소비자들은 자신이 찍은 사진의 색과 디자인이 적용된 나이키 신발을 살 수 있는 기회를 가지게 된다. 이 캠페인은 휴대폰의 성능을 활용하여 소비자의 참여를 성공적으로 이끌어냈다고 할 수 있다. 즉 이 캠페인은 라이프스타일, 브랜드 상호작용, 제품 디자인, 그리고 판매를 휴대폰이라는 하나의 매체를 통하여 통합적으로 진행했다고 할 수 있다. 모바일 마케팅의 잠재력을 잘 보여준 사례이다.

모바일 마케팅은 모바일 쿠폰 등을 통하여 판매촉진에 참여하게 유인하는 도구로도 사용된다. 단순히 할인행사와 같은 정보를 전달하는 데서 한 걸음 더 나아가 고객의 휴대폰 사용 패턴에 브랜드를 통합시키는 것이다. 사람들이 항상 휴대폰을 들고 다니기 때문에 디지털쿠폰은 사용하기 편리하다. 한 통계에 따르면 종이에 인쇄된 쿠폰의 사용률이 1% 미만인 것과 비교하여 디지털쿠폰은 사용율이 15~20%에 이른다고 한다. 이와 유사한 예로 어떤 회사들은 멤버십카드를 디지털화하여 휴대폰에 넣을 수 있도록 하고 있다(예를 들어 SK텔레콤의 스마트월렛). 이로써 고객들은 '멤버십카드를 집에 두고 왔으니 다음에 사야겠다'라는 핑계를 대기 힘들게 된 것이다.

또 모바일 프로모션은 위치 기반 마케팅을 제공한다. 소비자가 위치한 지역의 상점이나 식당에서 쿠폰을 제공하여 소비자를 끌어들이는 것이다. 위치 기반 마케팅의 다른 방식은 소비자가 어디에 있었는지를 알리게 하는 것이다. 브랜드가 자사의 상점을 방문한 것을 소셜미디어 등에 자주 올린(혹은 자주 구매한) 소비자에게 할인이나 다른 보상을 제공하는 방식이다. 예를 들어 갭(Gap)은 상점을 두 번 방문한 소비자에게 25%할인쿠폰을 제공했고, 버거킹은 세 번 방문한 고객에게 햄버거 세트 교환권을 지급하기도 했다. 기업들은 모바일 마케팅을 통하여 충성고객을 확인하고 보상할 수 있게 되었다. 이로써 고객과 회사간의 상호작용을 촉진하고 고객들간의 소통을 장려할 수 있게 되었다.

모바일 마케팅은 또 브랜드 상호작용을 촉진시킨다. 복잡한 인터넷 주소보다는 숫자(전화번호)가 외우기 더 쉽기 때문이다. 또 일반 유선전화와 달리 기다리는 시간 없이 바로 회사와 커뮤니케이션을 할 수 있다. 예를 들어 2006년 영국의 소매업체인 아르고스(Argos)는 "Text and Take Home(문자 보내고 집으로 가져가세요)" 캠페인을 진행했다. 약 500만 명의 고객들은 회사 카탈로그를 보고 그중 마음에 드는 물건이 있으면 카탈로그에 적힌 상품넘버를 문자로 보냈다. 그러면 아르고스는 휴대폰 문자로 해당 상품의 재고가 있는지, 재고가 있는 가장 가까운 상점이 어디인지를 문자로 보내왔다. 문자를 받은 고객은 그 상품을 예약해놓았다가 상점에 방문하여 구매할 수 있었다. 만약 고객이 24시간내에 물건을 찾아가지 않으면 확인 문자를 다시 보냈다. 만약 재고가 없는 경우에는 제품이 입고되는 대로 고객에게 문자를 보냈다. 이 캠페인을 통하여 예약 판매가 15% 증가했다고 한다.

자료: James Robinson, "Catalogues Go Contemporary," The Guardian, November 9, 2009, http://www.guardian.co.uk/mobile-marketing/catalogues; ______, "Let Your Fingers Do the Talking," The Guardian, November 9, 2009, http://www.guardian.co.uk/mobile-marketing/phone-technology-text; Jenna Wortham, "Coupons You Don't Clip, Sent to Your Cellphone," The New York Times, August 28, 2009, http://www.nytimes.com/2009/08/29/technology/29coupon.html; Claire Cain Miller, "Turning Consumer Loyalty Into a Cellphone Game," The New York Times, May 31, 2010, http://www.nytimes.com/2010/06/01/technology/01loopt.html.

도입사례에서 설명한 모바일 마케팅은 여러 다이렉트마케팅 중 한 가지일 뿐이다. 지금부터 특정한 표적고객에게 도달하기 위한 다양한 다이렉트마케팅을 살펴보자.

다이렉트마케팅

많은 회사들은 다양한 프로모션 믹스를 활용하여 자사의 제품을 유통망을 통해 판매한다. 반면 유통망을 통하지 않고 직접 고객에게 판매하는 경우도 늘고 있다. 일반적인 광고, 판매촉진, 서포트 미디어, 인적판매 등의 프로모션 믹스는 인지도를 향상시키고 정보를 전달하고 브랜드이미지를 만드는 데 비하여 다이렉트마케팅은 즉각적인 소비자의 행동 반응(구매)을 이끌어낼 수 있다. 때문에 다이렉트마케팅은 다른 프로모션 믹스와는 다른 목적을 가지는 IMC 프로그램의 수단이다.

14장에서는 다이렉트마케팅과 커뮤니케이션 수단으로써의 역할에 대해 논할 것이다. 많은 회사와 조직에게 다이렉트마케팅은 IMC 프로그램의 중요한 요소이며 많은 마케터들에게 고객들에게 접근할 수 있든 매체로 인식되어 왔다. 먼저 다이렉트마케팅을 정의하고, 다이렉트마케팅 매체들에 대하여 알아보고, 이것을 전체적인 커뮤니케이션 전략에서 어떻게 사용해야 하는지 설명할 것이다. 또 다이렉트마케팅의 성과는 어떻게 측정할 것인가와 장단점도 알아보도록 하자.

다이렉트마케팅의 정의

다이렉트마케팅direct marketing(직접마케팅)은 회사나 조직이 표적고객집단에 직접 커뮤니케이션 함으로써 반응과 거래를 창출하는 마케팅 시스템이다. 이런 반응은 문의, 구매, 투표 등의 형태로 나타난다. 다이렉트마케팅협회Direct Marketing Association(DMA)의 다이렉트마케팅 정의는 다음과 같다.

> 다이렉트마케팅은 인터랙티브마케팅 시스템으로 장소를 가리지 않고 측정할 수 있는 반응이나 거래에 영향을 미치기 위하여 한가지 혹은 그 이상의 매체를 통하여 실행되는 것이다.[1]

먼저 다이렉트마케팅과 다이렉트마케팅 매체direct marketing media를 구분하자. **도표 14-1**과 같이 다이렉트마케팅은 토털 마케팅total marketing의 형태를 띠며 마케팅 조사, 세분화, 평가와 마케팅 계획의 절차를 따른다. 다이렉트마케팅은 다양한 **직접반응 매체**direct-response media를 활용한다. 직접반응 매체에는 다이렉트메일, 텔레마케팅, 인터랙티브TV, 인쇄매체, 인터넷 등이 있다.

직접반응 광고를 통한 매출은 2012년 미국에서 1조7천억 달러를 넘었으며 2014년까지 2조2천억 달러를 달성할 것이라고 예측된다.[2] 다이렉트마케팅은 잘 알려진 거대 제조사, 유통사, 항공사, 증권사뿐만 아니라 작은 회사까지 널리 이용된다. 또 B2Bbusiness to business업계에서도 다이렉트마케팅을 활용하여 2014년에는 미국에서 9,980억 달러의 매출을 올릴 것으로 예측된다.[3]

도표 14-1
DM 광고비의 매체별, 시장별 지출 내역 (단위: 10억 달러)

						연평균 성장액	
채널/시장	2004	2008	2009	2010	2014	2004-09	2009-14
다이렉트메일(카탈로그)	17.9	18.9	15.1	15.6	18.6	−3.3%	4.3%
B2B	6.8	7.4	5.8	6.0	7.5	−3.1%	5.1%
B2C	11.1	11.5	9.3	9.5	11.1	−3.5%	3.7%
다이렉트메일(카탈로그 제외)	28.9	33.6	29.3	29.9	34.5	0.3%	3.3%
B2B	10.9	13.0	11.2	11.5	13.4	0.6%	3.7%
B2C	18.0	20.6	18.1	18.4	21.1	0.1%	3.1%
직접반응 라디오	4.8	4.3	3.3	3.3	4.1	−6.9%	4.4%
B2B	2.4	2.1	1.7	1.6	2.1	−6.7%	5.1%
B2C	2.4	2.1	1.7	1.7	2.0	−7.1%	3.6%
직접반응 신문	15.4	11.9	8.9	8.4	7.6	−10.4%	−3.0%
B2B	5.7	4.5	3.4	3.2	3.0	−10.2%	−2.4%
B2C	9.6	7.3	5.5	5.2	4.6	−10.6%	−3.5%
직접반응 잡지	7.8	8.2	6.7	6.6	7.7	−3.1%	3.0%
B2B	4.0	4.2	3.4	3.4	4.1	−3.3%	4.0%
B2C	3.8	3.9	3.3	3.2	3.6	−2.9%	2.0%
직접반응 TV	20.0	22.2	19.4	20.3	26.9	−0.6%	6.8%
B2B	8.9	10.1	8.8	9.2	12.6	−0.3%	7.5%
B2C	11.1	12.2	10.7	11.1	14.3	−0.8%	6.1%
모바일	0.0	0.2	0.2	0.3	0.8	n/a	29.1%
B2B	0.0	0.1	0.1	0.1	0.3	n/a	24.2%
B2C	0.0	0.1	0.2	0.2	0.6	n/a	31.6%

채널/시장	2004	2008	2009	2010	2014	연평균 성장액 2004-09	2009-14
상용 이메일	0.3	0.6	0.6	0.7	01.1	18.8%	13.1%
B2B	0.1	0.3	0.3	0.4	0.6	18.7%	13.1%
B2C	0.1	0.3	0.3	0.3	0.5	19.0%	13.1%
소셜 네트워킹	0.0	1.2	1.2	1.3	2.3	n/a	14.7%
B2B	0.0	0.5	0.5	0.6	1.0	n/a	14.7%
B2C	0.0	0.7	0.6	0.7	1.3	n/a	14.7%
인터넷 디스플레이	3.6	7.3	7.2	7.8	10.9	14.7%	8.7%
B2B	2.0	4.1	4.0	4.3	6.0	14.6%	8.7%
B2C	1.6	3.2	3.2	3.5	4.9	14.9%	8.6%
인서트 매체	0.8	0.9	0.8	0.8	1.1	0.4%	5.3%
B2B	0.3	0.3	0.3	0.3	0.4	0.9%	5.8%
B2C	0.5	0.6	0.5	0.5	0.7	0.2%	5.0%
인터넷 검색	4.9	10.8	11.2	12.2	18.5	17.7%	10.6%
B2B	2.7	6.0	6.2	6.7	10.2	17.6%	10.6%
B2C	2.2	4.7	5.0	5.5	8.2	17.9%	10.6%
인터넷 기타	0.8	3.6	3.6	4.2	6.7	34.6%	13.2%
B2B	0.5	2.0	2.0	2.3	3.7	34.5%	13.2%
B2C	0.4	1.6	1.6	1.9	3.0	34.8%	13.2%
텔레마케팅	45.0	41.8	39.4	39.5	41.5	−2.6%	1.0%
B2B	27.2	25.4	23.8	23.9	25.6	−2.7%	1.4%
B2C	17.7	16.4	15.6	15.6	15.9	−2.5%	0.4%
기타	2.5	2.7	2.4	2.6	3.4	−0.8%	6.8%
B2B	1.1	1.2	1.0	1.1	1.5	−0.7%	7.8%
B2C	1.4	1.5	1.4	1.5	1.8	−1.0%	6.0%
합계	152.7	168.1	149.3	153.3	185.7	−0.4%	4.5%
B2B	72.7	81.4	72.5	74.6	92.1	−0.1%	4.9%
B2C	79.9	86.7	76.8	78.7	93.5	−0.8%	4.0%

도표 14-1

DM 광고비의 매체별, 시장별 지출 내역 (단위: 10억 달러)

〈계속〉

자료: The Power of Direct Marketing, 2009–2010. Reprinted with permission of Direct Marketing Association.

다이렉트마케팅의 성장

다이렉트마케팅은 인쇄기술이 발명된 15세기부터 존재했다. 미국 건국의 아버지라 불리는 벤저민 프랭클린은 1700년대 초기 성공적인 다이렉트마케터였으며 미국의 유명한 유통업체의 창업자인 워렌 시어스와 몽고메리 워드는 이미 1880년대에 다이렉트마케팅을 이용하였다. 다이렉트마케팅이 발전하게 된 계기는 미국의 우편제도가 발전되어 도시나 농촌으로 카탈로그를 발송할 수 있게 된 것이다. 카탈로그는 미국의 구매방식에 큰 변화를 가져왔는데, 집을 떠나지 않고 물건을 살 수 있게 된 것이다. 하지만 카탈로그만으로 다이렉트마케팅의 성장을 설명하기에는 부족하다. 그 이외의 요인을 살펴보도록 하자.

- 신용카드: 미국에는 현재 10억 개가 넘는 신용카드가 있다. 신용카드는 상품 가격에 상관없이 직접반응 채널을 통해 구매자의 대금 결제가 판매자에게 확실히 전달될 수 있도록 만들었다. 다이렉트마케팅의 신용카드 결제액은 미국에서 매년 1조7,900억 달러로 추산된다. 물론 모든 다이렉트마케팅 구매가 신용카드로 결제되는 것은 아니지만 대부분의 결제가 비자나 마스터스 같은 유명 신용카드를 통해 결제된다.
- 미국 사회와 시장구조의 변화: 다이렉트마케팅의 또 다른 성장요인으로 많은 미국인들이 '돈은 많고 시간은 없는 사람'이 된 것이다. 여성의 사회참여가 늘면서 맞벌이가 늘었고 이는 가정의 소득증대를 가져왔다. (2010년 미국을 기준으로 여성은 전체 노동력에 46.5%를 차지한다.[4]) 반면 운동시간, DIYdo-it-yourself, 다른 오락거리에 사용되는 시간이 늘고 쇼핑을 하는 시간은 줄어 다이렉트마케팅의 성장을 촉진했다.
- 기술적 발전: 전자 매체나 인터넷 등의 급속한 발전은 마케터들이 표적집단에 보다 쉽게 접근할 수 있고 소비자들이 보다 쉽게 물건을 살 수 있게 하였다. 미국의 경우 약 1억1천만 가구에 텔레비전이 있으며 거의 모든 가정이 케이블이나 위성방송에 연결되어 언제든지 홈쇼핑을 볼 수 있다.
- 기타 요인: 위의 요인 이외에 다이렉트마케팅 성장의 요인들로는 가치의 변화, 보다 정교화된 마케팅 기법, 다이렉트마케팅에 대한 보다 개선된 이미지 등이 있다.

다이렉트마케팅만 단독으로 사용하는 회사도 있지만 대부분의 회사는 다이렉트마케팅을 IMC 프로그램의 한 부분으로 사용하는 경우가 많다. 대부분의 회사는 다이렉트마케팅을 단지 판매 목표 달성만을 위해서 사용하지는 않는다. 그럼 IMC 프로그램에서 다이렉트마케팅의 역할을 알아보자.

IMC 프로그램에서 다이렉트마케팅의 역할

그동안 별로 중요하게 생각되지 않았던 다이렉트마케팅이 최근에는 IMC 프로그램의 중요한 요소로 인식되고 있다. 또 다이렉트마케팅은 다른 IMC의 요소들에 지원을 받고 또 지원하고 있다.

다이렉트마케팅과 광고의 결합 다이렉트마케팅 자체는 광고의 일종이다. 즉, 우편, 인쇄물, TV를 통하여 직접반응을 유도하는 광고인 것이다. 이런 광고는 대게 무료전화번호나 카탈로그 신청서 등을 포함하고 있다. 어떤 광고는 다이렉트마케팅을 지원하는 역할을 한다. 예를 들어 패션 속옷 회사인 빅토리아 시크릿의 텔레비전 이미지 광고는 매장이나 카탈로그를 통한 판매를 지원한다. 음향기기 회사인 보스 역시 광고 지원을 통하여 매장이나 온라인 판매를 촉진한다. 반면, 광고가 다이렉트메일을 통해 발송되어 광고를 지원하기도 한다.

사진 14-1
보스는 제품을 판매촉진하기 위해서 다양한 방법을 사용하고 있다.

다이렉트마케팅과 PR의 결합 홍보 활동은 종종 다이렉트마케팅 기법을 활용하기도 한다. 예를 들어 회사가 주관하는 자선기금 모금을 텔레마케팅을 통해 모금한다. 또 회사나 비영리단체의 기금모금을 위하여 무료전화번호나 웹사이트 주소 등을 넣기도 한다.

다이렉트마케팅과 인적판매의 결합 텔레마케팅이나 직접판매는 판매를 유발하기 위한 인적판매의 두 가지 기법이다. 비영리단체의 경우 기금모금을 위하여 텔레마케팅을 자주 활용한다. 영리를 추구하는 회사의 경우 텔레마케팅을 통해 가망고객을 선별하고 접촉한다. 예를 들어 다이렉트메일을 가망고객에게 보내서 자동차 영업소로 초대하고 새로 출시된 자동차의 시

사진 14-2
코스트코는 우편을 통하여 가격할인, 쿠폰 등을 고객에게 발송한다.

승을 권유한다. 영업소에 고객이 방문하면 그 다음에는 영업사원이 인적판매를 하는 것이다.

다이렉트마케팅과 판매촉진의 결합 판매촉진 정보가 있는 다이렉트메일을 받은 경험은 누구나 있을 것이다. 많은 소매점이 계절별 세일을 안내하는 우편물을 보내고 항공사는 할인항공권 가격을 광고하는 이메일을 보낸다. 백화점이나 대형 유통업체들도 각 업체별 다이렉트마케팅 도구를 이용하여 고객에게 특별 세일 등을 알린다. 반면 판매촉진이 다이렉트마케팅 활동을 지원하기도 한다. Vertis(2007)의 연구에 따르면 다이렉트메일의 매출액은 특별할인이나 쿠폰 등의 영향을 받는다고 한다. 또 72%의 사람들은 '1+1buy one get one free'을 제안하는 다이렉트메일로 인해 구매를 했다고 했으며 63% 사람들은 할인판매에 반응한다고 했다. 그리고 다이렉트메일에 대한 반응도는 2005년보다 증가되었다고 한다.[5] 프로모션, 다이렉트메일, 혹은 텔레마케팅을 위해서는 이름과 주소가 포함된 데이터베이스를 구축해야 한다.

다이렉트마케팅과 서포트 미디어의 결합 다이렉트메일에 프로모션을 하는 상품을 추가하는 것은 반응률을 높인다. 한 회사의 실험을 보자. 5천 명에게는 프로모션 상품을 포함하는 다이렉트메일을 보내고, 다른 5천명에게는 프로모션 없는 상품을 넣어 다이렉트메일을 발송했다. 그 결과 프로모션이 있는 다이렉트메일의 반응률이 그렇지 않은 것에 비하여 65%나 높았다.

다이렉트마케팅을 성공적으로 수행하기 위하여 회사들은 다음의 사항을 명확히 설정해야 한다. (1) 프로그램의 목표, (2) 표적고객, (3) 다이렉트마케팅 전략, 마지막으로 (4) 다이렉트마케팅 효과 측정 방법이다.

사진 14-3
어큐라와 Pinehurst Golf Resort는 합동으로 다이렉트메일 프로그램을 진행하였다.

다이렉트마케팅의 목표

다이렉트마케터는 일반적으로 즉각적인 반응을 기대한다. 때문에 다이렉트마케팅의 목표는 주로 소비자의 행동(예를 들어 신차 시승, 선거 참여, 기부, 그리고 구매)을 유발하는 것이다. 따라서 전형적인 다이렉트마케팅 목표는 예를 들어 '2~3%의 반응률 향상'과 같은 것이다. 그렇다고 모든 다이렉트마케팅이 행동 반응만을 목표로 하지는 않는다. 소비자의 미래 행동(다른 말로 구매)을 유발 하기 위한 인지도 향상, 이미지 만들기, 고객만족 유지 등을 위한 목표도 다이렉트마케팅의 목표가 될 수 있다. **사진 14-3**을 보면 자동차 메이커인 어큐라와 골프 리조트인 Pinehurst Golf Resort가 다이렉트마케팅을 이용하여 차량시승과 리조트 숙박할인을 동시에 진행하는 타이인tie-in 프로모션(제휴 프로모션)을 하는 것을 볼 수 있다. 이는 어큐라와 골프리조트 모두 최고 품질을 지향하는 점에서 공통점을 가지고 있기 때문에 가능한 것이다.

데이터베이스의 구축

시장 세분화와 표적고객 선정targeting은 모든 마케팅 프로그램의 기본이다. 다이렉트마케팅은 일대일 마케팅을 할 수 있다는 점에서 시장 세분화와 표적고객선정이 보다 중요하다. 세분화와 표적고객 선정을 위해서는 **데이터베이스**database를 사용하는데 데이터베이스란 현재 혹은 가망고객의 목록을 의미한다. 데이터베이스는 **데이터베이스 마케팅**database marketing의 도구로 보다 효과적이고 효율적인 마케팅 커뮤니케이션을 하기 위하여 현재 그리고 미래 고객의 정보를 활용하는 것을 말한다.

도표 14-2는 데이터베이스마케팅이 어떤 절차로 실행되는지 보여준다. 도표에서처럼 데이터베이스마케팅은 전반적인 IMC 프로그램의 한 부분으로 인식되어야 한다. 또 최소한 이름, 주소, 우편번호의 정보가 필요 하며 보다 정교한 자료에는 고객의 인구통계 정보, 심리적 정보, 거래 기록, 개인적 정보, 거주지역 정보, 심지어 신용정보까지 포함된다(**도표 14-3**). 이런 데이터베이스는 다이렉트마케팅의 기초가 되며 다음과 같은 기능을 한다.[6]

도표 14-2
데이터베이스 마케팅의 절차

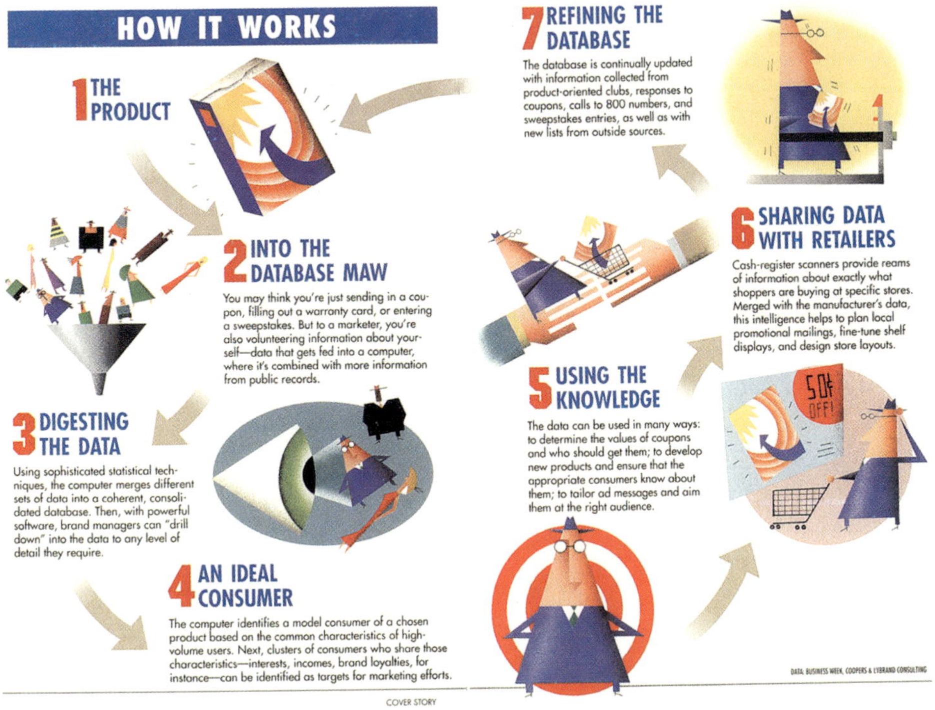

도표 14-3
포괄적인 데이터베이스를 위한 요소

B2C 데이터베이스	B2B 데이터베이스
이름	회사명/연락처/의사결정자
주소/우편번호	연락처의 직책(title of contact)
전화번호	전화번호
나이	신용정보
성별	산업구분
결혼 여부	회사 규모
가족 정보(자녀 수 등)	매출액
교육 수준	종업원 수
소득 수준	영업 기간(Time in business)
직업	본사 위치
거래 내역	지사, 영업장 위치
프로모션 거래 내역	구매 기록
질의 응답 내역	프로모션 거래 내역
고유 식별자(unique identifier)	질의 응답 내역
	고유 식별자(unique identifier)

- 세분시장 선정 개선: 어떤 고객들은 다이렉트마케팅으로 접촉했을 때 다른 사람보다 구매, 사용, 투표를 할 확률이 높은 사람들일 것이다. 데이터베이스의 분석을 하면 보다 잠재력이 높은 고객집단을 선택할 수 있다. 예를 들어 카탈로그 업계는 이런 정보분석에 많은 노력을 하며, 이를 통하여 실제 구매 가능성이 높은 고객에게만 카탈로그를 배송한다.
- 반복구매를 촉진: 소비자가 처음 구매를 하면 그 정보는 데이터베이스에 기록된다. 그리고 한번 구매한 고객들은 다이렉트마케팅에 대하여 다시 구매할 확률이 높다고 알려져 있다. 일반적으로 구매 경험이 있는 기존고객들은 보다 많은 매출을 창출한다. 청소업체나 자동차 영업소에서는 그들의 기존고객 중에 시간이 흘러 차를 바꿀 '때'가 된 고객을 집중 접촉한다.
- 교차판매: 어떤 상품에 관심을 보인 고객은 유사한 다른 상품도 구매할 확률이 높다. 내셔널 지오그래픽 잡지를 정기 구독하는 독자는 지구본, 지도, 지질학 관련 다큐멘터리, 여행잡지 등에도 관심을 보일 확률이 높다. 속옷 회사인 빅토리아 시크릿의 경우도 속옷에서 다른 종류의 의류로 제품을 확장하며 판매를 증가시키고 있다. 아메리칸항공은 **사진 14-4**와 **사진 14-5**에서처럼 자사 고객을 대상으로 다른 다양한 상품이나 서비스를 교차판매하고 있다.
- 고객관계관리: 고객관계관리consumer relationship management(CRM)를 하기 위해서 마케터는 고객에 대한 많은 정보를 수집하고 관리해야 한다. CRM의 초점은 친밀함, 개별화된 커뮤니케이션, 그리고 제품이나 서비스에 대한 제안을 통하여

사진 14-4
아메리칸항공은 우편을 통해 교차판매를 증진시키고 있다.

사진 14-5
아메리칸항공은 다양한 제품과 서비스를 판매하고 있다.

고객과의 관계를 확고히 하는 데 있다. 따라서 CRM을 효과적으로 수행하기 위하여 데이터베이스가 필요하다. CRM은 고객관계를 관리하기 위해 특별히 디자인된 기술이며 CRM과 데이터베이스 마케팅에는 유사점이 있다. 즉, 데이터베이스 마케팅을 위하여 개발된 많은 기법들이 효과적인 CRM을 위해서도 필요하다는 것이다.

전 세계적으로 수많은 회사들이 기존고객과 잠재고객의 데이터베이스를 구축해 놓았다. 예를 들어, 많은 자동차 제조업체에게 CRM은 중요한 마케팅 도구이다. 그러나 데이터베이스 마케팅은 너무 흔하게 사용되기 때문에 많은 사람들이 사생활 침해 문제를 걱정하기도 한다. 이는 다이렉트마케터도 마찬가지이다. 미국의 다이렉트마케팅협회The Direct Marketing Association(DMA)는 회원들에게 마케팅 활동을 할 때 윤리적 지침을 준수할 것을 요구하고 있다. 이는 다이렉트마케팅 업계가 자율적으로 지침을 준수하지 않는다면 정부의 개입이 필요함을 시사하고 있다.

데이터베이스 정보의 원천 다이렉트마케팅 데이터베이스를 만들기 위한 정보 원천에는 아래와 같은 것들이 있다. 다음은 미국 사례이지만 한국에서도 유사한 기관의 유사 자료를 사용할 수 있다.

- 미국통계국US Census Bureau: 통계국 자료는 미국 내 거의 모든 가정의 정보를 제공한다. 예를 들어 가족의 크기, 인구통계, 소득 등의 정보를 알 수 있다.
- 미국우체국US Postal Service: 우편번호는 가정이나 사업체의 위치정보를 제공해 준다. 같은 우편번호 지역에 사는 사람들은 비슷한 인구통계적 특징을 지닌다.
- 고객명단 판매업자list brokers: 고객명단을 임대해 주는 회사들이 있다. 정보의 정확성이나 얼마나 최신 정보인지는 회사마다 다르다.
- SRDSStandard Rate and Data Service: SRDS는 소비자나 기업체의 정보를 제공한다. 두 권으로 출판되는 「Direct Mail List Rates and Data」라는 책은 수백 가지 항목의 5만여 건의 자료를 제공한다.

- SMRBExperian Simmons Market Research Bureau: SMRB는 집에서 우편, 전화, 인터넷 등으로 상품을 구매하는 소비자에 대한 정보 조사를 매년 실시한다. 이 정보에는 총 주문량, 주문 상품 품목, 인구통계, 구매 만족 등의 정보가 있다.
- 다이렉트마케팅협회DMA: DMA는 다이렉트마케팅에 관련된 다양한 통계 정보를 제공한다. DMA에서 발간하는 「The DMA's Fact Book of Direct Marketing」은 정보의 이용, 다이렉트마케팅에 대한 태도, 제도와 규제 등의 내용을 담고 있다.

소비재 제조업체, 은행, 신용평가사, 유통업체, 자선기관 등의 수많은 조직에서 고객명단을 임대하기도 한다. 기업들은 고유의 데이터베이스를 구축하기도 하는데 이 경우 소비자의 제품보증서 등록이나 설문지 등을 통하여 정보를 수집한다.

데이터베이스의 효과 평가 많은 회사들이 데이터베이스를 가지고는 있지만 그것을 효과적으로 이용하지 못하는 경우가 많다. 이름과 정보를 모으는 것만으로는 충분치 않고 오래되거나 유효하지 않은 고객 정보를 제거하고 항상 최신의 정보로 유지하는 것이 중요하다. 그리고 더 많은 고객 정보를 수집할수록 보다 효과적인 데이터베이스가 될 수 있다. 이를 위하여 최근에는 **RFM 평가법**RFM scoring method이 많이 사용되고 있다. RFM은 최근recent, 빈도frequency, 거래실적monetary transaction의 약자이다. 즉, 데이터는 거래가 있을 때마다 새로 입력되어야 하고 이로 인해 회사는 언제, 얼마나 자주, 얼마의 돈이 지불되었는지 알 수 있어야 한다는 것이다. 그리고 어떤 제품이나 서비스의 매출이 늘고 있는지도 알 수 있다. 이런 데이터베이스를 정기적으로 검토함으로써 회사는 추세나 구매 패턴의 변화를 감지할 수 있고 이것은 곧 고객의 필요needs를 보다 효과적으로 충족시켜줌으로써 고객과의 관계를 보다 잘 관리할 수 있다.

다이렉트마케팅 전략과 매체

다이렉트마케팅을 효과적으로 실행하기 위해 마케터들은 전달할 메시지, 예산 등을 결정해야 한다. 다이렉트마케팅과 다른 프로모션믹스와의 가장 큰 차이점은 매체의 사용방식에 있다. **도표 14-1**처럼 다이렉트마케팅은 다이렉트메일,

텔레마케팅, 직접반응 방송, 인터넷, 인쇄매체 등의 다양한 매체를 이용한다. 각 매체는 매체 별로 특정한 기능을 수행하는데 일단계접근법이나 이단계접근법으로 구분할 수 있다.

일단계접근법one-step approach은 매체를 통해 직접 주문을 유도하는 것이다. 텔레비전에서 주방용품, 헬스용품 등을 파는 광고를 본 적이 있을 것이다. 이 광고는 무료 주문전화를 보여주고 즉각적인 구매를 유도한다. 이들의 목적은 광고가 방영되는 동안 즉각적으로 매출을 증대시키는 것이다.

반면 **이단계접근법**two-step approach은 두 개 이상의 매체를 이용하는 것이다. 이 경우 첫 번째 매체를 이용하여 잠재고객을 파악하며 두 번째 매체를 이용하여 주문과 같은 반응을 이끌어내는 것이다. 예를 들어 첫 번째 단계로 텔레마케팅을 이용하여 자사 제품에 관심이 있는지를 확인하고 관심을 표시한 고객에게 두 번째 단계로 자세한 정보가 있는 카탈로그를 보낸다거나 영업사원이 방문하게 하여 거래를 성사시키는 방식이다.

다이렉트메일 다이렉트메일direct mail(DM)은 흔히 사람들이 원하지 않는 정크 메일junk mail이라고 불린다. 하지만 다이렉트메일은 최근 어떤 다른 광고매체보다도 그 중요도가 높아지고 있다. 2009년을 기준으로 미국의 시장 규모는 440억 달러이다.[7] 잘 알려진 회사들도 다이렉트메일을 주 광고매체로 활용하고 있으며 2009년을 기준으로 미국의 각 가정은 매주 평균 25통의 다이렉트메일을 받고 있다.[8]

예전에는 많은 광고주들이 다이렉트메일을 광고매체로 사용했을 경우 이미지가 나빠질 수 있다고 생각하여 주로 저가품에만 다이렉트메일을 이용했었다. 하지만 지금은 상황이 바뀌었다. 예를 들어 고가 자동차 회사인 포르쉐는 고소득 전문직을 대상으로 다이렉트메일 캠페인을 실시하여 성공하였다. 이 캠페인에서 포르쉐는 고소득 의사 집단을 타깃으로 하였다. 그리고 다이렉트메일에 의사들에게 친근한 포르쉐 911의 엑스레이 사진을 넣고 그 내용을 의학용어로 설명하였다. 이 캠페인은 포르쉐의 최근 광고캠페인 중 가장 높은 반응률을 기록하였다. **사진 14-6**은 마세라티 자

사진 14-6
마세라티는 다이렉트메일을 이용하여 신차인 GranTurismo와 Quattroporte Sport GT S모델을 소개했다.

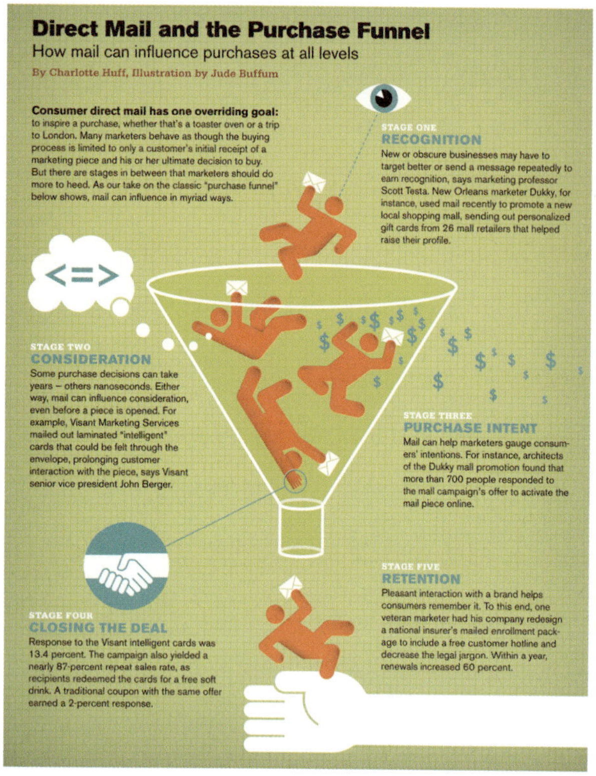

사진 14-7
다이렉트메일은 소비자들을 구매깔때기를 통하여 제품 구매에 이르게 하는 데 이용될 수 있다.

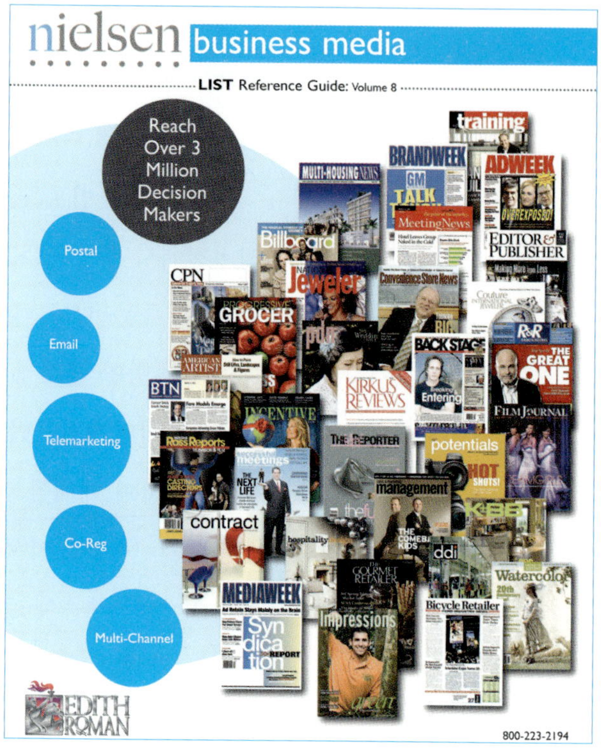

사진 14-8
닐슨은 판매 우편목록을 제공하고 있다.

동차회사에서 실시한 다이렉트메일의 예를 보여주고 있으며 **사진 14-7**은 다이렉트메일이 구매깔때기purchase funnel에서 어떤 역할을 하는지 설명하고 있다.

다이렉트메일 성공의 중요한 요소는 가망고객의 이름과 세분시장 등의 정보가 수록된 **우편목록**mailing list이다. 이 정보는 항상 최신이어야 하며 표적집단을 정확히 선정하여 낭비되는 다이렉트메일이 없도록 해야 한다. 세분시장을 선정하는 기준은 주로 지리적, 인구통계적, 라이프스타일 등이 사용되며, 목록을 만드는 가장 일반적인 방법은 다이렉트메일 상품을 구매한 경험이 있는 사람을 목록에 포함시키는 것이다.

이러한 목록의 중요성은 목록 자체가 상품화되는 것을 보면 알 수 있다. 현재 미국에는 약 380억 개의 이름이 이런 목록에 저장되어 있는데 이 목록을 다른 회사에 판매하는 것도 중요한 사업이 된다. 예를 들어 에이비젤러A. B. Zeller, 엑스페리언Experian, 닐슨Nielsen Business Media 같은 회사들은 미 전역과 주요 도시들을 포함하는 목록을 제공하고 있다(**사진 14-8**).

다이렉트메일은 많은 광고주에게 선호되며, 향후 지속적으로 성장할 매체지만 인터넷에 의한 위협도 존재한다. 저렴하게 발송할 수 있는 이메일과 많은 정보를 줄 수 있는 인터넷은 전통적인 다이렉트메일 시장을 위축시킬 가능성을 가지고 있다. 하지만 인터넷은 다이렉트메일에게 위협이자 기회이다. 인터넷 회사들은 더 많은 잠재고객을 그들의 웹사이트로 끌어들이기 위해 다이렉트메일 사용을 늘리고 있다(기회). 반면 많은 다이렉트메일 업체들은 인터넷으로 인하여 다이렉트메일의 반응률이 떨어지는 것을 우려하고 있다(위기). 왜냐하면 고객들은 다이렉트메일을 받은 후 직접 주문하지 않고 인터넷을 통해 주문하는 경향이 있기 때문이다. 또 많은 회사들(특히 B2B업체들)은 기존의 인쇄 카탈로그를 온라인 카탈로그로 대체하여 많은 비용절감을 하고 있다.

카탈로그 주요 다이렉트마케팅 업체들 중에는 카탈로그 회사들도 있다. 카탈로그의 발송이나 카탈로그를 통한 매출은 지난 1984년 이래 계속 성장해 왔으며 지난 2009년 기준으로는 135억 권의 카탈로그가 발송되었다.[9] 인터넷이 인쇄된 카탈로그를 대체할 것이라는 우려는 사실 반대가 되었다. 전통적인 방식의 카탈로그가 주는 감성적인 매력은 온라인 카탈로그보다 뛰어나며 궁극적으로 사람들을 온라인으로 끌어들이는 가장 좋은 방법이기도 하다.[10]

많은 회사들은 카탈로그를 그들의 전통적인 판매와 프로모션 전략에 결합시켜 이용한다. 예를 들어 많은 제조사나 유통사는 그들의 제품을 카탈로그로 판매하는 동시에 같은 제품을 매장에서도 구매할 수 있음을 선전한다. 물론 어떤 회사는 카탈로그만을 이용에 제품을 팔기도 하지만 다른 회사들은 초기에는 카탈로그로만 제품을 팔다가 회사가 확장하면 오프라인 점포를 열고 물건을 판매하기도 한다(**사진 14-9**).

사진 14-9
Road Runner Sports사는 매우 성공적인 카탈로그 기반 판매업체로 현재는 오프라인 매장도 열었다.

또 전통적인 인쇄 카탈로그와 인터넷의 온라인 카탈로그를 병행하기도 한다. 카탈로그 판매와 오프라인 매장 판매는 병행하기도 하고 별도로 운영하기도 한다. 예를 들어 어떤 회사는 카탈로그를 통해 구입한 상품을 오프라인 매장에서 교환이나 환불을 해 주는 반면 다른 회사는 카탈로그를 통해 구매한 상품은 통신판매부서를 통해서만 교환해 준다. 또 의류업체인 갭은 카탈로그를 오프라인 매장의 보조역할로 사용한다. 즉 오프라인 매장에서 찾는 상품이나 사이즈의 재고가 없을 때 이를 카탈로그로 판매하고 무료로 배송해 준다.

방송매체 방송매체broadcast media를 활용한 다이렉트마케팅의 성공은 주목할만하다. 1996년 미국인의 77%가 TV를 통한 다이렉트마케팅 관련 방송을 본 적이 있다고 대답했으며,[11] 2009년을 기준으로는 전체 TV광고비 수주액 중 다이렉트마케팅의 비중이 53억 달러에 이른다.[12]

방송매체를 이용한 다이렉트마케팅은 주로 TV와 라디오를 통해 이루어지는데 1950년대 라디오가 다이렉트마케팅의 주요매체였다면 최근에는 텔레비전이 그 자리를 차지하고 있다. 다만 현재도 라디오는 앞서 배운 이단계접근법을 위한 매체로 계속 활용되고 있으며 특히 특정 지역을 기반으로 한 회사들에게는 여전히 유용한 매체이다.

방송업계에서 사용되는 다이렉트마케팅은 **직접반응 광고**direct response advertising와 **지원광고**support advertising로 나눌 수 있다. 직접반응 광고는 제품이나 서비스를 광고하여 일단계접근법이나 이단계접근법을 이용해 판매를 유발하는 것을 말한다. 의류, 운동용품, 기념품 등을 주로 판매하는데, 전화 주문을 할 수 있도록 광고 중에 무료주문 전화번호 보여주는 특징이 있다. 지원광고는 다른 형태의 광고를 지원하기 위해 제작된다. 예를 들어 어떤 제품의 경품행사나 시승행사를 지원하기 위해 "자세한 안내가 우편을 통해 발송되었으니 여러분의 우편함을 확인해 보세요" 같은 광고를 하는 것이다.

직접반응 TV는 여러 가지가 있는데 대표적인 것으로는 직접반응 TV스폿광고direct response TV spot, 인포모셜, 홈쇼핑(혹은 텔레쇼핑), 그리고 최근 성장하고 있는 인터넷TV 등이 있다.

TV스폿광고 다이렉트마케팅 업계에서 흔히 짧은 프로그램short-form program이라고 불리는 스폿광고는 텔레비전에서 방송되는 직접반응 광고를 말한다. 우리 주변에서도 보험, 계절용품, 가정용품 등의 TV스폿광고를 볼 수 있다.

인포모셜 주로 광고비가 적게 드는 유선방송이나 위성방송에서 새롭게 시도되

사진 14-10
벤틀리는 인포모셜을 이용하여 소비자의 관심을 증대시키는 데 성공하였다.

는 광고형태이다. **인포모셜**informercial은 30분에서 1시간까지도 방송되는 광고인데 그 형태는 일반 텔레비전 쇼 혹은 프로그램처럼 보이게 제작된다. 인포모셜은 아직 우리나라에서는 그 예를 찾기가 어려우나 미국에서는 자동차나 일반 가정용품, 심지어는 대통령 선거 캠페인에도 이용할 정도로 활용도가 높다.

홈쇼핑 무료전화번호toll-free number의 활용과 신용카드의 광범위한 사용은 집에서 텔레비전을 통해 물건을 구매하는 홈쇼핑의 급속한 성장을 촉진시켰다. 보석, 주방용품, 운동용품, 보험, 가정용품, 의류 등 수많은 상품이 홈쇼핑을 통해 팔려나간다. 미국에서 가장 큰 홈쇼핑 채널인 QVC는 일주일에 1,150종에 달하는 상품을 24시간 판매하고 있다. 비록 인터넷쇼핑의 성장에 위협을 받고는 있지만 지난 2010년 QVC나 HSN과 같은 미국의 주요 홈쇼핑 회사들은 지속적인 성장을 했다.[13] 최근 들어 홈쇼핑의 소비자층도 보다 상류층으로 이동하고 있으며 홈쇼핑 구매액도 점점 증가하고 있는 추세이다.

인쇄매체 잡지나 신문은 다이렉트마케팅의 매체로 사용하기에는 어려운 점이 있다. 그 이유는 먼저 다른 광고를 비롯한 클러터clutter가 많고 지면이 상대적으로 비싸기 때문이다. 때문에 반응률이나 이익이 다른 미디어에 비하여 적은 편이다. 신문이나 잡지의 섹션(경제, 스포츠, 성인, 취미 등)별로 다이렉트마케팅 광고가 활용되기도 한다.

텔레마케팅 전화나 휴대폰이 흔한 만큼 **텔레마케팅**telemarketing도 영리기업이나 비영리조직에서 아주 비일비재하게 사용된다. 텔레마케팅은 일단계접근법과 이단계접근법 둘 다 효과적이다. 그 매출액은 2004년 이래 감소세이지만 2010년 기준 미국에서는 3,340억 달러의 시장규모로 여전히 중요한 매체이다.[14]

최근 텔레마케팅의 감소세에는 여러 요인이 있다. 전화를 이용한 사기의 가능성과 사람들을 귀찮게 만드는 것 때문이다. 그래서 텔레마케팅 전화번호를 전화금지목록Do Not Call list에 등록하여 텔레마케팅을 사전에 차단하는 경우도 늘고 있다.

직접판매

다이렉트마케팅의 종류 중 **직접판매**direct selling도 있다. 이는 판매자가 고객의 집을 방문하여 직접적이고 개인적으로 상품이나 서비스에 대하여 소개하며 시연하고 판매하는 것을 말한다. 암웨이나 에이본 등은 미국이나 세계적으로 잘 알려진 직접판매 회사이다. 미국에서는 약 1,600만 명의 사람들이, 그리고 세계적으로는 약 6,500만 명의 사람들이 직접판매의 판매사원을 하고 있으며 그들의 99%는 회사에 고용되지 않은 자영업자이다. 직접판매는 지난 2010년도를 기준으로 미국 내 282억 달러의 매출을 올렸다.[15]

직접판매에는 세 가지 유형이 있다.

1. 반복적 대면 판매repetitive person-to-person selling. 판매원이 구매자의 집, 직장 등을 방문하여 자주 구매하는 상품을 판매하는 것이다(예를 들어 암웨이).
2. 비반복적 대면 판매nonrepetitive person-to-person selling. 판매원이 구매자의 집, 직장 등을 방문하여 자주 구매하지 않는 상품을 판매하는 것이다(예를 들어 백과사전이나 도서 전집 판매).
3. 파티 판매party plan. 판매원이 집이나 사무실에서 파티를 주최하고 사람들을 초

사진 14-11
Cutco는 직접판매를 하는 회사의 좋은 예다.

도표 14-4
직접판매의 판매방식
(매출액 기준 백분율)

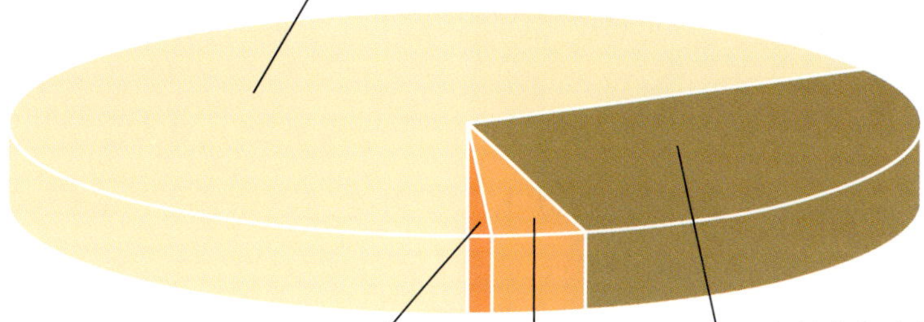

대하여 제품이나 서비스에 대한 소개와 판매를 진행하는 것이다.

수많은 제품들이 직접판매를 통해 판매되는데 그중에서도 가정용 내구제품, 체중감소 혹은 건강용품, 개인용 미용 혹은 위생용품이 주로 판매되는 제품들이다. 직접판매 판매원은 일반적으로 여성(80% 이상)이며, 기혼자(77%)이며, 나이는 35세에서 54세 사이이다. 그리고 대부분의 판매원들은 부수입이나 제품 할인을 위해 직접판매 일을 한다고 한다. 도표 14-4는 직접판매에 종사하는 사람들의 판매방식의 분포를 보여주고 있다.

다이렉트마케팅의 효과 평가

다이렉트마케팅은 직접적 반응이 유발되기 때문에 그 효과를 측정하는 것은 그리 어렵지 않다. 주문당 비용cost per order(CPO) 기법을 이용하여 광고주는 몇 통의 전화가 걸려왔는지를 측정하여 광고에 대한 효과를 측정할 수 있다. 또 같은 광고내용을 여러 방송사에서 방영하고 광고의 효과를 측정할 수도 있다. 예를 들어 광고주가 주문당 5천 원 정도의 수익을 기대하고 광고비용(제작비+매체비)으로 250만 원을 지출했다고 하자. 만약 그 광고를 통해 주문이 500건 이상 발생했다면 광고주는 효과적인 광고였다고 평가할 것이다. 비슷한 방법으로 인쇄매체나 다이렉트메일을 통한 효과도 측정할 수 있다.

다이렉트마케팅으로 유발될 행동 반응에 대한 목표가 없는 경우에는 보다 전통적인 광고 효과 측정 기법을 이용할 수 있는데 이는 18장에서 논의할 것이다.

다이렉트마케팅의 장점과 단점

다이렉트마케팅의 장점은 다음과 같다.

1. 선택적 도달: 다이렉트마케팅은 불필요한 낭비를 줄이면서 많은 사람들에게 도달할 수 있다. 집중적인 제품 노출은 방송 광고나 우편을 통해서 할 수 있다. 일반적인 TV광고나 거리 광고판은 사람들의 관심을 끌지 못할 수 있지만 우편물은 누구든지 받아본다. 잘 정리된 고객 정보는 낭비를 줄이고 실제 제품을 살만한 잠재고객에게 집중할 수 있다. 예를 들어 책을 판매할 때에는 최근 책을 구매한 사람들이나 애독자 층에게 집중하는 것이다.
2. 세분화 가능성: 마케터들은 최근 상품 구매자, 자동차 구매자, 신용카드 사용자 등의 목록을 구매할 수 있다. 이런 목록은 거주지역, 직업, 인구통계, 직위 등으로 고객을 세분화할 수 있다. 이런 목록에 2장에서 배운 PRIZM이나 VALS 등의 기법을 더하면 마케터들은 보다 효과적인 세분시장 전략을 수립할 수 있다.
3. 빈도: 매체이용 방법에 따라 노출 빈도를 조절할 수 있다. 예를 들어 직접반응 TV는 광고비가 저렴한 매체인데 광고시간을 반복 구매함으로써 빈도를 올릴 수 있다. 반면 우편의 경우는 반복이 어렵다. 같은 우편물이 반복해서 배달되면 소비자는 귀찮아하기 때문이다.
4. 시험: 다이렉트마케팅은 전반적인 마케팅 프로그램이나 그중 한 요소에 대한 효과를 시험해 보기에 아주 유용한 방법이다.
5. 시기 선택 가능성: 일반적인 광고매체들이 광고를 준비하고 제작하는 데 오랜 시간을 소비하지만 직접반응 광고는 보다 빨리 진행할 수 있다. 예를 들어 다이렉트메일은 제작과 표적집단에 우편을 보내는 데 소요되는 시간이 얼마 되지 않는다. TV를 통한 직접반응 광고는 상대적으로 인기가 없는 시간대를 구매하거나 광고가 판매되지 않아 할인이 된 시간대에 광고를 편성해 비용을 절감할 수 있다.
6. 개인화: 어떤 광고매체도 다이렉트 매체와 같은 개인화personalization를 할 수 없다. 아이들의 나이에 맞춰 그 부모들에게 광고하거나 심지어 그 아이 개인의 이름이 들어간 광고를 만들 수도 있다. 새 차를 구매한 고객에게 신차 구매를

축하하고 그 차에 맞는 액세서리를 광고할 수도 있다. 컴퓨터 구매자에게 적절한 소프트웨어를 제안하기도 하고 대학생에게 학자금대출이나 대학생활에 필요한 제품이나 서비스를 판매하기도 한다.

7. 비용: 다이렉트메일의 CPMcost per thousand impression은 상당히 높은 편이지만 다이렉트메일은 낭비 없이 표적고객에게만 도달되기 때문에 실질적인 CPM은 낮은 편이다. 즉 다이렉트마케팅의 매체비는 좀 높지만 이익은 더 크다. TV를 통한 다이렉트마케팅은 주로 TV광고비가 가장 싼 시간대에 편성되고 인터넷 메일 발송은 비용이 아주 저렴하다.

   다이렉트마케팅의 비용 효과를 고려할 때 고객 구매당 비용을 생각해야 하는데 매체 비용이 저렴하기 때문에 고객 구매당 비용은 아주 싸다.

8. 효과 측정: 직접반응 마케팅만큼 효과 측정이 수월한 매체도 없다. 마케팅에 대한 반응(구매 등)은 언제나 즉각적이고 정확하게 측정할 수 있다.

다음은 다이렉트마케팅의 단점이다.

1. 이미지 문제: 앞서서도 논의했듯이 우편을 이용한 다이렉트마케팅은 흔히 정크메일을 연상시키곤 한다. 사람들은 흔히 원치 않는 우편물이 필요 없는 제품을 구매하게 만든다고 생각한다. 우편물을 받은 사람들은 심지어 잘 알려진 회사의 우편물 조차도 대부분 읽지도 않고 버린다. 이는 너무 많은 우편물이 배송되어 생긴 문제로 미국에서는 미국인들이 일주일에 평균 14통의 우편물을 받으며[19] 일년에 3,900통의 정크 이메일을 받는다고 한다.[17] 2009년 미국에서는 2,000억 통의 다이렉트메일이 1억 3,400만 가구로 발송되었다고 한다.[18]

   TV로 방송되는 직접반응 광고는 저예산 광고로 저가의 제품을 판매하는 경우가 많은데 이는 제품 이미지에 나쁜 영향을 미친다. 또 인터넷 정크메일이 스팸메일로 취급 받는 것처럼 텔레마케팅은 소비자를 귀찮게 하는 것으로 여겨진다.

2. 부정확성: 다이렉트마케팅의 장점으로 정확한 잠재고객 집단에 도달하기 용이하다는 점을 언급했는데 이는 어떤 목록을 사용했는지에 달려있다. 사람들은 이사하고 직업이 바뀌는 등의 변화가 있다. 따라서 목록을 항상 최신으로 유지하지 않으면 고객 집단에 대한 선택적 접근은 어렵다. 컴퓨터를 이용하여

잘못된 이름을 선별하고 자료를 최신으로 유지해야 하는데 이 또한 많은 비용을 유발한다.

3. 내용의 제약: 앞서 10장에서 논의한 바와 같이 잡지는 소비자의 무드를 만들어 광고 효과에 긍정적으로 영향을 줄 수가 있다. 하지만 직접반응 광고는 그 내용의 제약 때문에 이런 무드를 만드는 것이 어렵다. 또 다이렉트메일이나 온라인의 경우도 무드를 조성하는 것은 힘들다.
4. 비용 증가: 우편요금의 증가는 다이렉트메일의 이익을 급속히 감소시켰다. 또 인쇄 비용 증가로 우편물이나 카탈로그 인쇄 비용도 급격히 상승했다. 때문에 많은 회사들이 비용이 적게 드는 이메일 사용을 늘리고 있다.
5. 전화금지목록: 소비자들이 필요 없는 다이렉트마케팅의 노출을 피하기 위하여 전화금지목록이나 스팸메일 설정을 하고 있다.

요약

이번 장에서는 빠르게 성장하고 있는 다이렉트마케팅에 대하여 공부해 보았다. 다이렉트마케팅은 이제 단순한 다이렉트메일이나 텔레마케팅의 범위를 넘어서고 있다. 다재 다능한 다이렉트마케팅은 여러 회사와 다양한 조직에 강력한 프로모션 도구를 제공해 주고 있다.

다이렉트마케팅은 다른 광고나 프로모션 부분을 제치고 성장하고 있으며 많은 포춘 500 회사들도 현재 정교한 다이렉트마케팅 전략을 이용하고 있다. 또 데이터베이스 마케팅은 많은 마케팅 프로그램에 핵심적인 부분을 담당하고 있다.

다이렉트마케팅의 장점들은 선택적 도달, 세분화, 빈도, 유연성, 그리고 시기선택 가능성 등이 있다. 개인화된 맞춤식 메시지, 적은 비용, 효과 측정 용이성 등은 다이렉트마케팅의 또 다른 장점들이다.

하지만 다이렉트마케팅도 몇몇 단점이 있다. 이미지 문제, 부정확성, 내용의 제약, 사람들을 귀찮게 만드는 단점들 때문에 어떤 마케터들은 다이렉트마케팅의 사용을 꺼려하기도 한다. 하지만 다이렉트마케팅 업계의 개선과 자정 노력에 힘입어 이러한 단점들은 점차 개선되고 있다. 결론적으로 다이렉트마케팅은 계속적인 성장이 예측된다.

토론문제

1. 이번 장에서 살펴본 바와 같이 최근에는 많은 홈쇼핑에서 다양한 고가품의 판매를 증가시키고 있다. 홈쇼핑에서의 고가품 판매는 어떤 장점과 단점이 있을지 토론해 보시오.
2. 고객관계관리(CRM)는 무엇인가? 다이렉트마케팅이 고객관계관리를 개선하는 데 어떻게 사용될 수 있는지 얘기해 보시오.
3. 인포모셜이란 무엇인가? 인포모셜이 큰 성공을 거둔 이유는 무엇인가? 어떤 종류의 제품들이 인포모셜을 통해 잘 팔릴 수 있을까?
4. 다이렉트마케터는 프로그램의 효과를 잘 측정한다. 또 최근에는 다이렉트마케터들이 고객깔때기라는 개념을 이용하여 효과를 측정하고 있다. 다이렉트마케터들은 어떻게 효과 측정을 하는지 설명하고 이 과정에서 고객깔때기는 어떻게 이용되는지 논의하시오.
5. 인터넷이 점점 더 일상화되면서 어떤 마케터들은 인쇄된 카탈로그가 없어지고 모두 인터넷 카탈로그로 바뀔 것이라고 예측하기도 한다. 물론 동의하지 않는 사람들도 있다. 왜 어떤 사람들은 인쇄된 카탈로그가 없어질 것이라고 하는지, 반면 왜 어떤 사람들은 인쇄된 카탈로그가 없어지지 않을 것이라고 주장하는지 각각의 이유를 설명하시오.
6. 다이렉트마케팅이 지난 몇 십 년간 성공적이고 계속 성장한 이유를 설명해 보시오. 앞으로도 이런 성장세는 지속될 것이라고 보는가?
7. 다이렉트마케팅에 부정적인 영향을 미친 요인들은 무엇이 있을까? 어떻게 하면 다이렉트마케팅의 부정적인 이미지를 개선할 수 있을까?
8. 다이렉트마케터들은 그들의 성과를 측정하는 데 아주 성공적이었다. 다이렉트마케팅의 성과측정이 용이한 이유는 무엇인가?
9. 회사들은 다이렉트마케팅을 어떻게 이용하는가? 당신의 정보를 가지고 있을 회사의 예를 들어보시오. 또 그 회사는 당신의 정보를 어떻게 사용할지 설명해 보시오.

15 인터넷과 인터랙티브 매체

학습목표

1. IMC 프로그램에서 인터넷과 인터랙티브 매체의 역할을 이해한다.
2. IMC 절차에서 웹 1.0과 웹 2.0 매체의 차이를 인식한다.
3. 인터넷을 통한 커뮤니케이션 효과를 어떻게 평가하는지 이해한다.
4. 인터넷과 인터랙티브 매체의 장단점을 살펴본다.
5. 추가적인 온라인 매체의 역할을 학습한다.

브랜드재킹: 인터넷의 이면

지난 2010년 정유회사 BP의 멕시코만 유전에서 폭발 사고가 발생했다. 이 사고로 11명이 사망하고 17명이 부상을 당했다. 이후 삼 개월 동안 사고지점에서는 매일 5만3천 배럴의 원유가 흘러나왔다. 이런 비극 속에서 BP는 PR 측면에서 또 다른 재난을 경험해야 했다. BP는 원유 유출에 대하여 부적절한 보도자료를 내보냈고 트위터에 대한 대응은 미숙했다. 이런 상황은 악동 사회활동가인 Josh Simpson이 만든 가짜 BP 트위터 계정이 등장하고 더 악화되었다. 심슨은 자기 자신을 BP의 솜씨 없는 PR 담당자인 것처럼 행세하였다. 그가 트위터에 올린 무미건조한 스타일의 글은 그가 실제 BP의 PR 담당자인지 아닌지 헷갈리도록 만들었다. 몇몇 예를 살펴보면 아래와 같다.

BPGlobalPR: 우리는 멕시코만에서 어떤 사건이 일어난 것에 대하여 유감입니다. 향후 더 자세한 소식을 전하도록 하겠습니다.

BP's Global PR: 도대체 우리에게 무슨 일이 일어난 거야?

BPGlobalPR: 이번 문제 해결을 위한 아이디어가 있으신 분은 아래 연락처로 전화주십시오. (281) 366-5511.

BP's Global PR: 우리는 문제를 해결할 것입니다. 보증합니다. 다만 언제까지 할 수 있을지는 의문이네요.

위의 네 개의 트윗은 BP의 공식 트위터 계정인 BP GlobalPR이 구별이 잘 안가는 가짜 트위터 계정인 BP's Global PR에 브랜드재킹을 당한 사례를 보여주고 있다. 이 예는 브랜드재킹을 당한 계정은 어떻게 대처하는 것이 적절한지 그리고 공식 PR 계정에 부족한 점은 무엇인지를 보여주고 있다.

심슨의 장난은 브랜드재킹의 사례를 잘 보여주고 있다. 브랜드재킹(brandjacking)은 항공기 납치를 의미하는 하이재킹(hijacking)에서 따온 말로 온라인에서 어떤 회사나 사람의 신분을 허가 없이 차용한 것을 말한다. 즉 온라인에서 다른 사람을 가장하는 것이다. 대부분의 브랜드재킹은 특정 브랜드를 공격하고 브랜드의 명성에 흠집을 낸다. 만약 성공한다면 브랜드재킹이 공식 브랜드를 퇴색시키기도 한다. 예를 들어 앞서 살펴본 BP의 사례에서 BP의 공식 트위터 계정의 팔로어가 2만 명이었던 것과 비교하여 가짜 BP 계정의 팔로어는 20만명이었다.

인터넷은 강력한 마케팅 도구이다. 왜냐하면 인터넷은 소비자와 기업이 상상도 할 수 없을 만큼 빨리 상호작용할 수 있게 해 주기 때문이다. 반면 인터넷은 사람들이 익명으로 활동할 수 있고 언론의 자유가 보장되므로 브랜드와 관련된 정보를 통제할 수가 없다. 브랜드는 쉽게 브랜드재킹을 당할 수 있고, 명성은 하루 아침에 추락할 수 있다. 이는 단지 소셜미디어 내에서만이 아니라 브랜드명이 아예 끝장날 수도 있다. 또한 브랜드재킹은 위기 상황에만 일어나는 것도, 꼭 악의적인 사람에 의해서만 발생하는 것도 아니다.

2010년 3월, 그린피스는 네슬레 SA의 페이스북 홈페이지에 조직적인 브랜드재킹을 실시하였다. 이는 네슬레가 팜유(야자유)를 구매하는 과정에서 인도네시아의 다우림을 훼손하고 그곳에 살고 있는 오랑우탄의 서식지를 파괴하고 있다는 사실을 사람들에게 알리기 위해서였다. 브랜드재킹은 먼저 유튜브 동영상을 이용하여 시작되었다. 네슬레 킷캣(KitKat) 초콜릿의 방송 광고를 패러디한 이 동영상의 내용은 일에 지친 회사원이 휴식을 취하면서 킷캣 초콜릿의 포장을 뜯는다. 그런데 그가 먹는 초콜릿은 초콜릿으로 싸여진 오랑우탄의 손가락이었다. 그가 초콜릿을 먹자 오랑우탄의 피가 그의 얼굴에 흘러내리는 내용이었다. 이 광고의 마지막은 킷캣 초콜릿 광고의 슬로건을 이용하여 "오랑우탄에게 기회를…"이란 말로 끝맺는다.

그린피스는 이 동영상을 Vimeo.com, 트위터, 네슬레의 페이스북 홈페이지에 올렸다. 그린피스가 이 동영상에 네슬레나 킷캣 브랜드명을 직접적으로 거론하지는 않았지만 동영상 속에서 유사하게 디자인된 브랜드 로고나 당시 방송광고와 비슷하게 제작된 동영상과 슬로건은 모든 사람들이 네슬레와 킷캣을 알아볼 수 있게 하였고 네슬레는 인터넷에서 '킷캣 광고'라고 검색했을 때 그린피스의 동영상이 검색되지 않도록 하는 데 많은 시간을 소요해야 했다.

마케팅에서 인터넷은 마치 성배와 같이 여겨지지만 이것이 항상 안전한 것은 아니라는 데 문제가 있다. 심지어 정치적으로도 악용될 수 있는데 지난 미국 대선에서 오바마 대통령과 사라 페일린 당시 공화당 부통령 후보도 브랜드재킹을 당해야 했다. 브랜드재킹에 대응하는 가장 좋은 방법은 항상 경계를 늦추지 않고 먼저 빠르게 대응을 하는 것이다. 일단 브랜드재킹이 일어난 이후에 문제를 완화시키려는 노력은 오히려 대중의 관심을 증가시켜 브랜드에 부정적인 영향을 미칠 것이기 때문이다.

자료:Sources: Gabrielle Dunlevy, "Gory Greenpeace KitKat Video Goes Viral," The Daily Telegraph, March 18, 2010, http://www.dailytelegraph.com.au/news/gory-greenpeacekitkat-video-goes-viral/story-e6freuy9-1225842479332; Alan Mascarenhas, "BP's Global PR vs. BPGlobalPR," Newsweek, June 4, 2010, http://www.newsweek.com/2010/06/04/bp-sglobal-pr-vs-bpglobalpr.html; Katherine Goldstein, "Josh Simpson: The Man Behind @BPGlobalPR Revealed,"The Huffington Post, September 13, 2010, http://www.huffingtonpost.com/2010/09/13/josh-simpson-the-manbehi_n_714787.html.

소셜미디어는 긍정적으로든 부정적으로든 마케팅에 큰 변화를 가져왔다. 그리고 인터넷은 브랜드와 소비자 간의 관계를 바꾸어 놓았다. 또한 웹2.0 시대에서는 인터넷에 대한 무관심이 단지 무관심으로 끝나는 것이 아니라 브랜드를 손상시키는 결과를 초래하게 된다.

이번 15장에서는 인터넷과 다른 인터랙티브 매체interactive media(상호작용 매체, 쌍방향 매체)의 역할을 알아볼 것이다. 또 인터넷의 역사, 인터넷의 IMC 프로그램에서 역할, 인터넷 매체의 장점과 단점 등을 배울 것이다. 그리고 각종 새로운 인터랙티브 매체를 살펴보고 마지막으로 이런 매체의 효과를 어떻게 측정할 것인지 논의하도록 한다.

인터넷의 성장

왜 인터넷은 빨리 성장했는가

우리가 '디지털 혁명'이라고 부르는 인터넷의 미증유의 발전은 마케팅환경을 송두리째 바꾸었으며 마케터들은 그들의 마케팅 활동을 처음부터 다시 생각하게 만들었다. WWWWorld Wide Web의 발전은 마케팅 커뮤니케이션의 변혁을 가져온 것이다. **도표 15-1**에서 보는 바와 같이 전 세계의 인터넷 사용자는 20억 명을 넘었으며 2000년 이래 그 성장속도는 아주 빠르다. 인터넷의 빠른 성장에는 몇 가지 이유가 있다. 먼저 소비자들은 정보를 얻기 갈망하는데 이제는 아주 쉽게 정보를 얻을 수 있다. 빠른 속도, 정보 취득의 용이성, 그리고 어떤 정보를 얻을 것인가에 대한 자신의 통제성은 인터넷을 매력적으로 만들었다. 개인용 컴퓨터를 이용한

도표 15-1 국가별 인터넷 이용의 성장

인터넷 이용자가 많은 상위 20개국						
순위	국가명	인구(2010)	인터넷 이용자	인구대비 인터넷 이용자(%)	2000년-2010년 성장률	세계인구대비 비중(%)
1	중국	1,330,141,295	420,00,00	31.6%	1,766.7%	21.4%
2	미국	310,232,863	239,893,600	77.3%	151.6%	12.2%
3	일본	126,804,433	99,143,700	78.2%	110.6%	5.0%
4	인도	1,173,108,018	81,000,000	6.9%	1,520.0%	4.1%
5	브라질	201,103,330	75,943,600	37.8%	1,418.9%	3.9%
6	독일	82,282,988	65,123,800	79.1%	171.3%	3.3%
7	영국	62,348,447	51,442,100	82.5%	234.0%	2.6%
8	러시아	139,390,205	59,700,000	42.8%	1,825.8%	3.0%
9	프랑스	64,768,389	44,625,300	68.9%	425.0%	2.3%
10	대한민국	48,636,068	39,440,000	81.1%	107.1%	2.0%
11	이란	76,923,300	33,200,00	43.2%	13,180.0%	1.7%
12	이탈리아	58,090,681	30,026,400	51.7%	127.5%	1.5%
13	인도네시아	242,968,342	30,000,000	12.3%	1,400.0%	1.5%
14	스페인	46,505,963	29,093,984	62.6%	440.0%	1.5%
15	멕시코	112,468,855	30,600,000	27.2%	1,028.2%	1.6%
16	터키	77,804,122	35,000,000	45.0%	1,650.0%	1.8%
17	캐나다	33,759,742	26,224,900	77.7%	106.5%	1.3%
18	필리핀	99,900,177	29,700,00	29.7%	1,385.0%	1.5%
19	베트남	89,571,130	24,269,083	27.1%	12,034.5%	1.2%
20	폴란드	38,463,699	22,450,600	58.4%	701.8%	1.1%
	상위 20개국	4,415,272,037	1,466,877,067	33.2%	408.9%	74.6%
	나머지 국가	2,430,337,923	499,637,749	20.6%	586.7%	25.4%
	전 세계 이용자	6,845,609,960	1,966,514,816	28.7%	444.8%	100.0%

전자상거래 또한 인터넷을 매력적이게 하는 요소이며 현재는 인터넷으로 무엇이든 구매할 수 있다. 인터넷은 한계가 없으며 사람들은 새로운 무언가를 매일 찾을 수 있다.

소비자가 인터넷을 잘 받아들이듯 마케터들도 인터넷 매체를 급속히 받아들였다. 우선 인터넷을 이용하여 표적고객집단에 효과적으로 도달하는 능력은 마케터들을 매료시켰다. 기업의 사회적 책임이 점점 더 중요해지는 시대에 인터넷은 마케팅 활동, 고객만족, 추세, 경쟁에 대한 고객의 직접적인 피드백을 제공해 준다. 특히 다이렉트마케팅에서는 인터넷을 활용하여 전통적 매체에 비하여 비용을 절감하여 ROIreturn on investment를 높일 수 있다. 마케터들은 인터넷을 전자상거래에 가장 많이 활용하지만 점점 더 다양한 마케팅 커뮤니케이션과 마케팅 목표를 달성하기 위해 인터넷을 이용하고 있다. 또 다른 요인으로는 초고속 인터넷의 보급으로 사람들이 인터넷을 사용하는 시간이 길어졌고 소비자의 관심을 끌 수 있는 새로운 기법들이 개발되었으며 소비자의 관심과 소비행태를 관찰할 수 있는 기술이 개발되고 보다 많은 잠재고객에게 접근할 수 있게 되었기 때문이다.

오늘날의 WWW는 10년 전 아무도 상상하지 못했던 방향으로 발전했다. 기존의 매체들이 일방향으로만 커뮤니케이션을 했던 것과 달리 인터넷은 상호작용적인 쌍방향 커뮤니케이션을 할 수 있다. 소비자들은 이제 어떤 메시지를 언제 받아볼 것인지 자신이 정할 수 있을 뿐만 아니라 판매되는 제품에 대한 자신의 의견을 제시할 수도 있다. 즉 소비자와 마케터들은 인터넷을 통해 정보를 공급하고 찾아볼 수 있으며 거래도 하게 되었다.

웹의 목적

처음 기업들이 인터넷을 이용하기 시작했을 때에는 주로 회사가 고객에게 일방향 정보를 제공해 주는 것에 집중하였다. 그래서 어떤 회사들의 웹사이트는 온라인 카탈로그 정도의 기능만 하며 다른 회사들의 사이트도 정보제공에만 충실했다. 현재는 기업 웹사이트의 목적이 빠르게 변화하며 여러 가지 목적을 달성하기 위해 제작된다. 보다 창조적으로 브랜드, 포지셔닝, 제품 정보, 세일 정보를 제공하며 이를 쌍방향interactive으로 제작한다. 자바Java의 출현으로 웹사이트는 보다 세련된 그림, 음악, 애니메이션을 넣을 수 있게 되었다. 이런 발전은 마케터들이 인터넷을 단지 정보만 전달하던 기능에서 전혀 새로운 방법으로 이용할 수 있게 되었다. 즉 기존의 정보를 전달하고 상품을 판매하는 것에서 한 걸음 더 나아가 고객과 다양한 커뮤니케이션을 하고 새로운 방식의 판매를 하게 된 것이다.

웹사이트의 개발과 유지

마케터들의 웹 목표를 논하기 전에 웹사이트의 기능을 한 번 더 확인해 보자. **웹사이트**website는 정보제공자provider가 사용자user들에게 인터넷에서 정보를 이용할 수 있도록 하는 공간이다. 때문에 웹사이트를 개발하고 유지하는 것은 많은 노력을 필요로 한다. 방문자들을 웹사이트로 유인하고 재방문하게 하는 것은 창의력, 효과적인 마케팅, 지속적인 정보의 갱신을 필요로 한다. 또한 웹사이트는 회

사진 15-1
효과적인 웹사이트를 만들기 위한 요소

사진 15-2
하기스의 웹사이트는 아기와 육아에 대한 정보를 제공한다.

사의 다른 매체들과도 그 목표, 디자인 등에서 통합된 모습을 보여야 한다.

사진 15-1은 효과적인 웹사이트를 만들기 위한 요소들을 설명하고 있다. 웹사이트를 효과적으로 만들기 위해서는 회사가 웹사이트를 통해 무엇을 달성하고자 하는지를 명확히 이해해야 한다. 즉 어떤 회사는 웹사이트를 통해 정보 제공을 주 목적으로 하는 반면 다른 회사는 시장에 보다 공격적으로 접근하고 싶어 한다. 예를 들어 하기스 기저귀를 만드는 킴벌리 클라크사는 자사의 새로운 기저귀를 인터넷을 통해 아주 성공적으로 마케팅 했다(**사진 15-2**). 하기스는 인터넷을 통해 기저귀에 대한 충실한 정보를 제공했을 뿐만 아니라 부모들과의 관계를 증진하고 브랜드 이미지를 개선하며 판매를 증가시키는 활동을 했다. 하기스 웹사이트는 임산부들에게 행복하고 건강한 임신기간을 보낼 수 있는지에 대한 정보도 제공했다. 또 신생아를 낳았을 때 아기를 건강하게 키울 수 있는 조언과 정보도 마련했다. 이 사이트는 회사와 아기 엄마들과의 일대일 관계를 증진시켰으며 멤버십 제도를 도입하여 샘플, 포인트, 쿠폰, 사은품 등의 혜택도 제공하였다.[1] 수천 명의 사람들이 회원가입을 했으며 이 회원정보는 회사의 미래 마케팅 활동에 귀중한 정보로 사용되었다. 제품판매를 위해서는 고객들에게 온라인 쇼핑을 제공하고 또 하기스 기저귀를 살 수 있는 가까운 상점의 정보를 알려주었다.

하기스 기저귀 예에서 보듯이 웹사이트는 회사의 경영 혹은 마케팅 목표에 따라서 매우 효과적인 수단이 될 수 있다. 다시 말하면 웹사이트는 간략한 회사나 상품의 정보를 알려주는 용도로 사용될 수 있고 혹은 브랜드이미지나 충성도를 좋게 하거나 샘플링이나 제품 판매를 할 수도 있다.

커뮤니케이션 목표

인터넷은 다른 매체들과 달리 이종적hybrid인 매체이다. 즉 인터넷은 커뮤니케이션 매체라는 성격과 직접반응 매체라는 성격을 동시에 가지고 있다. 커뮤니케이션 매체라는 것은 회사가 인지도를 높이고, 정보를 제공하고, 소비자 태도에 영향을 주는 등 여러 커뮤니케이션 목표를 달성하기 위해 인터넷을 사용한다는 것

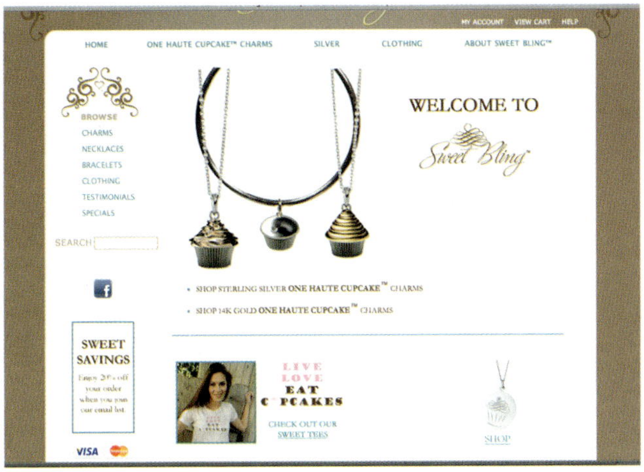

사진 15-3
신생 회사인 SweetBling.com은 인터넷을 사용하여 브랜드를 효과적으로 노출하였다.

이다. 직접반응 매체라는 것은 사용자들이 전자상거래를 통해 물건을 사거나 팔 수 있다는 것이다.

인지도 창출 웹사이트에 광고를 넣는 것은 기업이나 특정 제품 혹은 서비스의 인지도를 올릴 수 있는 좋은 방법이다. 특히 예산이 제약된 작은 회사들은 전통적인 광고매체로는 도달하기 힘든 인지도를 웹을 통해 달성할 수 있다. 예를 들어 **사진 15-3**과 같은 이제 막 시작한 작은 회사는 인터넷을 통해 적절한 비용으로 전 세계에 브랜드를 노출할 수 있다. 인터넷이 예산 제약이 있는 작은 회사의 인지도를 올리는 데 아주 유용할 수 있는 반면, 거대 기업에게는 그다지 유용하지 못할 수 있다. 큰 회사의 경우에는 TV같은 대중매체를 통해 광범위한 노출을 하는 것이 노출당 비용 측면에서 보다 효율적일 것이다.

관심 유발 펩시콜라의 웹사이트인 Pepsi.com에 방문하면 이 사이트가 소비자의 관심을 유발시키기 위해 어떤 활동을 하는지 확인할 수 있다. 펩시콜라의 사이트는 뉴스, 다운로드, TV광고, 현재 프로모션 등의 내용을 제공한다. 또 방문자들은 콘서트 티켓이나 펩시 기념품을 살 수도 있다. **사진 15-4**처럼 레드불Redbull의 홈페이지는 각종 이벤트, 사진, 스포츠, 레드불 TV 등에 관련된 정보를 제공하여 방문자들의 재방문을 유도한다. 또한 게임, 제품 정보, 세일 품목 등의 정보도 제공할 뿐만 아니라 소비자에 따라 개인화된 웹사이트 편집도 가능하다. 레드불의 웹사이트는 아주 단순한 목적을 설정하였다. 바로 '방문객들이 자주 방문할 수 있도록 관심을 유발시키고 그래서 제품에 대해 더 잘 알고 궁극적으로는 판매를 증진시킨다'는 것이다.

사진 15-4
Redbull.com은 사람들이 웹사이트를 자주 방문할 수 있는 관심거리들을 많이 제공하고 있다.

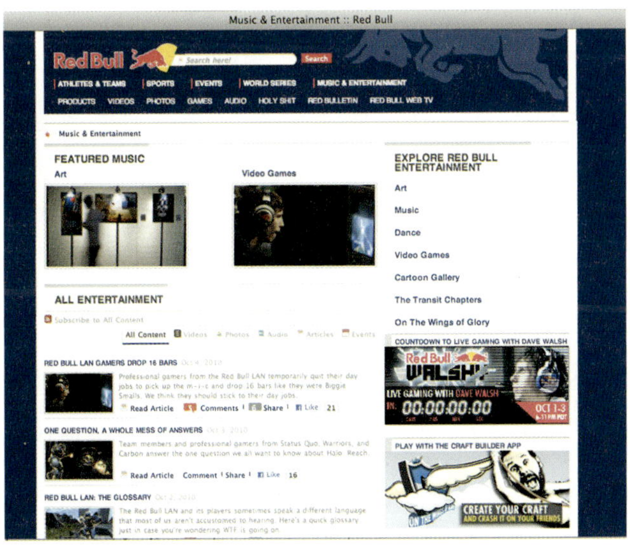

정보 제공 웹사이트를 운영하는 가장 근본적인 이유 중 하나는 바로 제품과 회사에 대한 자세한 정보를 제공해 주는 것이다. 특히 B2Bbusiness to business 시장에서는 보다 많은 구매자들이 깊이 있는 정보를 제

사진 15-5
이미지 창조를 위해 만들어진 웹사이트의 예

공해 줄 것을 기대하기 때문에 웹사이트를 운영하는 것은 필수적이다. 정부 기관에서는 각종 계약에 대한 입찰을 인터넷을 통해서 하는 경우가 많다(우리나라의 경우 나라장터: www.g2b.go.kr). 입찰에 관련된 필요 요건, 규격, 마감일자 등의 정보는 웹사이트를 통해 더 빨리 보다 많은 입찰 참가자에게 다른 어떤 매체보다도 저렴하게 공지할 수 있다. 소비재를 만드는 회사의 웹사이트는 자사 제품이나 서비스에 대한 정보, 사회공헌 활동, 회사 소개 등의 커뮤니케이션을 하는 수단으로 이용된다.

이미지 창조 많은 회사의 홈페이지는 회사가 추구하는 이미지를 반영하여 제작된다. 예를 들어 www.olukai.com(**사진 15-5**)를 방문해 보자. 이 사이트는 이미지 구축을 어떻게 하는지 보여주는 좋은 예다. 공교롭게도 많은 전통적인 마케터들은 인터넷을 통하여 브랜드 이미지 구축을 하는 데 어려움을 느낀다. 물론 성공적인 회사들도 있지만 인터넷으로 브랜딩을 하고 이미지 구축을 위한 전략을 수립하기 위해서는 인터넷 매체의 특성을 정확히 이해하고 이를 적용해야 한다.

강력한 브랜드 만들기 IMC 프로그램의 한 부분으로서의 인터넷은 브랜딩을 하는 데 유용한 도구이다. 불행하게도 아직 대부분의 회사들은 인터넷 매체를 통한 브랜딩에 익숙하지 못한 것 같다. 성공적인 브랜딩에는 장기적인 투자가 필요함에도 불구하고 많은 마케터들은 인터넷을 쉽게 수정하고 빨리 브랜딩할 수 있는 매체로 생각하고 있다. 때문에 인터넷을 통한 브랜딩으로 단기적 성과를 달성하지 못하면 인터넷을 통한 브랜딩을 포기하고 비용을 절감하려는 방향으로 선회하곤 한다.

시용 유발 많은 마케터들은 인터넷이 제품이나 서비스 시용trial 유발에 아주 적절한 매체라는 점을 인식하기 시작했다. 웹사이트들은 자주 인터넷 쿠폰을 발행하여 제품 시용을 촉진한다. 또 샘플제공, 제품세일, 추첨 행사 등을 인터넷으로 진행해 시용을 촉진한다. 예를 들어 아이튠즈(iTunes.com)와 같은 음악사이트는 노래 샘플을 제공한다. 또 프로그램을 만드는 회사의 경우 인터넷을 통하여 프로그램을 시험해 볼 수 있도록 하기도 한다.

버즈 창출 인터넷의 장점 중 하나는 바로 버즈buzz(구전효과)를 창출한다는 점이다. 소셜네트워크나 이와 유사한 사이트들은 구전효과를 유발하기 쉽기 때문에 마케터들에게 매력적인 매체이다.

고려 대상 되기 인터넷은 고려consideration나 평가라는 커뮤니케이션 목표를 달성하기 용이한 매체이다. 인터넷 블로그나 게시판을 보면 제품이나 브랜드를 평가한 리뷰를 쉽게 볼 수 있고 이는 고객들에게 유용한 정보를 제공한다.

전자상거래

인터넷은 소비재시장이나 B2B시장에서 어떤 제품을 소비자에게 직접 팔 수 있는 기회를 제공한다. 이렇게 제품이나 서비스를 직접 판매하는 것을 **전자상거래**e-commerce라 부른다. 전자상거래의 시장규모는 2010년 미국에서 1,512억 달러로 추산되며 본 교과서에서도 소개된 많은 인터넷 사이트의 첫 번째 혹은 두 번째 운영 목적은 바로 전자상거래이다(**사진 15-6**).[2]

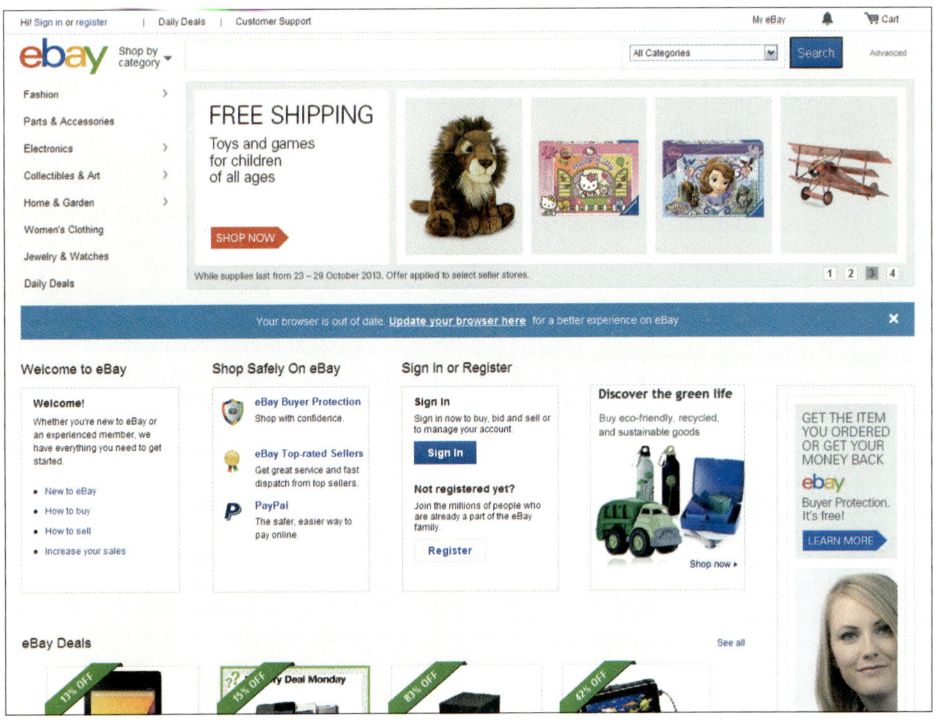

사진 15-6
이베이는 세계에서 가장 유명한 전자상거래 사이트이다.

많은 회사들이 인터넷을 통한 판매와 동시에 자신들의 전통적인 유통망을 함께 운영하고 있다. 또한 앤테일러Ann Taylor, 메이시Macy's, 그리고 노드스트롬Nordstrom과 같은 미국의 백화점은 온라인 판매에 좀 더 치중하고 있으며 오프라인 매장에도 무인단말기를 설치하여 판매에 활용한다. 반스앤노블Barnes & Noble같은 대형 서점은 아마존Amazon.com에 빼앗긴 시장을 되찾기 위해 온라인 판매를 증대시키고 있다.[3]

그럼 이제 인터넷이 IMC 프로그램에 어떻게 기여할 수 있는지를 살펴보자.

인터넷과 IMC

이제 인터넷이 IMC 프로그램의 일부분으로 어떻게 활용되는지를 논의한다.

웹 1.0과 웹 2.0 인터넷 백과사전인 위키피디아는 웹 1.0과 웹 2.0의 차이를 보여주는 사이트이다. 먼저 웹 1.0은 월드와이드웹World Wide Web이 처음 소개된 뒤부터 인터넷 닷컴 거품이 꺼진 시점(2000년 초반)까지 일반적인 형태였다.[4] 웹 1.0의 가장 큰 특징은 일방향 커뮤니케이션을 하는 것이다. 이와 비교하여 웹 2.0은 인터넷의 큰 변화를 가져왔는데 그 특징은 정보가 웹 1.0의 사이트 운영자(회사 등)와 더불어 일반 개인이나 참가자를 통해서 분산적이고 쌍방향적으로 생성된

도표 15-2
인터넷을 통하여 회사가 소비자와 커뮤니케이션 하는 과정에서 웹 1.0과 웹 2.0의 차이점

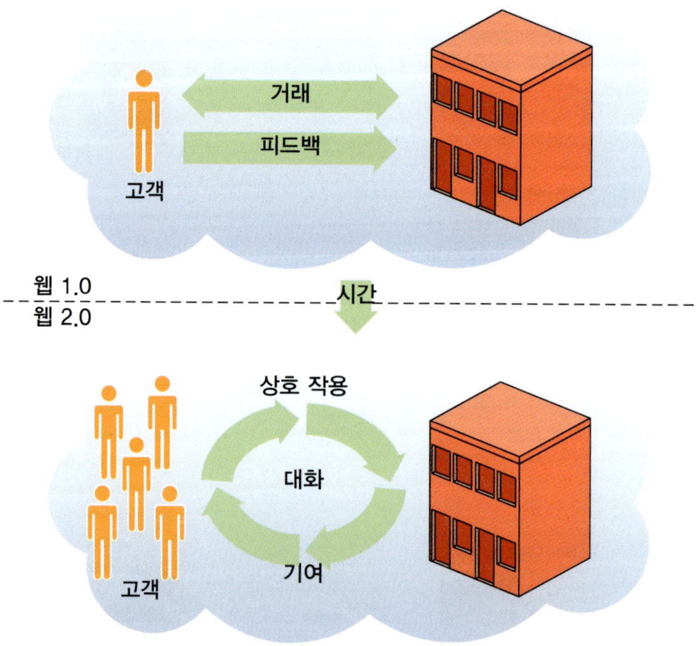

다는 것이다(도표 15-2). 이제 웹 2.0의 시대가 마케팅 커뮤니케이션에 미치는 영향에 대하여 살펴보도록 한다. 먼저 인터넷의 일반적인 마케팅 커뮤니케이션을 보고 웹 2.0 시대의 마케팅 커뮤니케이션을 보자.

인터넷 광고

방송이나 신문처럼 인터넷도 광고매체이다. 회사나 조직들은 자신의 상품이나 서비스를 프로모션하기 위하여 TV, 잡지, 광고판에 광고를 싣는 것처럼 인터넷에 광고를 싣는다. 인터넷 광고에는 다양한 형태가 있다. 예를 들면 배너광고, 스폰서십, 팝업과 팝언더 등이 있다. 그럼 각각을 살펴보도록 하자.

배너 인터넷에서 가장 일반적인 광고가 바로 **배너광고**banner ads이다. 배너는 제품의 인지도를 올리거나 소비자가 추첨행사에 참여하도록 하고 다이렉트마케팅 목표를 달성할 수 있도록 한다. 배너광고의 형태는 사진 15-7처럼 다양한 형태가 존재하며 사이드패널side panel, 스카이스크래퍼skyscraper, 혹은 버티컬vertical로도 불린다. 처음에 배너는 인터넷 광고에서 가장 일반적인 방식이었지만 연구에서 그 효과를 의문시 하는 경우가 많아서 최근에는 사용빈도가 감소하고 있다. 광고 연결율click-through rate(배너 광고를 클릭하여 광고주의 사이트로 연결되는 비율)은 다양하지만 많은 연구에서 1% 미만인 경우가 많다고 한다.[5] 동시에 인터넷 이용자들이 배너광고를 통해 광고주의 사이트에 접속하지 않는다고 해도 배너광고를 본 사용자들이 광고주 사이트 검색이나 접속을 증가시킨다는 연구도 있다.[6,7] 또 다른 연구에서는 배너광고의 광고 연결율이 낮다고 해도 반복적인 광고노출은 광고에 대한 태도를 보다 긍정적으로 만드는 효과가 있다고 한다.[8]

사진 15-7
배너광고의 형태

스폰서십 인터넷 광고에는 **스폰서십**sponsorship 형태의 광고도 있다. 스폰서십은 두 가지 종류가 있다. 먼저 일반적인 스폰서십은 회사가 인터넷 사이트의 한 부분을 후원하고 비용을 지불하는 것이다. 예를 들어 하우스뷰티풀이나 코스모폴리탄 같은 잡지가 iVillage.com에 스폰서십을 하는 것이다. 혹은 회사가 Forbes.com의 한 부분에 스폰서가 되는 것이다. 두 번째로 일반적인 스폰서십보다 참여도가 높은 **콘텐츠스폰서십**content sponsorship이라는 것이 있다. 이 경우 스폰서는 단순히 돈만 제공하는 것이 아니라 그 사이트를 위한 콘텐츠까지 제공하는 것이다. 어떤 경우에는 스폰서가 일부의 콘텐츠를 책임지기도 하고 다른 경우에는 사이트 전체의 콘텐츠를 스폰서가 다 책임지기도 한다.

팝업/팝언더 인터넷을 이용하다 보면 갑자기 새 창이 뜨면서 이용자의 관심을 끄는 경우가 있다. 바로 이것이 **팝업**pup-up이다. 보통 팝업은 배너보다는 큰 크기이고 화면 전체보다는 작다. **팝언더**pop-under는 팝업과 다르게 어떤 사이트를 방문했을 때 그 밑에 생성되는 것이다. 그래서 방문했던 사이트를 닫게 되면 비로서 팝언더를 볼 수 있게 된다.

어떤 회사들은 팝업이나 팝언더가 효과적인 광고수단이라고 생각하지만 동의하지 않는 사람들도 많다. 특히 고객들의 불만 때문에 자신의 사이트에 팝업이나 팝언더를 허용하지 않는 인터넷 사이트도 있다. TNS에 실시한 조사에 따르면 93%의 미국인이 팝업 광고는 '귀찮다' 혹은 '아주 귀찮다'라고 응답했다.[9] 또 팝업을 막을 수 있는 설정을 사용할 수 있게 되면서 팝업이나 팝언더의 노출 빈도와 효과는 크게 감소한 것으로 나타났다.

인터스티셜 **인터스티셜**interstitial은 방문한 인터넷사이트의 내용이 다운로드 되는 동안 나타나는 광고를 말한다. 일반적으로 인터스티셜 광고는 사람들을 짜증나게 하고 효과도 별로 없다고 하지만 최근 광고대행사인 그레이Grey Advertising는 다른 결과를 제시했다. 즉, 인터스티셜 광고에 대하여 47%가 호감을 나타냈고 단지 15%만이 '짜증난다'라고 응답했다. 또 일반적인 배너광고가 약 51%의 회상률을 보이는 반면 인터스티셜은 더 높은 76%의 회상률을 기록했다.[10] 그래서 토요타, 코카콜라, 트라이스타TriStar, 메이시스 백화점 등은 인터스티셜 광고를 집행하고 있다.

링크 링크를 광고의 한 종류로 생각하지 않는 사람들도 있지만 **링크**link는 실제로 광고의 역할을 하고 있다. 예를 들어 인터넷 방문자는 추가적인 정보를 제공받거나 관련된 다른 사이트로 이동하기 위해 링크를 클릭한다. Forbes.com의 홈페이지 하단부를 보면 스폰서들의 링크를 볼 수 있는데 링크를 통해서 방문자들은 추가적인 정보에 접근할 수 있다.

유료검색 유료검색paid search이나 검색엔진 광고도 아주 흔한 광고형태다. 유료검색은 고객이 검색사이트에서 어떤 회사의 광고나 링크를 클릭했을 때에만 광고비를 지급하는 것이다. SEMPOSearch Engine Marketing Professional Organization에 따르면 70%의 마케터들이 유료검색을 사용한다고 했다.[11] 또 유료검색은 회사들의 전체 온라인 광고 예산에 약 45%를 차지한다고 한다. 많은 검색사이트가 유료검색을 제공하는 가운데 구글(**사진 15-8**)이 검색시장을 지배하고 있다. 즉 모든 검색의 셋 중의 둘은 구글을 통해 이루어지고 있다는 것이다. 고객들이 무엇에 관심이 있는지를 정교하게 타깃팅하기 위해서 광고주들은 **SEO**search engine optimization를 사용한다. SEO는 검색사이트에 돈을 내지 않고(유료검색의 상대적인 의미) 검색사이트로부터 자신의 사이트로 방문하는 사람을 늘리는 것을 말한다. SEO의 중요한 원리는 자신의 사이트가 검색엔진의 검색 결과 첫 줄에 나올수록 더 많은 사람이 방문할 것이라는 것이다. 검색 결과 첫 줄에 나오게 하기 위해서는 검색엔진이 검색키워드를 어떻게 처리하는지에 대한 논리와 HTML 언어의 구성을 정확하게 이해해야 한다.[12] SEO는 현재 대부분의 회사에서 IMC의 한 부분으로 활용되고 있다.

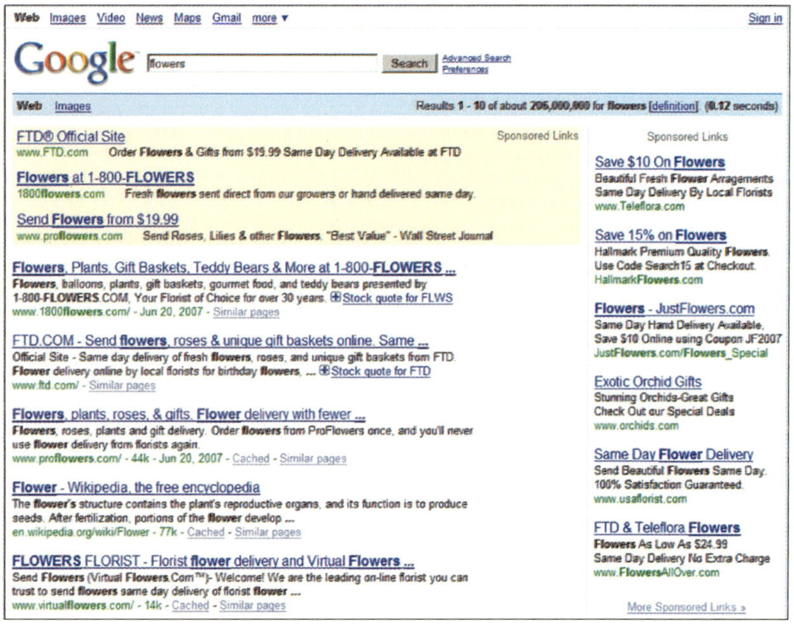

사진 15-8
'꽃(flower)'으로 구글 검색을 했을 때의 결과

행동타깃팅 인터넷 광고시장에서 최근 급성장 하는 분야가 **행동타깃팅**behavioral targeting이다. 행동타깃팅은 광고주가 소비자의 인터넷 사용 행태(어떤 웹사이트를 방문했고 무엇을 검색했는지 등)를 추적하여 타깃팅 하는 것을 말한다. 예를 들어 어떤 사람이 최근 자동차 관련 사이트에 자주 접속했다고 한다면 그 사람에게 자동차나 자동차 대리점 광고를 실시간으로 보여주는 것이다. 행동타깃팅은 그 실행에 있어 논란의 여지가 있기는 하지만 아주 효과적이라는 것이 증명되었다.

문맥광고 광고주가 인터넷사이트의 내용에 따라 광고를 싣는 것을 **문맥광고**contextual ads라고 한다. 행동타깃팅이 검색하는 사람의 행동에 근거하여 타깃팅하는 것이라고 한다면 문맥광고는 웹페이지의 내용에 근거하여 광고하는 것을 말하는 것이다. 예를 들어 여행관련 사이트에는 항공권 광고를 한다거나 골프 관련 사이트에는 골프채 광고를 싣는 것이다.

리치미디어 초고속 인터넷의 보급이 늘어남에 따라 비디오 스트리밍을 이용한 광고에 대한 관심이 높아지고 있다. **리치미디어**rich media는 광범위한 상호작용적 디지털 매체로 비디오, 오디오, 애니메이션을 이용하여 역동적인 움직임이나 감각적인 모습을 보여주는 매체를 의미한다.[13] 혹은 플래시 애니메이션을 이용하여 만든 모든 콘텐츠를 리치미디어라고 부르기도 한다.[14] 뮤직비디오, 스포츠 영상, 뉴스 등의 활용을 통하여 광고주는 스트리밍 비디오 형태의 광고 콘텐츠를 만들어내고 있다. 리치미디어에는 다음과 같은 종류가 있다.

- 온라인 커머셜: TV광고의 형태를 인터넷에 옮겨놓은 것이 온라인 커머셜이다. 어떤 회사들은 인터넷 전용 온라인 커머셜을 만들기도 하고 다른 회사들은 TV에서 방송되는 광고를 그대로 온라인에서 사용한다. 많은 회사들이 TV광고와 온라인 커머셜을 효과적으로 잘 사용하고 있는데, 예를 들어 TV광고를 통해서 제품에 대한 관심을 유발시키고 광고를 다시 보고 싶거나 더 긴 온라인 버전의 광고를 보고 싶은 사람을 웹사이트로 유도한다. 온라인 광고는 지속적으로 성장하고 있으며 2010년을 기준으로 연간 17%의 성장세가 예측된다.[15] 소비자들의 온라인 광고에 대한 수용성도 점차 증가하고 있다.
- 주문형 비디오: 인터넷에서는 다양한 엔터테인먼트 콘텐츠(TV광고나 자사가

스폰서하는 이벤트를 포함하여)로부터 만들어진 비디오 클립video clip을 볼 수 있다. 예를 들면 대학 농구게임, FIFA월드컵 대회의 하이라이트, 혹은 애플 아이패드의 시용 영상 등을 활용할 수 있다.

- 웨비소드: 웨비소드webisode는 웹web과 에피소드episode의 합성어로 광고주가 단편영화 혹은 짧은 드라마처럼 만든 광고영상을 말한다. Skyy Vodka, BMW, Target, Hitachi, Honda 같은 회사들은 웨비소드를 활용하는 회사의 예인데 직접 콘텐츠를 만들어 인터넷을 통해 방영하고 있다.
- 기타 리치미디어 광고: 이 밖에도 다양한 리치미디어가 있는데 인터렉티브 배너광고, 확장 광고expandable ad, 비디오게임에 삽입된 리치미디어 광고, 인스턴트 메시지, 팟캐스트podcast, 블로그 비디오광고 등이 그 예이다.

웹 2.0 앞서 간략히 소개한 것처럼 닷컴버블이 붕괴되면서 인터넷은 큰 변화를 겪게 되는데 이것을 주도한 것이 바로 웹 2.0이다. 위키디피아에 의하면 다음과 같이 정의된다.

> **웹 2.0**web 2.0이란 쌍방향적 정보 공유, 정보처리 상호운용, 사용자 중심의 디자인, 그리고 WWW에서의 공동작업을 가능하게 하는 웹 어플리케이션을 의미한다. 즉, 웹 2.0은 인터넷 사용자가 인터넷의 다른 관리자나 사용자와 상호작용하며 웹사이트의 콘텐츠를 만드는 데 기여하는 것으로 인터넷 사용자가 수동적으로 제공된 정보만 읽는 것과 비교되는 개념이다.[16]

웹 2.0의 예로는 도표 15-3에서 보는 바와 같이 소셜네트워크 사이트(페이스북), 비디오 공유 사이트(유튜브), 인터넷백과사전 사이트(위키피디아), 각종 블로그 사이트 등이 있다. 그중 대표적인 웹 2.0의 예를 살펴보도록 하자.

소셜네트워크social networking 사이트는 사용자들이 개인의 네트워크 내에서 생각, 활동, 관심분야를 공유할 수 있는 곳이다.[17] 예를 들어 마이스페이스, 페이스북, 프렌드스터Friendster, 베보Bebo, 트위터, 링크드인 등이 있다. 앞서도 얘기한 것처럼 마케터들은 이런 소셜네트워크 사이트가 표적시장으로의 접근성이 높고 비용이 저렴하며 소비자들의 적극적인 참여를 한다는 점에서 아주 매력적으로 생각한다. 특히 마케터들이 가장 좋아하는 것은 큰 구전효과를 일으키는 잠재력이 있

도표 15-3
웹 2.0을 통해 인터넷을 다양하게 사용할 수 있다.

자료: Gary H ayes and Laurel Papworth, 2008

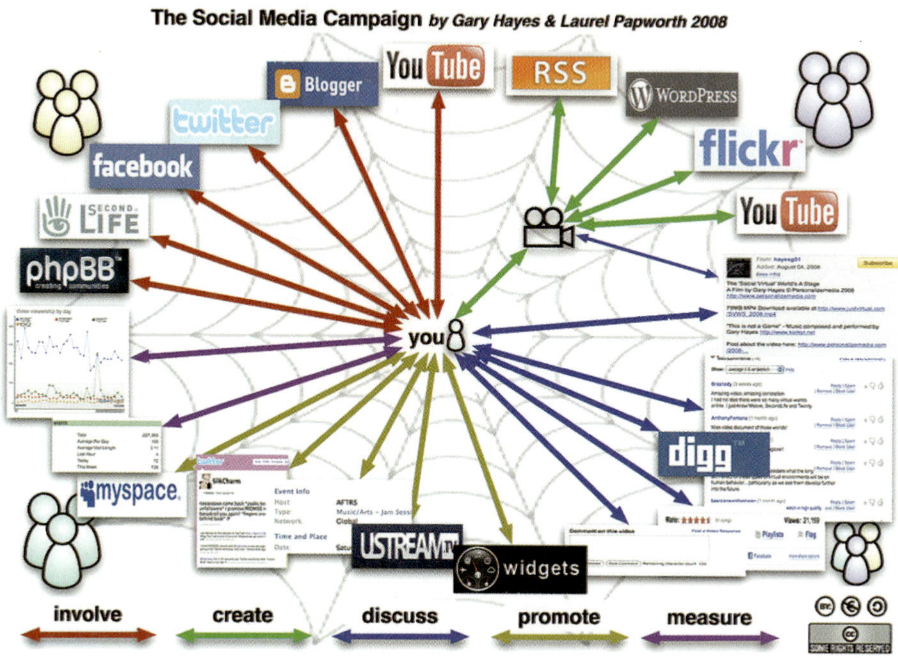

도표 15-4
소셜미디어 네트워크의 활용 사례

사이트	사례
페이스북	샤피(Sharpie, 미국의 가장 유명한 매직펜 제조업체)는 "Uncap What's Inside"라는 캠페인을 했다. 소비자들이 샤피 매직펜을 이용해 주변의 사물(운동화에서 서핑보드까지)을 창의적으로 꾸미는 행사를 통해 샤피 제품(특히 샤피 제품 중 잘 알려져 있지 않은 상품)을 알리려는 목적이었다. 이 캠페인은 페이스북이나 플리커와 같은 소셜미디어 매체를 통해 진행되었다.
트위터	랜드로버(Land Rover)는 트위터를 통해 새 모델을 선전하였다. 해시태그(hash tag, 트위터 등에 '# 주제어' 식으로 작성하는 것)를 옥외광고판, 택시 TV, 다른 옥외광고 등에 게시하였다. 이 캠페인 결과 4,500의 트위터 유저를 통해 30만 건의 트윗이 랜드로버의 새 차를 언급하였다.
링크드인	Ernst & Young과 EMC Corp 등의 회사는 링크드인을 통해 회사를 선전하고, 새로운 직원을 선발하며 특정 이익집단을 표적으로 마케팅을 한다. SAP나 마이크로소프트 같은 B2B업체들도 이용하고 있다.

다는 것이다. 또 작은 규모의 회사들 입장에서는 거대한 잠재고객층에게 저렴한 비용으로 마케팅을 할 수 있다는 것이 장점이다. 도표 15-4는 회사들이 소셜미디어를 IMC의 한 요소로 어떻게 활용하고 있는지 설명해 주고 있다.

사용자 창출 비디오공유user-generated video sharing 사이트들은 대부분 무료로 개인이 비디오영상, 뮤직비디오, 비디오 블로그 등의 콘텐츠를 올리고 이것을 대중과 공유하는 사이트를 말한다.[18] 최근에는 CBS, BBC, 베보Vevo, 그리고 삼성전자 같

도표 15-5
사용자 창출 비디오공유의 활용 사례

사이트	사례
유튜브	칼스주니어(Carl's Junior, 미국 패스트푸드 프랜차이즈 브랜드)는 신제품인 Portobello Mushroom Burger를 알리기 위해 9명의 유명한 유튜버(유튜브 동영상 제작자)를 고용하여 햄버거 광고를 만들게 했다. 칼스주니어는 유튜버들에게 동영상에 제품명이 들어가도록 하게 하였다. 이들의 동영상은 광고로 분류되지 않고 단지 칼스주니어가 각각의 제작자를 후원하는 형태로 진행되었다. 9명의 유튜버의 신제품 햄버거 관련 동영상은 약 1천만 명이 시청한 효과를 거두었다.
베보	베보가 소유하고 있는 Open Media는 모든 방송 콘텐츠를 무료로 볼 수 있는 매체이다. MTV, CBS, Sky, BBC 등의 방송사는 자신의 콘텐츠를 통제하고 광고 수익도 100% 가져갈 수 있다. 방송사는 Open Media를 이용함으로써 4천만 베보 이용자에게 추가로 방송을 노출할 수 있고 베보는 추가적으로 회원을 확보할 수 있다.

은 거대 기업이나 조직도 유튜브나 다른 비디오 공유사이트를 통해서 자사의 광고나 사용 설명과 같은 동영상을 올리고 있다. 다른 대기업들은 비디오공유 사이트를 이용하여 소비자들이 직접 만든 광고 콘테스트를 하기도 하는데 GM과 같은 회사는 콘테스트에서 우승한 광고를 슈퍼볼(미국 프로미식축구 챔피언 결승전으로 미국 내 가장 높은 시청률과 가장 비싼 광고료로 유명하다)광고로 내보내기도 했다. 이런 비디오공유 사이트의 예로는 플리커Flickr, 훌루Hulu, 그리고 유튜브가 있다(**도표 15-5**).

팟캐스팅podcasting은 인터넷을 통해 아이팟이나 MP3를 이용하여 라디오를 방송하는 매체를 말한다. 아이팟이나 MP3가 일상화되면서 팟캐스팅은 매력적인 매체가 되었다. Clear Channel Communications, National Public Radio, 그리고 TV프로그램으로는 「60 Minutes」라는 프로그램이 팟캐스팅을 통해 방송을 하고 있다. 「Podcasting: Into the Mainstream」이란 책을 쓴 Paul Verna는 이런 변화는 비주류 매체였던 팟캐스팅이 웹 2.0 시대의 주류 매체가 되는 혁신을 가져왔다고 하였다.[19] 전통적인 광고주들도 이제 팟캐스팅을 광고 매체로 받아드리고 있으며 다른 회사들

사진 15-9
팟캐스팅은 여러 광고주에게 인기 있는 매체가 되었다.

도 팟캐스팅의 유용성에 주목하고 있다(**사진 15-9**). 예를 들어 콘돔 제조사인 듀렉스Durex는 FCC의 광고규제를 피하며 마케팅 메시지를 전달하기 위해 팟캐스트에서 PPL을 시행하고 있다.

RSSReally Simple Syndication는 웹 콘텐츠를 조직하고 구성하기 위한 XLM 형식을 말한다. 콘텐츠 관리자는 RSS피드RSS feed를 생성하고 방문자는 자신의 RSS리더에 RSS피드의 주소를 등록하면 등록한 웹사이트에 새로운 내용이 추가될 때 방문자에게 그 사실을 알리게 된다. 이러한 공지는 사용자가 선호에 따라 개인화할 수 있기 때문에 광고주들은 RSS를 통하여 어떤 제품에 관심을 가지는 소비자층을 대상으로 정보를 전달할 수 있는 점에 매력을 느끼고 있다. 예를 들어 워싱턴포스트신문은 자사 웹사이트의 광조주들에게 RSS피드를 허용하고 있으며 또 아메리칸익스프레스, 콘티넨탈항공, 버라이즌(이동통신사) 같은 회사들은 RSS피드를 활용한 광고를 집행하고 있다.

블로그blog(혹은 웹로그Weblog)는 일반적으로 주기적인 기사로 구성된 웹 출판을 의미한다. 그래서 블로그에는 개인, 커뮤니티, 정치적 조직, 혹은 회사의 글이 올라오는데 이것은 광고주가 표적집단에게 접근할 수 있는 새로운 방법을 제공하고 있다. 예를 들어 블로그 중에는 맥주에 관한 것, 각종 이벤트에 대한 것, 스포츠에 대한 것, 육아에 관한 것 등이 있다. 2009년을 기준으로 약 1억 2,600만 개의 블로그가 있다고 집계되었다.[20] 그래서 어떤 마케터들은 적은 비용으로 거대한 잠재고객에게 접근할 수 있는 블로그의 잠재력에 열광하고 있다. 그래서 이런 마케터들은 특종보도나 신제품 뉴스 등을 주류 언론에 공개하기 전에 블로거에게 먼저 전달하여 블로거들의 협조를 이끌어낸다. 하지만 이에 대해 회의적인 시각을 가진 사람들도 있다. 이들은 블로그를 마케팅에 활용하는 것은 문제만 야기할 뿐이라고 한다. 즉, 블로그가 사기나 기만에 악용될 수도 있고 실제 대중에게 접근성이 제한된다고 믿는다.

앞에서 언급한 매체 이외에도 다양한 형태의 웹 2.0 매체가 존재한다. 마케터들은 위젯, 가상현실, 증강현실, QR코드 등도 마케터들이 활용할 수 있는 웹 2.0 매체이다(**도표 15-6**).

도표 15-6
다른 형태의 웹 2.0 매체

매체	설명
위젯	많은 웹사이트에서 제공하는 기능으로 인터넷 이용자들은 어떤 콘텐츠와 연결된 위젯을 게시하고를 다른 사람은 이를 클릭함으로써 해당 콘텐츠를 공유할 수 있다.
가상현실	현실 혹은 가상의 세계를 컴퓨터로 재창조한 것이다. 예를 들어 볼보는 신차 캠페인을 My Town이라는 게임 속에서 실시하였다.
증강현실	눈으로 보이는 현실 세계를 컴퓨터로 창조한 가상 이미지로 증강(augmented)한 것. 현실의 이미지와 가상의 이미지가 겹쳐 보임.
QR코드	대부분의 스마트폰으로 관련 앱을 실행한 후 사진 찍듯이 QR코드를 찍으면 해당 인터넷사이트로 연결되는 것. 예를 들어 스페셜K(다이어트용 시리얼)는 제품 상자에 QR코드를 인쇄하고 소비자가 QR코드를 찍으면 다이어트 정보가 있는 동영상으로 연결된다.

인터넷에서의 판매촉진

기업들은 인터넷이 판매촉진을 실행하기 매우 효과적인 매체라고 생각한다. 앞서 언급한 것과 같이 하기스는 웹사이트를 이용하여 판매촉진을 아주 활발하게 하고 있다. 많은 수의 회사들이 인터넷으로 온라인 쿠폰을 발행하고 있고 퀴즈 응모, 콘테스트, 추첨행사, 즉석추첨 등과 같은 판매촉진을 한다. 켈로그(시리얼 제조사)는 디즈니 픽사와 함께 「토이스토리3」 영화 프로모션을 진행했는데 시리얼 박스안에 있는 코드를 모아 토이스토리3 캐릭터인형을 받을 수 있게 했다. Piku라는 웹사이트는 '오늘의 특가'라는 소셜 웹사이트(**사진 15-10**)를 운영하고 있는데 이 사이트에서는 회원들에게 할인가로 상품을 제공하고 또한 상품 할인 정보를 다른 사람에게 추천한 회원들에게는 추가적인 할인을 실시해 주고 있다.

사진 15-10
Piku.jp는 일본의 첫 번째 할인 쿠폰 웹사이트로 일본 내 47가지 업종의 제품이나 서비스에 대한 할인가격을 제공한다.

인터넷에서의 인적판매

인터넷은 인적판매를 하는 사람들(특히 B2B업체)에게는 새로운 기회이자 위협이다. 어떤 사람에게 인터넷은 직장을 빼앗는 위협이 되기도 하지만 다른 회사에게는 자신의 웹사이트를 강력하게 구축함으로써 자사의 경쟁력을 유지 혹은 강화하는 기회가 되는 것이다. 높은 비용과 낮은 도달 범위라는 단점을 가지는 인적판매의 특성상 회사들은 인터넷을 활용하여 새로운 고용을 축소하거나 심지어 현재의 인적판매원들을 감축할 수도 있다.

긍정적인 측면에서는 웹사이트는 인적판매의 효과를 높이고 지원하는 기능을 하고 있다. 즉, 인터넷은 소비자 시장이나 B2B 시장에서 수백만 명의 고객들에게 정보를 제공하는 가장 중요한 역할을 하는 것이다. 웹사이트 방문자는 회사의 상품과 서비스에 대한 다양한 정보를 얻을 수 있다. 그리고 그 방문자의 정보는 회사의 데이터베이스에 저장되어 내외부의 판매직원들에게 활용될 수 있다. 즉, 고객들만 회사 상품이나 세일에 대한 정보를 얻는 것이 아니라 판매부서도 잠재고객에게 보다 비용 효과적으로 접근할 수 있는 것이다.

웹은 시용을 촉진시키는 수단으로도 사용된다. 전통적인 인적판매에서 판매사원은 잠재고객의 일부만을 접촉할 수 있다. 온라인에서 시용기회나 샘플을 제공함으로써 고객들은 회사의 제품이나 서비스가 자신에게 필요한 것인지 알 수 있게 되며, 필요하다면 판매사원을 요청할 수 있다. 이 경우 판매하는 사람도 구매하는 사람도 인터넷으로 인하여 시간과 비용을 절약할 수 있는 것이다.

어떤 회사들은 인터넷을 고객과의 일대일 관계를 증진시키는 도구로 사용한다. 더 많은 정보를 빠른 시간에 보다 효율적으로 고객에게 전달함으로써 고객들은 회사가 제공하는 제품이나 서비스를 잘 인식하게 된다. 이런 노력은 회사 제품의 교차판매와 고객유지에 큰 도움을 준다. 또한 트위터는 회사에 대한 고객의 의견이나 불만을 듣는 창구로 아주 유용하다. 더욱 회사는 트위터를 통해 고객의 소리에 보다 즉각적으로 응대할 수 있다.

잘 디자인된 IMC 프로그램에서 인터넷과 인적판매는 상호보완적인 도구이다. 즉 같이 잘 활용할 경우 판매를 증진시킬 수 있다. 점점 더 많은 회사들이 이를 인식하고 활용의 범위를 넓히고 있다.

인터넷에서의 홍보

인터넷은 홍보 활동을 수행하는 데도 우수한 도구이다. 많은 웹사이트들이 자사의 홍보 활동에 많은 부분을 할애하고 있다. 예를 들어 회사소개, 자선활동, 기업연간보고서 등을 게시하고 있다.

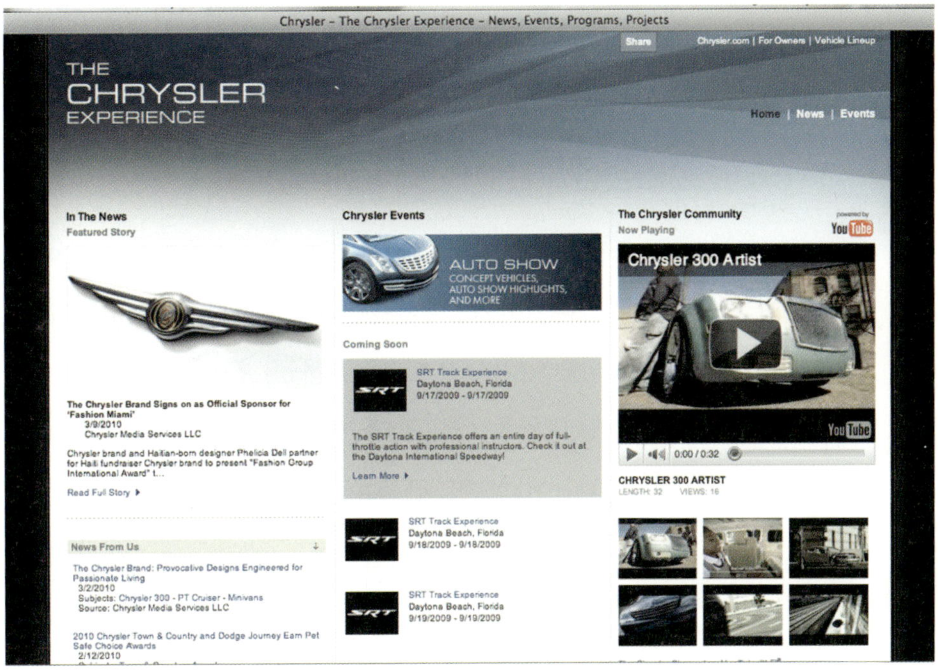

사진 15-11
크라이슬러는 자사의 웹사이트를 홍보의 수단으로 사용하고 있다.

일반회사뿐만 아니라 비영리단체나 정당도 인터넷을 홍보의 목적으로 사용하는 경우가 증가하고 있다. 홍보의 목적으로 인터넷을 사용하는 좋은 예가 크라이슬러 자동차 회사(**사진 15-11**)이다. 크라이슬러의 홍보 페이지에는 새로운 뉴스, 사진, 다른 사이트와의 상호참조, 언론용 보도자료, 곧 열릴 이벤트 스케줄 등의 정보를 공유하고 있다. 또한 회사와 크라이슬러 자동차들에 대한 정보를 제공하고 고객이 피드백을 할 수 있는 공간도 있으며 등록한 고객에게는 자동으로 새로운 정보를 전달한다. 또한 다임러-크라이슬러사의 홈페이지에서는 회사에 대한 언론 기사와 각종 수상 내역, 회사가 실행하고 있는 자선활동이나 환경보호활동에 대한 정보도 찾을 수 있다. 인터넷을 이용한 홍보활동의 다양한 예들은 17장의 홍보 파트에서 찾아볼 수 있다. 다시 말하지만 인터넷은 홍보활동을 하는 데 아주 유용한 매체이며 그 사용은 증가하고 있다.

동시에 많은 자선활동이나 비영리단체에서 인터넷을 기금모금을 위한 방법으로 활용한다. 앞서 언급한 바와 같이 자선단체들은 홍보활동을 관리하기 위한 사이트를 구축하고 있다. 이런 사이트들은 자선활동을 해야 하는 당위성이나 기금모금에 참여하기 위한 정보 등을 제공한다. 인터넷, 홍보, 텔레비전의 통합으로 회사들은 위기상황에 대한 정보를 제공하거나 그들의 제품, 서비스, 회사에 대한 피드백을 수집하는 수단(주로 블로그나 RSS피드를 이용하여)으로 인터넷이 아주 유용한 수단임을 인식하고 있다.

인터넷에서의 다이렉트마케팅

다이렉트마케팅과 인터넷을 설명하기 위하여 두 가지 관점을 이해할 필요가 있다. 하나는 다이렉트마케팅을 커뮤니케이션 도구로 사용하는 경우이고 다른 하나는 전자상거래로 사용하는 경우이다. 커뮤니케이션을 위한 많은 다이렉트마케팅 도구들(예를 들어 다이렉트메일, 인포모셜 등)이 인터넷 방식(이메일 등)으로 전환되었으며, 전자상거래의 경우 거래 그 자체가 인터넷을 기반으로 한다.

다이렉트메일 인터넷을 이용한 다이렉트메일(이메일e-mail)은 일반 편지의 전자 버전이다. 일반 편지와 같이 다이렉트메일은 타깃팅하기 좋으며, 그 효과는 좋은 우편발송 명단을 가지고 있는지에 달려 있으며, 고객의 특정한 니즈를 충족시키기 위한 적절한 메시지를 만들어야 한다. 미국 다이렉트마케팅협회에 따르면 2007년 이메일 시장은 총 2조7천억 달러에 달하는 것으로 추산되며 계속 성장할 것이라고 예측하였다.[21]

인터넷 사용자들은 종종 원하지 않는 이메일을 받기도 하는데 이는 정크메일의 인터넷 버전이라고 할 수 있으며 보다 정확하게는 **스팸**spam이라고 한다.[22] 스팸메일의 규모가 워낙 크고 많은 고객들이 스팸메일을 성가시게 생각하기 때문에 미국이나 각국 정부는 이를 규제하는 법을 만들었다. 또한 스팸메일을 자동으로 차단하는 프로그램도 제작됐다.

많은 사람들이 스팸메일이나 비슷한 형태의 메일을 싫어하지만 연구결과들은 이메일을 통한 마케팅이 여전히 효과적이라고 하며 이런 방식의 마케팅 활동은 없어지지 않을 것이라고 한다.

인포모셜 이제는 인포모셜informercial도 인터넷을 활용하고 있다. Travelzoo라는 미국의 온라인 여행사는 각종 항공권이나 여행상품을 인포모셜을 이용해 팔고 있다. 그리고 텔레비전에서 방영되는 인포모셜을 만든 광고주는 같은 것을 인터넷에서도 방송하고 있다. 심지어 현재 방영되는 각종 인포모셜의 정보를 알려주는 인터넷 사이트도 있다.

홈쇼핑 채널 미국의 대형 홈쇼핑채널인 QVC나 HSN 등은 TV홈쇼핑과 더불어 인터넷에서도 제품 판매를 하고 있다. 여러분이 잘 아는 아마존이나 이베이의 경우(홈쇼핑채널을 아니지만), 수많은 상품을 인터넷으로 판매하고 있다.

인터넷 매체의 효과 측정

인터넷의 마케팅 효과를 측정하려는 회사들은 다양한 종류의 측정방법을 사용하고 있으며 그 대부분은 전자적으로 측정한다. 많은 회사들이 인터넷 효과 측정을 하나의 패키지의 일부분으로 제공하고 있다. 주로 인터넷 사용자층이 누구인지(인구통계적 혹은 심리적 기준)를 사전 정보로 제공하며 그 밖의 다양한 방식으로 효과를 측정한다. 효과 측정에는 어떤 방법이 있는지 알아보고 또 이런 효과 측정을 대행해 주는 회사는 무엇이 있는지 살펴보자.

사용자 측정 및 효과 측정

인터넷 업계에서 인터넷 효과 측정을 위한 방법을 개발했을 때, 가장 큰 문제는 전통적인 매체구매자들이 이런 방식을 쉽게 받아들이지 않았던 것이다. 인터넷 업계에서 사용자지표나 다른 인터넷 효과 측정 방식을 개발했을 때 많은 비판이 있었고 이에 대응하기 위해서 인터넷 산업에서 가장 영향력이 있는 IAB Interactive Advertising Bureau는 광고나 리서치 업계의 가장 큰 회사들과 함께 2004년 전담반을 구성하였다. 그 전담팀의 임무는 인터넷 광고의 효과를 측정하는 표준 측정법을 개발하여 광고 효과 측정에 이용하고 측정방식에 대한 논란을 없애는 것이었다. 이로부터 인터넷 효과 측정을 위한 20쪽의 보고서가 IAB.net에 게재되었다. 업계 전문가들은 객관적인 감사와 함께 이 가이드라인을 채택하면 전통적 매체에 광고를 하는 광고주까지도 인터넷을 보다 매력적인 매체로 인식하게 할 것이라고 말한다. 이 보고서는 주요 인터넷업체, 온라인 광고업체, 그리고 전 세계의 인터넷 관련 협회에서 광범위하게 지지하고 있다.[23]

효과 측정 인터넷의 장점은 회사가 인터넷 활동을 실시간으로 관찰하여 그 상업적인 효과를 측정할 수 있다는 것이다. 도표 15-7은 현재 회사들이 사용하는 인터넷 효과 측정법을 소개하고 있다. 이러한 측정방법에는 인터넷이나 인터랙티브

클릭(click)
클릭 후 전환(post-click conversion)
전환당 비용(cost per conversion)
순방문자(unique visitors)
평균 빈도(average frequency)
전환비율 빈도(frequency to conversion ratios)
광고 노출 시간(advertising exposure time)
광고 반응률(Ad interaction rate)
광고 노출후 반응율(view-through rate)
방문(visits)
웹페이지 아이 트래킹(webpage eye tracking)
오프라인 매출 증가(offline sales lift)
교차 매체 모델(cross-media models)

도표 15-7
인터넷 효과 측정 방법

산업에 특화된 측정법이 있는 반면에 회상, 브랜드 인지, 구매의도 측정 같은 전통적인 효과 측정 방법도 있다.

인터넷에 특화된 측정방법과 더불어 회사들은 다양한 전통적인 마케팅 커뮤니케이션 효과 측정방법을 사용한다. 그 예는 다음과 같다.

- 회상과 유지: 많은 회사들이 자사의 인터넷 광고를 평가하기 위하여 전통적인 측정법인 회상과 유지를 측정한다. 같은 측정법이 온라인광고를 방송하기 전 사전조사에도 이용된다.
- 서베이: 온라인 서베이 혹은 전통적인 종이를 이용한 서베이가 사이트 사용실태나 사이트에 대한 태도를 측정하기 위해 실시된다.
- 판매: 전자상거래를 담당하는 마케터에게 가장 중요한 효과 지표는 바로 매출이 얼마나 발생했는지이다. 인구통계, 사용자 이용 형태 등의 정보를 덧붙이면 판매를 통한 측정의 효과를 향상시킬 수 있다.
- 추적: 어떤 회사들은 보다 전통적인 측정방법인 브랜드인지도, 회상, 메시지 연상, 혹은 구매의도의 추세를 추적하여 효과를 측정한다.
- ROI: ComScore, MySpace, Dunnhumby 회사들은 MySpace에서 실행된 백만 달러의 온라인 마케팅 캠페인이 유발하는 매출을 가지고 ROI를 측정하였다. 그리고 그 결과는 부가적인 효과를 제외한 직접 매출증대만 128만 달러가 발생해 28%의 ROI를 기록하였다고 발표하였다.[24]

이러한 효과 측정 방법을 보면 인터넷은 인터넷에 특화된 측정방법과 기존의 전통적인 측정방법 모두를 사용하고 있음을 알 수 있다. 예를 들어 브랜드 회상은 가장 중요한 측정방법 중 하나이다. 전미광고대행사협회The Association of Advertising Agencies와 전미광고주협회association of National Advertisers는 Ad-IdAdvertising Digital Identification이라는 시스템을 사용하고 있다. Ad-Id는 크로스미디어 판매를 증가시키기 위해 모든 매체에서 실행되는 광고에 코드를 부여한다. 2008년 Ad-Id는 공식적인 매체 코딩 표준이 되었다.[25] 전통매체와 인터넷 등의 새로운 매체를 결합한 Ad-Id는 인터넷을 비롯한 매체별 임프레션(노출 횟수)을 비교할 수 있는 크로스미디어 표준을 개발하기 위한 노력의 결과이다. 전통 매체의 효과 측정 회사(닐슨이나 Ispos-ASI)들도 인터넷으로 측정범위를 넓히고 있다. Insights.com이나 Forrester도 온라인에 특화된 측정방식을 개발했다. 인터넷 광고 효과 측정으로 가장 유명한 두 회사는 Comscore와 MediaMetrix이다. 이들 회사는 마케터가 사용할 수 있는 효과 측정 서비스를 제공하고 있다. 학계에서도 인터넷 효과 측정에 관련된 논문들을 발표하고 있는데 예를 들면 웹사이트에 대한 소비자의 태도, 이메일 서베이에 대한 응답행태, 전통적 유통업과 전자상거래와의 유사점 등에 대한 연구가 있다.

불행하게도 인터넷 효과 측정을 위한 모든 방법이 정확하다고 말할 수는 없다. 인터넷 매체의 장단점을 살펴보면서 이런 문제점에 대한 논의를 한다.

인터넷의 장점과 단점

인터넷의 수많은 장점이 있는데 이는 아래와 같다.

1. 표적 마케팅: 웹의 가장 중요한 이점은 매우 특정한 집단을 표적으로 마케팅을 하여 낭비되는 부분이 없도록 하는 것이다. 또 B2B 산업에서는 인터넷이 마치 산업정보잡지와 산업박람회를 합쳐 놓은 것 같은 역할을 한다. 즉, 어떤 회사의 상품이나 서비스에 관심이 있는 사람만 그 인터넷 사이트에 접속한다는 뜻이다. 소비자 시장에서는 개인화와 다른 타깃팅 기법을 이용하여 웹사이트를 보다 소비자의 필요를 잘 충족시킬 수 있는 맞춤식 사이트를 만들 수 있다.
2. 맞춤식 메시지: 정교한 타깃팅의 결과로 표적집단에게 보다 적합한 메시지를 만들 수 있다. 또 인터넷의 상호작용식 시스템은 일대일 마케팅을 할 수 있도록 한다.
3. 인터랙티브 역량: 인터넷은 쌍방향이기 때문에 고객의 참여, 만족, 그리고 판매자와 구매자 사이의 즉각적인 피드백을 증대시킬 수 있다.
4. 정보 접근: 인터넷의 가장 큰 장점을 꼽으라면 바로 정보의 원천이라는 것이다. 인터넷 사용자들은 인터넷 검색을 통해 어떤 주제라도 과잉 될 정도의 정보를 찾을 수 있다. 인터넷 사용자가 한 웹사이트에 접속했다고 하면 제품 규

격, 비용, 구매 방법 등의 자세한 정보를 쉽게 수집할 수 있다. 인터넷 링크는 원하기만 한다면 더 자세한 정보를 찾을 수 있는 곳을 안내해 준다.

5. 판매촉진의 가능성: 이번 장에서 인터넷에서 유발되는 거대한 매출 규모를 확인할 수 있었다. 이러한 전자상거래의 규모는 계속 성장할 것으로 예측된다. 또 온라인에서 구매한 사람이 나중에 오프라인 매장에서 구매하는 경우도 지속적으로 늘어날 전망이다.
6. 창의성: 창의적으로 디자인된 사이트는 회사의 이미지를 개선하고, 재방문을 유도하며, 회사나 조직을 소비자의 마음속에 긍정적으로 포지셔닝시킨다.
7. 노출: 예산이 제한된 작은 규모의 회사에게 인터넷은 지금까지는 불가능했던 광범위한 노출을 가능하게 해 준다. 텔레비전과 같은 전통 매체를 구매하기 위한 예산의 일부분으로 회사를 전국에 혹은 전 세계에 노출시킬 수 있다.
8. 빠른 속도: 회사, 제품, 서비스 제공 등에 대한 정보를 얻어야 하는 경우 인터넷은 이런 정보를 수집할 수 있는 가장 빠른 수단이다.
9. IMC의 보완: 인터넷은 다른 IMC매체와 상호 보완적이다. 인터넷은 상호작용적인 과정으로 중요한 역할을 한다. eMarketer에서 실시한 조사에 따르면 회사의 관리자들은 인터넷의 중요한 장점이 바로 다른 매체를 보완하고 향상시킬 수 있다는 점이라고 한다.

반면 인터넷 매체의 단점은 아래와 같다.

1. 효과 측정 문제: 인터넷의 큰 단점은 인터넷 효과 측정 결과의 신뢰성이 떨어진다는 것이다. 예측이나 사용자 현황 그리고 각종 통계 수치를 보면 보면 측정값 사이에 차이가 크다는 것을 알 수 있다. 즉, 측정의 신뢰도와 타당도가 낮다는 것이다. 앞서 언급했던 eMarketer같은 회사는 이런 결과값의 불일치가 나는 이유를 설명하고 있지만 이는 여전히 문제점으로 지적된다. IAB에 의하여 제시된 표준지표는 이런 문제를 완화시키고 있다. 하지만 인터넷 매체에서의 효과 측정과 예측이 힘들다는 점을 이해하고 인터넷 효과 측정 결과를 공표하거나 이용할 때에는 주의가 필요하다. 맥킨지McKinsey가 410명의 마케팅 중역을 대상으로 실시한 조사에 따르면 온라인 투자를 망설이는 가장 큰 이유가 바로 적절한 평가지표가 없다는 것이었다.[26]

2. 클러터: 인터넷 광고가 넘쳐나는 시대에 인터넷 이용자가 어떤 광고를 볼 확률은 크게 떨어진다. 어떤 광고는 이용자가 미쳐 알아차리지 못할 수도 있고 반대로 어떤 이용자는 클러터 때문에 귀찮을 수도 있다. 이러한 이유 때문에 몇몇 연구들은 인터넷 배너광고가 효과가 없다는 결론을 내기도 했으며 다른 연구에서는 광고를 클릭하는 비율이 지속적으로 감소한다고 한다.
3. 사기나 기만의 가능성: The Center for Media Education이라는 단체는 웹을 '기만의 거미줄a web of deceit'라고 표현했다. 왜냐하면 광고주들이 인터넷에서 어린이들을 교묘한 광고메시지를 통해 유혹하기 때문이다. 그래서 이 단체에서는 정부가 인터넷을 규제해야 한다고 주장한다. 또 개인의 동의를 얻지 않은 정보수집, 해킹, 신용카드범죄 등은 인터넷 이용자들이 당면하고 있는 문제점들이다.
4. 사생활 침해: 인터넷과 관련하여 많은 우려를 받는 것이 바로 사생활침해이다. 많은 젊은 사용자들이 이 문제를 별로 심각하게 생각하지 않는 것 같지만 페이스북이나 다른 인터넷사이트의 사생활 침해 행위는 사이트에 대한 사용거부나 정부의 추가적인 규제의 필요성을 촉구하게 된다. IAB는 이와 관련하여 모든 회사가 지켜야 할 사생활 관련된 규정을 발표했다(자세한 내용은 www.iab.net 참조).
5. 귀찮게 함: 수많은 연구결과는 어떤 인터넷 마케팅 활동이 사람들을 귀찮게 만든다고 한다. 또 이런 연구들은 고객들이 인터넷 상의 클러터, 스팸메일, 팝업이나 팝언더 때문에 불만이란 점을 발견했다. 인터넷의 이런 짜증나게 하는 요인은 방문자들의 웹사이트 방문이나 재방문을 그만두게 하고 또 광고주에 대한 태도도 나쁘게 만든다.

정리하면 인터넷은 기존 전통매체에 비하여 많은 장점들을 마케터에게 제공한다. 동시에 인터넷은 단점과 한계점도 존재하는 매체이다. 하지만 IMC의 일부분으로써 인터넷이 아주 가치 있는 수단이라는 점을 부정할 수는 없다.

추가적인 인터랙티브 매체

인터넷이 마케터들의 관심을 가장 많이 받고 있는 매체이기는 하지만 추가적인 인터랙티브 매체들이 있으며 IMC 프로그램에 공헌하고 있다. 여기에는 다양한 디지털 미디어들이 있는데 예를 들면 인터랙티브 CD-ROM, 키오스크, 인터렉티브 전화 등이 고객들에게 정보를 전달하는 수단으로 사용되고 있다. 광고대행사 사장들은 이런 인터랙티브 매체의 가장 중요한 기능이 기존 전통 매체와의 연계성이라고 말한다.

이런 인터랙티브 매체 중에 사람들의 관심을 끄는 새로운 매체가 바로 **인터랙티브TV**interactive TV이다. 인터랙티브TV(다른 말로 iTV)는 텔레비전의 프로그램을 시청하는 시청자가 프로그램이나 광고와 상호작용을 할 수 있다. 즉 텔레비전과 인터넷의 결합인 것이다. 로지텍, 소니, 인텔과 같은 회사들은 미래의 컴퓨터 사용자가 텔레비전을 통해서 인터넷에 접속할 것이라고 예측하고 있다. 또 다중작업multitasking 기능은 시청자가 축구중계를 보면서 그 화면을 떠나지 않고 그 축구경기와 관련된 정보(선수 정보, 역대 전적 등)를 PIPpicture in picture를 통해서 찾을 수 있게 한다. 또 나이키는 미국의 위성방송사인 Dish Network과 제휴하여 'Quick is Deadly'라는 인터랙티브TV캠페인을 대대적으로 진행했다. 위성방송을 보는 시청자들이 나이키의 광고(빠른 발을 가진 운동선수의 활약을 그린 광고)를 보다가 버튼을 누르면 선수들의 훈련장면을 볼 수도 있고 또 그 선수가 신은 나이키 신발을 살 수 있는 점포의 정보도 보여주는 것이다.[27]

2010년 5월 구글은 구글TV를 선보였다. 구글TV의 하드웨어는 소니, 인텔, 로지텍이 제작하며, 구글TV로는 텔레비전 프로그램을 보면서 트위터 등을 통해 다

사진 15-12
구글은 구글TV를 선보였다.

른 사람과 의견을 교환할 수도 있고 웹사이트를 텔레비전의 대형화면으로 접속하여 이용할 수 있다(**사진 15-12**).[28]

어떤 마케터들은 iTV가 이제 막 시작된 것이라는 사람도 있고 또 큰 변화를 가져올 것이라는 사람도 있다. 하지만 iTV를 위한 기술 들은 아직 개발 중이고 앞으로도 좀 더 시간이 필요할 것이라고 본다. 최근의 시도 중 하나인 애플사의 iTV는 2007년 출시되었는데 그리 성공적이지 못했다. 유럽에서는 iTV가 미국보다 빠르게 보급되고 있다. 언론재벌 머독Rupert Murdoch이 소유하고 있는 영국의 BSkyB 위성방송 서비스에서 시청자는 홈쇼핑 구매나 게임 플레이를 할 수 있으며 심지어 축구 중계 중에 자신이 원하는 카메라 앵글을 선택할 수 있는 기능도 제공한다. 이런 기능들은 미국인들 보다는 유럽 시청자들에게 보다 인기 있는 기능이다.

회사들은 성공적인 인터랙티브 캠페인을 실행하고 있으며 더 많은 사람이 초고속인터넷 서비스에 가입하고 있으므로 인터렉티브TV의 마케팅 매체로서의 가능성은 점차 증가할 것이다. 지금으로써는 TV시청자들이 단지 TV만 보고 싶어하는 것처럼 보이지만 말이다.

모바일

미국에서 가장 빠르게 성장하는 매체는 무엇일까? 만약 인터넷이라고 답했다면 비슷하긴 하지만 정답은 아니다. 정답은 바로 **모바일**mobile이다. 기존의 휴대폰 가입자와 최근 아이폰이나 삼성 갤럭시 등으로 급증하는 스마트폰 가입자는 새로운 광고기회를 만들고 있다. 휴대폰만큼 개인적이고, 쌍방향적이고, 그리고 항상 가지고 다니는 매체는 존재하지 않는다. 또 아주 다양한 앱도 제공되는데 예를 들어 게임, 엔터테인먼트, 재무, 라이프스타일, 그리고 소셜네트워킹 앱들이 있다. 모바일 광고는 문자, 배너, 전면광고, 모바일 검색 광고, 모바일 비디오 등의 형태로 보낼 수 있으며 이런 방법으로 모바일 쿠폰도 발송할 수 있다.[29]

모바일의 가장 매력적인 특징은 고객을 타깃팅할 수 있다는 것이다. 마케터들은 사용자의 위치, 행동이나 인구통계 정보, 사용빈도, 도달범위, 사용 환경 등을 확인할 수 있다. 예를 들어 특정한 모바일 사용자들이 여행관련 정보에 관심을 가진다면 호텔, 항공사, 렌터카 회사와 같은 여행업계는 이들에게 광고를 더 많이 집행하는 것이다. 미국의 Ace Hardware라는 하드웨어매장은 메모리얼데이(미국의 현충일, 많은 미국인이 쇼핑을 하는 연휴 중 하나) 연휴를 일주일 앞두고 모바일 광고를 진행했다. 그 결과 모바일 광고를 본 사람의 30% 정도가 Ace 매장을 방문했다고 한다.[30]

특히 아시아에서 무선통신기술의 확산은 미국보다 앞서있다. 많은 아시아인들이 그들의 휴대폰으로 이메일을 보내고, 음악을 구매하고, 인터넷을 검색하는 것은 흔한 일이며 그러는 동안 배너광고, 콘테스트, 쿠폰 등에 노출된다(**사진 15-3**).

사진 15-13
아시아의 휴대폰 이용자는 자신의 휴대폰으로 대중교통의 요금 지불 등 각종 기능을 이용할 수 있다.

요약

이번 장에서는 인터넷과 인터랙티브 매체를 소개하였다. 또 인터넷 매체의 목표와 이런 매체들이 IMC에서 어떻게 활용되는지 살펴보았다.

우리는 인터넷의 성장에 대해, 인터넷을 사용할 때의 목표, 그리고 인터넷 커뮤니케이션 전략에 대해 토론하였다. 또 IMC 프로그램에서 인터넷의 역할을 공부하며 각각의 IMC 요소들이 인터넷에서 어떻게 구현되는지 보았다.

이번 장에서는 또 다양하고 새로운 온라인 도구를 분석했는데 유료검색, 행동타깃팅, 문맥광고, 리치미디어, 사용자 창출 콘텐츠, 블로그, RSS, 팟캐스팅이 이에 포함된다. 우리는 인터넷의 장단점에 대하여도 논의했는데 장점에는 표적 마케팅, 인터랙티브 역량, 관계 형성 등을 꼽았으며 단점으로는 높은 비용, 효과 측정의 어려움, 그리고 상대적으로 낮은 도달률을 언급했다.

인터넷은 우리 시대에 가장 빠르게 채택되는 매체이다. 이는 B2B 시장이나 소비자 시장에서 모두 큰 가능성을 가지고 있다. 하지만 인터넷은 단독으로만 사용될 수 있는 매체가 아니라는 한계도 존재한다. 즉 인터넷은 IMC 프로그램과의 통합으로 전체적인 마케팅프로그램을 더욱 강력하게 만들며 인터넷 활동의 효과도 극대화된다.

인터랙티브TV와 같은 몇몇 상호작용적 매체는 아직까지 성공적이지는 못하다. 이 경우 아직 초기단계로 보이며 대중들이 이런 매체를 받아들이는 데는 좀 더 시간이 필요할 것으로 보인다. 반면 모바일광고는 특히 아시아에서 아주 빠른 성장을 보이고 있다.

토론문제

1. 페이스북의 성장은 광고주들이 소비자에게 도달하는 방식에 큰 영향을 미쳤다. 페이스북이 어떻게 매체 환경을 변화시켰는지 예를 들어 설명해 보시오.
2. 모바일이 왜 매력적인 광고매체가 되었는지 논하라. 광고주들이 모바일을 활용하는 사례를 들어보라.
3. 블로그의 인기는 이미 성숙기에 접어들었다는 의견에 동의하는가? 동의한다면(혹은 동의하지 않는다면) 자신의 의견을 지지할 수 있는 예를 제시하시오.
4. 최근 들어 많은 광고주들이 유튜브나 유사 사이트에 올려진 사용자 창출 광고(consumer-generated commercial)를 마케팅에 많이 이용하고 있다. 이에 대한 장단점을 토론해 보시오.
5. 어떤 마케터들은 IMC에서 인터넷이 가장 힘을 발휘할 때는 구매깔때기(purchase funnel)의 중간단계인 고려(consideration)라고 한다. 이 의견에 동의하는가? 예를 들어 당신의 의견을 설명해 보시오.
6. 인터넷은 광고환경을 완전히 바꾸어 놓았다. 인터넷이 광고에 어떻게 영향을 미쳤는지 그리고 전통 매체에는 어떤 작용을 했는지 토의해 보시오.
7. 광고비 지출액 측면에서 모바일은 가장 빠르게 성장하는 매체이다. 왜 모바일이 매력적인 광고매체인지 설명해 보시오.
8. 이번 장에서 인터넷은 다른 매체에 비하여 뛰어난 장점이 많다고 설명했다. 하지만 어떤 전통 매체들은 마케팅 커뮤니케이션 목표를 달성하는 데 더 효과적인 경우도 있다. 예를 들어 설명해 보시오.
9. 인터넷이 홍보 분야를 어떻게 바꾸었는지 논하시오. 웹사이트 하나를 예로 선택하고 이에 대하여 설명하시오.
10. 〈사진 15-1〉은 효과적인 웹사이트 구축을 위한 필수 요소를 설명하고 있다. 각각의 요소를 설명하고 각각의 요소가 잘 반영되어 있는 웹사이트의 예를 들어 보시오.

16 판매촉진

학습목표

1. IMC 프로그램에서 판매촉진의 역할을 이해한다. 판매촉진이 점점 더 중요해지는 이유를 알아 본다.
2. 판매촉진 프로그램의 다양한 목적을 논의한다.
3. 소비자 지향 판매촉진과 중간상 지향 판매촉진 프로그램에는 어떤 것이 있는지 살피고 어떤 기준으로 특정 판매촉진 기법을 선택하여 사용해야 하는지 학습한다.
4. 판매촉진과 광고를 적절하게 조정하는 방법을 이해한다.
5. 기업이 판매촉진을 남용할 경우 발생할 수 있는 문제점을 논의한다.

유니클로: 판매촉진의 새 지평을 열다

일본의 거대 패션유통업체인 유니클로(UNIQLO)는 지난 2001년 영국에 첫 해외 점포를 개점하며 세계화를 시작하였다. 캐주얼 패션회사인 유니클로는 미국의 캐주얼 브랜드 갭(Gap)과도 자주 비교된다. 하지만 유니클로의 이미지는 갭과는 다르게 레이블이 없고, 꾸밈이 없고, 누구나 살 수 있는, 즉 '누구나 입을 수 있는(classless)'브랜드를 구축하고 있다.

또 유니클로는 갭보다 약 30% 정도 가격이 저렴하며 온라인 프로모션을 통해 브랜드 인지도를 높여가고 있다. Daisuke Hase 유니클로 홍보 · 광고담당 대변인은 "우리가 온라인 디지털 마케팅에 집중하는 이유는 인터넷의 힘을 빌려 전 세계에 언어장벽을 극복한 마케팅을 할 수 있기 때문이다. 그리고 이미지와 사운드를 강조한 웹 캠페인으로 강력한 글로벌 캠페인을 만들었다."고 말했다.

유니클로의 첫 번째 글로벌 디지털 캠페인은 2007년에 시작된 유니클럭(UNIQLOCK)이었다. 바이럴 마케팅(viral marketing) 프로젝트로 전 세계적인 브랜드 인지도 상승이 그 주요 목적이었다. 이 캠페인은 시계(clock)를 테마로 한 안무와 시계의 째깍거리는 소리가 들어간 음악에 맞추어 춤을 추는 영상으로 구성되어 있다. 연간 캠페인으로 기획된 유니클럭에는 계절에 맞는 유니클로 옷을 입고 춤을 추는 여성들과 남성들이 등장한다. 예를 들어 여름철에는 여성들이 반팔 폴로 셔츠를 입고 춤을 추고 겨울철에는 캐시미어 스웨터를 입고 춤을 추는 식이다. 온라인 캠페인에 맞추어 유니클럭은 블로그 위젯을 만들어 블로거들이 유니클럭 위젯을 자신의 블로그에 달아놓을 수 있게 하여 추가적인 브래드 인지도 향상을 꾀하였다.

2009년 유니클로는 보다 혁신적인 디지털 마케팅을 시작했다. 'Lucky Switch' 캠페인을 통해 유니클로는 연말 가격할인과 판매촉진을 온라인과 결합하였다. 유니클로는 Lucky Switch라는 블로그 위젯을 활용하였는데 인터넷 사용자가 여러 웹사이트에 설치된 Lucky Switch 위젯을 누르면 해당 웹사이트에 있는 모든 배너가 유니클로의 상품 당첨권이나 연말세일 광고로 바뀌는 것이다. 상품에 당첨된 이용자는 캐시백과 쇼핑백을 받았다.

블로거들도 적극적으로 Lucky Switch 위젯을 자신의 블로그에 달았는데 이 캠페인은 블로그 방문자가 상품에 당첨되면 해당 블로그의 운영자도 상품을 같이 받게 했기 때문이다. 이 Lucky Switch 캠페인은 오프라인 매장에서 실시하는 경품 추첨행사의 성공적으로 온라인화했다고 할 수 있다.

2010년 유니클로는 소셜미디어의 성격을 더한 새로운 디지털 마케팅을 선보였다. 바로 2010년 유니클로가 영국에 온라인매장을 재개장하면서 단 6일 동안 실행했던 'Lucky Counter' 캠페인이다. 트위터와 연계된 이 캠페인은 먼저 온라인매장에 유니클로 옷들을 보여주고 방문자가 그 중 어떤 옷을 트위터에 올리면 실시간으로 옷의 가격이 내려간다. 즉, 많은 사람이 해당 제품을 트윗할수록 옷의 가격은 점점 더 많이 내려가 최저 할인가에 도달하는 것이다. 이를 통해 유니클로의 새로운 온라인스토어와 옷을 알리고 가격할인 과정에 소비자의 참여를 이끌어낸 것이다. 이 캠페인은 아주 성공적이었으며 정가의 60%까지 할인된 옷들도 많았다.

'Lucky Counter' 캠페인과 연계하여 유니클로는 'Lucky Machine' 캠페인도 진행하였다. 이는 온라인 핀볼 게임으로 게임 결과에 따라 우승자에게 1천 파운드의 상금을 주는 것을 비롯하여 5파운드에서 100파운드의 온라인점포 할인권을 제공했다. 특이한 점은 게임 참여자가 페이스북이나 트위터를 통하여 친구를 초대하면 핀볼 게임에 필요한 공(게임 기회)을 더 받을 수 있으며 이는 상금이나 할인권을 받을 수 있는 기회를 더 제공받을 수 있다는 것이었다. 'Lucky Machine' 게임을 위해 많은 사람들이 소셜미디어상에서 여러 친구들을 초대했고 이로 인하여 성공적인 버즈 마케팅(buzz marketing) 효과를 거두었다.

유니클로의 디지털 캠페인은 프로모션이 단순히 제품 판매에 머물지 않고 브랜드 인지도와 고객의 참여를 함께 향상시킨 사례를 보여준다. 즉, 이 캠페인들은 인터넷이 제공할 수 있는 여러 기능들을 잘 활용하였고 이로 인해 유니클로는 판매촉진의 새로운 가능성을 보여주었다.

자료: Tessa Thorniley, "How UNIQLO Used Digital Marketing to build a Global Brand," Warc., January 2011, http://www.warc.com/Content/ContentViewer. aspx?MasterContentRef=3a940af0-ffc7-4c97-92d4-f9e29e4cff1b&q=UNIQLO; http://www.prlog.org/10934935-announcing-lucky-machine-UNIQLOs-prize-winning-onlinegame-to-celebrate-the-launch-of-the-website.html; JenniferWhitehead, "UNIQLO's U.K. Twitter Campaign Looks to Be a Perfect Fit for Retailer," Adage Global, September 7, 2010, http://adage.com/article/global-news/UNIQLO-boostsbrand-recognition-in-u-k-via-twitter-campaign/145769/.

앞서 소개된 유니클로의 사례는 하나의 IMC 프로그램 내에서 매출 증대를 위한 광고와 판매촉진이 어떻게 결합되는지 보여준다. 마케터들은 광고만으로는 새로운 수요를 창출하는 것에 한계가 있음을 인식하고 있으며 판매촉진을 활용하여 상품 판매를 활성화한다. 마케터들은 매우 다양한 프로모션 방법을 사용하며 이러한 방법에는 소비자를 대상으로 하는 것도 있고 제품을 유통하고 수요를 촉진하는 도매상이나 소매상을 대상으로 하는 것도 있다. 대부분 회사의 IMC 프로그램에는 소비자나 중간상 프로모션이 포함되며 이런 판매촉진은 IMC의 광고, 다이렉트마케팅, 홍보, 온라인 혹은 인터넷 마케팅, 그리고 인적판매와 조합되어 실행된다.

이번 장은 기업체의 IMC 프로그램에서 판매촉진이 차지하는 역할에 초점을 맞출 것이다. 특히 마케터들이 소비자, 도매상, 그리고 소매상의 소비행동에 영향을 미치기 위하여 소비자 지향 혹은 중간상 지향 프로모션을 어떻게 활용하는지 논의할 것이다. 또 판매촉진 프로그램의 목표를 검토하고 소비자 지향 혹은 중간상 지향의 다양한 종류의 판매촉진 도구를 살펴본다. 더불어 판매촉진이 다른 프로모션믹스와 어떻게 결합되는지 검토할 것이며 또한 마케터들이 너무 판매촉진에만 의존하게 되었을 때 나타나는 문제점도 논의한다.

판매촉진의 범위와 역할

판매촉진sales promotion은 "상품에 추가적인 가치나 인센티브를 영업조직, 유통망, 그리고 궁극적으로는 소비자에게 부여하는 직접적인 유인책을 통하여 즉각적인 판매를 창출하려는 것을 목표로 한다."라고 정의한다.[1] 판매촉진의 중요한 몇 가지 요소를 살펴보자.

먼저, 판매촉진은 상품 판매를 위해 추가적인 인센티브extra incentive to buy를 제공하는 유인책이라고 할 수 있다. 바로 이 인센티브가 프로모션 프로그램의 핵심이다. 인센티브의 예에는 쿠폰, 가격할인, 콘테스트와 추첨 행사, 리베이트, 추가 상품 증정 등이 있다. 또 미래 상품 판매를 촉진하는 무료 샘플 증정, 켈로그의 무료 DVD를 주는 사례(**사진 16-1**)와 같은 사은품 증정도 인센티브의 종류이다. 켈로그의 경우 DVD를 증정하는 프로모션을 통해 시리얼 제품의 구매 빈도를 증대시

사진 16-1
켈로그가 제공한 사은품은 고객에게 추가적인 인센티브를 주어 제품 구매에 영향을 미쳤다.

키고 주 표적집단인 가족 혹은 성인 소비자 층의 브랜드 충성도를 구축하고자 하였다. DVD의 보급률이 80%가 넘고 일반 가정이 일년에 약 18개의 영화 DVD를 산다고 했을 때 DVD 증정행사는 특히 가족 소비자층에 아주 적합한 사은품이었다. 켈로그는 고객이 시리얼을 다섯 개 구매하면 무료 영화 DVD를 선물하였다. 약 2년간의 프로모션 기간 동안 켈로그는 2백만 개의 DVD를 제공했으며 이는 1천만 개의 시리얼을 판매했음을 의미한다.[2] 대부분의 판매촉진은 자사의 상품이나 서비스에 부가적인 가치를 더하려고 한다. 광고가 고객의 이성과 감정에 호소하여 상품의 구매이유를 설명한다고 하면 판매촉진은 고객들에게 특정 브랜드를 구매하기 쉽게 만드는 금전적 혹은 비금전적 인센티브를 제공하는 것이다.

판매촉진은 도매상이나 소매상과 같은 마케팅 중간상에게 유인책을제공하기도 한다. 거래할인trade allowance이나 다른 방식의 할인을 제공함으로써 유통업자들이 재고를 확보하고 해당 제품의 판매촉진행사를 실행하는 재정적 동기를 부여한다. 중간상 콘테스트는 도매상이나 소매상의 종업원들에게 판매목표를 달성했을 때 보상을 제공한다.

두 번째로 판매촉진은 판매를 가속시키는 역할an acceleration tool을 한다. 즉 제품 판매의 속도를 높이고 판매량의 극대화를 가져온다는 것이다.[3] 추가적인 인센티브를 제공함으로써 고객들은 더 많은 양의 상품을 사거나 좀 더 자주 상품을 사거나 혹은 즉각적인 제품 구매를 하는 동기가 된다.

회사들은 기간 한정 세일도 사용하는데 소매점에 가격할인을 해 주거나 구매를 증대시키기 위해서 유효기간이 있는 쿠폰을 발행하는 것이 그 예다.[4] 판매촉진은 광고에는 반응하지 않는 소비자에게 구매 동기를 유발시켜 판매량을 극대화하는 것이다. 다른 마케팅 수단으로는 판매가 유발되지 않는 상황에서 판매를 창출하는 것이 가장 이상적인 판매촉진 프로그램이다. 하지만 많은 판매촉진이 신규고객 창출보다는 기존고객의 구매만을 촉진시키는 경우가 많다는 한계점도 있다.

마지막으로 판매촉진은 마케팅 채널의 각기 다른 부분을 표적으로 하여 진행할 수 있다. 도표 16-1을 보면 판매촉진은 크게 두 가지 종류로 나눌 수 있다. 하나는 소비자 지향 판매촉진이며 다른 하나는 중간상 지향 판매촉진이다. 먼저

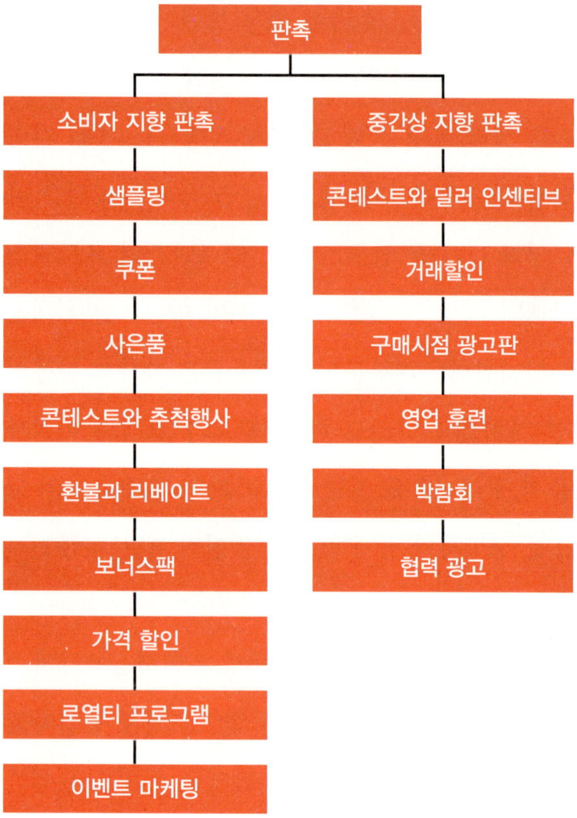

도표 16-1
판매촉진의 종류

소비자 지향 판매촉진consumer-oriented sales promotion에는 샘플링, 쿠폰, 사은품, 콘테스트나 추첨행사, 리베이트, 보너스팩, 가격할인, 로열티 프로그램(멤버십 프로그램), 그리고 이벤트 마케팅 등이 있다. 이러한 프로모션 프로그램은 최종 소비자인 고객을 겨냥하며 고객이 마케터의 브랜드를 사도록 유인하는 것이다.

2장에서 살펴본 바와 같이 소비자 지향 판매촉진은 풀 전략full strategy의 종류라 할 수 있다. 또한 주로 광고와 함께 프로그램이 진행되어 소비자가 특정 브랜드를 사도록 유도하고 수요를 창출하는 것이다. 소비자 지향 프로모션은 고객이 특정 가게에서 쇼핑하도록 유도하는 식으로 유통망에서도 사용할 수 있다. 많은 식료품점 혹은 대형할인점은 자체 쿠폰을 발행하거나 사은행사를 진행하는 방법으로 단골고객을 늘리기 위한 프로모션을 진행한다.

중간상 지향 판매촉진trade-oriented sales promotion은 콘테스트와 딜러 인센티브, 거래할인, 구매시점point-of-purchase display 광고판 지원, 영업 훈련 제공, 박람회, 협력 광고 등이 있는데, 이들은 도매점주나 소매점주 들이 자사 제품의 구매를 늘리고 또 그 제품을 소비자에게 푸시push하도록 동기를 부여한다.

판매촉진의 발전

판매촉진이 마케팅 프로그램의 일부가 된 것은 오래전이지만 지난 10여 년간 IMC 프로그램에서 그 중요도가 급격하게 증가되었다. 미국에서 소비자 지향 판매촉진에 지출된 비용은 1991년 560억 달러에서 지난 2009년에는 3,500억 달러에 이르렀다.[5] 마케터들은 중간상 지향 판매촉진에도 매년 약 1,500억 달러를 사용하는 실정이다. 그중 일용소비재consumer package goods를 만드는 회사들이 판매촉진을 가장 많이 사용한다. 판매촉진 활동은 다른 제품 업계에서도 증가 추세에 있는데 의료서비스, 컴퓨터 하드웨어와 소프트웨어, 가전제품, 그리고 서비스 산업들이 그 예이다.

판매촉진에 지출되는 절대비용만 증가한 것이 아니라 전체 마케팅 예산에서 판매촉진이 차지하는 비중도 늘어나고 있다. 오랜 기간 동안 광고는 소비재 상품의 프로모션 믹스 중 가장 큰 비중을 차지했다. 1980년대까지 브랜드 인지도를 높이고 장기적인 충성도를 높이기 위한 광고 예산은 전체 마케팅 예산의 보통 50% 이상을 차지했다. 하지만 1980년대 중후반부터 대부분의 소비재 업체에서 마케팅 활동의 근본적인 변화가 찾아왔다. 즉 전체 마케팅 예산에서 광고의 비율이 감소한 동시에 판매촉진의 예산 비율이 급격히 상승한 것이다. 이러한 변화는 1990년대를 지나 2000년대까지 지속되었다. 현재는 약 60~75%의 마케팅 예산이 판매촉진에 사용되고 그 나머지가 광고에 사용된다.[6]

마케팅 예산이 소비자 프로모션, 중간상 프로모션, 그리고 광고에 배분되는 비율은 산업이나 회사에 따라 다르다. 예를 들어 일용소비재의 경우는 중간상 프로모션에 가장 많은 50% 정도의 예산이 배정되고 소비자 프로모션과 광고에 각각 27%, 24% 정도가 배정된다.[7] 또한 광고를 하더라도 그 광고가 콘테스트, 게임, 추첨, 리베이트 같은 프로모션 내용을 담고 있는 경우도 많다.[8] 서베이의 결과를 보면 광고 예산의 17% 정도는 프로모션 메시지를 전달하기 위해 사용한다고 한다.[9] 또 프로모션 메시지는 이미지 구축을 위한 광고에도 삽입되어 사람들의 관심을 끌게 하는 역할도 한다. 예를 들어 **사진 16-2**를 보면 광고 내용은 채널록ChannelLook이라는 공구의 높은 품질을 전달하고 있지만 추첨행사라는 판매촉진 요소를 추가하여 광고에 대한 주의를 끌고 있다.

사진 16-2
광고에 추첨 행사와 같은 프로모션을 추가하여 광고에 대한 관심을 높이려는 시도가 많다.

판매촉진이 증대되는 이유

마케팅 예산이 판매촉진에 더 많이 사용되는 것을 걱정하는 사람들도 있다. 이들은 광고가 브랜드를 구축하는 데 가장 중요한 수단이라고 생각하며 판매촉진은 단지 판매술책으로 브랜드자산 구축에는 도움이 되지 않는다고 생각한다. 하지만 대부분

사진 16-3
아스펜사는 IMC 역량을 내세우고 있다.

의 다른 마케팅 관리자들은 특정 브랜드를 좋아하는 소비자라 할지라도 추가적인 인센티브가 있어야만 실제 구매로 연결된다고 믿는다. 마케터들은 중간상과의 긴밀한 협조 또한 중요하며, 이러한 협조는 중간상이 재고를 늘려주는 것에 대한 인센티브를 주거나 다양한 프로모션 프로그램을 제공함으로써 얻을 수 있다는 것을 인식하고 있다.

판매촉진 부분의 지출이 늘어나는 가장 큰 이유는 프로모션 업계가 지난 수십 년간 성숙해졌다는 것이다. 많은 회사의 IMC 프로그램에서 판매촉진의 역할이 보다 세련되고 보다 전략적이 되었기 때문이다. 과거에는 판매촉진 전문가들이 브랜딩의 주요 전략 수립에는 참여하지 못하였다. 즉, 프로모션 대행사는 전술적인 측면에서 콘테스트나 추첨, 샘플링, 쿠폰 등 단기적 매출 증대 계획만을 만들었다. 하지만 현재의 많은 회사들에서는 프로모션 전문가들이 전략적 브랜드 구축팀의 일원이며 판매촉진의 위상은 광고와 동등하게 되었다. 많은 프로모션 대행사들은 그들의 업무 영역을 확장하여 단순한 판매촉진의 단계를 넘어 보다 통합된 마케팅 서비스를 제공한다. 예를 들어 **사진 16-3**은 아스펜사Aspen Marketing Service가 어떻게 다양한 IMC 도구를 활용하여 통합된 마케팅과 프로모션 서비스를 제공하는지 알 수 있다.

그 밖에도 판매촉진의 중요성이 증대되고 마케팅 예산이 광고로부터 판매촉진으로 이동되는 데는 많은 이유가 있다. 유통업자 힘의 증가 등 판매촉진의 중요성이 증대되는 이유를 살펴보자.

유통업자 힘의 증가 판매촉진이 증가하는 이유 중 하나는 시장에서의 힘이 제조업자로부터 유통업자로 옮겨가기 때문이다. 오랫동안 제조업자 상표national brand를 사용하는 제조업자들이 시장에서의 힘과 영향력을 가지고 있었다. 반면 유통업자는 수동적인 제조업자 제품의 판매자였다. 소비재 제조업자들은 대대적인 광고와 약간의 소비자 지향 판매촉진을 통하여 그들 브랜드에 대한 소비자의 수요를 창출하였으며 유통업자가 그들의 제품을 구매하도록 압력을 행사했다. 당시 유통업자들은 조사나 판매 분석을 거의 하지 않아서 개별 브랜드의 판매 성과에 대한 정보를 제조업체에 의존했다.

하지만 최근 들어 몇 가지 요인들이 시장에서의 힘을 제조업자로부터 유통업자로 이동시켰다. 바코드 스캐너와 정교한 컴퓨터 시스템의 출현으로 유통업자는 제품별 회전율이나 어떤 프로모션이 매출증대에 도움이 되는지 그리고 어떤 제품이 수익을 창출하는지 알 수 있게 되었다.[10] 유통업자는 이런 정보를 바탕으로 제조업자 제품의 판매를 분석하고 잘 안 팔리는 제품에 대하여는 가격할인이나 프로모션 지원을 요구하게 되었다. 만약 제조사가 이런 유통업체의 요구에 적절히 대응하지 못하면 그 제품의 진열공간이 줄어들거나 심지어 해당 제품을 더 이상 납품할 수 없게 되었다.

유통업자가 더 많은 힘을 가지게 된 또 다른 이유는 유통업자들의 통합에 있다. 즉, 대형유통업체가 출현하면서 큰 구매력buying power과 영향력을 가지게 된 것이다. 이런 대형유통업체는 중간상 프로모션에 점점 더 익숙해지고 동시에 제조업자에게 할인이나 프로모션 행사의 압력을 가하게 되었다. 또 대형유통업체는 풍부한 자금을 바탕으로 강력한 유통업자 상표private label 혹은 private brand를 만들고 유통업자브랜드 상품의 판매를 위한 프로모션도 적극적으로 했다. 유통업자상표는 음식, 약품, 건강용품 등 다양한 일용소비재를 망라하며 제조업자상표와 진열공간 및 각종 전통적인 판매촉진 활동 측면에서 경쟁하게 되었다. 때문에 잘 구축된 유통업자상표는 유명한 제조업자상표들이 보다 혁신적인 프로모션 프로그램을 개발하고 가격할인을 하도록 만들고 있다.[11]

소매업 발전에 가장 큰 영향을 미친 것은 바로 월마트Walmart의 성장이다. 월마트는 세계에서 가장 큰 유통업체이자 가장 강력한 유통업체이다.[12] 월마트는 전 세계 15개 나라에 약 8,500개 점포를 운영하고 있으며 이 중 4,200개는 미국에 있고 2010년 기준 그 매출액은 4,050억 달러에 이른다. 월마트 한 회사가 미국 전체 건조식료품dry grocery(예를 들어 밀가루, 통조림 등)의 20%, 비식품상품nonfood grocery(예를 들어 세제, 휴지 등)의 29%, 건강 및 미용 용품의 30%, 그리고 일반상품의 45%를 판매한다. 월마트는 미국 내 대형 소비재 제조사 매출의 상당량을 차지하고 있기 때문에 마케터들의 판매촉진 활동에 큰 영향을 미친다. 다른 대형유통업체와 마찬가지로 월마트도 제조사에게 월마트에서만 실행되는 특화된 프로모션을 요청한다. 월마트는 마케터들에게 먼저 프로모션을 제안하고 가격할인을

제시해야 하는 회사로 알려져 있다.[13]

브랜드 충성도의 감소 판매촉진이 증가하는 또 다른 이유는 소비자들의 브랜드 충성도가 감소하고 가격, 가치, 혹은 편의를 기준으로 한 구매가 증가하기 때문이다. 물론 소비자 중에는 프로모션 없이 정가를 다 지불하고도 항상 특정 제품만 구매하는 사람도 있다. 하지만 대부분의 소비자는 쿠폰 사용하기를 즐기며 점포에서 특가판매를 하는 것이 있는지 찾는다. 또 소비자들은 서로 비슷하다고 생각하는 제품의 경우 오늘은 A라는 브랜드를 사고 다음엔 B라는 브랜드 제품을 사기도 한다. 이런 브랜드들은 서로 소비자를 만족시킬 수 있으며 또 서로 교체가 가능하기 때문에 소비자들은 이 중 어떤 브랜드라도 쿠폰이나 특가판매를 하는 것을 사게 된다.

프로모션 민감도의 증가 마케터들은 소비자들이 인센티브를 것을 선호하기 때문에 판매촉진을 자주 사용하고 있다. 미국 프로모션 디시전스Promotion Decisions라는 회사는 33,000명의 소비자들이 소비자 지향 프로모션이나 중간상 지향 프로모션에 어떻게 반응하는지를 조사하였다. 그 결과 42%의 소비자가 어떤 형태로든 인센티브를 받아 제품을 구매하였으며 나머지 58%만이 정가대로 물건을 구매하였다. 또 이 조사에서 소비자가 가장 선호한 것은 쿠폰이었으며 전체 판매량의 약 24% 정도가 쿠폰을 통해 구매되었다.[14]

소비자들이 판매촉진에 민감해지는 이유는 당연히 돈을 아낄 수 있기 때문이다. 다른 이유로는 많은 소비자들이 시간에 쫓기고 너무 많은 선택에 직면하기 때문에 구매시점에 가서야 제품을 살지 안 살지 결정하기 때문이다. 한 연구결과에 따르면 구매 결정의 70%가 점포 내에서 이루어진다고 한다. 즉, 이 경우 사람들은 점포 내에서 제공되는 각종 프로모션에 영향을 받기가 쉽다는 것이다.[15] 다시 말하면 점포에서 특가판매나 특별 전시를 하는 제품이 있다면 소비자들의 의사결정과정을 단순화시켜 줄 수 있다. 리 맥캘리스터Leigh McAlister 교수는 이 과정을 아래와 같이 설명하였다.

> 일반적인 소비자들은 슈퍼마켓의 제품 진열칸에 가서 각 제품을 고르는 데 3초에서 10초 정도 시간을 보낸다. 대부분의 소비자들은 자신이 선택한 제품의 정가가 얼마인지 모른다. 하지만 그들은 특정 제품이 프로모션을 하는지 혹은 하지 않는지는 알

아차린다. 소비자들은 제품을 고를 때 피곤한 계산을 하지 않고 좋은 제품을 사려 깊게 선택하기를 원한다. 때문에 그들이 만약 '특별할인'이라는 광고를 본다면 아마 쇼핑카트에 그 제품을 넣을 것이다.[16]

브랜드 확산 지난 10년간 기업들의 가장 중요한 마케팅 전략은 신상품을 출시하는 것이었다. 마케팅 인텔리전스사Marketing Intelligence Service의 조사 결과에 따르면 최근 회사들은 매년 2만 개가 넘는 신상품을 출시하고 있는데, 이는 지난 1980에 2,689개의 신상품이 출시된 것과 대비를 이룬다.[17] 즉, 시장은 신상품으로 포화되었고 이는 광고캠페인을 통해 누릴 수 있었던 장점들을 퇴색시켰다. 그래서 기업들은 고객들이 자사의 브랜드를 사용하도록 유도하는 판매촉진에 더 의존하게 되었다. 4장에서 본 형상화 프로세스shaping process(도표 4-9)는 판매촉진이 소비자들의 초기 시용trial을 어떻게 유도하며 나중에는 정가를 지불하고 재구매를 하는 과정을 설명했다. 마케터들은 샘플, 쿠폰, 리베이트, 사은품, 혹은 다른 혁신적인 프로모션 도구를 활용하여 그들의 신상품의 시용과 재구매를 늘리기 위해 판매촉진에 더 의존하고 있다(사진 16-4).

사진 16-4
쿠폰과 같은 판매촉진 도구는 신제품의 시용을 촉진하는 데 자주 사용된다.

프로모션은 소매업자에게 그들의 귀중한 진열대 공간에 신제품을 진열하도록 하는 데도 매우 중요하다. 신제품들의 매장 내 진열공간을 차지하기 위한 경쟁은 매우 심하다. 일반적인 슈퍼마켓은 약 30,000종의 상품을 가지고 있는데 이는 1982년의 13,067개와 비교해 보면 큰 폭으로 증가한 것을 알 수 있다. 소매업자들은 강력한 판매촉진을 지원하는 신상품을 선호하며 이런 강력한 프로모션은 또한 더 많은 소비자를 유치하여 유통업자의 매출과 수익을 증대시킨다. 많은 소매상들은 신상품을 취급하는데 대가로 특별할인 등의 프로모션을 요구한다. 이런 진열 수수료slotting fee는 제조업자가 신상품을 출시하는 데 비용으로 작용한다.

소비자 시장의 세분화 소비자 시장이 보다 세분화되면서 전통적인 매체 중심의 광고는 효과가 떨어졌다. 그래서 마케터들은 보다 세분화되고 표적화된 방법을 사용하게 된다. 많은 회사들은 특정한 지역을 표적으로 하는 프로모션 활동을 설계한다. 판매촉진은 이런 세분화되고 특정 표적을 대상으로 하는 마케팅 활동의 중요한 수단으로 사용되며 지역적 특색에 맞추어 설계된다. 예를 들어 도미노 피자Domino's와 같은 패스트푸드 프랜차이즈는 그들의 마케팅 예산의 높은 비율을 지역적으로 특화된 프로모션에 집중하여 점포별 상권 내의 고객들이 더 많이 방문하고 주문하도록 한다.

마케터들은 또 자신들의 프로모션 활동을 다이렉트마케팅에 보다 집중하며, 이런 다이렉트마케팅에는 판매촉진 인센티브를 포함시킨다. 많은 마케터들은 사은품, 쿠폰, 리베이트, 그리고 추첨 행사 등으로부터 수집된 정보를 사용하여 데이터베이스를 구축하고 미래 다이렉트마케팅에 활용한다. 마케팅이 전통적인 매체 광고에서 다이렉트마케팅으로 옮겨갈수록 프로모션을 통해 수집되는 정보는 데이터베이스를 만드는 데 더욱 도움을 주고 있다. 마케터들이 표적고객집단과 개인적인 커뮤니케이션을 할 수 있도록 지원해 주는 기술은 이미 개발되어 있으며 대중을 대상으로 한 프로모션은 점차 일대일 마케팅의 방식으로 바뀌고 있다.[18]

단기 업적에 치중 많은 경영자들은 판매촉진이 증가하는 이유로 단기간의 업적과 즉각적인 판매 증진을 추구하는 마케팅 계획과 보상 시스템을 들고 있다. 어떤 사람들은 일용소비재packaged-goods 브랜드 관리 시스템이 판매촉진에 더 의존하도록 만들었다고 한다. 브랜드관리자가 판매촉진을 일상적으로 사용하는 이유는 신제품 출시나 경쟁사의 프로모션에 대응하기 위한 이유뿐 아니라 분기별 혹은 연간 판매 목표나 시장점유율 목표를 달성하기 위해서이다.[19] 영업조직도 단기간의 판매목표를 달성하거나 유통업자의 프로모션 요구에 응대하기 위하여 판매촉진을 실행한다. 따라서 영업사원들은 제품을 유통업체에 납품하는 데 도움을 받기 위해 마케팅 관리자나 브랜드 관리자에게 프로모션 지원을 강력히 요구하게 된다.

많은 관리자들은 판매촉진이 단기적인 판매를 증진시키는 데 가장 믿을 만한 도구라고 생각한다. 특히 성숙되고 성장이 더딘 시장에서는 광고를 통해 새로운 수요를 창출하기 어렵기 때문이다. 하지만 관리자들이 단기간의 매출 증대를 위해서 판매촉진에 너무 의존하는 것은 너무 잦은 프로모션으로 인한 브랜드 프랜차이즈의 황폐화를 초래할 수도 있다.

책임의 증가 마케팅이나 브랜드 매니저 혹은 영업조직이 단기간의 실적에 압박을 받는 것처럼, 회사는 프로모션 비용지출로부터 얻은 성과가 무엇인지를 파악해야 한다. 판매촉진의 효과를 측정하는 것은 광고 효과를 측정하는 것보다는 용이하다. 많은 회사들은 마케팅 관련 비용이 매출과 수익증대에 미치는 영향에 대하여 측정할 수 있고 설명할 수 있는 방법으로 사용되어야 한다는 요구에 직면하고 있다. 예를 들어 어떤 회사는 바코드 스캐너로부터 전산화된 판매 정보를 바탕으로 마케팅 인력의 보상 수준을 결정하기도 한다. 또 마케팅 관리자가 받는 급여의 일부는 비용대비 판매촉진의 효과에 따라 지급된다.

성과를 책임져야 하는 관리자는 흔히 가격할인이나 쿠폰을 사용하게 되는데 이런 프로모션이 빠르고 쉽게 매출을 증대시킬 수 있기 때문이다. 광고의 경우에는 어떤 영향을 만들어내는 데 시간이 더 필요하고 그 효과를 측정하기도 어렵다. 마케터들은 강력한 유통업자들로부터 자사의 브랜드가 판매성과를 보여주기를 바라는 압력을 느끼고 있다. 제품이 판매될 때 실시간으로 전송되는 바코드 스캐너정보는 유통업자들이 프로모션을 관찰하고 그 효과를 매일 측정할 수 있게 해준다.

경쟁 판매촉진이 증가하고 있는 또 다른 이유는 제조업자들이 중간상 혹은 소비자 프로모션에 의존하여 자사의 경쟁우위를 향상시키거나 유지하려고 하기 때문이다. 많은 시장이 이미 포화되고 정체되어 있어 광고를 통한 매출 증대는 점점 더 어려워지고 있다. 신나면서도 아주 독창적인 크리에이티브는 만들기 어렵고 또한 소비자들도 대중매체를 통한 광고에 대하여 관심이 점점 적어지고 있다. 그래서 많은 마케터들은 많은 예산을 따분한 광고에 투자하기 보다는 판매촉진에 사용한다.

많은 회사들은 자사에 가장 중요한 중간상에 특화된 프로모션을 기획하고 유통업체와 전략적 제휴를 추진하여 중간상 혹은 소비자 프로모션을 진행한다. 최근의 중요한 현상은 바로 **거래업체특화 마케팅**account-specific marketing(혹은 공동 마케팅)이다. 거래업체특화 마케팅은 제조업체가 개별 소매점과 협력하여 공동의 목표를 달성하기 위한 개별화된 프로모션을 개발하는 것이다. 예를 들어, 유니레버Unilever는 새로운 선실크 헤어스프레이Sunsilk hair spray를 출시하고 14개의 개

사진 16-5
유니레버는 선실크 신제품 출시에 맞추어 다양한 거래업체 특화 마케팅을 진행했다.

별 중간상에 특화된 프로모션을 실시하여 신제품을 납품하고 자사 브랜드를 판매촉진하였다(**사진 16-5** 참조). 예를 들어 쇼퍼마트Shoppers Mart라는 소매점과는 '헤어라피Hairapy'라는 미니잡지 60만 부를 점포에 배포했다. 또 월마트와는 리테일테인먼트retailtainment(retail과 entertainment의 합성어로 쇼핑과 즐거운 체험을 결합한 것)의 일환으로 '헤어라피 사람들Hairapy guys'를 등장시켰으며 사람들을 월마트로 유인하기 위하여 극장 광고도 실행했다.[20]

앞으로는 판매촉진 예산의 절반 이상이 거래업체특화 마케팅에 사용될 것으로 예상된다. 또한 점점 더 많은 회사들이 슈퍼마켓체인이나 대형유통업체 혹은 편의점업체 등 주요 유통업체에 특화된 프로모션 프로그램을 만들고 있다.

유통업체는 우선 하나의 회사(예를 들어 펩시콜라)와 프로모션 계약을 함으로써 그 회사의 경쟁사들(예를 들어 코카콜라)로부터 최소한 같거나 더 좋은 프로모션 계약을 이끌어내려고 한다. 하지만 소비자 혹은 중간상 프로모션은 경쟁사들이 쉽게 모방할 수 있다. 그 결과 마케터들은 프로모션의 함정에 빠질 수 있다. 즉, 한번 시작한 프로모션을 계속 지속하든지 아니면 경쟁우위를 상실하는 것을 감내해야 하는 것이다. 이런 프로모션의 문제점에 대해서는 이장의 마지막 부분에서 자세히 다루도록 하겠다.

클러터 프로모션을 제공한 광고는 오늘날 만연하고 있는 클러터를 극복하게 한다. 사은품, 콘테스트, 추첨 행사를 제공한다는 광고 문구는 소비자들의 광고에 대한 관심을 높인다. 한 연구결과에 따르면 쿠폰을 제공한 인쇄광고는 그렇지 않은 광고에 비교하여 주목률readership score 점수가 더 높게 나왔다.[21] 하지만 Starch INRA Hooper의 연구결과는 쿠폰이 있는 잡지광고가 주목률에 별 영향을 미치지 못했다고 한다.[22] 요즘 잡지나 특히 신문을 보면 프로모션 문구가 들어간 광고를 쉽게 볼 수 있다. 추첨, 게임, 콘테스트는 주로 잡지광고에 사용되고 쿠폰이나 할인판매는 주로 신문광고에 이용된다.

판매촉진 역할 증가에 대한 우려

앞서 살펴본 여러 가지 이유로 소비재 제조사들은 판매촉진을 증가시켰다. 마케팅이나 광고 담당 중역들은 이렇게 마케팅 예산 중 판매촉진이 차지하는 비중이 증가하는 것이 브랜드자산에 미치는 영향에 대하여 우려하고 있다. 2장에서 논의한 바와 같이 브랜드자산brand equity이란 무형의 자산으로 고객의 호의적인 이미지, 차별화에 대한 인상, 브랜드에 대한 애착 등으로부터 형성되는 가치나 호감도를 말한다.

비판론자들은 판매촉진이 증가할수록 브랜드자산을 소비하게 되며 광고 대신 프로모션으로 돈이 지출될수록 브랜드 가치는 떨어질 것이라고 말한다.[23] 그들은 또 특히 중간상 프로모션의 경우 브랜드자산과 프랜차이즈를 파괴하는 것이며 소비자들이 가격에 근거해서 물건을 사게 만든다고 지적한다.

광고를 지지하는 사람들은 마케터가 그들의 브랜드가 차별화되고 할증 가격을 지불할 수 있게 하려면 강력한 브랜드 프랜차이즈를 유지해야 한다고 한다. 그들은 광고가 장기적인 프랜차이즈 이미지를 만드는 데 여전히 가장 강력한 방법이라고 한다. 광고는 소비자에게 브랜드의 특성과 혜택을 설명해 주며 이미지를 창조하고 브랜드 충성을 구축하며 유지시킨다. 그러나 단기간의 프로모션을 위해서 매체 광고비를 삭감하게 되면 브랜드에 투자를 할 수 없게 된다.

마케팅 전문가들은 광고가 브랜드자산의 주요 요소인 브랜드 이미지를 만들고 유지하는 데 중요한 역할을 한다는 데에 이견이 없다. 또 매체 광고비를 삭감하여 판매촉진에 더 많은 돈을 사용하는 추세가 계속된다면 브랜드자산은 약화되고 점점 가격을 기준으로 경쟁하는 상태가 되리라는 점을 우려하고 있다. 이런 걱정도 일리는 있지만 모든 판매촉진이 브랜드 가치를 낮추는 것은 아니다. 그래서 소비자 프랜차이즈 구축 프로모션과 논프랜차이즈 구축 프로모션의 차이를 구분하는 것이 중요하다.

소비자 프랜차이즈 구축 대 논프랜차이즈 구축 프로모션

판매촉진 활동이 차별적인 브랜드 속성을 설명하고 브랜드 아이덴티티를 창조하고 강화시키는 데 기여하는 것을 **소비자 프랜차이즈 구축 프로모션**consumer franchise-building promotion(CFB)이라고 한다.[24] 소비자 판매촉진은 일반적으로 소비자를 특정 브랜드에 충성하도록 만들기는 힘들다. 하지만 판매촉진이 브랜드를 인지하게 하고, 브랜드의 특성과 혜택을 알려줌으로써 브랜드 이미지를 보다 선호하게 만드는 것 또한 가능하다. CFB는 장기적 브랜드 선호를 구축하고, 기업의 궁극적 목표인 프로모션 없는 정가 판매를 가능하게 한다.

그동안 브랜드 프랜차이즈 혹은 이미지를 만드는 데에는 광고만한 것이 없고 판매촉진은 단지 단기간의 매출 증대에만 사용되는 것으로 인식되어 왔다. 하지만 현재의 마케터들은 판매촉진의 이미지 구축 능력에 대하여 새롭게 평가하고 CFB의 가치에 관심을 가지고 있다. 최근의 한 조사에 따르면 마케팅 담당 중역들의 약 90% 정도가 소비자 프로모션으로 브랜드자산을 향상시킬 수 있으며 약 60% 정도가 중간상 프로모션으로도 브랜드자산을 증가시킬 수 있다고 응답했다.[25] 마케터들은 판매촉진의 가치가 가격할인 같은 전술 수준을 멀찌감치 넘어섰음을 인지하고 있다. 예를 들어 **사진 16-6**의 라이언Ryan Partnership 대행사의 광고를 보면 중간상 프로모션으로 어떻게 브랜드자산을 향상시킬 수 있는지 설명하고 있다.

기업은 판매촉진 기법을 가지고 여러 가지 방법으로 프랜차이즈를 구축할 수 있다. 단순한 일회성 행사를 넘어 많은 기업들은 단골고객 우대 프로그램frequency program을 통해 반복 구매를 유도하고 장기적인 단골고객을 만든다. 많은 신용카드 회사들도 고객 로열티 프로그램loyalty program을 만들어 고객들이 카드를 사용할

사진 16-6
이 프로모션 대행사의 광고는 중간상 프로모션이 브랜드자산 구축에 기여할 수 있음을 강조하고 있다.

때마다 보너스를 받게 한다. 이 보너스 점수로 나중에 다양한 상품이나 혜택을 받을 수 있다. 대부분의 항공사와 호텔들도 상용고객 우대제도frequent flyer program나 고객 프로그램guest program을 만들어 반복적인 애용을 유도한다. 많은 소매점들도 단골고객 우대 프로그램을 이용하여 충성도와 반복구매를 증대시킨다.[26]

논프랜차이즈 구축 프로모션nonfranchise-building promotion(non-FB)은 구매의사결정 과정을 촉진하고 즉각적인 판매 증대를 위한 프로모션이다. 이런 프로모션 활동에서는 브랜드 특성과 혜택에 대한 커뮤니케이션을 하지 않으며, 그렇기 때문에 브랜드자산이나 이미지 구축에 기여하는 바는 없다. 가격할인, 보너스팩bonus pack, 리베이트 등이 non-FB의 예이다. 특히 중간상 프로모션은 non-FB가 비판받는 주된 이유이다. 왜냐하면 유통망에 제공하는 할인이나 성과급이 고객에게 잘 전달되지 않기 때문이다. 대부분의 중간상 프로모션은 고객에게 전달될 때 주로 가격할인, 특별세일 등의 형태로 제공되기 때문에 소비자들은 브랜드자산에 근거하여 구매하는 것이 아니라 가격에 근거하여 구매하게 된다.

그래서 많은 판매촉진 전문가들은 브랜드를 구축하고 고객과의 장기적 관계를 만드는 판매촉진을 시행해야 한다고 조언한다. 즉 non-FB가 다른 브랜드 사용자를 잠시 빌려오는 효과를 발휘한다면 잘 짜인 CFB는 경쟁사 고객을 자사 고객으로 전환하고 충성도를 높일 수 있기 때문이다. 물론 단기간의 non-FB 프로그램도 경쟁이 극심한 상황에서 그 역할이 있지만 그 한계점을 명확히 이해하고 장기적 마케팅 전략에 따라 브랜드를 발전시켜야 한다.

소비자 지향 판매촉진

마케팅 관리자들은 추가적인 인센티브를 통해서 그들의 제품이나 서비스를 구매하게 만드는 다양한 판매촉진을 개발하여 왔다. 지금부터 소비자의 구매에 영향을 미치는 다양한 판매촉진 기법들을 하나씩 살펴보도록 한다. **도표 16-1**에 있는 기법들을 설명하고 각각의 장단점도 확인해 보자. 먼저 소비자 시장을 대상으로 진행되는 판매촉진의 일반적인 목표들을 살펴본다.

소비자 지향 판매촉진의 목표

판매촉진을 많이 활용하는 회사일수록 소비자 지향 판매촉진을 통해서 달성하고자 하는 목표가 무엇인지, 또 다른 프로모션 믹스 활동(광고, 다이렉트마케팅, 인적판매 등)과 어떻게 조화시킬 것인지 고려해야 한다. 또 모든 판매촉진의 목표가 같은 것은 아니다. 모든 프로모션 믹스 계획을 만들 때는, 우선 상황 분석을 실시하고 분석 결과에 따라 IMC 프로그램을 정하고 이에 따른 판매촉진의 역할을 결정해야 한다. 즉 판매촉진을 통해 어떤 표적집단을 대상으로 무엇을 달성할지 결정해야 한다. 판매촉진의 목표와 측정 가능한 성과지표를 분명히 결정해야만 판매촉진이 단기 처방을 넘어 장기적 관점으로 인식될 수 있다.

소비자 지향 판매촉진의 기본적인 목표는 자사 브랜드 구매를 유도하는 것이지만 신제품이나 기존제품을 위한 다양한 목표를 추구할 수 있다. 예를 들어 시용이나 재구매를 촉진할 수도 있고, 기존 브랜드 소비를 늘리거나 기존고객을 유지하거나, 특정한 세분시장을 새로 공략하거나, 혹은 광고나 다른 마케팅 활동을 지원할 수도 있는 것이다.

시용과 재구매의 촉진 판매촉진의 가장 중요한 역할 중 하나는 바로 소비자가 새로운 상품이나 서비스를 사용해 보도록 하는 것이다. 일 년에 수천 가지의 신상품이 출시되며 그중 약 90%가 일 년 내에 실패한다. 신상품이 실패하는 가장 중요한 이유가 바로 시용과 재구매를 촉진하는 판매촉진의 지원이 충분하지 못했기 때문이다. 대부분의 신제품은 완전히 새로운 제품(예를 들어 처음 아이패드가 출시되었을 때처럼)이 아니라 기존 제품을 수정 보완한 제품이기 때문에 광고만으로 처음 시용을 이끌어내기는 힘들다. 때문에 판매촉진은 신제품 출시전략에 중요한 역할을 한다. 신제품 시용을 촉진할 수 있는 기법으로 샘플이나 쿠폰을 배포하고 리베이트 등을 제공하는 것이 있다. 또 신제품이 성공하기 위해서는 단지 시용만을 증가시켜서는 부족하며 사용 경험이 있는 사람들 중 가능한 많은 사람이 재구매를 하고 그래서 신제품에 대한 일정한 구매 수요가 창출되어야 한다. 프로모션 인센티브 중 쿠폰이나 리베이트 등이 시용 이후 재구매를 촉진하는 수단들이다.

기존 브랜드의 판매 증대 많은 마케팅 관리자는 성숙기 시장에서 기존 경쟁브

사진 16-7
암앤해머의 광고는 베이킹 소다의 새로운 사용법을 제안하고 있다.

랜드와 이미 일정한 구매 행태가 형성된 소비자를 대상으로 자사의 기존 브랜드를 관리해야 한다. 브랜드 인지도는 누적된 광고 활동으로 인해 이미 높게 형성되어 있고 많은 소비자들이 이미 자사 브랜드를 사용해 본 경험이 있다. 이런 요인들은 많은 브랜드 관리자에게 어려운 도전이다. 이때 판매촉진은 기존 브랜드에 새로운 관심을 가지게 만들어 판매를 증대시키거나 경쟁자로부터 자사의 시장점유율을 방어하는 역할을 할 수 있다.

기존 브랜드의 매출을 증대시키는 여러 방법 중 판매촉진의 역할이 중요하다. 제품의 소비를 증대시키는 한 가지 방법은 기존 제품의 새로운 사용 방법을 제안하는 것이다. 예를 들면 요리책이나 제품의 여러 가지 사용법을 알려주는 달력 같은 것을 제공하는 판매촉진도 있다. 제품의 새로운 사용법을 제안한 훌륭한 예가 암앤해머Arm & Hammer의 베이킹소다이다. **사진 16-7**을 보면 암앤해머가 만든 베이킹소다를 주원료로 한 냉장고탈취제 광고를 볼 수 있다. 즉 빵을 구울 때 사용하는 베이킹소다로 냉장고 탈취제라는 새로운 사용법을 개발한 것이다.

기존 브랜드의 판매를 증가시키기 위한 또 다른 방법은 해당 상품군을 사용하지 않는 사람이나 경쟁사 제품을 사용하는 소비자를 자사 브랜드 사용자로 전환시키는 것이다. 해당 상품군을 사용하지 않는 소비자가 그 제품을 사용하게 만드는 것은 매우 힘든 일이다. 왜냐하면 소비자는 그 상품군에 대해 사용할 필요성을 느끼지 못할 것이기 때문이다. 이 경우 추가적인 인센티브를 제공하여 비사용자의 관심을 끌고 제품을 판매할 수 있다. 하지만 비사용자를 사용하도록 하는 것보다 더 흔한 판매촉진 전략은 경쟁사 제품 사용자를 자사 브랜드 사용자로 전환시키는 것이다. 이 경우 브랜드 전환에 따른 인센티브를 쿠폰, 사은품, 보너스팩, 가격할인 등을 통해 제공하는 방법이 있다. 또한 샘플을 주거나 다른 프로모션을 통해서 경쟁 브랜드 사용자를 전환하기도 한다.

예를 들어 밀러맥주Miller는 'Taste Challenge'라는 시음 프로모션을 통해서 경쟁 브랜드인 버드 라이트Bud Light에 뺏긴 밀러 라이트Miller Lite의 시장점유율을 회복시켰다. 이 프로모션의 중요 요소는 바로 인터렉티브 프로모션과 술집, 음식점, 나이트클럽(소비자들이 경쟁사인 버드 라이트와 맛을 비교할 수 있는 장소) 내부에서 진행한 프로모션on-premise promotion이었다. 휴대폰이나 태블릿을 통해 맥주 맛 비교의 추이를 보여주고 텔레비전 광고에서는 블라인드 테스트의 결과를 보여주었다. 또 'Make a Call for More'이라는 추가적인 캠페인도 실시했다(**사진 16-8**). 미식축구 심판 복장을 한 프로모션 진행자들이 경쟁사 맥주를 마시는 소비자를 발견하면 그들에게 다가가서 경쟁사 맥주를 선택한 점에 대하여 판정 이의challenge the call를 제기하는 미식축구 테마의 'Taste Challenge'를 실시했다(미식축구에서 심판의 판정에 이의가 있을 때 각 팀 감독이 판정에 이의를 제기할 수 있는 규칙을 응용한 프로모션). 40만 명이 넘는 소비자가 'Taste Challenge'에 참여했으며 프로모션이 진행된 지역에서는 13%, 그리고 전국적으로는 11%의 시장점유율이 증가되었다.[27]

사진 16-8
밀러 라이트의 'Taste Challenge'는 경쟁사 맥주 고객을 유인하는 아주 효과적인 프로모션이었다.

기존고객층 방어 매일 신상품이 출시되고 경쟁사는 자사의 고객을 뺏어가기 위해 공격적인 광고와 판매촉진을 진행한다. 그래서 많은 회사들은 자사의 기존고객층을 방어하고 시장점유율을 유지하기 위한 다양한 판매촉진을 실행한다. 먼저 자사 제품을 한꺼번에 많은 양을 구매하도록 유도해서 한동안 동일 제품군의 상품을 살 필요가 없게 만드는 방법이 있다. 특별할인가, 쿠폰, 보너스팩 등은 고객들이 특정 브랜드의 상품을 많이 사서 비축해 놓도록 유도한다. 이렇게 하면 소비자를 자사 브랜드 사용자로 계속 유지할 수도 있고 또 경쟁사의 프로모션에 반응하여 경쟁사 제품을 구매하게 될 확률도 낮아지게 되는 효과가 있다.

특정 세분시장에 대한 타깃팅 대부분의 회사는 특정한 세분시장에 마케팅을 집중하고 또 표적고객집단에 도달할 수 있는 방법을 항상 찾고 있다. 콘테스트, 추첨행사, 이벤트, 쿠폰, 샘플링 등은 특정한 지역적, 인구통계적, 심리적, 인종적 고객집단에 도달할 수 있는 아주 효과적인 방법이다. 판매촉진은 또한 소비자의 사용빈도에 따른 집단(비사용자, 소량이용자, 다량이용자)으로 나누어 프로모션을 실시할 수 있다.

덧붙여 프로모션 프로그램은 특정 상품이나 서비스의 수요가 폭증하는 시기에 맞추어 진행할 수도 있다. 예를 들어 제과 혹은 초콜렛 업계는 발렌타인데이나 화이트데이에 맞춘 프로모션 계획을 수립하고 컴퓨터 회사나 문구 회사는 신학기 개학을 앞두고 프로모션을 실시한다.

IMC의 향상과 브랜드자산 구축 소비자 지향 프로모션의 마지막 목적은 브랜드나 회사의 IMC 활동을 향상시키고 지원하는 것이다. 일반적으로 브랜드자산의 구축이나 유지는 매체 광고를 통해 달성할 수 있다고 생각하지만 이는 판매촉진을 통해서도 달성할 수도 있다. 기업들은 프로모션대행사에 단기적 매출 증대효과를 넘어선 보다 전략적인 프로모션 계획을 수립해달라고 요구한다. 광고주들은 프로모션을 통해 고객들이 자사의 브랜드에 보다 관여하기를 바라고 브랜드의 핵심을 보다 매력적인 방법으로 설명해 주기를 바란다. 잘 기획되고 실행된 프로모션은 고객의 마음을 사로잡고 자사 브랜드를 차별화시킬 수 있는 매우 효과적인 방법이다. 콘테스트, 추첨행사, 사은품 증정 등은 광고캠페인에 대한 관심을 증폭시키고, 광고메시지와 상품에 대한 관여도를 높이며, 고객과의 관계를 형성하는 데 도움을 주는 판매촉진 기법이다.

콘테스트는 브랜드에 대한 관심과 흥분을 증대시켜 소비자를 브랜드에 보다 관여하게 만든다. 매스 히스패닉사MASS Hispanic가 기획한 킴벌리Kimberly Clark의 크리넥스Kleenex 티슈 관련 프로모션을 살펴보자. 이 프로모션의 목표는 브랜드 연관성brand relevance을 향상시키고 특히 히스패닉(중남미계 미국인) 시장을 공략하는 것이었다. 또 하나의 프로모션 목표는 다른 집단에 비해 제품 포장 디자인과 컬러에 민감한 히스패닉 소비자들에게 자사의 새로운 티슈 포장 디자인을 매력적으로 보이게 하는 것이었다.

사진 16-9
킴벌리클라크는히스패닉 소비자들의 관여와 관계를 높이기 위한 콘테스트를 개최하였다.

'Con Kleenex Express TuHispanidad히스패닉의 자부심을 크리넥스로 표현하세요'라는 이름의 이 프로모션은 히스패닉 소비자를 초대하여 그들의 전통과 문화적 자부심을 표출할 수 있는 미술 콘테스트를 개최하였다(**사진 16-9**). 이 콘테스트는 아마추어 히스패닉 미술가들과 소비자들이 히스패닉의 자부심을 표현하는 작품을 제출하면 심사하여 최고 5,000달러의 상금을 받을 수 있는 기회를 제공했다. 상금에 더하여 선발된 작품은 히스패닉 문화의 달Hispanic Heritage month 기간 동안 크리넥스 티슈의 디자인으로 사용되었다. 프로모션 참여자들은 우승자를 직접 선택할 수 있었으며 히스패닉 문화의 달 동안 특별 디자인의 티슈도 구매할 수 있었다. 3만 명 이상이 투표를 했으며, 킴벌리의 18개 주요 대형유통점에서 특별 디자인의 크리넥스 티슈를 판매했는데 이 기간 크리넥스의 판매는 476%나 증가했다.[28]

소비자 지향 판매촉진 기법

샘플링

마케터들은 방금 논의한 목표들을 달성하기 위하여 다양한 소비자 지향 판매촉진을 사용한다. 그럼 어떤 판매촉진 기법들이 있는지 그리고 그런 기법들을 사용할 때 고려할 점이 무엇인지 살펴보자. 먼저 샘플링을 알아보자.

샘플링sampling은 소비자의 시용trial을 유도하기 위해서 소량의 제품을 무료로 나누어주는 것을 말한다. 샘플링은 소비자가 제품을 한번 사용해 보도록 하는 데 가장 비싸지만 동시에 가장 효과적인 방법이다. 여러 판매촉진 중 샘플링은 신상품이나 새로운 브랜드가 시장에 처음 소개될 때 주로 사용된다. 물론 기존 상품에도 사용될 수 있지만 회사들 중에는 기존 브랜드를 위한 샘플링을 하지 않는 경우도 있다. 그 이유는 샘플링을 하여도 경쟁사 브랜드에 만족한 고객을 새로 유인하기는 힘들고, 샘플이 단지 자사의 기존고객에게만 도달하는 경우가 많기 때문이다. 하지만 기존 브랜드나 상품에 현격한 변화(신상품 혹은 개선)가 일어난 경우에는 샘플링이 유효한 방법이다.

가공식품, 건강용품, 화장품 등을 만드는 일용소비재의 제조사들은 샘플링을 많이 사용하는 업종인데 그 이유는 이 업종의 제품이 다음에 설명하는 효과적인 샘플링의 세가지 요소를 다 갖추고 있기 때문이다.

1. 제품의 단가가 상대적으로 저렴하다. 따라서 샘플의 비용도 적게 든다.
2. 제품을 나눌 수 있다. 즉 기존 제품을 작은 샘플사이즈로 만들 수 있으며, 소비자들은 샘플을 통해 제품의 특징과 혜택을 충분히 경험할 수 있다.

3. 제품의 구매 주기가 상대적으로 짧다. 그래서 소비자는 샘플을 사용하며 바로 다음 제품 구매를 고려하게 되거나 적어도 다음 구매시점까지 샘플링한 브랜드를 잊지 않는다.

샘플링의 혜택과 한계 샘플은 소비자들에게 제품 선택의 실수에 따른 위험 없이 신제품을 사용할 수 있게 해 준다는 점에서 시용을 유도하는 가장 좋은 방법이다. 미 PMA Promotion Marketing Association의 연구에 따르면 샘플을 받은 소비자의 대부분이 샘플을 즉시 사용해 보거나 보관했다 나중에 사용했다고 한다.[29] 샘플링은 광고나 다른 어떤 판매촉진보다 시용률을 효과적으로 높일 수 있다.

샘플링은 제품을 사용하게 함으로써 두 번째 혜택을 기대할 수 있다. 즉, 소비자는 샘플링을 통해 그 브랜드를 직접 경험하게 되고 그 제품의 혜택에 대하여 공감하게 된다. 광고로 제품의 혜택을 설명하기 어려운 제품도 있는데 이 경우 샘플링은 아주 유용하다. 예를 들어 음식, 음료, 화장품 등은 꽤 미묘한 특징을 가지고 있어서 직접 사용해 보지 않고는 그 브랜드를 이해하고 공감하기 힘들다. 그래서 이런 산업군에서는 샘플링을 통해 신제품을 소개하는 것이 일상적이다. 예를 들어 잭인더박스 Jack in the Box(미국의 패스트푸드 프랜차이즈 중 하나)는 'Free Fryday'라는샘플링 프로모션을 통해 고객들이 그들의 신제품 프렌치프라이를 경험할 수 있도록 하였다(**사진 16-10**). 미 PMA 조사에 따르면 샘플을 사용해 본 사람의 70% 정도가 평소 사용하지 않던 제품을 구매하게 되었다고 한다. 특히 샘플과 쿠폰이 동시에 제공된 경우는 구매 유발이 보다 높아진다고 한다.

사진 16-10
잭인더박스의 Free Fryday 캠페인은 소비자들이 신제품 프렌치프라이를 경험할 수 있도록 하였다.

샘플이 시용을 유도하는 가장 좋은 방법이기는 하지만 브랜드가 어떤 독창성이나 장점이 있어야만 샘플링 프로그램을 진행할 가치가 있다. 만약 제품의 독창성이나 장점이 없다면 소비자들은 샘플을 사용해 본 뒤에 다시 기존에 사용하던 브랜드로 회귀할 것이기 때문이다. 샘플링 프로모션은 샘플 이용자가 나중에 자사의 브랜드를 정가를 주고 꾸준히 구매해야만 그 비용을 상쇄할 수 있는 것이다.

샘플링의 또 다른 한계는 제품에 따라 샘플을 이용해도 그 브랜드의 혜택을 바로 느끼기 어려운 제품도 있다는 점이다. 이런 제품은 학습기간이 필요하고 샘플링도 회사가 감당할 수 있는 것보다 더 많아야 한다.

예를 들어 주름살을 제거에 효과가 좋은 화장품이 있다고 하자. 이 경우 소비자가 장시간을 사용하지 않고서는 주름살 제거 효과를 느낄 수 없을 것이다.

샘플링 방법 샘플링을 할 때 샘플을 어떻게 배포할 것인가는 가장 기본적인 의사결정 사항이다. 배포 방법을 결정하는 것은 비용에도 큰 영향을 줄뿐만 아니라 어떤 소비자집단이 샘플을 받게 될 것인지도 결정하기 때문에 아주 중요하다. 가장 좋은 샘플링은 샘플이 바로 사용되고 재구매로 이어질 수 있는 잠재 소비자에게 전달되는 것이다. 몇 가지 기본적인 샘플링 방법에는 개별방문, 다이렉트메일, 점포 내, 패키지 부착 방식이 있다.

개별방문 샘플링door-to-door sampling은 잠재고객의 집으로 샘플을 직접 배달하는 방식이며, 샘플이 배달되는 지역을 정확히 통제하고 싶을 때 사용된다. 이 방식의 단점은 인력이 많이 든다는 것이다. 반면 잠재 소비자층이 있는 지역을 정확히 정의할 수 있을 경우 비용대비 효과가 클 수 있다. 어떤 경우에는 신문배달을 이용하여 신문과 함께 샘플링을 하는 경우도 있다.

우편을 이용한 샘플링sampling through the mail은 샘플링하는 제품이 작고 가벼우며 부패되지 않는 경우에 주로 사용하는 방법이다. 우편을 이용한 샘플링의 중요한 장점은 언제 어느 곳에 샘플을 배포할지 통제하기 용이하다는 것과 특정 지역을 표적으로 하여 샘플링하기 유리하다는 점이다. 단점으로는 우체국(혹은 배송업체)이 특정 물품의 배송을 거부할 수도 있으며 배송료가 지속적으로 상승되고 있다는 점이다.

사진 16-11
아모르(자동차용품 제조사)는 자사 제품에 자사의 다른 제품 샘플을 부착하여 시용을 유도했다.

점포 내 샘플링in-store sampling은 최근 널리 사용되는 방식으로 주로 식품에 많이 적용되는 방식이다. 대형마트나 슈퍼마켓 등에서 시식코너를 차려놓고 행사요원이 식품의 샘플을 전달하는 방식이 일반적이다. 소매점을 찾은 소비자들은 식품을 즉석에서 체험할 수 있으며 음식을 먹는 동안 행사요원이 식품에 대해 설명할 수도 있다. 어떤 경우에는 시식코너 운영과 함께 제품 할인쿠폰을 제공하여 즉각적인 구매를 유도하기도 한다. 상점 내 샘플링의 단점은 비용이 많이 든다는 점과 유통업체와의 협력이 필수적이라는 점이다.

패키지 부착 샘플링on-package sampling은 샘플링하려는 제품을 기존의 자사 브랜드 제품에 붙여 배포하는 방식이다(**사진 16-11**). 이 샘플링 기법은 특히 신제품을 기존의 브랜드 제품을 통해 배포할 때 비용대비 효과가 큰 장점이 있다. 패키지 부착 샘플링의 단점은 배포하고자 하는 샘플이 기존 제품 구매자로 한정된다는 것이다. 따라서 기존 제품을 사용하지 않는 사람에게는 샘플이 도달하지 못한다. 여러 가지의 제품(자사 제품이 아니더라도)에 샘플을 부착하는 방법을 사용하면 이런 단점을 완화할 수 있다.

많은 마케터들이 샘플링을 IMC의 한 부분으로 인식하면서 전반적인 브랜드 체험의 한 수단으로 **이벤트 샘플링**event samplin을 이용하고 있다. 일반적으로 기업이 주최하거나 후원하는 콘서트장, 스포츠 경기장, 혹은 다른 이벤트 현장에서 샘플을 배포한다.

사진 16-12
소비자들은 스타트샘플링(StratSampling)같은 사이트를 이용해 샘플을 신청할 수 있다.

그 밖의 샘플링 앞서 설명한 네 가지 샘플링 기법이 일반적이기는 하지만, 이 외에 다른 방법들도 있다. 잡지나 신문(일반적으로 주말판)에 샘플을 넣어주는 방식도 있고, 또 시리얼 제조사 등의 회사가 전화, 우편, 인터넷을 통하여 샘플을 신청한 고객에게 샘플을 배송해 주기도 한다. 이런 방식은 다이렉트마케팅의 데이터베이스를 수집한다는 측면에서 마케터들이 선호하는 방식이다.

또 샘플링 배포에 특화된 마케팅 회사들을 이용하는 방법도 있다. 이런 회사들은 현재 자사 제품을 사용하지 않는 사람이나 경쟁사 제품을 사용하는 사람을 파악하여 이들에게 샘플을 배포할 수 있다. 또 대학교 신입생들에게 대학생활에서 필요한 생필품(일회용 면도기, 샴푸, 상비약)의 샘플을 배포하기도 한다.

인터넷을 이용한 샘플 배포도 점점 널리 사용되고 있다. **사진 16-12**와 같은 샘플링 전문 인터넷 사이트에서는 소비자가 먼저 소비자의 기본 정보와 각종 상품 혹은 브랜드의 소비 행태를 입력하여 사이트에 등록한다. 그러면 이 정보에 근거하여 적절한 샘플을 보내주거나 회원이 원하는 샘플을 골라 보내달라고 요청할 수도 있다. 최근에는 샘플링에 소셜미디어를 이용하는 경우도 늘고 있다. 예를 들어 인공감미료인 스플렌다Splenda는 페이스북이나 인터넷 사이트를 통해 샘플을 배포한다.[30]

쿠폰

쿠폰coupon은 가장 오래되고 현재에도 가장 널리 사용되는 판매촉진 기법이다. 가장 오래된 쿠폰의 역사는 1895년까지 거슬러 올라간다. 미국의 CW포스트C.W. Post Co.라는 회사가 시리얼에 할인 쿠폰을 발행한 것이 시초라고 한다. 쿠폰은 가장 일반적인 판매촉진 도구로 대부분의 일용소비재consumer packaged-goods(CPG) 제조사들이 사용하고 있다.

CPG 업계에서의 쿠폰사용은 특히 지난 30년 사이에 폭발적으로 증가했다. 미국에서 1968년 총 160억 장의 쿠폰이 발행되었던 것과 비교하여 지난 2009년에는 3,100억 장의 쿠폰이 발행되었다. 미국의 NCH사NCH Marketing Service의 분석에 따르면 미국인의 88%가 쿠폰을 사용한다고 대답했고 21%의 소비자는 항상 쿠폰을 사용한다고 대답했다. 쿠폰의 평균 표시가치(할인액)는 1981년 21센트에서 2009년 1.37달러로 상승했으며 2009년 미국에서 사용된 33억 장의 쿠폰의 할인액 평균은 장당 1.09달러이다.[31]

이러한 수치는 제조사 기준이며 유통업자나 소매업자가 발행하는 쿠폰은 포함하지 않은 것이다. 대부분의 대형유통사, 슈퍼마켓 체인들은 유통업자 쿠폰을 발행하고 있으며 고객들에게 추가적인 할인 기회를 제공하고 있다.

쿠폰의 장단점 쿠폰은 여러 장점이 있다. 먼저, 쿠폰은 가격에 민감한 소비자에게만 선택적으로 가격할인을 제공해 줄 수 있다. 가격에 민감한 소비자들은 쿠폰이 없었다면 물건을 사지 않았을지도 모른다. 물론 가격에 민감하지 않은 소비자들은 쿠폰이 없더라도 정상 가격을 지불하고 물건을 살 것이다. 두 번째 장점은 유통업자의 도움 없이 제품 가격을 낮추는 효과를 발생시킨다는 것이다. 또 쿠폰은 샘플링을 제외한다면 제품의 시용trial을 증가시킬 수 있는 가장 좋은 방법이다. 쿠폰으로 가격이 할인되면 소비자들의 제품 구매에 따른 인식된 위험이 감소하기 때문에 시용이 증가하게 된다. 쿠폰은 시용 이후의 재구매도 증가시킨다. 때문에 신제품에 쿠폰이 부착되어 재구매를 유도하는 기법도 흔하게 사용된다.

쿠폰은 기존 제품이나 브랜드에도 널리 사용된다. 쿠폰은 기존 브랜드의 시용과 재구매를 촉진시킬 뿐 아니라 기존 브랜드를 개선한 제품의 구매도 활성화시킬 수 있다. 쿠폰은 소비자가 기존 제품보다 고급제품 혹은 프리미엄 브랜드를 구매하도록 유도하는 기능도 있다. 여러 상품군 중 쿠폰이 가장 많이 사용되는 상품군은 일회용 기저귀, 시리얼, 세탁세제 등이며 쿠폰이 가장 적게 사용되는 상품군은 음료, 사탕, 껌이다(미국 기준).

반면 쿠폰은 몇 가지 단점도 가지고 있다. 첫 번째로, 발행된 쿠폰이 언제 사용될지 예측하기 힘들다는 것이다. 보통 쿠폰은 바로 사용되지 않고 두 달에서 여섯 달 후에나 사용되는 경우가 많다. 한 연구에서는 많은 소비자들이 쿠폰을 유효기간 종료 직전에 사용한다는 결과가 나왔다.[32] 그래서 쿠폰이 빨리 사용될 수 있도록 쿠폰의 유효기간을 짧게 하는 경우가 증가하고 있다. 2009년을 기준으로 쿠폰의 평균 유효기간은 발행 후 2.5개월이었다. 그럼에도 불구하고 쿠폰은 신제품을 빠른 시간 내에 시용하도록 하는 측면에서 샘플링보다 그 효과가 떨어진다.

또 다른 문제점은 쿠폰을 통해 새로운 고객을 끌어들이는 것이 이상적이지만 기존고객의 쿠폰 사용을 강제할 마땅한 방법이 없다는 것이다. 기존고객이 쿠폰을 이용하게 되면 이는 회사의 이익이 감소됨을 의미한다. 왜냐하면 기존고객은 쿠폰이 없더라도 어차피 그 제품을 구매하였을 것이기 때문이다.

또한 쿠폰을 실행하기 위해 많은 비용이 소요되는 것도 큰 문제점이다. 쿠폰의 비용은 쿠폰의 할인액에 쿠폰 발행비용, 배포비용, 기타 관리비용을 모두 더한 것이다. **도표 16-2**에 쿠폰 발행비용에 대한 예가 설명되어 있다. 이 도표를 보면 1달러를 할인해 주기 위해 총 1.9달러가 지출(할인액 포함)된 것을 알 수 있다. 따라서 쿠폰 행사를 진행할 때에는 쿠폰에 따른 비용과 수익의 관계를 면밀히 검토해야 한다.

다른 문제점으로는 쿠폰의 부정사용misredemption, fraud use이 있다. 다음은 쿠폰의 부정사용 사례이다.

- 쿠폰에서 지정한 규격에 맞지 않는 제품을 구매할 때의 쿠폰 사용
- 고객이 쿠폰 없이 구매한 물건을 소매점 계산원이 쿠폰을 사용하여 구매한 것처럼 처리하고 그 할인액을 가로챔
- 일반 고객의 쿠폰 사용과 상관없이 소매점포의 관리직원이 일괄적으로 쿠폰을 적용시켜 할인 제공
- 불법적으로 쿠폰을 수집하여 돈을 받고 판매하는 행위

도표 16-2
쿠폰 발행 비용

쿠폰 사용에 따른 비용 계산 예시	
1. 배포비용 5,500만 장 배포 × 1천 장당 배포비용(6.25달러)	343,750달러
2. 쿠폰 사용률 1.5%	825,000장
3. 쿠폰 사용 할인액 825,000장 × 1달러(쿠폰 1장당 할인액)	825,000달러
4. 소매점 쿠폰 취급 관리비 및 수수료 825,000장 × 0.1달러	82,500달러
5. 디자인 및 기획 비용	1,500달러
6. 총 쿠폰 발행 비용 항목 1 + 3 + 4 + 5	1,252,750달러
7. 쿠폰 1장 사용당 비용 총비용 ÷ 총 사용된 쿠폰 수	1.52달러
8. 실제 제품판매 수량(쿠폰 사용 중 약 20%의 부정사용이 발생했다고 가정) 825,000 × 80%	660,000개
9. 실제 제품판매에 사용된 쿠폰 1장당 비용 총비용 ÷ 실제 제품 판매수량	1.9달러

- 위조된 쿠폰을 발행하고 유통시키는 행위

쿠폰의 부정사용액은 미국에서만 5억 달러에 이른다. 일부 고객들은 바코드를 변조하는 방법을 이용하여 쿠폰을 부정사용하는 경우도 있다. 그래서 최근에는 변조 위험을 줄인 새로운 바코드 시스템을 채용하고 있다.[33]

이런 쿠폰의 부정사용에 대응하여 제조업체들은 쿠폰 사용기준을 강화하고 있다. 예를 들어 어떤 제조사는 부정사용 의심이 가는 쿠폰에 대하여는 소매점에 할인액을 지급해 주지 않는 정책을 사용한다. 또 개선된 바코드, 코딩 시스템이 적용된 쿠폰을 사용한다. 월마트의 경우 정확한 유효기간, 발행처 주소, 바코드가 표시되지 않은 어떤 인터넷 쿠폰도 받지 않는다는 정책을 사용하고 있다. 중요한 것은 아무리 부정사용을 방지한다고 하여도 부정사용을 완전히 막을 수는 없다는 것이다. 따라서 회사에서 쿠폰을 기획할 때에는 부정사용에 따른 추가 비용지출을 감안한 예산을 수립해야 한다.

쿠폰의 배포 쿠폰은 여러 방법을 통해 배포된다. 주로 주말신문에 포함된 별쇄

광고freestanding insert(FSI)를 이용하는 것이 가장 일반적인 방법이고 그밖에 다이렉트메일, 신문, 잡지, 제품 포장 등을 통해 배포한다. FSI가 가장 인기 있는 쿠폰 배포방법인 이유는 신문보다 품질 좋은 컬러인쇄, 저렴한 배포 비용, 같은 날 전국적인 배포가 가능, 시장(지역) 선택 가능, 제품 종류별 독점 광고로 경쟁 회피 등이다(FSI를 통한 쿠폰 배포는 미국의 경우 일반적이지만 우리나라의 경우는 그렇지 않다—역자주). 미국의 경우 일반적인 FSI의 비용은 1천부당 6~7달러로 저렴한 편이다. 또 소비자들이 FSI를 좋아하기 때문에 유통업체도 FSI를 발행하는 제조사의 입점을 더 선호한다.

FSI를 통한 쿠폰 발행이 증가하면서 클러터 문제가 발생했다. FSI가 제품 품목별 독점 광고 정책을 사용하고 있기는 하지만 여러 종류의 FSI가 배달되다 보니 FSI의 매력이 감소하고 FSI 쿠폰의 사용률도 저조하다. FSI 쿠폰 사용률은 4%에서 요즘은 1~2%까지 감소했다(도표 16-3). FSI의 저조한 쿠폰 사용률은 보다 효과적인 쿠폰 배포방법을 찾게 하였고 최근에는 다이렉트메일의 인기가 높아지고 있다.

도표 16-3
매체별 쿠폰 사용률

자료: NCH Marketing Services, 2010 Coupon Facts.

매체	식료품 (%)	건강 및 미용용품 (%)
FSI	1.0	0.5
신문	0.8	0.4
잡지	1.1	0.6
다이렉트메일	3.4	2.0
일반 포장 부착	5.6	2.5
일반 포장 내 동봉	6.0	12.9
포장 부착 크로스러프	2.9	3.8
포장 내 동봉 크로스러프	3.8	8.0
즉석 포장 부착	20.6	21.5
즉석 포장 부착 크로스러프	8.3	12.9
전자 발행기	7.9	8.1
진열장 비치	7.9	7.6
점포 내 배포	3.6	2.0
점포 외부 배포	2.7	2.3
인터넷	17.3	9.8

사진 16-13
발팍은 우편 쿠폰집의 가치를 높이기 위한 광고를 실행했다.

다이렉트메일direct mail을 통한 쿠폰 배포는 전체 쿠폰 배포의 약 2% 정도를 차지하고 있다. 대부분의 다이렉트메일 쿠폰은 소매점에서 직접 보내거나 우편 쿠폰집(다양한 종류의 제품 쿠폰을 모은 책자) 회사를 통해 발송된다. 미국에서 유명한 발팍Valpak의 우편 쿠폰집은 매년 수십억 개의 쿠폰을 배달하고 있으며 우편 쿠폰집의 이미지를 개선하고 쿠폰 사용률을 높이기 위한 광고도 하고 있다(**사진 16-13**). 다이렉트메일은 광범위한 소비자에게도 발송할 수 있고 특정 소비자층(연령대별, 지역별, 인종별 등)만을 한정하여 발송하기에도 수월하다. 또 다른 장점은 쿠폰 사용률이 FSI보다 높다는 것이다. 마지막으로 다이렉트메일 쿠폰은 샘플링과 함께 사용할 수도 있는데 이 경우 소비자의 관심을 높이는 데 아주 효과적인 방법이다.

반면 다이렉트메일의 주요 단점은 배송비용이 비싸다는 것이다. 우편 쿠폰집을 이용한 쿠폰 배포비용은 1천개당 10~15달러 정도이고, 특정 표적고객만을 대상으로 할 경우 1천개당 20~25달러 혹은 그 이상이 소요된다. 또 쿠폰의 높은 사용률은 다른 측면에서 보면 기존 제품 사용자가 쿠폰을 통해 재구매를 하는 경우가 많다는 것이어서 쿠폰의 효과를 떨어뜨린다고 할 수 있다.

신문이나 잡지를 통해서도 쿠폰을 배포할 수 있다. 신문을 이용한 쿠폰 배포의 장점은 시장(지역) 선택성, 짧은 준비시간, 신문광고와의 연계성이 있다. 또 신문과 함께 배포되기 때문에 광범위한 소비자에게 노출될 수 있고 소비자의 수용력(특히 쿠폰이 많이 게재되는 주말 신문의 쿠폰을 주의 깊게 보는 소비자들도 많다)도 높다는 장점도 있다. 신문을 통한 쿠폰 배포의 문제점은 높은 배포 비용, 상대적으로 저급한 인쇄품질, 클러터, 그리고 신문을 읽는 독자가 줄고 있는 추세 등을 생각할 수 있다. 이런 이유 때문에 사용률도 약 1% 내외로 낮다.

잡지를 통한 쿠폰 배포도 감소 추세로 현재 약 2% 정도가 잡지를 통해 배포된다. 잡지의 장점은 특정 소비자(독자)집단을 표적으로 한 쿠폰 배포가 가능하며 높은 인쇄 품질을 구현할 수 있다는 점과 잡지가 오래 보관된다는 것이다. 하지만 비용이 비싸고 쿠폰 사용률이 낮은 것은 단점으로 지적된다.

또 다른 배포 방법으로 제품의 포장 내부와 외부를 이용하는 방법이 있다. 제

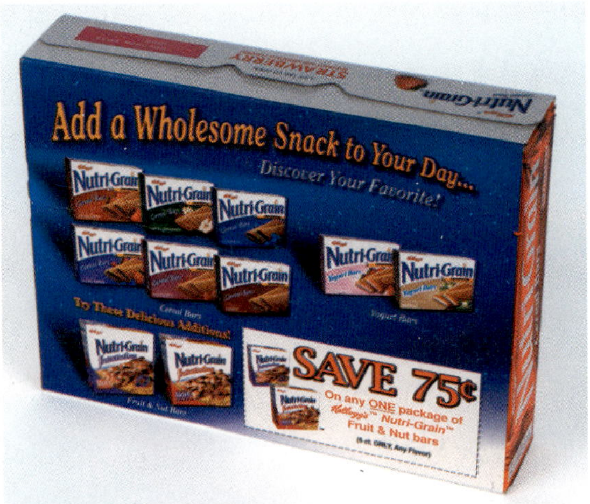

사진 16-14
켈로그는 제품 포장지에 쿠폰을 인쇄하여 재구매를 유도한다.

품 포장을 이용한 쿠폰 배포는 기본적으로 추가 비용이 발생하지 않고 쿠폰 사용률도 3~20%로 아주 높다. 제품 포장 쿠폰 중 다음 번 제품 구매 시 사용할 수 있는 쿠폰을 **바운스백 쿠폰**bounce-back coupon이라고 한다. 이런 종류의 쿠폰은 해당 브랜드에 대한 재구매를 촉진하는 유인책으로 이용된다.

바운스백 쿠폰은 샘플링 기법과 함께 사용될 수 있다. 즉, 샘플링 제품의 포장에 쿠폰을 넣어 소비자가 샘플링 제품을 다 사용한 다음 바로 같은 제품을 구매하도록 유도하는 것이다. 바운스백 쿠폰은 제품수명주기상 초기에 제품 재구매를 촉진하기 위해서 사용되기도 하고, 성숙기에 자사 고객을 새로운 경쟁사에게 뺏기지 않기 위해서 사용되기도 한다. 바운스백 쿠폰의 가장 큰 단점은 제품을 구매해야만 쿠폰을 받을 수 있다는 것이다. 제품의 비사용자는 쿠폰을 받을 수 없는 것이다. **사진 16-14**는 쿠폰이 인쇄된 켈로그의 제품을 보여주고 있다.

제품 포장을 이용한 쿠폰 중에는 **크로스러프 쿠폰**cross-ruff coupon도 있다. 크로스러프 쿠폰은 같은 회사(혹은 마케팅 제휴를 한 다른 회사)의 다른 종류 제품을 구매할 때 사용할 수 있는 쿠폰을 말한다. 크로스러프 쿠폰은 소비자에게 자사의 다른 제품을 시용하도록 유도하는 데 매우 유용하며 일반적으로 다양한 제품라인을 가진 회사(예를 들어 식품 회사 등)가 주로 사용하는 방법이다.

제품 포장에 부착하는 **즉석 쿠폰**instant coupon도 있다. 즉석 쿠폰은 대부분 제품 포장 외부에 스티커처럼 부착되어 있으며 제품을 계산할 때 그 자리에서 바로 할인을 받을 수 있다. 즉석 쿠폰은 가장 높은 사용률을 나타내며 식료품이나 화장품 같은 제품들은 약 21%의 사용률을 보이며 즉석 쿠폰과 크로스러프를 합친 즉석 크로스러프 쿠폰instant cross-ruff coupon도 있다. 즉석 쿠폰은 소비자들에게 즉석에서 혜택을 제공하여 구매를 촉진할 수 있다는 장점이 있으며 특정 지역이나 시기를 선택한 프로모션을 할 수 있다는 장점도 있다. **사진 16-15**는 즉석 크로스러프 쿠폰의 예를 보여주고 있다.

사진 16-15
상호보완적인 판매촉진을 위한 즉석 크로스러프 쿠폰의 예

최근 10년간 높은 성장세를 보이는 쿠폰이 **점포 내 쿠폰**in-store coupon이다. 점포 내 쿠폰은 주로 슈퍼마켓과 같은 소매점에서 여러 종류의 제품 쿠폰을 배포하는 것으로 주로 상점 한 쪽에 쿠폰 전시대가 설치되어 있거나 제품 진열장에 쿠폰이 같이 비치되어 있는 방식이다.

점포 내 쿠폰의 장점은 다음과 같다. 첫째, 매장에서 쿠폰을 배포하기 때문에 소비자가 제품을 구매하려는 시점에 쿠폰을 배포할 수 있다는 점이다. 또 매장 진열장에서 자사 제품의 브랜드 인지도를 높일 수 있으며 충동구매를 유도하며 제품 시용을 촉진시킨다. 그리고 일반적으로 제품 품목별 독점적 배포가 가능하다는 것이다. 또한 소비자가 쿠폰을 수집하는 노력과 잊지 않고 매장에 가져 올 수고를 하지 않아도 된다는 장점도 있다.

점포 내 쿠폰을 발급하는 방법 중에는 전자장치와 결합된 것도 있다. 주로 계산대에서 POS 시스템과 연동되어 발행되는 이 쿠폰은 고객의 구매 기록을 바탕으로 연관된 상품의 쿠폰을 제공하는 방식이다. 예를 들어 경쟁사 브랜드의 샴푸를 산 고객에게 쿠폰 제휴를 한 브랜드의 샴푸 쿠폰을 제공하거나 무카페인 콜라를 구매한 고객에게 무카페인 커피의 쿠폰을 제공하는 것이다.

이런 전자식 계산대 쿠폰의 장점은 비용대비 효과가 크다는 것이다. 그리고 특정 제품군의 소비자를 표적으로 경쟁사 제품이나 보완적 제품의 쿠폰을 제공할 수 있다는 것이다. 65~80%의 쿠폰이 기존 소비자를 통해 사용된다는 점을 볼 때 마케팅 관리자들은 자사 고객이 아닌 비사용자에게 쿠폰을 제공하고 싶어한다. 전자식 계산대 쿠폰은 바로 비사용자에게 쿠폰을 배포할 수 있는 아주 효과적인 방법이다.

쿠폰의 추세 2009년 미국에서는 총 33억 달러의 쿠폰이 사용되었다. 이 금액은 2008년보다 27%가 증가한 것으로 사상 최대를 기록했다. 쿠폰 사용의 급격한 증가는 2008년 세계금융위기의 영향이 크다. 동시에 기업들이 저가 공세를 벌이는 회사들이나 유통업자 브랜드PB와 경쟁하기 위해서 쿠폰을 대량으로 발행했다는 의미이기도 하다.[34] 쿠폰 사용이 크게 증가하였지만 발행된 쿠폰이 제대로 사용되는가는 또 다른 문제이다. 미국의 가정들은 한 해 평균 3천 장의 쿠폰을 모으지만 실제 사용률은 2% 미만이기 때문이다.

쿠폰의 비용과 효과에 대한 의문 때문에 쿠폰 발행을 줄이거나 사용법을 바꾸는 회사도 늘고 있다. 예를 들어 쿠폰의 유효기간을 줄이는 방법이 일반적인데 최근의 쿠폰은 대부분 유효기간이 3개월이거나 더 짧은 경우가 많다. 또 다중구매쿠폰(한 번에 몇 가지 이상의 제품을 동시에 구매해야만 쿠폰할인을 받을 수 있는 것)의 사용도 증가하고 있어 최근 식품류 쿠폰의 40%가 다중구매쿠폰 방식으로 배포된다. 반면 건강이나 미용 관련 제품에 적용되는 다중구매쿠폰의 발행량은 꾸준히 감소하여 약 8% 정도이다.[35] 쿠폰에 대한 또 다른 비판은 쿠폰의 인쇄, 배포, 관리에 너무 많은 비용이 소비되는 반면 소비자에게 충분한 혜택을 주지 못한다는 것이다. P&G의 전 사장인 덜크 재거Durk Jager는 "98%나 실패하는 마케팅 활동(쿠폰의 평균 사용률이 2% 정도인 것을 의미)을 누가 지지할 수 있겠느냐?"며 쿠폰의 문제점을 지적하였다.[36]

쿠폰에 대한 비싸고 비효율적이라는 부정적 시각에도 불구하고 쿠폰 제도를 완전히 폐지하는 회사는 없을 것이다. 대부분의 쿠폰이 사용되지 않고 버려지지만 동시에 소비자들은 어디선가 쿠폰을 이용하고 있기 때문이다. 80% 이상의 소비자들이 쿠폰을 사용하고 있고 소비자의 1/4은 매번 쿠폰을 사용한다. 워낙 많은 사람들이 쿠폰을 사용하고 있기 때문에 기업들은 이들을 위한 프로그램을 유지해야 하는 것이다. 하지만 쿠폰의 발행과 사용을 보다 개선하기 위한 노력이 실시되고 있다. 예를 들어 제너럴밀스General Mills, 켈로그Kellogg Company, 포스트Post Cereals와 같은 식품회사들은 브랜드별 쿠폰을 범용쿠폰universal coupon으로 대체하고 있다. 범용쿠폰이란, 예를 들어 켈로그의 특정 브랜드(예: 콘푸로스트, 첵스, 스페셜K 등)에만 사용할 수 있는 쿠폰이 아니라 켈로그의 모든 시리얼 제품에 사용할 수 있는 쿠폰을 의미한다. 포스트의 경우 시리얼 두 상자당 1.5달러 할인해 주는 범용쿠폰을 발행하는 대신 쿠폰의 발행은 반으로 줄이기도 했다.

다른 회사들은 거래업체특화 다이렉트메일 쿠폰account-specific direct-mail coupon을 발행하기도 한다. 이는 제조사가 특정 소매상과 제휴하여 쿠폰을 발행하지만 소비자는 다른 소매상에서도 이 쿠폰을 사용할 수 있는 것을 말한다. P&G는 세탁세제인 타이드의 거래업체특화 쿠폰을 발행하였고 다른 브랜드들로 쿠폰 발행을 확대하고 있다.[37] P&G는 또 쿠폰북 발행업체인 브랜드세이버사BrandSaver와도 제휴하여 쿠폰을 발행하고 있다.[38]

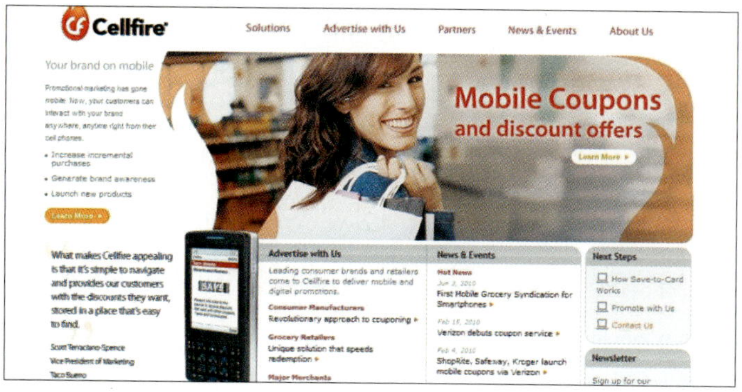

사진 16-16
셀파이어는 휴대폰을 통해 모바일 쿠폰을 배포한다.

많은 기업이나 유통업체들은 최근 온라인을 이용한 쿠폰 배포를 확대하고 있다. 카타리나사Catalina Marketing는 Valupage.com이라는 웹사이트를 통해 쿠폰을 온라인으로 배포한다. 소비자들은 사이트에 접속한 다음 그들이 거주하고 있는 지역의 우편번호를 입력한다. 그러면 해당 지역에서 사용할 수 있는 쿠폰을 다운로드할 수 있고 또 그 쿠폰을 사용할 수 있는 소매점의 위치도 안내해 준다. 많은 슈퍼마켓이나 할인점과 같은 유통업체들도 자신의 점포에서 사용할 수 있는 쿠폰을 온라인으로 발행하고 있다.

최근 가장 빠른 성장을 보이는 것은 모바일 쿠폰으로 소비자는 자신의 휴대폰을 통해 쿠폰을 받을 수 있다. 미국의 셀파이어Cellfire와 같은 모바일 쿠폰 회사는 가입 고객에게 모바일 쿠폰을 보내주고 있다.[39] 셀파이어사는 미국의 주요 유통업체와 제휴하여 모바일 식료품 쿠폰을 배포한다(**사진 16-16**). 페이스북이나 트위터 같은 소셜미디어도 쿠폰을 배포하는 채널로 활용되고 있다. 예를 들어 버거킹은 페이스북에서 'Whopper Sacrifice'라는 쿠폰 프로모션을 진행했다. 페이스북 사용자가 자신의 친구 10명을 삭제하면 무료 와퍼 쿠폰을 주는 것(와퍼 하나가 10명의 친구보다 낫다는 의미를 전달한 것)이었다. 이 프로모션은 페이스북의 개인정보보호 정책에 위반되어 곧 금지되었지만 그 사이 24,000개의 쿠폰이 발급되었다. 이는 24만 명이 '친구로부터 삭제'되었다는 뜻이기도 하다.[40]

사은품

사은품premium은 구매자에게 인센티브를 주기 위하여 무료나 저가로 제공되는 선물을 의미한다. 많은 마케터들은 단순한 장난감이나 신기한 것보다는 제품의 가치를 높이는 가치부가value-added 사은품을 선호한다. 왜냐하면 가치부가 사은품은 제품의 품질을 나타내고 시장에서의 제품 이미지와 포지셔닝을 유지할 수 있기 때문이다. 미국에서는 한해 약 40억 달러가 가치부가 사은품에 지출되고 있다. 그리고 사은품은 크게 무료 사은품과 자기부담식 사은품으로 구분할 수 있다.

무료 사은품 무료 사은품free premiums은 일반적으로 작은 선물을 의미하며 제품의 포장에 붙어있거나 포장 내부에 들어있다. 혹은 제품을 구매했다는 증거를 보내면 나중에 우편으로 사은품이 발송되기도 한다. 제품 포장/포장 내 무료 사은품은 주로 장난감, 공, 수집용 카드 등으로 시리얼 포장 등에서 흔히 볼 수 있다. 한 설문에 의하면 이런 식의 사은품은 소비자들이 가장 선호하는 종류의 프로모션이라고 한다.[41]

제품 포장/포장 내 사은품은 구매 충동을 일으키는 데 효과적이며 제품 구매에 추가적인 인센티브를 제공한다. 하지만 단점도 있다. 먼저 사은품은 비용유발 요인이 된다. 사은품 자체도 비용이지만 사은품과 제품을 같이 포장하는 것에도 비용이 소요된다. 적절한 비용 내에서 사은품을 고르기 쉽지 않은 것도 문제다. 특히 성인들이 사용하는 제품은 사은품을 선정하기가 더 어렵다. 또한, 질이 나쁜 사은품을 사용한다면 사은품을 제공하지 않는 것보다 더 나쁜 결과를 초래할 것이다.

사은품의 또 다른 문제점은 각종 규제의 대상이 된다는 것이다. 사은품 지급이 불공정거래의 대상이 되거나 식품안전에 문제 요인이 된다고 판단될 수도 있기 때문이다. 특히 어린이를 대상으로 한 사은품은 규제가 더 엄격하다. 미국방송협회National Association of Broadcasters는 어린이들이 제품이 아닌 사은품 때문에 물건을 구매하게 유도하는 행위를 규제한다. 예를 들어 30초 광고에서 사은품을 신진하는 시간이 15초를 넘어서는 안 되는 규칙을 가지고 있다.

우편배송 사은품mail-in premiums의 경우는 구매증빙을 보내면 나중에 사은품을 보내주는 방식으로 구매를 촉진한다. 하지만 우편배송 사은품은 구매시점에 혜택(사은품)을 제공하지 못하고 나중에 사은품을 제공한다는 한계가 있다. 즉, 구매시점에 구매를 충분히 촉진시키지 못한다는 것이다. 그래서 우편배송 사은품은 신청 비율이 2~4%로 낮다는 한계점이 있다.[42]

무료 사은품은 식당산업(특히 패스트푸드 프랜차이즈 산업)에서 아주 흔한 프로모션 기법이다. 롯데리아, 맥도날드, 버거킹 등은 어린이 고객을 유인하기 위해서 어린이메뉴를 주문하면 사은품(장난감)을 지급한다. 사실 맥도날드는 개수 기준으로 세계에서 가장 큰 장난감 회사라고 할 수 있다. 매년 7억5천 개의 장난감을 해피밀 판매와 함께 어린이들에게 제공하고 있다(**사진 16-17**). 패스트푸드 프랜차이즈 산업에서는 사은품인 장난감을 영화사들과 공동프로모션의 형태로 제작하는 경우가 많다. 드림웍스, 픽사, 디즈니 등이 해피밀의 주요 제휴사이다.

사진 16-17
맥도날드는 해피밀을 통해 어린이 고객을 유치하고 있다.

사은품 중 최근 가장 큰 성장세를 보이는 것이 항공사 마일리지로, 이는 거의 프로모션의 화폐처럼 사용된다. 미국 항공사들은 매년 20억 달러의 마일리지를 제휴 회사들에게 판매하고 있다. 신용카드, 호텔, 렌터카, 통신서비스 회사들 역시 고객에게 사은품으로 항공사 마일리지를 제공하고 있다. 그리고 이 마일리지는 제휴 항공사의 마일리지(대한항공의 스카이패스, 미국 아메리칸항공의 A어드밴티지AAdvantage 등)로 적립되어 소비자들이 사용할 수 있다(**사진 16-18**).

자기부담식 사은품 **자기부담식 사은품**self-liquidating premiums은 고객이 사은품의 가격을 일부 혹은 전부 지불하고 사은품을 제공받는 것을 말한다. 자기부담식 사은품은 일반적으로 회사가 사은품을 대량으로 구매하여 구매 단가를 낮추고 고객에게는 원가수준에 판매하는 것을 말한다. 예를 들어 어떤 제품을 구매한 고객에게 원래 10만 원 정도하는 상품을 5만 원 정도에 살 수 있는 권리를 사은품으로 주는 것이다. 즉, 사은품을 저렴하게 살 수 있게 해 주는 만큼 추가적인 가치를 느끼고 그 결과 관련된 제품을 구매하게 하는 것이다. 그리고 그 추가적인 가치는 소비자에게 자사 제품에 대한 흥미를 높이고 브랜드 이미지를 고양시키는 효과가 있다. 또 자기부담식 사은품은 일반적으로 제품 광고와 결합하여 광고메시지를 강화하고 브랜드를 강화하는 효과가 있다.

사진 16-18
아메리칸항공은 구매 혜택으로써 A어드밴티지의 가치를 강조하는 광고를 실행했다.

반면 자기부담식 사은품은 우편배송 사은품과 같은 단점을 가지고 있다. 구매시점에 바로 사은품을 제공할 수 없다는 것이다. 미국의 경우 10% 미만의 가정만이 한 번이라도 사은품 신청을 한 경험이 있으며 일반적인 사은품 신청률은 1% 미만이다.[43]

콘테스트와 추첨행사

콘테스트와 추첨행사는 인기가 점점 좋아지는 소비자 지향 판매촉진 기법이다. 미국 기업들은 지난 2009년 한 해에만 약 20억 달러를 콘테스트와 추첨행사에 지출하였다. 콘테스트와 추첨행사는 소비자들을 흥분시키는 요소를 가지고 있다는 특징이 있다. 왜냐하면 많은 소비자들이 '저 무지개의 끝에는 황금단지가 있을 거야'라며 자신이 바로 행운의 주인공이 될 수 있다고 생각하기 때문이라고 한다.[44] 추첨행사의 또 다른 인기 원인은 최근 로또의 영향으로 '일확천금'의 꿈을 가진 사람이 증가한 것도 있다. 때문에 마케팅 관리자들은 광범위한 소비자들의 관심과 흥미는 높이는 콘테스트와 추첨행사를 자주 사용하게 되었다.

콘테스트contest는 소비자들에게 그들의 기술이나 능력을 바탕으로 상품이나 상금을 쟁취하기 위한 경쟁을 제공하는 프로모션이라고 정의할 수 있다. 기업은 사전에 정해진 규칙에 따라 혹은 누가 어떤 목표를 가장 잘 달성했는가(예를 들어 스포츠 경기의 우승자나 우승팀을 맞추는 것)에 따라 우승자를 선발한다. 콘테스트는 일반적으로 제품 구매자에 한하여 경쟁 기회를 하나의 혜택으로 제공하는 경우가 많다. 어떤 경우에는 관련 광고를 읽거나 상점의 안내판의 정보를 보는 것을 참가의 조건으로 내걸기도 한다. 주의할 점은 참여가 너무 어려워서 표적 소비자집단의 참여율이 저조하지 않도록 해야 한다.

추첨행사sweepstakes는 우승자가 순전히 확률(운)에 의하여 결정되는 프로모션의 형태이다. 그리고 제품 구매와 상관없이 참가할 수 있는 경우가 많다. 참가자는 추첨을 위해 이름을 등록해야 하는데 일정한 양식에 직접 작성하는 경우가 많다. 추첨행사 중 한 종류는 **게임**game으로 이 역시 확률에 의해 우승자가 결정된다. 바로 당첨여부를 확인할 수 있는 즉석복권scratch-off card은 아주 인기 있는 프로모션 도구이다. 반면 당첨자 발표까지 시간이 조금 더 걸리는 방식도 있는데 이 경우 소비자의 관여를 높일 수 있다는 장점이 있다. 이런 게임방식의 추첨행사는 주로 소매점이나 패스트푸드 프랜차이즈에서 많이 사용되며 매장으로의 유동인구를 늘리는 데 도움을 준다.

추첨행사는 콘테스트보다 참여가 용이하다는 장점이 있다. 또 실행 관리가 보다 용이하고 비용이 적게 든다는 장점도 있다. 추첨행사는 콘테스트 진행 관리와 1등을 뽑기 위한 심사가 필요 없고 단지 확률에 의한 공정한 추첨만 하면 되기 때문이다. 비용 측면에서도 관리비가 적게 들고 우승자에 대한 상금을 미리 확정하여 추가로 비용이 발생할 소지가 없으므로 유리하다고 할 수 있다.

콘테스트와 추첨행사는 또 소비자와 브랜드 간의 연관성을 높일 수 있다는 점도 장점이다. 즉 콘테스트와 추첨행사의 상품이 자사의 브랜드와 연관된 상품이나 표적고객집단의 라이프스타일이나 니즈에 적합한 상품을 제공함으로써 브랜드에 대한 소비자의 관여도를 높일 수 있는 것이다.

최근에는 콘테스트와 추첨행사를 온라인 방식으로 진행하는 회사들이 많다. 인터넷을 통한 콘테스트와 추첨행사는 많은 장점이 있는데 먼저 전체적인 운용비용을 절감할 수 있다. 또 데이터를 즉각적으로 수집하고 고객의 행사참여를 지속적으로 유도할 수 있다. 콘테스트와 추첨행사의 진행을 통해 소비자에게 엔터테인먼트를 제공하고 상호작용할 수 있도록 변화되고 있다. 상품 또한 단순히 비싸고 큰 상품이 아니라 고객 맞춤형 상품이나 고객 체험형 상품을 제공하고 있다.[45] 최근에는 사용자 생성 콘텐츠user generated content 응모를 통한 콘테스트도 증가하고 있다. 예를 들어 도리토스 등으로 유명한 미국의 식품회사 프리토레이Frito-Lay는 'Crash the Super Bowl'이라는 프로모션을 통하여 고객이 만든 TV광고와 CM송을 응모 받아 광고로 방영하기도 했다.[46]

콘테스트와 추첨행사의 문제점 콘테스트와 추첨행사가 많이 실행되고는 있지만 문제점도 있다. 콘테스트와 추첨행사는 브랜드 이미지나 브랜드자산에 미치는 영향이 거의 없다. 사람들은 경품에만 관심을 가질 뿐이고 그 경품도 아주 큰 금액이 아니면 별로 관심을 가지지 않는다. 그래서 어떤 회사는 콘테스트와 추첨행사의 효과에 의문을 가지거나 소비자들이 경품을 너무 당연하게 여기는 점을 방지하기 위하여 이런 프로모션의 예산을 줄이거나 심지어 실행을 중지하기도 한다.

또 다른 문제점은 콘테스트와 추첨행사의 참가자들 중에는 제품이나 브랜드에는 관심이 없고 단지 상품만을 노리고 여러 콘테스트와 추첨행사에 반복적으로 참가하는 '꾼'이 있다는 것이다. 우리나라를 비롯하여 다른 나라들에서는 제품 구매와 관련하여 경품을 지급하는 것(소비자 현상 경품)에 대하여 법률적 규제를 가지고 있다. 때문에 누구나 응모할 수 있는 공개 현상 경품행사를 진행하는 경우가 많다. 이 경우 (경품행사 진행방식에 따라 다르지만) 제품 구매와 상관없이 경품만을 위해 전문적이고 반복적으로 응모하는 꾼들이 있으며 심지어는 각종 추첨 행사 정보를 알려주는 sweepstakes-advantage.com같은 인터넷 사이트도 존재한다. 이런 전문적인 응모자들 때문에 일반 응모자들이 자신의 당첨 확률이 낮다고 인식하게 되고, 전체적인 행사의 효과가 반감된다.

앞서 말한 것처럼 콘테스트와 추첨행사는 법률적 제약을 많이 받는다.[47] 이는 국가별, 국가기관(우리나라의 경우 공정거래위원회)별, 지방자치단체별 다양한 법률적 규제를 받을 수 있다. 따라서 콘테스트나 추첨행사를 진행할 때에는 행사 지역이나 내용에 따라 법률적 검토를 하고 실행해야 한다.

환불과 리베이트

환불refund 혹은 **리베이트**rebate는 소비자가 제품을 구매한 후 구매 증빙(영수증이나 제품포장지 등)을 제조사에게 우편 등으로 보내면 제조사가 구매가격의 일부를 돌려주는 것을 말한다. 이는 미국 등에서는 자주 활용되는 프로모션이지만 우리나라에서는 별로 사용되지 않는 프로모션 도구이다. 일용소비재 제조사들은 환불과 리베이트를 신제품에 대한 시용을 늘리거나 기존 제품의 반복구매를 증가시키기 위해서 사용한다. 예를 들어 특정 시리얼 제품의 구매증빙을 다섯 번 모아 환불을 신청하면 일정 구매 금액을 환불해 주는 식이다. 최근에는 단순히 현금을 환불해 주는 대신 제품 재구매를 위한 쿠폰을 제공해 주는 식의 환불도 늘고 있다. **사진 16-19**는 펜조일Pennzoil의 자동차 오일을 구매하면 다음 번 펜조일 구매 시 29달러를 할인 받을 수 있는 쿠폰을 제공해 준다는 환불 광고이다.

사진 16-19
펜조일은 재구매 촉진을 위한 쿠폰 환불 광고를 실행했다.

환불과 리베이트에 대한 평가 환불과 리베이트는 구매 금액 환불을 통해서 시용과 재구매를 촉진시킬 수 있다는 장점이 있다. 또 한시적인 가격할인의 방법으로 사용될 수도 있다. 반면 어떤 소비자들은 환불이나 리베이트가 된다는 사실을 모르면서 구매를 할 수도 있다. 이 경우 가격할인의 방법보다 효과가 떨어진다고 하겠다.

또 다른 문제점은 환불과 리베이트를 받는 데 소요되는 시간 때문에 구매나 참여를 망설일 수 있다는 것이다. 그리고 소비자들은 환불이나 리베이트를 받기 위해 구매 등록을 하고, 환불 양식을 작성하고, 이를 우편 등으로 발송하는 과정을 매우 귀찮게 생각한다.[48] 한 연구를 보면 많은 소비자들은 리베이트를 받는 과정이 어려울수록 리베이트에 참여하지 않는다.[49] 같은 연구에서 제조사가 제품 판매를 위해 리베이트를 활용하는 것에 대하여 소비자들이 부정적 인식을 가지고 있다는 점을 발견했다. 즉, 복잡한 리베이트 절차가 리베이트를 해준다는 제조사의 의도를 의심하게 만드는 것이다. 때문에 환불이나 리베이트를 계획할 때에는 그 절차를 가능한 단순하고 쉽게 만드는 것이 중요하며, 적은 금액의 환불이나 리베이트는 쿠폰이나 가격할인으로 대체하는 것이 더 좋다. 또한 환불이나 리베이트를 너무 자주 실행하면 소비자가 이에 익숙해져 제품 구매를 환불이나 리베이트를 할 때까지 기다리는 경향이 발생할 수 있다는 것을 주의해야 한다.

보너스팩

보너스팩bonus pack이란 소비자에게 같은 가격에 큰 용기 사용이나 제품 수를 늘려 제품을 추가로 제공하는 것을 말한다(**사진 16-20**). 보너스팩은 제품을 추가로 제공하게 때문에 단위당 구매 가격을 더 저렴하게 하여 추가적인 가치를 제공해 주는 효과가 있다. 보너스팩은 많은 장점을 가지고 있다. 첫째, 제조사는 쿠폰이나 환불 같은 도구를 사용하지 않고 직접적으로 추가적인 가치를 소비자에게 전달할 수 있다. 이 추가적인 가치는 소비자들에게 확연하게 느껴지고 그래서 구매시점에 큰 영향을 미친다.

사진 16-20
보너스팩은 소비자에게 추가적인 가치를 제공한다.

보너스팩은 경쟁사가 신제품을 개발하여 새로 출시하였을 때 방어 도구로도 유용하다. 즉 추가로 제공되는 용량이나 제품은 소비자가 자사 제품을 한번에 많이 구매하여 오랜 기간 사용하게 만드는 효과를 발생시켜 경쟁사의 신제품 출시 프로모션의 효과를 약화시킨다. 보너스팩은 소매점이 자사제품을 더 많이 구매하도록 만들며 진열대 전시공간도 더 크게 배정하는 효과도 있다. 단, 이는 제조사와 유통업체와의 관계가 좋을 경우에 한정되는 이야기이다. 보너스팩은 소매점 입장에서는 같은 판매단가에 비하여 더 넓은 전시공간을 제공해야 하기 때문에 관계가 좋지 않을 때에는 비협조적일 수도 있다. 또 다른 문제점은 보너스팩은

사진 16-21
가격할인 포장의 예

새로운 고객을 유인하기보다는 보너스팩을 제공하지 않아도 어차피 해당 제품을 구매할 기존고객을 유인하는 경우가 많다는 것이다. 또 보너스팩을 구매하는 소비자는 일반적으로 가격에 민감한 소비자라 향후 충성고객화하기 어려운 사람인 경우가 많다는 문제점도 있다.

가격할인

소비자 지향 판매촉진 중에는 직접적인 **가격할인**price-off deal도 있다. 가격할인은 브랜드 제품의 가격을 할인해 주는 것으로 일반적으로 **사진 16-21**처럼 가격을 할인 가격표(바코드)가 포함된 포장으로 제공된다. 가격할인은 주로 10~25% 정도를 할인해 주는 경우가 많은데 가격할인은 유통업체의 마진부분이 아닌 제조사의 마진에서 제공된다. 이를 통하여 가격할인 프로모션 기간 동안에 유통업체의 협조를 이끌어낼 수 있다.

마케터들이 가격할인을 제공하는 데에는 몇 가지 이유가 있다. 먼저 가격할인은 제조사에서 통제하기 때문에 가격할인의 효과가 소비자에게 직접적으로 전달될 수 있다. 또 보너스팩처럼 가격할인은 소비자에게 즉각적으로 추가적인 가치를 전달할 수 있다. 특히 준거가격이 잘 형성된 브랜드의 경우 소비자는 추가적인 가치(구매비용 절약)를 잘 인식하게 된다.[50] 따라서 가격할인은 구매시점에 강력한 영향을 미칠 수 있다. 또 가격할인은 소비자들이 한번에 많은 양을 사도록 유도하며, 경쟁사의 프로모션에 선재적으로 대응할 수 있으며, 유통업체의 협력을 이끌어내는 데 유리하다.

반면 가격할인이 유통업체들에게는 가격정책이나 재고관리의 문제가 발생할 수 있기 때문에 호의적이지 않을 수 있다. 대부분의 유통업체는 제품 포장에 판매가격을 표시하는 것을 원하지 않기 때문에 정가에서 X원만큼 할인하는 식으로 운영해야 한다. 보너스팩처럼 가격할인은 비소비자를 유인한다기보다는 기존 소비자에게 더 매력적인 경우가 많다. 마지막으로 가격할인에 대한 정부의 규제가 있을 수 있다.

로열티 프로그램

최근 가장 빠른 성장을 보이는 것은 **로열티 프로그램**loyalty program으로 **상용고객**

우대제도, 마일리지 프로그램 혹은 멤버십 프로그램이라고도 불린다. 미국의 아메리칸항공American Airlines은 1981년 대기업 중에는 처음으로 로열티 프로그램을 시작하였다. 1981년 이래로 수많은 회사들이 로열티 프로그램을 도입하였다. 특히 여행(항공사나 랜터카), 관광(호텔), 소매점 등은 로열티 프로그램을 많이 활용하는 산업이다.

일용소비재 회사들도 로열티 프로그램을 활용한다. 필스버리Pillsbury, 네슬레Nestlé, 크래프트Kraft 등은 최근 로열티 프로그램을 시작하였는데 제품을 구매하여 포인트를 적립하면 이 포인트를 추후 선물이나 상품으로 교환할 수 있게 하는 것이다. 로열티 프로그램은 특히 식료품점 업계에서 일반화되어 있다.[51] 미국의 경우 7천여 개의 슈퍼마켓, 할인점 등이 로열티 프로그램을 진행하며 프로그램의 회원들에게 가격할인, 포인트 적립, 소식지 발송 등의 서비스를 제공하고 있다. 또 로열티 프로그램은 다른 형태의 소매점에도 일반적인데 백화점, 서점, 커피전문점 등도 로열티 프로그램을 운영한다.

로열티 프로그램이 일상화된 데에는 여러 이유가 있다. 먼저 소비자가 어떤 회사의 제품을 반복적으로 구매하도록 유도하여 강력한 충성고객을 만든다. 그리고 로열티 프로그램은 고객 유지를 위해 매우 중요하며 시장점유율을 유지하고 확대하기 위해서는 로열티 프로그램을 통한 고객과의 관계 형성이 큰 영향을 미친다.[52] 마일리지 프로그램은 또 유용한 고객 데이터베이스를 구축하여 소비자의 니즈, 관심, 성향을 파악하고 더 나아가 회사에 중요한 고객이 누구인지 선별할 수 있게 해 준다. 여기서 구축된 데이터베이스는 특정 고객을 대상으로 한 프로모션을 통해 판매를 증대시키거나 더욱 강력한 관계를 구축할 수 있도록 해 준다. 예를 들어 WD-40는 팬클럽Fan Club이라는 로열티 프로그램을 통하여 고객에게 각종 정보와 혜택을 제공한다(**사진 16-22**). 이 팬클럽은 10만 명 이상의 회원이 있으며 WD-40 윤활제를 사용하는 여러 새로운 방법을 공유하고 브랜드 옹호자로서의 활동을 하고 있다.[53]

사진 16-22
WD-40의 팬클럽이라는 로열티 프로그램은 인기가 높다.

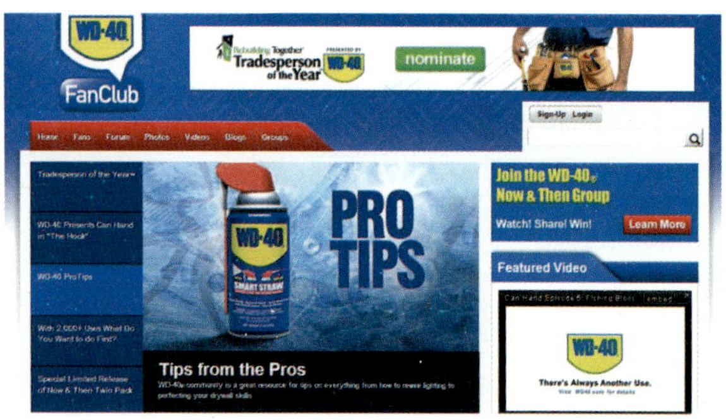

로열티 프로그램이 점차 일반화되면서 로열티 프로그램이 제품이나 서비스의 차별화 요소로써의 기능이 퇴색되고 있다. 예를 들어 미국인들은 평균 14개의

로열티 프로그램 카드를 가지고 있지만 그중 실제 사용하는 비율은 40%가 안 된다.[54] 이는 많은 로열티 프로그램이 장기적인 브랜드 충성을 강화하기보다는 단기적인 프로모션을 통해 사용자들에게 보상을 제공하는 문제점을 보여주는 것이다.[55] 최근의 한 연구에 따르면 소비자의 66%가 로열티 프로그램에 가입하는 가장 큰 이유로 '할인을 받을 수 있어서'를 꼽았다. 또 같은 연구에서 로열티 프로그램을 탈퇴하는 가장 중요한 이유는 포인트를 모으는 데 너무 긴 시간이 걸려서라고 한다.[56] 그러므로 마케팅 관리자들은 로열티 프로그램이 단지 할인을 위한 프로그램이 되지 않도록 주의해야 한다. 이를 위해 면밀한 데이터베이스 관리를 통하여 가치 있는 고객과 그 고객의 구매 기록을 식별해야 하며 특정 표적고객을 위한 로열티 프로그램의 전략적 활용이 필요하다.

이벤트 마케팅

최근 각광을 받고 있는 소비자 프로모션 중 하나가 이벤트 마케팅이다. 하지만 먼저 이벤트 마케팅과 이벤트 스폰서십을 잘 구분하는 것이 필요하다. 왜냐하면 업계에서 이 둘을 혼용하여 사용하는 경우가 많은데 이 두 가지는 의미가 다르기 때문이다. **이벤트 마케팅**event marketing은 회사나 브랜드가 이벤트와 연결되거나 고객에게 경험을 제공하고 제품이나 서비스를 프로모션하기 위한 활동을 의미한다. 기업들은 이벤트 마케팅을 통하여 그들의 제품을 특정 이벤트(스포츠 이벤트, 콘서트, 축제 등)와 연계시키려고 하고 어떤 회사는 이벤트를 직접 주최하기도 한다. 예를 들어 청량음료인 마운틴듀Mountain Dew는 익스트림 스포츠 이벤트를 후원하여 자신의 브랜드의 이미지를 익스트림 스포츠와 연계시키고자 했다. 그 결과 기존의 오래된 이미지를 젊고 역동적인 브랜드 이미지로 바꾸었다(**사진 16-23**).

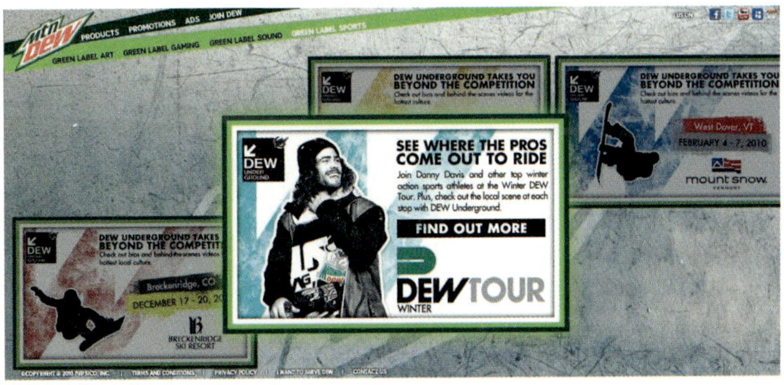

사진 16-23
듀 투어(The Dew Tour)는 마운틴듀에게 이벤트 마케팅 기회를 제공하였다.

반면 **이벤트 스폰서십**event sponsorship은 IMC 활동의 일환으로 기업이 특정 이벤트와 스폰서십 관계를 맺는 것을 말한다. 그리고 기업은 이벤트에 브랜드 이름, 로고, 광고 문구 등을 전시하고 이벤트의 후원사임을 알릴 수 있는 권리를 가지는 대가로 재정적인 지원을 제공한다. 이벤트 마케팅은 종종 기업 스폰서십 활동의 한 부분으로 실행된다. 이벤트 스폰서십에 대한 목표는 기업 PR 활동의 일환으로 결정되는 경우가 많다.

이벤트 마케팅은 IMC 프로그램의 한 요소로 많은 회사에서 실시된다. 왜냐하면 이벤트 마케팅을 통한 많은 프로모션 기회가 있으며 브랜드를 특정한 라이프스타일, 흥미, 활동과 관련시킬 수 있기 때문이다. 이벤트는 또 소비자들에게 기업의 메시지를 받아들이기 편안한 환경을 제공한다. 또 많은 소비자들은 기업이 이벤트에 참여하는 것을 기대하는데 기업의 후원을 통하여 이벤트가 더 재미있고 흥미롭게 된다고 생각한다. 이벤트는 또한 회사의 샘플을 배포하고 제품이나 서비스의 정보를 제공하며 브랜드에 대한 경험을 제공해 줄 수 있는 기회로도 활용될 수 있다.

소비자 지향 판매촉진의 요약과 마케터의 목표

지금까지 살펴본 다양한 판매촉진을 통하여 기업은 여러 가지 목표를 달성하려고 한다. 정리하면, 판매촉진 기법들은 **추가적인 혜택**extra incentive이나 **보상**reward을 제공하여 브랜드에 대한 구매와 같은 소비자의 행위behavior를 이끌어내려는 것이다. 판매촉진 중에는 즉각적인 혜택을 제공하는 것도 있고 지연된 혜택을 제공하거나 혜택을 제공하는지 잘 모르는 것도 있다. 마케팅 관리자들은 판매촉진의 성과를 기존에 수립한 목표를 달성했는지 여부를 가지고 측정하는 경우가 일반적이며 또 즉각적인 혜택을 줄 것인지 지연된 혜택을 줄 것인지 결정해야 한다. 도표 16-4는 다양한 목표를 달성하기 위한 적절한 판매촉진을 제안한 것이다. 또 즉각적 혜택과 지연된 혜택을 구분하여 설명하고 있다.[57]

도표 16-4를 보면 어떤 프로모션 기법은 두 번 이상 언급이 되었는데 이런 프로모션은 동시에 여러 가지 마케팅 목표를 달성할 수 있다는 뜻이다. 예를 들어 로열티 프로그램은 기존고객을 유지하는 목표를 위해 사용되며 즉각적 혹은 지연적 혜택을 제공할 수 있다. 즉, 소매점에서 로열티 프로그램 회원에게 가격할인

도표 16-4
다양한 마케팅 목표를 위한 소비자 지향 판매촉진

소비자 혜택	마케팅 목표: 사용 증대	고객 유지	IMC 프로그램 지원 및 브랜드 자산 강화
즉각적	• 샘플링 • 즉석 쿠폰 • 점포 내 쿠폰 • 점포 내 리베이트	• 가격할인 • 보너스팩 • 제품 포장/포장 내 무료 사은품 • 로열티 프로그램	• 이벤트 • 제품 포장/포장 내 무료 사은품
지연적	• 매체 혹은 우편을 통한 쿠폰 • 우편을 통한 리베이트 • 우편을 통한 무료 사은품 • 스캐너와 인터넷을 통한 쿠폰	• 제품 포장/포장 내 쿠폰 • 우편을 통한 리베이트 • 로열티 프로그램	• 자기부담식 사은품 • 우편을 통한 무료 사은품 • 콘테스트와 추첨행사 • 로열티 프로그램

을 해 준다면 이는 즉각적 혜택 제공이 될 것이고 구매금액에 따라 포인트를 적립하여 나중에 현금처럼 사용할 수 있게 해 준다면 이는 지연적 혜택 제공이라고 할 수 있다. 또 항공사 등에서 사용되는 마일리지 프로그램도 마일리지 적립을 통해 항공권을 무료로 받을 수 있게 하므로 지연적 혜택제공의 예라 할 수 있다. 또 사용실적에 따라서 우수회원 자격(예: 대한항공의 모닝캄 회원)을 부여하는 경우는 고객과의 관계 구축을 통하여 브랜드자산 강화의 목표도 달성한다고 할 수 있다.

지금까지 추가적인 혜택을 제공하는 기존고객과 기망고객을 대상으로 하는 소비자 지향 판매촉진을 살펴보았다. 이와 함께 판매촉진에는 제품의 유통망을 지원하는 판매촉진도 있다. 제조업체가 중간상 대상 프로모션을 진행하는 경우 소매점은 추가적인 제품 구매나 제품 진열 공간 추가 배정 등의 협력을 제공한다. 그럼 중간상 지향 판매촉진에 대하여 살펴보자.

중간상 지향 판매촉진

중간상 지향 판매촉진의 목표

소비자 지향 판매촉진과 같이 중간상 지향 판매촉진 역시 잘 정의되고 측정 가능한 목표를 수립해야 하며 회사가 무엇을 달성하고자 하는지 고려해야 한다. 일반적으로 도매상이나 소매상을 대상으로 한 중간상 지향 판매촉진의 목표는 신제품의 대한 유통과 지원, 기존 브랜드에 대한 지원 유지, 기존 브랜드에 대한 진열공간 확보, 그리고 유통망의 재고 확대 등이 있다.

신제품 유통 중간상 프로모션은 신제품에 대한 진열공간 확보를 위한 목적으로 많이 사용된다. 제조업체들은 슈퍼마켓, 할인점, 백화점 등의 진열공간이 제한적이라는 것을 알기 때문에 유통업체에게 인센티브를 제공하여 신제품을 구매하게 하고 진열을 촉진시키려 한다. 그래서 유통업체에 대한 가격할인을 포함하여 각종 프로모션을 통하여 신제품에 대한 푸시 마케팅을 실행한다. 특히 머천다이징 할인merchandising allowance은 점포 내 사람이 많이 다니는 곳에 신제품을 진열하는 데 도움을 주며 인센티브나 콘테스트와 같은 프로모션은 소매점 종업원이나 관리자가 신제품의 판매를 동기부여 하는 데 효과적이다.

기존 브랜드의 중간상 지원 유지 중간상 프로모션은 또 기존 브랜드에 대한 지속적인 유통과 지원을 이끌어내기 위해서도 사용된다. 특히 제품 브랜드가 성숙기에 접어들어 경쟁사가 신제품을 출시하거나 자사 제품의 차별화가 약한 경우 진열공간을 유지하는 것은 쉽지 않다. 이 경우 공급 가격할인을 통하여 유통업체가 추가 수익을 얻을 수 있게 함으로써 제조사는 브랜드 파워가 약한 제품을 계속적으로 유통되고 진열되게 할 수 있다. 그러므로 시장점유율이 낮고, 광고 등을 통하여 강력한 브랜드를 만들기 힘든 업체들은 중간상 프로모션에 많이 의지할 수밖에 없다.

중간상 프로모션은 시장점유율이 높은 기업에게도 중요한 마케팅 전략의 한 부분이다. 예를 들어 하인즈사Heinz는 각 브랜드의 지배적인 시장점유율을 계속 유지하기 위하여 중간상 프로모션에 많은 노력을 기울이고 있다. 결론적으로 대부분의 일용소비재 제조업체들은 중간상 프로모션을 통하여 기존 제품의 유통과 지원을 유지하고 있다.

기존 브랜드의 진열과 프로모션 또 다른 중간상 프로모션의 목적으로 기존 브랜드의 진열과 프로모션이 있다. 마케터들은 소비자들의 많은 구매 결정이 점포에서 이루어지기 때문에 점포 내 진열과 프로모션이 판매 증대에 큰 영향을 미친다는 것을 인식하고 있다. 일반적인 슈퍼마켓의 경우 매장별로 50개 정도의 복도

사진 16-24
사진의 브로슈어를 보면 치킨오브더씨가 소매점에 다양한 프로모션을 제공하는 것을 알 수 있다.

끝 진열공간end of aisles을 가지고 있다. 이 공간은 소비자의 눈길을 많이 끌기 때문에 제품 판매가 증가하는 곳으로 제조사들은 자사의 제품이 복도 끝 진열공간에 배치되기를 바라며 단지 한 곳 정도의 복도 끝 진열공간만 확보하더라도 큰 매출 증가를 기대할 수 있다.

따라서 제조사들은 다양한 중간상 프로모션을 통해 자사 브랜드를 소매점에서 프로모션하고 있다. 예를 들어 **사진 16-24**는 치킨오브더씨Chicken of the Sea(미국의 수산물 통조림 제조사)의 연간 프로모션 계획표를 보여준다. 치킨오브더씨의 연간 프로모션 계획표에 따르면 광고, 홍보, 로열티 프로그램, 다이렉트메일, 쿠폰 등 다양한 IMC 기법을 이용하는 것을 알 수 있다.

소매상의 제품 재고 유지 제조사들은 소매상이나 도매상의 자사 제품 재고 수준을 높이려고 하는 경우가 많다. 여기에는 몇 가지 이유가 있다. 먼저 재고 수준이 높으면 소매상이나 도매상이 해당 제품의 판매에 보다 힘쓸 것이기 때문이다. 또 재고 수준이 높으면 갑작스러운 제품의 다량 주문에도 대응할 수 있기 때문에 제품 품절을 방지할 수 있다.

계절적 제품을 제조하는 회사의 경우 큰 가격할인을 통해서 계절적 성수기가 오기 전에 소매점이나 도매상의 자사 제품 매입을 증대시키려고 한다. 이렇게 하면 제조사는 계절적 요인에 의한 제품 생산의 급격한 변화를 감소시킬 수 있고 제품 재고에 대한 관리를 소매점이나 도매상에게 전가할 수 있다. 소매상의 경우에는 계절적 성수기가 오기 전에 할인판매를 통해서 과도한 재고 부담을 낮추려고 하게 된다.

중간상 지향 판매촉진의 종류

제조사들은 도매상과 소매점에 대한 유인책으로 다양한 중간상 판매촉진을 진행한다. 그럼 이제부터 자주 사용되는 판매촉진과 각 판매촉진을 사용할 때 주의해야 할 점을 살펴보기로 한다.

- 제품이나 프로그램 판매
  제품 판매에 따른 보상 제공:
  특정 수량 박스 판매
  특정 수량 제품 판매
  특정 수량 프로모션 프로그램 판매
- 신규 거래처
  거래처 증대에 따른 보상:
  신규 거래처 증가 수
  신규 거래처 증가 + 최소 주문 수량 달성
  신규 거래처 증가 + 프로모션 프로그램 판매
- 머천다이징 성과
  머천다이징 성과에 따른 보상:
  프로모션 프로그램 수립
  진열장, POP 등 설치

도표 16-5
소매점 영업사원을 대상으로 한, 세 종류의 프로모션

콘테스트와 인센티브 제조사들은 소매점이나 도매상들이 자사 제품의 판매에 적극적으로 나서주도록 콘테스트와 인센티브를 실시한다. 일차적으로는 소매점이나 도매상의 관리자들이 그 대상으로 판매 목표를 달성했을 때 여행이나 경품 등의 상품을 지급한다.

보다 일반적으로 소매점이나 도매상들의 영업사원을 대상으로 콘테스트와 인센티브를 제공하기도 한다. 영업사원은 직접적으로 소비자를 대면하는 중요한 위치에 있으므로 이들에게 직접적인 보상을 하는 것이다. 이런 보상을 **푸시 장려금**push money이라고 하는데 예를 들어 제조사의 특정 제품이나 모델을 판매하면 1개 판매당 1만 원의 장려금을 지급하는 방식이다. 판매 콘테스트도 이와 비슷하여 판매나 영업에 필요한 목표(구매시점 광고물 설치 등)를 달성하면 상품 등을 지급하는 것을 말한다(도표 16-5).

콘테스트와 인센티브는 아주 효과적이기는 하지만 중간상과 갈등을 일으킬 여지가 있다. 유통업체에서는 자사의 영업사원이 제조업체의 인센티브에 의하여 제조업체의 이익을 대변하고 유통업체의 통제를 벗어나는 것을 원하지 않기 때문이다.

거래할인 중간상 프로모션 중 가장 흔한 프로모션이 **거래할인**trade allowance이다. 거래할인은 소매점이나 도매상에 제조업자의 상품을 판매하거나 구매시점 광고물 등의 전시물을 비치하거나 할 때 할인 등을 제공하는 것을 말하는 것으로 구매할인, 프로모션 할인, 그리고 진열할인 등이 있다.

구매할인buying allowance은 유통업체들이 일정기간 내에 제조업체 제품을 구매할 경우 할인을 제공하는 것이다. 주로 **청구할인**off-invoice allowance 형태로 제공되는데 이는 유통업체가 일정 수량 이상 구매했을 때 상자당 얼마씩 할인하거나 전체 주문액의 몇 %를 할인해 주는 방식이다. 또 몇 상자 이상 구매하면 한 상자를 무료로 제공하는 경우도 있다.

구매할인은 중간상의 참여를 이끌어내는 데 아주 유용하며 제조업체가 유통업체에 제공한 할인이 소매가 할인으로 이어지는 경우 제품 판매도 증대될 수 있다.

사진 16-25
치킨오브더씨 브랜드의 프로모션 할인 안내문으로, 안내문에 프로모션 POP를 비치할 경우의 혜택을 설명하고 있다.

프로모션 할인promotion allowance은 소매점이 제조업체의 프로모션이나 머천다이징에 협조해 주는 대가로 지급되는 할인을 말한다. 즉 소매점이 제조업체의 구매 시점 광고물이나 제품 포스터 등을 비치하거나 점포 내 프로모션을 할 수 있도록 허가해 주면 이에 할인을 제공하는 것을 말한다(**사진 16-25**).

진열할인slotting allowance이란 소매점이 신제품의 진열공간을 제공하는 대가로 지급되는 할인을 말한다. 소매점들은 신제품을 진열할 때 진열장 재배치, 점포 POS망에 신제품 등록, 창고 공간 확보, 종업원 교육 등의 비용이 발생하기 때문에 진열 할인을 받아야 한다고 한다.[58] 또 신제품은 실패 확률이 높기 때문에 그 위험 비용을 제조사에 청구해야 한다고 한다.

어떤 소매점들은 **실패비용**failure fees를 청구하기도 하는데 이는 신제품이 일정 기간 동안 일정 수준의 매출을 올리지 못했을 때 신제품 진열 및 판매에 들어간 비용의 반환을 요구하는 것이다.[59] 하지만 잘 알려진 유명 브랜드의 제조사는 진열할인을 하는 경우가 별로 없고 주로 중소 제조업체가 진열할인의 부담을 지게

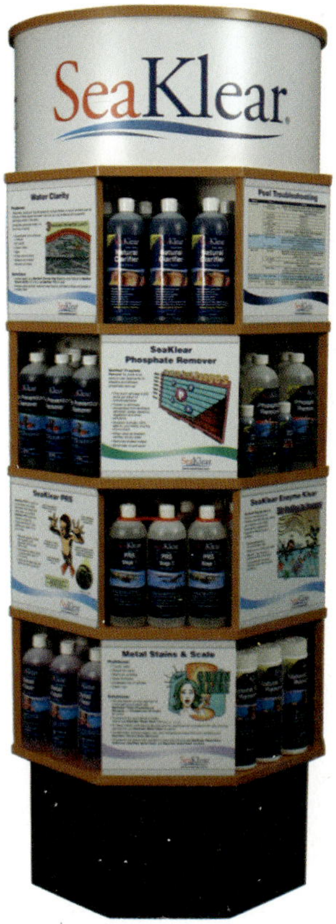

사진 16-26
사진과 같은 구매시점 광고물은 머천다이징의 중요한 요소이다.

되는 경우가 많아 공정거래에 위배된다는 주장도 있다. 즉, 진열할인은 소매가 상승을 유발하고 차별적인 제도이며 규모가 작은 제조사에게 불리하다는 것이다.[60]

진열 및 구매시점 광고물 소매점에는 다양한 진열 및 구매시점point-of-purchase (POP) 광고물이 있다. 복도 끝 진열장, 배너, 포스터, 그리고 각종 진열장 등이 그 예다. 많은 소비자들이 점포 내에서 구매 결정을 내리기 때문에 구매시점 광고물은 중요한 프로모션 도구이다. 한 연구에 따르면 약 2/3의 소비자들이 소매점 점포 내에서 최종 구매 결정을 하였다고 한다. 미국의 POP광고협회 등의 통계를 보면 구매시점 광고물의 CPMcost per thousand impression는 약 6~8달러 정도라고 한다.[61] 그리고 구매시점 광고물 하나가 소매점 크기에 따라 일주일에 2,300번에서 8,000번 정도 노출된다고 한다. 이렇게 구매시점 광고물이 효과적인 프로모션 도구이기는 하지만 소매점의 각종 요구 때문에 구매시점 광고물을 전시하는 것은 점점 어려워지고 있다.[62] 또 어떤 소매점들은 소매상에 맞춤식 구매시점 광고물을 요구하기도 한다. 즉 제조업체의 비용으로 만들어지는 구매시점 광고물의 통제권을 소매점이 가지려고 하는 것이다. 이런 구매시점 광고물은 슈퍼마켓이나 할인점 같은 일반 소매점뿐만 아니라 가전매장이나 약국 등 모든 소매점포에서 활용되고 있다.

제조사들은 상품구색 관리 및 **진열지시서**planogram를 소매업체에게 제안하기도 한다. 즉, 소매점포의 각종 데이터를 컴퓨터에 입력하여 소매점포의 효율적인 진열장 배치 등의 정보를 제공하는 것이다.[63]

영업 훈련 프로그램 또 다른 중간상 프로모션에는 제조사에서 후원하는 영업 훈련 프로그램을 제공하는 것이 있다. 화장품, 전자제품, 컴퓨터, 스포츠용품 등의 산업에서 자주 사용하는 방법이다.

영업 훈련 프로그램에는 제조사가 영업과 제품정보를 전달하기 위한 영업 교실이나 영업 세미나를 개최하는 경우도 있고 제조사의 영업 지원인력을 유통업체에 파견하여 교육하는 경우도 있다. 혹은 영업지침서, 제품카탈로그 등 영업에 필요한 정보나 조언을 담은 각종 책자나 동영상을 제공하기도 한다.

박람회 박람회도 중요한 중간상 프로모션이다. **박람회**trade show에서 제조사들은 자사의 제품을 전시하여 기존고객은 물론 신규 유통업체에게 설명하는 기회를 가

사진 16-27
박람회는 많은 산업에서 소매상들을 만날 수 있는 좋은 기회로 활용되고 있다.

진다. 박람회는 제품 전시는 물론 신규고객 확보, 고객과 경쟁사 정보 수집, 현장 주문 등의 다양한 기능을 한다. 또 향후 다이렉트마케팅을 위한 연락처 정보 수집도 하며 주요 고객을 접대하고 새로운 네트워킹을 하는 기회로도 활용한다. 한 연구에 따르면 박람회는 소요되는 비용에 비하여 제품 인지도와 관심도를 향상시켜 의미 있는 경제적 기여를 한다고 알려져 있다(**사진 16-27**).[64]

협력 광고 마지막으로 설명하는 중간상 프로모션의 기법은 **협력 광고**cooperative advertising로, 광고료를 두 개 이상의 회사가 분담하는 것을 의미한다. 협력 광고에는 세 가지 형태가 있다.

수평적 협력 광고horizontal cooperative advertising는 여러 소매업체들이 광고비를 분담하는 것이다. 예를 들어 어떤 지역의 자동차 대리점들이 공동으로 신차 광고를 하고 그 광고에 신차를 판매하는 대리점들의 정보를 함께 게재하는 것이다.

또 다른 협력 광고에는 **원료공급사 후원 협력 광고**ingredient-sponsored cooperative advertising가 있다. 즉 원료제조사가 광고비의 일부분을 부담하는 방식이다. 미국의 화학회사 듀폰DuPont도 원료공급사 후원 협력 광고를 많이 하는 회사이지만 가장 유명한 사례는 컴퓨터 CPU제조사인 인텔Intel의 'Intel Inside' 광고일 것이다. 인

사진 16-28
인텔의 'Intel Inside'는 아주 성공적인 캠페인이다.

사진 16-29
수직적 협력 광고의 예를 보여주는 브리지스톤 골프공 광고

텔은 이 광고를 지난 1991년부터 실행해 왔다.[65] 인텔은 PC제조사들과 협약을 맺고 PC제조사들이 그들의 광고에 Intel Inside라는 로고와 문구를 넣는 경우 CPU 구매비용의 5%를 돌려주어 광고 비용에 사용하도록 하였다. Intel Inside 캠페인은 매우 성공적이어서 1990년도에 57%였던 CPU 부분 시장점유율이 2007년에는 80%로 증가하였다(**사진 16-28**). 최근에는 인텔의 원료공급사 후원 협력 광고의 혜택을 받기 위해서 PC제조사는 광고 예산의 35% 이상을 온라인 광고에 집행해야 한다는 규칙을 만들었다. 그 이유는 전통 매체보다 온라인 매체가 PC 구매 고객에게 더 큰 영향을 미치기 때문이다.[66]

가장 일반적인 협력 광고는 **수직적 협력 광고**vertical cooperative advertising으로 제조사가 유통업체 광고비의 일부분을 부담하는 것이다. 제조사가 집행하는 광고비에 대한 제조업체의 부담율은 경우에 따라 다르나 50% 정도인 경우가 많다. **사진 16-29**는 브리지스톤 골프공의 광고인데 광고에 판매처인 소매점의 정보가 들어가 있는 것을 볼 수 있다.

최근 제조사들은 협력 광고의 비중을 높여가고 있다. 또 소매상의 주도로 광고가 기획되고 제조사에게 광고비 분담을 요구하는 사례도 늘고 있다. 제조사들은 규모가 크고 영향력이 큰 소매상의 협력 광고의 제안을 무시하기 힘들다.[67]

판매촉진, 광고, 그리고 다른 IMC 도구와의 조정

판매촉진은 광고 혹은 다른 IMC 요소와 결합될 때 더 효과적이며 IMC 캠페인은 판매촉진의 지원을 받을 때 그 효과가 증대된다. 즉 잘 조정된 판매촉진, 광고, 다른 IMC 요소들이 같이 실행될 때 이들이 각각 실행될 때와 비교하여 시너지 효과를 창출한다고 할 수 있다. 시너지 효과 창출을 위해서는 판매촉진, 광고, 그리고 다른 IMC 도구 사이의 적절한 조정이 필요하며 이를 위해서는 다음의 세 가지 요소에 대한 의사결정이 필요하다.

예산 분배

먼저 판매촉진, 광고, 그리고 다른 IMC 부분에 예산을 어떻게 분배할 것인지 결정해야 한다. 최근 많은 기업들은 광고 대비 판매촉진에 더 많은 예산을 사용하고 있지만 예산 분배는 캠페인 목적, 시장과 경쟁 상황, 브랜드의 제품수명주기PLC 등을 고려해야 한다.

브랜드의 PLC에 따른 일반적인 예산 분배의 예를 살펴보자. 브랜드 도입기에는 제품 시용을 촉진하기 위하여 샘플링이나 쿠폰 같은 판매촉진에 더 많은 예산을 분배하는 것이 보통이다. 브랜드 성장기에는 브랜드의 인지도 향상과 브랜드의 차별화를 위해서 많은 광고 예산을 사용한다. 브랜드 성숙기에는 브랜드에 대한 기억을 상기시키기 위한 광고 집행과 동시에 쿠폰, 가격할인, 사은품, 보너스팩 등의 판매촉진을 주기적으로 실시하여 고객 충성도를 재고하고 신규 고객을 유인하며 경쟁사를 견제한다. 성숙기에는 또 중간상 지향 판매촉진을 통해 기존 제품의 진열 공간 유지와 유통업체에게 제품 판매 마진을 추가로 제공한다. 광고와 판매촉진의 시너지 효과를 연구한 결과에 따르면 성숙기 제품 판매의 80%는 판매촉진으로 유발된다고 한다. 마지막으로 브랜드 쇠퇴기에는 광고와 판매촉진의 실행을 줄이거나 하지 않는다.

사진 16-30
마스터카드는 매체 광고를 통하여 '무료 항공권 500개' 추첨 행사를 지원하였다.

광고와 판매촉진 테마의 조정

광고와 판매촉진의 테마는 브랜드 포지셔닝에 따라 같이 조정되어야 한다. 판매촉진은 브랜드의 독특한 특성과 혜택을 강조해야 하고 광고캠페인의 테마를 강화함으로써 전반적인 브랜드자산 향상에 기여할 수 있다.

이와 동시에 매체 광고와 다른 IMC 요소들은 콘테스트, 추첨행사, 가격할인 등 판매촉진의 내용을 소비자와 유통업체에 인지시키고 상기시키는 역할을 해야 한다. 광고와 판매촉진의 테마가 잘 조정된 마스터카드의 캠페인을 살펴보자. 마스터카드는 '무료 항공권 500개' 추첨행사를 실시했다(**사진 16-30**). 이 캠페인은 마스터카드의 유명한 'Priceless값을 매길 수 없는' 캠페인의 테마와 일관되게 진행되어 마스터카드가 고객들의 'Priceless'한 여행을 지원하는 것이었다. 이 캠페인은 또 여행 성수기에 마스터카드 사용을 촉진하기 위해 실행되었다. 고객들은 여행 성수기인 7월 1일에서 8월 31일 사이에 마스터카드를 사용하면 자동으로 추첨행사에 응모가 되었고 이로 인해 마스터카드의 사용이 늘어났다. 또 마스터카드는 TV광고, 인쇄광고, 옥외광고, 온라인 배너 광고, PR 등을 통하여 이 추첨행사를 지원하였다.

매체 지원과 시기

판매촉진에 대한 매체 광고 지원은 매우 중요하며, 전체적인 광고캠페인 계획과 함께 조정되어야 한다. 판매촉진의 쿠폰, 추첨행사, 콘테스트 응모권, 사은품 신청권 등은 매체 광고를 통해 제공할 수 있다. 또 광고를 통해서 판매촉진에서 제공하는 혜택을 알림과 동시에 브랜드에 대한 인지도와 태도를 향상시킬 수 있다.

광고와 함께 판매촉진을 진행함으로써 기업은 브랜드에 대한 인지도를 높이고 혜택을 설명하며 판매촉진의 참여율도 높일 수 있다. 소비자들은 익숙한 브랜

사진 16-31
유니레버는 도브 맨케어(Dove Men+Care)를 출시하면서 광고와 판매촉진(쿠폰)을 결합하였다.

드가 판매촉진을 할 때 쿠폰 사용율이나 가격할인에 대한 반응률이 더 높다. 특히 시용trial을 위한 샘플링이나 쿠폰을 광고와 결합하여 실행하면 시용이 장기적 사용으로 전환되는 비율이 더 높다.[68]

판매촉진을 광고와 함께 진행하지 않으면 프로모션의 효과도 떨어지고 브랜드 이미지에 부정적 영향을 줄 수 있다. 만약 소비자들이 어떤 브랜드가 판매촉진에 너무 의존적이라거나 품질이 좋지 않다고 인식하게 되면 브랜드 선호와 장기적 충성도가 낮아질 것이다. 반면 광고캠페인은 쿠폰이나 사은품 같은 판매촉진 기법과 함께 실시되면 광고 효과를 향상시킬 수 있다. 사진 16-31은 광고와 판매촉진이 잘 결합된 예를 보여준다. 또 광고와 판매촉진을 잘 조화시키기 위하여 많은 회사들은 그들의 판매촉진 대행사와 광고대행사 간의 협업을 중요시하고 이를 요구하고 있다. 도표 16-6은 프로모션 대행사의 역할이 어떻게 바뀌고 있는지를 설명하고 있다.

도표 16-6
프로모션 대행사의 역할 변화

전통적 프로모션 대행사	새로운 프로모션 대행사
1. 단기적 전술 개발	1. 장단기 프로모션 전략과 전술 개발
2. 프로젝트 별 계약과 보상	2. 연간 대행계약 체결과 공식적 대행사 평가 절차
3. 각 프로젝트 별 전문성에 근거하여 개별 대행사 선정	3. 부문이나 브랜드 별 연간 대행사 선정
4. 각 대행사별 1-2명의 전담 사원	4. 연간 대행사의 전체 팀 혹은 프로젝트 팀
5. 프로모션 대행사와 비교하여 광고대행사의 우위. 연간 계획 수립 시 프로모션 대행사는 참여하지 않음	5. 프로모션 대행사와 광고대행사가 동등한 수준. 연간 계획 수립 시 프로모션 대행사도 같이 참여
6. 결과에 대하여 프로모션 대행사는 직접적인 책임이 없음	6. 결과에 대하여 프로모션 대행사도 직접적인 책임이 있음

판매촉진의 남용

최근의 판매촉진의 비중이 증가하는 것은 단기간의 유행이라고는 볼 수 없다. 이는 많은 회사들이 자신의 제품이나 서비스를 어떻게 판매할 것인가에 대한 근본적인 변화의 결과로 보아야 한다. 이렇게 판매촉진이 증가하는 것에 대하여 의문을 제기한 연구자들도 있는데 이들은 많은 판매촉진 프로그램이 잘 계획되고 관리되지 못하고 있다고 한다.[69]

마케터들은 과연 판매촉진에 더 의존한다고 볼 수 있는 것일까? 판매촉진은 단기적인 매출을 증대시키는 데 매우 효과적인 것이 사실이며 많은 브랜드 매니저들은 오랜 시간이 걸리는 브랜드 이미지 향상에 자원을 투자하기보다는 즉각적인 판매를 증진시키는 판매촉진을 선호하는 경향이 있다. 한 광고대행사의 판매촉진 담당자의 말이다. "판매촉진을 통해 단기적인 매출목표 달성을 하려는 유혹이 강하다. 왜냐하면 광고 등을 통해 제품을 차별화하는 것보다 소비자에게 즉각적인 가격할인을 제공하는 것이 더 쉽기 때문이다."[70]

하지만 판매촉진의 남용은 브랜드를 여러 측면에서 위험에 빠뜨릴 수 있다. 먼저 자주 프로모션을 하는 브랜드는 제품의 지각된 가치perceived value가 낮아질 수 있다. 즉 소비자들이 이 제품을 사는 이유는 제품에 대한 우호적인 태도가 형성되어 있기 때문이 아니라 할인, 쿠폰, 사은품 때문이라는 것이다. 이 경우 추가적인 혜택(할인이나 사은품 등)이 없어지면 소비자들은 다른 브랜드를 구매하게 된다. Raghubir과 Corfman은 가격 프로모션이 브랜드 평가에 미치는 영향에 대하여 연구하였다.[71] 연구결과는 가격 프로모션 브랜드의 평가 결과에 부정적 영향을 미칠 수 있다고 한다. 그리고 가격 프로모션은 브랜드 평가에 근거가 된다는 것이다. 결론적으로 마케팅 관리자들은 가격 프로모션에 보다 신중해야 하며 가격 프로모션이 어떤 경우에는 제품의 시용을 저해하는 경우도 있다는 것을 인식해야 한다.

Sawyer와 Dickson은 귀인이론attribution theory을 이용하여 판매촉진이 태도 형성에 어떻게 영향을 미치는지 연구하였다.[72] 귀인이론에 따르면 사람들은 자신의 행위를 관찰하고, '왜 이런 행동을 하게 되었을까'의 원인을 생각하여 태도를 형성하게 된다. 가격할인이나 쿠폰 등을 이용하여 어떤 제품을 자주 구매한 소비자들은 자신의 구매이유를 브랜드에 대한 호의적인 태도가 아니라 추가적인 혜택 때

		우리 회사의 프로모션 실시 여부	
		프로모션 중지	프로모션 유지
경쟁사의 프로모션 실시 여부	프로모션 중지	모든 경쟁사의 수익 증가	자사의 시장점유율 확대
	프로모션 유지	다른 경쟁사의 시장점유율 확대	시장점유율 유지, 수익 감소

도표 16-7
판매촉진의 함정

문이었다고 귀속시키게 된다. 반대로 추가적인 혜택이 없었던 경우에는 자신의 구매이유를 브랜드에 대한 선호 때문이었다고 귀속시킨다는 것이다.

판매촉진의 남용의 또 다른 문제점은 **판매촉진의 함정**sales promotion trap에 빠질 수 있다는 것이다.[73] 기업들은 경쟁사와 제품이나 서비스의 차별화를 위하여 판매촉진을 진행한다. 만약 자사의 프로모션이 성공적이어서 경쟁사와 차별화를 달성했다면 경쟁사는 재빨리 그 프로모션을 따라할 것이다. 그래서 모든 경쟁사가 비슷한 프로모션을 진행한다면 이는 더 이상 차별점이 되지 못하고 개별 회사의 수익만 악화시키며 어느 경쟁사도 프로모션을 중지하지 못하게 된다.[74] 이런 현상이 도표 16-7에 정리되어 있다.

많은 산업들이 이런 판매촉진의 함정에 빠져있다. 예를 들어 화장품 업계는 구매 고객에게 신제품 선전을 위한 샘플을 증정하는 것이 일반적이다. 하지만 모든 화장품 회사가 샘플을 이용하기 때문에 차별적이지 못하고 비용 증가의 원인이 된다.[75] 마찬가지로 할인점이나 슈퍼마켓 체인들도 제종업체 쿠폰을 두 배로 할인해 주는 프로모션을 하는 경우가 많은데 이는 이미 적은 소매점 마진을 더 적게 만든다. 롯데리아나 맥도날드 같은 패스트푸드 체인점도 '천원 메뉴'와 같은 프로모션 상품을 판매하고 있다. 이 역시 차별화되지 못하고 수익을 감소시키는 사례이다(사진 16-32).

마케터들은 프로모션의 단기적인 성과와 함께 프로모션이 장기적으로 브랜드에 미치는 영향을 고려해야 한다. 또 경쟁사가 자사의 프로모션을 쉽게 따라 할 수 있다는 점과 그 가능성이 얼마나 되는지 고려해야 한다. 마케팅 관리자는 판매촉진으로 브랜드의 이미지가 손상되거나 경쟁사간의 프로모션 전쟁으로 말미암아 수익이 악화되고 기업 존폐의 위기로 연결되지 않도록 주의해야 한다. 마케팅 관리자들은 판매 감소나 다른 문제가 발생하여 마케팅 프로그램의 중간상 관계, 가격, 포장, 품질, 광고 등을 재검토 해야 할 때 단순히 판매촉진으로 그 문제를 해결하려는 경향이 있어 이를 조심해야 한다.

사진 16-32
웬디스의 할인메뉴를 선전하는 광고

이번 장을 통해 마케팅 관리자가 효과적인 판매촉진을 기획하고 실행하는 데 꼭 필요한 요소들을 살펴보았다. 그리고 효과적인 판매촉진이란 단지 추가적인 경제적 혜택만을 제공하는 데 국한되지 않는다는 것도 배웠다. Raghub, Inman, Grande 연구에 따르면 소비자 대상의 프로모션에는 경제적 효과, 정보적 효과, 그리고 감성적 효과의 세가지 측면이 있다고 한다.[76] 이 연구에서는 프로모션을 제공할 때 경제적 측면에 더하여 프로모션에 대한 정보를 소비자에게 어떻게 전달할 것인가와 감성적인 효과를 고려해야 한다고 한다. 다시 말해 프로모션을 제공하는 브랜드의 구매 과정이나 이런 프로모션에 노출되었을 때 소비자가 느끼는 감정을 고려해야 한다는 것이다. 즉 경제적, 정보적, 감성적 효과를 모두 고려한 프로모션을 기획하고 실행할 때 보다 효과적이고 효율적인 판매촉진이 될 것이다.

요약

오랫동안 광고는 소비재 제조사의 가장 중요한 프로모션믹스 중 하나였다. 하지만 지난 20여 년간을 돌이켜 보면 판매촉진의 비중이 점점 커지고 있고 그 성장세는 꾸준히 지속되고 있다. 소비자 구매 행동에 직접적 영향을 미치려는 판매촉진이 증가한 이유에는 유통업체의 힘 증대, 브랜드 충성도의 약화, 소비자의 프로모션 민감도 증가, 많은 신제품 출시, 시장 세분화, 마케팅 담당자의 단기 실적주의, 광고 클러터 증가 등이 있다.

판매촉진은 크게 브랜드 구축에 영향을 주는 것과 그렇지 않은 것으로 구분할 수 있다. 전자는 장기적으로 브랜드 자산 강화에 도움을 주는 것을 말하며, 후자는 소비자 구매 과정을 가속화시켜 즉각적인 구매를 유도하는 것을 말한다.

또 판매촉진 기법은 소비자 지향이냐 중간상 지향이냐로 구분할 수 있다. 다양한 소비자 지향 판매촉진을 살펴보았는데 그중에는 샘플링, 쿠폰, 사은품, 콘테스트와 경품 추첨, 환불과 리베이트, 보너스팩, 가격할인, 로열티 프로그램, 이벤트 마케팅 등이 있다. 그리고 이런 판매촉진 기법들을 설명하고 장단점을 배웠다. 중간상 지향 판매촉진에서는 콘테스트와 인센티브, 거래할인, 진열 및 구매시점 광고물, 영업 훈련, 박람회, 그리고 협력광고 등을 논의하였다.

중요한 것은 광고와 판매촉진을 개별적으로 접근할 것이 아니라 상호 보완적으로 인식해야 한다는 것이다. 적절하게 광고와 판매촉진을 조정하여 실행한다면 기업은 시너지 효과를 기대할 수 있으며 각기 독립적으로 진행할 때보다 큰 효과를 달성할 수 있다. 광고와 판매촉진의 시너지 효과를 달성하기 위해서 마케팅 담당자는 예산, 광고와 판매촉진의 테마, 매체 일정과 시기, 표적청중에 대한 적절한 조정을 해야 한다.

반면 판매촉진의 남용은 마케터가 판매촉진에 너무 의존하고 단기적 판매 증대를 위해 장기적 브랜드 이미지 관리를 소홀히 할 때 발생한다. 판매촉진의 함정에 대하여도 공부하였는데 한 산업에서 여러 회사가 경쟁적으로 판매촉진을 하여 어느 회사도 매출 감소를 감수하고 판매촉진을 중지할 수 없는 상황이 된 것을 말한다. 즉 판매촉진의 과용은 수익을 악화시키고 브랜드 이미지를 손상시키며 심지어 브랜드의 수명을 단축시킬 수 있다.

토론문제

1. 유니클로의 Lucky Switch, Lucky Counter, Lucky Machine 캠페인은 왜 성공적이었을까?
2. 마케팅/브랜드 관리자들이 광고에 비해 보다 많은 예산을 판매촉진에 배정하는 이유를 논하시오. 판매촉진의 증가가 강력한 브랜드의 브랜드자산을 약화시킨다는 비판에 동의하는가?
3. 브랜드 구축을 위한 판매촉진과 그렇지 않은 판매촉진과의 차이점은 무엇인가? 브랜드자산 강화에 도움을 준 판매촉진의 사례를 제시하시오. 그리고 그 프로모션이 어떻게 브랜드자산 강화에 영향을 미쳤는지 설명하시오.
4. 쿠폰에 대한 효과에 대하여 평가해 보시오. 쿠폰 사용률이 2%도 안 된다는 비판에 대해 자신의 의견을 피력해 보시오.
5. 이번 장에서 배운 미국의 Groupon.com(혹은 한국의 네이버쿠폰)을 통해 할인을 제공할만한 회사에는 어떤 회사가 있는가? 회사에서 이런 방식의 프로모션을 제공할 때 장점과 단점은 무엇인가?
6. 판매촉진과 관련하여 인터넷의 역할을 토론해 보시오. 기업들이 콘테스트나 경품 추첨 행사를 온라인을 통하여 진행하는 경우가 많은 이유는 무엇일까?
7. 여러 종류의 협력광고를 설명해 보고 협력광고가 이용되는 이유를 논하시오.
8. 판매촉진 함정에 빠졌다는 것은 어떤 의미인가? 패스트푸드 산업(예를 들어 롯데리아, 맥도날드 등)에서 치열하게 벌어지는 프로모션(예를 들어 천원 메뉴)에 대하여 어떻게 생각하는가? 그리고 이런 기업들은 어떤 선택을 하는 것이 바람직하다고 생각는가?

17 PR, 홍보, 그리고 기업광고

학습목표

1. 프로모션 믹스로서의 PR, 홍보, 그리고 기업광고의 역할을 인식한다.
2. PR과 홍보의 차이점을 알고 각각의 장단점을 알아본다.
3. 기업광고의 장단점과 사용 이유를 이해한다.
4. PR, 홍보, 기업광고의 효과 측정 방법을 알아본다.
5. 기업광고의 다양한 종류를 이해한다.

유방암 캠페인

광고 등의 마케팅 커뮤니케이션의 일반적인 상식은 '성적인 소구가 효과적(sex sells)'이라는 것이다. 이는 인지도를 높이며 공익광고에도 적용된다고 한다. 예를 들어 동물애호단체인 PETA(People for the Ethical Treatment of Animal)는 지난 십여 년간 동물학대를 대중들에게 알리고 언론을 통해 확산시키기 위하여 여성의 누드를 이용했다. 예전 PETA는 동물학대 방지 위하여 학대 받은 동물사진을 사용한 캠페인을 진행했지만 1994년부터는 전략을 수정하여 유명한 '모피를 입느니 차라리 누드로 다니겠다(I'd Rather Go Naked Than Wear Fur)'는 캠페인을 시작하였다. 이 캠페인에는 나오미 캠벨, 신디 크로포드와 같은 유명 슈퍼모델이 누드로 출연하였다. 이 캠페인은 새로운 유명 모델들을 출연시켜 지금까지 계속되고 있다. 이 캠페인은 동물학대에 대한 경각심을 높이는 데 도움이 되었지만 여러 비판에도 직면하고 있다. 즉, 여자를 비하하고 사람들이 동물학대에 대한 경각심보다는 여자의 나체에 더 관심을 가진다는 것이다.

유방암 캠페인도 PETA 광고와 비슷한 방식으로 시작되었다. 유방암에 대한 경각심을 높이고 유방암 예방 활동을 장려하기 위해 유방 절제를 한 상처, 의사들, 혹은 유방암 생존자들을 출연시킨 것이다. 최근 들어 핑크리본(Pink Ribbob) 캠페인은 성적 소구를 통해 주위를 환기시키고 특히 젊은 여성들이 유방암 예방을 위한 정기검진을 받거나 기부금을 내도록 유도하고 있다. 2010년 10월(매년 10월은 유방암 인식의 달) 여성들은 페이스북을 통해 'I Like It On(나는 이것을 ~에 두는 것을 좋아한다로 해석되지만 동시에 성적인 다른 뜻으로 해석될 수도 있음)' 캠페인을 시작하였다. 예를 들어 여성들은 자신의 페이스북에 'I like it on the floor(나는 이것을 마루에 두는 것을 좋아한다)' 등으로 메시지를 남기고 페이스북 친구들이 덧글을 다는 식으로 이루어졌다. 여기서 이것(it)이 지칭하는 것은 사실 '지갑'이었지만 많은 사람들이 성적으로 해석할 여지를 두어 관심을 높이려는 의도를 가진 캠페인이었다.

2009년에는 유방암 인식의 달을 기념하여 여성들이 자신의 속옷 색깔을 공개하는 캠페인을 진행하기도 하였다. 이런 캠페인은 여러 언론기관의 관심을 끌어 TV뉴스나 신문기사로도 나오게 되었다. 하지만 이런 선정적인 광고를 비판하는 사람들은 성적인 캠페인이 사실 유방암 예방에 대한 인식에 영향을 미치지 못한다고 주장한다. 또한 사람들이 성적인 부분에만 관심을 가지고 정작 중요한 이슈(유방암)는 뒷전이 된다고 비판한다.

유방암 인식을 위한 또 다른 페이스북 캠페인을 살펴보자. 'Cleavage(가슴골) For the Cure'라고 이름 붙은 이 캠페인은 여성회원들이 어떻게 유방암을 극복했는지 혹은 유방암 인식을 알리는 가슴골 사진을 페이스북에 게시하게 하였다. 1백만 명 이상의 사람들에게 알리는 것을 목표로 한 캠페인이지만 부정적인 시각도 존재했다. 즉, 가슴에 대한 관심은 끌어올렸겠지만 유방암에 대한 관심도도 올라갔는지는 회의적이라는 것이다. 한 회원은 "이 캠페인은 여러 가슴사진을 보여줄 수 있다는 측면에서만 아주 효과적인 캠페인이었던 것 같다."라고 평가하기도 했다.

앞서 살펴본 캠페인 사례들을 공익적이라고 할 수 있을까? 이런 캠페인들은 여성을 상품화하고 부도덕적이라는 비판을 받고 있으며, 여성에게 주로 발생하는 질병을 남성들에게 알릴 수 있다는 긍정적인 효과는 의문시되고 있다. 이런 비판을 받지 않는 공공캠페인 광고는 없을까? 2000년 미국 샌프란시스코 시는 여성 모델들의 유방절제술을 받은 사진이 실린 인쇄광고 집행을 불허하였다. 이 광고 불허는 충격적이고, 사람들의 주위를 끌 수 있는 유방암에 대한 현실을 보여주는 광고였다. 하지만 다른 성적인 광고들이 범람하는 가운데 이 광고는 검열의 대상이 되었다. 샌프란시스코 시는 이 캠페인에 동참한 여성(유방암 절제술 상처를 공개한)들의 용기를 고려하지 않았고 여성들은 이 검열에 항의하였다.

이와 유사한 일이 페이스북에서도 일어났다. 페이스북은 샤론 애덤스(Sharon Adams)가 유방암절제술 후 회복실에서 찍은 사진 페이스북에 올리자 이 사진이 성적이고 폭력적이라는 이유로 삭제하였다. 세 자녀를 둔 45세 어머니가 단지 유방암에 대한 인식을 높이고자 올린 사진에 대하여 페이스북은 삭제 결정은 번복되지 않을 것이라고 발표했다. 그러자 '샤론의 사진을 다시 페이스북에'라는 캠페인이 시작되었고 페이스북은 공식성명을 통해 지난번의 사진

삭제는 페이스북에 올라온 수많은 선정적인 사진을 삭제하는 과정에서 실수로 지운 것이며 샤론은 언제든 그녀의 사진을 올릴 수 있다고 발표하였다. 위 사례들을 비교해 보면 흥미로운 사실을 발견할 수 있다. 샌프란시스코나 샤론의 사례처럼 유방암과 유방암 수술에 대한 사실적인 사진에 대하여는 너무 '과하다'라고 하면서 공익의 이름으로 시행되는 성적소구 광고(앞의 동물학대방지 누드 캠페인이나 핑크리본 캠페인 등)는 점점 더 늘어나고 있다는 것이다. 과연 성적인 소구가 공익캠페인에 도움을 주는가? 아니면 그저 성을 소비하는 것인가?

자료: "Facebook Allows Breast Cancer Patient's Pictures After Complaints," The Telegraph, May 28, 2009, http://www.telegraph.co.uk/technology/facebook/5400254/Facebookallows-breast-cancer-patients-pictures-after-complaints.html; Dan Neil, "Breast Cancer PSAs Use Lechery for Good," The Los Angeles Times, September 22, 2009, http://articles. latimes.com/2009/sep/22/business/fi-ct-neil22; Kate Dailey, "Sexy Breast Cancer Ads: Provocative or Patronizing?," Newsweek, October 2, 2009, http://www.newsweek.com/blogs/the-human-condition/2009/10/02/sexy-breast-cancerads-provocative-or-patronizing.html; Kathleen Garvin, "Provocative Pictures a Creative 'Cure' For Breast Cancer," The Temple News Online, October 28, 2010, http://temple-news.com/2008/10/28/provocative-pictures-a-creative-"cure"-forbreast-cancer/; Julie Bindel, "Let's Make PETA History," The Guardian, October 28, 2010, http://www.guardian.co.uk/commentisfree/2010/oct/28/peta-women-meat; Andrew Hough, "'I like it on ...'": Suggestive Facebook Status Updates New Breast Cancer Campaign," The Telegraph, October 7, 2010, http://www.telegraph.co.uk/technology/facebook/8047670/Ilike-it-on-...-suggestive-Facebook-status-updates-newbreast-cancer-campaign.html.

도입사례는 홍보의 불안정성과 강력한 힘(긍정적 혹은 부정적인 방향으로)을 동시에 보여주고 있다. 이번 장에서는 많은 부분이 마케터의 통제 밖에 있지만 마케팅 전략의 한 부분으로 점점 더 많이 사용되는 홍보를 살펴본다. 홍보를 통해 우호적인 여론을 형성하는 것은 새로운 일이 아니지만 기업이나 회사에서의 PR의 역할은 변화하고 있다. IMC 프로그램에서의 PR의 효과에 대하여는 논란의 여지가 있지만 한 가지 확실한 것은 마케팅 커뮤니케이션에서 PR의 역할이 변화했다는 것이다. 마케팅 커뮤니케이션의 다른 부분도 그렇지만 인터넷이나 새로운 매체의 등장은 PR의 역할을 변화시켰다.

publicity와 public relations의 번역에 대하여: 일반적으로 업계에서는 별로 구분하지 않고 둘 다 '홍보'라고 한다. 국내 교과서에서 public relations을 '공중관계'로 번역하는 경우도 있지만, 실무에서 그런 용어를 사용하는 경우는 거의 없다. 여기서는 두 가지 단어의 구분을 위해서 publicity는 '홍보', public relation은 'PR'로 번역한다. — 역자주

홍보, PR, 그리고 기업광고는 모두 프로모션 프로그램의 성격을 지니며 마케팅 효과를 창출한다. 이들은 다른 프로모션 프로그램과 통합적인 성격을 가지며 다른 프로모션 믹스와 함께 관리되고 조정되어야 한다. 하지만 홍보, PR, 그리고 기업광고는 항상 제품이나 서비스 프로모션을 위한 특정한 목표를 가지고 진행되지는 않으며 또 항상 같은 방식으로 추진되는 것은 아니다. 일반적으로 홍보, PR, 그리고 기업광고는 특정 상품의 판매촉진이나 소비자행동에 직접적 영향을 미치기보다는 회사나 어떤 이슈에 대한 태도를 바꾸기 위해 실시된다. 이번 장에서는 홍보, PR, 그리고 기업광고의 역할, 장단점, 그리고 실행 과정에 대하여 살펴보도록 한다.

PR

PR이란 무엇인가? PR은 다른 마케팅 요소들과 어떻게 다른가? 이 질문에 답하기 위해서 먼저 전통적 의미의 PR을 정의하고 최근 변화된 PR의 새로운 역할에 대하여 논의해 보자.

전통적인 PR의 정의

PRpublic relations에 대하여는 여러 가지 정의가 있지만 여기에서는 PR업계에서 유명한 Public Relations News의 정의를 살펴본다.

> PR은 대중의 태도를 평가하고, 기업의 정책 및 행위에 대한 대중의 관심을 확인하며, 대중의 이해와 동의를 이끌어내기 위한 프로그램을 실행하는 경영(management) 기능이다.[1]

즉, PR은 경영의 한 기능으로 보아야 하며 여기서 경영은 광의의 의미로 사용된다. 다시 말해서 경영은 일반 기업의 경영 이외에 각종 조직이나 비영리단체의 경영도 포함하는 것이다.

위 정의에 따르면 PR은 다음의 단계를 거치게 된다.

1. 대중의 태도에 대한 확인과 평가
2. 회사의 정책이나 행위에 대한 대중의 관심을 파악
3. 대중의 이해와 동의를 이끌어내기 위한 커뮤니케이션 프로그램의 개발과 실행

이런 모든 과정이 한번에 끝나는 것은 아니다. 효과적인 PR프로그램은 몇 달 혹은 몇 년에 걸쳐서 계속적으로 실행되어야 한다.

마지막으로 위의 정의는 PR이 단지 상품이나 서비스를 판매하는 활동을 넘어서는 것임을 알 수 있다. PR 프로그램도 프로모션 프로그램으로 활용될 수 있지만 그 실행방법은 좀 다르다. 예를 들어 회사는 신제품 출시나 회사 조직의 변화에 관련된 보도자료를 배포할 수도 있고, 지역사회에 기여하기 위한 특별 이벤트를 개최할 수도 있으며, 회사나 상품에 대한 논란이 있을 경우 이에 대한 성명서를 발표할 수도 있다.

PR의 새로운 역할

점점 더 마케팅이 중요해지는 상황에서 PR 역시 새로운 역할을 맡게 되었다. 지금은 PR이 더 광범위하게(특히 마케팅적으로) 정의되며 단지 회사나 조직만을 프로모션하는 것에서 제품이나 서비스도 프로모션하게 되었다.

회사나 조직이 PR을 활용하는 방식은 하나의 연속선상에 존재한다. 연속선의 한 끝은 PR을 전통적인 관점으로 활용하는 것이다. 이러한 관점에서 PR은 마케팅이 아니며 PR의 가장 중요한 책임은 조직과 대중이 상호 간의 이익이 되는 관계를 유지하는 것이다. 이 경우 고객 혹은 잠재고객은 직원, 투자자, 이웃, 이해집단 등의 광범위한 대중의 한 부분일 뿐이다. 또 이 경우에는 마케팅 부서와 PR부서가 서로 독립되어 있다. 만약 회사가 대행사를 이용한다면 마케팅 부서와 PR부서는 각각 다른 마케팅 대행사와 PR대행사와 거래할 것이다. 연속선의 다른 한쪽 끝은 PR을 마케팅 커뮤니케이션의 도구로 보는 관점이다. 자사의 고객이 아닌 사람들에 대한 커뮤니케이션은 마케팅 효과를 기대하는 경우에만 실행된다.[2] 이 경우 PR부서는 마케팅부서의 한 부분이 된다. 동시에 많은 회사에서 PR기능은 점점 더 새로운 역할을 수행하는 방향으로 변화하고 있으며 새로운 역할이란 전통적 PR에서 보다 마케팅 PR로 변화하는 것을 말한다.

PR의 새로운 역할에서 관리자는 마케팅과 PR이 모두 강력한 부서를 기대한다. 즉 마케팅과 PR이 독립적으로 활동하는 것 보다는 두 부서가 가까이 협력하여 회사와 회사 브랜드의 이미지가 최고가 될 수 있도록 하는 것이다. Jonah Bloom이 언급하였듯이 전통적으로는 마케팅과 PR부서가 분리되는 경우가 일반적이었지만 오늘날과 같은 정보화 사회에서는 두 부서가 함께 일하는 것이 중요하다. 특히 Bloom은 "만약 회사가 강물에 폐수를 방류한다면 같은 회사의 친환경세제 판매는 급감할 것이다"라고 예를 들며 마케팅부서와 PR부서의 협력을 강조하였다.[3] PRSA Public Relations Society of America의 회원들과 PR News의 정기구독자 중 76%는 PR부서 마케팅부서와 함께 일하는 경우가 많다고 응답했으며 78%는 마케팅부서와 PR부서가 상호 간에 협력적인 인식을 가지고 있다고 대답했다. 협력의 정도는 좀 다를 수 있지만 이 조사는 마케팅부서와 PR부서가 얼마나 협력적인지 보여준다.[4]

반면 William N. Curry는 Advertising Age의 기고문에서 마케팅부서와 PR부서 간의 협력적 관계설정에 유의해야 한다고 말했다. 왜냐하면 PR과 마케팅은 같은 것이 아니며 어느 한 부서에 보다 큰 힘이 실릴 경우 효율 극대화를 위한 균형이 깨질 수 있기 때문이다.[5] 특히 마케팅 목표를 달성하기 위하여 PR의 목표와 기능이 흔들리게 될 경우 장기적으로는 회사에 손해가 된다. 이런 문제를 보다 심각하게 받아들이는 사람들은 PR과 마케팅의 경계가 모호하게 되면 그 효과가 더욱 나빠질 것이라는 경고를 한다.[6] Cutlip, Center, Broom의 연구에 따르면 마케팅과 PR은 상호보완적인 기능이라고 한다. 즉, 각각은 회사가 살아남고 성장하는 데 필요한 각종 관계들을 증진시키는 데 독립적이면서도 상호보완적으로 기여한다는 것이다. 그래서 마케팅과 PR 중 한 쪽을 무시하는 것은 다른 쪽의 실패를 초래하게 된다고 지적한다.[7] 결론적으로 이 책에서는 PR에 대한 Cutlip, Center, Broom의 견해에 동의하며 PR은 IMC의 중요한 한 부분으로 인식한다. 즉, PR은 PR만의 방식으로 IMC에 기여하며 동시에 마케팅 목표와 일관된 방향을 추구해야 한다는 것이다.

PR의 프로모션 믹스로의 통합

PR의 책임이 점점 커져가는 가운데 PR이 프로모션 믹스로 어떻게 통합되어야 하는가는 중요한 이슈이다. 회사가 PR과 마케팅 기능을 관리하는 방법은 여러 가지가 있다. 또 어떤 회사들은 PR 기능을 외주로 돌리기도 한다. 본 교과서에서는 PR을 IMC적으로 접근하고자 하는데 이는 PR이 전통적인 역할과 새로운 역할을 모두 해야 함을 의미한다.

PR이 전통적인 역할을 하거나 혹은 보다 마케팅을 지향하거나, 중요한 것은 PR이 특정한 커뮤니케이션 목표를 달성해야 한다는 것이다. 즉 대중의 태도를 평가하고 보다 우호적인 회사 이미지를 창조하는 것이 상품과 서비스를 직접 판매 촉진하는 것만큼 중요하다는 것이다.

MPR의 기능

Thomas L. Harris는 **MPR**marketing public relations이란 PR 활동을 통하여 마케팅 목표 달성을 지원해 주는 것이라고 정의하였다.[8] PR 활동으로 지원될 수 있는 마케팅 목표에는 인지도를 높이고, 정보를 전달하고 교육시키며, 이해를 이끌어내고, 믿음을 구축하며, 고객이 구매하는 이유를 제공하고, 고객의 구매를 동기부여하는 것이 포함된다. 즉 MPR은 IMC 프로그램에 다음과 같이 다양한 방법으로 기여할 수 있다.

- **새로운 미디어광고를 시작하기 전에 시장에 기대감을 증폭시키기.** 예를 들어 신제품 출시 발표는 홍보기회를 제공하며 제품을 보다 극적으로 보이게 하여 추후에 실시되는 광고의 효과를 증폭시킨다. 애플사가 아이팟, 아이패드, 아이폰 등을 새로 출시할 때를 보면 제품이 팔리기도 전에 PR을 통해 제품에 대한 기대감을 한껏 고양시킨다. 애플의 신제품은 언론에 대대적으로 노출되고 또 구전효과도 만들어낸다. 이로 인해 애플의 신제품이 출시되었을 때 소비자들이 신제품을 맨 처음으로 구매하기 위해서 밤을 새며 기다리는 풍경이 일상화 되었다.
- **ROI를 증대시키기.** MPR을 하게 되면 전제적인 마케팅 비용은 절감하면서 의미 있는 마케팅 목표를 달성할 수 있다. 즉, MPR은 ROIreturn on investment를 향상시키게 된다.
- **제품이 기사화되기 힘들 경우 광고 자체를 기사화하기.** 광고 그 자체가 홍보의 소재가 되기도 한다. 예를 들어 미국의 가장 큰 스포츠 이벤트인 슈퍼볼과 그 슈퍼볼 중계에서 방영되는 광고를 보면 슈퍼볼 광고가 슈퍼볼 경기만큼이나 관심을 끈다. 또 TV광고는 인터넷이나 소셜미디어를 통하여 반복적으로 시청되고 다른 사람에게 전달되기도 한다.
- **광고를 거의 하지 않고 신제품을 소개.** 광고를 거의 하지 않고 신제품을 소개하는 전략은 HP, 세그웨이Segway, 타이Ty, 크레욜라Crayola, 그리고 애플에서 아주 성공적으로 사용되고 있다. 질레트Gillette 면도기 회사의 경우 PR을 신제품 소개의 가장 중요한 매체로 활용하고 있다.
- **가치를 증대시키는 고객서비스 제공.** 미국의 식품회사인 버터볼사Butterball는 칠면조 고기 조리법을 알려주기 위한 고객상담전화를 운영하고 있으며 미국의 추수감사절 기간에는 25,000통의 전화를 받았다. 많은 회사들이 유사한 서비스를 인터넷을 통해 제공하고 있다. 참치통조림 회사인 치킨오브더씨Chicken of the Sea의 경우 자사 인터넷 홈페이지를 통해 참치요리법을 제공하고 있다(물론 자사의 참치를 사용할 것을 권장하면서).
- **브랜드와 고객 간의 유대감 형성.** 필스버리Pillsbury사는 Pillsbury Bake-Off라는

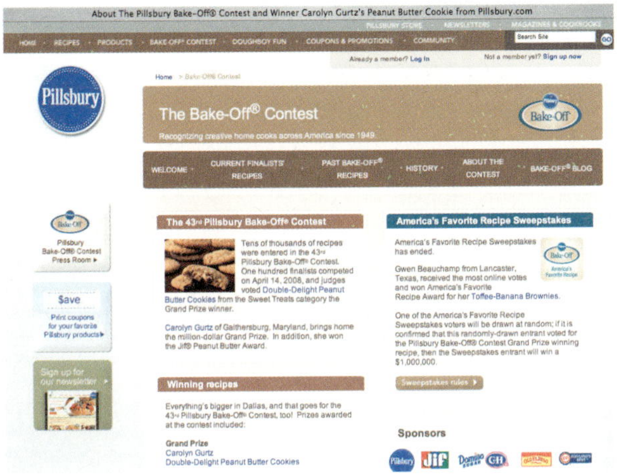

사진 17-1
Pillsbury Bake-Off는 1949년 이래로 훌륭한 PR효과를 거두었다.

사진 17-2
세스나사는 위험(전용기에 대한 나쁜 인식)으로부터 제품을 방어하는 광고를 실행하였다.

제빵대회를 개최하여 강력한 브랜드 충성도 구축에 활용하고 있다. 이 제빵대회는 1949년 1회 대회가 개최된 이래 매년, 1978년부터는 2년마다 열리는데 1등 상금이 백만 달러에 달한다. 또 우승작은 그 조리법이 필스버리사를 통해 공개된다(**사진 17-1**).

- **영향력이 있는 집단에 영향을 미침.** 오피니언 리더에게 정보를 제공하는 것을 의미한다.
- **제품을 위험으로부터 방어하고 소비자에게 구매이유를 제공함.** 회사의 제품을 방어하고 판매촉진하기 위해 PR은 소비자에게 구매이유를 제공하게 된다. 예를 들어 건전지 제조사인 에너자이저Energizer는 안전을 위해 정기적으로 가정에 있는 화재경보기의 건전지를 교환해야 한다는 캠페인을 실시하였다. 이러한 에너자이저의 캠페인은 회사가 기업 시민의식corporate citizenship이 높은 회사라는 인식을 심어주었으며 건전지 판매도 증가시켰다. 항공기 제작사인 세스나Cessna는 **사진 17-2**와 같은 광고를 통해서 기업의 중역들에게 회사가 전용기를 구매해야만 하는 이유를 설명해 주었다. 이는 미국의 경제 위기 때 기업이

도표 17-1 MPR을 사용한 회사들의 사례

세스나
경제위기로 미국의 자동차회사들은 경영위기에 빠졌다. 미국 자동차 회사들의 최고 경영진은 자동차 회사의 회생을 지원받기 위해 미 의회에 출석하였다. 이때 미국 자동차 회사들의 최고 경영진은 모두 자가용 비행기를 타고 워싱턴에 도착하였는데 이를 두고 미 의회 의원들과 언론은 회사는 경영위기인데 최고 경영진은 호화로운 자가용 비행기를 탄다며 강력하게 비난하였다. 이런 비난 여론은 자가용 비행기 전반에 부정적인 이미지를 만들었고 자가용 비행기 생산은 56%나 줄어들고 관련 산업에 종사하는 종업원의 1/3이 일자리를 잃게 되었다. 이에 대하여 대표적인 자가용 비행기 생산업체인 세스나는 이런 부정적인 여론에 대응하고자 미국 기업체들이 왜 자가용 비행기를 사야만 하는지에 대한 PR을 실시하였다. 월스트리트저널이 '일어나라(Rise)'라고 부른 PR 캠페인에서 세스나는 기업체들에게 부정적인 여론에 겁먹지 말라고 얘기했다. 즉, 자가용 비행기를 운영하는 것은 경영자의 자기만족을 위한 것이 아니며 바로 생산성을 올리기 위한 도구라고 설명한 것이다. 이 PR 캠페인은 월스트리트저널과 다른 전국 신문과 항공관련 잡지 등에 게재되었다.
KFC
KFC는 매출회복을 위하여 유명한 오프라 윈프리(Oprah Winfrey)와 함께 PR을 하였다. 오프라 윈프리는 PR분야에서 유명한데 그녀가 좋다고 언급한 제품은 그 매출이 높게 상승하기 때문이다. KFC는 오프라 윈프리와 함께 신제품 'Kentucky Grilled Chicken'을 홍보하며 무료쿠폰을 배포하였다. 그 반응이 KFC가 감당하기 어려울 정도로 폭발적이었다. KFC 홈페이지는 무료쿠폰을 다운로드하려는 사람들로 문제가 발생했고 매장에서는 제품이 없어 사람들을 돌려 보내야 했을 정도였다. 이런 문제들 때문에 부정적인 여론도 형성되었다. 그래서 KFC는 이런 문제점을 보완한 두 번째 프로모션을 진행하였고 이번에는 보다 잘 관리되었다. 이런 일련의 PR을 통해 KFC는 트위터에 가장 언급이 많이 된 회사가 되기도 하였다.

도표 17-2 MPR의 장점과 단점

장점	단점
▪ 표적시장에 도달하는 데 비용 대비 효과가 높다. ▪ 표적집단을 정확히 정하고 실시되는 PR이다. ▪ 제품과 직접적 연관이 없는 개인이나 조직으로부터 후원받기 때문에 객관성이 높게 인식된다. ▪ 신뢰성이 높다. ▪ 광고메시지의 신뢰성도 함께 높여준다. ▪ 클러터를 제치고 메시지를 전달한다. ▪ 소비자들이 가지고 있는 광고나 영업 활동에 대한 거부감을 회피할 수 있다. ▪ 소비자들의 매체에 대한 관여도를 높인다. ▪ 여론주도자나 유행선도자에게 영향을 미칠 수 있다. ▪ ROI를 개선할 수 있다.	▪ 매체에 대한 통제가 어렵다. ▪ 광고 슬로건이나 다른 광고 기법과의 결합이 어렵다. ▪ 매체에 기사화 된다거나 혹은 비중 있게 다루어 진다는 보장이 없다. ▪ 효과를 측정할 수 있는 기준이 없다.

전용기를 운영하는 것에 대한 부정적인 여론이 팽배한 상황에서 제품(전용기)을 위험으로부터 방어한 좋은 예이다(도표 17-1). 또한 도표 17-2는 MPR의 여러 가지 장점을 언급하고 있다.

PR의 실행과정

PR을 실행하고 이를 프로모션 믹스와 통합하기 위하여는 PR에 대한 전통적 접근과 마케팅적인 접근을 둘 다 수행해야 한다.

대중의 태도를 확인하고 평가하기

PR은 사람들이 회사나 어떤 특정 이슈에 대하여 어떤 태도를 가지고 있는지를 살피는 것이다. 왜 그래야 하는 것일까? 왜 회사는 대중의 태도에 대해 심각하게 염려해야 하는 것인가?

첫 번째 이유는 회사에 대한 대중의 태도가 그 회사 상품의 판매에 영향을 미칠 수 있기 때문이다. 많은 회사들이 고객 불매운동의 영향으로 매출이 급감하는 것을 경험한적이 있다. 예를 들어 BP(다국적 석유회사), 네슬레Nestlé, 노키아Nokia, 그리고 월마트Walmart 등은 조직적인 소비자 압력에 직면한 경험이 있다. 일반 회사뿐만 아니라 언론사들도 소비자의 태도를 고려할 수밖에 없다. 예를 들어 뉴스사NewsCorp가 소유하고 있는 폭스뉴스Fox News의 경우 미국 사회에 논란이 많았던 O.J. 심슨 사건(O.J. 심슨이 아내를 살해한 혐의를 받고 재판이 진행되었던 일)에 대한 프로그램을 방영할 계획이라고 발표하였다. 하지만 논란을 우려한 폭스뉴스의 많은 지방 방송사들은 이 프로그램의 방송을 거부하였고 광고 영업담당자들은 이 프로그램에 대한 광고영업을 중지하였다. 또 많은 시청자들이 폭스뉴스에 이메일이나 전화를 걸어 본 프로그램의 기획에 대하여 항의하였고 결국 폭스뉴스는 1천만 달러의 매출 손실을 감수하고 프로그램 방송을 취소하였다.[9]

반면 PR 활동을 성공적으로 진행한다면 회사는 소비자로부터 우호적인 인상을 받을 수 있으며 긍정적인 태도를 형성할 수 있다. 예를 들어 넷플릭스NetFlix.com(미국의 온-오프라인 영화/게임 DVD 대여회사)는 시스템 고장으로 인해 DVD 발송이 늦어지자 이에 대하여 사과 이메일을 발송하였다(**사진 17-3**). 해당 고객에게는 불편을 초래한 것에 대한 대가로 결제금액에 10%를 적립해 주었다. 어떤 블로거는 넷플릭스의 사과 이메일 발송을 우수 고객서비스의 예로 소개하여 소비자들 사이에서 넷플릭스에 대한 긍정적인 태도가 형성되었다.

사진 17-3
넷플릭스의 사과 이메일 발송은 회사에 대한 우호적인 감정을 만들어냈다.

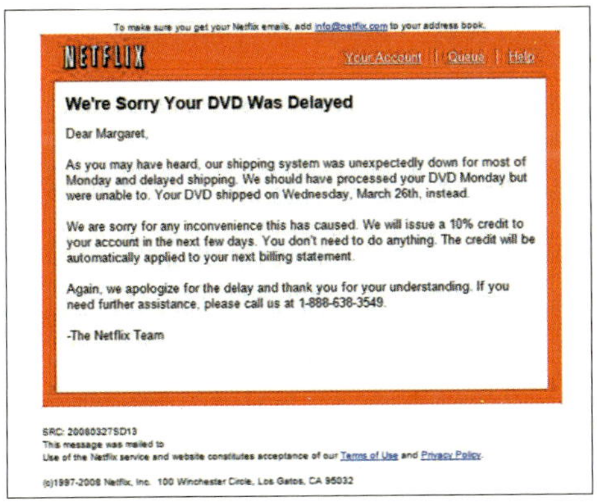
To make sure you get your Netflix emails, add info@netflix.com to your address book.

NETFLIX Your Account | Queue | Help

We're Sorry Your DVD Was Delayed

Dear Margaret,

As you may have heard, our shipping system was unexpectedly down for most of Monday and delayed shipping. We should have processed your DVD Monday but were unable to. Your DVD shipped on Wednesday, March 26th, instead.

We are sorry for any inconvenience this has caused. We will issue a 10% credit to your account in the next few days. You don't need to do anything. The credit will be automatically applied to your next billing statement.

Again, we apologize for the delay and thank you for your understanding. If you need further assistance, please call us at 1-888-638-3549.

-The Netflix Team

SRC: 20080327SD13
This message was mailed to
Use of the Netflix service and website constitutes acceptance of our Terms of Use and Privacy Policy.

(c)1997-2008 Netflix, Inc. 100 Winchester Circle, Los Gatos, CA 95032

두 번째 이유는 어느 누구도 나쁜 시민으로 인식되고 싶어하지 않기 때문이다. 기업은 사회 공동체 내에서 존재하며 그들의 종업원들 역시 바로 그 공동체 내에서 일하고 일상생활을 영위한다. 때문에 회사에 대한 부정적인 태도가 공동체 내에 형성되면 이 부정적인 태도가 종업원들의 사기에 영향을 미치며 이는 기업 내부적인 작업여건이나 공동체내에서의 생활여건에 부정적으로 작용한다.

이렇듯 회사들이 대중의 태도를 걱정하기 때문에 일반 사기업을 포함하여 공공기관이나 언론사들도 서베이를 통하여 대중의 태도를 조사한다. 그럼 이러한 조사를 진행하는 이유들에 대하여 알아보자.

1. **기획과정에 여론을 반영하기 위해.** 회사가 확인한 대중의 태도를 바탕으로 우호적인 태도를 유지하고 부정적인 인식을 바꾸기 위한 프로그램을 개발하게 된다.
2. **조기경보시스템의 역할.** 어떤 문제가 발생하면 이것을 고치는 데 상당한 시간과 비용이 소요되게 마련이다. 여론조사를 통하여 회사는 잠재적 문제점을 파악할 수 있으며 심각한 문제가 되기 전에 이것을 효과적으로 관리할 수 있다.
3. **내부적인 지원 확립.** 만약 조사에서 어떤 문제 혹은 잠재적 문제가 발견되면 PR부서는 이 문제를 해결하기 위해 필요한 각종 내부적 지원을 보다 쉽게 받을 수 있다.
4. **여러 커뮤니케이션 활동의 효과 증대.** 문제가 무엇인지 명확하게 안다면 회사는 그 문제 해결을 위한 보다 효과적인 커뮤니케이션을 설계할 수 있다.

PR 계획의 수립

어떤 회사들에게 PR이란 단순히 언론을 위한 보도자료를 준비하고 전시회에서 제품설명서를 배포하고 신제품 출시를 공지하는 역할로 인식된다. 또 공식적인 PR 절차에 따라 자료가 준비되지 않고 개별 필요에 의해 자료를 준비하는 경우가 많다. 다시 말해 PR을 전략적으로 접근하지 못하고 있다는 것이다. 앞서 언급한대로 PR은 지속적으로 진행되는 업무이다. 따라서 PR은 어떤 문제나 기회에 대하여 어떻게 대처할지 그 방침과 절차가 사전에 공식화되어 있어야 한다. 마치 마케팅이나 프로모션 프로그램을 계획 없이 진행하지 않는 것처럼 PR을 계획 없

도표 17-3
PR 계획을 평가하기 위한 열 가지 질문

1. 전반적인 회사의 경영환경에 대한 이해를 반영한 계획인가?
2. 충실한 조사와 정보원천을 활용한 계획인가?
3. 최근의 주요 언론 보도를 분석한 항목이 포함되어 있는가?
4. PR담당자들이 제품의 강점과 약점을 완전히 이해하고 있는가?
5. PR 프로그램이 조사에 근거하여 설득력이 있으며 적절한 결론을 도출하고 있는가?
6. PR 프로그램의 목표가 구체적이며 측정 가능한가?
7. PR 프로그램이 어떤 PR활동을 할 것인지, 또 PR활동이 회사에게 어떤 이득이 될 것인지에 대해 명확하게 설명하고 있는가?
8. PR 프로그램의 성과를 어떻게 측정할 것인지 설명하고 있는가?
9. PR 프로그램을 위한 조사, 목표, 실행계획, 평가가 모두 일관되게 구성되어있는가?
10. PR부서가 PR 프로그램을 개발하는 동안 마케팅부서와 지속적으로 소통하였는가?

이 무턱대고 진행할 수 없는 것이다. 더군다나 PR은 전반적인 마케팅 커뮤니케이션 프로그램에 통합되어야 한다. 도표 17-3은 회사가 추진하는 PR 프로그램이 적절한지를 확인할 수 있는 체크리스트를 보여주고 있다.

Cutlip, Center, 그리고 Broom은 PR 계획을 수립하는 4단계 절차를 제시하였다. 그 절차란 (1) PR 문제를 명확히 정의하기, (2) 계획을 수립하고 프로그램을 만들기, (3) 프로그램에 따라 PR 활동을 수행하기, (4) PR 프로그램을 평가하기이다.[10] 도표 17-3과 PR의 4단계 절차는 전반적인 프로모션 계획 절차와 함께 진행되어야 한다.

PR 프로그램의 개발과 실행

PR의 광범위한 업무범위 때문에 PR 프로그램은 일반적인 프로모션의 범위를 넘는 일을 해야 하기도 한다. 즉, 보다 광범위한 표적시장, 추가적인 커뮤니케이션 목표, 다른 메시지와 전달 방식 등을 고려해야 한다는 것이다. 그럼 이러한 과정에 대하여 살펴보자.

적절한 표적고객의 결정 PR을 위한 표적고객은 다양하다. 그중에는 고객과 같이 제품 판매에 직접 관련이 있는 청중이 있는 반면 주주나 정부 기관처럼 다른 관계를 가지고 있는 집단도 있다. 또 회사 내부적인 관계와 외부적인 관계로 나눌 수도 있다.

MAY/JUNE 2010

inside BUSINESS

SDSU COLLEGE OF BUSINESS ADMINISTRATION

SDSU College of Business Names New Associate Dean

SDSU'S COLLEGE OF BUSINESS Administration announced the appointment of Dr. Gangaram Singh as the new associate dean for academic affairs. Singh replaces the retiring Dr. Jim Lackritz and will assume his new role on July 1, 2010.

As the associate dean for academic affairs, Singh's responsibilities will include overseeing curriculum and faculty development; supervising academic processes and policies; formulating and managing student policies; and administering the College's accreditation activities.

Singh has been with the SDSU as a professor of management since 1999. During that time, he served as chairman of the College's management department, director of the Center for International Business Education and Research (CIBER), has taught in the Sports Management M.B.A. and the Executive M.B.A. programs, and has been the recipient of numerous awards, honors and grants.

Singh has served on numerous committees and programs at SDSU and was recently named to the city of San Diego's Citizen Revenue Review and Economic Competitiveness Commission. He also sits on the marketing committee of the board of Sharp Hospital and has been deeply involved in founding several local cricket programs. Singh earned his Ph.D.in Industrial Relations from the University of Toronto in 1998.

SAN DIEGO STATE UNIVERSITY

College of Business Administration

Leadership for the Global Marketplace

ALUMNI SPOTLIGHT: ROBERT SCHULTE AND MARC STAHELI

IT'S A COMMON SCENARIO: A COUPLE OF GUYS that have been friends for years decide to go into business together. They don't know what the business will be, but they know each other very well. So they sit down, determine their business plan, raise the capital and away they go.

This is NOT how Taxcient founders, Robert Schulte ('05, M.B.A.) and Marc Staheli ('01, information services; '05, M.S.B.A.), started their business.

Separately, they each had a plan – they just needed to meet each other for their plans to fall into place.

Staheli had earned an accounting degree in his native Switzerland and had just completed his bachelor's degree in information systems at SDSU. He was working within SDSU's enterprise technology systems group, but realized that he wanted start his own company. "I pursued a master's degree in entrepreneurship because I felt I had the energy and desire to create a company from scratch, either by myself or with a couple of motivated self-starters," he said. He also knew that he wanted "to pursue a technology-related career."

Enter Robert Schulte.

After working as an auditor for the state of California, Schulte already had a game plan. "I purposefully went back to get my graduate degree in entrepreneurship to meet someone who could help me build Taxcient," said Schulte.

The two met in the spring of 2003 during their business plan development course (Management 743) which was taught management professor Dr. Alex DeNoble. "I met Marc in our very first class and we

(...CONTINUED ON PAGE 2)

www.sdsu.edu/business tel: (619) 594-5259 fax: (619) 594-1573 email: business@sdsu.edu

사진 17-4
미국 샌디에이고 주립대학교 경영대학에서 내부소통을 위해 발행하는 사내신문

사진 17-5
기업연간보고서는 여러 목적으로 활용된다.

내부고객internal audience은 종업원, 주주, 투자자, 지역사회 관련자, 공급업자, 그리고 현재 고객들을 의미한다. **도표 17-1**에서 살펴본 세스나의 PR 프로그램은 구매자를 설득하기 위한 것이기도 하지만 부분적으로는 사내 종업원들의 사기를 진작시키기 위한 목적도 있다. 왜 지역사회 관련자나 소비자도 내부고객으로 분류할까? John Marston에 따르면 이런 집단들은 기업과 이미 관계를 맺고 있는 경우가 많고 회사는 이들과 의사소통하는 것이 일상업무이기 때문이다.[11] 반면 **외부고객**external audience은 예를 들어 광의의 '대중'과 같이 회사와 가까운 관계를 맺고 있지 않은 사람들을 의미한다. 이런 내외부고객과 지속적으로 의사소통을 하는 것은 여러 가지 이유로 인하여 중요하다. 예를 들면 기업의 새로운 정책, 새로운 절차, 그리고 제품에 이르기까지 이들과 호감을 형성해야 하기 때문이다. 그럼 몇몇 예를 살펴보겠다.

회사의 종업원 사기를 진작시키고 직원의 업적을 공개하는 것은 PR의 주요 목적 중 하나이다. 이를 위해 회사는 사내신문, 사내공지, 시상식, 다이렉트메일, 연간보고서 등의 방법을 이용한다. **사진 17-4**는 미국의 샌디에이고 주립대학San Diego University 경영대학이 발행하는 사내신문의 예를 보여주고 있다.

종업원과의 개인적인 방식의 커뮤니케이션에는 비공식적인 사내 크리스마스 파티를 개최하는 것에서부터 공식적인 고충상담위원회를 개최하는 것까지 다양한 방법이 있다. 또 사내 동아리활동을 지원하거나 체육대회를 개최하는 등의 활동도 모두 사기를 진작시키고 회사에 대한 호감을 증대시키기 위한 방법이다.

주주와 투자자 기업의 연간보고서는 일반적으로 회사의 재무정보를 주주와 투자자에게 전달하는 것으로 인식

되고 있다(**사진 17-5**). 하지만 연간보고서는 주주와 투자자에게 회사가 잘하고 있는 부분과 개선이 필요한 부분을 명시하고, 미래 계획을 제시하며, 단순한 숫자를 넘어선 정보를 제공하는 역할을 한다.

최근에는 연간보고서가 기업 PR의 목적으로 이용되는 경우가 많아지고 있다. 즉 새로운 투자자를 유치하고, 국내(혹은 지역)투자자의 지분을 확대하고, 특정한 문제를 해결하기 위한 자금을 마련하며, 동시에 회사에 우호적인 태도를 형성하게 하는 목적을 달성하고자 하는 것이다.

지역사회 구성원 기업체가 위치한 지역이나 회사의 주요 사업이 이루어지는 지역에 거주하는 주민이나 종업원들도 PR의 주요 대상이다. 이 경우 PR은 기업이 지역사회를 위해 어떤 활동을 벌이고 있는지를 알리는 것에 초점을 맞춘다. 예를 들어 회사의 배출가스 절감, 수질 개선, 습지 보존 같은 활동을 알리는 것이다. **사진 17-6**은 많은 정유회사들이 벌이고 있는 사회공헌활동의 예이다. 즉 회사가 지역사회의 선량한 시민이며 지역사회 구성원의 복지를 위해 공헌하고 있다는 점을 보여준다.

사진 17-6
시트고(Citgo)는 회사가 지역 사회의 이슈에 관심을 가지고 있다는 점을 보여주고 있다.

공급업자와 고객 기업들은 공급업자와 고객들에게 호감을 형성하고 유지하기 위해 노력한다. 고객들은 어떤 회사가 사회적 책임을 다하지 않는 회사라고 인식하게 되면 그 회사에 대한 충성도가 낮아질 것이다. 이것은 공급업자도 마찬가지이다.

적절한 PR 활동이 성공을 가져온 경우도 종종 있다. 예를 들어 KFC는 PR 활동을 통해 소비자들이 KFC를 보다 자주 이용하도록 유도하였다. 즉 성공적인 PR은 회사에 대한 소비자충성도를 높이고, 반감을 줄이며, 회사와 공급업자 혹은 소비자 간의 협력적 관계를 증대시킨다.

PR 활동은 시장에서 재기된 어떤 이슈를 해결하기 위하여 복수의 청중을 대상으로도 실시된다. 예를 들면, 잠재고객, 업계 관계자, 인사담당자, 구매자와 공급업자 등이 PR 활동의 주요 고객이 되는 것이다.

PR의 목표가 되는 고객 중에는 회사와 직접적인 연관이 없는 사람들도 포함된다. 언론, 교육자, 사회단체, 기업단체, 정부, 금융권 등이 외부고객으로 포함된다.

언론 외부고객 중 가장 중요하게 여겨지는 것이 바로 언론이다. 사람들은 신문이나 방송을 통해 뉴스를 접하게 되고, 그 뉴스가 어떤 방향으로 다루어지게 될지는 언론이 결정한다. 이런 언론의 강력한 힘을 고려한다면 회사의 각종 활동에 대하여 언론과 커뮤니케이션하는 것이 중요하다. 그래서 회사는 언론에 보도자료를 배포하고 기자회견, 인터뷰, 특별 이벤트 등을 통하여 언론과 의사소통한다. 언론은 회사의 이러한 PR 활동에 대하여 대체적으로 수용적 입장을 가지고 있다. 즉, 언론은 항상 새로운 소식을 취재하고 싶어하는 속성이 있다는 것이다. 반면 언론도 언론에서 다루는 뉴스의 내용을 지역사회가 어떻게 받아들일지에 대하여 항상 고려하고 있다.

교육자 많은 조직들이 교육기관과 교육자에게 자신들의 활동에 대한 정보를 제공하고 있다. 예를 들어 다이렉트마케팅협회, 판촉물협회, 옥외광고협회 등은 각종 활동 정보를 제공하며 자신들에 대한 우호적 태도가 형성되고 또 교과서 등에 사례로 소개되는 것을 기대한다. 이런 협회나 회사들은 자신들의 혁신사례, 최신 연구결과, 기타 흥미로운 사례 등을 제공한다. 얘를 들어 미국의 전화번호부협회는 특별히 제작된 사례연구, 강의자료를 교육자에게 배포하고 있다(**사진 17-7**).

사진 17-7
전화번호부협회는 전화번호부 매체에 대한 정보를 제공하고 있다.

교육자들이 PR의 중요 타깃이 되는 이유는 언론과 같이 여러 집단에 영향을 미칠 수 있기 때문이다. 예를 들어 비지니스위크BusinessWeek, 포춘Fortune, 월스트리트저널The Wall Street Journal, 뉴욕타임즈The New York Times, 그리고 애드버타이징에이지Advertising Age와 같은 잡지들은 교수들이 수업 부교재로 자신의 잡지를 채택하도록 노력하고 있다. 이런 활동을 통해 잡지의 판매량을 늘리며 동시에 잡지의 전문성과 신뢰성의 이미지가 향상되기를 기대한다.

사회단체와 기업단체 지역의 각종 사회단체와 비영리단체들 또한 여론형성에 큰 영향을 미친다. 따라서 회사들은 각종 사회단체에 기부금을 내고, 사회단체의 행사에도 참여하고, 스폰서를 하며 회사에 대한 우호적인 여론을 조성한다. 또 기업체의 중역이 비영리단체에 이사진으로 참여하는 것도 긍정적 태도를 유발하는 PR활동의 일환이다.

정부 기업체의 PR은 중앙정부와 지방정부에 접촉하여 영향을 미치고자 노력하기도 한다. 정부에 대한 로비가 성공한다면 회사 제품에 대한 각종 규제로 인해 지출될 많은 비용을 절감할 수 있다. 미국 식품의약국FDA의 승인이 자사 제품 매출에 미치는 영향이나 맥주나 와인에 대한 TV광고가 금지되었을 때 산업계에 미칠 영향을 생각해 보라. 미국의 경우 제약업계는 처방전이 필요한 약품의 TV광고를 허용하여 소비자에게 직접 알릴 수 있도록 로비하였다. 처방 약품에 대한 TV광고가 허용된 후 5년간 6,500만 명의 환자가 의사에게 광고에서 본 약품을 처방해 줄 수 있는지 문의를 했다고 한다.[12] 반면 환경단체, 산업노조, 혹은 다른 이익단체들도 각 단체의 이해에 따라 정부에 로비를 하고 있다.

금융권 현재의 주주는 아니지만 미래의 잠재 주주 혹은 잠재 투자자라는 이유로 금융권에 대한 PR도 중요하다. 재정자문가나 부동산업자들 혹은 다른 금융 관련 업계는 기업의 신제품이나 재정정보를 수집하려고 하고 또 이에 따라 잠재적 투자자가 되기도 한다. 보도자료 배포나 기업보고서 등은 금융권에 대한 PR 활동의 일환이다.

PR 프로그램의 실행

조사를 하고 표적고객이 결정된 이후에는 PR 프로그램을 개발하고 표적고객에게 정보가 전달되어야 한다. 여러 가지 PR 도구들이 이를 위해 사용될 수 있다. 예를 들면 보도자료 배포, 기자회견 개최, 특종 뉴스 전달, 인터뷰 진행, 그리고 지역사회 활동 등이 있다.

사진 17-8
NOAA(미국 해양대기청)의 보도자료 예

NOAA reopens more than 7,000 square miles in the Gulf of Mexico to fishing | Restore The Gulf

An Official Website of the United States Government

Follow us: | Join Mailing List | About Us | Contact Us | Site Map

Search

RestoreTheGulf.gov

HOME | RESPONSE | ASSISTANCE | HEALTH & SAFETY | FISH & WILDLIFE | ENVIRONMENT | NEWS

Home › News › Press Releases › NOAA reopens more than 7,000 square miles in the Gulf of Mexico to fishing

News
Press Releases
Response Updates
Transcripts & Docs
Events
Features
FOIA Library
Maps & Data
Multimedia

NOAA reopens more than 7,000 square miles in the Gulf of Mexico to fishing

October 22, 2010 | 3:19:31 PM EDT

24 tweets

96 percent of federal waters now open

NOAA today reopened to commercial and recreational fishing 7,037 square miles of Gulf waters about 80 nautical miles south of the Florida panhandle, between the Florida-Alabama state line and Cape San Blas, Fla. This is the tenth reopening in federal waters since July 22.

This reopening was announced after consultation with the U.S. Food and Drug Administration and under a reopening protocol agreed to by NOAA, the FDA, and the Gulf states.

"This is another important area for fishermen who target tuna and mahi mahi," said Jane Lubchenco, Ph.D., under secretary of commerce for oceans and atmosphere and NOAA administrator. "Our tests continue to reveal seafood from the reopened areas is safe to eat."

The total area reopened today is about 3 percent of federal waters in the Gulf of Mexico and 22 percent of the current closed area, as last modified on October 15. No oil or sheen has been documented in the area since July 19. At its closest point, the area to be reopened is about 60 miles east of the Deepwater Horizon BP wellhead.

NOAA sampled this area between September 12 through September 30 for finfish, including tuna, swordfish, and wahoo. Sensory analyses of 155 finfish samples and chemical analyses of 156 finfish samples in 22 composites followed the methodology and procedures in the reopening protocol, with sensory analysis finding no detectable oil or dispersant odors or flavors, and results of chemical analysis for oil-related compounds well below the levels of concern.

NOAA will continue to take samples for testing from the newly reopened area. The agency will also continue dockside sampling to test fish caught throughout the Gulf by commercial fishermen.

Fishing closures remain the first line of defense to prevent contaminated seafood from entering the marketplace. NOAA continues to work closely with the FDA and the Gulf states to ensure seafood safety. NOAA and FDA are working together on broad-scale seafood sampling that includes sampling seafood from inside and outside the closure area, as well as dockside and market-based sampling.

The remaining closed area now covers 9,444 square miles, or about 4 percent of the federal waters in the Gulf. The boundary of the fishery closure has changed 31 times after it was first instituted on May 2, at which time it covered about 3 percent (6,817 square miles) of Gulf waters around the wellhead. As oil continued to spill from the wellhead, the area grew in size, peaking at 37 percent (88,522 square miles) of Gulf waters on June 2. To date, NOAA has reopened nearly 74,500 square miles of oil-impacted federal waters under this protocol and sampling regime.

NOAA will continue to evaluate the need for fisheries closures and will re-open closed areas as appropriate.

NOAA has a number of methods for the public to obtain information or be notified when there is a change to the closed area:

Similar

Deepwater Horizon Joint Investigation (Department of Homeland Security)
Friday, Sep 24

More Than 1.5 Million Feet of Hard Boom Recovered from Coastal Waters
Friday, Sep 24

Unified Command Framework For Volunteers, Jobs, Vessels of Opportunity; Qualified Community Responders Programs Supporting Deepwater Horizon Incident in the Florida Peninsula and Keys
Thursday, Sep 30

Subsurface Oil Monitoring Overview
Wednesday, Oct 20

America's Gulf Coast: A Long Term Recovery Plan after the Deepwater Horizon Oil Spill
Thursday, Sep 30

보도자료 가장 중요한 PR 대상중 하나가 바로 언론이다. 언론을 통해 기사화가 되기 위하여는 먼저 사실에 근거해야 하고 언론사나 독자가 흥미를 느낄 수 있는 뉴스가치가 있어야 한다. 또 **보도자료**press release가 기사화되어 뉴스로 배포되는 확률을 높이기 위하여는 먼저 적절한 표적고객을 결정해야 하고, 보도자료가 흥미를 끌 수 있어야 하며 마지막으로 그 내용이 다른 사람에게 전달하기 쉬워야 한다(**사진 17-8**).

배포된 보도자료는 언론사에서 그 정보에 대하여 흥미를 느낄만한 점이 있어야만 기사화될 수 있다. 예를 들어 금융회사라면 회사 보도자료를 경제신문이나 일반 신문의 경제란 담당 편집장에게 보낼 수 있을 것이다. 미국의 경우는 PRNewswire나 PRLOG.com과 같은 PR대행사를 통하여 보도자료를 배포하기도 한다.

기자회견 정당이나 정치인이 개최하는 **기자회견**press conference은 자주 볼 수 있지만 회사가 주최하는 기자회견은 그리 흔하지 않다. 하지만 회사가 주최하는 기자회견도 아주 효과적일 수 있다. 기업체가 주관하는 기자회견은 특정 집단의 사람들이 큰 관심을 끌만한 내용이어야 그 효과가 있다. 주로 어떤 특별한 성취(올림픽 개최도시 선정), 대단한 진보(중요한 의학적 발견), 비상사태 등에 기자회견을 개최한다. 지역적인 경우에는 해당 지역에서 개최되는 이벤트, 지역 개발계획 발표 등이 언론의 주목을 받는다. 회사들은 아주 특별한 뉴스가 있는 경우에 기자회견을 주최한다. 예를 들어 신제품 발표나 새로운 광고캠페인을 앞두고 기자회견을 하는 것이다. 스포츠 팀들도 유명한 스타선수와 계약을 하게 되면 팬들의 관심을 증폭시키기 위해 기자회견을 한다.

특종 대부분의 PR은 다양한 언론이나 채널을 통해 실시되지만 그 반대로 특정한 한 개 언론사에 독점적으로 특종을 제공하는 경우도 있다. 물론 이 경우 뉴스를 독점하는 언론사는 회사의 표적고객의 대부분을 커버할 수 있다는 전제가 필요하다. 기업이 **특종**exclusive을 제공할 경우 언론사가 그 기사를 뉴스로 다룰 확률이 높아진다. 언론사의 뉴스를 살펴보면 특종 혹은 독점 취재를 심심치 않게 볼 수 있다. 언론사의 입장에서도 특종이 언론사의 프로그램을 프로모션하는 데 도움을 주기 때문에 특종 기사에 대하여 보다 적극적인 것이다.

인터뷰 TV나 잡지 등을 보면 인터뷰 기사를 흔히 볼 수 있다. 인터뷰 기사는 기자가 특정 질문을 하고 회사의 담당자가 답변하는 방식이 일반적이다. 예를 들어 지금은 고인이 된 스티브 잡스Steve Jobs는 당시 문제가 있었던 아이폰4에 대한 인터뷰를 했으며, 지난 2010년 미국 멕시코만에서 최악의 원유유출 사고를 일으켰던 다국적 석유회사 BP의 최고경영자는 이와 관련된 수많은 인터뷰를 진행했다.

공동체 참여 많은 기업들은 지역 공동체와 연관된 일을 하면서 회사 이미지를 개선한다. 공동체와 연관된 일을 하는 방식에는 여러 가지가 있는데 키와니스

사진 17-9
아메리칸 익스프레스는 사회 공헌 활동에 참여하고 있다.

클럽Kiwanis(국제민간 봉사단체)나 제이시Jaycee(미국 청년회의) 같은 지역 조직에 회원으로 가입하기, 각종 지역 이벤트에 기부하거나 참여하는 방식 등이 있다(**사진 17-9**).

인터넷 인터넷은 회사나 조직이 PR 관련 정보를 전달하는 중요한 수단이 되었다. 기업체는 신문 등의 인쇄매체를 이용하는 것과 같이 인터넷을 통하여 언론, 정부, 투자자, 그리고 사회 공동체와의 관계를 구축한다. 또 인터넷을 이용하여 위기에 대처하며 코즈마케팅cause marketing(공익연계마케팅)도 진행한다. 회사들은 자사의 웹사이트를 이용하여 각종 이슈에 대응하며 자사 제품과 서비스에 대한 정보도 제공한다. 또한 보도자료도 배포하고, 관련 기사나 사이트에 대한 링크도 제공하며, 회사의 각종 이벤트나 활동에 대한 정보도 알린다.

소셜미디어와 블로그 점점 더 많은 회사들이 소셜네트워크, 블로그, 혹은 기타 웹 2.0 매체를 활용하여 PR 활동을 한다. 최근에는 회사들이 자사의 웹사이트에 제품정보, 업데이트 정보, 신제품 출시 정보, 그리고 제품 리콜이나 다른 정보들을 제공하는 것이 당연하게 여겨지고 있다. 또한 많은 회사들이 웹 2.0 매체를 정보를 전달하는 데 이용하고 있다. 애플이 신제품 아이폰 출시를 발표했을 때나 모토롤라Motorola가 Droid X라는 휴대폰 신제품을 출시했을 때도 블로그나 소셜네트워크를 활용했다. 신제품 정보나 다른 뉴스도 블로그나 소셜네트워크를 통해서 발표되는 것이 일반화되었다.

동시에 소셜네트워크 등의 새로운 미디어를 사용할 경우 PR부서는 지속적으로 정보를 업데이트해야 한다. 애플의 아이폰4가 출시되었을 때 처음 판매된 후 몇 시간도 지나지 않아 통화 중 갑자기 전화가 끊어지는 불량이 있다는 사실이 각종 블로그를 통하여 전파되었다. 블로그나 소셜네트워크를 통해 아이폰4의 불량에 대한 정보, 요청, 해결 방법, 심지어는 법적인 고발까지 논의되었는데, 이는 애플이 이 문제를 정확히 파악하기도 전이었다.[13] 인터넷에서 신속한 업데이트와 응대에 대한 중요성을 보여주는 또 다른 예가 있다. 미국에서 카프리썬Cpari Sun 주스에 문제를 발견한 한 소비자가 제조사인 크래프트푸드사Kraft Foods에 민원을 접수하였다. 하지만 제조사는 10일 지나도록 답변을 하지 않았고 화가 난 소비자는 그 불만사항을 크래프트의 페이스북 페이지에 올렸다. 크래프트는 약 7시간(소셜미디어의 기준으로 보면 영원에 가까운 긴 시간) 뒤에 그 불만사항에 대한 답변을 하였다. 그 7시간 동안 페이스북의 사용자들 사이에서 크래프트사에 대한 각종 불만이 증폭되었으며 심지어는 크래프트사에 대한 부정적인 루머나 음모론까지 거론되었다. 동시에 대부분의 페이스북 이용자는 크래프트사의 부적절한 불만 응대에 대하여 비난하였다. 즉 요즘과 같은 소셜미디어 시대에는 어떤 이슈가 얼마나 빨리 전파되고 심각해질 수 있는지 PR부서나 담당자가 인식해야 한다.[14]

PR의 장단점

다른 프로모션 매체들과 같이 PR도 장단점이 있다. 장점은 다음과 같다.

1. **신뢰성.** 일반적으로 대중들은 회사 혹은 광고주가 비용을 지불하는 광고와 달리 비용을 지불하지 않는 것으로 인식되는 PR 커뮤니케이션에 대하여 보다 신뢰성을 가진다. 즉 매체가 어떤 정보를 제공(예를 들어 어떤 회사의 신제품 출시를 알리는 신문기사)하는 데 있어 보상을 받지 않는다는 믿음 때문에 진실성과 신뢰성이 높아지는 것이다. 예를 들어 어떤 신문이나 잡지에서 아스피린에 대한 각종 효능에 대한 기사를 게재했다면 그 내용에 대한 신뢰성은 아스피린의 효능을 선전한 광고에 비하여 월등히 높을 것이다.

사진 17-10
에드워드존스사(Edward Jones)는 JD파워상 수상을 내세우는 프로모션을 진행했다.

모터트렌드Motor Trend(미국의 자동차 전문 잡지)등에서 수여하는 '최고의 자동차상'은 자동차 구매자에게 오랫동안 영향력을 행사해 왔다. JD파워J.D. Power상 또한 다양한 이유(품질, 고객만족, 서비스 등)로 다양한 산업(자동차, 금융사, 공항 등)에서 그 영향력을 확대해 나가고 있다. 최근에 자동차 산업이나 다른 산업에서 JD파워상 수상 사실을 광고에 활용하는 예는 쉽게 찾아볼 수 있다(**사진 17-10**).

제품에 대한 기사는 그 자체가 광고의 소재로 활용되기도 한다. 제너럴밀스General Mills 식품회사는 통밀이 건강에 좋다는 기사를 이용하여 통밀로 만든 자사의 시리얼 제품의 우월성을 알리는 광고를 제작하였다(**사진 17-11**).

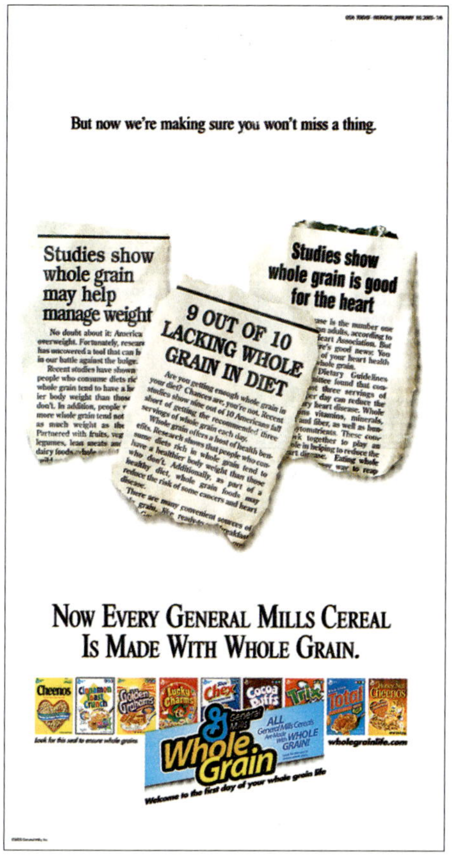

사진 17-11
제너럴밀스는 통밀에 대한 우호적인 언론보도를 이용한 광고를 만들었다.

2. **비용.** 절대적이든 혹은 상대적이든 PR의 비용은 매우 낮다. 특히 그 효과를 감안하면 더욱 낮은 비용을 지출한다고 할 수 있다. 물론 어떤 회사들은 PR대행사와 계약하고 PR을 위해 막대한 비용을 지출하기도 한다. 하지만 작은 회사들의 경우 비용이 저렴한 여러 가지 대안이 존재한다. 정보를 전달하기 위한 아주 저렴한 혹은 무료인 많은 서비스가 있다. 즉, 돈을 거의 들이지 않아도 PR 프로그램을 만들고 보도자료를 배포하고 그러면서도 PR의 목표를 달성할 수 있는 PR 프로그램이 다수 존재하는 것이다.
3. **클러터 회피.** PR을 통한 메시지는 대부분 뉴스기사로 인식되기 때문에 수많은 광고의 클러터clutter로부터 회피할 수 있다. 즉, 신제품 출시 소식이나 기술적 진보에 대한 기사는 뉴스로 인식되어 소비자들의 주목 더욱 많이 받게 된다.
4. **영업자료 제공.** 새로운 기술 혁신 혹은 새로운 치료법의 발견과 같은 기사는 일반적으로 많은 소비자 혹은 독자로부터 질문을 받게 된다. 이때 질문을 한 사람들의 명단을 정리하면 나중에 영업자료lead로 활용될 수 있다.
5. **특정 집단에 접근.** 어떤 상품은 아주 소수의 특정 소비자 집단만을 대상으로 하는데 이 경우 일반적인 광고나 프로모션으로 이 소수의 소비자에게 접근하기는 어려울 때가 있다. 특히 회사가 이 소수만을 위한 프로모션을 집행할 충분한 예산이 없을 경우 최선의 방법은 PR이다. 즉, 소셜네트워크나 블로그 등을 통해서 이 소수의 소비자에게 접근할 수 있는 것이다.
6. **이미지 구축.** 효과적인 PR은 회사나 조직에 대한 긍정적인 이미지를 만드는 데 도움을 준다. 회사에 대하여 강력한 긍정적 이미지가 구축되어 있다면 혹시 부정적인 사건이 발생하더라도 이미지 손상을 방지할 수 있다. **사진 17-12**는 회사가 강력한 브랜드 이미지를 활용한 예를 보여준다.

즉, 기업에 대한 긍정적 이미지의 중요성은 계속적으로 증대되고 있다. 또한 이미지가 중요해지는 새로운 트랜드는 회사들이 새로운 PR 방식을 도입하

사진 17-12
마세라티의 광고는 강력한 브랜드와 회사 이미지의 가치를 보여주고 있다.

여 그들의 이미지를 좋게 만드는 것을 유도하고 있다.

반면 PR의 가장 큰 단점은 커뮤니케이션 프로세스를 완료하지 못할 수 있다는 가능성이다. PR 메시지가 각종 광고 클러터를 제치고 전달될 수 있는 반면 대중은 그 메시지가 어디에서 왔는지(PR의 주체가 되는 회사나 조직) 잘 모를 수 있다. 많은 회사의 PR 활동은 대중들에게 어느 회사의 이야기인지 모르고 지나가는 경우가 많다.

PR의 다른 단점으로는 잘못 관리되었을 경우 혹은 마케팅부문과의 조정이 미흡했을 경우 PR이 불발에 그치는 경우가 발생한다는 것이다. 마케팅과 PR 부서가 각자 활동할 경우 메시지가 일관성을 갖지 못하는 문제가 발생하며 마케팅과 PR 업무가 중복되는 등의 문제가 발생한다.

효과적인 PR을 수행하기 위한 열쇠는 먼저 좋은 PR 프로그램을 만들어야 하며, 대중의 관심을 유발할 수 있는 내용을 개발하며, 마지막으로 PR 과정을 잘 관리해야 하는 것이다. PR 프로그램이 효과적으로 수행하는지 평가하기 위해서 회사는 PR 효과를 측정해야만 한다.

PR 효과의 측정

다른 프로모션 요소들과 같이 PR도 그 효과를 정확히 측정하는 것이 중요하

도표 17-4
PR의 효과를 측정하기 위한 범주

- 일정 기간 동안의 총 노출 횟수
- 표적고객에 대한 총 노출 횟수
- 특정 표적고객에 대한 총 노출 횟수
- 일정 기간 동안의 우호적인 기사 비율
- 일정 기간 동안의 부정적인 기사 비율
- 우호적인 기사와 부정적인 기사의 비율
- 주제에 따른 우호적인 기사와 부정적인 기사의 비율
- 언론사와 기자에 따른 우호적인 기사와 부정적인 기사의 비율
- 표적고객에 따른 우호적인 기사와 부정적인 기사의 비율

다. PR 효과를 측정하면 PR이 전체 커뮤니케이션 목표달성에 어느 정도 기여했는지를 알 수 있게 되며 거기에 더하여 다음과 같은 장점을 가지게 된다.

1. 경영자에게 PR활동을 통해 무엇이 달성되었는지 알게 한다.
2. 경영자에게 PR의 개량적인 성과 지표를 제공할 수 있다.
3. 또한 경영자에게 PR의 정성적인 성과 지표도 제공할 수 있다.

도표 17-4에서 설명하는 바와 같이 PR의 효과를 측정하는 데에는 다양한 방식이 존재한다. Walter Lindenmann은 PR의 성과를 측정하는 데 다음과 같은 점을 고려해야 한다고 제안한다. 즉, 목표청중이 (1) PR 메시지를 전달 받았는가(received), (2) 그 메시지에 주목했는가(attention), (3) 그 메시지를 이해했는가(understand), (4) 어떤 방식으로던 그 메시지를 기억하는가(retained)를 측정해야 한다고 한다.[15] 도표 17-5는 PR 전문가들이 어떻게 PR 효과를 측정하고 있는지를 보여주고 있다.[16]

Mark Weiner는 MPR의 효과 측정을 위해 다음의 방법을 제안하고 있다.[17]

- **미디어 내용분석**media content analysis**.** 언론에 소개된 메시지를 객관적이고 시스템적으로 분석하여 그 메시지의 성격을 알아내는 것이다. 그리고 그 내용이 제품이나 브랜드에 어떤 영향을 미치는지 분석한다.
- **설문조사.** 개량적으로 제품이나 브랜드에 대한 소비자의 태도를 측정한다.
- **마케팅 믹스 모델링.** 여러 출처로부터 데이터를 수집하여 PR 활동이 매출 등에 영향을 미쳤는지 통계적으로 분석한다.

PR 측정 및 평가 도구	회사에서 PR 효과 측정을 위해 사용하는 빈도 (%)*	PR 프로그램을 얼마나 효과적으로 측정할 수 있는가 (%)
PR활동과 시장점유율과의 상관관계 분석		
회기분석을 이용한 '마케팅 믹스 모델'		
PR 프로그램이 이해관계자들 사이에서 회사에 대한 이미지에 미치는 영향	57	96
PR 프로그램이 이해관계자들 사이에서 회사에 대한 명성에 미치는 영향	54	98
PR 기사에 대한 미디어 내용분석 방법론	63	89
기사노출 ('볼 수 있는 기회')		
목표 매체에 대한 주요 메시지 침투도	70	91
기사 스크랩북	89	65
내부소통에 대한 효과 측정	63	87
인터넷을 통한 PR에 대한 효과 측정		
주요 PR 메시지에 대한 인지도 증가분	61	91
구전효과 측정		
경쟁사 대비 PR 노출양		
광고가치환산율(AVEs)		
목표 매체에 대한 PR 달성도		
PR 노출량과 이에 따른 긍정적인 소비자행동 변화(제품에 대한 질문 증가, 구매 증가 등)에 대한 상관관계 분석		
PR 노출 전후의 효과에 대한 설문조사	50	93
집단심층면접법		
PR프로그램의 CPM		
'직감'		

도표 17-5
PR 측정 및 평가 도구: 사용빈도와 효과도

자료: Baskin, et.al., Public Relations Review (36), 2010.

정리하면 프로모션믹스에서 PR의 역할은 바뀌고 있다. PR이 보다 마케팅적으로 변화하는 가운데 그 평가방법도 변화하고 있다. 동시에 비마케팅적인 활동 역시 계속해서 PR의 영역으로 남아있으며 PR활동에 대한 평가에도 계속해서 포함되어야 한다.

홍보

홍보publicity란 인물, 제품, 혹은 서비스에 대한 뉴스가 방송이나 신문 등에 노출되도록 하는 것이다. 사실 많은 경우 PR과 홍보는 같은 의미로 쓰이는 경우가 많다. 하지만 엄밀하게 말하면 홍보는 PR의 한 부분이라고 할 수 있다.

또 PR과 홍보는 몇 가지 다른 점이 있다. 첫째, PR이 보다 장기적인 관점에서 기획될 때 홍보는 일반적으로 단기적 전략으로 수행된다. 둘째, PR이 일반적으로 항상 긍정적인 정보를 회사나 PR대행사의 통제하에 전달되는 반면 홍보는 항상 긍정적인 정보만 전달되는 것이 아니고 PR과 비교하여 통제력도 약하다. 즉, 긍정적이거나 부정적인 홍보가 회사 이외의 출처로부터 공개되기도 하는 것이다.

대부분의 회사들에서는 홍보는 PR부서에 의하여 통제되고 전달된다. 그럼 지금부터 프로모션 프로그램에서 홍보의 역할과 마케터들이 홍보를 어떻게 이용하는지에 대하여 논의해 보자.

홍보의 힘

홍보가 다른 프로모션 프로그램과 다른 점을 꼽으라고 한다면 바로 홍보의 절대적인 힘이다. 그리고 그 힘이 항상 회사나 마케터가 원하는 방향으로만 사용되지 않는다는 것이다. 홍보는 심지어 제품이나 회사를 살리고 죽일 수 있는 힘을 가지고 있다. 예를 들어 BP사는 2010년도에 있었던 원유유출 사고의 보도 이후 회사의 주가는 반 이하로 떨어졌다.

그럼 왜 홍보는 다른 광고, 판매촉진, 혹은 다른 PR보다 더 강력한 힘을 가지는 것일까? 첫째, 홍보는 신뢰성이 높기 때문이다. 광고나 판매촉진과 달리 홍보는 기업의 영향력을 받지 않고 보도되는 것이라고 인식된다. 따라서 소비자들은 이런 정보가 더욱 객관적이고 믿을 만하다는 확신을 가지게 된다. 사실 언론사들은 자사의 보도내용이 객관적이 될 수 있도록 노력하며 또 회사나 외부 기관으로부터 영향을 받지 않는다는 점을 내세우곤 한다.

홍보의 내용은 그것이 보도된 매체에 의하여 보증된다고 할 수 있다. 예를 들어 유명한 골프잡지가 어떤 골프공의 우수한 내구성에 대한 기사를 게재했다면 그 효과가 더욱 클 것이고, 자동차 잡지가 '올해의 우수한 차'를 선정하는 경우에도 마찬가지이다.

홍보가 다른 프로모션 수단보다 더 강력한 힘을 가지는 다른 이유는 홍보의 뉴스 가치와 그 것이 자주 노출되기 때문이다. 따라서 긍정적인 홍보가 되었을 때는 회사가 여러 혜택을 누리게 되지만 반대로 부정적인 홍보가 되었을 때는 회사가 매출감소, 이미지 실추, 심지어는 법적 소송까지도 당하게 된다.

사진 17-13
트리탑사는 부정적 홍보에 대응하는 광고를 집행했다.

기본적으로 홍보는 뉴스이다. 그리고 사람들은 뉴스가치가 있는 이야기들을 하기 좋아한다. 그러므로 홍보는 회사와 제품에 대하여 무료로, 신뢰도가 높게, 그리고 큰 구전효과를 기대할 수 있다.

홍보의 조정과 전파

홍보는 종종 회사의 통제를 벗어난다. 어느 경우에는 정보가 유출된 이유가 회사의 실수에서 비롯되기도 한다. 홍보가 뉴스가 되었을 때, 회사가 아무리 막으려고 해도 그 뉴스는 언론을 통해 보도가 된다. 이 경우(부정적인 뉴스가 보도되었을 때) 회사는 그 뉴스로부터 초래될 수 있는 부정적인 위협에 적절하게 대응해야 한다. 그 뉴스를 무시한다고 해서 그 문제가 해결되는 것은 아니다.

사진 17-13은 어떤 부정적인 홍보에 대한 회사의 바람직한 대응을 보여주고 있다. 트리탑Tree Top의 문제는 많은 주요 언론사들이 사과나무의 생장 촉진에 사용되는 Alar라는 화학물질이 어린이의 암을 유발할 수 있다는 보도를 하면서 시작되었다. Alar가 암을 유발하는 것이 아니라는 각종 과학적 근거에도 불구하고 몇몇 이해집단들이 이에 대한 부정적인 홍보를 진행하였다. 이로 인하여 많은 소비자들과 유통업자들은 사과 가공품(사과주스)에 대해 걱정을 하게 되었고 심지어 몇몇 지방 교육청에서는 사과주스나 사과잼 등을 학생급식메뉴에서 제외하였다. 이에 대응하기 위하여 트리탑사는 **사진 17-13**과 같은 광고를 집행하여 회사의 입장을 설명하고 소비자의 걱정을 완화시켜주었다. 또 학교 영양사나 어린이집 담당자에게 다이렉트메일을 보내기도 했다. 이 홍보 캠페인은 고객에게 제품의 안전성을 확인하게 하고 제품에 대한 믿음을 재구축하는 성과를 거두었다.

다른 예를 보면 홍보는 다른 프로모션 수단과 같이 관리되어야 한다는 점을 보여준다. 예를 들어 마사 스튜어트Martha Stewart(미국의 여성기업인으로 주로 가사 관련된 정보를 제공하는 것으로 유명하며 관련 TV쇼를 진행하고 관련 상품을 판매하여 억만장자가 됨)가 주식부당거래행위로 SECSecurities and Exchange Commission에 의해 유죄판결을 받고 교도소에 수감되었을 때 부정적인 홍보는 그녀의 회사에 치명적이었다. 매출이 감소하고 주가는 급락했으며 그녀가 출연한 TV프로그램은 광고주로부터 외면당했다. 그러나 그녀가 교도소에 있는 동안 스튜어트는 기존의 '사정 봐주지 않는 공사 감독' 이미지에서 보다 부드러운 이미지로 탈바꿈했다. 다른 수감자의 친구가 되어주고 교도소 음식을 개선하는 노력을 하기도 했다. 이런 노력의 결과로 그녀가 출감할 때쯤에는 회사 주가가 회복되었고 많은 광고주가 돌아왔으며 마사 스튜어트가 진행하는 「Apprentice」라는 TV프로그램이 방영되었다. 브랜드 전문가들은 그녀가 보여준 겸손함이 그녀가 재기할 수 있었던 중요한 이유라고 설명했다.[18]

홍보는 또한 마케터를 위해 활용되기도 한다. 어린이 장난감은 긍정적인 홍보와 구전효과가 있을 경우 그 판매가 급속이 늘어난다. 또 미국의 시사프로 CBS 「60 Minutes」에서 레드와인이 심장병 예방에 효과가 있다는 보도가 나간 이후 카버네 소비뇽Cabernet Savignon의 매출은 45%가 증가했으며 녹차가 암 예방에 효과가 있다는 입소문이 퍼진 후 녹차의 판매는 급증했다. 이후 건강에 좋다는 항산화물질antioxidant이 포함된 영양제나 식품이 아주 일반적이 되었다. 이 이외에도 홍보의 긍적적 영향을 보여주는 예들은 많다.

마케터들은 홍보를 가능한 많이 통제하고 싶어하며 어떤 매체를 통해서 할 것인가도 결정하고 싶어한다. 그 한 가지 방법이 **영상보도자료**video news release(VNR)로 회사나 홍보대행사가 영상으로 홍보자료를 제작하고 방송국에서 이를 뉴스로 방영할 수 있다. VNR은 뉴스를 제작한 기관이나 방송국 모두 누가 제작했는지 내세우지 않는다. 많은 정부기관에서 VNR을 제공하며 다른 기관, 협회, 회사들도 VNR을 제작한다. 그 출처를 알리지 않고 방송되는 VNR은 소비자의 알권리를 제한한다는 측면에서 소비자단체 등에서 문제를 제기하기도 한다.

PR이나 홍보를 잘 관리하기 위해 마케터들은 홍보 분야에 대한 계속적인 학습이 필요하다. 강좌, 웹사이트, 책 등으로 PR이나 홍보 분야에 대한 지식을 습득할 수 있다. 홍보에 대한 책들은 어떤 이야기를 만들어야 하고, 누구와 접촉해야 하며, 보도자료는 어떻게 배포하고, 각각의 매체(TV, 라디오, 신문, 잡지, 인터넷 등)는 어떤 특징을 가지는지 알려준다. 또한 주요 매체 이외의 대안매체에 대하여도 설명하는데 예를 들면 기자회견, 세미나, 이벤트, 편지 등이 소개되고 정부나 기타 정책기관을 상대하기 위한 방법도 알려준다. 이런 분야에 관심이 있는 독자라면 PR이나 홍보에 관련된 전문서적을 추가로 살펴보기 바란다.

홍보의 장점과 단점

홍보의 장점으로는 신뢰성, 뉴스가치, 높은 구전효과, 그리고 언론사에서 취재한 이야기라는 인식을 들 수 있다. 반면 단점으로는 통제하기가 힘들며 시기를 조정하기 어렵고 정확도가 떨어진다는 점이다.

약한 통제력 요즘과 같이 인터넷이 발달된 세상에서는 어떤 정보를 알릴 것인지에 대한 통제가 힘들다. 소셜네트워크, 블로그 등으로 정보를 받는 사람은 점점 늘어나고 있다. 그래서 일단 기사화가 되면 회사는 그 정보에 대한 통제력을 잃는다. 그리고 기사화가 된 내용을 통제하기 위해서는 많은 비용이 소요된다.

시기조정의 문제점 홍보의 보도시점은 항상 마케터가 통제할 수 있는 것이 아니다. 언론사가 홍보 내용에 대하여 뉴스가치가 정말로 크다고 생각하지 않는 한 보도될지 안 될지 그리고 언제 보도가 될지는 언론사가 결정하는 문제이다. 따라서 보도자료는 보도가 되었으면 하는 시점보다 일찍 전달되어야 하고 그렇지 않으면 너무 늦게 보도되어 홍보효과를 기대하기 어렵게 될 수 있다.

정확도 문제 홍보를 하는 여러 가지 방법이 있지만 문제는 많은 경우 통제가 힘들다는 점이다. 불행하게도 홍보를 위한 정보도 전달과정에서 누락되어 회사가 원하는 대로 보도되지 않을 수 있다. 즉 부정확한 정보, 생략, 오류 등이 발생할 수 있다는 것이다. 심지어는 보도자료와 실제 보도내용을 비교했을 때 그것이 같은 내용인지를 의심할 정도로 다를 수도 있다.

홍보 효과의 측정

홍보 효과의 측정방법은 기본적으로 앞서 논의한 PR의 효과 측정방법과 동일하다. 그중 가장 신뢰받는 효과 측정방법은 Ketchum Public Relations에서 개발되었다. Walter Linenmann의 기준을 이용한 Ketchum Effectiveness Yardstick은 홍보업계에서 효과 측정 표준으로 자리잡았다.

기업광고

기업광고corporate advertising는 논란이 많이 되고 있는 광고형태이다. 기업광고는 사실 PR의 확장된 형태라 볼 수 있으며 기업의 특정한 상품이나 서비스를 선전하기 위한 수단으로 사용되지 않는다. 사실 기업광고는 기업 전반의 이미지를 선전하기 위하여 실행되는데 기업 이미지를 개선하고 사회적 이슈에 대한 기업의 입장을 나타내며 어떤 사건에 대한 기업의 참여를 알리는 것이다. 그럼 기업광고는 왜 논란의 여지가 있는 것일까? 그 이유는 아래와 같다.

1. **소비자는 이런 형태의 광고에 흥미가 없다.** 여러 연구에서 소비자들은 기업광고에 별다른 흥미를 나타내지 않는다는 결론을 내렸다. 그 원인 중의 하나는 소비자들이 기업이 기업광고를 하는 근본적인 이유를 알지 못하기 때문이다. 때문에 기업광고는 기업과 소비자 간의 적절한 커뮤니케이션이라고 말하기 어렵다.
2. **자기만족**self-indulgence**을 위해 많은 비용을 지불한다.** 기업광고는 회사의 최고경영자의 자존심을 충족시켜주기 위해 실행된다는 지적을 받아왔다. 그래서 기업광고를 기획하고 제작하는 것은 어렵다. 기업광고의 메시지는 특정 제품의 포지션을 형성하기 위한 구체적이고 특별한 메시지가 아니기 때문에 종종 최고경영자가 회사에 대하여 가지고 있는 생각과 이미지를 바탕으로 그 내용이 결정되곤 한다.
3. **문제가 있는 회사이기 때문에 기업광고를 한다.** 어떤 비평가들은 회사들이 재정적 문제나 회사에 대한 여론에 문제가 있을 때만 기업광고를 한다고 한다. 그리고 기업광고는 이런 문제들의 해결을 추구한다고 인식된다. 기업광고에는 여러 가지 종류가 있고 각 기업광고는 특정한 목표를 가지고 있다. 비평가들은 회사가 어떤 이슈를 적절히 관리하지 못했기 때문에 기업광고의 목표달성이 더 중요해졌다고 지적한다.
4. **기업광고는 돈 낭비이다.** 기업광고는 사람들의 관심을 끌지 못하고, 그 의미도 이해하기 어려우며, 어떤 특정한 상품도 선전하지 못하기 때문에 기업광고에 사용되는 돈은 다른 곳에 더 유용하게 사용될 수 있다고 한다. 이런 논란의 근본원인은 기업광고가 기업의 이미지라는 무형의 것을 광고하기 때문일 것이다. 기업광고는 특정상품의 구매나 기업에 대한 투자를 설득하지 않는다.

반면 기업광고는 기업의 포지션을 설명하거나 기업의 이미지를 창조하고자 한다. 이런 기업광고는 특정 메시지를 전달하는 것이 아니기 때문에 비평가들은 광고를 접하는 소비자들이 광고메시지를 이해하기 힘들고 이는 기업의 자원을 낭비하는 결과를 초래한다고 지적한다.

위와 같은 기업광고에 대한 비판에도 불구하고 기업광고는 널리 실시되고 있다. 다양한 B2Bbusiness to business 회사들과 소비재 제조업자들이 계속해서 기업광고를 하고 있으며 기업광고에 사용되는 비용은 계속 증가하고 있다.

기업광고라는 단어를 포괄적인 의미로 사용하는 경우가 많은데 이는 특정 상품이나 서비스 대신 기업에게 직접적인 혜택이 돌아가는 광고를 의미한다. 이 포괄적인 정의에 따르면 기업광고로 분류되는 광고가 더욱 늘어날 것이다. 이 책에서는 기업광고를 특정 제품이나 서비스를 광고하는 대신 기업 그 자체를 광고하는 것으로 정의하고자 한다.

기업광고의 목적

기업광고는 두 가지 목표를 가지고 있다. (1) 회사에 대한 긍정적인 이미지 구축, 그리고 (2) 사회적, 업무적, 환경적 이슈에 대한 기업의 견해를 나타낸다. 보다 자세한 목표를 살펴보면 아래와 같다.

- 종업원들의 사기를 고양하고 노사관계의 긴장을 완화한다.
- 새롭게 규제가 완화된 산업에서 소비자의 의문을 해소하고 새로운 투자자를 유치한다.
- 사업이 다각화된 기업에서 모기업에 대한 정체성을 확립하여 개별 브랜드에 대한 의존을 줄인다.[19]

위와 같이 기업광고는 기업 내부고객과 외부고객 둘 다 대상으로 하며 기업과 그 기업의 견해에 대하여 선전을 하는 것이다.

기업광고의 종류

마케터들은 기업광고가 이미지, 옹호, 혹은 공익적인 측면에서 성과를 달성하

사진 17-14
다우는 기업 포지셔닝을 위한 기업이미지 광고를 실시했다.

기 기대한다. 여러 종류의 기업광고들은 각각 특정한 목표를 가지고 있다.

이미지 광고 기업광고의 한 형태는 기업의 전반적인 이미지를 선전하는 것이다. **이미지 광고**image advertising는 여러 가지 목표를 달성할 수 있다. 즉 기업 내외적으로 호의를 형성하거나, 회사의 포지션을 구축하고, 인재와 투자유치와 같은 기업의 자원을 창출할 수 있다. 그 구체적인 방법은 다음과 같다.

1. **이미지와 포지셔닝 광고.** 광고는 종종 대중들에게 기업의 이미지를 형성하기 위하여 제작된다. **사진 17-14**를 보면 다우Dow라는 기업이 세계인의 식탁에 보다 건강한 식품을 제공하는 혁신자이자 선도자라는 기업의 이미지를 보여준다. 특히 새로운 회사명을 만든 액센츄어Accenture(경영컨설팅 회사), 버라이즌Verizon(미국 이동통신 회사), 알리안츠Allianz(보험회사)와 같은 기업은 기업광고를 통해 기업이미지를 만들고자 한다.

사진 17-15
월풀은 집 없는 사람을 도와주기 위한 활동을 하고 있다.

2. **스폰서십.** 회사들은 특정한 TV프로그램에 기업이미지 광고를 방영한다. 예를 들어 내셔널지오그래픽채널National Geographic Channel의 경우 니콘Nikon, 아메리칸항공American Airlines 등의 회사들이 프로그램과 자사의 연관성을 보여주기 위하여 스폰서로 참여한다. 또 기업이 사회의 일원으로 기여하는 모습을 보여주기 위해 공익방송이나 교육방송의 스폰서로 참여하기도 한다. 이런 스폰서십을 통하여 기업은 높은 품질의 방송 혹은 교육적인 방송의 이미지와 기업의 이미지를 연계시킬 수 있으며 지멘스Siemens나 스타벅스Starbucks 같은 회사는 스폰서십을 통해 프로그램의 좋은 이미지가 자사의 이미지로 전환되기를 기대한다.

다른 예로는 맥도날드McDonald's의 UNICEF 후원, US은행U.S. Bank의 각종 미술, 음악, 스포츠 후원 등이 있다. **사진 17-15**는 월풀Whirlpool이 생활이 어려운 사람들을 위해 Habitat for Humanity(집짓기 운동)를 후원하는 것을 보여주고 있다. 비자Visa는 스폰서십을 IMC의 주요 요소로 활용하고 있는데 올림픽 후원, 미국 10종 경기 대표팀 후원, 미국 농구대표팀 후원, 미국 체조 협회 후원, U.S. Open 테니스 대회 후원, MLB(미국 메이저리그 프로야구) 올스타 게임 후원 등을 하고 있다. 이런 스폰서십은 경기 참가자를 후원하는 동시에 스폰서인 기업의 특정 목적을 달성하기 위하여 진행된다. 도표 17-6은 회사의 목적 달성을 위해 미국 올림픽 위원회를 후원하는 회사의 예를 보여준다.

코카콜라
에이서(Acer)
아토스오리진(Atosorigin)
맥도날드
삼성
비자
GE
파나소닉
오메가

도표 17-6
미국 올림픽 스폰서와 파트너

3. **구인.** 스탠다드차타드 은행Standard Chartered Bank의 Breeze 블로그는 기업이미지 마케팅이 신입사원 유치에 활용되며 동시에 브랜드 인지도를 향상시키는 예를 보여준다(**사진 17-16**). 이 캠페인을 통하여 회사는 새로운 모바일 뱅킹을 홍보하고 동시에 소셜미디어와 금융권에 관심이 있는 사람을 선발할 수 있었다.

   주요 일간지 일요일 판에 실리는 구인광고는 구인광고를 통해 회사이미지를 개선하려는 노력을 잘 보여주는 예라고 할 수 있다.

사진 17-16
스탠다드차타드은행은 온라인 공모를 통해 소셜미디어를 관리한 인턴을 선발하였다.

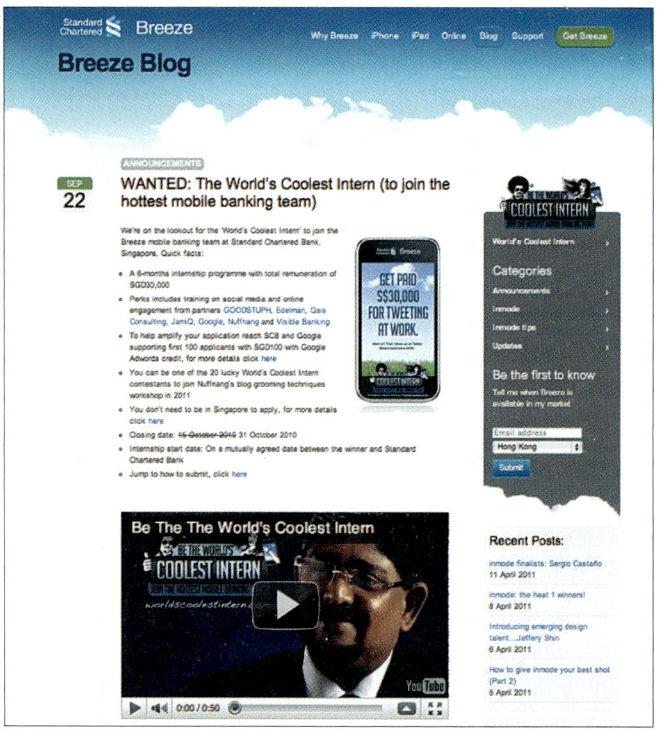

4. **투자유치.** 어떤 기업광고는 새로운 투자유치를 위해 실시된다. 보다 호의적인 이미지를 구축함으로써 기업은 잠재적인 주식 구매자와 투자자를 유치하려 한다. 더 많은 투자를 유치한다는 얘기는 더 많은 투자자금을 의미하며 더 많은 투자자금은 새로운 연구와 개발을 의미한다. 이런 측면에서 볼 때 투자유치를 위한 기업광고는 판매를 위한 광고와 비슷한 성격을 지닌다. 다만 이 경우 판매되는 제품은 기업 그 자체이다.

   기업이미지 광고가 투자를 늘리는 데 직접적인 효과가 있는지는 아직 증명되지 않았지만 많은 관리자들은 그 연관성을 믿고 있으며 기업광고의 횟수와 기업 주가 간의 상관관계가 있다는 결과는 연구를 통해 증명되었다. 직접적인 연관 여부는 증명하기 어렵지만 기업광고를 많이 한 회사일수록 그 주가가 높게 나타난 것이다.

순위	회사명
1	애플
2	버크셔 해서웨이 (Berkshire Hathaway)
3	도요타
4	구글
5	존슨앤존슨
6	P&G
7	페덱스
8	사우스웨스트항공
9	GE
10	마이크로소프트

도표 17-7
포춘지가 선정한 '미국에서 존경 받는 10대 기업' (2009)

자료: World's Most Admired Companies from Fortune, March 16, 2009. Reprinted with permission of PARS International.

이런 것들을 볼 때 이미지란 일차원적인 것이 아니라 여러 요인들이 이미지에 영향을 준다. **도표 17-7**은 미국의 포춘지가 선정한 '미국에서 존경 받는 10대 기업'의 목록이다. 이 목록을 보면 대부분의 존경 받는 기업이 홍보나 구전효과만을 가지고 이러한 위치에 올랐다고 말하기는 힘들다.

긍정적인 기업 이미지는 몇 번의 광고만으로 만들 수 있는 것은 아니다. 제품이나 서비스의 품질, 혁신, 건전한 재정상태, 훌륭한 기업시민의식, 그리고 현명한 마케팅 활동 등은 전체적인 이미지를 구성하는 몇 가지 요소에 지나지 않는다. 또 어떤 종류의 상품을 만드는지 그리고 감성적인 어필도 이미지에 영향을 미칠 것이다. 앞서 예를 든 포춘지의 설문결과를 보면 기업의 이익이나 주가가 기업의 명성과 별로 관련이 없음을 알 수 있다. 그리고 기업의 명성이란 일단 만들어지면 아주 오래 지속되는 특징이 있다.

이벤트 스폰서십 기업의 자선활동이나 사회공익사업은 PR의 일상적인 방법이 되었다. 어떤 회사들은 전통적인 PR 목적달성을 위하여 이벤트를 후원하거나 사회공익사업을 진행하는 반면 다른 회사들은 다양한 방식의 보다 마케팅 지향적인 스폰서십을 한다. 이런 **이벤트 스폰서십**event sponsorship은 여러 가지 형태가 있는데(**도표 17-8**), 골프 의류나 장비에서부터 콘서트, 경기장, 대학 미식축구까지 새로운 기업 스폰서십의 대상이 되고 있다. 반면 스폰서십의 관계에도 위험성이 존재한다. 예를 들어 스포츠 경기장에 회사의 이름을 붙이는 경우가 있는데 TWA Dome(세인트루이스), PSINet(볼티모어), Fruit of the Loom(마이애미)는 스폰서 회사가 파산했으며 Enron(Enron Field), MCI(MCI Center) 등은 회사가 어려워졌고 이것은 스폰서를 받은 도시에 나쁜 영향을 미쳤다. 예를 든 스포츠 경기

도표 17-8
1996~2010년의 연간 스폰서십 지출 (단위: 백만 달러)

자료: Cause Marketing Forum, 2010.

항목	1996	1997	1998	1999	2002	2004	2008	2010
스포츠	3,540	3,840	4,556	5,100	6,430	7,690	11,600	11,600
엔터테인먼트/관광	566	650	680	756	865	1,060	1,610	1,740
축제, 이벤트	512	558	612	685	834	792	754	781
사회공헌	485	535	544	630	828	991	1,500	1,610
예술	323	354	408	460	610	612	832	841
합계	5,426	5,937	6,800	7,631	9,567	11,140	16,296	16,752

장에 회사 이름을 붙이는 스폰서십naming right은 수백만 달러의 비용이 지출되는데 이는 주주나 소비자에게 이런 투자가 올바른 것인지에 대한 의문을 가지게 하는 경우가 많다.

스폰서십 관련 지출은 계속 늘어나다 지난 2009년 감소세를 보였다. 물론 이는 2008년 미국의 경제위기에 그 원인이 있다고 하겠다. 전문가들은 2010년 이후 스폰서십 분야의 지출이 다시 증가할 것이라고 예상했으며 2010년 북미지역에서 약 170억 달러가 사용될 것이라고 예측했다. 이런 스폰서십의 비용의 대부분은 스포츠 분야에 지출되고 있다.

예를 들어 미국에서 가장 인기 있는 자동차경주대회인 NASCAR는 스폰서십 비용의 지속적인 증가에도 불구하고 많은 기업들이 후원하고 있다(**사진 17-17**). 많은 회사들은 이런 이벤트 스폰서십에 큰 흥미를 느끼고 있는데 이는 효과적인 IMC 프로그램을 스폰서십과 함께 만들 수 있으며 이를 특정 지역, 국가, 심지어 국제적 시장을 대상으로 실행할 수 있기 때문이다. 회사들은 이벤트 스폰서십을 브랜드자산을 구축하고 표적소비자 집단과 밀접한 관계를 구축하며 동시에 PR의 도구로도 활용할 수 있는 훌륭한 토대로 생각하고 있다.

애드보카시 광고 세 번째 형태의 기업광고는 사회적, 사업적, 환경적 이슈들에 대한 입장을 나타내는 광고이다. **애드보카시 광고**advocacy advertising(자기옹호적 광

사진 17-17
미국의 NASCAR는 많은 기업들에게 매력적인 스폰서십 기회이다.

고)는 대중이 중요하게 생각하는 사회적 이슈에 대한 기업의 생각을 선전하고 전파함으로써 대중이 기업을 지지해 줄 것을 요청하는 것이다.

사진 17-18
애드보카시 광고의 예

애드보카시 광고는 기업의 이미지와 관련된 내용도 있지만 기업 그 자체를 선전하는 것이 아니라 어떤 사회적 이슈에 대하여 기업의 입장을 알리는 것이다. **사진 17-18**의 광고를 보면 '공정무역제품을 삽시다'라는 메시지를 전달하고 있는데 이는 비영리단체에서 공정무역거래를 활성화시키기 위하여 인증, 교육, 지원 등을 하는 활동을 소개하고 있다. 이 광고를 보면 공정무역제품을 마더얼스Mother Earth 점포에서 살 수 있다고 알리고 있는데, 이는 공정무역활동을 활성화시키면서 마더얼스를 간접적으로 광고하고 있는 예라고 할 수 있다. 이런 애드보카시 광고는 지난 몇 년간 계속 증가하고 있는 반면 이에 대한 비판도 증가하고 있다. 예를 들어 최근 실시된 산타페 담배회사Santa Fe Natural Tobacco의 광고캠페인은 담배에 대한 긍정적인 이미지를 만들려고 했다. 두 페이지에 걸쳐 만들어진 광고는 '여러분이 우리의 과거에 대하여 알아야 할 것…'으로 시작되고 계속되는 두 번째 페이지에는 담배회사가 지난 1990년대 초부터 미국 농부들을 지원해 왔으며, 담배는 일체의 첨가물이 없는 작물이며, 100% 미국에서 재배되는 것이라고 설명하고 있다. 미국에서 담배산업에 대한 이미지를 개선하려는 담배회사들의 노력이 있었지만 별 성과가 없었다. 그리고 산타페 담배회사는 다시 그 노력을 하고 있는 것이다.

애드보카시 광고는 또 회사에 대한 부정적인 언론 보도에 대응하거나 회사가 PR을 통해 전달하고자 하는 메시지를 전달하지 못하게 되었을 때 하기도 한다. 어떤 경우에는 회사의 어떤 계획이나 입장을 대중이 이해하고 받아들일 수 있도록 하기 위해 실행된다.

다른 형태의 애드보카시 광고는 바로 **이슈 광고**issue ad로 그 사용이 계속 증가하고 있다. 이슈 광고는 애드보카시 광고의 한 종류이기는 하지만 특정한 회사가 광고주가 되는 대신 어떤 중요한 이슈를 부각시키고자 하는 단체 등이 광고주가 되어 광고를 집행한다는 점이 다르다. 예를 들면 미국의 슈퍼마켓 체인인 트레이더조Trader Joe's와 동물복지단체인 휴메인소사이어티The Humane Society 간의 협상이 결렬된 후 휴메인소사이어티는 닭의 비인도적인 사육과 이런 사육 환경에서 생산된 달걀을 판매하는 트레이더조를 고발하는 이슈 광고를 게재하였다(**사진 17-19**). 이 광고가 개제된 후 트레이더조를 비난하는 소비자의 반응은 뜨거웠고 트레이더조는 향후 3개월 내에 자사 슈퍼마켓에서 파는 모든 달걀을 닭장에 가두어 놓고 키우지 않는 달걀만을 판매할 것이라는 발표를 하였다. 2007년 미국 대법원은 예전에는 금지되었던 이슈 광고가 위법이 아니라고 판결하면서 앞으로도 이슈 광고는 계속 증가할 것으로 예측된다.[20]

사진 17-19
이슈 광고는 계속 증가하고 있다.

애드보카시 광고에 대한 비판도 많지만 애드보카시 광고는 **사진 17-20**에서 보는 것처럼 오래 전부터 사용되어왔다. 미국의 주요 통신회사인 AT&T는 1908년부터 이슈에 대한 입장을 표명하는 광고를 했으며 이를 현재 21세기까지 계속하고 있다. 애드보카시 광고에 대한 비판 중 하나는 어떤 회사가 막대한 자금을 투입하여 광고를 할 경우 여론을 호도할 수 있다는 점이다.

사진 17-20
AT&T는 아주 오래 전부터 이슈 광고를 진행했다.

예를 들어 미국의 2010년도 미식축구 결승전이었던 슈퍼볼 광고가 여러 논란을 야기했다. 보수기독교단체가 제작한 'Focus on Family'라는 광고캠페인은 미국에서 유명한 미식축구선수인 Tim Tebow와 그의 어머니가 출연하여 임신중절에 반대하는 입장을 피력하였다. 미국의 여러 단체들이 적절치 못한 광고라고 평가한 반면 이를 옹호하는 의견도 많이 있었다.[21]

공익연계광고 이미지 개선을 위해 많이 사용되는 것이 **공익연계광고**cause-related advertising이다. 공익연계광고는 기업이 자선사업에 참여하고 있으며 비영리단체를 후원하고 있음을 알리는 광고이다. 이로 인하여 회사는 우호적인 홍보 효과를 기대할 수 있고 자선단체는 꼭 필요한 자금을 지원받을 수 있다. 공익연계광고의 지지자들은 자선활동

사진 17-21
이 광고캠페인은 가정폭력을 극복하고자 만들어졌다.

과 기업을 연결시킴으로써 회사의 브랜드를 타 브랜드와 차별화하고 가격 인상에 대해 소비자가 받아드리도록 하며 우호적인 홍보효과를 누리고 심지어는 회사 경영에 영향을 미칠 수 있는 정부기관의 협조를 받을 수 있다고 한다.[22] 공익연계마케팅은 여러 가지 형태를 가지고 있다. 비영리공익단체에 기부하기, 사회공익활동에 자원봉사하기, 물품을 기부하기 등이 있다. **사진 17-21**은 서저너센터Sojourner Center가 실시한 혁신적인 캠페인 사례를 보여주고 있다. 이 캠페인은 가정폭력을 극복하기 위한 메시지를 담고 있다. 관련 상을 수상하기도 한 이 캠페인은 휴대폰 문자, 이메일, 인터넷 등 비전통적인 매체를 잘 활용한 점이 높이 평가 받았다.

하지만 모든 공익연계광고가 성공하는 것은 아니다. 공익연계마케팅은 단지 사회적 이슈에 참여하는 것으로 끝나는 것이 아니라 지속적인 시간과 노력을 필요로 한다. 또 어떤 회사들은 공익활동에 대하여 고객들에게 잘못 알려 문제를 야기하기도 하고 다른 회사들은 자선활동을 효과적으로 하지 못해 그저 돈 낭비로 끝나는 경우도 있다. 어떤 설문 결과를 보면 300개가 넘는 회사들이 유방암 예방 캠페인에 참여했지만 대부분의 회사는 클러터에 묻혀 참여 사실을 알리지 못했다. 또 다른 실패 이유는 회사들이 적절하지 못한 자선사업에 투자했기 때문이다. 즉 기업의 잠재 소비자나 고객 층이 관심을 가지지 않는 분야를 지원했기 때문이다. 마지막으로 공익연계마케팅은 그 효과를 측정하기 어렵다는 문제도 있다.

기업광고의 장점과 단점

기업광고의 장점을 살펴본다면 최근 기업광고가 지속적으로 증가하는 이유를 알 수 있다.

1. **기업을 포지셔닝하는 훌륭한 도구이다.** 기업은 상품과 같아서 이미지를 구축하고 시장에서의 포지션을 선정해야 한다. 기업이미지 광고는 바로 이런 목적을 달성할 수 있는 방법 중 하나이다. 그리고 잘 포지셔닝된 상품은 포지션이 모호하거나 없는 제품에 비하여 큰 성공을 누릴 수 있다. 이런 원칙은 기업에도 적용된다. 애플Apple, 존슨앤드존슨Johnson & Johnson, P&GProcter & Gamble라는 회사명을 들었을 때 어떤 이미지가 떠오르는지 생각해 보라.

   그럼 이번에는 유니시스Unisys, USX, 그리고 나비스타Navistar를 생각했을 때의 이미지는 무엇인가? 또 콘아그라ConAgra 기업 산하의 브랜드명은 몇 개나 기억할 수 있는가? 여기에서 뒤에 열거한 회사들은 여러분이 잘 모르는 회사이며 그리 성공적인 회사가 아니다. 그리고 그 이유는 이 회사들이 회사의 정체성(포지셔닝)을 앞선 애플 등의 예와 달리 잘 확립하지 못했기 때문이다. 즉 강력하고 긍정적인 기업이미지를 구축한 회사는 경쟁사에 비하여 큰 경쟁력을 가지며 이것은 전반적인 기업이미지를 선전함으로써 강화될 수 있다.
2. **PR에서 발생하는 혜택을 누릴 수 있다.** 기업의 PR에 대한 노력이 증대함에 따라 언론사들은 이에 대한 관심이 감소하게 된다. 기업들의 PR이 뉴스가치가 없어서가 아니라 많은 기업들이 PR을 요청하면서 보도 지면이나 시간에 제약이 생기기 때문이다. 그 결과로 기업이 PR활동을 하더라도 그것이 언론에 보도된다는 보장이 없게 된다. 따라서 기업이미지 광고는 기업의 메시지를 대중에게 전달하는 역할을 할 수 있다. 물론 모든 소비자들이 기업이 의도하는 정보를 긍정적으로 다 받아들이지는 않는다고 해도 최소한 기업이 무엇을 했는지에 대한 기록은 남게 된다.
3. **선택된 표적집단에 도달할 수 있다.** 기업이미지 광고는 모든 대중을 상대로 실행되어서는 안 된다. 많은 기업광고는 투자자나 다른 회사의 관리자들을 대상으로 기획된다. 표적으로 하는 집단에서 효과를 기대할 수만 있다면 일반 대중이 그 기업이미지 광고를 좋아하거나 싫어하는 것은 큰 의미가 없다. 이런

측면에서 볼 때 기업이미지 광고는 광고의 목적을 달성했다고 할 수 있다.

반면 기업광고의 단점은 아래와 같다.

1. **효과에 대한 의문.** 기업광고의 단점 중 하나는 효과를 증명하는 연구가 없다는 것이다. 앞서 그 효과를 설명했던 연구도 다만 기업이미지와 기업 주가 간의 상관관계만을 분석했을 뿐이고 그나마 다른 연구에서는 그 관계도 명확히 증명되지 않은 경우도 많다.
2. **합법성 혹은 도덕성 문제.** 또 다른 기업광고에 대한 비판은 거대 기업이 자신의 풍족한 자금을 이용하여 여론을 호도할 수 있다는 점이다. 법원에서의 판례도 이런 광고에 대한 기업의 입장을 지지하기는 한다. 하지만 많은 소비자들은 여전히 이를 불공평하게 보는 경우가 많다. 특히 어느 한쪽은 돈이 많고 다른 쪽은 돈이 없을 때 돈이 많은 쪽에서 이런 기업광고를 한다면 더 불공평하다고 느낀다.

기업광고의 효과 측정

기업광고에 대한 여러 논란이 있다. 그렇기 때문에 이런 기업광고가 효과가 있는지 알아보는 것은 더 중요하다.

- **태도 서베이.** 기업광고의 효과를 측정하는 한 가지 방법은 기업광고에 대한 대중이나 투자자의 반응을 조사하는 것이다. Janas Sinclair와 Tracy Irani는 생명과학산업에서 설문지를 이용하여 애드보카시 광고의 효과를 측정하는 연구를 했다. 이 연구에서 공공의 책임public accountability은 기업의 신뢰corporate trustworthiness에 영향을 미치고 이 기업의 신뢰와 광고주에 대한 태도가 소비자의 광고에 대한 태도, 생명과학산업에 대한 태도, 그리고 구매의도에 영향을 미치는 것으로 조사되었다.[23] Yankelovich, Skelly, White가 수행한 조사는 이 분야의 효과 측정에서 유명한데 이들은 기업광고를 하는 기업에 대한 회상과 기업에 대한 태도를 측정하였다. 그 결과 기업광고는 기업 이름을 회상하는데 일반 제품광고에 비하여 더 큰 효과가 있었고 기업광고를 많이 집행한 기업에 대한 태도는 그렇지 못한 기업에 대한 태도보다 더 긍정적으로 형성되었다.[24]

- **기업광고와 주가 간의 상관관계에 대한 조사.** 기업광고와 주가 간의 상관관계를 조사한 많은 연구들이 있다. 문제는 이런 연구들의 결론이 일치하지 않는다는 것이다. 기업광고가 주가에 영향을 미친다는 부분은 논리적으로 설명이 가능하지만(기업광고가 효과가 있다면 궁극적으로 기업가치 상승에 영향을 미칠 것이고 기업가치가 상승하면 주가도 상승할 것이라는 논리) 아마도 연구의 방법론적인 문제들이 다른 결론을 도출한 이유가 되었다고 생각된다.
- **FGI 조사.** FGIfocus group interview는 투자자들이 기업광고에서 무엇을 기대하는지 그리고 광고가 실시되면 어떤 반응이 예상되는지를 조사하기 위하여 실시된다. 이 결과를 통계적으로 일반화 할 수는 없지만 기업광고에 대한 효과를 정성적으로 어느 정도 측정할 수는 있다.

기업광고의 효과 측정을 위해서 제품 광고의 효과 측정에 이용되는 방법을 이용하기는 하지만 그 결과가 일관되게 도출되는 것은 아니다. 기업광고 효과에 대한 정확한 측정이 어려운 이유 중 하나는 기업광고가 최고경영층의 주도로 실시되지만 그 결과에 대한 평가는 외면하는 경우가 많기 때문이다.

요약

이번 장은 PR, 홍보, 기업광고가 프로모션에 어떤 역할을 하는지 살펴보았다. 우리는 PR, 홍보, 기업광고가 마케팅 커뮤니케이션의 일환이라는 것과 다른 프로모션 기법과 좀 다르다라는 것을 배웠다. PR, 홍보, 기업광고를 다르게 생각하는 이유는 (1) 일반적으로 특정 상품이나 서비스를 프로모션하기 위해서 사용되는 것이 아니라는 것과 (2) 이런 커뮤니케이션과 그 의도의 관계를 소비자가 이해하기 어렵다는 것이다.

PR은 전통적인 PR이나 마케팅 지향적인 PR이나 둘 다 유용하다. 많은 회사에서 PR은 마케팅과 독립적으로 운영되고 있으며 회사에서는 지원 시스템으로 인식되고 있다. 또 대기업에서는 PR업무를 전담할 외부 대행사를 활용하기도 한다.

홍보의 경우 고려해야 할 것이 또 있다. 바로 통제하기가 힘들다는 것이다. 반면 PR과 기업광고에서는 기업이 보다 많은 통제를 할 수가 있다. 홍보는 일반적으로 선제적이라기 보다는 사후적으로 반응한다는 특징도 있다. 하지만 홍보는 제품이나 조직의 성공에 다른 어떤 프로모션 도구보다고 가장 큰 영향력(긍정적 혹은 부정적)을 미칠 수 있다.

모든 홍보 활동이 통제 하에 있을 수는 없지만 마케터들은 홍보의 힘을 항상 인식해야 한다. 보도자료 배포와 정보의 관리는 홍보에서 회사가 통제할 수 있는 거의 유일한 부분이다. 기업이 통제할 수 없는 사건에 대해 적절한 응대와 전략을 세우는 것이 홍보의 책임이라고 하겠다.

기업광고는 논란이 많다고 하였다. 그 이유는 기업광고가 기업 최고경영자의 생각에 따라 좌우되는 경우가 많아 다른 광고나 프로모션에서처럼 체계적이지 못하기 때문이다. 효과적인 기업광고를 위해서는 프로모션 믹스의 하나로써 인식되어야 하고 명확한 커뮤니케이션 목표를 가지고 실행되어야 한다.

마지막으로 PR, 홍보, 기업광고도 다른 프로모션 믹스처럼 평가하고 효과를 측정해야 한다. 이번 장에서 이런 평가를 위한 몇 가지 방법과 기준을 제시하였다. PR, 홍보, 기업광고가 전체적인 커뮤니케이션 전략하에서 실시된다고 할 때 성공을 위해서는 다른 프로모션 믹스와 같이 관리되어야 한다.

토론문제

1. 도입사례에서 PETA의 선정적인 캠페인은 유방암인식 캠페인과 비교하여 인지도를 높이는 데 그리 효과적이지 못했다. PETA가 왜 효과적이지 못했을까? 여러분이 이를 개선한다면 어떻게 할 수 있을까?
2. 어떤 사람들은 기업광고가 시간과 돈 낭비라고 한다. 이런 비판을 받는 이유가 무엇일까? 기업광고를 찬성하는지 혹은 반대하는지 입장을 밝히고 자신의 의견을 지지할 수 있는 이유를 제시하시오.
3. 소셜네트워크가 홍보 측면에서 어떻게 회사를 이롭게 할 수 있으며 혹은 해롭게 할 수 있는가?
4. PR의 장점과 단점을 논하고 MPR에 대한 장점과 단점도 제시해 보시오.
5. 왜 회사들은 이벤트 스폰서십에 참여할까? 이것은 효과적이라고 생각하는가? 성공적인 이벤트 스폰서십의 예와 실패한 이벤트 스폰서십의 예를 들어보시오.
6. 이번 장에서는 마케팅 부서와 PR 부서 사이의 협조가 부족하다는 것을 지적하였다. 왜 두 부서 사이의 협조가 부족할까? 두 부서 사이의 협조를 증진시키기 위해서 할 수 있는 것은 무엇이 있을까?
7. 현재 회사들이 실시하고 있는 각종 스폰서십의 예를 찾아보시오. 스폰서십을 하는 이유를 나열해 보고 스폰서십이 적절한 전략을 구사하고 있는지 평가해 보시오.
8. MPR은 기존의 전통적인 PR을 수행하는 사람들을 불편하게 만들고 있다. 왜 MPR이 논란이 되고 있는지 토론해 보시오. 그리고 왜 MPR은 실행되어야 하는지 혹은 실행되면 안 되는지 이유를 말해 보시오.
9. 애드보카시 광고와 이슈 광고가 무엇인지 설명하시오. 최근 애드보카시 광고와 이슈 광고의 사용이 늘고 있는 이유에 대하여 논하시오.
10. 홍보업계에서는 "어떤 홍보기사라도 게재되는 것이 좋은 홍보이다(any publicity is good publicity)"라는 말이 있다. 왜 이런 말이 나오게 되었는지를 토론해 보시오.

6부 ı 모니터링, 평가, 조정

Part Six

Monitoring, Evaluation, and Control

18장 ı 프로모션 프로그램의 효과 측정

Chapter Eighteen

Measuring the Effectiveness of the Promotional Program

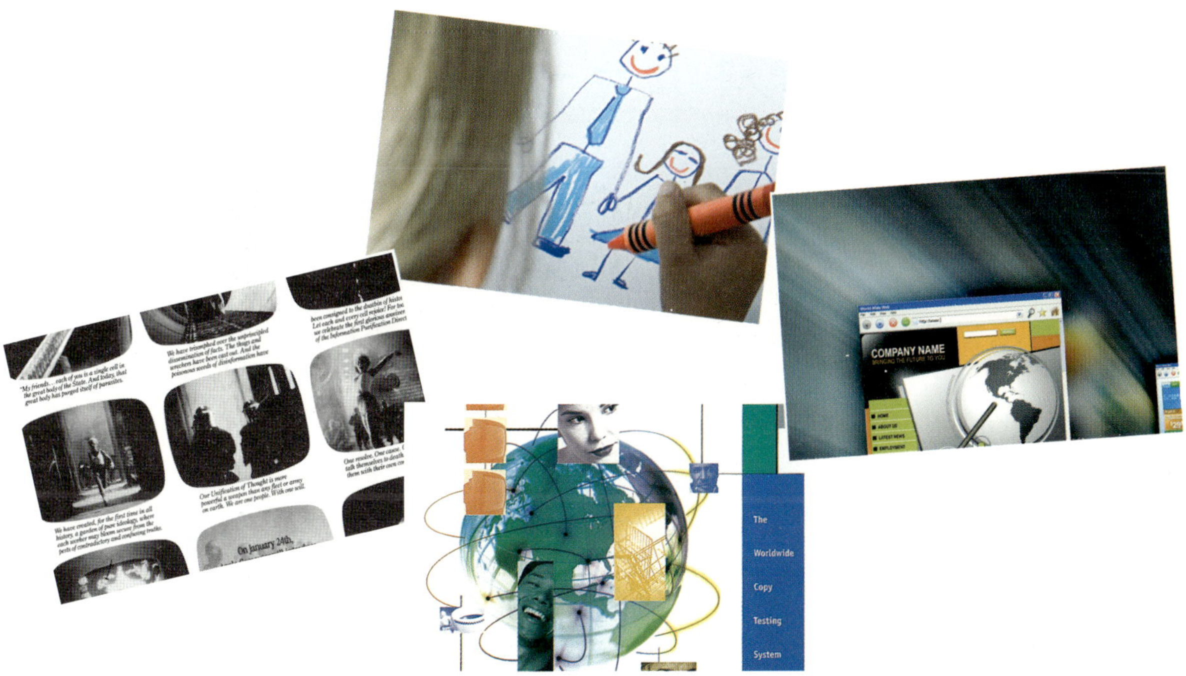

18 프로모션 프로그램의 효과 측정

학습목표

1. 프로모션 프로그램의 효과를 측정하는 이유를 이해한다.
2. 프로모션 프로그램의 효과를 측정하는 다양한 방법들을 학습한다.
3. 적절한 효과 측정을 위한 필요조건을 이해한다.
4. 프로모션 프로그램의 효과 측정을 위한 여러 대안을 평가한다.

온라인 마케팅의 효과 측정

인터넷 시대가 시작되며 마케터들은 인터넷 광고가 효과를 측정하기 수월하다는 점에 열광했다. 온라인 매체들은 그들의 광고주들에게 얼마나 많은 사람들이 광고를 보았는지 정확하게 그리고 개량적으로 보고할 수 있었다. 온라인 매체들은 방문자가 광고를 몇 번 클릭했는지만 확인하면 됐다. 그래서 온라인 광고는 구글이 '클릭당 광고료(PPC, pay-per-click)'라는 개념을 소개한 이래로 가격대비 효과적인 매체로 인식되었다.

오랫동안 온라인 광고에의 효과는 클릭수를 기준으로 측정되어왔다. 하지만 온라인 광고에 관심이 있는 모든 사람이 클릭을 하는 것은 아니므로 클릭만으로 온라인 광고의 효과를 측정하는 것은 무리가 있다. 미 온라인매체협회(OPA, Online Publisher Association)는 컴스코어(ComScore)라는 위원회를 조직하여 약 한 달간 200여개의 대형 웹사이트에서 실시된 80여개의 온라인 광고캠페인에 대한 분석을 하였다. 이 조사에서는 소비자들이 온라인 광고를 본 이후에 어떻게 브랜드를 검색하고, 어떻게 광고주의 웹사이트를 방문하며, 어떻게 구매활동을 하는지 알아보았다.

컴스코어의 조사 결과를 살펴보면 단지 16%의 방문자들이 80%의 클릭을 한다고 한다. 즉, 클릭수만으로 효과를 측정한다면 정확하지 않다는 것이다. 또 그 16%의 사람들은 대부분 나이가 25~44세 사이이고 연간 소득이 44,000달러 미만의 사람들로 광고주 입장에서 그리 매력적인 집단이 아니라는 것이다. 따라서 클릭만으로는 온라인 광고의 효과를 측정하는 것은 정확하지 않다.

컴스코어의 결과를 좀 더 살펴보면, 온라인 광고를 게시했을 때 이후 4주간 광고주의 웹사이트 방문이 46% 상승했고, 온라인 광고에 노출된 사람들의 38%가 광고주의 브랜드를 검색해 보았으며 27%의 사람들이 그 브랜드에 대한 구매의도가 있다고 응답하였다. 또 광고에 노출된 17%의 사람들은 광고주의 소매점에서 제품을 구매하려고 한다고 한다. 이러한 결과들은 온라인 광고의 효과를 측정하는 데 클릭수보다 노출이 더 중요하다는 것을 보여준다. 이런 이유로 OPA는 Direct Response라는 측정기준을 제안하였다.

OPA는 아이트래킹(특수 장치를 이용하여 실험 참가자의 시선을 추적하는 연구법)을 이용한 추가 연구를 실시하였다. 그 결과 온라인 이용자들은 자신들이 방문한 웹사이트에 있는 온라인 광고를 적극적으로 보았으며 단지 4%의 사람들만 웹사이트에 어떤 광고가 있었는지를 알아차리지 못했다. 방문자의 90%가 처음 10초 내에 광고를 보았으며 광고를 찾는 데 걸린 시간의 평균은 1초였다. 또 67%의 사람들이 두 번 이상 반복적으로 보았고 방문자들은 평균 15회 광고를 보았다.

이 연구는 추가적으로 생체측정장치를 사용하여 실험참가자의 감정적 변화도 조사하였다. 이 시험은 실험참가자의 호흡과 맥박을 측정하여 응답자가 부정적인 상태인지 긍정적인 상태인지를 측정하였다. 실험참가자들이 광고를 보았을 때 처음 10초간은 온라인 광고와 광고가 게시된 웹사이트의 다른 내용과의 사이에 감정적 변화가 없었다. 하지만 10초 뒤에는 73%의 참가자가 웹사이트의 다른 내용과 대비하여 온라인 광고에 더 높은 감정적 변화를 나타내었다. 결과적으로 실험참가자들은 전반적으로 온라인 광고에 대하여 우호적인 감정을 보였으며 평균적으로는 6.3(9점 만점) 정도의 우호도를 나타냈다.

마이크로소프트, 컴스코어, 미디어마인드(MediaMind)는 온라인 광고의 효과 측정을 위한 추가 연구를 하였다. 연구 결과 온라인 광고에 관여(engagement)하게 하는 것만으로도 이용자의 추후 행동을 이끌어내는 데 충분하다는 것이었고 클릭만이 행동은 아니라는 것이었다. 이 연구는 Dwell이라는 측정지표를 사용했는데 이는 인터넷 사용자가 온라인 광고 위에 커서를 위치한 회수를 측정하는 것이다. 연구 결과 Dwell 수치가 높게 나온 온라인 광고는 광고주 웹사이트 방문이 67% 증가했고 브랜드 관련 키워드 검색을 세배나 증가시키고 전반적인 브랜드 관여를 증대시켰다.

위의 세 가지 연구를 정리하면 온라인 광고는 광고의 '노출'단계에서 클릭이나 다른 상호작용 단계에 비교하여 가장 효과적이라는 것이다. 닐슨과 같이 마케팅 효과 측정을 하는 회사는 오프라인 광고에 적용되는 도달과 빈도를 중심으로 한 새로운 온라인 효과 측정모델을 개발하고 있다. 이 새로운 도구는 크로스미디어(cross media, 온 · 오프라인 통합)효과 측정에 요긴할 것이라고 기대된다. 즉 소비자들이 어떤 매체를 통하여 광고를 보았던 전체적인 광고 효과를 측정할 수 있을 것이다.

닐슨의 Onine Campaign Ratings는 온라인 도달, 빈도, 그리고 GRP(TV시청률과 유사한)와 함께 교차 플랫폼 효과를 측정한다. 도달, 빈도, GRP 측정은 클릭수 측정과 함께 효과 측정의 정확도를 높여준다. 이 새로운 측정법은 광고주가 복합 매체를 사용할 경우의 효과 측정에도 유리하다. 여러 매체에서 동시에 광고를 집행할 때 광고주는 보다 쉽게 전체적인 광고 효과를 파악할 수 있다.

자료: Eyeblaster, "Using Dwell to Measure Advertising Effectiveness," May 2010, http://www.mediamind.com/Data/Uploads/ResourceLibrary/Eyeblaster_Research_Global_Benchmark_Insights_May_2010.pdf; OPA, "Biometric Evaluation: Assessing the Effectiveness of the OPA Ad Unit," November 2, 2010, http://onlinepubs.ehclients.com/images/pdf/1222_W_OPA_AdUnitResearch_Final.pdf; Gian M. Fulgoni and Marie Pauline Mörn, "How Online Advertising Works: Whither the Click?," ComScore, December 2008, http://www2.comscore.com/l/1552/eWhitherTheClickEurope0309-pdf/PJIP3; Nicholas Carlson, "Publishers Hire ComScore to Kill off the Click-Through," Business Insider, June 18, 2009, http://www.businessinsider.com/48-huge-publishers-hire-comscore-to-kill-off-theclick-and-save-online-advertising-2009-6.

이 책을 통하여 살펴본 바와 같이 마케팅 활동에 대한 책임이 강조되면서 회사들은 IMC 활동에 대한 정확한 평가를 실시해야만 하는 압박을 받고 있다. 광고주와 광고대행사 모두 그들의 광고 커뮤니케이션이 효과가 있었는지 다른 광고 계획과 비교하여 얼마나 더 효과가 있었는지 판단하기를 원한다. 따라서 많은 연구자들은 이런 평가에 대한 노력을 돕기 위해 새로운 평가법을 만들어 제안하고 있으며 회사들도 이런 질문에 대답하기 위해 커뮤니케이션 효과 측정을 위한 새로운 방법을 만들고 있다.

프로모션 프로그램의 효과를 측정하는 것은 프로모션 계획과정에서 아주 중요한 부분이다. 이런 연구들은 마케팅 관리자에게 특정 프로그램이 어떤 성과를 냈는지 알려주며 다음 번 마케팅 활동을 보다 효과적으로 하기 위한 조언을 제공해 준다. 즉 평가는 계속적인 계획과정의 일환으로 중요하지만 실제로는 자주 생략된다는 문제가 있다.

이번 장에서는 왜 회사들이 IMC 프로그램의 효과를 측정해야 하는지 그리고 왜 어떤 회사들은 효과 측정을 하지 않는지 논의할 것이다. 그리고 어떻게, 언제, 어디서 측정을 할 것인지도 설명할 것이다. 특히 광고의 효과 측정에 대하여 집중적으로 살펴볼 것인데 이는 광고에 대한 효과 측정에 대한 연구가 다른 프로모션 기법보다 월등히 많이 개발되어 왔기 때문이다. 물론 다른 IMC 프로그램의 효과 측정 방법에 대한 소개도 있을 것이다.이번 장에서는 평가의 역할로써의 효과 측정에 초점을 맞추어 살펴볼 것이다. 즉 광고와 프로모션 등의 개발 단계별 평가와 광고 실행 이후의 효과 측정을 의미한다.

효과 측정에 대한 논란과 반대

어디에나 어떤 프로젝트나 각종 행사를 추진하는 사람이 있는 반면 이를 평가하는 사람이 있기 마련이다. 스포츠의 예를 들면 골프를 치는 사람들은 파par 스코어와 비교하고 스키선수들은 다른 사람의 기록과 비교하여 자신의 실력을 측정한다. 경영현장에서 종업원들은 자신이 달성해야 하는 목표가 주어지고 이 목표를 달성했는지를 놓고 성과를 측정한다. 광고나 프로모션도 마찬가지이다. 즉, 광고나 프로모션 프로그램도 어떤 성과지표를 정하고 이를 달성했는지 평가해야 한다.

효과 측정의 이유

광고를 만드는 과정에서 그리고 그 광고를 완성해서 집행한 후 각각의 효과를 측정하는 것은 아래와 같은 장점을 가진다.

1. **비용이 많이 드는 실패를 예방.** 미국 내에서 2009년 가장 광고비를 많이 지출하는 3개 회사의 광고와 프로모션 비용의 합은 110억 달러에 이르며 10개 회사의 비용 총액은 250억 달러가 넘는다.[1] 이런 비용은 정말 큰 돈이고 재대로 쓰여졌는지 평가되지 않는다면 낭비에 불과할 수 있다. 또한 광고가 그 효과를 달성하지 못하고 있다면 광고 지출을 중지해야 할 수도 있는 것이다.

   광고와 프로모션이 그 목표를 달성하지 못할 경우 이는 돈이 낭비된다는 측면도 있지만 동시에 잘못된 커뮤니케이션으로 기회를 잃을 수 있다는 것을 생각해야 한다. 즉, 광고와 프로모션을 효과적으로 했을 때 늘어날 매출액 증가에 대한 기회도 잃는다는 것이다. 따라서 광고의 효과를 측정하는 것은 단지 비용을 절감하려는 목적뿐만 아니라 기업의 투자효과를 극대화 하려는 목적도 있는 것이다.
2. **다른 대안에 대한 평가.** 일반적으로 기업은 여러 전략 대안을 고려한다. 예를 들어 어떤 매체를 사용한 광고가 가장 효과적일까, 또 어떤 메시지를 사용한

SOUTHERN COMFORT'S DIGITAL PARTNERSHIPS

Facebook: Fan page featuring custom video, exclusive events, party pics, SMS programs, news, recipes and video clips.

Spin: Sponsorship of the top 50 cover songs of all time, with 10 free downloads, "tab covered by" Southern Comfort.

Playboy: Presenting sponsorship of the Playboy "Uncovered" series highlighting artists paying tribute to legends who have inspired them.

The Fader: "At the Bar" with Southern Comfort series featuring 10 pop-up sessions with local artists performing acoustically and discussing their musical influences.

Fader's 'At the Bar' series

Pitchfork: "Faces in the Crowd" series featuring artist interviews by fans, Pitchfork Music Festival, Monolith Festival and Voodoo Experience.

Thrillist: E-newsletters touting the brand, story, events and drinks.

NBC: Online spots running in and around prime-time NBC shows such as "30 Rock," "The Office," "Jay Leno," "The Tonight Show With Conan O'Brien" and "Saturday Night Live," among others.

NBC Local: Friday-through-Sunday takeover of the "What You're Doing Tonight" section, with home-page coverage before each Southern Comfort music-series event.

Break.com: "Southern Comfort House Rules!" original series featuring a cast of characters showcasing how they prepare for, host and entertain during various themed house parties.

My Damn Channel: Sponsorship of "Grace Crashers," an original series starring Grace Helbig as the ultimate party crasher as she and her crew show up unannounced at parties around Halloween, Holiday and Mardi Gras

Comedy Central: "Holiday Survival Guide" featuring Comedy Central comedians providing tips for getting out of sticky holiday situations.

도표 18-1
Southern Comfort사의 온라인광고 사례

자료: Reprinted with permission from Advertising Age, www.adage.com, July, 2009. Copyright © 2010 Crain Communications..

광고가 효과가 더 좋을까 등의 의문을 가지게 된다. 또 다양한 새로운 매체의 등장으로 기존의 매체에서 새로운 매체로 이동을 고려하는 회사도 많다. 예를 들어 Southern Comfort라는 미국의 위스키 제조사는 기존의 케이블TV와 잡지에 실시하던 광고를 모두 페이스북, 스핀Spin, 페이더Fader, 훌루Hulu와 같은 온라인 광고로 옮겼다.[2] **도표 18-1**을 보면 Southern Comfort사가 광고를 집행하는 다양한 온라인 매체를 볼 수 있는데 이 경우 중요한 문제는 어떤 매체에서 광고 효과가 가장 좋은지를 평가하는 것이다. 물론 다른 회사들도 비전통적인 매체(주로 온라인)로 광고 예산을 재분배하고 있고 어떤 연구에 따르면 광고주의 63%가 소셜미디어 부분의 광고비를 증액할 계획이라고 응답했다.[3] 여기서 중요한 질문은 전통적 매체, 비전통적 매체, 혹은 전통적 매체와 비전통적 매체의 조합 중에 어느 것이 더 효과적인가라는 것이다. 즉 조사는 관리자가 어떤 전략이 더 효과적일 것인지 결정하도록 도울 수 있다.

3. **전반적인 광고 효과를 증대시킬 수 있다.** 옛 속담에 '나무를 보고 숲을 보지 못한다'라는 말이 있다. 광고주들은 광고 프로젝트에 너무 빠져서 그 광고로 달

성하고자 하는 목표를 잊어버리는 수가 있다. 또 광고주는 광고를 통해서 하고자 하는 말의 의미를 잘 이해하고 있기 때문에 광고를 보는 소비자들도 모두 광고의 의미를 파악할 것이라고 기대한다. 어떤 광고주는 너무 어려운 전문용어를 사용하기도 하고 어떤 광고 제작자는 너무 독창적인 아이디어를 내거나 혹은 너무 정교한 광고를 제작하여 전달하고자 하는 의미를 이해하기 힘들게 만들기도 한다. 광고를 보다 보면 '저 광고가 도대체 무슨 소리는 하는거야?'라고 생각하는 경우도 있고, 광고는 참 마음에 드는데 정작 그 광고에서 선전하는 브랜드 이름은 기억이 나지 않는 경우도 종종 있을 것이다. 따라서 조사를 하게 되면 광고가 보다 효과적이고 효율적인 커뮤니케이션을 할 수 있도록 도와줄 수 있다. 점점 더 많은 광고주가 효과적인 광고캠페인을 기대하고 광고대행사가 효과적인 광고캠페인을 제안하기를 요구하고 있다. 효과적인 조사는 이런 목적을 달성할 수 있다.

4. **목표를 달성했는지를 판단.** 잘 디자인된 IMC 계획에서는 특정한 커뮤니케이션 목표를 수립하기 마련이다. 일단 그 목표가 달성되었다면 다음 단계의 계획을 위한 새로운 목표가 설정되어야 한다. 따라서 IMC 계획의 프로그램별 목표 달성에 대한 기여도를 측정해야 하며 만약 목표달성에 미흡한 부분이 있다면 무엇 때문에 목표달성에 미흡했는지 파악해야 한다. 조사는 IMC 전략을 통해 목표달성이 이루어졌는지 그리고 평가과정에서 적절한 측정방법을 사용했는지를 평가해야 한다.

효과 측정을 하지 않는 이유

효과를 측정해야 한다는 것은 너무도 당연해 보이지만 또한 효과 측정을 하지 않는 이유들도 있다. 대부분의 광고주가 효과 측정의 중요성을 인식하지만 정작 효과 측정을 하지 않는 광고주도 많고 효과 측정을 하더라도 그 결과의 의문을 제기하기도 한다. 긍정적으로 보면 약 60%의 관리자가 효과 측정에 들어가는 예산을 증액할 예정이라고 답변했지만[4] 많은 회사들이 여전히 광고와 프로모션 전략에 대한 효과 측정을 하지 않는 이유가 있다고 한다.

1. **비용.** 효과 측정을 하지 않는 가장 일반적인 이유(특히 규모가 작은 회사일수

록)는 비용이다. 어떤 설문결과를 인용하면 대부분의 회사들이 회사 매출의 약 25%를 마케팅과 광고비용으로 지출하지만 70% 이상의 회사들이 2%이하의 금액을 효과 측정에 사용한다고 답했다.[5] 조사를 잘 하려면 시간이나 돈 측면에서 과다한 비용이 지출될 수 있다. 많은 관리자들은 시기를 잘 택하는 것이 중요하기 때문에 기회가 있을 때 조사로 시간을 낭비하기보다 빨리 행동을 취해야 한다고 믿는다. 또 조사에 사용되는 자금은 생산성 향상이나 추가적인 매체 구매와 같이 더 유용한 곳에 사용될 수 있다고 믿는다.

시기의 중요성을 지적한 것에 대해서는 어느 정도 수긍이 가지만 두 번째 의견에 대하여는 잘못된 것이라고 말할 수 있다. 만약 잘못 만들어진 광고캠페인이 실행되고 소비자의 구매욕구를 자극할 수 없는 판매촉진이 실시된다고 상상해 보라. 이 경우 원하는 결과를 얻지 못하고 돈만 낭비하는 것은 물론이고 어쩌면 그보다 심각한 문제를 발생시킬 수도 있는 것이다. 매체를 추가로 구매하여 광고량을 늘린다고 해서 잘못된 광고메시지가 고쳐지는 것은 아니다. 예를 하나 들어보자. 유명한 맥주회사에서 신제품 맥주를 개발하고 시험마케팅을 실시하였지만 매출이 증가하지 않았다. 그리고 문제점으로는 광고가 부족하다는 결론을 도출했다. 그래서 TV광고를 대폭 늘려 시험마케팅을 계속 진행하였다. 하지만 두 달 뒤에도 매출은 늘지 않았고 그 신제품 계획은 폐기되었다. 이후 신제품 실패의 원인을 좀 더 깊게 연구한 결과는 광고량의 문제가 아니라 광고메시지의 문제였음이 들어났다. 즉 소비자들이 신제품 광고를 보고 그 맥주를 구매해야 하는 이유를 찾지 못했다는 것이다. 정리하면 조사는 문제점을 파악하도록 도와주고 이는 수백억 원의 비용낭비와 브랜드 실패를 방지할 수 있다. 여기서의 교훈은 잘못된 메시지를 더 많이 광고하기 위해 조사 비용을 전용하는 것은 그리 현명한 의사결정이 못된다는 것이다.

2. **조사에 대한 불신.** 효과 측정을 하지 않는 두 번째 이유는 각 프로모션별 효과를 정확히 구분하기 어렵기 때문이다. 마케팅 믹스의 여러 변수들이 제품이나 서비스의 성공에 영향을 미친다. 많은 경우에 개별 마케팅 요소의 직접적인 효과를 측정하기는 어려운 것이 사실이다. 즉 어떤 상품의 매출 증가가 광고 때문인지 판매촉진 때문인지 혹은 좋은 품질 때문인지 각각의 효과를 분리해서 측정하기 어렵다는 것이다. 그래서 어떤 관리자는 '특정 마케팅 활동의 효

과를 정확히 측정할 수 없다면 왜 조사에 돈을 써야 하나?'라고 말하기도 한다.

하지만 이런 주장은 그리 논리적이지 못하다. 각각의 프로모션 활동이 매출 증대에 얼마만큼의 직접적인 효과를 주었는지 측정하기는 어렵다고 할 수도 있다. 하지만 조사는 충분히 유용한 정보를 제공해 주며 대부분의 광고와 프로모션 활동은 각각의 효과를 측정할 수 있는 측정법을 가지고 있다. 커뮤니케이션의 효과는 측정될 수 있으며 제품판매와 소비자행동에 미치는 영향도 측정할 수 있다.

3. **무엇을 조사할지에 대한 불일치.** 프로모션 프로그램의 목표는 산업에 따라, 제품 수명주기에 따라 혹은 회사 내의 부서에 따라 다를 수 있다. 영업팀 관리자는 프로모션 활동에 따른 매출 증가를 측정하고 싶고, 최고경영자는 회사 이미지 개선의 정도를 조사하고 싶고, 광고 제작자는 광고에 따른 브랜드 인지도 상승을 평가하고 싶을 것이다. 무엇을 조사할 것인지 합의하지 못할 경우 '아무것도 조사하지 않는다'라는 결론을 내기도 한다. 도표 18-2는 많은 마케터들이 자신들이 계획하고 실행하는 전통적 매체와 디지털 매체에 대한 성과 평가 방식에 불만을 가진다는 것을 보여준다. 즉, 적절한 측정방법의 필요성을 보여주는 것이다.

   무엇을 조사할지 의견 일치를 보지 못하여 조사를 하지 않는다라는 입장 또한 그리 논리적이지 못하다. 조사를 적절히 설계한다면 대부분 혹은 모든 프로모션 목표를 측정할 수 있다. 각각의 프로모션 요소들이 특정한 목표를 가지고 있고 이를 통해 전체적인 마케팅 목표를 달성하게 된다. 따라서 조사를 통해서 이러한 목표들을 달성했는지 측정할 수 있는 것이다.

4. **창의성에 대한 도전.** 사실 광고제작팀이나 광고대행사에서는 그들의 광고를 시험하는 것을 그리 달가워하지 않는다. 그들은 이런 조사가 광고의 창의성과 성과를 정확히 측정할 수 없으며 창의성을 억압한다고 한다. 그

도표 18-2
미국 마케터들이 전통 매체와 디지털 매체의 효과 측정 방식에 대한 만족도

자료: Source: Reprinted with permission of eMarketer.

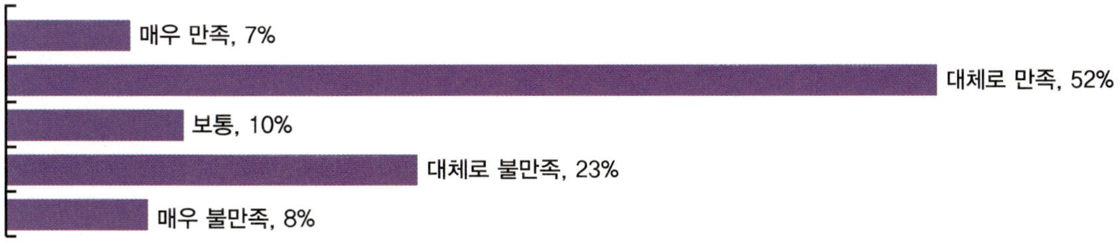

사진 18-1
시아트데이가 회상 테스트에 대한 견해를 설명한 광고

리고 창의적인 광고야 말로 성과를 달성할 수 있다고 얘기한다. 따라서 마케팅 목표를 가지고 창의성 제약을 두는 행위로부터 자유로워야 한다고 한다. **사진 18-1**은 미국의 시아트데이Chiat/Day가 1984년 애플 매킨토시 컴퓨터의 광고성과를 설명한 광고로 창의성에 대한 광고업계의 생각(창의성을 억압하지 말아야 한다)을 대변해 주고 있다.

반면 마케팅 관리자는 상품과 브랜드의 성공과 실패에 모든 책임을 지고 있다. 또 상당한 예산이 광고와 프로모션에 투입된 이상 특정 프로모션 프로그램이 시장에서 어떤 성과를 낼 것인지를 파악하는 것은 마케팅 관리자의 권리이자 의무인 것이다. 이에 대한 흥미로운 연구결과가 있다. 이 연구에서는 2년간 200여 개의 광고상을 수상한 광고들은 분석했는데 약 86%의 광고상 수상작(창의적이고 독창적인 광고)들이 정작 마케팅 목표를 달성하지 못했으며 단지 33%의 수상작만이 목표달성에 성공했다.[6]

5. **시간.** 조사를 하지 않는 마지막 이유는 시간이 없기 때문이라고 한다. 많은 관리자가 이미 많은 일들을 했기 때문에 조사에 시간을 낭비할 수 없다고 한다. 그들은 광고메시지의 전달이 조사 때문에 늦추어지면 안 되며 이런 지연으로 인하여 자칫 기회를 잃을 수도 있다고 한다.

   적절한 계획 수립(조사 일정을 포함한)은 이런 주장에 대한 해결책이다. 많은 관리자들이 일이 많고 시간이 부족하다고 하지만 바쁘다고 조사를 생략하기에 조사는 너무 중요한 것이다.

지금까지 언급한 조사를 하지 않는 이유들은 적절한 계획을 사전에 수립한다면 대부분 해결될 수 있다. 어떤 경우에 시기를 맞추는 것이 아주 중요할 수도 있지만 잘못된 메시지를 전달한다면 그 효과를 기대할 수 없거나 오히려 피해가 발생할 수도 있는 것이다. 물론 시장상황이 시험을 할 것이냐 당장 실행할 것이냐의 양자택일을 강요할 수도 있을 것이다. 하지만 이런 급박한 경우에도 어느 정도의 조사를 한다면 실수를 방지하고 효과를 증대시킬 수 있을 것이다.

광고 효과 측정을 위한 조사

무엇을 조사할 것인가

그럼 지금부터는 어떻게 커뮤니케이션의 효과를 측정할 것인지 알아보도록 한다. 그리고 이번 단락에서는 먼저 무엇을, 어디에서, 어떻게 평가할 것인지 살펴본다.

5장에서 커뮤니케이션 모델(광고모델, 메시지, 매체, 수신자)의 요소와 그 요소의 중요성을 살펴보았다. 따라서 각각의 요소가 커뮤니케이션 과정에 어떻게 영향을 미치는지 살펴보는 것이 중요하다. 또 프로모션 계획 과정에 필요한 의사결정에 대한 평가도 필요하다.

광고모델 요인source factor 평가의 중요한 요소는 광고 등에 출연하는 회사의 대변인(광고모델)이 얼마나 효과적이냐 그리고 표적시장에서 그 대변인에게 어떻게 반응하는가 이다. 어떤 제품의 광고모델은 처음에는 아주 훌륭한 정보원이었으나 여러 가지 이유로 인하여 나중에는 그 효과가 떨어지기도 한다. 17장에서 논의한 바와 같이 부정적인 홍보는 광고모델의 가치를 떨어뜨린다. 예를 들어 유명한 골프 선수 타이거 우즈Tiger Woods는 많은 골프 혹은 스포츠 용품의 광고모델이었지만 지난 2009년 그의 외도사실이 폭로되면서 그의 이미지가 실추되고 제품의 이미지에 긍정적인 영향을 미치지 못하게 되자 많은 회사들이 후원계약을 파기했다.

메시지 요소 광고나 프로모션을 통해 전달된 메시지도 평가되어야 한다. 앞서서 논의되었던 신제품 맥주사례를 생각해 보자. 그 사례의 문제점은 소비자들이 신제품 맥주를 사야 하는 이유를 적절히 설명해 주지 못했다는 것이다. 혹은 그 광고가 맥주를 구매해야 하는 적절한 이유를 설명하고 있었으나 그 광고 자체가 사람의 눈길을 끌지 못했었을 수도 있다. 또 어떤 경우에는 메시지가 사람의 관심을 끌기는 했지만 결과적으로 마케팅 목표를 달성하지 못할 수도 있다. 예를 들어 성적 매력sex appeal에 소구한 광고 효과에 대한 연구결과를 보도록 하자. 성적 매력을 강조한 광고의 경우 여성보다는 남성이 이런 광고에 더 호의적이라고 한다. 하지만 성적 매력에 소구한 광고의 브랜드를 그렇지 않은 광고의 브랜드보다 잘 기억하지 못한다고 한다. 즉 성적 매력에 소구한 광고는 사람들의 눈길을 끌 수 있을지는 모르나 사람들의 관심은 제품이나 브랜드가 아니라 다른 곳에 있다는 것을 보여준다.[7]

매체 전략 평가를 위해서는 (1) 어떤 매체(예: 방송 매체 혹은 인쇄 매체)가 더 효과적인지, (2) 어떤 하위 매체(예: 신문 혹은 잡지)가 더 효과적인지, 그리고 (3) 어떤 미디어 비클media vehicle(예: 특정 신문 혹은 특정 잡지)가 더 효과적인지 분석해야 한다. 또 디지털 매체가 다른 매체 혹은 전통적 매체에 비하여 더 나은지도 평가해야 한다. 특히 전반적인 IMC 목표를 달성하는 데 각각의 매체별 효과를 분석해야 한다.

또 **미디어 비클별 광고모델 효과**vehicle option source effect도 고려해야 한다. 이는 같은 광고가 같은 청중에게 전달되었어도 그 광고가 어느 매체 혹은 미디어 비클에 실렸는지에 따라 그 매체에 대한 이미지가 광고 효과에도 전이된다는 것을 의미한다.[8]

매체에 대한 일정도 전체 메시지 평가에 영향을 미친다. 광고의 일정을 잡을 때는 크게 집중형flight, 파동형puls, 연속형continuous 방식으로 나뉘는데 일반적으로는 연속형 일정이 집중형 일정보다 그 효과가 크다. 또 회사 매출이 줄었을 경우나 불경기일 때 오히려 광고량을 늘리는 전략도 구사할 수 있다. 마케팅 관리자는 광고비용과 일정을 조정하여 어떤 경우에 어떤 광고 효과가 발생하는지 실험해 보는 것도 한 방법이 될 수 있다.

IMC 프로그램(여러 다양한 매체를 통해 광고나 프로모션을 집행하는 것) 하에서 각 매체별 개별 효과와 전체 프로그램의 시너지 효과를 분석하는 것은 점점 더 중요해지고 있다. 이런 평가 방법은 계속 계발되고는 있지만(이번 장의 후반부에서 다시 설명함) 쉬운 일은 아니다.

예산 결정 많은 연구들이 광고 예산과 광고 효과의 관계 그리고 광고 효과가 상품 판매에 미치는 영향을 분석했다. 또 많은 회사들은 그들의 광고 예산 증가가 매출액 증가로 연결되는지 연구하였다. 이런 관계를 증명하는 것은 아주 어려운 일이다. 왜냐하면 광고와 상품의 매출 관계를 볼 때 광고 이외에도 매출에 영향을 미치는 다른 요인들이 무수히 많기 때문이다(예를 들어, 경기, 경쟁사, 제품 품질, 언론 보도 등). 따라서 매출 이외의 인지도, 이미지, 구매 의도와 같은 다른 커뮤니케이션 목표를 가지고 평가할 때 보다 정확한 관계를 측정할 수 있다.

언제 조사할 것인가

모든 효과 조사 방법은 그 조사를 언제 실시하는가로 나눌 수 있다. 먼저 **사전조사**pretest는 캠페인이 시작되기 전에 하는 조사를 의미하고 **사후조사**posttest는 캠페인이 시작된 이후에 하는 조사를 말한다. 다양한 사전조사와 사후조사 기법들이 존재하며 각각의 조사 방법은 특정한 목적을 가지고 설계되어 있다. 도표 18-3은 여러 조사기법들을 정리한 것이다.

사전조사 사전조사는 커뮤니케이션이 실시되기 전 다양한 시점에서 이루어질 수 있는데 초기의 아이디어 개발 단계부터, 대략적인 광고 시안이 제작된 시점, 혹은 광고가 방송되기 직전의 최종 버전을 가지고 사전조사를 할 수 있다. 여러 형태의 사전조사 중에는 콘셉트 시험concept testing이 있는데, 이는 광고 제작의 가장 처음 단계에 실시되는 것이다. 이때는 광고의 아이디어, 기본 콘셉트, 포지셔닝 문안들이 시험된다. TV광고의 경우에는 스토리보드나 애니메틱스animatics(애니매이션화된 광고안)를 시험한다. 이런 시험을 통하여 부족한 점을 발견하여 수

도표 18-3
광고 효과 조사의 종류

사전조사		
실험실 조사		
소비자 배심원 포트폴리오 시험 콘셉트 시험	극장 시험 러프 테스트 생리학적 측정	가독성 분석 이해와 반응 시험
현장조사법		
가상 광고 시험	방송 시험	
사후조사		
현장조사법		
회상률 조사 연상 측정	단일원천조사 질문 시험	재인 시험 추적 조사

정하고 TV광고를 개선하게 된다. Cramphorn에 의하면 이런 사전조사를 하는 가장 큰 이유는 여러 대안 중에서 나쁜 것을 탈락시키고, 최고를 뽑고, 좋은 광고를 더 좋게 만드는 것이라고 한다. 또한 그는 사전조사를 통하여 어떤 광고를 커뮤니케이션 하기 전에 그 광고의 효과를 예측하는 것이 중요하다고 했다.[9]

사전조사를 하는 방법은 다양한데 그중에 FGIfocus group interview가 있다. 이 조사에서는 소수의 사람들을 모아 광고를 보여주고 광고로부터 유추되는 의미를 자유롭게 토론하게 한다. 또 다른 광고 대안에 대한 장단점의 의견을 듣고 광고를 보다 잘 만들기 위한 제안도 수집한다. FGI 이외에도 광고에 대한 의견을 설문지를 통해 점수화rating scale하는 조사 방법도 있다. 또 가정방문 인터뷰in-home interview, 몰 인터셉트mall intercept, 인터넷 설문, 실험실 조사 등의 방법도 사용된다.

이런 사전조사의 큰 장점은 저렴한 비용으로 반응을 미리 확인할 수 있다는 것이다. 또 만약 콘셉트에 문제가 있다면 혹은 그 전달방식에 문제가 있다면 많은 돈이 들어가는 광고제작 과정에 들어가기 전에 문제를 발견할 수 있다. 어떤 경우에는 두 개 이상의 광고 대안을 만들어 어떤 것이 더 효과가 좋을지를 시험해 볼 수도 있다.

광고가 적절한 효과를 낼 수 있을지 없을지를 광고를 실행하기 전에 시험해 보는 것이 광고 실행 후에 문제를 해결하는 것보다 훨씬 비용이 적게 든다는 측면에서 사전조사의 당위성을 찾을 수 있다.

사전조사의 한계점은 먼저 사전조사에 사용된 스토리보드나 애니메틱스로 측정한 효과가 실제 최종 광고의 효과와는 차이가 날 수 있다는 것이다. 광고의 최종본의 분위기나 감성적인 면은 스토리보드나 애니메틱스로 충분히 전달하기가 어렵기 때문이다. 또 다른 한계점은 시간이 지체된다는 것이다. 많은 마케팅 관리자가 아이디어를 경쟁사보다 시장에 처음 소개하는 것이 중요하다고 생각하기 때문에 조사를 생략하고 빨리 커뮤니케이션을 하는 것이 좋다고 믿는다.

사후조사 사후조사 역시 많은 광고주와 광고대행사에서 실시되고 있다. 사후조사는 (1) 캠페인이 캠페인 목표를 달성했는지 측정하고, (2) 다음 광고제작에 자료로 사용하기 위하여 실시된다.

어디서 조사할 것인가

언제 조사할 것인가를 정한 이후에는 어디서 조사할 것인지 결정해야 한다. 사후조사는 실험실이나 현장에서 조사할 수 있다.

실험실 **실험실 조사**laboratory test는 사람들을 특정한 장소에 소집시키고 그곳에서 광고를 보게 한다. 조사원은 실험 참가자에게 질문이나 다른 방식(동공 확장 검사, 아이트래킹, 전기피부반응법 등)을 이용하여 반응을 측정할 수 있다.

실험실 조사의 가장 큰 장점은 연구자가 원하는 통제control를 하기가 용이하다는 것이다. 광고문안, 그림, 형식, 색깔 등을 바꾸어 가며 각각의 효과를 측정할 수 있다. 그래서 실험실에서는 각 변수에 대한 개별적인 효과를 측정하기에 용이하다.

반면 실험실 조사의 가장 큰 단점은 현실성realism이 떨어진다는 것이다. 이런 현실성의 결여를 바로 **시험 편향**testing bias라고 부른다. 사람들이 실험실에 와서 광고를 볼 때는 아무리 실험실을 일반 가정집의 응접실처럼 만들었다고 해도 집과 달리 그 광고에 보다 집중해서 보게 마련이다. 두 번째 문제는 집에서 TV를 볼 때처럼 자연스러운 시청환경을 재현할 수 없다는 것이다. 즉, 집에서 TV를 시청할 때 이를 방해하는 요소나 편안함 등을 재현하기 힘들다는 것이다. 최근 이를 개선한 조사법이 개발되기도 했다. 결론적으로 보면 이런 단점에서 불구하고 실험실 조사는 장점(통제할 수 있음)이 더 많고 이 때문에 실험실 조사가 많이 사용되고 있다.

현장조사 **현장조사**field test는 광고를 자연스러운 시청환경(잡음이나 집중을 방해하는 요소 그리고 집에서의 편안함) 하에서 시험하는 것이다. 현장조사를 통하여 반복된 광고의 효과, 광고 내용에 대한 효과, 또 경쟁사의 광고와 비교한 효과 등을 측정할 수 있다.

현장조사의 가장 큰 단점은 통제가 힘들다는 점이다. 즉, 시청자가 광고를 평가하였을 때 광고의 요소별 효과를 분리해서 측정하기 힘들다는 것이다. 또 실험을 하는 중에 예기치 못한 일이 발생하였을 경우 이것이 결과에 영향을 미칠 수 있다. 또 경쟁사가 이런 실험을 방해할 수도 있다. 마지막으로 현장조사는 실험실 조사에 비하여 시간과 돈이 더 많이 든다. 따라서 즉각적인 실행을 위해서는 적합하지 않다. 결과적으로 현장조사는 현실성을 추구하기 위해서 다른 부분을 희생한 조사법이라고 할 수 있다. 어떤 것을 선택할 지는 연구자의 몫이다.

어떻게 조사할 것인가 앞서 무엇을 조사하고, 언제 조사하고, 그리고 어디에서 조사할 것인지를 살펴보며 전반적인 조사 절차와 몇 가지 중요 용어들을 설명하였다. 이번에는 각 단계에서 일반적으로 사용되는 조사기법들에 대하여 소개한다. 먼저 광고를 무엇에 의하여 평가할지 그 기준을 정하는 것이 중요하다.

평가를 위한 연구는 쉬운 일이 아니다. 미국 내 상위 21개 광고대행사들은 '광고를 준비하고 실험하는 데 사용되는 조사 기법을 발전시키고, 광고주를 위해 보다 나은 창의력을 제공하며, 텔레비전 광고의 비용을 통제'하기 위한 원칙을 수립하였다.[10] **PACT**Positioning Advertising Copy Testing라고 불리는 이 아홉 가지 원칙은 카피 시험copy testing을 다음과 같이 정의한다. "광고가 시장에 발표되어도 될지를 결정하는 시점에 실시되는 연구로 단일 시험 혹은 여러 시험을 통하여 특정 광고의 실행 여부를 결정하는 데 도움을 주고자 하는 것이다."[11] 적절한 카피 시험을 하기 위한 아홉 가지 원칙은 **도표 18-4**에 자세히 나와있다.

광고주와 광고대행사는 적절한 조사 방법을 개발하는 것에 많은 관심을 가지고 있다. 위에 소개된 규칙을 철저히 지킨다고 하여 완벽한 조사가 보장되지는 않지만 이런 규칙을 통해서 조사 방법의 개선이 이루어지고 조사 방법의 문제를 완화시킬 수 있다.

도표 18-4
PACT

1. 광고 목표와 관련 있는 측정방법을 준비할 것.
2. 각각의 조사를 실행하기 전에 미리 조사 결과를 어떻게 활용할지 합의할 것.
3. 복수의 측정지표(하나의 측정지표로 광고 효과를 측정하는 것은 적절하지 않으므로)를 준비할 것.
4. 커뮤니케이션에 대한 사람의 반응 모델(자극을 받아들이고, 자극을 이해하고, 자극에 반응하는)을 기본으로 할 것.
5. 광고 자극에 한 번 이상 노출되었는지를 확인할 것.
6. 가능한 완성도가 높은 광고 문구로 측정할 것, 최소한 비교되는 광고문구와 완성도가 같을 것.
7. 광고가 노출되는 상황에 편향 효과가 나타나지 않도록 통제할 것.
8. 표본에 대한 정의를 정확히 할 것.
9. 신뢰도와 타탕도를 달성할 것.

조사 절차

조사는 광고를 개발하는 여러 단계에 걸쳐서 진행될 수 있다. (1) 콘셉트 개발 조사, (2) 초기단계의 광고 디자인과 문안에 대한 조사, (3) 완성단계의 광고에 대한 사전조사, (4) 광고에 대한 시장 조사(사후조사) 등이 있다.

콘셉트 개발과 시험

도표 18-5는 광고의 콘셉트 시험에 필요한 절차를 설명하였다. **콘셉트 시험** concept testing은 광고캠페인을 만드는 과정 초기에 실시되며 표적 소비자 집단이 개발하고 있는 광고의 내용이나 다른 광고 대안에 대한 반응을 조사하는 것을 목적으로 한다. 제품에 대한 포지셔닝 설명, 광고 문안, 광고 제목, 그리고 광고 디자인 등이 조사에 포함된다. 콘셉트 시험에서는 아직 본격적인 광고를 제작하기 전에 광고의 제목이나 광고 디자인의 대략적인 스케치 정도를 가지고 조사를 한다. 또 광고에 사용할 색상, 문안의 글꼴, 광고물 디자인, 혹은 구매시점 광고물 디자인 등을 평가한다.

콘셉트 시험에서 가장 흔히 사용하는 조사 기법은 FGIfocus group interview로 제품의 목표 소비자 층을 대변할 수 있는 8~10명 정도를 모아서 실시된다. 여기서 회사는 제품에 대한 콘셉트에서 광고에 대한 콘셉트까지 모든 것을 시험한다. 또 많은 회사들에게 있어서 FGI는 조사 과정의 첫 단계로 실시된다. FGI는 한 번만 실행하는 것이 아니라 다른 집단을 대상으로 몇 번씩 반복하는 경우가 일반적인데 몇 번을 반복해야 하는지는 시험에서 의견이 얼마나 일치되게 나왔는지, 반응의

도표 18-5
콘셉트 시험

목표
문장, 그림, 기호 등으로 표현된 다양한 광고 콘셉트에 대한 소비자의 반응을 조사하는 것.
조사법
여러 대안 콘셉트들이 제품의 표적청중에 해당하는 소비자에게 제시된다. 여러 콘셉트들의 소비자의 반응과 평가가 FGI, 직접질문법, 설문지법 등의 조사법을 통해 수집된다. 표본 크기는 몇 가지의 콘셉트가 제시되느냐 그리고 반응이 얼마나 서로 일치하는지에 따라 정해진다.
결과물
여러 대안 콘셉트를 평가하고 비교한 정성적 혹은 정량적 데이터.

도표 18-6
FGI의 단점

- 결과를 개량화할 수 없다.
- 표본이 너무 작아서 결과를 일반화할 수 없다.
- FGI의 집단 내 영향이 참가자의 반응을 왜곡할 수 있다.
- 한두 명의 발언이 대부분을 차지하거나 토론의 방향을 좌우할 수 있다.
- 소비자가 갑자기 "전문가"행세를 하게 된다.
- FGI참가자가 표적 소비자 집단을 대표하지 못할 수 있다.
- 실제보다 결과가 너무 전형적이거나 확정적일 수 있다.

강도가 어떤지, 그리고 광고 콘셉트를 얼마나 좋아하는지 혹은 싫어하는지에 따라 다르다. 어떤 경우에는 50번이 넘는 FGI를 실시하기도 하지만 보통은 콘셉트 시험을 위해 10번 이내의 FGI를 실시하는 경우가 많다.

FGI는 마케팅 관리자들이 가장 좋아하는 조사법의 하나로 사실 너무 남용되는 경우도 있다. FGI가 널리 쓰이는 이유는 먼저 데이터를 수집하기 용이하고, 반응을 직접 관찰할 수 있으며, 즉시 그 결과를 알 수 있기 때문이다. 또 여러 가지에 대하여 조사할 수 있고 소비자가 중요하다고 생각하는 부분에 대하여 충분히 심도 깊게 얘기할 수 있다. 더군다나 FGI는 통계가 필요한 정량적인 조사방식이 아니다. 사실 많은 마케팅 관리자들은 통계적인 조사법에 대한 지식이 별로 없고 때문에 통계적 분석이 필요 없는 정성적인 조사방식인 FGI를 선호하게 되는 것이다. 물론 FGI에도 단점이 있다. **도표 18-6**은 FGI를 어떤 경우에 적절하게 사용할 수 있는지 혹은 어떤 경우에 사용하기 적절하지 않은지를 설명하고 있다.

FGI 이외에 콘셉트 시험을 할 수 있는 조사법으로는 몰인터셉트mall intercept 조사가 있다. 이는 쇼핑객이 많은 상점가에서 지나가는 사람에게 광고 콘셉트를 제시하고 그 콘셉트에 대한 의견을 설문지, 점수표, 혹은 순위의 형태로 수집하는 것을 의미한다. 또 최근에는 인터넷을 이용한 조사도 실시되고 있다. 인터넷을 통하여 광고 콘셉트를 설명하고 인터넷을 통하여 그 반응을 거의 실시간으로 수집하는 것이다. 이런 인터넷 조사법은 조사 비용을 절약할 수 있고, 시간도 줄일 수 있기 때문에 점점 더 보편화되고 있다. 최근에는 온라인을 통한 인터넷 조사와 오프라인에서의 전통적인 조사법을 합한 하이브리드hybrid 조사법도 이용되고 있다.

애니메이션 광고시안	사진 광고시안	실사 촬영 광고시안
Succession of drawings/cartoons	Succession of photographs	Live motion
Rendered artwork	Real people/scenery	Stand-in/nonunion talent
Still frames	Still frames	Nonunion crew
Simulated movement:	Simulated movements:	Limited props/minimal opticals
Panning/zooming of frame/rapid sequence	Panning/zooming of frame/rapid sequence	Location settings
완성된 광고안 사용		
Live motion/animation Highly paid union talent Full union crew Exotic props/studio set/special effects		

도표 18-7
초기단계의 광고 디자인과 문안에 사용되는 용어

초기단계의 광고 디자인과 문안에 대한 조사

최종 광고를 제작하는 데는 많은 제작비용이 소요된다. 특히 텔레비전 광고의 경우 제작비가 엄청나다. 따라서 최종 광고를 제작하기 전에 최종 광고가 어떻게 나올지 그리고 소비자의 반응은 어떨지 미리 조사하는 경우가 점점 많아지고 있다. 이런 조사는 광고 디자인, 애니메이션화한 광고, 광고의 분위기를 보여주는 사진 등을 가지고 실시된다. 도표 18-7은 이런 시험에 사용되는 용어를 설명해 주고 있다. 이런 조사는 비용이 그리 많이 들지 않고 또 최종 광고가 잘못되었을 때의 비용이 너무 크기 때문에 점점 더 많이 실시되고 있다.

비용적인 측면은 이런 조사의 단지 한 가지 장점일 뿐이다. 이 조사에서 가장 중요한 것은 조사에 사용되는 시안(디자인, 애니메이션 등)이 최종 광고의 내용과 분위기를 정확히 전달할 수 있어야 한다는 것이다. 이와 관련된 연구결과를 보면 일반적으로 시안을 가지고 실시한 광고 디자인과 문안에 대한 조사결과가 최종 광고 제작물의 조사결과와 높은 상관관계를 가진다고 한다.

이런 시안 제작과정에서의 조사는 대부분 실험실에서 실시되며 일부는 실제 시청상황에서 실시되기도 한다. 이런 실험을 위한 일반적인 조사기법으로는 이해와 반응 시험comprehension and reaction test과 소비자 배심원 시험 등이 있다. 인터넷을 이용한 조사도 이 단계에서 이용되기도 한다.

1. **이해와 반응 시험.** 광고주 입장에서 가장 신경을 쓰는 것은 광고를 본 소비자들이 그 광고가 의도한 내용을 이해할 것인가이다. 또 두 번째로 중요한 것은

광고를 보고 어떤 반응을 보일 것인가 이다. 어느 광고주도 소비자들이 자신의 광고를 보고 부정적 반응을 보일 것을 기대하지는 않는다. **이해와 반응 시험**comprehension and reaction test은 바로 이런 반응을 측정하기 위해서 실시된다.

이해와 반응 시험은 한 가지 정형화된 시험법이 있는 것은 아니다. 이 시험에는 개별 인터뷰, 집단 인터뷰, FGI 등의 다양한 방법이 사용된다. 표본크기도 다양한데 일반적으로 적게는 50명에서 많게는 200명 정도의 응답자를 모집하는 경우가 많다.

2. **소비자 배심원.** 이 방법은 제품의 표적집단을 대표할 수 있는 소비자들을 대상으로 광고의 성공가능성을 확인하는 것이다. **소비자 배심원**consumer jury은 광고의 디자인과 문안이 포함된 몇 개의 광고시안을 보고 이에 대하여 점수를 매기는 방식으로 진행된다. 소비자 배심원단의 목표와 실행 방법에 대하여는 도표 18-8에 설명되어 있다.

   소비자 배심원은 통제가 용이하다는 것과 비용대비 효과가 크다는 장점이 있는 반면 아래와 같은 제한점도 존재한다.

   - **참가 고객이 자신을 마치 전문가인 것처럼 생각할 수 있다.** 소비자 배심원의 장점은 이 방법이 제품이나 서비스에 대하여 객관적이고 관여도가 높은 표적 소비자 집단이 평가에 참여한다는 것이다. 하지만 이 조사에 참가한 소비자들은 광고를 비평해야 한다는 것을 알고 있기 때문에 자신이 전문가

도표 18-8
소배자 배심원

목표
잠재 시청자(소비자)가 광고에 대하여 그들의 반응과 평가를 하도록 요구 받는다. 두 개 이상의 광고를 비교하는 경우에는 그들의 선호에 따라 각각의 광고에 점수를 매기거나 순위를 정하게 된다.
방법
참가자들은 광고를 본 다음에 (1) 순위 매기기법이나 (2) 쌍쌍 비교법을 이용하여 광고를 평가한다. 순위 매기기법은 응답자들이 각각의 광고를 '전체 광고 중에 n등'이라는 식으로 순위를 평가하는 것이고 쌍쌍 비교법은 한번에 두 개의 광고를 보여주고 둘 중에 어느 것이 더 좋은지를 표시하는 방식이다. 그리고 가장 많이 선택된 광고시안이 가장 좋은 광고이다. 소비자 배심원단은 주로 50-100명의 참가자로 구성된다.
결과물
만들어지고 있는 광고에 대한 소비자의 반응을 알 수 있으며 복수의 광고시안에 대하여 순위를 매길 수 있다.

가 되어야 한다는 생각을 가지고 보통 때보다 광고에 대하여 관심을 많이 가지고 또 더욱 비판적인 시각으로 본다. 따라서 결과가 객관적이지 않거나 중요하지 않은 부분에 평가가 집중될 수 있다.

- **평가할 수 있는 광고의 수가 제한적이다.** 순위 매기기order of merit 방법을 사용하건 혹은 쌍쌍 비교법paired comparison을 사용하건 광고 시안에 대한 순위를 매기는 것은 그 대안의 숫자가 늘어날수록 어렵게 된다. 예를 들어 10개의 광고 대안을 가지고 순위를 매긴다고 생각해 보자. 상위 두 개와 하위 두 개는 상대적으로 쉽게 고를 수 있을 것이다. 하지만 중간의 6개는 사실 그 차이를 구별하는 것이 쉽지 않을 것이다.

  쌍쌍 비교법의 경우는 대안의 개수에 따른 평가의 횟수가 다음 수식으로 계산된다.

$$\frac{n(n-1)}{2}$$

  이 수식에 따르면 만약 6개의 대안이 있을 경우 총 15회의 평가를 거쳐야 하는 것이다. 즉, 대안의 수가 늘어날수록 평가는 점점 더 관리하기 힘들게 된다.

- **후광효과가 존재한다.** 어떤 경우 평가 참가자들은 어떤 광고를 평가할 때 몇몇 결점에도 불구하고 다른 점들을 좋아하기 때문에 광고의 모든 요소들에 대하여 '좋다'고 평가한다. 이를 **후광효과**halo effect라고 한다. 이런 후광효과는 전체적인 평가를 왜곡하고 특정 부분을 개선할 수 있는 기회를 잃게 한다. 물론 반대의 후광효과도 존재한다(전반적인 장점에도 불구하고 어떤 요소들을 싫어하기 때문에 전반적으로 '싫다'고 평가).
- **특정한 광고 형태에 대한 선호가 객관성을 상실하게 한다.** 감성적인 광고나 그림이나 사진을 사용한 광고가 문안, 사실, 이성적인 광고보다 높은 점수를 받는 경우가 있다. 실제 시장에서는 정보를 전달하는 문자가 더 효과적인 경우가 많지만 감성적 소구를 선호하는 배심원들에게는 낮은 점수를 받기도 한다.

위에 나열한 문제점들은 순위ranking 대신 점수rating를 사용할 경우 해결되기도 한다. 하지만 점수를 사용한다고 하여 항상 그 결과가 유효한 것은 아니다.

그래서 소비자 배심원 방식의 타당성에 의문을 제기하는 연구자들이 많으며, 그 결과 뒤에서 설명할 다른 기법들을 더 자주 사용하게 된다.

완성된 광고안에 대한 사전조사

완성된 광고안에 대한 사전조사는 마케팅 연구자나 광고대행사에서 가장 일반적으로 사용하는 조사기법이다. 이 단계에서는 완성된 광고가 사용되며 아직 시장에 발표하지 않았기 때문에 필요하다면 수정할 수도 있다.

많은 연구자들은 완성된 광고를 가지고 하는 시험이 더 나은 정보를 제공해 준다고 한다. 여러 가지의 조사 기법들이 인쇄광고나 방송광고 평가를 위해 사용되며 실험실 조사법이나 현장 조사법을 사용한다.

인쇄광고를 위한 시험에는 포트폴리오 시험portfolio test, 가독성 분석analyses of readability, 그리고 가상 인쇄매체 광고 시험dummy advertising vehicle이 있으며 방송광고를 위한 시험에는 극장 시험theater test과 방송 시험on-air test이 있다. 인쇄광고와 방송광고를 위한 시험에는 생리학적인 측정을 하기도 한다.

완성된 인쇄광고에 대한 사전조사 여러 가지의 완성된 인쇄광고에 대한 사전조사 기법이 있다. 이 중 하나는 Gallup & Robinson의 Impact System인데 이는 도표 18-9에 설명되어 있다. 또 다른 유명한 조사 방법에는 다음과 같은 것들이 있다.

포트폴리오 시험 포트폴리오 시험portfolio test이란 실험실 조사기법으로 실험 참가자에게 실험하고자 하는 광고test ad를 비교하고자 하는 다른 광고control ad와 함께 보여준다. 그 이후 실험 참가자에게 보여 준 광고부터 기억할 수 있는 정보는 무엇이었는지 질문한다. 이 시험에서는 여러 광고 중에 가장 높은 회상highest

도표 18-9
Gallup & Robinson의 Impact System 조사법

목표
개별 광고에 대한 성과를 이해하고 최종 광고에 대해 시험함. 잡지나 신문의 인쇄광고에 대한 평가. 또한 초기 단계의 광고시안에 대한 사전조사와 최종 광고안에 대한 사후조사 모두 이용 가능.
방법
면접자가 응답자를 개별 방문하거나 전화를 이용해 면접함.
결과물
광고에 대한 회상, 아이디어 커뮤니케이션, 설득력, 브랜드 평가, 광고 선호에 대한 점수. 광고에 대한 반응과 브랜드 속성들에 대한 진단 보고서.

recall을 달성한 광고가 가장 효과적인 광고라고 가정한다.

포트폴리오 시험은 여러 대안 광고들을 직접적으로 비교할 수 있다는 장점이 있는 반면에 다음과 같은 단점들도 존재한다.

1. 광고의 창의성 혹은 전달방식과 관련 없는 요인들이 회상에 영향을 미칠 수 있다. 즉, 제품이나 제품군에 대한 관심 정도, 응답자가 실험에 참가하였다는 것을 인지, 실험 진행자의 지시사항 등이 광고로부터 유발되는 차이보다 크게 작용할 수 있다는 것이다.
2. 회상이 가장 좋은 측정 지표가 아닐 수도 있다. 어떤 연구자들은 특히 저관여 제품의 경우 회상보다 재인recognition이 더 나은 측정 지표라고 하기도 한다.

포트폴리오 시험의 타당성validity은 실험의 결과와 광고의 실제 실행 이후의 광고 주목률readership 간의 상관관계 조사를 통해서 측정할 수 있다. 상관관계가 높다면 실험의 타당성이 높다는 것이다. 다만 이 타당성 조사는 광고가 실제 집행되기 전에는 측정할 수 없다는 문제도 있다.

가독성 분석 응답자에 대한 조사 없이 커뮤니케이션의 효율성을 측정할 수 있는 기법이다. 이는 개발자인 Rudolph Flesch의 이름을 따서 **Flesch 공식**Flesch Formula이라고 불리는데, 100개의 단어당 평균 몇 개의 음절이 있는지를 계산하여 광고문안의 가독성을 측정하는 것이다. 사람들의 관심 분야, 문장의 길이, 특정 단어의 친숙도 등이 같이 고려되며 표적고객 집단의 교육 수준도 결과에 영향을 미친다. 이 시험의 결과는 미리 정해진 기준과 비교를 한다. 이 시험법에 따르면 광고 문안은 각 문장이 짧고, 사용된 단어가 구체적이며 친숙하고, 개인적인 연관성이 있을 때 이해하기 쉽다고 한다.

이 방법은 다른 시험법에서 발생하는 응답자의 편향이나 각종 오차를 줄일 수 있다는 장점이 있다. 반면 단점으로는 광고문안이 너무 기계적이 될 수 있으며 조사를 통해 응답자의 직접적인 의견을 들을 수 없다는 문제점이 있다. 그래서 효과적인 조사를 위해서는 가독성시험과 함께 다른 조사 방법도 병행할 필요가 있다.

가상 인쇄매체 광고 시험 포트폴리오 시험을 개선한 방법으로 시험하고자 하는 광고를 '가상dummy'의 잡지에 넣어 시험하는 것이다. 이 가상의 잡지에는 일반 잡지와 같이 표지와 독자들이 좋아할만한 각종 기사, 그리고 실험하고자 하는 광고가 채워져 있다. 이 잡지는 미리 정해진 지역의 무작위 표본random sample에게 발송된다. 이 잡지를 받은 사람에게는 조사의 목적이 이 잡지에 포함된 기사에 대한 독자의 의견을 수집하는 것이며 평소와 같이 잡지를 읽어줄 것을 부탁한다. 그리고 나중에 응답자에게 기사들에 대한 의견과 함께 잡지에 실린 광고에 대한 반응을 측정한다. 광고에 대한 회상, 주목률, 광고에 대한 흥미유발 가능성 등을 평가한다.

이 조사기법의 장점은 포트폴리오 시험보다 현실적인 환경에서 실행된다는 것이다. 조사 참가자는 자신의 집에서 잡지를 보고 이는 실제 잡지를 읽는 상황과 가까우며 다른 사람들이 일반적으로 하는 것처럼 잡지를 읽다가 한 켠에 놓아두고 나중에 다시 읽기도 할 수 있다.

하지만 가상 인쇄매체 광고 시험도 포트폴리오 시험과 같은 단점을 가지고 있다. 먼저 시험효과test effect를 제거하지 못하며 상품에 대한 관심이 결과에 편향을 가져오기도 한다. 그래서 이 방법이 포트폴리오 시험에 비해 장점을 가지고 있지만 광고의 정확한 효과를 측정할 수 있다는 장담을 할 수는 없다.

여러 가지 조사 방법들이 있지만 최근의 많은 회사들은 인쇄광고를 위한 사전조사 방법으로 일련의 조사기법을 사용하고 있다. Millward-Brown과 Ipsos-ASI와 같은 회사들은 앞서 설명한 여러 단점들을 보완한 광고 문안 시험 서비스를 제공하고 있다. 이런 조사에서는 초기 단계의 광고안이나 완성된 광고 모두 평가할 수 있는데 대부분의 조사는 응답자들의 집에서 이루어진다. 예를 들어 Millward-Brown의 연결된 문안 시험은 즐거움, 관련성, 좋아함 혹은 싫어함 등을 측정하는 지표를 통해 광고에 대한 감성적인 반응을 측정한다. 또 Ipsos-ASI의 Next*Print기

도표 18-10
Ipsos-ASI의 Next*Print 조사법

목표
인쇄광고가 브랜드에 미치는 영향을 평가하기 위하여 인쇄광고의 광고문안 시험을 하는 것.
방법
시험은 응답자의 집에서 잡지에 광고를 넣어 실시한다. 150개의 문항으로 광고에 대한 회상을 측정한다. 추가 진단을 위해 105~150개의 문항을 이용한다. Targeted Print Test라는 시스템을 통하여 표적에게 정확하게 시험할 수 있다.
결과물
회상, 설득, 그리고 특정 진단을 위한 표준 점수.

법은 도표 18-10에서 보여주는 바와 같이 복합적인 측정을 제공한다.

완성된 방송광고에 대한 사전조사 방송광고에 대한 사전조사 기법으로는 다양한 방법들이 존재한다. 그중에 가장 일반적인 것은 극장 시험, 방송 시험, 그리고 생리학적 측정이 있다.

극장 시험 광고에 대한 사전조사로 가장 일반적이었던 것이 **극장 시험**theater test이다. 극장 시험에서 참가자들은 어떤 TV 프로그램을 보도록 초대되고 이들에게 시험하고자 하는 광고를 보여준다. 또 다른 집단에게는 다른 광고를 보여주어 먼저 실험한 광고 대비 어떤 효과가 있는지를 비교할 수 있는 기준으로 삼는다. 보통 250~600명 정도가 시험에 참가하는데 300명 정도를 시험하는 것이 일반적이다.

극장 시험을 하는 방법은 다양하지만 모든 극장 시험에서는 브랜드 선호의 변화를 측정하는 것이 핵심이다. 어떤 시험은 참가자에게 비디오테이프를 배포하고 참가자의 집에서 광고를 보고 시험에 참가하게 하기도 하고 어떤 경우에는 호텔이나 쇼핑상가의 연회장에 시청각실을 만들어 참가자들을 모으고 광고를 상영하기도 한다. 또 어떤 경우에는 참가자들에게 배포된 리모콘을 통해 광고를 보면서 버튼을 누르거나 다이얼을 돌리게 하면서 계속적인 반응을 수집하기도 한다. 도표 18-11은 이런 시험 방법 중의 하나를 설명하고 있다.

이런 극장 시험에 여러 단점이 있다고 지적하는 사람들도 있다. 먼저 시험환경이 너무 인공적이라는 것이다. 실험실에서 조사하는 것 자체도 인공적이지만 응답자에게 광고를 보면서 버튼을 누르거나 다이얼을 돌리라고 하는 것은 현실의

도표 18-11
AD*VANTAGE/ACT
극장 시험법

ACT(Advertising Control for Television)사는 4개 도시를 대표하는 400여명의 실험 참가자를 대상으로 시험을 진행한다. 먼저 참가자에게 가장 최근에 구매한 제품의 브랜드가 무엇인지를 질문하여 브랜드 선호를 측정한다. 그 다음 참가자를 25명씩 나누어 30분간의 영상(중간에 7편의 광고가 포함된)을 시청하도록 한다. 7편의 광고 중에 4편은 시험을 하기 위한 광고이고 3편은 기준을 삼기 위한 통제 광고이다. 영상을 본 후 실험 참가자의 광고에 대한 회상(recall)을 측정한다. 이후 30분간의 영상(시험을 위한 광고가 동일하게 포함된)을 다시 본다. 두 번째 영상을 본 이후에는 브랜드 선호를 측정한다. 이는 영상을 본 사람들이 가장 최근에 구매했던 브랜드로부터 광고에 포함된 시험 브랜드로의 선호가 변화된 정보를 바탕으로 평가한다.

광고시청 환경과 너무 동떨어져 있다는 것이다. 두 번째로 광고를 한두 번 보았다고 하여 브랜드 선호가 즉각적으로 변화한다는 것은 믿기 힘들다는 것이다. 시험 참가자들이 광고를 보고 브랜드 선호에 변화를 보이는 이유는 응답자들이 그런 기대를 받고 있다고 느끼기 때문이다. 마지막으로 이런 시험에서는 집단효과group effect가 발생해서 자신의 주장을 강하게 표현하는 사람들이 그렇지 않은 사람들의 반응에 영향을 준다고 한다.

하지만 극장 시험을 옹호하는 주장도 있다. 먼저 실험 환경을 통해 통제를 할 수 있으며 기준을 설정하여 비교하기 때문에 광고에 따른 효과를 측정할 수 있다고 한다. 마지막으로 브랜드 선호는 실제 매출의 변화와 밀접한 관계가 있다고 한다.

극장 시험은 몇 가지 단점에도 불구하고 회사들이 그들의 광고를 평가하기 위해 가장 널리 사용되는 조사 방법이다. 또 극장 시험은 광고의 장점과 단점을 파악할 수 있게 해 주고 경쟁사의 광고와도 비교할 수 있도록 해 준다.

방송 시험 시험하고자 하는 광고를 실제 TV프로그램에 포함시켜 제한된 지역에서 방송하고 그 반응을 측정하는 것을 **방송 시험**on-air test이라고 한다. 그리고 닐슨Nielsen을 비롯한 유명 마케팅 회사들이 이런 측정 서비스를 제공하고 있다.

방송 시험은 여러 장점을 지니며 그 효과의 측정은 주로 광고나 광고메시지에 대한 **회상률**recall을 기준으로 측정한다. 또한 현장 조사field test의 장점들을 가지고 있다. 반면 Hu, lodish, Krieger, Hayati의 조사에 따르면 방송 시험에서 사전조사한 회상과 설득의 신뢰도와 타당도가 높지 않다고 결론지었다.[12] 그렇지만 방송 시험을 제공하는 마케팅 회사들이 사전조사한 결과값과 사후조사 결과값을 비교한 결과는 측정의 신뢰도와 타당도가 높다고 한다.

생리학적 측정 그리 흔하지 않지만 실험실에서 사용되는 광고 효과 측정법 중 생리학적 측정법이 있다. 생리학적 측정법physiological measure이란 실험참가자의 광고에 대한 무의식적인 반응involuntary response을 측정하는 것이다. 이론적으로 무의식적인 반응(사람이 자신의 의지로 통제할 수 없는 심장 박동이나 반사 작용 같은 것)을 측정하면 의식적인 반응을 측정할 때 발생하는 오차를 줄일 수 있다. 생리학적 측정에는 동공 확장 검사, 아이트래킹, 전기피부반응법, 그리고 뇌파검사 등이 있다.

1. **동공 확장 검사**pupil dilation. **동공측정학**pupillometrics은 어떤 자극에 따른 동공의 확장과 축소를 측정하는 것이다. 동공의 확장은 어떤 활동과 관련이 있으며 축소는 사람 몸의 에너지를 절약하려고 할 때 발생한다.

   광고주들은 상품 디자인이나 광고의 평가에 동공 확장 검사를 적용해 왔다. 만약 광고가 흥미롭거나 광고를 좋아한다면 동공은 확장될 것이다. 또 동공 확장 검사로 광고를 좋아하는지 싫어하는지도 검사할 수 있다.

   비싼 실험 비용과 몇몇 측정상의 문제로 최근에는 그리 많이 사용되지 않지만 광고를 평가하는 데 여전히 유용하다고 할 수 있다.

2. **전기피부 반응법**galvanic skin response. **피부 전기반응**electrodermal response이라고도 불리는 실험법으로 두 전극 사이에 약한 전류가 흐를 때 피부가 전류를 얼마나 잘 통과시키는지를 측정하는 것이다. 사람의 피부는 어떤 자극에 반응할 때 땀샘이 활성화되어 전도체(전류가 통하는)의 성질이 더 커진다. 이를 응용하여 광고에 대한 반응을 측정하는 것이다. 하지만 이 실험을 실시하는 데 여러 어려움이 있어 실제로 많이 사용되지는 않는다.

3. **아이트래킹**. 보다 자주 사용되는 방법이 **아이트래킹**eye tracking 시험이다(도표 18-12). 이는 실험참가자에서 사진 18-2와 같은 장치를 착용하게 하고 광고를 시청하게 한다. 참가자가 광고를 보는 동안 이 장치는 눈동자의 움직임을 추적하여 참가자의 시선이 어디를 향하고 있는지 측정하게 된다. 계속된 눈동자의 움직임을 관찰함으로써 해당 광고의 어느 부분이 시청자의 주의를 끌고 있으며, 얼마나 오랫동안 집중을 하고 있으며, 광고를 보는 순서를 알 수 있다.

도표 18-12
아이트래킹 조사법

목표
독자 혹은 시청자 시선의 움직임을 추적하여 독자가 무엇을 읽고 어떤 광고를 보는지, 그리고 시청자가 TV광고, 웹사이트, 광고판의 어느 곳에 집중하여 보는지 측정한다.
방법
광섬유, 디지털 데이터 처리, 그리고 진보된 전자장치 등이 광고를 보는 독자 혹은 시청자 시선의 움직임을 추적하기 위해 사용된다.
결과물
독자 혹은 시청자가 보는 것, 회상한 것, 이해한 것 사이의 관계. 인쇄광고, TV광고, 웹사이트, 광고판을 볼 때 시선의 움직임의 경로(제품 포장 디자인 평가에도 이용됨).

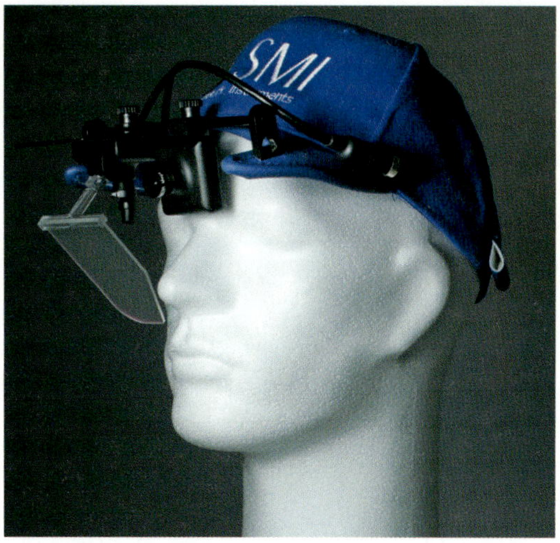

사진 18-2
아이트래킹을 위한 장비

따라서 아이트래킹은 광고의 장점과 단점을 분석할 수 있다. 예를 들어 매력적인 모델이나 배경화면이 시청자의 관심을 브랜드나 상품으로부터 분산시킬 수 있다는 것을 측정하고 이를 수정하기도 하고 다른 경우에는 광고의 어떤 색깔이나 그림이 광고에 대한 집중을 증가시키는지 시험할 수도 있다(**사진 18-2**).

아이트래킹 시험은 온라인 광고나 이메일에도 널리 적용되고 있다. 이 시험법을 사용하여 사람들이 컴퓨터 화면과 인터넷 광고를 볼 때 어디를 보고 있는지 확인할 수 있다. Steve Outing과 Laura Roel의 연구에 따르면 사람들이 인터넷을 볼 때 (1) 인터넷의 좌측 상단에 제일 먼저 눈길을 주며, (2) 헤드라인에 주목하며, (3) 큰 글자체는 전체를 훑어보기에 적합하며 작은 글자체는 사람들이 꼼꼼히 읽게 만든다고 한다.[13]

4. **뇌파검사**brain wave. **뇌전도검사**electroencephalogram(EEG)는 뇌파의 전자적 파형을 측정하는 것으로 알파파를 측정하는 것과 뇌기능분화를 연구하는 것으로 나눌 수 있다.

    - 알파파 측정법alpha activity은 뇌의 활성화 정도를 측정하는 것이다. 이론적으로 사람들은 쉬거나 잠자고 있을 때 알파파가 나온다. 따라서 뇌가 어떤 일을 하고 있을 때나 무엇인가에 집중하고 있을 때는 알파파가 나오지 않는다. 그러므로 실험 참가자에게 광고를 보여주고 참가자의 알파파 수준을 측정하는 것이다. 즉, 광고가 재미있고 흥미롭다면 알파파가 적게 나올 것이다.
    - 뇌기능분화 연구hemispheric lateralization에서는 좌뇌와 우뇌의 알파파를 분리하여 측정하는 것이다. 일반적으로 우뇌는 영상적인 자극을 처리하고 좌뇌는 음성적인 자극을 처리한다고 알려져 있다. 또 우뇌는 보다 감성적인 자극에 반응하고 좌뇌는 보다 이성적인 자극에 반응한다. 그리고 우뇌는 재인recognition을 담당하고 좌뇌는 회상recall을 담당한다. 이러한 이론에 따르면 광고주는 좌뇌와 우뇌를 각기 자극하는 광고를 만들어 브랜드를 잘 학습

하고 기억하게 할 수 있을 것이다. 반면 어떤 학자들은 좌뇌와 우뇌가 앞선 가설처럼 각각 반응하지 않는다고도 한다.

- 의학적으로 사용되는 기술을 활용한 조사법들도 있다. 예를 들어 양전자 방출 단층 촬영법positron emission tomography(PET), 기능적 자기공명영상functional magnetic resonance imaging(fMRI), EGG 등이 있다. 신경과학자와 마케터들이 팀을 이루어 뇌의 촬영영상을 기초로 광고에 대한 생리학적인 반응을 살피는 것이다. 즉, 뇌의 화학적 변화나 자기장의 변화를 관측하여 소비자자의 광고에 대한 반응과 의사결정의 과정을 조사한다.

연구자들은 이런 방법 관심을 보이고 있지만 실제 마케팅 현장에서는 별로 사용되지 않았다. 다만 최근 기술발전에 따라 이런 기법들이 마케팅 현장에서도 점차 사용되고 있다.

광고의 시장 조사

사전조사를 거쳐 광고가 시장에서 집행된다고 하여 더 이상 조사가 필요 없는 것은 아니다. 사전조사에서는 상대적으로 적은 표본을 대상으로 조사가 진행되었고 조사 결과에 오차가 있을 수 있기 때문에 시장에서 광고가 방영된 이후에도 광고가 시장에서 잘 역할을 하는지 조사해야 한다. 따라서 지금부터 사후조사에 대하여 논의하도록 하겠다.

인쇄광고에 대한 사후조사

문의 시험 **문의 시험**inquiry test은 **사진 18-3**과 같은 카드에 광고를 본 소비자가 관심을 가지고 '문의'를 하고 싶은 것을 표시하여 조사회사에 보내는 것이다. 소비자의 문의가 많으면 광고 효과가 좋다고 할 수 있다. 이 질문지 카드가 빙고 게임용 카드와 닮아 '빙고 카드'라고도 부른다. 최근에는 인터넷의 발달로 소비자들이 궁금한 상품이나 브랜드가 있다면 인터넷으로 직접 조회해 보기 때문에 문의 시험은 많이 사용되지는 않는다. 하지만 저렴한 가격에 간단히 그 효과를 측정할 수 있다는 장점이 있다.

최근에는 보다 정교한 문의 시험조사법도 개발되었다. (1) 동일한 광고를 같은 매체에 계속 개제한 후의 측정, (2) **스플릿런 테스트**split-run test처럼 같은 매체에 다

사진 18-3
독자 응답카드를 이용한 문의 시험은 B2B시장에서 일반적인 조사법이다.

TARGET MARKETING

Receive the information you need to market smarter instantly!
Go to: **www.targetonline.com** and click on free information.

Or...Fill out this card and either FAX your request today: 215-238-5388 or mail.

Free Subscription

Do you wish to receive (continue to receive) a FREE subscription to TARGET MARKETING? ☐ YES ☐ NO

Signature ____________ Date ______
Name (please print) ____________ Title ______
Company Name ____________
Address ____________
City/State/Zip ____________
Telephone ____________ FAX ______
Email Address: ____________

1. TYPE OF BUSINESS AT THIS LOCATION: (Check One)
04 ☐ Catalogers, Mail Order Companies
05 ☐ Retailers, Wholesaler/Distributor
06 ☐ On-line Merchant
03 ☐ Financial Services: Banks, Insurance, Credit Cards, Investment
21 ☐ Fund Raisers: Non-Profit Groups, Charities
33 ☐ High Technology: Internet Services, Computers, Software, Telecommunications, Office Equipment
12 ☐ Manufacturers, Package Goods and Other Business-to-Business Marketers
31 ☐ Non Financial Services Marketers: Associations, Clubs, Educational, Government Agencies, Health Care, Membership Organizations, Personnel Services, Real Estate, Utilities, Communications, Tourism and Travel
13 ☐ Publishers: Magazines, Books, Newsletters, Newspapers, Book & Record Clubs On-line publications
01 ☐ Advertising/DM Agencies, Freelance Creative and Consultants
09 ☐ Mailing List Professionals: Brokers, Compilers, Owners
20 ☐ Other: (Please Specify) ____________

2. JOB FUNCTION: (Check One)
10 ☐ Corporate and General Management (Excluding Sales, Marketing and Advertising Management)
02 ☐ Marketing, List and Sales Management
01 ☐ Advertising Promotion and Public Relations Management
08 ☐ Operational, Technical and Telemarketing Management
06 ☐ Circulation Management
11 ☐ Other: (Please Specify) ____________

3. MY FIRM'S MARKETING ACTIVITY: (Check All That Apply)
1 ☐ Catalog
2 ☐ Direct Mail
09 ☐ Internet
3 ☐ Telemarketing
10 ☐ Alternate Media
5 ☐ Consumer
6 ☐ Business-to-Business
7 ☐ International
8 ☐ None of the Above

4. IN THE PERFORMANCE OF YOUR JOB, CHECK THE ONE THAT BEST DESCRIBES YOUR PURCHASING AUTHORITY: (Check One)
1 ☐ Authorize/Approve Purchase
2 ☐ Recommend/ Specify Purchase
3 ☐ No Purchasing Authority

Free Information

Circle the free info number for the products and services that interest you

001	002	003	004	005	006	007	008	009	010	011	012
013	014	015	016	017	018	019	020	021	022	023	024
025	026	027	028	029	030	031	032	033	034	035	036
037	038	039	040	041	042	043	044	045	046	047	048
049	050	051	052	053	054	055	056	057	058	059	060
061	062	063	064	065	066	067	068	069	070	071	072
073	074	075	076	077	078	079	080	081	082	083	084
085	086	087	088	089	090	091	092	093	094	095	096
097	098	099	100	101	102	103	104	105	106	107	108
109	110	111	112	113	114	115	116	117	118	119	120
121	122	123	124	125	126	127	128	129	130	131	132
133	134	135	136	137	138	139	140	141	142	143	144
145	146	147	148	149	150	151	152	153	154	155	156
157	158	159	160	161	162	163	164	165	166	167	168
169	170	171	172	173	174	175	176	177	178	179	180

For Information on Product/Service Categories

To request information on any of the following areas of interest, check the appropriate free information number:

501 ☐ Agencies/Consultants/Creative Services
502 ☐ Alternate Media/Delivery
503 ☐ Broadcast Media/Services
504 ☐ Call Center Equipment
505 ☐ Credit/Collection Services
506 ☐ Database Management Systems/ Services/Software
507 ☐ Delivery Services
529 ☐ E-mail Marketing
508 ☐ Envelopes/Order Forms/Labels
509 ☐ Fulfillment Services/Operations
510 ☐ Int'l Call Centers
511 ☐ Int'l Delivery Services
512 ☐ Int'l DM Agencies
525 ☐ International DM Services
530 ☐ Internet Services
513 ☐ Lettershop Services
514 ☐ Lists-Business-to-Business
515 ☐ Lists-Consumer
528 ☐ Lists-E-mail
516 ☐ Lists-International
517 ☐ List Services
518 ☐ Mailing Equipment/Services
520 ☐ Paper
521 ☐ Premiums/Promotional Products
522 ☐ Prepress Equipment/Services
523 ☐ Printers
527 ☐ Printing Systems/Equipment
524 ☐ Telemarketing Services

RS0110

른 버전의 광고를 개제한 후 측정, (3) 같은 광고를 다른 매체에 개제한 후 측정하는 것이다. 첫 번째 방식은 광고의 누적된cumulative 효과를 측정할 수 있고, 두 번째 방식은 다른 버전의 광고 간 효과를 비교할 수 있으며, 마지막 방식은 매체 혹은 미디어 비클의 효과를 측정할 수 있다.

문의 시험의 단점은 다음과 같다. 먼저 문의가 많다는 것이 꼭 광고 효과 때문이라고 할 수만은 없다는 것이다. 예를 들어 어떤 소비자는 광고도 집중해서 보았고 그 정보도 잘 처리했지만 문의 시험을 하는 그 당시에 그 물건이 당장 필요하지 않다거나 해서 문의를 하지 않을 수도 있다. 반면 어떤 사람은 광고와 상관없이 어떤 상품이 필요하기 때문에 문의를 할 수도 있는 것이다. 즉 문의의 수가 적다고 하여 꼭 그 광고가 효과가 없었다고 할 수는 없다. 그러므로 문의 이외에 주의, 태도 변화, 인지도, 광고 문안의 재인 등을 같이 측정해야만 광고 효과를 보다 정확히 측정할 수 있다.

재인 시험 **재인 시험**recognition test은 미국의 스타치 광고 열독률 보고서Starch Ad

도표 18-13
GfK 스타치 광고 열독률 보고서

목표
인쇄광고의 재인율을 측정하고 동일 혹은 유사한 잡지에 개제된 다른 광고와의 효과를 비교한다.
방법
먼저 개별 인터뷰를 통해 응답자를 선별한다. 그리고 응답자가 신문, 잡지, 혹은 다른 정기간행물의 특정 이슈에 대하여 노출되었는지 열독률은 어떤지 측정한다. 표본은 최소 남녀 200명 정도이고 특정 독자층을 포함시키기도 한다. 참가자들은 잡지를 읽고, 광고를 본 후, 특정 질문에 응답한다.
결과물
스타치 보고서는 세 가지 응답 점수를 산출한다. ■ 주목 점수: 독자가 광고를 본 것을 기억하는 비율. ■ 브랜드 관계 점수: 독자가 광고의 일부분을 읽고 제품이나 브랜드를 회상하는 비율. ■ 열독율 점수: 독자가 광고의 절반 이상을 읽은 비율. 기준 점수가 제공되어 다른 광고와 비교를 할 수 있음.

GfK MRI | Starch® Advertising Research | Entertainment Weekly - September 11, 2009

ABSOLUT VODKA
Category: Other Alcoholic Beverages
1P4| Page 29

SAMPLE Report
For Illustrative Purposes Only

Issue Audience (000): 10,555	Noted	Assoc.	Read Any	Read Most
Advertiser	72%	68%	59%	-
AdMeasure Audience (000)	7,600	7,177	6,227	
Issue Norm (17 Ads)	61%	54%	48%	16%
Issue Index	118	126	123	144
Comparable MRI Starch Adnorm: 1P4 - Other Alcoholic Beverages				
Adnorm (156 Ads)	52%	45%	42%	20%
Adnorm Index	138	151	140	NA

Actions Taken by Those Who Noted the Ad	Any Actions Taken	Purchased the product/ service	Visited their website	Clipped or saved the ad	Contacted company by mail/phone	Looked for the product/ service	Recommended the product to someone	Talked to a doctor about the product (Rx ads only)	Talked to someone about it	None
Advertiser	17%	13%	1%	1%	0%	1%	3%	NA	2%	83%
Category Norm (268 Ads)	43%	12%	6%	4%	1%	12%	8%	NA	15%	57%
Category Index	40	108	17	25	0	8	38	NA	13	146

Brand Disposition	Positively disposed (Net)	My favorite brand	One of several brands I like	Don't use, but it's worth trying	Negatively disposed (Net)	I use it but don't particularly like it	I don't like it	I'm unfamiliar with it
Absolut	67%	6%	42%	19%	33%	5%	14%	13%
Brand Category Norm (268 Ads)	51%	7%	27%	17%	49%	2%	7%	39%
Brand Index	131	86	156	112	67	250	200	33

The brand disposition information is asked at the beginning of the MRI Starch survey, before respondents are asked about specific ads. The brand disposition questions do not reference an ad but rather ask the respondent about the brand itself.

Actions Taken and Brand category norms are created using a fixed average of available data from 10/08 to 12/09.

[=] Ad has fewer than 4 words [-] Ad has fewer than 50 words | Adnorms Grp = Online1OCT (10/2008-12/2009) | Run Date: Aug 24, 2010 2:41 PM

사진 18-4
An ad scoring very high on the Starch rating scale.

Readership Report가 유명하다. 이 조사를 통하여 한 잡지에 일회 노출된 광고의 효과, 혹은 몇 회에 걸쳐서 개제된 광고의 효과, 그리고 여러 잡지에 개제된 광고의 효과 등을 측정할 수 있다. 이 보고서는 매년 200여 개의 잡지사, 3,100개의 잡지에 개제된 15만5천 개의 광고를 가지고 재인 시험을 한다. 그 자세한 시험 방법은 **도표 18-13**에 설명되어 있으며 **사진 18-4**는 조사를 위한 응답지의 견본이다.

스타치 보고서는 (1) 광고에서 흡인력이 있는 부분이 무엇인지 밝히고, (2) 경쟁사 광고의 효과를 기준과 비교하여 분석하며, (3) 자사 대안 광고 효과도 평가하며, (4) 열독률readership 점수를 통하여 소비자의 광고에 대한 관여도involvement를 측정할 수 있다.

반면 스타치 보고서의 한계점은 아래와 같다.

1. **잘못된 응답**false claiming. 연구들에 따르면 재인 시험의 응답자들이 보지 않은 광고를 '보았다'고 응답하거나 반대로 본 광고를 '보지 않았다'라고 응답하는 경우가 있다고 한다. 전자의 경우 어디선가 비슷한 광고를 본 경험, 어떤 브랜드가 당연히 광고를 했을 것이라는 기대감, 조사를 진행하는 면접자에 대한 배려, 특정 상품군에 대한 관심 등이 보지 않은 광고를 보았다고 응답하게 만든다. 반면 시험 진행에 따라 피로가 쌓이면 본 광고를 보지 않았다고 응답하게 하기도 한다.
2. **면접자 오류**interviewer sensitivities. 재인 시험은 주로 면접자를 통해서 응답자를 인터뷰하는데 이 과정에서 조사를 진행하는 면접자에 따른 오류가 발생할 수 있다. 먼저 응답자가 여러 개의 광고를 보았는지에 대한 질문을 받을 경우 설사 모든 광고를 못 보았다고 해도 면접자에게 모두 못 보았다고 하기가 미안하거나 창피하여 그중 몇 개의 광고를 보았다라고 응답할 수 있다. 또 면접자의 인터뷰 질문이나 분위기에 따라 응답에 영향을 미치거나 유도될 수도 있다. 이런 부분은 면접자 교육을 통해 완화될 수는 있지만 완전히 없애기는 힘들다.
3. **재인 점수의 신뢰도**reliability of recognition scores. 스타치 보고서에 따르면 재인 점수의 신뢰도와 타당도는 비교되는 광고의 수가 많을수록 높아진다고 한다. 따라서 만약에 하나의 광고만을 측정한다면 신뢰도와 타당도에 문제가 생긴다.

정리하자면 몇몇 단점에도 불구하고 스타치 보고서는 인쇄매체를 통한 광고의 사후조사에 가장 널리 사용되는 방식이다. 특히 어떤 기준에 비교하여 광고 효과가 평가되고 광고가 여러 차례 개제될수록 조사의 신뢰도와 타당도가 높아진다는 점이 이 기법을 많이 사용하는 이유이다.

회상 시험 인쇄광고에 대한 또 다른 사후조사법으로는 **회상 시험**recall test이 있다. 앞서 다룬 재인과 회상의 차이를 먼저 살펴보자. 재인은 어떤 보기를 제시하고 그중에 본 기억이 있는 것을 고르는 형식(질문의 예: 다음은 A라는 잡지에

도표 18-14
Gallup & Robinson MIRS

목표
잡지광고의 회상도와 매력도를 측정하여 그 효과를 측정하기 위한 것.
방법
실험 참가자의 집으로 잡지를 배송하고 참가자는 그날 그 잡지를 읽는다. 다음날 면접자는 전화를 통하여 광고에 대한 회상, 광고 문안에 대한 회상, 광고에 대한 소비자의 인상을 질문한다. 일반적인 표본의 크기는 150명 정도이다.
결과물
세 가지 측정값을 알 수 있다. ■ 브랜드 기억: 정확하게 광고를 회상한 응답자의 비율 ■ 아이디어 커뮤니케이션: 응답자가 회상한 광고의 주요 세일즈 메시지의 수 ■ 우호적 구매 의도: 브랜드와 회사 제품에 대한 우호적인 구매 의도

개제된 광고들입니다. 이 중 광고를 본 기억이 있는 것을 선택해 주십시오)이라고 하면 회상은 보기의 제시 없이 기억하는 것을 직접 말하거나 적게 하는 것(질문의 예: A라는 잡지에 개제되었던 광고 중 기억나는 것을 직접 적어주시기 바랍니다)이다. 따라서 회상이 재인보다 더 깊은 수준의 기억이라고 할 수 있다. 이런 회상 시험에서는 Ipsos-ASI Next*Print 시험과 Gallup & Robinson MIRS Magazine Impact Research Service가 가장 유명하다(도표 18-14). 이 회상 시험은 앞서 방송광고의 사전 실험에서의 회상 시험과 유사한 방법으로 측정한다.

회상 시험도 몇 가지 단점이 있다. 일반적으로 실제의 회상보다 시험을 통한 회상 점수가 낮게 나오는 특징이 있지만 응답자가 특정 상품군에 관여도가 높거나 광고의 독특한 디자인 등의 요소가 있을 경우에는 실제보다 회상 점수가 높게 나온다. 이러한 오차 때문에 광고주들은 이 회상 점수를 사용하지 않거나 수정해서 사용하는 경우가 많다.반면 회상 시험의 장점은 광고에 대한 기억의 강도를 측정할 수 있다는 것이다. 여러 연구에서는 앞서 살펴본 재인 시험과 지금 살펴본 회상 시험의 결과가 상호 높은 상관관계를 가진다고 한다.

방송광고에 대한 사후조사

익일 회상 시험 버크 테스트Burke test라고도 불리는 익일 회상 시험day-after recall test(DAR)은 광고가 방영된 다음 날 광고의 회상 여부를 조사하는 것이다. 방송광고에 대한 사후조사 방법으로 인기가 있는 조사법이지만 제한된 표본수, 높은 비용,

보안 문제(광고가 방영되면 경쟁사에서 새로운 광고의 내용을 파악하게 됨)등의 단점도 있다. 익일 회상 시험은 널리 사용되어왔기 때문에 이에 대한 연구도 많다. 몇 가지 연구결과를 정리하면 다음과 같다.

1. DAR은 감성적 광고보다 이성적 광고일 경우 더 높은 점수를 받는다. 즉 광고의 내용이 감성적인 경우보다 이성적(혹은 생각하게 하는)인 경우 시청자가 그 메시지를 기억하기가 더 쉽다. 그래서 감성적 광고는 실제보다 회상 점수가 낮게 나오는 경향이 있다.[14]
2. 광고가 삽입된 프로그램의 성격에 따라 DAR 점수가 다르게 나온다.
3. DAR을 위해 미리 선발된 표본은 자신이 광고를 기억하는 실험의 대상이 된다는 것을 알기 때문에 광고를 보다 주의 깊게 보는 경향이 있다.
4. DAR에서 회상에 성공한 응답자라고 하여 광고메시지에 동의하거나 실제 물건을 산다는 보장은 없다. 즉 회상이 판매를 예측하지는 못한다.[15, 16]

반면 DAR의 주된 장점은 이것이 현장 조사field test라는 것이다. 자연적인 실험 환경이 보다 현실적인 응답을 가져온다. 또 이 조사는 비교할 수 있는 기준점을 제시하기 때문에 자사의 광고가 기준보다 얼마나 더 효과적인지 비교할 수 있다.

설득 측정 설득 측정persuasive measure은 광고를 보고 난 후 특정 브랜드에 얼마나 호감을 가지고 있는지를 측정하는 것이다. 극장 시험의 경우에는 여러 광고를 보여주고 추첨하여 경품을 지급한다고 고지한다. 그리고 응답자가 당첨되었을 때 광고에서 보았던 상품 중에 무엇을 가지고 싶은지 조사한다. 현장 조사의 경우 광고를 방영한 다음날 브랜드 선호도brand preference를 측정함으로써 조사한다. 어떤 경우에는 추가적으로 구매의도나 구매 빈도를 같이 측정하기도 한다.

진단법 진단법diagnostics은 광고에 대한 회상이나 설득 이외에 것들을 분석하는 것이다. 먼저 시청자의 광고에 대한 평가, 광고 아이디어나 제품 포지셔닝에 대한 이해도, 이성적 그리고 감성적 반응에 대한 것을 조사한다.

종합법 앞서 설명한 세 가지의 조사가 광고의 각 요소들을 측정하는 것(예를 들어 DAR은 회상)에 비하여 종합법comprehensive measure은 위 세 가지 조사를 한번에 실시하는 것이다. 즉, DAR, 설득 측정, 진단법을 한번에 실시하는 것과 비슷하다. 도표 18-15는 그 과정을 설명하고 있다.

도표 18-15
Ipsos-ASI의 Next*TV 조사법

목표
복합적인 방법을 이용하여 광고 문안을 평가하는 것. (1) 광고가 판매에 영향을 미칠 잠재력, (2) 광고가 브랜드자산에 미치는 영향, (3) 광고가 기존 광고 전략과 목표에 얼마나 부합되는지, (4) 효과가 얼마나 최적화되었는지를 평가한다.
방법
TV프로그램을 평가하는 것이라고 하여 소비자를 선발한다. TV프로그램에는 광고가 포함되어 있으며 지역별 방송 프라임타임에 방영된 프로그램을 선정한다. 소비자는 실제와 유사할 수 있도록 자신의 집에서 비디오를 통해 TV프로그램을 본다. 지역 케이블 프로그램을 통해 TV프로그램을 시청할 수도 있다.
결과물
■ 익일 회상률 ■ 브랜드 선호 변화, 구매 의도, 브랜드자산 등으로 측정된 설득 점수 ■ 소비자가 광고로부터 기억하는 메시지, 창의적인 부분, 광고 효과를 저해하는 요소에 대한 진단.

시험 마케팅 전국적인 광고를 실시하기 전에 특정 지역에 한정하여 먼저 실행하고 그 반응을 측정하는 것을 시험 마케팅test marketing이라고 한다. 이 경우 시험 마케팅을 하는 지역을 선정할 때는 제품의 표적고객을 가장 잘 반영하는 지역을 선정해야 한다. 시험마케팅에서는 주로 광고에 대한 반응, 예산 증감에 따른 효과 차이, 특별한 프로모션(가격할인 등)에 대한 반응 등을 조사한다. 시험 마케팅에 사용하는 광고는 실제 방영할 최종 버진을 가지고 실행한다.

사진 18-5
Ipsos-ASI는 종합적인 측정 방법을 제공한다.

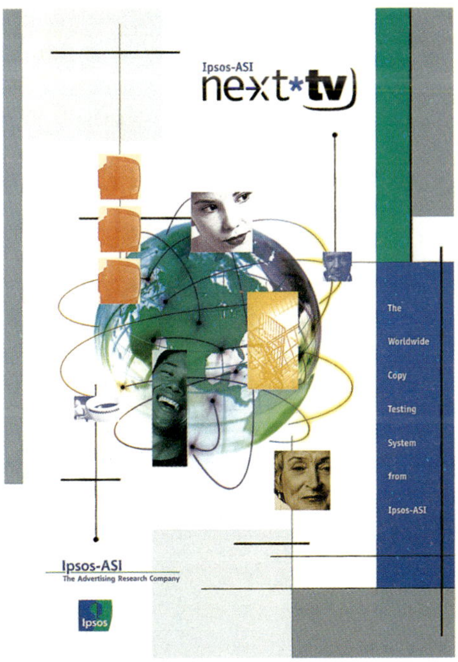

시험 마케팅의 가장 큰 장점은 현실성이다. 현실과 같은 상황에서 광고가 노출되기 때문에 시험효과가 최소화된다. 또 잘 설계된 시험 마케팅은 어느 정도의 통제도 가능하다. 반면 단점으로는 시간과 돈, 그리고 경쟁사에게 신제품 정보가 누출되거나 방해 받을 수 있다는 점이다.

시험 마케팅은 온라인 인터렉티브 캠페인에도 적용할 수 있으며 이미 많은 대기업들이 활용하고 있다. 미국의 세제 제조사인 렉킷Reckitt과 월풀은 iTV에 인터렉티브 캠페인을 시험 마케팅하였다. 여기서 소비자들은 (1) 월풀 식기세척기 추첨행사, (2) 렉킷사의 식기세척세제 샘플 신청, (3) 식기세척세제 할인 쿠폰 신청 등을 할 수 있었는데 당초 목표였던 35,000건 이상의 반응을 이끌어냈다.[17] 또 시어즈, 포드도 인터렉티브 광고에 대한 효과를 조사하였으며 크라이슬러도 온라인 게임을 이용한 버즈마케팅을 시험하였다.[18]

시험 마케팅은 앞서 말한 단점만 잘 제거한다면 광고 효과를 분석하는 데 아주 유용한 방법이다.

단일원천추적조사 단일원천추적조사single-source tracking study는 소비자가 TV를 보는 순간부터 각종 구매를 하는 과정을 추적하는 조사 방법이다. 실험 참가를 동의한 사람들은 먼저 자신의 각종 인구통계학적 정보를 제공한다. 그 다음 조사자는 실험 참가자를 두 그룹으로 나누는데 한 집단은 특정 광고를 시청하도록 하고 다른 집단은 광고를 보지 않거나 같은 회사의 다른 버전 광고를 보도록 하여 집단 간의 소비행태의 차이를 추적 조사하는 것이다. 실험참가자들의 소비행태는 물건을 구매할 때의 바코드로 조사되고 광고 노출과 구매 행위와의 상관관계를 분석한다.

단일원천추적조사는 광고에 대한 사전조사에도 이용되고 사후조사에도 이용할 수 있다. 즉 광고 예산 증감, 다른 디자인이나 광고문안을 사용했을 때 이런 변화가 매출에 어떤 영향을 주는지 조사하는 것이다.

IRBSInformation Resources' BehaviorScan사는 10년간 광고가 판매에 미치는 영향을 단일원천추적조사를 이용하여 조사하였다. 이 연구는 광고 문안, 매체 일정, 광고 예산, 판매촉진 등이 판매에 미치는 영향에 대하여 미국 내 10개 지역에서 조사하였다. 그 결과 광고는 그 광고캠페인이 끝나고도 최대 2년까지 매출 증대에 영향을 미치는 것으로 결론내렸다.[19] 이 연구에서는 광고문안에 대한 회상이나 설득률이 매출에 별다른 영향을 미치지 않는다는 결과도 나왔다. 단일원천추적조사는 IRBS, IMSIntegrated Marketing Solutions, AC닐슨A. C. Nielsen의 ScanTrack 등 많은 마케팅 회사에서 사용하고 있다.

많은 광고주들이 단일원천추적조사가 광고 효과 측정방식에 혁신적 변화를 가져왔다고 말한다. 이 방식의 장점은 통제할 수 있다는 것과 광고 효과가 매출에 미치는 영향을 직접적으로 측정할 수 있다는 것이다. 단일원천추적조사도 단점이 있다. 조사에서 사용하는 스캐너 데이터가 단기적인 판매 효과만을 측정하며 이는 전체 광고 효과의 10~30% 정도에 불과하다는 것이다.[20] 또 다른 단점은 조사가 너무 복잡하며 과도한 정보가 수집된다는 것이다. 물론 비용이 많이 든다는 것

사진 18-6
추적조사는 유용한 측정지표를 제공한다.

도 단점이다. 이런 단점들 때문에 이 기법을 이용하는 회사들이 많지는 않았지만 1990년대 이래로 이제는 갤럽을 포함한 많은 마케팅 회사들이 이용하고 있다.

인쇄/방송광고 추적조사tracking print/broadcast ads 사후조사에서 가장 일반적인 광고캠페인 효과조사 방법이 인쇄/방송광고 추적조사로 일정간격을 두고 측정하는 것을 말한다. **추적조사**tracking study는 광고 효과를 인지도, 회상, 흥미, 광고와 브랜드에 대한 태도, 그리고 구매의도를 바탕으로 측정한다. 또 인터뷰, 전화설문이나 다른 설문지 방식을 사용하기도 한다. 일반적으로는 250~ 500명 정도의 표본을 대상으로 분기별 혹은 반기별로 실시한다. 추적조사는 마케팅관리자에게 현재 캠페인의 평가와 미래 광고에 대한 기획에 가장 가치 있는 정보를 제공하는 것으로 알려져 있다(**사진 18-6**).

추적조사의 가장 큰 장점은 특정 광고캠페인 상황에 맞게 조사 방식을 맞춤형으로 설계할 수 있다는 것이다. 표준적인 조사 방법은 광고캠페인이 일정 기

도표 18-16
적절한 추적조사를 위한 요인들

1. 적절히 정의된 목표
2. 매출 목표와의 일치
3. 적절히 설계된 측정방법(예: 적절한 표본크기, 인터뷰 절차의 통제, 추적 기간의 설정 등)
4. 반복되는 표본 설계간의 일관성
5. 무작위 표본 추출
6. 지속적인 면접
7. 측정지표와 실제 행동(예: 구매)간의 관계에 대한 평가(예: 회상보다는 태도가 실제 구매를 더 잘 예측함)
8. 오차를 최소화하기 위하여 중요한 질문을 먼저 하기
9. 경쟁사의 실적도 측정
10. '어떤 매체를 통해 광고를 보았습니까?'와 같은 질문을 맹신하지 않기(TV가 항상 제일 높게 나오므로)
11. 조사에 뉴스 가치도 같이 평가하기
12. '평균의 추세'를 분석하여 장기적인 추세를 분석할 것
13. 개별 데이터를 나열하지 말고 데이터 간의 관계를 분석할 것
14. 추적조사 결과를 시장의 주요 사건과 통합 분석할 것(예: 프로모션 활동, 가격 변화, 새로운 광고캠페인, 새로운 브랜드의 출시, 경제 여건 변화 등)

간 동안 소비자 구매깔때기consumer purchase funnel에 미친 영향을 측정하는 것이다. Yankelovich와 TVBTelevision Bureau of Advertising의 조사에 의하면 제품 카테고리와 소비자가 구매깔때기의 어떤 단계에 있는가가 광고 효과에 가장 큰 영향을 미친다고 한다. 또 어떤 광고매체를 사용하는지도 소비자를 구매깔때기의 다음 단계로 이동시키는 데 작용한다.[21] 추적조사는 광고 예산에 따른 효과, 매체 일정에 따른 효과, 브랜드나 기업 이미지, 특정 광고문구에 대한 회상도 조사할 수 있다. 하지만 어떤 조사대상은 쉽게 개량화 할 수 없다는 한계점도 있다. 그럼에도 불구하고 적절한 조사 설계를 한다면(**도표 18-16**과 같이) 추적조사는 높은 신뢰도와 타당도를 담보할 수 있는 좋은 효과 조사법이라고 할 수 있다.

추적조사의 한계점은 회상과 재인을 측정하는 것에서 발생하는데 여러 외부 변수들이 브랜드와 광고의 회상에 영향을 미치기 때문이다. 이런 단점에도 불구하고 추적조사는 광고캠페인의 효과를 조사하는 매우 효과적인 도구라 할 수 있다.

지금까지 여러 광고 효과 조사법을 학습하였다. 각각의 조사법에는 장점과 단점이 있었고 때문에 '정말 광고 효과를 정확히 측정할 수 있는 방법이 있을까?' 또는 '정말 타당성과 신뢰성이 높은 효과 측정을 하려면 어떻게 해야 할까?'하는 의문을 가질 수도 있다. 그럼 이에 대한 논의를 해 보도록 하자.

광고 효과 조사를 위한 프로그램을 구축하기

광고 효과를 측정하기 위한 완벽한 방법은 존재하지 않는다. 하지만 마케팅 활동이 어떤 기여를 하는지 평가하기 위해 측정 방식을 개선할 수 있는 방법들은 있다. 그럼 일반적인 효과 측정 방법의 문제점을 확인하고 그 개선점을 살펴보자.

현재 조사방식의 문제점

위에서 살펴본 조사 방법들을 PACT(**도표 18-4**)와 비교하여 보면 어떤 것들은 쉽게 달성할 수 있으며 어떤 것들은 좀 더 개선의 노력이 필요하다는 것을 알 수 있다. 예를 들어 6번 원칙(비교되는 광고문구는 완성도가 같을 것)은 그리 어렵지 않게 달성할 수 있다. 원칙 1과 2(광고 목표와 관련 있는 측정방법을 준비하고 조사 결과를 어떻게 활용할지 미리 합의할 것)도 달성하기 쉬운 편이다.

반면 원칙 3, 5, 6은 (물론 통제할 수 있지만) 다소 달성하기 어렵다. 원칙 3(복수의 지표를 측정)에 따르면 복수의 지표를 측정해야 한다. 특히 가능하면 유사한 두 가지 이상의 지표를 측정하고 지표 간 신뢰도를 달성해야 한다. 원칙 5(광고 자극에 한 번 이상 노출)는 적절한 조사디자인을 통하여 충족할 수 있다. 마지막으로 원칙 8(표본에 대한 정의)은 광고에 대한 표적고객이 포함될 수 있도록 표본을 구성해야 한다. 예를 들어 술을 마시지 않는 표본을 가지고 신제품 주류 광고를 시험해서는 안 된다는 것이다.

가장 통제하기 힘들고 좋은 조사와 나쁜 조사를 구분 짓는 것은 바로 PACT의 4, 7, 9번 원칙을 달성하는 것이다. 원칙 4(커뮤니케이션에 대한 청중의 반응 모델 이용)가 중요한 시작점이라고 할 수 있다. 왜냐하면 원칙 4는 적절한 조사를 위해서 꼭 지켜져야 하는 항목이기 때문이다. 5장의 내용을 기억해 보면 거기에서 여러 가지 커뮤니케이션 모델들이 소개되었고 이런 모델을 사용한다면 원칙 4는 충족될 수 있을 것이다. 이런 모델을 이용한 효과 측정 조사를 살펴보면 대부분 회상에 대한 측정과 태도 변화, 혹은 브랜드 선호 변화를 측정한다.

원칙 7(광고가 노출되는 상황에 편향 효과가 나타나지 않도록 통제)은 상대적으로 달성하기 쉬운 편이다. 하지만 실험실에서 측정할 경우 통제는 가능하지만 실험실이라는 인공의 환경 때문에 시험 효과testing effects가 발생한다는 점을 고려해야 한다. 현장조사의 경우는 현실성이 높은 대신에 통제하기가 힘들다. 앞서 설명한 Seagram과 Time의 시험 마케팅test marketing 기법은 원칙 7을 충족하기 위한 좋은 조사법이기는 하지만 워낙 복잡하고 시간과 비용이 많이 들어 이런 방식으로 조사를 수행할 여력이 있는 회사가 별로 없을 것이다. 또 단일원천추적조사나 추적조사도 원칙 7을 달성하기 적절한 조사법이다.

마지막으로 그리고 가장 중요한 것이 바로 원칙 9(타당도와 신뢰도)를 달성하는 것이다. 앞서 설명한 대부분의 조사법들이 타당도와 신뢰도 측면에서 문제점이 있는 경우가 많았다. 타당도와 신뢰도를 달성했는가는 바로 좋은 조사와 나쁜 조사를 구분 짓기 때문에 꼭 달성해야 하는 목표이며 앞서 원칙 1~8을 충실히 지켰다면 원칙 9는 달성되었다고 볼 수 있다.

효과적인 조사를 위한 필수 사항

효과적인 조사를 위해서는 앞서 언급한 PACT의 아홉 가지 원칙을 달성하는 것이 중요하다. 이를 달성하기 위해서 프로모션을 기획하는 과정에서 다음의 의사결정단계를 따르는 것이 좋다.

- **커뮤니케이션 목표를 설정할 것.** 광고 효과를 측정하는 여러 조사 기법들이 있지만 광고가 판매에 미치는 영향을 직접적으로 측정하기는 거의 불가능하다. 따라서 일반적인 광고에 따른 마케팅 목표는 커뮤니케이션의 효과를 측정하는 데 적절하지 못하다. 따라서 마케팅 목표(예: 판매 증가)를 달성하는 데 영향을 미치는 커뮤니케이션 목표(예: 광고 회상, 광고와 브랜드에 대한 태도 등)를 설정하고 이를 측정하는 것이 바람직하다.
- **소비자 반응 모형을 사용할 것.** 이 책의 전반부에서는 효과계층 모형hierarchy of effects model, 인지반응 모형cognitive response model 등의 소비자 반응 모형을 살펴보았다. 어떻게 커뮤니케이션의 효과가 나타나는지 그리고 어떻게 커뮤니케이션의 목표를 달성할 수 있는지를 설명해 주는 모형을 효과 측정에 이용해야 한다.
- **사전조사와 사후조사를 모두 실시할 것.** 비용 등을 고려할 때 사전조사만을 진행하는 경우가 있다. 하지만 사전조사와 사후조사를 모두 실시해야 사전조사

의 한계를 극복하고 광고캠페인이 판매에 실제 어떻게 영향을 미쳤는지 까지 측정할 수 있다.

- **복수의 지표를 측정할 것.** 효과 측정을 위해 단지 하나의 측정지표(예를 들어 광고 회상률만 측정하거나 판매량만 측정하는 것)만 측정하는 경우가 있다. 하지만 광고는 소비자에게 다양한 영향을 미치므로 하나의 측정지표만을 이용하여 그 효과를 측정하는 것은 부적절하다. 가능한 다양한 측정지표를 동시에 측정하는 것이 좋다.
- **적절한 조사 방법론을 알고 이를 실행하는 것.** 조사자는 조사 방법론에 대한 기본적인 지식을 가지고 있어야 한다. 좋은 조사는 무엇인지, 타당도와 신뢰도는 달성되었는지, 우리가 측정하고자 하는 것은 무엇인지 등을 알고 있어야 하는 것이다.

ARFAdvertising Research Foundation에서 실시한 조사는 12,000~15,000명의 사람들을 통하여 광고 효과조사 기법에 대한 연구를 하였고 응답자들은 위에서 언급한 부분에 대한 문제점을 인식하였다.[22] 광고 효과 조사와 관련하여 ARF가 진행한 보다 자세한 연구들은 문헌조사를 통해 참조하기 바란다.

다른 프로모션 도구를 위한 효과 측정법

앞서 설명한 광고 효과 측정 이외에 다른 프로모션별 효과 측정방법을 살펴보도록 하자.

판매촉진의 효과 측정

판매촉진은 소매점에만 한정되는 것이 아니다. 예를 들어 프로야구 구단의 마케팅 담당자는 판매촉진을 통해 야구장에 더 많은 관중이 올 수 있도록 유도한다.

여러 마케팅 회사들이 판매촉진의 효과를 측정한다. 마켓소스MarketSource라는 회사는 샘플링 프로그램의 효과를 측정한다. 간략하게 측정방법을 소개하면 이 회사는 샘플링에 들어간 비용을 샘플링 사용자가 유발하는 이익으로 나누어 손익분기율breakeven rate을 계산한다. 샘플링 프로그램이 손익분기율을 달성하면 그 샘플링 프로그램은 성공적이었다고 할 수 있는 것이다.[23] 또 프로모션디시전

도표 18-17
FSIs의 효과 측정

프로모션디시전사의 연구는 27개 쿠폰의 실제 사용자와 비 사용자의 구매 데이터를 분석했다. 그 결과는 아래와 같다.

- FSI 쿠폰은 시용(trial)을 현격하게 증가시켰다.
- 쿠폰 사용자는 쿠폰 비사용자에 비하여 11.8% 더 높은 재구매율을 기록했다.
- 쿠폰 사용자 중 재구매를 한 사람의 64.2%는 재구매시 쿠폰을 사용하지 않았다.
- 쿠폰 발행에 따른 비용의 71%-79%가 12주 안에 회수되었다.
- 전면 광고를 했을 때 쿠폰 사용율, 구매량, 새로운 소비자의 구매, 재구매자의 수가 반 페이지 광고에 비교하여 더 높았다.

Promotion Decisions사는 FSIsfreestanding inserts(**도표 18-17**)를 통해 쿠폰의 효과를 측정한다.

다른 판매촉진 효과 측정 방법도 있다. 미국의 Schnucks, Smitty's Super Valu, Vons 등의 회사는 스캐너 데이터를 통한 판매촉진의 효과를 측정한다. 또 다른 회사들은 브랜드와 소매점 전환, 대안 프로모션, 가격할인, 상품화merchandising 기법 등의 효과를 측정한다.[24] 또 다른 회사들은 인지율 추적조사, 제품 문의 빈도, 쿠폰 사용회수, 추첨행사 응모수 등을 조사하기도 한다. 마지막으로 프로모션 기간과 프로모션을 하지 않는 동안의 매출액의 차이를 비교하기도 한다.

판매촉진 효과 조사법으로 최근 소개된 방법은 쇼퍼트랙Shopper Trak사에서 제공한 POSpoint of sale의 효과 측정이다. 이 조사법은 소매점에 여러 개의 센서를 설치하여 구매자들의 동선을 분석하고 이를 토대로 매장 내 프로모션이나 매장 내 광고판의 효과를 측정하는 것이다.[25]

비전통적 매체의 효과 측정

13장에서 비전통적 매체의 단점으로 그 효과를 측정하기 어렵다는 점을 언급했다. 하지만 아래의 예를 보면 비전통적 매체도 효과를 측정할 수 있음을 볼 수 있다.

- **쇼핑카트 광고의 효과.** 쇼핑카드에 부착된 광고는 판매에 긍정적인 영향을 준다고 할 수 있다. 한 연구를 보면 슈퍼마켓의 방문자를 대상으로 인터뷰를 진행하여 쇼핑카드 광고에 대한 인지도, 관심도, 영향도를 측정하였다.[26]
- **스키장의 각종 광고매체에 대한 효과.** TABTraffic Audit Bureau는 스키장의 리프트

광고나 다른 광고판에 대한 효과를 측정하였다. 이들은 스키장 광고판에 대한 노출횟수, 광고에 대한 회상 등을 측정하고 이를 제품 판매 데이터와 연계하여 광고판의 효과를 측정하였다.[27]

- **매장 내 라디오와 텔레비전의 효과.** IMSInteractive market Systems는 광고주들이 매장 내 라디오의 효과를 측정할 수 있는 소프트웨어를 제작하였으며 매장 내 텔레비전 효과 측정을 위한 소프트웨어도 개발 중이다.[28]
- **다른 매체의 효과.** 많은 회사들이 다양한 매체의 효과를 조사하고 있다. 제품 디자인, 구매시점 광고, 박람회 전시 등의 효과를 측정하고 있다. 또 닐슨Nielsen Entertainment and Massive사는 비디오게임에 있는 광고 효과를 측정하는 서비스를 제공하고 있다.[29]

스폰서십의 효과 측정

이 책의 전반부에서 스폰서십 분야가 성장하고 왜 많은 회사들이 이 분야에 투자하는지를 살펴보았다. 스폰서십의 지출이 늘어나면서 이에 대한 효과 측정방법도 다양하게 제안되고 있다. 스폰서십의 효과 측정방법은 크게 노출을 측정하는 것과 효과를 추적하는 것으로 나눌 수 있다.[30]

- **노출 측정법.** 노출 측정법은 스폰서십이 각종 언론매체를 통해 얼마나 노출되었는지를 계량적으로 측정하는 것이다. 많은 회사들이 가장 흔히 사용하는 방법이기는 하지만 많은 비판도 받고 있다. 예를 들어 Michel Pham은 스폰서십의 목적이 언론 노출이 아닌 이상 이런 방식으로 효과를 측정해서는 안 된다고 했다. 그는 노출을 측정하는 것이 브랜드에 대한 인식, 태도 변화, 행위 변화 등을 알려줄 수 없기 때문에 스폰서십 효과 측정법으로 적당하지 않다고 했다.[31]
- **효과 추적법.** 이 측정법은 설문지를 통하여 스폰서십이 인지도, 친숙도, 선호도에 어떤 변화를 주었는지를 측정하는 방법이다. 많은 조사에서 스폰서 광고에 대한 회상도, 인지도와 스폰서 브랜드에 대한 태도, 브랜드와 기업에 대한 이미지 등을 측정한다.

많은 기업들이 현재 스포츠 스폰서십의 효과를 측정하고 있다. 예를 들어 스폰서십 노출에 대한 광고료 환산방식이 있다. 먼저 후원한 스포츠 경기의 TV중계 화면에서 스폰서의 로고가 선명하게 보인 장면의 시간을 모두 더한다. 그리고 총 스폰서 로고 노출시간을 30초로 나눈다. 즉, TV중계에서 자사의 로고가 30초간 노출되었다면 30초간 TV광고를 한 것으로 환산하는 것이다. 여기에 해당 방송사와 방송시간의 광고단가를 곱하면 총 광고료 환산 효과를 계산할 수 있다(이런 기법의 적절성에는 이견이 있다).

퍼포먼스리서치Performance Research라는 조사회사는 브랜드 인지도에 미치는 효과와 이미지 변화를 측정하고, PSPS Productions사는 이벤트 스폰서십과 매출증가의 관계를 조사한다. PS사는 스폰서십 비용과 스폰서십에 의한 혜택을 고려하여 매출 목표를 계산한다. 그리고 만약 이 매출 목표를 달성한다면 효과적인 스폰서십이라고 할 수 있다.

위의 측정법들은 각각의 장점과 단점이 있으며 효과 측정에 한계가 있는 것이 사실이다. John Nardone과 Ed See는 대부분의 마케터들은 스폰서십 노출 횟수와 회상율 정도로만 스폰서십 효과 측정을 한다고 한다. 여기서 중요한 질문은 '여러분이 진행하는 스폰서십이 얼마나 적절한 비용을 지출하여 어떻게 브랜드자산을 형성하는 데 도움을 주는가?'이다.[32] **도표 18-18**은 스폰서십 효과 측정을 위한 8단계를 제안하고 있다.

도표 18-18
스폰서십 효과 측정을 위한 8단계

1. 명확한 목표 설정.
2. 벤치마크할 프로그램을 선정하여 탄탄한 전략을 수립하고 자사의 스폰서십 프로그램의 효과를 벤치마크한 프로그램과 비교하여 분석한다.
3. 측정할 수 있고 실현 가능한 목표를 설정한다. 그리고 목표 달성을 지원한다.
4. 마케팅 요소들은 바꾸기보다는 개선시킨다.
5. 마케팅 계획의 기본에 충실한다. 즉, 스폰서십 프로그램도 기업의 표적고객층을 대상으로 실시한다.
6. 스폰서십 관리자의 관여 정도를 결정한다. 회사의 다른 조직들과는 얼마나 같이 일할 것인가? 내외부적으로 팀을 조직할 사람은 누구인가?
7. '장기적 관점'의 계획을 수립하라. 브랜드자산을 구축하는 데에는 시간이 소요된다. 그리고 스폰서하는 이벤트 전후에 가능한 오랫동안 스폰서십 관련 행사를 지속하라.
8. 전체 스폰서십 프로그램에 평가와 이와 관련된 예산을 편성하라. 스폰서십과 관련하여 사전, 사후 태도 설문, 매체 분석, 판매 분석과 같은 평가를 실시하라.

다른 IMC 프로그램 요소의 효과 측정

지금까지 여러 마케팅 회사들의 다양한 광고와 프로모션 효과 측정 방법에 대하여 알아보았다. 덧붙여 IMC 프로그램이 점점 더 중요해지고 있기 때문에 프로그램 요소 간의 시너지 효과를 측정하는 것이 중요하다. 1993년 이래 지금까지 중요한 광고상인 오길비상Ogilvy Award의 수장작을 분석해 보면 단지 하나의 광고 캠페인만 진행한 작품에 비하여 여러 추가적인 매체를 활용한 작품과 여러 매체의 전체적인 효과를 잘 측정한 작품이 상을 수상했음을 알 수 있다. 이런 추세 속에서 비전통적인 매체, PR, 판매촉진 등의 활동을 대상으로 한 런던의 Institute of Practitioners상도 제정되었다.[33]

그래서 두 개 이상의 매체를 활용한 프로모션 활동에 대한 시너지 효과를 측정하는 많은 연구가 실시되었다. 대부분의 연구에서 복수의 매체를 활용할 때의 효과가 높게 나왔다. 예를 들어 미국의 대형 유통업체인 월마트는 부정적인 홍보에 의한 기업이미지 하락이 심각하게 나타났었다. 이에 대하여 월마트는 PR캠페인을 강화하고 회사 이미지를 높이기 위한 광고캠페인도 진행하였다. 일년 정도의 복수의 매체(PR과 광고)를 이용한 캠페인을 통하여 월마트는 기업 이미지의 향상을 이끌어내었다.[34]

밀워드브라운Millward Brown이나 닐슨미디어리서치Nielsen Media Research 같은 회사는 일반 광고의 효과 측정 방식을 적용하여 온라인 광고의 효과를 측정하고 있다.[35] 또 인티그레이션Integration이라는 회사는 IMC 프로그램의 전체적인 효과를 측정하는 좋은 방법을 제안하고 있다. 이 회사는 IMC 프로그램의 효율과 함께 효과

도표 18-19
효율과 효과를 모두 측정하기 위한 방법

IMC 기획의 가장 중요한 이슈는 가장 적절한 접촉이 무엇인지 찾는 것이다.

질문: 우리는…
효과적인가? 올바른 일을 하고 있는가? 효율적인가? 일을 잘 하고 있는가?
효율만을 측정하는 현재의 방식
도달률, 빈도, GRPs(매체 조사) 시장활동의 비중(추정지표)
효과와 효율을 모두 측정하기 위한 MCA(Market Contact Audit)
접촉의 영향 소비자 브랜드 경험

도 같이 측정해야 한다고 하며 기존의 측정 방법은 주로 효율에만 초점을 맞추고 있어 이를 개선한 측정방법을 사용해야 한다고 한다(**도표 18-19**). 이를 위해 기업은 해당 상품과 소비자 사이의 가장 적절한 접촉(매체)을 찾는 것이 중요하고 소비자들이 브랜드와 어떤 관계를 형성했는지를 측정함으로써 전체적인 IMC 프로그램의 효과를 측정할 수 있다고 한다.[36]

이번 장을 정리하면 광고와 프로모션의 효과를 측정하는 여러 기법들은 그들만의 장점과 단점이 있다. 각각의 측정법들은 광고주에게 프로모션 활동의 효과에 대한 평가의 기회를 제공해 준다. 모든 프로모션 활동의 효과를 측정할 수는 없지만 점차 효과 측정에 대한 기법이 개발되고 있다.

요약

이번 장은 광고와 프로모션의 효과를 측정하는 것에 관련된 여러 이슈들을 살펴보았다. 광고에 대한 효과를 측정해야 하는 이유, 하지 않는 이유, 그리고 다양한 측정기법들에 대한 소개와 평가가 있었다. 이에 대하여 몇 가지 결론도 도출할 수 있었다. (1) 광고의 효과를 조사하는 것은 전체 프로그램의 성공을 위해 중요하다. (2) 하지만 이런 조사에 소홀한 회사들도 있다. (3) 현재의 조사기법 중에는 문제가 있는 것도 있다. 또한 보다 효과적인 조사를 실시하기 위한 개선방법도 제안하였다.

마케팅 관리자들은 그들의 프로모션 프로그램이 잘 실행되었는지 항상 알고자 한다. 이런 정보는 특히 다음 번 프로그램을 기획하는 데 아주 중요하다. 문제는 프로모션의 효과를 측정하는 기법들이 효과를 정확히 측정하지 못하거나 그 결과가 잘못 이용된다는 것이다.

또 이번 장에서는 효과 조사를 실시할 때 PACT가 제안한 아홉 가지의 조사 원칙을 지키는 것이 중요하다는 것을 강조하였다. 그리고 이에 따르면 사전조사와 사후조사가 병행되어야 한다.

여러 가지 조사 방법이 소개되었는데 이런 조사들은 Ipsos-ASI, MSW, Arbitron, AC닐슨 같은 회사들이 자신들만의 조사기법을 개발하여 제공하고 있다. 또한 인터넷의 발달과 더불어 인터넷을 통한 조사도 증가하고 있다.

단일원천조사기법에 대해서도 얘기했는데 단일원천조사기법은 광고의 노출과 반응을 실제 제품판매 데이터와 비교 분석함으로써 측정 방법의 효과를 크게 향상시켰다.

효과 측정을 위해서 다른 측정지표를 사용하면 다른 결과를 도출할 수도 있다는 점을 인식하는 것은 매우 중요하다. 광고 효과를 한 측정지표를 사용하여 조사하였을 때 아주 효과적으로 평가된 광고가 다른 측정지표를 사용하였을 때에는 효과가 없는 것으로 결론이 날 수 있다. 때문에 광고와 프로모션의 효과를 측정할 때에는 커뮤니케이션 목표를 분명히 정하고 복수의 측정지표를 사용하여 효과 측정을 하는 것이 매우 중요하다.

토론문제

1. 여러 요소들로 구성된 IMC 프로그램의 효과를 측정하기 어려운 이유는 무엇인가?
2. 광고주들이 사용하는 여러 사전조사기법에 대하여 논하시오. 왜 마케팅 담당자는 사전조사를 해야 하는가? 사전조사를 하지 않는다면 그 이유는 무엇일까?
3. 현재 많이 사용하고 있는 효과 측정지표들의 문제점은 무엇인가? 효과적인 조사기법의 필수 요건은 무엇인가?
4. 오길비상은 광고캠페인의 효과를 성공적으로 측정한 광고주와 그 대행사에게 수여되는 상이다. 오길비상에 대하여 인터넷 검색을 하여 오길비상을 수상한 캠페인을 하나 찾아보시오. 그리고 왜 그 캠페인이 성공적이었는지 토론해 보시오.
5. 사전조사를 하지 않고도 효과적인 광고를 만들 수 있는 경우는 무엇이 있을지 예를 들어 설명하시오. 왜 광고주는 사전조사를 하지 않고 광고를 만들었을까?
6. 실험실조사와 현장조사의 차이점은 무엇인가? 각각의 장점과 단점은 무엇인가? 각각의 조사기법은 어떤 경우에 더 효과적인가?
7. 이번 장에서는 광고의 효과 측정을 위해 신경과학을 이용한 측정법을 설명하였다. 이런 조사기법을 사용할 경우의 장점과 단점은 무엇일까? 어느 경우에 광고주는 신경과학을 이용한 조사법을 사용해야 할까?
8. 과거에는 아이트래킹을 이용하여 광고 효과조사를 하였고 지금은 이 기법이 더욱 다양하게 사용되고 있다. 다양한 광고와 프로모션 효과조사에 아이트래킹이 어떻게 사용될 수 있을지 토론해 보시오.
9. 어떤 회사들은 완성되지 않은 초기버전의 광고시안으로 시험을 하고 다른 회사들은 완성된 최종버전의 시안으로 시험을 한다. 초기버전의 시안으로 시험하는 경우와 최종버전의 시안으로 시험하는 경우 각각의 장단점을 논하시오.
10. 왜 어떤 회사들은 프로모션 프로그램의 효과를 측정하지 않는지 논의해 보시오. 효과 측정을 하지 않는 이유는 무엇일까? 혹은 효과 측정을 해야 하는 이유는 무엇일까?

미주NOTE

1장

1. "Media Advertising & Non-Advertising Marketing Communications Investment Report 2009–2010," *Jack Myers Media Business Report* (Rhinebeck, NY; M.E.D.I.Advisory Group LLC, December 7, 2009).

2. Ibid.

3. Suzanne Vranica, "For Ad Industry, 2010 Promises Scant Relief," *The Wall Street Journal*, December 24, 2009, p. B5.

4. "AMA Approves New Marketing-Definition," *Marketing News*, March 1, 1985, p. 1.

5. Richard P. Bagozzi, "Marketing as Exchange," *Journal of Marketing* 39 (October 1975), pp. 32–39.

6. Lisa M. Keefe, "Marketing Defined," *Marketing News*, January 15, 2008, pp. 28–29.

7. Frederick E. Webster, Jr., "Defining the New Marketing Concept," *Marketing Management* 3, no. 4 (1993), pp. 22–31.

8. Adrienne Ward Fawcett, "Integrated Marketing—Marketers Convinced: Its Time Has Arrived," Advertising Age, November 6, 1993, pp. S1–2.

9. "Do Your Ads Need a SuperAgency?" *Fortune*, April 27, 1991, pp. 81–85; Faye Rice, "A Cure for What Ails Advertising?" *Fortune*, December 16, 1991, pp. 119–22.

10. Scott Hume, "Campus Adopts 'New' Advertising," *Advertising Age*, September 23, 1991, p. 17.

11. Don E. Schultz, "Integrated Marketing Communications: Maybe Definition Is in the Point of View," *Marketing News*, January 18, 1993, p. 17.

12. Ibid.

13. Joep P. Cornelissen and Andrew R. Lock, "Theoretical Concept or Management Fashion? Examining the Significance of IMC," *Journal of Advertising Research* (September– October 2000), pp. 7–15.

14. Philip J. Kitchen, Joanne Brignell, Tao Li, and Graham Spickett Jones, "The Emergence of IMC: A Theoretical Perspective," *Journal of Advertising Research* (March 2004), pp. 19–30.

15. Don E. Schultz, "IMC Receives More Appropriate Definition," *Marketing News*, September 15, 2004, pp. 8–9.

16. Joep P. Cornelissen and Andrew R. Lock, "Theoretical Concept or Managemet Fashion? Examining the Significance of IMC."

17. Harlan E. Spotts, David R. Lambert, and Mary L. Joyce, "Marketing Déjà Vu: The Discovery of Integrated Marketing Communications," *Journal of Marketing Education*, 20(3) (December 1998), pp. 210–18.

18. Tom Duncan and Sandra E. Moriarty, "A Communication-Based Model for Managing Relationships," *Journal of Marketing* 62(2) (April 1998), pp. 1–13.

19. Anthony J. Tortorici, "Maximizing Marketing Communications Through Horizontal and Vertical Orchestration," *Public Relations Quarterly* 36(1) (1991), pp. 20–22.

20. Emily Steel, "Advertising's Brave New World: Different Lineup of Players Emerges with Online's Rise," *The Wall Street Journal*, May 25, 2007, p. B1.

21. W. Glynn Mangold and David J. Faulds, "Social Media: The New Hybrid Element of the Promotion Mix," *Business Horizons* 52(4), July/ August 2009, pp. 52, 357–365.

22. Nat Ives, "Consumers Bugged by Many Ads," *Advertising Age*, December 1, 2008, http://adage.com/printe?article_id=132867.

23. Eric Tegler, "Ford is Counting on Army of 100 Bloggers to Launch Fiesta," *Advertising Age*, April 29, 2009, http://adage.com/printe?article_id=136045.

24. Bob Garfield. "The Chaos Scenario 2.0 the Post Advertising Age," *Advertising Age*, March 26, 2007: pp. 1, 12–14; Sergio Zyman, *The End of Marketing As We Know It* (New York: HarperBusiness, 1999); Joe Cappo, "Agencies: Change or Die," *Advertising Age*, December 7, 1992, p. 26.

25. Andrew Hampp, "Five Best Branded-Entertainment Deals of 2009, *Advertising Age*, http://adage.com/print?article_id=141218.

26. "World Internet Usage and Population Statistics," http://www.internetworld stats.com/stats.htm., 2009.

27. Social Media and Young Adults, February 2010, http://www.pewinternet.org/Reports/2010/Social-Media-and-Young-Adults.aspx.

28. Wemer Reinhartz, Manfred Krafft, and Wayne D. Hoyer, "The Customer Relationship Management Process: Its Measurement and Impact on Performance," *Journal of Marketing Research* 41 (August 2005), pp. 293– 305.

29. Kevin Lane Keller, "The Brand Report Card," *Harvard Business Review* 78(1) (January/February 2000), pp. 3–10.

30. Kevin Lane Keller, "Conceptualizing, Measuring, and Managing Customer-Based Brand Equity," *Journal of Marketing*, 57 (January 1993), pp. 1–22.

31. Michael L. Ray, *Advertising and Communication Management* (Englewood Cliffs, NJ: Prentice Hall, 1982).

32. Ralph S. Alexander, ed., *Marketing Definitions* (Chicago: American Marketing Association, 1965), p. 9.

33. "Network Television Cost and CPM Trends," Trends in Media, Television Bureau of Advertising, New York. http://www.tvb.org/rcentral.

34. Kenneth Hein, "Study: TV Ads More Effective Than Ever," *Adweek*, February 25, 2009, Adweek.com.

35. Rita Chang, "Marketers Say Hello to Long-Awaited Mobile Technology," *Advertising Age*, http://adage.com/print?article_id=135248; Alice Z. Cuneo, "Mobile Marketing Based on Place is Finally Making Strides," *Advertising Age*, March 31, 2008, p. 24; Alice Z. Cuneo, "Wireless Giants Leap into Third-Screen Marketing,"

adage.com, September 11, 2006.

36. Stephanie Startz, "Starbucks Offers iPhone App and 'Local' Branding to Regain Its Footing," *Brand Channel*, September 24, 2009, http:// www.brandchannel.com/ home/post/ 2009/09/24/Starbucks-Offer.

37. Andrew Adam Newman, "For Those Who Want Their Cereal Extra Manly," *The New York Times*, July 23, 2009, p. B3.

38. "2009 PROMO Industry Trends Report," *Promo*, http://promomagazine .com/09-industry-trends-report/.

39. Stephanie Thompson, "Food Fight Breaks Out," *Advertising Age*, January 17, 2005, pp. 1, 25.

40. Kate Linebaugh and Norihiko Shirouzu, "Toyota Halts Sales over Safety Issue," *The Wall Street Journal*, January 26, 2010, p. B2.

41. Kathy Jackson, "Toyota Sales Strategy Threatens Pricing Power," *Advertising Age*, March 22, 2010, http://adage.com/ print?article_id=142997.

42. H. Frazier Moore and Bertrand R. Canfield, *Public Relations: Principles, Cases, and Problems*, 7th ed. (Burr Ridge, IL: Richard D. Irwin, 1977), p. 5.

43. Jooyoung Kim, Hye Jin Yoon, and Sun Young Lee, "Integrating Advertising and Publicity," *Journal of Advertising* 39(1), Spring 2010, pp. 97–114; Paul Holmes, "Marketers See a Greater Role for Public Relations in the Marketing Mix," *Advertising Age*, January 24, 2005, pp. C4–10; Jack Neff, "Ries' Thesis: Ads Don't Build Brands, PR Does," *Advertising Age*, July 15, 2002, pp. 14–15.

44. Tom Duncan, *Principles of Advertising & IMC*, 2nd edition (New York: McGraw-Hill/Irwin, 2005).

45. Ibid.

46. Steve Rubel, "Facebook Will Rule the Web during the Next Decade," *Advertising Age*, March 15, 2010, http://adage.com/ print?article_id=142765.

2장

1. Vincent Boland, Scheherazade Daneshkhu, "Top-end Brands Lose Their Sparkle in Recession," *Financial Times*, October 29, 2009, p. 17.

2. Ted Goldammer, *The Beer Brewer's Handbook*, 2nd ed., 2008.

3. Dale Buss, "Can Harley Ride the New Wave?" *Brandweek*, October 25, 2004, pp. 20–22.

4. www.SegundaJuventud.com.

5. www.aarpmagazine.com.

6. Edward M. Tauber, "Research on Food Consumption Values Finds Four Market Segments: Good Taste Still Tops," *Marketing News*, May 15, 1981, p. 17; Rebecca C. Quarles, "Shopping Centers Use Fashion Lifestyle Research to Make Marketing Decisions," *Marketing News*, January 22, 1982, p. 18; and "Our Auto, Ourselves," *Consumer Reports*, June 1985, p. 375.

7. Judith Graham, "New VALS2 Takes Psychological Route," *Advertising Age*, February 13, 1989, p. 24.

8. *Ayer's Dictionary of Advertising Terms* (Philadelphia: Ayer Press, 1976).

9. Andrew M. Carlo, "The Comfort Zone," *Home Channel News*, May 24, 2004, pp. 3, 29; Davis A. Aaker and John G. Myers, *Advertising Management*, 3rd ed. (Englewood Cliffs, NJ: Prentice Hall, 1987), p. 125.

10. Jack Trout and Al Ries, "Positioning Cuts through Chaos in the Marketplace," *Advertising Age*, May 1, 1972, pp. 51–53.

11. Jack Trout, "Branding Can't Exist without Positioning," *Advertising Age*, March 14, 2005, p. 28.

12. David A. Aaker and J. Gary Shansby, "Positioning Your Product," *Business Horizons*, May–June 1982, pp. 56–62.

13. Aaker and Myers, *Advertising Management*.

14. Natalie Zmuda, "Gatorade Not Just for Elite Athletes Anymore," January 30, 2009, www.adage.com.

15. J. Paul Peter and Jerry C. Olson, *Consumer Behavior* (Burr Ridge, IL: Richard D. Irwin, 1987), p. 505.

16. Michael R. Solomon, "The Role of Products as Social Stimuli: A Symbolic Interactionism Perspective," *Journal of Consumer Research 10* (December 1983), pp. 319–29.

17. Don. E. Schultz, Stanley I. Tannenbaum, and Robert F. Lauterborn, *Integrated Marketing Communications* (Lincolnwood, IL: NTC Publishing Group, 1993), p. 72.

18. J. Paul Peter and Jerry C. Olson, *Consumer Behavior*, p. 571.

19. Jack Neff, "Study: TV Spots Reduce Consumers' Sensitivity to Price Change," *Advertising Age*, October 10, 2007.

20. Roger A. Kerin, Steven W. Hartley, Eric N. Berkowitz, and William Rudelius, *Marketing*, 8th ed. (Burr Ridge, IL: Irwin/ McGraw Hill, 2006).

21. David W. Stewart, Gary L. Frazier, and Ingrid Martin, "Integrated Channel Management: Merging the Communication and Distribution Functions of the Firm," in *Integrated Communication: Synergy of Persuasive Voices*, pp. 185–215, Esther Thorson and Jeri Moore (eds.) (Mahwah, NJ.: Lawrence Earlbaum Associates, 1996).

3장

1. Jack Neff, "P&G Redefines the Brand Manager," *Advertising Age*, October 13, 1997, pp. 1, 18, 20.

2. Thomas J. Cosse and John E. Swan, "Strategic Marketing Planning by Product Managers—Room for Improvement?" *Journal of Marketing* 47 (Summer 1983), pp. 92–102.

3. "Behind the Tumult at P&G," *Fortune*, March 7, 1994, pp. 74–82; "Category Management: New Tools Changing Life for Manufacturers, Retailers," *Marketing News*, September 25, 1989, pp. 2, 19.

4. Timothy Dewhirst and Brad Davis, "Brand Strategy and Integrated Marketing Communications," *Journal of Advertising* 34, no. 4 (Winter 2005), pp. 81–92.

5. Cosse and Swan, "Strategic Marketing Planning by Product Managers—Room for Improvement?"

6. Victor P. Buell, *Organizing for Marketing/Advertising Success* (New York: Association of National Advertisers, 1982).

7. Jean Halliday, "GM Puts Final Nail in Coffin of Brand-Management Effort," *Advertising Age*, April 5, 2004, p. 8.

8. Jack Neff, "Why It's Time to Do Away with the Brand Manager," *Advertising Age*, October 12, 2009, http://adage.com/print?article_id=139593; Tom Hinkes, "Our Biggest Brands Can No Longer Be Managed by Nerds, *Advertising Age*, March 17, 2010, http://adage.com/print?article_id=142841.

9. M. Louise Ripley, "What Kind of Companies Take Their Advertising In-House?" *Journal of Advertising Research* 31(4) (October/November 1991), pp. 73–80.

10. Rupal Parekh, "Thinking of Pulling a CareerBuilder? Pros and Cons of Bringing an Account In-house," *Advertising Age*, May 18, 2009, http://adage.com/print?article_id=136701.

11. Ibid.

12. Rupal Parekh and Michael Bush, "WPP Folds Ill-Fated Dell Agency Enfatico into Y&R Brands" *Advertising Age*, April 9, 2009, http://adage.com/print?article_id=135910.

13. Bruce Horovitz, "Some Companies Say the Best Ad Agency Is No Ad Agency at All," *Los Angeles Times*, July 19, 1989, Sec IV, p. 5.

14. Suzanne Vranica, "Google, Expanding Its Reach, Taps Into Madison Avenue," *The Wall Street Journal*, September 19, 2007, p. B3.

15. Joan Voight, "The Outsiders," *Adweek*, October 4, 2004, pp. 32–35.

16. "Best Buy Awards Accounts to BBDO and Crispin Porter," *The New York Times*, June 18, 2007, p. C6.

17. Jeremy Mullman and Rupal Parekh, "Best Buy to Rely on Crispin at BBDO's Expense," *Advertising Age*, December 18, 2008, http://adage.com/print?article_id=133401.

18. Aaron Baar and Noreen O'Leary, "Second City, Second Thoughts," *Adweek*, May 14, 2007, pp. 8–9.

19. Alice Z. Cuneo, "Not So Golden Anymore," *Advertising Age*, January 24, 2005, pp. 1, 53; Kate MacArthur, "Chicago Blues," *Advertising Age*, September 10, 2001, pp. 1, 12; Anthony Vagnoni, "Gotham Regains Some Lost Luster as Center of U.S. Agency Creativity," *Advertising Age*, April 12, 1999, pp. 1, 10.

20. Sally Goll Beatty, "Global Needs Challenge Midsize Agencies," *The Wall Street Journal*, December 14, 1995, p. B9.

21. "Agency Report 2010," *Advertising Age*, April 26, 2010, pp. 22, 23.

22. Bob Lammons, "A Good Account Exec Makes a Big Difference," *Marketing News*, June 3, 1996, p. 12.

23. Jon Steel, *Truth, Lies & Advertising: The Art of Account Planning* (New York: Wiley, 1998).

24. Quote in Alice Z. Cuneo, "Account Planners at a Crossroads," *adage.com*, July 30, 2007.

25. Anthony Vagnoni, "Small Fries," *Advertising Age*, March 4, 2002, pp. 20, 22.

26. David Beals, *Trends in Agency Compensation*, 14th Edition, Association of National Advertisers, 2007.

27. Ibid.

28. Chris Kuenne, "Why Ad Agencies Need to Embrace Value-Based Compensation," *Advertising Age*, March 22, 2010, http://adage.com/print?article_id=142915.

29. David Beals, *Trends in Agency Compensation*.

30. Jack Neff and Bradley Johnson, "P&G Pushes More Performance Pay," *Advertising Age*, May 10, 2004, pp. 1, 2; Kathryn Kranhold, "P&G Expands Its Program to Tie Agency Pay to Brand Performance," *The Wall Street Journal*, September 16, 1999, p. B12.

31. Jeremy Mullman and Natalie Zmuda, "Coke Pushes Pay-for-Performance Model," *Advertising Age*, April 27, 2009, http://adage.com/print?article_id=136266.

32. Jeremy Mullman, "Anheuser-Busch Whacks Retainers for Its Agencies, *Advertising Age*, February 16, 2009, http://adage.com/print?article_id=136266; Kate MacArthur, "McD's Squeezes Agency Fees," November 11, 2002, Advertising Age, pp. 1, 45; Jack Neff, "Feeling the Squeeze," Advertising Age, June 4, 2001, pp. 1, 14; Jean Halliday, "GM to Scrap Agency Commissions," *Advertising Age*, November 16, 1998, pp. 1, 57.

33. Marissa Miley, "Most Marketers Cutting Budgets, Renegotiating with Agencies," *Advertising Age*, February 10, 2009, http://adage.com/print?article_id=134526.

34. Jack Neff, "ANA Survey: Agency-Performance Reviews Are Now Business as Usual, *Advertising Age*, September 14, 2009, http://adage.com/print?article_id=138983.

35. Report on the Agency-Advertiser Value Survey, American Association of Advertising Agencies/Association of National Advertisers, August 2007.

36. Tim Williams and Ronald Baker, "New Value-Based Comp Model Needed," *adage.com*, June 11, 2007.

37. Teressa Iezzi, "What's to Become of Long-Term Marketer, Agency Relationships?," *Advertising Age*, March 26, 2007, p. 17; Joanne Lipman, "Study Shows Clients Jump Ship Quickly," *The Wall Street Journal*, May 21, 1992, p. B6.

38. Jeremy Mullman, "State Farm Sounding Like Its Rivals to Stay on Top of Them, *Advertising Age*, March 29, 2010, http://adage.com/print?article_id=143020; Brian Steinberg and Chad Terhune, "PepsiCo Switches Its Ad Account for Diet Pepsi to DDB Worldwide," *The Wall Street Journal*, December 7, 2004, p. B4.

39. Kevin Goldman, "Global Companies Hone Agency Rosters," *The Wall Street Journal*, July 25, 1995, p. B8; Sally Goll Beatty, "Young & Rubicam Is Only One for Colgate," *The Wall Street Journal*, December 1, 1995, p. B6.

40. Kathleen Sampley, "Love's Labors Lost: Behind the Breakups," *Adweek*, August 1, 2005, p. 8; Fred Beard, "Marketing Client Role Ambiguity as a Source of Dissatisfaction in Client–Ad Agency Relationships," *Journal of Advertising Research*, (September/October 1996), pp. 9–20; Paul Michell, Harold Cataquet, and

Stephen Hague, "Establishing the Causes of Disaffection in Agency-Client Relations," *Journal of Advertising Research* 32, no. 2, 1992, pp. 41–48; Peter Doyle, Marcel Corstiens, and Paul Michell, "Signals of Vulnerability in Agency-Client Relations," *Journal of Marketing* 44 (Fall 1980), pp. 18–23; and Daniel B. Wackman, Charles Salmon, Caryn C. Salmon, "Developing an Advertising Agency–Client Relationship," *Journal of Advertising Research* 26, no. 6 (December 1986/January 1987), pp. 21–29.

41. Joan Voight and Wendy Melillo, "Study: Clients Want Multiple Partners," *Adweek*, May 14, 2007, pp. 20–21.

42. Suzanne Vranica, "Pinched Firms Woo Rivals' Happy Clients," *The Wall Street Journal*, March 4, 2002, p. B8.

43. Jennifer Comiteau, "What Agencies Think of Search Consultants," *Adweek*, August 4, 2003, pp. 14–16.

44. Fred K. Beard, "Exploring the Use of Advertising Agency Review Consultants," *Journal of Advertising Research* 42(1) (January/February) 2002, pp. 39–50.

45. "Agency A-List," *Advertising Age*, January 25, 2010, pp. 10–19.

46. Rupal Parekh, "Agency A-List: Crispin Porter 1 Bogusky, *Advertising Age*, January 19, 2009, pp. 22–23; Eleftheria Parpis, "U.S. Agency of the Year," *Adweek*, January 8, 2007, pp. 18–19.

47. Kate McArthur, "Burger King Sets High Score with Its Adver-games," *Advertising Age*, January 8, 2007, http://adage.com/print?article_id=114158.

48. Jack Neff, "Ries' Thesis: Ads Don't Build Brands, PR Does," *Advertising Age*, July 15, 2002, pp. 14–15; Prema Nakra, "The Changing Role of Public Relations in Marketing Communications," *Public Relations Quarterly*, 1 (1991), pp. 42–45.

49. Betsy Spathmann, "Sudden Impact," Promo, April 1999, pp. 42–48.

50. Quote in: Laura Q. Hughes and Kate MacArthur, "Soft Boiled," *Advertising Age*, May 28, 2001, pp. 3, 54.

51. Study cited in: Michael Bush, "Memo to Marketers: It's Your Fault if Your Shops Flounder," *Advertising Age*, March 29, 2010, http://adage.com/print?article_id=142010.

52. William N. Swain, "Perceptions of IMC after a Decade of Development: Who's at the Wheel and How Can We Measure Success," *Journal of Advertising Research* (March 2004), pp. 46–67; Philip J. Kitchen and Don E. Schultz, "A Multi-Country Comparison of the Drive for IMC" *Journal of Advertising Research*, January/February 1999, pp. 21–38.

53. David N. McArthur and Tom Griffin, "A Marketing Management View of Integrated Marketing Communications," *Journal of Advertising Research* 37, no. 5 (September/October) 1997, pp. 19–26; and Adrienne Ward Fawcett, "Integrated Marketing—Marketers Convinced: Its Time Has Arrived," *Advertising Age*, November 6, 1993, pp. S1–2.

54. Claire Atkinson, "Tracking the Challenges of Integrated Marketing," *Television Weekly*, March 17, 2003, Vol. 22, p. 11.

55. Joan Voight and Wendy Melillo, "Study: Clients Want Multiple Partners."

56. Quoted in Michael Bush, "Memo to Marketers: It's Your Fault if Your Shops Flounder."

4장

1. Dirk Zeims, "The Morphological Approach for Unconscious Consumer Motivation Research," *Journal of Advertising Research* 44(2) June 2004, pp. 210–15.

2. Jeffrey Ball, "But How Does It Make You Feel?," *The Wall Street Journal*, May 3, 1999, p. B1.

3. Jagdish N. Sheth, "The Role of Motivation Research in Consumer Psychology" (Faculty Working Paper, University of Illinois, Champaign: 1974); Bill Abrams, "Charles of the Ritz Discovers What Women Want," *The Wall Street Journal*, August 20, 1981, p. 29; Ernest Dichter, Getting Motivated (New York: Pergamon Press, 1979).

4. Ball, "But How Does It Make You Feel?"

5. Gary Strauss, "TV Sex: Uncut, Unavoidable," *USA Today*, January 20, 2010, p. 1.

6. Joanne Lipman, "Leaders Turning Up Their Noses at 'Scent Strips' Ads in Magazines," *Wall Street Journal*, December 6, 1989, p. 1.

7. Gord Hotchkiss, "400 Ads a Day and Counting," *MediaPost.com*, November 14, 2007, p. 1.

8. Gordon W. Allport, "Attitudes," in *Handbook of Social Psychology*, ed. C. M. Murchison (Winchester, MA: Clark University Press, 1935), p. 810.

9. Robert B. Zajonc and Hazel Markus, "Affective and Cognitive Factors in Preferences," *Journal of Consumer Research* 9(2) (June 1982), pp. 123–31.

10. Joel B. Cohen, Paul W. Minniard, and Peter R. Dickson, "Information Integration: An Information Processing Perspective," in *Advances in Consumer Research* 7, ed. Jerry C. Olson (Ann Arbor, MI: Association for Consumer Research, 1980), pp. 161–70.

11. James F. Engel, "The Psychological Consequences of a Major Purchase Decision," in *Marketing in Transition*, (ed.) William S. Decker (Chicago: American Marketing Association, 1963), pp. 462–75.

12. Leon G. Schiffman and Leslie Lazar Kannuk, *Consumer Behavior*, 4th ed. (Englewood Cliffs, NJ: Prentice Hall, 1991), p. 192.

13. Gerald J. Gorn, "The Effects of Music in Advertising on Choice: A Classical Conditioning Approach," *Journal of Marketing* 46 (Winter 1982), pp. 94–101.

14. James J. Kellaris, Anthony D. Cox, and Dena Cox, "The Effect of Back-ground Music on Ad Processing: A Contingency Explanation," *Journal of Marketing* 57(4) (Fall 1993), p. 114.

15. Brian C. Deslauries and Peter B. Everett, "The Effects of Intermittent and Continuous Token Reinforcement on Bus Ridership," *Journal of Applied Psychology* 62 (August 1977), pp. 369–75.

16. Lyman E. Ostlund, "Role Theory and Group Dynamics," in *Consumer Behavior: Theoretical Sources*, eds. Scott Ward and

Thomas S. Robertson (Englewood Cliffs, NJ: Prentice Hall, 1973), pp. 230–75.

5장

1. Wilbur Schram, *The Process and Effects of Mass Communications* (Urbana: University of Illinois Press, 1955).

2. Ibid.

3. Kate Niederhoffer, Rob Mooth, David Wiesenfeld and Jonathon Gordon, "The Origin and Impact of CPG New-Product Buzz: Emerging Trends and Implications," *Journal of Advertising Research*, December 2007, pp. 420–426; Catharine P. Taylor, "Pssst! How Do You Measure Buzz," Adweek, October 24, 2005, pp. 26–28. Robert E. Smith and Christine A. Vogt, "The Effects of Integrating Advertising and Negative Word-of-Mouth Communications on Message Processing and Response," *Journal of Consumer Psychology* 4, no. 2 (1995), pp. 133–51; Barry L. Bayus, "Word of Mouth: The Indirect Effect of Marketing Efforts," *Journal of Advertising Research* 25 (3) (June/July 1985), pp. 31–39.

4. Robert Brenner, "I Sold It Through the Grapevine," *BusinessWeek*, May 26, 2006, pp. 32–34; Garry Khermouch and Jeff Green, Buzz Marketing, *BusinessWeek*, July 30, 2001, pp. 50–56.

5. Michael Learmoth, "Doritos, Google, Super Bowl Ads Storm Chart," *Advertising Age*, February 18, 2010, http://adage.com/print?article-id=142151; Emily Bryson York, "Doritos Wants 'Crash the Super Bowl' Spot to Hit No. 1," *Advertising Age*, January 23, 2009, http://adage.com/print?articleid=134063.

6. Kamu High, Brian Morrissey and Eleftheria Parpis, "The 'Evolution' of Advertising," *Adweek*, June 25, 2007, pp. 6–7.

7. Ed Keller and Brad Fay, "The Role of Advertising in Word of Mouth," *Journal of Advertising Research* 49(2), June 2009, pp. 154–163; Ed Keller and Jon Berry, "Word-of-Mouth: The Real Action is Offline," *Advertising Age*, December 4, 2006, p. 20.

8. Larry Yu, "How Companies Turn Buzz into Sales," *MIT Sloan Management Review* (Winter 2005), pp. 5–6.

9. Suzanne Vranica, "Getting Buzz Marketers to Fess Up," *The Wall Street Journal*, February 9, 2005, p. B9.

10. Ibid.

11. Quote by Gordon S. Bower in *Fortune*, October 14, 1985, p. 11.

12. Meg James, "Over 50 and Out of Favor," *The Los Angeles Times*, May 10, 2005, pp. A1, 10.

13. Thomas V. Bonoma and Leonard C. Felder, "Nonverbal Communication in Marketing: Toward Communicational Analysis," *Journal of Marketing Research* (May 1977), pp. 169–80.

14. Jacob Jacoby and Wayne D. Hoyer, "Viewer Miscomprehension of Televised Communication: Selected Findings," *Journal of Marketing* 46(4) (Fall 1982), pp. 12–26; Jacoby and Hoyer, "The Comprehension and Miscomprehension of Print Communications: An Investigation of Mass Media Magazines," *Advertising Education Foundation Study*, New York, 1987.

15. E. K. Strong, *The Psychology of Selling* (New York: McGraw-Hill, 1925), p. 9.

16. Robert J. Lavidge and Gary A. Steiner, "A Model for Predictive Measurements of Advertising Effectiveness," *Journal of Marketing* 24 (October 1961), pp. 59–62.

17. Everett M. Rogers, *Diffusion of Innovations* (New York: Free Press, 1962), pp. 79–86.

18. "Shiny New Things: What Digital Adopters Want, How to Reach Them, and Why Every Marketer Should Pay Attention," *Advertising Age Insights White Paper*, March 15, 2010.

19. William J. McGuire, "An Information Processing Model of Advertising Effectiveness," in *Behavioral and Management Science in Marketing*, eds. Harry J. Davis and Alvin J. Silk (New York: Ronald Press, 1978), pp. 156–80.

20. Michael L. Ray, "Communication and the Hierarchy of Effects," in *New Models for Mass Communication Research*, ed. P. Clarke (Beverly Hills, CA: Sage, 1973), pp. 147–75.

21. Herbert E. Krugman, "The Impact of Television Advertising: Learning without Involvement," *Public Opinion Quarterly* 29 (Fall 1965), pp. 349–56.

22. Scott A. Hawkins and Stephen J. Hoch, "Low-Involvement Learning: Memory without Evaluation," *Journal of Consumer Research* 19, no. 2 (September 1992), pp. 212–25.

23. Harry W. McMahan, "Do Your Ads Have VIP?" *Advertising Age*, July 14, 1980, pp. 50–51.

24. Robert E. Smith, "Integrating Information from Advertising and Trial: Processes and Effects on Consumer Response to Product Information," *Journal of Marketing Research* 30 (May 1993), pp. 204–19.

25. DeAnna S. Kempf and Russell N. Laczniak, "Advertising's Influence on Subsequent Product Trial Processing," *Journal of Advertising* 30, no. 3, Fall 2001, pp. 27–38.

26. Judith L. Zaichkowsky, "Conceptualizing Involvement," *Journal of Advertising* 15, no. 2 (1986), pp. 4–14; Anthony G. Greenwald and Clark Leavitt, "Audience Involvement in Advertising: Four Levels," *Journal of Consumer Research* 11, no. 1 (June 1984), pp. 581–92.

27. Richard Vaughn, "How Advertising Works: A Planning Model," *Journal of Advertising Research* 20, no. 5 (October 1980), pp. 27–33.

28. Richard Vaughn, "How Advertising Works: A Planning Model Revisited," *Journal of Advertising Research* 26, no. 1 (February/March 1986), pp. 57–66.

29. Beth Snyder Bulik, "Is There an Expensive Washing Machine in Your Future?," *Advertising Age*, November 5, 2007, p. 10.

30. Jerry C. Olson, Daniel R. Toy, and Phillip A. Dover, "Mediating Effects of Cognitive Responses to Advertising on Cognitive Structure," in *Advances in Consumer Research 5*, ed. H. Keith Hunt (Ann Arbor, MI: Association for Consumer Research, 1978), pp. 72–78.

31. Anthony A. Greenwald, "Cognitive Learning, Cognitive Response to Persuasion and Attitude Change," in *Psychological*

Foundations of Attitudes, eds. A. G. Greenwald, T. C. Brock, and T. W. Ostrom (New York: Academic Press, 1968); Peter L. Wright, "The Cognitive Processes Mediating Acceptance of Advertising," *Journal of Marketing Research* 10 (February 1973), pp. 53–62; Brian Wansink, Michael L. Ray, and Rajeev Batra, "Increasing Cognitive Response Sensitivity," *Journal of Advertising* 23, no. 2 (June 1994), pp. 65–76.

32. Peter Wright, "Message Evoked Thoughts, Persuasion Research Using Thought Verbalizations," *Journal of Consumer Research* 7, no. 2 (September 1980), pp. 151–75.

33. Scott B. Mackenzie, Richard J. Lutz, and George E. Belch, "The Role of Attitude toward the Ad as a Mediator of Advertising Effectiveness: A Test of Competing Explanations," *Journal of Marketing Research* 23 (May 1986), pp. 130–43; Rajeev Batra and Michael L. Ray, "Affective Responses Mediating Acceptance of Advertising," *Journal of Consumer Research* 13 (September 1986), pp. 234–49; Tim Ambler and Tom Burne, "The Impact of Affect on Memory of Advertising," *Journal of Advertising Research* 29, no. 3 (March/April 1999), pp. 25–34.

34. Ronald Alsop, "TV Ads That Are Likeable Get Plus Rating for Persuasiveness," *The Wall Street Journal*, February 20, 1986, p. 23.

35. David J. Moore and William D. Harris, "Affect Intensity and the Consumer's Attitude toward High Impact Emotional Advertising Appeals," *Journal of Advertising* 25, no. 2 (Summer 1996), pp. 37–50; Andrew A. Mitchell and Jerry C. Olson, "Are Product Attribute Beliefs the Only Mediator of Advertising Effects on Brand Attitude?" *Journal of Marketing Research* 18 (August 1981), pp. 318–32.

36. David J. Moore, William D. Harris, and Hong C. Chen, "Affect Intensity: An Individual Difference Response to Advertising Appeals," *Journal of Consumer Research* 22 (September 1995), pp. 154–64; Julie Edell and Marian C. Burke, "The Power of Feelings in Understanding Advertising Effects," *Journal of Consumer Research* 14 (December 1987), pp. 421–33.

37. Richard E. Petty and John T. Cacioppo, "Central and Peripheral Routes to Persuasion: Application to Advertising," in *Advertising and Consumer Psychology*, eds. Larry Percy and Arch Woodside (Lexington, MA: Lexington Books, 1983), pp. 3–23.

38. Ibid.

39. Richard E. Petty, John T. Cacioppo, and David Schumann, "Central and Peripheral Routes to Advertising Effectiveness: The Moderating Role of Involvement," *Journal of Consumer Research* 10 (September 1983), pp. 135–46.

40. Demetrios Vakratsas and Tim Ambler, "How Advertising Works: What Do We Really Know?" *Journal of Marketing* 63 (January 1999), pp. 26–43.

41. Bruce F. Hall, "A New Model for Measuring Advertising Effects," *Journal of Advertising Research* 42, no. 2, (March/April 2002), pp. 23–31.

42. Thomas E. Barry, "In Defense of the Hierarchy of Effects: A Rejoinder to Weilbacher," *Journal of Advertising Research* (May/June 2002), pp. 44–47.

43. William M. Weilbacher, "Point of View: Does Advertising Cause a 'Hierarchy of Effects'?," *Journal of Advertising Research* 41, no. 6 (November/December 2001), pp. 19–26.

6장

1. William J. McGuire, "An Information Processing Model of Advertising Effectiveness," in *Behavioral and Management Science in Marketing*, Harry J. Davis and Alvin J. Silk (eds.) (New York: Ronald Press, 1978), pp. 156–80.

2. V. Kumar, J. Andrew Petersen, and Robert P. Leone, "How Valuable is Word of Mouth?," *Harvard Business Review*, October 2007, pp. 139–46; Garry Khermouch and Jeff Green, "Buzz Marketing," *BusinessWeek*, July 30, 2001, pp. 50–56.

3. Herbert C. Kelman, "Processes of Opinion Change," *Public Opinion Quarterly* 25 (Spring 1961), pp. 57–78.

4. William J. McGuire, "The Nature of Attitudes and Attitude Change," in *Handbook of Social Psychology*, 2nd ed., eds. G. Lindzey and E. Aronson (Cambridge, MA: Addison-Wesley, 1969), pp. 135–214; Daniel J. O'Keefe, "The Persuasive Effects of Delaying Identification of Highand Low-Credibility Communicators: A Meta-Analytic Review," *Central States Speech Journal* 38 (1987), pp. 63–72.

5. Rebecca Ohanian, "The Impact of Celebrity Spokespersons' Image on Consumers' Intention to Purchase," *Journal of Advertising Research*, 21 (February/March 1991), pp. 46–54.

6. Lacey Rose, "The 10 Most Trusted Celebrities, *Forbes.com*, January 25, 2010, http://www.forbes.com/2010/01/25/most-trusted-celebrities-businessentertainment-trust.html.

7. David P. Hamilton, "Celebrities Help 'Educate' Public on New Drugs," *The Wall Street Journal*, April 22, 2002, p. B1.

8. James Bandler, "How Companies Pay TV Experts for On-Air Product Mentions," *The Wall Street Journal*, April 19, 2005, pp. A1, 12.

9. Karen Benezra and Jennifer Gilbert, "The CEO as Brand," *Chief Executive*, www.chiefexecutive.net, Vol. 174, January 2002.

10. "Business Celebrities," *BusinessWeek*, June 23, 1986, pp. 100–107.

11. Bruce Horovitz and Theresa Howard, "Wendy's Loses Its Legend," *USA TODAY*, January 9, 2002, pp. 1, 2B.

12. Frank Green, "Masters of the Pitch," *The San Diego Union-Tribune*, January 30, 2000, pp. 1, 6.

13. Barbara Lippert, "A Winner Out of the Gates," *Adweek*, September 22, 2008, p. 28.

14. Emily Bryson York and Brooke Capps, "Dave Disciples Flip Wigs over Trendy Wendy," *Advertising Age*, September 3, 2007, pp. 1, 22; Kate MacArthur, "Wendy's Set to Unveil New Brand Spokesperson," *adage.com*, February 18, 2004.

15. Rupal Parekh and Kunur Patel, "Ten

Things to Think Hard About before Featuring the Chairman in Advertising," *Advertising Age*, September 14, 2009, http://adage.com/print?article_id=138984.

16. Erick Reidenback and Robert Pitts, "Not All CEOs Are Created Equal as Advertising Spokespersons: Evaluating the Effective CEO Spokesperson," *Journal of Advertising* 20, no. 3 (1986), pp. 35–50; Roger Kerin and Thomas E. Barry, "The CEO Spokesperson in Consumer Advertising: An Experimental Investigation," in *Current Issues in Research in Advertising*, eds. J. H. Leigh and C. R. Martin (Ann Arbor: University of Michigan, 1981), pp. 135–48; and J. Poindexter, "Voices of Authority," *Psychology Today*, August 1983.

17. Frank Green, "Masters of the Pitch."

18. A. Eagly and S. Chaiken, "An Attribution Analysis of the Effect of Communicator Characteristics on Opinion Change," *Journal of Personality and Social Psychology* 32 (1975), pp. 136–44.

19. For a review of these studies, see Brian Sternthal, Lynn Philips, and Ruby Dholakia, "The Persuasive Effect of Souce Credibility: A Situational Analysis," *Public Opinion Quarterly* 42 (Fall 1978), pp. 285–314.

20. Brian Sternthal, Ruby Dholakia, and Clark Leavitt, "The Persuasive Effects of Source Credibility: Tests of Cognitive Response," *Journal of Consumer Research* 4, no. 4 (March 1978), pp. 252–60; Robert R. Harmon and Kenneth A. Coney, "The Persuasive Effects of Source Credibility in Buy and Lease Situations," *Journal of Marketing Research* 19 (May 1982), pp. 255–60.

21. For a review, see Noel Capon and James Hulbert, "The Sleeper Effect: An Awakening," *Public Opinion Quarterly* 37 (1973), pp. 333–58.

22. Darlene B. Hannah and Brian Sternthal, "Detecting and Explaining the Sleeper Effect," *Journal of Consumer Research* 11(2) (September 1984), pp. 632–42.

23. H. C. Triandis, *Attitudes and Attitude Change* (New York: Wiley, 1971).

24. J. Mills and J. Jellison, "Effect on Opinion Change Similarity between the Communicator and the Audience He Addresses," *Journal of Personality and Social Psychology* 9, no. 2 (1969), pp. 153–56.

25. Arch G. Woodside and J. William Davenport, Jr., "The Effect of Salesman Similarity and Expertise on Consumer Purchasing Behavior," *Journal of Marketing Research* 11 (May 1974), pp. 198–202; Paul Busch and David T. Wilson, "An Experimental Analysis of a Salesman's Expert and Referent Bases of Social Power in the Buyer-Seller Dyad," *Journal of Marketing Research* 13 (February 1976), pp. 3–11.

26. Louise Story, "Seeing Stars," *The New York Times*, October 12, 2006, p. C1; Rich Thomaselli, "Searching for Michael Jordan," *Advertising Age*, September 5, 2005, p. 12.

27. George E. Belch and Michael A. Belch, "A Content Analysis Study of the Use of Celebrities in Magazine Advertising," unpublished working paper, Center for Integrated Marketing Communications, San Diego State University, 2009.

28. Kurt Badenhausen, The World's Highest-Paid Athletes," *Forbes.com*, August 10, 2009, http://www.forbes .com/2009/08/10/tiger-woods-schumacher-business-sports-top-earning-athletes.html.

29. Jason Stein "Inside Chrysler's Celine Dion Advertising Disaster," *adage.com*, November 24, 2003.

30. Valerie Folkes, "Recent Attribution Research in Consumer Behavior: A Review and New Directions," *Journal of Consumer Research* 14 (March 1988), pp. 548–65; John C. Mowen and Stephen W. Brown, "On Explaining and Predicting the Effectiveness of Celebrity Endorsers," in *Advances in Consumer Research 8* (Ann Arbor, MI: Association for Consumer Research, 1981), pp. 437–41.

31. Bruce Horovitz, "Armstrong Rolls to Market Gold," *USA TODAY*, May 4, 2000, pp. 1, 2B.

32. Stephen Rae, "How Celebrities Make Killings on Commercials," *Cosmopolitan*, January 1997, pp. 164–67.

33. Lee Hawkins and Suzanne Vranica, "McDonald's Bets LeBron James Won't Be a Tiger," *The Wall Street Journal*, February 1, 2010, ABI/ INFORM Global (Document ID: 1951480801).

34. Charles Atkin and M. Block, "Effectiveness of Celebrity Endorsers," *Journal of Advertising Research* 23(1) (February/March 1983), pp. 57–61.

35. Joe Pereira, "New Balance Sneaker Ads Jab at Pro Athletes' Pretensions," *The Wall Street Journal*, March 10, 2005, p. B1.

36. Brian D. Till and Terence A. Shimp, "Endorsers in Advertising: The Case of Negative Celebrity Information," *Journal of Advertising* 27, no. 1, Spring 1998, pp. 67–82.

37. Rich Thomaselli, "Kobe Kept on the Marketing Bench, *Advertising Age*, September 13, 2004, p. 16.

38. "Vitamin Water Planning Full Marketing Campaign around Kobe Bryant," *Sports Business Daily*, May 13, 2008, http://www.sportsbusinessdaily.com/article/120800.

39. Emily Bryson York, "Phelps Brand Takes a Hit," *Advertising Age*, February 9, 2009, pp, 1, 2.

40. Jeremy Mullman, "Is Nike Next? AirTran Drops Scandal-Prone Vick," *Advertising Age*, June 4, 2007, p 6; Jeremy Mullman, "Nike Suspends Vick from Endorser Roster," *adage.com*, July 27, 2007.

41. Stephanie Thompson, "Heroin Chic Ok, Cocaine Use Not," *Advertising Age*, September 26, 2005, pp. 3, 80.

42. James Tenser, "Endorser Qualities Count More Than Ever," *Advertising Age*, November 8, 2004, pp. S2, 4.

43. Rich Thomaselli, "GM Ending Tiger Woods Endorsement Deal," *Advertising Age*, November 24, 2008, http://adagecom/print?article_id=132810.

44. ______., "Tiger Woods' Agent: No More Car Sponsors for Tiger," *Advertising Age*, December 1, 2008, http:// adagecom/print?article_id=132877.

45. Anital Elberse and Jeroen Verleun, "Brand Alliance and the Value of Reflected Glory," unpublished working paper,

Harvard Business School, January 2010.

46. Dave McCaughan, "The Fine Art of Matching a Celebrity with a Brand," *Advertising Age*, April 16, 2007, p. 34; Betsy Cummings, "Star Power," *Sales and Marketing Management*, April 2001, pp. 52–59; Michael A. Kamins, "An Investigation into the 'Match-Up' Hypothesis in Celebrity Advertising," *Journal of Advertising* 19, no. 1 (1990), pp. 4–13.

47. Grant McCracken, "Who Is the Celebrity Endorser? Cultural Foundations of the Endorsement Process," *Journal of Consumer Research* 16, no. 3 (December 1989), pp. 310–21.

48. Ibid., p. 315.

49. "Electrolux Taps Kelly Ripa to Launch New Premium Kitchen Appliance Line in North America," *PR Newswire*, April 14, 2008.

50. Peter Wonacott, "Yao-Mania: Hoop Star's Visit Evokes Beatles 1964," *The Wall Street Journal*, October 15, 2004, pp. B1, 7; Josh Tyrangiel, "The Center of Attention," *Time*, February 10, 2003, pp. 68–70.

51. B. Zafer Erdogan, Michael J. Baker, and Stephen Tagg, "Selecting Celebrity Endorsers: The Practitioner's Perspective," *Journal of Advertising Research* 41, no. 43 (May/June 2001), pp. 39–48.

52. For an excellent review of these studies, see Marilyn Y. Jones, Andrea J. S. Stanaland, and Betsy D. Gelb, "Beefcake and Cheesecake: Insights for Advertisers," *Journal of Advertising* 27, no. 2 (Summer 1998), pp. 32–51; W. B. Joseph, "The Credibility of Physically Attractive Communicators," *Journal of Advertising* 11, no. 3 (1982), pp. 13–23.

53. Michael Solomon, Richard Ashmore, and Laura Longo, "The Beauty Match-Up Hypothesis: Congruence between Types of Beauty and Product Images in Advertising," *Journal of Advertising* 21, no. 4, pp. 23–34; M. J. Baker and Gilbert A. Churchill, Jr., "The Impact of Physically Attractive Models on Advertising Evaluations," *Journal of Marketing Research* 14 (November 1977), pp. 538–55.

54. Robert W. Chestnut, C. C. La Chance, and A. Lubitz, "The Decorative Female Model: Sexual Stimuli and the Recognition of the Advertisements," *Journal of Advertising* 6 (Fall 1977), pp. 11–14; Leonard N. Reid and Lawrence C. Soley, "Decorative Models and Readership of Magazine Ads," *Journal of Advertising Research* 23, no. 2 (April/May 1983), pp. 27–32.

55. Amanda B. Bower, "Highly Attractive Models in Advertising and the Women Who Loathe Them: The Implications of Negative Affect for Spokesperson Effectiveness," *Journal of Advertising* 30, no. 3, (Fall 2001), pp. 51–63; Amanda B. Bower and Stacy Landreth, "Is Beauty Best? Highly Versus Normally Attractive Models in Advertising," *Journal of Advertising* 30, no. 1, pp. 1–12.

56. Jack Neff, "In Dove Ads, Normal Is the New Beautiful," *Advertising Age*, September 27, 2004, pp. 1, 80.

57. Michelle Jeffers, "Behind Dove's 'Real Beauty'," *Adweek*, September 12, 2005, pp. 34–35.

58. Herbert E. Krugman, "On Application of Learning Theory to TV Copy Testing," *Public Opinion Quarterly* 26 (1962), pp. 626–39.

59. C. I. Hovland and W. Mandell, "An Experimental Comparison of Conclusion Drawing by the Communicator and by the Audience," *Journal of Abnormal and Social Psychology* 47 (July 1952), pp. 581–88.

60. Alan G. Sawyer and Daniel J. Howard, "Effect of Omitting Conclusions in Advertisements to Involved and Uninvolved Audiences," *Journal of Marketing Research* 28 (November 1991), pp. 467–74.

61. Paul Chance, "Ads without Answers Make Brain Itch," *Psychology Today* 9 (1975), p. 78.

62. Connie Pechmann, "Predicting When Two-Sided Ads Will Be More EffecbeL04861 tive Than One-Sided Ads," *Journal of Marketing Research*, 24 (November 1992), pp. 441–53; George E. Belch, "The Effects of Message Modality on One- and Two-Sided Advertising Messages," in *Advances in Consumer Research* 10, eds. Richard P. Bagozzi and Alice M. Tybout (Ann Arbor, MI: Association for Consumer Research, 1983), pp. 21–26.

63. Robert E. Settle and Linda L. Golden, "Attribution Theory and Advertiser Credibility," *Journal of Marketing Research* 11 (May 1974), pp. 181–85; Edmund J. Faison, "Effectiveness of One-Sided and Two-Sided Mass Communications in Advertising," *Public Opinion Quarterly* 25 (Fall 1961), pp. 468–69.

64. Martin Eisend, "Two-sided Advertising: A Meta-Analysis," *International Journal of Research in Marketing* 23, June 2006, pp. 187–98.

65. Joel A. Baglole, "Cough Syrup Touts 'Awful Taste' in U.S.," *The Wall Street Journal*, December 15, 1999, p. B10.

66. Alan G. Sawyer, "The Effects of Repetition of Refutational and Supportive Advertising Appeals," *Journal of Marketing Research* 10 (February 1973), pp. 23–37; George J. Szybillo and Richard Heslin, "Resistance to Persuasion: Inoculation Theory in a Marketing Context," *Journal of Marketing Research* 10 (November 1973), pp. 396–403.

67. Andrew A. Mitchell, "The Effect of Verbal and Visual Components of Advertisements on Brand Attitudes and Attitude toward the Advertisement," *Journal of Consumer Research* 13 (June 1986), pp. 12–24; Julie A. Edell and Richard Staelin, "The Information Processing of Pictures in Advertisements," *Journal of Consumer Research* 10, no. 1 (June 1983), pp. 45–60; Elizabeth C. Hirschmann, "The Effects of Verbal and Pictorial Advertising Stimuli on Aesthetic, Utilitarian and Familiarity Perceptions," *Journal of Advertising* 15, no. 2 (1986), pp. 27–34.

68. Jolita Kisielius and Brian Sternthal, "Detecting and Explaining Vividness Effects in Attitudinal Judgments," *Journal of Marketing Research* 21 (1) (1984), pp. 54–64.

69. H. Rao Unnava and Robert E. Burnkrant, "An Imagery-Processing View of the Role of Pictures in Print Advertisements," *Journal of Marketing Research* 28 (May 1991), pp. 226–31.

70. Susan E. Heckler and Terry L. Childers, "The Role of Expectancy and Relevancy in Memory for Verbal and Visual Information: What Is Incongruency?" *Journal of Consumer Research* 18, no. 4 (March 1992), pp. 475–92.

71. Michael J. Houston, Terry L. Childers, and Susan E. Heckler, "Picture-Word Consistency and the Elaborative Processing of Advertisements," *Journal of Marketing Research* 24 (November 1987), pp. 359–69.

72. William L. Wilkie and Paul W. Farris, "Comparative Advertising: Problems and Potential," *Journal of Marketing* 39 (1975), pp. 7–15.

73. For a review of comparative advertising studies, see Cornelia Pechmann and David W. Stewart, "The Psychology of Comparative Advertising," in *Attention, Attitude and Affect in Response to Advertising*, eds. E. M. Clark, T. C. Brock, and D. W. Stewart (Hillsdale, NJ: Lawrence Erlbaum, 1994), pp. 79–96; Thomas S. Barry, "Comparative Advertising: What Have We Learned in Two Decades?" *Journal of Advertising Research* 33, no. 2 (1993), pp. 19–29.

74. Jeremy Mullman, "Is Miller a Sucker to Throw a Punch at A-B?," *Advertising Age*, pp. 1, 60.

75. Emily Bryson York, "Brand vs Brand: Attack Ads on the Rise," *Advertising Age*, October 27, 2008, http://adage.com/print?article_id=132028.

76. Michael Learmonth, "Apple Takes Hits from Windows 7 Droid but Prevails," *Advertising Age*, October 29, 2009, http://adagecom/print?article_ id=140007.

77. Rupal Parekh, "Microsoft Changes 'Laptop Hunters' Ad After Apple Complains," *Advertising Age*, July 23, 2009, http://adagecom/print?article_id=138117.

78. Patrick Meirick, "Cognitive Responses to Negative and Comparative Political Advertising," *Journal of Advertising* 31, no. 1, (Spring 2002), pp. 49–59.

79. Bruce E. Pinkleton, Nam-Hyun Um, and Erica Weintraub Austin, "An Exploration of the Effects of Negative Political Advertising on Political Decision Making," *Journal of Advertising* 31 (1) (Spring 2002), pp. 13–25.

80. Bruce E. Pinkleton, "The Effects of Negative Comparative Political Advertising on Candidate Evaluations and Advertising Evaluations: An Exploration," *Journal of Advertising* 26, no. 1 (1997), pp. 19–29.

81. Michael L. Ray and William L. Wilkie, "Fear: The Potential of an Appeal Neglected by Marketing," *Journal of Marketing* 34 (January 1970), pp. 54–62.

82. Brian Sternthal and C. Samuel Craig, "Fear Appeals Revisited and Revised," *Journal of Consumer Research* 1 (December 1974), pp. 22–34.

83. Punam Anand Keller and Lauren Goldberg Block, "Increasing the Persuasiveness of Fear Appeals: The Effect of Arousal and Elaboration," *Journal of Consumer Research* 22, no. 4 (March 1996), pp. 448–60. 84. John F. Tanner, Jr., James B. Hunt, and David R. Eppright, "The Protection Motivation Model: A Normative Mode of Fear Appeals," *Journal of Marketing* 55 (July 1991), pp. 36–45.

85. Ibid.

86. Sternthal and Craig, "Fear Appeals Revisited and Revised."

87. Herbert Jack Rotfeld, "The Textbook Effect: Conventional Wisdom, Myth and Error in Marketing," *Journal of Marketing* 64 (April 2000), pp. 122–27.

88. For a discussion of the use of humor in advertising, see C. Samuel Craig and Brian Sternthal, "Humor in Advertising," *Journal of Marketing* 37 (October 1973), pp. 12–18.

89. Bobby J. Calder and Brian Sternthal, "Television Commercial Wearout: An Information Processing View," *Journal of Marketing Research* 17 (May 1980) pp. 173–87.

90. Dottie Enroco, "Humorous Touch Resonates with Consumers," *USA TODAY*, May 13, 1996, p. 3B.

91. Yong Zhang, "Response to Humorous Advertising: The Moderating Effect of Need for Cognition," *Journal of Advertising* 25, no. 1 (Spring 1996), pp. 15–32; Marc G. Weinberger and Charles S. Gulas, "The Impact of Humor in Advertising: A Review," *Journal of Advertising* 21 (December 1992), pp. 35–59.

92. Marc G. Weinberger and Leland Campbell, "The Use of Humor in Radio Advertising," *Journal of Advertising Research* 31 (December/January 1990–91), pp. 44–52.

93. Yong Zhang and George M. Zinkhan, "Responses to Humorous Ads," *Journal of Advertising*, Winter 2006, pp. 113–27.

94. Thomas J. Madden and Marc G. Weinberger, "Humor in Advertising: A Practitioner View," *Journal of Advertising Research* 24, no. 4 (August/ September 1984), pp. 23–26.

95. Harold C. Cash and W. J. E. Crissy, "Comparison of Advertising and Selling: The Salesman's Role in Marketing," *Psychology of Selling* 12 (1965), pp. 56–75.

96. Marshall McLuhan, *Understanding Media: The Extensions of Man* (New York: McGraw-Hill, 1966). 97. Marvin E. Goldberg and Gerald J. Gorn, "Happy and Sad TV Programs: How They Affect Reactions to Commercials," *Journal of Consumer Research* 14, no. 3 (December 1987), pp. 387–403.

98. Andrew B. Aylesworth and Scott B. MacKenzie, "Context Is Key: The Effect of Program-Induced Mood on Thoughts about the Ad," *Journal of Advertising* 27, no. 2 (Summer 1998), pp. 17–32.

99. Michael T. Elliott and Paul Surgi Speck, "Consumer Perceptions of Advertising Clutter and Its Impact across Various Media," *Journal of Advertising Research* 38 (1) (January/ February 1998), pp. 29–41; Peter H. Webb, "Consumer Initial Processing in a Difficult Media Environment," *Journal of Consumer Research* 6(3) (December 1979), pp. 225–36.

100. John Consoli, "TV Ad Clutter Showing Minimal Increase," *Mediaweek.com*, April 23, 2007; Andrew Hampp, "ABC, the Most Cluttered of Them All," *adage.com*, April 24, 2007.

101. Katy Bachman, Clutter Makes TV

Ads Less Effective, *Mediaweek*, February 9, 2010, http://www.adweek.com/aw/content_display/news/media/e3i4fe3d67e44c8b3ad4c3fcbfe797fc862.

102. Steve McClellan, "Buyers, Now Try to Skirt Clutter With Sponsor Deals," *Adweek*, October 31, 2005, p. 9.

7장

1. Mya Frazier, "GEICO's Big Spending Pays Off, Study Says," www.adage.com, June 26, 2007.

2. Nina M. Lentini, "Heinz Credits Marketing Strategy for 19% Profit Hike," www.mediapostpublications.com, November 30, 2007.

3. Donald S. Tull, "The Carry-Over Effect of Advertising," *Journal of Marketing*, (April 1965), pp. 46–53.

4. Darral G. Clarke, "Econometric Measurement of the Duration of Advertising Effect on Sales," *Journal of Marketing Research* 23 (November 1976), pp. 345–57.

5. Philip Kotler, *Marketing Decision Making: A Model Building Approach* (New York: Holt, Rinehart & Winston, 1971), Ch. 5.

6. Becky Ebenkamp, "You Can Teach an Old Hot Dog Brand Some New Design Tricks," *Brandweek*, Sept. 28, 2009.

7. Stephanie Thompson, "Kelloggs Roars Back with Out-of-Box Sds," *Advertising Age*, May 3, 2004, pp. 4–5.

8. Noreen O'Leary, "Why the New Caribou Coffee Logo Features Less Caribou," *Brandweek*, March 1, 2010, p.7.

9. Russell H. Colley, *Defining Advertising Goals for Measured Advertising Results* (New York: Association of National Advertisers, 1961).

10. Don E. Schultz, Dennis Martin, and William Brown, *Strategic Advertising Campaigns*, 2nd ed. (Lincolnwood, IL: Crain Books, 1984).

11. Michael L. Ray, "Consumer Initial Processing: Definitions, Issues, Applications," in *Buyer/Consumer Information Processing*, (ed.) G. David Hughes (Chapel Hill: University of North Carolina Press, 1974); David A. Aaker and John G. Myers, *Advertising Management*, 2nd ed. (Englewood Cliffs, NJ: Prentice Hall, 1982), pp. 122–23.

12. Aaker and Myers, *Advertising Management*.

13. Steven W. Hartley and Charles H. Patti, "Evaluating Business-to-Business Advertising: A Comparison of Objectives and Results," *Journal of Advertising Research* 28 (April/May 1988), pp. 21–27.

14. Study cited in Robert F. Lauterborn, "How to Know If Your Advertising Is Working," *Journal of Advertising Research* 25 (February/March 1985), pp. RC 9–11.

15. Don E. Schultz, "Integration Helps You Plan Communications from Outside-In," *Marketing News*, March 15, 1993, p. 12.

16. Thomas R. Duncan, "To Fathom Integrated Marketing, Dive!" *Advertising Age*, October 11, 1993, p. 18.

17. G. Tellis and K. Tellis. Research on Advertising in a Recession. *Journal of Advertising Research* 49 (3) (2009), pp. 304–27. Retrieved from Communication & Mass Media Complete database.

18. Robert L. Steiner, "The Paradox of Increasing Returns to Advertising," *Journal of Advertising Research*, (February/March 1987), pp. 45–53.

19. David A. Aaker and James M. Carman, "Are You Overadvertising?" *Journal of Advertising Research* 22 (4) (August/September 1982), pp. 57–70.

20. Julian A. Simon and Johan Arndt, "The Shape of the Advertising Response Function," *Journal of Advertising Research* 20 (4) (1980), pp. 11–28.

21. Melvin E. Salveson, "Management's Criteria for Advertising Effectiveness," in *Proceedings, 5th Annual Conference, Advertising Research Foundation*, (New York, 1959), p. 25.

22. Boonghee Yoo and Rujirutana Mandhachitara, "Estimating Advertising Effects on Sales in a Competitive Setting," *Journal of Advertising Research* 43 (3) (2003), pp. 310–20.

23. Dan Lippe, "Media scorecard: How ROI Adds Up," *Advertising Age*, June 20, 2005, pp. S-6, 42.

24. Mike Beirne and Kenneth Hein, "Marketers' Mantra: It's ROI, or I'm Fired!" *Brandweek*, October 18, 2004, pp. 14–15.

25. Joe Mandese, "Half of Media Buys Driven by ROI, TV, Online Dominate," *www.mediapost.com*, April 20, 2005, pp. 1–3.

26. Wayne Friedman, "ROI Measurement Still Falls Short," *TelevisionWeek*, January 31, 2005, p. 19.

27. Hillary Chura, "Advertising ROI Still Elusive Metric," *Advertising Age*, July 26, 2004, p. 8.

28. James O. Peckham, "Can We Relate Advertising Dollars to Market Share Objectives?" in How Much to Spend for Advertising, ed. M. A. McNiven (New York: Association of National Advertisers, 1969), p. 30.

29. George S. Low and Jakki Mohr, "Setting Advertising and Promotion Budgets in Multi-Brand Companies," *Journal of Advertising Research* 39 (1) (January/February 1999), pp. 667–78.

30. John P. Jones, "Ad Spending: Maintaining Market Share," *Harvard Business Review* 68 (1) (January/ February 1990), pp. 38–42; James C. Schroer, "Ad Spending: Growing Market Share," *Harvard Business Review* 68 (1) (January/February 1990), pp. 44–48.

31. Randall S. Brown, "Estimating Advantages to Large-Scale Advertising," *Review of Economics and Statistics* 60 (August 1978), pp. 428–37.

32. Kent M. Lancaster, "Are There Scale Economies in Advertising?" *Journal of Business* 59 (3) (1986), pp. 509–26.

33. Johan Arndt and Julian Simon, "Advertising and Economics of Scale: Critical Comments on the Evidence," *Journal of Industrial Economics* 32 (2) (December 1983), pp. 229–41; Aaker and Carman, "Are You Overadvertising?"

34. George S. Low and Jakki J. Mohr, "The Budget Allocation between Advertising and Sales Promotion: Understanding the Decision Process," *AMA Educators' Proceedings, Summer 1991* (Chicago:

American Marketing Association 1991), pp. 448–57.

8장

1. Joshua Levine, "Fizz, Fizz-Plop, Plop," *Fortune*, June 21, 1993, p. 139.

2. Jeremy Mullman and Stephanie Thompson, "Burnett's Stumble Continues as Altoids Slips Away," *Advertising Age*, January 5, 2007, http://www.adage.com/print?article_id=114094.

3. Bob Garfield, "Award Winners' Edge: That's Entertainment," *Advertising Age*, August 3, 2004, pp. 16–17; Brent Bouchez, "Trophies Are Meaningless," *Advertising Age*, July 30, 2001, p. 16; Vanessa O'Connell, "Ad Slump Deflates Awards Show," *The Wall Street Journal*, May 21, 2002, p. B2; Jennifer Pendleton, "Awards-Creatives Defend Pursuit of Prizes," *Advertising Age*, April 25, 1988, pp. 1, 7.

4. Elizabeth C. Hirschman, "Role-Based Models of Advertising Creation and Production," *Journal of Advertising* 18, no. 4 (1989), pp. 42–53.

5. Ibid., p. 51.

6. Cyndee Miller, "Study Says 'Likability' Surfaces as Measure of TV Ad Success," *Marketing News*, January 7, 1991, pp. 6, 14; Ronald Alsop, "TV Ads That Are Likeable Get Plus Rating for Persuasiveness," *The Wall Street Journal*, February 20, 1986, p. 23.

7. Brian D. Till and Daniel W. Baack, "Recall and Persuasion: Does Creativity Matter?," *Journal of Advertising* 34 (3) (2005), pp. 47–57.

8. Robert E. Smith, Scott B. MacKenzie, Xiaojing Yang, Laura Buchholz, William K. Darley, and Xiaojing Yang, "Modeling the Determinants and Effects of Creativity in Advertising," *Marketing Science* 26 (6), pp. 819–33; Robert E. Smith and Xiaojing Yang, "Toward a General Theory of Creativity in Advertising: Examining the Role of Divergence," *Marketing Theory* 4 (1/2), pp. 29–55.

9. Deborah J. MacInnis and Bernard J. Jaworski, "Information Processing from Advertisements: Toward an Integrative Framework," *Journal of Marketing* 53 (4) (October 1989), pp. 1–23.

10. Jeff Cioletti, "In a Changing World, There's Only One Absolut," *Beverage World*, July 2007, pp. 20–25; Stuart Elliott, "In an 'Absolut World,' a Vodka Could Use the Same Ads for More Than 25 Years," *The New York Times*, April 27, 2007, p. C3.

11. Robert E. Smith, Jiemiao Chen, and Xiaojing Yang, "The Impact of Advertising Creativity on the Hierarchy of Effects," *Journal of Advertising* 37 (4) (Winter 2008), pp. 47–61.

12. Robert E. Smith, Scott B. MacKenzie, Xiaojing Yang, Laura Buchholz, William K. Darley, and Xiaojing Yang, "Modeling the Determinants and Effects of Creativity in Advertising."

13. Swee Hoon Ang, Yih Hwai Lee, and Siew Meng Leong, "The Ad Creativity Cube: Conceptualization and Initial Validation," *Journal of the Academy of Marketing Science* 35 (23), pp. 220–32; Arthur J. Kover, Stephen M. Goldenberg, and William L. James, "Creativity vs. Effectiveness? An Integrative Classification for Advertising," *Journal of Advertising Research* 35 (November/ December 1995), pp. 29–38.

14. Robert E. Smith, Scott B. MacKenzie, Xiaojing Yang, Laura Buchholz, William K. Darley, and Xiaojing Yang, "Modeling the Determinants and Effects of Creativity in Advertising."

15. For an interesting discussion on the embellishment of advertising messages, see William M. Weilbacher, *Advertising*, 2nd ed. (New York: Macmillan, 1984), pp. 180–82.

16. David Ogilvy, *Confessions of an Advertising Man* (New York: Atheneum, 1963); Hanley Norins, *The Compleat Copywriter* (New York: McGraw-Hill, 1966).

17. Hank Sneiden, *Advertising Pure and Simple* (New York: ANACOM, 1977).

18. Quoted in Valerie H. Free, "Absolut Original," *Marketing Insights*, Summer 1991, p. 65.

19. Jeff Jensen, "Marketer of the Year," *Advertising Age*, December 16, 1996, pp. 1, 16.

20. Cathy Taylor, "Risk Takers: Wieden & Kennedy," *Adweek's Marketing Week*, March 23, 1992, pp. 26, 27.

21. Anthony Vagnoni, "Creative Differences," *Advertising Age*, November 17, 1997, pp. 1, 28, 30.

22. Jonathon Cranin, "Has Advertising Gone the Way of the Cosa Nostra?" *Advertising Age*, June 6, 2005.

23. Anthony Vagnoni, "Creative Differences."

24. Jonathon Cranin, "Has Advertising Gone the Way of the Cosa Nostra?"

25. Arthur J. Kover, "Copywriters' Implicit Theories of Communication: An Exploration," *Journal of Consumer Research* 21 (4) (March 1995), pp. 596–611.

26. Sheila L. Sasser and Scott Koslow, "Desperately Seeking Advertising Creativity," *Journal of Advertising* 37 (4) (Winter 2008), pp. 5–19.

27. James Webb Young, *A Technique for Producing Ideas*, 3rd ed. (Chicago: Crain Books, 1975), p. 42.

28. Graham Wallas, *The Art of Thought* (New York: Harcourt Brace), 1926.

29. Debra Goldman, "Origin of the Species: Has the Planner Finally Evolved into the Agency's Most Potent Creature?" *Adweek*, April 10, 1995, pp. 28–38.

30. Jon Steel, *Truth, Lies & Advertising: The Art of Account Planning* (New York: Wiley, 1998).

31. Sandra E. Moriarty, *Creative Advertising: Theory and Practice* (Englewood Cliffs, NJ: Prentice Hall, 1986).

32. E. E. Norris, "Seek Out the Consumer's Problem," *Advertising Age*, March 17, 1975, pp. 43–44.

33. Thomas L. Greenbaum, "Focus Groups Can Play a Part in Evaluating Ad Copy," *Marketing News*, September 13, 1993, pp. 24–25.

34. Emily Steel, "The New Focus Groups: Online Networks, Proprietary Panels Help

Consumer Companies Shape Product Ads," *The Wall Street Journal*, January 14, 2008, p. B6.

35. Jennifer Comiteau, "Why the Traditional Focus Group Is Dying," *Adweek*, October 31, 2005, pp. 24–25, 32; Stephanie Thompson, "'Tipping Point' Guru Takes on Focus Groups," *Advertising Age*, January 24, 2005, pp. 4, 54; Malcolm Gladwell, *Blink: The Power of Thinking Without Thinking* (New York: Little, Brown and Company, 2004).

36. David Kiley, "Shoot the Focus Group," *BusinessWeek*, November 14, 2005, pp. 120–21.

37. Stephanie Thompson, "'Tipping Point' Guru Takes on Focus Groups."

38. Eric J. Arnould and Melanie Wallendorf, "Market-Oriented Ethnography: Interpretation Building and Marketing Strategy Formulation," *Journal of Marketing Research* 31 (November 1994), pp. 388–96.

39. "White Gold," 2009 Bronze Effie Winner, Effie Awards, http://www.effie.org/winners/showcase/2009/3686.

40. Stephen Winzenburg, "Your Advertising Slogans Are Crummy. Can't You Do Better, *Advertising Age*, January 14, 2008, p. 15; John Mathes, "Taglines That Stick; Here's How to Create an Effective Brand Summation Line. How Long Should It Be? Is It the Same as Your Brand Positioning? How Often Do You Need to Refresh It?," *ABA Bank Marketing*, December 1, 2008, pp. 22–25.

41. John Sutherland, Lisa Duke, and Avery Abernethy, "A Model of Marketing Information Flow," *Journal of Advertising* 22, no. 4 (Winter 2004), pp. 39–52.

42. A. Jerome Jeweler, *Creative Strategy in Advertising* (Belmont, CA: Wadsworth, 1981).

43. John O'Toole, *The Trouble with Advertising*, 2nd ed. (New York: Random House, 1985), p. 131.

44. David Ogilvy, *Ogilvy on Advertising* (New York: Crown, 1983), p. 16.

45. Arthur J. Kover, "Copywriters' Implicit Theories of Communication: An Exploration."

46. John R. Rossiter, "Defining the Necessary Components of Creative, Effective Ads," *Journal of Advertising Research* 37 (4) (Winter 2008), pp. 139–44.

47. Rosser Reeves, *Reality in Advertising* (New York: Knopf, 1961), pp. 47, 48.

48. Shelly Branch and Frances A. McMorris, "Irate Firms Take Comparisons to Court," *The Wall Street Journal*, December 22, 1999, p. B8. 49. Jeremy Mullman, "Hey, Those A-B Brands Look Like Miller Beers," *Advertising Age*, June 11, 2009, http:// adagecom/print?article_id=137260; _______., "Miller Lightens Its Load: Will Go National with MGD 64 by Fall," Advertising Age, http://adage.com/print?article_id=127945.

50. Ogilvy, *Confessions of an Advertising Man*.

51. Martin Mayer, *Madison Avenue, U.S.A.* (New York: Pocket Books, 1958).

52. Jeremy Mullman, "Hallmark Reminds Consumers That Little Things Mean a Lot," *Advertising Age*, http://adage .com/print?article_id=135625.

53. Al Ries and Jack Trout, *Positioning: The Battle for Your Mind*, New York: McGraw-Hill, 1985; Jack Trout and Al Ries, "The Positioning Era Cometh," *Advertising Age*, April 24, 1972, pp. 35–38; May 1, 1972, pp. 51–54; May 8, 1972, pp. 114–16.

54. Jack Trout, "Brands Can't Exist without Positioning," *Advertising Age*, March 14, 2005, p. 28.

55. Jean Halliday, "Sometimes Oil and Oil Don't Mix," *Advertising Age*, March 4, 2002, pp. 4, 62.

56. Rajeev Batra, John G. Myers, and David A. Aaker, *Advertising Management*, 5th ed. (Upper Saddle River, NJ: Prentice Hall, 1996).

57. Anthony Vagnoni, "They Might Be Giants," *Advertising Age*, April 27, 1998, pp. 1, 20, 24.

58. _______., "Goodby, Silverstein Do 'Intelligent Work' with a Sales Pitch," *Advertising Age*, April 27, 1998, pp. 20, 24.

59. _______., "Having Ad Bosses Focus on the Work Key to Cult of Clow," *Advertising Age*, April 27, 1998, pp. 22, 24.

60. Ira Teinowitz, "Agencies Using Creativity to Save Themselves," *adage.com*, April 9, 2008.

61. Eleftheria Parpis, "U.S. Agency of the Year–2007: Goodby, Silverstein," *Adweek*, January 7, 2008, p. 20.

9장

1. Sandra E. Moriarty, *Creative Advertising: Theory and Practice*, 2nd ed. (Englewood Cliffs, NJ: Prentice Hall, 1991), p. 76.

2. William M. Weilbacher, *Advertising*, 2nd ed. (New York: Macmillan, 1984), p. 197.

3. William Wells, John Burnett, and Sandra Moriarty, *Advertising* (Englewood Cliffs, NJ: Prentice Hall, 1989), p. 330.

4. Hamish Pringle and Peter Field, "Why Emotional Messages Beat Rational Ones," *Advertising Age*, March 2, 2009, http://adage.com/print?article_id=134920; Stuart J. Agres, "Emotion in Advertising: An Agency Point of View," in *Emotion in Advertising: Theoretical and Practical Explanations*, eds. Stuart J. Agres, Julie A. Edell, and Tony M. Dubitsky (Westport, CT: Quorom Books, 1991)

5. Edward Kamp and Deborah J. Macinnis, "Characteristics of Portrayed Emotions in Commercials: When Does What Is Shown in Ads Affect Viewers?" *Journal of Advertising Research* (November/December 1995), pp. 19–28.

6. For a review of research on the effect of mood states on consumer behavior, see Meryl Paula Gardner, "Mood States and Consumer Behavior: A Critical Review," *Journal of Consumer Research* 12, no. 3 (December 1985), pp. 281–300.

7. Cathy Madison, "Researchers Work Advertising into an Emotional State," *Adweek*, November 5, 1990, p. 30.

8. Hamish Pringle and Peter Field, *Brand Immortality, How Brands Can Live Long and Prosper* (London: Kogan Page Limited), 2009.

9. Hamish Pringle and Peter Field, "Why Emotional Messages Beat Rational Ones."

10. Kate Macarthur, "Big Mac's Back," *Advertising Age*, March 13, 2004, pp. S1–8.

11. Emily Bryson York, "McDonald's Unveils 'I'm Lovin' It '2.0," *Advertising Age*, April 22, 2010, http://adage.com/print?article_id=143453.

12. Christopher P. Puto and William D. Wells, "Informational and Transformational Advertising: The Different Effects of Time," in *Advances in Consumer Research* 11, ed. Thomas C. Kinnear (Ann Arbor, MI: Association for Consumer Research, 1984), p. 638.

13. Ibid.

14. Kenneth Hein, "Strategy: Skyy Set the Stage in Sultry Cinematic Scenes," *Adweek*, June 17, 2002.

15. David Ogilvy and Joel Raphaelson, "Research on Advertising Techniques That Work and Don't Work," *Harvard Business Review*, July/August 1982, p. 18.

16. "New American Airlines TV Commercials Created by TIM Advertising Capture 'Smart Travelers' Perspective, *PR Newswire*, March 22, 2010.

17. Topline, No. 4 (September 1989), McCann-Erickson, New York.

18. Xiang Fang, Surendra Singh, and Rohini Ahluwalia, "An Examination of Different Explanations for the Mere Exposure Effect," *Journal of Consumer Research*, June 2007, pp. 97–103.

19. Robert Zajonc, "Attitudinal Effects of Mere Exposure," *Journal of Personality and Social Psychology Monographs* (No. 2, Part 2), pp. 1–27.

20. John Young, "Making Online Ad Suck Less in 8 Easy Steps," *Advertising Age*, April 10, 2010, http://adage.com/print?article_id=143368.

21. Quote by Irwin Warren, cited in Enrico, in "Teaser Ads Grab Spotlight," *USA Today*, July 6, 1995, pp. 1, 2B.

22. Jonathan Lemonnier, "Doritos Got a Winning Spot, Creators Won Recognition," *Advertising Age*, http://adage.com/print?article_id=122990.

23. Emily Bryson York and Jeremy Mullman, "DDB, Crispin Goodby Can't Compete With Doritos Crotch Joke," *Advertising Age*, February 2, 2009, http://adage.com/print?article_id=134270.

24. Michael Learmonth, "Brands Team Up for User-Generated-Ad Contest," *Advertising Age*, March 23, 2009, http://adage.com/print?article_id=125422.

25. Martin Mayer, *Madison Avenue, U.S.A.* (New York: Pocket Books, 1958), p. 64.

26. Sally Beatty, "P&G to Ad Agencies: Please Rewrite Our Old Formulas," *The Wall Street Journal*, November 5, 1998, pp. B1, 10; Alecia Swasy, "P&G Tries Bolder Ads—With Caution," *The Wall Street Journal*, May 7, 1990, pp. B1, 7.

27. Lynn Coleman, "Advertisers Put Fear into the Hearts of Their Prospects," *Marketing News*, August 15, 1988, p. 1.

28. Ibid.

29. Bob Garfield, "Listerine Eschews 'Creativity' for an Ad That Actually Works," *Advertising Age*, September 20, 2004, p. 57.

30. Theresa Howard, "Schwab Ads' Message Goes for a Tone of 'Candid and Real'," *USA Today*, January 16, 2006, p. 5B.

31. ________., "Aflac Duck Give Wings to Insurer's Name Recognition," *USA Today*, May 17, 2001, p. B9.

32. Barbara B. Stern, "Classical and Vignette Television Advertising: Structural Models, Formal Analysis, and Consumer Effects," *Journal of Consumer Research* 20, no. 4 (March 1994), pp. 601–15; John Deighton, Daniel Romer, and Josh McQueen, "Using Drama to Persuade," *Journal of Consumer Research* 15, no. 3 (December 1989), pp. 335–43.

33. Moriarty, *Creative Advertising*, p. 77.

34. Mario Pricken, *Creative Advertising*, (New York: Thames & Hudson, 2009).

35. W. Keith Hafer and Gordon E. White, *Advertising Writing*, 3rd ed. (St. Paul, MN: West Publishing, 1989), p. 98.

36. Carol Marie Cooper, "Who Says Talk Is Cheap," *The New York Times*, October 22, 1998, pp. C1, 5; and Wendy Brandes, "Star Power Leaves Some Voice-Over Artists Speechless," *The Wall Street Journal*, June 2, 1995, p. B6.

37. David Allan, "A Content Analysis of Music Placement in Prime-Time Advertising," *Journal of Advertising Research* (September 2008), pp. 404–14.

38. Linda M. Scott, "Understanding Jingles and Needledrop: A Rhetorical Approach to Music in Advertising," *Journal of Consumer Research* 17, no. 2 (September 1990), pp. 223–36.

39. Kineta Hung, "Framing Meaning Perceptions with Music: The Case of Teaser Ads," *Journal of Advertising* 30, no. 3 (Fall 2001), pp. 39–49; Russell I. Haley, Jack Richardson, and Beth Baldwin, "The Effects of Nonverbal Communications in Television Advertising," *Journal of Advertising Research* (July/August 1984) 24, no. 4, pp. 11–18.

40. Natalie Zmuda, "Pass or Fail, Pepsi's Refresh Will Be Case for Marketing Textbooks," *Advertising Age*, February 8, 2010, http://adage.com/print?article_id=141973.

41. Steve Oakes, "Evaluating Empirical Research into Music in Advertising: A Congruity Perspective," *Journal of Advertising Research*, March 2007, pp. 38–50.

42. Gerald J. Gorn, "The Effects of Music in Advertising on Choice Behavior: A Classical Conditioning Approach," *Journal of Marketing* 46 (Winter 1982), pp. 94–100.

43. Donna DeMarco, "TV Ads Go Pop: Advertisers Marry Modern Music with Their Products," *Washington Times*, May 12, 2002, p. A1.

44. Matthew Boyle, "The Accidental Hero," *BusinessWeek*, November 5, 2009, http://www.businessweek.com/print/magazine/content/09_46/b4155058815908.htm.

45. Stephanie Thompson, "Promotions: Nostalgia Bolognese," *Brandweek*, April 14, 1997.

46. Quote from: Suzanne Vranica, "P&G Dusts Off a Familiar Tune," *The Wall Street Journal*, March 3, 2005, p. B2.

47. Ibid.

48. "Results of 4A's 2008 Television Production Costs Survey," American Association of Advertising Agencies, Bulletin # 7115, December 15, 2009.

49. Jack Neff, "Industry Explores New Compensation Model for Talent," *Advertising Age*, May 3, 2010, http://adage.com/print?article_id=143638.

50. Jack Neff, "Why P&G Won't Win Many Cannes Lions," *Advertising Age*, June 13, 2005, pp. 3, 45; Beatty, "P&G to Ad Agencies."

51. Meg James, "Over 50 and Out of Flavor," *Los Angeles Times*, May 10, 2005, pp. A1, 10.

52. Rupel Parekh, "Brand Awareness Was Only Half the Battle for Aflac," *Advertising Age*, June 22, 2009, http://adage.com/print?article_id=137392; Suzanne Vranica, "Aflac Partly Muzzles Iconic Duck," *The Wall Street Journal*, December 2, 2004, p. B8.

53. Jack Neff, "Method Pulls 'Shiny Suds' Ad After Sexism Complaints," *Advertising Age*, December 2, 2009, http://adage.com/print?article_id=140830; Bob Garfield, "Why Method Did Right in Pulling the Plug on 'Shiny Suds'," *Advertising Age*, December 7, 2009, http://adage.com/print?article_id=140894.

10장

1. Jim Surmanek, *Advertising Media A to Z*, McGraw-Hill, 2003.

2. Matthew Creamer, "Ad Groups Back Switch from 'Frequency' to 'Engagement,'" *adage.com*, July 21, 2005.

3. Jeff Cusack, "Chuck Shows the Value of Audience Engagement," www.filmindustry.suite101.com, May 1, 2009.

4. Chuck Ross, "Study Finds for Continuity vs. Flights," *Advertising Age*, April 19, 1999, p. 2.

5. Joseph W. Ostrow, "Setting Frequency Levels: An Art or a Science?" *Journal of Advertising Research* 24 (August/September 1984), pp. i9–11.

6. David Crane, "Arnold vs. Calbuzz, Meg's Ad Buy; Memo to Media," www.calbluzz.com, March 10, 2010.

7. Scott Walker, "Ratings and TV Advertising Sales," www.tvadvertising.suite101.com, April 2, 2008.

8. David Berger, "How Much to Spend," *Foote, Cone & Belding Internal Report*, in Michael L. Rothschild, Advertising (Lexington, MA: Heath, 1987), p. 468.

9. David W. Olson, "Real World Measures of Advertising Effectiveness for New Products," *Speech to the 26th Annual Conference of the Advertising Research Foundation*, New York, March 18, 1980.

10. Joseph W. Ostrow, "What Level Frequency?" *Advertising Age*, November 1981, pp. 13–18.

11. Jack Myers, "More Is Indeed Better," *Media Week*, September 6, 1993, pp. 14–18.

12. Jim Surmanek, "One-Hit or Miss: Is a Frequency of One Frequently Wrong?" *Advertising Age*, November 27, 1995, p. 46.

13. Erwin Ephron, "Back to the Future," www.ephrononmedia.com, April 14, 2010.

14. Joseph W. Ostrow, "What Level Frequency?"

15. Erwin Ephron, "Recency Planning," www.ephrononmedia.com, March 18, 1998.

16. Erwin Ephron, "Sitting on the Shelf," www.ephrononmedia.com, October 1, 2009.

11장

1. *The Radio Marketing Guide* (New York: Radio Advertising Bureau, 2010), www.rab.com.

2. "114 Million U.S. Television Homes Estimated for 2009–2010 Season," *Nielsen Wire*, August 28, 2009, www .blog.nielsen.com.

3. "Network Television Cost and CPM Trends," *Trends in Media* (Television Bureau of Advertising, New York), www.tvb.org/rcentral.

4. Rebecca Dana and Stephanie King, "Answer to Vexing Question: Who's Not Watching Ads," *The Wall Street Journal*, October 17, 2009, p. B2; Lex van Meurs, "Zapp! A Study on Switching Behavior during Commercial Breaks," *Journal of Advertising Research* (January/February 1998), pp. 43–53; John J. Cronin, "In-Home Observations of Commercial Zapping Behavior," *Journal of Current Issues and Research in Advertising*, Vol. 17, No. 2 (Fall 1995), pp. 69–75.

5. "Results of 4A's 2008 Television Production Costs Survey," *American Association of Advertising Agencies*, Bulletin #7115, December 15, 2009.

6. Brian Grow, "Hispanic Nation," *BusinessWeek*, March 15, 2004, pp. 58–70.

7. "Network Television Commercial Activity by Length of Commercial," *Trends in Television* (New York: Television Bureau of Advertising), www .tvb.org/rcentral.

8. Steve McClellan "Buyers, Nets Try to Skirt Clutter with Sponsor Deals," *Adweek*, October 31, 2005, p. 9.

9. John J. Cronin and Nancy Menelly, "Discrimination vs. Avoidance: 'Zipping' of Television Commercials," *Journal of Advertising* 21, no. 2 (June 1992), pp. 1–7.

10. Suzanne Vranica, "TiVo Serves Up Portrait of the Ad-Zappers," *The Wall Street Journal*, November 8, 2007, p. B5.

11. John J. Cronin, "In-Home Observations of Commercial Zapping Behavior."

12. Carrie Heeter and Bradley S. Greenberg, "Profiling the Zappers," *Journal of Advertising Research*, April/May 1985, pp. 9–12; Fred S. Zufryden, James H. Pedrick, and Avu Sandaralingham, "Zapping and Its Impact on Brand Purchase Behavior," *Journal of Advertising Research* 33 (January/ February 1993), pp. 58–66; Patricia Orsini, "Zapping: A Man's World," Spring Television Report, *Adweek's Marketing Week*, April 8, 1991, p. 3.

13. Lex van Meurs, "Zapp! A Study on Switching Behavior during Commercial Breaks," *Journal of Advertising Research* 38(1) (January/February 1998), pp. 43–53.

14. Alan Ching Biu Tse and Rub P. W. Lee, "Zapping Behavior During Commercial Breaks," *Journal of Advertising Research* 41(3) (May/June 2001), pp. 25–29.

15. Suzanne Vranica, "CW Newsmagazine Is Pitch within Pitch," *The Wall Street Journal*, September 21, 2007, p. B3.

16. _______., "NBC Hopes Live Spot Puts Life into Ads," *The Wall Street Journal*, June 8, 2007, p. B3.

17. Kim Masters, "In the Age of TiVo, Advertisers Scramble to Keep Up," www.npr.org, May 16, 2007.

18. Brooks Barnes, "ABC, Cox Bar Ad Skipping in Video on Demand," *The Wall Street Journal*, May 8, 2007, p. B8.

19. John Consoli, "DVR Viewing Delays Clear Ratings Picture," *Adweek*, October 1, 2007, p. 6; Brooks Barnes and Emily Steel, "Lagging Online, TV Stations Get Moving," *The Wall Street Journal*, April 11, 2007, pp. B1, 3.

20. Linda F. Alwitt and Paul R. Prabhaker, "Identifying Who Dislikes Television Advertising: Not by Demographics Alone," *Journal of Advertising Research* 32, no. 5 (1992), pp. 30–42.

21. Banwari Mittal, "Public Assessment of TV Advertising: Faint Praise and Harsh Criticism," *Journal of Advertising Research* 34, no. 1 (1994), pp. 35–53.

22. Lucy L. Henke, "Young Children's Perceptions of Cigarette Brand Advertising Symbols: Awareness, Affect, and Target Market Identification," *Journal of Advertising* 24, no. 4 (Winter 1995), pp. 13–28.

23. Bill Mann, "What's with CW? Result of Merger between WB and UPN Targets 18-and-Ups," *The Press Democrat*, December 16, 2007, p. D8.

24. Brooks Barnes and Miriam Jordan, "Big Four TV Networks Get a Wake-Up Call—in Spanish," *The Wall Street Journal*, May 2, 2005, pp. B1, 6.

25. Brian Steinberg, "Sunday Night Football Remains Costliest TV Show," *Advertising Age*, October 26, 2009, p. 8.

26. 'Idol' Showing Age but Still Delivering Golden Eggs for Fox," *Advertising Age*, June 7, 2010, http://adage .com/print?article_id=144263; Brian Steinberg, "Fox Makes Out Like Bandit with 'Idol' and Bowl," *Advertising Age*, December 17, 2007, pp. 1, 34.

27. Brian Steinberg, "TV Nets Notice Uptick in 'Just in Time' Ad Buying," *Advertising Age*, September 7, 2009, http://adage.com/print?article_id=138856.

28. Brian Steinberg, "More Networks Are Pulling the Plugs," *The Wall Street Journal*, October 15, 2004, p. B2.

29. Sally Goll Beatty, "MSNBC Already Waging Marketing War," *The Wall Street Journal*, July 9, 1996, p. B8.

30. Joe Flint and Stefan Fatsis, "Comcast Mulls Sports Network to Rival ESPN," *The Wall Street Journal*, July 27, 2005, pp. B1, 3.

31. Brian Steinberg, "Broadcast TV or Cable, It's All the Same to Consumers," *Advertising Age*, March 23, 2009, http://adage.com/print?article_id=135246.

32. Joe Flint and Stefan Fatsis, "ESPN Snatches NFL on Monday; NBC Scores, Too," *The Wall Street Journal*, April 19, 2005, pp. B1, 9.

33. Gary Levin, "Arbitron Exits from Ratings Race," *Advertising Age*, October 25, 1993, p. 4.

34. A.J. Frutkin, "Do Sweeps Still Matter," *Mediaweek.com*, April 30, 2007.

35. "Measuring TV Audience," *Broadcast Engineering*, October 1, 2007, p. 26.

36. Brian Steinberg and Andrew Hampp, "Commercial Ratings? Nets Talk TiVo Instead," *Advertising Age*, June 4, 2007, pp. 1, 60.

37. Steve McClellan, "Taking the 'Break' Out of Commercial Pods," *Adweek*, March 16, 2007, p. 9.

38. "Nielsen Appoints Client Advisory Committees for Its Anytime Anywhere Media Measurement (A2/M2) Initiative," *PR Newswire*, October 16, 2006.

39. Kate Fitzgerald, "Campus Viewing Stirs a Romp, *Advertising Age*, April 9, 2007, http://adage.com/print?article_id=115950.

40. Andrew Hampp, "Nielsen Adds Ratings for Away-From-Home TV Networks," *Advertising Age*, April 14, 2010, http://adage.com/print?article_id=143308.

41. Andrew Hampp, "Upfront Metric of Choice: Engagement?," *adage.com*, April 9, 2007.

42. Cristel Russell, Andrew T. Norman, and Susan E. Heckler, "People and Their Television Shows: An Exploration into The Construct of Audience Connectedness," *Marketing Letters* 10 (4), pp. 387–401.

43. Brian Steinberg, "Viewer-Engagement Rankings Signal Change for TV Industry," *Advertising Age*, May 10, 2010, http://adage.com/print?article_id=143754.

44. *The Radio Marketing Guide* (New York: Radio Advertising Bureau, 2010), www.rab.com.

45. Ibid.

46. Verne Gay, "Image Transfer: Radio Ads Make Aural History," *Advertising Age*, January 24, 1985, p. 1.

47. "The Benefits of Synergy: Moving Money into Radio" (New York: Radio Ad Effectiveness Lab, Inc.) December 2004, www.radioadlal.com.

48. Avery Abernethy, "Differences between Advertising and Program Exposure for Car Radio Listening," *Journal of Advertising Research* 31, no. 2 (April/May 1991), pp. 33–42.

49. *The Radio Marketing Guide* (New York: Radio Advertising Bureau, 2010), www.rab.com.

50. Martin Peers, "Radio Produces Both Gains and Skeptics," *The Wall Street Journal*, January 1, 1999, p. B6.

51. Andrew Hampp, "Liberty Media Rides in to Rescue Sirius XM," *Advertising Age*, February 17, 2009, http://adage.com/print?article_id=134661.

52. Heather Green, Tom Lowry, Catherine Young, and David Kiley, "The New Radio Revolution," *BusinessWeek*, March 14, 2005, pp. 32–35.

53. Martin Peers, "Radio Produces Both Gains and Skeptics."

54. Heather Green et al., "The New Radio Revolution."

55. Andrew Hampp, "Contextual Radio Ads: Clear Channel's New Pitch to National Marketers," *Advertising Age*, January 15, 2010, http://adage.com/print?article_id=141533.

56. Jon Fine. "A Better Measure of Old Media," *BusinessWeek*, July 9, 2007, p. 20.

12장

1. An excellent resource on the role of magazines as advertising media vehicles is the Association of Magazine Media website at www.magazine.org.

2. Herbert E. Krugman, "The Measurement of Advertising Involvement," *Public Opinion Quarterly* 30 (Winter 1966–67), pp. 583–96.

3. *Magazines the Medium of Action: A Comprehensive Guide and Handbook 2009/2010* (New York: Magazine Publishers of America, www.magazine.org/handbook).

4. *Samir Husni's Guide to New Magazines*, 24th Edition (Taylor, MS: Nautilus Publishing 2009).

5. Brian Steinberg, "Gimmicky Magazine Inserts Aim to Grab Page Flippers," *The Wall Street Journal*, August 8, 2005, pp. B1, 2.

6. Scott Donaton and Pat Sloan, "Ad 'Printaculars' under Scrutiny," *Advertising Age*, February 12, 1990, p. 3.

7. *Magazines the Medium of Action: A Comprehensive Guide and Handbook 2009/2010*.

8. Ibid.

9. Sarah Ellison, "Good Housekeeping Touts Its Test Lab to Seek New Readers' Seal of Approval," *The Wall Street Journal*, October 11, 2006, pp. B1, 4.

10. Steve Fajen, "Numbers Aren't Everything," *Media Decisions* 10 (June 1975), pp. 65–69.

11. *Magazines the Medium of Action: A Comprehensive Guide and Handbook 2009/2010*.

12. Ibid.

13. Sally Goll Beatty, "Philip Morris Starts Lifestyle Magazine," *The Wall Street Journal*, September 16, 1996, pp. B1, 8.

14. Jack Neff, "P&G Extends Online Custom Publishing," *Advertising Age*, March 22, 2004, pp. 24–25.

15. Jon Fine, "Audit Bureau to Change How It Counts Circulation," *adage.com*, July 17, 2001.

16. ______., "ABC Feels Heat of Circ Scandals," *Advertising Age*, January 17, 2005, pp. 1, 26.

17. ______., "ABC Intensifies Effort to Root Out Circ Fraud," *Advertising Age*, November 15, 2004, pp. 4, 49.

18. Study cited in Jim Surmanek, *Media Planning: A Practical Guide* (Lincolnwood, IL: Crain Books, 1985).

19. "How Advertising Readership Is Influenced by Ad Size," Report no. 110.1, *Cahners Advertising Research*, Newton, MA; "Larger Advertisements Get Higher Readership," *LAP Report* no. 3102, McGraw-Hill Research, New York; "Effect of Size, Color and Position on Number of Responses to Recruitment Advertising," *LAP Report* no. 3116, McGraw-Hill Research, New York.

20. "Almost Everything You Want to Know about Positioning in Magazines," study by Roper Starch Worldwide, Inc., 1999.

21. "Readership by Advertising Unit Type," *Magazine Dimensions*, 2001, Media Dynamics, Inc., http://www.magazine.org/resources/fact_sheets/adv.

22. Nat Ives, "Why Ad Pages Won't Ever Fully Return to Mags," *Advertising Age*, July 27, 2009, http://adage.com/print?article_id=138131; Nat Ives, "Mags March Calmly into Face of Chaos," *adage.com*, April 23, 2007.

23. ______., "The Last Page," *Advertising Age*, December 15, 2009, http://adage.com/print?article_id=132779.

24. ______., "What Life Is Like for Titles after They Leave Print," *Advertising Age*, November 16, 2009, http://adage.com/print?article_id=140541.

25. Lucia Moses. "The Heat Is On," *Mediaweek*, August 6, 2007, pp. 20–21.

26. Nat Ives, "Business Magazines Face Harsh Reality," *Advertising Age*, November 2, 2009, http://adage.com/print?article_id=140117.

27. ______., "Glamour Is Magazine of the Year but New York Takes the Most Prizes," *Advertising Age*, April 23, 2010, http://adage.com/print?article_id=143471.

28. ______., "Many Magazines That Cut Subscription Prices Lose Subscribers Anyway," *Advertising Age*, February 5, 2010, http://adage.com/print?article_id=141945.

29. ______., "Mags March Calmly into Face of Chaos."

30. ______., "Magazines to Sell Subscriptions within Facebook's News Feed," *Advertising Age*, May 12, 2010, http://adage.com/print?article_id=143813.

31. ______., "Magazines' Pitch to Marketers: Our Ads Will Work—We Promise," *Advertising Age*, May 10, 2010, http://adage.com/print?article_id=143773.

32. *Magazines the Medium of Action: A Comprehensive Guide and Handbook 2009/2010*.

33. "NAA Daily and Sunday Newspaper Section Readership Reports" (Vienna, VA: Newspaper Association of America, 2008), www.naa.org/trendsand numbers/readership.

34. Andrew Vanacore, "U.S. Newspaper Circulation down 8.7% in Latest Survey," *USA Today*, April 26, 2010, http://www.usatoday.com/cleanprint/?1276093954708.

35. Ann Marie Kerwin, "After a Long Lobbying Effort, New York Times Wins New Ad Status," *Advertising Age*, February 22, 1999, p. 24.

36. Ann Marie Kerwin, "Big-City Dailies Eye National Stage," *Advertising Age*, February 22, 1999, p. 24.

37. "Christian Science Monitor to Drop Daily Print Publication, Go Online Only," *Advertising Age*, October 28, 2008, http://adage.com/print?article_id=132086.

38. Hanna Liebman, "NAA Network Ready to Roll," *Mediaweek*, December 13, 1993, p. 18.

39. David Washburn, "Union-Tribune to Offer Free Classified Ads to Individuals," *The San Diego Union Tribune*, August 8, 2005, pp. H1, 4.

40. Nat Ives, "Newspapers' Paid Circulation Losses Shrink," *Advertising Age*, April 26, 2010, http://adage.com/print?article_id=143509; Paul E. Steiger, "Read All About It," *The Wall Street Journal*, December 29, 2007, pp. A1, 8;

Brian Steinberg, "Newspaper Woes Are Black and White," *The Wall Street Journal*, December 15, 2004, p. B3.

41. ______., "Newspaper Subscribers Stick around Longer, Pay More," *Advertising Age*, September 30, 2009, http://adage.com/print?article_id=139346.

42. NAA Daily and Sunday Newspaper Section Readership Reports.

43. "Brandy, Bon Jovi, Barbara Bush, Elway, Hill, and Streep Return for Fourth Flight of NAA National Ad Campaign," news release, Newspaper Association of America, 1999 (http://www.naa.org).

44. Ann Marie Kerwin, "Print's Power Play," *Advertising Age: The Next Century, special issue*, 1999.

45. Newspaper websites, Newspaper Association of America, 2010, http:// www.naa.org/TrendsandNumbers/Newspaper-websites.aspx.

46. Julia Angwin, "Newspapers Set To Jointly Sell Ads on Web Sites," *The Wall Street Journal*, January 10, 2007, pp. A1, 8.

47. Ibid.

13장

1. Outdoor Advertising Association, 2010.

2. Product Acceptance and Research, 2007.

3. David Kaplan, "Agency Offers In-Store Insight: End-Aisles, Print Surpass TV," www.mediapost.com, June 23, 2005.

4. *American Public Transportation Association*, 2010.

5. *Outdoor Advertising Association*, 2010.

6. Ibid.

7. Mukesh Bhargava and Naveen Donthu, "Sales Response to Outdoor Advertising," *Journal of Advertising Research*, 39 (3), July/August 1999.

8. *American Public Transportation Association*, 2010.

9. Andrew Hampp, "Outdoor Ad Industry Finally Gets Its Improved Metrics," *www.adage.com*, March 30, 2010.

10. *Promotional Products Association International*, 2010.

11. Ibid.

12. Ibid.

13. Ibid.

14. Yellow Pages Association, 2010.

15. Ibid.

16. ______., "Catch a Commercial at the Movies," October 29, 2007.

17. Sarah McBride, "In Theaters: Commercials Aplenty," *The Wall Street Journal*, February 8, 2007.

18. Hank, Kim, "Regal Pre-movie Package Boosts Recall," *Advertising Age*, June 7, 2004, p. 21.

19. Sarah McBride, "Cinema Surpassed DVD Sales in 2009," *www.wsj.com*, January 4, 2010.

20. Erik Sass, "Movie Metrics: Cinema Ads Click with Viewers," *www.mediapost.com*, April 13, 2010.

21. Jon Lafayette, "Study Says Theater Spots Deliver Ad Message," *www.tvweek.com*, February 4, 2009.

22. Katy Bachman, "Taco Bell Goes Cinematic with Ad Campaign," *www.mediaweek.com*, June 28, 2009.

23. T.L. Stanley, " A Place For Everything," *Next*, March 1, 2010, pp.12–13.

24. Shahnaz Mahmud, "Branded Content, Mobile to Grow," *Adweek*, August 8, 2007.

25. Michael Belch and Cristel A. Russell," A Managerial Investigation into the Product Placement Industry," *Journal of Advertising Research*, March, 2005, pp. 73–92.

26. David G. Kennedy, "Coming of Age in Consumerdom," *American Demographics*, April 2004, p. 14.

27. Marc Graser, "Movie Placement Creates Demand for Nonexistent Shoe," *www. adage.com*, January 31, 2005, pp. 1–2.

28. Jim Edwards, "Will Product Placement Get Its Own Dot-Comeuppance?" *Brandweek*, July 25, 2005, p. 13.

29. Brian Steinberg, "'Modern Family' Featured an iPad, but ABC Didn't Collect," *www.adage.com*, April 1, 2010.

30. Louis Story, "Creating the Content to Go with the Ad Spot," *The New York Times*, November 3, 2006.

31. David G. Kennedy, "Coming of Age in Consumerdom."

32. David Kaplan, "Product Placement: Well-Placed among Consumers."

33. Gail Schiller, "Tie-ins Often Sobering for Liquor Firms," *Hollywood Reporter*, August 1, 2005, pp. 1–3; MarinInstitute.org, 2006.

34. John Consoli, "80% TV Viewers Approve Product Placement," *www.insidebranded-entertainment.com*, March 28, 2005, p. 1.

35. David G. Kennedy, "Coming of Age in Consumerdom."

36. Harris Interactive, "Attitudes of US Children and Teens toward Advertising Tactics, by Age, May 2006," *eMarketer*, 2006.

37. Steve McClellan, "Branded Entertainment Finding Its Place(ment)," *www.insidebrandedentertainment.com*, March 28, 2005, pp. 1–3.

38. Lorin Cipolla, "Guerilla Marketing Goes Mainstream: AMA Conference," *www.promomagazine.com*, February 17, 2004, p. 1.

39. Betsy Spethmann, Patricia Odell, Tim Parry, Amy Johannes, "Guerilla Marketing Grows Up," *www.PROMOX tra.com*, January 12, 2005, pp. 1–4.

40. _______., "ESA Facts," *www.theesa.com*, May 22, 2010.

41. _______., "Outcast Sees High Recall for At-the-Pump Network: Nielsen," *www.mediabuyerplanner.com*, May 6, 2009.

42. PRN.com.

14장

1. *Direct Marketing Association*, 2010.

2. *Direct Marketing Association Statistical Fact Book 2010*, New York: Direct Marketing Association, 2010.

3. Ibid.

4. *Bureau of Labor Statistics*, 2010.

5. Erik Sass, "Survey Results Make a Case for Direct Mail," *Media Post*, June 12,

2007.

6. Herbert Kanzenstein and William S. Sachs, *Direct Marketing*, 2nd ed. (New York: Macmillan, 1992).

7. *Statistical Fact Book 2010*, New York: Direct Marketing Association.

8. Ibid.

9. Ibid.

10. Louise Lee, "Catalogs Everywhere: Net Shopping Isn't Rendering Them Obsolete. It's Just Changing Their Role," *BusinessWeek*, December 4, 2006.

11. Elaine Underwood, "Is There a Future for the TV Mall?," *Brandweek*, March 25, 1996, pp. 24–26.

12. www.responsemagazine.com, April 2010.

13. Iris Dorbian, "Home Shopping Sales Up in Q1," *DM News*, May 17, 2010, p. 2.

14. *Statistical Fact Book 2010*.

15. *Direct Selling Association*, 2010.

16. U.S. Postal Service, "Industry Facts and Figures, 2004," *Postal News*, 2008. www.retailing.org, September 9, 2005, pp. 1–2; *Statistical Fact Book 2007*, New York: Direct Marketing Association, 2010.

17. _______., "Jupiter Predicts Consumers to Receive over 3,900 Spam E-mails Annually by 2007," *www.directmag.com*, September 18, 2002.

18. U.S. Postal Service, *Postal News*, 2008.

15장

1. TVB/Yankelovich, "How Media Works," April 2009.

2. "Retail E-Commerce Growth Resumes Double-Digit Growth," *eMarketer*, March 2010.

3. Andrea Chang, "Retail Chains are Embracing Their Online Stores," *www.latimes.com*, June 18, 2010.

4. Wikipedia.org, 2010.

5. Andrew Stem, "8 Ways to Improve Your Click-Through Rate," *Direct Marketing*, February 1, 2010, pp. 1–3.

6. Anita Davis, "Banner Ads Drive Search Behavior: Study," www.brand republic.asia, May 13, 2009.

7. Tessa Wegert, "Banner Ads: Beyond the Click," *eMarketer*, May 18, 2009.

8. Xiang Fang, Surendra Singh, and Rohini Ahluwalia, "An Examination of Different Explanations for the Mere Exposure Effect," *Journal of Consumer Research*, June 2007.

9. "Consumers Unhappy with Web Site Simply Go Away," *www.CenterforMediaResearch.com*, August 23, 2005, pp. 1–2.

10. Cong Li and Robert Meeds, "Different Forced-Exposure Levels of Internet Advertising: An Experimental Study of Pop-Up Ads and Interstitials," *American Academy of Advertising Conference Proceedings*, 2005, pp. 200–208.

11. Abbey Klaassen, "The State of Search Marketing: 2009," *www.adage.com*, November 2, 2009.

12. Wikipedia.org, 2010.

13. Wikipedia.org, 2010.

14. Ian Schafer, "What Is Rich Media, Really?" *www.clickz.com*, September 23, 2005, p. 1.

15. "Online's Slice of Ad Spending Grows Worldwide," *eMarketer*, September 30, 2009.

16. Wikipedia.org, 2010.

17. Wikipedia.org, 2010.

18. Wikipedia.org, 2010.

19. "Podcasting Goes Mainstream," *eMarketer*, March 4, 2009.

20. Pingdom, "Internet 2009 in Numbers," *royal.pingdom.com*, January 22, 2010.

21. *Statistical Fact Book 2010*, New York: Direct Marketing Association.

22. www.Wikipedia.com

23. Measurement Guidelines and Measurement Certification, www.iab.net, 2006.

24. Jack Neff, " Study: ROI May Be Measurable in Facebook, MySpace after All," *www.adage.com*, April 13, 2009.

25. Measurement Guidelines and Measurement Certification, www.iab.net, 2006.

26. Steve Latham, "Why Marketers Are Not Investing Online," *Media Post*, February 13, 2008.

27. Jeremy Mullman and Alice Cuneo, "Nike Setting the Place in Interactive-TV Race," *Advertising Age*, August 13, 2007.

28. Paul Sakuma, "Google Joins Up with Sony, Intel, & Logitech for Interactive TV Plan, *www.csmonitor.com*, May 20, 2010.

29. _______., "Mobile Marketing Emerges with Couponing," *www.news,mediapost.com*, April 22, 2010.

30. Mark Walsh, "Ace Hardware Snags 30% More in Mobile Effort," *www.mediapost.com*, July 8, 2009.

16장

1. Louis J. Haugh, "Defining and Redefining," *Advertising Age*, February 14, 1983, p. M44.

2. "Best Loyalty Program: Kellogg's Movie Lover's Collection DVD Continuity," *PROMO*, October 2007, p. 48.

3. Scott A. Nielsen, John Quelch, and Caroline Henderson, "Consumer Promotions and the Acceleration of Product Purchases," in *Research on Sales Promotion: Collected Papers*, ed. Katherine E. Jocz (Cambridge, MA: Marketing Science Institute, 1984).

4. J. Jeffrey Inman and Leigh McAlister, "Do Coupon Expiration Dates Affect Consumer Behavior?" *Journal of Marketing Research*, Vol. 3, August 1994, pp. 23–28.

5. "2009 PROMO Industry Trends Report," *PROMO*, December 1, 2009, http://promagazine.com/09-industry-trends-report/index.html.

6. Ibid.

7. Betsy Spethman, "Is Promotion a Dirty Word?," *PROMO*, March 2001, pp. 64–72.

8. "Clutter: Extras, Extras!" *www.promomagazine.com*, August 1, 2001.

9. Ibid.

10. Ellen Byron and Suzanne Vranica, "Scanners Check Out Who's Browsing," *The Wall Street Journal*, September 27, 2006, p. B2.

11. Matthew Boyle, "Brand Killers," *Fortune*, August 11, 2003, pp. 89–100.

12. Jack Neff, "Stuck-in-Middle Walmart Starts to Lose Share," *Advertising Age*,

March 8, 2010, http://adage.com/article?article_id=142650.

13. Andy Serwer, "Bruised in Bentonville," *Fortune*, April 18, 2005, pp. 84–89.

14. "The Effects of Promotion Stimuli on Consumer Purchase Behavior," Promotion Decisions, Inc. (Glenview, IL, 1999).

15. Betsy Spethman, "Tuning In at the Shelf," *PROMO 13th Annual Source Book*, 2006, pp. 22–24.

16. Leigh McAlister, "A Model of Consumer Behavior," *Marketing Communications*, April 1987.

17. "Too Many Choices," *The Wall Street Journal*, April 20, 2001, p. B1.

18. Al Urbanski, "Techno Promo," *PROMO*, August 1998, pp. 48–52, 146, 147.

19. Leonard M. Lodish and Carl F. Mela, "If Brands Are Built over Years, Why Are They Managed over Quarters?" *Harvard Business Review*, July– August 2007, pp. 104–12.

20. Annette Bourdea, "Rocket Launcher—Unilever's Jillian McLaughlin Prepped for the Massive Sunsilk Launch by Immersing Her Team in the Demo's World—and the Method Paid Off," *Strategy*, August 2006, p. 16.

21. *NCH Reporter, No. 1* (Nielsen Clearing House, 1983).

22. *The Magazine Handbook*, no. 9 (New York: Magazine Publishers of America, 1991).

23. Leonard M. Lodish and Carl F. Mela, "If Brands Are Built over Years, Why Are They Managed over Quarters?"; Judann Dagnoli, "Jordan Hits Ad Execs for Damaging Brands," *Advertising Age*, November 4, 1991, p. 47.

24. R.M. Prentice, "How to Split Your Marketing Funds between Advertising and Promotion Dollars," *Advertising Age*, January 10, 1977, pp. 41–42, 44.

25. Betsy Spethman, "Money and Power," *Brandweek*, March 15, 1993, p. 21.

26. Tim Parry, "Happy Customers," *PROMO*, April 2005, pp. AR 21–23.

27. Miller Taste Challenge, 2005 Reggie Awards—Promotion Marketing Association, www.pmalink.org/awards/reggie2005/index.

28. "2010 Reggie Awards Multi-Cultural/Ethnic," http://www.pmalink.org/?reggieawards.

29. "Trial and Conversion VI: Consumers' Reactions to Samples and Demonstrations," Promotional Marketing Association, Inc., 2002.

30. Natalie Zmuda, "Facebook Turns Focus Group with Splenda Product-Sampling App," *Advertising Age*, July 13, 2009, http://adage.com/ article?article_id=137851.

31. "2010 Coupon Facts Report," (Deerfield, IL: NCH Marketing Services).

32. J. Jeffrey Inman and Leigh McAlister, "Do Coupon Expiration Dates Affect Consumer Behavior?"

33. Karen Holt, "Coupon Crimes," *PROMO*, April 2004, pp. 23–26, 70.

34. "2010 Coupon Facts Report."

35. Ibid.

36. Jack Neff, "Coupons Get Clipped."

37. ________., "P&G Extends Co-branded Coupons," *Advertising Age*, June 3, 1996, p. 9; Richard Sale, "Not Your Mother's Coupon," *PROMO*, April 1999, pp. 56–61.

38. ________., "Package-good Players Just Can't Quit Coupons," *Advertising Age*, May 14, 2007, p. 8.

39. Stephanie Kang, "Coupons Gain New Market on Cellphones," *The Wall Street Journal*, September 11, 2007, p. B8.

40. Emily Bryson York, "BK 'Sacrifices'" Whopper Facebook Application," *Advertising Age*, January 15, 2009, http://adage.com/print?article_id=133800.

41. Survey by Oxtoby-Smith, Inc., cited in "Many Consumers View Rebates as a Bother," *The Wall Street Journal*, April 13, 1989, p. B1.

42. William R. Dean, "Irresistible But Not Free of Problems," *Advertising Age*, October 6, 1980, pp. S1–12.

43. William A. Robinson, "What Are Promos' Weak and Strong Points?" *Advertising Age*, April 7, 1980, p. 54.

44. Richard Sale, "Serving Up Sweeps," PROMO, August 1999, pp. 70–78; "Sweepstakes Fever," *Forbes*, October 3, 1988, pp. 164–66.

45. "Next-Tech," *PROMO*, July 2005, pp. 24–27.

46. Jonathon Lemennier, "Doritos Got a Winning Spot. Creators Won Recognition," *Advertising Age*, January 9, 2008, http://adage.com/print?article_id=122990.

47. Bob Woods, "Picking a Winner," *PROMO*, August 1998, pp. 57–62; Richard Sale, "Sweeping the Courts," *PROMO*, May 1998, pp. 148–52; 422–45; Maxine S. Lans, "Legal Hurdles Big Part of Promotions Game," *Marketing News*, October 24, 1994, pp. 15–16.

48. Kimberly Palmer, "Why Shoppers Love to Hate Rebates," *www.usnews.com*, January 18, 2008.

49. Peter Tat, William A. Cunningham III, and Emin Babakus, "Consumer Perceptions of Rebates," *Journal of Advertising Research*, 28(4), August/ September 1988, pp. 45–50.

50. Edward A. Blair and E. Lair Landon, "The Effects of Reference Prices in Retail Advertisements," *Journal of Marketing* 45, no. 2, Spring 1981, pp. 61–69.

51. Betsy Spethman, "Switching Loyalty," *PROMO*, July 2002, pp. 40–45.

52. "Retailers Should Overhaul Loyalty Programs: Survey," *promomagazine.com*, August 22, 2007.

53. R. J. Igneizi, "WD-40@50," *The San Diego Union Tribune*, November 10, 2003, pp. D1, 4.

54. "Top of Wallett," *promomagazine.com*, July 1, 2007.

55. Betsy Spethman, "Switching Loyalty."

56. Kathleen M. Joyce, "Keeping the Faith," *PROMO's 12th Annual Source Book 2005*, p. 24.

57. Adapted from: Terrence A. Shimp, *Advertising Promotion and Supplemental Aspects of Integrated Marketing Communication*, 6th ed. (Mason, Ohio: South-Western, 2003), p. 524.

58. William L. Wilkie, Debra M. Desrochers, and Gregory T. Gundlach,

"Marketing Research and Public Policy: The Case of Slotting Fees," *Journal of Marketing & Public Policy* 21 (2), Fall 2002, pp. 275–88; Frank Green, "Battling for Shelf Control," *San Diego Union-Tribune*, November 19, 1996, pp. C1, 6, 7.

59. "Want Shelf Space at the Supermarket? Ante Up," *BusinessWeek*, August 7, 1989, pp. 60–61.

60. Paul N. Bloom, Gregory T. Gundlach, and Joseph P. Cannon, "Slotting Allowances and Fees: Schools of Thought and Views of Practicing Managers," *Journal of Marketing* 64, April 2000, pp. 92–108.

61. "Crunching the Numbers," *PROMO*, May 1, 2001, pp. 49–50.

62. Matthew Kinsman, "No Pain, No Gain," *PROMO*, January 2002, pp. 26–28.

63. Tom Steinhagen, "Space Management Shapes Up with Planograms," *Marketing News*, November 12, 1990, p. 7.

64. Srinath Gopalakrishna, Gary L. Lilien, Jerome D. Williams, and Ian K. Sequeria, "Do Trade Shows Pay Off?" *Journal of Marketing* 59, July 1995, pp. 7–83.

65. Tobi Elkin, "Co-op Crossroads," *Advertising Age*, November 15, 1999, pp. 1, 24, 26.

66. Stuart Elliott, "'Intel Inside' Ad Campaign Shifts Focus to the Web," *International Herald Tribune*, www.iht.com, October 11, 2007.

67. Cynthia Rigg, "Hard Times Means Growth for Co-op Ads," *Advertising Age*, November 12, 1990, p. 24.

68. Edwin L. Artzt, "The Lifeblood of Brands," *Advertising Age*, November 4, 1991, p. 32.

69. Leonard M. Lodish and Carl F. Mela, "If Brands Are Built Over Years, Why Are They Managed over Quarters?"; Jack Neff, "The New Brand Management," *Advertising Age*, November 8, 1999, pp. S2, 18; Benson P. Shapiro, "Improved Distribution with Your Promotional Mix," *Harvard Business Review*, March/April 1977, p. 116; and Roger A. Strang, "Sales Promotion—Fast Growth, Faulty Management," *Harvard Business Review*, July/August 1976, p. 119.

70. Quote by Thomas E. Hamilton, Director of Sales Promotion Service, William Esty Advertising, cited in Felix Kessler, "The Costly Couponing Craze," *Fortune*, June 9, 1986, p. 84.

71. Priya Raghubir and Kim Corfman, "When Do Price Promotions Affect Pretrial Brand Evaluations?" *Journal of Marketing Research* 36 (May 1999), pp. 211–22.

72. Alan G. Sawyer and Peter H. Dickson, "Psychological Perspectives on Consumer Response to Sales Promotion," in *Research on Sales Promotion: Collected Papers*, ed. Katherine E. Jacz (Cambridge, MA: Marketing Science Institute, 1984).

73. William E. Myers, "Trying to Get Out of the Discounting Box," *Adweek*, November 11, 1985, p. 2.

74. Leigh McAlister, "Managing the Dynamics of Promotional Change," in *Looking at the Retail Kaleidoscope*, Forum IX (Stamford, CT: Donnelley Marketing, April 1988).

75. "Promotions Blemish Cosmetic Industry," *Advertising Age*, May 10, 1984, pp. 22–23, 26; Cliff Edwards, "Everyone Loves a Freebie—Except Dell's Rivals," *BusinessWeek*, July 22, 2002, p. 41.

76. Priya Raghubir, J. Jeffrey Inman, and Hans Grande, "The Three Faces of Price Promotions," *California Management Review* (Summer 2004), p. 23–42.

17장

1. www.publicrelationsnewspr.com

2. Scott M. Cutlip, Allen H. Center, and Glen M. Broom, *Effective Public Relations*, 10th ed. (Upper Saddle River, NJ: Prentice Hall, 2009).

3. Jonah Bloom, "The Cultural Gulf That Separates Marketing and PR," *Advertising Age*, March 11, 2007.

4. "PR News/PRSA Survey," *PR News*, May 25, 2005, p. 1.

5. N. Curry, "PR Isn't Marketing," *Advertising Age*, December 18, 1991, p. 18.

6. Martha M. Lauzen, "Imperialism and Encroachment in Public Relations," *Public Relations Review* 17 (3) (Fall 1991), pp. 245–55.

7. Cutlip, Center, and Broom, *Effective Public Relations*.

8. Thomas L. Harris, "How MPR Adds Value to Integrated Marketing Communications," *Public Relations Quarterly*, Summer 1993, pp. 13–18.

9. Wayne Friedman, "Fox's O.J Dilemma: An $8M Question," *Media Post*, November 20, 2006.

10. Cutlip, Center, and Broom, *Effective Public Relations*.

11. John E. Marston, *Modern Public Relations* (New York: McGraw-Hill, 1979).

12. "Pfizer Announces Improvements to Consumer Advertising for Prescription Medicines," *Pfizer News Release*, www.pfizer.com, 2005.

13. Chang, "Did Apple Fail to Detect iPhone 4g Antenna Problem Beforehand," *www .lanewsmonitor.com*, June 26, 2010.

14. Laura Crovo, "The Art of Kraft-ing a Social Media Response," *www.mghus.com*, June, 24, 2010.

15. Walter K. Lindenmann, "Public Relations Research for Planning and Evaluation,"www.instituteforpr.org, 2006.

16. Otis Baskin, Joe Hahn, Samuel Seaman, and Dan Reines, "Perceived Effectiveness and Implementation of Public Relations Measurement and Evaluation Tools among European Providers and Consumers of PR Services," *Public Relations Review* 36, 2010, pp. 105–111.

17. Mark Weiner, "Marketing PR Revolution," *Communication World*, January/ February 2005, pp. 1–5.

18. Michele Gershberg, "Maratha Stewart Sticks to Kinder, Gentler TV Image," *www.reuters.com*, September 28, 2005, pp. 1–3.

19. Jaye S. Niefeld, "Corporate Advertising," *Industrial Marketing*, July 1980, pp. 64–74.

20. Wayne Friedman, "Supreme Court OKs Corporate-Sponsored Issue Ads," *Media Post*, June 27, 2007.

21. Stuart Elliott, "An Advocacy Ad Stirs a National Debate," *www.nytimes.com*,

February 1, 2010.

22. Harvey Meyer, "When the Cause Is Just," *Journal of Business Strategy* (November/December 1999), pp. 27–31.

23. Janas Sinclair and Tracy Irani, "Advocacy Advertising for Biotechnology," *Journal of Advertising* (Fall 2005), pp. 59–74.

24. Bob Donath, "Corporate Communications," *Industrial Marketing*, July 1980, pp. 53–57.

18장

1. Advertising Age, June 21, 2010, p. 10.

2. "Southern Comfort's Digital Partnerships," *www.adage.com*, July 21, 2009, p. 1.

3. "Marketers Moving to Social Media," www.emarketer.com, March 23, 2009, p. 1.

4. Spike Cramphorn, "What Advertising Testing Might Have Been, If We Had Only Known," *Journal of Advertising Research*, 44(2), June 2004, pp. 170– 180.

5. Robyn Greenspan, "Marketers Missing Measurements," *www.clickz.com*, June 4, 2004, pp. 1–2.

6. Noreen O'Leary, "Does Creativity Count?" *Adweek*, December 11, 2000, pp. 30–34.

7. Tim Nudd, "Does Sex Really Sell?," *Adweek*, October 17, 2005, pp. 14–17.

8. David A. Aaker and John G. Myers, *Advertising Management*, 3rd ed., (Englewood Cliffs, NJ: Prentice-Hall, 1987), p. 474.

9. Cramphorn, "What Advertising Testing Might Have Been."

10. "21 Ad Agencies Endorse Copy-Testing Principles," *Marketing News* 15 (February 19, 1982), p. 1.

11. Ibid.

12. Ye, Hu, Leonard Lodish, Abba Krieger and Babak Hayati, "An Update of Real-World TV Advertising Tests," *Journal of Advertising Research*, June, 2009, pp. 201–206.

13. Steve Outing and Laura Ruel, "The Best of Eyetrack III: What We Saw When We Looked Through Their Eyes," www.poynterextra.org, 2004, pp. 1–9.

14. Hubert A. Zielske, "Does Day-after Recall Penalize 'Feeling Ads'?," *Journal of Advertising Research* 22(1) (1982), pp. 19–22.

15. Terry Haller, "Day-after Recall to Persist Despite JWT Study; Other Criteria Looming," *Marketing News*, May 18, 1979, p. 4.

16. Mark Mellman, "Ad Recall Doesn't Equal Effectiveness," *www.TheHill.com*, July 7, 2005, p. 1.

17. Ravi Chandiramani, "Reckitt Launches Debut iTV Campaign for Finish," *Marketing*, January 10, 2002, p. 9.

18. Kipp Cheng, "IPG Platform Gains Major Advertisers," *Adweek*, July 23, 2001, p. 5.

19. Gary Levin, "Tracing Ads' Impact," *Advertising Age*, November 12, 1990, p. 49.

20. Jeffrey L. Seglin, "The New Era of Ad Measurement," *Adweek's Marketing Week*, January 23, 1988, p. 24.

21. "Yankelovich Study Shows Advertising's Effects Vary, Depending on Category and Purchase Funnel Stage," *www.tvb.org*, April 16, 2009, p. 1.

22. Russell I. Haley and Allan L. Baldinger, "The ARF Copy Research Validity Project," *Journal of Advertising Research* (April/May 1991), pp. 11–32.

23. Glenn Heitsmith, "Something for Nothing," *Promo*, September 1993, pp. 30, 31, 93.

24. Ibid.

25. "Journeying Deeper into the Minds of Shoppers," *BusinessWeek*, February 4, 1991, p. 85.

26. David W. Schumann, Jennifer Grayson, Johanna Ault, Kerri Hargrove, Lois Hollingsworth, Russell Ruelle, and Sharon Seguin, "The Effectiveness of Shopping Cart Signage: Perceptual Measures Tell a Different Story," *Journal of Advertising Research* 31 (February/ March 1991), pp. 17–22.

27. June Bryan Kim, "Research Makes Ski Run Easier," *Advertising Age*, August 18, 1991, p. 30.

28. Steve McClellan, "New Software to Track In-Store Radio," *Adweek*, October 10, 2005, p. 10.

29. Mike Shields, "Massive, Nielsen: In-Game Ads Boost Brands," *www.adweek.com*, Aug 8, 2007, pp. 1–3.

30. Michel Tuan Pham, "The Evaluation of Sponsorship Effectiveness: A Model and Some Methodological Considerations," Gestion 2000, pp. 47–65.

31. Ibid.

32. John Nardone and Ed See, "Measure Sponsorship to Drive Sales-Shift Gears: Move Beyond Perceiving Them as Mere Brand Builders and Instead Assess ROI," *Advertising Age*, March 5, 2007.

33. "2008 David Ogilvy Awards Finalists," The ARF, 2008.

34. Teresa F. Lindeman, "Good Wal- Mart, Bad Wal-Mart; Retail Giant Hopes to Combat Negative Publicity," *Knight Ridder Tribune Business News*, April 10, 2005, pp. 1–6.

35. "Advertisers Demand More Accountability for Digital Media," *Center for Media Research*, February 22, 2007, pp. 1–2.

36. Marek Winearz, "The Market Contact Audit," www.integration-imc.com.

찾아보기 INDEX

ㅂ

ㅅ

ㅇ

ㅈ

기타

A

B

C

D

E

F

G

H

Q

R

S

김찬목 cmkim@bu.ac.kr

백석대학교 경상학부 교수

경북대학교 대학원에서 경영학 박사 학위를 받았으며, 미국 Delaware State University의 Visiting Professor, 대한경영학회 사무국장 및 감사, 한국전략마케팅학회 부회장, 한국로고스경영학회 편집위원장, 충남 금산군 경제정책자문교수를 역임하였으며, 한국로고스경영학회 부회장을 맡고 있다.

주요 관심 분야는 신앙과 학문의 통합, 교회의 사회적 책임 경영, 은행 마케팅, 서비스 마케팅, 소비자행동에 관한 연구, 합창지휘, 첼로연주 등이다.

IMC 광고론

역 자 김찬목 • 서찬주 • 이상학

발행일 2014년 9월 1일

발행처 **한경사**

발행인 이계남

등록사항 제10-1951호 2000년 4월 14일

주 소 서울시 마포구 신수로 59-1 (3층)

전화번호 02_717_7264~5

팩스번호 02_717_7226

홈페이지 hankyungsa.co.kr

전자우편 hankyungsa@hanmail.net

ISBN 978-89-6844-036-6 93320

가 격 40,000원

서찬주 cjsuh@sm.ac.kr

숙명여자대학교 경영학과 교수

서강대학교에서 경영학 학사를 받았으며, 한국개발연구원(KDI) 연구원을 거쳐 미국 University of Wisconsin-Milwaukee에서 MBA를 받았고 Syracuse University에서 마케팅 전공으로 경영학 박사 학위를 받았다.

제일기획 마케팅 연구소에서 국장으로 근무하였으며, 한국소비문화학회 회장 및 편집국장, 한국소비자학회 부회장, 한국전략마케팅학회 부회장, 한국광고학회 마케팅 부문 편집장을 역임하였고 현재 한국광고학회 부회장을 맡고 있다.

최근 관심 분야는 광고 소구 전략, 광고 모델 전략, 신제품의 가격책정 방법, 소비자 의사결정 행동이론, 마케팅 철학과 이론 등이다.

이상학 Sanghak.lee@kau.ac.kr

한국항공대학교 경영학과 교수

한국항공대학교에서 경영학 학사 및 석사를 받았으며 미국 Indiana University에서 스포츠경영학 석사 및 박사를 취득했다. 미국 Indiana University 강사(2009), 미국 Johnson & Wales University 조교수(2010-2012), 중국 남경항공항천대학 방문교수(2013, 2014)를 역임하였으며, 광고대행사인 TBWA Korea SP 담당 대리(2000-2004), BAT Korea 기업스폰서십 담당 과장(2004-2006)을 지냈다.

주요 관심 분야는 스폰서십, 뉴미디어, 스포츠마케팅, 서비스품질, 모터스포츠 등이다.